中国口岸年鉴

（2015年版）

国家口岸管理办公室主管
中 国 口 岸 协 会 主编

中国海关出版社

图书在版编目（CIP）数据

中国口岸年鉴：2015年版／中国口岸协会主编. —北京：中国海关出版社，2015.10
ISBN 978－7－5175－0090－2

Ⅰ.①中… Ⅱ.①中… Ⅲ.①通商口岸—中国—2015—年鉴 Ⅳ.①F752.5－54

中国版本图书馆CIP数据核字（2015）第217145号

中国口岸年鉴（2015年版）
ZHONGGUO KOU'AN NIANJIAN（2015 NIAN BAN）

作　　者：中国口岸协会
策　　划：杨振庆
责任编辑：熊　芬　左桂月　李　多
助理编辑：缪奇川
出版发行：中国海关出版社
社　　址：北京市朝阳区东四环南路甲1号　　邮政编码：100023
网　　址：www.hgcbs.com.cn
编 辑 部：01065194242-7530（电话）　　01065194231（传真）
发 行 部：01065194221/4238/4246（电话）　　01065194233（传真）
社办书店：01065195616（电话）　　01065195127（传真）
http：//store.hgbookvip.com（网址）
印　　刷：北京新华印刷有限公司　　经销：新华书店
开　　本：889mm×1194mm　1/16
印　　张：62.25　　字数：1680千字
版　　次：2015年10月第1版
印　　次：2015年10月第1次印刷
书　　号：ISBN 978－7－5175－0090－2
地图审图号：GS（2015）2051号　　地图编制：测绘出版社
定　　价：300.00元

《中国口岸年鉴》（2015年版）编辑委员会

编辑说明

一、《中国口岸年鉴》（2015 年版）是由国家口岸管理办公室主管，由中国口岸协会主编的一部全面、翔实记录中国口岸发展状况的编年书，是一部具有基础性、史料性、权威性的工具书。

二、本版年鉴采用条目体结构，点面结合，条块结合，收录了 2014 年度国家口岸管理工作概要、查验管理工作概要、全国口岸建设及运行情况通报分析，以及台湾、香港、澳门地区口岸运行情况和主要数据。同时，还收录了权威部门提供的 2014 年度全国口岸重要贸易统计数据、各口岸主管部委新颁布实施的口岸工作法规和全国 31 个省、自治区、直辖市（香港、澳门、台湾地区除外）口岸分布示意图。

三、本版年鉴引用的各类数据和资料均截至 2014 年年底。第六篇的全国进出口贸易统计资料，由海关总署综合统计司提供。其他统计数据，分别来自海关、边检、检验检疫和各省级口岸办公室。本书统计数据均采用四舍五入，因此分项数据之和与总计数据可能不完全一致。由于各部门职能不同，数据统计口径、范围和方法亦有所不同，因此本书中有些数据不尽一致。

四、本版年鉴对 2014 年全国口岸运行统计表中的口岸分类方式进行了调整，将所有口岸分成海运口岸、内河口岸、公路口岸、铁路口岸、空运口岸五大类，不再按照区域进行分类。

五、本版年鉴的稿件资料，主要由各有关部委及各省、自治区、直辖市口岸办公室汇总提供。年鉴在编辑过程中，得到了国家口岸管理办公室、国家电子口岸委办公室、海关总署办公厅、公安部出入境管理局、交通运输部海事局、国家质检总局通关司，以及各地口岸办公室、各口岸查验单位的大力支持与配合，在此一并表示诚挚感谢！

六、本版年鉴在全书体例、资料收集等方面还有许多不尽如人意之处，加之编辑水平有限，疏漏或瑕疵在所难免，敬请广大读者予以批评指正。

《中国口岸年鉴》（2015 年版）编辑委员会

2015 年 8 月

序

口岸是国家的门户。党中央、国务院历来十分重视口岸工作。改革开放以来，为满足日益增长的对外经贸、人员往来的需要，国家投入了大量人力物力进行口岸建设，已经形成沿海沿江水运、航空和内陆边境立体化的开放口岸体系。口岸开放与全方位、宽领域、多层次的对外开放格局基本相适应，为促进对外经济贸易和国际交往的发展起到了重要的保障作用。

当前，进一步提高口岸工作效率的要求更为紧迫。经济全球化对口岸工作必然会提出更多更高的新要求，为适应参与国际竞争的需要，我国口岸工作要全面贯彻“三个代表”重要思想，落实十六大提出的“发展要有新思路，改革要有新突破，开放要有新局面，各项工作要有新举措”的要求，结合我国口岸工作的实际，紧紧围绕提高口岸工作效率，加快通关速度，处理好把关与服务的关系，为促进对外经济贸易和国际交往发展作出新贡献。为提高口岸工作效率，国务院曾在深圳进行口岸管理体制改革试点。1998年政府机构改革，对口岸管理体制作了重大调整。2001年，国务院办公厅为推广口岸电子执法系统和提高口岸工作效率相继发出了两个文件。今年5月，国务院批准海关总署等8部门在上海召开了提高口岸工作效率现场会。我国口岸要通过建立“大通关”机制，提高工作效率，改变传统管理模式，整顿和规范进出口秩序，促进口岸管理各部门转变职能、改进服务、提高管理水平，形成适应我国社会主义市场经济发展需要的新的口岸管理和运行机制，提供与发达国家相类似的口岸通关服务。

中国口岸协会从新世纪开始组织编撰《中国口岸年鉴》，是一件很有意义的工作。它不仅直接记录口岸管理运行的资料和数据，而且是在我国加入“WTO”以后，书写中国口岸深化体制改革、努力提高工作效率、为“大通关”服务的历史。

二〇〇二年十二月

改革领跑者，开放新标杆

中国（上海）自由贸易试验区

China (Shanghai) Pilot Free Trade Zone

建设中国（上海）自由贸易试验区，是国家在新形势下推进改革开放的重大举措，承担着为全面深化改革和扩大开放探索新路径、积累新经验的重要使命。2013年9月29日，中国（上海）自由贸易试验区挂牌成立。

根据《中国（上海）自由贸易试验区总体方案》（以下简称《总体方案》），区域范围涵盖外高桥保税区、外高桥保税物流园区、浦东机场综合保税区和洋山保税港区4个海关特殊监管区域，规划面积28.78平方千米。2014年12月，中国（上海）自由贸易试验区扩展到陆家嘴金融片区、金桥开发区片区、张江高科技片区，总面积达120.72平方千米。

其中，外高桥保税区于1990年设立，是目前国内经济规模大、业务功能丰富的海关特殊监管区；外高桥保税物流园区于2004年设立；洋山保税港区于2005年年底设立，是实行“区港一体”封关运作的特殊监管区域；浦东机场综合保税区于2009年设立，实行保税物流区域与机场货运区一体化运作模式；陆家嘴金融片区是上海国际金融中心的核心区域、上海国际航运中心的高端服务区、上海国际贸易中心的现代商贸积聚区；张江高科技片区是上海贯彻落实创新型国家战略的核心基地；金桥开发片区是上海重要的先进制造业核心功能区、生产性服务业集聚区、战略性新兴产业先行区和生态工业示范区。

挂牌运作以来，中国（上海）自由贸易试验区按照《总体方案》要求，着力推动制度创新。目前，以负面清单管理为核心的投资管理制度已经建立，以贸易便利化为重点的贸易监管制度平稳运行，以资本项目可兑换和金融服务业开放为目标的金融创新制度基本确立，以政府职能转变为导向的事中事后监管制度基本形成，在建立与国际投资贸易通行规则相衔接的基本制度框架上，取得了重要的阶段性成果。

一批可复制、可推广的制度成果也已形成。其中，27项已在全国或部分地区推广，投资管理、贸易便利、金融和服务业开放方面23项措施和事中事后监管5项措施将在全国推广，海关和检验检疫6项制度创新将在其他海关特殊监管区域复制推广。同时，区域经济保持平稳较快发展。截至12月底，挂牌后新设企业近1.5万家，区内企业累计达2.3万家。区内企业全年完成经营总收入16 000亿元，同比增长11.0%，其中，商品销售额13 750亿元，同比增长11.2%；航运物流服务收入1 200亿元，同比增长15.0%。

卓越品质 彰显实力

公司客户已遍及海关、民航、城市轨道交通、铁路、公路、港口、体育场馆等……

海关

民航

城市轨道交通

铁路

公路

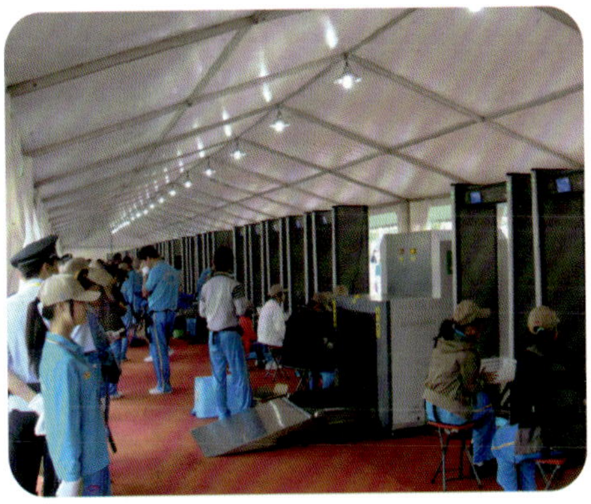

体育场馆

宁波保税区 出口加工区

宁波保税区于1992年获得批准设立，宁波出口加工区于2002年设立，具有国际贸易、保税仓储、保税展示交易、进出口加工等功能，区内企业享有“保税、免税、免证”等特殊政策。两区毗邻国际深水良港宁波北仑港，集聚有来自全球60多个国家和地区的3 800多家企业。2014年，全区实现生产总值160.2亿元，财政总收入36.8亿元，外贸进出口139.9亿美元，工业总产值456亿元，各项功能产业集群发展，开放创新和开放型经济发展走在全国同类区域前列。

国际贸易

全区外贸进出口规模占宁波市九分之一，其中进口占宁波市五分之一、占浙江省十分之一。建设国家进口贸易促进创新示范区。2012年年底，经批准，先行开展一系列进口贸易发展创新、贸易便利化创新试点。区内集聚有一批龙头贸易尤其是进口贸易企业，入围宁波市进口企业前200强数量居全市首位。开展国家跨境进口贸易电子商务试点。搭建了宁波跨境购服务平台，建成了保税区进口商品市场和宁波进口中心两大跨境进口电商集聚专区、两大O2O体验店，引进了一批电商平台和电商企业落户，目前共有117家电商企业、4家速递企业、2家仓储物流企业获批开展试点；2014年通过进口申报单144万票、货值3.7亿元，居全国各试点城市首位。建设宁波进口商品市场。重点培育了进口金属、固体化工、煤炭、船舶等大宗生产资料市场和进口消费品市场，目前各类会员企业1 000多家，2014年实现交易额1 560亿元。

先进制造业

区内形成了电子信息产业和新兴科技产业两大先进制造业群，高新技术产品产值占全区工业总产值超过80%，设立国家留学人员创业园、国际软件园、高新技术创业服务中心等一批创新载体，引进和培育了一批节能环保、高端装备、新能源、智能电网科技创新企业，是宁波市和浙江省重要的新兴科技产业发展高地、中国重要的液晶光电产业基地、外商投资产业示范基地。

理工电子在线监测设备车间

进口商品展示交易中心

现代物流

引进130多家仓储物流企业落户，发展进口分拨、国际采购配送、期货交割和第三方物流等现代物流产业。建有铁矿砂、固体化工品、进口食品、国际采购配送等四大物流分拨配送中心，固体化工品期货交割库，超低温金枪鱼冷藏加工基地；引进了中兴供应链、招商物流等重大供应链项目。全区年进出区货物总量800多万吨，货物总值近200亿美元。

跨区合作发展

与宁波象山县合作开发建设宁波象保合作区，规划面积25.1平方千米。定位五大发展目标：对台经贸合作试验区、浙江省海洋经济发展重要功能区、三门湾开发开放先导区、产城融合和生态文明示范区、体制机制创新试验区。着力发展海洋科技产业、机器人产业、高端服务业、对外经贸合作等，打造成为宁波市参与“一带一路”国家开放战略的重要支点。

政府服务

完善企业服务机制，建设“一站式”行政服务中心，开通“26901890”24小时企业服务热线，建成浙江省行政管理“无费区”。海关、检验检疫、税务、外管、市场监管、国土、规划等垂直管理部门在区内设有分支管理机构，形成了垂直整合、横向联动、精简高效的行政管理体制。

IKEA®

INTER IKEA SYSTEMS B.V.

英特艾基系统有限公司

宜家

荷兰的英特艾基系统有限公司（INTER IKEA SYSTEMS B.V.，以下称宜家公司）拥有独特的销售家具及家居用品概念，在此概念下所有货品都以“IKEA”商标销售。宜家公司同时拥有一个独特的用于其宜家商场内餐厅的“宜家食品概念”。IKEA概念始于20世纪40年代初期，当时宜家公司的创办人Ingvar Kamprad于瑞典一个小镇成立IKEA家具公司。“IKEA”之名取自宜家公司创办人的姓名Ingvar Kamprad及其成长时居住的农场Elmtaryd和村庄Agunnaryd的缩写。宜家公司的商业模式以特许经营权制度运营，只有已与宜家公司签署合约的授权特许经营商可以使用IKEA概念，包括“IKEA”商标。

在华语地区，宜家公司精心为IKEA选取了对应的中文商标——“宜家”。宜家公司拥有IKEA、宜家、、及IKEA FAMILY商标，这些商标在许多国家包括中国注册于不同的货品和服务上。目前，共有300多家IKEA（宜家）商场分布于世界超过40个国家和地区，以IKEA、宜家、及之商标出售广泛系列家具及家居用品，并提供广泛的服务，以及引入“IKEA FAMILY”会员计划。在中国，首间IKEA（宜家）商场开设于1998年。截至2014年12月31日，中国内地共有16家IKEA（宜家）商场，分别位于北京（四元桥、西红门）、上海（北蔡、宝山及徐汇）、广州、成都、深圳、南京、大连、沈阳、天津、无锡、宁波、重庆及武汉。这些商场的地址可在宜家公司的网站www.ikea.com/cn上找到。在中国，宜家公司并不授权在特许IKEA（宜家）商场以外的任何地方售卖附有IKEA、及商标之商品，或使用IKEA、宜家、、、IKEA FAMILY等商标或商号。所有IKEA（宜家）商场都采用独特的蓝色和黄色为其装饰设计标志，IKEA（宜家）商场亦拥有多项显著的特色，例如在店内的规划及店内陈列商品的方式。

宜家公司十分重视保护其知识产权。在中国，宜家公司曾向行政部门作出投诉，在人民法院提出诉讼，对与IKEA、宜家、及商标相同或相近的商标申请提出异议或申请撤销该种商标注册，对含“IKEA”或“宜家”的域名作出投诉等。近年来，中国各地海关不懈地为宜家公司查验假冒货品，并及时通知宜家公司，以令宜家公司可即时申请措施阻止假冒货品出境。

联系方式
Legal.Affairs@inter-IKEA.com

EATON
Powering Business Worldwide

伊顿公司

全 球 动 力 之 源

伊顿公司是一家多元化动力管理公司，致力于提供高效节能的解决方案，帮助客户更有效地管理电力、液压和机械动力。2012年公司销售额达163亿美元。伊顿在许多工业领域都是全球技术领先者，包括应用于电能质量、配电和控制、电力传输、照明和电线的产品、系统和服务，工业设备和移动工程机械所需的液压动力元件、系统和服务，商用航空航天所需的燃油、液压和气动系统，以及帮助卡车和汽车提升性能、燃油经济性和安全性的动力及传动系统。2012年伊顿收购库柏工业集团（Cooper Industries plc）。目前，伊顿公司拥有约10.3万名员工，产品销往175个国家和地区。如需进一步信息，请访问公司网站www.eaton.com。

1993年，伊顿签订了一份生产转向器和液压马达产品的合资协议，自此进入中国市场。2004年，伊顿将其亚太总部自香港迁至上海。目前，伊顿的所有电力、航天、液压和车辆等业务集团均已在中国开展商业项目。另外，伊顿目前在中国的苏州、常州、泸州、宁波和无锡等城市设有27个生产基地及4所研发中心。伊顿在中国生产的品牌中有许多属于国际知名的品牌，其中最重要的是EATON标志：

EATON 伊顿 EATON

除上述重要的EATON标志外，伊顿公司还拥有其他全球知名品牌，如CULTER-HAMMER、CH标志和Xpole标志等。同时，伊顿及其子公司持有的其他著名品牌还包括MEM、Moeller、Cooper、Bussman等。以下是伊顿及其子公司的部分重要商标：

EATON　EATON Powering Business Worldwide　MOELLER　MEM　F&G

Cutler-Hammer　BILL　X pole　X pole　CEAG

B-Line　COOPER　Crouse-Hinds　COOPER Lighting　Bussmann

LUMARK　BUSS　LynxPOWER　Edison　MAGNUM

LOW-PEAK　PRE-formance　Steeler　POWERMATE　COOPER INVISION

Cooper Power　Aeroquip　VICKERS　Halo

这些商标均已在中国海关总署登记备案以保护其合法权益。

伊顿商标在部分产品的使用：

主要备案商标

CHANEL

N°5

COCO

CHANEL

香奈儿股份有限公司 简介

“我要成为未来的一部分。”香奈儿女士曾如是说。这种雄心壮志与远见卓识的结合，造就了 CHANEL 这个独一无二的品牌。从 20 世纪初创立伊始，香奈儿品牌超越了当代的设计语言，在时尚、香水与美容产品、腕表与高级珠宝各个层面，不断发展传承，直至今日。

最初，香奈儿以一家小小的女帽店起家，然后迅速地建立起自己的时尚事业。她所提倡的是一种前所未有的“生活方式”，既赋予女性行动的自由，又不失温柔优雅。在她的设计下，时尚进化为现代、年轻、简洁、实用与理性。斜纹软呢外套、2.55 包、山茶花、双色鞋，等等，香奈儿写下一个又一个传奇。

香奈儿的创作跨越了传统概念的“时尚”。她曾说：“我要一款设计过的香水。”在这个概念的引领下，嘉柏丽尔·香奈儿与俄罗斯宫廷调香师恩尼斯·鲍合作推出了第一款抽象香调的香水，集合了 80 多种香氛——这，就是传奇的 N°5 香水。香奈儿女士更以她自由、自主的生活方式，为独立的现代女性设计了实用有效的美容护肤品。

香奈儿以丰富的创意不断拓展全新领域。1932 年“Bijoux de Diamants”钻石珠宝的设计，为未来的香奈儿腕表和高级珠宝开启无限灵感泉源。2000 年，香奈儿腕表将高科技精密陶瓷与香奈儿永恒优雅的气质巧妙地融为一体，推出了第一款黑色的 J12，接着又在 2003 年发布了 J12 白色腕表。自此，J12 腕表成为引领新世代制表的现代经典。

今天，香奈儿以强大的管理及创作团队为后盾，已形成 3 个独立却相辅相成的业务领域——时装及配饰、香水与美容护肤品、腕表及高级珠宝，传承了嘉柏丽尔·香奈儿优雅的现代精神，在各个领域不断续写新的美丽篇章。

旗下主要产品

服装、手袋、各式小皮具、配饰、
鞋帽、围巾、太阳眼镜、光学眼镜、
香水、彩妆及护肤品、腕表、高级珠宝。

3M公司概述

Minnesota Mining and Manufacturing

3M公司全称 Minnesota Mining and Manufacturing（明尼苏达务及制造业公司），创建于1902年，其总部设在美国明尼苏达州的保罗市，是世界著名的产品多元化跨国企业。3M公司素以勇于创、产品繁多著称于世，在其一百多年历史中开发了6万多种高品质产。一百多年来，3M的产品已深入人们的生活，从家庭用品到医疗用，从运输、建筑到商业、教育和电子、通信等多个领域，极大地改了人们的生活和工作方式。现代社会中，全球有50%的人每天直接间接地接触到3M公司的产品。

3M中国有限公司是1984年11月注册成立的外商独资企业，截至)12年，在中国累计投资超过85亿元。目前，3M公司在中国建立了家公司、11个生产基地、27个办事处、4个技术中心和1个研发中，员工超过8 200人。3M公司的办事处分别位于上海、北京、广、天津、杭州、南京、苏州、沈阳、成都、武汉、福州、深圳、青、重庆、西安、昆明、大连、乌鲁木齐、郑州、厦门、济南、宁、无锡、长春、长沙、合肥、太原等。3M较早被中国认识应该是在)世纪80年代初，那时候用来存储数据的磁盘很多就是3M公司的产。大规模“品牌推广”则是在2003年春夏之交的“非典”期间，产3M公司的N95口罩一时间成为人们的集体记忆。

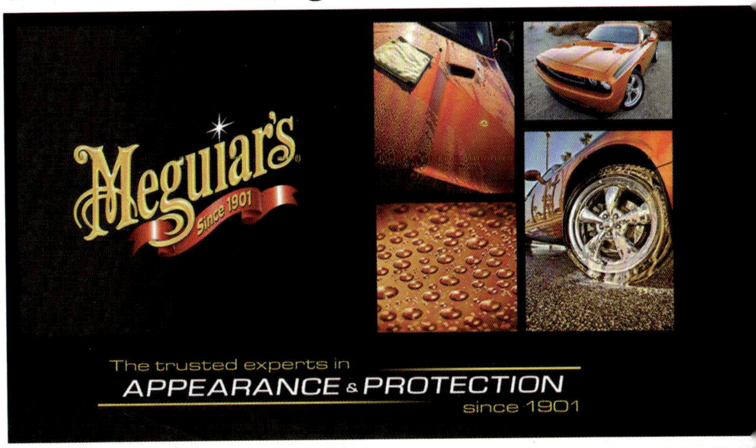

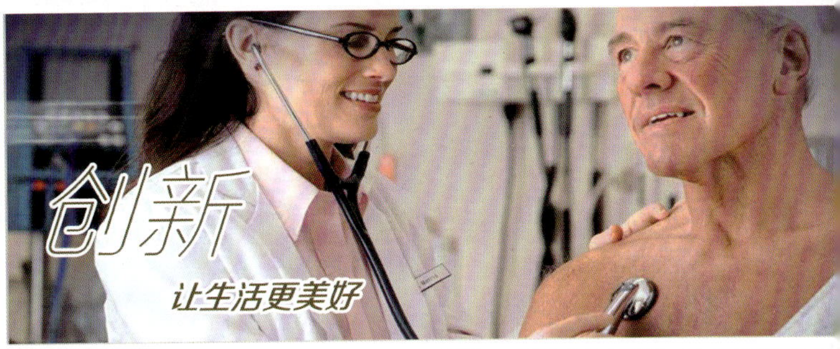

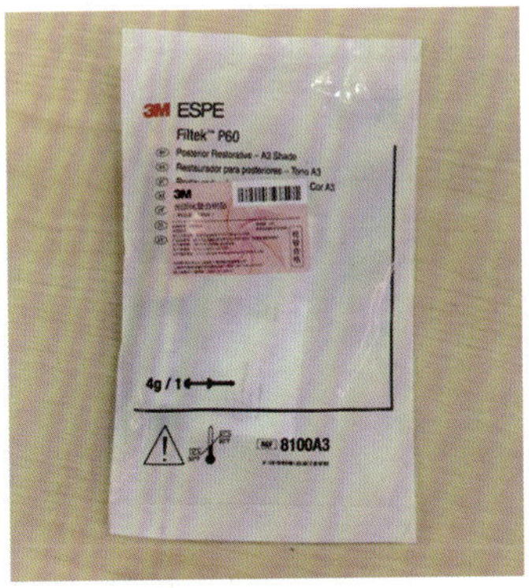

主要备案商标和产品

1. 3M：人工呼吸器、口罩、面罩等
2. 3M：光发射材料薄板及带、胶布、塑料膜等
3. TEGADERM：医用敷料、补牙用材料、牙科用蜡、杀菌剂等
4. Littmann：医疗仪器、医疗器械
5. Meguiar’s：抛光剂、清洁剂、去垢剂、脱毛蜡等
6. 视觉丽：反光塑料膜
7. SCOTCHLITE：用来反射可视光的塑料板材
8. ESPE：齿科产品

http://www.3m.com.cn

KONICA MINOLTA

柯尼卡美能达办公系统（中国）有限公司

Konica Minolta Business Solution (China) Co., Ltd

柯尼卡美能达办公系统（中国）有限公司是日本柯尼卡美能达株式会社在中国的全资子公司，总部设在上海，在全国共有10家分支机构。

作为全球领先的商务解决方案增值服务商，柯尼卡美能达始终凭借尖端的专业化技术满足各类商务输出需求为己任，专注于商务输出领域，站在客户角度，时刻洞悉客户需求并积极应对，以创新的思路给客户提供更适合的商务增值解决方案。

柯尼卡美能达在产品品质、服务质量、管理体系及环保等方面均达到了国际标准，获得ISO9001质量管理体系认证、ISO14001环境管理体系认证和ISO27001信息安全管理体系认证。柯尼卡美能达始终注重环境保护，构建低碳社会，具有强烈的质量管理和环境保护意识，将环境保护作为切实保护消费者权益的重要承诺，积极致力于不断提升客户满意度。

柯尼卡美能达解决方案 全面优化商务环境

应对国际化业务发展，减少环境负荷，强化信息安全……
随着企业要求的不断变化，柯尼卡美能达通过对办公环境的有机整合，为用户提供全球领先的商务解决方案及增值服务，全面满足多样化个性需求，助力企业成功。

综合提案服务

对办公设备进行合理配置，从消减成本、提高工作效率、提高安全性等方面，提高客户对办公设备使用的满意度而实施综合提案服务。

KONICA MINOLTA OPTIMISED PRINT SERVICES TM

MINMISE ALL. MAXIMISE ALL.

OPS: Optimised Print Service

OPS理念是基于以上三方面提出的，
即前期咨询、改善实施和后期管理。

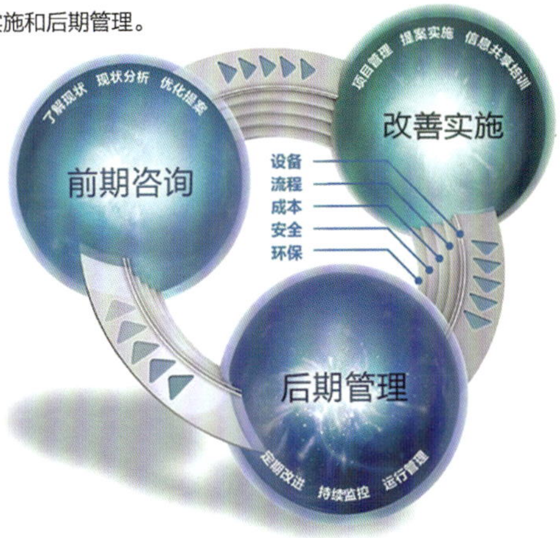

数码复合机品牌 bizhub 适应商务网络化的新潮流

bizhub 意为“Put yourself at the hub”。即通过提供一种不受时间和空间限制的新工作模式让使用者从繁杂的办公琐事中解脱出来，真正成为业务的核心。

bizhub

改 变 您 的 商 务 模 式

数码复合机

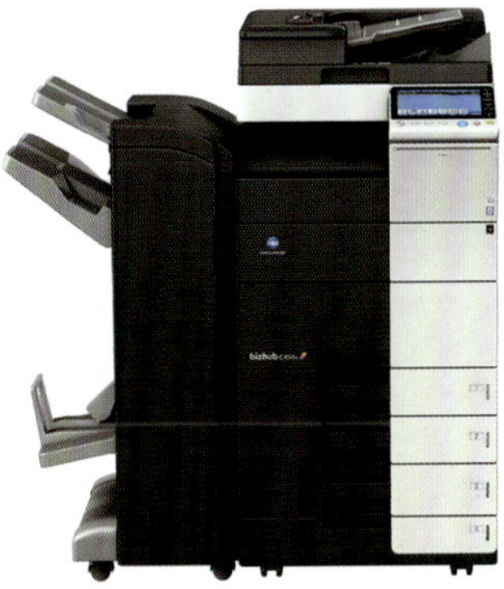

bizhub 数码复合机具有复印、打印、传真、扫描等多种功能。

激光打印机

柯尼卡美能达激光打印机系列产品具有高速、高画质、外形紧凑、高实用性的优势，能满足从SOHO到中、大型企业及政府行业等不同客户的需求。

bizhub magicolor pagepro

生产型数字印刷系统

柯尼卡美能达适应中国按需印刷市场需求的增长，通过先进技术和新型数码印刷作业流程提供高附加值的整体解决方案，满足具有个性化需求的不同客户的要求，真正实现细分化的“一对一”营销。

bizhub PRESS bizhub PRO

柯尼卡美能达荣膺中国文办行业企业信用评价“AAA级信用企业”

2012年4月，由中国文化办公设备制造行业协会主办的“中国文办行业企业信用等级”评价结果揭晓，全球领先的商务解决方案增值服务商——柯尼卡美能达办公系统（中国）有限公司，凭借完善的信用管理制度及业内交口称赞的信誉得到专业评委的一致好评，被评为中国文办行业企业信用评价“AAA级信用企业”。

柯尼卡美能达连续3届荣获“全国售后服务行业十佳单位”和“全国售后服务特殊贡献单位”两项称号

2013年9月8日，由中国商业联合会、中国保护消费者基金会主办的“第6届全国售后服务评价活动”发布会在北京举行。柯尼卡美能达办公系统（中国）有限公司在众多参评企业中脱颖而出，凭借着完善的售后服务体系和高质高效的售后服务，荣获“全国售后服务行业十佳单位”和“全国售后服务特殊贡献单位”两项称号，成为了同行业中唯一一家连续3届荣获该两项荣誉的厂商。

柯尼卡美能达办公系统（中国）有限公司荣膺《IT时代周刊》杂志“2013最佳企业社会责任奖”

2014年1月14日，由《IT时代周刊》、IT商业新闻网主办的第9届CEO年会暨颁奖典礼在北京隆重举行。在此次颁奖典礼上，柯尼卡美能达办公系统（中国）有限公司凭借其长期以来投身于教育、体育、环保等领域，持续开展各项社会公益活动而作出的积极贡献，荣膺《IT时代周刊》杂志颁发的“2013最佳企业社会责任奖”。

柯尼卡美能达A3数码复合机连续4年蝉联BLI“年度A3杰出全系列产品奖”

2014年5月，全球著名的权威办公设备评测机构——BLI“买家实验室”（Buyers Laboratory LLC）宣布，柯尼卡美能达bizhub系列A3幅面彩色及黑白数码复合机产品荣获BLI 2014“年度A3杰出全系列产品奖”。这是继2011年以来，柯尼卡美能达连续4年蝉联该奖项。

工商联手

编号：CCASS06054

荣誉证书

柯尼卡美能达办公系统（中国）有限公司：

按照中华人民共和国国家标准《商品售后服务评价体系》（GB/T 27922）综合评价，贵单位在“第六届全国售后服务评价活动”中荣获“全国售后服务行业十佳单位”称号。

特颁此证。

二〇一三年九月八日·北京

工商联手

编号：CCASS06078

荣誉证书

柯尼卡美能达办公系统（中国）有限公司：

按照中华人民共和国国家标准《商品售后服务评价体系》（GB/T 27922）综合评价，贵单位在“第六届全国售后服务评价活动”中荣获“全国售后服务特殊贡献单位”称号。

特颁此证。

二〇一三年九月八日·北京

柯尼卡美能达数码复合机耗材真伪鉴别操作方法

短信和电话查询

揭开防伪标签，输入该防伪标签背面的20位防伪查询密码，发短信至106695887808（注：从2007年12月1日零点开始，原防伪查询短信代码“95887808”调整为“106695887808”。）或拨打电话4006788315并按语音提示操作。

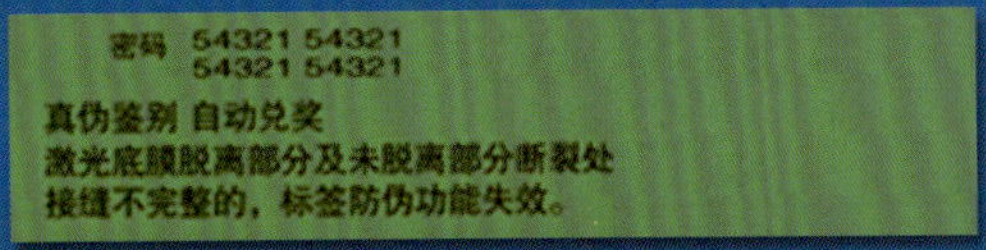

防伪标签背面

防伪标签正面＋挂卡正面

温变检验

灰黑色“揭”遇高温消失，常温后恢复灰黑色。（从2010年12月起销售的耗材，防伪标签使用温变检验方法替代微型检验卡检验法。）

底层鉴别

揭开防伪封标签，下方露出 KONICA MINOLTA 全息激光底层。揭开力度不同，在碳粉瓶身与防伪标签底部会有不同程度的全息激光底层残余。

防伪标签揭开后留下全息激光底层

网上查询

登入以下链接，输入防伪标签背面20位密码查询耗材真伪：
http://www.konicaminolta.com.cn/business/products/carbonpowder/queryfw.htm

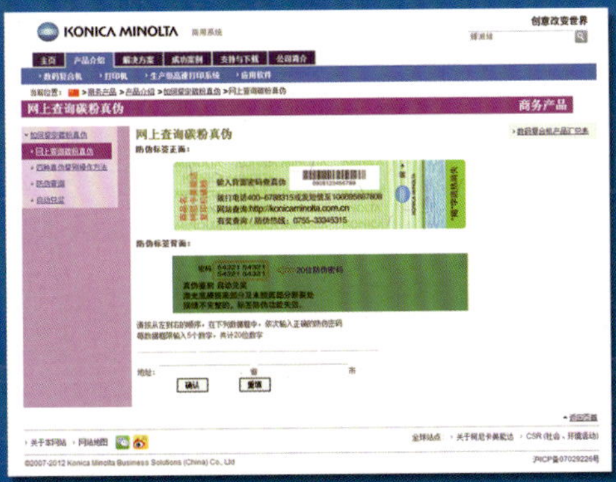

更多资讯敬请关注柯尼卡美能达官方微博、官方微信。

柯尼卡美能达官方微博

柯尼卡美能达官方微信

2. 产品优势

☆ 高性能UHP轮胎

● 宽大纵向排水沟槽，改善湿滑路面操控性能。

● 区分内外侧花纹设计，外侧大花块，保证花块足够刚性，提供转向抓地力，内侧多钢片、沟槽，抗湿滑性能好，湿地性能出色。

● 降噪花纹技术，提供安静舒适的驾驶体验。

● 胎面"硅"配方，抗湿滑性好，滚动阻力低，驾乘更安全，更省油。

☆ AT全地形轮胎

● 出众的排水及湿地操控性能。四条主沟设计，主沟容积加宽加大，有效地使轮胎与路面之间形成较大的排水空间，使轮胎能将集中到中间的水大量抛向后，提高排水性能同时提升湿地操控性，降低水漂效应，提高行车安全性。

● 五大胎面花纹块设计。拥有5个胎面花纹区域，具备良好的静音、排水性能，兼顾冬季表现。中间不规则花纹设计有效降低噪音，带斜度的边角避免夹杂石子，有限的斜度同时注重直线行驶的抓地性能。

● 立体感十足的花纹设计。花纹所有边界的特殊切角，配合整个花纹凹槽设计，让花纹更加突出，立体感十足，并增强行驶稳定性及驾乘舒适性。

● 有效提升抓地力的钢片设计。 花纹块上细密的钢片搭配横向沟槽、曲折牵引型花纹主沟设计，增强轮胎牵引力的同时，确保轮胎高排水性。细密刀槽可以有效降低噪音，提升路面及雪地抓地力，从而保证优异的操控性。

● 独特的肩部设计。台阶状肩部设计，增强花纹时尚立体感的同时，在车辆转弯时提供优异的抓地力，从而提高干湿路面条件下高速转弯时的稳定性和牵引力。

☆ MT泥地胎

● 出色的越野驱动性能。胎面花纹块与空隙的合理比例，利于在极端特殊地形条件下，有效清除花纹块之间的泥土，确保轮胎卓越的驱动性能。

● 出色的耐外伤性能。沟底保护条提高耐外伤性能

● 非铺装路面上出色的驱动性能和出色操控性能。不同形状胎肩块提高非铺装路的驱动性能和操控性能。

● 出色的花纹高刚性。连接筋提高花纹块之间的连接，提高花纹的刚性。

● 耐扎伤性能。胎侧的3层聚酯帘布构造和胎面的高强度钢带层有效提高了轮胎的耐刺穿性能。

● 安定性和均一性。采用先进的制造工艺，确保高品质的轮胎均一性和操控安定性。

● 出色的湿地驱动性能和制动性能。花纹块均布的不同形状细沟槽提高轮胎湿地性能和制动性能。

☆ 越野拉力赛车胎

245/80R16 专用于达喀尔拉力赛的轮胎，能够应对不同路况（从岩石路段到松软沙路）和来自车辆前进过程中自身重量、动力和扭矩等严酷考验。

● 同时，该产品又是性能多样的，可以适应比赛当中遇到的不同的，有时甚至是极端的条件，比如温度可以从极端寒冷到沙漠里的极端炎热，路况可以从柔软的沙丘到硬实路面的高速赛段。

● 达喀尔拉力赛轮胎的开发为森麒麟提供了宝贵的经验，有助于其开发适合在亚洲和南美洲使用的更安全、更耐用的轮胎产品。

☆ 航空轮胎

● 2013年4月，通过了全部试验项目验收，成为世界上屈指可数掌握高端航空轮胎核心技术的轮胎企业。

● 2014年6月6日，获得了CTSOA适航证书，成为中国较早获得中国民航局适航批准的民营企业。

● 2015年建设并形成航空胎1万条生产能力。

☆ 四季胎

专属四季胎胎面配方，兼顾冬夏气候，一年四季保持稳定的操控性能，免去换胎烦恼。

● 此款轮胎不仅能够提供优异的夏季轮胎性能，同时在轻雪及冰路面上也能够为车轮前进提供驱动力。

● 同时内侧镶嵌3D互锁钢片，提高花块支撑力，提升抓地力。变节距设计，计算机模拟噪音，优化节距排列，享受宁静驾驶体验。

☆ 镶钉雪地胎

胎面配方采用橡胶微发泡技术，橡胶中微小气泡可以在低温下降低橡胶的硬度，保持橡胶的柔软性，增加轮胎的接地面积，大幅度提高轮胎的抓地力；同时橡胶表面的微小凹凸利于排水，消除湿冰路面的水膜，有效提高轮胎的抓地力。

● 高含量白炭黑配方，提升湿地抓地力和刹车性能，保证冬季低温下良好的牵引性能。

● 钉子外侧的六角形凸起，可以起到对外围积雪隔离的作用，减少钉子周围积雪的堆积，使钉子充分发挥抓地作用。

● 14列优化的钉孔排列全方位提供冰雪路面抓地力，确保更短冰面制动距离。

☆ 路航F4赛车胎

公司最新开发的245/625R17干胎和雨胎专为F4赛设计，它能适用于20℃~ 55℃下的环境温度，标准车道上使用。

独特的胎面配方设计,可使轮胎在行驶时，快速升温，使胎面进入热融状态，提高轮胎抓地力，保证车手在弯道不打滑，不发难以接受的噪声，升温后，有好的稳定性，从而减缓抓地力的衰减。

超高强的胎侧和胎圈部设计，使轮胎有非常好的操控刚性，使轮胎高速行驶时，不发生轮胎与轮辋滑移的现象，刹车平稳，并且没有抱死的问题。

☆ 漂移赛用半热熔和全热熔轮胎

半热熔赛车胎专为漂移赛设计，具有一定观赏性，瞬间温度达到280℃~300℃后起烟。这种特殊橡胶材质的轮胎在温度升高后能够拥有接近全热熔胎的抓地力，但同时轮胎有一定的使用寿命。

全热熔赛车胎为方程式级别轮胎，在使用时轮胎表面温度升高，要求升温快，能够使轮胎快速达到工作温度，轮胎表面温度能瞬间够达到300℃。升温后胎面软化，可为赛车提供极限抓地力，时速可高达340千米/小时。

3. 企业亮点

- ▲ 通过适航认证的民营企业；
- ▲ 达到标签法滚动阻力A级，湿滑性能A级的企业；
- ▲ 达到轮胎噪音68dB的轮胎企业；
- ▲ 可以批量生产和稳定销售缺气保用RFT轮胎的轮胎企业；
- ▲ 可以批量生产和稳定销售32寸及扁平比20系列轮胎的轮胎企业。

权威测试

2014年路航被欧洲《TEST WORLD》2014年夏季轮胎测试报告评为综合性能优秀的中国轮胎

路航轮胎
LANDSAIL

路航被欧洲专业测试机构评为优秀的中国轮胎
欧洲《TEST WORLD 2014测试报告》对路航轮胎的评价

路航轮胎
LANDSAIL

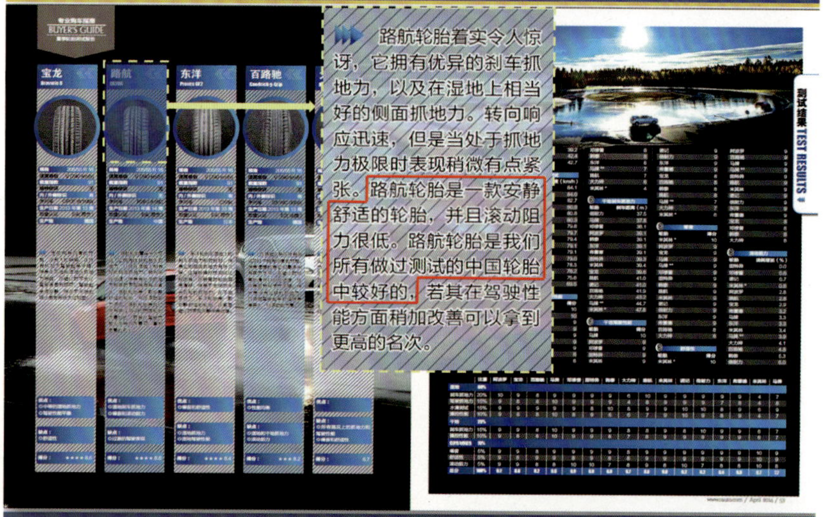

2015年欧洲第一汽车协会ADAC对全球知名品牌测试中，路航夏季轮胎综合成绩位居中国品牌第一名。

2015年3月12日，由领先的欧洲第一汽车协会ADAC奥地利汽车俱乐部OAMTC、瑞士汽车俱乐部TCS及德极具盛名的商品和服务评测机构Stiftung Warentest共参与评测的2015夏季轮胎评测成绩中：

- ★路航轮胎旗下LS588 UHP 取得了湿地制动抓地力排名第一；
- ★舒适性排名第一；
- ★干地制动抓地力排名第二；
- ★综合排名第八，综合成绩得分8.3分（满分10分）。

ADAC TEST

Res

湿地制动抓地力	制动距离（米）	干地制动抓地力	制动距离（米）	舒适性
路航	35.0	马牌	38.7	路航
马牌	35.9	路航	38.9	阿波罗
锦湖	36.0	倍耐力	39.0	马牌
韩泰	36.1	固特异	39.3	风驰通
诺记	36.1	韩泰	39.4	固特异
固特异	36.9	邓禄普	39.5	韩泰
宝龙	37.0	米其林	40.0	锦湖
倍耐力	37.0	南港	40.1	诺记
好运	37.8	弗雷德	40.2	弗雷德
弗雷德	38.7	锦湖	40.4	宝龙
邓禄普	39.2	好运	40.7	邓禄普
米其林	40.1	诺记	40.7	好运
南港	40.3	阿波罗	40.8	米其林
风驰通	40.9	宝龙	40.9	倍耐力
阿波罗	41.8	风驰通	41.6	南港

市场管理

全球销售网络

公司实施多品牌市场战略，现已建立遍布中国、北美、中南美、欧洲、非洲、大洋洲和亚洲等150多个国家和地区的全球销售网络。

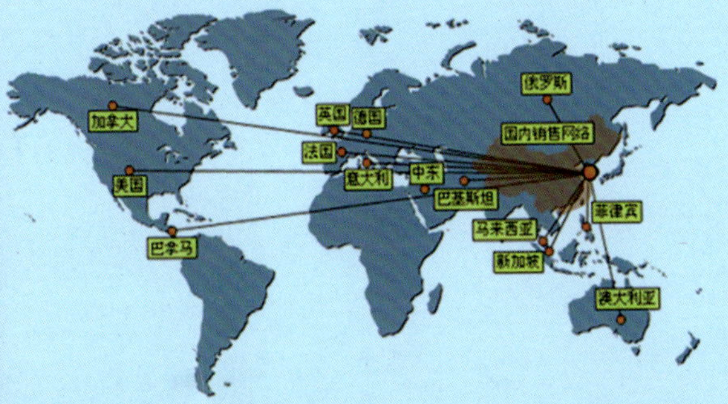

市场占有率

- 英国市场：森麒麟“路航”品牌在替换市场的轿车胎市场占有率达4%；
- 美国市场：森麒麟轮胎在17英寸及以上高性能轮胎市场占有率达2.5%。

国内销售市场

- 迄今已在青岛、天津地区建成33家动力驿站路航轮胎连锁零售店；
- 全国43个品牌代理商，已建成路航直接零售店2 000余家；
- 是拥有自有出租车公司的轮胎企业。出租车轮胎行驶里程倒轮状态下可达到18万千米。

动力驿站连锁 33家

路航零售店 2 000余家

自有出租车公司轮胎企业NO. 1

180000KM 倒轮状态下 18万千米

国内配套

已成为江淮汽车、华晨中华汽车、华泰汽车、华晨鑫源汽车、潍柴嘉陵川江汽车的主流供应商。

市场宣传

☆ 品牌宣传

- 2014年央视《朝闻天下》栏目投放前进之路、科技领航；
- 2015年CCTV5体坛快讯、中国男篮职业联赛CBA、亚冠联赛等体育赛事。

☆ 全国路航品牌装修店400家

☆ 赞助赛事

2014年，路航轮胎护航韩岳“环球赛道400天”赛车拉力活动。

2014年，路航轮胎赞助成吉思汗大赛车—鄂尔多斯房车挑战赛。

“一带一路”战略实施

公司于2015年6月份在泰国罗勇府开始投产的年产1200万条轿车子午线轮胎项目是森麒麟积极响应国家“一带一路”重大战略号召，不断实施国际化的具体体现。该项目是全球轮胎行业智能化、自动化较高的工厂，是森麒麟立志要打造的实施国家“一带一路”战略在泰国的样板工程。

斯巴鲁汽车（中国）有限公司

斯巴鲁汽车（中国）有限公司是日本富士重工业株式会社（FHI）旗下最为重要的海外分公司之一，于2006年正式成立，负责斯巴鲁品牌汽车在中国市场的销售和售后服务，目前在中国市场销售包括Outback傲虎、Forester森林人、Legacy力狮、SUBARU XV、SUBARU BRZ、WRX STI等多个车型系列的产品。

斯巴鲁以“Confidence in Motion”这一品牌宣言为汽车开发之本，一直致力于卓越汽车技术的开发，并注重产品开发与消费者生活方式和价值观的融合，同时希望以旗下汽车产品给使用者带来“安心与愉悦的驾驶体验”。斯巴鲁以左右对称全时四轮驱动系统（Symmetrical AWD）与水平对置发动机（SUBARU BOXER）的理想结合作为自己的核心汽车技术，生产具有优异操控性和良好安全性的汽车产品，在全世界各大汽车市场均赢得了广泛成功，并成为在全球范围内享有盛誉的国际知名汽车品牌。

进入中国市场以来，斯巴鲁汽车（中国）有限公司采用“全球同步”策略，将越来越多的精品车型不断引进中国，并使这一性价比极高的纯进口汽车品牌得到了中国用户的广泛认同与肯定，不仅销售业绩获得飞跃增长，而且在中国各地建立起了强大的销售网络和完善的售后服务体系。截至2014年6月30日，斯巴鲁在中国内地的经销商店已超过210家，这些经销商店都以国际水准的统一形象设计和服务标准，为中国消费者提供最为专业、周到的服务。2013年9月，通过与庞大汽贸集团股份有限公司合资，斯巴鲁汽车（中国）有限公司实现了经营体制的转化，为今后在中国市场寻求进一步发展打下了坚实基础。

在为中国消费者提供优秀汽车产品的同时，斯巴鲁汽车（中国）有限公司近年来还积极投身于公益、环保和文化事业，通过捐建斯巴鲁希望小学，设立斯巴鲁生态保护基金及开展大型生态公益宣传活动“31座森林星之旅”等切实有效的方式，承担起作为企业公民的责任，为推动社会和谐发展作出努力。

美国UL有限责任公司（UL LLC）

自1894年创立时起，我们就致力于建立更安全的世界。

美国UL有限责任公司（UL LLC）是一家全球性的独立的从事安全科学事业的公司，在创新性安全解决方案领域，拥有逾一个世纪的专业知识，从公众用电到具有突破性的可再生新兴能源及纳米技术，UL涵盖各学科的方方面面。UL致力于为公众创造更安全的生活与工作环境，保障公众、产品及场所的安全，从而推动全球贸易，为公众提供安心环境。

"安全"日益成为消费者最为关注的话题，提供"安全"正是UL的使命。

——UL总裁兼首席执行官Keith Williams先生

UL安全认证标志是消费者对产品安全的信心保证，企业凭借与UL合作在全球市场准入方面更具竞争力。近年来，UL每年都要对消费者和制造商进行调研并发布《产品意识指引》，为的是帮助制造商更好地了解消费者心理。UL为企业提供的具有公信力和专业水准的服务，帮助企业缩短新产品测试时间，提升企业整体技术能力，同时提高产品性能，进一步符合国际安全法律法规的要求。

2014年11月，UL连续第六年参加亚太经合组织APEC工商领导人峰会，UL高管与其他企业领导人在本届峰会中共同探讨了全球供应链断裂和提升公众健康安全等针对性难题。凭借UL在亚太区拥有的众多的检测实验室、成熟的检测方案和与区域内企业的紧密合作，同时UL持续研究最新的医疗技术，针对医疗设备的测试服务也在不断精细化的优势，UL提供了更加专业独到的见解。

UL在中国

1980年UL正式进入中国。2003年1月，UL与中国检验认证集团（CCIC）成立了合资公司——苏州UL美华认证有限公司。目前，UL在中国的上海、广州、深圳、苏州拥有5家实验室和1 700多名员工，获得UL认证的工厂累计已经超过两万多家。同时，中国的1 000家实验室获得UL认可与之成为合作伙伴。

UL知识产权保护工作

UL作为全球产品安全检测和认证领域的领导者，十分重视与制造业界密切合作，共同阻止假冒产品和非合规的产品流入行业的供应链中，避免受到贴有假冒UL商标／标志的产品可能对消费者带来的对生命、财产的危害。对于生产合规产品的制造商们来说，每一件被查获的假冒产品都代表着一个新的销售机会。一旦能够阻止假冒伪劣的行为，所有合规的制造商都将因而受益。

多年来，UL通过积极地开展打击侵权活动，成功查获数百批次的假冒UL标志的产品，UL在海关知识产权保护方面的工作取得显着实效。同时，UL通过积极参与不同类型的宣传交流和培训活动，加强与相关机构的沟通、合作和了解，使得UL在配合中国海关知识产权保护的工作上更有效、更迅速。

2014年9月，国际刑警组织、越南国家警察与UL于越南河内合办2014国际知识产权执法会议。来自80个国家和地区、200多个组织的500多名执法官员、调查检控人员及知识产权保护专业人士就本界会议的主题分享经验和展开讨论。国际刑警在全球范围进行的名为"Turn Back Crime"的行动，旨在引导和呼吁消费者主动抵制假冒伪劣商品，共同打击违法行为。国际刑警主席邱文晖表示，有组织犯罪集团在跨境侵权方面的活动危害消费者的健康及安全，执法机构间的合作，对打击跨境有组织侵权及盗版活动至为重要。

需要更多资讯，请浏览 ul.com

JL商标与海关备案信息

申请人名称：美国UL有限责任公司
申请人编号：5020000054
商标专用权：UL及图形
商品分类： 2，6，7，8，9，10，11，14，16，19，20，28

"UL及图形"注册商标常见于电源线、通讯线材、插座、电源供应器、电源适配器、照明灯具、家用电器、金属管件、消防器材等产品。

申请人名称：美国UL有限责任公司
申请人编号：5020000054
商标专用权：RU图形
商品分类： 4，7，9，11，14，16，17，28

"RU图形"注册商标常见于电线，电池，各种电子零件如开关、电容器、变压器，马达电机，散热风扇，印刷电路板等产品。

国际知识产权犯罪调查员学院（IIPCIC）

IIPCIC 是国际刑警组织与UL共同合作开发的一个互动式的在线打击知识产权犯罪培训计划。此课程由14个初级和中级核心单元组成，这14个课程题由知识产权犯罪课题领域的知名业务专家组成的跨国委员会确定和开发，当中包括中文在内的多国语言版。这些主题是帮助执法人员及其他合作伙奠定扎实的知识基础，以有效阻击国际知识产权犯罪所需的重要基石。

所有的执法机构的知识产权调查人员，包括警察、海关和符合资格的法规部门人员都可以登录www.iipcic.org免费登记培训，浏览课程样板，参与程。完成14个初级和中级核心单元课程的学员将获得由国际刑警组织授予的"国际知识产权犯罪调查人员学院证书"。

IIPCIC课程界面

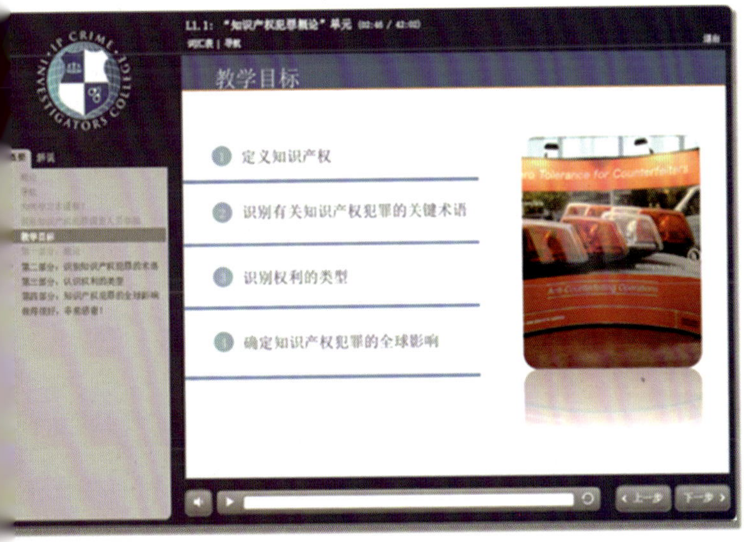

IIPCIC证书范例

联系UL品牌保护部门

于使用UL商标/标志产品种类繁多，对于任何嫌疑侵犯UL商标专用权的产品，请随时与UL品牌保护部门联系。

兆昌 — 品牌保护经理 13149999304 / Kenneth.Leung@ul.com
吴维璋 — 品牌保护经理 15017614972 / Ted.Ng@ul.com
忆 — 海关项目及调查经理 13761415002 / Nick.Huang@ul.com
叶展宏 — 品牌保护主管 13826486606 / Darwin.Ye@ul.com

MONCLER 蒙克雷尔股份公司

MONCLER公司于1952年诞生于法国小镇Monestier de Clermont，总部设立于意大利，是一个坚持传承历史传统，勇于引领时代潮流的国际化奢侈品牌。一直以来，MONCLER都是羽绒的代名词。其羽绒服产品款式设计新颖时尚、色系丰富靓丽，一改传统羽绒服臃肿厚重的形象，可谓集优雅、时尚、轻薄、保暖于一身。随着时间的推移，MONCLER羽绒服在外观、设计和风格上与时俱进，但仍然忠实于对最初风格的信念。

蒙克雷尔的主要商标

MONCLER品牌的早期发展与极限体育运动密不可分。第一件MONCLER羽绒服制造于1954年，其出众的技术使其一经上市立刻大卖。同年，MONCLER为意大利乔戈里峰登山队提供登山器材。1955年，MONCLER为法国喜马拉雅登山队提供技术支持。1968年，在法国格勒诺布尔举办的冬季奥运会上，MONCLER成为法国国家滑雪队官方赞助商。20世纪80年代，随着MONLCER品牌的发展，其在年轻一代中掀起了全世界范围的时尚热潮。

MONCLER始终秉承专注舒适与品质的信念，并致力于将该信念不断注入到人们日常生活的每一刻。在品牌信念的支撑和指引下，现如今，MONCLER的产品范围由只针对运动市场扩展至适合各个类型、年龄、个性、文化、场合需求。

MONCLER非常看重中国市场的发展，在中国已拥有近20家精品店。与此同时，MONCLER高度重视其知识产权的保护，投入中国市场后即进行了备案，以保障MONCLER公司的合法权益不受侵犯。

MONCLER品牌保护联络代表（中国）

北京珩瑜律师事务所

地址：北京市朝阳区东三环中路7号北京财富中心写字楼A座316室

电话：010-65330055 传真：010-65330590

SATA GmbH & Co. KG
萨塔有限两合公司

SATA 位于德国科恩韦斯特海姆，成立于1907年。SATA是世界领先的喷枪、呼吸保护设备、压缩空气油水分离器及相关配套产品的制造商。SATA也是该行业历史最悠久的企业之一。作为高质量产品的供应商，SATA在全世界，特别是汽车维修行业内享有很高的声誉。

为了保持在行业的领先地位，SATA不断地在研发新工艺、新技术和新产品方面投资，务求令用户有最佳的使用体验。为了严格控制产品品质，所有的SATA产品都在其位于德国科恩韦斯特海姆的唯一工厂生产。不断的投入和创新，加上对产品质量的坚持，SATA喷枪及其他产品在全世界都大受欢迎。目前SATA产品的出口比率超过70%，产品畅销全球接近100个国家，2013年的全球营业额逾7 000万欧元。

SATA喷枪产品自20世纪80年代起便在中国市场销售，20世纪90年代末开始推广和销售现今人所共知的HVLP及RP系列的喷枪。SATA于2001年起授权深圳市美施联科科技有限公司作为其全中国的独家总代理。美施联科主要配合其分布在全国大小城市的二级经销商，为用户提供产品、培训和售后服务。经过多年的努力，SATA产品的卓越质量和优秀的售后服务得到了中国消费者的普遍赞扬，多次获得业内的重要产品奖项，如2013年《汽车维修与保养》颁发的“20佳维修工具”，2012年《汽车与驾驶维修》颁发的“节能环保奖”，2011年《汽车维修与保养》颁发的“优秀产品奖”，SATA产品在客户心里已经等同于德国高质量的同义词。

■ SATA在中国的主要商标及其所应用的产品系列

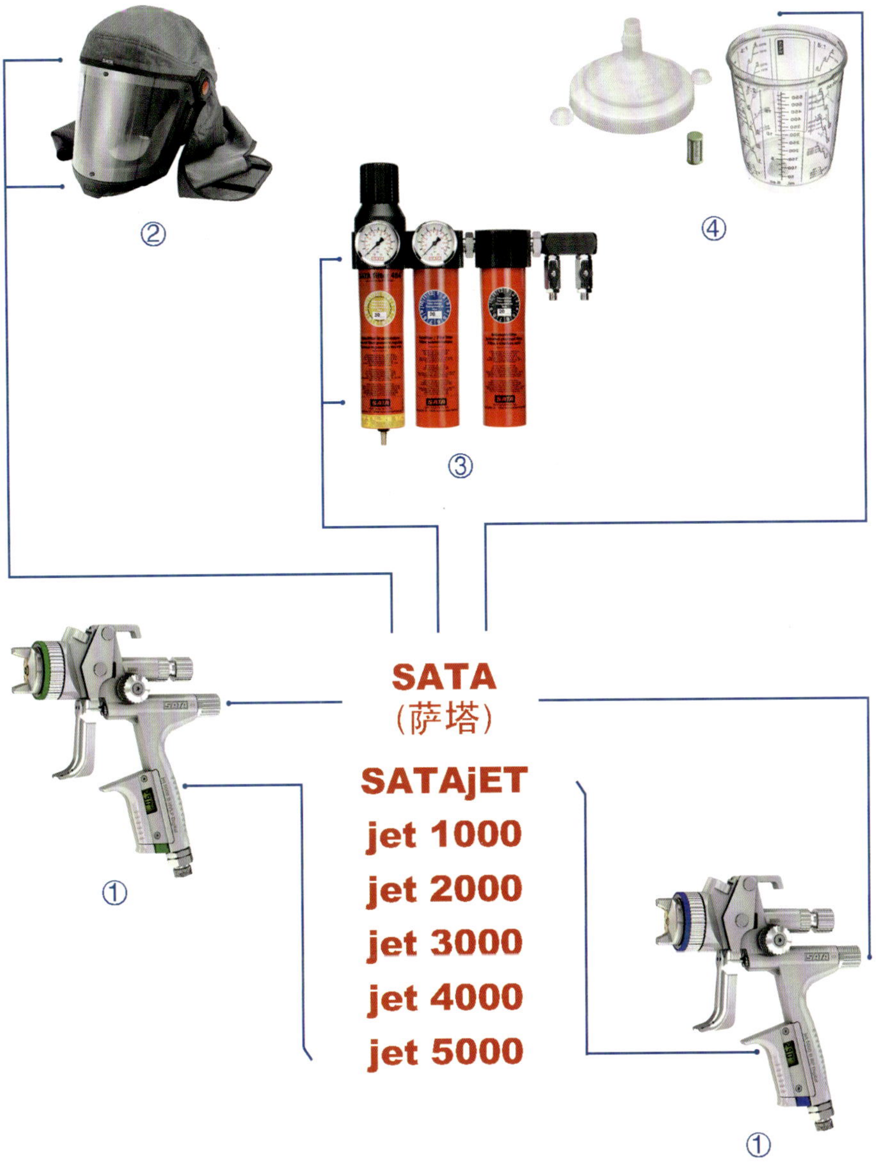

SATA产品主要分为以下几个系列：

① 用于汽车维修、木工和工业生产的各款喷枪

② 喷漆呼吸保护设备

③ 压缩空气油水分离器

④ 免洗枪壶系列

除上述商标，SATA还注册有**adam**、**QCC**、**RPS**等商标以标识其产品所具有的不同功能。

关于SATA产品及公司的更详细信息请点击SATA官方网站：www.sata.com
或 深圳市美施联科科技有限公司网站：www.maxlink-tech.com

HDMI®
HIGH-DEFINITION MULTIMEDIA INTERFACE

HDMI的背景

HDMI (High-Definition Multimedia Interface) 意思是高清多媒体接口，是现时电子业界领先的高清（HD）设备连接技术及标准。各种消费类电子产品如高清电视、个人电脑、相机、摄像机、平板电脑、蓝光播放器、游戏机、智能手机等，都能够发送或接收高清信号。

在 2002 年，7 家领先的消费类电子产品制造商日立（Hitachi）、松下（Panasonic）、飞利浦（Philips）、索尼（Sony）、Technicolor 公司、东芝（Toshiba）和矽映公司（Silicon Image）开发并推出一个新的多媒体介面——HDMI 高清多媒体介面。

此外，HDMI还支持主要电影制片商和系统运营商，主要电影制片商包括福克斯（Fox）、环球（Universal）、华纳兄弟（WarnerBros）和迪斯尼(Disney)，系统运营商包括DirecTV公司、EchoStar的Dish网络和CableLabs。

HDMI协会于2002年成立，该协会代表以上7家投资公司提供相关授权给有意采用该商标的企业及组织。

·授权HDMI技术规格　·促进及宣传HDMII技术　·提供教育及培训　·支持HDMI采纳　·保护HDMI技术及版权

2014年，HDMI接口因在电视领域的卓越技术发展荣获了电视学会所颁发的Primetime Emmy® Engineering Award（艾美工程奖）。艾美工程奖是授予对现有方法有显著改善或对电视的传输、记录和接收有实质性影响的本质创新的工程技术发展和/或标准。以单一线缆整合未经压缩的高清晰度视频、多声道音频及数据，HDMI技术提供超清晰的数字质量。这种发展极大地简化了用户体验，并引领全球消费者及厂家对HDMI技术的采纳。今天，超过1 500个HDMI采纳者已经创造出超过40亿个带有HDMI功能的产品，为消费者提供了一个优越的视觉体验、高准确的像素传输及高保真音质。

DMI的注册商标

亥商标图像及文字标示均已注册于国家工商行政管理总局商标局

商标	标示	类别	国家工商行政管理总局商标注册编号
HDMI 图像商标 (® 或 ™)	HDMI HIGH-DEFINITION MULTIMEDIA INTERFACE	09	10251085
		35	10251090
HDMI 文字商标 (® 或 ™)	HDMI	09	10251088
		35	10251088

采用 HDMI 介面的产品

- 传输线
- 电子配件
- 转接盒、分配器、加强器……
- 高画质电视
- 桌面电脑、平板电脑、笔记型电脑
- DVD 及蓝光播放器
- 机顶盒
- 游戏机
- 影音接收器、放大器
- 摄影机
- 行动影音装置
- 卫星信号接收器
- 投影机
- 显示器
- 照相机

确定未授权HDMI产品的三个步骤

- 第一步：中国海关备案系统
- 第二步：HDMI网上授权名单
  http://www.hdmi.org/learningcenter/adopters_founders.aspx
- 第三步：提供查扣货品资料给 REACT CHINA
  及HDMI协会中国办事处(customs@HDMI.org)，以进行确认。

可以帮助我们识别确定非授权HDMI产品的信息

- 出货公司名字及地址
- 报关单及相关文件
- 产品包装图片(正面及背面)
- 产品图片(正面及背面)
- 产品品牌
- 产品型号
- 用户手册
- 产品机身编号
- UPC号
- 货运追踪号
- 货运方法
- 目的地关口
- 公司网站

横琴口岸和分线管理设施建设情况

2011年7月，横琴新区创新通关制度和措施，横琴与澳门之间的口岸设定为“一线”管理，横琴与内地之间设定为“二线”管理。按照“一线”放宽、“二线”管住、人货分离、分类管理的原则实施分线管理。横琴环岛不设置隔离围网，代之以设置环岛巡查及监控设施，确保有效监管。

2014年5月15日，横琴分线管理设施正式通过验收，并于同年6月28日正式封关运作。2014年12月17日，横琴新口岸正式启用，并于12月18日0时起实施24小时通关。横琴新区成为实施封关运作、分线管理的区域，是全国率先开展通关制度创新的一项重大突破，也是横琴创建广东自由贸易区的重要基础，更是推进粤港澳更紧密合作的一项实践。

横琴口岸及综合交通枢纽（一线口岸改扩建）项目

（一）项目概况

该项目位于横琴新区中东部，东邻十字门水道，与澳门路氹遥相呼应，南接澳门大学，西至环岛东路，北连十字门中央商务区。项目将充分利用创新口岸通关制度优势，结合港澳的“自由港”优势，建立人员、物资、资金高效流动区域，致力于打造内地与澳门之间的核心口岸、珠澳两地重要跨界基础设施、横琴新区大型综合交通枢纽和横琴新区城市综合服务设施。

横琴口岸总建筑面积约11.49万平方米，建成后可以满足旅客日通关量22.2万人次，年通关量8 000万人次；车辆日通关量7 259辆次，年通关量265万辆次；货物日通关量1.5万吨，年通关量533万吨。

口岸通关设施位于规划区中部，包括出入境旅客通关查验大厅（地上二层，地下一层），车、货检查验设施（南北两侧）及其他配套设施。

（二）综合交通枢纽功能区

综合交通枢纽涵盖广珠城际延伸线横琴站、澳门轻轨延伸线横琴口岸站、长途客运站、城市公交枢纽站、岛内轻轨站、出租车服务设施、社会车辆停车场（含私家车、旅游巴士等）、地块市政道路及站前广场等各类交通基础设施，建筑总面积约19万平方米。

综合交通枢纽采用立体布局，包括地下二层的广珠城际轨道车站、澳门轻轨车站，地面一层的长途客运站、城市公交枢纽站等道路交通场站设施。通过便捷的竖向交通系统，它们都能方便地与地下一层、地上二层的枢纽综合换乘大厅和出入境旅检大厅联系，并进行换乘和通关。未来，广珠城际与澳门轻轨在横琴口岸西站将实现无缝换乘，大大提升交通换乘便利性。

（三）建设工期安排

为保证建设期间横琴口岸能继续通关，建设工期分为两期。

横琴新口岸一期工程。2013年10月动工建设，主要建设内容是在项目地块东北角建设过渡期口岸旅检大厅、客货车永久查验场及出入境报关报检楼、外围市政道路。项目占地面积约23万平方米，总建筑面积约4.4万平方米，建设内容主要包括过渡期查验大厅，出、入境报关报检大厅，出境客货车查验场，入境客货车查验场及附属配套工程等。其中大厅为临时性建筑，其建筑面积约2.1万平方米。项目于2013年10月正式启动，已于2014年12月17日正式启用，12月18日0时起实施24小时通关，使用年限为3~4年。可满足旅客通关量8~10万人次/日，客货车通关量1 000车次/日（现状为700车次/日）。

主体口岸改扩建工程。主要建设口岸大楼、综合交通枢纽及相应的开发配套功能设施，计划于2014年年底动工建设，2017年完工。

横琴分线管理设施建设情况

横琴分线管理设施主要包括横琴二线通道设施和环岛监控系统（即电子围网）。

（一）横琴大桥二线通道项目简介

横琴二线通道位于横琴大桥南横琴岛下桥位左右两侧，是连通横琴新区与内地的关键基础设施，主要履行报关、报检等监管职能，内地货物经“二线”通道进入横琴视同出口。近期横琴大桥“二线”通道是横琴与内地之间唯一的通道，履行对客运与货运共同监管查验的职能。远期待横琴二桥建成使用后，横琴大桥“二线”通道将主要作为客运通道。

该项目总投资4.02亿元，用地面积14.73万平方米，总建筑面积2.58万平方米，包括海关、出入境检验检疫部门办公、业务用房及配套用房。其中，出岛综合楼13 104.37平方米，入岛综合楼5 424.9平方米（环岛视频监控室691平方米），出岛货检查验楼2 969.34平方米（仓库200平方米），入岛货检查验楼2 969.34平方米（仓库200平方米），出入岛货检查验通道及相关用房1 574.92平方米。

（二）横琴环岛监控项目简介

横琴新区环岛监控项目由环岛电子围网系统项目（以下简称“电子围网”）和电子联网系统项目（以下简称“电子联网”）两大部分组成。

1. 电子围网项目情况

电子围网项目是沿横琴环岛岸线设立总长约53千米的闭合的电子信息围网，整个系统由环岛智能监控联网平台、环岛越界智能检测网、“人、车、站”结合的动态巡查网、智能化监控指挥管理平台、前段视频监控信息采集系统、周界防范及报警系统、移动巡查执法及监管系统和及其他辅助配套系统等八大子系统组成，综合运用智能视频监控、红外检测、移动通信、无人机巡查、车载巡查、卫星定位、雷达监测、地理信息系统等高新技术，建立覆盖横琴环岛的监控系统，构建一个数字化、智能化、多层次、多种检测技术叠加的闭合式电子信息围网。

环岛监控项目针对横琴环岛岸线的特点，采取了相应的设防措施和监控技术：在与市区相邻的北部地段，采用类似“平安城市”治安监控技术；在珠澳边境地段，结合边防设施，采用高位监控和智能检测等技术；对南部和西部可通航的海面，采用海事管理和边海防监控设备——海事雷达和全天候光电跟踪仪等设备；对部分礁石、悬崖等无人区域，通过无人机巡查等辅助手段，确保有效监管。

除了环岛岸线的电子监控外，横琴岛内共设置了5个海关巡逻站，配合环岛监控巡查车辆，在指挥中心的统一调度下，实施机动巡查，可在第一时间到达报警现场。通过“动静结合、技防和人防结合”的巡查监控机制，确保对走私偷运行为的有效遏制和及时处置。

项目具有以下几方面特点：

一是“全高清”。设备具有“全数字、全高清、智能化”的特点，为环岛岸线监控提供了高清数字信号，监测效果好。

二是“全覆盖”。横琴环岛分别设置不同类型的监控点位、视频拼接技术及包括无人机在内的现代监控设备，对53千米岸线实现无盲区、全覆盖的实时监控。

三是“全天候”。针对昼夜、雨雾等不同情况，通过被动红外、雷达、星光级视频等设备，实施24小时全天候有效监控。

四是“早预警”。设置智能雷达预警、自动光电跟踪、高清视频监控、报警联动处置等系统，根据横琴岸线不同设防情况，依次设置预警、报警提示区域，提前发现、有效处置各类越界行为。

五是“智能化”。采用智能视频分析、多源信息融合、数据挖掘等技术，搭建了数据挖掘—智能报警—联动处置—会商决策的完整的监控及处置流程，实现智能化监控，提高监控效率，充分发挥系统监管作用。

2. 电子联网项目情况

电子联网系统是横琴新区实施信息化管理的辅助平台，依托H2010和QP系统定制数据、卡口物流监控数据等，对区内企业、进出区车辆及货物实施监管。系统的建成及投入使用为横琴进一步优化和创新监管模式提供了技术支持和保障。

项目建设内容主要分为三部分：横琴新区通关辅助管理系统，是包括企业申报、海关监管、卡口管理、运维管理、数据交换等子系统在内的专用软件系统；智能卡口系统，包括二线通道35条智能卡口及控制系统的集成、一线口岸26条智能卡口及控制系统的集成和改造；支撑软硬件系统，包括系统运行所需的服务器、存储设备、网络及安全设备、基础系统软件和系统集成等。

三星·中国

三星电子致力于为世界各地消费者创造更多全新可能。通过持续不断地创新和探索，公司凭借在电视、智能手机、个人电脑、打印机、相机、家电、医疗设备、半导体和LED解决方案等领域的深厚积累，正在引领全球的智能化发展。三星电子横跨79个国家，雇员23.6万人，年销售额超过1 878亿美元。

三星（中国）投资有限公司是由韩国三星电子株式会社于1996年3月18日在中国北京注册成立的外商独资公司，业务涉及多个领域，主要包括半导体、移动电话、显示器、笔记本、电视机、电冰箱、空调、数码摄像机及IT产品等。公司作为进出口货物收发货人于2005年11月4日在北京注册登记，取得了进出口货物收发货人报关注册登记证书。2013年7月5日，经海关审核批准，公司取得了可以适用AA类管理的资格证书。

三星（中国）投资有限公司由市场部、产品部、人力管理部、法务部和经营支援部组成，同时下设五大分公司、16家生产法人和6家研究院。五大分公司分别位于北京、上海、广州、沈阳和成都，分管各地的销售网络，16家生产法人和6家研究院主要分布在华北、华东、华南三大地区，其中以天津和苏州为主要区域。

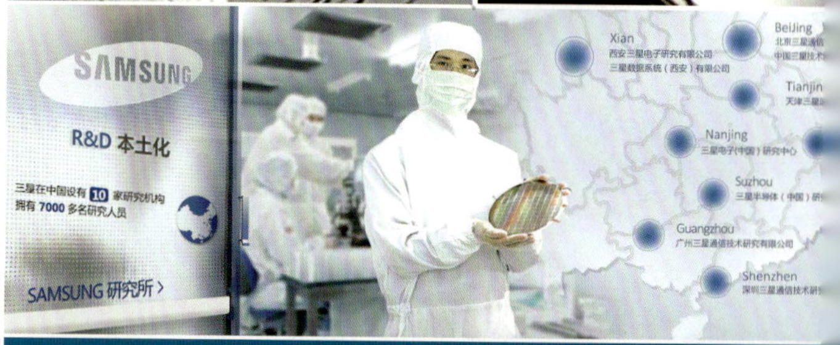

三星的贡献：肩负社会责任

除了通过商业价值来衡量自己的成就，三星更加着眼于肩上所担负的社会责任。作为企业公民，三星脚踏实地践行责任，努力建设更加美好的社会，改善环境并加强社区联系。

三星的理念与目标

三星一直秉承最基本也最简单的经营理念，即以人才和技术为基础，创造出高品质的产品和服务，为人类社会发展作贡献。为实现这一目标，三星在培养员工和创新技术方面都有着较高的标准。

以人为本，追求卓越

★在经营理念的指导下督促员工不断成长进步，整体提升公司的技术优势。

★通过人力资源整合及技术的革新来提高公司的整体管理水平。

创新产品，优化服务

★不断优化产品质量和服务，给用户较大的满足感。

★继续保持行业领先水平。

贡献社会，服务人类

★为实现人类的共同利益而努力。

★各下属子公司共同努力，完成使命。

三星产品线重要业绩和奖项

http://china.samsung.com.cn

手机产品

三星GALAXY Note 3荣获年度最佳手机奖；

三星GALAXY Note 3荣获《新京报》“年度口碑产品”大奖；

三星GALAXY S5荣获外媒LAPTOP评选的2014MWC“最佳智能手机”大奖；

三星Gear Fit荣获GSMA（全球移动通信系统协会）颁发的“最佳移动设备”大奖。

电视产品

全球彩色电视市场销售八连冠；

全球首款曲面UHD TV HU9800斩获“艾普兰时尚设计奖”；

014年4月，三星UHD TV成为全线通过第二代4K超高清认证的电视品牌。

冰洗产品

中国400升以上大容量冰箱市场占有率位居前列；

对开门冰箱始终保持外资品牌市场占有率位居前列；

多门冰箱市场占有率位居前列；

三星滚筒洗衣机“明眸·蓝水晶”系列WW9000荣获中国家电“艾普兰大奖”；

叠式对开门“蝶门·美食窗”冰箱荣获“艾普兰科技创新奖”。

相机产品

《数码摄影》

最佳影像产品 NX300，创新产品 GALAXY NX；

《DG BEST》

风云技术奖、NX&DC奖 GALAXY S4 zoom。

笔记本电脑产品

三星ATIV Book 9 Lite斩获《精品购物指南》“年度笔记本电脑奖”；

三星ATIV Book 9 Plus荣获《IT168》“年度产品奖”。

显示器产品

4/27寸：出众的不仅是外形，众多媒体联名推荐，
PLS广视角面板带来全新观赏体验，精彩不容错过。

22寸：TOC冰醇蓝工艺设计，脱离单调黑白，享受绝无仅有，
专为国人定制的“悦彩”纯美浪漫。

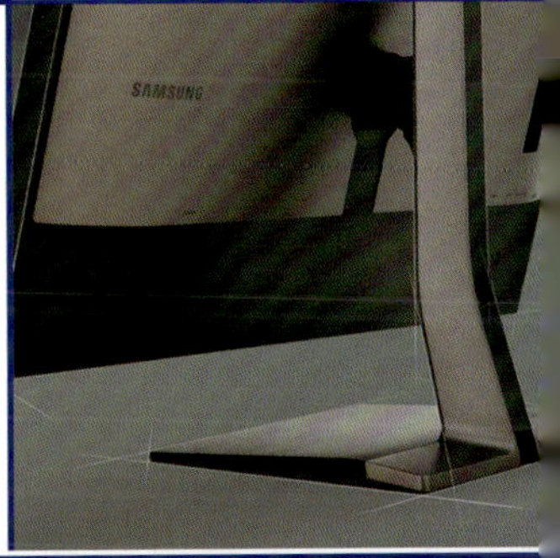

威视® 区域间物流监管

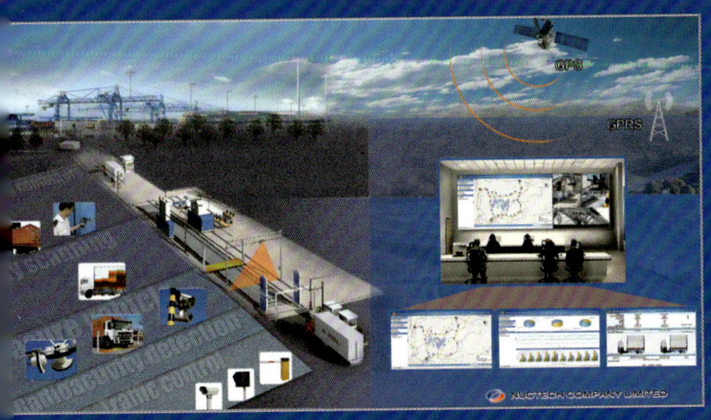

监管运输途中的集装箱/车辆的综合解决方案。系统使用电子关锁辆进行实时GPS定位跟踪，实现海关对监管车辆的全程监控。适用关过境货物运输监管、转关运输监管，也适用于港口码头，海关监物流园区、工厂之间的货物转移监控。

威视® 国际合作

使关键信息可以在国家间各个机构之间共享，实现贸易参与各方的数据互联互通，信息共享。

系统用于资源、信息可以在邻近、区域国家互联乃至全球互联和共享。海关制定统一的数据交互标准，减少贸易壁垒，满足海关数据流、信息流的共享和互通的需求。

辽宁
北京
天津
内蒙古
河北
宁夏
山东
河南
江苏
上海
宁波

威视® 集中查验审像

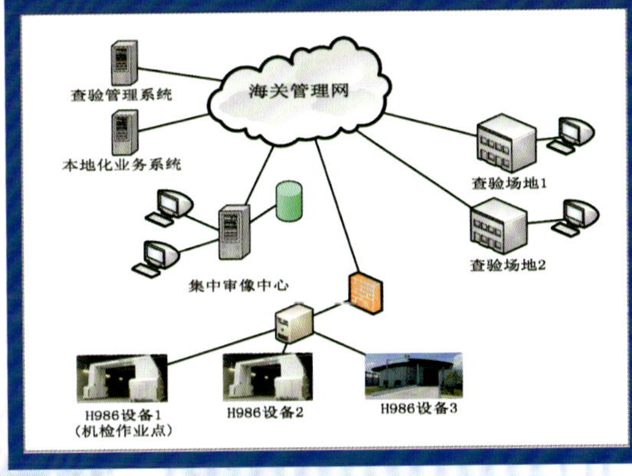

通过建立远程“集中审像中心”，将各查验现场产生的扫描图像、报关单信息等数据汇集到中心，由图检专家进行图像处理与分析，结论自动返回到相应查验现场。能够帮助客户提高查验效率，培养图像分析专家队伍，强化内控防范风险。适用于拥有多套查验设备的客户。

威视® 智能验放

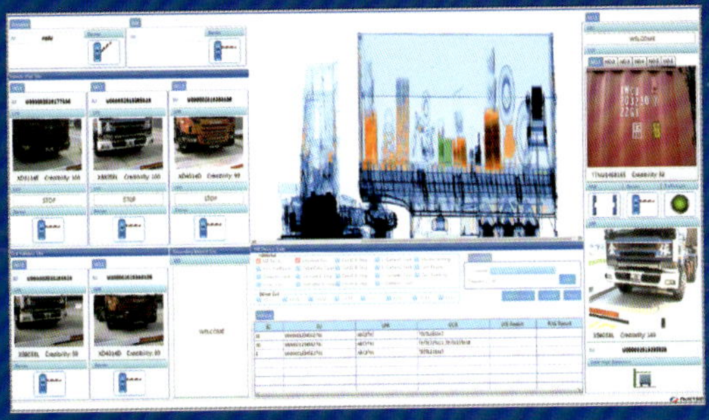

一套完整的查验场地解决方案，集成软硬件，实现高效、自动化、无人值守的查验场地规划和管理。以X射线检查系统为核心，集成RM、CCR、LPR、CCTV、交通控制系统、对讲、EDI接口、电动道闸和LED等，自动引导车辆，为高效通关提供支持。

威视® 集装箱/车辆检查系统

威视® MB系列
组合移动式集装箱/车辆检查系统

威视® MT系列
车载移动式集装箱/车辆检查系统

威视® FS系列
集装箱/车辆快速检查系统

威视® AC6015XN
航空货物安全检查系统

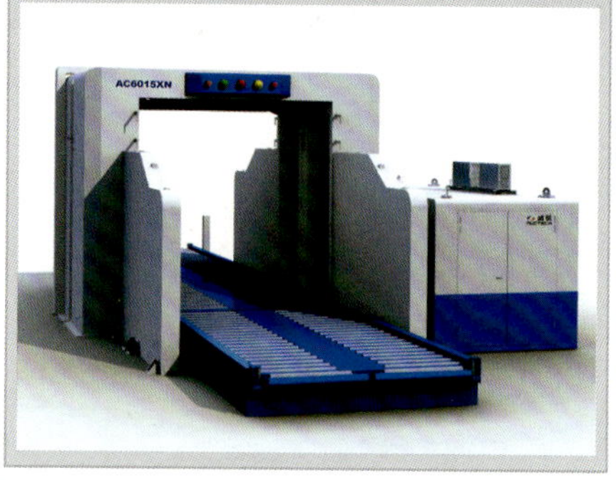

威视® PB6000TD
双视角集装箱/车辆检查系统

威视® CS1000T
小型车辆安全检查系统

威视® 物品安全检查系统

威视® CX100100T
行李检查X光机

威视® XT2028AD
CT型行李/物品检查设备

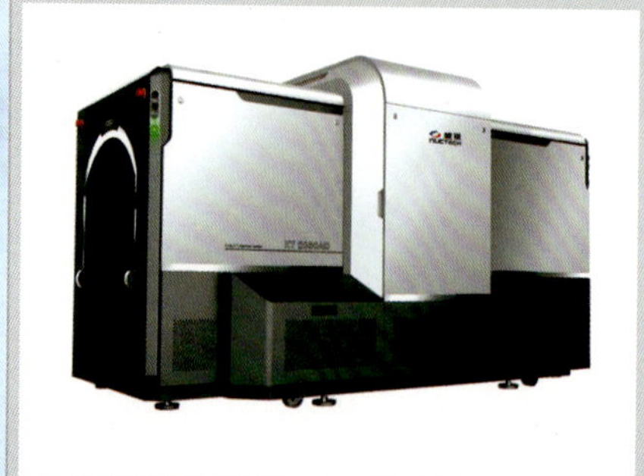

威视® CX150180SI
行李货物检查X光机

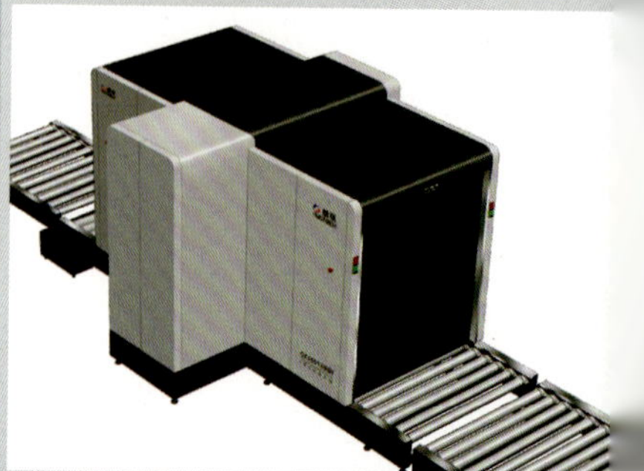

威视® 放射性物质监测系统

威视® RM0100NH
手持式核素识别仪

威视® RM1000
行人放射性物质监测设备

威视® RM2000
车辆放射性物质监测设备

威视® RM0300
部件放射性物质监测设备

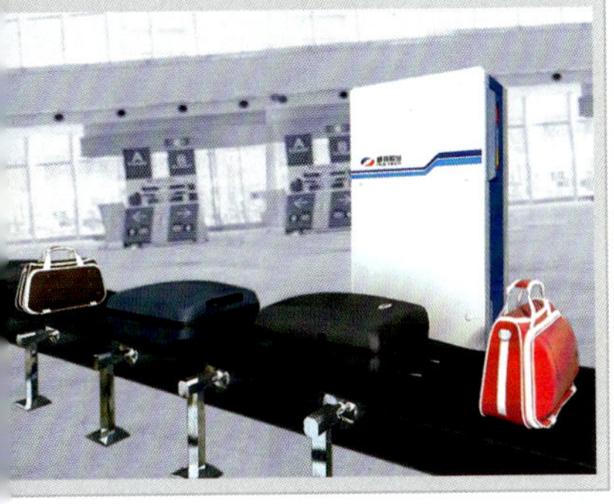

威视® 人体安全检查设备

威视® BI2002
透视人体安全检查设备

威视® MW1000PA
毫米波人体安全检查设备

威视® 爆炸物毒品检查设备

威视® RT3000SI
监管物项识别仪

威视® TR1000DB
便携式痕量爆炸物毒品探测仪

威视® TR2000DB
台式痕量爆炸物毒品探测仪

Coilcraft

Coilcraft

線藝集團
中國廠
Coilcraft
CHINA

Coilcraft®

线艺

线艺简介 Coilcraft Profile

线艺成立于1945年，公司成立之初主要为收音机和电视机制造商提供定制线圈和变压器。线艺是世界上较早和较大的磁性元件制造商之一。线艺总公司位于美国的伊利诺斯州，并且在美洲、欧洲和亚洲设立了子公司。在线艺的研发团队和制造工厂的支持下，今天的线艺能够为通讯、电脑、仪器和消费性电子产品行业的众多客户提供种类繁多的电子产品。因质量保证、交付准时、良好的技术支持和优质的服务，线艺成为广受客户青睐的供应商。

Founded in 1945 as a custom coil and transformer maker for the radio and television set manufacturers, Coilcraft is one of the older and larger manufacturers of magnetics in the world. Coilcraft's worldwide headquarters are in Illinois, the U.S.A., and it has subsidiaries in America, Europe, and Asia. Supported by its R&D team and manufacturing facilities, today Coilcraft provides a variety of electronic products for a long list of customers in telecommunications, computers, instrumentation and consumer electronics. Coilcraft is recognized by customers as their favorite supplier for its assured quality, on-time delivery, friendly technical support, and excellent service.

产品 Products

线艺主要生产电感元件，包括表贴式和插脚式电感、变压器和滤波器产品。这些元件用在通讯、电脑、汽车、医疗设备、飞机和其他高可靠性的产品中。大多数元件都是标准的现成品，但很多产品也是为了满足客户的特定要求而定制设计的。

线艺提供能够承受冷热极端条件的各种标准产品。它们大多数能够符合AEC–Q200的严格质量标准，并且适用于严酷的汽车环境。线艺生产种类齐全的电感和变压器，通过设计、制造和测试确保它们适用于最恶劣的环境条件。

Coilcraft produces inductive components including SMT and leaded inductors, transformers, and filters for telecom, computer, automobiles, medical devices, aircraft, and other products that require high reliability. Most are standard, off-the-shelf products. But many are still custom designed to meet customers' specific requirements.

Coilcraft offers a wide range of standard products engineered to withstand extremes of hot and cold. Most of them meet the stringent quality standards of AEC-Q200 and are suitable for use in the harsh automotive environment. Coilcraft produces a complete range of inductors and transformers that are designed, manufactured and tested to ensure their suitability for use in the most adverse environmental conditions.

生产和销售 Production and Sales

线艺在墨西哥、中国和马来西亚均有生产基地，拥有多个制造工厂就能够保证为客户提供源源不断且可靠的产品。线艺的销售办事处遍及亚洲，同时还有多个货仓，能够快速地供货。

通过线艺授权的渠道来购买公司产品，客户就能够确保获取：

- 工厂原装品
- 最新版本的产品
- 可追溯性、RoHS和原产地信息
- 保证能够符合线艺性能规格的元件

Coilcraft has production centers in Mexico, China and Malaysia. Coilcraft's multiple production facilities assure their customers of a steady and uninterrupted supply. Coilcraft have sales offices throughout Asia and several warehouses to provide fast delivery.

By purchasing through Coilcraft's authorized channels, customers are sure of getting:

- factory-fresh products in the original packaging
- the most current product version
- complete traceability, RoHS and country of origin information
- components guaranteed to meet Coilcraft performance specifications

设计和技术支持 Design and Technical Support

线艺的研发团队在电子行业有着丰富的经验，能够为客户提供符合其特定要求的方案。线艺的许多电感设计现都已成为行业标准。线艺的工程师将继续创新，打造更小、性能更好、成本更低的产品。此外，线艺的网站提供了强大且易于使用的设计工具，能够帮助使用者做出正确的选择并优化他们的设计。

Coilcraft's R&D team has a wealth of experience in the electronic industry and is able to provide their customers with solutions that meet their specific needs. Coilcraft invented many of the inductor designs that have now become industry standards. And their engineers continue to create new and innovative products that are smaller, perform better and cost less. In addition, their web site has powerful and easy-to-use design tools to help users make the right selection and optimize their designs.

SYSTEM CERTIFICATION ISO/TS 16949 SGS

ISO14001

SYSTEM CERTIFICATION ISO 9001 SGS

OHSMS 18001

体系 System

线艺的制造工厂通过了ISO 14001（环境）、ISO 9001（质量）、ISO/TS16（汽车行业）和OHSAS 18001（职业健康安全）认证。线艺以最高的国际标准控质量，健全的体系使线艺能够满足客户的严格需求。线艺还成立了测试服务中并且就其检测能力获得了ISO/IEC 17025:2005认可证书，能够进行标准的和客户的环境测试。

Coilcraft's manufacturing facilities are certified to ISO 14001 (Environme ISO 9001 (Quality), ISO/TS 16949 (Automotive), and OHSAS 18001 (Occu tional Health and Safety), which demonstrates that Coilcraft manages qua control in conformity with the highest international standards, and Coilcraft robust systems in place that satisfy the rigorous demands of their custom Coilcraft also has its Test Services Center, which has obtained the ISO/ 17025:2005 accreditation for the competence of testing. The testing labora is capable of performing standard and customer specified environmental t ing.

政策 Policy

线艺是一家肩负环境责任的公司，并且支持旨在保护人类健康和环境的REACH（化学品注册、评估、许可和限制）法规。线艺经营计划的一个重要部分就是要减少公司的经营活动对环境造成的影响。线艺实施和保持一个符合 ISO 14001 及公司商业伙伴要求的环境管理体系。

线艺以最高的道德标准来规范其经营行为，确保公司遵守有关劳工、健康和安全的所有适用法规。线艺支持和构建与EICC（电子行业行为准则）标准相一致的社会责任体系。线艺将不断地努力提升公司的道德标准。

Coilcraft is an environmentally responsible company and supports REACH legislation aimed at protecting human health and the environment. Minimizing the environmental impact of their operations is an important part of Coilcraft's business plan. Coilcraft maintain an Environmental Management System in alignment with the requirements of ISO 14001 and their business partners.

Coilcraft is dedicated to conducting business with the highest moral and ethical standards and ensures that they comply with all applicable laws with regard to labour, health, and safety. Coilcraft adheres to their Social Responsibility System which is compliant to EICC standards. Coilcraft will strive to continually improve their ethical standards.

联络信息 Contact information

USA (headquarters) 美国（总公司）
1102 Silver Lake Road
Cary IL 60013 USA
+1-847-639-6400 Fax +1-847-639-1469
info@coilcraft.com

Europe 欧洲
21 Napier Place, Wardpark North
Cumbernauld, Scotland G68 0LL
+44-1236-730595 Fax +44-1236-730627
sales@coilcraft-europe.com

China Sales Offices（中国销售办事处）
Shenzhen 深圳
Tel +86 755-88299980、8835 4271
Fax +86 755-88354133

Shanghai 上海
Tel +86 021-62188074
Fax +86 021-62189728

Beijing 北京
Tel +86 010-67083272、67083273
Fax +86 010-67083275

Coilcraft®

http://www.coilcraft.com

SPH 上海医药 SHANGHAI PHARMA Kyuan

链通价值 传递健康

Integrating wealth, distributing health

科园信海以“诚信”之道，以“海”之包容，携手国内外著名医药企业，用专业高效与创新服务连通健康产业，传递优质产品，绘制和谐生活。

至诚于心，创新于行，打造持续发展的高效供应链服务型医药流通企业

www.kyxh.com

北京科园信海医药经营有限公司成立于1999年，注册资金33 307万元。是一家集医院药品销售、跨区域商业分销、疫苗分销、医疗耗材及器械分销、零售及患者服务、进口保税、IT解决方案、第三方物流于一体的大型综合服务性医药经营企业，2011年正式成为上药集团旗下全资子公司。

自成立以来，公司确立了“以人为本、诚信为先、追求卓越、开拓创新、团结协作、共同发展”的经营理念；把致力于医药供应链的整合和服务创新，不断提升医药产品流通和使用的高效率作为使命；以市场和客户为导向，以高素质人才队伍和优秀企业文化为根本力量，以科学规范、完善高效的运作系统为基础，不断将企业做大做强，业务区域由北京辐射到全国。

公司始终坚持将高品质的服务和产品质量作为第一生命线，2002年公司成为北京市GSP认证企业。2005年顺利通过北京市药品监督管理局疫苗经营范围验收，成为北京市获得疫苗经营许可企业之一。2007年通过了ISO9001-2001认证。2010年通过了ISO9001-2008质量管理体系认证，建立了ISO9001-2008与GSP相结合的质量管理体系。2013年，国家正式实施新版GSP，公司通过新版GSP认证。另外，先后通过了多家跨国企业的冷链管理国际质量认证。

公司拥有符合GSP管理要求的现代物流仓库及温控、报警设备、设施齐全的现代冷藏、冷冻库，首都国际机场综合保税区设有满足进出口要求的保税仓库（含冷藏库、冷冻库），各类库房总面积近3平方米。通过SAP-WMS系统构建的物流信息集成平台，具有高度集成性和扩展性，采用先进的IT术，通过无线网络、手持终端、移动射频和条形码识别等技术，使仓库管理水平达到国内先进水平。过GPS系统的构建，对所有运输车辆进行实时配送调度，并提供冷链产品配送的实时温度监控。经北市药监局审核批准具备第三方物流资格。连续多年中标成为北京市CDC储备配送一类及应急疫苗的配单位，并共同摸索及探讨出了一整套适合新模式下运作的储运管控体系。

公司先后获得北京市纳税A级企业、北京市地方税务系统纳税千强企业、北京市个人所得税代扣代先进单位、北京市质量工作优秀推进企业、北京市和谐劳动关系先进单位、丰台区突出贡献企业、丰区精神文明单位、中关村科技园丰台园十佳企业、经济发展突出贡献企业、文化创新优秀企业、公益业先进单位等荣誉称号，为区域经济及社会和谐发展作出应有的贡献。

作为一家医药经营企业，在追求回馈社会高质量、高品质的医疗增值服 之外，还承担起了更多的社会责任。捐资助学、扶弱济困，尤其在自然灾 l公共卫生危机发生时，慷慨解囊、积极捐助、奉献爱心，并成为军队和 政府得力的药材储备保障单位。

伴随着科园信海进口业务的迅速增长，2014年合作的进口厂家达到30 ，进口品规90余种，其中冷链产品已达到20余种。在海关稽查验证方 达到了海关管理、企业经营管理和贸易安全的要求，被授予为进口AA类 。

公司长于提供医药产品流通、进出口通关、保税增值、冷链仓储、快速 等一体化服务，依托成熟高效的信息化物流与仓储管理体系，以及与相 门的良好业务关系，可有效降低客户的通关成本，提升通关与配送效 第一时间收发货，第一时间入库保存，第一时间送达指定地点，确保产 量全程无忧。

心业务推荐——代理进口服务

药 品	原料药
生物制品	保健品
疫苗	生物标准品
医疗器械	常规生化试剂
诊断试剂	免疫学产品
医用设备	实验室设备/耗材

科园信海拥有丰富的进口资源及海外客户网络，与默克、默沙东、辉 葛兰素、施贵宝、百特、费森尤斯、丹麦灵北等顶尖制药企业，均保持 期稳定的合作关系。科园信海擅长专业处理品名繁多、归类困难、商检 的医疗产品，可做到报关材料准备、产品信息备案、进口单证准备、开 关单（药监局）、开具特殊物品审批单（检疫审批）、完税和代垫进口 、全国快速配送等整套服务，以及药检、清关、口岸消毒处理。

核心业务推荐——进口保税仓储业务

公司在北京天竺综合保税区，注册有独立法人资格的保税仓储物流公司。

保税区是目前中国开放程度较高，较接近于自由贸易区的一类海关特殊监管区域，可实现进境保税仓储，实现进境备案付汇，转口贸易、区内贸易免税，支持不同产品分批到货统一报关的要求，支持集中到货分批报关，产品在保税区可无限期存储。

核心业务推荐——进口保税增值服务

药品三级监管码关联：信息化管理，在药品的流通环节和销售环节记录药品识别码，实现药品的随时跟踪和溯源。

贴标：特设独立工作区，按照国内医药产品流通要求，对进口产品进行重新贴标，以方便顺利配送销售。

喷码：设定电子监管码的标准操作流程，专人专项管理。

重新包装：公司是联合国救援项目的全球第2家物流合作伙伴，各项采购药品均在此重新包装。

代办报关报检申报文件：全程为客户代办进口药品通关单、免税证书、特殊物品出入境审批单、进出口许可证等相关文件的申报工作，省时省力。

联系方式

地址：北京市丰台区南四环西路186号四区汉威国际广场1号楼7~9层
邮编：100070
电话：010－83632666 、83632888
传真：010－83682777
网址：www.kyxh.com

中国免税品（集团）有限责任公司

CHINA DUTY FREE GROUP

cdf

中国免税

CHINA DUTY FREE

中国免税品（集团）有限责任公司（以下简称中免集团）于1984年正式成立，是在全国范围内开展免税业务的国有专营公司，按照国家赋予的“四统一”管理政策（统一经营、统一进货、统一制定零售价格、统一制定管理规定），对全国免税行业实施统一管理。

在30年的快速发展过程中，中免集团抓住历史赋予的机遇，借助中国经济及旅游业的高速发展，不断践行集团化、连锁化、国际化和多元化的发展道路，在建立覆盖全国免税营销网络、完善口岸免税服务功能、提升城市对外窗口形象、引领中国免税业与世界先进水平接轨的同时，实现了企业自身从传统的免税品分销商向零售运营商，从单一的免税业务向旅游零售相关领域多元化发展的转变，行业龙头作用凸显，综合实力日益增强，国内外影响力不断扩大，成为了中国旅游业不可或缺的生力军，乃至世界免税业的重要组成部分。

在传统免税业务方面，中免集团已建立起覆盖中国主要机场、边境口岸及港澳台地区的免税品零售体系。旅游零售（有税）方面，中免集团机场旅游零售网络已遍布上海、广州、深圳、成都等12个一线城市的机场国内厅，经营总面积达1.5万平方米，并且将业务延伸到了高铁商业领域。离岛免税方面，中免集团三亚市内免税店于2011年4月正式对外运营，三亚店拥有近百个国际顶级奢侈品牌的上万种商品，让国人不出国门便能享免税商品服务。未来，中免集团海棠湾国际购物中心将全面营业，并将成为中国免税商业史上汇聚大量国际品牌的大型免税购物主题商场，为中免集团的离岛免税业务增长注入强大动力，并将同时带动和提升中国免税行业整体的品质、规模及综合运营能力。境外拓展方面，中免集团先后在香港、澳门和台湾地区成立了分公司，成功开设金门离岛免税店，开展外轮供应业务，设立邮轮免税店，成立柬埔寨中免公司。

截至2014年3月底，中免集团已经在全国30个省、市、自治区（包括香港、澳门和台湾地区）设立了涵盖了机场、机上、边境、客运站、火车站、外轮供应、外交人员、邮轮和市内九大类型200多家免税店，面向出入境旅客、国际海员、外交人员及离岛旅客（海南岛）提供涵盖二十多个大类上千个品种的免税品购物服务，并发展成为世界上免税店类型较全、单一国家零售网点较多的免税运营商。

面向未来，中免集团将全面整合免税、旅游零售领域资源，通过锲而不舍的努力，发展成为国际一流的商品供应商和零售运营商，为海内外顾客提供物超所值的商品和服务，在做大做强中国及亚太免税业和旅游零售业的同时，不断向一流大型商贸集团的目标迈进，为促进中国及亚太旅游业的繁荣发展作出更大的贡献！

中国船舶重工国际贸易有限公司（简称中国船贸）是中国船舶重工集团公司（简称中船重工）的全资子公司，是中船重工对外贸易与技术合作的平台，同时也是国家授权的军品贸易公司。

中船重工作为造船修船集团，拥有7个大型现代化船厂、42个船舶配套企业、28个科研院所和25个控股公司，员工15万人，总资产2 400亿元，是国内船舶行业中首家进入世界500强的企业。中国船贸依托中船重工强大的研发、设计、生产、维修和设备配套实力，为海内外客户提供及时快捷、现实可行的产品和服务解决方案。

中国船贸现有民船、海洋工程、非船产品、机电产品、技术贸易等六大业务板块，涉及造船、航运、轨道交通、能源、化工、冶金、建筑、烟草和医疗等诸多领域。中国船贸深入实施全球营销战略，目前在德国、希腊、俄罗斯、巴基斯坦、埃及、新加坡、南非、中国香港等国家和地区建立了分支机构，致力于以优质的产品和良好的服务打造世界一流的船舶贸易公司。

China Shipbuilding & Offshore International Co., Ltd.

中国船舶重工国际贸易有限公司

E ink

http://www.troyz.com

川奇光电公司总投资3.7亿美元，注册资本1.5亿美元，项目总用地50.71万平方米，已在江苏扬州经济技术开发区逐步形成E Ink川奇光电科技工业园。E Ink川奇光电主要生产、销售电子纸模组和中小尺寸(13寸以下)的薄膜电晶体彩色液晶显示面板，产品全部外销。

E Ink川奇光电公司于2002年11月在扬州市经济技术开发区标准厂房投产，自有厂房陆续于2004年6月、2005年5月建成投产。为扩充规模，川岳科技于2011年5月建成投产。2013年年产值约20亿人民币，2014年年产值与2013年持平。

E Ink川奇光电自2006年2月开始量产电子纸，母公司E Ink台湾元太科技于2009年并购美国E Ink公司，整合电子书产业上、中游技术，成为全球电子纸产业的龙头。除了电子书阅读器外，E Ink电子纸也广泛应用在手机、手表、温湿度显示计、照片和广告牌等。此一高科技的产品陆续取得国际大厂（如日本索尼等）的认证，并成为索尼公司与网络书店亚马逊电子书产品的供应商，目前为全球95%的电子书阅读器提供电子纸。

展望未来，E Ink川奇光电电子纸将致力于提升产品品质，并结合现有数字储存及无线传输科技，引领全球人类进入创新的阅读及教育方式。继中国人发明“造纸”之后，E Ink川奇光电的“电子纸”将再度成为中国人的骄傲，而扬州将成为世界“电子纸”及“电子书”的供应中心。

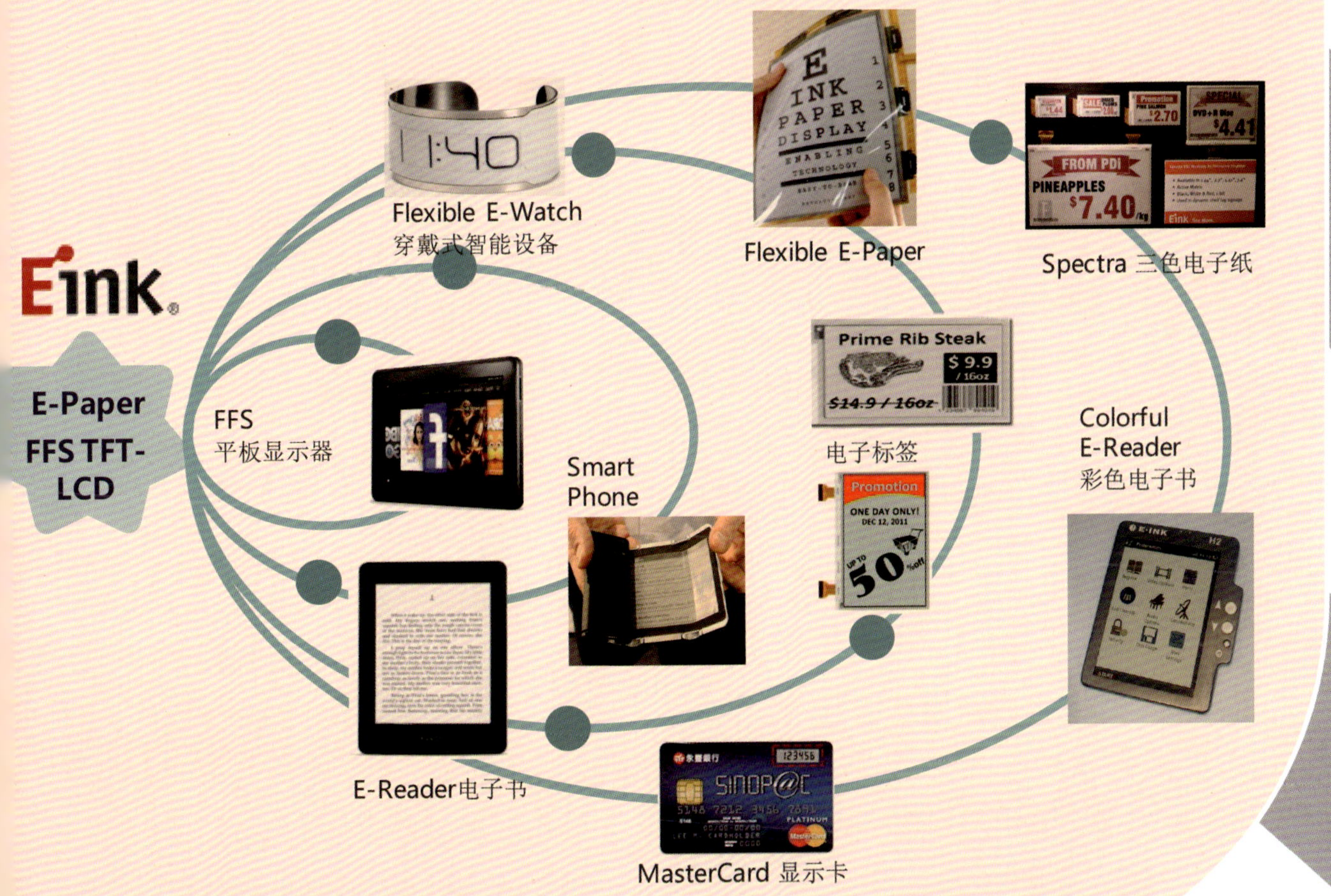
Eink
E-Paper
FFS TFT-LCD
Flexible E-Watch
穿戴式智能设备
Flexible E-Paper
Spectra 三色电子纸
FFS
平板显示器
Smart
Phone
Prime Rib Steak
电子标签
Colorful
E-Reader
彩色电子书
E-Reader电子书
MasterCard 显示卡

FUJITSU

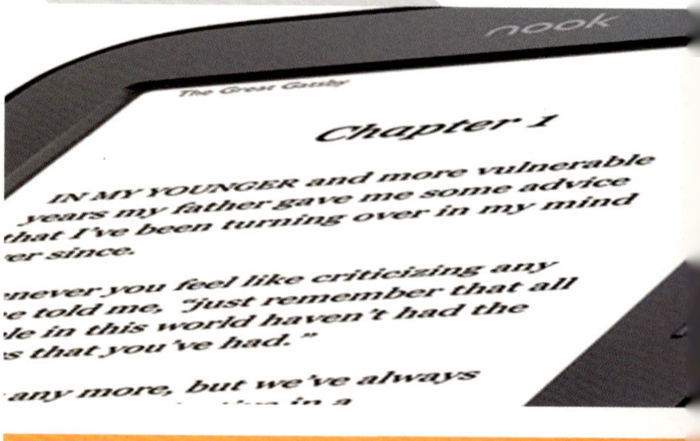
nook
Chapter 1

电子纸显示屏

设想一下具有以下特点的显示屏：
能从任何视角提供高分辨率，阳光下可读，超低功耗。
而如今，这些不仅仅是设想，E Ink 已实现这些特点……

E Ink Pearl 电子纸显示屏

单色有源矩阵

E Ink Peal 电子纸显示屏具备两项超越其他技术的优点。首先，该技术的黑白对比比其他产品高出 50%，让文字仿佛从页面“跃然而出”，阅读时更为轻松。第二项优点则是速度更快，因此可提供更自然的阅读经验，翻页速度也更加快速。

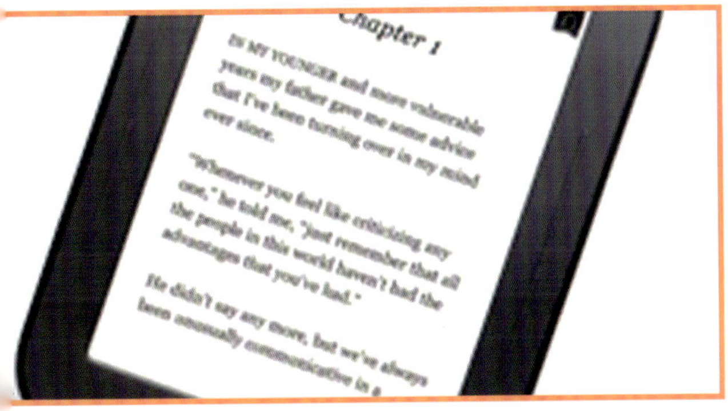

E Ink Aurora 电子纸显示屏

有源矩阵式电子纸货架卷标

E Ink Aurora 电子纸显示屏为针对低温环境推出的电子纸货架卷标，可让零售业者不受限于温度，将电子货架卷标置于冷冻柜旁，甚或冷冻柜内。

E Ink Spectra 电子纸显示屏

彩色有源矩阵

E Ink Spectra 为新推出的彩色电子纸显示屏，可应用于零售商店的电子货架卷标上。E Ink Spectra 电子纸显示屏除了黑白双色之外，更添加了另一种颜色，可协助零售商在电子货架卷标上凸显促销或企业识别标志等重要信息。

E Ink Mobius 软性电子纸显示屏

软性有源矩阵

E Ink Mobius 电子纸显示屏为新推出的软性电子纸技术，可应用于大尺寸设备，以减轻重量并加强耐受性。

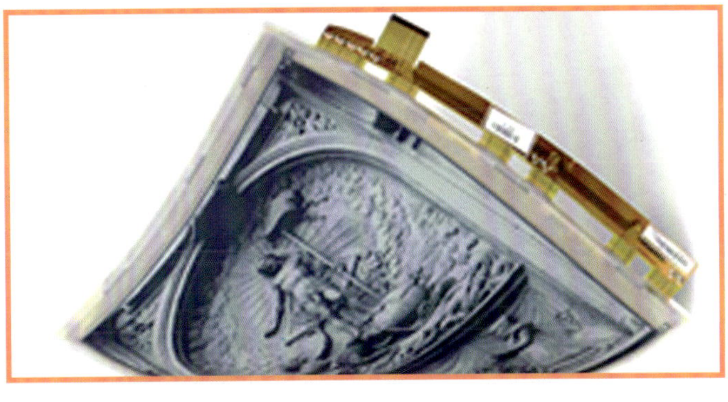

国家对外文化贸易基地（北京

NATIONAL BASE FOR INTERNATIONAL CULTURAL TRADE (BEIJIN

北京天竺综合保税区·文化保税园

BEIJING TIANZHU FREE TRADE ZONE CULTURE FREE POR

国家对外文化贸易基地（北京）是落实国家关于推动对外文化贸易发展的意见，落实新时期首都核心功能定位的重要平台。

基地发展定位

- ▲ 国家对外文化贸易的体制机制创新实验区
- ▲ 国家文化贸易口岸
- ▲ 中国文化走出去的能力培养区
- ▲ 首都文化创意产业保税功能区

基地空间布局

基地由国际文化贸易企业集聚中心、国际文化产品展览展示及仓储物流中心、国际文化商品交易服务中心3个功能区组成，总建筑面积45万平方米。

国际文化贸易企业集聚中心将发挥创意、集聚、转接、协作、传播五大功能，聚合文化贸易领域的区域性、行业性、技术性服务平台，形成信息流、资金流、商流密集型文化贸易企业集群；

国际文化产品展览展示及仓储物流中心提供运输中转、长期保税存储、检测修复、商品入境缓冲等专业服务，形成符合国际标准的文化艺术品展览、展示、中转、存储、传输服务平台；

国际文化商品交易服务中心将提供国际文化贸易进出口代理、贸易咨询、法律、金融、交易交割等中介服务，成为国家文化主管部门政策调控和创新服务的实验平台，以及国家级文化产品和文化服务的贸易、中转口岸。

3个功能区相互依托，互为补充，通过有效利用综合保税区保税生产研发、展示交易、仓储物流及国家推进贸易便利化的政策制度优势，为文化创意企业的创意研发、生产制作、仓储物流、展示推广、鉴定评估、交易交割提供全产业链服务。

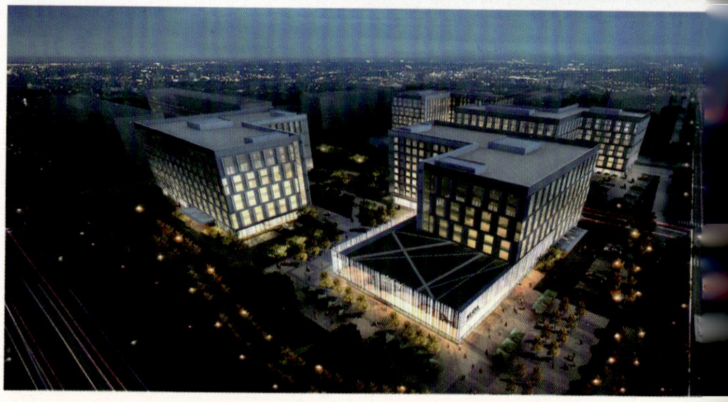

基地服务平台

基地建设北京国际文化艺术保护中心、国际文化贸易信息服务中心、国际文化贸易金融服务中心、文化艺术口岸交易平台、文化保税综合服务中心5个服务平台，引进国内外一流服务供应商，创新服务体系，完善服务手段，为园区企业提供定制化服务。服务平台将在政策集成创新、文化金融创新、监管模式创新、贸易便利化流程创新方面持续努力，在相关政府主管部门和专业机构的支持下，满足园区企业不断发展的需求，帮助园区企业形成国际文化贸易核心竞争力。

1. 北京国际文化艺术保护中心

构建以文物、艺术品、宝石等文化艺术产品为主要服务对象的、专业的独立第三方实验室，依托北京文化艺术口岸，通过引进国际国内专业机构建设联合实验室，为文化艺术品的进出境、展览展示、交易活动提供检测鉴定、价值评估、合法性查证、修复复制等服务。

2. 国际文化贸易信息服务中心

利用云计算、物联网、大数据、移动互联等新一代信息技术，提升基地文化贸易服务能力，创新文化贸易新模式，培育文化贸易新业态，建设服务于国际、国内文化创意产业和文化贸易领域的离岸云数据中心和跨境电商云服务平台，建设数字化、网络化和全球化的文化贸易信息服务平台，为“互联网+”时代的对外文化贸易提供强有力的技术支撑。

3. 国际文化贸易金融服务中心

利用综合保税区国家外汇特别监管的政策优势，立足于国际文化贸易的跨境结算和投融资需求，积极推动文化金融服务的政策创新，大力开展金融产品和服务创新，积极发展面向文化贸易的金融服务业，为国内外文化贸易企业提供全面金融解决方案。引进专业金融机构，为基地内机构提供结汇、多币种兑换、跨国结算、清税、关税担保、融资租赁等方面服务。逐步开展仓单质押融资、贸易融资、保险代理、企业债募集等金融服务。

4. 文化艺术口岸交易平台

以进出口贸易、转口贸易及保税交易为核心特征的北京文化艺术口岸交易平台，将创设国际化交易标准和交易规则，建立交易主体、交易标的物征信系统，发布全球文化产品交易指数，为国内外文化产品交易机构提供公开交易综合服务，形成国际文化产品、文化版权和文化生产要素的一级市场。

5. 文化保税综合服务中心

文化保税综合服务中心为企业开展文化贸易经营提供一站式全流程服务，解决入驻企业在开展业务过程中所涉及的关务、检务、税务、仓储、物流、鉴定、评估、结算、保险、担保等事宜。在园区、口岸相关行政主管部门的支持下，创新文化产品内容审查、运营监管的体制机制，运用现代信息技术整合管理与服务流程，实现对外文化贸易的便捷高效。

宝石贸易中心

艺术品贸易中心

影视贸易中心

国际文化贸易企业集聚中心

国际文化贸易企业集聚中心为基地一期工程，28座现代简约主义风格的独栋建筑形成围合式创意小镇，为园区企业开展文化产品研发、生产、办公、展示等业务提供高标准空间。前瞻性园区业态规划，交互式创意生态环境，智能化园区管理服务，是国内外文化贸易精英企业理想的集聚、交流、合作、发展之地。

周边交通

国际文化贸易企业集聚中心紧邻机场北线，与首都国际机场无缝对接，处于与北京城区、首都机场、顺义、怀柔、平谷、密云紧密联系的枢纽位置，距离北京市区 15 千米，距离天津港 160 千米，具有“海陆空铁”交通运输四位一体的联程优势，上下班、出差旅行、贸易物流均极为便捷。

轨道交通：机场快轨及地铁 15 号线。
道路交通：6条高速公路，4 条市级公路，多条公共交通线路。
航空交通：紧邻北京首都国际机场，连接世界各地 100 多条航线。
海运交通：距离天津港 160 千米，有高速公路连接直达。

完善配套

国际文化贸易企业集聚中心拥有欧式下沉生活广场，将商务中心、艺术空间、餐饮休闲等高质量配套整合于方寸之中，形成创意氛围浓郁的企业社区，为园区企业足不出户开展多种形式的商务活动提供了适宜环境。“歌华公寓”是基地在顺义区政府的支持下，结合现有公租房政策，为文化保税园入驻企业职工创新打造的住房保障项目，解决企业用人的后顾之忧。

一站式企业入驻服务

基地联合相关政府管理部门设立了一站式服务办公室，配备专属客户经理，为入园企业快速高效地办理行政审批和物业入驻手续。

一站式行政审批服务，主要解决从企业注册到政府政策落地、政府事务对接等问题，按照依法精简行政审批事项、简化和规范行政审批程序、创新实验企业准入制度的原则开展工作。

一站式物业入驻服务，为园区企业提供便捷的入驻服务，实行单一窗口、首问负责制，一站式办理房屋租赁、二次装修、电话网络安装、安保保洁服务、员工餐饮、公寓服务、房租物业水电缴费等服务项目。

■ 银关业务

产品介绍

中国光大银行关税融资业务平台由银关通、银关保及银关贷三大产品组成，进出口企业可以根据自身需要，灵活选择电子普通支付、电子担保支付及电子短期融资方式支付海关税款，满足企业多样化缴税需求。

银关通

1. 产品定义

“银关通”业务是指海关业务系统、中国电子口岸系统、光大银行关税融资业务平台及第三方支付系统相连接，进出口企业通过登陆第三方支付平台，快速完成货物报关应缴税费的网上查询及缴税手续，提高企业进出口货物的通关效率。

2. 产品特点

（1）突破时间限制，365天×24小时：一年365天，全天24小时，为客户提供不间断网上税费缴纳服务；

（2）突破空间限制，异地报关、异地支付：不同隶属海关之间和不同关区的口岸之间，统一网上税费支付；

（3）突破原有通关流程，预扣成功，直接通关：简化进出口业务程序，缩短通关时间，提高通关效率。

3. 办理流程

（1）口岸入网：企业为电子口岸入网用户，取得用户法人卡及操作员卡；

（2）签署协议：企业登陆电子口岸或支付平台在线签署企业、电子口岸与支付平台三方协议，并与光大银行签订纸质“海关税费电子支付业务服务协议”；

（3）指定缴税账户：指定专用网上税费付款账户，账户为具有通兑标志的基本存款户或一般存款户；

（4）账户备案：企业分别在银行柜台和支付平台完成企业基本信息及缴税账户备案，开通电子支付缴税功能。

银关保

1.产品定义

“银关保”业务是指在光大银行“银关通”业务的基础上，根据海关网上支付税费担保的有关规定，应进出口企业的申请，向直属海关出具保函，使企业获得“先放后征”的优惠政策。

2.产品特点

（1）网上申请，先放后税：足不出户，网上直接申请；通过银行担保，享受货物先通关、后缴税的优惠政策；

（2）一次审批，循环使用：保函只需一次申请，且担保的税费支付后，相应的保函额度自动恢复，可反复使用；

（3）缴税期限长，灵活度强：通关后有15天的缴税期限，可根据资金情况自行选择缴税时间。

3.办理流程

（1）根据银关通业务流程，开通海关税费电子支付业务功能；

（2）向光大银行申请授信，签署综合授信协议和担保协议，开立银关保保函；

（3）光大银行将保函通过电子方式发送至海关，企业持纸质保函前往海关办理备案手续；

（4）保函经海关备案通过后，光大银行自动启用保函，企业即可办理“银关保”业务。

银关贷

1.产品定义

“银关贷”业务是指在“银关通”业务的基础上，光大银行为进出口企业缴纳海关税费提供短期融资和结算便利的业务。 使用“银关贷”产品的企业，在缴纳海关税款时，如果缴税账户余额不足，光大银行在批准额度之内，自动发放透支部分的信贷资金，及时满足企业缴税需求。

2.产品特点

180天之内的短期融资，方便企业结算，提高资金使用效率，额度可循环使用。

3.办理流程

（1）根据银关通业务流程，开通海关税费电子支付业务功能；

（2）向光大银行申请授信，签署综合授信协议和法人账户透支协议，开通法透功能；

（3）法透功能开通后，企业即可办理“银关贷”业务。

Bank
中国光大银行
共享阳光 · 创新生活

JOHN DEERE

约翰迪尔在中国

约翰迪尔公司成立于1837年，总部位于美国伊利诺依州莫林市，是美国历史悠久的工业公司之一。178年来，约翰迪尔公司一直恪守并践行四个核心价值观：诚实、优质、守信、创新，并借此成为世界上广受尊敬的公司之一。现在，约翰迪尔公司是全球农业、林业、工程、草坪景观工程设备领域的领先供应商、全球非道路用柴油发动机的领先制造商，以及美国较大的设备融资公司之一。2014年，公司全球净销售收入为360.67亿美元。

脚踏实地，植根中国

约翰迪尔公司从20世纪70年代开始服务国内市场。目前，公司在国内有近3 000名员工，共建有6家工厂、3家分公司和5个代表处、200多家经销商，拥有先进的产品研发中心、庞大的国内采购网络、完善的销售和售后服务网络，以及便捷的零件支持及设备融资服务。

全球资源，本土优势

服务中国市场以来，约翰迪尔公司始终立足中国国情，为国内用户提供涵盖“耕、种、管、收”的各个农艺环节的农业设备解决方案，适用于多种农业作物。在佳木斯制造基地建立之后，公司又相继在天津、宁波和哈尔滨兴建工厂，产品涵盖大、中、小马力拖拉机，各种作物收获机、挖掘机、装载机、传动设备及柴油发动机。

为了更好地服务广大国内用户，约翰迪尔公司在国内建立了完善的零件物流体系，并成立约翰迪尔融资租赁有限公司，向经销商和用户提供各种融资方案，帮助用户实现购买约翰迪尔品牌产品的愿望。

三十八年来，约翰迪尔公司的业务发展方向与中国未来发展方向高度一致。展望未来，公司将积极参与推进国内农业现代化和城镇化进程，为中国经济发展和构建和谐社会作出更多贡献。

约翰迪尔公司最重要的国际知名商标如下：

JOHN DEERE

约翰迪尔

绿黄颜色商标

绿色和黄色颜色组合、跳跃的小鹿图形，以及“JOHN DEERE”和“约翰迪尔”名称都是迪尔公司的注册商标。

约翰迪尔（中国）投资有限公司

客户关怀热线：4006576555　　电子信箱：400 @ JohnDeere.com

网址：www.JohnDeere.com.cn

Datatech 江苏达科信息产业集团

公司简介

江苏达科信息科技有限公司是一家集计算机网络系统集成、建筑智能化设计与施工、网络安全服务、应用软件开发、软件外包技术服务、智能交通产品研发及物联网技术研发为一体的高新技术企业。公司坚持以技术和服务为立身之本，从用户的实际需求出发，为用户提供专业的系统集成与网络安全规划、设计咨询、客户定制、方案实施和技术支持等服务，协助客户完成系统需求分析、总体设计、设备选型、设备供应、系统安装调试、系统性能监测与管理、系统运行维护、应用软件开发等全方位多层次的服务。

公司规模

公司注册成本5 000万元，总部设在江苏南京，在湖南长沙设有软件研发中心、在江苏无锡和镇江分别设有物联网和智能交通产品研发中心，在北京、上海、杭州、长沙、合肥、苏州、镇江设有分公司或办事处。以南京为核心，服务网络辐射全国，并开通800服务电话为用户单位提供7×24小时的全天候服务与网络技术支持，已建立了完善的售后服务网络体系。公司现有员工近300余人，90%以上的员工具有大学本科以上学历。

江苏达科凭借多年工程经验积累和雄厚的技术设备，在中国公共数据网络市场后来居上，目前已承建了多个海关、运营商、电力、金融、高校等机构及大型企事业单位的IP城域网、DCN网、DWDM、SDH等骨干传输网络，是各大运营商、银行及企事业单位值得信赖的系统集成技术服务提供商。

系统集成领域：达科采用合适的硬件产品，配合合格的软件版本，根据客户的实际需求提供详细的系统集成解决方案及实施步骤，尽可能地满足客户现有需求及扩展需求。在整个系统集成的体系中，主要从售前体系和售后体系两个方面来阐述对整个系统集成业务的实施过程。

网络安全领域：达科通过自主研发的安全产品为客户提供安全保障服务、安全病毒防护、安全策略制订、安全事件响应、安全集成服务、安全保障管理、安全电话咨询服务、安全保障服务。

智慧城市领域：达科依托集团公司的强大技术与资金背景，构建智慧城市解决方案，包括水源管理系统、城市指挥中心、环境保护、能源管理系统、物流、公共安全。

高校信息化领域：达科凭借成熟的产品体系、专业的服务态度，潜心教育信息化多年，赢得了市场与用户的高度认可。公司通过对学校内部的信息与流程进行深度整合，形成了一整套全面、实用的智慧校园整体解决方案，并面向各个教育细分市场进行深度调研，推出差异化的解决方案。

智能交通领域：为解决城市交通难的问题，达科旗下的江苏天和公司从人、车、路、警的动态交通博弈行为出发，为城市交通管理者提供城市智慧交通全管控与指挥系统、城市智能交通诱导系统、闯红灯违法抓拍自动记录系统、一体式高清卡口检测系统、跨区域联网视频监控系统、自适应交通信号控制系统、城市快速路匝道控制系统、智能交通检测系统等一整套基于智能交通综合管理系统的解决方案及技术咨询服务。

建筑智能化领域：达科通过自己的平台将信息技术与传统建筑完美结合，实现了对建筑物科学、高效、节能、环保的现代化管理，改善了用户的居住和工作环境。

资质荣誉

★ CMMI3级

★ 高新技术企业

★ 信息安全管理体系ISO27001

★ 企业信用等级AAA

★ 安全生产许可证

★ 质量管理体系ISO9001

★ 计算机信息系统集成企业二级

★ 安防工程企业资质一级

★ 建筑智能化工程设计与施工二级

★ 消防设施工程设计与施工二级

★ ITSS体系（信息技术服务标准）

★ 信息安全服务资质证书（安全工程类一级）

★ 软件企业

★ 华三金牌认证代理商

★ 华三主网络四星级服务认证

★ 华为认证代理商

★ 锐捷认证代理商

★ 迪普认证代理商

…………

专业的产品团队，保证项目快速实施和快速交付。
优势的资源投入，保证客户需求快速响应。
深度的项目合作，保证客户价值最大化。
优秀的用户体验，保证用户快速掌握。
先进的技术架构，保证用户流畅使用。

达科，
因为专业，
所以信赖！

人才队伍

公司拥有一批通过CCIE、CISSP、MCSE、CCNP、CISP等认证的专业网络工程师及高级项目经理、高级程序员、系统分析员、注册建造师、注册电气工程师。目前，江苏达科已承建了多个省级运营商等大型企业的IP城域网、DCN网、DWDM、SDH等骨干传输网络，是各大运营商、银行及企事业等单位青睐的服务提供商，并与H3C、华为、cisco、ALCATEL、Citrix、Oracle、Juniper、IBM、EMC、Microsoft等公司保持良好的合作关系。

核心客户群体

运营商：中国移动、中国电信、中国联通、中国通信服务
企业：国家电网、中国石化、中国石油、阿里巴巴
金融客户：中国建设银行、中国农业银行、中国民生银行、招商银行、江苏银行、南京银行
高校：南京大学、浙江大学、南京邮电大学、南京理工大学、扬州大学、常州大学
2014年南京青奥会指定网络安全服务提供商

核心合作伙伴

国产设备：H3C、华为、锐捷、迪普、浪潮、海康、大华、山石网科、天融信等
进口设备：cisco、HP、IBM、EMC、Oracle、Microsoft、redhat、艾默生等

盐田港现有16个大型集装箱深水泊位，堆场面积3.73平方千米。

深圳市盐田港

Shenzhen Yantian Port

深圳市盐田港建设指挥部（以下简称指挥部）是深圳市政府的派出机构，负责贯彻落实市政府有关盐田港区和大铲湾港区建设的方针、政策和决定，统筹协调两港区及其后方腹地的开发建设。盐田港建设指挥部下设港口建设办公室和地政监察室两个业务管理部门。盐田港建设指挥部的常务副总指挥由深圳市盐田港集团有限公司董事长兼任，盐田港建设指挥部总指挥由深圳市政府副秘书长兼任。

港口经营

2014年，盐田港和大铲湾两港区集装箱吞吐量保持增长态势，实现集装箱吞吐量1 292.89万标箱，完成年度预算的113.61%，同比增长9.56%，集装箱量再创历史新高。其中，盐田港区完成集装箱吞吐量1 167.28万标箱，同比增长8.12%，主要得益于旺季进出口重箱及进口空箱的增长；大铲湾港区完成集装箱吞吐量125.61万标箱，同比增长25.05%，主要是由于开通内贸航线同比增加22.85万标箱，以及马士基临时航线挂靠影响。

深圳港同比增长3.6%。与深圳同行业相比，盐田港和大铲湾两港区优势明显。与全国同行业相比，全国2014年完成集装箱吞吐量为2.01亿标箱，同比增长6.1%。盐田港和大铲湾两港区集装箱吞吐量增幅高出全国平均水平3.46个百分点，为深圳港继续稳定保持世界第三大集装箱港口的地位作出突出贡献。

指挥部与盐田港集团一起，加大与盐田国际、大铲湾现代的沟通力度，积极研究更多切实可行的措施，扩大箱源。一是充分发挥海铁联运的优势，增加盐田国际内陆港的出口箱量和重箱出口比例。二是加大大铲湾港口内贸业务的开拓力度，充分利用区位优势，拓展滚装船项目。三是继续推进东港区集装箱码头项目整体申报工作和大型深水泊位建设的前期工作，积极应对全球集装箱超大型化趋势。四是积极争取国家政策支持。指挥部携手大铲湾现代港口发展有限公司、大铲湾港口投资有限公司，共同推动汽车整车进口业务的报批，在2015年1月26日，终于获得批复，同意深圳（皇岗）汽车整车进口口岸延伸至大铲湾港区。

口岸管理

2014年，指挥部全面将东部的盐田港区和西部的大铲湾港区的口岸管理和服务工作纳入统一管理，统一对外负责两港区的口岸事务协调、口岸设施建设和口岸通关服务等工作的管理，统筹调配相关资源。同时，还协调两个港区的口岸单位，共同促进口岸管理改革和通关措施改进，共同提升通关服务水平。指挥部协助深圳市口岸办每年组织口岸联检单位开展文明口岸共建活动，定期到相关的港口、口岸、企业进行调研，了解一线进出口业务的实际情况，加强借鉴优秀口岸管理服务经验，发现问题和寻找差距，改进和提高通关服务水平。指挥部成功召开2014年盐田综保区与港口发展及通关便利化研讨会，为盐田港和大铲湾两港区的口岸单位和码头公司建立了良好的沟通平台。此外，根据海关关于整车进口口岸监管基础设施建设的要求，指挥部全力做好大铲湾港区有关单位的协调工作，努力完善港区配套设施，为港口汽车业务发展打下坚实的基地。

海港大厦

大铲湾一期码头

口岸建设

2014年，为加大口岸配套设施建设工作力度，指挥部与深圳市口岸办共同成立了专门的盐田港口岸设施建设协调工作小组，负责盐田港区各相关口岸设施建设工作。成立了配合深圳市盐田综合保税区开发建设领导小组，协调各有关单位，确保盐田综合保税区封关围网工程顺利推进。推进了五项工作：一是海关旧食堂改造为报关楼工程顺利施工，二是为盐田海事指挥中心商定西港区综合楼改造方案，三是与盐田海事指挥中心相关联的中港区候工楼加固和改造工程，四是为盐田出入境检验检疫局办公整体改造盐田港口岸大楼工程，五是港口危险品查验场已开展可行性研究。同时，指挥部全面承接大铲湾港区口岸事务以来，推进了六项工作：一是指挥部与深圳市口岸办共同成立了大铲湾港口岸设施建设协调工作小组，并推进口岸单位值班休息用房和海关武警执勤营房项目建设工作；二是租赁和续租大铲湾口岸单位临时周转房，临时作为口岸单位值班休息使用；三是协调解决大铲湾港区口岸大楼日常维保问题；四是处理大铲湾口岸单位信息系统的日常维护问题；五是协商大铲湾边检巡逻艇泊位选址与建设；六是协调大铲湾国检熏蒸场搬迁与修缮等相关工作。

灯火辉煌的盐田港

2014年1月23日，马士基两艘1.8万标箱船舶同时挂靠盐田港。

广州白云机场综合保税区

区域概况

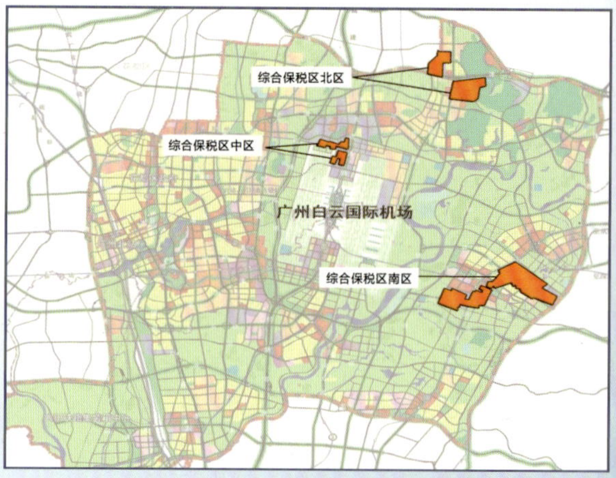

总体规划图

广州白云机场综合保税区于2010年7月3日获批准设立，批复总面积7.385平方千米，分为北区、中区、南区3个区域，是全国第10个获批的综合保税区。其中，北区位于花都区，白云机场以北，机场高速北延线南北两侧，面积2.1平方千米；中区位于花都区，白云机场北进场路口处，面积0.755平方千米；南区位于白云区钟落潭镇，紧邻京珠高速西侧，面积4.53平方千米。广州白云机场综合保税区（一期）1.645平方千米于2014年4月17日通过国家验收，同年7月29日封关运作。

区位优势

广州白云机场综合保税区地处广州空港经济区核心范围内，毗邻国内三大枢纽机场之一的广州白云国际机场、京广高铁的广州北站和规划中的大田铁路集装箱中心站，初步形成广州白云国际空港枢纽、广州北站综合交通枢纽和大田铁路集装箱货运枢纽“三港联动”的发展格局。依托广州白云国际机场多达222条国内外航线的航空网络，凭借广州空港经济区内“三横三纵”的高速公路网络、“环形+放射”的快速路网，以及囊括了城际、市域、轻轨、有轨电车线路的共16条线、总长度316千米的轨道交通网络，广州白云机场综合保税区交通物流条件极为便利，具有30分钟直达市中心、1~2小时覆盖珠三角、3小时通达南中国及东南亚的区位优势。

政策优势

◆区域内全面复制自贸区先行先试相关政策。
◆区内企业可享受保税、免税、退税及外汇管理相关政策。
◆除法律、行政法规和规章另有规定的外，与境外之间进出的货物，不实行进出口配额、许可证件管理。
◆集口岸、进出口商品展示、进出口贸易、保税仓储与物流、保税加工等功能于一身，可开展跨境电商、融资租赁等新型保税业务。

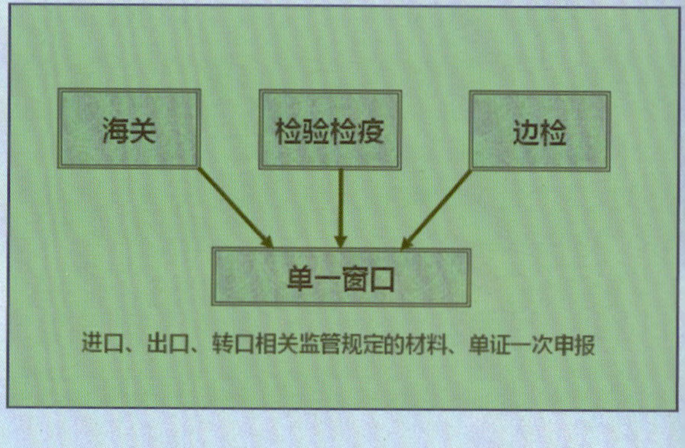

主要业务

广州白云机场综合保税区内主要业务有：药品仓储配送、航材零部件和飞机轮胎分拨配送、飞机发动机配送、跨境电商、飞机租赁等。从封关运作至2014年年底，区内已入驻南方航空、中国免税品集团、DHL、顺丰速运等航空公司、国际货代、快递速运企业255家，其中开展保税业务的共21家，进出货物共15702吨，货值18.94亿美元。

发展规划

广州白云机场综合保税区依托重点打造“三个中心”，即全球保税物流中心、全球保税维修中心和亚太贸易展览销售中心。3个区域发展定位上各有侧重：北区重点发展临空型保税加工产业、保税物流、保税贸易等；中区重点发展高附加值、时效性要求高的临空型物流，并着重拓展跨境电商、飞机租赁等业务；南区重点发展保税展示交易、跨境电商、医药医疗、检测维修等新兴业态，打造保税新业态示范园。

联系方式

网址：http://gzkg.gov.cn
部门：广东省广州白云机场综合保税区管理委员会
电话：020-36063820、36063829
传真：020-36062000

烟台保税港区

概 况

2009年9月7日，烟台保税港区获得批复设立，是全国第13家、山东省第2家保税港区，按照“功能整合、政策叠加”要求，是以出口加工区和临近港口整合转型升级形成的保税港区。2010年7月30日一期监管设施通过验收，2011年1月12日正式开关运作。2014年全区完成外贸进出口173.1亿美元，在全国保税港区中名列第二，占全省海关特殊监管区进出口总额的61.8%；保税物流货值122.9亿美元，同比增长25.4%；合同外资1 901万美元，同比增长14.9%；实际利用外资1 331万美元，同比增长15.5%，主要经济指标增幅高于全国保税港区平均水平。

规划建设

烟台保税港区规划控制面积7.26平方千米，分为两个区块：区块一（东区）面积为5平方千米，包括原出口加工区A区0.7平方千米和烟台港4.3平方千米；区块二（西区）面积2.26平方千米，位于烟台经济技术开发区内的原出口加工区B区。一期封关面积为4.86平方千米，其中区块一占地3.05平方千米，

区块二占地1.81平方千米。目前，保税港区一期封关区域内已成了区内海关监管设施及“七通一平”，区内设施配套齐全。区内可开展保税存储，国际转口贸易，国际采购、分销和配送国际中转，检测和售后服务维修，商品展示，研发、加工、造，港口作业等功能业务。

投资环境

烟台保税港区位于烟台市城区北部，外与日韩隔海相望（距韩国235海里，距离日本529海里），内与城区紧密相连，距烟台车站1千米，距烟台莱山国际机场17千米，北接沈海高速，与烟铁路轮渡仅一网之隔，距离市区中心商圈不到2千米。

烟台保税港区是真正实现区港一体化运作的海关特殊监管域，货物下船即可入区。烟台港是中国环渤海港口群主枢纽港一，以集装箱、矿石、煤炭、油品为四大主营货种。2014年，烟港完成货物吞吐量2.36亿吨，同比增长6.6%；完成集装箱吞吐235.6万标箱，同比增长9.6%，化肥出口量和水泥出口量等指标居全国前列。已开通内外贸集装箱航线50条，月均航班300班右，经烟台港可连接环渤海地区、长三角地区、珠三角地区主要口，可承接世界各地货物。

保税港区开关运作后，加快港口集装箱码头及后续配套工程设，推进航线开辟，促进货源集聚，着力打造大进大出、快进快的国际物流通道。一期封关区域内的集装箱泊位已全部形成作业力，集装箱年吞吐能力由150万标箱扩大到500万标箱以上。近来，港口作业区新建设通用仓库3万平方米、保税仓库5 000平米、后方堆场16万平方米，进一步促进区域功能升级。捷时达物产业园、中外运物流场站和益通仲伯物流保税仓储等一批高标准特色化、专业性大型保税仓储设施已经或即将投入使用，将有力升产业集聚和功能承载水平。

政策优势

保税港区是中国海关特殊监管区域中开放层次较高、功能较全、政策较优惠的区域，不仅叠加保税区、出口加工区、保税物园区所有的政策和功能，而且还增加港口功能，享受国家赋予“免税、退税、保税、免证”及便捷监管等特殊优惠政策，是我名符其实的“政策高地”。其主要优惠政策为：境外货物入港区税；国内货物入港区视同出口，实行退税；港区内企业之间的货

不征增值税和消费税等。保税港区实行全域封闭化、信息化、集约化，实行园区管理、卡口管理、港口管理“三位一体”的监管模式，一报、一次查验、一次放行的“三个一”的通关模式，信息流与货物流一，通关管理与港口联网相统一，关区代码与贸易方式相统一的“三一”运作模式。

定位

坚持从区域经济发展的全局和高度着眼，紧紧围绕建设“区域性贸易中航运中心、高技术产业中心”和“东北亚枢纽港”的发展目标，以保税为重点，以国际商品展示为突破口，以高端高质高效新兴产业为引擎，口航线开辟、货源培育为保障，努力打造在国内外有较大影响力的区域流中心、特色突出的商品展示交易中心、高效便捷的航运服务中心和产集的临港产业集群，在政策功能运用、产业转型发展和先行先试上更好挥引领带动作用，为区域经济发展提供有力政策支撑。

产业发展

烟台保税港区开关运作以来，依托特殊政策功能，大力发展保税加工、保税物流和保税服务，已初步形成了东区以港口作业和保税物流为主、西区以保税加工制造为主的产业发展格局。烟台保税港区在三个方面取得了重大突破。一是新兴功能产业迅速崛起。开关运作以来，通过运用保税港区的独特政策和功能集成优势，以国际商品展示为突破口，创造和诱发商机，促进贸易生成，形成了以保税加工贸易和现代物流为着力点，以保税仓储和现代港口运营为保障的多元化口岸物流新业态。目前区内建立起了国际葡萄酒、进口奶粉、国外工业名优产品和保健食品等五大商品展示中心，汇集了30多个国家的3 000多个品种、近百个国际知名品牌。在区内五大展示中心的基础上，年内向区外扩展20多家，实现国际商品展示业务由“点”到“面”的突破。二是产业转调升级成效显著。针对保税港区“小空间”与“大政策”的现实矛盾，坚持“立体发展、辐射发展”的理念，推动发展方式由粗疏向集约转变，产业培育由传统向现代升级，项目引进由低层次向高层次置换。目前区内出口货物种类从金属制品、木材加工、机器设备及零部件等领域，扩展到集成电路系统、液晶显示部件和海洋工程设备等高技术含量和高附加值产品。三是港口特色保税物流建设实现新的突破。开关运作以来，充分发挥保税港区政策功能和烟台港货源优势，大力拓展大宗货源仓储转口贸易等业务，打造化肥、铝土矿、煤炭等特色保税物流板块。2014年，港口化肥、石油焦、铜矿砂等增势强劲，同比分别增长140.6%、183.7%和720.1%，港口大宗货源进出口占全区总额的75%以上。“烟台港精装化肥”品牌国际影响力得到进一步提升，2014年首次超过卡塔尔的乌姆赛义德港，成为世界第一大化肥出口港，为打造世界化肥贸易“FOB烟台”价格体系提供了重要保障。

创新工作

立足于服务区域经济发展和功能创新，抢抓机遇先行先试，加快政策功能产业升级，着力打造新的政策高地。一是加快复制推广上海自贸区创新制度。已有13项制度经青岛海关同意上报海关总署，获准上报项目在青岛关区排在首位。9月下旬，“统一备案清单”、“批次进出，集中申报”、“简化无纸通关作业随附单证”和“集中汇总纳税”等首批创新制度在保税港区落地实施；12月份又进入内销选择性征收关税系统测试试点名单，创新制度带来的红利正在逐步释放。二是全力争取新的政策试点落地。经过积极争取，3月份获得批复，成为全国第14个、全省第2个跨境贸易电子商务试点城市。加快推进电商交易、通关服务、通关管理三个平台和海关监管中心，在先行启动邮运、空运模式的基础上，正在加紧启动海运模式和直购进口，打造区内外互接联动的电子商务产业格局。三是加强内外互动合作。以烟台港为主体，串连起渤海南岸若干港口的互动链条，打通转水通道。加大与国外港口的合资合作力度，目前已与韩国仁川、京畿平泽港湾公社签订战略合作协议。年内分别与烟台大学、烟台山西商会、临沂商城签订合作协议，拓宽了与企业、科研院校、商贸基地的业务合作渠道。

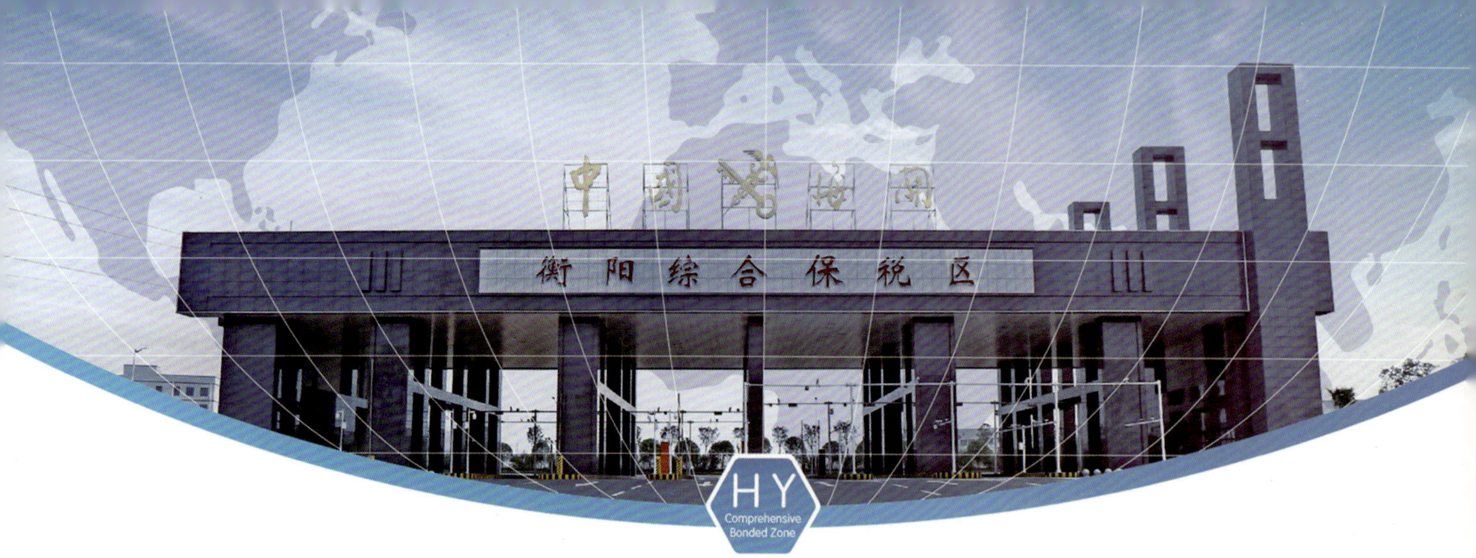

衡阳综合保税区

建设发展情况

加大招商引资力度，充实综保区经济发展内涵。

现已注册入区项目20个，其中有加工企业11家，分别是衡阳欧贝尔电子科技有限公司，已完成厂房装修和7条产线安装，现已投入生产，主要生产半导体激光器，年出口额可达2亿美元；衡阳华安存储科技有限公司，已完成厂房装修和14台生产设备安装，主要生产、检测、包装储存器芯片，年出口额3亿美元；衡阳恒天制造有限公司，已基本完成厂房装修，准备设备报关，生产集成电路板，年出口额可达1亿美元；衡阳贝斯瑞光电科技有限公司，已完成厂房装修和5条产线安装，主要生产手机背光板LED电源，年出口额1亿美元以上；衡阳富亿科技有限公司，正着手进行厂房装修，建设手机摄像头模组项目，总投资6 000万元，年出口产值1亿美元；湖南野果树文化国际展览有限公司，已完成厂房装修，主要经营文化产业项目，包括禅画的出口展示；衡阳福泰珠宝首饰有限公司，近期进场装修，主要产业为黄金深加工，年出口额可达3亿美元；湖南共创光伏能源有限公司，投资18亿元，生产高效太阳能电池组件，已完成厂务招标和部分设备订购，6月份开工；言鼎电脑，于5月底开工建设，主要生产平板电脑和电子产品的维修、检测；立新世纪，主要经营电子液晶屏幕的组装生产；湖南阿卡图科技发展有限公司，主要生产汽车空调电动压缩机项目，5月开始装修和设备搬迁。有贸易企业6家，分别是易路通、力高隆、深湘供应链、恒天供应链、新鑫电子、湖南综保贸易有限公司，其中前3家已开展业务工作，湖南综保贸易有限公司即将开工建设进口商品展示交易平台，将着力打造湖南特殊监管区域内大型进口商品展示销售中心，同时开发手机移动端电子商务平台与对接跨境电商平台。有物流企业3家，分别是日通物流、远通物流和场站管理公司，目前已开始为入区企业提供物流服务。

已初步确定入区项目4个，分别是台湾界面光电项目、东莞鸿展实业3D打印机项目、东莞丽适高档制衣项目、新华国际贸易有限公司铜矿进出口项目。

加强管理服务工作，便捷企业入区通关。

做好职能部门的综合协调、后勤服务。一是与相关部门建立了良好的沟通机制，为企业创造良好的通关环境；编制了综保区场站管理手册、业务操作流程手册，定期为企业举办服务协调座谈会，帮助企业便捷、快速通关。二是为常驻部门提供完善的后勤保障，做好口岸联检大楼一站式办公大厅物业管理，并配备了职工食堂与职工休息用房。三是与相关部门积极协调，争取标准厂房、信息平台补贴及企业出口奖励。

加强对综保区开发建设的学习与探索。组织相关科室赴成都综保区、重庆综保区进行了考察，重点学习商品展示交易和跨境电子商务的操作；2015年1月27日，对如何推进综保区通关便利化和制度创新等问题进行了座谈。

加大综保区形象宣传。在长沙高铁站投放了综保区广告；注册了衡阳综保区网站；定制了文字、图像、PPT、专题片4种形式的宣传方案，目前已基本完成。

完善综保区规范化建设。投资20余万元建设区内环境导视系统，使综保区功能分区标示标牌清晰明朗，提升综保区总体形象。

工作目标

总体目标：“123目标”

实现全年进出口总额10亿美元。

实现20个项目正常生产和运营。

实现3个新业务的开展，即境外商品展示交易、跨境电子商务与检测、维修业务。

工作措施

加大综保区宣传。进一步加大宣传力度，打响综保区名号，除增加广告宣传外还要完成综保区PPT、宣传册、专题片的正式定稿，网站的正式启用，并完成综保区的沙盘、展示厅、区内导视系统的制作。

加强招商引资力度。进一步制定完善的优惠政策，加大招商宣传氛围，组织专业小分队上门招商，实行高端推动。大力引进外向型企业，综合发挥综保区的八大保税功能，实现保税加工、国际贸易、保税物流等产业的聚集。

加快项目建设力度。督促已入区项目的开工建设，一季度完成福泰珠宝、言鼎电脑、共创光伏的入场装修。

加深新业务的拓展。了解境外商品展示交易、跨境电子商务与检测、维修业务的具体概念及相关流程，做好前期准备并联系海关等职能部门办理好审批申报工作。

加强管理服务。一是完善一站式办公服务，包括明确各项办理手续的流程和收费标准，做到办事公开透明、尽可能简化手续，让企业在最短的时间内实现货物通关，提高企业办事效率。二是建全管理服务体系。从企业及货物入区报关、报检、装卸、场地使用、货物堆放、车辆管理等一系列事宜入手，从方便企业办事，提高工作效率出发，为企业提供优质服务。三是巩固信息平台建设，实现保税区企业信息化管理，完善好第三方物流平台搭建，将沿海企业内迁所产生的物流增加成本降到最低。

加速基础配套完善。完善园区交通、通信、物流及商贸、餐饮、文化休闲等配套设施，提高保税区的综合承载能力，逐步提高综合保税区内标准厂房的出租率。

目　录

江苏省

浙江省

安徽省

福建省

四川省

贵州省

云南省

西藏自治区

陕西省

第七篇　附　录

各地区开放口岸索引

黑龙江省开放口岸

上海市开放口岸

江苏省开放口岸

浙江省开放口岸

安徽省开放口岸

福建省开放口岸

江西省开放口岸

山东省开放口岸

河南省开放口岸

湖北省开放口岸

湖南省开放口岸

广东省开放口岸

广西壮族自治区开放口岸

海南省开放口岸

重庆市开放口岸

四川省开放口岸

贵州省开放口岸

云南省开放口岸

西藏自治区开放口岸

陕西省开放口岸

甘肃省开放口岸

青海省开放口岸

宁夏回族自治区开放口岸

新疆维吾尔自治区开放口岸

第一篇

口岸综合

2014年国家口岸管理工作概要

国家口岸管理办公室

2014年，国家口岸管理办公室积极贯彻党的十八大和十八届三中、四中全会精神，紧紧围绕发展大局，坚持改革创新，认真履职尽责，积极主动作为，成功筹备召开全国口岸工作座谈会，大力推动《国务院关于加强和改进口岸工作的意见》（以下简称《意见》）出台，着力推进国际贸易“单一窗口”建设，深化口岸国际合作，稳步提高口岸开放水平和治理能力，各方面工作均取得长足进展。

一、成功筹备召开全国口岸工作座谈会

8月25日，全国口岸工作座谈会在北京成功召开，国务院汪洋副总理出席会议并作重要讲话，海关总署于广洲署长代表口岸工作联络协调机制牵头单位作工作报告，18个中央部门、31个省级政府共计92名代表（含21名省部级领导）参加会议。会议充分肯定了口岸工作取得的巨大成就，分析了加强和改进口岸工作的重要性、紧迫性，明确了未来一段时期口岸工作的总体思路，部署了事关口岸长远发展的重点任务。本次会议层次高、规模大、内容实，为口岸工作改革创新发展奠定了坚实基础。

为筹备召开本次会议：一是深入开展实地调研，广泛听取各方意见。先后选取各类代表性口岸组织开展10多次实地调研和5次全国范围书面调研，召开46场次座谈会，多层次、多渠道全面听取地方政府、口岸查验单位和进出口企业的意见，摸清口岸发展现状，找准影响口岸发展的症结，形成近40万字的调研材料。二是推动各方达成最大共识。年初，于广洲署长主持召开部际口岸工作座谈会，中央编办、公安部、交通运输部、国家质检总局负责同志与会，座谈会就进一步加强联系协作、筹备召开全国口岸座谈工作会、联手解决口岸工作问题等事宜达成一致意见。三是加强内外部协调，做好会议主要文稿起草和会务服务保障工作。

为贯彻落实好本次会议精神：一是加强对各地贯彻会议精神的指导。通过调研指导、编发信息简报等形式，宣传会议精神，交流典型经验，推动全国口岸系统切实贯彻落实好会议精神。二是推动国务院建立口岸工作部际联席会议制度。进一步加强口岸工作的组织领导，强化口岸部门间协调合作，积极谋划联席会议日常工作，国家口岸管理办公室牵头协调作用进一步发挥。三是加快推动《口岸工作条例》（以下简称《条例》）立法进程。根据各地、各有关部门反馈的意见，对《条例》进一步修改完善。四是及时启动国家口岸查验基础设施建设标准的编制工作。通过以各项专项工作为引领，加快推进会议部署任务的落实。

二、推动出台《国务院关于加强和改进口岸工作的意见》

国务院层面出台加强和改进口岸工作的指导性文件，是口岸工作健康持续发展的基石。一年来，根据国务院领导同志指示和全国口岸工作座谈会精神，重点从以下两方面推动《意见》早日出台。一是着眼口岸工作长远发展，形成加强口岸工作的若干意见。经征求各省（自治区、直辖市）和国家有关部门意见，研究起草了《意见》，明确当前和今后一段时期内口岸工作的指导思想、基本原则、发展目标和重点工作，为加强口

岸治理体系建设、提升口岸治理水平、推动口岸工作再上新台阶奠定坚实基础。二是加强沟通协调，牵头口岸有关部门共同研究推动。近一年来，《意见》涉及的重大问题、职能职责和工作分歧等事宜，通过多渠道、多途径进行协调推动，力求各相关单位对《意见》出台及实施达成最大共识。《意见》上报国务院后，国家口岸管理办公室积极主动联系、大力配合做好相关沟通协调工作，广泛听取吸纳各相关单位建议，按要求进一步修改完善《意见》，争取尽早出台实施。

三、积极开展国际贸易“单一窗口”建设

一是顺利启动上海试点。年初会同国家口岸相关部门、上海市政府成立了国际贸易“单一窗口”建设工作组，搭建工作机制，统筹推进上海自贸区国际贸易“单一窗口”试点工作。经过协调推进，6月18日，一般贸易进口货物申报与结果反馈、船舶出口岸联网核放项目顺利上线，试点运行取得成功。11月，船舶进港申报功能按计划上线，试点继续深化。通过实行国际贸易“单一窗口”，口岸通关流程由传统的“串联式”转变为科学的“并联式”，最大限度地简化了企业多头申报，有效促进了贸易便利，赢得了政府和企业的积极评价。

二是加快复制试点经验。按照全国口岸工作座谈会确定的目标任务，组织召开沿海口岸“单一窗口”建设推进会和建设方案研讨推介会，统一思想、部署任务，推广上海试点经验，加快推动沿海地区口岸“单一窗口”建设。下半年，10个沿海省份、5个计划单列市启动了本地“单一窗口”的建设筹备工作，继上海后，天津、山东、广东、深圳等地相继提出本地区的建设工作方案。

四、口岸国际合作深度拓展

一是中蒙合作取得突破。把握机遇、务实推动，顺利实现在习近平主席访蒙期间，于广洲署长和蒙方在两国元首见证下签署了《海关总署与蒙古国口岸委员会关于成立中蒙边境口岸管理合作委员会的协议》，口岸合作事项列入两国元首会晤后发表的《中蒙联合宣言》。

二是中俄合作继续深化。会同俄方开展了中俄边境口岸联合调研，召开了中俄运输分委会口岸工作组第十七次会议，推动黑瞎子岛（大乌苏里岛）设立公路口岸等合作事项取得积极进展。中俄口岸合作议定事项列入《中俄总理第十九次定期会晤联合公报》。

三是中哈合作深入推进。认真做好李克强总理访哈期间口岸会谈等工作，口岸合作列入《中哈总理第二次定期会晤联合公报》。推动开展巴克图—巴克特口岸农产品快速通关“绿色通道”试运行评估工作，双方对“绿色通道”试点推广等合作事项达成一致共识。

四是中越合作稳步发展。适时启动并顺利召开中越陆地边境口岸管理合作委员会第二次会议，双方就共同关心的问题达成共识，在推动口岸对等开放、规范边贸管理等方面取得了新成效。

五、口岸开放水平明显提升

一是抓好口岸开放审理工作，口岸布局逐步优化。年初牵头制订了2014年口岸开放审理计划并报国务院备案后执行，16个列入审理计划的口岸开放项目，年内15个项目均按要求审理。含以前年度的审理项目，全年共有19个口岸项目经国务院批准开放或扩大开放，批复临时开放项目96个，验收开放项目9个。同时，口岸基础设施建设也得到进一步改善，口岸通行能力稳步提升。截至2014年年底全国共有经国务院批准开放的口岸288个，其中水运口岸135个，空运口岸66个，铁路口岸20个，公路口岸67个。

二是大力支持内陆沿边地区口岸开放。按照十八届三中全会和全国口岸工作座谈会精神，大力支持“一带一路”战略实施，重点审理了沿边

地区的广西友谊关口岸、西藏吉隆口岸的扩大开放和甘肃敦煌机场、云南芒市机场的对外开放。同时，紧密结合中欧国际货运班列开通运行和丝绸之路经济带沿线节点口岸开放需求，通过深入调研，先后批准重庆、成都、西安铁路场站作为临时口岸对外开放，有力促进了中西部外向型经济发展。此外，还支持京津冀一体化发展，批准了北京平谷国际陆港作为临时口岸对外开放。

六、珠澳口岸通关便利化顺利实施

一是加强珠澳口岸通关便利化的调查研究。根据国务院办公厅要求，国家口岸管理办公室黄胜强主任带队，率中央编办、中央口岸查验主管部门等单位赴珠海实地调研，研究提出具体工作方案；同时，协调各口岸相关部门及广东省、珠海市，按时限督促加快珠澳口岸建设改造进度，加强与驻珠海查验单位及澳门方面的沟通配合，做好珠澳口岸延长通关时间后双方公共交通和服务设施的配套完善等工作。

二是协调推动珠澳口岸通关便利化措施如期实行。认真落实国务院部署，抓好珠澳口岸延长通关时间、实现通关便利化的协调和督办工作。协调有关部门和广东省与澳门特区政府就延长珠澳口岸通关时间、推进口岸通行便利化达成一致意见，12 月 18 日零时起，拱北、横琴口岸和跨境工业区通道顺利实现新的通关安排。此次珠澳口岸全天候、无障碍新通关制度的实行，适逢澳门回归 15 周年，受到社会各界一致好评。

七、口岸宣传工作成效明显

一是加强日常工作的宣传。通过《口岸简讯》、信息快报、专报等形式，全面宣传口岸业务改革发展新进展，对口岸工作中的重点事项、重大进展、经验推广等及时予以推介。

二是强化重点工作的宣传。加强与新闻媒体的沟通联系，安排专人陪同记者赴口岸一线采访调研，中央电视台《新闻联播》等栏目先后对上海启动国际贸易“单一窗口”建设试点、全国口岸工作座谈会召开、澳门回归 15 周年之际珠澳口岸实行通关新制度、口岸外贸助推中国经济新活力等进行宣传报道，《人民日报》、《人民日报海外版》、《光明日报》、《经济日报》、《经济参考报》、《国际商报》、《国门时报》等其他中央及地方新闻媒体也对口岸工作进行广泛宣传报道。通过一系列宣传，口岸工作受到广泛关注，社会影响逐步扩大。

此外，还积极推动简化口岸审批制度改革，开展了简化口岸开放验收程序的试点；积极指导上海与中部六省、长三角等地区开展口岸大通关合作；继续加强办内基础工作，开展口岸政策理论研究，顺利完成口岸研究课题评审结题等工作。

2014年国家电子口岸建设概要

国家电子口岸建设协调指导委员会办公室

2014年，国家电子口岸建设协调指导委员会办公室（以下简称“国家电子口岸委办公室”）认真贯彻国家电子口岸委的各项部署，按照中央全面深化改革要求，围绕口岸管理部门“信息互换、监管互认、执法互助”（以下简称“三互”）和“一带一路”建设，加强统筹协调，优化信息共享机制，加快落实《电子口岸发展“十二五”规划》（以下简称《规划》），积极推进跨部门综合应用项目，支持和促进地方电子口岸建设，取得了积极成效。

目前中国电子口岸已实现与公安部、环保部、农业部、商务部、人民银行、海关总署、国家税务总局、国家工商总局、国家质检总局、国家密码局、国家外汇管理局、铁路局、贸促会等13个部门、20家商业银行，以及港澳台和欧盟相关部门的联网，联网项目37个，其中2014年新增联网项目5个，累计入网企业约91万余家，累计处理各类单据3.4亿票，日均处理单证135万笔，有效提升了口岸综合管理和公共服务能力。

一、加强组织协调，认真落实电子口岸委全体会议要求

2014年6月，国务院副秘书长、国家电子口岸委主任毕井泉主持召开电子口岸委全体会议，听取电子口岸建设汇报，就加强电子口岸建设、推动成员单位间信息开放共享作出部署，为今后一段时期内电子口岸建设工作指明方向。会后，经请示国务院办公厅，国家电子口岸委办公室印发会议纪要，积极落实会议要求，面向地方宣传贯彻会议精神，协调指导地方电子口岸建设工作。

二、加快推动电子口岸数据共享机制建设

一是进一步完善跨部门数据共享机制。组织各成员单位共同起草《国家电子口岸建设协调指导委员会成员单位数据共享和使用管理办法（试行）》（以下简称《办法》），建立成员单位间信息开放共享的长效合作机制。国务院领导高度重视，并指出《办法》要尽快提出。《办法》会签各成员单位正式上报国务院。

二是推动电子口岸建设规范化、标准化。组织中国电子口岸数据中心和中国标准化研究院，参考国际、国家相关标准，总结电子口岸建设经验，编制了《电子口岸数据交换技术规范》和《电子口岸信息安全管理指南》，有效提升了电子口岸数据共享和信息安全管理水平，得到了各成员单位和地方电子口岸建设部门的肯定。

三、建设进出口企业综合资信库，落实社会信用体系建设要求

为推动进出口企业综合资信库（简称“资信库”）建设，相关成员单位借鉴负面清单的管理思路，建立资信库数据资源目录，签署《进出口企业综合资信库建设合作备忘录》，明确各参建部门在数据共享、数据安全、数据使用等方面的责任，建立资信库信息共享长效机制。主动与国家发展改革委等主管部门沟通，将资信库作为国家社会信用体系在进出口领域的落地项目。

2014年12月2日，资信库正式上线运行，

实现了环境保护部、交通运输部、农业部、海关总署、国家税务总局、国家工商总局、国家质检总局、林业局、民航局、国家外汇管理局10个部门479万条企业资信信息的共享使用。

四、建立口岸政策法规资讯库，实现口岸资讯一站式服务

交通运输部、农业部、商务部、国家工商总局、国家质检总局、国家外汇管理局、民航局、林业局等成员单位积极支持参与口岸政策法规资讯库（简称“法规库”）建设，该系统已于2014年7月7日正式在中国电子口岸门户网站上线运行。法规库收录了涉及贸易许可、货物运输、外汇收支和监管、进出口税收、出口退税、检验检疫、知识产权、反倾销反补贴、进出口配额等方面的法律、法规、规章、政策、公告和政策解读913条，为企业和个人了解进出口相关规定制度提供便利。

五、加紧推动重点改革配套系统建设

一是推动“单一窗口”试点。充分发挥电子口岸协调作用，配合国家口岸管理办公室，研究审议上海、广东、天津、山东等地“单一窗口”建设方案。多次赴上海调研，指导上海电子口岸根据试点需要开发上海国际贸易“单一窗口”系统。

二是加快关检合作“三个一”（即一次申报、一次查验、一次放行）推广。根据“三个一”推广的整体要求，推动在地方电子口岸推广上海、福州、广州三个版本的“一次申报”系统。积极支持海关总署、国家质检总局相关部门，推动“三个一”统一版“一次申报”系统。

六、推进跨境电子商务，引导新兴业态健康发展

利用电子口岸沟通协调机制，推动跨境电子商务工作，召开跨部门跨境电子商务工作座谈会，牵头组织国家发展改革委、财政部、商务部、国家税务总局等部委赴郑州开展跨境电子商务专题调研。

依托电子口岸数据交换平台，实现政府部门与电商、物流、支付企业和平台的高效对接，全程掌握跨境电子商务准确数据和状态。目前，大龙网、银联、中国邮政等70余家企业已经完成与中国电子口岸平台的联网对接，实现数据交换。

七、推动跨部门联网应用项目建设，落实《规划》要求

2014年，各成员单位积极推动落实《规划》，中央层面重点建设任务取得积极进展。关库联网税费核销、原产地电子数据联网、濒危物种允许进出口证明联网等7项任务取得成效，资信库、法规库、规范标准3项任务基本建设完成。截至2014年年底，《规划》21项中央层面重点建设任务中，8项已完成，10项正在建设，3项在筹备中；7项地方层面重点建设任务中，5项已完成，2项正在建设。

除《规划》中的项目外，2014年中国电子口岸新开发上线的跨部门联网应用项目有：远洋渔业产品进口合法捕捞证明联网核查系统于10月1日上线运行，实现了海关总署与农业部合法捕捞产品通关证明电子底账的联网核查；两岸海关电子信息交换系统于4月1日上线运行，实现了两岸海关ECFA原产地相关数据的共享；葡萄酒通关征税便利措施系统于7月1日上线运行，实现了内地和香港海关对酒类商品的审价合作，该系统得到了香港海关及相关企业的高度肯定。

八、指导地方电子口岸建设，实现两个层面协调发展

一是配合国家区域发展规划的制定和实施，在相关区域规划中明确电子口岸作用。二是结合

天津、辽宁、上海、江苏、浙江、广州等6个地方电子口岸建设部门的研究成果，指导《规划》中地方层面7个重点项目建设。三是加强与福建、广东、云南、贵州、山东、厦门等省、市政府的沟通交流，推动地方电子口岸建设。四是组织开展地方电子口岸建设模式研究。

地方层面电子口岸建设取得积极进展。山东、辽宁、福建、贵州等省级政府高度重视，加大投入力度，充分利用大数据、云计算等技术，高起点、高要求推动地方电子口岸建设。江苏“机场旅客团队出境申报系统”、“电子口岸国际航行船舶进出口岸申报系统”，宁波“海事国际航行船舶网上电子查验系统”，海南“离岛旅客免税购物信息系统公共服务平台”，内蒙古“金融保险服务平台”等一批以口岸通关服务为主、集相关物流商务服务为一体的“一站式”大通关综合应用项目相继建设或升级，有效改善了口岸通关软环境，提高了通关效率，提升了企业国际竞争力。

九、加强沟通宣传，介绍电子口岸建设成果

主动与国家发展改革委、财政部、商务部、国家税务总局、国家外汇管理局等成员单位联系沟通，就跨部门信息共享、跨境电子商务等内容进行专题交流。编发《国家电子口岸工作简报》，通报全国电子口岸建设重要进展，宣传地方电子口岸建设经验。加强新闻宣传，在《人民日报》、中央电视台等国内主要媒体报道资信库、跨境电子商务等电子口岸重点建设内容，扩大电子口岸影响力。

下一步，国家电子口岸委办公室将按照国家战略部署，大力推动“一带一路”和“三互”等建设，加大信息资源共享，加强对地方电子口岸的规划指导，促进电子口岸跨部门、跨地区的交流合作。

国家口岸办大事记（2014 年）

国家口岸管理办公室

1 月 3 日

国家口岸管理办公室主任黄胜强出席长三角区域大通关建设协作第六次联席会议。黄胜强主任对近年来长三角区域大通关建设协作取得的成效表示肯定，提出从三方面加大工作力度，推进区域大通关协作：一是继续深化大通关建设，不断提高口岸贸易便利化水平；二是大力推动区域通关改革力度，服务区域经济合作，进一步扩大内陆开放；三是主动做好协调服务，充分发挥国家和地方口岸办的职能作用。会上，上海市委常委、副市长艾宝俊，安徽省副省长花建慧，江苏和浙江两省副秘书长方伟、陈宗尧共同签署《深化大通关建设协作推进长三角区域通关一体化备忘录》。上海、南京、杭州、宁波和合肥海关，以及沪苏浙皖口岸联检单位共同签署《长三角区域海关通关一体化合作备忘录》、《促进安徽食品农产品出口合作备忘录》和《长三角地方电子口岸合作框架协议》。

其间，黄胜强主任与安徽省花建慧副省长一同实地察看了安徽电子口岸建设情况，并出席工作座谈会，就安徽口岸建设及进一步支持安徽外向型经济发展等问题交换意见。

1 月 26 日

海关总署署长于广洲、副署长鲁培军，国家口岸管理办公室主任黄胜强出席口岸工作座谈会。于广洲署长主持会议并作重要讲话，要求口岸管理相关部门携起手来，认真贯彻落实十八届三中全会提出的推进全面改革的重要精神：一是在推进“三互”方面迈出实质性的步伐；二是推进口岸监管资源整合，努力实现重复查验明显减少、程序环节明显简化、通行效率明显提高；三是保障口岸安全有效，把握好“管得住、通得快”之间的辩证关系；四是要进一步加强和改进口岸工作，共同建议国务院年内召开全国口岸工作会议，出台《国务院关于加强和改进口岸工作的意见》，推进口岸法制建设，对现有法规进行梳理修订完善；五是加大科技投入力度，尽快搭建统一的电子信息化平台，研究推动“单一窗口”试点；六是加强人力资源的统筹，既要在确实需要的口岸积极争取增加编制，更要向科技装备、创新管理、内部挖潜要人力，推动“瘦上强下”、向基层倾斜，研究推动查验部门联合监管和管理的扁平化模式。黄胜强主任通报 2013 年口岸工作主要情况和 2014 年口岸工作初步设想。与会各部门结合本部门工作实际，就口岸工作如何更好地落实十八届三中全会相关精神，推进和深化口岸管理改革，创新监管模式和方式进行交流并达成共识。中央编办副主任王峰到会指导，交通运输部副部长何建中，国家质检总局局长支树平、副局长魏传忠，公安部出入境管理局局长郑百岗作重点发言。

1 月 28 日

国务院批复同意山东石岛港口岸扩大开放好当家港区和俚岛港区，以及辽宁营口港口岸扩大开放老港区、鲅鱼圈港区和仙人岛港区。

2 月 14 日

国家口岸管理办公室主任黄胜强主持召开“单一窗口”试点工作组第一次会议。简要通报“单一窗口”试点工作筹备开展情况，各成员单位共同研究讨论“单一窗口”建设试点初步方案并表示全力支持“单一窗口”试点工作。黄胜强主任希望各成员单位团结一致，相互配合，多做沟通，共同推进“单一窗口”工作取得实质性进展。公安部出入境管理局，交通运输部海事局，国家质检总局通关司，海关总署改革办、监管司、科技司相关负责同志参会。

2月18日~21日

国家口岸管理办公室主任黄胜强到上海开展“单一窗口”试点建设工作，分别出席“单一窗口”试点建设工作政府部门座谈会和企业代表座谈会，听取有关部门及企业代表对试点工作的意见建议，与试点工作组其他成员单位研究讨论试点工作方案。21日，黄胜强主任出席上海国际贸易“单一窗口”建设试点启动会议并发表讲话，指出“单一窗口”建设试点面临重要的战略机遇，国家口岸管理办公室将充分发挥统筹协调作用，凝聚共识，合力推动，按期完成，充分发挥电子口岸平台在“单一窗口”中的基础作用，使试点工作在保证口岸监管安全有效前提下发挥促进贸易便利方面的更大作用。与会其他部门均表示将全力支持、积极参与试点工作。公安部、交通运输部、国家质检总局、海关总署、上海市政府相关部门及口岸执法单位相关负责同志参加相关活动。

2月21日

国务院批复同意新疆霍尔果斯铁路口岸、江苏常州奔牛机场、福建平潭港口岸对外开放，以及温州港口岸扩大开放状元岙港区、平阳港区。

3月21日

国家口岸管理办公室主任黄胜强出席上海国际贸易“单一窗口”试点建设工作汇报，听取上海市口岸办关于“单一窗口”建设初步方案汇报，并与在沪口岸执法单位代表就如何更好更快推进“单一窗口”试点建设工作进行座谈。

4月9日

国家口岸管理办公室组织召开上海国际贸易“单一窗口”试点工作组会议，听取上海口岸办关于试点方案设计和工作进展情况汇报，与在沪查验单位研讨“单一窗口”平台数据池配置及登录认证卡形式等事宜，安排和部署下一步试点建设工作。公安部、交通运输部、国家质检总局、海关总署等单位参加会议。

4月23日

中塔卡拉苏口岸通过国家正式验收。卡拉苏口岸位于新疆塔什库尔干塔吉克自治县西北部，海拔4 368.6米，是国家口岸“十一五”规划项目，2009年经国务院批准对外开放，也是我国通往塔吉克斯坦唯一的陆路通道。自2004年5月卡拉苏口岸临时开放以来，中塔双边贸易迅猛增长，据统计，2013年口岸出口货运量为30.91万吨，贸易额14.71亿美元，分别较2004年年均增长41倍和97倍，呈现良好发展前景。

5月4日

国家口岸管理办公室主任黄胜强在广州与广东省副省长招玉芳座谈。中央编办、国务院港澳办、公安部、国家质检总局，以及海关总署、广东分署、广州海关有关负责同志参加会见。

5月5日

国家口岸管理办公室主任黄胜强在深圳开展广深港客运专线深圳段口岸建设专题调研。与深圳市副市长刘庆生就广深港客运专线深圳段口岸设置问题进行座谈，主持召开专题会议，与相关部门就口岸建设问题进行讨论，并前往深圳北站和深圳福田枢纽站实地调研。中央编办、国务院港澳办、公安部、国家质检总局，以及海关总署、广东分署、深圳海关有关负责同志参加调研座谈。

5月6日~7日

国家口岸管理办公室主任黄胜强率联合调研组在珠海开展对澳口岸延长通关时间专题调研。由中央编办、国务院港澳办、公安部、国家质检总局及海关总署相关部门负责人组成的联合调研组，实地察看拱北口岸、珠澳跨境工业区专用口岸、横琴新区二线通道和横琴口岸，听取口岸查验监管设施建设和口岸通关运行情况介绍，召开与地方政府、驻珠查验单位座谈会，集中研究对澳口岸延长通关时间相关问题，并与部分澳门地区全国人大代表、政协委员座谈，听取有关粤澳口岸通关便利化的意见和建议。

5月19日

国家口岸管理办公室主任黄胜强在北京参加国务院副总理汪洋与俄罗斯副总理罗戈津的中俄总理定期会晤委员会双方主席会晤活动。

6月6日

国家口岸管理办公室主任黄胜强在上海听取上海口岸办关于上海国际贸易“单一窗口”试点建设推进情况汇报。现场观摩上海国际贸易“单一窗口”系统模拟运行，并与上海口岸办就继续推进试点建设、保证系统按时上线运行等问题交换意见。

6月16日

国家口岸管理办公室主任黄胜强主持召开上海国际贸易“单一窗口”建设工作方案审定会议。“单一窗口”试点建设工作组成员单位共同参会，听取上海口岸办关于“单一窗口”试点进展情况汇报，观摩上海国际贸易“单一窗口”系统申报流程演示，对试点过程中的有关问题进行讨论和审议。通过集中讨论审议，参会各方均对上海国际贸易“单一窗口”试点工作给予高度评价和充分肯定，一致同意上海国际贸易“单一窗口”的总体设计、基本功能和技术实施方案，批准上海国际贸易“单一窗口”系统上线运行，并表示将继续全力支持推动该项试点工作。会议议定，试点工作组和上海推进组要进一步研究申报数据简化和标准化、实现系统登录和申报的单一卡认证、船舶出口岸许可证无纸化，并认真做好系统平台维护。公安部、交通运输部、国家质检总局、海关总署有关部门负责同志参加会议。

6月18日

国家口岸管理办公室主任黄胜强出席上海国际贸易“单一窗口”运行启动仪式。黄胜强主任与上海市政府戴海波副秘书长共同启动“单一窗口”平台运行，听取上海口岸办关于上海国际贸易“单一窗口”试点推进情况汇报，观摩相关试点项目现场演示，并对上海市委市政府、上海市口岸办给予的大力支持表示衷心感谢。下一步，试点建设工作组和上海推进组将及时总结经验，不断改进系统设计，加强部门协调，完善机制建设，进一步简化申报数据，优化执法流程，并做好系统运行维护。公安部出入境管理局，交通运输部海事局，国家质检总局通关司，海关总署监管司、科技司，上海海关，上海市政府有关部门负责同志，以及企业代表参加仪式。

6月29日

国家口岸管理办公室主任黄胜强陪同国务院副总理汪洋出席首届“中国—俄罗斯博览会”开幕式。

6月30日

国家口岸管理办公室主任黄胜强陪同国务院副总理汪洋参加中俄总理定期会晤委员会双方主席会晤 。

7月8日

福建平潭港口岸澳前港区对外开放通过国家正式验收。

7月8日~10日

国家口岸管理办公室主任黄胜强在湖北恩施土家族苗族自治州、宜昌市调研口岸工作，分别会见恩施土家族苗族自治州和宜昌市主要领导同志，听取口岸建设有关情况汇报，实地察看恩施海关机构筹建地点、恩施许家坪机场和宜昌航空口岸，希望大力发展和有效利用当地特有的旅游资源和地缘优势，积极为开设口岸创造有利条件。

7月10日

广东揭阳航空口岸扩大对外国籍飞机开放通过国家正式验收。

7月15日

国务院批复同意江苏无锡航空口岸扩大对外国籍飞机开放。

7月18日

国家口岸管理办公室主任黄胜强在北京平谷马坊国际陆港调研口岸工作，考察马坊国际陆港建设情况，并听取北京海关、北京市口岸办、平谷区政府有关情况汇报并交换意见。

7月21日

国家口岸管理办公室主任黄胜强召集中央编办等14个部门研究《关于加强新形势下口岸工作的意见》（讨论稿）有关问题。就《关于加强新形势下口岸工作的意见》（讨论稿）的形成过程及背景，特别针对《关于加强新形势下口岸工作的意见》（讨论稿）涉及的支持内陆地区口岸开放、推动口岸开放和验收工作的简政放权、加强口岸执法协作、规范口岸建设等9个重点问题主动说明情况、广泛听取意见。

7月28日~29日

中俄运输分委会口岸工作组第十七次会议在俄罗斯哈巴罗夫斯克召开。双方总结了上次工作组会议以来合作成果，就在黑瞎子岛设立口岸、开通洛古河口岸、调整部分口岸工作时间、加强口岸基础设施建设、密切双方多层级合作等方面深入研究探讨并达成共识，提出了下一步工作措施。国家口岸管理办公室主任黄胜强与俄罗斯边界建设署副署长热烈戈里亚共同主持会议并签署了会议纪要。外交部，交通运输部，国家质检总局，海关总署国际司、驻俄使馆海关处，哈尔滨海关，以及内蒙古、吉林、黑龙江口岸办有关负责同志参会。在工作组全体会议前，黄胜强主任与热烈戈里亚副署长举行了小范围会谈。在俄期间，黄胜强主任会见我驻哈巴罗夫斯克总领事馆总领事李文信，就深化中俄全面战略伙伴关系，加强中俄口岸合作问题交换意见。

7月28日~29日

国家口岸管理办公室主任黄胜强在黑龙江省调研。28日，黄胜强主任在黑龙江省抚远市就设立黑瞎子岛口岸进行实地调研。交通运输部公路运输司、黑龙江省口岸办、抚远市政府、海关总署国际司、国家口岸管理办公室、我驻俄使馆海关处、哈尔滨海关有关负责人参加调研。29日，黄胜强主任在哈尔滨会见黑龙江省副省长孙尧，向其通报了中俄运输分委会口岸工作组第十七次会议情况，并就加快黑瞎子岛边境口岸开放进程交换意见。

7月31日

国务院批复同意浙江义乌机场对外开放。

7月31日

江苏常州奔牛机场对外开放通过国家正式验收。

8月10日

国务院批复同意广东湛江港口岸扩大开放宝满港区、东海岛港区，中山港口岸扩大开放新港区、神湾港区、小榄港区、黄圃港区，山东烟台港口岸扩大开放西港区、海阳港区，天津港口岸扩大开放高沙岭港区、大港港区、北塘港区，新疆老爷庙公路口岸扩大开放为国际性常年开放口岸，江苏如东洋口港口岸、启东港口岸、淮安涟水机场对外开放。

9月1日

国家口岸管理办公室主任黄胜强在乌鲁木齐参加第四届中国—亚欧博览会开幕式暨中国—亚欧经济发展合作论坛。

9月2日

国家口岸管理办公室主任黄胜强在乌鲁木齐参加丝绸之路经济带交通运输峰会并作演讲。黄胜强主任在演讲中指出，中国海关正与各地区、各部门密切合作，积极筹划，全方位多层次融入并支持丝绸之路经济带建设。一是支持在丝绸之路经济带沿线关键节点和中心城市设立对外开放口岸；二是推动以陆路运输为依托的西向国际物流大通道建设；三是推动扩大与丝绸之路沿线国家的经贸全领域合作，实现互利共赢；四是拓展海关和口岸国际合作的广度和深度，构筑与丝绸之路沿线全方位合作网络。

9月9日

国务院批复同意福建福州港口岸扩大开放罗源湾港区。

10月11日

国家口岸管理办公室主任黄胜强在北京出席沿海地区口岸“单一窗口”建设推进会并讲话。黄胜强主任对充分认识建设“单一窗口”的必要性、重要性和紧迫性，以及今明两年在沿海地区各口岸推进“单一窗口”建设工作提出要求，并就下一阶段各地区探索推进“单一窗口”试点工作提出6点指导意见：一是要进一步统一思想、统一认识；二是要加强组织领导；三是要加大各地方电子口岸平台建设和管理力度；四是要协调好口岸管理相关各方的利益关系；五是要求同存异合作共赢；六是要抓好落实，尽快制订出本地区的“单一窗口”建设推进方案。公安部、交通运输部、国家质检总局、海关总署等部门有关负责同志，14 个沿海省（市）口岸主管部门负责同志参加会议。

10 月 13 日

国家口岸管理办公室主任黄胜强在西安调研铁路口岸建设工作并出席专题调研座谈会。听取陕西省政府、西安市政府有关部门，以及西安海关、陕西省出入境检验检疫局关于铁路口岸建设工作情况汇报和口岸查验设施建设标准的意见建议。黄胜强主任高度评价陕西省口岸建设工作，指出陕西将大力推进口岸建设作为扩大对外开放的重要抓手，西安铁路口岸建设发展迅速、成绩显著，并就进一步推进内陆口岸建设提出两点建议：一是抓住“一带一路”建设战略机遇，推进内陆口岸与沿海、沿边口岸的通关一体化；二是加强各口岸部门的合作共建，实现口岸管理部门的信息互换、监管互认、执法互助。

10 月 13 日

浙江义乌机场对外开放通过国家正式验收。

10 月 14 日

国家口岸管理办公室主任黄胜强在成都会见四川省副省长甘霖，调研铁路口岸建设工作并出席专题座谈会。黄胜胜主任实地察看海关监管场站、铁路集装箱中心站、报关大厅和进出口商品样品陈列室，慰问现场关员；分别听取四川省政府、成都市政府及成都海关有关领导关于成都铁路口岸基础建设和业务发展、功能拓展等方面的情况汇报。

10 月 16 日

国家口岸管理办公室主任黄胜强在重庆出席专题调研工作座谈会，听取重庆市口岸办、重庆海关等部门关于监管服务铁路口岸及贯彻落实全国口岸工作座谈会精神的汇报。重庆市市长黄奇帆主持会议，着重介绍“渝新欧”国际货运班列的发展情况。黄胜强主任建议重庆按照十八届三中全会的决定和加快内陆开放的要求，着重在以下 4 个方面加以探索和研究，创出一条内陆口岸开放的路子：一是因地制宜，探索内陆口岸通关模式；二是研究内陆口岸基础设施建设标准；三是共享口岸查验设施和人力资源；四是加强中欧各班列合作共赢。

在渝期间，黄胜强主任实地察看重庆西部现代物流园、中铁联集重庆中心站、重庆汽车整车进口口岸、铁路口岸联检大楼和西永综合保税区。

10 月 16 日

广东汕尾港口岸扩大开放红海湾港区通过国家正式验收，该项目于 2009 年经过国务院批复同意。

10 月 16 日 ~ 17 日

国家口岸管理办公室主任黄胜强在郑州调研铁路口岸建设工作并出席专题调研座谈会。黄胜强主任实地察看海关监管区、铁路集装箱中心站、报关大厅和海关物流监控中心；分别听取河南省政府、郑州市政府、郑州海关等部门关于河南口岸建设、中欧班列运行、海关监管工作，以及贯彻落实全国口岸工作座谈会精神的情况介绍。在豫调研期间，黄胜强主任还会见了河南省委常委、郑州市委书记吴天君，河南省副省长李亚，就进一步扩大河南省口岸开放建设，支持河南开放型经济发展交换意见，并与郑州海关党组座谈。

11 月 5 日

国家口岸管理办公室在上海召开沿海地区口岸“单一窗口”建设方案研讨及推介会，就《上海国际贸易单一窗口建设工作方案》进行解读，介绍“单一窗口”上海试点的建设步骤、运维机制、技术方案及资金投入情况，并就“单一窗口”的申报数据标准统一、安全认证系统设计和建设、人力资源使用等具体问题进行现场讨论。“单一窗口”国家建设工作组和上海推进组成员，沿海地区 16 个省区和计划单列市相关部门参会，国务院研究室派员到会指导。

11 月 14 日

国家口岸管理办公室主任黄胜强同中央编办副主任王峰在珠海就珠澳口岸通关问题开展专题调研，赴横琴口岸现场考察，共同主持召开工作组专题会议，并与珠海市政府、各口岸单位进行座谈，就解决珠海口岸通关问题、创新口岸查验机制等方面工作交换意见。会议认为此次调研成果丰硕，各相关部门在口岸查验机制创新方面做了大量工作，为今后的工作奠定了良好基础。其间，黄胜强主任向广东分署通报了调研情况并与拱北海关党组进行座谈，听取该关主要负责同志关于推进落实珠澳口岸延关“三项任务”情况汇报，充分肯定该关前期所做工作，要求该关坚决贯彻落实国务院、海关总署的工作部署，进一步增强大局意识、责任意识，加强与地方政府、澳门海关的联系沟通，协调解决珠澳口岸延关工作中的具体问题，确保如期圆满完成各项任务。

12 月 4 日

国家口岸管理办公室主任黄胜强在郑州出席上海与中部六省口岸大通关合作第九次联席会议。黄胜强主任、河南省副省长赵建才分别致辞。黄胜强主任在致辞中指出：内陆地区与沿海沿边地区的口岸合作和大通关建设，是优势互补、互利共赢之举，在加快推进“一带一路”和长江经济带建设中具有战略和现实意义。国家口岸管理办公室将一如既往地支持上海与中部六省和全国各地区的跨区域口岸合作和大通关建设，各地方口岸办要多做协调和服务工作，通过各方共同努力，把中部六省与上海及沿边有关省（区）的跨区域口岸合作和大通关建设做实、做好、做出更大的成效。来自上海和中部六省的口岸相关单位在会上交流发言，太原、上海、合肥、南昌、郑州、武汉、长沙海关，以及河南省相关单位的有关负责同志参加会议。在豫期间，黄胜强主任还会见了河南省副省长赵建才，就进一步支持河南开放型经济发展交换了意见。

12 月 4 日

国务院批复同意吉林集安公路口岸对外开放，口岸性质为国际性常年开放客货运输公路口岸。

12 月 9 日

国家口岸管理办公室主任黄胜强在越南河内分别会见越南人民军副总参谋长武文俊中将及越南边防部队政委范辉集中将。双方就共同落实中越陆地边境口岸管理制度协定，加强两国口岸主管部门间合作，打击走私违法犯罪，规范边境贸易秩序，促进口岸通关便利化等问题深入交换意见。外交部、国防部、公安部相关司局及国家口岸管理办公室有关负责同志参加会见。

12 月 9 日 ~ 10 日

国家口岸管理办公室主任黄胜强与越南国防部边防部队副司令兼参谋长黄春战在越南河内共同主持召开中越陆地边境口岸管理合作委员会第二次会议。双方总结第一次会议以来双边合作情况，就口岸对等开放、口岸通行便利化、延长口岸通关时间、规范口岸收费、打击走私违法犯罪行为、发挥两国各级口岸主管部门间联络机制作用，以及规范边民证管理、建立两国检验检疫机构间的联络机制、推动落实两国政府间汽车运输协定等议题充分交换意见，明确下一步深化合作的方向和目标，决定 2015 年第二季度举行边境口岸联合调研。外交部，国防部，公安部，交通运输部，国家质检总局，海关总署有关司局，广西、云南口岸办，以及越方对口部门负责同志参加会议。

12 月 10 日 ~ 11 日

国家口岸管理办公室主任黄胜强在广西崇左市调研。黄胜强主任深入凭祥友谊关口岸、浦寨边民互市贸易区、爱店口岸，就口岸查验基础设施建设标准和边民通道管理进行专题调研，听取口岸运行和规划建设情况介绍，就做好口岸扩大开放、升格各项准备工作给予指导。其间，黄胜强主任与广西壮族自治区副主席张晓钦进行座谈，就广西口岸扩大开放和通关一体化建设、开展对越口岸合作、打击走私犯罪、规范边民通道等问题交换意见。

12 月 13 日

国务院批复同意福建泉州港口岸扩大开放围头湾港区石井作业区。

12 月 15 日

江西九江港口岸扩大开放城西港区通过国家正式验收，该项目于 2012 年经国务院批复同意。

12 月 17 日

浙江宁波港口岸扩大开放北仑港区、梅山港区通过国家正式验收，该项目于 2012 年经国务院批复同意。

12 月 19 日

温州港口岸扩大开放通过国家验收。

12 月 23 日

国家口岸管理办公室主任黄胜强在北京会见蒙古国口岸总署主任贡达来一行。双方积极评价中蒙两国口岸合作，就加强双方口岸管理部门合作，落实中蒙边境管理合作委员会协议，筹备召开中蒙边境口岸管理合作委员会第一次会议等问题深入交换意见并达成共识。

12 月 24 日

国务院批复同意浙江乍浦港口岸更名为嘉兴港口岸并扩大开放独山港区、海盐港区。

第二篇

口岸查验监管

2014 年海关工作概要

中华人民共和国海关总署办公厅

2014 年，全国海关坚决贯彻落实党中央、国务院的决策部署，深入践行“四好”总体要求，较好完成了全年工作任务。

在改革创新方面：一是以上海自贸区为海关监管创新的试验田，推出 23 项海关监管制度创新措施，并在全国复制推广 14 项。二是在京津冀、长江经济带和广东省内海关实施区域通关一体化改革，报关单量达到 80% 以上。三是关检合作“三个一”在双方的通力合作下，推行到全国海关和检验检疫部门。四是在上海开展国际贸易“单一窗口”试点，在 10 个沿海省份和 5 个计划单列市启动试点筹备工作。五是海关特殊监管区域整合优化改革工作取得成效，初步完成改革方案制订工作，已对各方达成共识的改革任务先行开展试点。六是通关无纸化改革扩大到全国海关所有通关业务现场和业务领域。与此同时，加强改革顶层设计，完成“三互”改革方案制订工作并经中央全面深化改革领导小组和国务院批准，出台海关全面深化改革总体方案。

在把好国门方面：一是加强实际监管。分类分流监管查验机制初步建立，查验考核指标更加合理，全年进出口平均查验率 5.6%，实质性查获率 6.6%。现代化海关监管查验场所示范区建设取得实效。进出境运输工具、舱单管理系统推广应用。边境保护作用充分发挥，行邮监管制度不断健全，“水客”治理成果得到巩固。分类通关作业模式不断完善，风险管理实战应用水平提高。稽查机制进一步优化，后续监管更加有效。新的企业信用管理制度建立，“经认证的经营者”国际合作范围逐步扩大。武警参与海关执勤工作不断深化。二是圆满完成税收征管任务。面对严峻税收形势，迎难而上，尽责担当，依法治税，多措并举，确保税收应收尽收，不征“过头税”。全年税收净入库 17 268.56 亿元，同比增长 3.77%，完成调整后的预算目标。开展区域税收一体化运作和审单、估价、归类区域协调工作模式试点，集中汇总征税、税单无纸化等征管作业改革稳步推进，税收评估机制进一步完善。三是打击走私战果显著。集中力量针对北部湾等重点地区和农产品等重点商品开展专项打击，深化综合治理，主要办案指标再创历史新高。全年立案侦办走私犯罪案件 2 275 起，案值 668.94 亿元，涉嫌偷逃税额 124.58 亿元，同比分别增长 10.4%、65.5% 和 61.4%。破获涉嫌偷逃税额千万元以上重特大走私犯罪案件 170 起，同比增长 1.1 倍。严厉打击毒品、武器弹药、有害废物、濒危物种等走私违法活动，查获毒品 4.4 吨，查扣进境“洋垃圾”19.2 万吨。

在做好服务方面：一是大力支持“一带一路”、京津冀协同发展、长江经济带等国家战略实施。加强研究论证，推进与“一带一路”沿线国家海关的贸易安全便利合作，支持开通多条中欧国际货运班列。支持京津冀协同发展和长江黄金水道建设。深化署地合作，有效落实西部开发、东北振兴、中部崛起、东部率先等重点区域和新疆、西藏等重点地区发展战略。二是积极促进外贸稳定增长。落实国务院支持外贸稳定增长意见，研究出台 20 项海关支持措施。推进简政放权，深化行政审批制度改革，取消 4 项行政审批事项。支持加工贸易转型升级示范区、试点城市建设，推广转型升级经验。支持跨境电子商务等新兴贸易业态发展。全面清理规范经营性服务收费，企业负担进一步减轻。三是加强海关国际合作，服务外交外贸大局。积极参与国家重大外事活动和高层对话机制，签署对外合作协议34份，其中12份是在国家领导人见证下签署。在亚太经合组织倡议通过海关战略性合作文件，在世界海关组织倡议设立中国能力建设合作基金。双边、多边、区域及与港澳台海关合作取得新成效。积极推动海关文化走出国门。四是统计分析和信息报送工作成效明显。围绕我国外贸形势加强分析研究和统计监测，及时反映外贸发展变化，发布人民币计价统计数据和中国外贸出口先导指数。

在口岸工作方面：一是成功召开全国口岸工作座谈会，汪洋副总理出席会议并作重要指示，明确了未来一段时期口岸工作的思路和任务。牵头口岸有关部门共同研究，形成加强口岸工作的若干意见报国务院审批。二是推动建立口岸工作部际联席会议制度，国家口岸管理办公室牵头协调作用进一步发挥，和谐口岸建设迈出新步伐。珠澳口岸实现新的通关安排。三是口岸布局逐步优化，年内批准对外开放或扩大开放19个口岸。口岸基础设施建设得到改善，口岸通行能力稳步提升。四是口岸国际合作交流不断深化，与周边多个国家、地区在建立口岸长效合作机制、推进重点口岸开放等方面取得积极进展。

在队伍建设方面：一是党的群众路线教育实践活动成效明显。严格落实中央八项规定精神，聚焦“四风”查摆问题，立行立改，全体党员干部普遍受到一次深刻的马克思主义群众观点和党的群众路线教育。干部队伍作风明显转变，党性观念明显增强，“四风”积弊和“三难”问题得到有力整治。教育实践活动受到中央有关部门的高度肯定。二是领导班子和干部队伍建设不断加强。完成5 500多名处级以上领导干部专题集中轮训。落实《党政领导干部选拔任用工作条例》，按照“好干部”标准选人用人，多方位、多层次开展干部交流，领导班子结构进一步优化。推进“瘦上强下”，机构编制资源得到优化充实。与相关部门联合开展专业技术类公务员分类管理试点，扩大海关专家制度试点。干部监督工作成效明显，在全国干部监督工作会议上进行经验交流。顺利完成三级以下单位规范津贴补贴工作。三是准军事化海关纪律部队建设有序推进，出台专门实施意见。海关党建工作得到加强。海关文化建设蓬勃发展。表彰、宣传了一批先进典型单位和个人。队伍整体面貌昂扬向上。四是反腐倡廉深入推进。各级党组（党委）积极履行主体责任，纪检监察机构认真履行监督责任。开展查办腐败案件体制机制改革试点，加大办案问责力度，坚持“一案双查”。全年共立案134件，问责39名领导干部和7个领导班子。巡视工作聚焦“四个着力”，监督作用明显。

2014年出入境边防检查工作概要

中华人民共和国公安部出入境管理局

2014年，全国边检机关共检查出入境人员4.9亿人次，同比增长7.95%；出入境交通运输工具2 591.2万辆（艘/列/架）次，同比增长1.22%。

【大力推进边检管理改革创新，服务国家经济社会发展】 进一步简化优化边检政策措施，提高通关效率。取消了查验“海员出境证明”手续，取消了员工验讫章，简化了邮轮及其载运人员出入境（港）手续。推出了扩大自助通关人员范围、推行鲜活产品优先验放、开设跨境学童边检专用通道、启用海港口岸“边检办证告知单”等4项便民利民措施。目前，内地居民因私出入境证件均已纳入自助通关范围，全国33个口岸共建设自助通道572条，2014年自助通关人数达到1.8亿人次，占出入境人员总量的36%，同比增长10%。

参与国家发展战略规划，推动地方经济社会发展涉及边检政策的研究与落实。研究提出了丝绸之路经济带和海上丝绸之路建设、长江经济带建设等战略规划涉及边检工作的意见建议。参加中老泰实施便运协定谅解备忘录磋商，研究推进陆地口岸国际交通运输工具和人员跨境运输协定“单一窗口”查验试点工作。积极参与上海、天津、深圳等口岸国际贸易“单一窗口”试点工作，推动与口岸查验单位共建共享公共电子信息平台，进一步提高国际航行船舶及其载运货物通关效率。明确了边检统计数据公开的内容、形式、渠道等，每季度在部局门户网站公开边检综合统计数据，便利公众和有关部门查询使用。上海总站积极支持上海市政府在促进自贸区和四个中心建设方面的探索，研究邮轮公海游边检配套检查措施；珠海总站圆满完成了拱北、珠澳跨境工业区和横琴口岸延关及功能调整工作；江苏总队积极推进海港边检管理改革及海港勤务综合指挥系统建设，服务长江经济带建设；内蒙古总队推出“能源运输车辆快捷查验、涉外企业诚信通关”等便民利企举措，服务满洲里、二连浩特等国家重点开放试验区建设。

【健全工作机制，提高边检服务水平工作取得新成效】 派出工作组分赴有关口岸开展提服工作专项调研，深入查找和剖析服务对象反映的突出问题，从规章制度建设、定式培育与养成等方面研究长效解决机制；拍摄了入警、授章、表彰奖励和晋职晋衔、退休退役等4个边检职业仪式示范片，进一步统一规范仪式程序、内容和标准。北京总站强化ACI指标抓手作用，建立评价结果领导问责机制，将涉及边检的测评项目分解落实到一线执勤单位，每月通报测评数据，定期分析研究服务指标变化情况，及时纠偏；上海总站加强服务质量监督检查，通过监控视频实时抽查各口岸出入境客流高峰、窗口办证高峰等时段勤务组织情况，发现问题立即通报整改。在2014年开展的边检机关服务水平外部评价中，98.18%的旅客满意边检服务态度，97.11%的服务对象认可边检工作效率。在2014年前3个季度国际机场协会涉及边检3项指标的评比中，海口机场排名第一，浦东、首都、三亚、长春、哈尔滨机场评分均高于香港机场，杭州、天津、重庆、虹桥机场排名进入前20。总体而言，2014年全国边检机关的服务水平继续保持高位运行，取得了新的进步，边检服务工作赢得了广大出入境旅客、国际组织和各级人民政府的高度肯定。

【开展多渠道交流与合作，健全边检国际合作机制】 成功主办国际边检论坛，提升了我国边检国际影响力。在深圳举办了首届国际边检论坛，来自31个国家、地区、国际组织的122名代表参会，讨论通过了由我国倡导的“边检服务标准”，并确定将国际边检论坛建设成为机制化的多边交流合作平台，发挥了我国在国际边检领域的引领作用，得到了国际移民组织的高度评价。积极参与现有国际合作（会议）项目，完善合作机制。继续跟进巴厘进程部长级会议、APEC商务人员流动工作组会议、国际海事组织便利运输委员会会议和中蒙、中越、中俄边界联委会等国际合作（会议）机制，参与有关议题的研究讨论。北京、上海总站继续推动与韩国、德国对口口岸边检机关之间的互访交流，细化合作内容，确保合作更加务实；云南、广西、新疆总队加大与毗邻国家边防部门的警务执法合作，定期开展双边会谈会晤、联合执勤。拓展对外交流合作渠道，丰富合作内容。推动与法国、澳大利亚边检移民管理部门的交流访问，并在广州白云边检站与悉尼机场移民部门之间建立互访交流机制。先后与美国、加拿大、南非等国家驻华移民、警务联络机构或边检主管部门开展会谈交流，并组织有关合作重点国家驻华移民（警务）联络官参观我国有关口岸、证研室等。

2014年出入境检验检疫工作概要

中华人民共和国质量监督检验检疫总局通关司

2014年，国家质检总局深入贯彻党的十八大和十八届二中、三中、四中全会精神，按照党中央、国务院的一系列决策部署，以中央确定的18项重大改革任务为重点，认真贯彻落实中国质量（北京）大会精神，坚持以质量和效益为中心，坚持以改革创新的精神抓质量、保安全、促发展、强质检，进一步完善中国特色质检工作体系，各项工作取得明显成效，为经济提质增效升级作出了积极贡献。

【夯实“质量时代”基础】 推动质量社会共治，协调将质量工作考核纳入中央全面深化改革2014年工作要点和中长期改革实施计划，牵头实施首次全国各省（区、市）政府质量工作考核。印发质量发展纲要2014年行动计划，协调国家发展改革委等相关部门将检验检测认证、品牌建设、售后服务作为重点生产性服务行业予以政策支持。联合主办“质量月”活动的部门和单位增加到37个，参与“质量月”活动的企业达到50万家、一线员工3 000万人、群众8 000万人以上。广泛开展群众性质量活动，组织世界计量日、标准日、认可日、消费品质量安全宣传周、“进口食品安全口岸行”主题日等活动，国门生物安全进校园活动220场次。全国共建成国家、省、市三级质量教育基地600多家，有近110万名中小学生深入基地参加质量教育活动。

探索实施企业质量首负责任、质量问题先行赔偿、质量责任保险等制度，督促企业健全质量管理体系。组织1 000余家企业主动向社会发布《质量信用报告》，组织10家骨干电商企业签署电子商务企业质量诚信共同宣言。启动质量自主声明和社会监督平台建设。对进口乳制品、食用植物油等大宗敏感产品，实施进口商自主提交检测报告制度，企业提交自检报告8.34万份。完善质量奖励制度，健全品牌价值评价国家标准体系。支持建设并考核确定出口农产品示范区9个，建立国家级出口食品农产品质量安全示范区188个，建成出口工业品质量安全各级各类示范区132个，批准建立全国农业综合标准化示范市（县）43个。开展2014年品牌价值评价工作，成功举办博鳌亚洲论坛“品牌亚洲”分论坛。

开展电子商务产品、儿童用品、车用汽柴油用品、建筑防水卷材质量提升等重点产品质量提升行动，对1.7万余家企业生产的1.7万批次产品开展国家监督抽查，合格率为90.2%，同比提高1.3个百分点。累计颁发检验检测机构资质认定证书3.66亿张，新增2 300余张，累计授权国家产品质检中心593家，新增37家。

2014年9月，经国务院批准，首届中国质量（北京）大会顺利召开，李克强总理在大会上作了重要讲话，王勇国务委员在座谈会上作了总结讲话。来自美欧等国家和地区及国际质量组织负责人，中外企业家和专家学者等600多人出席会议。25个省（区、市）已召开或计划召开质量大会，13个省（区、市）政府制定出台了落实会议精神的具体举措。

【强化国门安全监管】 2014年，259个国家对外开放口岸顺利通过国际卫生条例口岸公共卫生核心能力达标验收，查验出入境人员4.98亿人次，发现有传染病症状者4.42万人次，同比增长57.90%，确诊传染病25种共计1.04万例，同比增长183.46%。严防埃博拉疫情，排查来自疫区人员3万人，发现有症状者93例，转运留观病例78例。严防中东呼吸综合征，对朝觐人员回国监测1.4万余人。实施出入境传染病监测体检114.48万人，检出各类传染病1.93万例。

加强口岸医学媒介监测，捕获各类媒介生物186种37.58万只，检出乙型脑炎和汉坦病毒阳性150例，实施预防接种各类疫苗111.29万次。截获有害生物5 300余种80.3万批次，同比分别增长9.2%和33%；从旅客携带物、邮寄物中截获禁止进境物44.26万批次，同比增长7.98%。检出核与辐射有害因子超标情况2 291起、化学有害因子7起；检出进出口不合格危险化学品7 700余批次，同比增长100.9%；检出环保不合格进口废物原料205批3万吨。在全国口岸开展可传播鼠疫、疟疾、登革热等虫媒传染病医学媒介生物本底调查和监测。

检出进口不合格商品11.6万批，同比增长166.4%，退运和销毁2 644批。检出短重率超过5‰的进口货物1.3万批次，短重量264.6万吨，金额超过6亿美元。抽查法定检验目录外的进出口商品3 385批，不合格1 180批，不合格率34.86%。处置缺陷进口机电产品案例94例，涉及约96.8万辆机动车、408万件电子电器。实施缺陷汽车产品召回173次，召回缺陷汽车504万辆。实施儿童玩具召回44次，涉及产品2.7万件；实施电子电器等消费品召回7次，涉及产品421.4万件。加强进出口商品执法打假，查处输非商品假冒伪劣出口商品7 300余批，发现并捣毁8个制售检验检疫假证窝点，缴获各类假冒证书150多份。

对64个国家或地区的36种食品开展检验检疫准入评估，检出进口不合格食品化妆品2.7万批，同比增长136.2%，依法退运或销毁3 702批、2.41万吨、3 282.5万美元，暂停24家境外企业进口，公布31家进口食品生产经营企业不良记录，对10.4万家境内外食品进出口商实施备案，对美国等12个国家或地区的肉类、乳制品等4大类高风险食品进行回顾性检查。妥善处置进口转基因玉米和玉米酒糟粕不合格事件，对142.57万吨进口转基因产品依法退运销毁，妥善应对台湾地沟油、台湾毒豆干、挪威三文鱼等事件，有效地维护了人民群众健康安全。做好进出口食用农产品和饲料安全风险监控工作，共完成监控样品4.27万个，获得监控结果24万个，总体合格率为96.73%。加强对港澳合作，培训监管机构和企业人员1.6万人次，对65种供港蔬菜中224种农残状况进行普查，确定7大类47种供港食品中高风险农残项目，保持内地供港食品质量安全稳定。

【促进对外贸易增长】 完善进出口企业信用管理系统，完成企业信用等级评定，其中AA级企业322家，A级企业2.9万家，B级企业14.9万家，C级企业285家，D级企业208家，列入严重失信企业名单（黑名单）企业25家，采集各类企业信用信息共计12万条。签发自贸区等各类原产地证书576万份，签证金额2.7万亿美元，为我国出口产品在海外减免关税95亿美元。支持上海自贸区率先试点取消工业产品生产许可委托加工备案，百余家企业直接受益，货值达12亿元。

推进福建平潭、广东横琴新区综合实验区开放开发，出台促进新疆社会稳定和实现长治久安、进一步支持赣闽粤原中央苏区振兴发展等意见，扎实做好质检系统援藏援疆及对口支援工作。实施进口粮食、水果等指定口岸制度，探索内地口岸直接进口肉类监管制度改革，指定一批内陆口岸直接进口肉类，服务中部崛起、西部大开发等国家战略。完成首批18个省（市）37个冰鲜水产品口岸能力考核，公布37个口岸名单。

紧紧跟进国家便利化措施实施，出台促进外贸稳定增长18项举措和加强进口的意见。与海关总署签署关检合作备忘录，加紧开发总局总署版“一次申报”系统，会同海关总署开展专项督察，积极推进“三个一”。与海关总署、国家口岸管理办公室沟通协调，协同推进“三互”改革方案的制订工作。支持上海自贸区开展国际贸易“单一窗口”建设，在有条件的口岸建立地方政府主导的国际贸易“单一窗口”。

扩大直通放行范围，加大内陆沿海沿边直属局合作力度，促进互联互通，最大限度地实施监管模式电子化，减少大宗资源性商品、大型设备等在口岸的停留时间。下放上海自贸区进境食品的动植物检疫审批权，探索预检验制度，缩短通关时间。

加强缅甸大米合作，成功解除熟制禽肉及苹果输美禁令，扩大牛羊肉、水产品进口，促进水果输俄贸易。落实国务院扩大牛羊肉水产品进口要求，批准匈牙利等中东欧4国的牛羊肉进口，10家企业试点进口澳大利亚冰鲜牛肉。为调控国内猪肉价格，暂停波兰等国猪肉输华；同时促进猪肉出口，恢复中断了10年的对俄猪肉出口贸易。

积极开展质检国际合作，配合国家领导人高访4次，参与接待国外元首来访8次，接待国外副部级以上代表团105次，举行部级磋商机制会议14次，就150多项议题进行了磋商，对外签署77项质检合作协议，成功举办10项APEC质检机制会议、“第四届中国—东盟质检部长会议”，完成中澳、中韩自贸区涉及质检内容的谈判。履行联合国金伯利进程主席各项职责，成功举办全体会议和联席会议，代表进程向联大述职，提交联大决议草案并获通过。

【加强把关服务能力】 把政府职能转变部署要求、群众路线教育实践活动整改任务与法治质检、科技质检、和谐质检建设结合起来，积极推进中国特色质检工作体系和治理能力现代化。认真贯彻落实中央部署，把教育实践活动作为重中之重，高标准部署，高质量落实，坚持把学习教育、问题导向、整风精神、从严督导贯穿始终。落狠抓八项规定贯彻落实，强化机关内部建设，加强干部人才队伍建设，加强反腐倡廉建设。

开展消费品安全法和电子商务法立法研究，抓好《中华人民共和国食品安全法》（以下简称《食品安全法》）及其实施条例的修订工作，将“境外体系回顾性审查”等关键制度写入《食品安全法》修订草案。开展依法行政示范单位创建工作，全系统首批示范单位111个，业务督察发现工作风险31项。推行动植检岗位资质管理。在各直属检验检疫机构开展行政执法工作情况集中检查活动，强化执法培训。

批筹、验收55个国家质检中心和34个国家检测重点实验室、13个区域性中心实验室，批筹、建立14个国家型式评价实验室和3个国家产业计量测试中心。指导高等级病原微生物实验室建设，开展埃博拉疫情防控等技术储备。

强化质检信息化建设，加快检验检疫主干系统和总局双中心建设，初步建成技术性贸易措施公共信息综合服务平台。保障埃博拉疫情防控信息化建设，探索建立国门疫情防控信息化保障的长效机制。

【全面深化质检改革】 按照中央改革部署，成立国家质检总局全面深化改革领导小组及6个专项小组，以中央部署的涉及质检18项重大改革任务为重点，制定质检改革重要举措实施规划和2014年工作要点，各项改革稳步推进。大幅减少和下放行政审批项目，提出拟取消下放行政审批事项11项，总数达到国务院取消下放1/2的目标要求。探索推行“权力清单”制度，研究起草实施方案和工作指南。

印发《关于加大帮扶企业力度促进外贸稳定增长的意见》，全部取消一般工业制成品的出口商品法定检验，共涉及机电产品、食品接触产品等222个HS编码。推进出入境特殊物品和进口食品安全监管改革。与海关总署联合印发《关于全面推进关检合作“三个一”的通知》，制订实施方案，全面推进“三个一”。研究制订丝绸之路经济带检验检疫区域一体化工作方案，推动京津冀检验检疫一体化，制订促进中欧国际货运班列扩量增效检验检疫工作方案。推出支持自贸区建设的21项创新性制度，形成检验检疫分线监管机制等8项可复制、可推广的措施。参与起草《关于整合检验检测认证机构的实施意见》（国办发〔2014〕8号文件），完成质检系统检验检测认证机构整合指导意见和工作方案的制订等方面的改革工作。

2014 年海事工作回顾

中华人民共和国交通运输部海事局

2014 年，在交通运输部党组的正确领导下，全国海事系统深化改革，务实创新，全面推进海事“革命化、正规化、现代化”（以下简称“三化”）建设，大力服务“四个交通”发展，水上交通安全形势总体稳定，四项指标全面下降，各项工作取得了显著成效。

【强化监管，水上安全形势总体稳定】 2014 年，全国共发生运输船舶水上交通事故 255 件、死亡失踪 236 人、沉船 139 艘、直接经济损失 24 801 万元，同比分别下降 2.5%、10.9%、2.1%、35.4%，水上交通安全形势总体保持稳定。一是加强源头管理。部署实施“四类重点船舶”和“六区一线”重点水域安全监管措施，把握安全规律，提高了监管水平。强化验船机构资质审核和船舶吨位丈量管理，建立注册制与适任制相结合的验船师管理制度，提高了船舶检验质量。加强船员教育培训，改善考试培训设施设备，狠抓培训质量，提高了船员职业素养和技能水平。推进实施《中国沿海船舶定线制总体规划》和《中国沿海航路总体规划》，继续开展渤海水域“碧海行动”，进一步优化了通航环境。深入开展网格化监管试点，严格规范船舶交通管理系统（VTS）运行管理，有效提升了动态监管水平。二是集中整治，排除隐患。深入创建“平安交通”，组织开展“打非治违”、渡口渡船、船舶超载、内河船参与海上运输等安全治理专项活动，吸取韩国“岁月号”事故教训，对客船和客运安全进行专项整治，及时排除安全隐患，有效遏制了事故多发势头。三是强化主体责任，形成管理合力。继续开展安全约谈，联合安监总局进行明察暗访，监督检查航运公司安全管理体系运行情况。四是培树安全文化，增强安全意识。深入开展“安全生产月”、“世界海员日”、“世界环境日”系列活动，联合教育部继续开展水上交通安全知识进校园活动，广泛宣传了安全知识，增强了公众安全意识，营造了良好安全氛围。

【“三化”统领，重点改革任务稳步推进】 一是“三化”建设推进机制不断完善。围绕“六大体系、六大提升”部署，分解重点任务，进一步细化了建设内容。制定跟踪考核机制，保证了责任落实。建立情况通报制度，增进了经验交流。开展好形象好品牌评选和主题宣传，发挥了典型引领示范作用。将“三化”要求融入发展规划和年度任务，结合“三基三化”建设，推进基层海事机构“三化”建设，实现了“三化”建设与日常工作同步部署、深度融合、统筹实施。二是简政放权不断深化。累计取消和下放行政审批项目 25 项，占全部行政审批事项的 60%，其中取消 21 项，占 50%，切实推进了海事职能转变。实施备案管理等后续监管措施，有力地加强了事中事后监管。适应监管模式改革，认真落实国家费税政策，规费征稽工作取得显著成效。率先公布海事权力清单，进一步规范了权力运行。三是体制机制不断理顺。启动地方海事职务等级标志，队伍正规化建设迈出新的步伐。积极争取上级支持，组织开展直属海事“三定”后评估，船舶动态监控中心、发展战略研究中心、海事技能训练中心、船舶油污损害理赔事务中心正式获批，航海保障中心管理体制进一步理顺。优化调整事业单位岗位设置，完成组建直属海事后勤管理中心，事业单位管理改革稳步推进。加强海事履约管理，对 4 家直属海事局完成体系审核，夯实了迎接国际海事组织（IMO）强制审核的基础。

【依法行政，科学执法能力不断提升】 一是法规体系进一步完善。积极推动修订《中华人民共和国海上交通安全法》等法律法规，制定修订《水上交通事故统计办法》、《船舶安全监督规则》、《海事行政许可条件规定》等7部规章和24项标准，清理公布379份海事规范性文件清单，进一步夯实了依法行政的制度基础。二是执法行为进一步规范。制定实施海事行政处罚裁量基准和行政执法证据管理规定，调整完善海事执法业务流程，有效规范了海事行政执法行为。落实行政审批制度改革政策，及时发布新版《海事政务公开指南》，便利了行政相对人办理海事业务。三是执法监督进一步加强。切实加强海事执法督察队伍建设，基本形成了甲乙两级督察格局。严格实施规范性文件合法性审查，扎实开展海事行政执法评议考核，切实加大执法监督力度，提高了行政执法水平。

【融入大局，海事服务内涵不断深化】 一是主动服务国家和地区战略。发挥中国—东盟海事磋商机制会议平台作用，与东盟国家加强交流、深化合作，为海事服务"一带一路"战略营造了良好的外部环境。落实部促进海运业健康发展和推动长江经济带发展的重点任务部署，配合编制《京津冀协同发展交通一体化规划》，切实服务交通运输行业发展。参与制定极地水域航行船舶规则，编制发行了中文版《北极东北航道航行指南》，积极服务国家极地战略。认真参与"单一窗口"建设，出台海事服务上海自贸区建设举措，全力保障港珠澳大桥、沪通铁路桥、长江12.5米深水航道等重点工程水上施工安全，有效服务了区域经济发展。联合国家能源局制订实施《LNG燃料动力船舶推广应用方案》，推进了船舶节能减排进程。二是大力增进国际合作。成立GBS、极地规则等专项工作组，完善了国际海事事务跟踪研究机制。积极参与国际事务，我国再次当选国际航标协会（IALA）理事；推动北斗卫星导航系统纳入全球无线电导航系统；推动欧盟海事局认可我国履行STCW公约工作；推动IMO审议通过新版成山角船舶定线制。三是丰富便民利民举措。取消船舶证明签证费等6项行政事业性收费，切实减轻了航运企业负担。取消海员证申办单位限制和海船船员办证调档，提供证书邮寄服务，实现异地办证，便利了广大船员办理业务。

【科学部署，应急保障作用不断凸显】 一年来，共组织协调搜救2 015次，获救人员15 526人，救助成功率96.6%。一是完成重大应急任务。派遣"海巡01"、"海巡31"等船艇开展马航失联客机海上搜寻，"海巡01"历时216天、航程2.2万海里，搜寻面积达24万平方千米，"海巡31"历时54天、航程1万余海里，搜寻面积达13万平方千米，锻炼了海事队伍，扩大了海事影响。配合国家军事和外交战略，开展东海、南海定期巡航，配合做好中建南项目护航保障工作，在"越南非法强力干扰中建南项目事件"发生时及时接回在越同胞，充分体现了海事的职能作用。二是保障重要时段安全。在亚信峰会、中俄联合军演、青奥会期间，科学实施水上交通管控，圆满完成了重大活动水上安保任务。加强极端天气、重大节假日安全防控，成功防抗超强台风"威马逊"，2014年防抗台风工作取得人员"零死亡"的成绩。三是加快应急体系建设步伐。完善制订应急体系建设方案，健全应急处置指挥协调和区域合作机制，优化了应急力量布局。组织开展2014年海峡两岸海上联合搜救演练，进一步拓展了海峡两岸搜救协作的深度和广度。

【协同发展，海事综合能力不断提升】 一是队伍建设取得新成果。完善教育培训体系，探索实施模块化培训，加强直属和地方海事人员交流学习，加强青年专业人才实践培训，强化新录用人员初任培训，进一步提升了队伍素质。加大高端人才培养力度，选派人员赴发达国家交流学习，推动海事拔尖人才在国际组织担任主席、审核员等重要职务，国际人才队伍不断壮大。二是信息应用取得新突破。编制实施《海事信息系统技术规范》，基本建成两级数据中心框架。完善规费征稽信息系统，初步实现港建费征收远程申报和支付。完成海事协同管理和综合服务平台开发，初步实现了“统一门户、一次认证、全网通行”。大力整合船舶船员协同管理、船检管理、财务管理等系统。推广应用船舶自动识别系统（AIS）信息服务平台，面对公众免费提供 AIS 信息服务，进一步提高了海事信息化水平。三是装备能力取得新提升。基本建立起百米级大型船、40～60 米中型船、20 米及以下小型船为主要组成的海事舰船构架体系，完成《国家水上交通安全监管和救助系统布局规划》海事修编工作。

【围绕中心，党建保障作用不断增强】 一是从严管理干部显著加强。组织全系统处级以上干部深入学习习近平总书记系列重要讲话精神，提高了领导干部理论水平。贯彻落实新修订的《党政领导干部选拔任用工作条例》，健全干部选拔任用机制，加强了对干部的监督管理。二是基层党建工作机制不断健全。制定出台加强海事机关党建工作的指导意见，明确了党建工作任务。完成党建网一期工程建设，夯实了党建信息化基础。各单位在党的群众路线教育实践活动中，取得了一系列制度成果。大力推进职工之家建设，进一步增强了队伍凝聚力和向心力。三是精神文明建设和新闻宣传工作成效明显。组织开展青年文明号 20 周年活动。加强典型培树宣传推广，深入开展向“水上交通运输安全的忠诚护卫”陈维等先进模范的学习活动，评选表彰直属海事系统十大杰出青年，组织开展“人民满意的海事”、“海事简政放权”等系列主题宣传活动，营造了争先进、学先进的氛围，涌现出一批省部级及以上的先进集体和个人。

第三篇

全国口岸运行情况

全国口岸2014年度运行情况的通报

国家口岸管理办公室

一、口岸运行基本情况

2014年，通过全国口岸进出的货运总量达32.77亿吨，同比增长5.7%。其中，水运口岸31.31亿吨，同比增长6.5%；铁路口岸0.43亿吨，同比减少17.3%；公路口岸0.94亿吨，同比减少4.1%；空运口岸0.09亿吨，同比增加12.5%。出入境人员49 005万人次（未含持边民通行证进出的人员），同比增长8.7%。其中，公路口岸34 619万人次，空运口岸10 280万人次，水运口岸3 562万人次，铁路口岸544万人次。出入境交通工具2 591.1万辆（艘、列、架）次，同比增长0.7%。其中，汽车2 472.2万辆次，船舶43.3万艘次，飞机70.0万架次，火车5.6万列次。

二、全国口岸运行情况分析

（一）整体趋势

金融危机后，我国贸易增速从高速增长进入到中速增长阶段。2014年，我国外贸进出口增速继续回落。在世界经济复苏步伐缓慢，国际市场需求不振，国内经济下行压力较大的情况下，中国外贸正在稳步迈向缓速、提质的新常态。特别是党的十八届三中全会提出深化改革、扩大开放的重大决定，为我国外贸发展提供了十分有利的条件。从口岸运行数据来看，2010～2014年口岸整体运行形势趋于平稳（见表1），进出口增速放缓，进出境人员和运输工具数量稳步提升，口岸通过能力和通关环境不断改善，口岸效益进一步提高。

表1　2010～2014年全国口岸运行指标增速

	2010年	2011年	2012年	2013年	2014年
进出口增速（%）	34.7	22.5	6.2	7.6	3.4
进出境人员增速（%）	10.7	7.1	4.9	4.6	8.7
进出境运输工具增速（%）	11.4	3.5	1.6	2.0	0.7

表注：进出口增速指进出口总值增速，数据来自于海关总署。

（二）沿海地区水运口岸优势仍然明显，继续发挥引领示范、辐射带动作用

2014年，经沿海地区海运口岸进出境的外贸货物运量约为27.61亿吨，占全国口岸运量的84.3%，占全国水运口岸运量的88.2%，运量优势十分明显（见表2）。青岛、上海、唐山、天津、宁波水运口岸分列全国水运口岸运量的前五位。在国内经济形势企稳及上海自贸区建设全面推进等综合因素作用下，水运口岸呈现稳中有升的良好态势。据统计，上海自贸区进出口7 623.8亿元，同比增长8.3%，增速高于上海市同期水平。在自贸区带动效应下，上海口岸各港区进出口均有不同程度增长。同时，外省市企业经上海口岸进出口4.5万亿元，同比增长5.6%，口岸辐射作用继续增强。

表 2 2014 年不同类型口岸运行数据统计表

	外贸货物（万吨）	进出境人员（万人次）	进出境运输工具（辆、艘、列、架次）
海运口岸	276 126	3 145	336 234
内河口岸	36 967	417	96 713
公路口岸	9 366	34 619	24 721 978
铁路口岸	4 318	544	55 622
空运口岸	904	10 280	699 724
合计	327 681	49 005	25 910 271

（三）空运口岸出入境人员继续攀升，货邮运输明显回暖

2014 年，通过全国空运口岸出入境人员 1.028 亿人次，同比增长 11.0%。全国出入境人数居前五位的空运口岸分别是上海、北京、广州、杭州、成都。由于各地外向型经济发展提速，对国际航班航线的开发和扶持力度不断加大，特别是内陆地区空运口岸，“大进大出”的口岸发展趋势日益明显。比如成都空运口岸，2014 年出入境人员同比增加 30.9%，首次超过厦门在全国空运口岸中排名第 5 位。同时，继 2013 年张家界、兰州空运口岸达标后，银川、满洲里空运口岸也首次达标。全国空运口岸 2014 年货邮运量 904 万吨，同比增长 12.5%，随着各主要航空基地积极构建航空枢纽网络，各航空公司增大运力投入及贸易便利化水平的不断提高，空运口岸货邮运量出现回暖迹象。

（四）边境陆路口岸运量受市场影响出现下滑

2014 年，边境地区公路口岸外贸货物运量为 0.69 亿吨，同比减少 6.8%；边境地区铁路口岸外贸货物运量 0.43 亿吨，同比减少 15.7%（见表 3）。由于 2014 年钢材市场低迷，造成钢价的下跌和钢铁企业市场采购需求的下降，同时国家大力推进产业结构调整，国内对铁矿石、非金属矿、煤炭等涉及高耗能产业的资源类物资需求减少，导致边境地区陆路口岸的过货量有所减少。另外，由于铁路运费上调增加了企业运输成本，对铁路口岸过货量也造成一定影响。受此影响，阿拉山口口岸运量同比减少 13%，满洲里铁路口岸运量同比减少 21%。边境地区口岸的运行状况受政治因素及邻国政策影响较大，仍有个别口岸常年无运量或运量较少。

表 3 2014 年边境陆路口岸运行数据统计表

	外贸货运量（万吨）	进出境人员（万人次）	进出境运输工具（辆、列次）
边境公路	6 922	1 366	5 594 666
边境铁路	4 260	80	39 475

（五）国家整体发展战略助推口岸发展

“一带一路”战略和长江经济带战略是党中央、国务院在新形势下提出的重大战略决策，加强两个战略的统筹互动具有非常重要的意义。长江经济带地跨东中西三个地区，沿线涉及 11 个省市 70 个口岸。推动长江经济带战略的实施，深化了沿海开放，扩大了内陆开放，加快了沿江开放，三者协同推进，促进优势互补，同时加快同周边国家和地区基础设施互联互通，促进了口岸的发展。从口岸运行数据来看，虽然中西部内陆口岸开放水平远落后于东部地区，但沿线各口岸运量同2013年相比均有不同程度提高（见表4，重庆虽口岸运量减少，但外贸进出口额增加，2014年重庆外贸进出口额954.5亿美元，同比增长39%）。

表4 长江经济带沿线省市口岸运量统计表

单位：吨

	2013年	2014年
云南	9 059 957	11 233 610
安徽	16 611 568	18 615 786
湖北	21 173 271	23 141 967
湖南	625 019	785 050
江西	968 468	970 432
重庆	9 373 367	8 227 075
贵州	215 921（人次）	289 889（人次）
四川	2 453 821（人次）	3 209 584（人次）
江苏	377 099 127	381 061 038
浙江	322 725 428	333 772 063
上海	277 584 781	283 826 607

同时，长江经济带与“一带一路”的衔接互动，形成了横贯东中西、连接南北方的开放合作走廊。以云南省为例，云南是两大战略均涉及的重要省份，是我国向西南开放重要桥头堡。2014年，云南省口岸进出口货运量、出入境人员和交通工具均呈大幅增长，其中进出口货运量1 123万吨，同比增长24%，出入境人员3 358万人次，同比增长14%。云南省口岸的发展，对于扩大长江经济带的辐射影响，培育内陆开放高地具有非常重要的意义。

2014 年全国空运口岸运行统计表

序号	省份	口岸名称	出入境人员（人次）			排名	进出口货运量（吨）			排名	出入境运输工具（架次）	排名
			入境	出境	合计		进口	出口	合计			
1	上海	上海机场	15 459 037	15 546 682	31 005 719	1	948 659	3 328 774	4 277 433	1	202 601	1
2	北京	首都机场	10 886 833	10 831 011	21 717 844	2	373 424	1 501 923	1 875 347	2	113 337	2
3	广东	广州机场	4 947 039	4 975 167	9 922 206	3	137 289	1 254 081	1 391 370	3	72 241	3
4	浙江	杭州机场	1 650 134	1 621 447	3 271 581	4	5 371	88 398	93 769	11	21 056	4
5	四川	成都机场	1 606 280	1 603 304	3 209 584	5	20 997	144 499	165 496	6	19 803	7
6	福建	厦门机场	1 348 805	1 361 613	2 710 418	6	67 405	144 678	212 083	5	20 633	6
7	山东	青岛机场	1 247 072	1 245 893	2 492 965	7	34 768	89 429	124 197	8	18 694	8
8	江苏	南京机场	1 021 283	1 004 149	2 025 432	8	24 117	48 486	72 603	12	11 534	13
9	广东	深圳机场	972 700	996 166	1 968 866	9	24 384	90 349	114 733	10	20 739	5
10	云南	昆明机场	979 381	983 773	1 963 154	10	10 142	11 969	22 111	16	16 558	9
11	重庆	重庆机场	879 195	889 927	1 769 122	11	22 628	98 203	120 831	9	12 889	11
12	天津	天津机场	791 395	1 472 740	1 582 493	12	109 988	117 440	227 428	4	13 586	10
13	辽宁	沈阳机场	744 938	772 957	1 517 895	13	7 608	5 673	13 281	19	9 607	16
14	辽宁	大连机场	727 014	751 662	1 478 676	14	21 634	30 182	51 816	13	12 097	12
15	湖北	武汉机场	695 653	689 763	1 385 416	15	10 447	16 010	26 457	14	10 255	14
16	福建	福州机场	673 889	670 368	1 344 257	16	0	1	1	54	9 342	17
17	湖南	长沙机场	600 721	603 229	1 203 950	17	6 718	2 740	9 458	22	7 726	19
18	陕西	西安机场	552 905	558 567	1 111 472	18	16 702	5 413	22 115	15	7 279	21
19	浙江	宁波机场	490 032	476 826	966 858	19	5 709	11 249	16 958	18	7 581	20
20	新疆	乌鲁木齐机场	460 750	456 836	917 586	20	3 541	14 878	18 419	17	8 414	18
21	河南	郑州机场	453 817	463 044	916 861	21	23 922	103 526	127 448	7	9 807	15

续表1

序号	省份	口岸名称	出入境人员（人次）			排名	进出口货运量（吨）			排名	出入境运输工具（架次）	排名
			入境	出境	合计		进口	出口	合计			
22	广西	南宁机场	415 614	407 082	822 696	22	281	52	333	37	6 524	22
23	黑龙江	哈尔滨机场	308 702	316 070	624 772	23	1 185	437	1 622	30	5 023	24
24	海南	海口机场	285 367	285 254	570 621	24	1 783	1 474	3 257	26	4 323	26
25	山东	烟台机场	277 683	282 624	560 307	25	8 445	3 389	11 834	20	5 279	23
26	山东	济南机场	273 235	270 916	544 151	26	8	0	8	50	4 321	27
27	福建	泉州机场	265 591	246 102	511 693	27	11	12	23	45	4 574	25
28	吉林	长春机场	252 587	256 270	508 857	28	9 320	148	9 468	21	3 302	29
29	吉林	延吉机场	247 918	260 329	508 427	29	0	11	11	49	3 256	30
30	江苏	无锡机场	224 166	215 730	439 896	30	606	2 420	3 026	27	3 654	28
31	广西	桂林机场	206 807	219 094	425 901	31	231	53	284	38	3 234	31
32	山西	太原机场	193 117	192 728	385 845	32	1 862	46	1 908	29	2 950	32
33	安徽	合肥机场	163 651	162 519	326 170	33	3 782	1 132	4 914	23	2 437	34
34	浙江	温州机场	158 504	154 712	313 216	34	727	96	823	34	2 438	33
35	贵州	贵阳机场	144 869	145 020	289 889	35	226	151	377	35	2 339	35
36	江西	南昌机场	142 214	142 678	284 892	36	1 587	595	2 182	28	1 908	37
37	海南	三亚机场	114 703	122 916	237 619	37	2 545	1 201	3 746	25	2 067	36
38	河北	石家庄机场	101 973	103 653	205 626	38	54	4 533	4 587	24	1 779	38
39	广东	揭阳机场	101 781	102 375	204 156	39	665	237	902	33	1 750	39
40	湖南	张家界机场	87 559	87 485	175 044	40	0	0	0	57	1 258	41
41	江苏	盐城机场	82 045	80 971	163 016	41	0	2	2	53	1 209	43
42	山东	威海机场	79 632	79 714	159 346	42	561	677	1 238	31	1 355	40
43	江苏	徐州机场	76 014	75 472	151 486	43	102	12	113	41	1 173	44
44	内蒙古	呼和浩特机场	66 625	67 976	134 601	44	1 029	20	1 049	32	1 254	42

续表 2

序号	省份	口岸名称	出入境人员（人次）			排名	进出口货运量（吨）			排名	出入境运输工具（架次）	排名
			入境	出境	合计		进口	出口	合计			
45	甘肃	兰州机场	52 528	52 558	105 086	45	0	1	1	54	721	48
46	黑龙江	牡丹江机场	51 219	54 637	98 037	46	0	3	3	51	872	46
47	安徽	黄山机场	50 693	48 336	91 782	47	0	0	0	57	855	47
48	宁夏	银川机场	34 279	34 491	68 770	48	194	176	370	36	447	51
49	内蒙古	满洲里机场	34 236	34 221	68 457	49	12	8	20	47	1 056	45
50	广东	#湛江机场	15 689	17 152	32 841	50	21	1	22	46	382	52
51	内蒙古	海拉尔机场	14 997	15 099	30 096	51	0	1	1	54	532	49
52	西藏	拉萨机场	15 033	13 805	28 838	52	43	0	43	43	89	59
53	广东	#梅州机场	13 691	14 190	27 881	53	45	13	58	42	448	50
54	黑龙江	佳木斯机场	11 201	13 382	24 583	54	0	0	0	57	325	53
55	黑龙江	齐齐哈尔机场	9 999	10 187	19 166	55	3	0	3	51	118	58
56	福建	#武夷山机场	8 734	8 736	17 470	56	0	0	0	57	170	55
57	湖北	#宜昌机场	6 920	7 490	14 410	57	24	0	24	44	136	56
58	新疆	喀什机场	5 235	4 521	9 756	58	195	2	197	39	129	57
59	云南	西双版纳机场	4 354	4 121	7 445	59	0	0	0	57	196	54
60	青海	西宁机场	1 027	1 321	2 348	60	134	7	141	40	19	61
61	河南	#洛阳机场	757	863	1 620	61	18	0	18	48	14	62
62	广西	#北海机场	466	575	1 041	62	0	0	0	57	29	60
63	江苏	淮安机场	开放未满 3 年									
64	浙江	义乌机场	开放未满 3 年									
65	江苏	常州机场	开放未满 3 年									
66	云南	丽江机场	开放未满 3 年									

表注：口岸名称前带“#”的为限制性空运口岸。

2014 年全国海运口岸运行统计表

序号	省份	口岸名称	进出口货运量（吨）			排名	进出口集装箱（箱次）	排名	出入境人员（人次）			排名	出入境运输工具（艘次）	排名
			进口	出口	合计				入境	出境	合计			
1	山东	青岛	228 041 685	62 912 449	290 954 134	1	8 464 899	3	180 463	174 311	354 774	10	10 755	10
2	上海	上海	152 735 145	126 672 632	279 407 777	2	23 877 345	1	1 083 038	1123 367	2 206 405	4	25 449	3
3	河北	唐山	250 516 204	22 362 949	272 879 153	3	17 143	43	54 031	48 955	102 986	27	4 804	16
4	天津	天津	174 819 017	72 833 564	247 652 581	4	4 958 748	5	277 842	264 944	542 786	7	10 947	9
5	浙江	宁波	151 927 836	54 019 852	205 947 688	5	10 081 801	2	15 297	8 701	23 998	40	1 535	37
6	山东	石臼	143 829 263	7 974 810	151 804 073	6	186 195	18	77 419	72 475	149 894	23	3 240	22
7	浙江	舟山	100 237 443	11 388 670	111 626 113	7	102 228	25	54 381	54 551	108 932	26	4 994	15
8	山东	岚山	97 055 916	3 710 039	100 765 955	8	1 928	54	34 747	29 284	64 031	30	3 141	24
9	江苏	连云港	82 896 264	13 137 098	96 033 362	9	743 681	11	102 412	97 588	200 000	19	5 119	14
10	辽宁	大连	64 525 958	28 978 395	93 504 353	10	3 167 738	8	136 431	133 625	270 056	14	8 735	11
11	广东	湛江	76 434 509	9 502 213	85 936 722	11	149 896	20	23 557	19 053	42 610	35	2 399	31
12	辽宁	营口	53 741 854	18 179 626	71 921 480	12	65 116	32	58 773	64 238	123 011	24	3 150	23
13	广西	防城	61 981 306	7 264 084	69 245 390	13	120 412	21	27 536	25 362	52 898	32	2 769	27
14	福建	厦门	35 529 658	31 518 707	67 048 365	14	4 209 837	6	894 095	914 589	1 808 684	5	22 276	4
15	福建	福州	31 754 167	16 252 238	48 006 405	15	1 047 267	10	111 603	110 115	221 718	16	4 587	17
16	广东	蛇口	14 185 960	31 432 083	45 618 043	16	3 716 969	7	1 362 581	1 875 060	3 237 641	2	62 642	1
17	山东	龙口	35 697 914	9 514 222	45 212 136	17	115 774	22	23 460	22 630	46 090	33	2 484	30
18	广东	盐田	11 670 886	28 056 090	39 726 976	18	6 671 599	4	90 106	98 636	188 742	20	12 148	7
19	山东	烟台	23 823 860	15 799 814	39 623 674	19	488 397	13	126 945	127 346	254 291	15	2 914	26
20	福建	泉州	33 105 944	940 759	34 046 703	20	159 791	19	74 900	75 070	149 970	22	4 549	18
21	广西	钦州	28 151 613	3 326 182	31 477 795	21	22 025	42	12 919	11 849	24 768	39	1 285	39

续表 1

序号	省份	口岸名称	进出口货运量（吨）			排名	进出口集装箱（箱次）	排名	出入境人员（人次）			排名	出入境运输工具（艘次）	排名
			进口	出口	合计				入境	出境	合计			
22	广东	南沙	17 126 142	12 252 436	29 378 578	22	1 615 183	9	174 315	176 770	351 085	11	4 526	19
23	广东	#湾仔	238 630	25 144 209	25 382 839	23	101 050	27	418 640	728 599	1 147 239	6	30 536	2
24	海南	洋浦	18 790 152	3 005 955	21 796 107	24	28 498	40	23 337	21 655	44 92	34	3 429	21
25	广东	万山	20 419 030	77 195	20 496 225	25	0	60	56 590	56 680	113 270	25	4 513	20
26	广东	惠州	16 371 418	1 630 793	18 002 211	26	1 213	56	7 794	9 526	17 320	45	2 153	33
27	广东	珠海	15 383 591	2 447 187	17 830 778	27	80 788	28	20 890	21 674	42 564	36	2 768	28
28	河北	黄骅	15 703 803	215 113	15 918 916	28	3 602	53	4 237	3 778	8 015	53	354	53
29	福建	漳州	13 054 743	2 472 728	15 527 471	29	113 152	23	9 571	9 210	18 781	43	1 006	44
30	河北	秦皇岛	11 086 176	4 150 435	15 236 611	30	101 566	26	38 557	40 376	78 933	29	1 716	35
31	广东	水东	12 091 552	754 213	12 845 765	31	35 628	36	9 145	9 123	18 268	44	1 151	41
32	福建	宁德	9 469 585	2 506 718	11 976 303	32	5 509	51	8 404	8 119	16 523	46	915	45
33	福建	秀屿	11 592 444	108 195	11 700 639	33	29 033	39	5 065	4 398	9 463	52	376	52
34	广西	北海	7 826 597	2 503 594	10 330 191	34	45 847	34	11 193	12 149	23 342	41	1 192	40
35	辽宁	锦州	6 244 691	4 029 031	10 273 722	35	6 780	49	5 658	5 747	11 405	48	614	47
36	辽宁	丹东	8 293 607	1 366 584	9 660 191	36	80 064	29	104 855	108 123	212 978	18	2 689	29
37	浙江	乍浦	7 290 631	1 815 775	9 106 406	37	35 148	37	15 147	14 330	29 477	38	1 701	36
38	广东	阳江	5 358 812	3 215 424	8 574 236	38	3 655	52	3 177	3 063	6 240	54	289	55
39	山东	莱州	6 341 970	2 115 814	8 457 784	39	40 259	35	4 452	5 978	10 430	50	608	48
40	广东	潮阳	7 911 121	83 310	7 994 431	40	9 464	45	5 011	6 753	11 764	47	615	46
41	广东	汕头	4 042 085	2 080 172	6 122 257	41	360 182	14	16 894	17 329	34 223	37	2 942	25
42	山东	威海	2 944 681	3 036 021	5 980 702	42	690 444	12	180 879	179 397	360 276	9	1 804	34
43	广东	潮州	222 237	5 660 634	5 882 871	43	8 805	46	2 912	2 489	5 401	57	261	58

续表 2

序号	省份	口岸名称	进出口货运量（吨）			排名	进出口集装箱（箱次）	排名	出入境人员（人次）			排名	出入境运输工具（艘次）	排名
			进口	出口	合计				入境	出境	合计			
44	江苏	大丰	5 527 510	348 886	5 876 396	44	25 549	41	6 935	3 543	10 478	49	568	49
45	浙江	温州	3 741 890	557 309	4 299 199	45	79 883	30	1 935	3 621	5 556	56	279	56
46	海南	八所	3 454 887	794 550	4 219 437	46	0	60	2 480	2 481	4 961	58	253	59
47	海南	海口	2 804 315	635 611	3 439 926	47	61 228	33	43 536	39 283	82 819	28	1 010	43
48	广东	汕尾	3 093 314	11 910	3 105 224	48	5 888	50	3 168	3 065	6 233	55	528	51
49	浙江	台州	2 202 311	478 796	2 681 107	49	67 586	31	15 868	5 915	21 783	42	2 153	32
50	山东	蓬莱	1 224 621	1 418 584	2 643 205	50	7 303	48	4 689	4 957	9 646	51	545	50
51	广东	深圳	945 177	1 446 491	2 391 668	51	315 492	15	27 399 778	27 251 396	54 651 174	1	11 709	8
52	山东	石岛	444 318	694 483	1 138 801	52	260 326	17	162 287	161 503	323 790	12	1 401	38
53	广东	九州	407 696	599 146	1 006 842	53	290 009	16	1 191 902	1 176 629	2 368 531	3	16 322	6
54	辽宁	葫芦岛	355 977	568 561	924 538	54	27	58	24	110	134	62	6	62
55	山东	龙眼	342 165	379 731	721 896	55	104 753	24	94 692	93 052	187 744	21	1 049	42
56	广东	广海	419 601	298 147	717 748	56	30 489	38	30 431	30 418	60 849	31	6 059	13
57	海南	三亚	12 381	651 546	663 927	57	267	57	141 545	142 579	284 124	13	274	57
58	广东	莲花山	121 583	71 539	193 122	58	3	59	224 728	238 282	463 010	8	6 256	12
59	海南	清澜	53 491	132 684	186 355	59	1 561	55	501	496	997	60	98	60
60	广东	揭阳	10 371	70 803	81 174	60	9 599	44	0	0	0	63	0	63
61	广东	广州	34 477	6 280	40 757	61	7 311	47	101 619	111 509	213 128	17	21 275	5
62	山东	潍坊	72	12 862	12 934	62	0	60	2 330	2 509	4 839	59	318	54
63	广东	大亚湾	73	0	73	63	0	60	0	0	0	63	0	63
64	山东	东营	72	0	72	64	0	60	475	405	880	61	51	61
65	广东	南澳	0	0	0	65	0	60	0	0	0	63	0	63

续表 3

序号	省份	口岸名称	进出口货运量（吨）			排名	进出口集装箱（箱次）	排名	出入境人员（人次）			排名	出入境运输工具（艘次）	排名
			进口	出口	合计				入境	出境	合计			
66	广东	#西冲	0	0	0	65	0	60	0	0	0	63	0	63
67	福建	平潭	开放未满 3 年						10 916	11 918	22 834		64	
68	江苏	如东	开放未满 3 年											
69	江苏	启东												
70	广西	江山	同防城一并统计											
71	广西	企沙												
72	广西	石头埠	同北海一并统计											
73	天津	渤中	同天津一并统计											
74	辽宁	旅顺新港	同大连一并统计											
75	辽宁	庄河												
76	辽宁	长兴岛												
77	广东	赤湾	同蛇口一并统计											
78	广东	妈湾												
79	广东	东角头												
80	广东	#梅沙	同盐田一并统计											

表注：口岸名称前带“#”的为限中国籍船舶进出口岸。

2014 年全国内河口岸运行统计表

序号	省份	口岸名称	外贸货物吞吐量（吨）			排名	进出口集装箱（箱次）	排名	出入境人员（人次）			排名	出入境运输工具（辆、艘次）	排名
			进口	出口	合计				入境	出境	合计			
1	江苏	张家港	52 676 191	20 146 687	72 822 878	1	348 680	5	30 665	45 371	76 036	8	4 120	5
2	江苏	太仓	43 164 451	4 373 974	47 538 425	2	655 256	3	29 930	30 445	60 375	11	3 136	6
3	江苏	南通	33 690 093	9 514 187	43 204 280	3	233 996	10	18 575	27 090	45 665	13	2 399	7
4	江苏	江阴	20 046 494	4 069 402	24 115 896	4	53 578	22	20 432	19 898	40 330	15	2 186	8
5	江苏	镇江	18 352 746	5 486 433	23 839 179	5	130 511	13	15 504	16 371	31 875	19	1 682	9
6	江苏	南京	9 053 644	9 085 518	18 139 162	6	736 998	2	15 121	11 944	27 065	21	1 318	12
7	湖北	武汉	12 964 082	3 263 536	16 227 618	7	286 911	8	10	0	10	40	1	18
8	江苏	常熟	9 611 258	6 242 911	15 854 169	8	178 432	11	11 411	12 854	24 265	22	1 411	11
9	黑龙江	漠河	14 694 780	31	14 691 811	9	0	39	54	55	109	37	30	26
10	安徽	马鞍山	11 652 614	657 831	12 310 445	10	73 989	19	67	706	773	34	59	42
11	江苏	泰州	9 326 022	2 307 615	11 633 637	11	70 614	20	13 497	15 124	28 621	20	1 587	10
12	重庆	#重庆	6 028 346	2 077 898	8 106 244	12	417 331	4	0	0	0	42	0	1
13	江苏	如皋	6 569 324	1 194 618	7 763 942	13	327	36	3 508	5 698	9 206	26	475	14
14	江苏	扬州	5 241 050	2 470 947	7 711 997	14	126 112	14	5 779	6 259	12 038	25	651	13
15	江苏	常州	5 240 901	1 211 070	6 451 971	15	82 267	17	3 233	3 219	6 452	29	365	15
16	广东	#中山	1 245 973	3 233 893	4 479 866	16	774 050	1	689 618	706 748	1 396 366	1	20 732	36
17	广东	虎门	3 611 088	671 282	4 282 370	17	52 418	23	41 861	37 881	79 742	7	8 659	38
18	广东	#高明	1 076 685	3 065 881	4 142 566	18	235 651	9	34 803	37 486	72 289	9	4 592	42
19	广东	#肇庆	2 053 645	1 296 925	3 350 570	19	19 243	28	22 952	14 774	37 726	16	4 813	39
20	广东	#江门	1 221 240	1 980 875	3 202 115	20	339 243	6	64 550	60 499	125 049	5	6 004	39
21	安徽	铜陵	2 739 014	288 976	3 027 990	21	11 264	32	224	578	802	33	63	42

续表1

序号	省份	口岸名称	外贸货物吞吐量（吨）			排名	进出口集装箱（箱次）	排名	出入境人员（人次）			排名	出入境运输工具（辆、艘次）	排名
			进口	出口	合计				入境	出境	合计			
22	广东	#南海	1 701 556	670 674	2 372 230	22	332 235	7	24 085	18 762	42 847	14	5 714	39
23	广东	新会	1 442 957	598 741	2 041 698	23	74 876	18	6 593	5 763	12 356	24	1 548	42
24	安徽	芜湖	576 982	1 311 871	1 888 853	24	139 778	12	238	267	505	36	38	42
25	湖北	黄石	1 337 863	110 005	1 447 868	25	16 320	30	0	0	0	42	0	19
26	广东	#新塘	984 084	279012	1263 096	26	99 729	15	4 907	767	5 674	30	787	42
27	江西	九江	389 657	578 593	968 250	27	62 069	21	0	0	0	42	0	4
28	湖南	城陵矶	515 419	260 173	775 592	28	44 045	27	0	13	13	39	1	17
29	广东	#三埠	336 996	424 789	761 785	29	44 656	26	3 861	3 798	7 659	28	988	42
30	广西	#柳州	680 184	29 324	709 508	30	1 289	34	0	0	0	42	0	35
31	安徽	池州	171 202	535 331	706 533	31	5 946	33	141	485	626	35	42	42
32	广西	#梧州	327 704	368 326	696 030	32	45 178	25	4 050	3 860	7 910	27	943	33
33	安徽	安庆	542 783	134 268	677 051	33	17 027	29	10	0	10	40	1	42
34	广西	#贵港	2 282 298	287103	515 401	34	12 071	31	1 298	1 761	3 059	31	427	34
35	广东	#斗门	241 260	259 132	500 392	35	93 653	16	18 508	17 273	35 781	18	861	42
36	黑龙江	同江	318 302	67 688	385 990	36	0	39	40 336	42 787	83 123	6	1 696 +6 411	23
37	广东	#鹤山	289 137	67 451	356 588	37	49 678	24	25 729	26 247	51 976	12	1 549	42
38	广东	#容奇	151 890	128 973	280 863	38	0	39	369 034	377 691	746 725	3	11 055	37
39	黑龙江	黑河	25 654	239 333	264 987	39	197	37	412 626	415 152	827 778	2	8 550 +25 526	20
40	黑龙江	萝北	44 268	7 359	51 627	40	0	39	18 024	18 076	36 100	17	707 +2 333	22
41	黑龙江	抚远	4 366	35 651	40 017	41	0	39	76 756	77 233	153 989	4	3 717	25
42	黑龙江	佳木斯	26 617	353	26 970	42	191	38	0	0	0	42	0	29
43	黑龙江	嘉荫	11 372	0	11 372	43	0	39	32	39	71	38	9	27

续表 2

序号	省份	口岸名称	外贸货物吞吐量（吨）			排名	进出口集装箱（箱次）	排名	出入境人员（人次）			排名	出入境运输工具（辆、艘次）	排名
			进口	出口	合计				入境	出境	合计			
44	黑龙江	呼玛	9 965	583	10 548	44	0	39	0	0	0	42	0	30
45	黑龙江	饶河	4 652	2 860	7 512	45	0	39	32 296	32 229	64 525	10	812 +2 452	21
46	黑龙江	富锦	6 605	0	6 605	46	0	39	0	0	0	42	0	31
47	黑龙江	哈尔滨	1 317	18	1 335	47	339	35	0	0	0	42	0	28
48	云南	景洪	0	345	345	48	0	39	7 069	8 038	15 107	23	4 750	2
49	云南	思茅	0	0	0	49	0	39	0	0	0	42	0	3
50	吉林	大安	0	0	0	49	0	39	0	0	0	42	0	16
51	黑龙江	逊克	0	0	0	49	0	39	1 235	1 223	2 458	32	124 +834	24
52	黑龙江	孙吴	0	0	0	49	0	39	0	0	0	42	0	32
53	黑龙江	绥滨	与富锦一并统计											
54	黑龙江	桦川	与佳木斯一并统计											
55	江苏	靖江	开放未满 3 年						13 312	12 566	25 878		1 233	

表注：1. 口岸名称前带“#”的为限中国籍船舶进出口岸；
2. “出入境运输工具”一栏中有两个数据的，前一项数据为出入境船舶数，后一项数据为出入境车辆数。

2014 年全国公路口岸运行统计表

序号	省份	口岸名称	进出口货运量（吨）			排名	出入境人员（人次）			排名	出入境运输工具（辆次）	排名
			进口	出口	合计		入境	出境	合计			
1	新疆	霍尔果斯	20 582 961	907 476	21 490 437	1	261 702	261 487	523 189	16	69 076	21
2	内蒙古	#甘其毛都	13 490 680	973 548	14 464 228	2	206 237	206 057	412 294	19	310 366	9
3	广东	皇岗	5 438 887	8 002 523	13 441 410	3	16 854 292	20 120 456	36 974 748	4	8 702 995	1
4	内蒙古	#策克	7 249 993	21 377	7 271 370	4	110 414	109 976	220 390	24	181 515	16
5	广东	文锦渡	1 547 149	4 564 860	6 112 009	5	2 300 511	3 032 548	5 333 059	5	1 729 466	5
6	云南	瑞丽	2 589 465	1 041 605	3 631 070	6	312 076	340 555	652 631	15	2 381 126	4
7	云南	#腾冲	2 973 418	38 996	3 012 414	7	10 544	10 890	21 434	40	135 277	18
8	广西	友谊关	1 033 835	1 872 005	2 905 840	8	429 091	434 736	863 827	11	3 319	46
9	内蒙古	二连浩特	43 607	2 256 000	2 299 607	9	615 254	615 273	1 230 527	10	435 099	8
10	云南	河口	613 311	1 229 517	1 842 828	10	258 874	259 036	517 910	18	143 572	17
11	新疆	#老爷庙	1 753 574	14 430	1 768 004	11	22 780	22 823	45 603	33	38 360	25
12	云南	磨憨	979 669	603 053	1 582 722	12	253 756	265 541	519 297	17	294 665	11
13	广东	横琴	95 767	1 470 235	1 566 002	13	2 525 772	2 457 710	4 983 482	6	823 080	6
14	广东	福田	873 206	480 444	1 353 650	14	151 567	151 551	303 118	20	296 328	10
15	内蒙古	珠恩嘎达布其	702 418	276 577	978 995	15	45 376	45 652	91 028	30	70 332	20
16	吉林	#南坪	834 831	16 173	851 004	16	302	281	583	56	45 552	23
17	广东	深圳湾	331 347	481 443	812 790	17	20 759 781	20 190 418	40 950 199	3	3 826 188	2
18	黑龙江	绥芬河	305 064	351 491	656 555	18	329 334	329 352	658 686	14	61 679	22
19	内蒙古	满洲里	102 632	514 564	617 196	19	707 752	707 994	1 415 746	9	241 354	13
20	广东	珠澳工业区	291 772	238 794	530 566	20	405 405	415 759	821 164	12	33 241	27
21	云南	#孟定	309 581	209 794	519 375	21	62 906	64 052	126 958	29	196 093	15

续表 1

序号	省份	口岸名称	进出口货运量（吨）			排名	出入境人员（人次）			排名	出入境运输工具（辆次）	排名
			进口	出口	合计		入境	出境	合计			
22	广东	沙头角	189 144	294 798	483 942	22	1 936 792	1 967 940	3 904 732	7	803 493	7
23	新疆	吐尔尕特	34 737	388 851	423 582	23	19 027	18 720	37 747	36	26 832	30
24	新疆	伊尔克什坦	25 358	390 813	416 171	24	19 700	20 222	39 922	34	27 469	29
25	新疆	#都拉塔	0	374 297	374 297	25	14 810	17 574	32 384	38	26 260	31
26	广西	东兴	102 853	252 773	355 626	26	1 839 071	1 809 438	3 648 509	8	303	52
27	新疆	吉木乃	296 437	57 336	353 773	27	68 405	69 482	137 887	26	6 876	43
28	吉林	圈河	119 500	222 185	341 685	28	145 896	146 261	292 157	22	120 020	19
29	黑龙江	#东宁	55 765	256 317	312 082	29	141 884	141 290	283 174	23	34 045	26
30	云南	天保	246 896	38 227	285 123	30	65 263	65 387	130 650	28	41 812	24
31	吉林	珲春	62 627	218 961	281 588	31	150 241	150 271	300 512	21	17 148	34
32	吉林	#三合	203 753	50 092	253 845	32	3 821	3 765	7 586	48	10 004	39
33	内蒙古	#额布都格	199 932	39 942	239 874	33	16 425	16 415	32 840	37	18 341	33
34	内蒙古	#满都拉	207 796	3 476	211 272	34	10 702	10 526	21 228	41	14 396	36
35	新疆	巴克图	156 042	28 674	184 716	35	67 359	67 380	134 739	27	16 726	35
36	吉林	#长白	120 223	61 987	182 210	36	1 838	1 833	3 671	50	6 904	42
37	云南	#畹町	139 085	33 314	172 399	37	8 134	7 890	16 024	45	270 337	12
38	新疆	塔克什肯	21 871	125 936	147 807	38	31 923	32 685	64 608	32	11 389	38
39	广东	拱北	4 193	139 101	143 294	39	56 541 510	53 864 883	110 406 393	1	2 872 521	3
40	西藏	#樟木	4 106	135 799	139 905	40	62 743	86 995	149 738	25	29 157	28
41	吉林	#古城里	118 219	5 184	123 403	41	563	594	1 157	52	9 000	41
42	云南	打洛	53 979	64 658	118 637	42	394 656	394 756	789 412	13	232 279	14
43	广西	#龙邦	13 539	56 793	70 332	43	6 975	6 916	13 891	47	12	55
44	广西	#水口	21 463	42 454	63 917	44	9 890	9 631	19 521	43	0	56

续表 2

序号	省份	口岸名称	进出口货运量（吨）			排名	出入境人员（人次）			排名	出入境运输工具（辆次）	排名
			进口	出口	合计		入境	出境	合计			
45	新疆	红其拉甫	4 683	46 666	51 349	45	15 289	15 376	30 665	39	25 883	32
46	吉林	#临江	26 776	13 064	39 840	46	451	573	1 024	54	3 156	47
47	吉林	#开山屯	26 114	11 856	37 970	47	577	532	1 109	53	2 733	49
48	内蒙古	#阿日哈沙特	344	27 894	28 238	48	19 028	19 137	38 165	35	9 177	40
49	黑龙江	#虎林	19 849	6 647	26 496	49	7 216	6 810	14 026	46	3 473	45
50	内蒙古	#室韦	0	26 115	26 115	50	1 267	1 251	2 518	51	2 229	50
51	云南	#金水河	7 404	15 448	22 852	51	2 820	2 682	5 502	49	11 925	37
52	黑龙江	#密山	2 423	15 110	17 533	52	9 491	9 320	18 811	44	2 931	48
53	吉林	#沙坨子	5 046	4 494	9 540	53	295	305	600	55	1 198	51
54	内蒙古	#黑山头	4 987	4 089	9 076	54	9 875	10 081	19 956	42	5 083	44
55	新疆	#乌拉斯台	791	1 004	1 795	55	117	147	264	57	91	54
56	西藏	#吉隆	8	799	807	56	6	11	17	58	92	53
57	新疆	#红山嘴	6	452	458	57	0	0	0	59	0	56
58	广东	罗湖	0	0	0	58	44 099 084	42 988 346	87 087 430	2	0	56
59	广西	#平孟	0	0	0	58	32 400	32 580	64 980	31	0	56
60	吉林	#集安	0	0	0	58	0	0	0	59	0	56
61	西藏	#普兰	0	0	0	58	0	0	0	59	0	56
62	甘肃	#马鬃山	0	0	0	58	0	0	0	59	0	56
63	新疆	#木扎尔特	0	0	0	58	0	0	0	59	0	56
64	新疆	#阿黑土别克	0	0	0	58	0	0	0	59	0	56
65	内蒙古	阿尔山	开放未满 3 年				693	663	1 356		344	
66	云南	#勐康	开放未满 3 年				9 959	10 253	20 212		9 490	
67	新疆	卡拉苏	与红其拉甫一并统计									

表注：口岸名称前带“#”的为双边口岸。

2014 年全国铁路口岸运行统计表

序号	省份	口岸名称	进出口货运量（吨）			排名	出入境人员（人次）			排名	出入境运输工具（列次）	排名
			进口	出口	合计		入境	出境	合计			
1	内蒙古	满洲里	13 397 705	110 001	14 497 706	1	17 800	17 826	35 626	12	8 750	4
2	新疆	阿拉山口	7 400 424	3 471 954	10 872 378	2	24 518	24 741	49 259	11	11 022	3
3	内蒙古	二连浩特	7 426 507	834 092	8 260 599	3	116 084	116 092	232 176	4	8 496	5
4	黑龙江	绥芬河	7 100 891	329 420	7 430 311	4	63 447	63 466	12 6913	6	7 383	7
5	吉林	珲春	611 294	5 941	617 235	5	1 200	1 207	2 407	15	564	12
6	广西	凭祥	9 500	417 434	426 934	6	32 302	26 505	58 807	9	2 336	9
7	辽宁	丹东	165 000	115 215	280 215	7	62 345	63 455	262 033	3	1 401（铁） 148 400（公）	1
8	广东	肇庆	118 273	54 428	172 701	8	25 411	32 053	57 464	10	728	11
9	吉林	图们	78 450	68 233	146 683	9	444	455	18 368	13	285（铁） 7 667（公）	2
10	广东	深圳	72 430	71 514	143 944	10	0	0	0	17	0	16
11	上海	上海站	1 263	140 134	141 397	11	69 236	82 946	152 182	5	367	13
12	河南	郑州	1 383	70 741	72 124	12	0	0	0	17	0	16
13	广东	佛山	26 599	11 985	38 584	13	42 584	38 004	80 588	8	6 697	8
14	吉林	集安	21 399	15 000	36 399	14	7 039	6 815	13 854	14	883	10
15	黑龙江	哈尔滨	19 470	9 247	287 17	15	0	0	0	17	0	16
16	北京	北京西站	1 645	13 322	14 967	16	39 001	51 520	90 521	7	360	14
17	云南	河口	3 462	60	3 522	17	100	166	266	16	41	15
18	广东	广州	43	98	141	18	1 915 600	1 925 913	3 841 513	1	7 995	6
19	广东	东莞	0	1	1	19	203 870	218 004	421 874	2	0	16
20	新疆	霍尔果斯	开放未满 3 年				3 128	3 181	6 309		2 509	

第四篇

各地口岸运行管理

北　京　市

北京市口岸分布示意图

口岸名称	批准开放时间	开放状态
首都国际机场空运口岸	1958.3	国际常年
北京西站铁路口岸	2009.11	国际常年

口岸数量及分布

截至2014年底，北京市有经国务院批准的对外开放口岸2个，分别为北京空运口岸（北京首都国际机场）和北京陆路（铁路）口岸（北京西站铁路口岸）。

口岸运行数据

2014年，北京口岸出入境人员达2 214.05万人次，同比增长4.81%。其中，入境1 110.62万人次，同比增长4.70%；出境1 103.43万人次，同比增长4.92%。北京空运口岸进出境人员2 204.85万人次，同比增长4.87%；进出境飞机起降125 760架次，同比增长1.78%，其中入境63 155架次，同比增长2.70%，出境62 605架次，同比增长0.90%；72小时过境免签旅客达20 017人次，同比增长45.20%。北京西站铁路口岸进出境人员9.20万人次，同比下降6.80%。

北京口岸海关监管货物2 101.75万吨，同比增长363.09%。其中，海关监管进口货物1 959.78万吨，同比增长528.20%；海关监管出口货物141.97万吨，同比增长0.10%。海关征收关税及代征税482.70亿元，同比增长8.50%。

口岸综合管理

【创新合作领域，促进京津冀口岸合作】 京津冀通关一体化改革在全国区域通关改革中率先落地，成效明显，实现了三地企业自主选择报关报检和货物验放地点，三地口岸执法统一性进一步增强，带动京津冀地区贸易便利化水平显著提高。积极探索投资合作和政策互惠。京津口岸部门共同协调，促成天津港集团和通州口岸建设主体达成投资合作意向，支持天津企业投资通州口岸建设和北京企业在天津港投资设立北京货物堆场，便利北京企业进出口。加紧协调天津港集团设立无水港服务窗口，在港口资源、手续、作业等方面给予北京无水港优先安排。与天津市口岸办共同推动东疆保税港区政策延伸，争取使平谷国际陆港成为东疆保税港区启运港退税政策的首批试点无水港。构建务实高效的合作机制。贯彻落实京津冀协同发展战略，京津冀三地口岸主管部门共同召开了京津冀口岸合作座谈会，研究加强口岸合作和促进口岸贸易便利化的措施，探讨创新口岸工作机制。同时，加强了口岸管理部门干部人才交流合作机制，联合解决企业通关现实问题。会同天津口岸各相关单位，举办通关服务会，沟通解决无水港货物面临的通关问题，现场解决了20家企业提出的26个问题。

【创新管理模式，推进北京电子口岸建设】 按照“市政府管理、口岸办统筹协调、相关部门联合共建”的建设思路和管理模式，着力强化了“四个保障”。初步构筑机制保障。建立了北京电子口岸工作联席会议机制，并召开了第一次全体会议，明确了工作制度和任务分工；着手启动机构保障。已向北京市编办申请将北京电子口岸领导小组办公室由北京海关调整至北京市口岸办，由北京市口岸办负责统筹协调电子口岸建设；积极争取经费保障。按照信息化项目改造程序，开展北京电子口岸升级改造立项前期工作，争取北京市财政经费支持。稳步推进制度保障。制发了《北京电子口岸建设三年行动计划（2014—2016年）》，进一步统一思想，明确工作进程和任务分工。

2014年9月30日，北京市口岸办、北京海关、北京出入境检验检疫局共同签署了《全面推进关检合作“三个一”工作方案》，三方承诺：以北京电子口岸平台为依托，实现进出口企业申报数据向关检部门发送、关检部门查验信息对碰，以及关检部门核放信息发送。该工作标志着北京市“三个一”工作全面启动，也标志着北京电子口岸新一轮开发建设正式拉开序幕。关检部门共同推动“三个一”在北京口岸全面推广，在全国率先实现了“一次申报”环节企业申报数据的自动导入，并将申报数据项从169个压缩到88个，比其他省市版本减少了4个数据项，通关时间成本节约近 50.00%，费用成本节省 30.00%左右。

【创新发展思路，推动平谷国际陆港特色口岸建设】 结合北京特大型消费城市特点，大力推动平谷国际陆港打造特色口岸，并实现了“两个率先”。即，获得国家质检总局批准，成为全国首家获批的内陆海运进口肉类指定口岸；获得国家口岸管理办公室正式批复，成为全国首家获批的国家海陆联运口岸。2014 年 11 月 3 日，国家质检总局批准北京平谷国际陆港为进口肉类指定查验场；11 月 17 日，国家口岸管理办公室正式批复北京平谷国际陆港为临时口岸对外开放。

【北京西站铁路口岸正式开放整体进程加快】 通过积极协调铁路部门、现场督导工程进度、严格落实安全生产责任制等，确保北京西站铁路口岸整体施工改造全部完成，并进行了工程预验收工作。通过建立健全联防联控机制，积极争取资金支持，加强北京西站铁路口岸核心能力建设，尽快通过国家质检总局验收，满足口岸卫生应急准备和应急处置能力的需要。

口岸监管与服务

【北京海关大力推进区域通关一体化改革】 京津冀区域通关一体化改革是贯彻党的十八届三中全会精神，落实习近平总书记京津“双城记”、京津冀区域协同发展指示的重要举措。此项改革自 2014 年 7 月 1 日在京津冀海关率先启动，从运行情况看，改革成效明显，得到了社会普遍认可。一是执法统一性增强。通过“一中心，四平台”的建设，以及区域内《业务标准化规范》、《协调配合办法》和《应急处置措施》等一系列制度的制定和机制的建立，统一了三关的风险防控、执法标准和作业流程；专业分工下的审单作业，实现了审单资源的优势集成和标准化作业，以往关区之间执法不一致的情况大为减少，自由裁量权得到规范，实现了同一企业、同一商品在区域内统一的风险防控和监管处置。二是通关效率提升。改革后，京津冀进口平均通关时间为 29.30 小时，比上半年减少 1.60 小时；出口平均通关时间为 2.30 小时，与改革前基本一致。在进口五种通关方式中，一体化通关效率稳步提升，从横向看，改革后一体化进口平均通关时间为 25.47 小时，平均通关时间较“属地申报，口岸验放”减少 71.60 小时，较“属地申报，属地放行”减少 10.60 小时，较口岸清关减少 4.50 小时，较转关整个通关流程时间节省更多；从纵向看，2013 年第四季度一体化平均通关时间为 24.80 小时，比第三季度缩短 1.53 小时。三是物流成本降低。据调研了解，一体化通关后天津经北京空运进口货物通关时间减少约 8 小时，运输成本节省约 30.00%；北京经天津海运进口货物通关时间减少约 3 天，运输成本节省近三成，减少的三成运输成本中，由于不使用转关监管车，每个 20 尺标箱能节约的平均成本约 2 400 元。四是惠及企业广泛。一体化通关打破了关区界限，改革措施广泛惠及了广大进出口企业，涉及企业 5.90 万家。采用一体化方式通关的京津冀企业共 1 695 家。北京企业属地报关 63.40 万票，占其报关单总量的 78.50%；天津企业属地报关 91.60 万票，占 85.60%；石家庄企业属地报关 2.39 万票，占 72.58%。五是社会满意度较高。一体化通关改革在社会上取得巨大反响，得到了中央领导、地方党政领导的高度肯定和大力支持，得到了社会各界，特别是广大进出口企业的积极响应和广泛好评，被称为是改革开放以来中国海关最具革命性的变革。改革所提出的“一地注册、多地报关”、统一风险防控、企业自主选择申报、“三预”决定互认、一份保函区域通用、统一卡口核放标准、电子信息放行等改革措施得到落实。据天津贸促会调查，企业对改革的认知程度达 80.00%，改革措施受到企业欢迎，其中受欢迎程度高的分别为：“一地注册、多地报关”达 84.20%；统一风险防控达 84.20%；企业自主选择申报达 80.70%。2014 年 7 月 ~12 月，京津冀三地海关共接受申报 233.90 万票。其中，企业选择在北京海关申报 86.90 万票，占比 37.15%；在天津海关申报 143.80 万票，占比

61.48%；在石家庄海关申报 3.20 万票，占比 1.37%。京津冀三地海关审单处审结报关单共 22.80 万票，占总报关单量的 9.80%。其中，北京海关审结 9.90 万票，占审结量的 43.42%；天津海关审结 12.50 万票，占审结量的 54.82%；石家庄海关审结 0.4 万票，占审结量的 1.76%。从通关方式上看，口岸清关 214.20 万票，占总报关单量的 91.50%；转关 15.60 万票，占总报关单量的 6.67%；跨关区通关 4.20 万票（包括“一体化”、“属地申报，口岸验放”、“属地申报，属地放行”三种方式），占总报关单量的 1.83%。在跨关区通关中，一体化通关 3.78 万票，占总报关单量的 1.62%，占跨关区通关报关单量的 90.00%，其中一体化改革对进口作用明显，进口一体化通关报关单占进口总报关单量的 3.70%。

【北京海关积极推动关检合作“三个一”改革】 关检合作“三个一”改革是深入贯彻落实《国务院办公厅关于支持外贸稳定增长的若干意见》，提高口岸通关效率，优化北京地区通关环境，推动北京市外贸稳定增长的重要改革项目。2014 年，北京海关深入贯彻落实《海关总署、国家质检总局关于全面推进关检合作“三个一”的通知》的要求。一是认真学习，坚决贯彻。认真学习，吃透精神，统一思想，增强责任意识，把“三个一”作为当前工作的重中之重和一项艰巨的政治任务来抓，不折不扣地贯彻落实好；明确各部门的职责任务，实现“三个所有”；制发联合公告，明确实施“三个一”的目标、原则和作业方式，公布服务监督电话。二是制定措施，抓好落实。加大宣传力度，通过互联网站、企业宣讲、舆论媒体等形式大力宣传“三个一”，为“三个一”的实施营造良好舆论氛围；建立关检联合应急协调中心，实施关检合署办公，统一受理解决企业在“三个一”实施过程中出现的问题并跟进问题解决全过程；深入企业和关检查验现场调研，实地掌握运行情况，在广泛开展企业宣传的基础上开展有针对性的操作培训；在各通关现场建立“三个一”协调员制度，根据统一划分的“责任田”，上门对企业进行服务、指导。三是优化系统，提高数量。在已经实现海关总署要求的“所有通关现场”的基础上，进一步完善北京电子口岸平台和“一次录入”系统，加大企业 ERP 系统报关报检数据导入功能实现的力度，为企业提供更加便利的通关通检环境。截至 2014 年 12 月，所有通关现场均已开通该类模式。

【北京海关深入推进通关作业无纸化改革】 2014 年，北京海关在全面实行报关单证电子化的基础上，进一步推动随附单证“瘦身”等配套改革，加大无纸化通关工作推进力度。一是加强风险防控。充分贯彻“由企及物”的监管理念，进行“以企业为单元”的风险分析；完善风险参数和布控指令的动态调整机制；提升人工审单工作质量，加强批量复审工作；针对通关无纸化作业模式，适当提高对低风险快速放行报关单的随机布控和抽核比例；建立未知风险预判模型，不断完善风险分析、处置作业。二是优化监管资源配置，完善配套措施。对于通过人工专业审单审结的报关单，在现场接单环节无风险提示的可以直接完成接单手续，不断优化审单和接单环节的监管资源配置；实现卡口自动核放，将通关作业无纸化改革与现代化空运监管场所示范区建设紧密结合，充分发挥北京海关空运监管现场的物流管理信息系统作用，实现通关无纸化报关单卡口自动核放，取消在纸本运单签章的作业手续；通过加强宣传指导，及时收集问题，促进系统优化，完善联系配合机制，大力推进报关单修撤无纸化作业。三是与京津冀海关区域通关一体化紧密结合。通关作业无纸化改革与区域通关一体化改革紧密结合，进一步增强三地海关执法的统一性，三地海关将统一操作规范、统一业务流程、统一执法标准，提高通关效率，显著降低企业通关成本。同时，打造统一的风险防控平台，按照“由企及物”的管理理念，对在京津冀口岸申报及进出境的企业、舱单、商品等风险要素进行分析和甄别，实现同一企业同一商品统一风险防控。四是建设无纸化查验工作站。为了适应通关作业无纸化的发展趋势，解决无纸化通关货物查验的问题，在集中查验的前提下，在北京海关现代化监管查验场所（空运）示范区的查验中心建设无纸化查验工作站。在规范现场执法的同时，为进一步优化监管流程提供保障，提高查验工作效能，使通关作业无纸化的改革效益更加明显。五是加大宣传力度，使广大进出口企业踊跃加入到试点行列，并积极推进企业报关单证自存、代存工作。截至2014年年底，共有10.98万家企业与北京海关进行通关无纸化签约，共审核通关无纸化报关单138.83万票，通关无纸化率从2013年的51.00%提高至84.00%，超出全国海关通关无纸化比率平均水平。

【北京出入境检验检疫局助推京津冀一体化，提升口岸通关效率】 2014年，根据国家质检总局《京津冀检验检疫一体化建设方案》，北京出入境检验检疫局落实总体组织和协调职责，主动与天津出入境检验检疫局、河北出入境检验检疫局建立组织协调机制。2014年5月12日，三方召开首次联席会议，确定了推进一体化工作的10个研究方向，并对应成立10个工作组，围绕清单管理、全申报、进口直通、出口直放、无纸化、集中审单、检验监管、动植物和卫生检疫、检测工作、信用管理、执法工作、信息化改造等内容，制订《京津冀检验检疫一体化实施方案》和12项一体化工作规范，并向国家质检总局报备。一体化建设促使三地检验检疫改革逐步深化，取得多项突破。一是深化检务业务改革，实施申报、通关、产地证签证、审批等流程无纸化作业，实现通关单跨省互认，大幅度提升放行速度。二是深化通关业务改革，对进出口货物实施“属地报检，属地放行”，打造双向快车道。三是深化监管模式改革，将工作重心由批批检验向过程控制转移，由前置审批向事中事后转移，建立多种放行模式。对出口食品实施全程监管、监督抽检和追溯放行的模式，对进口食品引入标签检验采信第三方，对出口成品油等工业品检验引入实验室检测采信第三方，对进口直通货物建立“定点监管”措施。与此同时，完善统一配套措施，根据检验检疫一体化工作需要，对审单规则、业务规范、风险防控、信用管理和统计规则等配套管理措施进行统一。统一京津报检数据申报和报检数据审核要求，加强报检数据一致性。对三地进出口企业实施企业信用等级一地采信、三地共用，使北京地区59家A级以上企业在天津、河北两地通关时可以享受当地的便利措施。截至2014年12月31日，京津冀检验检疫一体化体系构架已基本成型，三地“三互”基本实现。北京可以实现无纸申报、无纸通关和出口直放政策的进出口企业达到100.00%。2014年全年共实施无纸申报、无纸通关、直通直放16.80万批，其中无纸通关、直通直放3.90万批，节省费用70.30万元，产地证签证成本降低80.00%，签证时间缩短50.00%。

【北京出入境检验检疫局持续完善进口汽车口岸建设】 2014年，北京首都国际机场口岸的整车进口业务持续增长。为保障全国首家也是唯一一家空港型整车进口口岸运行，北京出入境检验检疫局多措并举。一是改进工作流程。根据首都机场口岸的实际情况，将原有“预验证—报检—报关—海关完税放行—国检口岸查验—上线检测”六个环节的“国检口岸查验”前移到检验检疫出具通关单到海关完税放行这个“空窗期”内，大幅提升整车进口通关速度，从落地到检测再到出证放行全部流程最快可在48小时内完成。二是做好电动车检验工作。年内首都机场口岸共进口电动车特斯拉与宝马i3增程式电动车42台，其中宝马i3是国内首款正式进口的宝马增程式电动小轿车，也是首都机场整车进口口岸自2013年7月验收以来，进口的首台增程式电动车。三是针对部分高货值非量产的“豪车”需要以“小批量”方式进口的需求，启动小批量检验的前期准备工作，制定小批量进口的作业指导书，开展了相关考察和培训。2014年，首都机场整车进口口岸共检验203台进口汽车，其中一般检验项目合格为174台，不合格为29台，合格率为85.71%。进口车辆绝大部分为高端豪车，安全性能及排放检测过程中均未发现质量问题。

【北京出入境检验检疫局全力做好口岸埃博拉出血热疫情防控工作】 2014 年 2 月埃博拉出血热疫情开始在西非出现，7 月当地疫情呈大规模爆发趋势。为严防埃博拉出血热疫情蔓延至我国境内，北京出入境检验检疫局在北京首都国际机场、北京西站铁路口岸进行严密防控。在全国率先探索开发国境口岸入境人员信息采集系统。通过护照阅读机、光标阅读机、红外测温仪三位一体的采集系统，在 4 秒内形成包括旅客个人信息、申报信息、现场测温图像的电子档案，同时确保入境人员信息高效追溯和通关效率。以航空器电子申报为核心，提前获知重点航班和疫区国家国籍旅客信息，对航空器进行实时监控和重点布控，将防控工作前移。同时，要求入境的来自非洲及中转的国际航班途中播放埃博拉出血热防控告知，提示来自疫区或有过疫区旅行史的旅客，或与疫区患者、野生动物有过接触的人员，或有发热等不适症状人员要主动申报。通过来自疫区人员及发现有症状人员数据分析，对疫情传入风险进行科学评估，对入境航班实施分类管控，多渠道获取来自疫区重点人员信息，建立埃博拉出血热疫情防控风险管理模式，提升疫情防控效果和防控资源利用效率。与边检、海关、首都机场等相关单位建立并落实联防联控机制。与卫生行政部门、应急部门、疾控中心等进一步完善疫情信息通报、可疑病例判定、实验室检测、移送指定医院等工作机制。建立实时联络和日报制度，对西非疫情国家入境者作医学排查，并及时掌握西非入境人员在京信息，切实落实防控要求和保障标准。8 月 4 日～12 月 31 日，北京出入境检验检疫局共对 1 609 架次重点航班实施检疫和卫生处理，排查来自疫区人员 5 653 人，处置 1 例由马里回国的埃博拉病例间接接触者，排查转送埃博拉留观病例 37 人，居全国口岸第一。

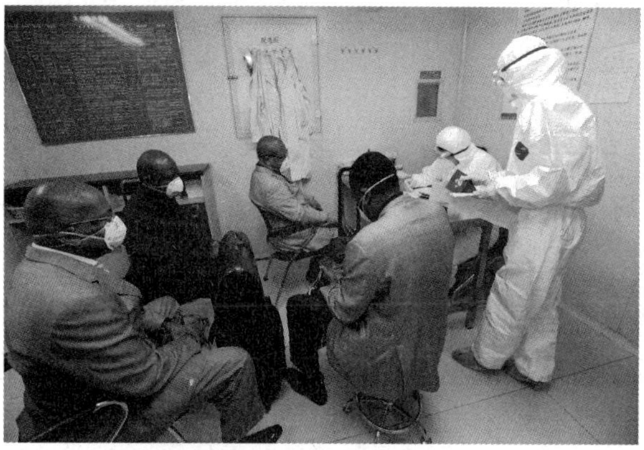

【北京西站铁路口岸成为《国际卫生条例(2005)》口岸核心能力达标口岸】 2014 年，北京出入境检验检疫局在口岸功能布局、污水处理等方面进行科学创新，拟定了北京西站铁路口岸医学排查隔离设施改造方案，并全程参与配合口岸医学排查设施改造各项工作，最终实现“三区两通道”。2014 年 10 月，国家质检总局发布《国家质检总局关于公布〈国际卫生条例（2005)〉口岸核心能力达标口岸的通知》（国质检卫〔2014〕558 号)，北京西站铁路口岸达到世界卫生组织口岸核心能力的要求，成为达标口岸。

【北京边检总站加强口岸管控工作筑牢国门防线】 2014 年，北京口岸以查控为核心的反恐维稳、反外逃内潜工作日益繁重，利用国际中转和 72 小时过境免签政策实施非法出入境活动呈明显上升态势。北京边检总站从维护国家政治安全和政权安全的高度审视自身职责定位，发挥反外逃内潜“双向过滤器”作用，筑造牢不可摧的国门防线。一是在应急处突上建立新力量。组建了口岸限定区域管理和突发事件处置专门队伍，深入推进警务实战化培训，强化联合处突演练，有效加强警务实战能力，形成了一支高效机动的管控力量和应急处突力量。二是在防范预警上采取新手段。通过自主研发前台重点人员提示软件，引入国际刑警组织遗失被盗证件数据库，部署口岸视讯系统等措施，综合利用信息技术手段强化入境审查和重点人员管控。提高预警能力和管控精度，实现对重点航班、重要人员信息提前研判，在马航失联客机救援、埃博拉疫情防控、港澳重点航班核查、"猎狐行动"支持中发挥了重要作用。三是在防伪反潜上有新提升。依托专业化的证件研究室开展出入境证件防伪技术研究和甄别，加强对伪假证件特征及其规律的分析研判，及时发布预警信息。发挥证件鉴别对勤务工作的重要支撑作用，利用快速、权威的鉴别结论，实现对有关非法出入境行为"一锤定音"式的精准锁定，坚决防止出入境人员持伪造证件或变更身份潜入潜出。四是在勤务安全上取得新进展。实行录入质量监控通报和责任追究制度。研发启用出入境记录修改监控程序，杜绝漏控隐患。北京边检总站和站（队、所）分别建立勤务安全隐患排查小组，每季度和重要敏感节点开展安全隐患排查整治。

【北京边检总站落实扩大自助通关人员范围便民举措】 为切实落实好扩大边检自助查验通道使用范围等公安部16项便民利民措施，北京边检总站组织专门力量对相关设备进行升级和测试，前期完成了空运口岸2号、3号航站楼共20条通道的升级改造工作；积极推广宣传便民政策，制作自助通关便民系列卡片在出入境现场发放，利用总站微博、微信等网络平台、报刊电视等各类媒体开展多平台、全方位宣传。7月25日政策实施后，自助通关人数由最初每天800人次增加到每天1 100多人次。2014年全年自助通关人数达256 625人次，占出入境总人数的1.20%。

【北京边检总站积极推动24小时直接过境免办边检手续政策尽快落地】 配套研发了24小时国际中转免办边检手续旅客信息采集系统和72小时免签过境旅客管理系统，通过与航空公司系统对接和API系统结合，实现过境旅客信息的预检、查控和统计，并具备了相关旅客出境信息及入境登记卡采集、电子化管理的功能，在确保安全的情况下大大简化了查验手续。

开放口岸

【北京空运口岸（北京首都国际机场）】 北京空运口岸（简称"首都机场"）是中国地理位置最重要、规模最大、设备最齐全、运输生产最繁忙的大型国际航空港，为全球第二大机场；不仅是中国首都北京的空中门户和对外交往的窗口，还是中国民航最重要的航空枢纽，也是中国民用航空网络的辐射中心。

首都机场地处东经40°04′48″，北纬116°35′04″，位于北京市区东北方向顺义区境内，距离天安门广场25.35千米。首都机场于1958年3月2日投入使用，共有3座航站楼：1号航站楼于1980年1月1日启用，有10个登机口；2号航站楼于1999年11月1日投入使用，可以同时处理20架飞机的停靠；2008年3号航站楼投入使用后，北京首都国际机场成为中国第1个拥有3座航站楼，双塔台、3条跑道同时运营的机场。此外，还有位于3号航站楼西侧的首都国际机场专机候机楼，以及位于专机候机楼西南侧的首都国际机场公务机候机楼。

首都机场拥有远近机位322个，两条4E级跑道，一条4F级跑道，是中国国内仅有的两座拥有3条跑道的国际机场之一。截至2014年年底，首都机场拥有覆盖最广的国内航线网络和日益强大的国际及地区航线网络，总计96家航空公司入驻首都机场运行，其中内航26家、外航70家，联通全世界54个国家和地区，包括国内通航点133个、国际通航点111个。近年来，首都机场荣获国际机场协会（ACI）机场服务质量最佳进步奖、全球4 000万级以上最佳机场第二名、中国首家SKYTRAX四星机场等一系列殊荣。同时，首都机场开通了通程航班行李直挂服务试点，大力推进了与星空联盟、天合联盟和寰宇一家的战略协同与合作，2013年1月1日成为国内首个具备实行72小时过境免签政策资格的机场，加快推动了《国务院关于促进民航业发展的若干意见》的落实。

2014年，北京空运口岸出入境旅客2 204.85万人次，同比增加4.87%。其中，出境旅客1 098.22万次，入境旅客1 106.63万人次。

2008年7月23日，北京天竺综合保税区获得国务院批复（国函〔2008〕64号），总体规划面积5.94平方千米，成为全国首家依托空港口岸设立的综合保税区。2010年12月，天竺综合保税区港区一体化功能启动，首都机场货物流转效率全面提高。综合保税区内一级货站总占地面积28万平方米，相比旧货站面积扩展近60%，年设计吞吐量由原来的34万吨扩展到超过100万吨；进口二级监管库从原有的1.20万平方米扩展至4.60万平方米，出口拼装区面积从1万平方米扩展到1.50万平方米，收货场地宽度从60米扩展到150米，极大地提高了出口拼装区同时接收货物的能力。2012年年底国务院批准天竺综合保税区为整车进口口岸，其成为国内首家依托空港设立的整车进口口岸。

【北京陆路（铁路）口岸（北京西站铁路口岸）】 位于北京市西三环莲花桥以东的莲花池东路上，南邻莲花池公园，北接中华世纪坛，地处北京西部的交通枢纽位置。北京西站铁路口岸经国务院批准于2003年10月1日起临时开放。该口岸运行北京直通香港列车（T97次、T98次），隔日到发各一对，运行时间不到24小时。北京西站铁路口岸拥有1 160平方米的联检大厅，由原来的软卧候车室临时改造而成，内驻有海关、检验检疫和边防检查3家联检单位。

2009年11月24日，国务院正式批复北京西站铁路口岸正式对外开放。2012年11月，北京市口岸办上报北京市人民政府的《北京西站铁路口岸正式开放实施方案》获批。2014年8月，北京西站铁路口岸正式开放改造工程完成了工程预验收工作。

2014年，北京陆路（铁路）口岸出入境旅客9.20万人次，同比下降6.80%。其中，出境旅客5.22万人次，入境旅客3.98万人次。

原二类口岸

【北京朝阳口岸】 位于北京市东四环南路与京津塘高速公路交汇处，毗邻北京经济技术开发区，通过京津塘高速公路与天津港相连。1994年10月，朝阳口岸经北京市政府批准正式开放，专门服务于北京地区企业的海运进出口贸易，主要承担北京地区海运集装箱货物进出口通关查验及相关业务，是海关总署和国家质检总局批准的北京地区海运进出口货物监管通道，同时也是交通运输部批准的海运集装箱中转站。

朝阳口岸占地78.2万平方米，其中进出口监管仓库16 936平方米、公共保税库3 060平方米、冷藏库960平方米、监管装卸平台3 600平方米、集装箱堆场3.2万平方米。朝阳口岸设有海关H986集装箱检测系统、检验检疫隔离区及熏蒸处理系统、海关电子闸口及朝阳口岸物流通关服务电子信息平台等。

2009年9月，北京市政府专题会议同意朝阳口岸外移至通州马驹桥物流基地。

2014年，朝阳口岸海关监管集装箱量11.43万标箱，同比下降5.52%；海关征收关税及代征税125.85亿元，同比增长7.20%。

【北京丰台货运口岸】 北京丰台货运口岸是经北京市人民政府批准于1994年5月12日正式对外开放的内陆铁路货运口岸，地处京城西南丰台区内，东距广安门9千米，西离卢沟桥2千米，南傍京广铁路线，北邻京石高速公路，与北京西客站仅5千米之距，口岸内建有4.5千米铁路专用线与石景山南站联通。

丰台货运口岸内驻有海关、检验检疫和报关行等执法机构和服务单位，具备完善的口岸运营、查验、服务功能。口岸总占地面积0.37平方千米，拥有包括海关监管库在内的平库房29栋、楼库2栋，集装箱堆场面积2万平方米，铁路站台2座，面积1万多平方米，站台罩棚8 400平方米，站台货位60个；同时，拥有齐全的运输吊装设备，先进的安全监控、调湿调温、消防设备等，并设有专业消防队，配备了先进的通讯设施，可以通过DDD、IDD方式进行国内国际各项业务联络。

丰台货运口岸北运货物可经满洲里、二连浩特、丹东、绥芬河、阿拉山等口岸出境，南运货物可从广州、深圳、珠海口岸到香港、澳门，也可以通过陆海、公路铁路联运方式走亚欧大陆桥，与亚欧各国相连，进口货物可分拨至我国东、西、北、中原等大部分地区，并同各个口岸联通配合。

2014年，丰台货运口岸海关监管货物1.73万吨，同比下降1.73%，海关征收关税及代征税9 699万元，同比增长92.70%。

【北京平谷国际陆港】 位于京津冀交界处，海陆空铁交通条件便利，便于实现多式联运。其所在的马坊物流基地是北京市重要的海运通道，是北京市“十一五”、“十二五”规划重点规划建设的物流基地之一，也是北京市唯一正式纳入中关村国家自主创新示范区的物流基地。

2010年3月，平谷国际陆港正式开关运营，主要服务于北京市14个区县，以及天津、河北、内蒙古、山西等地区，一直以打造成为服务首都的主要海运口岸，服务首都的展示交易平台，服务首都的物流配送基地、首都现代物流产业集聚区目标而建设发展。平谷国际陆港已建成1.80万吨全自动立体冷库、1.20万平方米电子商务大厦、2万平方米联检大楼、2 000平方米查验楼、1.8万平方米监管仓库和查验平台、5.1万平方米监管堆场、H986海关查验设施、检验检疫无害化处理设施。截至2014年12月，平谷国际陆港还有14.4万吨全自动立体冷库、5.2万平方米展示交易中心、9万平方米标准化仓库、5万平方米办公设施、10万平方米标准化仓库正在建设。2014年11月3日，国家质检总局正式下文批复了平谷国际陆港的肉类指定口岸资质。同年11月17日，国家口岸管理办公室正式批复平谷国际陆港为临时口岸对外开放。

2014年，平谷国际陆港海关监管集装箱量3.11万标箱，同比增长14.01%；海关征收关税及代征税21.15亿元，同比增长4.20%。

北京市口岸大事记

1月28日

海关总署署长于广洲、副署长孙毅彪，以及国家口岸管理办公室主任黄胜强赴首都国际机场海关亲切慰问旅检现场一线关员。

1月29日

首都国际机场2号航站楼国际远机位进港新流程正式启用。

2月19日

国际机场协会（ACI）在加拿大蒙特利尔召开新闻发布会，宣布2013年度机场服务质量（ASQ）获奖机场名单，首都机场以全年满意度4.90的成绩再次荣获2013年亚太区最佳机场第三名及全球旅客吞吐量4 000万级以上最佳机场第二名，首都机场连续三年获此殊荣。

2月19日

北京市委常委牛有成陪同国民党副主席蒋孝严带领的台湾地方基层民意代表团一行赴首都机场海关新快件中心、天竺综合保税区参观访问。

3月18日

首都机场国检局与中国国际货运代理有限公司北京运营基地、北京空港航空地面服务有限公司、联邦快递（中国）有限公司等9家企业签订合作协议。

4月1日

全国首家特殊监管区域内航空器展厅在北京天竺综合保税区启用。

4月29日

京津冀口岸合作座谈会在天津召开，北京市口岸办、天津市口岸办、河北省口岸办共同研究加强口岸合作，探索创新口岸工作。

5月13日

中共中央政治局委员、北京市委书记郭金龙，北京市委副书记、市长王安顺与海关总署署长于广洲一行就贯彻落实习近平总书记重要讲话精神，推动京津冀通关一体化改革进行座谈，一致同意加快推进京津冀通关一体化工作。

5月13日

首都机场海关、首都机场股份公司及中国南方航空股份有限公司北京分公司就首都机场开通国内转国际中转行李直挂服务共同签署了合作备忘录。

5月15日

《北京机场出入境边防检查站和首都机场海关合作备忘录》签署仪式在北京边检总站举行。

5月20日

中共中央政治局委员、国务院副总理汪洋到北京口岸调研，海关总署署长于广洲陪同。

7月1日

京津冀海关区域通关一体化改革率先在北京海关、天津海关启动实施。

7 月 7 日

国家反恐怖工作第五督导组到首都机场口岸、北京西站铁路口岸检查反恐工作。

7 月 18 日

国家口岸管理办公室主任黄胜强到北京平谷马坊国际陆港调研口岸工作。

7 月 25 日

首都机场边防自助查验范围进一步扩大，持电子普通护照的中国公民等 5 类新增人员可在首都机场以自助通关的方式入境。

8 月 4 日 ~23 日

北京市口岸办牵头相关 21 个单位组成 APEC 机场抵离迎送指挥部，负责 APEC 高官会参会外宾抵离迎送工作，会议期间，迎送参会外宾共 90 批次 1 898 人次。

8 月 15 日

国家卫计委主任李斌带领五部委检查组到北京口岸检查埃博拉出血热疫情联防联控工作。

8 月 21 日

国家质检总局局长支树平赴首都机场口岸视察埃博拉出血热、脊髓灰质炎等疫情防控工作。

8 月 28 日

北京市委副书记、市长王安顺到首都机场口岸实地检查埃博拉出血热疫情联防联控工作，并参加疫情防控工作座谈会。

9 月 2 日 ~3 日

主题为“跨越挑战 共创未来”的第三届北京全球友好机场总裁论坛在首都机场召开。

9 月 16 日

首都机场海关、首都机场股份公司与海航就开通国内转国际通程航班行李免提服务共同签署合作备忘录。

9 月 17 日

中央政治局委员、北京市委书记郭金龙主持市委专题会，专门听取了北京市口岸办关于 APEC 高官会抵离迎送工作汇报，并对 APEC 领导人峰会抵离迎送工作做出部署。北京市委副主记、市长王安顺出席会议。

9 月 20 日

在中国质量“三个转变”万里行出征仪式暨中国质量万里行 20 周年纪念活动中，首都国际机场因服务工作突出荣获“中国质量万里行 20 周年杰出贡献奖”。

9 月 30 日

北京市口岸办、北京海关、北京国检局共同签署了《全面推进关检合作“三个一”工作方案》，标志着北京市“三个一”工作全面启动。

10 月 17 日

国家质检总局发布《国家质检总局关于公布〈国际卫生条例（2005）〉口岸核心能力达标口岸的通知》（国质检卫〔2014〕558 号），北京西站铁路口岸达到世界卫生组织口岸核心能力的要求，成为达标口岸。

10 月 27 日 ~11 月 13 日

首都国际机场口岸以“高于奥运、好于奥运”的标准，实现了“零事件、零事故、零投诉”的总目标，圆满完成了 APEC 会议周迎送保障工作，共迎送参会外宾 751 批次 1 409 人次。

11 月 3 日

国家质检总局正式下文批复了平谷国际陆港的肉类指定口岸资质。

11 月 17 日

国家口岸管理办公室正式批复北京平谷国际陆港为临时口岸对外开放。

11 月 19 日

北京海关、北京出入境检验检疫局口岸关检合作“三个一”完成首票一次查验。

12 月 5 日

北京边检总站、首都机场股份公司、国航、BGS 共同签署《24 小时国际—国际过境免办合作备忘录》。

12 月 12 日

北京市口岸办、北京市政府法制办公室、首都机场股份公司联合召开《北京市民用运输机场管理办法》新闻发布会。该管理办法于 2015 年 1 月 1 日起施行。

12 月 26 日

首都新机场工程正式开工建设。

12 月 26 日

北京电子口岸工作联席会议机制第一次会议顺利召开，通报了《北京电子口岸建设三年行动计划（2014—2016 年）》的主要内容，明确了下一步工作规划。

（撰稿人：乔志诚、徐敬松、谭峰、徐戈、张建秀、唐茜茜、任爽、张义臣、王海红）

2014 年北京市口岸流量统计表

口岸类型		口岸名称	货运量（万吨）				集装箱量（万标箱）				人员（万人次）				交通工具（辆、艘、架、列次）			
			出口	进口	合计	同比（%）	出口	进口	合计	同比（%）	出境	入境	合计	同比（%）	出境	入境	合计	同比（%）
空运口岸		北京首都机场口岸	139.02	1 821.75	1 960.77	+473.02					1 098.22	1 106.63	2 204.85	+4.87	62 605	63 155	125 760	+1.78
		分计	139.02	1 821.75	1 960.77	+473.02					1 098.22	1 106.63	2 204.85	+4.87	62 605	63 155	125 760	+1.78
陆运口岸	公路口岸	北京平谷口岸	0.20	19.66	19.86	+0.16	0.07	3.04	3.11	+14.01								
		朝阳口岸	1.40	118.00	119.39	+32.54	0.40	11.02	11.43	-5.52								
		分计	1.60	137.65	139.25	+26.70	0.48	14.06	14.54	-1.92								
	铁路口岸	丰台铁路口岸	1.36	0.38	1.73	-1.73												
		西站铁路口岸									5.22	3.98	9.20	-6.80				
		分计	1.36	0.38	1.73	-1.73					5.22	3.98	9.20	-6.80				
合计			141.97	1 959.78	2 101.75	+363.09	0.48	14.06	14.54	-1.92	1 103.43	1 110.62	2 214.05	+4.81	62 605	63 155	125 760	+1.78
同比（%）			+0.07	+528.20	+363.09		+16.70	-2.45	-1.92		+4.92	+4.70	+4.81		+0.89	+2.67	+1.78	

（北京市口岸办提供）

2014 年北京海关主要数据统计表

项目		2014 年	同比（%）
进出口货运量（万吨）	合计	2 101. 75	+363. 09
	进口	1 959. 78	+528. 20
	出口	141. 97	+0. 07
进出口货值（万美元）	合计	10 173 082	-0. 77
	进口	6 498 094	+6. 62
	其中：江、海运输		
	铁路运输	6 297	+92. 51
	汽车运输	1 032 448	+8. 48
	航空运输	5 459 349	+6. 22
	邮件运输		
	其他运输		
	出口	3 674 988	-9. 92
	其中：江、海运输		
	铁路运输	2 622	-20. 52
	汽车运输	30 312	-22. 63
	航空运输	3 642 054	-9. 74
	邮件运输		
	其他运输		
税收（万元）	两税合计	4 826 952	+8. 50
	关税入库		
	进口环节税入库		

表注：1. 数据范围：北京首都机场口岸、北京平谷口岸、北京丰台货运口岸、北京朝阳口岸；

2. “铁路运输”指北京丰台货运口岸监管进出口货物，“汽车运输”指北京平谷口岸和北京朝阳口岸监管进出口货物，“航空运输”指北京首都机场口岸监管进出口货物。

（北京海关提供）

2014 年北京市口岸出入境主要数据表

项目			2014 年	2013 年	同比（%）
出入境人员（人次）	出入境人员总数		22 140 500	21 123 932	+4.8
	入境人员		11 106 180	10 607 292	+4.7
	出境人员		11 034 320	10 516 640	+4.9
	出入境旅客		20 676 123	19 731 598	+4.8
	出入境员工		1 464 377	1 392 334	+5.2
	中国公民	小计	14 235 892	12 892 877	+10.4
		内地居民（因公）	1 308 802	1 268 072	+3.2
		内地居民（因私）	11 617 302	10 315 575	+12.6
		港澳居民	786 620	785 546	+0.1
		台湾同胞	523 168	523 684	-0.1
	外籍人员		7 904 608	8 231 055	-4.0
	从海港出入境人数				
	从陆港出入境人数		91 996	98 705	-6.8
	从空港出入境人数		22 048 504	21 025 227	+4.9
交通运输工具（辆、艘、架、列次）	总计		115 525	112 680	+2.5
	船舶				
	飞机		115 159	112 316	+2.5
	火车		366	364	+0.5
	机动车辆				

（北京出入境边防检查总站提供）

2014 年北京市出入境检验检疫业务统计表

项目	货物检验检疫				交通工具				集装箱量（标箱）		发现动植物疫情		货物通关		出入境人员查验（人次）	健康检查及预防接种（人次）			
	批次	金额（万美元）	检验检疫不合格																
			批次	金额（万美元）	船舶（艘）	飞机（架）	火车（列）	汽车（辆）	合计	检出问题	种类数	种次	批次	金额（万美元）		健康检查	艾滋病监测	发现病例	预防接种
本年累计	200 143	1 480 375	5 054	23 875		114 982	4 051		146 145		195	1 673	195 650	1 696 578	22 084 823	74 599	77 010	5 400	130 290
其中 出境	19 308	152 264	194	1 731		57 205	2 032				6	12	21 068	117 026	11 006 974	50 895	51 683	3 454	130 290
其中 入境	180 835	1 328 111	4 860	22 143		57 777	2 019		146 145		189	1 661	174 582	1 579 553	11 077 849	23 704	25 327	1 946	
同比（%）	-10.04	-24.00	+53.46	+110.37		+4.29	-6.92		+5.31		+13.37	+24.11	-25.22	-28.71	+6.39	-7.01	-3.16	+102.55	-21.22
其中 出境	-76.6	-82.22	+252.73	+484.80		+4.62	-6.62						-76.41	-87.79	+6.51	-9.55	-4.46	+147.60	-21.22
其中 入境	+29.21	+21.69	+50.46	+117.26		+3.83	-7.22		+5.31		+9.88	+23.22	+1.31	+11.15	+6.28	-1.05	-0.37	+53.12	

（北京出入境检验检疫局提供）

天 津 市

天津市口岸分布示意图

口岸名称	批准开放时间	开放状态
天津水运口岸		国际常年
天津空运口岸	1995.10	国际常年
天津渤中水运口岸 (海面油田交货点口岸—渤中28-1) (海面油田交货点口岸—渤中34-2/4) (海面油田交货点口岸—渤中25-1-1/25-1S)	1988.07	国际常年

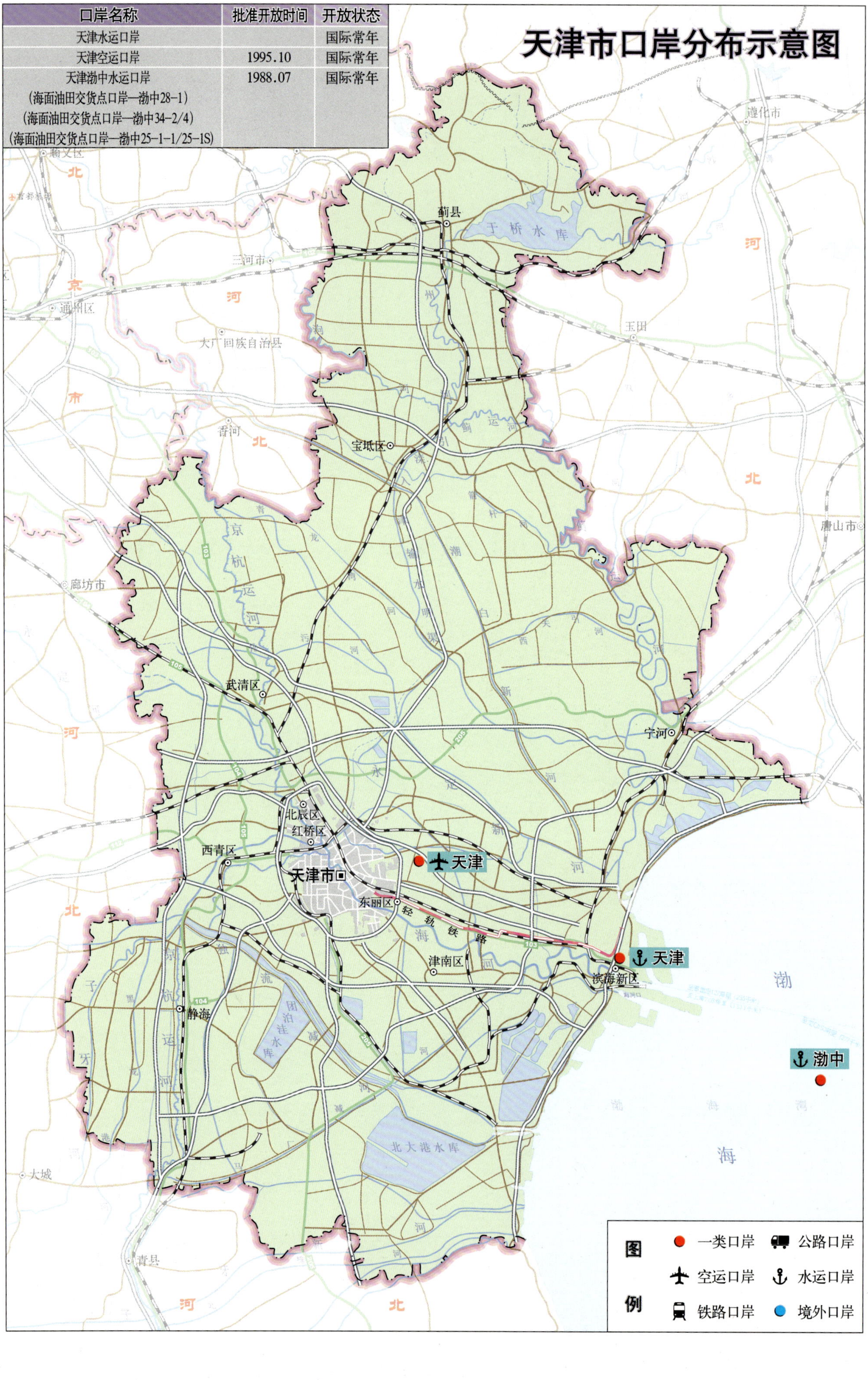

口岸数量及分布

截至2014年年底，天津市有经国务院批准对外开放的口岸3个，分别为：天津空运口岸（天津滨海国际机场）、天津水运（海港）口岸、渤中水运（海上石油交货点）口岸。

口岸运行数据

天津口岸是中国北方最大的综合性口岸，陆域面积132平方千米，拥有集装箱、矿石、煤炭、焦炭、原油及制品、钢材、大型设备、滚装汽车、液化天然气、散粮、国际邮轮等专业化泊位160个，其中万吨级以上泊位103个。

2014年，天津口岸进出口贸易额完成2 285.04亿美元，同比增长6.4%，高于全国平均增长率3个百分点。其中，进口1 187.06亿美元，同比增长3.1%；出口1 097.98亿美元，同比增长10.3%。

天津水运（海港）口岸外贸货物吞吐量完成2.95亿吨，同比增长10.3%。其中，进口1.98亿吨，同比增长5.8%；出口0.97亿吨，同比增长20.8%。外贸集装箱吞吐量完成746.31万标箱，同比增长2.6%。其中，进口364.33万标箱，同比增长0.2%；出口381.98万标箱，同比增长5.1%。

天津港对外联系广泛，同180多个国家和地区的500多个港口有贸易往来，主要的国际集装箱港口是日本神户及横滨、韩国仁川、比利时安特卫普、德国汉堡、荷兰鹿特丹、西班牙巴塞罗那、美国长滩及奥克兰、澳大利亚悉尼、阿根廷布宜诺斯艾利斯等。

天津空运口岸出入境旅客吞吐量完成155.98万人次，同比增长54.6%；出入境货邮13.84万吨，同比增长10.1%；出入境运输工具1.79万架次，同比增长46.7%。

口岸综合管理

【口岸扩大对外开放取得重大工作成果】 国务院批复同意《天津口岸扩大对外开放计划》：批准天津水运（海港）口岸开放水域面积由470平方千米扩大到1 590平方千米，批准开放岸线总长由47千米扩大到148千米，批准在大港、高沙岭、北塘等港区新设海关、检验检疫、海事和边检等8个机构。

口岸设施建设取得积极进展。东疆保税港区30万平方米现代化查验中心和二期联检通关服务中心投入使用。南港工业区“一站式”通关服务中心具备入驻条件。南港工业港区、大沽口港区、北塘港区口岸设施加快建设。天津海关设立滨海新区综合业务现场，便利了企业办理通关业务。

创新口岸开放服务机制。制定实施了《天津口岸码头（泊位）临时停靠国际航行船舶的实施意见》，为符合口岸监管条件的未正式对外开放码头（泊位）办理外轮临时停靠159艘次，涉及进出口额22.5亿美元，便利了企业生产经营，服务促进了港口经济发展。

【大通关服务水平得到明显提高】 采取35项服务措施全力促进外贸稳定增长。天津口岸全面落实国务院和天津市委市政府关于支持外贸稳定增长的部署要求，制定实施了《天津口岸促外贸稳增长调结构服务措施》、《天津口岸促进东疆保税港区便捷通关服务措施》。

不断扩大“三个一”联合查验试点范围。积极推进口岸管理部门信息互换、监管互认、执法互助，研究制订《天津口岸“三个一”通关模式试点方案》，将“三个一”联合查验试点范围扩大到北疆、东疆、静海和机场等所有符合条件的通关现场。2014年，关、检实施“一次查验”7 422标箱、“一次放行”123 149票（批）。

在口岸全面实施7×24小时通关服务。口岸各单位实施延时通关、预约通关、节假日加班通关等服务措施，实行口岸7×24小时通关服务。进出口货物、进出境人员、交通工具实行7×24小时全天候、全过程通关。港口、机场7×24小时办理收、发货业务。海关、检验检疫、边检、海事、港口、机场等部门值班或咨询热线实行24小时服务。2014年，海关非工作时间人员加班

4.42 万人次，受理报关 58.69 万票，现场查验 4.9 万标箱，货值 231.6 亿美元；检验检疫局非工作时间人员加班 2.64 万人次，受理报检 8.96 万批次，现场查验 13.48 万批次，货值 117.6 亿美元。海关出口货物 24 小时放行率达到 99.8%，进口货物 24 小时放行率达到 96.1%。

全面推进无纸化通关。天津海关无纸化报关适用范围扩大到所有符合条件的 B 类以上企业，签约无纸化报关协议企业达到 8.26 万家，其中 AA 类企业 1 588 家、A 类企业 9 200 家。2014 年，天津海关受理无纸化报关 224.2 万票，占报关单总量 82.23%；检验检疫局受理出口货物无纸化报检 19.7 万批次，占出口货物报检批次总量的 95.6%。关、检通关无纸化为企业节省通关时间 16.7 万小时。

积极开展自贸区政策先行先试。天津海关复制推广了上海自贸区 11 项监管制度。在东疆保税港区实施了第 1 例融资租赁出口货物“属地申报，异地放行”监管模式。创新国际船舶登记制度，办理了第 1 例国际船舶登记手续。

充分发挥天津国际贸易与航运服务中心作用。2014 年，驻天津国际贸易与航运服务中心海关完成进出口报关单量 139.56 万票，贸易值1 440.80 亿美元，占天津口岸的 63.1%；驻中心检验检疫局完成出入境报检 52.35 万批次，办理进出境通关单 29.76 万份，签发各类证书 10.11 万份。

【带动区域经济发展取得积极成效】 外省区市通过天津口岸进出口额实现较快增长。2014 年，外省区市通过天津口岸进出口贸易额完成 1 301.33亿美元，同比增长 8.2%，占天津口岸进出口总额的 56.9%。

京津冀口岸合作取得新进展。7 月 1 日，京津实现海关通关一体化，京津冀实现检验检疫一体化；9 月 22 日，京津冀实现海关通关一体化。津冀开展了船舶监管、海上搜救、污染物应急处置等方面的合作。截至 12 月 31 日，京津冀三关共接受申报一体化报关单 232 万票，其中企业选择在天津海关申报 143 万票，占比 61.6%。区域通关一体化，使天津企业通过首都机场进出口货物通关时间至少节省 8 小时，途中运费可降低 30%；北京企业通过天津海港口岸进出口货物通关时间缩短 3 个工作日，成本减少近三成。2014 年，京冀通过天津口岸进出口贸易额完成 795.29 亿美元，同比增长 8.5%，高于天津口岸 2.1 个百分点。

推进无水港建设与发展。截至 2014 年年底，天津与内地合作建设无水港项目总数达到 25 个，覆盖了整个华北地区和西北大部分地区。运营无水港总数达到 18 个，2014 年运营量 30.98 万标箱，同比增长 9.7%。其中，北京朝阳 12.28 万标箱、北京平谷 2.81 万标箱、河北石家庄 4.70 万标箱、宁夏惠农 3.71 万标箱、内蒙古包头 1.86 万标箱。

加强对沿海地区口岸服务。东部沿海地区通过天津口岸进出口额快速增长，完成贸易额 242.74 亿美元，同比增长 9.1%。

【国际航空物流中心建设扎实推进】 空运口岸客货运实现快速增长。2014 年，天津空运口岸出入境旅客吞吐量完成 155.98 万人次，同比增长 54.6%；出入境货邮 13.84 万吨，同比增长 10.1%；出入境运输工具 1.79 万架次，同比增长 46.7%。航线网络进一步优化，空运口岸累计新增出入境定期航线 20 条，其中客运航线 17 条、货运航线 3 条；首次开通至欧洲的远程国际客运航线和至美洲的国际货运航线。天津空运口岸拥有出入境定期客运航线 41 条，出入境通航城市 30 个。

加快空运口岸功能建设。天津滨海国际机场 T2 航站楼正式启用，有效缓解了 T1 航站楼出入境客运保障压力，为承接首都机场客货运分流奠定了基础。口岸通关监管模式改革创新，跨境电子商务与无纸化通关等新型通关服务在空运口岸试点。天津机场拓展口岸业务范围，获得进口冰鲜水产品指定口岸资质。

加快推动空运口岸通关便利化。京津口岸直通规模不断扩大，2014 年全年京津卡车航班完成 1 312班次，运量 18 012.2 吨，同比增长 21.3%。国务院原则同意在天津空运口岸实行部分外国人

72 小时过境免签证政策。

高标准做好重大外事活动的通关保障工作。2014 年，协调保障国内外政要及嘉宾共计 17 批次 64 人次顺利通关；圆满完成 2014 年夏季达沃斯论坛与会代表 1 058 人的迎送和通关保障工作。

【口岸信息化水平得到明显提高】 建设了天津口岸电子平台。拓展了国际贸易、国际航运、国际物流、口岸金融等功能，拥有 68 项在线办事、89 项信息查询功能，聚集了 2 600 多家单位，成为口岸综合性服务平台。

建设了天津跨境电子商务综合服务平台。初步完成了天津跨境电子商务综合服务平台（一期）建设，促进了跨境电子商务发展。

启动了国际贸易“单一窗口”建设。天津国际贸易“单一窗口”已上线试运行。开发完成了一般贸易进口货物申报、出入境船舶联检核放、出入境团体旅客申报 3 个功能模块，天津成为全国 3 个试点地区之一。

【健全协同高效的口岸工作运行机制】 天津口岸以服务滨海新区开发开放国家战略为核心，统筹新区发展、口岸主体单位建设和口岸单位中心工作的口岸工作协调机制。天津市口岸办会同口岸各单位完成天津市政府向国务院呈报的天津口岸开放年度计划。服务重点商品、重点项目、重点企业便利通关，初步形成了统筹滨海新区口岸发展、海空两港、查验部门的口岸发展目标任务，三位一体、协同发展的口岸工作格局。

建立完善天津口岸大通关协调工作机制。成立由天津市口岸办、天津海关、天津出入境检验检疫局、天津海事局、天津边防检查总站、天津港（集团）有限公司、天津滨海国际机场等部门组成的大通关工作推动组。立足改善口岸环境、提高通关效率、降低企业通关成本、提升天津口岸综合服务水平，重点研究通关难题、调研收集企业意见、协调处理通关问题，推动天津口岸服务水平进一步提升。

口岸监管与服务

【京津冀海关区域通关一体化在全国率先启动】 2014 年 10 月 1 日，京津冀通关一体化正式实施，运行平稳，成效明显。截至 12 月 31 日，京津冀三关共接受申报一体化报关单 232 万票，其中企业选择在北京海关申报 86 万票，在天津海关申报 143 万票，在石家庄海关申报 3 万票；跨关区一体化报关单 4.57 万票。一体化报关单中 23.26 万票由京津冀三关人工审单，其中北京海关审核 10.51 万票，天津海关审核 11.9 万票，石家庄海关审核 0.85 万票。区域通关一体化使天津企业通过首都机场进出口货物的通关时间至少节约 8 小时，途中运费可降低 30%；北京企业通过天津海运口岸进出口货物的通关时间缩短 3 个工作日，成本减少近三成。

海关总署确定天津海关为率先复制推广上海经验的 3 个试点海关之一。天津海关采取一系列措施复制推广上海自贸区监管创新制度。区内自行运输、保税展示交易、期货保税交割、融资租赁、批次进出集中申报、简化无纸通关随附单证、先入区后报关、境内外维修、简化统一进出境备案清单、集中汇总纳税、工单式核销等 11 项监管创新制度已经启动并初见成效。

设立滨海新区综合业务现场，各业务职能部门在综合业务现场均设立窗口，实现合署办公，形成功能齐备的“一站式”服务，使企业足不出楼就能办理海关各项业务，切实为企业通关减负提速。

天津海关通关作业无纸化改革试点范围扩大至关区全部通关业务现场。简化无纸化报关单随附单据，取消海运进出口无纸化报关单提单加盖放行章。签约通关作业无纸化企业 11 万余家，通关无纸化比率逐月稳步提高，2014 年共放行通关作业无纸化报关单共计 224.2 万票，占报关单总量的 82.23%。

会同天津出入境检验检疫局，在所有符合条件的通关现场全面推进“三个一”，进一步扩大“一次申报”数量和“一次查验”商品范围，实现了申报环节时间节省 25%、查验环节时间及费用节省 50% 的目标。

【积极落实简政放权】 取消下放 7 项行政审

批事权，涉及减免税审批、报关单撤改、货物退运等方面，修订废止了一系列法规制度，减少了审批项目，便捷了审批流程。特殊监管区实现计算机自动比对、自动放行。建立简易案件办理中心，实现了简易案件“一次性告知、一站式办理、一体化执法”。

【积极推动《京津冀检验检疫一体化建设方案》落地实施】 天津出入境检验检疫局全面实施“出口直放”，区域内共实施出口直放 2.88 万批，货值 16.86 亿美元。与北京出入境检验检疫局共同开展“进口直通”试点，查验流程由 1～2 天缩短到 1 小时内。率先推动进口汽车实现京津冀检验监管一体化，初步形成了可向全系统复制推广的经验做法。

积极跟进天津自贸区申报步伐，研究上海自贸区检验检疫创新举措。严格执行 7×24 小时预约服务制，全力保障了天津口岸通关顺畅。2014 年，减免行政事业性收费 2.82 亿元，惠及全市 8 800多家企业。

天津出入境检验检疫局会同天津海关联合印发《全面推进“三个一”实施方案》，参与完成了天津市“三个一”信息化平台建设，实现了天津水运（海港）口岸全部入境货物电子放行，共完成一次查验 1 083 批次，实施电子放行 11.33 万批。完成了对南港工业港区等口岸区域部分专用码头、泊位的检验检疫验收，东疆邮轮母港负压隔离室建设验收，实现了对传染病疑似病例的全封闭检测和无缝隙移送。积极服务天津机场 T1 航站楼改扩建和公务机楼改造，更新充实了口岸核生化防控设备，共排查处置 50 起疑似放射性超标事件。

【构建完整的风险管理制度体系】 天津出入境检验检疫局建立以办法、准则、控制程序、作业指导书为主要内容的制度体系，发布风险预警 14 次，排查发现 50 多个工作风险点。完成“进出口工业产品质量安全风险预警平台”二期升级，启动“进出口商品风险信息国家监测点”建设任务，初步构建了完整的风险管理制度体系，共采集全国各类不合格进出口工业产品信息 11.7 万条。境内收货人企业数量突破 2 万家，有效确保了食品安全风险可控。

【完成无纸化申报系统研发和推广】 天津出入境检验检疫局实施以“诚信假定、先放后证、事中监管、失信惩戒”为原则的检务模式改革，累计为企业节省通关时间 130 万小时。会同天津海关推行口岸通关单无纸化，每年为企业节省通关时间 16.7 万小时，减少通关签证费 300 万元。完善“进口机动车智能检验监管平台”功能，实现了从口岸入境到后续三包及召回监管的闭环信息化监管，共查验进口汽车 48.5 万辆。研发进口汽车二维码查询系统，为 33 万辆进口汽车加贴了二维码标志。

【全面提升疫情防控等级，保障天津口岸的公共卫生安全】 圆满完成埃博拉出血热疫情防控工作，建立联防联控机制。完成 6.9 万头进境大中动物隔离检疫任务，其中 1.04 万头新西兰种牛进境刷新了系统大中动物单批进境数量纪录。在进境植物及植物产品中检出有害生物 333 种16 570次。完成了进出口食品化妆品安全风险监控任务，在进出口食品化妆品中检出不合格 4 324批次，有力确保了国门安全。

【天津港航道等级不断提升】 天津港复式航道已随着主航道拓宽工程完工投入试运行，30 万吨级航道已延伸至里程 47＋500 处；大沽沙航道由 5 万吨级提升为 10 万吨级航道；大港 5 000 吨级航道已随着大港港区的发展提升至万吨级航道。

【审批事项向政务中心集中，审批权限向政务中心下放】 天津海事局梳理调整相关职能部门和单位的职责，理顺了各方事权。制定出台了《集中行政审批管理程序》，成功研发了《行政审批业务统一受理平台》，实现了“一个窗口对外、一站式办理”的政务运行新模式，为港航企业提供了就近办理或网上办理等便捷服务。制定并颁布《海事行政许可权力清单》，清晰界定了天津海事局行政审批权力边界，有效威慑了各种权力可能的越界行为，维护了法律法规的权威性，得到业界普遍认可和肯定。推进信息资源整合共享，确立了海事“三化”重点建设项目，推动

“智慧海事”一期试点工程，开发了“内部综合管理系统”，完成了信息资源整合和业务系统的建设与融合，实现了海事业务闭环管理。

【海事监管信息化水平极大地提高】 天津海事局完成了“船载客货管理系统”开通建设，完成了船载客货业务系统的迁移，实现了电子申报系统与天津电子口岸的数据交换；组织实施了“行政审批业务统一受理平台”的研发；完成了“基于LNG船舶监控的船载视频监控系统”建设，实现了对LNG船舶进出港全程可视化监管，实现了现场与指挥中心之间视频的即时传输，使监管工作更加立体化、直观化。

全面落实“全时域、多维化”的发展战略，航保服务范围实现由“浅蓝”向“深蓝”迈进。开展极地航海保障研究，编制完成国内首部《北极航行参考图集》。结合海岛礁测量能力建设，组织完成长山水道定线制测量。开展界河测绘，圆满完成黑龙江流域同江段障碍物探测及同江港专题图测绘工作。

航保服务方式实现由“适应型”向“引领型”迈进。渤海湾北斗地基增强系统试点建设基本完成，实现了海上“厘米级”定位。编印了通航尺度核定测量办法，水上测量进一步规范。研究制定了通信服务指标体系，明确了通信服务标准。组织开展了长效灯浮标研究并顺利试用，为改善北方海区灯浮标管理使用模式进行了有效探索。

【实施港口边检管理改革试点，推动边检管理改革创新】 天津边检总站按照“进一步简化港区、代理、船舶的等级分类，提高各项措施的可操作性”的整体思路，认真研究部署港口管理改革工作。加强制度引导，规范船舶代理行业自律管理，启动了包括船舶报检程序操作、报检资源配置、报检管理、报检审核的《边检报检标准服务管理体系》的编制工作。

【落实便民服务举措，提升通关便利化水平】 天津边检总站启用邮轮管控系统，为停靠时间较长的大型邮轮提供24小时通关服务，进一步简化邮轮及其载运人员出入境（港）手续，旅客候检时间平均缩短5秒，整船手续办理时间节约近20%，缓解了客流高峰压力，提高了通关效率。研发使用登轮搭靠手续网上报备系统，实现登轮证件签发、搭靠手续的网上办理。启用船舶动态电子申报系统，进一步提高了报送时效。服务天津口岸开发开放，做好北塘、大港、临港经济区等新对外开放口岸的边检查验基础设施规划。

【立足业务工作需求，切实加强科技信息化建设】 天津边检总站积极支持天津72小时免签过境政策、天津口岸“一体化”窗口等技术项目建设。加大基础装备建设力度，完成了公安一级网、“一机两用”系统、梅沙系统，以及安全服务器的更新换代；推进视频监控系统骨干网数字化改造，建成IMOS数字IP全交换综合管理平台，实现边检站现有模拟监控系统的联网并轨，强化了视频监控图像的统一调度管理。加大科技创新和应用力度，拓展电子出入境证件查验的全功能应用，优化电子往来港澳通行证查验及应急验放功能。

开放口岸

【天津空运口岸（天津滨海国际机场）】 位于天津市东丽区，距天津市中心13千米，距天津港30千米，距北京134千米。天津滨海国际机场是我国主要的航空货运中心之一，是国内干线机场、国家一类航空口岸、国际定期航班机场，是滨海新区开发开放的重要组成部分。2014年，累计新增出入境定期航线20条，其中客运航线17条、货运航线3条；首次开通至欧洲的远程国际客运航线和至美洲的国际货运航线。天津滨海国际机场拥有出入境定期客运航线41条，出入境通航城市30个。天津滨海国际机场T1航站楼规模11.6万平方米，设计旅客吞吐能力1 000万人次，货邮吞吐能力60万吨。天津滨海国际机场共有进出境人员边检查验通道28条、海关出境申报通道8条、检验检疫出境查验通道3条，设有出入境口岸签证处；飞行区等级4E级，跑道2条，可满足各类飞机起降，高峰架次为每小时24架次。天津空运口岸现有一级货站3家，库房面积合计7.4万平方米，年累计货邮周转能力60万吨。货物出入境查验监管区域共有7个，其中海关5个、检验检疫局2个。

【天津水运（海港）口岸】 天津水运口岸是国际性海港口岸，位于渤海湾海河入海口，地处京津城市带和环渤海经济圈交汇点，是我国北方最大的人工深水港。对外开放水域面积1 590平方千米，国家批准对外开放岸线长148千米，分为一港八区及中心渔港。目前，东疆港区、南疆港区、北疆港区、大沽口港区、海河港区等5个港区口岸正式对外开放。天津港现有生产性泊位149个，规划设计货物通过能力4.3亿吨、集装箱吞吐能力1 125万标箱，2014年实际运营规模超过5亿吨、1 300万标箱。

【渤中水运（海上石油交货点）口岸】 渤中水运（海上石油交货点）口岸是中国海洋石油渤海公司海面交货点，可停靠国际航线船舶，直接出口海面交货点生产的原油。中国海洋石油渤海公司是我国最早从事海上油气田开发、生产的国有大型工业企业。该企业成立于1966年1月7日，是中国海洋石油总公司下属历史最长、规模最大的地区公司。该公司主要负责渤海海域石油天然气资源的勘探、开发、生产、运输与产品销售，并提供基地设施、工程技术和劳务服务。从1980年开始实行对外合作以来，成功地坚持合作与自营方针，建立了具有渤海特色的现代油公司管理体制，能够按照国际惯例组织各类油气田的开发和生产作业。中国海洋石油渤海公司海面交货点因业务变动，现无法查找运行数据。

天津市口岸大事记

1月10日

天津口岸首票跨境电商出口报关单在天津机场海关审结通过。

1月15日

邮政航空公司“天津—烟台—首尔—天津”航线在天津机场首航成功。

1月28日

台湾远东航空开通台北松山—天津—台北松山的客运定期航班。

3月3日

中国国际航空开通天津—大连—大阪的客运定期航线。

3月4日

扬子江有限公司开通浦东—安克雷奇—芝加哥—哈恩—天津—浦东的定期货运航线。

3月17日

天津市委书记孙春兰、市长黄兴国、市人大常委会主任肖怀远到滨海国际机场T2航站楼进行调研。

5月9日

天津机场北京南站城市候机楼暨京津空铁联运正式运行。

5月10日

天津港2014年服务腹地推介会在梅江会展中心召开。

5月26日

天津航空开通天津—俄罗斯伊尔库茨克国际直达航线。

5月28日

天津航空开通天津—日本静冈国际直达航线。

6月

天津港口岸东疆保税港区（二期）联检服务中心投入使用，该中心集海关、检验检疫、边检、海事等部门的报验通关功能和相关管理职能于一体，为东疆保税港区向自由贸易港区转型提供支持。

6月1日

天津航空开通天津—日本冲绳国际直达航线。

6月27日

天津机场公务机楼改造项目正式开工。

7月1日

京津实现海关通关一体化、京津冀实现检验

检疫一体化。同日，天津港口岸东疆保税港区30万平方米现代查验场地全面投入使用，全面开展海关各类查验业务，率先配合京津两地海关完成“属地申报，口岸验放”通关模式调整。

7月2日

俄罗斯奥伦堡航空公司开通天津—莫斯科客运定期航线，这是天津空港开通的首条直飞欧洲的国际远程航线。

7月4日

国家质检总局批复同意天津子牙循环经济产业区开展进口再生资源检验检疫转检业务。

8月10日

《国务院关于同意天津港口岸扩大开放的批复》（国函〔2014〕105号）批准天津口岸新一轮对外扩大开放计划，为实现天津港口岸全线对外开放奠定了坚实基础。

8月28日

天津滨海国际机场T2航站楼及地下交通中心正式投入运营。

8月31日

“天仁”号国际客货班轮在天津国际邮轮母港二期码头邮三泊位起航，成功实现了天津—韩国仁川航线国际客货班轮复航运营。

9月2日

南方航空公司开通洛杉矶—天津—广州和洛杉矶—天津—浦东两条定期货运航班。

9月6日

澳门航空开通天津—澳门直飞客运航线。

9月11日

李克强总理视察天津海关，总理对海关多项改革工作给予高度评价，感谢海关通过厉行改革“为企业增加了财富，为国家增强了整体竞争力，为政府转变职能提供了重要的启示”。

9月15日

天津航空开通天津—柬埔寨暹粒的客运航线。

9月20日

天津机场全部国内航班转至T2航站楼。

9月22日

京津冀实现海关通关一体化。

9月25日

厦门航空开通天津往返雅加达和曼谷的航班。

10月21日

天津市常务副市长崔津渡主持召开天津自贸区建设领导小组第七次工作会议，提出制定企业设立、国际贸易、资质资格许可等“单一窗口”服务办法。

10月22日

天津航空开通天津—台中的直达航线。该航线是京津冀地区唯一直飞抵达台中的航线。

10月24日

国家口岸管理办公室组织部分沿海地区口岸“单一窗口”建设方案审定会，国际贸易“单一窗口”国家建设工作组听取上海、天津、广东“单一窗口”建设方案并审定。

10月29日

天津空港公务机保障突破1 000架次。

11月2日

天津航空开通天津—日本札幌的包机航线。

11月4日

天津市政府批准同意天津港口岸南疆港区远航矿石码头南26号铁矿石泊位口岸正式对外开放。

11月4日

天津航空开通天津—日本函馆的包机航线。

12月11日

天津市政府批准同意天津港口岸南疆港区中航油码头南36号、南37号液体化工泊位口岸正式对外开放。

12月19日

天津国际贸易“单一窗口”上线试运行。

（撰稿人：赵倩）

2014 年天津市口岸流量统计表

口岸类型		口岸名称	货运量（万吨）				集装箱量（万标箱）				人员（万人次）				交通工具（辆、艘、架、列次）			
			出口	进口	合计	同比（%）	出口	进口	合计	同比（%）	出境	入境	合计	同比（%）	出境	入境	合计	同比（%）
空运口岸		天津滨海国际机场	4.9	8.9	13.8	+10.1					78.3	77.7	156.0	+54.6	8 966	8 951	17 917	+46.7
		分计	4.9	8.9	13.8	+10.1					78.3	77.7	156.0	+54.6	8 966	8 951	17 917	+46.7
水运口岸	海港口岸	天津港口岸	26 546.0	27 456.0	54 002.0	+7.9	729.1	677.0	1 406.1	+8.1	12.7	12.9	25.6	+7.6	90	90	180	+2.9
		分计	26 546.0	27 456.0	54 002.0	+7.9	729.1	677.0	1 406.1	+8.1	12.7	12.9	25.6	+7.6	90	90	180	+2.9
	河港口岸																	
		分计																
合计					54 015.8													
同比（%）																		

（天津机场、天津港集团提供）

2014年天津海关主要数据统计表

项目		2014年	同比（%）
进出口货物吞吐量（万吨）	合计	21 156.68	+5.4
	进口	13 741.68	-2.6
	出口	7 415	+24.4
进出口贸易总值（万美元）	合计	22 849 231	+6.3
	进口	11 870 102	+3.1
	其中：江、海运输	9 387 508	+2.3
	铁路运输	7 995	+13.8
	汽车运输	4 378	-15.4
	航空运输	2 416 951	+3.8
	邮件运输	492	-11.5
	其他运输	52 778	+5 409.2
	出口	10 979 129	+10.1
	其中：江、海运输	9 598 392	+12.3
	铁路运输	90 086	-26.6
	汽车运输	3 805	+52.6
	航空运输	1 156 348	-2.1
	邮件运输	307	-33.6
	其他运输	130 191	+10.9
税收（万元）	两税合计	2 142.4	+7.2
	关税入库		
	进口环节税入库		

（天津海关提供）

2014 年天津市口岸出入境主要数据表

项目			2014 年	2013 年	同比（%）
出入境人员（万人次）	出入境人员总数		212.5	161.7	+31.4
	入境人员		106.9	81.9	+30.5
	出境人员		105.6	79.8	+32.3
	出入境旅客		171.3	122.1	+40.3
	出入境员工		41.2	39.6	+4.0
	中国公民	小计	155.9	104.9	+48.6
		内地居民	146.5	97.2	+50.7
		港澳居民	2.7	1.6	+68.8
		台湾同胞	6.7	6.1	+9.8
	外籍人员		56.6	56.8	-0.4
	从海港出入境人数		54.3	55.5	-2.2
	从陆港出入境人数				
	从空港出入境人数		158.2	106.2	+49.0
交通运输工具（万辆、艘、架、列次）	总计		2.5	2.1	+19.0
	船舶		1.1	1.1	+1.2
	飞机		1.4	1.0	+40.0
	火车				
	机动车辆				

（天津出入境边防检查总站提供）

2014 年天津市出入境检验检疫业务统计表

项目		货物检验检疫				交通工具				集装箱（个）		发现动植物疫情		货物通关		出入境人员查验（人次）	健康检查及预防接种（人次）			
		批次	金额	检验检疫不合格																
				批次	金额（万美元）	船舶（艘）	飞机（架）	火车（列）	汽车（辆）	合计	检出问题	种类数	种次	批次	金额（万美元）		健康检查	艾滋病监测	发现病例	预防接种
本年累计		369 194	6 717 543	17 892	924 616.74	9 990	16 242			1 434 901	15 422	351	16 945	469 387	8 600 399.74	2 164 898	22 623	21 761	5 460	19 615
其中	出境	74 367	477 471	602	4 664.76	4 635	7 681			228 953	0	0	0	187 266	1 206 606.58	1 039 300	17 133	16 271	4 402	19 587
	入境	294 827	6 240 072	17 290	919 951.98	5 355	8 561			1 205 948	15422	351	16 945	282 121	7 393 793.16	1 125 598	5 490	5 490	1 058	28
同比（%）		-30.61	-12.29	+38.96	-3.73	-7.05	+55.57			+5.11	+14.61	+15.08	+231.73	-31.57	-11.33	+49.02	-40.45	-21.49	-39.58	-13.29
其中	出境	-68.20	-66.85	+5.80	-75.27	-10.05	+56.44			-10.98				-53.91	-53.98	+47.80	-51.35	-34.77	-46.75	-13.36
	入境	-1	+0.35	+40.49	-2.30	-4.29	+54.81			+8.85	+14.61	+15.08	+231.73	+0.89	+4.48	+50.17	+97.91	+97.91	+37.58	+86.67

（天津出入境检验检疫局提供）

2014 年天津海事局进出港船舶统计汇总表

船舶类别	进港船舶							出港船舶						
	艘数（艘）	总 吨（吨位）	总载重量（吨）	载客量（客位）	船员人数（人次）	货物到达量（吨）	旅客到达量（人）	艘数（艘）	总 吨（吨位）	总载重量（吨）	载客量（客位）	船员人数（人次）	货物发送量（吨）	旅客发送量（人）
总　计	176 264	489 837 465	621 644 648	7 967 336	652 718	218 254 032	1 195 936	185 927	502 560 630	624 418 239	8 078 077	742 579	222 724 870	3 309 289
中国籍船舶	167 747	194 122 032	221 644 657	7 825 052	432 756	51 781 188	1 071 979	177 349	206 521 620	224 296 110	7 933 287	520 314	146 111 268	3 186 082
其中外贸船	590	11 793 091	18 536 522		12 696	9 629 924		633	12 759 556	18 445 233		13 729	4 391 696	

（天津海事局提供）

河　北　省

河北省口岸分布示意图

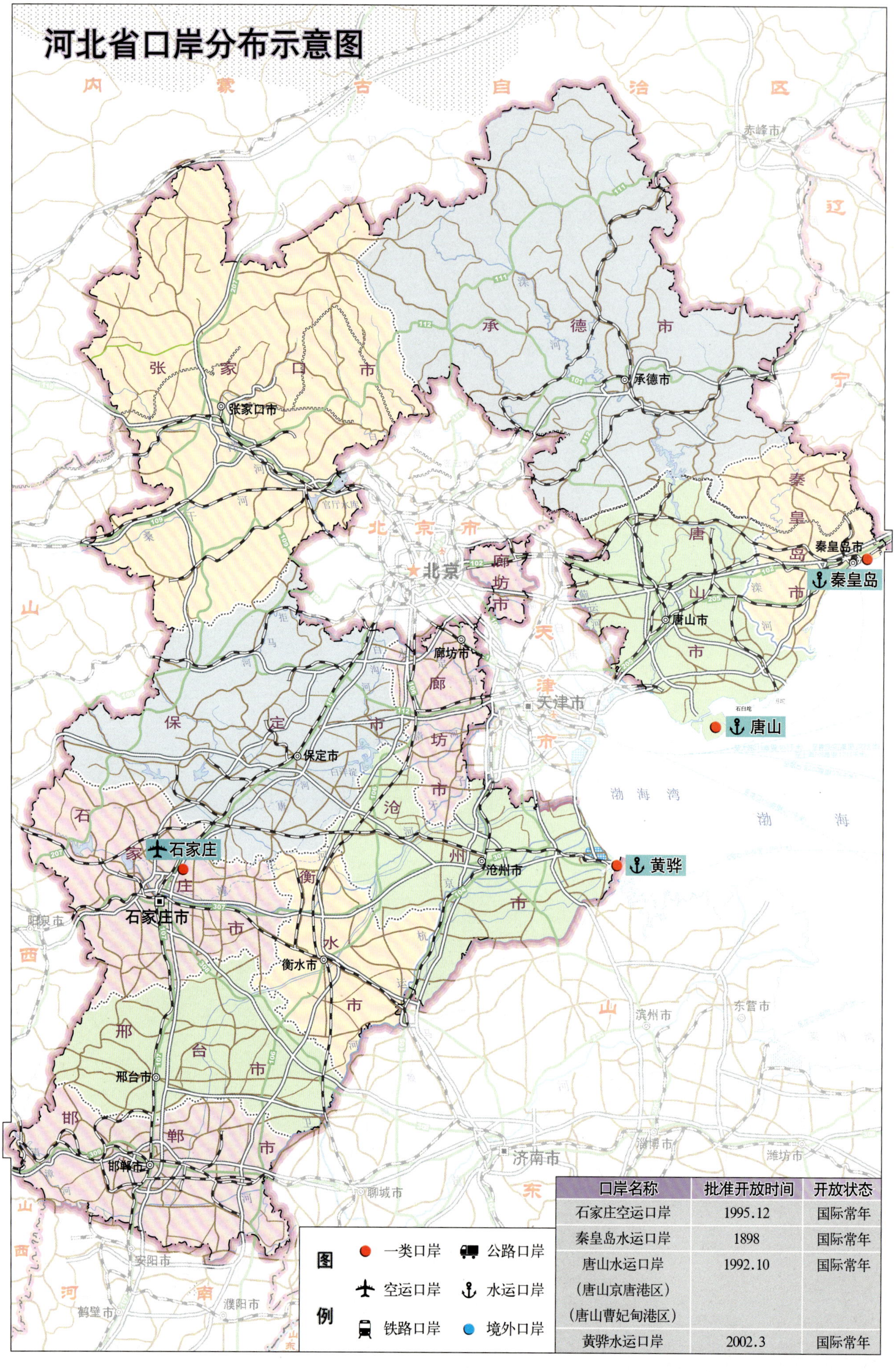

口岸名称	批准开放时间	开放状态
石家庄空运口岸	1995.12	国际常年
秦皇岛水运口岸	1898	国际常年
唐山水运口岸 (唐山京唐港区) (唐山曹妃甸港区)	1992.10	国际常年
黄骅水运口岸	2002.3	国际常年

口岸数量及分布

截至2014年年底，河北省有经国务院批准的对外开放口岸4个。其中，空运口岸1个，即石家庄空运口岸（石家庄正定国际机场）；水运（海港）口岸3个，分别是秦皇岛、唐山、黄骅海港口岸。

口岸运行数据

2014年，河北省水运（海港）口岸完成货运量9.53亿吨，同比增长7.20%。其中，秦皇岛水运（海港）口岸完成2.76亿吨，同比增长0.36%；唐山水运（海港）口岸完成5.01亿吨，同比增长12.33%；黄骅水运（海港）口岸完成1.76亿吨，同比增长4.76%。外贸货运量完成2.90亿吨，同比增长18.85%。其中，秦皇岛水运（海港）口岸完成0.15亿吨，同比增长7.14%；唐山水运（海港）口岸完成2.6亿吨，同比增长20.37%；黄骅水运（海港）口岸完成0.15亿吨，同比增长7.14%。

2014年，河北省水运（海港）口岸完成集装箱吞吐量183.70万标箱，同比增长36.48%。其中，秦皇岛水运（海港）口岸完成41.40万标箱，同比增长6.70%；唐山水运（海港）口岸完成110.90万标箱，同比增长52.34%；黄骅水运（海港）口岸完成31.40万标箱，同比增长36.52%。外贸集装箱完成43.07万标箱，同比增长171.91%。其中，秦皇岛水运（海港）口岸完成41.40万标箱，同比增长200.00%；唐山港1.67万标箱，同比减少22.16%；黄骅水运（海港）口岸无外贸集装箱。

2014年，石家庄空运口岸累计开通国际地区客运航线11条，开通国际定期货运航线2条；进出港航班1 783架次，同比增长8.79%；进出旅客19.34万人次，同比增长21.41%；进出港货物0.57万吨，同比减少29.82%。2014年，石家庄空运口岸新开、加密至韩国首尔、釜山、济州、大邱航线和泰国曼谷航线，开通至泰国普吉岛的航线。石家庄空运口岸通过上海、广州、乌鲁木齐等机场中转的国际航线通达50多个国外城市。

口岸综合管理

【口岸开放进一步深化】 黄骅港综合港区开放取得重大突破。港区正式开放已取得国家相关部门的支持性意见，国家口岸管理办公室正式行文会签中央编办，中央编办已审批通过，至此，黄骅港综合港区对外开放前期工作取得重大突破，即可上报国务院。

【唐山水运（海港）口岸开放格局日趋完善】 2014年，曹妃甸港区通用码头三期工程2个泊位、通用散货2个泊位、实业公司通用散杂货2个泊位、联想控股通用件杂货2个泊位和钢铁物流4个泊位通过相关部门验收，正式对外启用。

【石家庄综合保税区获得国务院批复】 2014年10月27日，石家庄综合保税区获得国家正式批复，规划面积2.86平方千米，位于石家庄空港工业园起步区、石家庄正定国际机场东侧。这是继曹妃甸综合保税区后，河北省设立的第2个综合保税区，将填补冀中南地区海关特殊监管区域的空白，结束石家庄作为全国沿海省份省会城市唯一没有综合保税区的历史。

石家庄综合保税区主要具备口岸作业、保税物流、保税加工、保税服务4项功能。根据其功能定位，结合河北省和石家庄市的产业发展方向，将重点发展3类产业。一是保税加工类，包括承接临空高新技术产业的加工制造环节，引进原有优势产业的研发、维修、检测环节，以及高档服装、电子信息等产业的售后服务维修环节等。二是保税物流类，发展为区内产业配套的保税物流业务，发展服务于石家庄市乃至整个冀中南经济区外贸产业发展的物流服务。三是保税服务类，重点服务于石家庄优势产业发展的展示、贸易等环节，并拓展跨境电子商务、软件服务外包等新兴服务产业。综合保税区控制性详细规划已完成，规划设计方案已制订，投资1.80亿元的一期路网工程已完成6条道路和亮化施工，围网、卡口等口岸设施建设也即将启动。

【石家庄空运口岸国际（地区）航线快速增加】 石家庄空运口岸相继开通了首尔、台中、曼谷等旅游包机新航线，原有航线的飞行航班也得到大幅度的加密。2014年，石家庄空运口岸共完成地区国际航线进出港航班1 783架次，同比增长8.90%；出入境旅客首次突破19万人次，同比增长21.10%；出入境货物0.57万吨。

【山海关机场连续八年实现临时开放】 山海关机场季节性临时开放再次获得国家口岸管理办公室批复（国岸发〔2014〕9号），成为国内唯一连续八年实现季节性临时开放的机场。八年来，有近300架次旅游包机和3.50万多人次外国旅客出入境，通关保持零差错。直接旅游收入4亿多元，成为河北省发展涉外旅游经济新的增长点。

【口岸法制化进程不断加快】 用时不到一年出台了《河北省口岸服务办法》，该办法的出台对于加快河北省口岸开放、规范口岸运行管理、提高口岸服务水平具有重要的促进作用。同时，为进一步发挥口岸对沿海地区率先发展的支撑作用，河北省政府于2014年4月13日印发了《关于加快口岸建设 支持沿海地区率先发展的指导意见》。

【开展文明口岸共建考评活动】 口岸的运行效率与各查验部门的工作态度和协调联动息息相关。口岸管理部门在协调相关查验部门工作关系时面临一无政策、二无资金、三无手段的窘境。为进一步协调查验部门联动服务，共建文明、和谐口岸，经多次向有关部门汇报争取，最终将文明口岸评比列入河北省政府的考评项目，从而成功地搭建起了改善口岸环境、提高通关效率的服务平台，河北省也是国内唯一开展省级文明口岸共建考评的省份。2014年，河北省率先在国内开展了省级文明口岸共建考评活动，秦皇岛水运（海港）口岸获得“全省文明口岸”荣誉称号。

【口岸通关改革有序进行】 2014年7月1日京津冀检验检疫一体化正式实施，9月22日京津冀通关一体化正式实施，三地通关、通检已实现“海关一体化、检验检疫一体化、关检互认”，即“三地海关、如同一关”、检验检疫“出口直放”和有条件的“进口直通”，以及区域内任一检验检疫局的通关单所有海关均会认可。至此，京津冀区域通关一体化目标已提前实现，相关政策已落实到位。同时，石家庄海关和河北出入境检验检疫局签署了联系配合协定，共同推动关检合作“三个一”工作，2014年11月启动了“一次申报”运行系统，让关检便利措施最大限度也惠及企业。

【秦仁航线平稳运营】 秦仁航线开通于2004年7月，是河北省第一条海上对韩商贸通道。历经十年培育，航线已步入平稳运营轨道。2014年集装箱运输持续出现爆仓的良好势头，秦仁航线货运量达到3.50万标箱，同比增长0.40%，为拉动口岸及腹地经济作出了新的贡献。

【国家进口粮食指定口岸工作取得新成果】 国家即将实行进口粮食指定口岸制度，对未达标的临近口岸已被国家取消进口粮食资格。进口粮食指定口岸事关秦皇岛临港相关产业全局，经过精心准备，建立相应的查验制度，通过省级预验收，经国家认监委CNAS能力认证，秦皇岛水运（海港）口岸已获得首批进口粮食指定口岸资格。

【查验监管服务能力显著提升】 驻冀查验部门和地方口岸管理部门变管理为服务，全力支持地方经济建设。石家庄海关制定了支持河北省外贸稳定增长的20项措施，在关区所有业务现场开展通关无纸化改革，“属地申报，口岸验放”和“属地申报，属地放行”的适用范围进一步扩大。河北出入境检验检疫局全面实施了“出口直放”、“无纸化报检”和“智能化放行”等通关改革措施，有效提升了通关便利化水平。河北省边防总队不断完善边检服务机制，大力推行边检办证告知单、预约办理团体证件、上门开展登轮培训等便民举措，得到了社会各界的充分肯定。

河北海事局持续推进海事监管品牌建设，积极开展船舶电子签证试运行工作，提升了海事公共服务水平。

【电子口岸建设】 2014 年，电子口岸通过实际举措进一步改进工作作风，优化服务水平，打造群众满意窗口。选拔优秀青年担任业务引导员，解答企业业务办理过程中遇到的问题，提高了办事效率；在业务大厅增设多媒体展示系统，内容涵盖电子口岸办事流程、业务审批进度等信息；创新服务机制，建立“窗口服务应急预案”，打造便民服务直通车；开展“比态度、比作风、比成效”活动，定期评选岗位之星，形成“比、学、赶、超”的良好氛围。2014 年，电子口岸办理新入网业务 2 751 家，办理变更业务 2 635 家，办理延期业务 4714 家，增换、解锁、注销 IC 卡 1.4 万余张，办理新舱单授权 67 份，激活码分配、重置 365 次，联审部门政务卡延期、制卡 46 次，接听服务热线 1.34 万余个。

2014 年 7 月 16 日，河北省成立了河北省电子口岸建设领导小组。河北省口岸办牵头组织相关部门赴有关省市开展了专项调研；又先后拜访了国家口岸管理办公室和北京市、天津市口岸办，就河北省电子口岸建设如何与京津冀协同发展和通关一体化搞好结合，以及京津冀合作建设电子口岸等问题进行了深入交流和探讨，河北省正在制订具体建设方案。

口岸监管与服务

【石家庄海关制定促进外贸稳增长具体措施】 2014 年，全面推进京津冀海关区域通关一体化改革，推动京津冀协同发展。按照海关总署统一部署，深入贯彻落实《京津冀海关区域通关一体化改革方案》，积极与北京、天津海关协调联动、通关协作、优势互补，积极适应企业生产经营和现代物流发展需要，研究制定京津冀通关一体化作业模式，全面参与、分步实施京津冀海关区域通关一体化改革，努力打破三地海关关区界限，实现三地企业自主选择申报、纳税、验放地点，努力为广大进出口企业创造更加公平公正的进出口环境，推动京津冀协同发展。

全面推行通关作业改革。在前期改革试点基础上，将改革措施和范围扩大到关区所有业务现场和业务领域，使进出口企业无须到海关递交纸质报关单证，“足不出户”完成整个申报过程。继续拓展“属地申报，口岸验放”、“属地申报，属地放行”模式功能，将“属地申报，属地放行”的适用范围进一步扩大到经营单位为 A 类，且报关企业为 B 类及以上企业的进出口货物，健全完善通关事务应急处置机制，切实提高口岸通关效率。

进一步优化查验作业机制，提高海关查验效能。严格落实分类分流查验作业要求，提高审单、验估效率。突出查验重点，合理分配查验资源，优化 AA 类企业监管模式，对经营单位为 AA 类且申报单位为 B 类以上企业的进出口货物，实施较低比率的随机抽查，加大监管查验设备配备力度。

全面推进关检合作“三个一”。在借鉴广东地区关检合作“三个一”试点做法的基础上，加强地方政府、海关、检验检疫部门三方协作，广泛听取外界意见和建议，从实际出发，探索实施口岸通关“一次申报”、“一次查验”和“一次放行”模式，建立与检验检疫部门间“三互”联系配合机制，帮助企业减负增效，营造和谐共赢的良好氛围。

研究国际贸易“单一窗口”建设。积极学习借鉴洋山保税港区开展国际贸易“单一窗口”试点经验，在地方政府的领导下，加强与口岸部门之间的协同配合和密切合作，积极研究、大胆探索“三互”、建设“单一窗口”的实现途径，在更宽更深的领域深化口岸合作。

学习借鉴上海自贸区海关监管创新的制度成果，优化海关监管与服务。认真学习借鉴海关总署实施的“五化三配套”监管服务改革，落实“一线放开、二线安全有效管住”的要求，创新监管理念、监管制度和监管手段，为企业减少通关时间，提升物流效率。

落实国家税收优惠政策，积极支持扩大进口、稳定出口。推动国家有关进出口税收优惠政策落地，支持河北省科学研究和技术开发、重大技术装备、关键零部件、工艺优化、节能环保等紧缺技术、资源、产品进口；支持河北省传统优势产品、拥有知识产权、品牌、营销网络、高技术含量、高附加值、高效益的产品出口，支持河北省经济社会发展重点项目和地方特色项目建设。做好预归类、预审价和原产地预确定工作，优化海关审批手续，加快减免税项目备案及审批办理速度，确保企业充分享受国家税收优惠政策。结合关区内具有代表性的行业、企业的进出口商品，进一步加强税政调研工作，积极为企业争取政策支持。

优化税收征管，助力河北绿色崛起。配合地方政府做好特殊监管区域、自贸区建设规划，积极申请参与集中汇总征税试点工作，允许进口企业在规定的纳税时限内，向海关集中缴纳税款。做好关区专业担保公司摸底工作，适时引入专业担保公司参与海关税费担保业务试点，降低企业通关成本。

进一步规范进出口环节经营性服务和收费。大力整顿和清理收费，严格规范收费项目、标准、范围和行为。充分发挥行业协会的预警、组织、协调作用，加强报关行业自律，防止恶性竞争，引导服务企业进一步降低收费标准。

配合完善出口退税政策。完善海关内部管理和流程监控分析，加强出口货物规范申报和出口秩序管理。完善与税务部门的配合机制，提高出口退税联签发效率，便利企业及时办理出口退税手续。继续加大对重点涉税商品走私、出口骗退税违法行为的打击力度。

建立和完善与服务贸易特点相适应的海关监管模式。开展进出口数据分析，针对有服务外包政策需求的企业开展调研，支持企业利用相关优惠政策开展服务外包业务。结合京津冀一体化发展战略，鼓励河北省企业承接京津地区服务外包业务，探索企业承接京津地区服务外包业务享受保税优惠政策的管理模式。

创新保税监管模式。推进保税工厂制度改革，深入企业调研，摸清河北省加贸企业面临的主要困难和共同诉求，探索企业享受税收优惠的实现路径，积极向海关总署提出合理化建议，丰富保税工厂概念，使海关特殊监管区域优惠政策惠及至区外企业。改进加工贸易单耗管理模式，以企业申报的实际生产单耗进行核销，完善关区二级单耗参数数据。经海关总署批准，进一步简化京津冀三地海关办理异地加工贸易手册设立手续，建立异地加工贸易信息反馈制度，方便三地企业办理加工贸易手册设立业务。优化海关特殊监管区域间保税货物流转方式，对低风险货物自动审单、快速放行，逐步实现特殊监管区域间保税货物结转信息的互联互通，实现区域间货物流转“分送集报、自行运输”，减少审批环节，加快货物流转速度，进一步节约通关时间。

加快海关特殊监管区域的整合优化，发挥好辐射带动作用。做好海关特殊监管区域和保税监管场所的规划与建设，积极推进曹妃甸综合保税区有效运行，继续做好石家庄综合保税区和黄骅港综合保税区的申报建设工作，研究秦皇岛和廊坊出口加工区转型发展，加强武安保税物流中心和唐山京唐港保税物流中心的申报建设，支持有条件、有需求的地区设立保税仓库、出口监管仓库，努力在关区形成管理规范、通关便捷、用地集约、产业集聚、绩效突出、协调发展的特殊监管区域格局。积极支持区内企业拓展新型业务，选择高技术含量、高附加值的项目开展境内外检测维修业务，鼓励开展研发、设计、创立品牌、核心元器件制造、物流等业务，引导海关特殊监管区域向贸易多元化、功能多样化、产业链高端方向发展。

改善外贸环境，增强外贸企业竞争力。继续推进简政放权，加大政务公开力度。切实推进行政审批制度改革，持续推动行政审批事项的取消和下放，积极做好海关总署取消、下放行政审批项目贯彻落实工作，对取消和下放的审批事项，完善配套制度建设，加强事中事后管理，开展问效评估，确保行政审批制度改革成果落实到位，做到权力与责任同步下放，监督与服务同步到位。对保留的审批事项实行目录化管理，简化审批环节，压缩审批时限，优化审批流程，依法对外公布，切实做到高效便民。严格落实《海关规范自由裁量权办法（试行）》，规范关区行政执法的程序和标准，确保关区执法统一。加大政务公开力度，加强门户网站建设，组成专家团队，为“12360”海关统一服务热线提供强大智库支持，全天候倾听民意、解决问题、提供多渠道全方位服务，打造便民服务特色品牌 。

支持新型贸易平台发展，为外向型经济发展提供新的增长点。大力支持海关国际邮件监管场所建设，推动国际快件业务在河北省落地生根，促进河北省国际物流的进一步开放和发展。与政府有关部门、企业共同研究探索开展跨境贸易电子商务出口业务，优化跨境电子商务通关监管模式，鼓励企业充分利用特殊监管区域政策优势开展跨境电子商务，推动河北跨境贸易电子商务起步发展，充分发挥电子商务在拓展国际国内两个市场中的作用，促进河北外向型经济发展和产业结构转型升级。

优化企业管理措施，积极推进进出口企业信用体系建设。全面贯彻落实企业分类管理制度，通过走访企业，倾听企业呼声，了解企业需求，加强关企合作；大力加强信用培育，引导、支持更多企业成为高信用企业，推进关区企业信用管理体系建设，让更多诚信守法企业享受相应的便利通关措施，努力营造诚信、自律、守信、互信的进出口信用环境。

健全反走私综合治理机制，建设干净健康口岸。加强与公安、税务、外汇等部门间的信息和情报共享，密切关注冲击河北省产业发展和群众切身利益的热点走私商品和突出走私问题，精、准、狠地开展联合打击和综合整治；坚持打击与保护、管理与服务相统一，落实“执法为民”理念，坚持严格、公正、文明、理性执法，维护进出口贸易和市场经济秩序，为企业营造良好的进出口经营环境。

加强海关知识产权保护，鼓励企业自主创新。建立备案自主知识产权企业档案，用好知识产权海关保护热线，为企业提供个性化的咨询服务。深入基层，针对未备案企业、贴牌加工企业和受到过海关知识产权行政处罚企业等，采取不同措施，开展分门别类的指导服务，增强宣传效果的针对性，切实引导和帮助企业用足用好知识产权保护措施。与省内拥有知名品牌的企业建立对口协作机制，签订知识产权海关保护合作备忘录，为企业提供知识产权保护专项法律培训、宣传及预警信息服务，畅通侵权线索双向沟通渠道，打造河北省企业优质品牌，提高自主知识产权企业的核心竞争力。

加强统计分析和统计服务，及时提供决策支持。构建石家庄海关统计数据网络发布机制，完善网络发布平台建设，更好、更快、更全地为地方提供数据服务。为地方政府科学决策、企业快速发展提供有效的信息服务。

支持河北省企业“走出去”。引导企业改变发展观念。积极宣传 AEO（经认证的经营者）、落实 AEO 互认便利措施，扩大保税政策的应用范围，让企业充分享受保税政策红利，提升企业市场竞争力，引导、支持企业“走出去”。

【河北出入境检验检疫局制定支持外贸稳定增长服务措施】 为深入贯彻落实国务院和国家质检总局、河北省委省政府关于支持外贸稳定增长的部署，河北出入境检验检疫局紧紧围绕“四大攻坚战”的实施和“三个河北”的建设目标，着眼进一步以便利贸易激发市场动力，助力外贸企业提质增效，增强出口商品竞争实力，扩大外向型经济增长点，研究制定支持外贸稳定增长服务措施。

【推进简政放权，实现高效便捷服务】 积极做好国家质检总局取消、下放行政审批项目的贯彻落实工作，最大限度地缩小审批、核准、备案范围。强力推进全系统行政审批模式改革，将现有行政许可项目的申请受理、告知、送达等工作环节下放至各地分支机构。及时公开公布取消和保留的行政审批项目，规范权力运行，强化权力运行监管。对保留的审批事项简化审批环节，压缩审批时限，优化审批流程。在石家庄办事处试行“零障碍”服务全程协办机制并尽快全面推行，减少企业办事环节 。

【创新通关模式，扩大商品通关便利】 加快京津冀检验检疫一体化进程，积极推行“三通”、“四放”、“五统一”的检验检疫通关新模式，使河北企业在京津口岸全面实现出口直放、进口直通。加强与石家庄海关协作，加快推进关检“三个一”工作。加紧推动“单一窗口”建设，形成与“单一窗口”管理模式相适应的执法流程，建立与口岸各管理部门间“三互”的联系配合机制。全面实施“无纸化报检通关”，积极试点“智能化放行”，缩短企业报检及通关流程 。

【转变监管方式，提高检验监管效率】 立足宏观管理，突出企业主体责任和检验检疫事中事后监管职能，建立风险管理、诚信管理、分类管理为主的检验监管方式，形成快速放行、高效监管的新机制。推行法检商品“首进备案、评定放行、重点监管、宏观评价”的进口监管模式和“合格假定、抽检验证、报检放行”的出口监管模式。实行“监督抽查、事后监管、追溯调查、责任追究”的目录外商品管理模式。

【加强口岸建设，提升口岸运营能力】 积极推动口岸检验检疫集中查验设施建设工作，实施检验检疫现场处理，实现大进大出、快进快出。全力支持地方电子口岸建设，缩短口岸验放时间。全面推进检测资源整合，形成口岸检测整体优势。力促秦皇岛、京唐港口岸通过粮食指定口岸和秦皇岛口岸通过水果等指定口岸验收，发挥进境指定口岸优势，扩大进口。提前介入正定国际机场国际快件运营中心建设，加快实现国际快件运营。

【用足惠企政策，帮助企业减轻负担】 广泛组织优惠原产地证政策培训班和知识推介会，引导企业用好普惠制和区域性原产地签证优惠政策，最大限度地减免进口国关税。严格执行减免出口商品检验检疫费规定，进一步规范进出口环节经营性服务收费。加强对代理报检企业的管理，推行信用分级管理制度，强化行业自律意识，严防假借检验检疫名义多收费、乱收费。

【发挥技术优势，促进产业提质增效】 及时跟踪研究国内外先进的绿色环保认证技术和标准，引导企业主动采用先进技术和国际标准，积极打造出口质量安全品牌。探索建立跨境电子商务监管模式，为河北省尽快建成跨境电子商务零售服务平台提供政策和技术支持，培育新的经济增长点。进一步培育优势产业，推动沧州鸭梨、张家口坝上错季蔬菜、清河羊绒、衡水裘皮服装等特色产业提水平、上档次。大力推进质量安全示范区建设，推动衡水裘皮和保定汽车质量安全示范区分别通过国家和省级验收，加快各在建示范区建设进度，充分发挥示范区对提升质量安全、拉动出口、形成区域产业优势的引导作用，形成以质量、技术为核心的出口竞争新优势。

【加大帮扶力度，保障外贸稳步壮大】 发挥认证认可作用，鼓励河北企业积极申请对外注册，引导支持企业“走出去”。加强技术咨询及支持，助力河北成为全国进境奶牛隔离场数量最多、隔离能力最强的省份。指导做好出口标准化示范果园建设，促进扩大河北水果出口欧美高端市场。帮助河北企业做好《香港食物内除害剂残余规例》实施的应对工作，确保河北供港食品出口平稳发展。开展对企业检测人员、实验室建设培训，帮助企业提高自检自控能力。

【提高管理水平，优化市场运行环境】 推广“综合行政管理平台”、“信息安全通报系统”和“合同管理系统”，建立完善信息化管理平台。全面运行“标准化管理体系”，提升质量管理水平。全面应用检验检疫集中审单系统和进出口电子监管系统，最大限度地减少人工干预，降低人为判定因素，更加科学有效地规范内部管理。持续推进检验检疫窗口标准化建设，争取年内使80%以上的检验检疫窗口成为达标示范窗口。充分发挥12365等投诉举报热线的作用，依法快速查处违纪行为。

【完善应对机制，减少贸易保护影响】 密切关注国外最新的法规、标准等技术性贸易措施的制修订状态，准确掌握国外最新技术要求，有针对性加强跟踪研究。定期组织 WTO 信息通报评议，及时发布风险预警。查找、分析不符合相关协定原则的 TBT 或 SPS 措施和做法，深入开展相关知识的培训，帮助外贸企业及时应对和合理利用技术性贸易措施，最大限度地避免减少可能遭受的损失。

【强化风险监控，杜绝重大质量安全问题】 强化安全风险防范，全面建立口岸疫情疫病、进出口产品特别是进口食品农产品、消费品监测体系，坚决杜绝“系统性”、“区域性”、“行业性”质量安全问题的发生。严格进口日用消费品、大宗资源性商品、可用作原料的进境废物等重点敏感商品检验监管，突出安全、卫生、环保检测项目，确保与百姓生活息息相关的进口工业产品质量安全和河北省生态环境安全。加大对不合格商品退运、国外预警及输出假冒伪劣商品行为的查处力度，努力提高河北省出口商品总体质量安全水平。

【河北出入境检验检疫局改革管理模式】 出台《主动应对检验检疫模式改革实施方案》，推进质量安全风险监管体系建设。新创进口法检商品“首进备案、评定放行、重点监管、宏观评价”、出口法检商品“合格假定、抽检验证、报检放行”和目录外商品“监督抽查、事后监管、追溯调查、责任追究”3 种监管模式，形成进出口工业品检验监管执法新体系。新建出口食品安全风险管理体系。创立免办 CCC 证明企业分类管理模式。

构建质量诚信管理体系，评定 3 621 家企业信用等级，实施分类监管，强化企业主体责任。开展“质量月”等宣贯活动，提升全社会质量意识。

【河北省边防总队助推沿海地区率先发展】 为深入贯彻河北省政府《关于进一步加强口岸建设支持沿海地区率先发展的指导意见》，河北省公安边防总队结合沿海口岸实际，主动作为，创新工作思路，制定有力措施，助推沿海地区率先发展。

【加大科技应用，推进电子口岸建设】 通过在全省海港边检站推行 VTS 船舶交通管理系统和 AIS 船舶动态识别系统，实现对锚地船舶 24 小时动态监控；在封闭条件好的码头安装智能卡口系统和智能视觉监控系统，对人员徘徊、停留、翻越等敏感动作进行智能分析、检测和报警，实现限定区域动态精确管理；在封闭条件差的码头安装智能梯口管理系统，实行证件电子化，并为执勤人员配备手持式验放机，提高查验准确度和智能化；对临时停靠非对外开放码头或需重点监管船舶，配备集“业务办理、移动监管、流动办公、便民服务、法律宣传”等功能于一体的边检移动执勤车，运用 3G 技术手段实施船舶人员检查验放，有效提升了通关效率与管控能力。

【增加便民举措，优化口岸通关环境】 紧紧围绕京津冀一体化建设战略部署，结合沿海港口航道增容、泊位开放等实际，部署所属边检站主动简化手续流程，相继推出“网上预报预检制度”、“海上绿色服务通道”、“船员救助联动机制”、“业务培训预约制”、“船员家属亲情通道”等 20 项服务口岸发展新举措。通过推行驻区联勤的新型勤务模式，将警务室前移到码头一线，最近 30 米，最远不过 300 米，负责出入境手续办理、巡查监护、执法办案等任务，形成了“手续在一线办理、问题在一线解决”的服务模式，真正实现服务前移到一线。调整后的一线警务室数量将增加 10 个，此举使船舶待港时间平均缩短 1 小时，手续办理时间平均缩短 2/3，能大幅提高企业作业效率和码头使用率，预计一年至少为港口增加 5 000 多万吨的货物吞吐量。

【着力联创联建，促进口岸协调发展】 河北省边防总队指导边检站与驻地企业单位建立“双向”考核机制，深入开展评选“模范作业队”和“企业满意检查员”活动，将创建爱民固边模范口岸，从边检部门主抓向涉外口岸单位联合创建转变，全力打造具有河北特色的口岸亮点和边检服务品牌；依托边检门户网站、手机短信平台、便民 QQ 群等信息化渠道，及时让出入境人员和企事业员工了解涉及边检手续办理、出入境旅游须知、“人性化”服务等方面内容，最大化满足人民群众的期待和需求 。

【主动走访交流，完善口岸配套设施】 围绕北戴河机场建设、2016 年唐山世园会三女河机场临时开放、新建泊位及专业码头建设的实际情况，河北省边防总队及所属边检站坚持早谋划、早介入、早安排，实行服务口岸建设主动“跟进制”，积极向政府和口岸主管单位汇报工作，争取理解和支持。主动与工程承建单位联系，介绍边检服务口岸开放的重要作用及边检基础查验所需场地、设施标准等，在施工进程中互通意见，确保口岸边检配套设施建设不走弯路，与维护国家安全的要求相适应。

【河北海事局完善海事监管服务手段】 一是为港航企业提供全面翔实的通航环境数据；二是规范涉水工程监管与服务行为；三是加强研究，不断提高港口运行效率和船舶周转率；四是落实船舶安全检查提前告知服务、散货船安全检查预约、船舶登记证书到期提醒、安全管理体系审核服务公开承诺等制度；五是畅通船员管理互动渠道；六是开展海上危险化学品运输安全专项整治活动；七是建立暑期海上船舶污染防治工作机制；八是优化防污染信息管理系统，在全辖区推行危险品与防污染业务远程电子申报；九是制订污染应急反应工作方案，配合地方政府处置了 7 起不明油污事件。

【河北海事局健全海上应急体系】 建立河北省海上搜救成员单位联席会议机制；对《河北省海上搜救应急预案》和《河北省船舶污染事故应急预案》进行评估；建立重大搜救行动后评估制度；联合渔业部门强化渔船险情预警和预控，并指导省农业厅开展渔业海上突发事件应急演练；主导成立省海上船舶污染事故应急指挥部，健全船舶污染事故应急指挥专家组及溢油应急专家库并编制完成省、市两级船舶污染事故应急反应行动指南；组建系统内第一支具有远程驰援能力的溢油应急处置队伍，在北戴河设立海上溢油值守基地。

【河北海事局服务京津冀一体化建设】 提出《“京津冀一体化”建设中建立海事监管合作机制总体思路》；协调解决黄骅港综合港区 20 万吨级航道建设海事监管交叉问题；与河北省交通厅签订《关于加快平安绿色港口建设的合作协议》，就危险货物监管和事故应急等方面达成共识。

【河北海事局开发船舶电子签证系统】 为有效提升海事服务能力，便利行政相对人，交通运输部海事局开发了船舶电子签证系统，并于 2014 年 1 月 1 日进行试运行。按照交通运输部海事局相关要求，河北海事局积极开展船舶远程电子签证推广工作，并出色完成了各项任务。

制定并下发了《关于加强国内航行海船电子签证推广工作的通知》，明确了船舶电子签证推广工作的相关要求和安排；2014 年 1 月 22 日和 1 月 24 日分别在秦皇岛海事局和唐山海事局举办了国内航行海船电子签证实操培训，使签证业务人员掌握了电子签证系统的操作步骤，确保了电子签证的顺利实施；为解决辖区国内航行海船电子签证试运行以来所出现的相关问题，于 2014 年 3 月 10 日 ~3 月 14 日邀请了中创软件和深圳易数通对各分支机构及唐山曹妃甸海事处国内航行海船电子签证进行现场技术支持；全面做好船舶电子签证推广宣传工作，推动辖区船籍港船舶注册船舶电子签证账号，注册率已超 70%，完成了交通运输部海事局的任务目标；鼓励来港船舶通过船舶电子签证系统申办船舶进出港签证，2014 年共受理船舶电子签证申请 13 841 艘次，审批通过12 957艘次；做好船舶有关作业远程电子申报系统运行工作。对辖区 500 余家货物申报单位和 100 余家涉污作业单位进行了注册和备案，实现了船载货物和防污染作业的远程电子申报，提升了危防业务信息化水平。

开放口岸

【石家庄空运口岸（石家庄正定国际机场）】 石家庄空运口岸于 1995 年 2 月建成，当年实现国际通航，1996 年 3 月正式对外开放。2010 年 6 月，民航局与河北省签署《关于加快推进河北民航发展的会谈纪要》，确定石家庄机场为国内唯一一个航空大众化试点机场，是首都机场的备降机场和分流机场，是中国联合航空河北分公司、河北航空有限公司、春秋航空公司、中国货运邮政航空公司基地，是河北省重要的空中交通门户和对外开放窗口，现已发展成中国北方重要的国际航空货运中转基地。

石家庄正定国际机场飞行区等级为4E级，跑道全长3 400米，总宽60米，可保障A380、B747、AN225各类大型飞机起降。石家庄机场T1候机楼面积5.5万平方米，停机坪总面积21万平方米，停机位31个，消防等级达到八级，可满足年旅客吞吐量500万人次需要。即将投入使用的T2候机楼面积15.4万平方米，停机坪面积40多万平方米，停机位38个，货运区面积2.5万平方米，届时石家庄机场年旅客吞吐能力将达到2 000万人次，货邮吞吐能力将达到25万吨，综合保障能力将大幅提升。

为适应河北省与东亚、东南亚的交流需求，石家庄机场进一步加大了国际和地区航线的开发力度，先后引进了韩国济州航空、釜山航空、真航空、德威航空及捷特亚洲航空公司，开通了石家庄—首尔、石家庄—济州、石家庄—釜山、石家庄—襄阳、石家庄—普吉岛、石家庄—曼谷等10条国际和地区客运旅游包机航线。

按照“零距离换乘”、“无缝隙衔接”的综合交通枢纽要求，石家庄机场不断拓宽航空服务范围，构建便捷、畅通、高效的地面交通网络体系，在保定、衡水、邢台、沧州等冀中南8个城市（县区）建立了异地城市候机楼，营业部覆盖全省9个城市及北京市，开通直达冀中南7个地（市）的旅客直通班车，免费接送北京、山西等地团队旅客，2013年运送京晋团队旅客人数达到20万人次。

2012年12月26日纵贯南北的京广高铁全线贯通，同日石家庄机场推出国内第一家由机场主导的空铁联运产品——“石家庄机场空铁快线”。在这里，旅客不用出站即可办理值机、安检、候机、行李托运等乘机手续，搭乘机场免费摆渡车3分钟就可到达候机楼。石家庄机场正在成为航空旅客进出北京的第二通道。

2014年，石家庄机场年客流量突破560万人次，同比增长9.60%；货邮吞吐量达到4.55万吨，同比增长5.80%；累计保障飞机起降5.62万架次，同比增长8.00%；运输生产保持了持续稳定增长态势。2014年，石家庄机场共保障国际和地区客运航班1 783架次，同比增长8.90%；完成国际和地区旅客吞吐量19.34万人次，同比增长21.10%；完成国际（地区）货邮吞吐量5 683.3吨，同比下降23.20%。

【秦皇岛水运（海港）口岸】 秦皇岛水运（海港）口岸开通于1898年，至今已有100多年历史，是以能源运输为主的综合性国际贸易港口，也是当今世界最大的煤炭输出港和干散货港。其共有海岸线11.7千米，水域面积222平方千米，陆域面积10.8平方千米。秦皇岛水运（海港）口岸下辖秦皇岛港、新开河港、秦山化工港、山海关船厂港和大腈纶码头5大港区。

秦皇岛港是全国第一家煤炭现货交易市场，形成了集煤炭现货交易服务、信息服务、物流服务及金融服务于一体的市场体系。交易市场发布的环渤海动力煤价格指数已成为全国唯一的极具权威、涵盖国内外的煤炭价格指数，煤炭枢纽港的地位得到了巩固。

秦皇岛港东港区以能源（煤炭、油品）运输为主，西港区以杂货、集装箱装卸运输为主。现有泊位55个，可停靠15万吨级船舶。库场面积130多万平方米，拥有专业化的港口设施、高效的装卸机械、先进的生产工艺，可承运各类件散杂货。集装箱码头拥有5万吨级专用泊位3个，可接卸第六代集装箱船，码头堆场宽敞。年设计通过能力达75万标箱。两条总长2 000米的铁路装卸线，可直达码头和场站，货运成本低廉。具备危险品货物作业资质。集装箱外贸、内贸航线10条。外贸航线有日本和韩国两条直达航线，同时有外贸公共内支线中转到达世界主要港口。内贸航线覆盖全国主要沿海港口优质的运输服务，形成了秦皇岛口岸液体、散杂货、集装箱运输的竞争优势。口岸集疏港条件优越，各港区均可与京沈高速路、102 国道、205 国道及秦承公路相接。秦山、京山、京秦、京沈、大秦铁路集疏港货物可直达港内堆场、仓库、码头泊位船前，最大限度地减少物流环节，降低物流成本。

2014 年，秦皇岛口岸货物吞吐量完成 2.76 亿吨，同比增长 0.47%；外贸进出口完成 0.15 亿吨，同比增长 0.07%；集装箱完成 41.4 万标箱，同比增长 6.76%；进出境旅客完成 8.6 万人次，同比增长 0.32%。

【黄骅水运（海港）口岸】 位于沧州市以东约 90 千米处，东经 117°48′、北纬 38°17′，是河北省沿海地区性重要港口，是我国北方主要的煤炭装船港之一。口岸规划 2 万～20 万吨级以上泊位 120 多个，远期形成 5 亿吨的吞吐能力。现已建成生产性泊位 32 个，最大靠泊能力 20 万吨。口岸由煤炭港区、综合港区、散货港区和河口港区 4 个港区组成。

煤炭港区工程是神华集团投资建设的国家重点建设工程，现有专业化煤炭装船泊位 12 个，杂货泊位 2 个，液体化学品泊位 1 个。目前航道水深已达 -14.0 米，航道底宽 270 米，已满足 5 万吨级船舶重载双向通航的要求。煤炭港区杂货码头于 2000 年 7 月开工建设，2003 年年底建成，2004 年 6 月投入运营，规模为 2 个 1.5 万吨级泊位，设计年吞吐量 90 万吨。煤炭港区油品码头由原化学品码头改造而成，规模为 1 个 2 万吨级泊位，设计年吞吐量 300 万吨。

综合港区共规划建设 29 个泊位。起步工程于 2009 年 3 月开工建设，2010 年 8 月 1 日建成投入运营，总投资 127 亿元，共建 8 个泊位和 1 条航道。其中，4 个 10 万吨级通用散杂泊位，设计年通过能力 800 万吨；4 个 10 万吨级多用途泊位，设计年通过能力 1 000 万吨；1 条 44 千米 10 万吨级航道。

综合港区二期工程于 2011 年 3 月 30 日开工建设。主要包括：20 万吨级航道及防波堤延长工程、4 个 15 万～20 万吨级矿石泊位、2 个 5 万～10 万吨级集装箱泊位、5 个 5 万～10 万吨级煤炭泊位、2 个 10 万吨级原油泊位及储备、2 个 5 万吨级液体化学品专业泊位、1 个 10 万吨级粮油泊位。

目前，河北港口集团 2 个 20 万吨级矿石泊位已经建成；总投资 14 亿元的河北钢铁集团 2 个 5 万吨级通用散杂泊位于 2012 年 11 月 22 日正式开工建设，2014 年年底已建成投用；总投资 18 亿元的浙江泰地石化集团 2 个 5 万吨级液化泊位于 2012 年 11 月 22 日正式开工建设，2014 年年底已建成投用；总投资 7 亿元的美国嘉吉集团 1 个 10 万吨级通用散杂货泊位已完成前期手续开工建设，配套工程同步推进。20 万吨级航道工程已累计完成 87.40%，44 千米以内已基本完成。邯黄铁路 2014 年 7 月份已通车至起步工程 8 个泊位，预计 9 月底可至 20 万吨矿石码头。黄骅水运（海港）口岸综合港区一、二港池封闭区吹填工程基本完工。黄骅水运（海港）口岸综合保税区开工建设，签约入区项目 30 个，总投资超过 100 亿元。

2011 年以来黄骅水运（海港）口岸吞吐量已连续三年突破亿吨。2011 年综合港区 4 个通用散杂货泊位投运当年吞吐量突破千万吨。2012 年 2 个多用途码头集装箱泊位一举突破 10 万标箱。2014 年集装箱吞吐量迅猛增长，突破 30 万标箱。2014 年共接卸外轮 440 艘次，同比下降 7.76%；外贸货运量 0.155 亿吨，同比增长 11.51%。

【唐山水运（海港）口岸】 位于唐山南部沿海，下设京唐港区和曹妃甸港区，是我国北方新兴的极具活力和发展潜力的现代化国际港口。

京唐港区位于唐山市东南部，距市区 80 千米，规划面积 88 平方千米，规划建设 6 个港池；于 1989 年启动开发建设，1992 年 10 月经国务院批准为开放口岸，1993 年正式对外国籍船舶通航；已建成 1 号、2 号两个港池，3 号、4 号、5 号港池部分完工；现有件杂、散杂、多用途等 1.5 万～2 万吨级泊位 35 个，航线通达国内 120 多个港口，与 50 多个国家和地区的港口建立了业务往来关系；运营货种涵盖煤炭、钢铁、矿石、水泥、原盐、粮食、纯碱和集装箱等。

曹妃甸港区东距京唐港区33海里，北距唐山市区80千米，是渤海沿岸唯一不需开挖航道和港池即可建设30万吨级大型泊位的天然港址。曹妃甸港区于2003年启动开发建设，2005年试通航，2009年1月获得国务院批准扩大开放为口岸，2012年8月正式对外开放。依据规划，曹妃甸港区重点建设进口矿石、原油、天然气和煤炭等专业泊化、大型化码头，最终可建成生产性泊位260余个，形成5亿吨以上的综合通过能力，建成中国北方最大的能源原材料集疏港。2013年4个25万吨级矿石泊位、1个30万吨级原油泊位及22个4万~10万吨级干散货泊位建成并投入试运营。

唐山水运（海港）口岸规划将形成以曹妃甸港区、京唐港区为核心，丰南港区为补充，分工合作、协调互动、共同发展的总体发展格局。曹妃甸港区规划港口岸线长122.6千米，可建设各类泊位428个；京唐港区规划港口岸线长44.5千米，可建设各类泊位140余个；丰南港区规划港口岸线长25千米，可建设各类泊位66个。预测2020年和2030年，唐山港的吞吐量分别为5.8亿吨、7.1亿吨。

2014年，唐山港全港完成货物吞吐量5.01亿吨，同比增长0.12%，其中外贸吞吐量2.63亿吨，同比增长21.87%；集装箱吞吐量16 647标箱，同比减少23.10%。

原二类口岸

【石家庄内陆港】 石家庄内陆港是河北省政府批准建立的内陆港口，是河北省第一批物流示范项目。

石家庄内陆港一期工程占地面积27.2万平方米，仓储面积19 322平方米，保税监管区1.44万平方米，堆场、道路总面积94 744平方米，铁路堆场3.5万平方米，海关联检大楼9 585平方米。

目前，石家庄内陆港已基本具备港口口岸功能、现代物流功能、多式联运功能、管理信息系统应用功能和生产生活服务功能，通过联检大楼一站式服务，开展报关、报检、通关、查验、仓储、堆存、订舱、配货、运输等业务。

石家庄内陆港是冀中能源峰峰集团控股的由4家股东组成的股份制公司，公司下设河北冀津国际物流有限公司、河北四诚贸易有限公司、报关行公司3个子公司。

石家庄内陆港具有突出的资源优势和发展优势。医药、纺织、粮油、钢铁等支柱产业优势明显，可为内陆港提供丰富的物流资源。

石家庄内陆港位于石家庄经济技术开发区，区位优势明显，北临石德线、307国道和石黄高速，西临京珠高速和石环线，南临青银高速，距机场25千米，地理位置优越，交通便利。

石家庄市地处华北平原，东有天津港、黄骅港，东南有青岛港，是全国25个物流枢纽中心城市之一，也是“环京津”和“环渤海”经济圈的重要节点。

2014年，石家庄内陆港完成货运量135万吨，较2010年年均递增12.40%，外贸货运量57.2万吨，较2010年年均递减1.60%；邢台内陆港2013年开始运行，2014年集装箱运量1.3万标箱，外贸集装箱1万标箱，同比分别增长60%和50%；保定内陆港2014年试运行期间完成外贸集装箱1 962标箱。

河北省口岸大事记

1月3日

黄骅港口岸综合港区扩大对外开放取得中央编办会签意见。

1月14日

河北省口岸办向国家口岸管理办公室上报《关于山海关机场2014年继续临时对外开放的请示》（冀政口岸〔2014〕2号）。4月22日国家批复《同意山海关机场2014年临时对外开放》（国岸发〔2014〕9号），开放时间为5月1日~10月31日。

1月17日

河北省船员服务行业协会成立推进会召开。

1月26日

交通运输部海事局批准黄骅港口岸综合港区第八期临时对外开放，期限为2014年2月1日~7月31日。

2月5日

河北海事局完成辖区首例船舶远程电子进港签证申请。

3月9日

黄骅港口岸综合港区扩大对外开放取得国家发展改革委会签意见。

3月28日

河北省召开全省打击走私综合治理工作会议。

4月4日~5月27日

圆满完成2014年上海亚信会水上安保远端控制工作。

4月13日

河北省政府印发了《关于加快口岸建设 支持沿海地区率先发展的指导意见》。

5月1日

河北辖区内第一个海上溢油应急值守基地——北戴河值守基地建成并投入使用。

7月18日

交通运输部海事局批准黄骅港口岸综合港区第九期临时对外开放，期限为2014年8月1日~2015年1月31日。

8月21日

结合港口国监督检查案例撰写完成针对SOLAS公约条款修正的IMO提案。

9月1日

海关总署于广洲署长在石家庄会见河北省委书记周本顺。于广洲署长介绍了京津冀海关区域通关一体化改革的思路及在全国海关开展区域通关改革的总体构想，并就建好用好河北省内海关特殊监管区域提出指导意见。

9月5日

沧州外贸集装箱从黄骅港下水实现“零”突破。

9月11日

石家庄海关与河北出入境检验检疫局签署《全面推进关检合作“三个一”实施方案》。

9月22日

石家庄海关正式启用京津冀海关区域通关一体化作业方式。

10月13日

海关总署、财政部、国家税务总局、国家外汇管理局等四部委批复设立武安保税物流中心（B型），该物流中心成为河北省获批的首家保税物流中心。

10月13日

溢油中心完成DIP420自航式收油机的技术改造，提高了收油机在恶劣海况条件下的清洁能力和安全指标。

10月27日

石家庄综合保税区获得国家正式批复，规划面积2.86平方千米，位于石家庄空港工业园起步区、石家庄正定国际机场东侧。

10月29日

沧州海关渤海新区报关点实现第一笔外贸货物报关，标志着黄骅港口岸已具备正式开展外贸报关业务的条件。

11月11日

河北省打击走私综合治理工作推进会在秦皇岛召开。

11月21日

石家庄海关被河北省委省政府评为“2012—2013年度省级文明单位”。

11月22日

河北省委常委、省长张庆伟到石家庄综合保税区调研。

12月12日

北方片搜救合作区域第五次搜救联席会议召开。

（撰稿人：高雅平、王宏建、郭捷、张栋、赵华新）

2014年河北省口岸流量统计表

口岸类型		口岸名称	货运量（万吨）				集装箱量（万标箱）				人员（万人次）				交通工具（辆、艘、架、列次）			
			出口	进口	合计	同比（%）	出口	进口	合计	同比（%）	出境	入境	合计	同比（%）	出境	入境	合计	同比（%）
空运口岸		石家庄机场	4 572.90	1 110.40	5 683.30	-29.82					9.75	9.55	19.30	+21.10	887	896	1 783	+8.90
		分计	4 572.90	1 110.40	5 683.30	-29.82					9.75	9.55	19.30	+21.10	887	896	1 783	+8.90
水运口岸	海港口岸	秦皇岛港	97.00	1 417.50	1 514.50	+7.14	20.88	20.52	41.40	+200.00	4.42	4.19	8.61	+0.32	808	874	1 783	+112.56
		唐山港	1 393.82	24 860.15	26 253.97	+21.84	0.20	1.47	1.66	-23.10	6.20	6.32	12.51	-20.71	2 901	2 965	5 866	-20.35
		黄骅港	18.10	1 534.92	1 553.02	+7.14					0.48	0.56	1.05	-9.89	221	219	440	-7.76
		分计	1 508.92	27 812.7	29 321.49	+18.85	21.08	21.99	43.07	+171.91	11.11	11.07	22.18	+0.05	3 930	4 058	7 988	-0.05
	河港口岸																	
		分计																
合计			6 081.82	28 922.97	35 004.79		21.08	21.99	43.07	+171.91	20.86	20.62	41.48	+0.12	4 817	4 954	9 771	-0.03
同比（%）									+171.91		+0.14	+0.10	+0.12		-0.01	-0.05	-0.03	

（河北省口岸办提供）

2014年石家庄海关主要数据统计表

项目		2014年	同比（%）
进出口货运量（万吨）	合计	31 555.75	+23.65
	进口	29 892.99	+22.34
	出口	1 662.76	+53.13
进出口贸易总值（万美元）	合计	5 108 585.84	+13.43
	进口	4 105 816.27	+6.60
	其中：江、海运输	4 090 482.34	+6.76
	铁路运输	5.20	-96.16
	汽车运输	165.44	-94.62
	航空运输	9 146.71	-21.53
	邮件运输		
	其他运输	6 016.58	+16.37
	出口	1 002 769.57	+53.79
	其中：江、海运输	835 670.57	+69.32
	铁路运输	625.05	-40.86
	汽车运输	279.42	-7.66
	航空运输	155 871.00	+9.39
	邮件运输		
	其他运输	10 323.53	-29.50
税收（亿元）	两税合计	419.15	+3.10
	关税入库	11.47	+40.80
	进口环节税入库	407.68	+2.30

（石家庄海关提供）

2014年河北省口岸出入境主要数据表

<table>
<tr><th colspan="3">项目</th><th>2014年</th><th>2013年</th><th>同比（%）</th></tr>
<tr><td rowspan="15">出入境人员（人次）</td><td colspan="2">出入境人员总数</td><td>395 560</td><td>354 681</td><td>+11.53</td></tr>
<tr><td colspan="2">入境人员</td><td>198 798</td><td>180 910</td><td>+9.89</td></tr>
<tr><td colspan="2">出境人员</td><td>196 762</td><td>173 771</td><td>+13.23</td></tr>
<tr><td colspan="2">出入境旅客</td><td>235 925</td><td>198 524</td><td>+18.84</td></tr>
<tr><td colspan="2">出入境员工</td><td>159 635</td><td>156 157</td><td>+2.23</td></tr>
<tr><td rowspan="5">中国公民</td><td>小计</td><td>280 320</td><td>230 148</td><td>+21.80</td></tr>
<tr><td>内地居民（因公）</td><td>56 042</td><td>59 331</td><td>-5.54</td></tr>
<tr><td>内地居民（因私）</td><td>216 275</td><td>161 326</td><td>+34.06</td></tr>
<tr><td>港澳居民</td><td>1 884</td><td>875</td><td>+115.31</td></tr>
<tr><td>台湾同胞</td><td>6 119</td><td>8 616</td><td>-28.98</td></tr>
<tr><td colspan="2">外籍人员</td><td>115 240</td><td>124 533</td><td>-7.46</td></tr>
<tr><td colspan="2">从海港出入境人数</td><td>184 864</td><td>193 348</td><td>-4.39</td></tr>
<tr><td colspan="2">从陆港出入境人数</td><td></td><td></td><td></td></tr>
<tr><td colspan="2">从空港出入境人数</td><td>210 696</td><td>161 333</td><td>+30.60</td></tr>
<tr><td rowspan="5">交通运输工具（辆、艘、架、列次）</td><td colspan="2">总计</td><td>8 691</td><td>8 187</td><td>+6.16</td></tr>
<tr><td colspan="2">船舶</td><td>6 874</td><td>6 681</td><td>+2.89</td></tr>
<tr><td colspan="2">飞机</td><td>1 817</td><td>1 506</td><td>+20.65</td></tr>
<tr><td colspan="2">火车</td><td></td><td></td><td></td></tr>
<tr><td colspan="2">机动车辆</td><td></td><td></td><td></td></tr>
</table>

（河北省公安边防总队提供）

2014 年河北省出入境检验检疫业务统计表

项目	货物检验检疫				交通工具				集装箱（标箱）		发现动植物疫情		货物通关		出入境人员查验（人次）	健康检查及预防接种（人次）			
	批次	金额（万美元）	检验检疫不合格		船舶（艘）	飞机（架）	火车（列）	汽车（辆）	合计	检出问题	种类数	种次	批次	金额（万美元）		健康检查	艾滋病监测	发现病例	预防接种
			批次	金额（万美元）															
本年累计	104 106	426.08	2 287	781 964.74	6 434	1 830			56 022	337	236	2 034	23 091	3 724 082	384 282	30 642	29 397	19 420	38 464
其中 出境	83 798	48.76	255	1 332.33	3 003	909			19 964				13 036	76 115	184 656	27 126	26 406	17 437	38 440
其中 入境	20 308	377.32	2 032	780 632.41	3 431	921			36 058	337	236	2034	10 055	3 647 967	199 626	3 516	2 991	1 983	24
同比（%）	-32.23	-6.72	-9.44	-8.03	+3.44	+22.00			+48.66	+921.21	+136	+906.93	+19.14	+3.35	+27.93	+8.31	+9.55	+39.20	+18.05
其中 出境	-36.82	-40.00	-19.22	-25.83	+3.91	+24.69			+940.30		-100		+24.67	-29.51	+24.81	+9.33	+11.11	+42.33	+18.02
其中 入境	-3.17	+0.48	-8.21	-7.99	+3.03	+19.46			+0.82	+921.21	+143.3	+906.93	+12.66	+4.37	+30.95	+1.01	-2.51	+16.65	+118.18

（河北出入境检验检疫局提供）

2014 年河北海事局进出港船舶统计汇总表

船舶类别	进港船舶							出港船舶						
	艘数（艘）	总吨（吨位）	总载重量（吨）	载客量（客位）	船员人数（人次）	货物到达量（吨）	旅客到达量（人）	艘数（艘）	总吨（吨位）	总载重量（吨）	载客量（客位）	船员人数（人次）	货物发送量（吨）	旅客发送量（人）
总计	116 911	655 705 197	114 979 443	700 651	847 443	312 846 357. 3	11 611	115 990	655 922 016	1 114 108 567	672 963	885 193	640 874 523. 1	12 970
中国籍船舶	112 597	454 871 718	739 023 610	700 651	760 798	47 733 993. 77	11 611	111 690	455 477 314	738 997 200	672 963	796 523	625 742 484. 8	12 970
其中外贸船	324	9 952 165	18 075 221	25 056	9 800	9 630 398. 82	7 876	222	5 395 244	8 354 515	25 056	6 835	1 650 568. 37	8 425

（河北海事局提供）

山 西 省

山西省口岸分布示意图

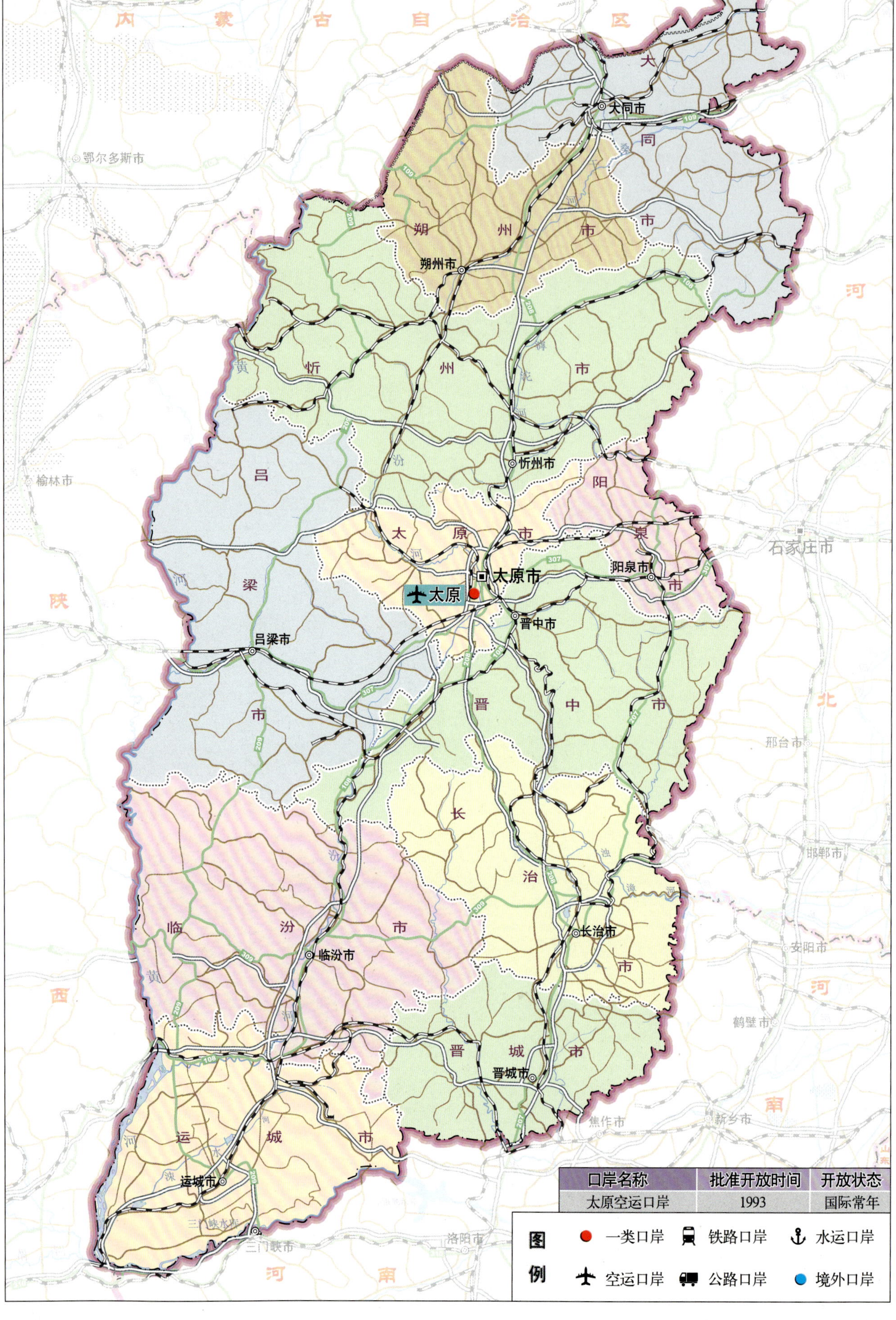

口岸名称	批准开放时间	开放状态
太原空运口岸	1993	国际常年

图例

一类口岸　铁路口岸　水运口岸

空运口岸　公路口岸　境外口岸

口岸数量及分布

截至2014年年底，山西省有经国务院批准的对外开放口岸1个，即太原空运口岸（太原武宿国际机场）。

口岸运行数据

2014年，山西省空运口岸进出境人员385 843人次，进出境飞机2 950架次，同比分别增长19.8%和12.7%。其中，太原空运口岸出入境人员377 377人次，出入境飞机2 844架次，同比分别增长17.2%和8.7%；进出口货运量549吨，同比增长59.6 %。大同空运口岸（临时开放）进出境人员8 466人次，进出境飞机106架次。

口岸综合管理

【大同空运口岸获批继续临时开放】 2014年4月和10月，国家口岸管理办公室两次批复同意大同机场继续临时对外开放，时间截至2015年4月30日。大同机场获批继续临时对外开放，这对大同扩大对外开放、促进经济发展具有积极的推动作用，也为大同空运口岸正式开放奠定了良好的基础。

【晋津口岸通关服务宣讲座谈会在太原召开】 2014年5月29日，山西省口岸办和天津市口岸办联合在太原组织召开晋津口岸通关服务宣讲座谈会。山西属内陆地区，要借港出海，天津港正是山西进出口业务的主要港口，深化两地口岸合作、加快大通关建设意义重大。这次宣讲座谈会为进一步深化山西省和天津市跨区域口岸合作又迈出了坚实的一步。

【山西省口岸办赴福州、广州调研关检合作“三个一”试点工作】 2014年6月18日，山西省商务厅、山西省口岸办，以及太原海关、山西出入境检验检疫局、太原市商务局等单位相关人员赴福州、广州就关检合作“三个一”试点建设情况进行了调研。调研组先后赴福州、广州现场调研关检合作“三个一”试点建设情况，并同试点城市相关单位举行座谈会。与会单位就关检合作“三个一”运营情况、平台建设及运维管理、关检实现“三个一”举措和经验进行了充分交流。试点城市积累的经验和做法为山西省开展关检合作“三个一”工作提供了很好的借鉴。

【新亚欧大陆桥国际运输研讨会在青岛举办】 2014年8月21日，“2014新亚欧大陆桥国际运输研讨会暨青岛港亚欧大陆桥国际海铁联运推介恳谈会”在青岛开幕，与会单位共商大陆桥国际运输服务国家“一带一路”建设大计。青岛、四川、甘肃、山西、青海口岸办负责人，以及涉桥港口、铁路、货运站、堆场等相关部门负责人参加了会议。

会上，各单位就加强口岸大通关合作，共同推进以大陆桥国际运输为重点的新丝绸之路经济带合作与发展，促进沿黄流域省市口岸功能延伸和优势互补，形成相互促进、共同发展的新格局进行协商，签署了深化沿黄流域口岸合作、共同支持大陆桥国际运输的《青岛共识》。一是发挥沿大陆桥各省、区、市口岸管理部门协调服务职能，建立联络协调机制，拓宽合作渠道和合作领域；二是支持沿大陆桥口岸查验单位加强区域通关合作，积极探索和促进跨区域口岸通关改革；三是发挥青岛港和沿桥“内陆港”资源优势，实现港口、口岸、保税等功能互为延伸，共建新丝绸之路经济带；四是支持沿大陆桥铁路部门改革集装箱铁路运输机制，发展集装箱多式联运，推进大陆桥海铁联运持续快速发展；五是支持物流企业恪守“客户至上”的服务理念，积极推动大陆桥物流市场的规范化发展。

【太原空运口岸高效保障525只羊驼口岸通关工作】 2014年9月29日，经过9个小时的长途飞行，来自墨尔本满载525只羊驼的波音747飞机顺利降落太原武宿国际机场，这是太原空运口岸承接活体动物规模最大的一次，也是我国乃至国际上单次空运羊驼数量最多的一次。本次引进的羊驼主要用于国家级科研项目——羊驼毛用性状的基因资源课题（农业部“948”项目）。

【太原空运口岸举办埃博拉疫情应急演练】 2014年12月25日，为提高太原空运口岸应对突发公共卫生事件的处置能力，山西省口岸办组织太原机场出入境检验检疫局、太原机场海关、山西省公安边防总队和山西省民航机场管理局等口岸单位在太原机场联合举行2014太原空运口岸埃博拉出血热联防联控应急处置演练。通过此次演练，完善了应急预案，锻炼了队伍，磨合了联检单位联防联控协作机制，提高了太原空运口岸应对埃博拉出血热疫情的组织指挥、协调配合、快速反应和高效处置能力，强化了出入境检验检疫部门及地方疾控部门应对埃博拉出血热突发疫情医疗救援及防控的高效运转合作机制。

【太原空运口岸航线不断增加】 2014年，太原空运口岸国际航线方面，韩国及东南亚地区航线发展迅速。多家韩籍航空公司纷纷登陆太原航空市场，新增多个由太原直达至韩国的新航点，韩国线成为太原机场国际航线的新亮点，大大提升了国际航线客运业务量。分别由德威航执飞太原至仁川航班，易斯达航执飞太原至济州岛航班、太原至清州航班，釜山航执飞太原至釜山航班，真航空执飞太原至江原道襄阳航班，大韩航执飞太原至清州航班，济州航执飞太原至清州、太原至仁川航班；同时东航恢复太原至仁川航班，使太原与韩国的交流达到前所未有的规模，每周往返航班最高可达8班。引进泰国SKYVIEW航空对曼谷—太原航线进行了加密。同时，保持太原—海口—新加坡航线全年稳定运行，进一步促进了太原同泰国、新加坡等东南亚之间的往来。地区航线方面，港澳台地区航线发展较快。2014年，香港地区方面，由香港航和东航两家航空公司运营太原至香港的航线，每周航班量为4班；台湾地区方面，台湾长荣航的加盟及东航太原—台北航线的加密，使太原—台北每周可达10班，加之太原—台中和太原—高雄航线全年保持了稳定的运营，实现了太原至台湾东、中、南部航线全岛覆盖，由太原至台湾地区航线周航班量可达13班；澳门地区方面，太原—澳门航线航班由最初每周2班加大至每周7班，后因经济低位运行等因素影响，在12月初调减为每周3班。

口岸监管与服务

【太原海关出台19项措施支持山西外贸稳定增长】 2014年7月7日，太原海关出台《太原海关支持山西外贸稳定增长的若干措施》。措施共有19条内容，涵盖提高贸易便利化水平、降低企业经营成本、促进加工贸易转型升级、增强外贸企业竞争力等4个方面，将国务院和海关总署关于支持外贸稳定增长的政策举措，细化为更具操作性的具体细则。

在“深化改革创新，提高贸易便利化水平”方面：一是全面推进区域通关改革，从扩大受益企业范围和简化操作流程入手，不断提高企业的通关便利水平。二是继续推行通关作业无纸化改革，年内通关作业无纸化率达到报关单总量的80%以上，减轻企业纸质单证负担。三是选择在太原机场海关、太原武宿综合保税区先行先试，全面推进关检合作“三个一”和跨境电子商务试点工作。四是借鉴国家级重点改革创新成果，调研和分析上海自贸区创新监管理念、监管制度和监管手段的先进做法，学习京津冀区域通关一体化改革经验，结合山西省情，研究复制推广成熟做法。

在“完善政策措施，降低企业经营成本”方面：一是进一步规范进出口环节经营性服务和收费，加快办理出口结关手续，支持企业及时退税。二是采取多种措施加强政策宣讲，帮助企业用好用足国家政策。三是大力支持空运口岸建设，支持航空企业开通国际（地区）客运、货运航线、临时包机、公务机及其他国际业务发展，支持民航公司将太原武宿国际机场打造成华北国际空港物流集散地。

在“创新加工贸易监管模式，促进加工贸易转型升级”方面：一是充分发挥太原武宿综合保税区作用，创新监管模式，增强太原省会城市辐射带动作用。全力推动海关特殊监管区域向贸易多元化、功能多样化、产业链高端化方向发展，积极承接国际和沿海地区的产业转移。二是支持企业“走出去”拓展海外市场。鼓励外贸企业拓展服务理念，不断扩大经营范围，提升国际化水平。有针对性地做好信息咨询工作，积极为企业“走出去”排忧解难。三是积极鼓励加工贸易发展，结合全省的产业结构特点，鼓励有条件的企业开展加工贸易，简化深加工结转、外发加工、加工贸易内销等审核程序，方便办理加工贸易内销征税手续，实现出口、内销“两条腿”走路，促进山西产业结构转型升级。

在“优化外贸环境，增强外贸企业竞争力”方面：一是继续简政放权，进一步简化审批环节，优化审批流程和内部核批手续。加强海关门户网站、“12360”海关统一服务热线等的建设，加大政务公开力度。二是加强统计分析和统计服务，加强对全省进出口形势的分析研判，充实和完善向地方政府提供的海关统计数据资料，为各级政府和领导决策提供支持与服务。三是保持打私高压态势，强化对重点领域、重点商品的综合分析和风险研判，综合运用刑事、行政执法手段，重点打击货运、加工贸易和特定减免税等渠道的走私活动。四是坚持宽严相济的刑事司法政策，综合考虑依法办案与保护企业正常生产经营、打击走私与保护地方经济发展的关系，在确保查处走私违法案件质量的同时，进一步完善案件快速处理机制，避免因办案对企业生产经营的影响。

【太原海关复制推广上海自贸区3项监管创新制度】 海关总署自2014年8月起在全国分批开展了复制推广上海自贸区14项海关监管服务创新制度的工作。结合山西省的实际情况，太原海关在认真准备的基础上，在武宿综合保税区正式启动了其中3项制度“简化无纸通关随附单证”、“简化统一进出境备案清单”和“内销选择性征税制度”的复制推广，已取得初步成效。截至2014年年底，太原海关共审核进出境备案清单238票，商品主要为不锈钢板材、压克力板材、智能手机及手机生产用料件等，监管进出区货值11.5亿元。同时，已有52票无纸通关作业报关单简化上传随附单证。已有26家区内外企业从这两项监管创新制度中受益。

【山西兰花保税物流中心项目获批】 2014年9月，海关总署、财政部、国家税务总局、国家外汇管理局等部门联合发文，同意山西省设立山西兰花保税物流中心。

该项目依托山西兰花国际物流园区进行建设，已规划用地面积33.2万平方米，与国道、晋城北铁路货运站和晋城市客运东站相毗邻，并有长晋、晋焦、晋济、晋侯4条高速公路交汇。拟规划建设口岸作业区、保税物流仓储区和保税堆场，以及海关监管区域、隔离围网、卡口、视频监控报警系统和信息辅助管理系统等。

项目建成后，依托晋城特有的资源和产业基础，建设国际物流产业和现代服务业基地，引领、带动、辐射和服务晋东南及周边区域的外向型经济发展，服务山西省东南部资源型经济转型。对拉动全省和中原经济区外向型经济快速发展，促进中部崛起具有十分重要的战略意义。

【中央编办正式批复在山西省设立晋城海关、长治海关】 2014年10月，中央编办正式批复在山西省设立晋城海关、长治海关，这标志着山西省晋东南地区扩大对外开放实现又一重大突破。

海关作为国家进出境监督管理机构，是国家的门户，更是一个地区对外开放水平的重要标志。国家已在山西省太原、太原机场、大同、侯马、运城设立海关，此次，批复在晋城、长治设立海关，进一步完善了山西省海关布局，为降低通关成本，实现进出口贸易便利化，促进产业结构优化升级，全面提升开放型经济水平提供了有力支撑。

【《晋陕豫黄河金三角检验检疫合作机制备忘录》在山西运城签署】 2014年7月6日，山西、陕西、河南出入境检验检疫局三方在山西运城签署《晋陕豫黄河金三角检验检疫合作机制备忘录》。国家质检总局副局长魏传忠、山西省副省长王一新、运城市政府市长王清宪，以及国家质检总局、山西省政府办公厅、山西省商务厅、山西省农业厅、山西出入境检验检疫局、陕西出入境检验检疫局、河南出入境检验检疫局相关负责人出席见证。

三方以建立黄河金三角区域检验检疫工作“三协四互两动”联动机制为核心，在建立共同促进区域出口优势农产品生产加工基地建设机制、建立促进区域产业承接发展重点项目落地服务机制等11个方面加强合作，共创安全、宽松、便捷、高效的对外贸易环境。

【山西出入境检验检疫局与太原海关联合出台全面推进关检合作“三个一”实施方案】 2014年8月20日，山西出入境检验检疫局与太原海关联合出台全面推进关检合作“三个一”实施方案。双方按照口岸管理相关部门“三互”的总体要求，依据国家质检总局与海关总署的统一安排，进一步深化协作，切实改进监管和服务，在双方各部门、所有通关现场、所有依法需要报关报检的货物和物品领域全面推行“三个一”，结合山西实际确定太原武宿国际机场、太原武宿综合保税区为“三个一”通关现场，共同成立关检合作“三个一”领导小组，建立联络机制与工作例会制度，完善固化关检合作联系配合机制，扎实推进关检合作“三个一”工作的长效化和常态化建设，形成整体合力，让关检便利措施最大限度地惠及企业，提高通关效能，降低企业成本，提升贸易便利化水平，促进山西经济贸易持续健康稳定发展。

【山西省公安边防总队固化优质服务理念 助推地方经济发展】 山西省公安边防总队坚持高水准边检服务要求，规范执法执勤程序，创新服务举措，采取召开网上报检工作协调会，向航空公司、旅行社、公务机代办人员提供法律法规咨询等方式，为顺畅通关提供靠前服务，赢得了服务对象的赞誉。推出临时性航班（公务机、载运鲜活产品的货包机）“零等待、零距离、零重复”快捷通关制度和特殊旅客（年老或无人陪伴的未成年旅客、患病或行动不便的旅客、乘坐急救航班的旅客）预约通关制度，使边检服务举措更具人性化、优质化，受到了服务对象的广泛赞誉，并被山西省公安厅纳入《山西公安便民利民服务措施18条》对外推介，反响良好。

【山西省公安边防总队创新边检勤务模式 筑牢口岸安全屏障】 2014年，山西省出入境旅客流量继续保持迅猛的增长态势，全年客流量突破38万，同比增长19.8%。针对口岸流量增长、执勤分散及维稳形势严峻的多重压力，山西省公安边防总队一方面适应航班规律，采取“小单元”、“错时”勤务模式，科学配置警力，提高了勤务效益；另一方面，加强口岸安全风险评估，严密勤务组织，充分利用API国际航班信息预报系统，预判旅客信息，牢牢把握口岸管控主动权。在此基础上，改进领导带班制度，每周通报勤务差错，促进勤务管理规范化建设。从适应形势任务出发，完善处置口岸及营区突发事件预案，提高部队处置突发事件的能力，确保了“建国65周年”、“香港占中活动”、“APEC会议”等敏感时期、节点口岸和部队安全稳定。2014年全年共查获在控对象29人、违法违规事件24起，有效履行了中央事权。同时，强化制度约束，推进规范化建设，制定完善了《值班领导岗位职责》、《勤务值班岗位职责》、《勤务质量考评监督办法》等12类人员岗位职责，确立了执法办案人员主办、法制员把关、法制参谋审查、主管领导审核的“四级会审制”，规范了执法审批流程，严格了过错责任追究。

开放口岸

【太原空运口岸（太原武宿国际机场）】 太原武宿国际机场位于太原市真方位156度，距市区13.2千米。太原空运口岸于2004年经国务院批复同意扩大对外国籍飞机开放，并于2005年1月通过国家正式验收。2007年11月太原武宿机场更名为太原武宿国际机场，为国内省会级干线机场，是北京首都国际机场的备降机场。太原武宿国际机场场区占地面积约588.7万平方米，飞行区等级指标为4E级，跑道长3 600米，宽度75米，站坪34万平方米，机位43个，可起降B747机型，同时满足F类A380备降需要。新建的T2航站楼于2008年7月投入使用，面积为5.5万平方米，其中国际厅面积1.8万平方米。T1航站楼经过改造，面积为2.6万平方米，并于2014年1月1日启用。新货运楼于2010年4月投入使用，总建筑面积12 417平方米，其中海关监管货运库约2 000平方米。截至2014年12月，太原空运口岸已有国内外15家航空公司（国外13家、国内2家）开通了20条固定及临时国际和地区航线，可直达韩国、泰国、印尼、我国港澳台等8个国家和地区，通航城市19个。每周航班多达60个，保持了良好的发展势头。

【大同空运口岸（临时开放）】 大同空运口岸（大同云冈机场）于2013年7月31日获国家口岸管理办公室批准临时开放，截至2014年年底已连续4次获批继续临时开放。目前开通大同至香港、仁川航线。

大同云冈机场于2006年1月正式通航，占地面积约144万平方米，飞行区等级指标为4C级，可起降B737－300及以下机型，跑道长3 000米，宽度45米，站坪2.4万平方米。为了满足口岸开放的需要，按照正式空运口岸的标准和要求，2013年对T1航站楼进行了全面改造，为联检单位配置了必要的查验设备。改造后的航站楼室内面积4 255平方米，调整了航站楼的室内布局，修建了海关、边检、检疫的业务通道和办公用房。室外新建停车场3 730平方米，基本具备了空运口岸正式开放的条件。

海关特殊监管区域

【太原武宿综合保税区】 太原武宿综合保税区于2012年8月26日获国务院正式批准。该区是山西省首个综合保税区，规划总面积2.94平方千米。太原武宿综合保税区规划分东西两区，西区为太原经济开发区富士康D区厂房，现已投入使用，面积为0.2平方千米，东区紧邻太原武宿国际机场，面积为2.74平方千米，规划设计东西两区通过专用通道进行连接。

2013年9月16日，太原武宿综合保税区正式通过了海关总署、国家发展改革委、财政部、国土资源部、住建部、商务部、国家税务总局、国家工商总局、国家质检总局、国家外汇管理局等十部门正式验收并封关运行。首批入区项目8个，总投资约8.4亿美元，占地面积约0.577平方千米，具体为：富士康苹果手机整机生产项目、太重煤机综合保税区进出口基地项目、纯天然椰纤维制品加工项目、医用正电子发射断层扫描仪（简称PET）项目、艾滋病和病毒性肝炎等重大传染病防治项目、山西太钢保税综合服务有限公司仓储物流基地项目、中外运保税仓储物流项目和山西文化保税服务及加工贸易项目。

2014年，太原武宿综合保税区监管进出区货运量15.6万吨，货值49.9亿元，征收税款597.9万元。全年减免税审批总货值4.95亿美元，同比增长32.5%；减免税款4.46亿元，同比增长7.1%。

【山西方略保税物流中心】 山西方略保税物流中心，是2008年12月26日经国务院授权，海关总署、财政部、国家税务总局、国家外汇管理局四部委联合审批的全国首批17家扩大试点的保税物流中心之一，是具有民营特色的保税物流中心，也是山西省首家保税物流中心。2009年6月16日，山西方略保税物流中心通过国务院验收并封关运营。作为海关集中监管场所，方略保税物流中心是山西省“十二五”发展规划重点建设项目，转型综改首批十大标杆项目之一，还是山西省政府确立的“无水口岸”试点、大通关平台和融入国际市场的“汇聚点”。中心内建有联检服务大厅、口岸作业区、承载万吨装卸大列的铁路站台、钢材交易区、融资监管区、露天物料堆场和高标准的现代化加工车间，能为进出口企业和现代物流企业提供进口保税、出口监管、海—铁—陆多式联运、物流融资、信息咨询和流通性简单加工等政策性功能服务。

封关运行以来，累计为省内进出口企业办理报关报检手续2 340票，监管进出口及“一日游”货物1 127万吨，货值16亿美元；累计为周边企业融资26.2亿元，直接、间接汇聚和带动绿色税收11.3亿元以上。2014年，办理报关报检手续731票，监管货物121万吨，货值近2亿美元。业务已发展到中国香港、台湾地区，以及欧、美、澳、南非、新加坡、哈萨克斯坦、外蒙古等11个国家和地区，货物涉及铁、铜、铬、镍等有色金属矿，石油钻探设备，各类机械电子设备，食品及添加剂，聚苯醚等化工产品，铸管铸件，镁铝合金，果汁，芦笋，菜椒等27个品种。

方略保税物流中心二期工程已建成山西最大、全国为数不多的多功能、复合型物流场站。其中，1 050米铁路专用线6条，高标准堆垛站台8个，高标准仓库14万平方米已部分投入使用；综合应用网络信息平台已上线运行，保税物流中心的卡口已竣工；园区路网建设已结束；联检办公大楼正在装修。与此同时，购置了正面吊、龙门吊、装载机、挖掘机等先进的专业物流设备，组建了公路运输和海关监管运输车队。其他开工项目，如“集装箱物流中心站”改扩建工程、保税物流中心基础工程、液态物流中心站工程等，也都正在稳步推进。截至2014年年底，方略保税物流中心已开通了至连云港的“五定班列”和至二连浩特边境口岸的货运专列，成为山西省晋南、晋东南地区最大、最集中的陆路运输场站。

山西省口岸大事记

1月1日

太原武宿国际机场T1航站楼正式投入运营。中国国际航空、深圳航空、山东航空、四川航空、幸福航空、祥鹏航空、西部航空、西藏航空、大连航空和昆明航空的所有进出港航班票务及乘机等相关业务转入T1航站楼，国际（地区）航线继续保留在T2航站楼运营。

1月2日

吕梁机场通过民航华北地区管理局组织的行业验收。

2月13日

山西省副省长王一新赴大同云冈机场国际厅就空运口岸开放进行调研。

2月26日

山西省口岸办在大同组织召开大同空运口岸开放第六次协调会，讨论研究正式开放大同空运口岸及继续临时开放大同机场等相关事宜。

3月3日

太原机场出入境检验检疫局从旅客携带物中截获7.5千克燕窝。这是《中华人民共和国禁止携带、邮寄的动植物及其产品名录》发布以来，太原空运口岸首次截获燕窝。

4月14日

国家口岸管理办公室第3次批复同意大同机场临时对外开放，期限为2014年5月1日～10月31日。

5月13日

山西省口岸办在运城组织召开运城空运口岸开放工作协调会。

5月15日

山西省副省长王一新就山西空运口岸开放工作赴海关总署拜会海关总署署长于广洲和国家口岸管理办公室主任黄胜强。

5月29日

为进一步深化晋津跨区域口岸合作，山西省口岸办和天津市口岸办联合在太原组织召开晋津口岸通关服务宣讲座谈会。

6月5日

山西省副省长王一新在太原武宿综合保税区通关服务中心调研并主持召开综合保税区建设运行座谈会，详细听取太原市政府和武宿综合保税区管委会关于综合保税区建设、运营和管理情况的汇报，以及省有关部门对加快综合保税区发展的意见和建议。

6月16日

山西省商务厅、山西省口岸办、太原海关、山西出入境检验检疫局等单位相关人员组成调研组，对重庆、上海跨境贸易电子商务试点建设情况进行了调研。

6 月 18 日

经山西出入境检验检疫局检验检疫合格，朔州市怀仁县金龙养殖园区专业合作社生产的 764 箱货值 6.1 万美元的冻羊肉顺利出口以色列。这是山西省首次对以色列出口该产品，也是朔州市近年来冷冻羊肉出口“零”的突破。

7 月 6 日

山西、陕西、河南三省检验检疫部门在运城签署《晋陕豫黄河金三角检验检疫合作机制备忘录》。国家质检总局副局长魏传忠、山西省副省长王一新出席并作重要讲话。

7 月 7 日

台湾长荣航空开通太原至台北航线。

8 月 5 日

山西省副省长王一新突击检查太原武宿国际机场民航运行安全工作，并对太原空运口岸进行了实地考察。

8 月 5 日

山西省口岸办在运城组织召开运城空运口岸临时开放工作第二次协调会。

8 月 28 日

山西省政府召开全省疾控工作会议，研究部署埃博拉出血热等预防控制工作。山西省副省长张建欣出席会议并作重要讲话。

9 月

太原空运口岸首次从入境旅客携带的芒果中截获芒果白轮盾蚧。

9 月 29 日

来自墨尔本满载 525 只羊驼的波音 747 飞机顺利降落太原武宿国际机场，这是太原空运口岸承接活体动物规模最大的一次，也是我国乃至国际上单次空运羊驼数量最多的一次。海关、检验检疫、边防、民航等部门工作人员按照预定方案，各司其职，密切配合，开通绿色通道，安全、有序、高效地完成了进口羊驼的口岸通关保障工作。

10 月 15 日

山西省口岸办召开太原空运口岸埃博拉疫情防控工作会。山西省旅游局、太原机场海关、太原机场出入境检验检疫局、山西省公安边防总队和山西省民航机场管理局、大同民航机场管理局等部门分管领导和有关负责人参加了会议。

11 月 18 日

山西省口岸办和天津市口岸办联合在太原组织召开晋津口岸检验检疫协作一体化座谈会。

12 月 4 日

山西省口岸办组织太原海关、山西出入境检验检疫局、山西省民航机场管理局等部门参加“上海与中部六省口岸大通关合作第九次联席会”并作交流发言。

12 月 23 日

山西省口岸办组织省商务厅、太原海关、山西出入境检验检疫局、太原铁路局等部门在太原枢纽（北六堡）物流中心拟增设铁路口岸调研并召开座谈会。

12 月 25 日

山西省口岸办组织太原机场出入境检验检疫局、太原机场海关、山西省公安边防总队和山西省民航机场管理局等口岸单位在太原机场联合举行 2014 太原空运口岸埃博拉出血热联防联控应急处置演练。

12 月 26 日

国家质检总局批复同意在山西省大同筹建一个进口肉类指定查验场。

（撰稿人：宋晓徽、张新年、牛煜、乔溪）

2014 年山西省口岸流量统计表

口岸类型		口岸名称	货运量（万吨）				集装箱量（万标箱）				人员（万人次）				交通工具（辆、艘、架、列次）			
			出口	进口	合计	同比（%）	出口	进口	合计	同比（%）	出境	入境	合计	同比（%）	出境	入境	合计	同比（%）
空运口岸		太原空运口岸			0.054 9	+59.60	0.101 8	1.430 3	1.532 1	-10.74	18.841 4	18.896 3	37.737 7	+17.20	1 425	1 419	2 844	+8.70
		大同空运口岸（临时开放）									0.431 4	0.415 2	0.846 6	+222.29	51	55	106	+341.67
		分计			0.054 9	+59.60	0.101 8	1.430 3	1.532 1	-10.74	19.272 8	19.311 5	38.584 3	+19.80	1 476	1 474	2 950	+12.70
陆运口岸	公路口岸																	
		分计																
	铁路口岸																	
		分计																
水运口岸	海港口岸																	
		分计																
	河港口岸																	
		分计																
合计					0.054 9	+59.60	0.101 8	1.430 3	1.532 1	-10.74	19.272 8	19.311 5	38.584 3	+19.80	1 476	1 474	2 950	+12.70
同比（%）																		

（山西省口岸办提供）

2014 年太原海关主要数据统计表

项目		2014 年	同比（%）
进出口货运量（万吨）	合计	1 353	-44.6
	进口	1 313	-44.7
	出口	40	-41.9
进出口贸易总值（万美元）	合计	337 655.24	-31.45
	进口	329 183.65	-31.36
	其中：江、海运输	300 559.22	-35.32
	铁路运输		
	汽车运输	404.90	-34.44
	航空运输	28 219.53	+99.08
	邮件运输		
	其他运输		
	出口	8 471.59	-34.76
	其中：江、海运输	8 279.36	-33.13
	铁路运输	176.63	-70.48
	汽车运输		
	航空运输	15.60	+159.57
	邮件运输		
	其他运输		
税收（万元）	两税合计	327 684	-31.8
	关税入库	37 330	-13.6
	进口环节税入库	290 354	-33.6

（太原海关提供）

2014 年山西省口岸出入境主要数据表

<table>
<tr><th colspan="3">项目</th><th>2014 年</th><th>2013 年</th><th>同比（%）</th></tr>
<tr><td rowspan="14">出入境人员
（人次）</td><td colspan="2">出入境人员总数</td><td>385 843</td><td>322 122</td><td>+19.78</td></tr>
<tr><td colspan="2">入境人员</td><td>193 115</td><td>161 740</td><td>+19.40</td></tr>
<tr><td colspan="2">出境人员</td><td>192 728</td><td>160 382</td><td>+20.17</td></tr>
<tr><td colspan="2">出入境旅客</td><td>362 831</td><td>301 075</td><td>+20.51</td></tr>
<tr><td colspan="2">出入境员工</td><td>23 012</td><td>21 047</td><td>+9.34</td></tr>
<tr><td rowspan="5">中国公民</td><td>小计</td><td>360 638</td><td>305 947</td><td>+17.88</td></tr>
<tr><td>内地居民（因公）</td><td>4 773</td><td>5 598</td><td>-14.74</td></tr>
<tr><td>内地居民（因私）</td><td>317 847</td><td>273 745</td><td>+16.11</td></tr>
<tr><td>港澳居民</td><td>12 006</td><td>9 953</td><td>+20.63</td></tr>
<tr><td>台湾同胞</td><td>26 012</td><td>16 651</td><td>+56.21</td></tr>
<tr><td colspan="2">外籍人员</td><td>25 205</td><td>16 175</td><td>+55.83</td></tr>
<tr><td colspan="2">从海港出入境人数</td><td></td><td></td><td></td></tr>
<tr><td colspan="2">从陆港出入境人数</td><td></td><td></td><td></td></tr>
<tr><td colspan="2">从空港出入境人数</td><td>385 843</td><td>322 122</td><td>+19.78</td></tr>
<tr><td rowspan="5">交通运输工具
（辆、艘、架、列次）</td><td colspan="2">总计</td><td>2 950</td><td>2 617</td><td>+12.72</td></tr>
<tr><td colspan="2">船舶</td><td></td><td></td><td></td></tr>
<tr><td colspan="2">飞机</td><td>2 950</td><td>2 617</td><td>+12.72</td></tr>
<tr><td colspan="2">火车</td><td></td><td></td><td></td></tr>
<tr><td colspan="2">机动车辆</td><td></td><td></td><td></td></tr>
</table>

（山西省公安边防总队提供）

2014年山西省出入境检验检疫业务统计表

项目	货物检验检疫				交通工具				集装箱（标箱）		发现动植物疫情		货物通关		出入境人员查验（人次）	健康检查及预防接种（人次）			
	批次	金额（万美元）	检验检疫不合格																
			批次	金额（万美元）	船舶（艘）	飞机（架）	火车（列）	汽车（辆）	合计	检出问题	种类数	种次	批次	金额（万美元）		健康检查	艾滋病监测	发现病例	预防接种
本年累计	12 263	173 316	230	35 116		2 950			4 228						385 843	7 362	7 420	211	10 708
其中 出境	9 595	58 319	41	245		1 476			461						192 728				
其中 入境	2 668	114 997	189	34 871		1 474			3 767						193 115				
同比（%）	−37.0	−63.0	+11.1	+204.6		+12.7			+5.3						+19.8	+11.5	+12.5	+31.9	+73.1
其中 出境	−44.9	−85.1	−8.9	+1.2		+13.5			−22.1						+20.2				
其中 入境	+30.5	+49.9	+16.7	+208.9		+12.0			+10.0						+19.4				

（山西出入境检验检疫局提供）

口岸名称	批准开放时间	开放状态	国外对应口岸
呼和浩特空运口岸	1991.12	国际常年	
满洲里空运口岸	2009.2	国际常年	
海拉尔空运口岸	1993.7	国际常年	
满洲里铁路口岸	1989.4	国际常年	
二连浩特铁路口岸	1989.4	国际常年	
满洲里公路口岸	1989.4	国际常年	后贝加尔斯克
二连浩特公路口岸	1990.6	国际常年	扎门乌德
策克公路口岸	2005.6	双边常年	西伯库伦
甘其毛都公路口岸	2007.9	双边常年	嘎顺舒苏海图
珠恩嘎达布其公路口岸	2006.8	国际常年	毕其格图
满都拉公路口岸	2009.2	双边季节	杭吉
额布都格公路口岸	2009.2	双边季节	巴彦呼舒
阿日哈沙特公路口岸	1992.3	双边季节	哈比日嘎
黑山头公路口岸	1989.4	双边常年	旧粗鲁海图
室韦公路口岸	1989.4	双边常年	奥洛契
阿尔山公路口岸	2012.3	国际常年	松贝尔

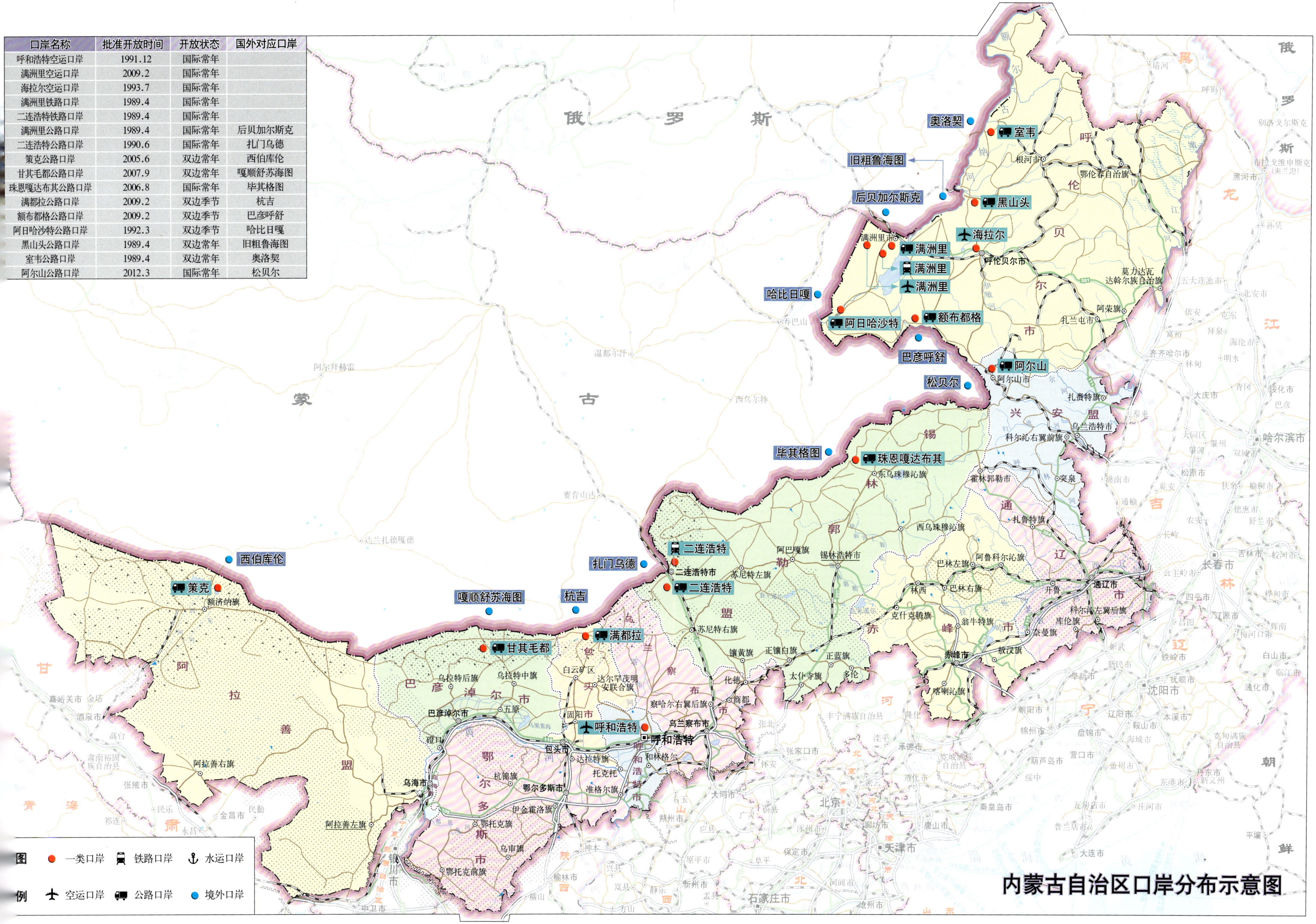

内蒙古自治区口岸分布示意图

内蒙古自治区

口岸数量及分布

截至2014年年底，内蒙古自治区有经国务院批准对外开放口岸16个。其中，空运口岸3个，分别是呼和浩特空运口岸（呼和浩特白塔国际机场）、满洲里空运口岸（满洲里西郊国际机场）、海拉尔空运口岸（海拉尔东山国际机场）；陆路（铁路）口岸2个，分别是二连浩特、满洲里铁路口岸；陆路（公路）口岸11个，分别是满洲里、二连浩特、策克、甘其毛都、珠恩嘎达布其、满都拉、额布都格、阿日哈沙特、黑山头、室韦、阿尔山公路口岸。其中，对俄罗斯口岸有4个，对蒙古国口岸有9个。

口岸运行数据

2014年，内蒙古自治区口岸进出境货运量7 085.7万吨，同比增长4.2%。其中，进境货运量为4 793.0万吨，同比增长3.7%；出境货运量为1 016.3万吨，同比下降21.3%；转口货运量为1 276.4万吨，同比增长44%。其中，陆路（铁路）口岸进出口货运量3 920.28万吨，同比增长0.5%；陆路（公路）口岸进出口货运量2 744.5万吨，同比增长13.16%；对俄口岸进出境货运量为3 038.7万吨，同比增长0.2%；对蒙口岸进出境货运量4 047万吨，同比增长22.9%；陆港国际集装箱中转货运量420.89万吨。

2014年，全区外贸进出口总值145.53亿美元，同比增长21.4%，高于全国进出口增幅17.9个百分点。其中，出口63.94亿美元，同比增长56.2%；进口81.59亿美元，同比增长3.3%，高于全国进口增幅2.9个百分点。

从各口岸情况看，满洲里、二连浩特、甘其毛都3个口岸货运量超过千万吨大关。其中，满洲里陆路（铁路、公路）口岸货运量3 010.61万吨，同比增长0.2%；二连浩特陆路（铁路、公路）口岸货运量1 355.93万吨，同比增长3.8%；甘其毛都陆路（公路）口岸货运量1 278.55万吨，同比增长18.2%。全区口岸进出境客运量467.6万人次，同比增长2.9%。其中，进境客运量233.8万人次，同比增长2.8%；出境客运量为233.8万人次，同比增长3.0%；对俄口岸进出境客运量为172.4万人次，同比下降9.7%；对蒙口岸进出境客运量为295.2万人次，同比增长2.1%；陆路（铁路）口岸进出境客运量36.45万人次，同比下降39.65%；陆路（公路）口岸进出境客运量409.18万人次，同比增长1.9%；空运口岸进出境客运量21.78万人次，同比增长36.12%。

全区口岸进出境交通工具136.1万辆（列、架）次，同比增长7.2%。其中，进境交通工具67.8万辆（列、架）次，同比增长6.6%；出境交通工具68.0万辆（列、架）次，同比增长7.8%；转口交通工具2 901辆（列、架）次，同比增长5%；对俄口岸进出境交通工具30.2万辆（列、架）次，同比下降2.3%；对蒙口岸进出境交通工具105.9万辆（列、架）次，同比增长10.2%；陆路（铁路）口岸进出境交通工具1.85万列次，同比下降11.9%；陆路（公路）口岸进出境交通工具133.98万辆次，同比增长7.09%；空运口岸进出境交通工具0.3万架次，同比增长50%。

全年进出境货运量同比略有增长。货运量增长的主要因素是，进入7月份以来，受中蒙经贸环境持续改善和自治区采取措施优化通关环境的有利影响，甘其毛都、策克、珠恩嘎达布其口岸货运量增长态势明显，甘其毛都口岸同比增长18.24%；策克口岸恢复正增长，同比增长7.6%；珠恩嘎达布其口岸同比增长13.3%。煤炭、铜精粉、原油进口增长幅度较大，得益于大庆塔木察格油田原油回运利好，额布都格口岸货运量同比增长562.8%。随着自治区与沿海、内地省区口岸之间跨区域国际物流合作加强，转口货运量增加明显。影响货运量增长的不利因素主要是，满洲里口岸受铁路运价上涨和国内市场形势的影响，煤炭和铁矿砂两大主要品类进口量大幅下降，并在口岸出现滞压，致使铁路口岸货运量下降，二连浩特铁矿石进口量为仅同比增长0.4%，其他口岸尽管货运量增幅较大，但因基数小，对全区货运总量增幅的拉动作用有限。

2014年内蒙古自治区各盟市进出口统计表

盟、市	进出口额（亿美元）	出口额（亿美元）	进口额（亿美元）	同比（%）		
				进出口	出口	进口
总值	145.53	63.94	81.59	+21.3	+56.2	+3.3
呼伦贝尔市	36.57	16.62	19.95	+54.1	+285.6	+2.7
满洲里市	32.85	13.08	19.77	+41.8	+229.4	+3.0
包头市	18.05	12.70	5.35	-14.2	+14.2	-46.0
呼和浩特市	21.95	12.42	9.53	+37.5	+69.5	+10.3
锡林郭勒盟	15.96	6.98	8.98	-12.3	-17.6	-7.7
二连浩特市	15.52	6.76	8.76	-13.0	-18.5	-8.2
鄂尔多斯市	7.22	4.75	2.47	-36.5	+37.3	-68.8
通辽市	4.30	3.92	0.38	+106.0	+218.5	-55.8
巴彦淖尔市	28.34	3.17	25.17	+98.7	+7.3	+122.5
赤峰市	8.53	1.34	7.19	-6.6	+17.4	-10.0
兴安盟	1.30	0.93	0.37	22.8倍	22.3倍	24.4倍
阿拉善盟	2.66	0.60	2.06	-24.1	+15.5	-31.0
乌兰察布市	0.47	0.33	0.14	+0.9	+2.7	-3.1
乌海市	0.18	0.18	0	+100.5	+783.3	-93.0

表注：1. 按出口额排序；

2. “呼伦贝尔市”的进出口额包含“满洲里市”的，“锡林郭勒盟”的进出口额包含“二连浩特”的。

（内蒙古自治区商务厅提供）

口岸综合管理

【提升口岸开放水平】 加强对口岸发展规划的指导，开展实地调研，指导各口岸地区认真研究，科学制定和完善口岸发展规划，做到口岸发展定位清晰，功能完善，布局合理；完善口岸开放布局。积极推动乌力吉陆运口岸和鄂尔多斯空运口岸开放，满都拉、额布都格、阿日哈沙特口岸扩大为常年开放进入审理程序，推动室韦口岸增加客运功能取得积极进展，开展了包头、通辽、二连浩特、阿尔山空运口岸开放的前期准备工作；推动口岸经济发展，研究内蒙古自治区促进口岸经济发展的指导意见；积极推进自治区综合保税区和保税物流中心申建工作。赤峰保税物流中心经国家四部委验收通过，已封关运行；鄂尔多斯、满洲里、集宁综合保税区由自治区政府上报国务院并批转至海关总署待启动审理程序；积极推进中蒙二连浩特—扎门乌德跨境经济合作区申报工作。

【拓展口岸通关业务】 争取国家口岸管理办公室协商联检部门同意，延长策克、甘其毛都口岸开放时间，保障矿产品进口周六周日正常通关，实现满都拉、额布都格口岸常年临时开放，鄂尔多斯伊金霍洛机场和二连浩特赛乌素机场继续临时开放。积极协调内蒙古出入境检验检疫局，申报额布都格、阿尔山为指定进口蒙古国粮食、饲草口岸。为扩大中蒙两国人员和车辆往来，规范蒙古国边民自驾车入出境管理，研究制定了《蒙古国边民自驾车入出二连浩特口岸管理办法》，正在申请海关总署放开第三国车辆入出境二连浩特口岸的限制，同时为二连浩特口岸申报整车进口资质。与内地部分省市签署口岸跨区域合作协议，合作开通经满洲里和二连浩特口岸到达欧洲的集装箱运输班列，已成功开通“苏蒙欧”、“豫蒙欧”、“湘蒙欧”、“鄂蒙欧”、“渝蒙欧”、“中欧（中俄）”集装箱班列。加快推进陆港建设，实现区域通关“属地查验，口岸放行”和“属地查验，属地放行”通关模式。

【加强基础设施建设】 建立全区口岸基础设施建设补助资金项目库和资金安排使用绩效评价制度。经积极争取，自治区政府决定从 2015 年起连续五年每年安排 15 亿元用于口岸基础设施建设，编制完成 2015 资金使用计划，确定了建设项目。国家发展改革委下达 2014 年预算内口岸基本建设资金 3 570 万元，内蒙古自治区财政口岸基础设施建设补助资金 1 亿元。

【加快电子口岸建设】 按照“政府主导、联合共建、实体化运作”的电子口岸建设原则，组建内蒙古电子口岸股份有限公司，已经完成电子口岸平台建设，正在协调联检部门进行数据接入，满洲里和二连浩特口岸“三个一”查验模式试运行已经启动。按照自治区分管领导的指示，加快推进建设内蒙古口岸监控指挥中心，加强口岸阳光执法，有效应对和处置口岸突发事件，实现对全区口岸智能化、规范化、集约化监控管理。

【优化口岸发展环境】 与俄联邦边界建设署西伯利亚局和蒙古国口岸总署分别举行两次口岸工作会晤和联合检查；取消了进出境客货运量较大口岸联检部门的午间技术休息时间，通关效率明显提高，进出境客货运量明显增加。积极协调自治区发改委、财政厅，取消不适宜行政事业性收费和经营性服务收费，进一步减轻了企业和人员负担；制定《内蒙古自治区口岸管理和服务标准（试行）》，并在全区口岸推行；加强口岸对外宣传工作，与中国广播电影电视社会组织联合会交通宣传委员会、内蒙古广播电视台联合举办了“畅行中国—北疆口岸行”大型主题采访活动，制订《全区口岸外宣工作实施方案》。配合国家口岸管理办公室组织新华社、人民日报社、法制日报社、中央电视台和海关总署新闻办记者在满洲里、策克口岸的采访报道活动。

口岸监管与服务

【呼和浩特海关深入推进监管领域改革】 区域通关改革进展顺畅，全年监管“属地申报，口岸验放”和“属地申报，属地放行”进出口货物 310.3 万吨，同比增长 133%，适用企业达到 33 家；深化无纸化通关改革，关区所有业务现场实现无纸化通关；继续完善“守法便利、违法惩戒”差别化措施，分类通关改革取得实效；关检合作“三个一”取得新进展，“三个一”合作模式在二连浩特铁路、公路口岸全流程上线运行，覆盖关区报关单量的 85%；深化中蒙边境地海关联合监管和“三互”工作，中蒙边境地海关联合监管试点实现辖区对蒙常年开放口岸全覆盖。全年监管进出口货物总值 520 亿元，同比增长 14.3%，高出全国 12 个百分点；监管进出口货物 3 493.9 万吨，同比增长 14%，高出全国 5.9 个百分点，列全国海关第 19 位；监管进出境运输工具 132.9 万辆（架）次、人员 276.6 万人次，同比分别增长 5.6%、0.3%；

【呼和浩特海关服务口岸经济发展水平提升】 一是支持自治区开放向纵深发展。积极落实习近平总书记视察内蒙古时重要指示精神和访蒙重要成果，以及“守望相助，打造祖国北疆亮丽风景线”的具体要求，研究落实自治区深化与蒙古国全面合作规划纲要、促进外贸和口岸发展实施意见。二是扶持企业发展力度加大。全面落实稳增长、促改革、调结构各项政策措施，全年为企业减免税款 3.41 亿元。做好自治区重点项目的事前和事后跟踪服务。三是口岸监管设施和科技化建设明显加强。2014年累计配发各类监管设备总价值1.5亿元，配套经费4 500万元，更新和新增H986检查系统5套。完成隶属海关及口岸网络升级改造工程。扎实推进金关二期工程建设。卡口自动核放系统、安全运行管理平台、监管设备综合管理信息平台等一批科技系统推广部署、上线运行。四是通关速度和效率不断提升。不断优化通关作业流程，推行24小时预约通关、取消口岸午休、集中申报、原煤直通式监管、果蔬绿色通道等便捷措施，提高大宗进出口货物通关效率。支持仓储物流和落地加工。推行“无人值守、无单据传递、远程监控、自动检斤”的矿能产品监管模式。

【满洲里海关出台两个整体措施，搭建三个发展平台】 为落实中央和海关总署支持外贸发展的指导意见，经海关总署批准，满洲里海关研究出台了支持呼伦贝尔市外向型经济发展的26条措施。按照中央、海关总署关于支持外贸发展的有关要求，结合辖区外贸发展实际，研究制定了支持内蒙古自治区东部四盟市的具体措施。

围绕内蒙古自治区“8337”发展思路，结合工作实际，着力搭建三个发展平台。第一个平台是重点项目支持平台，与辖区各地发改委等政府部门进行工作对接，对各盟市所有重点项目进行减免税评估和指导，提出调整建议。第二个平台是农畜产品贸易平台。进一步优化出口果菜监管查验流程，打造对俄果菜出口基地，并向地方政府提出发展订单外贸农业的建议；积极开展饲草进口税政调研，向海关总署提出了税率调整建议，国务院税则委员会采纳了满洲里海关建议，扩大了饲草暂定税率适用范围，并将税率由9%下调到4%。第三个平台是旅游服务贸易发展平台。加强与旅游、交通、商贸、公安等部门的合作，进一步完善了俄罗斯籍小客车进境监管措施。

【满洲里海关支持辖区特殊监管区域建设和优化升级】 重点加强对满洲里综合保税区和赤峰市保税物流中心申建工作的支持，通过积极协调和努力推动，赤峰保税物流中心正式封关运作，满洲里综合保税区申建工作也完成了十部委的会签。积极筹划将通辽内陆港保税仓库和出口监管仓库，优化整合升级为保税物流中心（A型）。出台《2014—2015年两仓布局规划》，关区保税监管场所数量已增至6家；充分利用边民互市的优惠政策发展经济，探讨满洲里市互贸区的发展形势和方式，实现了满洲里市互贸区功能进一步拓展。

【满洲里海关积极落实各项改革任务】 一是全面推行通关无纸化改革。报关单、通关单等所有单证均实现了无纸化。在此基础上，进一步推行了随附单证“瘦身”工作，A类以上企业扫描传输的随附单证整体减少50%，大大降低了企业的扫描工作量。二是继续深化区域通关改革。与13个海关开展了区域通关合作。加大对“属地申报，属地放行”、“属地申报，口岸验放”区域通关模式的推介力度，引导企业在自愿的基础上开展属地报关业务，为企业提供区域通关便利。将“属地申报，口岸验放”的适用范围放宽至一年内无违法记录的B类生产型企业，将“属地申报，属地放行”的适用范围放宽至A类生产型企业。三是深化关检合作。推进关检合作“三个一”，多次与内蒙古出入境检验检疫局进行沟通衔接、推动督促，全流程完整“三个一”已正式启动。同时，在木材监管上基本实现了“三互”。四是稳步推进简政放权。针对国务院取消、下放“报关单修改、撤销”等7项行政审批项目，修订本关区操作规范，确保取消、下放行政审批事项落实到位；对关区内所有审批、核批事项及其操作流程进行摸底，对于没有上位依据的15项核批事项，全部予以取消。

【内蒙古出入境检验检疫局服务自治区“8337”发展战略】 按照内蒙古自治区“8337”发展战略，主动作为，切实支持自治区“一堡一带”建设。出台促进对外贸易稳定增长的10项措施，帮扶进出口企业转型升级。坚决执行国家有关进出口环节减免收费政策，为企业减免收费累计1 526万元。利用原产证优惠政策支持企业扩大出口，签发各类原产地证书3.84万份，签证金额18.35亿美元，为企业减免进口国关税约6 126万美元。推动满洲里、二连浩特国家重点开发开放试验区建设，支持满都拉、阿日哈沙特、额布都格口岸扩大开放和鄂尔多斯机场开放、二连浩特机场临时开放，配合做好乌力吉口岸的新开建设规划，支持包头无水港、乌海国际陆港、赤峰保税物流中心的建设发展。

【内蒙古出入境检验检疫局深化改革】 积极探索口岸联检单位“三互”工作，推进“单一窗口”建设。贯彻国务院常务会议和国家质检总局、海关总署签署的新合作备忘录，加强关检协作。在2013年试点的基础上，全面推进关检合作的“三个一”工作。在2014年11月14日前，先后与呼和浩特海关、满洲里海关实现“三个一”上线运行，关检重复申报项目和申报时间均减少约30%。下步所有分支机构、所有口岸现场、所有依法需报检报关的商品，将在全区口岸全面推开。

【内蒙古出入境检验检疫局严密防控疫病疫情和有毒有害物质传入传出】 全系统以口岸核心能力建设为重点，经多方努力，自治区16个口岸中已有15个通过口岸核心能力验收。同时，强化口岸检疫查验，严防埃博拉、登革热等疫情传入。在满洲里口岸成功举办口岸核与辐射突发事件应急演练，与自治区相关部门建立突发公共卫生事件防范处置合作机制。加强进口废物原料中有害物质、矿产品放射性超标，入境农产品中检出转基因成分的妥善处理，及时退运出境，有效保护国家生态安全和人民健康。

【内蒙古出入境检验检疫局护航自治区农业“走出去”发展战略】 积极推动自治区质量安全示范区建设和绿色农畜产品生产加工输出基地建设。全年对俄蒙出口果菜53.5万吨。争取国家质检总局有条件同意俄罗斯油菜子从满洲里口岸进口，实现了赴俄农业“走出去”回运油菜子进口和落地加工，满洲里口岸已有两家油菜子加工企业通过国家质检总局的注册，二连浩特口岸两家企业获得进口油菜子定点加工资质。支持做好进口粮食指定口岸的申报工作，满洲里陆路（铁路）口岸和二连浩特陆路（铁路）口岸成为第一批进境粮食指定口岸。支持自治区优良种畜禽引进工程，检验检疫进口澳大利亚种牛1 850头、种羊4 790只，英国纯血种马186匹，美国罗斯种鸡6.5万只，动物遗传物质64.5万支。

【内蒙古自治区公安边防总队跟进服务区域经济发展战略】 针对满洲里、二连浩特国家重点开发开放试验区、对蒙重点口岸战略能源进口、口岸开放和扩大开放等区域经济发展项目，推出“能源运输车辆快捷查验”、“涉外企业诚信通关”、“经贸及旅游团组预检预录”、“重要宾客团组专勤保障”、“鲜活农产品车辆随到随检”等便民利企举措，全力助推口岸“大通关”建设和外向型经济发展。以部局《关于进一步做好服务口岸开放工作的通知》精神为指导，跟进鄂尔多斯伊金霍洛、二连浩特赛乌素机场临时开放和额布都格口岸临时扩大开放工作，通过全区边防系统内部调剂，总队为全区边检系统增配20%的执勤警力，各边检站精简机关50%以上警力充实一线。在无国家编制机构的情况下临时抽调人员，保证了鄂尔多斯机场连续两年临时对外开放。积极参与口岸基础设施和边检配套设施建设，优化完善查验环境，协调升级查缉装备，确保服务保障能力与口岸建设发展同频共振，本着“着眼长远、业务主导、运行高效、重在实用”的原则，制定了《边检机关口岸发展五年规划》，积极争取建设项目和配套资金，进一步提高服务口岸开放工作的能力和水平。

【内蒙古自治区公安边防总队深化边检勤务改革创新】 进一步加大二连边检站勤务改革试点建设力度，推进以“综合指挥、情报导侦、专业查缉、诚信通关、警务联动”五大体系为支撑的勤务改革创新工作。区分对俄对蒙、东部西部、量大量小等不同口岸特点，指导各边检站因地制宜，选准重点方向和突破口，形成了“科学合理、实用高效、各具特点”的勤务组织模式。二连边检站信息科技改变管控方式、精细管理提升专业水平、依规协作确保和谐顺畅的做法，在边检勤务改革创新现场交流，得到公安部边防局领导的肯定。

【内蒙古自治区公安边防总队加快推进数字边检建设】 承担部局“陆港边检勤务指挥系统”任务，成立研发专班，广泛开展调研，召集全区业务技术骨干对业务需求和技术实现手段进行了4次专题研究和详细论证。加大“涉外警务管理系统”推广使用力度，部署电子旅行证件数字安全服务器，紧跟“外国人服务管理综合系统”上线运行工作，探索建立口岸流量信息实时发布平台，边检智能化水平不断提高。2014年6月，满洲里边检站在公路口岸启用了“员工自助查验通道”。甘其毛都边检站与蒙方对应机构就“快捷通”系统启用进行了多次磋商。先后为各基层单位配发多种设备，服务顺畅通关、严密管控的能力明显增强。

开放口岸

【呼和浩特空运口岸（呼和浩特白塔国际机场）】 位于内蒙古自治区首府呼和浩特，距市中心14千米，1958年10月1日建成通航，1991年经国务院批准对外开放，同年3月开通至蒙古国首都乌兰巴托的航线，成为我国起降国际定期航班的机场之一。2004年呼和浩特白塔国际机场进行扩建，新建机场建筑面积37.4万平方米，可供35架飞机同时停放；航站区新建航站楼5.45万平方米，年吞吐量为300万人次，新站坪机位达32个，机场飞行区等级为4E级。截至2014年年底，白塔国际机场开通国际、地区航线9条。其中，固定航线4条，分别为呼和浩特—蒙古国乌兰巴托、呼和浩特—中国香港、呼和浩特—中国台北、呼和浩特—中国台中；季节性航线5条，分别为呼和浩特—韩国济州岛、呼和浩特—韩国仁川、呼和浩特—韩国首尔、呼和浩特—泰国普吉岛、呼和浩特—泰国曼谷。

2014年，呼和浩特空运口岸进出境客运量111 748人次，同比增长33.6%；进出境航班1 150次，同比增长20%。

呼和浩特出口加工区于2002年6月21日经国务院批准设立，位于呼和浩特经济技术开发区金川工业园区，规划面积2.2平方千米，2007年12月28日正式封关运作。按照整体规划、分期开发的原则，一期开发建设了1.04平方千米土地。呼和浩特出口加工区基础设施配套完善。区内道路、热力、燃气、供电、给水、污水、雨水、通讯及网络配套已建设完成，基本实现了“九通一平”，建成了4.4千米不间断全封闭金属围网；一个永久性卡口，卡口设置6条通道，其中货车通道2条、客车通道2条、人员通道2条，通道安装电子闸门放行系统、车辆自动识别系统和摄像系统组成的闭路电视监控系统；建有可供海关及检验检疫部门共同使用的14 944平方米的验货场地，其出入口设置2台电子地磅，区内建有1 550平方米的监管仓库、1 000平方米验货平台；1.7万平方米标准厂房，5 268平方米综合办公楼，为区内外企业开展保税物流业务提供了良好的条件。加工区内规划4种功能区：加工工业区、监管及仓储区、管理服务区和公用工程区。

2014年，呼和浩特出口加工区进出口总额9 252万美元，其中保税物流货值2 047万美元。实施建设项目4项，其中已建成生产项目1项，续建项目2项，新开工建设1项；引进商贸企业3家。

【满洲里空运口岸（满洲里西郊国际机场）】 满洲里西郊国际机场距满洲里市区9千米，与中俄国界线最近距离约7千米。2004年11月28日启用，2005年2月正式通航并于同年实现临时开放。机场候机楼面积2万平方米，跑道2 800米，机场飞行区等级为4D级，3条廊桥，可满足国内国际进出港旅客200万人次、高峰小时1 400人次的需求。2009年5月22日满洲里空运口岸正式对外开放。2010年8月开通了满洲里—伊尔库茨克临时国际航班，并于2010年9月被中俄双方正式纳入了国际航线直飞点。截至2014年年底，已开通满洲里—俄罗斯赤塔、满洲里—俄罗斯伊尔库茨克、满洲里—俄罗斯乌兰乌德、满洲里—俄罗斯克拉斯诺亚尔斯克、满洲里—蒙古国乔巴山、满洲里—蒙古国乌兰巴托航线，增开了满洲里—俄罗斯新西伯利亚、满洲里—韩国仁川航线，使满洲里空运口岸直飞国家达到3个。

2014年，满洲里空运口岸进出境客运量4.92万人次，同比增长11.8%；进出境飞机1 056架次，同比增长42.8%。

【海拉尔空运口岸（海拉尔东山国际机场）】 海拉尔东山国际机场距市区5千米。1953年3月正式开通并成立了中苏航空股份公司海拉尔航空站，航线为苏联赤塔—海拉尔—朝鲜平壤。1955年，苏方将股份移交中方，由中方单独经营。1959年，该航线取消，口岸随之关闭。1988年，呼伦贝尔盟开展经济体制改革试验区建设，恢复海拉尔空运口岸。1995年9月15日，国家口岸管理办公室以国口办字〔1995〕34号文件同意海拉尔航空口岸正式对外开放。经过多年的建设，机场口岸基础设施已日趋完善。海拉尔机场已经成为内蒙古东部地区规模最大、功能最完善、业务最繁忙的机场，飞行区达到4D级标准，跑道达2 800延长米，可起降波音767-300以下机型的飞机，是目前内蒙古自治区唯一拥有直通港澳台地区国际航的机场。截至2014年年底，海拉尔空运口岸已开通北京—海拉尔—俄罗斯赤塔、海拉尔—蒙古国乔巴山—蒙古国乌兰巴托、海拉尔—俄罗斯伊尔库茨克、海拉尔—中国香港、海拉尔—中国台北、海拉尔—韩国首尔、海拉尔—蒙古国乌兰巴托、海拉尔—中国澳门、海拉尔—日本箱根、海拉尔—日本大阪、海拉尔—日本神户、海拉尔—日本熊本航线。

2014年，海拉尔空运口岸共进出境飞机558架次，同比增长40%；进出境人数35 061人次，同比增长95%。

【满洲里陆路（铁路）口岸】 位于中俄41号界标处，与俄罗斯后贝加尔斯克铁路口岸相对应，是我国规模最大的铁路口岸，也是中俄贸易最大的通商口岸，承担了中俄贸易60%的货运量。满洲里陆路（铁路）口岸于1901年开通，距今已有百年的历史。现有宽准轨到发编组线51条，其中宽轨24条、准轨27条；口岸站换装线、专用线等线路90余条；宽轨列车会让站一个。自2007年以来，口岸过货量就已经突破了2 400万吨，目前的口岸换装能力已经不能满足口岸发展的需要。为此，满洲里市启动了满洲里新国际货场建设。满洲里新国际货场，占地面积约15平方千米，一期投资33亿元，是由铁道部、中铁集装箱公司、俄罗斯伊利托集团等多家国内外知名企业共同出资建造，主要包括铁路物流中心、煤炭散装货场、汽车专业货场、集装箱专办站、矿石散装货场和化学危险品等专业货场。投入使用后，铁路口岸站场布局资源配置将会更加合理，铁路口岸年综合换装能力可达7 000万吨。

满洲里陆路（铁路）口岸查验手段先进，通关作业信息化程度高。配有钴-60火车自动检查系统，列车电子监控系统，放射性检测仪等现代化设备设施。建立了覆盖各监管场区的网络系统，实现了进出口货物远程监控和查验信息的同步传输。各货代报关企业与海关、检验检疫部门、铁路车站实现了微机联网。海关与铁路车站实现了舱单的网络传输。满洲里铁路车站与俄后贝加尔车站间实现了电子数据交换。配备了多种性能先进的现代化换装设备，能够满足各种进出口货物的换装仓储需求。

满洲里陆路（铁路）口岸进口货物主要有木材、原油、化工、纸类、化肥、铁矿砂、合成橡胶等。货物流向全国29个省、市、区。出口货物以轻工产品、机电产品、矿产品、石油焦、食品、建材等为主。利用口岸优势，2014年满洲里口岸扩大口岸跨区域合作，拓展口岸过境班列业务，先后开通了“苏蒙欧”、“湘蒙欧”、“鄂蒙欧”、“渝蒙俄”、“中欧（中俄）”国际货运班列，全年铁路进出口集装箱达61 020标箱，同比增长0.7%。

2014年，满洲里铁路口岸进出境货运量2 868.15万吨，同比下降0.6%，其中进出境货运量前三位分别为木材、金属矿石、煤，分别占进出境货运量27.2%、9.9%、5.4%；进出境客运量13.24万人次，同比下降61.7%；进出境火车1.0万列次，同比下降23.1%。

【二连浩特陆路（铁路）口岸】 位于内蒙古自治区正北部集二线终端，中蒙815号界标附近，与蒙古国扎门乌德市相距9千米，是我国与蒙古国接壤的唯一铁路口岸，对应蒙古国东戈壁省扎门乌德铁路口岸。1956年，随着中、蒙、苏（北京—乌兰巴托—莫斯科）三国国际联运通车，口岸正式对外开放。二连浩特口岸自古就是我国内陆通往北亚、东欧最近、最便捷的通道。通过京包线与天津港相连，是日本、东南亚及其他邻国开展对蒙古国、俄罗斯及东欧各国转口贸易的理想通道，是目前蒙古国走向出海口的最便捷通道，也是我国向北开放的前沿阵地和重要的进出口商品集散地。该口岸主要进出口货物有铁矿石、木材、铜矿粉、原油、水泥等，蒙古国70%的果蔬和日用品经由该口岸运入。

二连浩特陆路（铁路）口岸功能齐全，查验设备先进，现有宽准轨线路169条，建有世界上最大的散堆装货场、列车换轮库，拥有世界一流的H986货运列车检验系统。2006年起口岸实行24小时通关，年吞吐能力1 000万吨。2014年，口岸办积极筹措资金，改善铁路口岸通关环境，对铁路车站旅检入境通道进行改造，实现铁路口岸出入境查验通道分开，为出入境旅客提供了良好的通关环境。先后开通“郑连欧”、“蓉连欧”、“湘连欧”国际货运班列。

2014年，口岸进出境货运量1 052.13万吨，同比增长3.6%。其中，进出境货运量前三位分别为铁矿石进口运量475.9万吨、木材进口运量104.3万吨、铜矿粉进口运量57.5万吨，分别占进出境货运量52.7%、11.6%、6.4%。进出境客运量为23.21万人次，同比下降10.0%；进出境火车达0.85万列次，同比增长6.3%。

【满洲里陆路（公路）口岸】 满洲里陆路（公路）口岸于1998年投入使用，是我国唯一实行24小时通关的国际公路口岸。口岸分为旅检区和货检区，旅检通关大楼共分为三层，一层为出入境人员的候检大厅，二层为出境大厅，三层为入境大厅，楼内共开设十进十出人员通道；货检区开设三进三出六条货车通道，使满洲里公路口岸的年通过能力达到人员1 200万人次、车辆120万辆次、货物600万吨。货检区出口主要是以蔬菜水果为主，占出口总量的85%；进口主要是以废钢和木材为主，占进口总量的90%。目前，我国有29个省市区的蔬菜水果经由这里出口到俄罗斯，最远可以到达俄罗斯的圣彼得堡和莫斯科等地，这里成为我国开拓俄罗斯农产品市场的桥头堡。

公路口岸主体建筑有货检大楼、旅检大楼、部队兵营、会晤站，以及相配套的公路口岸交易市场、海关监管区等。口岸封闭区集通关、查验、仓储运输、生活服务于一体，可一次性完成报检报关、税费征缴业务。为完善公路口岸物流功能，积极推动国际物流贸易综合体项目建设，项目选址公路口岸东侧、301国道以北区域，占地60万平方米，总投资规模8亿~10亿元，主要功能是开展进出口贸易的运输、装卸、仓储、展示、交易、货代、报关查验等业务，工程于2014年9月23日破土动工，一期工程投资3亿元，计划2015年10月建成投入运营。

2014年，满洲里陆路（公路）口岸进出境货运量142.46万吨，同比增长17.0%；进出境客运量143.31万人次，同比增长0.7%；进出境车辆23.85万辆次，同比下降3.0%。

【二连浩特陆路（公路）口岸】 位于中蒙边界815号界标处，与蒙古国扎门乌德隔界相望，二连浩特陆路（公路）口岸旧通道于1992年开通试运营，是在中蒙两国铁路员工通勤通道的基础上改建的，只有一条客货混用通道，基础设施、查验条件非常简陋。2000年6月，为改变二连浩特口岸的落后面貌，经上级批准二连浩特扩建公路口岸。公路口岸新联检通道位于国门西侧，工程总投资5 600万元，总占地面积34.3万平方米。设计最大通过能力为货运240万吨、客运300万人次。

二连浩特公路口岸主要设施有：联检大楼3 889平方米、海关特检区货检大楼274平方米、货运报关楼534平方米、边检营房2 100平方米，以及相配套的口岸监管区。通道北出口与蒙古国边境相接，南出口经市区与208国道相连。东西两条次干线与友谊路相连接，新建联检区设有四进四出八通道，实现客货分流。公路口岸新联检区集通关查验、仓储运输、生活服务于一体，可一次性完成报关报检和稽费征缴工作。新建公路口岸的运营，从根本上改变了老口岸功能单一、设施滞后的状况，极大地提高了公路口岸的过货能力和通关效率，为二连浩特市改革开放、经济发展奠定良好的基础。

2014年，二连浩特公路口岸进出境货物为303.80万吨，同比增长4.6%；进出境人员为167.61万人次，同比下降5.1%；进出境车辆43.51万辆次，同比下降2.9%。

【甘其毛都陆路（公路）口岸】 位于中蒙第703号界标处，距乌拉特旗政府海流图镇133千米，与蒙古国南戈壁省汉博格德县嘎顺舒苏海图口岸相对。1989年12月，自治区人民政府批准甘其毛都为中蒙边境贸易的临时过货点，1990年2月实现了首次过货。1992年6月国务院正式批准甘其毛都为一类季节性双边口岸，并于1992年7月正式进行首次季节性开关。2007年9月，国务院批复甘其毛都口岸为双边常年开放的边境公路口岸。2009年6月，通过了国家组织的常年开放正式验收。口岸年设计过货能力为3 000万吨，年旅客通行能力100万人次。口岸对应蒙古国南戈壁省总面积60%以上的地下都有煤矿资源，已探明煤储量530亿吨，铜矿储量位居世界前列。其中，塔本陶勒盖煤田探明储量64亿吨，奥云陶勒盖铜矿初步探明为亚洲最大的铜矿，名列世界第4位，该铜矿平均品位0.63%，最高品位4%。

2014年，各级部门投资1 470万元对口岸硬件设施进行升级改造。取消“一关两检”工作人员两小时午休，实现全天12小时不间断通关。强化通道、待发区封闭管理，完善运煤通道、出境车辆待发区从严管理制度，实施多部门联动执法和局领导现场轮周带班制度和保安人员准军事化绩效管理。实行待发区、通道准入车辆动态管理，根据煤炭业务量重新调配待发车辆出车车道，按周动态调整公司车辆出入顺序。同时，及时补放出境运煤车量，减少疏港通道停放车辆，加快车辆通关速度。煤炭、铜精粉实现运输车辆从蒙古国选矿厂或坑口到国内监管区“直通”运输，缩减运输成本。车辆出入境速度明显加快，通关效率大幅提升，单日进口煤炭最高达8.55万吨。4、5、6、7月连续4个月单月进口煤炭破100万吨。

2014年，完成进出口货运总量1 278.55万吨，同比增长18.2%；实现进出口贸易总值

27.72 亿美元，同比增长 125.88%。其中，煤炭进口 1 183.56 万吨，同比增长 11.92%；铜精粉进口实现大幅增长，全年进口 79.61 万吨，同比增长 882.93%。进出口贸易总值突破 20 亿美元。出入境人员 42.15 万人次，同比增长 24.2%；出入境车辆 31.04 万辆次，同比增长 24.8%。

巴彦淖尔市现代农畜产品（B 型）保税物流园区位于内蒙古自治区规划的重点沿黄沿线经济带——呼包鄂金三角和蒙晋陕能源富集区的辐射地带，紧邻呼包银和京津冀经济圈，区位优势显著，交通条件便利。园区规划总控制面积 34 平方千米，分为南北两区，主要规划建设农畜产品加工区、综合市场区、仓储物流区、危化品区及铁路货运站等。建成后年可出口农畜产品 100 万吨以上，实现营业额 35 亿元以上，实现利税 5 亿元以上，解决就业人员 2 万多人。目前已完成基础设施建设投资 13 亿元，共有 47 个项目和区政府签订了投资协议，协议总投资额达到 73.5 亿元。海关监管仓已全部完工并配齐了全部监管设施，并于 2014 年 12 月 25 日通过了呼和浩特海关的正式验收。检验检疫实验室已通过国家质检总局的认证验收，待与天津市口岸办和天津港务集团对接并签订正式合作协议后便可投入运营。

【策克陆路（公路）口岸】 位于内蒙古阿拉善盟额济纳旗中蒙 572 号界标处，距额济纳旗府所在地达来呼布镇 60 千米，与蒙古国南戈壁省西伯库伦口岸相对应，是内蒙古第三大口岸，同时也是内蒙古、陕西、甘肃、宁夏、青海 5 省区所共有的陆路口岸。1992 年 3 月经自治区人民政府批准为对外开放的二类口岸，2005 年 6 月国务院批准为中蒙双边性常年开放口岸，已成为全国第五大、内蒙古自治区第四大陆路口岸，是中蒙两国最为重要的贸易通道之一。对外辐射蒙古国南戈壁、巴音洪格尔、戈壁阿尔泰、前杭盖、后杭盖 5 个畜产品、矿产资源较为富集的省区，这些地区蕴藏着金、铜、铝、铅等多种丰富的贵金属矿藏资源，距蒙古国那林苏海特煤田仅 46 千米。

2010 年重新编制了《策克口岸总体规划》，规划区控制面积 48 平方千米，规划建设用地 39.67 平方千米。策克口岸先后投入资金 42 亿元，逐步完善了策克口岸市政基础设施和口岸公共设施，特别是新的货运通道于 2013 年年初开通运行，口岸年通关过货能力达到 3 000 万吨以上。甘肃酒钢集团投资 21 亿元建成嘉策铁路线，首钢控股、包钢、呼铁局、内蒙古庆华集团等企业投资 42.7 亿元建成临策铁路线，策克口岸至达来呼布镇一级公路全线贯通，阿盟通勤机场已于 2013 年 11 月开航，京新高速公路和临哈铁路正在建设，将为策克口岸的发展增添新的动力。

2014 年，策克公路口岸进出境货物 809.82 万吨（其中进口原煤 807 万吨），同比增长 7.6%；进出口贸易额 15.2 亿元人民币；出入境人员 23.9 万人次，同比增长 21.9%；出入境车辆 18.90 万辆次，同比增长 15.2%。

【黑山头陆路（公路）口岸】 位于俄罗斯赤塔州和呼伦贝尔市交界的额尔古纳河东岸，中俄边界 91 号界标处，与俄罗斯赤塔州旧粗鲁海图口岸相望，向南连接满洲里口岸，向北与室韦口岸相连，向东距额尔古纳市区 62 千米，距黑山头镇 12 千米，距口岸 22 千米的俄罗斯普里阿尔贡斯克区有公路、铁路通往俄罗斯腹地，口岸临界的俄罗斯后贝加尔边疆区拥有极其丰富的森林、石油、天然气、铅锌矿石、煤炭、木材等矿产资源。黑山头公路口岸于 1989 年经国务院批准为国家一类口岸，1991 年正式实现双边性常年开放。根据当时贸易的需要，采取边开通边建设的办法，口岸过货经历了冰上—木桥—永久性水泥桥过货的发展过程。经过二十多年的发展，逐步形成了以进出口贸易为主，以旅游、服务业为辅的口岸经济发展模式。

2006 年黑山头口岸重新规划，现口岸占地面积 138 万平方米，截至 2014 年年底口岸总投资 1 亿余元，建设面积 14 621 平方米，主要完成了黑山头—旧粗鲁海图口岸界河大桥建设、出境旅客联检楼、货检楼、边检监护中队营房、综合服务楼等基础设施建设，真正实现了客货分离、旅客进出境分离的现代化管理模式。口岸通过能力达到年过货300万吨、进出入境人员100万人次的设计要求。2009年黑山头—拉布大林的疏港公路由国家三级路改造为国家二级路，极大地改善了通关环境，提高了通关效率。

2014年，黑山头公路口岸进出境货运量16.03万吨，同比下降1.7%；进出境人员7.65万人次，同比下降6.7%；进出境交通工具3.02万辆次，同比下降11.2%。

【室韦陆路（公路）口岸】 位于中俄界河额尔古纳河中游东岸第111号界标处，南距额尔古纳市区168千米，北距莫尔道嘎镇90千米，西隔额尔古纳河与俄罗斯奥洛契口岸相对，两口岸相距1千米，两口岸码头相距仅200米。室韦口岸于1989年经国务院批准为双边性常年开放一类口岸，1991年2月1日正式对外开放。2001年10月建成室韦—奥洛契口岸界河大桥，实现了常年通关过货。2014年11月口岸客货联检厅完工，这为室韦口岸升格为双边客货口岸做好准备工作。

室韦口岸相对应俄罗斯赤塔州东北部9个市区，矿产资源十分丰富，以黄金开采最为发达，铅、锌、铁、铜等矿产资源也有相当储量，森林资源更为丰富，木材储积量达4.5亿立方米，该地区公路发达，离西伯利亚大铁路相距200多千米，内陆交通也十分便利。目前，正在积极争取室韦—莫尔道嘎铁路项目，并拟建室韦口岸跨界矿石皮带输送项目和木材深加工基地，室韦口岸将成为东北进口木材、钢铁、煤炭、建筑材料的重要基散地。

2014年，室韦公路口岸进出口货运量12.10万吨，同比增长30.1%；进出境客运量3.42万人次，同比增长71.0%；进出境车辆2.24万辆次，同比增长72.3%。

【阿日哈沙特陆路（公路）口岸】 位于呼伦贝尔市新巴尔虎右旗阿日哈沙特镇境内，中蒙边界1495号界标处，与蒙古国东方省克尔伦县哈比日嘎口岸相对应，是我国对蒙古国开放的重要口岸之一。1990年实现了首次过货；1992年3月国务院批准阿日哈沙特公路口岸为双边季节性一类口岸，每年1月6日~25日、4月1日~10月31日开关；2013年实现常年开放。

阿日哈沙特公路口岸进口货物主要是铅锌粉、铁矿石和民族工艺品服饰；出口货物主要是食品（土豆、洋葱、圆白菜、水果）、建材（白灰、瓷砖、水泥等）、家电（洗衣机、冰箱等）、摩托车、机械设备和日常生活用品。入驻蒙古国的中铁资源集团有限公司日处理矿石能力达3 500吨，日产铅锌粉600吨，预计每年将有25万吨铅锌矿精粉经阿日哈沙特口岸运回国内。

2014年，阿日哈沙特公路口岸进出口货运量11.60万吨，同比下降13.09%；进出境客运量4.50万人次，同比增长11.67%；进出境交通工具9 188辆次，同比增长20.53%。

【额布都格陆路（公路）口岸】 地处内蒙古自治区呼伦贝尔新巴尔虎左旗阿木古郎镇西南18千米，中蒙边界1423界标处，与蒙古国巴彦呼舒口岸隔河相望。1991年5月经批准设立临时过货点，1995年升格为一类季节性开放口岸，2009年2月经国务院批准为双边季节性口岸。2014年，经国家口岸管理办公室同意，额布都格口岸于6月开始对大庆境外项目实行7天通关，8月20日对公众实施全年临时开放，工作时间为每周一至周五8时至17时。额布都格口岸对应的蒙古国东方省石油、盐、畜产品和水产品等资源极为丰富。口岸进口货物以饲草、水产品、煤炭、废旧金属、大庆塔木察格油田设施设备为主；出口货物以副食品、电器、建材、农机产品为主。

2014年，黑龙江林业设计院编制了额布都格口岸2016~2030年总体规划；商务部国际贸易经济合作研究院对中蒙额布都格—巴彦呼舒跨境经济合作区开展总体规划；随着中蒙两国农畜合作的深入发展，蒙古国政府于2014年6月批准巴彦呼舒—额布都格口岸为农畜产品进出口指定口岸，额布都格口岸正在积极申请农畜产品临时进出口指定口岸。

2014年，额布都格公路口岸进出口货运量

27.84 万吨，同比增长 562.8%；进出境客运量 3.03 万人次，同比增长 133.1%；进出境交通工具 1.89 万辆次，同比增长 372.5%。

【阿尔山陆路（公路）口岸】 位于兴安盟阿尔山市天池镇，距离阿尔山市 45 千米，在中蒙边境 1382～1383 号界碑之间，与蒙古国东方省松贝尔口岸相对应；1992 年经自治区人民政府批准开放为原二类季节性口岸，2012 年 3 月经国务院批准为国际性季节开放口岸，2012 年 12 月通过国家级验收，2013 年 7 月 15 日～10 月 1 日阿尔山口岸实现首次临时集中开放。

阿尔山口岸区位优势明显，规划建设的阿尔山—乔巴山铁路是第 4 条连接欧亚大陆的铁路大通道，也是连接东北亚地区的重要枢纽。阿尔山至乔巴山铁路已列入《中国铁路网中长期规划》、《中国东北地区振兴规划》和蒙古国铁路重点发展规划。开通“两山”铁路，可以形成东起图们，西连蒙古、俄罗斯，贯通整个东北亚新的欧亚大陆桥。

2014 年，阿尔山口岸继续加大力度完善口岸基础设施力度，口岸现场及非现场设施累计完成投资约 5 165 万元；加快口岸核心能力建设，积极申报粮食、饲草进口指定口岸；开展边境旅游异地办证工作，6 月份通过了国家验收，并得到了蒙方的认可。

2014 年 6 月 1 日～9 月 30 日阿尔山口岸开关期间，累计出入境人数为 1 623 人次，进出境车辆 452 辆次。

【珠恩嘎达布其陆路（公路）口岸】 位于内蒙古自治区锡林郭勒盟东乌珠穆沁旗嘎达布其镇境内，中蒙边境 1046 号界标处，与蒙古国苏赫巴托省毕其格图口岸相对应，1992 年经国务院批准开放为国家一类季节性口岸，2004 年 9 月《中蒙边境口岸及其管理制度协定》确认为国际性常年开放口岸，2006 年 8 月国务院同意扩大为国际性常年开放的边境陆路口岸，2008 年 1 月正式实现国际性常年开放，成为内蒙古自治区继二连浩特、满洲里之后第 3 个实现常年开放的国际性口岸。珠恩嘎达布其口岸对内辐射东北、华北，具有连接东西，纵贯南北的地缘区位优势，对外辐射矿产和动植物资源极为丰富的蒙古国苏赫巴托省、东方省、肯特省，是蒙古国、俄罗斯等内陆国家便捷的出海口之一，也是京、津、唐地区通往俄罗斯、蒙古国最便捷的通道。

2014 年争取上级专项资金 2 020 万元。投资 700 万元，完成珠恩嘎达布其口岸报关报检综合楼的主体工程，计划于 2015 年 10 月通过验收投入使用。投资 400 万元，完成口岸进口检疫场所的熏蒸库、查验台、办公室和场地硬化工程，计划于 2015 年上半年通过验收交付使用。委托北京高能筑博建筑设计有限公司编制《珠恩嘎达布其口岸总体规划》、《珠恩嘎达布其口岸物流园区、货运通道和国门景区制性详细规划》，并对口岸物流园区、货运通道和国门景区详规进行初稿讨论征求意见。

珠恩嘎达布其公路口岸进口货物主要是原油、煤炭，出口货物主要是机械设备、建筑材料。

2014 年，口岸进出境货运量 121.2 万吨，同比增长 13.3%；完成进出口贸易额 6 亿美元，同比增长 21.8%；出入境人员 9.8 万人次，同比增长 0.7%；出入境车辆 7.1 万辆次，同比增长 2.8%。

【满都拉陆路（公路）口岸】 位于内蒙古自治区包头市达尔罕茂明安联合旗（简称达茂旗）满都拉镇，中蒙边境 757 界标处。1992 年，满都拉口岸经自治区人民政府批准为原二类季节性对外开放口岸，2002 年 12 月 23 日实现首次开放。2009 年 2 月，满都拉口岸经国务院批准为国家级双边性季节开放口岸，开放时间为每年 3、5、8、11 月的 16 日～30 日。2012 年 12 月，满都拉口岸正式通过国家验收。

满都拉公路口岸处于呼（和浩特）包（头）鄂（尔多斯）经济辐射圈内，是距自治区首府呼和浩特市和最大的工业城市包头市最近的陆路口岸，区位优势十分明显。口岸对应的蒙古国杭吉口岸位于蒙古国东戈壁省，矿产资源非常丰富，有额勒苏泰铁矿、阿嘎如特铁矿、杭格呼德尔铁矿、艾勒巴音焦煤矿。口岸主要进出口商品有电煤、焦煤、原材料、铁矿石、无烟煤等，出口货物以机械设备、建材为主。2014 年完成了《满都拉口岸2014 年—2020 年发展规划》编制工作；“五进五出”货运专用通道建设进展迅速；报关报检一站式综合服务大厅建设项目主体完成。

2014 年，满都拉公路口岸进出口货运量21.1 万吨，同比下降 27.7%；进出境客运量3.66 万人次，同比增长 1.7%；进出境车辆 1.44 万辆次，同比增长 2.9%。

包头市国际集装箱中转站是经商务部批准的目前唯一一个建在内蒙古自治区及西北地区集口岸、国际货代、国际国内公铁物流、快递、国际验箱资质等功能于一体的国际集装箱内陆中转站，是和天津港（集团）有限公司共同投资建设的“无水港”项目，是包头及周边地区的“国际出海口”；占地面积 26.6 万平方米，铁路专用线 1 515 米、集装箱堆场 6.28 万平方米、海关监管仓库 6 658 平方米、普通仓库 3 000 平方米、停车场 8 000 平方米、综合业务大楼 6 500 平方米；有海关监管集装箱牵引车 42 台、普通及特种货物运输车辆 383 台、集装箱装卸及配套作业设备 25 台、自备集装箱 6 000 组；目前已实现一次报关、一次查验、一次放行。2014 年，包头市国际集装箱中转站吞吐量达 141.69 万吨。

内蒙古自治区口岸大事记

1 月 14 日

全区出入境检验检疫工作会议在呼和浩特市召开。

1 月 16 日

二连浩特海关、海拉尔海关、呼和浩特边防检查站和呼伦贝尔出入境检验检疫局 4 家单位，在内蒙古口岸“优质服务单位”评选活动中被评选为 2013 年度全区优质服务单位。

2 月 26 日

蒙古国政府办公厅主任赛罕毕力格一行到甘其毛都口岸调研，内蒙古自治区商务厅受自治区政府委托，会同外事办、呼和浩特海关、内蒙古出入境检验检疫局、内蒙古自治区公安边防总队、巴彦淖尔市政府等单位与蒙方进行会晤。

3 月 4 日

内蒙古自治区人民政府在呼和浩特召开全区商务和口岸工作会议。会议分析全区商务和口岸经济工作面临的形势和任务，总结 2013 年全区商务和口岸工作，安排部署 2014 年工作。

3 月 6 日

由俄罗斯新西伯利亚市起飞的 IO0879 航班，降落在满洲里西郊国际机场，标志着满洲里直飞俄罗斯新西伯利亚定期国际航班正式开通。

3 月 28 日

蒙古国外交部复照我国外交部同意开放内蒙古自治区与蒙古国间乌力吉—查干德勒乌拉口岸，同意满都拉、额布都格、阿日哈沙特口岸扩大为常年开放口岸，国家口岸管理办公室启动审理程序。

4 月 1 日

内蒙古口岸信息平台开通“公众留言”和“民意征集”两个栏目，并将网络调查问卷链接在内蒙古口岸信息平台、内蒙古自治区商务厅、内蒙古自治区进出口企业协会、内蒙古煤炭进口行业协会门户网站上。

4 月 18 日

内蒙古自治区口岸办与博盛投资控股集团关于建设内蒙古电子口岸合作协议签约仪式在呼和浩特举行。

5 月 19 日

珠恩嘎达布其—毕其格图口岸中蒙海关联合监管启动仪式在蒙古国毕其格图口岸举行，双方海关启用中蒙两国共同制定的统一“载货清单”，中蒙间已常年开放口岸全部实现联合监管。

5 月 29 日 ~6 月 3 日

由内蒙古自治区和蒙古国口岸有关部门组成联合工作组，对策克—西伯库伦、乌力吉—查干德勒乌拉（拟开放）、甘其毛都—嘎顺苏海图、满都拉—杭吉、二连浩特—扎门乌德公路、铁路口岸进行联合检查，现场解决双方通关中存在的问题。

5月29日

由国家发展改革委东北司、国家发展改革委外经所组成的国家呼伦贝尔中俄蒙合作先导区调研组在新巴尔虎右旗相关部门领导的陪同下赴阿日哈沙特口岸进行调研。

6月1日

按照《内蒙古自治区发展和改革委员会 财政厅关于取消和降低部分行政事业性和经营服务性收费项目和标准的通知》要求，取消巴彦淖尔市乌拉特中旗人大批准的生态资源补偿保证金（煤炭基金或煤炭资源管理费）、部分盟市批复的煤炭管理费两项行政事业性收费；取消自治区发改委对各口岸批复的对出入境人员收取的物业服务费、外国人出入境登记卡工本费两项经营性服务收费。

6月1日

按照国家口岸管理办公室批复，阿尔山—松贝尔口岸于2014年6月1日正式启用，开放时间为每年6月1日~9月30日。

6月29日

“中国·海拉尔第十届中俄蒙经贸洽谈暨商品展销会”在内蒙古呼伦贝尔市海拉尔区启幕，活动于7月3日圆满落幕。

7月2日

由广西壮族自治区凭祥市卓越物流有限公司投资建设的边民互市贸易区在二连浩特公路口岸隆重举行开工仪式。二连浩特市副市长朝格主持开工仪式，锡林郭勒盟盟委委员、二连浩特市委书记孟宪东在仪式上致词。

7月12日

东乌珠穆沁旗境内珠恩嘎达布其车站正式启用，标志着珠斯花至珠恩嘎达布其口岸铁路全线贯通运营。

7月16日

内蒙古电子口岸股份有限公司正式成立并召开第一次股东大会。

7月17日

内蒙古自治区向北开放工作领导小组成立并召开第一次会议，领导小组由自治区副主席云光中任组长，自治区商务厅孙炜东厅长任副组长，商务厅副厅长、自治区口岸办主任郭刚兼任领导小组办公室主任，成员单位有自治区有关部门和盟市共44家。

7月22日~23日

陕西省和内蒙古自治区共同发起的“扩大向北开放、加快直通放行，进一步加强陕西内蒙古经贸合作交流”活动在二连浩特举行。

7月25日~8月1日

自治区口岸办与蒙古国口岸总署联合对珠恩嘎达布其—毕其格图、阿尔山—松贝尔、额布都格—巴彦呼舒、阿日哈沙特—哈比日嘎口岸进行联合检查，签署了联合检查纪要。

7月28日~30日

中俄口岸工作组第十七次会议在俄罗斯哈巴罗夫斯克召开。

7月31日

内蒙古自治区党委、政府授予内蒙古自治区公安边防总队二连浩特边检站“北疆模范边防检查站”荣誉称号表彰仪式在呼和浩特举行。自治区党委书记王君为二连浩特边检站颁发了奖旗。

8月9日

自治区口岸办与中国广播电影电视社会组织联合会、交通宣传委员会联合主办，内蒙古广播电视台承办，组织召开“畅行中国—北疆口岸行”大型采访活动，来自全国35个省市交通广播电台的60多名记者，深入内蒙古各口岸实地采访报道，宣传口岸建设和发展成就，采访活动于8月16日结束。

8月20日

以“开放互信、创新发展、合作共赢”为主题的“2014·中国二连浩特中蒙俄经贸合作洽谈会”在二连浩特市召开，8月22日圆满落幕。

9月5日

内蒙古电子口岸平台建设在呼和浩特新城区鸿盛工业园正式启动。

9月12日

赤峰保税物流中心通过海关总署、财政部、国家税务总局、国家外汇管理局等部门组成的国家联合验收组的正式验收。

9 月 23 日

满洲里公路口岸国际物流贸易综合体和厂商跨国贸易通道项目破土动工。

9 月 23 日

满洲里铁路口岸举行口岸核与辐射突发事件应急处置演练，国家质检总局陈钢副局长与来自全国 21 个直属检验检疫局的 80 多位代表观摩该演练。

9 月 25 日

全国政协副主席、民革中央常务副主席齐续春在二连浩特市考察口岸经济社会发展及建设情况。自治区政协副主席杨成旺等陪同考察调研。

9 月 25 日 ~27 日

蒙古国口岸总署署长贡达赖赴兴安盟阿尔山市—松贝尔口岸考察，并在乌兰浩特市与杜学军盟长进行工作会晤。

10 月 14 日 ~17 日

自治区口岸办赴俄罗斯新西伯利亚市，与俄联邦边界署西伯利亚局举行工作会晤，签署了《中国内蒙古自治区人民政府口岸办公室与俄联邦边界建设署西伯利亚局会晤纪要及 2015 年协作计划》。

11 月 4 日

自治区口岸办与蒙古国口岸总署签署了《中国内蒙古自治区人民政府与蒙古国关于公务用车管理协议书》。

11 月 7 日 ~9 日

自治区副主席云光中率自治区口岸办、满洲里市政府、二连浩特市政府、满洲里市口岸委等有关单位负责人赴新疆博尔塔拉蒙古自治州阿拉山口口岸进行了考察调研。

11 月 13 日

自治区口岸办与湖南省口岸办在呼和浩特签署《湖南省与内蒙古自治区加强口岸合作框架协议》，呼和浩特海关与长沙海关签署《湖南省与内蒙古自治区加强海关合作框架协议》，内蒙古出入境检验检疫局与湖南出入境检验检疫局签署《湖南省与内蒙古自治区加强检验检疫合作框架协议》。

11 月 14 日

满洲里口岸首次成功实现了关检合作“三个一”的一次申报，满洲里铁路口岸实现企业的电子报关、报检数据流同时被海关与出入境检验检疫部门信息平台成功接收，标志着满洲里口岸关检合作“三个一”改革正式启动。

12 月 19 日

《内蒙古自治区口岸管理和服务标准（试行)》以自治区口岸办名义印发全区各口岸执行。

12 月 22 日 ~23 日

自治区口岸办组织召开满洲里“大通关”试点总结推广会，自治区财政厅、呼和浩特海关、满洲里海关、内蒙古出入境检验检疫局、内蒙古自治区公安边防总队及自治区各盟市旗市商务局、口岸办、联检部门的代表参加了会议。

（撰稿人：崔振杰、梁洁、王洪涛、张玉平、包冬梅）

2014 年内蒙古自治区口岸流量统计表

口岸类型	口岸名称	货运量（万吨）				集装箱量（万标箱）				人员（万人次）				交通工具（万辆、艘、架、列次）			
		出口	进口	合计	同比（%）	出口	进口	合计	同比（%）	出境	入境	合计	同比（%）	出境	入境	合计	同比（%）
空运口岸	呼和浩特									5.68	5.49	11.17	+33.6	0.06	0.06	0.12	+20
	满洲里									2.56	2.36	4.92	+11.8	0.05	0.05	0.10	+42.8
	海拉尔									1.76	1.75	3.51	+95	0.028	0.028	0.056	+40
	二连浩特									0.12	0.08	0.20	-75	0.0025	0.0025	0.005	-44.4
	鄂尔多斯									0.99	0.99	1.98	-	0.01	0.01	0.02	-
	分计									11.11	10.67	21.78	+26.54	0.15	0.15	0.30	+35.38
陆运口岸 公路口岸	满洲里	130.36	12.10	142.46	+17					71.66	71.65	143.31	+0.7	12.05	11.80	23.85	-3.00
	二连浩特	292.23	11.57	303.8	+4.6					84.89	82.72	167.61	-5.1	21.82	21.69	43.51	-2.90
	甘其毛都	14.46	1 264.09	1 278.55	+18.2					20.89	21.26	42.15	+24.2	15.5	15.54	31.04	+24.8
	策克	2.9	806.92	809.82	+7.6					11.95	11.95	23.90	+21.9	9.45	9.45	18.90	+15.2
	珠恩嘎达布其	25.46	95.74	121.2	+13.3					4.90	4.90	9.80	+0.7	3.57	3.56	7.13	+2.8
	黑山头	2.74	13.29	16.03	-1.7					3.77	3.88	7.65	-6.7	1.5	1.52	3.02	-11.2
	室韦	0.21	11.89	12.1	+30.1					1.71	1.71	3.42	+71	1.12	1.12	2.24	+72.3
	满都拉	0.32	20.78	21.1	-27.7					1.82	1.84	3.66	+1.7	0.72	0.72	1.44	+2.9
	额布都格	4.62	23.22	27.84	+562.8					1.48	1.55	3.03	+133.1	0.94	0.95	1.89	+372.5
	阿日哈沙特	7.2	4.4	11.6	-13.1					2.30	2.20	4.50	+11.7	0.46	0.46	0.92	+20.5
	阿尔山									0.08	0.08	0.16	-	0.02	0.02	0.04	-
	分计	480.50	2 264.00	2 744.50	+13.16					205.45	203.74	409.19	+1.92	67.15	66.83	133.98	+7.11
陆运口岸 铁路口岸	满洲里	171.83	1 419.91	2 868.15	-0.60					6.36	6.88	13.24	-61.70	0.31	0.69	1.00	-23.10
	二连浩特	149.57	902.56	1 052.13	+3.60					10.77	12.44	23.21	-10.00	0.43	0.42	0.85	+6.30
	分计	321.40	2 322.47	3 920.28	+0.45					17.13	19.32	36.45	-39.65	0.74	1.11	1.85	-15.18

续表

口岸类型	口岸名称	货运量（万吨）				集装箱量（万标箱）				人员（万人次）				交通工具（万辆、艘、架、列次）			
		出口	进口	合计	同比（%）	出口	进口	合计	同比（%）	出境	入境	合计	同比（%）	出境	入境	合计	同比（%）
合计		1 016. 29	4 792. 98	7 085. 67						233. 69	233. 73	467. 42		68. 04	68. 09	136. 13	
同比（%）		-21. 30	+3. 70	+4. 20						+3. 00	+2. 80	+2. 90		+7. 80	+6. 60	+7. 20	

表注：1. 满洲里铁路口岸货运量 2 868. 15 万吨，其中出口 171. 83 万吨；进口 1 419. 91 万吨；转口 1 276. 41 万吨未列入分项表中。
2. 货运量合计数中包括中转货运量 420. 90 万吨，其不在分项统计数据中。

（内蒙古自治区口岸办提供）

2014 年呼和浩特海关主要数据统计表

项目		2014 年	同比（%）
进出口货运量（万吨）	合计	3 493.9	+14.0
	进口	3 087.7	+13.4
	出口	4 06.2	+18.5
进出口贸易总值（万美元）	合计	846 578.9	+15.5
	进口	641 262.6	+19.2
	其中：江、海运输	76 197.6	-49.0
	铁路运输	210 909.4	+9.4
	汽车运输	347 563.4	+83.4
	航空运输	6 588.3	+8.4
	邮件运输	1.3	-62.9
	其他运输	2.6	+100.0
	出口	205 316.3	+5.1
	其中：江、海运输	38 263.2	+1 427.6
	铁路运输	45 738.4	-20.4
	汽车运输	109 617.1	-13.1
	航空运输	980.0	-3.3
	邮件运输	64.0	-38.5
	其他运输	10 653.6	+32.6
税收（亿元）	两税合计	58	+7.1
	关税入库	3	-13.9
	进口环节税入库	55	+8.6

（呼和浩特海关提供）

2014 年满洲里海关主要数据统计表

项目		2014 年	同比（%）
进出口货运量（万吨）	合计	1 469.9	-19.5
	进口	1 353.6	-19.8
	出口	116.4	-13.2
进出口贸易总值（万美元）	合计	499 694.1	-5.3
	进口	329 108.1	-11.0
	其中：江、海运输		
	铁路运输	307 614.3	-15.6
	汽车运输	21 493.8	-16.3
	航空运输		
	邮件运输		
	其他运输		
	出口	170 586.0	+8.0
	其中：江、海运输		
	铁路运输	60 063.2	-27.3
	汽车运输	110 499.2	+29.9
	航空运输	23.6	+459.5
	邮件运输		
	其他运输		
税收（万元）	两税合计	297 139.7	-11.18
	关税入库	16 482.4	-12.74
	进口环节税入库	280 657.3	-10.60

（满洲里海关提供）

2014 年内蒙古自治区口岸出入境主要数据表

项目			2014 年	2013 年	同比（%）
出入境人员（人次）	出入境人员总数		4 463 622	4 371 434	+2.11
	入境人员		2 228 237	2 185 460	+1.96
	出境人员		2 235 385	2 185 974	+2.26
	出入境旅客		3 614 409	3 600 007	+0.40
	出入境员工		849 213	771 427	+10.08
	中国公民	小计	737 012	731 958	+0.69
		内地居民（因公）	116 489	116 114	+0.32
		内地居民（因私）	586 591	586 337	+0.04
		港澳居民	5 242	10 250	-48.86
		台湾同胞	28 690	19 257	+48.98
	外籍人员		3 726 610	3 639 476	+2.39
	从海港出入境人数				
	从陆港出入境人数		4 296 776	4 212 840	+1.99
	从空港出入境人数		166 846	158 594	+5.20
交通运输工具（辆、艘、架、列次）	总计		1 308 384	1 229 039	+6.46
	船舶				
	飞机		2 902	2 227	+30.31
	火车		17 246	18 941	-8.95
	机动车辆		1 288 236	1 207 871	+6.65

（内蒙古自治区公安边防总队提供）

2014 年内蒙古自治区出入境检验检疫业务统计表

项目		货物检验检疫				交通工具				集装箱（标箱）		发现动植物疫情		货物通关		出入境人员查验（人次）	健康检查及预防接种（人次）			
		批次	金额（万美元）	检验检疫不合格		船舶（艘）	飞机（架）	火车（列）	汽车（辆）	合计	检出问题	种类数	种次	批次	金额（万美元）		健康检查	艾滋病监测	发现病例	预防接种
				批次	金额（万美元）															
本年累计		238 081	1 015 867	1 906	2 822		2 752	532 474	1 262 069	109 034		72	4 268	222 079	848 336	4 092 944	34 874	35 317	4 577	31 037
其中	出境	63 306	207 385	94	74		1 366	211 064	634 364	54 218		0	2	50 105	67 580	2 039 409	32 397	32 844	4 182	31 035
	入境	174 775	808 482	1 812	2 748		1 386	321 410	627 705	54 816		72	4 266	171 974	780 756	2 053 535	2 477	2 473	395	2
同比（%）		-4.8	+11.7	+2 312.7	+2 056.0		+32.1	-11.2	+6.3	-24.8				-1.3	+13.2	+1.9	+10.8	+8.7	-44.3	+13.1
其中	出境	-27.0	-6.6	+91.8	+3.9		+31.6	-14.4	+5.0	-29.2				-24.8	-21.9	+1.8	+17.8	+15.2	-28.7	+13.8
	入境	+6.9	+17.5	+5 940.0	4 988.9		+32.5	-9.0	+7.7	-20.0				+8.5	+17.7	+2.1	-38.0	-37.8	-83.2	-98.7

（内蒙古出入境检验检疫局提供）

口岸数量及分布

截至2014年年底，辽宁省共有经国务院批准对外开放的口岸11个。其中，空运口岸2个，分别是沈阳空运口岸（沈阳桃仙国际机场）、大连空运口岸（大连周水子国际机场）；水运（海港）口岸8个，分别是大连、庄河、旅顺、长兴岛、营口、丹东、锦州、葫芦岛水运（海港）口岸；陆路（铁路）口岸1个，即丹东铁路口岸。

口岸运行数据

2014年，辽宁省口岸外贸进出口货运量达22 401.30万吨，同比增长11.67%。其中，外贸进口15 505.20万吨，同比增长9.90%；出口6 896.10万吨，同比增长15.90%。出入境旅客337.20万人次，同比增长10.00%。其中，水运口岸33.80万人次，同比增长5.60%；陆路口岸24.50万人次，同比减少2.00%；空运口岸278.90万人次，同比增长11.80%。集装箱运输完成1 859.20万标箱，同比增长3.40%，其中外贸543万标箱，同比增长1.70%。口岸进出口货物总值1 389.90亿美元，同比增长5.40%。其中，进口769.88亿美元，同比增长4.60%；出口620.02亿美元，同比增长6.30%。

2014年，辽宁省外贸进出口1 139.55亿美元，与上年基本持平。其中，出口587.59亿美元，同比下降8.90%；进口551.96亿美元，同比增长10.90%。出口额位列全国第9位。

口岸监管与服务

【口岸开放成果显著】 2014年营口水运（海港）口岸扩大开放获得国务院批复，至此，营口港由老港区、鲅鱼圈港区扩大开放至仙人岛港区，对仙人岛能源化工区开发、华锦集团顺利投产、中国石油储备都将发挥重要作用。盘锦港再次实现临时对外开放，港口货物吞吐量大幅增长，尤其外贸货物吞吐量增长迅速，口岸基础设施建设进展顺利，基本具备了正式开放的基础条件，以省政府文件上报国务院审批，对进一步优化辽宁省港口功能布局，推进东北老工业基地振兴将发挥重要作用。丹东安民口岸临时开放延期得到国家批复，为完成“两岛”开发建设的国家任务提供坚实的口岸通行保障。

【口岸大通关改革深入推进】 继全国口岸工作座谈会之后，召开了辽宁省口岸工作会议，各市和驻辽各查验机关及口岸相关单位领导了参加会议。会议传达了全国口岸工作座谈会精神，各查验单位交流了在通关便利化工作中的经验和做法，出台了《辽宁省人民政府关于推进口岸通关便利化的指导意见》（辽政办发〔2014〕59号）。此外，为深入贯彻《国务院关于推广中国（上海）自由贸易试验区可复制改革试点经验的通知》（国发〔2014〕65号）和《国务院关于印发落实“三互”推进大通关建设改革方案的通知》（国发〔2014〕68号）两个重要文件精神，紧紧围绕大通关建设改革任务，立足辽宁实施更加积极主动的对外开放战略，深入推进关检合作“三个一”、国际贸易“单一窗口”、区域通关一体化等通关改革新举措，为实现口岸管理相关部门间“三互”中远期目标奠定了扎实基础。

【积极推进电子口岸和国际贸易“单一窗口”建设】 按照“政府主导、海关承建、联合共建”的原则，进一步理顺了辽宁电子口岸体制、机制，制定了《辽宁电子口岸建设成员单位数据共享和使用管理办法》、《辽宁电子口岸政务项目管理办法》，并积极开发上线物流、跨境电子商务等功能模块。“单一窗口”是电子口岸建设的核心内容，电子口岸的主要功能通过“单一窗口”实现。辽宁省制订并向国家口岸管理办公室上报了《辽宁国际贸易“单一窗口”建设实施方案》，具体要实现一般贸易进口货物“三个一”、船舶出口岸联网核放、通关状态综合信息查询和舱单申报与跨部门共享等4个项目功能。

【全面服务东北地区经济发展】 坚持将海关工作融入社会经济发展大局，以支持东北振兴和促进外贸稳定增长为重点，出台了多项创新举措。多措并举支持东北振兴。研究出台支持东北振兴总体方案，与沈阳海关联合推出支持辽宁外贸稳定增长的25项措施。积极支持金普新区发展，助推大连智慧型口岸建设。积极推进区域通关一体化，牵头东北地区海关研究制订关检通关一体化改革方案。做好统计监测预警，开展政策研究，积极为东北振兴建言献策。不断提升贸易便利化水平。做好预归类社会化服务，拓展价格预审核和原产地预确定，开展化验工作“留样放行”、“留样抽验”试点。加快推进执法统一性建设，深化企业协调员工作机制，选取首批34家企业签订关企合作备忘录，完善应急通关体系，有效发挥“12360”海关统一服务热线作用。主动服务新型贸易业态发展。积极推动地方政府关注并推进跨境电子商务发展，创新软件监管服务模式，积极引导企业向产业高端延伸。在丹东地区开展对朝出境加工试点，促进沿边地区开放。支持鞍山西柳开展市场采购贸易试点。积极支持口岸建设和扩大对外开放。支持长兴岛发展，在长兴岛口岸开关设点。优化丹东公路口岸物流监管方案及鲅鱼圈口岸监管模式，研究庄河海关再生园区与口岸间协调联动业务监管方案。支持丹东港、盘锦港等地口岸临时开放，稳步提升口岸通行能力。

【沈阳海关积极主动服务东北振兴】 将国务院支持东北振兴意见细化落实为具体项目，专人跟踪、专项推进，铁岭保税物流中心获得批准。开展“暖风”行动，走访企业50多家，帮助解决和平轮胎公司单耗认定等实际问题20多个。葫芦岛泳装跨境电子商务贸易平台投入运营，实现了海关、电商、物流的互联互通，为建设“单一窗口”和电子口岸公共服务平台建设做出了有益尝试。沈阳国际快件监管中心正式开通，全力支持国际快件业务健康发展。切实帮助装备制造业、石化产业等重点企业解决难题，得到省领导的批示肯定。深入推进“关企联络人”制度，搭建关企对接平台，对省市地方政府关注的重大项目、重点企业提前介入，主动服务。抽调专门力量组建改革办，全面推动关区“6+3+1”项业务优化完善。实现关检合作“三个一”业务覆盖所有通关现场、所有依法需报关报检商品。及时总结试点经验，通关作业无纸化改革全面推广。加大政策推介力度，注重发挥重点企业带动示范效应，区域通关改革全面深化。上海自贸区监管创新制度在关区复制推广，“集中汇总征税”、“批次进出、集中申报”、“区内自行运输”、“简化无纸通关随附单证制度”、“简化统一进出境备案清单制度”等5项制度已推广到关区所有业务现场。“集中汇总征税”成效明显，业务总量和额度均居全国首位。

【辽宁出入境检验检疫局推进口岸通关便利化，支持外贸稳定增长】 辽宁出入境检验检疫局以“工作落实年”为载体，各项工作取得明显成效。加大改革创新力度，对外发布8项支持外贸稳定增长服务措施，积极落实国务院东北振兴决策部署，制定12项重点措施；打破全省行政区域和业务辖区界限，在全国率先实现“三通”，建立区域一体化新模式；深化关检合作，推进“三个一”全覆盖，召开东北四省区关检合作会议，共同签署支持东北振兴合作协议。2014年11月13日，与大连、沈阳两地海关全面深化合作，共同启动了“三个一”通关模式。提高质量监管水平，向省政府提交质量安全风险分析报告20份。创建东北首个省级出口汽车示范区。新出台8条政策扶持措施，建立全国首家出口粮食示范区，已建成14个国家级、36个省级出口食品农产品示范区。提升执法把关能力，切实做好埃博拉出血热防控工作，从进境散装大豆中截获巴西豆象，在全国首次从进口智利蓝莓中截获茎溃疡病。推进监管制度创新，进口小批量汽车审批环节简化50%，输美水产品企业HACCP验证工作由每年验证调整为4年验证，备案平均审批时间从20个工作日缩短为7天。全年共有101家企业，实施检验检疫绿色通道制度。实施业务流程再造，联合口岸部门，建立大窑湾口岸互通互联通道，完善集装箱码头物流功能布局。

【辽宁省公安边防总队全力服务辽宁省口岸

经济发展】 充分发挥边检职能作用，全力助推辽宁省口岸经济发展。积极支持沈阳、大连机场口岸部分外国人72小时过境免签政策实施，指导部署沈阳、周水子边检站全力做好外国人72小时过境免签边防检查工作，得到了辽宁省政府邴志刚副省长的批示肯定。全力支持“一桥两岛”国家重点建设开发项目，积极承担了新鸭绿江界河公路大桥建成后封闭区建设管理工作，简化完善进出封闭区通行查验流程，有效确保了封闭区安全、通行顺畅。按照辽宁省委省政府的部署要求，加快推进大连长兴岛、盘锦港、丹东国门湾、营口仙人岛等口岸配套边检基础设施建设，继续支持大连长兴岛、盘锦港等口岸临时开放，以及锦州港扩大开放、大窑湾北部港区和绥中港建设，赢得了省市领导的充分肯定。2014年6月~10月，部署全省边检机关集中开展为期5个月的打击整治口岸违法违规行为专项行动——“江海行动”，有效规范了口岸管理秩序，确保了口岸安全稳定高效顺畅。立足当前口岸突发事件的新情况、新特点，以口岸反恐维稳工作为重点，研发了重点地区出入境人员查询软件，制定了《口岸“一分钟”快速处置暴恐事件预案》，加强预案完善、处突演练及警力准备，确保了“两节两会”、“APEC峰会”等重要敏感时期口岸的绝对安全稳定。

【辽宁海事局监管服务双驱动，助推口岸新发展】 辽宁海事局履行“保障水上安全、保护水域环境、维护国家主权”的职责，在服务辽宁沿海经济带开发开放和大连国际航运中心建设过程中，主动作为。一是推进许可便民，优化审批流程。出台14项促进地方海运业健康发展的具体举措，简化行政审批手续10项，取消审批项目12项，惠及300多家航运企业；下放船舶油污保险证书办理权限，国内航行船舶油污保险证书由船籍港所在地的分支机构负责办理，节约了外地船东往返大连办证的经济成本和时间成本，提高了工作效能；出台便利固体散装货物运输举措。合理减免货物检测等手续，统一货物检测地点，将检测报告有效期延长至6个月，解决了固体散货运输手续繁杂的问题；根据船舶出港计划和专业气象预报，在恶劣天气来临前，采取以实际海上气象为主、气象预报为辅进行安全评估的方式，提前疏散船舶，有效地避免了因气象预报和实际差异造成船舶滞期。二是科技引领，提升监管效率。出台便利危险货物运输举措。采取申报单位网上提交包装检验单证扫描件的方式，简化船载危险品申报手续。全年船舶载运危险货物适运、船舶适载申报审批共计65 385次，节省大量时间、经济成本；充分利用海事综合信息系统，优化船舶签证流程，减少了企业运营成本；推进辖区海船电子签证运行，海船电子签证注册623艘，通过远程电子签证系统办理进出港电子签证1 120艘次；设立“海事业务呼叫中心”，创新引入自助语音智能化服务，行政相对人无须出门即可知晓船舶、船员证书办理情况。三是优化服务，助力发展。服务重点涉水项目建设，在功能区划、通航论证、码头验收等方面发挥专业优势，为长兴岛、盘锦港等大型码头、中朝界河鸭绿江公路大桥、渤海能源开发等重点涉水项目建设提供安全保障；助推口岸开放升级。提前介入口岸的建设、开放，积极推动盘锦荣兴港区、锦州龙栖湾港区开放进程。优化临时开放口岸审核流程，缩短时限。四是未雨绸缪，强化应急制度建设。代辽宁省政府编制完成《辽宁省海上化学品事故应急预案》，编制完成《辽宁海事局船舶污染海域应急处置部门预案》，有效地提升了全省海上污染事故应急响应处置能力。建成大连、营口国家级溢油应急设备库，重点水域一次船舶溢油清除控制能力达到500吨。五是主动作为，海上搜救效果显著。认真贯彻落实《辽宁省海上搜救应急预案》，通过海上突发事件评估机制、搜救应急合作机制、灾害性天气手机短信发布平台、CCTV监控值班等手段，以强烈的责任心和使命感最大限度地减少海上突发事件造成的人员伤亡和财产损失，全年搜救成功率达到96.80%，充分发挥了“海事保护神”的作用。

开放口岸

【沈阳空运口岸（沈阳桃仙国际机场）】 位于沈阳市东陵区桃仙镇，距市中心22千米，为国家民用一级机场。机场于1985年开始筹建，1989年4月16日正式启用。机场跑道长3200米，宽45米，飞行区等级为4E，有79个机位、30部廊桥。机场净空条件良好、功能齐全、设备先进，可保障国内外大型客、货机使用。机场现有3座航站楼（T1、T2航站楼暂停使用）。T1航站楼设计年旅客吞吐量90万人次。1995年开始二期工程扩建，2001年12月T2航站楼投入使用，T2航站楼设计年旅客吞吐量606万人次。2011年开始T3航站楼施工建设，2013年8月T3航站楼投入使用，T3航站楼设计年旅客吞吐量1 750万人次。

2014年，经沈阳桃仙国际机场的航线共有162条，其中国内航线131条，国际及地区航线31条。全年新增航线36条，其中国内航线25条，港澳台地区航线1条，国际航线10条（含定期旅客包机）。国际及地区新开通的城市有立荣航空执行至高雄、越南航空执行至岘港、韩国真航空和南航执行至襄阳，以及南航开通的札幌、海参崴、冲绳、带广、女满别及函馆。航线及通航点的相继开通，使得机场的航线网络布局更加合理，极大地方便了旅客的出行需求。

2014年，沈阳空运口岸旅客吞吐量为1 279.80万人次，其中国际（地区）出入境旅客为142万人次，同比增长18.20%。出入境航班为9 057架次，进出口货物为9 434.90吨。

【大连空运口岸（大连周水子国际机场）】 位于大连市西北部，始建于1972年10月，从军民合用机场发展建设成为民用机场，1973年4月开航，1985年经国务院批准对外开放。该机场距大连市中心10千米，距沈大高速公路5千米，交通运输网络十分便利，机场占地面积345万平方米，飞行跑道长3 300米，候机楼面积13.5万平方米，停机坪面积66万平方米，符合4E级I类国际机场标准，可供除A380外各种大型飞机安全起降。

大连空运口岸已开通航线146条，其中国际（地区）航线39条，与13个国家和地区的100个城市通航，国内外36家航空公司在大连周水子国际机场运营。大连周水子国际机场成为通往日、韩、俄的重要门户，东京、大阪、首尔3条日韩航线占其国际运量的80%以上。近年俄罗斯的旅客也有较大幅度增长。

2014年，大连空运口岸旅客吞吐量1 355.10万人次，同比下降3.80%，其中国际（地区）航线出入境旅客136.90万人次，同比增长6.70%；纯货邮吞吐量13.30万吨，同比增长0.80%。

【丹东陆路（铁路）口岸】 丹东陆路（铁路）口岸通过鸭绿江大桥与朝鲜新义州口岸相连，地点在铁路丹东站。该口岸分为客运和货运两部分。1954年中朝两国签订了铁路联运协定，开通北京至平壤、平壤至莫斯科往返直通国际联运旅客列车，经停丹东站，每周二、四、五、日出境，一、三、四、六入境。国际联运货物列车每天有4对进出境，主要货种为煤炭、木材、矿石、水泥、粮食等。2001年11月24日中朝两国签订了《中朝边境口岸及其管理制度的协定》，明确规定：铁路口岸允许持有效护照及签证或边境通行证的双方公民、货物和运输工具通过；允许持有效护照及签证的第三国公民、货物和运输工具通过；铁路口岸每日的开放时间按中朝双方间有关协议中的铁路运行时刻表执行，不受双方规定的节假日和边境口岸每天开放时间的限制。铁路丹东站有楼舍万余平方米，站台、货场等2万平方米，日均办理列车600多辆，年吞吐货物量400万吨，年旅客输送量达200多万人次。

2014年，丹东陆路（铁路）口岸进出口货物28.30万吨，同比减少48.70%，其中进口16.50万吨，出口11.80万吨。出入境旅客12.50万人次，同比增长12.50%，其中进境6.40万人次，出境6.10万人次。火车完成2 112列次，同比增长11.90%。

【大连水运（海港）口岸】 大连港始建于1899年，距今已有百余年的历史，1960年6月经国务院批准正式对外开放。大连港居西北太平洋的中枢，是正在兴起的东北亚经济圈的中心，是该区域进入太平洋、面向世界的海上门户。港口港阔水深，不淤不冻，自然条件非常优越，是转运远东、南亚、北美、欧洲货物最便捷的港口。大连港开放水域346平方千米，陆地面积15平方千米；现有港内铁路专用线150千米、仓库30万平方米、货物堆场180万平方米。大连港与世界上160多个国家和地区、300多个港口建立了海上经贸航运往来关系，开通集装箱航线109条，其中外贸航线82条、内贸航线27条，基本覆盖全球主要航区。优化和开辟集装箱班轮航线，增加集装箱班列线路和内陆干港，实现水水中转运量370万标箱；拥有海铁联运集装箱班列25条，每周密度达到60余班以上，打通了以大连为起点经俄罗斯通往欧洲国家的“新亚欧大陆桥”铁路通道，2014年海铁联运量达到32万标箱。大连港已成为中国重要的集装箱海铁联运和海上中转港口。大连港拥有45万吨级原油码头和30万吨级矿石码头。大连港与美国的奥克兰港、休斯敦港，加拿大的温哥华港，日本的北九州港、横滨港、伏木富山等港结为友好港。

通过调整结构、完善功能，目前，大连港按功能划分为6个生产作业区。一是大连大港区。其位于大连市中心区，靠近繁华的人民路地段，是大连港的发源地，拥有生产泊位26个，港区综合年通过能力为1 143.40万吨，经营货种有杂货、内贸集装箱、邮轮、滚装等，另外还从事客运生产。二是大连湾港区。其拥有杂货泊位8个、客运滚装泊位1个，年通过能力645万吨；主要经营货种为煤炭、玉米、特资、杂货和滚装货。三是大窑湾港区。其是我国规划建设的四大国际深水中转港之一，是大连港运输国际集装箱的专业化港区，拥有14个集装箱泊位，码头年设计通过能力420万标箱，汽车滚装泊位3个，年通过能力80万辆。四是鲇鱼湾港区。其拥有原油泊位6个，年通过能力6 908万吨，成品油泊位26个，年通过能力2 966万吨，主要经营进出口原油、出口成品油。五是大孤山南港区。其杂货泊位1个（15万吨级），主要从事钢铁、玻璃、汽车、矿建材料等货物的装卸，码头通过能力1 000万吨。六是大孤山西港区。其主要是货主码头，有泊位24个。其中，北良企业码头有泊位6个，是粮食加工运输专业码头，是东北最大的大米综合利用区、粮食中转筒仓区、物流加工区、粮油食品仓储区、粮油食品加工区、物流配送区、综合物流区、配套服务区等，年通过能力1 000万吨；大连石化公司码头4个泊位，年通过能力1 000万吨；福佳大化石油化工有限公司2个泊位，年通过能力662万吨；逸盛大化石化有限公司3个泊位；大连大洋船舶工程有限公司修造船企业7个泊位；大连东方精工船舶配套有限公司码头2个泊位。

2014年，大连水运（海港）口岸完成货物吞吐量4.20亿吨，集装箱吞吐量1 013.20万标箱，同比分别增长3.90%和1.20%，其中外贸货物吞吐量12 531.4万吨，同比增长6.50%。

【营口水运（海港）口岸】 位于渤海湾东北岸、辽河的入海口。口岸包括沿辽河的营口老港区、沿渤海的鲅鱼圈港区和仙人岛港区3个港区。营口老港区于1864年通航，至今已有150年的历史，1984年经国务院批准对外开放。鲅鱼圈港区是营口港的核心港区，以矿石、煤炭、集装箱、钢材、油品、粮食、商品汽车等运输为主，1982年经国家批准建设，1984年开工建设，1988年对外开放。仙人岛港区2008年经国家批准建设，主要以油品、化工品等液体散货和通用散、杂货运输为主，目前30万吨级原油码头及80万立方米罐区已投入运营。

营口港陆域面积2 000万平方米，其中鲅鱼圈港区1 400万平方米，营口老港区100万平方米，仙人岛港区500万平方米。营口港现有库房40万平方米，堆场610万平方米，储罐341万平方米，筒仓120万平方米；拥有占地552.3万平方米的营口港保税物流中心及海关监管仓库，集装箱、汽车、煤炭、粮食、矿石、钢材、大件设备、成品油及液体化工品和原油等9大货种专用码头，其中矿石码头、原油码头分别为30万吨级，集装箱码头可以靠泊第5代集装箱船，总通过能力为13 580万吨。

营口港码头岸线长度16 581米；现有泊位67个，其中鲅鱼圈港区49个，营口港区14个，仙人岛港区4个；万吨级以上泊位40个。鲅鱼圈港区现有深水航道宽度230米，底标高－18米，长度19.40千米，可满足15万吨级以下船舶全天候通航、30万吨级矿石码头的船舶乘潮通航，3万吨级以下的船舶可双向航行。仙人岛港区航道现有30万吨级航道，宽度300米，底标高－22.50米，长度约27.85千米。

营口港已经同50多个国家和地区140多个港口建立了通航业务关系，现有东亚航线、日本关东航线、韩国釜山航线、韩国仁川航线（国际客货班轮航线）外贸直航航线4条，以及多条通过大连、天津、青岛、上海、宁波、南沙等国内主要港口进行国际中转的外贸内支线。集装箱内贸航线已覆盖南沙、黄埔、蛇口、汕头、上海、烟台、宁波、日照等沿海主要港口。散杂货内贸航线主要分布在上海、青岛、江阴、宁波、舟山、温州、泉州、钦州、厦门、深圳、湛江及广州等地。营口港现有的散杂货定线航线分精品定线班轮及普通定线班轮两种等级，精品定线班轮已达30艘。散杂货外贸航线主要分布在韩国、日本、朝鲜、我国台北、新加坡、伊朗、印度等国家和地区，澳大利亚、巴西、美国、荷兰、意大利、英国、加拿大等欧美国家及南北美洲部分国家和地区。港口主要通航国家及地区为韩国、日本、印度、澳大利亚、巴西、新加坡、缅甸、比利时、越南、荷兰、菲律宾、美国、加拿大、英国等。内外贸航线每月达到400余航班。

营口港交通便捷，沈大高速、哈大公路沿港区而行，长大铁路直通码头前沿，与港内11条1 050米铁路装卸线相连。现已开通营口港至哈尔滨、大庆、长春、德惠、公主岭、四平、松原、佳木斯、牡丹江、绥芬河等40多条海铁联运集装箱班列和经满洲里连接欧亚大陆桥、经二连浩特直达蒙古国的国际集装箱班列。

2014年，营口水运（海港）口岸完成货物吞吐量3.30亿吨，同比增长3.30%；集装箱吞吐量560.90万标箱，同比增长5.80%。

【锦州水运（海港）口岸】 位于渤海西北部的锦州湾北岸，是渤海西北部400千米海岸线重要对外开放的国际商港，是辽宁省重点发展的区域性重要港口。锦州港1985年12月经国家批准建设，1986年10月开工建设，1990年10月正式通航，1990年12月经国务院批准为一类开放口岸。锦州港笔架山港区现有水陆域面积6 845万平方米（仅规划水域，不含航道、锚地），规划陆域面积2 400万平方米，已建成陆域面积1 000万平方米，主要由石化作业区、粮食及件杂货作业区、集装箱综合作业区、油品作业区、专业化散货作业区等组成。锦州港现有主航道水深-17.90米，为15万吨级航道。全港现有岸线总长6 275米，堆场总面积165万平方米。全港共有各类泊位24个，其中生产性泊位23个，21个为万吨级以上深水泊位。目前锦州港有外贸集装箱内支线2条（大连、天津）；内贸航线16条，同世界上80多个国家和地区建立了通航关系。

2014年，锦州水运（海港）口岸完成货物吞吐量9 520.30万吨，同比增长11.60%；外贸进出口货物吞吐量969.40万吨，同比增长13.90%；集装箱吞吐量87.90万标箱，同比下降8.40%。

【丹东水运（海港）口岸】 丹东水运（海港）口岸是中国海岸线最北端的国际贸易商港，是天然不冻良港，辖大东（海港）和浪头（河港）两个港区；现有生产性泊位28个，拥有粮食、矿石、煤炭、油品、集装箱、客滚、散杂、通用等专业泊位和配套的专业化、自动化装卸系统及货物存放库场，港口年综合吞吐能力达亿吨；目前已与日本、韩国、俄罗斯、美国、巴西、印度等70多个国家和地区的90多个港口开通了散杂货、集装箱、客运航线。2014年1月，丹东港30万吨级矿石泊位建成并投入使用，新增泊位年通过能力1 000多万吨，丹东港已步入全国大型港口行列。预计到“十二五”期末，将新建大型深水泊位40余个，综合吞吐能力将达到2亿吨。

2014年，丹东水运（海港）口岸完成货物吞吐量13 757.50万吨，同比增长14.50%。进出口货物1 240.7万吨，同比增长37.00%，其中进口1 003.10万吨，出口237.60万吨。集装箱进出口总量167.20万标箱，同比增长10.90%。

【葫芦岛水运（海港）口岸】 始建于1908年。1984年经国务院批准，葫芦岛港开始军民合用，联合开发；2000年4月经国务院批准实现了国轮外运，成为国家一类口岸。2005年3月葫芦岛港移址迁建至柳条沟港区。2010年11月葫芦岛港通过国家口岸扩大开放验收，实现了对外国籍船舶开放。

葫芦岛水运（海港）口岸柳条沟港区已建成投产5座散杂泊位（分别为1个2万吨级、1个3.50万吨级和3个5万吨级），2个油品泊位（3万吨级成品油泊位和5 000吨级石化泊位）；配套灌区工程也已完工并投入试运行。2014年在建项目6号、7号、8号散杂泊位和7万吨级航道工程及防波堤工程完成建设投资4.10亿元。

葫芦岛水运（海港）口岸绥中港区2014年完成建设投资12亿元，起步工程3个5 000吨级通用泊位于2014年9月29日投入试运营。

2014年，葫芦岛水运（海港）口岸货物吞吐量905.2万吨，同比减少25.90％，其中外贸运输完成54.10万吨，同比增长3.40％。

【旅顺新港水运（海港）口岸】 位于辽东半岛最南端，与山东半岛隔海相望，是天然不冻港，海岸线长度169千米，是沟通辽东半岛和山东半岛的“黄金水道”。2006年8月16日获得国务院关于旅顺新港一类口岸对外开放的批复，2009年11月20日通过国家验收，2010年1月6日正式对外开放。目前旅顺新港口岸有2个开放杂货泊位，辖区内中远川崎船舶工程有限公司、大连今冈船舶工程有限公司、大连滨海船舶修造有限公司码头实现口岸临时开放。

2014年，旅顺新港水运（海港）口岸通过外贸船舶850艘次，完成外贸货物吞吐量114.3万吨，同比增长40.70％；进出口货物总值10.90亿美元。

【庄河水运（海港）口岸】 位于辽东半岛东侧南部，是黄、渤海沿岸距日、韩最近的港口，滨海公路横贯东西，建设中的东北东边境铁路直达俄罗斯，海岸线总长235千米。目前，港口有泊位10个，分别是庄河港1万吨级杂货泊位1个、5 000吨级杂货泊位1个，1 000吨级客滚泊位1个；庄河电厂煤码头3.5万吨级泊位1个；陆岛运输码头泊位6个。庄河港口岸于2007年9月12日获得国务院批准对外开放，2009年11月18日通过国家验收，2010年1月20日正式对外开放。

2014年，庄河水运（海港）口岸完成货物吞吐量553万吨，客运量37万人次。

【长兴岛水运（海港）口岸】 位于辽东半岛西侧中部，渤海东岸，规划总面积502平方千米，由长兴岛、西中岛、凤鸣岛、交流岛、骆驼岛5个岛屿组成，是中国第五大岛，长江以北第一大岛。2005年11月26日长兴岛临港工业区管委会和党工委挂牌成立，2010年4月25日国务院批准长兴岛升级为国家级经济技术开发区。2010年6月13日辽宁省政府决定在长兴岛设立辽宁省综合改革试验区。2011年7月30日国务院下发《关于同意辽宁大连长兴岛港口岸对外开放的批复》。目前，长兴岛港口岸有公共港区、大连港长兴岛30万吨级原油码头、恒力石化、浦项板材及大连船舶重工修造船基地码头实现口岸临时开放。

2014年，长兴岛水运（海港）口岸完成货物吞吐量2 005万吨，其中内贸1 520万吨，外贸485万吨。

大连市

【口岸数量及分布】 截至2014年年底，大连市有经国务院批准的对外开放口岸5个。其中，空运口岸1个，为大连空运口岸（大连周水子国际机场）；水运（海港）口岸4个，分别是大连、旅顺新港、庄河、长兴岛海港口岸。

【口岸运行数据】 2014年，大连口岸进出口商品总值983.90亿美元，同比增长1.30％，其中出口448.30亿美元，进口535.60亿美元；进出口货物吞吐量7 773.60万吨，同比增长7.90％，其中出口2 083.80万吨，进口5 689.80万吨；出入境检验检疫货物226 028批次，同比减少23.30％；检验检疫货值总额445.50亿美元，同比减少8.90％。

【大连口岸实施通关单无纸化、进出口直通放行及关检共同查验】 2014年1月21日，大连口岸在航运交易市场举行“通关单无纸化、进出口直通放行及关检共同查验”启动仪式，大连市曲晓飞副市长、大连海关张志南关长、辽宁出入境检验检疫局崔茂森局长等领导出席。按照市口岸加速通关领导小组的统一部署，大连海关和辽宁出入境检验检疫局经过一年多的准备，联手启动“通关单无纸化、进出口直通放行及关检共同查验”工作，以大连口岸为核心，分别覆盖了大连海关关区和辽宁出入境检验检疫局辖区，简化进出口货物申报、查验、放行三大主要环节的手续，推进口岸电子化进程，进一步提高进、出口货物通关效率。实施通关单无纸化、进出口直通放行及关检共同查验后，平均每单货物至少节省2小时往返办理及等待时间，每年可为辽宁地区进出口企业节省各项费用1 000余万元。

【辽宁全面启动关检合作“三个一”通关模式】 按照国务院要求，2014年11月13日，大连海关与辽宁出入境检验检疫局联合在大连航运交易市场举行关检合作“三个一”通关模式全面实施启动仪式。该通关模式实施后，关检双方将在共同辖区内对货物通关实行一次申报、一次查验、一次放行。为实现口岸管理部门信息互换、监管互认、执法互助，在前期试点的基础上，辽宁地区的关检部门积极推进关检合作“三个一”各项工作，在短时间内密切配合、高效运作，按照国务院规定时限，在国内率先全面实施了“三个一”通关模式。该模式在缩短通关时间、降低企业成本的同时，也使口岸监管场所查验平台的使用效率提高了一倍，真正在服务企业和优化口岸资源方面实现了双赢。关检实行“三个一”通关模式后，口岸原来“先报检后报关”串联进行的通关流程，将转变为报检和报关同时“并联”进行。企业报检、报关申报数据项数将减少45%，节省通关时间在30%以上，减少货物重复搬运费用和企业查验费用的40%，为企业带来实实在在的便利。

【大连口岸调整集装箱码头优化物流功能布局】 2014年10月28日，大连市政府在国际会议厅召开新闻发布会，宣布2014年11月5日在大连口岸正式实施大窑湾集装箱码头优化物流功能布局调整意见，推出的4项改革创新举措主要内容概括为“三统一、一优化”，即统一集装箱码头区域，统一集装箱码头区域关区代码，统一集装箱码头区域进口提箱（货）政策，优化调整部分出口流程。实施集装箱码头区域上的“统一”，指通过打开大窑湾一期、二期、三期集装箱码头围网，在这3个码头之间设置“互联互通”通道，并保留原二期和保税物流园区之间的通道，对大窑湾口岸集装箱物流布局进行了重新设计，将3个码头的港口作业区内部打通，使整个大窑湾集装箱码头区域能够“整体地”进行集约化的物流操作。实施集装箱码头区域关区代码的“统一”，是指海关统一一期、二期、三期集装箱码头关区代码。实施集装箱码头区域进口提箱（货）政策的“统一”，是指在口岸查验单位监管指令齐备条件下，大窑湾一期、二期、三期集装箱码头进口集装箱均可以实现24小时提箱（货）。优化调整部分出口流程包括：一是出口集装箱货物集港时间由原来的船舶到港前24小时延长到96小时，方便了船公司和货主；二是在港内专门设置了出口查验场地并进行了相应配套，实现出口查验的“集约化”；三是在报检做法不变的前提下，实施了海关“入港报关”，降低了监管风险；四是在实施海关“入港报关”中，没有采取“一刀切”的做法，而是按有利于口岸集装箱发展的原则，因地制宜，为部分特殊种类的集装箱货物“量身定做”了操作规程；五是总体费收水平有所降低，大连港集团和集装箱场站协会公开承诺不因本次调整“搭车涨价”，并对外公示收费项目和标准，同时，本次调整可使约三分之一强的外拖集装箱将不再在集装箱场站“落地”，据测算，平均每个集装箱降低费用近100元；六是对相应的信息系统和部分技术装备进行更新改造，为口岸智慧化建设做好基础性准备。通过3个集装箱码头区域“统一”，一举解决了对口岸集装箱运输发展影响较大、多年来被广为诟病的大窑湾集装箱码头物流功能布局先天不足问题，集装箱中转业务得到“松绑”，大窑湾集装箱码头区域内的集装箱调转自如，中转成本得以降低。中央省市、香港等28家新闻媒体出席新闻发布会。

【辽宁出入境检验检疫局在辽宁省实施“通报、通检、通放”】 2014年5月30日，辽宁出入境检验检疫局全省“通报、通检、通放”工作启动仪式在大连航运交易市场举行。启动仪式由辽宁出入境检验检疫局王德强副局长主持，大连市港口与口岸局高连局长、辽宁出入境检验检疫局强榆林副局长参加了本次启动仪式并致辞。大连市副市长曲晓飞出席会议，启动“通报、通检、通放”系统并讲话。辽宁出入境检验检疫局将自2014年6月1日起在全省范围内全面推行检验检疫“通报、通检、通放”的工作新模式。此次辽宁出入境检验检疫局在全国范围内率先实施的该项举措，不仅实现了检验检疫工作模式全省范围内的一体化，对促进大连国际航运中心建设也有着重要作用。“通报、通放、通检”包括报检、计费、收费、检验、签证和放行，覆盖检验检疫业务全流程，通过对业务流程的再造，打破了原有的地域和机构的界限，在全省范围内实现了各检验检疫机构之间的信息互通、监管互认、执法互助。充分运用信息化管理手段，对原有业务系统进行升级改造，对报检数据实行自动审单，对检验检疫费用实行自动计费，对通关单实行自动签发，对转单数据实行自动转单，大大提升了检验检疫工作的智能化、电子化水平。

【大连市海上国际客运旅检实施“一机两屏”查验】 2014年5月16日，大连市海上国际客运旅检现场X光机“一机两屏”查验模式启动仪式在大连港客运站国际候船厅举行。海上国际客运是大连国际航运中心的重要组成部分，大连港客运站国际候船厅是大连口岸的重要形象性窗口。每年从大连通过海运出入境的旅客达10余万人次。实施X光机“一机两屏”查验模式后，旅客及其携带的行李仅需过一次X光机，查验信息就能同时反馈至海关和检验检疫有关部门，不仅共享了查验监管资源，而且避免了对旅客携带物品进行重复开包（箱）检查，提高了旅客的通关速度。

辽宁省口岸大事记

1月1日

经公安部批准，沈阳、大连空运口岸自2014年1月1日起对51个国家持有第三国签证和机票的外国旅客正式实施72小时过境免签政策。

2月21日

营口港口岸扩大开放的申请获得国务院批准，重新划定了新的港区范围，增加了查验单位编制，补贴了部分建设资金。目前，营口市已启动了营口港口岸扩大开放验收的筹备工作。

5月16日

海关、检验检疫在大连港国际旅检通道实施X光机“一机两屏”查验模式，开启了关检双方信息互换、监管互认、执法互助，合力提高口岸通关效率的新模式。

5月30日

辽宁出入境检验检疫局全省“通报、通检、通放”工作启动仪式在大连航运交易市场举行，并于6月1日启动“通报、通检、通放”系统。

8月1日

大连海关“一站式”通关服务中心（港湾）在大连航运交易市场正式启用。今后，大连地区所有的海关审批业务和区域内通关业务，均能在“一站式”通关服务中心享受到“一条龙”办结和“一体化”覆盖的叠加服务。

11月10日

东北四省区六海关已全部完成“三个一”报关功能联调测试工作。

12月12日

关检“一次申报”业务已延伸至大连海关与辽宁出入境检验检疫局辖内的所有报关报检现场。

12月23日

全省口岸工作会议在沈阳召开，邴志刚副省长到会并作了重要讲话。

（撰稿人：石祝康、徐雷、孔晓冬、姜文佳、杨威、周珊珊、高杰、严柏林、徐林、王晓云、张学忠、陈京雁、李宁）

2014 年辽宁省口岸流量统计表

口岸类型		口岸名称	货运量（万吨）				集装箱量（万标箱）				人员（万人次）				交通工具（辆、艘、架、列次）			
			出口	进口	合计	同比（%）	出口	进口	合计	同比（%）	出境	入境	合计	同比（%）	出境	入境	合计	同比（%）
空运口岸		沈阳	0.40	0.50	0.90								142.00	+18.20				
空运口岸		大连	1.90	1.30	3.20	+3.20							136.90	+6.70				
空运口岸		分计	2.30	1.80	4.10	+2.50							278.90	+12.30			22 000	+10.00
陆运口岸	公路口岸	丹东	105.90	22.10	128.00	+9.70							13.50	-12.90			148 000	-5.10
陆运口岸	公路口岸	分计																
陆运口岸	铁路口岸	丹东	11.80	16.50	28.30	-48.70							11.00	+15.80			1 000	-50.00
陆运口岸	铁路口岸	分计																
水运口岸	海港口岸	大连	4 465.90	8 065.50	12 531.40	+6.50			525.00	+1.40								
水运口岸	海港口岸	营口	1 644.50	5 617.10	7 261.60	+16.70			12.50	+20.20								
水运口岸	海港口岸	丹东	237.60	1 003.10	1 240.70	+37.00			4.70	+2.20								
水运口岸	海港口岸	锦州	359.00	610.40	969.40	+13.90			0.80	-38.50								
水运口岸	海港口岸	葫芦岛	54.10		54.10	+3.40												
水运口岸	海港口岸	盘锦	15.00	168.70	183.70	+456.70												
水运口岸	海港口岸	分计	6 776.10	15 464.80	22 240.90	+12.50			543.00	+1.70			33.80	+5.60			15 000	
合计			6 896.10	15 505.20	22 401.30	+11.67			543.00	+1.70			337.20				186 000	
同比（%）																		

（辽宁省口岸办提供）

2014 年大连海关主要数据统计表

项目		2014 年	同比（%）
进出口货运量（万吨）	合计	15 820.08	+11.10
	进口	11 976.68	+9.10
	出口	3 843.4	+18.00
进出口贸易总值（万美元）	合计	78 120 508	+2.10
	进口	42 652 021.6	+1.30
	其中：江、海运输	39 748 482.9	+0.10
	铁路运输	24 274.4	- 15.50
	汽车运输	547 613.1	+22.30
	航空运输	217 3281.1	15.50
	邮件运输	6 908.5	-0.50
	其他运输	151 461.6	+679.00
	出口	35 468 486.4	+3.00
	其中：江、海运输	32 137 877.3	+3.40
	铁路运输	453 121.4	+63.90
	汽车运输	1 287 557.8	+13.20
	航空运输	1 159 173.8	+6.30
	邮件运输	81 246.0	-0.10
	其他运输	349 510.1	-55.00
税收（亿元）	两税合计	660.32	-4.90
	关税入库	108.31	+3.10
	进口环节税入库	552.01	-6.40

（大连海关提供）

2014 年沈阳海关主要数据统计表

项目		2014 年	同比（%）
进出口货运量（万吨）	合计	1 032.6	+13.50
	进口	628.4	
	出口	404.2	+77.40
进出口贸易总值（万美元）	合计	1 093 367.3	+19.50
	进口	740 135.9	+10.10
	其中：江、海运输	582 016	+9.20
	铁路运输	89 813.6	+30.20
	汽车运输		
	航空运输	67 714.2	
	邮件运输	556.6	
	其他运输	35.5	
	出口	353 231.4	+45.70
	其中：江、海运输	288 103.6	+59.50
	铁路运输	11 658.0	
	汽车运输	62.2	
	航空运输	37 141.5	
	邮件运输	58.8	+121.90
	其他运输	16 207.3	+56.60
税收（亿元）	两税合计	102.4	+6.90
	关税入库	27.9	+15.70
	进口环节税入库	74.5	+3.90

（沈阳海关提供）

2014 年辽宁省出入境检验检疫业务统计表

项目	货物检验检疫				交通工具				集装箱（标箱）		发现动植物疫情		货物通关		出入境人员查验（人次）	健康检查及预防接种（人次）			
	批次	金额（万美元）	检验检疫不合格																
			批次	金额（万美元）	船舶（艘）	飞机（架）	火车（列）	汽车（辆）	合计	检出问题	种类数	种次	批次	金额（万美元）		健康检查	艾滋病监测	发现病例	预防接种
本年累计	311 272	6 911 120	8 065	667 735. 3	15 015	21 460	10 838	121 312	5 596 909	10 408	725	1 893	357 874	664 622	3 946 431	64 728	63 983	33 096	58 233
其中 出境	175 001	1 583 290	882	28 289. 3	7 744	10 885	5 500	61 971	1 957 962	4	21	5	209 472	172 693	2 000 127	54 891	54 144	28 950	57 927
其中 入境	136 271	5 327 830	7 183	639 446	7 271	10 575	5 338	59 341	3 638 947	10 404	704	1 888	148 402	491 929	1 946 304	9 837	9 839	4 146	306. 00
同比（%）	-24. 80	-12. 08	+213. 45	+29. 51	+13. 78	+5. 25	-11. 79	-10. 55	+10. 05	+78. 86	+121. 81		-21. 44	-10. 00	+14. 68	-11. 10	-8. 37	+11. 46	-0. 45
其中 出境	-33. 71	-27. 67	+257. 09	+883. 65	+18. 77	+5. 59	-12. 59	-8. 54	+11. 82	-50. 00	+133. 33		-30. 25	-26. 11	+14. 33	-13. 09	-10. 02	+12. 12	-0. 78
其中 入境	-9. 12	-6. 06	+208. 81	+24. 72	+8. 90	+4. 90	-10. 94	-12. 56	+9. 12	+79. 04	+122. 78		-4. 39	-3. 33	+15. 04	+1. 89	+1. 91	+7. 02	+166. 09

（辽宁出入境检验检疫局提供）

2014 年辽宁海事局进出港船舶统计汇总表

船舶类别	进港船舶							出港船舶						
	艘数（艘）	总吨（吨位）	总载重量（吨）	载客量（客位）	船员人数（人次）	货物到达量（吨）	旅客到达量（人）	艘数（艘）	总吨（吨位）	总载重量（吨）	载客量（客位）	船员人数（人次）	货物发送量（吨）	旅客发送量（人）
总计	240 895	526 771 975	427 851 682	18 251 697	1 615 990	108 052 658	14 421 697	245 643	585 869 663	464 068 973	19 774 319	1 860 629	240 357 243	6 366 399
中国籍船舶	240 127	518 219 034	413 308 016	18 251 697	1 602 687	100 460 223	13 310 449	239 430	518 572 339	414 195 493	18 105 465	1 697 666	217 001 146	5 755 897
其中外贸船	768	8 552 941	14 543 666	0	13 303	7 592 435	1 111 248	6 213	67 297 324	49 873 480	1 668 854	162 963	23 356 097	610 502

（辽宁海事局提供）

吉 林 省

口岸数量及分布

截至2014年年底，吉林省共有经国务院批准对外开放口岸16个。其中，空运口岸2个，分别是长春空运口岸（长春龙嘉国际机场）、延吉空运口岸（延吉朝阳川国际机场）；陆路（铁路）口岸3个，分别是集安、图们、珲春铁路口岸；陆路（公路）口岸10，分别是南坪、珲春、圈河、长白、临江、三合、开山屯、古城里、沙坨子、集安公路口岸；水运（河港）口岸1个，是大安港。中朝边境口岸12个，中俄边境口岸2个。

口岸运行数据

2014年，吉林省口岸进出境货运量达352.4万吨，同比增长44.6%。其中，进境货运量291万吨，同比增长50.1%；出境货运量61.4万吨，同比增长23.4%。监管进出境邮（快）递物品107.3万件，同比增长11.4%。全省口岸进出口货值116.9亿美元，同比增长18.9%。2014年税收入库148.43亿元，同比增长10.1%。全省口岸进出境客运量196.80万人次，同比增长17.7%。进出境交通工具23.49万列辆架次，同比增长4.7%。其中，铁路口岸进出境交通工具1 734列次，同比增长66.4%；公路口岸进出境交通工具22.66万辆次，同比增长3.8%；航空口岸进出境交通工具6 558架次，同比增长27.7%。

口岸监管与服务

【口岸开放取得新成绩】 2014年12月4日，国务院正式批复同意集安陆路（公路）口岸对外开放，口岸性质为国际性常年开放公路客货运输口岸，这标志着吉林省对朝公路口岸增至10个。集安陆路（公路）口岸建成后将成为吉林省对朝口岸中基础设施最先进的口岸。目前，该项目已相继完成可行性研究报告、节能评估报告、环境影响评估报告、地质灾害危险性评估报告、水土保持评估报告、规划选址意见书、建设用地规划许可证、用地预审、初步设计方案、地质勘探报告等10项前期工作，预计2015年上半年开工建设。中朝圈河陆路（公路）口岸率先试行每周7天工作制，成为吉林省中朝公路边境口岸首个无周日通关口岸。中俄珲春—马哈林诺铁路口岸自恢复开通以来运行平稳，2014年货运量达到60.8万吨；口岸各查验部门积极为珲春铁路口岸多品种、双向运输提供通关便利，5月14日首次实现经珲春铁路口岸利用扎鲁比诺港向韩国出口矿泉水；6月2日珲春铁路口岸首次进口铁精粉，这标志着珲春铁路口岸已具备了多品类、多运输方式、双向运输功能。为进一步完善珲春—克拉斯基诺公路口岸公路功能，吉林省口岸与俄远东边界局共同探讨了经珲春公路口岸向俄罗斯出口肉类产品问题，俄方表示将尽快与本国查验部门研究此问题。2014年，延吉空运口岸延吉—韩国仁川航班由每周20班增加至每周28班，并开通了延吉—韩国青州、釜山、济州，延吉—俄罗斯符拉迪沃斯托克正式航班，以及延吉—韩国大邱、光州、江原道、青州，延吉—朝鲜平壤等包机航线。

【口岸基础设施建设和改造稳步推进】 2014年，吉林省口岸开工建设项目23个，总投资38 783万元，已争取到各类资金6 120万元。吉林省口岸办积极与国家口岸管理办公室沟通协调，将本省9个开放口岸14个查验设施建设改造项目纳入了国家口岸重点安排盘子，进一步支持口岸建设；梳理长吉图沿线13个重点口岸基础设施建设和改造项目，积极争取长吉图建设资金向口岸设施项目倾斜。

延边州政府投入近100万元对延吉空运口岸国际候机楼出入境通道联检设施进行了增设和改造，并对延吉空运口岸联检办公楼进行了维修，投入500多万元新建延吉边防检查站勤务中队。

珲春市政府高度重视口岸基础设施建设，新建了珲春陆路（铁路）口岸西大门，扩建了口岸区近4 000平方米场地，对口岸出入境旅检大厅进行了改造，小型车辆查验通道按期竣工，投资920万元新建了珲春边防检查站监护中队营房2 273平方米，现已投入使用；对圈河陆路（公路）口岸锅炉房、供暖、供水管道进行了改造，改造圈河边检中队营房、桥头岗楼，扩建了口岸朝方一侧近1 000平方米路面；在沙坨子口岸新建400平方米的边检指挥中心，完善了边检的硬件设施，在口岸大门口处新建了排水设施，海关货物监管场地地磅正式启用，免费为通关客商提供服务；完成珲春陆路（铁路）口岸货物查验楼和监护中队营房的基础设施改造，完成口岸报关、报检大厅和联检单位办公用房改造并铺设了专用光纤，对铁路口岸场区沿公路一侧近1 200米封闭，新建消杀处理场，并安装了检验检疫消杀处理设施，对铁路接轨处营房及营区改造，现已完成室内改造和地面硬化。目前，珲春陆路（铁路）口岸已经具备了450万吨以上的换装能力。同时，为了进一步提高珲春市各口岸的查验能力，珲春市政府投资3亿元，建设了占地面积15万平方米的珲春综合查验处理中心，预计2015年投入使用。

图们市政府投入390万元进行口岸联检楼防水、消防设施及装修恢复项目建设及边检楼维修改造。

龙井市政府投资625万元，对三合陆路（公路）口岸综合监管区、边防检查站指挥中心、海关宿舍及联检楼进行了综合改造；投资200万元，对开山屯陆路（公路）口岸海关查验平台、联检楼供暖设施维修及边检站等项目进行了维修改造。

和龙市政府2014年投入205万元，对南坪陆路（公路）口岸监管场地和联检楼基础设施进行维修建设；投入45万元，对古城里陆路（公路）口岸联检楼基础设施进行维修改造。

安图县政府截至目前共投资1 200万元，建设完成双目峰临时口岸联检楼、过境旅客服务中心各300平方米，架设完成23千米的通信光缆，封闭了供电线路和联检通道，已安装临时联检楼办公设备和查验设施，可满足联检单位临时工作需要。

集安市政府投资204.6万元维修改造了老虎哨口岸（原二类口岸）码头及基础设施，投资25.8万元维修改造了集安陆路（铁路）口岸基础设施，投资80万元对青石口岸（临时口岸）基础设施进行了维修改造，切实改善了集安各口岸的通关环境。

【吉林电子口岸平台建设取得阶段性成果】2014年3月吉林省政府确定建设吉林电子口岸，吉林省口岸办迅速向相关单位调查业务需求，组织编写了《吉林电子口岸建设项目可行性研究报告》，协调按信息化工程立项；争取吉林省财政厅电子口岸建设资金1 100万元。8月28日实现了吉林电子口岸平台与跨境电子商务平台、海关局域网的联通，实现了电子口岸一期为跨境电子商务平台服务功能。

目前，吉林电子口岸还可实现单点登录及统一认证、数据交换、国际运输管理、边防网上报检系统、资讯门户网站、移动服务功能。

【探索新型通关模式，口岸查验尝试新举措】为提高通关效率，简化通关手续，支持地方经济发展，吉林省部分口岸相继出台了提前报关、快速转关、上门验收、加急通关、担保验放、“属地报关，口岸验放”、一站式通关等一系列便捷通关措施，口岸通关效率得到明显提高。长春兴隆综合保税区实现了关检共用一个平台进行查验的新型查验模式，减少重复查验，提高了查验效率。按照“三个一”的通关要求，率先在圈河陆路（公路）口岸实现了海关和出入境检验检疫局联合办公，对通关的小型车辆采取“一次申报、一次并列查验、一次抬杆放行”的通关模式，方便了客户，加快了通关速度。珲春陆路（铁路）口岸实行预约制，做到随叫随到。南坪陆路（公路）口岸为加快进出镜车辆的查验速度，正在研究兴建车辆快捷通自助查验系统，预计2015年开工建设，2016年投入使用。长白陆路（公路）口岸推出了鲜活产品“绿色通道”、“口岸援助服务”等多项便民服务措施；长白海关全面推行通关作业无纸化，减轻企业纸质单证负担。

【积极推进边检管理方法创新，专业水平明显提升】 吉林省公安边防总队深入开展外部评价工作，深化各领域改革，边检专业化水平和服务能力明显提升。一是积极开展对朝顺畅通关活动。集安边检站率先与朝鲜满浦通检所签订《共同提高边检服务水平工作协议》，实现满浦口岸由人工通道查验到人机结合查验模式转变；南坪边检站协调朝方口岸增设2条铁矿粉运输车专用通道，大幅提高了口岸通行效率；中朝边检站累计与朝方通检所签订13项服务顺畅通关协议，以往通行缓慢、吃拿卡要问题明显减少，中朝口岸通关速度大幅提升。二是多措并举下沉执勤警力。切实突出检查员的主体地位，精简机关、充实一线，把主要精力用在业务工作上，把主要警力投入执勤一线。图们、南坪边检站组织机关干部分批到一线执勤，执勤时间纳入个人绩效成绩。延吉边检站制定“清理、调整、提升”三原则，千方百计清理一切占用警力，调整不配合警力，提升部队专业化水平。目前，总队各边检站参加一线执勤人员均达到70%以上，从事验证检查员达到50%以上。三是积极开展职业文化建设。

【保税区建设取得新突破】 长春兴隆综合保税区于2011年12月16日获得国务院正式批准，成为我国第19个综合保税区，也是吉林省唯一的综合保税区。其位于长春市东北部，长春经济技术开发区兴隆山镇内，规划面积4.89平方千米，分三期建设，一期围网面积1.536平方千米。截至2014年年底，综合保税区累计完成投资近80亿元（含配套区），完成了征地、拆迁、一期基础和监管设施及周边配套设施建设。2013年10月31日一期基础和监管设施通过国家正式验收，2014年3月正式运营。设立长春兴隆综合保税区党工委和管委会，对综合保税区内党务、行政和经济事务实行统一管理。

综合保税区紧邻兴隆山火车站，距长春龙嘉国际机场和长春城区均10千米，连接市中心的机场大路以及哈大铁路、长吉图铁路、北京—沈阳—长春—哈尔滨的高速公路、长春—吉林的101省道、长春—沈阳和哈尔滨的102国道、长吉城际高铁、绕城高速公路等主干铁路、公路穿境而过，距大连、营口等出海口4～6个小时车程，具有公路、铁路、航空三位一体的综合交通优势。

园区内主要规划保税加工区、保税物流区、口岸作业区及综合服务区，开展保税加工、保税物流、进出口贸易及跨境贸易电子商务通关业务。截至2014年年底，累计签约项目44个，计划总投资95.1亿元，预计年进出口额19.4亿美元。2014年3月13日，综合保税区首批货物通关，当年共办理报关单（含备案清单）850票，累计实现货物转入转出量5 000万美元，完成进出货量3 000吨，实现关税及代征税1 000万元人民币。在省市支持下，2014年开展跨境电子商务业务，11月28日吉林省跨境贸易电子商务运营中心正式运营，当年实现2 200件跨境商品顺利通关。

综合保税区以铁路干港、龙嘉机场口岸为依托，建设具有保税加工、保税物流、口岸作业、服务贸易、货物贸易等多种功能，配套服务完善的综合保税区，成为大连港、营口港及珲春口岸在内陆地区的喂给、疏散港，最终将成为加工贸易集聚、物流高度发达、设施配套完善、对外贸易繁荣、辐射东北亚区域的对外开放和产业升级示范区。

综合保税区的发展目标是建设“一个平台、两个中心、三个基地”。即，以运营最佳、服务最优为宗旨，构建区域贸易通关新平台；以区域市场为导向，建设东北地区重要的国际商品展览展示交易中心；以公路港、铁路港、航空港为主体，建设三位一体的辐射东北亚区域的现代化物流中心；以汽车关键零部件加工、精密机械制造为基础，打造吉林高端制造产品出口加工基地；以粮食深加工、特色资源产品加工为龙头，打造吉林特色产品出口加工基地；以跨境电子商务、新材料等为重点，打造吉林重要的战略新兴产业培育基地。

【积极跟进驻地经济社会发展，服务能力明

显提升】 吉林省公安边防总队紧盯长吉图开发开放战略实施，主动跟进重点项目实施，成功推动吉林省“四路、五线、七桥”项目上马实施；主动提供边检配套服务，指导延边地区边检站制定出台33项工作措施，全力跟进内贸货物跨境运输、中俄珲马铁路运营等重点项目，圆满完成“新蓝海”陆海联运航线、集装箱专列首运、珲春至罗先国际邮路、珲马铁路运营等重点项目服务保障任务，长春、延吉边检站制定《总队服务“图洽会”十项工作措施》，设立“联检专用通道”，圆满完成20余个国家和地区的5 000余名商客的入、出境检查任务，边检服务能力显著提升；全力服务开发开放工作，落实公安部便民利民措施，集中推出鲜活产品优先通关、小微企业预约通关、土特产贸易零散通关、急难旅客协助通关等10项工作措施，圆满完成韩“岁月号”沉船事故中国公民家属通关保障任务，累计为中外企业进出口延时闭关2 900余小时，挽回经济损失3 000余万元。

【长春海关积极主动采取新措施，推动长吉图开发开放战略实施】 积极支持吉林省对外合作平台建设，在省内海关特殊监管区域推广了上海自贸区简化备案清单等4项监管创新制度，全力支持吉林省在长吉图区域（长春市与吉林市、图们江区域）打造前中后三位一体的海关特殊监管区域布局；支持长春兴隆综合保税区建设，确保综合保税区良性运转；积极支持珲春出口加工区发展建设，拓展内贸货物跨境运输试点工作业务范围，积极促进珲春“出境加工”业务常态化运行；支持配合吉林市政府于2014年5月申请设立吉林市保税物流中心（B型），并于10月13日得到海关总署、财政部等四部委批复。

大力支持吉林省跨境电子商务等新兴业态发展。全力协助长春市政府申报跨境电子商务试点城市；积极协调海关总署在2014年5月4日正式批复同意长春市开展跨境贸易电子商务出口相关工作；2014年11月29日，吉林省跨境电商“集货模式”首批跨境电商货物顺利出口，这标志着吉林省跨境电商出口业务全面展开；全力支持长春兴隆综合保税区引进阿里巴巴跨境电子商务物流项目，长春海关根据双方进展情况，已经会同综合保税区管委会就辅助管理平台、海关信息化系统等做好前期准备工作。

积极支持吉林省对外通道建设，推动与周边国家海关合作交流。长春海关从多个层面与俄方海关共开展了4次会谈，就加强知识产权保护合作、优化口岸通关作业及“新蓝海”航线监管等方面进行了磋商，在建立沟通协调机制、促进便利通关、改善口岸环境、支持跨国航线发展等方面达成了共识；支持珲马铁路常态运营；支持吉林省增开国际客货运航线；支持设立珲春国际邮件互换局兼交换站，开通了对俄国际邮包业务，开通了中国珲春—朝鲜罗先边境邮路，拓宽吉林省国际邮件业务发展空间。

积极支持吉林省重点行业、重点项目建设，加强对吉林省汽车、轨道客车、石油化工、医药、装备制造等重点优势产业支持，保障吉林省扩大先进技术设备、能源原材料等产品进口，在一汽集团设立派驻机构提供“一站式”通关服务，支持以吉化公司为龙头的化工行业发展，落实国家减免税政策，推动化工产业结构调整和优化升级。

【关警融合保持打击走私高压态势】 2014年，长春海关认真贯彻落实海关总署党组关于加强新形势下打击走私的工作部署，突出综合监管、专业打击和综合治理，提高专业化打私能力。深化专项打击，组织开展了“绿篱”、“绿风”和“守卫者”等专项行动，突出重点渠道、重点商品和重点地区加强打私工作，进一步健全非涉税走私的立体防控体系。健全部门间联系配合，推进反走私长效机制建设，提升综合监管效能。全力做好“海关缉私执法办案工作平台”和“海关缉私案件线索移交反馈系统”的推广使用工作，提升办案效率和质量。全年侦办刑事案件41起，案值2 980.38万元，涉嫌偷逃税款507.79万元。立案调查行政违法违规案件278起，案值1.17亿元，涉税1 645.05万元。

【深化海关改革促进贸易便利化，全面提升

综合监管效能】 长春海关在关区推行通关一体化作业改革，使企业可自主选择申报、纳税地点，也可以选择跨现场办理放行，增加便利性，实现“通得快”。积极推行通关作业无纸化改革，2014 年 6 月 1 日起实现了长春关区通关作业无纸化改革全覆盖，目前无纸通关率已达 90%，进出口货物通关时间较改革前缩短了近 20%。继续深化区域通关改革，扩大“属地申报，口岸验放”适用范围，对符合条件的企业实行“属地申报，属地放行”新型便利通关模式，为企业提供便捷高效通关服务。进一步深化关检合作，全力推进吉林省内关检合作“三个一”通关新模式，节约企业通关成本。2014 年 9 月，长春海关与吉林出入境检验检疫局共同签署了《关于深化关检协作共同促进外贸稳定增长合作备忘录》。

长春海关全面落实海关总署的工作要求，大力推进分类查验，不断提高查验的针对性和有效性。新舱单管理系统及运输工具管理系统切换上线并顺利运行。全力推进关区监管场所建设。支持一汽集团进出口有限公司新建海关监管场所，海关监管场所监管条件不断完善。加强关区行邮现场监管。旅检现场全年共查获违法违规携带货币进出境案件 31 起，涉案金额折合人民币共计约 509.40 万元。全面推进风险管理，加大综合管理平台应用力度，风险分析实战水平不断提高。积极推进稽查核查作业，优化企业分类管理，社会诚信体系建设扎实推进，引入社会中介机构协助海关稽查，共引入中介机构协助稽查企业 8 家，企业管理质量不断提高。

【切实抓好口岸传染病防控，不断加强安全风险工作】 吉林出入境检验检疫局加强健康干预，强化对朝鲜籍务工人员后续监管；联合发布警示通报、召开联防联控会议，采取“外联内通”、关口前移后延工作方式，加强埃博拉出血热疫情防控工作；升级口岸卫生检疫实验室，完成珲春陆路（铁路）口岸核心能力验收，实现 15 个口岸全部达标；加强口岸检疫查验，发现有传染病症状者 348 人次，同比增长 324%，确诊传染病病例 11 人次，排查处置放射性检测超标 6 起。同时，加强高风险产品监管，检出进出口不合格商品 2 606 批、4 875 万美元；加强进口食品安全监管，对 223 家进口商进行备案审查和标签清理，开展全省“进口食品安全口岸行”活动；加强风险预警管理，建立风险预警通报和风险信息直报制度，发布进口煤炭产品含有毒有害物质等 6 个通报；全面实施进出口食品化妆品质量安全风险监控，应用风险预警平台采集各类不合格案例信息 696 条，调查出口退货 3 批、境外不合格通报 10 批。

【全力防控动植物疫病疫情】 吉林出入境检验检疫局积极应对朝鲜和俄罗斯发生的口蹄疫疫情。加强外来有害生物监测，将马铃薯甲虫监测范围从珲春市扩展到延边朝鲜族自治州多个地区。全年共截获禁止进境物 7 244 批次，截获植物疫情 3 387 批，检出口岸局未检出的麦角菌，在全国首次截获外来物种辣椒榕属水草和尖膀胱螺。在系统内率先与海关签署邮检口岸“一机双屏”合作备忘录，首次在全国邮检口岸检出检疫性有害生物巴西豆象。

【主动助力企业减负增效，积极促进对外开放】 吉林出入境检验检疫局主动适应经济发展新常态对质量效益提升的新要求，将检验检疫工作与地方经济社会发展大局相融合，在全国检验检疫系统内率先出台支持外贸稳定增长的 10 项措施，创造实施“四通”通报、通签、通放、通关单无纸化的放行模式。在此基础上，还创新性提出以“四位一体、以大带小”措施给予重点企业和重点产品“一企一品一策”支持，借助东北老工业基地振兴战略深入实施机遇，积极承担省政府实施意见中涉及吉林出入境检验检疫局的 16 项重点工作任务，成为承担任务最多的驻省中直单位。同时，还充分运用原产地规则，2014 年签发普惠制和区域性优惠原产地证书 93 亿美元，帮助出口产品在海外减免关税 5 552 万美元，免收检验检疫行政事业性收费 839 万元。为更好地服务地方企业，积极推进中新食品园区检测机构、松原检验检疫办事处建设；积极助推珲春口岸成为我国第一批进境粮食指定口岸；着力推动进境肉类指定转关查验点和进境冰鲜水产品指定口岸的建设；从对俄出口猪肉切入，扩大吉林省对俄农业合作；为82家出口食品企业进行备案评审，帮助7家企业获得对外注册，首次获得吉林省输欧水产品的注册并实现出口。

【优化跨境运输业务，畅通海上运输通道】 为解决制约跨境运输业务瓶颈，吉林省口岸办与长春海关等相关部门密切配合，积极协调海关总署于2014年于2月批复增加了3个品种、4个入境口岸，并允许返程运输；5月海关对外发布了公告；8月承办方与朝方签订了《改造利用罗津港码头协议书》。

开放口岸

【长春空运口岸（长春龙嘉国际机场）】 位于吉林省长春市与吉林市之间，地处长春市九台东湖镇与龙嘉镇交汇处，距长春市区21千米。该口岸于1992年4月开通，最初设立于大房身机场，2005年8月26日正式迁入长春龙嘉国际机场。长春龙嘉国际机场为国内干线机场，占地320万平方米，飞行等级为4D，跑道长3 200米，宽45米，可起降大中型客机。航站楼占地4万平方米，站坪近机位7个，远机位5个。航空口岸登机桥3个，出境通道10个，入境通道12个。设有海关报关大厅，监管仓库。年旅客吞吐量为320万人次，年设计起降飞机32 231架次。高峰期可吞吐旅客1 700人/小时，货邮量5.67万吨。国际联检部门办公楼建筑面积为4 500平方米。

长春空运口岸现有12条国际和地区航线，正式运行6条国际和地区航线，即长春—首尔、长春—长沙—香港、长春—仙台、长春—东京、长春—名古屋、长春—福冈。2007年7月18日又开通了长春—满洲里—伊尔库茨克国际中转航线，8月1日开通了长春—法兰克福、长春—莫斯科、长春—新加坡3条经北京至国际城市中转航线，旅客可以在长春办理通关手续，经北京查验后直接出境。2012年2月引进了泰国阳光航空公司，开通了长春—曼谷的包机航线，另外每年还有数条不定期国际包机航线开通。2004年10月，国务院正式批准长春航空口岸开展落地签证业务。

2014年，长春空运口岸实现进出境旅客50.89万人次，进出境货物12.22万吨，飞行3 877架次。长春空运口岸已成为吉林省通向世界的重要交通枢纽。

【延吉空运口岸（延吉朝阳川国际机场）】 位于延边朝鲜族自治州首府延吉市西南郊区，距市区5千米，机场占地面积3.7万平方米，跑道长2 600米，道面厚34厘米，现已达到国际4C级机场标准，可飞行空客320、330、319，波音737、TU－154等大中型飞机，波音747等大型客机可减载飞行。通信、导航系统均采用国内外较先进设备，性能优良。延吉机场航站楼建筑面积为16 970平方米，分国内、国际两部分。其中，国际部分面积6 007平方米，国际联检厅功能齐备，查验通道设有出入境各6个通道，能够满足30万人次出入境旅客的需要。

目前延吉空运口岸已开辟了延吉—首尔、延

吉—符拉迪沃斯托克（海参崴）两条国际航线。口岸设有海关、边防检查站、出入境检验检疫局等机构。

2014 年，延吉空运口岸进出境旅客达 50.82 万人次，进出境交通工具 3 294 架次。

【集安陆路（铁路）口岸】 位于吉林省集安经济开发区，始建于 1946 年，设计通关能力为 30 万吨。对应口岸是朝鲜满浦口岸，是我国对朝三大铁路口岸之一。

近年来，口岸累计投入建设资金 2 457 万元，先后完成了集安铁路口岸联检楼建设工程、口岸区外部环境整治工程、海关监管中心暨国际物流仓储区建设工程，使集安铁路口岸基础设施更加完善、功能结构更加完备、开放管理更加规范、通关环境更加优化，综合效能显著提高。“十一五”期间，集安铁路口岸进出口货物 819 730 万吨，进出口货值 15 433 万美元，出入境人员 45 966人。与此同时作为集安铁路口岸的重要配套设施，总投资 1 340 万元的集安海关监管中心暨国际物流仓储区已于 2009 年开始运营。该中心占地面积 7 万平方米，与火车站物流中心相连，铁路专用线、龙门吊、装卸车、地重衡及各种监管设备配置齐全。作为目前中朝边境唯一开始运营的海关监管场地，不仅创新了海关监管作业模式，而且有效提高了口岸的通关效能，成为集安铁路口岸又一个新的亮点。

2014 年，集安铁路口岸实现货运量 2.81 万吨，进出境人员 1.82 万人次，进出境车辆 3 978 列次。

【图们陆路（铁路）口岸】 图们铁路口岸与朝鲜咸境北道稳城郡隔图们江相望，通过铁路口岸可直达朝鲜的罗津港、清津港，经朝鲜豆满江铁路可达俄罗斯远东地区，是吉林省与朝鲜进行贸易往来的主要通道。

口岸始建于 1932 年，1933 年正式开设商埠，有铁路大桥与朝鲜南阳相连，铁路桥全长 439.96 米（中方 230.20 米），年过货能力为 500 万吨，1954 年开始开通国际联运，是我国列车通往朝鲜或经朝鲜铁路连接俄罗斯铁路的客货运输线，货物联运能力为 250 万吨/年。1985 年中、朝、日三国“小路桥”运输开通，中朝之间每月对开 7 对列车，每年经口岸铁路过境桥出境物资达 150 万吨以上。1992 年，图们—朝鲜南阳—朝鲜豆满江—俄罗斯哈桑铁路线开通运营，打开了我国对俄铁路运输的又一通道，1995 年停运。1997 年 8 月，图们—罗津边境游旅客列车临时开通，2000 年停运，其间接待游客 1.2 万人次。

图们铁路口岸拥有全国一等编组站，站内共有编组线 24 条，包括 12 条调车线，其中编发线 3 条；到发线 11 条，客运线 5 条；1 条走行线，日均编组能力达 1 300 辆，日均发客货车 30 多列。

2014 年，图们铁路口岸实现入境货物 14.74 万吨，人员 924 人次，交通工具实现 2 464 列次。

【珲春陆路（铁路）口岸】 位于吉林省延边朝鲜族自治州珲春边境经济合作区南侧铁路换装站内，总建筑面积为 2.15 万平方米（其中查验设施面积 3 976 平方米），站区占地面积为

122.6 万平方米，从城西到接轨处的占地面积为217.7 万平方米。

口岸距离俄罗斯卡梅绍娃亚换装站 28.3 千米（境内 8 千米，境外 20.3 千米），卡梅绍娃亚换装站到马哈林诺铁路口岸 12 千米，初期货物年换装和查验能力为 50 万吨，旅客年查验能力为 50 万人次；中期货物年换装和查验能力为 250 万吨，旅客年查验能力为 100 万人次。1993 年 4 月初铁路动工兴建。1998 年 12 月 17 日经国务院正式批准对外开放。2006 年 6 月至 2007 年 10 月，投资 300 多万元兴建了珲春铁路口岸综合服务楼，建筑面积为 2 109 平方米，占地面积 3 000 平方米。由于俄方的原因，口岸铁路运输仍处于停运状态。2012 年 6 月俄罗斯远东铁路局工程轨道检测列车驶入中国珲春，对该段铁路路基、枕木及轨道进行检测；2012 年 12 月中俄双方领导和专家在中国长春市举行了工作会晤，进一步加快了珲春—马哈林诺铁路口岸恢复国际联运的步伐。2013 年 12 月 17 日，经过中俄两国口岸管理部门不懈的努力，珲春—马哈林诺铁路口岸正式恢复了国际联运。

2014 年，经珲春铁路口岸运输货物 60.80 万吨，进出境人员 2 346 人次，交通工具 564 列次。

【南坪陆路（公路）口岸】 位于吉林省延边朝鲜族自治州和龙市（县）南坪乡（镇），距和龙市区 50 千米。口岸始建于 1951 年，是当时中国志愿军后勤补给的重要驿站通道。抗美援朝战争结束，一直作为两国边民探亲访友的口岸，每年物资与人员往来数量较少。改革开放以后，随着中朝两国贸易往来的增多，南坪口岸基础设施建设及配套设施逐步完善，通关能力得到明显提高。口岸年均过货量 300 吨，客运量 4 万余人，交通工具出入境 3.5 万辆次。口岸现修建有联检大厅、查验综合楼、海关仓库等设施总计 6 310平方米。

与南坪口岸对应的朝鲜咸镜北道茂山郡，矿产资源极其丰富，以铁矿开采最为发达，铁矿储量居亚洲前列。随着中朝两国经贸往来的逐步发展，经贸互补、资源相互配置已经成为两国发展的必然趋势，南坪口岸必将逐步成为专业化的铁矿石及其产品材料进口基地，成为吉林省乃至我国沿边开放带建设战略的重要一翼。

2014 年，南坪公路口岸实现进出境货物 85 万吨，进出境旅客 5.38 万人次，进出境交通工具 4.55 万辆次。

【珲春陆路（公路）口岸】 珲春陆路（公路）口岸是吉林省唯一对俄国际公路口岸。该口岸位于延边朝鲜族自治州珲春市区东南部，占地面积 4.8 万平方米，距市区 14.1 千米。口岸对面是俄罗斯克拉斯基诺口岸。口岸距俄罗斯克拉斯基诺镇 28.5 千米；距俄波谢特港 42 千米；距俄扎鲁比诺镇 63 千米；距俄斯拉夫扬卡港 105 千米，距俄符拉迪沃斯托克（海参崴）170 千米；距俄纳霍德卡 340 千米；距东方港 350 千米。中俄边界线长 246 千米。

1988 年 5 月 10 日，国务院批复同意开放珲春长岭子口岸为边境贸易口岸。1990 年 8 月 27 日，国务院口岸领导小组正式批准，将珲春长岭子口岸更名为珲春口岸，同年10月1日起执行。1993年4月4日，国务院批准该口岸为国家开放口岸，允许第三国人通行。1998年5月5日口岸开始正式过客，现已开通至俄罗斯扎鲁比诺、海参崴等地的旅游线路。2000年4月28日开通了珲春（中国）—扎鲁比诺（俄罗斯）—束草（韩国）客货陆海联运航线。出口韩国的货物主要为农副产品、土特产、工艺品等，进口货物主要为膨化食品、家用电器、轻工产品等。年设计过货能力为60万吨，年过客能力为60万人次。2004年8月11日国务院批准珲春口岸落地开展签证工作。2005年10月21日开始口岸正式实施落地签证，极大地方便了外国客人来访，贸易往来日渐活跃。2008年10月25日开通中、日、韩、俄四国陆海联运航线，当日入境日本旅客60人。

2014年，珲春公路口岸实现进出境货物6.80万吨，进出境旅客30.29万人次，进出境交通工具17 323辆次。

【圈河陆路（公路）口岸】 位于吉林省延边朝鲜族自治州珲春市区东南部，坐落在圈河与图们江汇合处，占地面积4.2万平方米，对面是朝鲜元汀口岸。圈河口岸历史上曾经是重要通商口岸，新中国成立后一直作为原二类口岸运行，是中朝边民探亲往来的重要通道。在圈河口岸和元汀口岸之间有一座12孔钢架结构公路大桥，始建于1936年，1937年开通使用，桥长518米，宽6.6米，承载能力30～40吨，由中、朝两国各管一半。

1981年9月在中、朝双方公安、安全总代表参加的第13次例会上，根据中方意见，双方研究决定自1982年1月1日起暂时关闭圈河口岸。1995年9月4日，随着图们江下游地区国际合作开发步伐的不断加快，经吉林省政府批准，恢复开通了圈河公务通道，同年10月7日开始过货，10月10日迎来首批来自韩国的集装箱货物进口，11月10日开通了由圈河口岸经朝鲜罗津港至韩国釜山的陆海联运航线。出境货物主要为布料、木制品、生铁、明太鱼丝，入境货物主要为膨化食品、布料、纺织机械等。1998年12月17日国务院正式批准圈河口岸为国家一类口岸。经对老口岸重新建设，现建有联检大楼、货物海关监管仓库、卫生检疫等口岸基础设施。口岸年设计过货能力为60万吨，年设计过客能力为60万人次。2001年投资302万元，维修加固了该桥中方一侧的桥墩，延长了使用寿命。圈河口岸距图们江入海口36千米，距市区43千米，距朝鲜罗先市51千米，距罗津港51千米（6米宽沙石路），距朝鲜先锋港36千米，距清津港127千米，是我国直接进、出朝鲜罗先自由经济贸易区的唯一陆路通道。随着国务院长吉图开发开放先到区规划的实施，圈河口岸正成为吉林省对外通道的桥头堡。

2014年，圈河公路口岸实现入境货物28.56万吨，出入境人员达46.23万人次，交通工具实现12.08万辆次。

【长白陆路（公路）口岸】 位于吉林省长白朝鲜族自治县长白镇境内，地处鸭绿江开放带的中心地段，与朝鲜两江道首府惠山市惠山口岸相对应，是鸭绿江上游第一个陆路边境口岸。

长白口岸设立于1952年，属于原二类口岸，

2007年8月10日被国务院批复升格为国家一类陆路口岸。口岸设有长白边防检查站、长白海关、长白出入境检验检疫局。口岸与朝鲜惠山口岸由149米长的中朝国际公路桥连接。

目前，长白口岸占地面积4.06万平方米，已建成联检大楼、国门、监管货场，有先进的查验配套设施，实现了通路、通电、通水、通暖、通讯、通有线电视，极大地改善了联检机关各部门办公条件和环境，进一步完善了通关环境，实现了就地报关、电子报关，提高了通关效率，满足了通关现代化、便利化需要。进口商品主要有原木，板方材、卫生筷子、雪条棒等木制品，铜、金、钼、铅、锌等各种矿产品，松子等野山果，中药材等；出口商品主要有大米、玉米、白面等农副产品，还有电力，汽柴油，机器设备，机电产品，建筑材料，纺织服装、各种日用品等。目前，口岸开放发展贸易方式也由原始的易货贸易向现代的加工、补偿、转口贸易，合资、合作、合营贸易方式转变。长白口岸的开放，有力地促进了经济、文化各项事业快速发展。长白口岸已成为对朝内陆地区贸易往来的重要通道。

2014年，长白公路口岸实现进出境货物17.96万吨，进出境旅客3.62万人次，进出境交通工具10 608辆次。

【临江陆路（公路）口岸】 临江陆路（公路）口岸于20世纪40年代末建立，1950年10月经国务院批准为国家一类开放口岸。临江口岸作为陆路口岸已有60多年的历史。目前为全面提升口岸整体功能，临江口岸正对联检综合楼、国门、人行天桥等基础设施进行重新建设和改造。2009年新建9 605平方米的联检综合楼已投入使用，国门和人行天桥建设于2011年年底正式投入运营。新建出入境查验场地占地1万平方米，监管场地建设项目占地1万平方米，于2011年年底竣工。改造后的临江联检综合楼及国门、人行天桥总建筑面积约1.1万平方米，设计年过货量50万吨，过客30万人次，进出口额5 000万美元左右。中朝国际大桥项目，正在与朝鲜方面进行洽谈选址建设，已于2012年开工。待该项目完工后，临江口岸基础设施将焕然一新，一座现代化的新型口岸将屹立于祖国的鸭绿江畔。

2014年，临江公路口岸实现进出境货物4.07吨，进出境旅客0.77万人次，进出境交通工具2 756辆次。

【三合陆路（公路）口岸】 位于吉林省延边朝鲜族自治州龙井市东南部距市区48千米的三合镇，始建于1930年，属于双边客货运输口岸，1950年建立了三合口岸联检机构。三合国境桥始建于1941年，桥身全长300米，其中中方桥长151米，宽6米。三合口岸设计年过货量30万吨，年过客量15万人次。口岸进出口商品主要是粮油、农产品、五金、矿粉、杂货等。三合口岸与朝鲜咸镜北道会宁市隔江相望，距朝鲜清津港仅86.8千米，是中方口岸中距离朝鲜清津港最近的口岸。

2014年，三合公路口岸实现入境货物27.6万吨，出入境人员达1.75万人次，交通工具实现6 420辆次。

【开山屯陆路（公路）口岸】 位于吉林省

延边朝鲜族自治州龙井市以东38千米的开山屯镇，于1951年7月设立，属于双边客货运输口岸。开山屯口岸国境桥始建于1933年，是一座公路、铁路两用桥，桥梁全长327.7米，其中中方桥长165.7米，公路桥桥面宽3.5米，铁路桥桥面宽2.2米。当时日本侵略者设计的公路桥仅用于人行，不能通行车辆，抗战结束后口岸铁路始终停用，1993年为开展边境贸易的需要，吉林省政府批准开山屯口岸桥维修后准许货运车辆通行。开山屯口岸设计年过货量10万吨，年过客量5万人次。开山屯口岸与朝鲜咸镜北道稳城郡三峰区隔江相望，距朝鲜清津港仅120千米，距罗津港96千米（曾有铁路相连），具有明显的交通地域优势。口岸进出口商品主要是粮油、农产品、五金、海产品、杂货等。

2014年，开山屯公路口岸实现进出口货物2.58万吨，进出境旅客0.48万人次，进出境交通工具3 269辆次。

【古城里陆路（公路）口岸】 位于吉林省延边朝鲜族自治州和龙市南部图们江北岸的崇善镇，距和龙市80千米，距朝鲜大红丹郡24千米，距朝鲜惠山市175千米，地理环境优越，是吉林省延边朝鲜族自治州对朝鲜两江道的唯一口岸。口岸始建于1929年，1988年4月经吉林省政府批准，临时经古城里口岸进出口货物。1995年5月，经吉林省政府批准，南坪海关、图们出入境检验检疫局南坪办事处抽调部分工作人员临时进驻古城里口岸进行监管。同年9月15日，全长76米、宽9米的永久性钢筋混凝土国境桥正式开通。2007年8月，国务院批准古城里口岸为开放口岸。

自2007年古城里口岸获国务院批准升级后，吉林省开始对口岸基础设施进行全面建设。2008年总投资1 029万元，新建口岸联检楼；2009年完成联检楼装修、口岸区域内拆迁等工作；2010年，总投资517万元，征地面积1.2万平方米，建筑面积1 000平方米，并对口岸监管查验场地、口岸封闭、地面硬化进行全面建设，当年9月竣工。现在的古城里口岸总面积为3.1万平方米，建设面积5 000平方米。

在全面建设硬环境的同时，不断解放思想，投入了大量人力物力，加大了口岸软环境建设投入，使古城里口岸软环境得到优化。近年来，古城里口岸的进出口货物量、货值、进出境人员大幅上升，进口主要货物以木材为主，目前古城里口岸已成为吉林省从朝鲜进口木材的重要口岸。

2014年，古城里公路口岸实现进出口货运量11.08万吨，进出境人员1.36万人次，进出境交通工具9 525辆次。

【沙陀子陆路（公路）口岸】 位于吉林省延边朝鲜族自治州珲春市区西部，占地面积3.1万平方米，距珲春市区11千米，对面是朝鲜赛别尔口岸。沙坨子口岸大桥始建于1936年，该大桥总长423.62米（中方351.25米），内径宽为6.1米，有47孔（中方39孔，朝方8孔）。2007年9月30日，国务院正式批准该口岸为开放口岸。

沙坨子口岸自始建初期开始一直是中朝两国边民间贸易口岸。改革开放前，主要为双方边民探亲往来服务。沙坨子口岸距朝鲜庆源郡4千米，朝方一侧路面为沙石路，宽6米。

1949年1月1日成立沙坨子支关。口岸初期模式为两国边民往来的通道，1953年经省政府批准为原二类口岸。1985年2月18日海关总署决定将沙坨子支关改为沙坨子海关，并于同年开始过货。2010年为提升口岸功能，扩大开放能力，开始对口岸现场进行全面改造，改造项目包括改建联检楼、硬化口岸场地、封闭口岸、场地完善、货物仓储仓库等口岸基础设施，过货能力可达20万吨，过客能力可达20万人次，口岸占地面积2万平方米，该项目已于2012年年底竣工。

2014年，沙坨子公路口岸实现入境货物0.94万吨，出入境人员达0.31万人次，交通工具实现1 190辆次。

【大安港水运（河港）口岸】 大安港口岸是1990年12月3日经国务院批准的吉林省唯一的开放内河口岸。

大安港口岸位于大安市城区北4千米的嫩江右岸，对岸是黑龙江省的肇源县，作为水陆码头已有80多年历史，俗称“老坎子”码头。1958年正式建港，后几经扩建，形成了布局合理、配套齐全，具有一定规模的港口，主要外贸对象为俄罗斯。从大安港顺流而下经嫩江、松花江、黑龙江省的同江港进入黑龙江，上可到达俄罗斯布拉戈维申斯克，下经下列宁斯科耶、哈巴罗夫斯克（伯力）、共青城、尼古拉耶夫斯克（庙街）港进入日本海。航道从每年4月15日开航，至11月5日终航，航期为200天，航期内可往返16个航次；至黑河港（俄方为布拉戈维申斯克港），全程1 800千米，一次往返加在港时间共18天，航期内可往返9个航次；至俄哈巴罗夫斯克港，全程1 300千米，一次往返加在港时间共14天，可往返12个航次。

从1992年起，该口岸停止过货。

吉林省口岸大事记

1月

延吉、珲春边检站被公安部评为2010至2013年度全国提高服务水平成绩突出单位。

3月

长春边检站执勤业务二科被全国妇联授予“三八红旗集体”荣誉称号，

3月3日

中国珲春至朝鲜罗先边境邮路正式开通。

5月17日

共青团中央书记处书记罗梅一行14人到吉林省圈河口岸调研。

6月10日

从2014年6月10日起，除中朝双方法定假日及特殊情况外，图们公路口岸试行全周通关，成为中朝公路边境口岸第2个实现“每周七天工作制”的口岸，并推出南阳步行游和骑行游线路。

6月17日

吉林省委书记王儒林，吉林省委常委、延边朝鲜族自治州委书记张安顺，吉林省委常委、副省长陈伟根等重点考察了中朝圈河口岸、珲春铁路口岸。

7月4日

全国人大常委会副委员长向巴平措视察长白口岸。

7月23日

全国人大外事委员会主任委员傅莹考察长白口岸。

9 月 28 日

延吉边检站被国务院授予“民族团结进步模范集体”荣誉称号。

10 月 9 日～10 日

吉林省代省长蒋超良到珲春中朝圈河公路口岸、珲春中俄铁路口岸调研。

10 月 9 日

国家质检总局发布《关于规范进境粮食指定口岸措施的公告》（2014 年第 106 号），公布了第一批进境粮食指定口岸名单。珲春口岸正式获批成为我国第一批 58 个进境粮食指定口岸之一。

10 月 24 日

在珲春口岸，由长春始发开往海参崴的国际货运线路举行首发通关仪式。这条运输线路全长 865.8 千米，将有力推动中俄双边经贸往来。

11 月 5 日

经朝鲜民主主义人民共和国中央授权，朝鲜民主主义人民共和国咸镜北道稳城郡人民委员会与图们市政府签署了设立中国图们凉水—朝鲜稳城岛临时国境通道的协议书。

11 月 25 日～27 日

珲春口岸与俄克拉斯基诺口岸采用 ATA 单证的模式首次实现 8 座以下小型公务车辆互通。

（撰稿人：韦海鸥、张丽春、费红伟、周广仁）

2014 年吉林省口岸流量统计表

口岸类型		口岸名称	货运量（万吨）				集装箱量（万标箱）				人员（万人次）				交通工具（辆、艘、架、列次）			
			出口	进口	合计	同比（%）	出口	进口	合计	同比（%）	出境	入境	合计	同比（%）	出境	入境	合计	同比（%）
空运口岸		长春	3.67	8.55	12.22	+18.00					25.69	25.19	50.89	+34.99	1 939	1 938	3 877	+61.54
空运口岸		延吉									26.31	24.51	50.82	+18.30	1 646	1 648	3 294	+27.60
空运口岸		分计	3.67	8.55	12.22	+18.00					52.01	49.70	101.71	+26.00	3 585	3 586	7 171	+44.60
陆运口岸	公路口岸	图们	2.84	5.81	8.65	-31.20					1.38	1.37	2.74	-1.80	3 728	3 734	7 462	-27.10
陆运口岸	公路口岸	南坪	1.60	83.40	85.00	+25.00					2.69	2.69	5.38	28.50	22 757	22 757	45 514	+26.70
陆运口岸	公路口岸	古城里	0.48	10.60	11.08	+56.50					0.68	0.68	1.36	+86.30	4 763	4 762	9 525	+83.50
陆运口岸	公路口岸	临江	1.34	2.73	4.07	+10.00					0.39	0.39	0.77	+106.00	1 378	1 378	2 756	+97.00
陆运口岸	公路口岸	长白	6.16	11.80	17.96	+75.60					1.81	1.81	3.61	+17.60	5 304	5 304	10 608	-13.90
陆运口岸	公路口岸	三合	5.97	21.64	27.61	+48.20					0.89	0.86	1.75	-11.40	3 577	2 843	6 420	-45.37
陆运口岸	公路口岸	圈河	14.80	13.76	28.56	+22.30					23.10	23.13	46.24	+25.28	60 425	60 333	120 758	+2.30
陆运口岸	公路口岸	珲春	1.80	5.00	6.80	-20.80					15.53	14.76	30.29	-4.70	8 654	8 669	17 323	-10.30
陆运口岸	公路口岸	沙坨子	0.43	0.51	0.94	-31.10					0.15	0.15	0.31	-37.30	595	595	1 190	-26.40
陆运口岸	公路口岸	开山屯	1.04	1.55	2.58	+50.40					0.24	0.24	0.48	-3.20	1 507	1 762	3 269	+27.70
陆运口岸	公路口岸	分计	36.45	156.80	193.25	+24.50					46.86	46.07	92.93	+13.00	112 688	112 137	224 825	+3.00
陆运口岸	铁路口岸	珲春	0.01	60.80	60.80						0.12	0.12	0.23		282	282	564	
陆运口岸	铁路口岸	图们	6.75	7.99	14.74	+176.30					0.05	0.05	0.09	+32.00	1 226	1 238	2 464	+30.60
陆运口岸	铁路口岸	集安	0.60	2.21	2.81	-53.17					0.91	0.92	1.82	+128.10	1 989	1 989	3 978	+58.49
陆运口岸	铁路口岸	分计	7.35	71.00	78.35	+588.50					1.07	1.08	2.16	+147.30	3 215	3 227	6 442	+46.51
合计			47.46	236.35	283.82						99.95	96.85	196.80		119 770	119 232	239 002	
同比（%）			+21.04	+85.48	+70.37						+21.35	+18.91	+20.14		+5.10	+4.81	+4.97	

（吉林省口岸办提供）

2014 年长春海关主要数据统计表

项目		2014 年	同比（%）
进出口货运量（万吨）	合计	352.4	+44.6
	进口	291.0	+50.1
	出口	61.4	+23.4
进出口贸易总值（万美元）	合计	1 168 591.0	+18.9
	进口	1 010 009.7	+18.8
	其中：江、海运输	825 904.6	+11.6
	铁路运输	61 349.5	+73.5
	汽车运输	57 105.2	+54.0
	航空运输	652 27.7	+75.1
	邮件运输	138.1	-28.8
	其他运输	284.6	+249.5
	出口	158 581.3	+19.7
	其中：江、海运输	19 649.3	+23.9
	铁路运输	5 088.5	+68.1
	汽车运输	130 250.5	+19.3
	航空运输	2 666.0	-26.0
	邮件运输	326.4	-38.7
	其他运输	600.6	+212.0
税收（亿元）	两税合计	148.43	+10.1
	关税入库	46.25	+7.8
	进口环节税入库	102.18	+11.1

（长春海关提供）

2014 年吉林省口岸出入境主要数据表

项目			2014 年	2013 年	同比（%）
出入境人员（人次）	出入境人员总数		1 967 987	1 672 591	+17.7
	入境人员		971 433	831 281	+16.9
	出境人员		996 554	841 310	+18.5
	出入境旅客		1 550 759	1 301 229	+19.2
	出入境员工		109 778	89 708	+22.4
	中国公民	小计	1 439 340	1 137 618	+26.5
		内地居民（因公）	1 421 968	1 126 125	+26.4
		内地居民（因私）			
		港澳居民	920	698	+31.8
		台湾同胞	16 452	9 795	+67.9
	外籍人员		528 647	534 973	-1.2
	从海港出入境人数				
	从陆港出入境人数				
	从空港出入境人数				
交通运输工具（辆、艘、架、列次）	总计		234 875	224 420	+4.7
	船舶				
	飞机		6 558	5 136	+27.7
	火车		1 734	1 042	+66.4
	机动车辆		226 583	218 242	+3.8

表注："出入境人员总数"中含持边民通行证出入境人员数，但"出入境旅客"及"出入境员工"中均不含持边民通行证出入境人员数。

（吉林省公安边防总队提供）

2014 年吉林省出入境检验检疫业务统计表

项目	货物检验检疫				交通工具				集装箱（标箱）		发现动植物疫情		货物通关		出入境人员查验（人次）	健康检查及预防接种（人次）			
	批次	金额（万美元）	检验检疫不合格 批次	检验检疫不合格 金额（万美元）	船舶（艘）	飞机（架）	火车（列）	汽车（辆）	合计	检出问题	种类数	种次	批次	金额（万美元）		健康检查	艾滋病监测	发现病例	预防接种
本年累计	79 119	521 914	2 609	4 902		7 138	13 451	214 972	75 027	1 378	175	1 079	28 138	209 374	1 838 606	41 808	41 903	6 866	28 369
其中 出境	40 791	232 106	890	2 635		3 535	6 708	107 758	5 579	0	6	2	12 483	38 979	929 655	35 944	36 039	6 027	28 369
其中 入境	38 328	289 808	1 719	2 267		3 603	6 743	107 214	69 448	1 378	169	1 077	15 655	170 395	908 951	5 864	5 864	839	0
同比（%）	-4.63	+2.81	+570.69	+782.21		+19.54	+331.81	+4.19	+0.73	+233.66	+4 200.00	+2 015.69	-0.72	+9.35	+61.95	-8.94	-9.03	+20.82	+8.64
其中 出境	-14.31	-5.77	+2 372.22	+1 244.09		+18.39	+338.43	+5.44	-0.05		0.00	0.00	-26.47	-74.12	+61.56	-15.47	-15.54	+17.03	+8.64
其中 入境	+8.18	+10.78	+386.97	+530.41		+20.70	+325.43	+2.97	+0.80	+233.66	+4 125.00	+2 011.76	+37.74	+316.85	+62.36	+72.98	+72.98	+57.41	0.00

（吉林出入境检验检疫局提供）

口岸数量及分布

截至2014年年底，黑龙江省有经国务院批准的对外开放口岸25个。其中，空运口岸4个，分别是哈尔滨空运口岸（哈尔滨太平国际机场）、齐齐哈尔空运口岸（齐齐哈尔民航机场）、牡丹江空运口岸（牡丹江海浪机场）、佳木斯空运口岸（佳木斯机场）；陆路（铁路）口岸2个，分别是哈尔滨、绥芬河铁路口岸；陆路（公路）口岸4个，分别是东宁、绥芬河、密山、虎林公路口岸；水运（河港）口岸15个，分别是哈尔滨、佳木斯、桦川、绥滨、富锦、抚远、同江、萝北、嘉荫、逊克、孙吴、黑河、呼玛、漠河、饶河河港口岸；中俄边境口岸15个。

口岸运行数据

2014年，黑龙江省口岸进出口货运量达2 474.7万吨，同比减少6.7%。其中，进口货运量达2 346.4万吨，同比减少6.9%；出口货运量128.3万吨，同比减少3.7%。铁路口岸进出口货物736.7万吨，公路口岸进出口货物84.0万吨，水运口岸进出口货物189.9万吨，空运口岸进出口货物11.7万吨，管道运输1 452.4万吨。进出境客运量301.2万人次，同比增长4.9%。其中，进境148.4万人次，同比增长2.0%；出境152.8万人次，同比增长7.9%。

口岸综合管理

【狠抓口岸客货运输生产，确保口岸平稳运行】 2014年黑龙江省口岸货运量与2013年相比呈下降态势。其主要原因：一是受俄方经济疲软、卢布汇率浮动影响，俄居民购买力有所下降，进而影响了进出口货运量。二是受洪灾和气候等干扰，冬运运行时间与往年相比有所减少。三是化肥、铁精矿同比下降较为明显，主要原因是化肥、铁精矿国内库存充足，需求大幅减少，另外铁精矿进口下降也是由于国家开始实行环境治理，减少生产排放，关闭不少小型钢铁企业，致使对铁精矿的需求有所减少，这也是导致进出口货运量下降的因素。

【口岸扩大开放取得积极进展】 积极跟踪推进洛古河临时过货通道、抚远深水港临时对外开放、同江水运口岸东部作业区、漠河水运口岸扩大开放、黑瞎子岛公路口岸工作，黑龙江省口岸办通过积极的协调推动工作，洛古河临时过货通道临时开放事宜已纳入中俄口岸工作组第十七次口岸工作组会谈纪要，双方表示将继续加以推进；为顺利实现抚远莽吉塔深水港码头临时对外开放，在征得相关单位意见基础上，报请交通运输部海事局批准，抚远深水港已如期实现了临时对外开放，据海关统计，2014年经该码头通关的货物达4万吨，增长87.5%；漠河水运口岸石油管道作业区扩大开放、同江水运口岸东部作业区扩大开放工作，已征得相关部门同意报省政府批复，待批复后以省政府名义请示国务院批复。推进黑瞎子岛公路口岸设立工作，在将该项目成功纳入中俄口岸工作组第十七次会谈议题的基础上，于9月29日与俄罗斯远东边境管理工作会谈时就黑瞎子岛公路口岸位置问题达成共识，黑龙江省口岸办已将结果报国家口岸管理办公室。

【口岸通道建设取得积极进展】 经过不断向国家口岸主管部门请示汇报及与俄罗斯远东边境管理局多次沟通协调，一是2014年1月3日萝北—阿穆尔泽特口岸间冬季浮箱固冰通道成功架设并开通运营；二是黑河浮箱固冰客运通道1月2日正式开始运营。这两条浮箱固冰通道的开通延长了萝北、黑河口岸冬季运营时间，提高了运营安全性，增加了口岸客货运量。

【口岸大项目建设稳步推进】 按照黑龙江省委、省政府部署，重点做好同江铁路口岸开放、黑瞎子岛公路口岸设立。一是推进中俄跨江大桥建设。加快同江铁路大桥建设，推进同江铁路口岸设立工作，重点配合地方政府做好口岸的规划和可行性研究报告的制定、加紧完善口岸查验配套设施和大桥建设期间封闭区初步设计方案，以及口岸开放前一切上报文件的起草工作，待中俄双方主管部门审批后，将立即启动新开口岸报批程序。黑龙江省共涉及同江—下列宁斯阔耶铁路大桥、黑河跨境公路大桥、洛古河跨境公路大桥、东宁跨境铁路大桥建设。2014 年只有同江大桥中方一侧已经动工建设，黑河跨境铁路大桥已举行了奠基仪式，洛古河、东宁大桥正在与俄方相关部门沟通协调，通过不同层面进行推动。关于同步设立口岸问题，同江铁路大桥已于 3 月 13 日开工。与大桥建设相配套的口岸基础设施建设均已纳入大桥总体规划，力争与大桥同步设计，同步建设，目前进入口岸设计规划和可行性研究阶段。大桥封闭区建设问题，已经写入中俄口岸工作组第 17 次会谈纪要。关于研究开通抚远陆路口岸事宜，中俄双方在口岸工作组第 17 次会议上均积极表态，表示将共同推进口岸设立进程，双方已就口岸开设具体位置达成共识。二是继续做好黑瞎子岛公路口岸可行性研究报告完善工作，待征求各相关部门意见后，将向国家报批。

【中俄口岸工作组第十六次会谈成果进一步落实，第十七次会谈取得新成果】 一是向俄布拉戈维申斯克市游客提供通关方便。经多方努力，协调中方查验部门及俄方相关部门，并积极做黑河市政府工作，自 2014 年 1 月 16 日起将黑河口岸开关时间调整为北京时间 7:00，提前半小时开关。二是应俄联邦边界建设署远东局的请求，协调各方，多次为俄波尔亚科沃节假日赴逊克旅游团组临时开通逊克—波亚尔科沃口岸。为此，俄联邦边界建设署远东局致函黑龙江省口岸办表示谢意。三是调整了绥芬河公路口岸货检通道工作制。为解决该口岸高峰期车辆滞留问题，黑龙江省口岸办多次就绥芬河—波格拉尼奇内公路口岸货检通道 7 天 12 小时无午休工作制问题和俄方磋商，但俄方以查验人员缺编为由拒绝我方的提议。在中方不懈努力下，双方终于达成共识，自 2014 年 3 月 1 日起正式在该货运通道实行 7 天 12 小时无午休工作制。

积极筹备在俄罗斯哈巴罗夫斯克召开的中俄口岸工作组第十七次口岸工作组会谈，做好中俄边境口岸联合调研的准备及会谈提纲的草拟工作，为中俄双方会谈做好服务和保障。根据中俄代表团共同商定，2014 年中俄边境口岸联合调研与口岸工作组第十七次会谈同时进行。黑龙江省口岸办做了大量前期准备工作，联合调研组考察了同江、抚远口岸，对所涉及口岸所在地政府、口岸主管部门、相关企业、查验单位进行了全面调研，了解了口岸运行存在的问题及需要俄方解决的问题，拟定会谈口径及相关背景材料，为国家口岸管理办公室设计调研方案，提出重点调研议题、调研路线、调研时间衔接，做好中俄双方代表团调研期间的会务接待及生活安排等各项工作。

通关便利化工作及口岸实现“三个一”推进工作已全面启动。为推动黑龙江省口岸通关便利化，提高口岸通关效率和服务水平，2014 年 3 月 7 日黑龙江省口岸办召开了查验单位及相关企业座谈会，就全省通关便利化的实施征求了各部门意见和建议，在此基础上，草拟了《黑龙江口岸推进通关便利化工作方案》，待省领导批复后，将协同各查验单位联合发文印发各口岸所在地政府及相关查验单位，并在今后工作中加以监督。

在加强口岸硬件设施建设基础上，继续在全省口岸推行“一站式服务、一个窗口对外、一条龙办公”办公模式，并已在绥芬河口岸进行了试运行，逐步实行 24 小时预约通关制、服务承诺制、收费公示制及廉政工作制等，改善服务质量，提高服务水平和通关效率。加强黑龙江省电子口岸平台建设，先行在绥芬河口岸试点，之后向全省口岸推开，力争在 2015 年年底前全省口岸在报关报检报验及结算方面有所突破。继续在全省口岸系统开展文明高效口岸评比活动，组织各口岸搞好查验单位间各项文明共建活动，增进了解与共识，加强关检合作，推行“一机两屏”的做法，做到口岸各部门分工不分家，密切配合，协作默契。

【围绕加强电子口岸建设，为企业分忧】 为方便黑龙江省进出口企业办理中国电子口岸入网手续，简化工作流程，节约入网企业办事成本，提高工作效率，黑龙江省商务厅与相关部门联合制定了新的企业入网工作流程，并已正式实行。入网企业只需向哈尔滨海关报送大厅数据分中心窗口一次提交有关材料，即可办完相关手续。目前黑龙江省口岸办正与相关兄弟省份密切配合，共同研究制定东北电子口岸网络实施平台，届时进出口企业将享受更为快捷、方便、优质的服务。为加快黑龙江省电子口岸建设，黑龙江省商务厅高度重视，与哈尔滨海关共同研究推进措施，赴吉林省商务厅学习考察了在建电子口岸平台的经验，制订并上报了黑龙江省电子口岸“十二五”规划实施方案，经黑龙江省政府领导批示同意实施，目前正与省财政厅研究落实资金来源。该方案的实施，对提升电子口岸建设水平、服务水准、通关效率，优化口岸通关环境、促进货物、人员通关便利化，将起到良好的推动作用。

【赴口岸现场调研，推进口岸基础设施建设】 黑龙江省口岸办先后赴密山、虎林、饶河、同江、黑河等口岸调研，及时发现并协调解决口岸运行中出现的各种问题，督促各地加快口岸基础设施建设和现有口岸设施和设备的升级改造和更新换代力度，以适应口岸客货运量的需求。督促各地口岸加强核心能力建设，充分认识国家口岸管理办公室提出口岸整合任务的严峻形势，按照口岸提出的口岸开放标准，对照检查各自存在的不足，尽快拿出改进措施，特别是尚未达标口岸要拿出具体的办法缩小与国家最低标准的差距，降低被整合关闭的风险，临时关闭口岸要加快口岸基础设施改造步伐，及时与俄方相关部门沟通，尽快恢复开通口岸。狠抓口岸客货运输生产，争取创造口岸客货运量首季开门红，提高口岸的利用率和开放水平，特别是抓住浮箱固冰通道运输的黄金时期，加强宣传推介，广揽客货源，提高口岸客货运量。

口岸监管与服务

【黑龙江海事局加强对外合作】 黑龙江海事局佳木斯分局，首次与哈巴紧急情况总局犹太自治州紧急情况总局（俄省级机构）签署了合作协议。“五个界河”（平安界河、生态界河、便捷界河、尊严界河、和谐界河）的理念也得到了俄方相关部门的认同，“无国界、无障碍、无许可”的3个应急反应机制已经在中俄界河建立，并逐步深化、拓展。

【黑龙江海事局全力支持服务国家和地区重点项目建设】 克服危险品水上运输的难题，黑龙江海事局解决了秋明油田—下列宁斯阔耶—同江—富锦的中俄能源运输中关键的水运环节问题，保障了中俄首次跨界河运输液化石油气的顺利实现，打通了中俄冰河丝绸之路。2014年7月9日，首批从俄罗斯下列宁斯阔耶口岸发出的3辆装载60吨液化石油气罐式集装箱汽车由龙渡004船顺利运至同江口岸哈鱼岛码头，这标志着黑龙江省利用水路运输俄罗斯能源入境拉开了帷幕。这是在中俄两国签署全面战略协作伙伴关系新阶段的联合声明以来，中俄双方在能源方面合作迅速推进的标志。如果按照中俄双方相继签署《关于沿中俄东线管道自俄罗斯联邦向中华人民共和国供应天然气领域合作的备忘录》和《中俄东线供气购销合同》的约定，采用俄罗斯能源的主要输入方式（管道运输），要至少需4年才能引进天然气。为了服务黑龙江省经济的发展，黑龙江海事局克服重重困难，确定了船舶载运液化石油气罐式集装箱车辆的运输方式，破解了这种类型危险品运输、安全监管所面临的难题。2014年夏航期，船舶累计运输液化石油气11航次，共计995.94吨。冬季采用浮箱固冰通道运输方式，实现液化石油气的不间断、大规模运输。

【哈尔滨海关推动监管创新，提高工作效能】 全面深化海关改革，提高通关便利化水平。一是深入推进优化监管查验工作机制改革，充分发挥机动查验小分队作用，查验工作质量继续保持在较高水平，关区平均查验率为5.97%，平均查获率18.37%，圆满完成了海关总署下达的查验工作任务。二是整顿和规范海关监管场所，口岸基础设施建设有所改善。三是扎实推进通关作业无纸化工作。全年关区共审核办理无纸通关报关单98 811份，其中12月份占同期报关单总量的85%，圆满完成既定工作目标。四是有效推动关区审单业务优化整合工作，专业审单效能进一步提升，批量复审工作有序开展。全年关区共受理报关单24.6万份，同比下降7.6%；监管进出口货物2 487.4万吨，同比下降6.6%；货物总值218亿美元，同比下降1.5%；监管运输工具42.9万辆（艘、架）次；进出境人员331.3万人次，同比增长11.1%；监管进出境邮物品1 292.6万件，同比增长22倍；监管进出境邮政快件46.8万件，同比增长55%。

【哈尔滨海关加强综合治税，确保应收尽收】 2014年全年关区税收入库131.57亿元，圆满完成调整后的税收任务。一是通过加强税收形势分析，确定重点税源企业和税源产品，针对关区原油、电力等重要税源企业和项目，用高效优质的服务吸引税源，培植税源。二是综合治税进一步完善，各部门有效履职、综合施策、形成合力。归类、审价、稽查、缉私和减免税综合治税效果显著，2014年全年实现审价补税9 696万元，稽查补税58.6万元，缉私涉案补税145.5万元，加工贸易内销征税771万元。三是对国家鼓励项目加大扶持力度，完善关区减免税审批机制，采取有效措施，加大对关区减免税审批的指导与监控力度，着力提高工作时效性，稳步推进关区减免税审批工作，取得良好效果。2014年全年共审批减免税货值4.99亿美元，减免税款10.77亿元人民币，有力地支持了黑龙江省经济发展。

【黑龙江出入境检验检疫局严格执法把关】 2014年全年共发布进出口商品质量分析报告24期，新建国家级出口农产品示范区3个、出口工业品示范区2个，省级出口农产品示范区5个，推荐13家省内企业当选全国绿色食品诚信企业。制定风险管理办法，建立了三级风险管理体系框架，组织开展口岸公共卫生风险评估、进出口食品安全风险监控，牵头完成了2014年全国进出口畜肉及制品质量分析。加大进口风险信息采集和出口退货调查力度，采集进口不合格风险信息4 686条、出口退货信息2条，编译《风险预警专刊》72期。强化口岸疫情防控，推动黑龙江省18个运营口岸全部通过口岸核心能力建设达标验收，成功承办“中俄口岸核心能力建设暨中俄卫生检疫合作20周年交流培训会议”，进一步完善了中俄口岸联防联控机制。在出入境人员中发现有传染病症状者441人次，传染病监测确诊1 135例，检出输入性疟疾1例，检出核与辐射有害因子超标11起。高度重视埃博拉疫情防控，认真排查来自疫区人员。组织开展流行病学调查，首次在全国举办边境地区非洲猪瘟疫情应急处置防控演练。在连续14年坚持加强中俄边境地区马铃薯甲虫疫情监测防控的基础上，于第一时间发现境外马铃薯甲虫疫情入侵，及时启动应急预案，有效防止了疫情传播。2014年全年共截获禁止进境物6 897批次，同比增长15.26%；截获有害生物185种4 206批次，同比分别增长35%和48.62%，并首次在进境大宗繁殖材料（向日葵种子和玉米种子）中检出4种有害生物。推进进口商品分类管理，严格表外商品监督抽查和强制性认证监管，试行农产品二维码溯源管理。2014年全年检出进口不合格商品7 409批、货值6 716万美元，同比分别增长80.97%、108.77%；抽查法检目录外进出口商品31批，不合格率为16.1%。在全省系统开展依法行政示范单位创建活动，绥芬河、黑河出入境检验检疫局当选国家级依法行政示范单位，鹤岗、饶河、同江出入境检验检疫局被评为黑龙江检验检疫系统第二批依法行政示范单位。编制领导干部任前法律知识考试题库和进出境动植物检验监管法律法规汇编，组织了黑龙江检验检疫系统法律知识考试。推行重大决策合法性审查制度和法律顾问制度。规范12365举报处置指挥管理，电话回访满意率为100%。持续开展“双打”专项行动，出动执法人员4 919人次，检查企业2 278家，实施行政处罚3起，罚款6 000元。2014年全年未发生区域性质量安全事件，较好地守住了安全底线。

【黑龙江出入境检验检疫局服务地区发展】

围绕黑龙江省外贸提质增效升级迫切需求，推出促进外贸稳定增长8项举措，建立“通报、通检、通计、通收、通签、通放”一体化业务模式，推行无纸化报检和通关单无纸化，打破辖区内检验检疫机构间行政区域界限，进一步方便企业办理业务。深化区域通关一体化和特殊监管区监管，与哈尔滨海关签署合作备忘录，加快推进地方电子口岸建设。哈尔滨出入境检验检疫局等7个内陆检验检疫局之间建立“大改革、大通关、大服务”合作机制，积极与黑龙江省内外口岸检验检疫机构加强协调，探索建立直通放行模式。配合黑龙江省“两大平原”改革战略实施，承办国家质检总局“生态原产地地理标志保护及有机产品认证座谈会”，举办“黑龙江省森工林区生态原产地和地理标志保护产品培训班”，指导齐齐哈尔两家大米生产企业通过生态原产地保护评定。深化与香港标准与鉴定中心的合作，进一步完善供港农产品监管模式，扶持龙港大卖场项目持续发展，集中备案黑龙江龙江出口绿色食品农产品企业109家。支持良种引进，检疫进口水貂4.1万只、美国一日龄祖代鸡雏4.8万只，对黑龙江省首次引进的100头加拿大SPF猪实施隔离检疫，成功保障3头俄罗斯白鲸落户哈尔滨极地馆。指导绥芬河、黑河、东宁、密山4个口岸通过国家进境粮食指定口岸考核验收。协助黑龙江省政府争取国家质检总局同意在黑龙江省设立首个进口肉类指定查验场。围绕黑龙江省产业转型升级和区域发展需要，推进中俄金伯利进程合作和黑龙江省宝玉石产业发展。牵头承办了2014中国哈尔滨国际珠宝玉石博览会，主导设立中国品牌建设促进会珠宝玉石专业技术委员会，推荐黑龙江省“北红玛瑙”获得国家地理标志产品保护；协助哈尔滨、牡丹江等地招商俄罗斯宝玉石加工项目，286克拉俄产毛坯钻石在东宁成功落地加工，开辟了黑龙江省引进俄罗斯宝玉石资源贸易的新历史。

【黑龙江省边防积极深化对俄交往合作】 牵头组织黑、吉、辽三省公安边防总队代表团出访俄罗斯滨海边疆区边防局，全力保障俄阿穆尔州、哈巴罗夫斯克边疆区并犹太自治州边防局联合代表团首次来访，深入落实公安部边防局代表团与俄罗斯联邦安全总局边防局代表团会谈纪要精神，出台了与俄3个边防局《开展“东方—2014”边防联合行动实施纲要》，指导绥芬河、东宁等边检站与俄边检机关开展了船舶遇险、车辆故障、危患通关为主要内容的联合演练，提升了联合处置口岸突发事件能力。

【黑龙江省边防积极服务中俄重大项目助力地方经济发展】 着眼全省对俄开放战略，推出7项举措服务首届“中俄博览会”，保障了中俄首座铁路界河桥开工奠基仪式顺利举行，圆满完成哈尔滨至美国阿拉斯加、韩国仁川、俄罗斯符拉迪沃斯托克首航国际航班等边防检查任务，促成绥芬河互市贸易区顺利恢复运营，赢得了地方党委政府肯定。其中，保障中俄首座铁路界河桥开工建设工作得到黑龙江省省长陆昊、常务副省长郝会龙、副省长张建星，以及黑龙江省商务厅副厅长赵春波的批示肯定。

【黑龙江省边防强化口岸查控】 积极落实查验查控、风险评估、限定区域管理等各项制度规定，综合运用梅沙系统、视频监控等信息化管控手段，不断提升勤务效能，修订完善总队查控安全制度，强化24小时值守，2014年全年布控316人，查获在控34人，其中包括2名涉案金额达40多亿元的重大经济犯罪分子。积极探索推进边检勤务改革创新，推行边检辅警试点和警犬参与边检执勤试点取得初步成效。黑河边检站被确定为全国现役边检系统勤务改革创新试点单位，经验做法被公安部边防局推广。

开放口岸

【哈尔滨空运口岸（哈尔滨太平国际机场）】 位于哈尔滨市西郊30千米，1987年7月1日经国务院批准对外开放，1989年9月22日正式对外开放使用。机场总占地面积332万平方米，航站楼面积6.7万平方米，可满足年旅客吞吐量666万人次、高峰小时3 000人次、每日飞行180

架次的需要。停机坪面积33万平方米，可满足18架宽体大型客机的停放和维护，可用近机位13个、远机位8个。哈尔滨太平国际机场地处东北亚中心位置，是东南亚至北美航线的最佳经停点，也是中国东北地区乃至东北亚的重要空中交通枢纽之一。

2014年，哈尔滨空运口岸进出境客运量62.9万人次。

【齐齐哈尔空运口岸（齐齐哈尔民航机场）】 位于市区东南13千米，1987年开始建设，2009年12月8日通过国家验收正式对外开放。齐齐哈尔机场是黑龙江西部地区的航空枢纽，机场等级为4C级，属军民合用机场。主跑道长2 600米，宽45米，客机坪面积2.5万平方米，候机楼面积7 200平方米，分国际、国内区域，年可容纳旅客70万人次、货邮物1.50万吨。机场先后开通了北京、上海、广州、黑河、沈阳、大连、青岛、海拉尔等航线，还开通了齐齐哈尔至俄罗斯布拉格维申斯克、克拉斯诺亚尔斯克国际包机航线。

2014年，齐齐哈尔空运口岸进出境客运量10.8万人次。

【牡丹江空运口岸（牡丹江海浪机场）】 位于牡丹江市西南郊9千米处，是黑龙江省东南部地区重要交通枢纽，1985年9月2日正式运营，1996年被国务院批准为开放口岸。目前，飞行区等级为4C，装备有I类精密进近灯光系统、仪表着陆系统和全向信标台，主跑道为2 600米×60米，能满足B－757以下中型客机昼夜起降。候机楼面积8 200平方米，设有国际联检厅，进出港通道各1条，配有较先进的广播系统、航班显示系统、旅客自动离港系统和录像监控系统。停机坪面积3.6万平方米，设有4个停机位（D类1个，C类3个），停车场面积1.14万平方米，设计年旅客吞吐量为50万人次。

2014年，牡丹江空运口岸进出口货运量11.1万吨，进出境客运量10.6万人次。

【佳木斯空运口岸（佳木斯机场）】 佳木斯机场距市区9千米，是日伪时期遗留的机场，1992年经国务院批准对外开放，2009年经国家验收正式对外开放，目前为4C级支线机场，是黑龙江省东部地区重要机场。佳木斯空运口岸曾多次飞行俄罗斯哈巴罗夫斯克包机，并于2010年6月开通了佳木斯至韩国首尔的国际航班。在稳定飞行佳木斯至哈巴罗夫斯克、佳木斯至韩国首尔空中航线的基础上，逐步向俄腹地延伸。

2014年，佳木斯空运口岸进出口货运量0.5万吨，进出境客运量2.4万人次。

【哈尔滨陆路（铁路）口岸】 哈尔滨内陆港，是国务院1996年9月24日批准的全国第一个内陆口岸试点，办理国际集装箱业务，1997年7月11日通过国家验收，同年8月1日正式对外开放使用。货场占地面积10万平方米，拥有6条铁路到发线，装卸作业便利，堆存能力充足，通关功能完善，可以办理20英尺和40英尺国际集装箱运输业务，年吞吐量10万标箱。哈尔滨内陆港于1998年11月30日延伸到满洲里、绥芬河口岸，实现了国际集装箱直通过境运输，形成了南接沿海、北连边陲的多式物流网络，成为黑龙江及其周围腹地最大的集装箱集散地。

【绥芬河陆路（铁路）口岸】 绥芬河火车站位于绥芬河—满洲里铁路与俄罗斯远东铁路的接轨处，绥芬河东与俄罗斯滨海边疆区接壤，铁路口岸地处要道，陆海联运可到达日本新泻、横滨，韩国釜山，美国西雅图等地区，处于东北亚经济区中心位置。绥芬河铁路车站现为一等站，业务性质为客、货运输站，主要办理国际联运货物运输和国际、国内旅客运输，以及自站货物的到发、装卸等作业；有南、北两个站场，管辖绥阳（为二等站）、宽沟两个中间站。绥芬河铁路口岸站年设计综运能力为1 000万吨。绥芬河铁路口岸实际换装能力已经达到1 300万吨略高。其中，进口能力为1 050万吨，出口能力为150万吨，地起能力为100万吨。

2014年，绥芬河铁路口岸进出口货运量35.7万吨，进出境客运量10.8万人次。

【东宁陆路（公路）口岸】 与俄罗斯波尔塔夫卡公路口岸相对，位于黑龙江省东南边陲三岔口朝鲜族镇，1989年12月经国家批准为开放口岸，1990年3月中苏两国政府换文确认为双边客货公路运输口岸，同年5月正式对外开放。1992年11月，中俄两国政府换文开通旅客运输，陆续开通了东宁至俄罗斯近邻城市的旅游业务。1994年1月，中俄两国政府再次换文确定为双边公路客货运输口岸。2006年6月开通了口岸落地签证业务，2008年8月开通了客运7天12小时无午休工作制，2009年4月开通了异地办证业务。

2014年，东宁公路口岸进出口货运量27.4万吨，进出境客运量28.3万人次。

【绥芬河陆路（公路）口岸】 与俄罗斯波格拉尼奇内口岸相对，位于黑龙江省绥芬河市东部，是301国道的起点，与俄罗斯滨海边疆区毗邻，距俄对应口岸城市波格拉尼奇内区16千米。绥芬河公路口岸于2000年9月16日由国务院批准正式对外开放，现在实行12小时无间断通关工作制。口岸占地为19.7万平方米，口岸设计运能为年过货物100万吨、过客50万人次。

2014年，绥芬河公路口岸进出口货运量52.4万吨，进出境客运量65.2万人次。

【密山陆路（公路）口岸】 与俄罗斯图里洛格口岸相对，位于黑龙江省密山市当壁镇中俄界湖兴凯湖的西北岸1.50千米处，距密山市区38千米。密山口岸始建于1992年，1992年4月10日密山至图里洛格口岸公路桥竣工通车首批过货。1993年6月正式开通，每周开关6天。口岸设有四条进出口货物检验通道，两条出入境旅客查验通道。口岸年过货能力在50万吨以上，年过客能力在30万人次以上。

2014年，密山公路口岸进出口货运量1.7万吨，进出境客运量1.9万人次。

【虎林陆路（公路）口岸】 与俄罗斯马尔科沃口岸相对，位于虎林市区东南58千米处。1992年10月，中俄两国外交部正式换文确认开通虎林—马尔科沃口岸。1993年5月18日，虎林—马尔科沃口岸正式开通。虎林口岸处于南起绥芬河、北到同江的600千米扇状沿边开放带的中点位置，具有一岸对两区（俄滨海和哈巴）、辐射半径大的特点。设计日通车能力700辆次，年过人能力100万人次，年过货能力260万吨，是一个不受流冰期限制的可全天候均衡过货的口岸。

2014年，虎林公路口岸进出口货运量2.5万吨，进出境客运量1.3万人次。

【哈尔滨水运（河港）口岸】 位于哈尔滨市区的东北部，地处松花江中游南岸，是我国八大内河港之一，也是我国东北地区内河最大的水陆换装枢纽港，年营运期平均在210天左右，封冻期约为150天，是一个典型的季节性生产港口，有人工直立码头1 454延长米，铁路专用线6股5 870延长米。哈尔滨港设有14个千吨级泊位，年吞吐能力450万吨，日通过能力2万吨。哈尔滨港是1958年3月经国家主席刘少奇同志批准对前苏联开放的内河水运口岸。1989年7月1日经国务院批准哈尔滨港作为国家一类口岸恢复对外开放。哈尔滨港经松花江、黑龙江与俄罗斯远东地区的下列宁斯阔耶、波亚尔科沃、哈巴罗夫斯克、共青城、布拉戈维申斯克、尼古拉耶夫斯克等7个大中港口城市相连。

【佳木斯水运（河港）口岸】 位于市区内松花江中下游南岸，沿松花江上行可达哈尔滨港，下行可达富锦、同江，进入黑龙江后可直达俄罗斯的下列宁斯阔耶、哈巴罗夫斯克、共青城等开放港口，是1989年经国务院批准正式对外开放的内河口岸，目前拥有千吨级泊位15个。1992年中俄两国签订协议，中方船舶可经俄罗斯阿穆尔河下行，经尼古拉耶夫斯克港出海，开展国际江海联运业务。目前采取冬季浮箱固冰通道和夏季轮渡两种过境方式开展汽车运输。

【桦川水运（河港）口岸】 位于佳木斯东部松花江下游南岸，松花江干流贯穿境内96.5千米，上行可至佳木斯、哈尔滨，下行可至绥滨、富锦、同江、抚远，顺流直下可东出鄂霍次克海进入太平洋沿岸各国，具有得天独厚的发展外向型经济优势，1994年经国务院批准对外开放。桦川港口岸深水区域1.5千米，明水期可泊千吨位江海联运船或内河船。天然船坞可泊千吨驳船10艘，港口内设有船站一处，年吞吐量50万吨，码头4个，分别为粮食杂货码头、航运公司码头、石油码头、煤炭码头。该口岸尚未正式开通使用。

【绥滨水运（河港）口岸】 位于黑龙江省东北边陲绥滨县城，地处松花江下游北岸，1995年经国务院批准对外开放开展国际客货运输，上行可通佳木斯、哈尔滨等港口，下行可达富锦、同江等港口，与富锦港隔江相距15千米。沿黑龙江继续下行经俄罗斯阿穆尔河，可通过尼古拉耶夫斯克入海，进入鞑靼海峡及日本海，江海联运的货物可直达日本、韩国等太平洋沿岸国家和地区。该口岸检查检验工作暂由富锦水运口岸检查检验单位承担，近年来由于松花江枯水，加之对外贸易规模较小，进出口货运量不大，均统计在富锦水运口岸。

【富锦水运（河港）口岸】 位于松花江下游南岸，自然条件优越，是具有千米岸线的深水良港，1989年7月经国务院批准为国家一类口岸。港区内有6个3 000吨级泊位和7.62千米的铁路专用线连接码头，集输条件较好，进口大宗货物实现了国际水铁联运一条龙。港区面积近5万平方米，日装卸能力可达3 000吨，年货运量在30万吨左右。富锦口岸检查检验机关和服务部门机构齐全，查验设施完备。联检机关还承担着鹤岗市绥滨口岸的查验任务。

【抚远水运（河港）口岸】 抚远港位于抚远县抚远镇，口岸距所对应的俄罗斯远东第一大城市——哈巴罗夫斯克市口岸航道距离仅65千米，乌苏镇距离俄西伯利亚大铁路在远东地区最大编组站卡杂科维茨沃只有2.50千米，1992年5月经国务院批准对外开放。抚远口岸港区拥有各类码头泊位28个，码头岸线总长2 300延长米，拥有275千米的中俄界江黄金水道。

2014年，抚远水运口岸进出口货运量4.0万吨，进出境客运量15.3万人次。

【同江水运（河港）口岸】 同江港分为东西两港。西港距俄哈巴港水上距离272千米，距俄下列港水上距离35千米，岸线总长1 991.8米，是松花江最末端港口，口岸陆域面积48万平方米，可通行3 000吨级船舶，通航期为6个月，主要功能是进出口货物运输。该港口设有10个泊位，铁路专用线4.80千米。东港位于同江市区东北38千米的哈鱼岛西北端，与俄下列港一江之隔，水上最近距离仅为1千米，距俄哈巴港240千米，规划岸线总长度为9 157.71米，规划口岸陆域面积为520万平方米。在夏季有船舶运输、汽车轮渡运输，冬季有国际汽车运输，流冰期有气垫船运输，实现了全年通关。

2014年，同江水运口岸进出口货运量32.0万吨，进出境客运量8.3万人次。

【萝北水运（河港）口岸】 位于黑龙江省东北部，小兴安岭和三江平原接壤处，1989年经国务院批准对外开放。萝北口岸基础设施齐全，名山港拥有现代化煤炭专用码头、木材专用码头和滚装式轮渡码头各1座，吞吐能力45万吨，其中煤炭专用码头每小时可装运原煤400吨，是黑龙江沿岸最大的煤炭输出港。

2014年，萝北水运口岸进出口货运量5.0万吨，进出境客运量3.6万人次。

【嘉荫水运（河港）口岸】 位于黑龙江省北部边陲嘉荫县城朝阳镇，距县城中心9.5千米处的黑龙江南岸，与俄罗斯犹太自治州帕什科沃口岸隔江对应，航道距离14千米，1989年经国务院批准对外开放。口岸港口线总长650延长米，设有客运、木材、滚装、综合4个码头，对应8个泊位。正常水位可停靠3 000吨级驳船，枯水期也可停靠1 000吨级驳船，并配备了各种装卸设备，修建了通港道路、输变电线路和通讯线路，年吞吐量为75万吨。明水期开展水上船舶运输，冰封期开展冰上汽车运输。船舶沿黑龙江上行可达黑河、漠河等港口，下行可达同江、抚远等港口。

2014年，嘉荫水运口岸进出口货运量0.7万吨。

【逊克水运（河港）口岸】 位于黑龙江中游南岸逊克县奇克镇，与俄阿穆尔州对应口岸波亚尔科沃隔江相距12千米，1989年经国务院批准对外开放。旅客联检大厅1 650平方米，边检营房1 500平方米，口岸综合办公楼2 200平方米，建筑立壁式码头60延长米，边检办公楼2 500平方米。逊克口岸年出入境旅客能力为5万人，年吞吐货物能力为5万吨。

2014年，逊克水运口岸进出口货运量1.0万吨。

【孙吴水运（河港）口岸】 位于黑龙江省北部边陲孙吴县，坐落在黑龙江中游南岸的四季镇，距孙吴县城54千米，距俄方阿穆尔州对应口岸康斯坦丁诺夫卡27千米，上行可达黑河及俄方布拉戈维申斯克港，下行可抵逊克及俄方波亚尔科沃港，1993年经国务院批准对外开放。该港口江面水丰宽阔，为天然深水港，枯水期也可停靠千吨驳船。港口岸线总长528延长米，建有综合性客货栈桥式码头及粮食、石油、煤炭、木材专用码头，可同时停靠5个千吨级驳船作业，装卸及相关设备齐全，年吞吐量30万吨。1998年12月中俄总理定期会晤委员会运输合作分委会口岸工作组第二次会议上，俄方曾建议暂不开放康斯坦丁诺夫卡—孙吴口岸，该口岸尚未正式开通使用。

【黑河水运（河港）口岸】 位于黑龙江省北部边陲，中俄界河黑龙江上游末端南岸黑河市内，隔江与俄罗斯阿穆尔州首府布拉戈维申斯克口岸相对，双方货运码头相距3 500米，客运码头相距750米，是中俄边境水运口岸中运输距离最近的对应口岸，1982年1月经国务院批准对外恢复开放，1994年1月经中俄两国政府确认为国际客货运输口岸，2004年4月经国务院批准开展口岸签证工作。由该口岸经布拉戈维申斯克可与俄罗斯西伯利亚大铁路和贝阿铁路连接，经其空中航线可与俄罗斯国内各大城市相通；由该口岸沿黑龙江水道下行，还可抵达中俄各开放港口直至日本海沿岸各国港口。

2014年，黑河水运口岸进出口货运量26.0万吨，进出境客运量82.9万人次。

【呼玛水运（河港）口岸】 位于黑龙江省西北边陲呼玛县城呼玛镇，与俄罗斯阿穆尔州施马诺夫斯克区乌沙科沃口岸隔黑龙江相望，航道距离19千米，1993年经国务院批准对外开放，港口岸线总长410延长米，设有客运、工作船、木材、综合、简易码头，对应8个开放泊位，已实现机械化或半机械化换装，年货物吞吐能力可达50万吨，旅客通过能力可达20万人次。1998年12月中俄总理定期会晤委员会运输合作分委会口岸工作组第二次会议上，俄方曾建议暂不开放呼玛—乌沙科沃口岸。鉴于中俄经贸合作形势发展需要，2005年至2008年该工作组第八次至第十次会议上，双方确认对开放该对口岸予以关注，并要根据两国现行法律予以解决。随后两国地方政府多次协商通报情况，目前我方已做好开通准备工作，俄方仍在做开通报批工作。

【漠河水运（河港）口岸】 位于黑龙江省西北边陲漠河县，黑龙江上游的连茵，为我国最北端的口岸，同俄罗斯阿穆尔州斯科沃罗季诺区对应口岸加林达隔江相望，相距只有500米，1989年4月经国务院批准对外开放。该口岸江段水流充沛，可停靠千吨级货轮。岸线总长842延长米，设有木材、综合、粮食码头，对应4个泊位。占地面积近万平方米，建有900平方米联检楼、1 104平方米综合楼、635平方米旅检厅、100平方货检厅，还有1 000平方米全封闭或半封闭仓库各1座，并备有100吨地中衡、8吨和20吨汽车吊各1台，年设计通过能力20万吨以上。

2014年，漠河水运口岸进出口货运量120万吨。

【饶河水运（河港）口岸】 位于黑龙江省东部中俄界河乌苏里江中段，双鸭山市饶河县镇南7.5千米，与俄方对应口岸的波克洛夫卡口岸隔江相望，直线距离470米，距比金市35千米，距哈巴罗夫斯克市263千米，1989年经国务院批准对外开放。口岸通关能力年货运量100万吨，日过客2 000人次；联检大楼4 700平方米，双向四通道客货检通道、查验、通讯、监控设施完备。

2014年，饶河水运口岸进出口货运量0.6万吨，进出境客运量6.4万人次。

黑龙江省口岸大事记

1月

黑龙江省名山至阿穆尔捷特固冰通道开通。固冰通道的开通为中俄双边贸易建立了一个全新的冰河丝绸之路，也避免了以往冰面运输的安全隐患，为中俄旅客往来、物流运输创造了更加安全舒适的运输环境。

1月26日

中共中央政治局委员、国务院副总理汪洋在黑龙江省委书记王宪魁等陪同下，莅临黑河大岛国际客运口岸视察。在口岸现场，汪洋副总理听取了海事、海关、检验检疫、边检等口岸查验单位的工作汇报，对黑河口岸运行情况进行了全面了解。

2月26日

中俄同江—下列宁斯阔耶铁路界河桥开工奠基仪式分别在俄罗斯下列宁斯阔耶和中国同江口岸举行。

5月30日

抚远莽吉塔江海联运深水港被交通运输部正式批准为临时对外开放港口，这标志着黑龙江经由俄罗斯阿穆尔河这一出江入海江海联运始发港真正形成。

7月8日

中俄能源运输仪式在同江哈鱼岛口岸正式启动，将首批从俄罗斯下列宁斯阔耶发出的载运60吨液化石油气罐的轮渡顺利靠泊同江哈鱼岛码头，这标志着黑龙江省利用水路运输俄罗斯能源入境拉开了帷幕，也是我国通过界河和内河首次跨国境运输液化石油。

（撰稿人：张晓红）

2014 年黑龙江省口岸流量统计表

口岸类型		口岸名称	货运量（万吨）				人员（万人次）			
			出口	进口	合计	同比（%）	出境	入境	合计	同比（%）
空运口岸										
		分计	5.90	5.80	11.70	+645.22	40.00	37.00	77.00	+52.52
陆运口岸	公路口岸									
		分计	50.60	33.40	84.00	+3.40	46.00	50.70	96.70	-8.75
	铁路口岸									
		分计	30.60	706.10	736.70	-20.16	8.10	2.70	10.80	-4.61
水运口岸	海港口岸									
		分计								
	河港口岸									
		分计	35.30	154.60	189.90	-9.23	58.70	58.00	116.70	-2.10
大庆管道		分计	5.90	1 446.50	1 452.40	+1.09				
合计			128.30	2 346.40	2 474.70		152.80	148.40	301.20	
同比（%）			-3.70	-6.90	-6.70		+7.90	+2.00	+4.90	

（黑龙江省口岸办提供）

2014年哈尔滨海关主要数据统计表

项目		2014年	同比（%）
进出口货运量（万吨）	合计	2 487.4	-6.60
	进口	2 352.2	-6.60
	出口	135.2	-5.80
进出口贸易总值（万美元）	合计	3 890 037	+75.84
	进口	2 155 996	+47.93
	其中：江、海运输	712 126	+4 096.13
	铁路运输	183 291	+40.07
	汽车运输	20 006	+32.00
	航空运输	30 627	+28.22
	邮件运输	103	+281.48
	其他运输	1 209 843	-4.80
	出口	1 734 041	+29.71
	其中：江、海运输	943 291	+1 261.23
	铁路运输	66 067	+9.69
	汽车运输	684 801	+9.60
	航空运输	39 802	+173.38
	邮件运输	10	-71.42
	其他运输	10	+41.30
税收（亿元）	两税合计	131.57	-10.19
	关税入库	1.3	+15.14
	进口环节税入库	130.27	-10.39

（哈尔滨海关提供）

2014 年黑龙江省口岸出入境主要数据表

项目			2014 年	2013 年	同比（%）
出入境人员（人次）	出入境人员总数		3 045 160	2 966 258	+2.66
	入境人员		1 511 204	1 477 212	+2.30
	出境人员		1 533 956	1 489 046	+3.02
	出入境旅客		2 739 907	2 660 079	+3.00
	出入境员工		305 253	306 179	-0.30
	中国公民	小计	1 466 699	1 264 003	+16.04
		内地居民（因公）	80 992	89 724	-9.73
		内地居民（因私）	1 348 316	1 132 286	+19.08
		港澳居民	5 137	11 682	-56.03
		台湾同胞	32 254	30 311	+6.41
	外籍人员		1 578 461	1 702 255	-7.27
	从海港出入境人数		848 011	902 066	-5.99
	从陆港出入境人数		1 421 752	14 51 219	-2.03
	从空港出入境人数		775 397	612 973	+26.50
交通运输工具（辆、艘、架、列次）	总计		169 050	169 099	-0.03
	船舶		15 645	23 129	-32.36
	飞机		6 338	5 378	+17.85
	火车		7 383	8 621	-14.36
	机动车辆		139 684	131 971	+5.84

（黑龙江省公安边防总队提供）

2014 年黑龙江省出入境检验检疫业务统计表

项目		货物检验检疫				交通工具				集装箱（个）		发现动植物疫情		货物通关		出入境人员查验（人次）	健康检查及预防接种（人次）			
		批次	金额（万美元）	检验检疫不合格		船舶（艘）	飞机（架）	火车（列）	汽车（辆）	合计	检出问题	种类数	种次	批次	金额（万美元）		健康检查	艾滋病监测	发现病例	预防接种
				批次	金额（万美元）															
本年累计		178 161	1 559 680	7 644	7 171	19 447	6 224	254 569	116 237	9 376		185	4 206	151 065	1 386 298	2 830 935	68 844	68 627	11 904	12 192
其中	出境	43 164	164 149	235	459	9 793	3 247	127 264	58 176	4 960		6	6	18 351	50 100	1 424 875	66 499	66 284	11 739	12 186
	入境	134 997	1 395 531	7 409	6 712	9 654	2 977	127 305	58 061	4 416		185	4 200	132 714	1 336 198	1 406 060	2 345	2 343	165	6
同比（%）		-14.01	-6.65	+71.16	+108.37	-24.06	+15.82	-16.09	-10.58	+3.26		+116.13	+47.89	-16.63	-6.51	-0.17	-17.50	-4.93	-0.63	-3.83
其中	出境	-5.62	-11.99	-36.83	+104.24	-23.50	+18.63	-16.03	-10.90	+3.23		+50	+50	-21.39	-30.47	+0.80	-17.95	-5.03	-0.90	-3.60
	入境	-16.39	-5.97	+80.97	+108.66	-24.63	+12.89	-16.16	-10.25	+3.30		+35	+47.89	-15.93	-5.28	-1.12	-2.17	-2.21	+23.13	-83.33

（黑龙江出入境检验检疫局提供）

2014 年黑龙江海事局进出港船舶统计汇总表

船舶类别	进港船舶							出港船舶						
	艘数（艘）	总吨（吨位）	总载重量（吨）	载客量（客位）	船员人数（人次）	货物到达量（吨）	旅客达到量（人）	艘数（艘）	总吨（吨位）	总载重量（吨）	载客量（客位）	船员人数（人次）	货物发送量（吨）	旅客发送量（人）
总计	269 996	67 984 878	49 658 223			39 192 388	5 314 361	269 365	67 850 407	4 958 4131			18 681 189	5 265 444
中国籍船舶	260 106	65 259 876	48 161 824			38 758 790	4 925 893	259 437	65 134 059	4 8091 936			18 399 841	4 877 815
其中外贸船	9 890	2 725 002	1 496 399			433 598	388 468	9 928	2 716 348	1 492 195			281 348	387 629

（黑龙江海事局提供）

上 海 市

上海市口岸分布示意图

口岸名称	批准开放时间	开放状态
上海水运口岸 （罗泾港区） （吴淞港区） （外高桥港区） （洋山深水港区） （化工区港区）	历史延续	国际常年
上海空运口岸 （虹桥国际机场） （浦东国际机场）	1963.11	国际常年
上海铁路口岸	2009.11	地区（沪港）常年

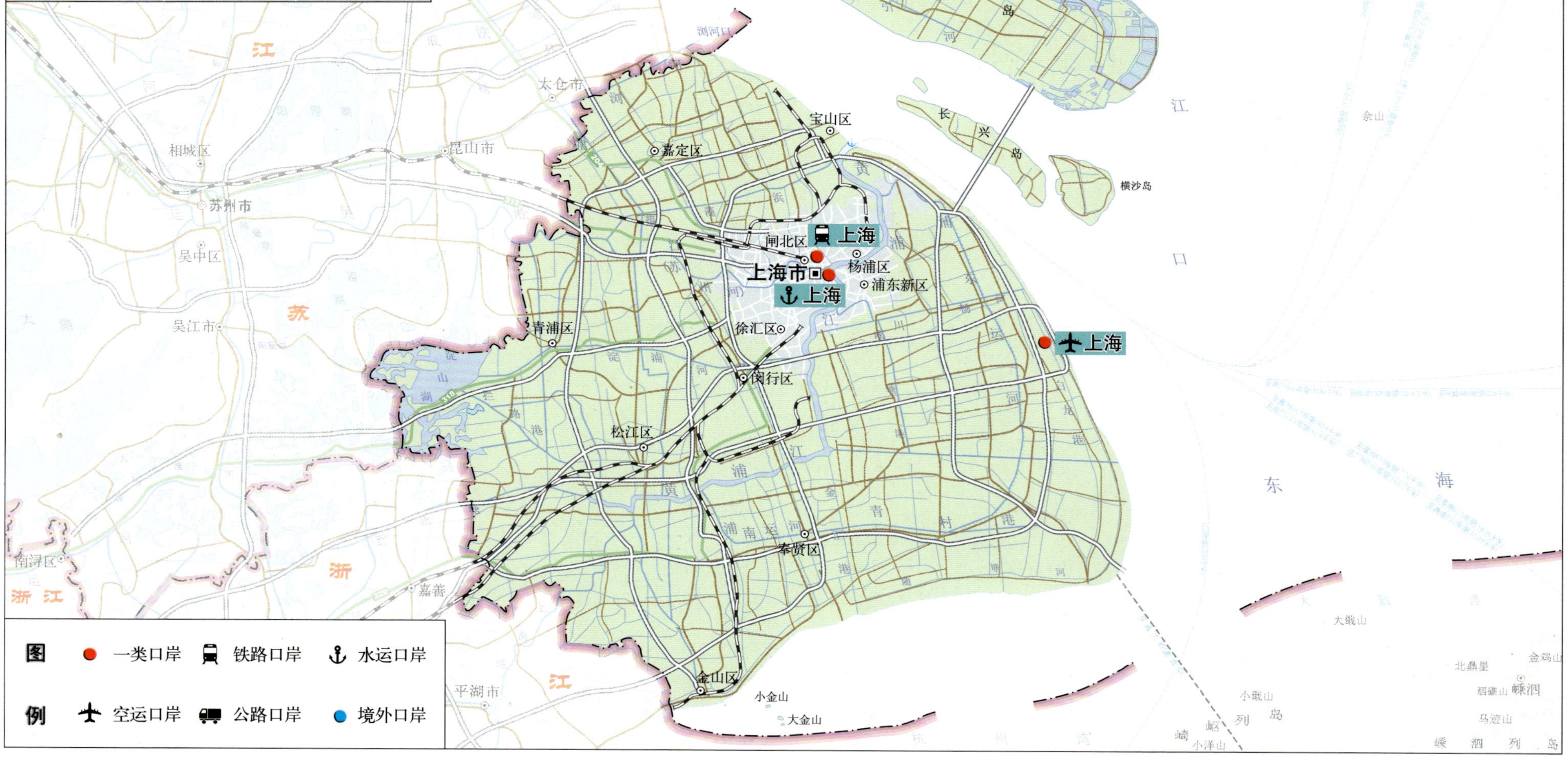

口岸数量及分布

截至2014年年底，上海市共有经国务院批准的对外开放口岸3个，分别是上海水运（海港）口岸、上海空运口岸（上海虹桥国际机场、上海浦东国际机场）和上海陆路（铁路）口岸。上海水运（海港）口岸形成了包括黄浦江沿岸、长江上海段、杭州湾北岸和洋山深水港区四大开放水域，93座码头，304个泊位的开放格局；上海空运口岸形成了包括浦东、虹桥两大国际机场，共3座开放航站楼、5条跑道和1个公务机基地的开放格局；上海陆路（铁路）口岸位于铁路上海站，是连接上海与香港的陆路出入境口岸。

口岸运行数据

2014年，上海口岸进出口货物总值11 413.7亿美元（占全国进出口货物总值43 030.4亿美元的26.5%），同比增长6.3%。其中，出口6 772.6亿美元，同比增长6.5%；进口4 641.1亿美元，同比增长6.0%。上海关区进出口货物总值8 634.5亿美元，同比增长6.3%。其中，出口5 232.1亿美元，同比增长4.8%；进口3 402.4亿美元，同比增长8.6%。上海市进出口货物总值4 666.2亿美元，同比增长5.7%。其中，出口2 102.8亿美元，同比增长3.0%；进口2 563.4亿美元，同比增长8.1%。

上海口岸货物吞吐量38 516.1万吨，同比增长1.5%。其中，水运口岸货物量38 231.9万吨（占上海港货物吞吐总量7.55亿吨的50.6%），同比增长1.4%；空运口岸货邮量284.2万吨（占上海航空港货邮吞吐总量361.0万吨的78.7%），同比增长10.1%。进出口集装箱吞吐量3 039.6万标箱（占上海港集装箱吞吐总量3 528.5万标箱的86.1%），同比增长5.4%。

上海口岸出入境人员32 966 476人次，同比增长12.9%（出入境旅客29 845 874人次，同比增长13.0%）。其中，空运口岸出入境人员30 637 365人次（占上海航空港旅客吞吐总量8 962.2万人次的31.8%），同比增长11.6%（出入境旅客28 491 326人次，同比增长11.6%）；水运口岸出入境人员2 179 478人次，同比增长35.8%（出入境旅客1 214 189人次，同比增长62.1%）；铁路口岸出入境人员149 633人次，同比减少3.2%（出入境旅客140 359人次，同比减少3.5%）。

上海口岸出入境交通运输工具225 647艘（架、列次），同比增长7.9%。其中，进出上海口岸国际航行船舶25 135艘次，同比减少0.4%；出入境飞机200 148架次，同比增长9.1%；出入境列车364列次，与上年持平。

2014年，上海口岸运行呈现出如下几个特点。一是自贸区带动效应初显。全年包括外高桥保税区、保税物流园区、洋山保税港区、浦东机场综合保税区在内的自贸区进出口货物达到7 623.8亿元，同比增长8.3%。在自贸区带动效应下，各主要口岸进出口货值有较大增长。其中，外高桥港区进出口货值2.4万亿元，同比增长5.9%；洋山港区进出口货值1.8万亿元，同比增长6%；浦东机场口岸进出口2.1万亿元，同比增长7.8%。二是口岸辐射和集聚作用增强。全年上海本地企业经上海口岸进出口货值2.5万亿元，同比增长4.5%，占上海口岸进出口总值的36%；外省市企业经上海口岸进出口货值4.5万亿元，同比增长5.6%，占上海口岸进出口总值的64%，较上年上升0.2个百分点。同期在当地报关经上海口岸进出口的转关运输货值为1.7万亿元，同比增长5.1%。三是货物吞吐量平稳增长。全年口岸货物吞吐量同比增长1.4%，呈现稳中有升。水运口岸货物和集装箱吞吐量继续保持全国前列，集装箱水水中转比率保持45.8%，其中国际中转比率7.1%。空运口岸货邮量为近年来首次出现大幅增长，达到10.1%。四是出入境人数大幅攀升。全年上海口岸出入境人员和旅客同比分别增长12.9%和13%，旅客增长速度较2012年的6.6%和2013年的8.4%有较大提升。其中，空运口岸出入境内地旅客达

1 681.3万人次，同比增长22%；浦东机场外国人入出境人数为973.01 万人次，列内地机场第一，占外国人入出境总人数18.47%；享受72 小时过境免签政策旅客2.3 万人次，同比增加48%。邮轮出入境旅客122 万人次，同比增长62%。

口岸综合管理

【推进上海国际贸易“单一窗口”建设】 建立国际贸易“单一窗口”是落实十八届三中全会提出的口岸管理相关部门“三互”要求和上海自贸区监管制度创新的具体举措。上海市委市政府高度重视，将建设国际贸易“单一窗口”作为年度工作重点。在国家层面试点工作组指导下，上海市口岸办会同口岸相关单位成立了试点工作推进组，研究拟定了“单一窗口”建设总体方案，协调推进试点项目落实。2014 年2 月21 日，上海推进国际贸易“单一窗口”建设正式启动。6 月16 日，国家口岸管理办公室在北京召开上海国际贸易“单一窗口”建设工作方案审定会议，同意上海总体设计、基本功能和技术实施方案，批准系统上线运行。6 月18 日，首期两个试点项目通过测试，正式上线运行。在取得阶段性进展基础上，11 月5 日国家口岸管理办公室在上海召开沿海口岸“单一窗口”推介工作会议。年底，经2014 年上海口岸工作领导小组会议审议通过，并报国家试点工作组同意，上海市口岸办正式印发《上海国际贸易“单一窗口”建设工作方案》通知。

【上海国际贸易“单一窗口”试点取得阶段性进展】 在国家试点工作组指导下和上海口岸相关单位共同努力下，按照推进工作要求，上海国际贸易“单一窗口”试点按照总体要求和预期目标得以推进：2014 年5 月28 日首个试点项目上线测试，海关、检验检疫、边检、海事共同将准予船舶离港电子放行信息发送至“单一窗口”平台，海事凭电子信息签发船舶出口岸许可证，从而将口岸单位“串联式”的监管模式变为“并联式”，实现船舶出口岸手续签注一体化；6 月份一般贸易进口货物的申报与结果反馈、船舶出口岸联网核放两个项目正式上线运行；10 月份一般贸易出口货物项目上线运行；12 月份船舶进出口岸申报、自贸区保税货物一线进出境两个项目上线运行。随着这些项目的陆续上线运行，试点工作取得了阶段性进展。

【上海水运口岸新增两座对外开放码头】 2014 年，上海水运口岸两座企业专用码头通过验收对外开通启动：一为外高桥发电有限公司卸煤码头，该码头岸线长280 米，1 个泊位，设计年吞吐能力440 万吨；二为外高桥第二发电有限公司卸煤码头，该码头岸线长220 米，1 个泊位，设计年吞吐能力440 万吨。这两个专用码头的对外开通启动，使上海水运口岸对外开放码头增加到了93 座、共304 个泊位。此外，按照《上海口岸服务条例》和《上海口岸开放范围内作业区临时接靠办理规程（试行)》的有关要求，全年有9 座码头临时接靠国际航行船舶，确保了上海电煤供应、生产建设、科研考察等的需求。

【深化大通关建设协作推进长三角区域通关一体化】 2014 年长三角区域大通关建设取得新进展。2014 年1 月3 日，在长三角区域大通关建设协作第六次联席会议上，江浙皖沪四省市政府领导签署了《深化大通关建设协作推进长三角区域通关一体化备忘录》等一系列合作协议，确定了长三角区域新一轮大通关合作目标任务。同年12 月24 日，在长三角区域大通关建设协作第七次联席会议上，四省市地方政府部门、口岸单位及地方电子口岸运营单位，围绕“建设国际贸易‘单一窗口’，推进区域通关一体化，服务长江经济带发展”合作主题，分别签署了通关一体化合作、直通放行、信息共享等5 个合作备忘录。与此同时，推进落实长三角大通关合作项目，按照2014 年长三角口岸城市群大通关合作项目安排，上海、江苏地方电子口岸成功完成数据交换测试。该项目将推进长三角区域通关一体化进程，为区域大通关信息互联互通打下基础。

【全力做好亚信峰会口岸安全和服务保障工作】 作为第四次亚信峰会举办地，上海口岸各相关单位全力以赴。浦东、虹桥两大机场按照“最高标准、最严要求、最强措施”要求，从5月15日~23日在短时间内共保障专机26架次，以及包机、要客航班、公务机127架次。上海边检在两大空港口岸、六大海港口岸和上海铁路口岸，推出管控“组合拳”，全力消除出入境口岸安全隐患。上海海关落实各项举措，在做好安保的同时，提供通关便利，体现了良好的口岸通关服务水平。上海海事局为配合峰会开展了水上交通安全保卫集中专项整治活动，为国家重大活动营造了安全、畅通、有序的口岸环境。

【上海口岸采取严密措施严防埃博拉出血热疫情】 为加强口岸防控埃博拉出血热疫情工作，上海口岸认真贯彻落实国家质检总局和上海市领导有关要求，2014年8月20日和11月19日两次组织召开专题协调会，研究疫情防控形势、上海口岸需要重点关注的对象和疫情输入渠道，部署口岸需要采取的防控措施，明确相关流程和责任主体，协调各方支持配合的事项，同时落实口岸防控专用通道设置、卫生防疫措施、人力资源配置等一系列措施，严防埃博拉疫情从上海口岸输入。

【洋山深水港四期工程开工建设】 2014年12月23日洋山深水港区四期工程正式开工建设，四期工程是洋山深水港区一期至三期工程的续建工程，工程项目总投资约139亿元，泊位岸线2 800米，共建设5个5万吨级和2个7万吨级集装箱泊位（码头结构均按靠泊15万吨级集装箱船设计和建设），以及工作船码头及必要的配套设施。规划设计年通过能力为630万标箱，计划于2017年建成投产。届时，上海港的集装箱年吞吐量可望突破4 000万标箱。作为国内首个全自动化集装箱码头，工程建成后，全部采用智能操作和系统自动调度，从而推动港口生产运作实现质的飞跃。

口岸监管与服务

【上海海关、上海出入境检验检疫局全面推进关检“三个一”合作】 双方通过共同梳理具有依法合作要求的货物，将其全部纳入“三个一”受理范围，并实现“三个一”工作在水运口岸、空运口岸和特殊监管区域的全覆盖。具体做法是：扩大“一次申报”，拓展“三个一”系统数据批量导入等功能；深化“一次查验”，整合、新设查验场所，做到关检“双认可、双入驻、双办公”，信息系统实现关检所有查验/检验检疫信息的自动比对和“一次查验”数据的自动导入；优化“一次放行”，实现海运渠道关检联网核放及空运放行信息电子化。2014年，上海关检双方共受理“一次申报”货物30.2万批、“一次查验”货物2.2万批、“一次放行”货物30.1万批。

【上海海关深入推进通关作业无纸化改革】 通过不断完善无纸化作业机制，有效强化风险防控措施，实现了无纸化改革全覆盖，无纸化作业效能稳步提升。自2014年6月起上海海关单月无纸化率保持在90%以上；全年放行无纸化报关单1 777.2万份，同比增长2倍，无纸化率达85.4%，同比提升40.2个百分点。同年11月1日上海海关对从上海海运、空运口岸进出境的货物全面实施“放行信息电子化”管理，使口岸通关效率明显提高。

【上海海关提供个性化监管服务支持迪士尼项目建设】 为支持上海迪士尼项目建设，海关推出各项便捷服务措施，成立专门团队负责商品归类、审价和原产地预认定，开辟“绿色通道”，实现专人专岗快速审核通关，实施“门到门”查验，为迪士尼项目提供个性化监管服务，满足企业物流时间节点要求。2014年，合计受理迪士尼项目进口货物申报248票，货值8 710万美元，征税1.76亿元。

【上海海关开展知识产权保护工作专项行动】 上海海关细化自贸区知识产权保护工作机制，动态调整侵权高风险商品类型，先后开展“2014世界杯知识产权专项行动”、侵犯迪士尼知识产权专项打击行动，深化内外交流推动执法协作，代表中国海关独立参与中欧“打击假冒联合海关行动”，作为“中欧海关2014—2017知识产权合作行动计划”试点口岸与欧方开展联系配合及案件信息交换，向公安机关通报案件线索32起（其中6起已刑事立案）。2014年，共查获侵犯知识产权案件461起，涉案货物3 575.2万件，案值人民币4 462.34万元，各项数据均列全国海关前列，并荣获国家部委级、上海市级等表彰。

【上海机场海关启动空运普货出口“提前申报、运抵验放”通关模式】 自2014年3月24日起浦东国际机场海关正式对空运出口普通货物监管通关作业流程进行调整，在全国海关空运业务现场率先实施“提前申报、运抵验放”作业模式。实施该模式后，出口普货通关实现全程自动化，海关办理非查验货物全部通关手续仅需几分钟。

【上海海关会同长江经济带各海关推进区域海关通关一体化改革】 上海海关牵头研究制订长江经济带海关区域通关一体化改革实施方案，通过海关业务协调机制，建立业务、技术立体化的应急保障机制，确保改革顺利推进、业务平稳运行。在长江经济带各海关的共同努力下，2014年12月海关区域通关一体化改革从长三角区域拓展至长江经济带9省2市的12个海关。

【上海出入境检验检疫局推广“即查即放”现场查验放行模式】 在进口消费品查验及进口木包装检疫工作中推广“即查即放”现场查验放行模式。将物联网与云计算技术应用于检验检疫查验工作中，实现查验步骤规范可追溯、查验登记全程无纸化及查验数据与CIQ2000主干系统联动等功能。截至2014年12月底，全局以“即查即放”模式完成现场查验放行3.45万批货物，总计6.36万标箱；并利用电子封识为载体对139批，总计752标箱的进口废物原料实现装运前检验信息跨区域共享试点。

【上海出入境检验检疫局创新跨境电子商务监管】 一是组织协调有关业务部门研究制定跨境电子商务产品“负面清单”、实施企业及其产品备案管理制度，形成有效的事前管理；二是创新工作模式、实施商品预检验，利用信息化技术，实现口岸快速验放；三是探索建立产品质量监管机制，依托诚信管理、数据分析，实施重点敏感商品的风险监测。截至2014年年底，共计完成84家电商企业的备案；对56 840批次直邮进口商品实施了监管，涉及商品数量97 709件，货值2 056.25万元；对70 781批次保税进口商品实施了监管，涉及商品数量331 140件，货值1 883.21万元。

【上海机场出入境检验检疫局实施空运入境货物“申报前检疫”工作新模式】 自2014年3月1日起浦东机场全部货站内全面开展入境货物“申报前检疫”工作，将“先报检、再报关、后查验”的传统流程，再造为“先检疫、再申报、合格货物即报即放”的新流程。该模式实施后，外包装检疫查验与货站理货同步实施，检疫申报查验放行时间由以往平均2个工作日缩短至半个工作日。

【上海出入境检验检疫局联合长三角各出入境检验检疫局推进区域检验检疫一体化进程】 通过制订《长三角检验检疫一体化实施方案》，在集中审单、物流监控和企业信用管理等方面积极推进区域一体化改革。在2014年12月24日长三角大通关协作联席会议上，长三角区域5个直属检验检疫局根据该方案共同签署了合作备忘录。

【上海海事局实施国际航行船舶防污染作业远程监控】 利用信息化技术和诚信管理手段，对自愿加入电子检查机制、诚信状况良好的作业单位的国际航行船舶，开展污染物接收作业、船舶供油作业、浮船坞沉坞作业、围油栏布设作业实施远程电子核查，改变了过去国际航行船舶在港期间开展危险品及防污染作业需要通过纸面和电子申报双重方式获得海事管理机构批准的状况，实现了船舶到港即时作业和海事部门的实时审核，登轮检查次数及频率均有明显下降，提高了港口作业效率。

【上海海事局多措并举确保邮轮安全进出口岸】 为适应上海邮轮经济发展，上海海事局围绕“安全、畅通、准点”，不断提升监管和服务水平。一是设立吴淞交管（VTS）邮轮专用操作台，专门服务大型邮轮；二是优先考虑大型邮轮进出深水航道，实现随到随进；三是视情况在长江口交通密集区采取临时管制措施，保证邮轮安全进港。

2014 年，共保障国际邮轮安全进出港 728 艘次。

【上海海事局政务中心推行“一门式”综合受理模式】 打破原来按业务类别设置相关受理窗口的模式，将通航、船舶、船员、危防、船检、航标等业务受理及一般的规费征收纳入综合受理的范畴，并通过设置综合咨询窗口做到关口前移。该模式自试行以来受到行政相对人广泛好评，并被《中国交通报》等多家媒体报道。

【上海边检开展邮轮检查改革试点简化查验手续】 针对邮轮经济迅猛发展情况，上海边检总站在上海邮轮口岸实施简化外籍邮轮出入港手续和船员临时入境手续，对随原邮轮返回的中国内地居民免盖入境验讫章，对随访问港邮轮入境并随轮出境的外国籍和台湾旅客免加盖出境验讫章，此项做法已在全国推广。

【上海边检推进信息化建设提升口岸查验效能】 一是加大自助通关工作力度。开展自助通关系统改扩建工作，优化和改造了浦东机场 T2 航站楼入境现场 15 条自助查验通道软硬件设备，并在浦东机场 T1 航站楼入境现场扩建了 10 条自助查验通道。2014 年从上海浦东机场口岸通过自助通关方式入境旅客超过 43 万人次，同比增长 149.8%。二是进行多功能验证台改造。完成了浦东机场 T2 航站楼入境和出境各 6 条查验通道验证台的试点改造工作，改建后的多功能验证台具有防漏检、信息发布、证件鉴别、语音提示、外设整合、身份获取等功能。投入使用后，提升了服务水平和管控效能。三是实行出入境证件电子化查验。根据公安部出入境管理局统一部署，对出入境边防检查信息系统进行升级，对中国电子普通护照、电子港澳居民来往内地通行证、电子往来港澳通行证等出入境证件进行电子化查验，大幅提升了证件识别的准确性，使检查方式更加准确和高效。

【上海边检加强口岸非法出入境打击力度】 在水运（海港）口岸，采取多项管控举措，充分发挥风险评估、三方共管、信誉管理机制作用，严格落实巡查制度、电视监控、情报调研措施，严密防范海港口岸非法出入境活动。2014 年，先后查获邮轮旅客境外脱团案件 7 起 20 余人次，抓获多名蛇头。在空运口岸，针对重点航班、重点人员加大核查力度，抓住形态识别、证件鉴定、身份甄别等关键环节，加强口岸查验，防止不法人员利用“调包”等方式实施偷渡活动。2014 年，共查获、审理非法入出境人员 300 余人次，同比增加 40% 以上，对上海口岸非法出入境活动起到了打击和震慑作用。

上海自贸区建设

【上海自贸区贸易监管制度创新取得一批成果】 在国家相关部委指导和上海市委市政府推动下，围绕提高自贸区国际贸易便利化水平，上海口岸监管部门着力加大监管制度创新力度，通过先试先行，海关、检验检疫、海事、边检等部门推出了近 50 项贸易监管制度创新，按照可复制可推广要求，其中 25 项制度已在上海口岸复制推广，22 项制度已向全国复制推广。

【上海海关务实推进上海自贸区建设】 一是推出的改革措施全部落地。对比国际海关先进管

理模式和经验做法，研究制定了包括通关便利化、保税监管、企业管理、税收征管、功能拓展等5方面23项改革措施。这些措施落地生效后，使区内进口和出口平均通关时间分别较区外减少41.3%和36.8%。二是推进各项创新制度复制推广。按照“成熟一批、推广一批”的原则，将自贸区17项创新制度复制推广到区外海关特殊监管区域、保税监管场所及上海地区所有符合条件的企业，14项制度在全国复制推广。同时，联合地方政府打造了浦东、松江、普陀、徐汇4个海关创新制度复制推广示范区。三是探索建立货物状态分类监管模式。研究制订了海关监管方案并启动试点，在促进跨境电商业务发展，支持国际中转集拼业务在保税物流园区、保税港区落地运作，推进期货保税交割商品拓展至期交所所有上市商品品种，推动原油、黄金等大宗商品现货交易平台建设等方面，助力提升自贸区国际竞争新优势。四是完成自贸区信息化系统（一期）工程。在外高桥保税区和保税物流园区、浦东机场综保区、洋山保税港区相关卡口通道均安装了集装箱箱号识别系统、电子车牌和安全智能关锁识别系统、电动栏杆等智能化监管设备，使自贸区一线进境过卡时间缩短到10秒以内，自动化作业率由12.8%上升至43.7%。

【上海出入境检验检疫局落实创新制度助推上海自贸区建设】 一是落实进境动植物源性食品审批创新制度。在较短时间内完成了“自贸区审批系统”开发及试运行，制定并公布了自贸区内《上海局负责终审的检疫许可产品名录》及申请流程，截至2014年12月底，已有133家进口食品企业申请并注册开通自贸区审批系统，提交进境动植物检疫许可证办理申请单共计1 019份。二是落实进境动植物及其他检疫物审批创新制度。全面引用负面清单管理模式，并通过完成对进境动植物检疫许可证管理系统的升级，独立完成负面清单以外的检疫审批事项，审批流程时限由之前的20个工作日大幅缩减为7个工作日，许可证有效期由6个月延长为12个月。三是落实进境特殊物品检疫审批创新制度。通过对产品风险管理和企业诚信管理相结合，实施动态监管和分级管理，将工作重心由事前审批转为加强事中、事后监管，体现了执法与服务的深度融合。四是在自贸区“一线”全面实行“入境免签”制度。在对入境检疫物、重点敏感货物严格把关前提下，在自贸区“一线”，全面实行“进境免于签发通关证明”新制度，此举大幅简化通关手续，加快了进境货物入区速度。截至2014年12月底，上海出入境检验检疫局在自贸区共计对51.5万批次入境货物实施了“免签”政策，企业每次办理入境货物通关手续可节约时间4小时以上。

【上海海事局推行两项便利化举措服务上海自贸区】 一是在国际航行船舶驶离洋山港口岸查验过程中推行“先许可、后查验”制度创新，船舶可享受到“船舶出口岸许可”即到即取、多份申请材料开航前一次提交、多艘船舶一次办结的便利服务，实现了船舶出口岸查验业务办结“零等待”。截至2014年年底，共计试点船舶10 096艘次，整体运行平稳有序，预设目标全部完成。二是率先在自贸区推行海事集约登轮检查制度创新，通过整合海事执法力量，做到能够不登轮检查的不再登轮检查，必须登轮检查的一次完成海事监管所有执法检查，有效解决了多头执法、重复登轮问题，降低了海事现场检查对国际航线船舶营运可能产生的影响，大大提高了港口运营效率。

【上海边检总站主动融入上海自贸区建设】 一是积极参与上海国际贸易“单一窗口”平台的设计开发，为相关试点项目上线运行提供有力保障，并按照试点推进工作要求，确保第一阶段试点项目在洋山口岸正式实施，第二阶段试点工作于2014年年底正式运行。二是积极参与公共信用信息平台建设，自2014年3月起，上海边检总站定期向上海市公共信用信息服务平台提供经边检机关备案登轮单位和边检信誉管理“绿牌”诚信单位信息，以及违反边检法律法规人员信息。同年5月，上海边检总站加入上海自贸区管委会自贸区信息共享平台，为该平台提供自贸区内企业相关边检备案、监管类数据。

开放口岸

【上海空运口岸（虹桥国际机场、浦东国际机场）】 上海空运口岸是中国目前最大的空运口岸，包括虹桥国际机场和浦东国际机场。目前，上海是中国大陆唯一拥有两座对外开放国际机场的城市。截至2014年年底，上海空运口岸形成了浦东、虹桥两大国际机场，3座对外开放航站楼，5条跑道和1个公务机基地的开放格局。

上海虹桥国际机场位于上海西郊，距市中心13千米。虹桥机场始建于1921年，当时主要用于军事用途。1963年11月经国务院批准上海虹桥机场扩建为国际机场，次年4月开通上海至巴基斯坦卡拉奇国际航线。以后经过多次改扩建。虹桥国际机场拥有两座航站楼（其中T2航站楼为国内航班）、2条4E级跑道、1个国际公务机基地，目前主要开通至日本、韩国等国城市和中国香港、澳门、台湾等地区航线。2014年，虹桥国际机场起降飞机25.33万架次，旅客吞吐量3 796.02万人次，货邮吞吐量43.2万吨。出入境公务机航班1 000余架次，出入境公务机旅客5 000余人次，两项数据均创历史新高。

上海浦东国际机场位于上海浦东长江入海口南岸滨海地带，占地面积40平方千米，距上海市中心约30千米。1999年上海浦东国际机场建成通航，并经国务院批准作为上海空运口岸的重要组成部分对外开放。浦东国际机场拥有两座航站楼、3条跑道（第四条跑道于2015年3月28日启用），3个货运区，世界三大快递业巨头（UPS、FedEx、DHL）悉数入驻设立快件转运中心。2014年，浦东国际机场起降飞机40.22万架次，旅客吞吐量5 166.18万人次，货邮吞吐量317.8万吨，货邮吞吐量连续7年位居世界第三。

2014年，上海空运口岸进出口货邮吞吐量284.2万吨（占浦东、虹桥两大机场货邮总吞吐量361万吨的78.7%），出入境旅客2 849.1万人次（占两场旅客吞吐量8 962.2万人次的31.8%），出入境飞机20万余架次（占两场飞机起降65.55万架次的30.1%）。截至2014年年底，共有94家国内外航空公司开通了上海的定期航班（其中，国内27家，国际及港澳台地区67家），航线通达46个国家和地区的256个通航点（其中，国际及港澳台地区114个）。

【上海水运（海港）口岸】 位于中国大陆海岸线中部，长江与东海交汇处，是中国最大海港和常年对外开放水运口岸。

上海水运口岸最早形成的一批对外开放码头主要分布在黄浦江中、下游东西两岸，改革开放以后，特别是20世纪90年代以来，伴随着浦东开发开放和上海新一轮城市发展规划，上海迈开了建设国际航运中心步伐，一些坐落在黄浦江沿岸的老码头逐步退出和外移，先后在长江上海段、杭州湾北岸和小洋山岛新建了一批新港区、码头并对外开放。1993年11月上海外高桥港区一期码头建成并对外开放，随后二至六期码头陆续建成对外开通启用。2002年6月作为上海国际航运中心建设的核心组成部分——洋山深水港区开工建设。2005年12月洋山深水港区一期工程竣工正式对外运营，从此结束了上海没有深水港的历史。接着，洋山深水港二期和三期集装箱码头又先后建成并投入运行。2014年12月洋山深水港区四期工程正式开工建设，计划于2017年建成投产。目前，洋山深水港集装箱码头总岸线长5 600米，共拥有16个深水集装箱泊位，设计吞吐能力达930万标箱。截至2014年年底，上海水运口岸形成了包括黄浦江沿岸、长江上海段、杭州湾北岸、洋山深水港区四大开放水域，93座码头，304个泊位的对外开放格局。

2014 年，上海水运口岸进出口货物吞吐量 3.82 亿吨（占上海港货物吞吐总量 7.55 亿吨的 50.6%）；进出口集装箱吞吐量 3 039.6 万标箱（占上海港集装箱吞吐总量 3 528.5 万标箱的 86.1%）。全年进出上海口岸国际航行船舶 4.1 万艘次，其中进出国际邮轮 542 艘次、出入境邮轮旅客 122 万人次。自 2010 年起，上海港集装箱吞吐量已连续 5 年排名世界第一。

【上海陆路（铁路）口岸】 位于上海火车站南端。2003 年 9 月根据 CEPA 协议，上海设立铁路上海站临时口岸。同年 10 月 1 日起，开行上海—香港（九龙）隔日往返直通式旅客列车。2009 年 11 月，国务院批准正式设立上海铁路口岸。2013 年 4 月 27 日，上海陆路（铁路）口岸通过国家验收宣布对外开放。上海陆路（铁路）口岸是长三角地区唯一的陆路出入境口岸。截至 2014 年年底，上海陆路（铁路）口岸全年出入境列车 364 列次，出入境旅客 14 万余人次。

海关特殊监管区域

改革开放以来，依托口岸开放，经国务院批准，上海陆续设立了一批海关特殊监管区域。1990 年 6 月全国第一个保税区——外高桥保税区诞生；2000 年 4 月上海松江出口加工区成为全国第一批出口加工区之一；2005 年 12 月我国第一个保税港区——洋山保税港区封关运行；2009 年 7 月国务院批准设立上海浦东机场综合保税区。2013 年 8 月，国务院批准设立中国（上海）自由贸易试验区，范围包括外高桥保税区、外高桥保税物流园区、洋山保税港区和上海浦东机场综合保税区等 4 个海关特殊监管区域，总面积 28.78 平方千米。2014 年 12 月 28 日，全国人大常委会会议通过决定，上海自贸区范围扩至陆家嘴金融片区、金桥开发片区和张江高科技片区。扩容后的上海自贸区面积由 28.78 平方千米扩大至 120.72 平方千米。

截至 2014 年年底，上海共有五类 10 个海关特殊监管区域，分别为洋山保税港区、浦东国际机场综合保税区、外高桥保税区、外高桥保税物流园区和松江、金桥、青浦、漕河泾、闵行、嘉定等 6 个出口加工区，封关运行面积近 34 平方千米。

上海市口岸大事记

1 月 3 日

长三角区域大通关建设协作第六次联席会议在安徽合肥召开，会上江浙皖沪四省市政府分管领导签署《深化大通关建设协作推进长三角区域通关一体化备忘录》等一系列合作协议。

1 月 27 日

自 1 月 27 日起，上海海关对自境外进入自贸区的进境备案保税货物海关免于验核“入境货物通关单”。

1 月 28 日

中共中央政治局委员、上海市委书记韩正在上海会晤海关总署署长于广洲，上海市委副书记、市长杨雄，上海市委常委、副市长、上海自贸区管委会主任艾宝俊，上海市委常委、市委秘书长尹弘和海关总署副署长孙毅彪，海关总署党组成员、国家口岸管理办公室主任黄胜强等参加。

1月29日

海关总署署长于广洲等赴上海自贸区洋山保税港区及北外滩上海国际航运服务中心视察，并召开调研座谈会。

1月30日

上海市政府办公厅转发市旅游局、市交通港口局《关于本市加快中国邮轮旅游发展实验区建设若干意见》。

2月13日

受海关总署委托，上海海关和上海市政府相关部门组成联合验收小组，对洋山保税港区扩区封关工程进行正式验收。

2月19日

国家口岸管理办公室主任黄胜强率公安部、交通运输部、海关总署、国家质检总局有关司局来上海调研国际贸易“单一窗口”建设情况。

2月21日

上海国际贸易“单一窗口”试点启动会召开。海关总署党组成员、“单一窗口”试点工作组组长、国家口岸管理办公室主任黄胜强在会上作动员讲话。国家部委相关司局、中央在沪查验单位和上海市有关部门负责人参加会议。

3月1日

上海机场出入境检验检疫局在浦东国际机场全面开展入境货物“申报前检疫”工作模式。

3月24日

浦东国际机场海关正式对空运出口普通货物监管通关作业流程进行调整，在全国海关空运业务现场率先实施“提前申报、运抵验放”作业模式。

3月30日

上海与埃塞俄比亚首都亚的斯亚贝巴航线开通，这是上海浦东国际机场开辟的首条直达非洲大陆航线。

4月9日

国家“单一窗口”试点工作组在北京召开第二次工作会议，听取上海市试点推进组工作汇报，讨论并通过上海国际贸易“单一窗口”试点方案。

4月10日

中共中央政治局委员、国务院副总理汪洋在上海考察调研上海自贸区建设并召开座谈会。中共中央政治局委员、上海市委书记韩正出席座谈会并讲话。上海市委副书记、市长杨雄汇报了上海自贸区工作；海关总署署长于广洲汇报海关6项重点工作。

4月11日

海关总署署长于广洲在上海召开上海自贸区海关监管服务制度创新座谈会。

4月21日

上海海关发布首批自贸区“可复制、可推广”海关监管服务制度创新公告。

5月1日

上海出入境检验检疫局在上海自贸区范围内全面推行进口货物预检验制度。

6月16日

国家口岸管理办公室在北京召开上海国际贸易“单一窗口”建设工作方案审定会议。会议审议通过上海国际贸易“单一窗口”总体设计、基本功能和技术实施方案，批准上海国际贸易“单一窗口”系统上线运行。

6月18日

上海国际贸易“单一窗口”上线运行启动仪式举行。海关总署党组成员、国家口岸管理办公室主任黄胜强出席。

6月26日

东航“通程航班”新增7个国际及地区站点，至此，东航已共计开通国际及地区通程站点29个，基本覆盖了东航国（境）外航线网络。

7月2日

上海市口岸办、上海电子口岸办、上海口岸联合会联合举办上海国际贸易“单一窗口”推进宣讲会，近200家外贸企业参加。

7月3日

上海海关自主开发的“上海海关企业协调员

服务平台”上线。

7月4日

上海自贸区海关卡口智能化改造（一期）建设工程全面竣工。

7月22日

中共中央政治局常委、中央书记处书记刘云山考察上海自贸区综合服务大厅。中共中央政治局委员、上海市委书记韩正，上海市委常委、副市长、自贸区管委会主任艾宝俊陪同。

8月18日

上海海关启动第一批自贸区海关监管服务创新制度在上海关区复制推广工作。

8月25日

全国口岸工作座谈会在北京召开，中共中央政治局委员、国务院副总理汪洋出席并讲话。上海市委常委、副市长艾宝俊在会上作上海推进国际贸易“单一窗口”建设工作情况交流发言。

9月1日

上海自贸区洋山保税港区“区港直通道”正式启用，这标志着“区港一体化”运作进入新的发展阶段。

9月11日

上海自贸区成功试点首票国际中转集拼业务。

9月12日

2014年上海口岸工作领导小组会议在上海市政府会议室召开，上海市委常委、副市长、上海口岸工作领导小组副组长艾宝俊出席并讲话。

9月18日~19日

中共中央政治局常委、国务院总理李克强在上海考察自贸区并主持召开自贸区工作座谈会。

9月22日

长江经济带海关区域通关一体化改革正式启动。

10月28日

美国联合航空公司正式开通往返于上海和关岛的首条直飞航线。

10月30日

交通运输部部长杨传堂考察上海自贸区。

11月5日

国家口岸管理办公室在上海组织召开沿海口岸“单一窗口”推介工作会议。

11月19日

上海海关发布关于中国（上海）自由贸易试验区开展海运国际中转集拼业务的公告。

同日，上海市口岸办组织召开上海口岸防控埃博拉出血热疫情工作专题协调会。

12月1日

上海海关、上海出入境检验检疫局签署《全面推进关检“三个一”合作协议》。上海市委常委、副市长艾宝俊出席并为“关检联合查验”标牌揭牌。

同日，长江经济带全流域12个关区全面实现海关区域通关一体化。

12月4日

上海与中部六省口岸大通关合作第九次联席会议在河南省郑州市召开，海关总署党组成员、国家口岸管理办公室主任黄胜强，河南省副省长赵建才出席并致词。

12月5日

上海、江苏两地电子口岸成功完成数据交换测试。

12月7日

中共中央政治局常委、全国政协主席俞正声视察上海自贸区，中共中央政治局委员、上海市委书记韩正，上海市委副书记、市长杨雄，上海市委常委、副市长艾宝俊等参加。

12月8日

海关总署与上海市政府在上海召开上海自贸区货物分类监管调研座谈会。

12月9日

上海海关发布2014年第44号公告，在上海自贸区开展“自主报税、自助通关、自动审放、重点稽核”作业模式试点，这标志着上海自贸区海关23项改革措施全面落地。

12月12日

上海海关国际邮件查询系统平台上线。

12月14日

中共中央政治局委员、中央书记处书记，中宣部部长刘奇葆视察上海自贸区，上海市委副书记、市长杨雄参加。

12月24日

长三角区域大通关建设协作第七次联席会议在浙江省杭州市召开。上海市委常委、副市长艾宝俊，浙江省副省长梁黎明，安徽省副省长花建慧出席会议并讲话。

12月28日

上海华港国际船舶代理公司通过上海国际贸易“单一窗口”平台完成法籍“达飞美狄亚”集装箱船进、出洋山深水港的口岸申报，这标志着上海国际贸易“单一窗口”船舶申报模块成功上线运行。

12月30日

上海自贸区中资非五星旗船沿海捎带业务试点正式启动。

12月31日

上海市口岸办印发《上海国际贸易“单一窗口”建设工作方案》通知。

（撰稿人：邹增强）

2014 年上海市口岸流量统计表

口岸类型	口岸名称	货运量（万吨）				集装箱量（万标箱）				人员（万人次）				交通工具（辆、艘、架、列次）			
		出口	进口	合计	同比（%）	出口	进口	合计	同比（%）	出境	入境	合计	同比（%）	出境	入境	合计	同比（%）
空运口岸																	
	分计			284.2	+10.1							3 063.7	+11.6			200 148	+9.1
陆运口岸 公路口岸																	
	分计																
陆运口岸 铁路口岸																	
	分计											14.96	-3.2			364	
水运口岸 海港口岸																	
	分计			38 231.9	+1.4	1 339.7	1 235.7	3 039.6	+5.4			217.9	+35.8			25 135	-0.8
水运口岸 河港口岸																	
	分计																
合计				38 516.1		1 339.7	1 235.7	3 039.6		1 639.4	1 657.2	3 296.6				225 647	
同比（%）				+1.5				+5.4				+12.9				+7.9	

表注：集装箱量合计数 3 039.6 万标箱包括内支线 441.4 万标箱。

（上海市口岸办提供）

2014 年上海海关主要数据统计表

项目		2014 年	同比（%）
进出口货运量（万吨）	合计	19 127.7	-1.4
	进口	9 692.6	-8.2
	出口	9 435.1	+6.8
进出口贸易总值（万美元）	合计	86 345 486	+6.3
	进口	34 024 285	+8.6
	其中：江、海运输	18 861 373	+4.8
	铁路运输	76 960	-16.8
	汽车运输	144 895	-10.9
	航空运输	14 679 584	+12.9
	邮件运输	8 896	-4.8
	其他运输	252 577	+221.7
	出口	52 321 201	+4.8
	其中：江、海运输	39 917 471	+4.8
	铁路运输	61 617	-5.1
	汽车运输	114 357	-15.3
	航空运输	12 007 026	+5.8
	邮件运输	2 480	+304.3
	其他运输	218 250	-19.2
税收（亿元）	两税合计	3 750	+8.1
	关税入库	878	+10.9
	进口环节税入库	2 872	+7.2

（上海海关提供）

2014 年上海市口岸出入境主要数据表

项目			2014 年	2013 年	同比（%）
出入境人员（万人次）	出入境人员总数		3 297	2 920	+12.88
	入境人员		1 640	1 453	+12.87
	出境人员		1 657	1 468	+12.91
	出入境旅客		2 985	2 642	+12.96
	出入境员工		312	278	+12.12
	中国公民	小计	2 308	1 801	+28.15
		内地居民（因公）			
		内地居民（因私）			
		港澳居民			
		台湾同胞			
	外籍人员		989	1 119	-11.62
	从海港出入境人数		218	160	+35.84
	从陆港出入境人数		15	15	-3.20
	从空港出入境人数		3 064	2 744	+11.63
交通运输工具（辆、艘、架、列次）	总计		225 647	209 219	+7.85
	船舶		25 135	25 337	-0.80
	飞机		200 148	183 516	+9.06
	火车		364	365	-0.27
	机动车辆			1	

（上海出入境边防检查总站提供）

2014 年上海市出入境检验检疫业务统计表

项目		货物检验检疫				交通工具				集装箱（标箱）		发现动植物疫情		货物通关		出入境人员查验（人次）	健康检查及预防接种（人次）			
		批次	金额（万美元）	检验检疫不合格																
				批次	金额（万美元）	船舶（艘）	飞机（架）	火车（列）	汽车（辆）	合计	检出问题	种类数	种次	批次	金额（万美元）		健康检查	艾滋病监测	发现病例	预防接种
本年累计		1 678 878	16 826 823	58 963	777 300.4	23 058	203 751	4 416		9 269 535	251 972	1 129	272 924	2 006 452	13 261 416	33 184 146	81 650	67 489	139 601	83 053
其中	出境	178 968	869 16	344	820.3	11 867	102 435	2 208		359 167	0			802 272	3 007 758	16 467 544	38 827	29 337	64 206	82 789
	入境	1 499 910	15 957 677	58 619	776 480.1	11 191	101 316	2 208		8 910 368	251 972	1 129	272 924	1 204 180	10 253 658	16 716 602	42 823	38 152	75 395	264
同比（%）		-18.11	-8.08	+27.91	-7.28	-0.45	+8.37	+1.66		-1.32	-13.33	+16.27	-1.17	-44.74	-30.00	+12.79	+8.91	+1.03	+16.07	+15.74
其中	出境	-67.34	-63.01	105.99	+111.44	-3.83	+8.57	+1.66		-54.25				-67.53	-66.66	+12.84	+45.57	+12.89	+36.99	+15.38
	入境	-0.15	+0.01	27.62	-7.33	+3.41	+8.17	+1.66		+3.51	-13.33	+16.27	-1.17	+3.76	+3.33	+12.74	-11.33	-6.52	+2.71	+4 300

（上海出入境检验检疫局提供）

2014 年上海海事局进出港船舶统计汇总表

船舶类别	进港船舶							出港船舶						
	艘数（艘）	总吨（吨位）	总载重量（吨）	载客量（客位）	船员人数（人次）	货物到达量（吨）	旅客到达量（人）	艘数（艘）	总吨（吨位）	总载重量（吨）	载客量（客位）	船员人数（人次）	货物发送量（吨）	旅客发送量（人）
总数	99 932	1 030 459 619	1 157 333 268	6 372 918	1 504 209	358 234 033. 76	1 892 296	106 664	1 055 972 042	1 179 141 480	7 870 731	1 612 161	194 622 363. 44	1 248 822
中国籍船舶	80 302	281 144 363	269 036 762	6 043 732	914 089	188 632 943. 81	1 514 514	86 866	298 213 461	278 969 445	7 542 245	1 022 046	68 202 915. 92	867 385
其中外贸船	1 246	27 997 818	25 880 731	31 441	32 515	14 203 379. 88	5 098	1 459	29 066 546	27 605 921	31 786	34 738	7 431 527. 82	6 576

（上海海事局提供）

江 苏 省

口岸数量及分布

截至2014年年底，江苏省共有经国务院批准的开放口岸22个。其中，空运口岸6个，分别是南京空运口岸（南京禄口国际机场）、盐城空运口岸（盐城南洋国际机场）、无锡空运口岸（无锡硕放国际机场）、徐州空运口岸（徐州观音国际机场）、常州空运口岸（常州奔牛国际机场）、淮安空运口岸（淮安涟水国际机场）；水运（海港、河港）口岸16个，分别是连云港、如东、启东、大丰海港口岸，4个；南通、如皋、张家港、南京、镇江、江阴、扬州、泰州、太仓、常熟、常州、靖江河港口岸，12个。

口岸运行数据

2014年，江苏省水运口岸共完成外贸运量37 072.04万吨，同比增长4.5%；集装箱运量632.4万标箱，同比下降6.7%。空运口岸出入境旅客2 650 648人次，同比增长19.7%，货运量163 795.9吨，同比增长37.4%。

2014年江苏省水运口岸外贸运输情况表

	外贸运输量（万吨）		集装箱运输量（标箱）	
	自年初累计	同比增长（%）	自年初累计	同比增长（%）
合计	37 072.04	+4.50	6 324 024.75	-6.70
连云港水运（海港）口岸	11 035.96	+1.00	2 684 317.95	-18.00
南通水运（河港）口岸	3 479.62	+0.60	313 152.75	+2.30
如皋水运（河港）口岸	696.10	+13.70		
张家港水运（河港）口岸	5 441.10	+8.80	524 412.30	+12.00
南京水运（河港）口岸	1 974.00	-10.50	715 448.50	+4.90
镇江水运（河港）口岸	2 229.30	-15.40	161 622.00	+3.20
江阴水运（河港）口岸	1 333.25	+3.90	71 724.00	-7.30
扬州水运（河港）口岸	809.38	+39.50	262 490.00	+6.30
泰州水运（河港）口岸	2 054.10	+1.60	68 433.00	+10.6
太仓水运（河港）口岸	5 343.70	+22.40	1 079 158.50	+56.20
常熟水运（河港）口岸	1 417.46	+19.16	226 458.75	+2.14
常州水运（河港）口岸	556.65	+4.20	113 620.00	+14.30
大丰水运（海港）口岸	701.42	+40.05	103 187.00	+106.08

2014年江苏省空运口岸外贸运输情况表

	出入境旅客（人次）	同比（%）	货运量（吨）	同比（%）
合计	2 650 648	+19.70	163 795.93	+37.40
南京空运口岸	1 896 000	+12.80	67 323.00	+85.90
徐州空运口岸	151 482	+24.00	1.63	-23.10
盐城空运口岸	151 509	+33.40	350.90	+182.10
无锡空运口岸	451 657	+23.50	96 120.40	+9.70

口岸综合管理

【扩大口岸开放】 常州空运口岸、淮安空运口岸分别于2014年2月、8月经国务院批复对外开放；无锡空运口岸扩大开放，于2014年11月获海关总署批复通过国家验收。至此，江苏省6个空运口岸均实现了对外国籍飞机开放。2014年8月国务院正式批准南通如东水运（海港）口岸、启东水运（海港）口岸对外开放。至此，江苏省共16个水运口岸实现对外国籍船舶开放。2014年全省开放水域内共有19座码头获得江苏省政府批准对外开放。

【拓展口岸功能】 随着口岸开放数量的增加和已开放口岸的功能不断挖掘、拓展，江苏省口岸管理工作更加规范和完善。凡设立口岸的各市地方政府均成立了口岸综合管理部门，各地口岸查验机构设立也比较健全；建立了相应的口岸管理工作机制，强化了对地方口岸工作的管理与协调；与江苏省物价局配合，对口岸收费进行了有效整治，口岸收费更加透明。有条件的口岸所在地地方政府还设立了口岸发展资金，用于深入持久地开展口岸文明共建活动，以加强对口岸管理工作的统筹协调，不断改善、优化口岸通关环境。

【全面推进电子口岸平台建设】 完成与南京海关、江苏检验检疫局和江苏海事局的数据传输专线对接，实现了与南京海关、江苏检验检疫、江苏边防、商务部EDI的互联互通。建成了一批免费、优质、便利的跨部门政府服务项目，其中“通关信息查询系统”、“国际航行船舶进出口岸申报系统”、“机场旅客团队出境申报系统”、“江苏关检‘三个一’”、“江苏省电子口岸微信平台”、“船载危险货物船舶防污染作业监管服务平台（一期）”、“江苏省电子口岸客户服务呼叫中心”、“船港货综合信息服务平台”、“检验检疫无纸化全申报平台”等已正式投入运行，“加工贸易服务平台”在部分地区试运行，“液货船信息服务系统”、“检验检疫口岸物流监管平台”、“船载危险货物船舶防污染作业监管服务平台（二期）”等一批在建项目正全面推进。

【加强区域合作】 全面加强了长三角区域通关合作，不断推进“三互”，以电子口岸作为统一的信息平台，加快推进江苏省国际贸易“单一窗口”的建设。2014年江苏省、上海市、浙江省、安徽省四省市口岸办、海关、检验检疫、边检、电子口岸签署了《推进2015年长三角区域大通关建设协作重点工作备忘录》、《长三角检验检疫一体化合作备忘录》、《关于实施长三角出口商品直通放行合作备忘录》、《长三角区域边检机关港口管理信息共享合作备忘录》、《加强区域通关合作，推进“单一窗口”建设合作备忘录》。四省市在区域通关方面不断加强合作，整合通关资源，创新通关模式，简化通关手续，降低通关成本，改善通关环境。

口岸监管与服务

【全面深化改革，加快推进便利通关】 南京海关成立全面深化改革领导小组和专项改革小组，研究确定9类37项重点改革项目。加快推进关检合作“三个一”，“三个一”改革覆盖关区所有23个隶属海关，企业平均通关时间减少3天，每个集装箱节约费用20元。在海关系统率先启动创新改革，其中“境内外维修”新增7家试点企业，业务量增长95%以上；3 000万美元货物适用“特殊监管区域内自行运输”；“简化随附单证”节省企业大量扫描和数据上传工作；“集中汇总征税”直接为企业节约资金100万元。推进通关便利化，取消14项内外审批事项，无纸化率由年初的80%升至98%，进、出口货物通关时间平均分别缩短30小时和10小时。全面推广加工贸易无纸化报核，企业减少提供纸质报关单466万份。税费电子支付比重增长11%。江苏检验检疫局以出口直放、进口直通、稽查联动为主要形式，全面推进苏北五市检验检疫区域一体化改革，实现通报、通检、通放。积极参与丝绸之路经济带和长三角检验检疫区域一体化工作，主持起草丝绸之路经济带检验检疫区域一体化工作方案，超前应对海关长三角区域通关一体化改革。开发运用智慧检务管理平台和移动查验平台，形成全省可复制推广的全程无纸化技术方案，打通8个关键环节，率先在部分试点分支局、部分产品成功实现业务全程无纸化，覆盖业务总量的80%，每批业务节省企业成本50～100元，节约时间4～5小时。改造完善“三个一”系统并拓展相关功能，货物清关时间平均缩短3天。

【加快促进江苏外贸稳定增长】 南京海关全年外贸进出口达到5 638.6亿美元，同比增长2.4%。研究制定4个方面19项支持外贸稳增长措施，细化为61项工作任务。扩大“属地申报，口岸验放”和“属地申报，属地放行”适用范围，惠及江苏省内5万家B类生产型企业。对62家高信用企业实行担保验放，将AA类企业查验率降至1%。江苏检验检疫局全年出台15条措施，实施优品、优企、优测“三优”计划。开展第三方检验检测机构“天平”专项整治行动，摸排检验鉴定机构100多家，有效规范中介市场收费，减轻企业负担。制定出台江苏特殊监管区对接应用上海自贸区相关政策意见，苏州工业园区获准执行上海自贸区特殊物品卫生检疫监管政策。

【助力青奥会圆满完成】 南京海关设立专用旅检通道和报关窗口，为青奥会人员、物资提供“一站式”服务，共为4 042名青奥会注册参会人员提供进出境服务保障，为9名国际政要及其随员提供免予监管礼遇，验放物资186.4吨、价值1.34亿元。青奥会期间，全省边检机关共完成持身份注册卡入境的奥组委官员727人、裁判员104人、运动员942人、媒体记者196人、其他533人，以及参赛枪支44支、子弹17 866发、警卫枪支2支、子弹40发的出入境边防检查任务。江苏海事局加强了安全监管长效机制建设。全面实施《长江江苏段船舶定线制规定(2013)》，圆满完成南京青奥会和国家公祭日期间水上安保工作。

【南京海关积极促进开放型经济转型升级】 主动支持重点地区、重点项目建设。围绕丝绸之路经济带国家战略，推出支持连云港开放型经济发展15项措施。指导南京龙潭启动一般出口试点，做大苏州工业园区业务规模，两地出口货物达到1.2万余票。助推张家港整车口岸发展，进出口整车超过1.3万辆。促进“苏蒙欧”班列常态化运营，打通了对欧物流新通道，进出口货值达2.15亿美元。持续优化创新服务方式，为关区200家企业配备海关客户联络员80余人，变被动咨询为上门指导，新增AA类、A类企业479家。“12360”海关统一服务热线开通进境邮包微信实时查询服务。

【江苏检验检疫安全措施更加扎实】 出台口岸核心能力建设指标、标志标示、业务流程、联防联控机制等系列标准，形成“一中心、六平台、三系统、六数据库”口岸执法监管架构，启动开发水运、陆路、空运口岸三类执法平台。建成进口食品口岸查验场所24个，指定储存场所45个，认可储存场所90个，实现进口食品集中监管；8个口岸20个查验点获进境指定粮食口岸资质。帮助企业查找质量隐患640个，解决质量问题469个；开展“国门生物安全知识进校园”、实验室开放日等系列主题活动60多场次。大力强化检验监管模式创新，进口商品探索实施“产品清单”、“项目清单”和“负面清单”管理，初步建立了差别化监管新机制。升级进口食品风险管理系统，实现自动抽批、风险单自动生成、全流程自动监管，覆盖80%以上进口食品。建立以“风险管理、合格假定、后市场管理”为核心的快速放行模式。加强了法检目录外商品监督抽查和质量安全追溯调查，共抽查209批，发现不合格54批，不合格率为25.84%；对8 745批出口退运货物进行追溯调查，涉及金额3.74亿美元。

【江苏边检全面加强口岸的安全管控】 共检查出入境人员3 391 722人次，同比增加10.55%；检查出入境交通运输工具43 924架(艘)次，同比减少0.77%；查获在控对象221

人次，同比增加 67.42%；查获在逃人员 28 人次，同比增加 7.69%；查获偷渡人员 10 人次，同比减少 16.67%；查获其他违法违规人员 482 人次，同比增加 15.31%。完成12 万多重点人员背景审查工作，查处违法违规案件 50 起，收缴违规违禁物品 4 件，调解矛盾纠纷 28 起。全省边检机关扎实推行“网格化”管控模式，严格落实各项管控措施，全面提高口岸管控效能。14 个港口边检站以边检警务室（执勤点）为中心，以辐射码头泊位或卡口5～10分钟车程为半径进行网格布局，将巡查执法服务队、监护中队警力进行整合，与每个“网格”建立管控联动机制；4 个空港边检站以候检区、查验区、过检区为单元划分网格区域，由台外引导员、台内检查员、值班领导对口负责相关区域管理任务，切实通过“网格化”划分，确保安保工作任务明、责任清、用警效能高。各边检站进一步加强对人员查控、证件查验、船体检查、行李物品检查等重点环节的工作力度，对重点航线、重点国家船舶、重点人员船舶及下一港前往南京靠泊的外籍船舶一律实行梯口监护和重点巡查。南京港、扬州、镇江边检站加大对入宁长江水域的巡查警戒，及时消除“货郎船”非法活动和口岸偷渡活动。南京边检站依托 API 系统，提前对重点国家、重点地区出入境人员进行分析预判，加大重点航班、重点人员及行李物品抽检力度，防止不法分子潜入潜出。

【江苏海事局服务经济社会发展卓有成效】 持续助推－12.5 米深水航道整治工程，加快推进开放水域内新建码头泊位开放，全年新增开放码头泊位 20 个。创新实施海事政务窗口“全受理”模式，所有业务审批项目在任一窗口均可申请办理。积极推进 ISM/NSM 规则有效运行，圆满完成各项审核和发证工作。实现了国际航行船舶进出口岸与危管防污业务外网申报、内网办理。基建装备信息化建设成果丰硕。全面建造完成长江 60 米级综合应急指挥船、60 米级 B 型巡逻船，以及 30 艘内河 11 米级巡逻船；固定翼无人机等 27 个建设项目前期工作有序开展。江苏海事局主持研发的国产 VTS 系统荣获 2014 年中国航海学会科技进步特等奖，这是全国海事系统内首次作为第一单位荣获该奖；江苏海事开发的综合管理信息平台荣获 2014 年中国软件和信息服务政府行业最佳应用奖。

开放口岸

【南京空运口岸（南京禄口国际机场）】 位于南京市江宁区禄口镇，于 1997 年 7 月 1 日正式通航，是中国重要的干线机场。1997 年 11 月经国务院和中央军委批准对外开放。2005 年 4 月南京禄口国际机场被世界卫生组织（WHO）评为国际卫生机场，2008 年 12 月 5 日通过国家航空安全审计。机场 T2 航站楼于 2014 年 7 月 12 日正式启用，飞行区等级将提升至 4F 级，可起降包括 A380 在内的所有机型。2014 年，南京空运口岸入出境人员 202.5 万人次，同比增长 13.1%；入出境飞机 11 534 架次，同比减少 0.1%；邮运国际快递 1 133.5 万件，同比增长 54.7%。

2014 年 4 月，韩国真航空新开通南京—韩国襄阳不定期国际航线。7 月，韩国济州航空开通南京—韩国青州不定期国际航线。10 月，奥凯航空开通南京—韩国济州定期国际航线。机场现与法兰克福、悉尼、东京、大阪、名古屋、首尔、釜山、新加坡、中国香港、中国澳门，以及中国台湾台北、台中、台东开通定期客运航班；与曼谷、普吉等境外航点开通定期包机航班；与洛杉矶、芝加哥、台北等境外及地区航点开通定期货运航班。

【徐州空运口岸（徐州观音国际机场）】 1997 年正式通航，2008 年经国务院批准对外开放。机场位于徐州市东南方向睢宁县双沟镇境内，距离徐州市区 45 千米，南临 104 国道，北靠盐徐高速公路，地面交通十分便利。机场目前占地面积约 253.3 万平方米，航站楼面积为 2.4 万平方米，跑道长 3 400 米，停机坪面积为 6.3 万平方米，停机位 9 个，配备先进的双向 I 类盲降系统、助航灯光设施和通信导航设备，具备全天候开放条件。总投资15.5亿元的观音机场二期改扩建工程已于2014年12月26日开工建设，计划新建一座3.4万平方米的国内候机楼，改造现有候机楼为国际厅，新建一条平行滑行道，新建停机位8个，扩建站坪8万平方米，并完善相关配套设施建设等。该工程计划2016年建成并投入使用。

为进一步拓展机场服务范围，徐州观音国际机场先后在辖区开通了邳州、睢宁、新沂、贾汪、丰县、沛县高铁站区的城市候机楼，并开通了枣庄、宿迁、宿州、淮北城市候机楼，城市候机楼总数达到11座。2014年7月14日，徐州观音国际机场免税商店开业运营。

2014年，徐州观音国际机场已开通首尔、高雄、曼谷、香港、台北、济州、北京、上海、成都、大连、广州、深圳、长沙、厦门、海口、福州、三亚、贵阳、昆明、沈阳、丽江、哈尔滨、重庆、银川、乌鲁木齐等25条航线，完成起降航班11 008架次，同比增长8.5%；完成旅客吞吐量126.75万人次，同比增长13.9%；完成货邮吞吐量6 380.2吨，同比增长2.6%。其中，已开通国际（地区）航线6条，每周14个航班；全年出入境人员15.15万人次，同比增长24%。2014年，观音机场和口岸联检单位保障国际临时公务包机12架次，9月29日成功保障了国际SOS救援中心医疗包机。

【盐城空运口岸（盐城南洋国际机场）】 位于江苏省盐城市亭湖区南洋镇境内。始建于1958年，1984年国务院和中央军委批准为军民合用机场。1988年与空军联合成立“江苏盐城联合航空公司”。1996年盐城市人民政府新征土地约16.67万平方米，自筹资金1.20亿元建设盐城民航站。2000年开通民航班机，2009年正式对外开放。机场飞行区等级为4C级，跑道长2 200米，可保障波音737、空客320等中等机型起降。盐城空运口岸主要航班航线有至韩国首尔、中国香港、中国台湾等国际（地区）航线和至北京、上海、广州、昆明、长沙、西安、武汉、沈阳、哈尔滨、厦门、深圳、天津等国内航线，是苏北地区国际和地区航线数量最多的机场。

2014年，盐城空运口岸共安全保障航班5 504架次，安全运送旅客52.9万人次，货物吞吐量为2 152吨，其中出入境人数150 619人次，国际货邮351吨。

【无锡空运口岸（无锡硕放国际机场）】 位于江苏省无锡市东南方硕放镇，距无锡市中心16千米，距苏州市区25千米。始建于1995年，2004年2月18日正式开通民用航班，2007年9月28日启用新航站区。机场飞行等级为4D级，可满足波音757及以下机型全载起降。2009年实施跑道加厚工程，可满足波音747型飞机减载起降的要求。开航以来，机场先后引进深航、东航、南航、国航、川航、东海航、顺丰航、真航空、厦航空、韩亚航空和快运航空等11家航空公司，开辟了包括香港、澳门、台北、大阪、曼谷、新加坡、首尔、柬埔寨暹粒、韩国襄阳、济州等10条国际（地区）航线，通达42个国内外主要城市，日均航班量达100余班，并始终保持70%以上的平均客座率和载运率。

2014年，无锡空运口岸共安全保障运输航班起降3.58万架次，完成旅客吞吐量418万人次、货邮吞吐量9.62万吨，同比分别增长12.34%、16.43%、9.67%。

【常州空运口岸（常州奔牛国际机场）】 位于常州市新北区罗溪镇，距市中心20千米。2014年2月21日国务院批准对外开放。常州机场飞行区等级为4E，跑道长3 400米、宽60米；停机坪面积为16万平方米，可停放飞机20架；

航站楼建筑面积为3.8万平方米，其中国际区1.1万平方米，拥有先进、完善的民航、口岸、安全及其他配套设施，口岸通关服务环境良好，设计年旅客吞吐量300万人次、年货邮吞吐量10万吨、高峰小时起飞19架次，是长三角地区重要的客货运国际机场。2014年7月31日，常州空运口岸通过国家验收，9月15日首航香港，11月20日首航韩国首尔。2014年，常州空运口岸旅客吞吐量为186.09万人次，同比增长21.90%；货邮吞吐量为1.82万吨，同比增长19.56%；飞机起降22 437架次，同比增长15.97%；出入境人员总数为13 604人次，出入境飞机为104架次。

【淮安空运口岸（淮安涟水国际机场）】 于2014年8月由国务院批准正式对外开放。现已开通飞往2个城市的国际（地区）航班。2014年出入境人员达到1.09万人次。二期扩建工程已于2014年年底开工建设，工期为3年，建成后将满足2025年旅客吞吐量130万人次、设计货邮吞吐量1.3万吨、起降架次1.5万架次保障需求。

【南京水运（河港）口岸】 地处长江下游，距吴淞口360余千米。港辖区沿长江两岸分布，南岸全长104.2千米，北岸全长91千米，航道维护水深至2010年已达10.5米，可满足3万吨级海轮常年通航，5万吨级海轮乘潮通航。长江南京港是我国沿海25个主枢纽港之一。1986年3月经全国人大常委会批准，南京港对外国籍船舶开放。2014年南京水运口岸全年完成进出口货运量1 799.1万吨，同比增长7.0%；进出口集装箱82.8万标箱，同比增长10.3%；入出境（港）船舶数1 968艘次，同比减少17.2%。南京港已建成集装箱专业化泊位10个（万吨级以上8个），均在龙潭港区，泊位长度为2 310米，设计年通过能力为220万标箱。

南京水运口岸已开辟集装箱航线78条，月航班数达697班。其中，近洋航线6条，月航班数达20班。2014年完成集装箱吞吐量276万标箱（外贸71.5万标箱），其中南京港集团完成275万标箱，占全港总量的99.5%。

航线性质		类别	航线数（班/周）
外贸航线	近洋航线	日本线	1
		韩国线	4
	内支线	洋山	27
		外高桥	32
		宁波	1

【连云港水运（海港）口岸】 地处我国沿海中部，江苏省东北部、黄海海州湾西南岸。港口始建于1933年，1956年对外国籍船舶开放，1973年开始大规模建设。经过多年的建设与发展，连云港现已成为全国沿海25个主要港口、12个区域性主枢纽港、长三角地区7个国家及综合运输枢纽之一。连云港依托独特的区位优势，成为苏北、鲁南及中西部地区最便捷的出海口岸，对外贸易和交通运输的重要通道，是亚欧大陆间国际集装箱水陆联运的重要中转港口。连云港口岸南联长三角，北接渤海湾，隔海东临东北亚，西连中西部地区以至中亚，是“沟通东西、连接南北”的重要战略枢纽。以郑州为起点，中西部到连云港，铁路运距比到青岛近500千米，比到日照近300千米，比到上海近480千米。从连云港经陆桥运输到欧洲，相比原有的陆上运输通道缩短了2 000千米运距，比绕道印度洋和苏伊士运河的水运距离缩短了1万千米。连云港口岸是江苏最早对外开放的口岸。目前，连云港拥有1个国家一类海港开放口岸，44个开放性生产泊位，赣榆、徐圩等新建港区实现临时开放。口岸大通关效率全国领先，口岸功能延伸至中西部主要地区。

2014年，连云港水运口岸实现港口吞吐量2.1亿吨，同比增长5.0%。集装箱吞吐量500万标箱，同比下降2.4%。完成外贸吞吐量11 036万吨，同比增长4.1%。其中外贸出口完成2 098.9万吨，同比增长14.8%；外贸进口完成8 937.1万吨，同比增长1.9%。出入境船舶7 062艘次，同比增长13.06%。其中，出境船舶

3 976艘次，同比增长14.2%，入境船舶3 086艘次，同比增长11.5%。出入境人员200 000人，同比下降19.62%。其中，出境人员97 588人，同比下降26%；入境人员102 412人次，同比下降13.5%。

【南通水运（河港）口岸】 地处长江和沿海“T”字形经济发展带的交汇点上，是我国发展综合运输的沿海主枢纽港，上海国际航运中心北翼的重要组成部分。1982年，南通水运口岸经国务院、中央军委批准对外开放，现与世界上100多个国家和地区的300多个港口通航。口岸拥有长江岸线219千米，其中干堤岸线166千米，洲堤岸线53千米，可建万吨级深水泊位的岸线30多千米；拥有海岸线216千米，其中可建5万吨级以上深水岸线40多千米。共建有11个港区，沿江有如皋、天生、通州、任港、狼山、富民、江海、通海、启海9个港区，沿海有洋口、吕四2个港区。地处腰沙—冷家沙海域的通州湾港区正在规划中，即将成为第12个港区。作为长江北岸由海入江的第一港，长江上第一座万吨级泊位、5万吨级泊位、10万吨级泊位均在此诞生。目前，已建成各类码头泊位268座，10万吨级以上泊位28座，其中5万～10万吨级33座，1万～5万吨级36座，码头最大靠泊等级提高到20万吨级。口岸沿江拥有营船港航道、天生港航道两条专用航道。沿海拥有洋口港区烂沙洋南航道、北航道，吕四港区小庙洪航道建成通航。

经过30多年的发展建设，临港工业项目加速集聚，新兴物流市场蓬勃发展，全市90%以上的基础物流由港口完成。南通辖区长江沿岸对外开放码头截至2014年年底达38座，泊位61个。

2014年，南通港完成货物吞吐量2.2亿吨，同比增长7.4%，增长幅度比全国规模以上港口平均增幅高出近3个百分点。从货种情况来看，金属矿石、煤炭、矿建材料依然是三大主力军。2014年，口岸外贸运量完成4 175.7万吨，同比增长2.5%；集装箱吞吐量71.1万标箱，同比增长18.4%；外贸集装箱总量达31.3万标箱，同比增长2.3%；国际航行船舶进出口岸3 831艘次。各项指标创历史新高。

【如皋水运（河港）口岸】 位于长江三角洲北翼，江苏省如皋市最南端，与张家港隔江相望，距上游江阴港36千米、南京港200千米，距下游南通港24千米、上海港120千米，距离入海口223千米。如皋港现有长江岸线48千米，其中深水岸线约17.56千米，人工港池岸线14.20千米。目前已建生产型泊位32个，其中5万吨级以上泊位9个；修造船及海工泊位19个，其中30万吨级舾装泊位8个。

2014年，如皋水运口岸外贸货物吞吐量为696.1万吨，同比增长13.7%，主要以大宗散杂货和危险化学品为主，其中散货货种主要为煤炭、金属矿石等，危险化学品主要货种为基础油、棕榈油等。散货业务主要来源于如皋港务集团有限公司码头，该公司建有5万吨级以上公用泊位4个，有大型门吊15台，大型装载机18台，后沿堆场近70万平方米，是长江北岸重要的货物集散地。危险化学品业务主要来源于诚晖石化等4家石化企业，2014年度外贸吞吐量134.5万吨。目前，如皋水运口岸已经成为华东地区重要的、极具发展潜力的危险品仓储、中转基地，拥有各类大小储罐233个，已具有200万立方米的储存能力和每年2 000万吨的吞吐能力。

如皋水运口岸初步形成了船舶海工、现代物流、石材三大产业集群。国家级船舶制造基地不断发展壮大，船舶修造企业加快转型升级，熔盛重工资产重组步伐不断加快，向海洋工程深度拓展；现代物流集聚发展，随着保税物流中心（B型）获批和国际集装箱航线正式开通，以及苏中国际集装箱码头正式开港，贸易中心的优势和功能不断发展壮大；投资125亿元的东升石材产业城围绕高端石材生产加工、交易中心和综合配套服务三大板块加快建设，将成为中国长三角和华东地区高档石材产业战略总部、研发设计中心、加工示范基地、物流交易中心。

【张家港水运（河港）口岸】 东距上海吴淞口146.5千米，西离南京港219.4千米，南与杭嘉湖地区相连，北通苏北各港。港口面江、傍河、通海，具有水水中转优势，可承接钢材、木材、化工品、粮油、煤炭、集装箱、件杂货等不同货种的中转储运。随着江苏省大交通格局的形成，港口陆路运输网络不断健全，自港口出发，1小时车程可覆盖苏州、无锡、常州、南通，2小时车程可到达上海、南京、杭州。港口岸线西起长山（与江阴交界），东至东沙（与常熟接界），全长80.4千米，其中主江岸线63.6千米、深水岸线约40千米。岸线顺通，－10米以下深水贴岸，不冻不淤，并有江心福姜沙作为天然屏障，是得天独厚的避风良港。口岸年平均气温15.2℃，相对湿度76%，每秒风力3.8米，属亚热带海洋性气候。作为苏州、无锡、常州地区对外开放的重要门户，港口拥有富庶的经济腹地和区港一体的自然条件。

2014年，张家港水运口岸完成货物吞吐量2.7亿吨，同比增加3.8%，其中外贸运量5 541.1万吨，同比增加8.8%，外贸货运量继续领跑长江沿线港口。口岸汽车整车、液体化工品、羊毛、棉花、肉类、红酒等特色货种进口量持续位居江苏省同类口岸之首。集装箱运量101.2万标箱，同比增加12.1%，集装箱运量连续5年超百万标箱。货物吞吐量连续5年超2亿吨，保持全省领先，居全国县域口岸首位。

【镇江水运（河港）口岸】 位于长江与京杭运河两条黄金水道的十字交汇处，上距南京87千米，下距长江入海口279千米。1986年经国务院批准对外开放，是我国沿海25个主要港口和两岸海上直航的63个港口之一，是国家主枢纽港和长江三角洲地区重要的对外开放口岸。

镇江市规划港口岸线总长126千米，其中深水港口岸线75.10千米。截至2014年年底，已利用港口岸线42.71千米，其中深水岸线32.36千米。目前，共有生产性泊位159个，设计通过能力1.24亿吨，其中集装箱通过能力100万标箱。镇江水运口岸下辖高资、龙门、谏壁、大港、扬中、高桥、新民洲等7个港区，主要经营煤炭、矿石、钢材、豆类、植物油等散杂货及集装箱业务，是长江中上游地区大宗物资江海中转效益最佳区段，具有江海直达和海江河转运的区位优势。进港主航道水深－10米以上，3万吨级船舶可常年通航，具备深水码头成片规模开发建设的条件，具有持续发展的广阔空间。镇江港与沪宁城际铁路、京沪高速铁路等铁路主干线相连接，沪宁高速、扬溧高速、沿江高速、312国道、104国道等公路主干线连接各大港区，润扬大桥连接大江南北，泰州长江公路大桥穿越镇江港扬中港区，港口距南京禄口国际机场仅1小时车程，集疏运条件畅通便捷，是多种运输方式交汇的中转枢纽港和物流中心港。

镇江水运口岸共有对外开放泊位41个，已与世界上70多个国家和地区近300个港口建立外贸运输业务，建有镇江新区出口加工区、中远物流保税仓库、金东纸业保税仓库、惠龙港务出口监管仓库、李长荣化工液体化学品保税罐等特殊监管区域。

2014年，镇江水运口岸共完成货物吞吐量10 266.8万吨，外贸吞吐量2 229.3万吨，集装箱吞吐量16万标箱。

【江阴水运（河港）口岸】 江阴水运口岸是长三角地区区域性枢纽港，无锡地区唯一出海通道。江阴水运口岸地处长江A、B级航道分界点，东距上海180千米，西至南京204千米，沿江深水岸线长达35千米。1992年4月25日，江阴水运口岸经国务院批准对外开放，同年5月20日正式对外开放。2009年，江阴港跨入亿吨大港行列。江阴水运口岸在长江南岸建有千吨级以上泊位89个，其中万吨级以上泊位45个；长江北岸江阴—靖江工业园区建有千吨级以上泊位29个，其中万吨级以上泊位18个。全港共有38个泊位对外国籍船舶开放。

江阴水运口岸与日本、韩国、中国台湾等国家和地区开通了集装箱直达航线，与上海外高桥和洋山港开通了天天班外贸内支线。2014年，内外贸航线达51条，航班密度为每周109班次，进一步增强了港口辐射能力。

2014年，江阴水运口岸货物吞吐量为12 462.25万吨，集装箱吞吐量为52.25万标箱，同比分别下降7.73%、56.59%。其中，外贸吞吐量完成1 333.25万吨，同比下降18.19%。主要进出口货种为化工品、金属矿石、钢铁、石油及制品、煤炭。

【扬州水运（河港）口岸】 位于江苏中部、长江下游北岸、江淮平原南端，地处长江和京杭大运河交汇处。扬州从唐朝开始成为我国对外贸易和国际交往的重要城市，是国务院第一批命名的历史文化名城。扬州是上海经济圈和南京都市圈的节点城市，向南接纳苏南、上海等地区经济辐射，向北作为开发苏北的前沿阵地和传导区域。京沪、沪陕两条高速公路在扬州境内交汇，扬溧、启扬两条高速公路经润扬、上海长江大桥直通苏南和上海，扬州已实现环城贯通高速公路。此外，沿江高等级公路、安大公路、淮江公路、盐金公路、仪邮公路等国省干线公路构筑起400千米的“市域环路”。宁启铁路横穿扬州境内，京杭大运河与长江在扬州南部汇流，构成市域航道主骨，形成了便捷的输港通道，是长江北岸重要的交通枢纽和货物集散中心。境内扬州泰州机场已开通12条航线。1992年11月29日，扬州水运口岸被国务院批准成为开放口岸。

扬州境内长江岸线有81千米，其中开放岸线近70千米。沿江有仪征、广陵、江都、邗江一市三区和国家级扬州经济技术开放区。

扬州水运口岸布局为“一港三区”，主港区为六圩港区，江都港区、仪征港区分列两翼，具有广阔的经济腹地和江海河联运的区位优势，共有各类码头泊位45个，其中万吨级以上泊位31个，开放泊位20个。六圩港区现有万吨级泊位8个，以集装箱运输为主，兼顾木材、煤炭、铁矿石等大宗散货；江都港区距扬州市区36千米，现有万吨级泊位13个，将以件杂货为主；仪征港区距扬州市区29千米，现有万吨级以上泊位10个，是一个以液体化工为主的专业港区，近年来，港区后方扬州化学工业园区迅速崛起，众多大型化工项目落户园区。

目前，口岸已与全球50个国家和地区的120个港口有货物中转往来，每周有30多个航班从事扬州至上海外贸集装箱支线运输，40多个航班从事内贸集装箱支干线运输，通达世界50个国家120个港口，为江苏苏北、苏中地区从“运河经济”迈向“江海经济”架起了“金桥”。

2014年，扬州水运口岸完成货物吞吐量9 000万吨，集装箱吞吐量50万标箱。其中，外贸运量1 000万吨，外贸集装箱量27万标箱。

【泰州水运（河港）口岸】 地处江苏中部、长江下游北岸，是长江中上游西部地区物资中转运输的重要口岸，是江海河联运、铁公水中转、内外贸运输的节点，是上海组合港中的配套港、国际集装箱运输的支线港和喂给港。口岸以泰州港高港、泰兴两个港区为主体，共有长江岸线44千米，已全线对外开放。常年通航靠泊万吨级海轮，与世界上60多个国家和地区的70多个港口有运输往来，可承接钢材、木材、化工品、粮油、煤炭、集装箱、件杂货等不同货种的中转储运，是全国木材、钢材、粮油、化工品等货物的重要中转港和国际贸易商港。2014年，口岸货物吞吐量达1.58亿吨。

泰州水运口岸于1992年11月经国务院批准设立，原隶属扬州口岸运行。2001年8月，随着泰州各口岸查验机构的设立，江苏省政府同意泰州口岸单列运行。靖江水运（河港）口岸于2012年11月经国务院批准设立，2013年8月通过国家口岸管理办公室组织的验收后，从泰州水运（河港）口岸单列运行。2014年，泰州水运（河港）口岸和靖江水运（河港）口岸进出境货运量为2 054.1万吨，同比增长1.6%。其中，进口1 796.4万吨，同比增长 3.1%；出口 257.65 万吨，同比下降 7.9%；集装箱进出境运量为 6.84 万标箱，同比增长 10.6%。其中，进口 1.2 万标箱，同比增下降 32%；出口 5.64 万标箱，同比增长 27.7%。监管进出境船舶 3 733 艘次，同比下降 1.4%；监管进出境船员 71 022 人次，同比下降 1.3%。

【太仓水运（河港）口岸】 位于江苏省东南部、长江入海口南岸，距上海、苏州市区均约 60 千米，是国家定位的上海国际航运中心重要组成部分、集装箱干线港、江海联运中转枢纽港。

口岸规划港口岸线 28.20 千米，通航水深 -12.50米，分鹿河、新泾、荡茜、浮桥、茜泾 5 个作业区，主要功能为：重点服务于长三角及长江沿线地区，以集装箱干线运输和铁矿石、煤炭中转运输为主，相应开展石油化工品中转储运，并兼顾临港产业开发。可建设生产性泊位 163 个，其中万吨级以上泊位 76 个；货物设计吞吐能力为 3.26 亿吨，其中集装箱设计吞吐能力为 2 147万标箱。2014 年，太仓港完成港口项目直接投资 20.3 亿元，开工建设 9 个码头泊位，建成并投入运行华能煤炭储运中心 6 个泊位。截至 2014 年年底，全港拥有各类码头泊位 78 个，其中万吨级以上泊位 34 个，集装箱泊位 10 个，设计吞吐能力 1.3 亿吨、435 万标箱。口岸陆域规划控制面积为 261.80 平方千米，按照“一区多园”的发展模式，规划了新能源产业园、新材料产业园、新装备产业园、现代物流园和太仓市中小企业创业园等特色功能园区。太仓港综合保税区的功能和有关税收、外汇政策参照上海洋山保税港区有关规定执行。

经财政部、国家发展改革委、交通运输部批准同意，太仓水运口岸自 2013 年 1 月 1 日起作为沿海港口管理，并执行相关的行政事业性收费政策，兼具了海港和长江港口双重特征和优势。经江苏省人民政府批准同意，对进出口岸的集卡免收江苏境内高速公路、普通公路过路费，对进出口岸的驳船免收江苏境内京杭运河过闸费并优先过闸。口岸在苏州工业园区、高新区和昆山开发区设立了服务中心，专门为企业走货提供全方位服务；在苏州高新区设立了“无水港”，将港口功能向内陆延伸，方便企业走货；建成并投入运行了信息中心、口岸集中查验中心、国际客运站、长三角唯一国家级进口木材检疫除害处理区、海轮锚地、海事综合监管救助基地等功能服务载体。口岸通关便利，口岸查验单位全部进驻码头现场办公，实行“一站式办公、一条龙服务”，推行预约服务、提前报关（检）、上门验放、担保放行、车船直取、绿色通道等措施。

2014 年，新辟和加密集装箱航线 57 条，全港航线总数增至 168 条，基本建成内贸转运枢纽、近洋直达集散中心、远洋中转基地。9 月起正式开通洋山快航，每 8 小时一班，目前太仓港至洋山港直航达每周 40 班，同时启运港退税政策正式落户太仓港，大幅缩减了企业进出口退税时间周期，从原来的 2～3 周缩减至 2～3 天。

2014 年，全港完成货物吞吐量 1.57 亿吨，同比增长 32.5%；集装箱吞吐量 305.7 万标箱，同比增长 40.9%；进出港船舶 83 271 艘次，同比增长 19.7%；进出境人员 91 938 人次，同比增长 12.6%。其中，外贸货物吞吐量为 5 343.7 万吨，同比增长 22.4%。外贸货物中，完成木材吞吐量673.69万吨，同比增长30.91%，成为全国进口木材第一大港。

【常熟水运（河港）口岸】 位于江苏沿江工业带和沿海开放带的两条主轴线“T”字结构的交汇处，距上海水运（海港）口岸仅80千米。于1996年11月正式对外国籍船舶开放，是上海国际航运中心的组合港，集装箱支线港，长三角区域重要中转港，临江工业和商品贸易的配套港，具有现代物流特征的综合性国际港口。

口岸拥有长江岸线32.1千米，由兴华作业区、金泾塘作业区、铁黄沙作业区（近期开发）组成，此外还有白茆小沙预留发展区。兴华作业区以钢材、纸浆、木材等件杂货江海物资转运和集装箱支线、喂给运输为主，是内外贸相结合的综合性作业区；金泾塘作业区主要为后方常熟经济开发区的电力、钢铁、化工、造纸、汽车零部件和整车等产业发展提供能源、原材料和产成品运输服务；铁黄沙作业区以通用散杂货和集装箱运输为主，主要为常熟市经济发展和临港工业开发服务，兼顾为长江沿线及周边地区物资转运服务。

口岸进港航道总长23.1千米，建有码头泊位59个，其中万吨级以上泊位24个；码头泊位总长8 632.4米，最大靠泊等级10万吨级（减载靠泊）；设计总吞吐能力4 937万吨，核查后通过能力5 156.4万吨。共有锚地3个，总面积13.9平方千米。至2014年，常熟港累计开辟航线65条，其中近远洋件杂货航线24条，内外贸集装箱班轮航线41条，月到港集装箱班轮330艘次，与53个国家和地区的265个国际港口实现了通航通商。

2014年，常熟口岸成功试点实施了“三个一”通关模式、“三互”机制和边检勤务模式等一系列口岸改革创新，取得了一定的社会经济效益；顺利完成了一个2万吨级改扩建码头对外开放资格确认及2个码头5个泊位的对外开放工作。截至2014年年底，常熟水运口岸对外开放码头共13个，开放泊位26个，其中万吨级以上泊位17个，有效提升了外贸货物的接卸能力。2014年，累计完成货物吞吐量8 050.2万吨，外贸货运量1 417.5万吨，集装箱38.04万标箱。

【常州水运（河港）口岸】 位于常州市新北区境内、长江南岸，北隔长江与泰兴相望，上距南京长江大桥167千米，下至上海吴淞口180千米。2001年4月经国务院批准对外国籍船舶开放，拥有较完善的开放配套设施和良好的口岸通关服务环境，是长江下游地区重要的集疏运进出口通道。至2014年年底，已建成并对外开放的万吨级长江深水泊位达9个。其中，集装箱专用泊位2个，年可接卸集装箱30万标箱；液体化工品专用泊位3个，可接卸液体化工品种类50多个；散货及件杂货泊位4个。2014年，常州水运口岸完成货物总吞吐量3 314万吨，同比增长8%，其中外贸运量556.7万吨，同比增长4.2%；全年集装箱运量为192 894标箱，同比增长29.5%，其中外贸集装箱113 705标箱，同比增长14.3%；国际航行船舶达628艘次，同比下降7%；出入境人员为6 457人次，同比下降10.8%。

【大丰水运（海港）口岸】 位于江苏1 040千米海岸线港口空白带的中心位置，东经120°46′1″，北纬33°16′18″，利用此海域特有的潮汐通道“西洋深槽”建设深水码头。“西洋深槽”水深稳定，－15米等深线宽3千米～4千米，长55千米，与外海深水贯通，可进出10万吨级船舶。口岸区位优势明显，集疏运体系完善，是国家交通运输部规划填补沿海港口空白带的项目，是江苏省沿海重点建设的三大港口之一。2006年6月13日被国务院批准为开放口岸，

2007年9月20日正式对外开放。口岸与韩国、日本一衣带水，距釜山港420海里、长崎港430海里、上海港250海里、连云港港120海里；毗邻的盐城机场、南通机场、沿海高速、新长铁路、通榆运河，构成了海陆空体系完善的集疏运网络；苏通长江大桥通车后，成为江苏沿海重要的交通枢纽和物流中心。

作为上海港的喂给港、连云港港的组合港，大丰港目前已建成码头6座，生产性泊位16个，开通至韩国仁川港、釜山港、光阳港、平泽港、木浦港的国际集装箱班轮航线，至日本门司港、博多港航线，至俄罗斯的木材航线，与台湾基隆港直航，以及可经上海港、宁波港中转至世界各大港口的国际航线。此外，还开通了大丰港至宁波港、上海港、青岛港的外贸内支线。

2014年，大丰港口岸完成货物吞吐量5 109万吨，其中外贸货物吞吐量701.4万吨；集装箱吞吐量为10万标箱。

江苏省口岸大事记

5月6日

上海中外运和台湾德翔航运分别与如皋港苏中国际集装箱码头有限公司签订战略合作协议，标志着如皋港开辟了首条外贸集装箱航线。

5月19日

国家主席习近平与哈萨克斯坦总统纳扎尔巴耶夫在上海西郊会议中心共同启动控制系统，由中哈双方历经8个月合作共建的中哈（连云港）物流合作基地项目一期工程正式启用投产。江苏省委书记罗志军、省长李学勇等领导分别在上海和连云港市参加投产仪式。

7月15日

《国务院关于同意无锡航空口岸扩大对外国籍飞机开放的批复》，标志着无锡市航空口岸扩大开放得到了国家层面的批准。

7月28日

连云港港国际客运站正式启用，该客运站主要航线包括已经开通运营的中国连云港—韩国仁川和中国连云港—韩国平泽两条国际航线，以及计划开通的连云港—大连国内航线，并预留了部分其他航线能力，年可发送旅客48万人次。

8月14日

财政部、海关总署、国家税务总局联合发布《关于扩大启运港退税政策试点范围的通知》（财税〔2014〕53号），决定自9月1日起，新增6家启运港退税政策试点港口，连云港港位列其中。

8月23日

由国家口岸管理办公室会同公安部、交通运输部、国家质检总局等组成的验收组，对靖江水运（河港）口岸一类独立对外开放进行国家验收后宣布，靖江水运（河港）口岸对外开放通过国家验收。

9月1日

太仓水运（河港）口岸正式实行启运港退税政策。

9月26日

扬州进出口玩具检验所通过香港实验所认可计划（HOKLAS）复评审及扩项评审。

11月3日

无锡空运口岸扩大对外国籍飞机开放正式获得海关总署（国家口岸管理办公室）批复，通过国家验收，成为真正意义上的“国际机场”。苏南硕放机场国际航行资料于2014年10月15日对外公布，于11月13日正式生效。

11月初

如皋港保税物流中心（B型）成功通过海关总署、财政部、国家税务总局和国家外汇管理局联合审批，批准建设面积0.35平方千米，是江苏省当年唯一一家获批的保税物流中心。

11月23日

有“长江上的皇家加勒比”之称的重庆新世纪游轮“世纪神话”首次靠泊常熟大新华港务码头，迎来了来自新加坡、中国香港、中国台湾等地4个入境团的300余名中外游客。

11月28日

江苏省委副书记、省长、省政府党组书记李

学勇到射阳港、滨海港视察。

12 月 14 日

在李克强总理与哈萨克斯坦总理马西莫夫共同出席的中国—哈萨克斯坦企业家委员会第二次全体会议上，连云港港口集团与哈铁快运股份公司签署《关于加强和改善新亚欧大陆桥国际物流运输框架协议》。双方将充分利用连云港新亚欧大陆桥东方桥头堡和“一带一路”陆海交汇点，以及哈铁快运在货物运输和货源组织等方面优势，共同促进新亚欧大陆桥物流运输发展，推动两国经济互联互通。

（撰稿人：王永忠）

2014 年江苏省口岸流量统计表

口岸类型		口岸名称	货运量（万吨）				集装箱量（万标箱）				人员（万人次）				交通工具（辆、艘、架、列次）			
			出口	进口	合计	同比（%）	出口	进口	合计	同比（%）	出境	入境	合计	同比（%）	出境	入境	合计	同比（%）
空运口岸		南京			6.7	+85.9							189.6	+12.8				
		徐州			0.000 1	−23.1							15.1	+24.0				
		盐城			0.035	+182.1							15.2	+33.4				
		无锡			9.6	+9.7							45.2	+23.5				
		分计			16.4	+37.4							265.1	+19.7				
陆运口岸	公路																	
	铁路																	

续表

口岸类型		口岸名称	货运量（万吨）				集装箱量（万标箱）				人员（万人次）				交通工具（辆、艘、架、列次）			
			出口	进口	合计	同比（%）	出口	进口	合计	同比（%）	出境	入境	合计	同比（%）	出境	入境	合计	同比（%）
水运口岸	海港口岸	连云港			11 035.9	+1			268.4	-18								
		大丰			701.4	+40			10.3	106.0								
		分计																
	河港口岸	南通			3 479.6	+0.6			31.3	2.3								
		如皋			696.1	+13.7			无	无								
		张家港			5 441.1	+8.8			52.4	12								
		南京			1 974	-10.5			71.5	4.9								
		镇江			2 229.3	-15.4			16.2	3.2								
		江阴			1 333.3	+3.9			7.2	-7.3								
		扬州			809.4	+39.5			26.2	6.3								
		泰州			2 054.1	+1.6			6.8	10.6								
		太仓			5 343.7	+22.4			107.9	56.2								
		常熟			1 417.5	+19.16			22.6	2.14								
		常州			556.65	+4.2			11.4	14.3								
		分计																
合计					37 088.4	+4.52			632.4	-6.7			265.1	19.7				
同比（%）																		

（江苏省口岸办提供）

2014 年南京海关主要数据统计表

项目		2014 年	同比（%）
进出口货运量（万吨）	合计	32 039.7	+3.6
	进口	25 888.3	+1.7
	出口	6 151.4	+12.5
进出口贸易总值（万美元）	合计	34 515 926	+0.5
	进口	18 296 864	-4.7
	其中：江、海运输	11 539 772	-3.2
	铁路运输	15 145	+13.9
	汽车运输	806 981	-8.3
	航空运输	5 932 953	-6.9
	邮件运输	2 013	+3.2
	其他运输	0	+0.0
	出口	16 219 062	+7.1
	其中：江、海运输	9 468 993	+9.7
	铁路运输	169 781	-5.8
	汽车运输	687 697	-15.5
	航空运输	5 878 792	+6.8
	邮件运输	13 799	+110.0
	其他运输	0	+0.0
税收（万元）	两税合计	13 822 568.5	+3.2
	关税入库	1 944 345.8	+2.3
	进口环节税入库	11 878 222.7	+3.3

（南京海关提供）

2014年江苏省口岸出入境主要数据表

项目			2014年	2013年	同比（%）
出入境人员（人次）	出入境人员总数		3 391 795	3 068 178	+10.55
	入境人员		1 700 764	1 544 642	+10.11
	出境人员		1 691 031	1 523 536	+10.99
	出入境旅客		2 719 344	2 391 846	+13.69
	出入境员工		672 451	676 332	-0.57
	中国公民	小计	2 786 244	2 466 405	+12.97
		内地居民（因公）	283 944	295 855	-4.03
		内地居民（因私）	2 068 986	1 754 168	+17.95
		港澳居民	119 336	106 491	+12.06
		台湾同胞	313 978	309 891	+1.32
	外籍人员		605 551	601 773	+0.63
	从海港出入境人数		598 358	644 003	-7.09
	从陆港出入境人数				
	从空港出入境人数		2 793 437	2 424 175	+15.23
交通运输工具（辆、艘、架、列次）	总计		43 928	44 265	-0.76
	船舶		26 254	27 090	-3.09
	飞机		17 674	17 175	+2.91
	火车				
	机动车辆				

（江苏省公安边防总队提供）

2014 年江苏省出入境检验检疫业务统计表

项目		货物检验检疫		交通工具		集装箱（标箱）		发现动植物疫情		货物通关		出入境人员查验（人次）	健康检查及预防接种（人次）			
		批次	金额（万美元）	船舶（艘）	飞机（架）	合计	检出问题	种类数	种次	批次	金额（万美元）		健康检查	艾滋病监测	发现病例	预防接种
本年累计		690 173	10 145 477	28 089	17 587	3 145 316	52 580	2 529	157 156	555 746	9 382 221	3 417 843	118 800	118 219	71 425	85 659
其中	出境	384 066	2 112 911	13 801	8 883	1 476 045	156	73	283	141 230	1 276 167	1 693 577	99 755	99 378	54 953	85 253
	入境	306 107	8 032 566	14 288	8 704	1 669 271	52 424	2 456	156 873	414 516	8 106 054	1 724 266	19 045	18 841	16 472	406
同比（%）		-55.8	-25.4	-7.5	+1	+12.9	+15.7	+12.9	+13.5	-30.5	-12.4	+9.6	-5.5	-3.2		-1
其中	出境	-69.1	-62.3	-9.7	+0.3	+15	+36.8	-36.0	-40.0	-58.1	-46.1	+10.3	-4.5	-2.8		-0.1
	入境	-4.1	+0.6	-5.3	+1.8	+11.2	+15.6	+15.5	+13.6	-10.5	-2.9	+9	-10.3	-5.4		-67.6

（江苏出入境检验检疫局提供）

2014 年江苏海事局进出港船舶统计汇总表

船舶类别	进港船舶							出港船舶						
	艘数（艘）	总吨（吨位）	总载重量（吨）	载客量（客位）	船员人数（人次）	货物到达量（吨）	旅客到达量（人）	艘数（艘）	总吨（吨位）	总载重量（吨）	载客量（客位）	船员人数（人次）	货物发送量（吨）	旅客发送量（人）
总　计	1 100 803	1 706 608 045	2 141 859 403	123 552 194	6 563 328	1 024 639 796	25 620 345	1 107 696	1 718 170 204	2 164 994 593	126 713 756	6 602 968	489 543 328	26 255 620
中国籍船舶	1 082 530	1 372 321 062	1 586 933 740	123 512 618	6 223 376	778 621 833	25 602 887	1 089 218	1 377 698 906	1 600 312 465	126 674 180	6 257 678	449 301 252	26 238 973
其中外贸船	2 164	21 364 269	29 001 274	36 848	47 005	16 877 137	27 599	2 057	19 942 198	27 117 632	36 456	46 852	4 558 422	25 689

（江苏海事局提供）

浙　江　省

浙江省口岸分布示意图

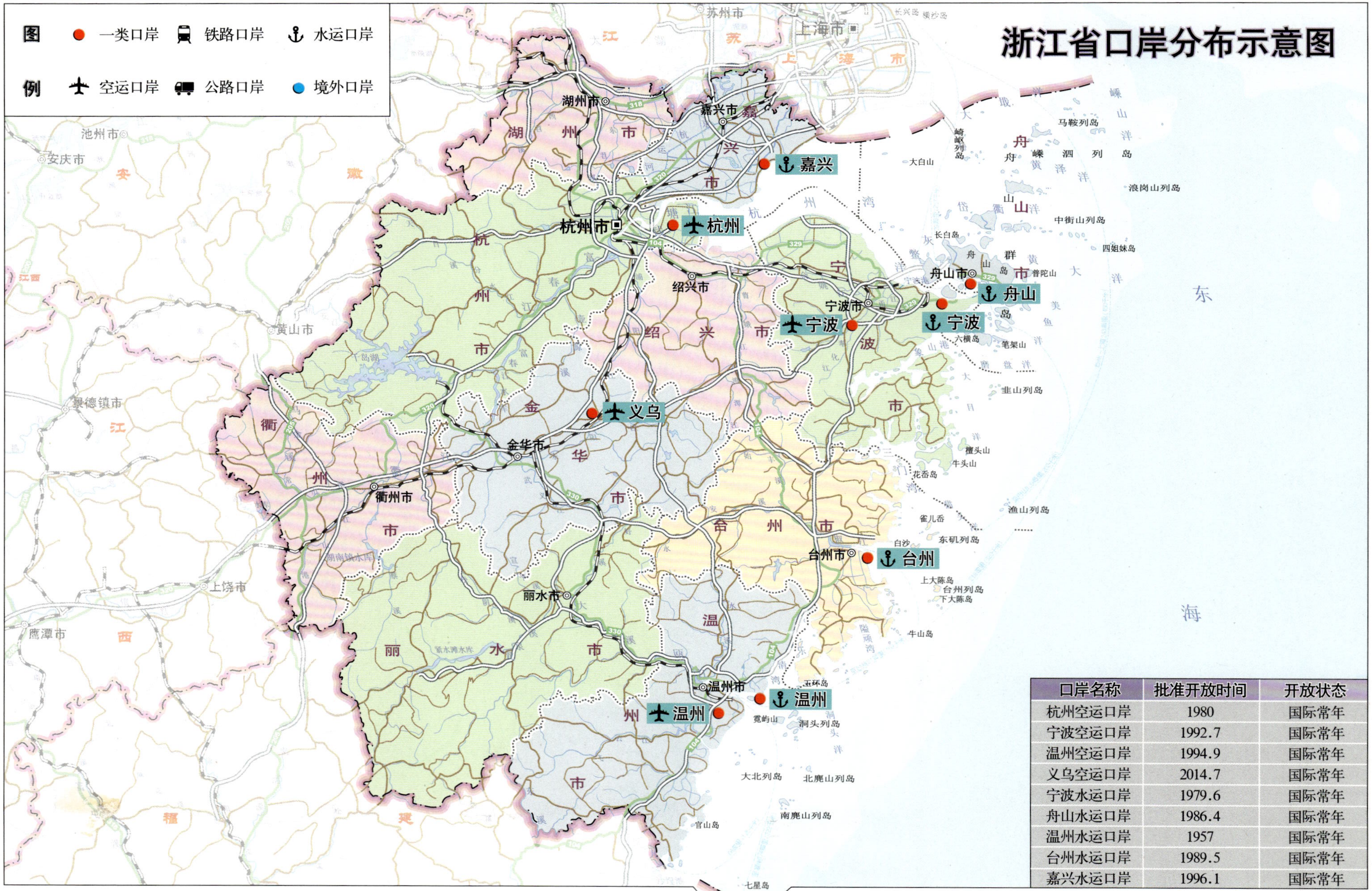

口岸名称	批准开放时间	开放状态
杭州空运口岸	1980	国际常年
宁波空运口岸	1992.7	国际常年
温州空运口岸	1994.9	国际常年
义乌空运口岸	2014.7	国际常年
宁波水运口岸	1979.6	国际常年
舟山水运口岸	1986.4	国际常年
温州水运口岸	1957	国际常年
台州水运口岸	1989.5	国际常年
嘉兴水运口岸	1996.1	国际常年

口岸数量及分布

截至2014年年底，浙江省共有经国务院批准对外开放的口岸9个。其中，空运口岸4个，分别是杭州空运口岸（杭州萧山国际机场）、宁波空运口岸（宁波栎社国际机场）、温州空运口岸（温州龙湾国际机场）和义乌空运口岸（义乌国际机场）；水运（海港）口岸5个，分别是宁波水运（海港）口岸、舟山水运（海港）口岸、温州水运（海港）口岸、台州水运（海港）口岸和嘉兴水运（海港）口岸。

口岸运行数据

2014年，浙江省水运（海港）口岸共完成进出口货运量4.2亿吨，同比增长6.26%；进出口集装箱运量1 628.9万标箱，同比增长10.19%；入出境船舶29 360艘次，同比下降0.19%。其中，宁波水运（海港）口岸完成进出口货运量29 722.8万吨，进出口集装箱运量1 562.36万标箱，入出境船舶15 798艘次，同比分别增长7.58%、10.32%和下降8.41%；舟山水运（海港）口岸完成进出口货运量10 119.11万吨，进出口集装箱运量14.52万标箱，入出境船舶9 086艘次，同比分别增长5.1%、26.9%、25%；台州水运（海港）口岸完成进出口货运量869.3万吨，进出口集装箱运量4.59万标箱，入出境船舶2 391艘次，同比分别下降12.8%、14.3%、12.9%，其中大麦屿港区对台湾客运直航完成入出境船舶76艘次，入出境旅客16 608人次，同比分别增长137.5%和24.2%；温州水运（海港）口岸完成进出口货运量428.16万吨，进出口集装箱运量13.81万标箱，入出境船舶1 099艘次，同比分别下降3.78%、3.43%、1.88%；嘉兴水运（海港）口岸完成进出口货运量901.06万吨，进出口集装箱运量33.64万标箱，入出境船舶986艘次，同比分别增长4.83%、8.56%和下降4.83%。

2014年，浙江省空运口岸共完成出入境旅客429.59万人次，同比增长14.32%；出入境飞机31 075架次，同比增长10.86%；进出口货运量128 029吨，同比增长28.26%。其中，杭州空运口岸完成出入境旅客308.03万人次，出入境飞机21 048架次，进出口货运量111 043吨，同比分别增长14.72%、11.89%、33.69%；宁波空运口岸完成出入境旅客90.77万人次，出入境飞机7 581架次，进出口货运量16 152吨，同比分别增长17.75%、14.31%、1.57%；温州空运口岸完成出入境旅客30.71万人次，出入境飞机2 438架次，进出口货运量834吨，同比分别增长1.69%、下降5.76%、下降4.36%；义乌空运口岸完成出入境旅客841人次，出入境飞机8架次。

2014年，浙江省实现外贸进出口总值3 551.5亿美元，同比增长5.8%。其中，出口2 733.5亿美元，同比增长9.9%；进口817.9亿美元，同比下降6%。进出口总值、出口值和进口值分居全国第5位、第3位和第6位。以人民币计价，2014年，浙江省实现外贸进出口总值2.18万亿元人民币，同比增长4.67%。其中，出口1.68万亿元，同比增长8.76%；进口5 024亿元，同比下降7.02%。

2014 年浙江省进出口货值统计表

	进出口值（亿元）	出口值（亿元）	进口值（亿元）	同比（%）		
				进出口	出口	进口
全省合计	21 816.81	16 792.46	5 024.35	+4.67	+8.76	-7.02
省级公司	505.10	393.05	112.05	-5.08	-0.25	-18.85
杭州市	3 672.14	2 627.24	1 044.90	+4.77	+10.24	-6.84
宁波市	6 432.16	4 491.56	1 940.59	+3.29	+10.16	-9.72
温州市	1 276.69	1 139.64	137.05	-0.15	+1.22	-10.25
湖州市	613.68	540.91	72.77	+3.71	+7.75	-18.92
嘉兴市	2 072.55	1 453.03	619.53	+5.13	+8.85	-2.66
绍兴市	2 130.20	1 827.52	302.68	+2.86	+5.50	-10.60
金华市	2 548.37	2 436.81	111.55	+19.80	+20.69	+3.22
衢州市	273.25	177.28	95.96	+16.48	+19.47	+11.32
舟山市	757.35	354.76	402.59	-3.86	-14.26	+7.64
台州市	1 356.66	1 188.64	168.03	-0.07	+2.34	-14.30
丽水市	178.67	162.03	16.64	+11.79	+10.13	+31.09

口岸综合管理

【口岸开放】 口岸对外开放（扩大开放）工作成效显著。2014 年，义乌空运口岸对外开放和宁波水运（海港）口岸扩大开放、温州水运（海港）口岸扩大开放先后通过国家验收。一年之内有 3 个开放项目通过国家验收，这在浙江省口岸开放历史上还是第一次。义乌空运口岸对外开放是义乌国际贸易综合改革试点的重要内容，对于义乌打通国际贸易通道，构建国际贸易便利化体系，推进国际小商品贸易中心和国际陆港城市建设具有重要意义。宁波水运（海港）口岸扩大开放（梅山港区），为我国第 5 个、浙江省第 1 个保税港区——宁波梅山保税港区实现跨越式发展奠定了坚实的基础。温州水运（海港）口岸扩大开放，是温州港由“瓯江时代”向“东海时代”全面跨越的重要标志。它是浙江省口岸开放最后一批获得新增编制的项目，共获批核增查验人员编制 131 名。除了上面 3 个口岸开放（扩大开放）项目通过国家正式验收外，嘉兴水运（海港）口岸扩大开放于 2014 年 12 月 24 日获国务院批复同意。扩大开放后，嘉兴港基本上实现全港域对外开放。在口岸开放不再新增查验人员编制的情况下，嘉兴水运（海港）口岸扩大开放获批核定查验人员编制 141 名，由各查验系统内部调剂解决。

重点码头对外启用和临时开放工作加快落实。已开放范围内一批新建的涉外码头先后通过浙江省政府组织的验收，实现对外启用，其中包括：舟山水运（海港）口岸浙江欧华造船股份有限公司 3 号码头（3 万吨级）、2 号船坞（8 万吨级）；浙江舟山中海粮油工业有限公司和润物流码头（3 000 吨级、5 000 吨级泊位）；舟山长宏国际船舶修造有限公司 1 号、2 号舾装码头，9 万吨级港池航道，8 万吨级船坞；浙江东邦修造船有限公司 30 万吨级舾装码头；常石集团（舟山）造船有限公司 3 000 吨级货运码头；舟山国际邮轮有限公司码头；台州水运（海港）口岸大麦屿港区对台湾海上直航客货滚装码头等。2014 年累计新开放启用码头 10 座，泊位 17 个，船坞 3 个。其中，舟山国际邮轮有限公司码头的对外启用保障了浙江省首个国际邮轮港——舟山群岛国际邮轮港于10月13日正式开港。舟山成为我国内地继天津、上海、厦门、三亚之后第5个建有国际邮轮码头的城市。一批已建成未正式开放的码头先后获交通运输部批准实行临时开放，其中包括：宁波水运（海港）口岸梅山港区集装箱码头3号至5号泊位，穿山港区中宅煤炭（矿石）码头、宁波光明通用、浙江LNG和宁波港鑫东方等4家企业的码头，石浦新港码头，舟山水运（海港）口岸舟山港综合保税区本岛分区配套码头和惠生海洋工程有限公司、亚泰船舶修造工程有限公司、中天重工有限公司码头、船坞，武港码头，嘉兴水运（海港）口岸平湖独山港务有限公司码头，温州水运（海港）口岸状元岙港区8号、9号泊位，台州水运（海港）口岸三门枫叶船舶修造有限公司码头等。2014年共有14座码头（船坞、泊位）累计实行了16批次临时开放，有效保障了地方经济社会发展对口岸开放的迫切需要。其中，舟山港综合保税区本岛分区配套码头的临时开放保障了舟山港综合保税区（一期）于1月8日正式封关运行。

此外，宁波水运（海港）口岸金光粮油公司码头、宁波光明通用码头、第二港埠公司散杂货码头3个查验点和舟山水运（海港）口岸老塘山港区查验点获国家质检总局批准，成为全国首批进口粮食指定口岸。杭州空运口岸和舟山水运（海港）口岸马岙港区舟山港综合保税区获国家质检总局批准，成为进口冰鲜水产品指定口岸。浙江苍南霞关港、玉环大麦屿港、台州海门港获商务部、海关总署联合批准，成为第三批试行更开放管理措施（放开船舶吨位100吨和交易金额总值10万美元的限制）的对台湾小额贸易点。加上2007年公布的第一批试点名单中的舟山普陀沈家门、宁波象山石浦，浙江省已有5个对台湾小额贸易点获批为国家试行更开放管理措施点。

提升空运口岸开放层次，加大新航线开辟力度。经国务院批准，10月20日起杭州空运口岸正式对51个国家实行72小时过境免签政策。这51个国家包括欧洲申根签证协议国家24个，欧洲其他国家13个，美洲国家6个，大洋洲国家2个、亚洲国家6个，基本覆盖了来浙江旅游的主要客源国。来自这51个国家的旅客，只要持有有效国际旅行证件和72小时内确定日期、前往第三国（地区）的联程机票，就可免办中国签证，在浙江省内停留72小时（须经由杭州空运口岸入境和出境）。杭州空运口岸是我国内地继北京、上海、广州之后第10个实施72小时过境免签政策的空运口岸，也是继广州之后第2个把过境停留活动区域扩大到全省范围的空运口岸，大大提升了浙江省和杭州市的国际化水平与国际竞争力。2014年，杭州空运口岸新开通8条国际航线。其中，定期航线4条，分别是杭州至泰国清迈、法国巴黎（经西安中转）、日本冲绳、日本静冈；包机航线4条，分别是杭州至俄罗斯莫斯科、韩国襄阳、泰国甲米、韩国务安。9月3日开通的“杭州—西安—巴黎”国际航线是杭州空运口岸第二条欧洲定期航线。截至2014年年底，杭州空运口岸开通了35条定期国际和地区航线，其中国际航线有28个通航点，地区航线有7个通航点，形成了覆盖欧、亚、非16个国家和地区的洲际航线网络，平均每周进出境航班达420余架次，2014年出入境旅客流量首次突破300万人次，成为我国内地继上海（浦东国际机场）、北京、广州之后第4个年出入境旅客流量超过300万人次的空运口岸。2014年，宁波空运口岸新开通宁波至韩国大邱、韩国釜山等国际包机航线。截至2014年年底，宁波空运口岸开通了11条国际和地区航线，分别是宁波至香港、澳门、台北、高雄、台中、曼谷、济州、清州、仁川、釜山和新加坡，平均每周进出境航班130余架次。2014年，温州空运口岸新开通温州至印尼巴厘岛、柬埔寨暹粒等国际航线。截至2014年年底，温州空运口岸开通了8条国际和地区航线。12月19日，义乌空运口岸开通义乌至香港定期航线，这是义乌空运口岸首条地区航线。

口岸扩大开放前期工作有序推进。2014年9月16日，舟山水运（海港）口岸沈家门、六横、泗礁港区水陆域范围扩大开放和条帚门航道、福利门航道对外籍航行船舶开放获相关部门批复同意。条帚门航道是宁波—舟山港第二条大型船舶进出港航道，它的对外开放，有效缓解了虾峙门航道的船舶通航拥挤状况，进一步提升了舟山港域大型国际船舶通航能力，为金塘、六横等核心港区的开发开放起到有力的支撑作用。福利门航道的对外开放，直接保障了大型国际邮轮进出朱家尖西岙国际邮轮港。12 月，温州水运（海港）口岸乐清湾港区和部分七里港区水陆域范围对外开放和温州港进出港新航道——东航道对外开放先后获相关部门批复同意。这将进一步提升温州水运（海港）口岸大型国际船舶通航能力，为温州水运（海港）口岸进一步扩大开放奠定基础。宁波水运（海港）口岸石浦港区盘基塘、黄湾塘水域扩大开放已上报浙江省政府，石浦港区新港码头和梅山港区 3 号、4 号、5 号集装箱码头临时进靠国际航行船舶的申报已完成。舟山港“十二五”口岸发展规划首批 7 个项目正式开放征求意见获相关部门同意，公安部、交通运输部、国家质检总局等 5 个部委均已回复，国家口岸管理办公室将在会签中央编办、国家发展改革委后提交国务院批复；进口水果指定口岸资质申报工作顺利推进；舟山普陀山机场国际候机楼改造，争取临时开放等空运口岸开放前期工作已积极展开。台州水运（海港）口岸头门港区水陆域开放范围、航道锚地划定工作稳步开展，头门港区起步工程航道、港区锚地已由浙江海事局公布启用；台州湾港务有限公司牛头颈作业区 5 000 吨级外贸码头启用准备工作、浙江物产港洲石化有限公司（温岭石塘）成品油码头扩大开放前期工作逐步落实。温州综合保税区完成选址规划、可行性研究及前期各项工作，并正式上报审批，4 月初国务院已批转海关总署牵头征求国家有关部委意见。

【区域大通关协作】 长三角区域大通关协作向更广、更深的领域拓展。一是长三角区域口岸城市群合作项目扎实推进。杭州海关与上海海关签署《跨境电子商务快件转关监管备忘录》，拓展了杭州跨境电子商务快件出口渠道；2014 年 1 月 22 日杭州至上海跨境电子商务出口转关试运行成功，首批共完成 18 件快件转关业务。杭州机场海关与上海浦东机场海关签署 2014 版《进出口空陆联程中转货物监管联系配合办法》，设置“卡车航班绿色专窗”，提供全日加班服务，助推杭州—浦东“卡车航班”业务取得明显成效。富阳海关协调上海、宁波口岸海关解决富阳造纸企业在口岸通关中遇到的问题。萧山检验检疫局先后与上海外高桥检验检疫局、上海机场检验检疫局签署《全面深化协作 共建良好通关合作机制备忘录》，与上海检验检疫局航交所办事处签署“沪萧直通放行”补充协议，使“沪萧快速通检平台”的服务功能进一步拓展升级，服务辐射面更加广阔，实现了陆、海、空全方位无障碍通关。自“沪萧快速通检平台”运行以来，已有近 700 家萧山外贸企业享受到了快速通检通关服务，累计办理近 5 万批次转单业务。嘉兴深化“杭州海关区域大通关平台”建设，实现了浙江省内各地（除宁波）均可利用该平台经由嘉兴港开展进出口业务。嘉兴市企业可在嘉兴本地海关现场办理上海、宁波等口岸进出口货物申报、放行手续。湖州安吉港至上海港“河海联运”集装箱内支线运输模式进一步完善，安吉港作为内河码头申报起运港。2014 年，安吉港完成外贸进出口集装箱吞吐量 11.67 万标箱，同比增长 34.6%。舟山干支线“水水中转”业务不断拓展。2014 年，舟山水运（海港）口岸老塘山港区货物吞吐量4 421.30万吨，同比增长 8%；金塘大浦口集装箱码头完成集装箱吞吐量 72.87 万标箱，同比增长31.34%。2014 年5 月12 日，义乌海关正式为“新区直通车”通关模式（舟山分拨业务）开通“绿色通道”，对符合条件、资信良好的报关企业申报目的地为非洲的货物提供优先进场和快速通关服务等便利化措施，共有 1 847家出口企业享受到快速通关。上海铁路局已将铁路义乌货站定位为路网性物流中心，开通“义新欧”国际集装箱班列，直达中亚和欧洲等国，11 月 18 日“义新欧”中欧班列（义乌—马德里）开通，这是中国东部沿海地区通往欧洲的第一条国际铁路联运物流大通道，也是浙江省融入“一带一路”国家战略的重大举措之一。“空陆联运”义乌—上海空运“卡车航班”发展良好，2014 年受理小商品出口报关单 292 票，监管出口货物 460.5 吨，同比分别增长 4.7% 和下降 19.2%，货值为 313.16 万美元。“空陆联运”温州—浦东货运“集卡航班”开通。11 月 20 日，宁波海关顺利放行浙江省内首票以“海铁联运”模式进口的转关（从宁波海关转至金华海关）货物，标志着宁波口岸进口“海铁联运”转关模式指运地从江西上饶一地拓展至上饶、金华两地。此外，长三角口岸城市群大通关协作浙皖项目对接会在宁波成功举办，共有 22 个合作项目（总投资额达 51 亿）进行了初步磋商，其中有 12 个项目达成了合作意向，为 2015 年长三角口岸城市群合作向更广范围扩展打下了良好基础。二是长三角区域通关信息互换共享取得成效。上海、江苏、浙江、宁波和安徽电子口岸共同研究制订了《长三角区域地方电子口岸互联互通技术方案》，明确了平台互联互通、数据交换共享的标准和流程。三是长三角区域大通关建设协作第七次联席会议于 12 月 24 日在浙江省杭州市成功召开。会议签署了 5 项合作备忘录，包括：上海、江苏、安徽、浙江口岸办签署了《推进 2015 年长三角区域大通关建设协作重点工作合作备忘录》；上海、江苏、浙江、宁波、安徽检验检疫局签署了《长三角检验检疫一体化合作备忘录》；上海、南京、杭州、宁波、合肥海关和上海、江苏、浙江、宁波、安徽检验检疫局签署了《关于实施长三角地区出口商品直通放行合作备忘录》；江苏、安徽、浙江、上海边检部门签署了《长三角区域边检机关港口管理信息共享合作备忘录》；上海、浙江、江苏、安徽、宁波电子口岸签署了《加强区域通关合作，推进“单一窗口”建设合作备忘录》。

与其他地区的通关协作根据具体项目拓展。2014 年 1 月底宁波至新疆的“海铁联运”双向班列开通，实现对丝绸之路重要节点——新疆维吾尔自治区、陕西、甘肃等地全覆盖。宁波与江西上饶、鹰潭等地的“海铁联运”业务也有较好发展。2014 年 9 月义乌海关与阿拉山口海关签署《加强铁路转关货物监管联系配合办法》，共同创造监管有效、运作顺畅的通关环境，对铁路转关出口的小商品实施“一次查验”，同时在国际铁路换装、办理转关核销手续等方面为“义新欧”班列提供优先服务，在口岸给予“绿色通道”快速放行便利。9 月 27 日，杭州机场海关和首都机场海关首次开展“京杭机场区域通关”合作，快速验放中国国际航空公司以经营性租赁方式从德国汉堡引进的空客 A321 客运飞机 1 架，重量 49 吨，货值 5 700 万美元。这是杭州机场海关深度对接企业通关需求，对跨关区“属地申报，属地放行”的首次尝试，单次为航空公司节省通关成本 20 多万元。9 月 28 日，杭州海关、西安海关、海南航空公司签署《“杭州—西安—巴黎”国际航班国内段海关监管联系配合办法》。10 月 28 日，浙江出入境检验检疫局杭州机场办事处、西安咸阳机场出入境检验检疫局、海南航空有限公司共同签署《杭州—西安—巴黎中转出入境联程航班检验检疫备忘录》，就空运口岸国门安全建设，有效应对空运口岸突发事件，机场航空安全协作等方面全面加强合作。

【口岸通关改革】 通关一体化（转关一体化）改革有所突破。一是关检合作方面，“三个一”试点工作顺利推进。杭州海关和浙江检验检疫局签署了进一步合作备忘录；共同印发了《全面推进关检合作“三个一”改革方案》；完成了“三个一”申报系统的移植、测试、联调，并于 2014 年 11 月 14 日开始推广。舟山、台州、湖州等地相继开展了“一次查验”。11 月 12 日萧山机场海关和浙江检验检疫局机场办事处在杭州萧山国际机场快件监管中心正式对进口快件实施“一机两屏”查验，为“三个一”的顺利推进实施打下基础。截至 2014 年年底，杭州海关 17 个隶属关办 43 个业务现场全部开展了关检合作“三个一”，20 个业务现场实现关检合作“三个一”作业联动。宁波海关和宁波出入境检验检疫局签署了合作备忘录；联合制订了《全面推进关检合作“三个一”工作方案》。2014年9月23日宁波外运国际集装箱货运有限公司通过宁波电子口岸开发的“一次申报”平台录入一批来自美国的铜废碎料信息，分别向梅山海关和梅山出入境检验检疫局发送并被顺利受理，这批货物成为通过宁波口岸“一次申报”平台进行报关、报检的首单货物，标志着“三个一”通关模式在梅山港区正式启动。12月10日，“三个一”通关模式推广到宁波口岸所有通关现场。截至12月31日，宁波口岸共受理“一次申报”178批，实施“一次查验”2 347批，实施“一次放行”27 906批，其中28批完成“三个一”全流程。二是“关区合作”方面，长江经济带海关区域通关一体化改革正式启动。进出口企业可享受5重便利：自主选择申报地，自主选择查验地点，自主选择口岸清关、转关、“属地申报，口岸验放”、“属地申报，属地放行”、区域通关一体化等通关方式，报关企业“异地互认”，海关“执法互认”。2014年9月22日，杭州海关、宁波海关等5个长三角地区海关率先启动改革；12月1日改革范围扩展到长江经济带12个直属海关，实现长江流域全覆盖，而且12个关区的海关特殊监管区域也纳入区域通关一体化，真正形成了12个海关“多地通关、如同一关”的通关新格局。宁波海关全力推进区域审单分中心建设，按照商品章节分工与上海、南京审单分中心共同承担起整个长江经济带区域进出口商品的专业审单工作。自9月22日至12月31日，宁波审单分中心共审结报关单86 153票，日均审结1 267票，企业通关成本降低20%至30%，物流成本降低20%以上。此外，杭州海关和宁波海关通力协作，正式启动在全国海关首创的跨关区国际转运业务，实现了杭州关区和宁波关区内国际转运集装箱跨关区进出境的便捷流转，打破了国际中转集装箱局限于同一关区进出境的传统通关模式，解决了宁波港与舟山港距离较近，存在航线设置差异却分属不同关区，导致国际船舶中转成本较高的难题，进一步提升了宁波—舟山港综合竞争力。9月26日首批113个跨关区国际中转集装箱通过内支线船舶由宁波北仑港三期码头运抵舟山金塘大浦口码头，并于27日上午装上干线船“达飞埃菲尔”号出境。11月11日，20个跨关区国际中转集装箱搭载“联合22”接驳船从舟山港运至宁波北仑三期码头，于11日当天在三期码头装上“国威轮”运往台中港。这是首批由舟山港转入，在宁波港装船出运的跨关区国际转运集装箱，实现了宁波海关跨关区国际转运转入集装箱零的突破。三是“检检合作”方面，宁波至义乌进口法检货物转检试点开始实施，宁波成为全国首个试点“进口货物直通放行”的口岸。2014年6月23日，浙江出入境检验检疫局和宁波出入境检验检疫局签署了《关于深化义乌市国际贸易综合改革试点合作备忘录》，扶持和培育义乌进口市场，推动宁波与义乌间通关协作，进一步提高国际贸易便利化水平。8月1日起，宁波出入境检验检疫局对从宁波港入境，目的地为义乌的进口机电产品、纺织品、金属制品、乳品、酒类五大类法检货物开展转检试点，即试行“进口直通放行”，由义乌出入境检验检疫局实施检验检疫。截至2014年年底，受理完成转检进口商品22批次，货值290.9万美元。此外，12月24日，上海、江苏、浙江、宁波、安徽出入境检验检疫局在长三角区域大通关建设协作第七次联席会议上共同签署了《长三角区域检验检疫一体化合作备忘录》，为长三角区域检验检疫一体化改革的启动奠定了基础。浙江出入境检验检疫局辖区内部也开展了通关协作改革，杭州、舟山、台州、湖州、萧山出入境检验检疫局和浙江出入境检验检疫局杭州机场办等机构先行试点“通报通签通放”模式，方便企业“就近报检、就近取证、就近放行”。这是对传统检务工作的一次重大改革，通过电子报检数据的跨机构共享，实现业务节点间的无缝衔接，为企业免去奔波之苦，大大降低通关成本。

通关无纸化改革深入推进。2014年，杭州关区报关单无纸化率达80%以上，杭州关区货物经宁波关区出口转关无纸化率达95%。宁波关区

15个业务现场全部实现通关作业无纸化，参与企业超过13.69万家，共审核无纸化报关单345.52万份，报关单无纸化率达88.5%。在申报环节无纸化的基础上，宁波海关还开发了出口放行电子化信息系统，企业凭海关电子放行信息即可办理装船手续，在全国海关率先实现了出口通关全程无纸化，一年可为企业节省成本2 700万元。浙江出入境检验检疫局制订了《浙江检验检疫局无纸化报检试点方案》，起草了《浙江局无纸化报检管理办法》，按计划完成国家质检总局课题《检验检疫业务档案数字化应用平台》研究工作，在义乌探索报检通关放行检验检疫业务全程无纸化，与上海出入境检验检疫局就浙江从上海口岸出口货物直通放行和通关无纸化工作达成初步共识。浙江出入境检验检疫局辖区实施无纸化报检的企业累计约有1 100多家，占全部进出口报检企业总数的36%左右。宁波出入境检验检疫局自2014年11月14日起在出境报检业务中全面实施无纸化报检工作，不仅出境工业品、食品、农产品等可以享受报检无纸化的便利，出口适载检验也可以申请报检无纸化。

“关检”与海事部门的合作也有新进展。2014年10月27日，杭州海关、宁波海关、浙江海事局在杭州签署了三方合作备忘录，进一步密切协作配合，服务浙江经济社会发展。浙江海事局在严格把关的同时，积极研探船舶进出浙江省口岸的“三个一”运作模式，持续推进通关便利化。自2009年9月21日宁波海事局与宁波海关联合实施国际航行船舶出口岸联系单网上会签以来，已累计为5万余艘次船舶办理网上会签，大幅提高了通关效率。为进一步落实宁波口岸大通关和通关无纸化建设，推进国际航行船舶电子查验工作，提高船舶查验效率，根据2014年检验检疫海事交通合作工作任务要求，在前期对系统进行全面测试的基础上，宁波海事局自2014年10月8日起与宁波出入境检验检疫局联合实施国际航行船舶出口岸联系单网上会签，“单一窗口”建设又取得实质进展。

【口岸基础设施、配套设施建设】 舟山群岛国际邮轮港项目（一期）投资约4.5亿元，建设内容包括围海约15.67万平方米，10万吨级（兼靠15万吨级）邮轮码头，隔堤、口岸联检和办公场所，福利门航道等4项工程。该项目于2011年9月26日开工，于2014年7月初完工（不包括剩余175亩围填工程）。已建成的10万吨级（兼靠15万吨级）码头全长356米，宽32米，引桥长188米，可满足15万吨级国际邮轮全潮通航，设计年客运量约50万；用于旅客候船及出入境查验的综合联检大厅占地6 200平方米，包括通关查验区、办公区域、游客休闲服务区、候船大厅、换票区、免税商店等，设有10个双向出入境查验通道。10月28日，舟山港综合保税区（二期）衢山分区正式开工建设。衢山分区规划总面积3.02平方千米，立足鼠浪湖本岛，涵盖周边岛屿，岸线总长3 890米，陆域规划为2个功能区，预计在2017年年底前实现封关运作。温州水运（海港）口岸乐清湾港区一期码头主体工程建成并通过交工验收；状元岙码头二期3个5万吨级（兼靠12万吨级）集装箱泊位前期各项工作全部完成，于2014年12月初正式进场施工；状元岙疏港公路、乐清湾铁路支线、大小门岛连岛工程等一批集疏运项目扎实推进。温州空运口岸国际旅检中转大厅建成投用，口岸查验办公生活用房建设顺利结顶，T2航站楼停机坪及配套设施、机场综合交通枢纽正式进场施工。温州保税物流中心（B型）基础设施建设已完成地基处理，进入地面施工阶段，累计完成投资4亿元。嘉兴水运（海港）口岸最主要的口岸查验配套设施项目——嘉兴港通关服务中心于2014年3月31日开工建设。该项目占地面积10 000.05平方米，总建筑面积20 895.97平方米，主楼建筑层数为15层，主要包括联检单位办公用房、查验办证大厅、港口物流公共服务平台用房等，总投资概算10 143.31万元，预计2016年年初进驻口岸查验人员。2014年，该项目建设累计完成投资2 493多万元。义乌空运口岸主要口岸查验配套设施项目包括联检大楼、边检执勤点、临时国际货站、边检营区及干部家属楼、进出境检疫处理中心，2014 年 10 月 28 日联检大楼、边检执勤点建成。其中，联检大楼占地面积 1 733.34 平方米，建筑面积 6 476 平方米，投资概算约1 500万元，主要包括海关、检验检疫非现场办公、业务及生活用房、报关报检大厅；边检执勤点占地面积 533.34 平方米，建筑面积 2 972.82 平方米，投资概算 628 万元。9 月 25 日，临时国际货站由原国内货站改建，占地面积 846.67 平方米，建筑面积1 268.36平方米，投资概算 240 万元，主要包含海关、检验查验用房、报关报检厅、特殊物品仓库等。边检营区及干部家属楼占地面积18 666.76平方米，建筑面积 18 255 平方米，已完成工程规划许可，相关图纸已报送公安部边防局审批。进出境检疫处理中心占地面积 10 000.05 平方米，建筑面积 3 904 平方米，已完成环境评估等前期工作。

【电子口岸建设】 2014 年，浙江省口岸办进一步推进电子口岸建设，提升口岸信息化水平。一是及时制定出台《浙江电子口岸信息平台政务项目建设和运行管理考核办法》，并对具体考核工作进行了部署。二是积极推进浙江电子口岸灾备中心建设，将灾备中心纳入浙江政务云平台建设，组织专家评审会完成灾备中心建设方案的初审。三是完成浙江电子口岸二期政务项目的验收。2014 年 12 月上旬，浙江电子口岸二期政务项目（共有 2 个合同 9 个项目）顺利通过专家评审验收。至此，浙江电子口岸自 2006 年启动建设以来所确定的政务项目已全部建设完毕。

2014 年，浙江电子口岸在做好大通关公共服务平台建设运营维护的基础上，承担了多项国家级、省级重点试点示范项目建设工作。政务建设方面，一是优化升级大通关平台，积极参与长三角区域通关一体化工作。进一步完善杭州关区区域大通关平台，推进平台二期、三期建设，建立以舱单为核心的物流监控方案，建设关区内转关模式，开发国际中转箱功能，提高无纸化自动作业效率，降低企业通关成本，实现杭州关区内“一站式”通关作业及与宁波关区的无纸化转关作业。2014 年 8 月 29 日，上海、浙江、宁波、江苏、安徽电子口岸拟定《长三角区域地方电子口岸互联互通技术方案》。12 月 24 日，上海、浙江、宁波、江苏、安徽电子口岸共同签署《加强区域通关合作，推进“单一窗口”建设合作备忘录》。二是建设并完善省内特殊监管区域信息化系统，配合杭州海关开展上海自贸区 14 项海关监管创新制度复制推广工作。推进义乌保税物流中心（B 型）、嘉兴综合保税区、杭州保税物流中心（B 型）、下沙出口加工区、温州保税物流中心（B 型）等海关特殊监管区信息化系统的优化完善，做好杭州关区内特殊监管区域信息管理系统相关模块调整优化，推进创新制度的落地。三是服务义乌国际贸易综合改革试点工作，承建义乌市场采购贸易联网信息平台。2014 年 10 月 16 日，义乌市场采购贸易商品认定体系和属地综合管理系统通过国家 8 个部委验收，义乌市场采购贸易方式正式落地。截至 12 月 31 日，平台累计联网备案商户36 855家，组货记录 412 804 条，备案集装箱车队 270 家，车辆 8 215 辆，外贸公司 1 036 家。四是服务舟山群岛新区和港口联盟建设，与宁波—舟山港、嘉兴乍浦港、义乌内陆港、省内各海关特殊监管区等重要物流生产作业节点互联互通，实现关、检、港、企协同作业。2014 年 4 月 11 日，浙江电子口岸建设的舟山港综合保税区信息化软件二期项目场站系统顺利上线运行。7 月 17 日舟山港综合保税区正式开展综保区业务。五是截至 2014 年 12 月 31 日，浙江电子口岸平台累计注册用户超过 15 万家，传输报关单超过3 108.30万票，提单超过 1 883.60 万份，日均处理电子单证量超过 18 万笔，帮助企业节约通关成本 10 亿余元；门户网站“政务咨询”栏目实时回答企业咨询累计 9.41 万余条；“967209”免费客服热线 7 × 24 小时为企业答疑解惑，累计回答问题 46.92 万个。其中，2014 年平台注册用户新增 26 323 家，传输报关单新增 692.70 万票，提单 647.90 万份；门户网站“政务咨询”栏目实时回答企业咨询新增 1.11 万条，“967209”免费客服热线回答问题 7.39 万个。电子商务建设方面，一是服务跨境贸易电子商务发展，承建浙江省内多个地市跨境贸易电子商务通关服务平台。2014 年 5 月 7 日，杭州跨境贸易电子商务通关服务平台（进口）在杭州出口加工区上线运行。7 月 1 日，金华跨境贸易电子商务通关公共服务平台（出口）在金义都市新区上线运行。12 月 26 日，义乌跨境贸易电子商务通关公共服务平台（出口）在义乌跨境电子商务监管中心上线运行。杭州跨境贸易电子商务通关服务平台实现了跨境贸易电子商务的进出口业务无纸化、电子化和自动化申报与管理，并为温州、舟山等浙江省内其他地市跨境电子商务发展提供了可复制、可推广的经验。截至 2014 年 12 月 31 日，跨境贸易电子商务通关服务平台累计传输出口申报单量 382.10 万票，实现出口交易额 3 597.40万美元；累计传输个人物品进口申报单 111.80 万票，实现进口交易额 2.34 亿元人民币；接入天猫国际、银泰网、中外运电子商务、洋东西、全麦网、顺丰优选、鲜生活、苏宁易购等 20 多家电商平台，银联、支付宝、连连科技等 6 家支付平台，中国邮政速递、顺丰速运、菜鸟网络、泛远物流等 7 家物流企业，以及和达、中远等 4 家报关企业。二是参与中国（杭州）跨境电子商务综合试验区（以下简称“综试区”）建设工作，承担“单一窗口”平台建设任务。浙江电子口岸有限公司作为“综试区”课题组成员单位，承担了“单一窗口”平台及信息共享体系、统计监测体系子课题研究编写工作。同时，以电子口岸信息平台为基础，利用现有建设成果，建设“单一窗口”平台，打通跨境贸易电子商务“关、税、汇、检、商、物、融”之间的信息壁垒，实现“三个一”，满足“三互”要求，并以此为突破口，通过逐步试点、总结与扩展，最终建成覆盖货物与服务贸易的国际贸易“单一窗口”平台。物流信息化建设方面，浙江电子口岸有限公司作为国家交通运输物流公共信息平台的承建单位，承担了平台数据交换标准制定，核心交换中心建设、东北亚物流信息服务网络建设，物流行业主流标准化软件研发等任务。日前，平台已互联中日韩三国港口 17 个，物流园区、供应链上下游等企业 30 万家，节约行业信息化投入约 5 亿元。企业通过平台实现交换数据量累计超过 8 亿条，日交换量高达 200 万条。通过服务企业间信息交换和信息共享，年均服务1 000亿元的物流货值。2014 年 5 月 16 日，浙江电子口岸有限公司承建的交通运输行业现代物流协同创新平台被交通运输部认定为交通运输行业以企业为主体协同创新平台。12 月 13 日，浙江电子口岸有限公司承建的交通物流信息工程技术研发中心被交通运输部认定为交通运输物联网信息行业唯一国家级工程技术研发中心。

温州电子口岸建设全面启动，经过浙江电子口岸有限公司、杭州高博研究所、宁波赛迪信息有限公司等单位论证、研究后制订的《温州电子口岸建设建议方案》已于 2014 年 9 月初上报温州市政府。台州电子口岸建设方案已由浙江电子口岸有限公司编制，可行性研究报告编制完成。

【中国（杭州）跨境电子商务综合试验区】 中国（杭州）跨境电子商务综合试验区（下城园区）自 2013 年 7 月运作以来，已入驻进出口电商、外贸综合服务、大数据通关服务、智能物流等不同类型的企业 30 余家。园区进出口监管场所、商务办公、餐厅、超市、健身娱乐、人才公寓等配套齐全。海关、检验检疫等职能部门在园区驻点，提供快速通关和政策指导服务。2014 年 4 月，外贸综合服务平台“融易通”正式上线，为园区企业清关、结汇、退税、金融融资等业务提供了强大的支撑。9 月，浙江电子口岸入园，进一步完善了园区跨境电商大通关服务平台。10 月，全球最大的在线钻石珠宝销售商 Bluenile、美国第二大零售商 Costco 等相继在园区清关走货。11 月，园区进、出口日单量双双破万。12 月，园区成功举办进口商品 O2O 体验日活动，吸引了大量媒体宣传报道，既提升了社会影响力，又为引导消费者形成“跨境阳光直邮”的消费模式开展了探索。园区正通过跨境电商产业服务集成创新，初步形成集大数据通关服务平台、一站式服务平台、外贸综合服务平台、跨境智能物流平台、跨境电商孵化平台、快捷转关通关服务平台等各功能平台于一体的服务生态链。2014年10月14日，浙江省委书记夏宝龙视察园区，给予了园区很大鼓励和支持。截至2014年12月底，园区共出口邮件、快件276.28万件，总金额2 639.16万美元，出口目的地覆盖全球180多个国家和地区；进口个人包裹19.36万个，价值3 172.45万元人民币。

中国（杭州）跨境电子商务综合试验区（下沙园区）于2014年5月7日开园。2014年1月28日，杭州市委、市政府确定杭州跨境贸易电子商务进口业务试点落户杭州出口加工区（下沙园区）。试点工作启动后，一次性投入4 000万元购置物业，建设跨境园区海关监管场地。对2.1万平方米核心区域进行专业规划设置，查验、仓储、办公、会议等功能区块合理布局。积极探索试点模式，创新优化服务机制，主动对接重点项目。园区试点率先实现全信息化申报，于5月7日实现了保税进口业务的实单运作，7月7日获批开展进口全业务模式，9月25日实现了直邮进口的实单运作。同时，与监管部门共同努力，实行了“诚信管理为基础，快速通关放行”的监管机制，大大提高了通关效率。自5月7日开园至12月31日止，园区累计完成进口业务94万单，交易金额1.95亿元，其中保税进口业务86万单，交易金额1.82亿元，直邮进口业务约8万单，交易金额0.13亿元。园区累计海关备案品类数已突破3 000个，产品门类已包括母婴、食品、服装、箱包、日用化妆、保健、小家电等，包括银泰网、考拉网等垂直电商10家，天猫国际、苏宁易购等电商平台15家，网仓科技、邮政速递等电商服务企业20家，共有18个国家和地区的160家海外电商已在园区备案并启动业务。

【金华、义乌跨境电子商务（出口）试点】 2014年5月4日，海关总署批复同意金华市开展跨境贸易电子商务出口试点工作。6月28日，金华跨境贸易电子商务通关公共服务平台在金义都市新区开始试运行，7月1日正式启动运行。金华成为继杭州、宁波之后，浙江省第三个开展跨境贸易电子商务实质性运作的城市。金义都市新区规划建设总面积约8平方千米，产业园包括跨境通关区、电商集聚区、物流配送区、创新研发区、生活配套区五大功能区块，采取“一区多点”的发展模式，打造集电子商务、保税仓库、智能物流、综合服务为一体的跨境电子商务产业生态链。其核心为“一区”：由海关、商检、税务、邮政、外汇、金融等部门入驻，集快速通关、结汇退税、金融支付、国际邮件互换等功能为一体的跨境通关区。其布局“多点”：由菜鸟网络“中国金义电子商务新城”、中国移动金义信息通信产业园、邮政电商示范园及电商精品园组成的电商集聚区，由邮政速递、圆通、申通、中通、韵达等快递龙头企业组成的物流配送区，由金义网络经济学院、创业园、科技园、实践园、创新园、创艺园等组成的创新研发区，由金满湖地心世界、万地城市综合体、总部经济中心、金尊华府、龙庭一品、天山龙城、供销农超、医疗保健等项目组成的生活配套区。金华跨境贸易电子商务通关公共服务平台采用“清单核放，汇总申报”的方式，实现了在线通关、检验检疫、退税、结汇等功能，运行初期向金华市电商企业提供服务，运行中期将向浙西南地区电商企业提供服务。金华“跨境通”项目建设的主要做法有两种。一是大胆创新，改革发展。积极研究探索国际邮件互换功能延伸，争取杭州国际邮件互换局支持，每天邮件分封时间通过与杭州错开时段，从1小时提高到4小时；推进关检合作“三个一”改革，探索全新的执法合作模式，缩短邮件滞留时间，促进邮件快速通关，降低企业成本；协调国税等相关部门处理征税与退税的关系，探索完善与跨境电子商务相适应的税收政策；积极争取国家外汇管理局政策支持，在全国率先开展个人贸易外汇改革试点，简化单证完善个人外汇管理，使跨境电商收结汇更便利。二是强化程序管理，确保工程质量，达到项目建设目标与工程质量、工程进度、廉政建设三同步的要求。完成了海关监管区、办公用房相关设施的改造，出口货物查验作业流水线的采购、安装及运转调试，硬件建设已投入约2 000万元；成立2家出口贸易单位，承担业务流程中的数据对接，设计形成了B2C跨境通业务工作流程。截至2014年12月31日，金华跨境电子商务通关中心共监管出口邮包141万个，货值1 221万美元，单日出口通关量最高达34 850个，平均日出口通关量8 354个，居全国30余个试点城市第1位。

义乌跨境电子商务监管中心于2014年12月26日正式启用，标志着义乌正式开展跨境电子商务出口试点工作。义乌跨境电子商务监管中心由原海关监管仓库改建而成，监管面积共计1.3万平方米，其中监管仓库面积近5 000平方米，投资近2 000万元，于12月12日通过杭州海关验收，由浙江省邮政速递物流有限公司义乌市分公司负责运营。监管中心通过建设服务平台系统、引进自动化流水线和同屏比对设备及延伸国际邮件互换局功能，已具备义乌跨境电子商务货物（邮件）出口监管、处理功能。截至2014年年底，共出口货物3 596件，出口货值（申报）12 639.87美元。

【“义新欧”中欧班列开通】 2014年9月26日，国家主席习近平在会见西班牙首相拉霍伊时表示，当前中欧货运班列发展势头良好，“义新欧”铁路计划从浙江义乌出发抵达终点马德里，中方欢迎西方积极参与建设和运营，共同提升两国经贸合作水平。2014年11月18日“义新欧”中欧班列（义乌—马德里）正式开通，这是中国东部沿海地区通往欧洲的第一条国际铁路联运物流大通道，是义乌市乃至浙江省融入丝绸之路经济带和21世纪海上丝绸之路国家战略建设的重大举措。12月9日，中国驻西班牙大使馆和西班牙政府发展部在马德里Aboriginal火车站举行隆重仪式，迎接首趟“义新欧”中欧班列（义乌—马德里），共同庆祝中欧新丝绸之路的诞生。

“义新欧”中欧班列从义乌始发，经过国内浙江、安徽、河南、陕西、甘肃、新疆等省、自治区，从新疆阿拉山口口岸出境，沿着丝绸之路经济带，再途经哈萨克斯坦、俄罗斯、白俄罗斯、波兰、德国、法国、西班牙7个亚欧国家，终点为西班牙马德里，全程13 052千米，是世界上线路最长、途经国家最多的国际铁路货运班列，途中时间约21天，比常规的海运方式节省了10多天。与其他中欧班列相比，“义新欧”中欧班列具有运送的中国商品元素鲜明、辐射范围广、货源支撑强劲、综合运输成本较低等优势和特点。2014年1月20日“义新欧”（义乌—中亚五国）国际集装箱班列开通，9月28日开始实现每周一列常态化运行。8月，“义新欧”纳入中国铁路总公司中欧班列序列；11月18日，“义新欧”国际集装箱班列拓展至西班牙马德里，成为名副其实的中欧班列。截至2014年年底，共出口小商品3 106标箱。

杭州海关扎实推进“义新欧”铁路运输平台建设成效明显。一是推进铁路监管场所建设，实现出口小商品一站式通关。积极指导地方政府建设完成义乌铁路海关监管场所，吸取成都、重庆、宁波、上海、蚌埠等地铁路联运业务的先进做法，为义乌小商品量身定制铁路物流发展蓝图。2014年7月28日，义乌铁路海关监管场所通过杭州海关验收。该监管场所占地1.4万平方米，建有查验平台、监管仓库、罚没仓库等设施，其中堆场6 000平方米，仓库2 000平方米，由义乌市天盟实业投资有限公司投资建设运营。“义新欧”班列货物可以直接在义乌本地报关，在该监管场所内完成查验、施封等全套海关监管流程。二是与口岸海关建立联系配合机制，为义乌小商品提供便捷高效铁路物流。在签署了《乌鲁木齐海关 杭州海关“属地申报，口岸验放”合作备忘录》的基础上，2014年9月，义乌海关与阿拉山口海关签订《加强铁路转关货物监管联系配合办法》，共同创造监管有效、运作顺畅的通关环境，对铁路转关出口的小商品实施“一次查验”，同时在国际铁路换装、办理转关核销手续等方面为“义新欧班列”提供优先服务，在口岸给予“绿色通道”快速放行便利。三是加大科技手段运用，提升铁路国际联运服务水平。在义乌港海关监管场所设立铁路联运货物绿色通道及服务专窗，铁路联运货物可以得到优先进出场、优先查验等便利措施。对义乌港至义乌西站短驳集卡车试行电子关锁及GPS全球定位系统，成功解决途中监管风险问题。在义乌铁路西站设置覆盖全场地，连通海关业务管理网的视频监控系统。充分发挥义乌港海关监管场所H986机检系统功用，对大部分较低风险铁路联运货物实施非侵入无损耗的机检查验，有效提升物流效率。

【义乌市场采购贸易方式落地】 2014年10月16日，义乌市场采购商品认定体系，涵盖市场采购贸易各方经营主体和贸易全流程的市场采购综合管理系统通过了由商务部牵头，国家发展改革委、财政部、海关总署、国家税务总局、国家工商总局、国家质检总局和国家外汇管理局等8个部委的联合验收。11月1日，首票以市场采购贸易方式（代码1039）申报出口的小商品货物在义乌海关成功报关并顺利出运，标志着市场采购贸易方式真正落地并进入实质性出口监管操作阶段。截至2014年年底，义乌市场采购贸易方式共申报24 887票，占同期义乌海关申报出口单量的40.3%，货值为27.2亿美元。

2011年以来，杭州海关以义乌国际贸易综合改革试点为契机，联合义乌市政府及国税、工商、外管等多部门，深入调研小商品贸易特点，量身定制小商品出口专属的新型市场采购贸易方式。2013年4月，商务部等8个部委批复在义乌试行市场采购贸易方式。试行以来，杭州海关积极支持配合地方政府建立市场采购商品认定体系及涵盖市场采购贸易各方经营主体和贸易全流程的市场综合管理系统，按照“源头可溯、风险可控、责任可究”的原则，设计市场采购小商品出口简化申报方案；与地方政府对接“市场采购联网信息平台”建设工作，依托联网信息平台，研究关于培育诚信示范企业，推进小商品出口诚信体系建设的方案，联合地方监管部门进行综合管理，该平台于2013年12月上线试运行，2014年10月通过国家验收。2014年7月1日，海关总署发布2014年第54号公告，增列市场采购海关（代码1039）监管方式，公布《市场采购贸易海关监管办法》。10月31日，杭州海关制发《杭州海关义乌市场采购贸易海关监管办法实施细则（试行）》。地税部门出台了《浙江省义乌市“市场采购”贸易方式地方税收监管暂行办法》。工商部门实施《浙江省义乌市“市场采购”贸易方式工商监管暂行办法》。义乌外汇管理局在全国率先开展个人贸易外汇结算试点，全面实施《个人贸易外汇管理实施办法》。地方政府初步建立了“1+7+N”的市场采购综合管理机制，即1个市场采购综合管理办法，7个配套办法，以及针对7个配套办法的一系列实施细则和操作规程；全面开展市场采购贸易经营者备案登记工作，370家外贸公司完成备案登记。

口岸监管与服务

【杭州海关扎实开展业务改革创新】 2014年杭州海关坚持开拓创新，通过业务改革提高贸易便利化水平。一是稳妥开展上海自贸区海关监管创新制度的复制推广工作。为贯彻落实中央领导指示精神和《国务院关于印发上海自贸区总体方案的通知》（国发〔2013〕38号）要求，根据海关总署统一部署，杭州海关自9月1日起稳妥开展上海自贸区14项海关监管创新制度的逐步复制推广工作。截至2014年年底，根据企业配套成熟情况和实际需求，首批保税展示交易等7项制度已顺利复制推广。二是深化通关作业改革。自2014年3月1日起，根据海关总署全面深化区域通关业务改革工作部署，一年内无违法记录的B类生产型企业可适用“属地申报，口岸验放”进出口通关模式。5月1日起扩大“属地申报，属地放行”适用范围至经营单位海关管理类别为A类且申报单位海关管理类别为B类（含B类）以上企业的进出口货物。全面推进通关作业无纸化改革，截至2014年年底，关区所有业务现场均已实施通关无纸化作业模式，无纸化率达85.27%。9月22日起，根据海关总署统一部署，启动长江经济带海关区域通关一体化通关模式，关区狭义一体化报关单量占长江经济带12个海关一体化报关单总量的44.70%。三是大力推进关检合作“三个一”。2014 年 7 月 31 日海关总署、国家质检总局下发《关于全面推进关检合作“三个一”的通知》，要求将关检合作“三个一”全面推行到全国所有直属海关和检验检疫部门、所有通关现场、所有依法需要报关报检的货物和物品。截至 2014 年年底，杭州海关 17 个隶属关办 43 个业务现场全部开展了关检合作“三个一”，20 个业务现场实现关检合作“三个一”作业联动。

【杭州海关积极服务舟山群岛新区建设成效明显】 根据《浙江舟山群岛新区发展规划》和浙江省委书记夏宝龙的要求，杭州海关合力舟山地方政府，积极推进舟山保税燃料油供应中心建设，成效明显。舟山保税燃料油供应中心已成为国内品种最全、规模最大的保税油料调拨基地，是我国首个实现保税燃料油外锚地供油常态化运行的供应点，并在全国率先实现跨关区供油，开展了同税号、两头在外的保税油混兑、“一船多供”等业务。2014 年在全球保税燃料油供应量下降的情况下，舟山口岸保税供油量大幅增长，达到66.5 万吨，同比增长62.2%；调拨量达210 万吨，与 2013 年持平；结算量为 337.2 万吨，同比增长 17%。其主要做法表现在两个方面。在科学制订方案方面：一是制定“国际航行船舶外锚地保税油加注业务流程”，引入“无线视频监控系统”、“AIS 系统”、“电子围网”等信息化监管手段，提高监管服务效率；二是形成《舟山海关保税油混兑监管方案》，对保税油进出保税库的申报方式和审批手续进行简化，制定电子申报、信息化手段监控、电子账册联网管理等便利化措施；三是与宁波、上海等地海关达成了联系配合办法，免除跨关区供油的转关手续，与供油企业实施信息化联网，逐步实现三地海关对供油企业的联网监管，促进跨关区保税油供应业务的有序开展。在做好监管服务方面：一是对外锚地保税油加注业务实行“审批事项提前办理”、“电子单证先行”，以信息化监管手段结合随船监管及海上巡查强化监管，加强与其他口岸检查单位的应急处置协调配合机制，完善企业服务措施；二是针对进港加油，实施网上审批、信息手段监控，支持光汇公司等新保税油料供应企业落户舟山，支持老供油企业扩大业务规模；三是针对保税油调拨，建立优质企业名录，对诚信企业免保证金调拨，并实施分批调拨、按月核销，提高监管服务效率。

舟山金塘大浦口集装箱码头是舟山第一个现代化大型集装箱专用码头，是贯彻落实浙江省委、省政府推进宁波—舟山港一体化战略决策的起步和示范工程。杭州海关积极支持码头发展，有效助推舟山国际物流岛建设。2014 年，大浦口国际集装箱码头业务发展势头迅猛，海关共监管进出境集装箱船舶 1 100 艘次，同比增长 37.2%；验放进出口集装箱量 34.5 万标箱，同比增长 24.5%；验放货运量达 262.2 万吨，同比增长 28.5%。其主要做法有 3 点。一是全力做好转关业务，发挥宁波—舟山港一体化优势。一方面，加强与宁波海关的联系配合，促进跨关区转关业务开展。大浦口码头的 11 条航线均为西非线和俄罗斯线，结合这一实际，杭州海关主动做好转关业务，支持宁波港将大部分西非线的业务中转至大浦口码头装船出运，同时促进大浦口码头货物利用宁波港丰富的航线资源，中转出口至更多的国家和地区。2014 年，大浦口码头跨关区转关模式进出口集装箱 13.8 万标箱，占所有进出口集装箱的 40%。另一方面，全力推进杭州关区内转关业务。吸引腹地企业通过水路、陆路等方式“借道”大浦口码头出口。2014 年，金华、绍兴等内陆地区通过大浦口码头转关模式进出口集装箱 5.9 万标箱，占所有进出口集装箱的 17.1%。二是强化科技运用，有效提升港口通关效率。开发大通关平台电子放行功能，改变了以往需要纸质单证放行的模式，大幅缩减货物通关时间。自 2014 年 5 月实施“出口货物海关电子信息放行”以来，已有 8.2 万标箱的集装箱实现快速电子放行。同时，提供全天候船勤服务和应急船勤服务，实现集装箱班轮“即到即装”，有效保障通关顺畅。三是推进本地清关业务，有效节约企业成本。自 2014 年 10 月 14 日起启动大浦口码头业务点通关业务，实现报关、查验、转关等完善的通关服务体系，企业只需花费几分钟就可以在码头完成报关，实现进出口货物“属地申报，属地验放”，有效提升通关效率，节约通关成本。截至2014年年底，海关共监管本地清关进出境货物674票，共9 564吨，货物价值总计6.6亿元。

【杭州海关推进义乌国际贸易综合改革取得阶段性进展】 杭州海关认真落实副总理汪洋到义乌调研时提出的“要在海关的改革上当全国的排头兵”的要求，探索建立符合小商品出口实际的新型市场采购贸易方式，积极推动义乌铁路海关监管场所、义乌保税物流中心、义乌空运口岸、义乌跨境电子商务监管中心等四大海关监管场所顺利运行，小商品“陆海空铁邮”全方位物流体系基本形成，为全国其他地区以市场为依托开展对外贸易积累了经验。自2011年义乌国际贸易综合改革试点启动以来，经义乌海关进出口年均增幅达22.5%，义乌小商品整体通关效率提升30%以上。2014年，义乌小商品出口总值为1 238亿元，同比增长30.3%，改革试点取得阶段性进展。其主要做法包括3个方面：

推动市场采购贸易方式顺利实施。一是结合义乌小商品“小、散、杂”的特点，围绕出口通关过程中存在的“贸易主体虚拟、采购商多变、商品如实申报难、溯源难、退税难、结汇难”等问题，在“旅游购物”监管方式的基础上，为小商品量身定制“市场采购”贸易方式及海关监管办法；二是依托市场采购贸易联网信息平台，建立多部门共同参与的市场采购综合治理机制，通过开展市场采购贸易市场集聚区认定、市场商户联网备案、外贸代理商品信息录入、商户信息确认等工作，实现海关对市场采购货物的可溯源管理，外贸代理公司、市场商户、采购商等参与小商品贸易的各个主体责任基本明晰，同时国税、外管等部门依托海关共享数据实施退免税、外汇核销等后续工作正在逐步推进当中；三是制定并实施《杭州海关义乌市场采购贸易海关监管办法实施细则（试行）》，明确市场采购贸易货物继续适用旅游购物时期“简化申报政策”、“通关无纸化”、“转关无纸化”、“区域通关一体化”等贸易便利化政策，保障小商品高效通关。

推动义乌实体市场转型升级。一是推动义乌保税物流中心封关运行，促进义乌实体市场由出口为主向进出口并重转型。指导义乌保税物流中心在3个月内完成基础设施建设并顺利入驻监管，鼓励义乌市进口商品馆商户及在义乌的外商就地开展进口、转口贸易。跟进上海自贸区“批次进出，集中申报”等改革举措，允许企业从中心内分批次提取货物，次月底前集中报关、征税。义乌保税物流中心自2014年11月18日封关运行以来，入驻企业13家，累计进出口货物突破4 000万美元，其中进口1 720.6万美元，已成为浙中西部发展进口的重要平台。二是加快开展小商品跨境电子商务出口试点，推动义乌市场由单一线下发展向线上线下协同发展转变。实施“清单核放，汇总申报”监管模式，在监管场所引进自动流水线和同屏比对设备，最快1分钟即可完成出口包裹的现场通关查验。自2014年12月26日开展试点以来，义乌跨境电子商务监管中心累计出口包裹3万个，小商品跨境电子商务属地出口通道基本打通。

进一步拓宽小商品出口渠道。一是全力保障“义新欧”中欧班列运行。在义乌建设完成杭州关区首个铁路海关监管场所——义乌铁路海关监管场所，在场内提供查验、施封等全套海关监管服务，积极与口岸海关试行铁路转关货物“一次查验”，出口中亚、欧洲的义乌小商品可以直接在义乌本地报关并接受监管。二是推进义乌空运口岸对外开放。指导地方完成义乌机场国际航站楼旅检区域建设，从杭州、温州等空运口岸抽调业务骨干支援义乌旅检业务，顺利保障12月19日“义乌—香港”航班首航。

【杭州海关扎实推进海关特殊监管区域整合优化】 杭州海关积极落实全国加快海关特殊监管区域整合优化工作会议精神，坚持问题、市场、创新三导向，以简政放权放活企业，以改革创新激活区域，加快推进关区海关特殊监管区域整合优化，增创特殊区域发展新优势。

简政放权深挖特殊区域发展存量。一是复制推广上海自贸区“简化无纸通关随附单证”、“简化统一进出境备案清单”、“批次进出、集中申报”和“智能卡口验放”等海关监管创新制度，有效降低企业通关成本。以“批次进出、集中申报”为例，区内企业与境内区外的进出区货物无须每票报关，只需通过辅助管理平台联网报备核放单，月底再集中报关，每批次物流可节省报关费用近150元。自2014年9月海关监管创新制度推广以来，已累计为企业节省运营成本逾430万元。二是推行海关特殊监管区域关检合作“三个一”改革，为企业减少约30%的关检重复申报项目，缩短申报时间超过30%。三是加强跨关区的海关特殊监管区域物流监管联动。推进嘉兴出口加工区与松江出口加工区、昆山综合保税区等区域间转关“分送集报”业务，原先需分多次报关的货物只需每月进行一次报关单汇总申报，货物凭卡口核放单登记即可进出，大大减少报关次数，有效提升通关效率，每批次货物可节省通关费用约200元，缩减通关时间逾2小时。

创新业态拓展海关特殊监管区域业务增量。一是推进跨境贸易电子商务进口业务试点，为杭州出口加工区定制“保税进口”电商监管模式，吸引天猫国际、中外运、银泰网、网易、苏宁易购、钱盛国际、尊玺国际等7家大型电商落户，自2014年5月7日试点到2014年年底，保税模式进口货值2.2亿元人民币，已成为海关特殊监管区域乃至地区外向型经济新的增长极。二是开展“返区维修”业务试点，通过“先进区后申报”的操作模式，企业将存在部件损坏、质量缺陷等问题的内销产品运进区内进行检测、维修后复运回区外，海关对维修用保税料件“即时调拨，事后核销，集中征税”，为区内生产企业开展售后服务提供便利。三是拓展“保税展示交易”业务，经海关审批后，允许企业将产品从海关特殊监管区域运输到区外进行展示，为保税进口的跨境电子商务产品提供线下实体展示渠道，进一步促进跨境电子商务进口业务发展；已成功办理杭州出口加工区至银泰商场的保税展示交易业务，共涉及价值14万元的84件保税商品。

科学规划推进海关特殊监管区域优化发展。一是开展“杭州关区特殊区域整合优化”课题研究，提出以杭州、嘉兴、舟山三地现有海关特殊监管区域的提质发展为基础，以浙中地区和沿海地区海关特殊监管区域建设为重点，着眼对接上海自贸区，融入长江经济带，建设海上丝绸之路，推进跨境电子商务等新兴产业发展等区域优化发展建议，实现关区海关特殊监管区域的合理布局和科学发展。二是推动现有出口加工区升格，配合杭州、嘉兴两地政府分别向海关总署递交了在出口加工区基础上设立“综合保税区”的申请，审批流程均已进入征求其他部委意见阶段。三是协助地方政府提前开展产业规划和项目招商工作，坚持提前介入，做好海关政策咨询服务，助力总投资达6.4亿美元的嘉兴必远实业、嘉兴能联有色金属两个重大铜精矿非冶炼加工项目进驻嘉兴出口加工区A区。

【杭州海关创新举措服务跨境电子商务成效明显】 杭州海关以行邮监管为服务公众的重要窗口，积极转变执法理念和服务方式，推进跨境电子商务发展取得较好成效。

创新理念、全面落实跨境贸易电子商务服务试点工作方面。一是在全国率先采用“清单核放、汇总申报”的一般出口模式，推动中国（杭州）跨境贸易电子商务产业园成为首个进入实质性运转的园区。二是在浙江省内率先推出“预缴个人行邮税、分类快速验放”的直购进口模式。三是配合延伸杭州国际邮政互换局功能，助力金华、义乌发展跨境电子商务业务。同时，协助引入外贸综合服务企业，为中小电商提供数据接入、退税办理等服务，解决中小电商企业技术实力不足、外贸知识欠缺等难题，挖掘跨境出口业务的新增长点。四是与检验检疫部门合作推行关检“三个一”举措，电商企业只需向系统提交一次商品备案信息及进境物品申报单，即可同步完成海关和检验检疫的备案、申报，海关和检验检疫共同实施“一机双屏”查验和开拆查验，共同在放行单上签章放行，提高跨境电子商务进出口商品监管效能。2014年，杭州跨境电子商务产业园下城园区和下沙园区共计验放跨境电子商务出口邮包256.5万件，货值1.27亿元人民币；验放进口邮包112.5万件，货值2.34亿元人民币。

寓服务于监管，支持国际邮政业务做大做强。一是关注公众合理诉求，开发“进境邮件查询信息系统”，为当事人提供及时、准确的邮件查询服务，最大程度便利个人物品通关。二是与邮政就信息化应用、监管场地建设等加强联系配合，支持邮政开通直封邮路55条，协助邮政通过“杭州—北京—境外”航空联运模式发运国际邮件，节省运营成本，缩短邮件物流时间在1天以上。三是优化邮件监管通关流程，以信息化手段完善邮件监管，坚持实行365天、“白+黑”全天候邮件通关作业。2014年，杭州海关驻邮局办事处累计加班1 200多人次，共监管进出境邮件3 850余万件，同比增长101%，业务量位居全国第四。

转变理念和方式，完善新形势下行邮窗口服务。一是推行窗口服务标准化，加强统一性。制定实施《窗口行为规范》，认真执行首问负责制等制度规定，随时接受群众监督。二是利用新媒体提供线上窗口服务。依托新浪和腾讯两大官方微博，推行“微服务”、“云服务”理念，宣传海关政策法规、服务公众邮包查询需求，已有粉丝1.6万人，发布信息及答复1万多条，获得了时任浙江省委组织部长蔡奇等领导和公众的广泛认可，实现了线上、线下窗口相结合的立体服务。三是推进多元化服务和治理。引入志愿者服务队伍，与“12360”海关统一服务热线、邮政“11183”和“11185”热线建立联动机制，充分发挥志愿者和邮政力量，提升海关窗口办事效率和服务环境。2014年，杭州海关驻杭州市民中心窗口在杭州市综合考评办窗口服务评价情况通报中服务满意率达到99.92%，被评为“浙江省示范青年文明号”。

【宁波海关深化业务改革推动国际贸易便利化】 深化通关业务改革，进一步优化通关监管模式，研究制订了《宁波海关调整关区通关监管模式工作方案》，自2014年8月起在海关各通关现场同步实施。一是全面恢复海关作业现场通关职能。在隶属12个关（处）全部设立了报关现场。无论是口岸海关还是属地海关，都可以办理通关手续，实现进出口企业就近报关、当地报关。二是报关、查验地点由企业自主选择。对宁波口岸各主要港区的进出口货物，企业可以在现场业务处、北仑海关、货物进出境地海关、企业注册地海关等4个海关中任意选择1个海关报关；对于需查验的进出口货物，企业可以选择在货物进出境地海关查验，也可以到企业注册地海关查验。三是实现“属地报关，口岸验放”、“属地报关，属地放行”。在推进长江经济带海关区域通关一体化改革中先行先试，率先在宁波关区内实施“属地报关，口岸验放”、“属地报关，属地放行”，进一步简化了通关环节。2014年9月22日正式启动长江经济带海关区域通关一体化通关改革，全力推进区域审单分中心建设，与上海、南京审单分中心共同承担起整个长江经济带区域进出口商品的专业审单工作。四是提供个性化通关服务。对于进出海关特殊监管区域的保税货物，象山港区、宁波栎社机场及铁路宁波北站的进出口货物，专门设计个性化通关模式，由特殊监管区域所在地海关或专门的海关负责办理通关手续。此外，还落实海关支持港口发展10项措施，大力支持宁波港发展“海铁联运”、“国际中转”等业务，扩大港口辐射范围，提升港口附加值。2014年完成“海铁联运”集装箱13.5万标箱，同比增长31.1%。

监管创新优化服务。分批逐步复制推广上海自贸区14项海关监管创新服务制度。从2014年8月18日开始到12月底，已有“保税展示交易”、“简化统一进出境备案清单”、“简化无纸通关随附单证”、“批次进出、集中申报”、“区内自行运输”、“智能化卡口”等9项制度实现复制推广，惠及企业700余家。121家企业从“批次进出、集中申报”中受惠，通关时间平均减少3小时；10家企业从“区内自行运输”中受惠，平均运输成本减少30万元；共对457家企业简化了无纸通关随附单证，对144家企业简化统一进出境备案清单。此外，还优化查验作业流程，大力推进查验作业改革。通过倒箱方式前置、接派单移箱同步作业等措施，将查验有效工作时间整体提前了90分钟左右。

加快法制海关建设。一是扎实推进简政放权。自2014年3月报关单位注册登记管理新政实施以来，截至2014年年底，宁波关区共设立新报关企业87家，同比增长4.16倍；加贸6小项行政许可审批取消后，每年可为企业减轻上亿元资金占用压力；报关单修删改等审批取消、操作流程简化后，核批层级从原来最多6级统一简化为2级，提高了通关效率。定期评估、简化并实行目录化管理，清理关区内部层级、业务核批事项59项，其中简化18项，废除4项；全面梳理关区具有审批性质的业务管理事项6类95项；对涉及企业管理的1项审批事项下放审批权限，涉及关税的9项内部业务核批事项下放核批权限；探索制定规范对外行政核批事项指导意见，简化涉及行政相对人权利义务的行政核批事项。二是加强执法协作。与宁波检验检疫局合作推进“三个一”通关模式，将原来串联的“先报检后报关”通关流程转变成并联的“报检和报关同时进行”，有效提高了通关效率。与杭州海关在9个执法领域开展了合作，2014年共完成了25项协作议题，实现了国际中转集装箱跨关区转运和保税燃料油跨关区供应。

科技管理提升效率。一是自主开发移动查验作业系统。该系统集合移动查验、科长复核、复查复验三大功能和知识产权查询、税则查询、商品信息查询等辅助功能，通过监管场所WiFi专网接入海关内部系统，实现了海关查验执法实时操作，使货物查验作业时间平均缩短了1/3。自2014年4月该系统投入运行到年底，宁波海关共通过移动查验作业系统完成报关单查验作业19 996票，为企业节约时间近4万多小时，惠及企业10 754家。二是自主研发“集中审图”机检查验模式。集装箱按照“便利”原则在各码头的H986现场过机，将机检图像“化零为整”统一发送到机检查验部门集中进行图像审核。同时，将机检接单、图像分析、复核、返单岗位进行集中整合。“集中审图”机检查验模式为企业节省了大量的通关成本。2014年，共机检查验报关单61 960票，比2013年同期增加44.91%，共计过机集中箱14.49万标箱。三是建设新一代海关信息化平台，畅通信息互联互通、数据互换的渠道。宁波海关“12360”服务热线与宁波市“81890”市民服务热线、“8718”中小企业在线、市长热线等地方服务平台建立联系配合机制。

【宁波海关助推跨境贸易电子商务发展成效显著】 宁波海关成立了跨境贸易电子商务课题组进行理论研究，首创并试点跨境贸易电子商务进口业务“备货模式”，积极探索优化监管，为多种跨境电子商务运营模式提供个性化通关，支持宁波跨境贸易电子商务做大做强。一是将宁波跨境贸易电子商务服务平台和宁波海关跨境贸易电子商务进出口通关管理系统进行对接，以及与电商网站实行数据交换，将“订单、支付单、运单”三单合并申报，全程实现无纸化通关，提高跨境商品通关效率。同时，将宁波海关跨境贸易电子商务进出口通关管理系统与宁波海关特殊监管区域智能化系统进行对接，实现对跨境贸易电子商务商品库存的电子化监管。二是在跨境贸易电子商务专用仓库安装X光机流水线、高清视频监控系统，对包裹进行自动分拣，同时采取多端口解锁放行、随机抽检过机的验放模式，大幅提高包裹验放速度，日实际最高验放包裹达10万个。三是主动提供服务，加强关企联动。主动配合企业开展天猫“聚划算”活动，安排专人加班验放，定期召开关企座谈会，介绍跨境贸易电子商务最新政策，集中解答相关问题。要求电商购物网站开设专门的跨境贸易专区，张贴海关公告，明确不含税单价、税率等信息，保障消费者合法权益。2014年，宁波海关共审核通过跨境贸易电子商务进口申报单144万票，销售额达3.7亿元人民币，共有来自全国各地的81.9万名消费者通过跨境平台进行消费。其中，第四季度因受多个节日促销影响，销量增长迅猛，总销售额超2.8亿元。宁波跨境贸易电子商务进口业务主要指标名列全国首批试点城市首位，主要特点如下：一是备货商品货值较高，种类丰富；二是销售额较高；三是消费者覆盖范围较广，已覆盖内地所有省份及港澳台地区。销售商品主要来自日本、德国、美国、法国、韩国等40个国家，主要为母婴用品、食品、饮料、纺织品及其制成品、厨卫用具及小家电、文具用品及玩具等16类快速消费品，形成了以母婴用品为主，涵盖保温杯、食品饮料、厨卫用品及小家电的商品体系。母婴类商品为跨境主打产品，共销售尿不湿2.5亿元，占总销售额的67.6%；销售奶粉0.4亿元，占总销售额的10.8%。截至2014年年底，共签约电商企业117家，其中79家已正式上线运营，备案商品近8 000种，上架销售商品超过5 000种；签约物流企业4家，仓储企业2家。

【宁波海关推进进出口企业守法诚信体系建设成效显著】 2014年，宁波海关主动适应国家和地方经济发展大局，大力开展对进出口企业的引导帮扶，深入推进进出口企业守法诚信体系建设，有力净化口岸进出口环境，促进地方外贸健康发展，取得良好成效。

推进企业信用管理。一是广泛开展诚信宣传。2014年累计组织诚信宣讲20余场，企业和群众参加人数逾1 200人，发放诚信宣传册522份，制作诚信宣传画38张，发送诚信宣传短信675条。二是推进《企业信用管理暂行办法》的实施。积极联系外经贸局、口岸打私办、报关协会等相关单位形成工作合力。累计组织企业信用管理专题培训3次，培训企业相关人员近800人，开展广场普法宣传1次，发表和刊播新闻报道4篇次。关区所有AA类、A类和B类企业已完成信用等级的转换。三是培育高信用企业。通过实地走访、关企座谈会、政策宣讲会、点对点辅导培训、媒体宣传等多种方式，指导、鼓励企业主动参评海关高信用企业。截至2014年年底，宁波关区共有高级认证企业89家，一般认证企业2 943家，比2013年年底分别净增9家和234家。

规范企业经营行为。一是定期监控企业查验率。对查验率较高且无查获及长期未查验的企业采取相应管理措施，充分发挥“守法便利、违法惩戒”原则的导向作用。二是开展企业差别化管理。对A类以上企业和报关企业分别开展布控、约谈、发放告知书和表扬，积极引导企业加强自主管理，提升诚信守法、规范经营的自律意识。2014年累计表扬企业128家次，约谈企业44家次，布控企业24家次，发放告知书197份。三是及时进行企业类别调整。坚持刚性原则，对符合条件的企业，及时上调管理类别，对有走私违法行为企业，做到“应降必降”，确保“惩戒”及时到位。2014年共对466家企业进行升类，对192家企业进行降类。

促进关企良性互动。一是开展企业协调员试点。与关区109家重点帮扶企业签署《关企合作备忘录》，“一对一”帮助企业了解海关政策，解答业务咨询，解决疑难问题，做到“最新政策有告知、重要事项有提醒、业务咨询有反馈、问题反映有落实”。2014年累计协调解决企业问题近200个，解答业务咨询500多个。二是组建关企QQ群。将海关企业协调员、部门联络员和109家企业联系人全部纳入关企QQ群。三是丰富完善关企合作（服务企业）管理系统。建立统一操作平台，全面记录、总结、分析和评估关区服务企业工作开展情况，进一步提高工作的针对性和有效性。

深化部门合作。一是加强工作联动。省、市口岸打私办系统连续5年，宁波市政府连续3年将海关高信用企业情况纳入对各县（市、区）的考核指标。二是深化关贸协作。加强与地方外经贸部门的联系配合，建立完善部门间合作机制。三是建立信息共享。积极参与“信用浙江”和“信用宁波”建设，传送企业类别调整信息，并及时获取企业在其他政府部门的奖惩信息，建立进出口企业信息资源共享的长效机制，全面掌握企业经营、资信等状况，营造良好的社会信用环境。

【浙江出入境检验检疫局多管齐下落实减负，力促浙江外贸稳定增长】 全面贯彻落实《国务院办公厅关于支持外贸稳定增长的若干意见》及国家质检总局和浙江省委、省政府关于减轻企业负担的工作部署，努力将减负落到实处。一是涉企收费阳光公开。严格执行法检目录调整要求，全部取消一般工业制成品出口检验。2014 年免收 62.31 万批出境检验检疫费 9 393.24 万元，免收 79.08 万份原产地证书费及工本费 3 155.2 万元，共计减免收费 1.25 亿元。二是深入开展检验检疫检测、中介机构涉企收费专项治理。根据国家质检总局要求，整顿规范进出口环节检验检疫经营性服务和收费，坚决贯彻执行行政事业性收费政策工作部署，在季度例行自查的基础上，开展计费工作质量检查。对嘉兴、湖州、台州、嵊泗出入境检验检疫局 4 个分支局进行了驻点检查。对计费工作进行了专项检查，对本系统各业务单位涉及进出口环节的经营性服务和收费情况进行自查自纠，并认真接受价格和财政部门的指导，对发现的问题进行整改。在对中介单位收费管理方面，继续加强对代理报检企业的收费监督，杜绝代理报检企业以检验检疫名义向企业乱收费行为，对辖区所有的代理报检企业开展了收费检查。三是进一步创新通关机制，改善服务环境，提高通关效率。启动长三角区域检验检疫通关一体化研究工作，大力推进直通放行和无纸化通关机制。在辖区内开展原产地证无纸化申办和一般原产地证自动审签试点工作。探索通报通签通放工作模式，在义乌探索报检通关放行检验检疫业务全程无纸化。深入开展检验检疫窗口标准化建设，2014 年共有 42 个窗口达标，其中 23 个窗口荣获“全国检验检疫示范窗口”称号，窗口服务水平不断提升。四是积极推进“三个一”试点工作。制定印发了《浙江检验检疫局“三个一”试点工作方案》，与浙江电子口岸有限公司进行业务交流和沟通，推进与电子口岸之间检验检疫申报通道的建立，全力推进口岸物流检验检疫监督管理电子化。五是积极引导企业利用好优惠原产地政策扩大出口。统一编写宣传手册，组织开展为期 3 个月的原产地优惠政策集中宣讲活动，尤其重点宣传了中冰、中瑞自贸区优惠原产地证书的开签和首批自贸协定原产地声明实施工作，帮助企业加大利用优惠原产地政策的力度，7 月 1 日签发了全国首份中瑞自贸协定原产地证书。2014 年共签发各类优惠原产地证书 79 万份，为企业减免进口国关税 11.62 亿美元。六是积极服务国家战略实施，促进外贸稳定增长。印发了《浙江检验检疫局关于促进外贸稳定增长的若干意见》，共 8 项 26 条，服务浙江外贸转型升级。与宁波出入境检验检疫局签署《深化义乌市国际贸易综合改革试点合作备忘录》，开展试点目的地为义乌的进口商品转检制度；支持“义乌港”建设，推动其建设国家级小商品国际贸易区及发展进口、转口贸易。

【浙江出入境检验检疫局积极推进无纸化工作，“通报通签通放”有新举措】 创新通关机制，在多个业务领域积极探索无纸化模式，进一步简便申报、简便通关、简便签证，实现增效减负环保，提高贸易便利化水平。一是进一步推进通关无纸化工作。对自 2013 年 11 月 1 日浙江省域“两关两检”全面启动通关单无纸化联网核查试点以来的情况进行了全面总结和评估。与上海出入境检验检疫局就浙江从上海口岸出口货物直通放行和通关无纸化工作达成初步共识。制订了《浙江检验检疫局无纸化报检试点方案》，起草了《浙江检验检疫局无纸化报检管理办法》，按计划完成国家质检总局课题“检验检疫业务档案数字化应用平台”研究工作。2014 年，浙江出入境检验检疫局辖区实施无纸化报检的企业累计约有 1 100 多家，占全部进出口报检企业总数的 36%左右。二是全面开展原产地证申报无纸化试点。从 2014 年 6 月 1 日起率先全面推行原产地证无纸化申办试点，当月签证 7.13 万份，惠及企业 1 万多家；浙江省 36 个优惠原产地证签证点全部实行无纸化电子签证，80% 以上企业实现无纸化申办原产地证。探索一般原产地证自动审签模式，2014 年 8 月份在杭州、温州、嘉兴、台州出入境检验检疫局推行一般原产地证自动审签试点。三是在义乌探索报检通关放行检验检疫业务全程无纸化。在科学评估、风险可控的基础上，简化检验检疫流程手续，规范检验检疫单证管理，对符合条件的出境报检批实现报检受理、计收费、检验、签证放行、归档等各环节的无纸化运作。四是在部分地区开展“通报通签通放”特色服务。在杭州、舟山、台州、湖州、萧山出入境检验检疫局和浙江出入境检验检疫局杭州机场办等机构先行试点“通报通签通放”模式，方便企业“就近报检、就近取证、就近放行”。该模式是对传统检务工作的一次重大改革，通过电子报检数据的跨机构共享，实现业务节点间的无缝衔接，为企业免去奔波之苦，大大降低通关成本。2014 年辖区“直通放行”货物 6.5 万批，直通放行率为 29%，可为企业节省通关时间近 20 万小时，首次将出口水产品列入出境直通放行商品范围。

【浙江出入境检验检疫局守护底线保安全，严把国门服务地方经济】 一是与相关部门共同建立进出境人员传染病预防和监测控制合作平台，实现联防联控。周密部署，强化防控，口岸发现并有效处置有传染病症状人员 737 人次，检出传染病 130 例，同比分别增长 67.89% 和 73.33%。出入境人员监测体检 49 642 人次，检出传染病 823 例。全力防控埃博拉出血热疫情，排查来自疫区入境人员 302 人次，妥善处置留观病例 1 例，对来自疫区的快件和邮包实施 100% 检疫查验和卫生处理。严密防控脊髓灰质炎、中东呼吸综合征、H7N9 禽流感、输入性疟疾等疫情疫病。妥善处置 3 起沪九直通旅客列车突发公共卫生事件。二是推进国门生物安全防御体系建设。截获有害生物 881 种、13 480 批，同比分别增长 11.2%、44.0%；截获医学媒介生物 2 774 批次，同比增长 12.44%；截获核生化有害因子 93 例。全国首次截获豚草叶苍耳等 12 种检疫性有害生物，浙江邮政口岸首次截获转基因食品，截获世界极度濒危物种活体箭毒蛙，截退运 5.69 万吨检出未批准转基因成分进口美国玉米，保障进境粮谷生物安全。三是上报国家质检总局进出口食品化妆品不合格信息 1 553 条，重大风险预警信息 28 条，对 56 个监控不合格样品进行追溯调查，出口食品境外通报率同比减少 22.22%。开展“浙江省食品安全百日严打行动”，果断处置苍南明胶使用工业皮料、上海福喜过期肉、台湾地沟油等食品突发事件。采集进口工业产品不合格信息 1 375 条，被国家质检总局采纳通过官网对外发布进口产品质量安全不合格信息 8 条，上报不合格案例 19 个，发布风险警示通报 31 个。加强进口消费品监督抽查，查获 75 批不合格并对 7 批实施销毁或退运。加强进口废物原料监管，2014 年检出不合格 2 037 批，对 4 批环保不合格产品实施退运。

【宁波出入境检验检疫局服务国际强港建设取得新进展】 借力口岸开发开放，实现“政、检、企”共赢。服务口岸开放的重点区域和重点项目，帮助梅山口岸成为全国首个国别、品种两不限的大型景观植物进境口岸，支持象山新港码头停靠对台小额贸易渔船，促进浙台经贸合作区建设，支持宁波空港快件中心开检，支持大榭港区实华和万华等 10 余个开放项目，提升宁波口岸开放水平。打造集中查验平台，集约监管放行资源。编制《宁波口岸出入境检验检疫监管场库分布图》，新增 2 家检验检疫监管场库，完成检验检疫监管场库续延考核 10 次，审批监管场库易址、扩建、新增检验检疫业务等 5 次。对宁波港二期集拼中心检验检疫查验设施建设进行指导，支持集拼中心拓展国际中转业务；完善信息化平台，实现独立闭环控制。深化与港务部门、交通部门、海事部门合作，推动口岸物流综合监管服务平台建设，强化港区、监管场库与检验检疫数据的互联互通，掌控关键物流节点信息，做到港区闸口、场库闸口的电子指令放行，实现宁波口岸入境集装箱的全过程物流监管。积极探索出境集装箱物流监管机制，获取出境物流信息，实现检验检疫查验布控。此外，2014 年在全国率先提出进口工业品生态安全港建设，构建“港区企业主体、港口主管部门主导、检验检疫指导、相关部门协作”的口岸进口工业品检验监管新机制。宁波经济技术开发去管委会、宁波大榭开发区管委会和中石化镇海炼化分公司先后申请在北仑、大榭口岸和算山码头创建进口工业品生态安全港。经过一年培育建设，共有万华化学（宁波）有限公司、台塑关系企业等10家企业通过生态安全港达标企业考核，大榭、北仑和算山码头成功创建进口工业生态安全港。

【宁波出入境检验检疫局强化质检交通合作】先后召开检港联席会议、交通海事联席会议，全面部署和细化2014年合作工作任务，做到定责、定人、定时，提高口岸监管水平，提高工作效率，降低物流成本。在信息互换上，一方面利用电子口岸平台，采用“一点接入”的方式，建设统一的出入境船舶申报窗口，实现与海事等部门的船舶信息共享共用，并在此基础上，双方优化入出境船舶申报、查验、放行等作业流程，全面推广出口岸联系单会签工作，提高船舶进出港效率；另一方面，推动口岸物流综合监管服务平台建设，强化港区、监管场库与检验检疫数据的互联互通，掌控码头卸船、卫生处理、放射性监控、港区放行、进入场库、场库放行等关键物流节点，做到港区闸口的电子指令放行，实现宁波口岸入境集装箱全过程物流监管，提升检验检疫把关服务能力。探索出境集装箱物流监管机制，获取出境物流信息，实现检验检疫查验布控。在监管互认上，双方充分发挥各自的技术及专业资源优势，深化在船舶载运进出港口危险货物、污染危险性货物、固体散装货物分类鉴别与评估，危险货物海洋运输条件鉴定，以及船舶压舱水、生活垃圾、泔水、动植物性废弃物和油污水等污染物排放，船舶燃油质量管理等领域开展交流合作。检验检疫与交通运输部门间共享共管企业信用管理信息，互认双方的企业信用评定结果，共同推动建立政府主导、企业重视、社会共治的质量诚信体系。在执法互助上，对出入境船舶、进出口危险化学品开展执法联动、联合监管，加强应急合作，提高协同处置能力。加强“打非治违”工作交流合作，打击瞒报谎报危险货物集装箱的力度，开展联合查验、调查等执法活动，提高执法效率和监管力度，有效遏止此类违法行为。积极合作开展“海铁联运”监管政策研究、港口岸线管理、码头管理工作与船舶港口服务等方面的交流合作，共同促进地方经济发展。

【宁波出入境检验检疫局疫情把关取得新业绩】 一是在口岸检疫查验工作中发现问题的数量显著增长。2014年，入出境船舶医学媒介生物检出率达11.4%；入境集装箱问题检出率为14.27%，同比增长59.56%，其中入境重箱、空箱问题检出率分别达到5.16%和30.58%，同比分别增长180.43%和39%；适载检验发现一次性检验不合格集装箱2 936标箱；发现并妥善处理放射性超标事件33起。二是疾病监测中发现病例数量增长。2014年发现阳性症状及指标（含病例）1 413人次，口岸检疫查验和传染病监测发现各类传染病268例，同比分别增长24.3%和150.5%；及时对14起境外输入性传染病病例进行调查处理；成功处置海港口岸入境船员流感局部暴发典型案例2起和1起入境船员艾滋病病毒感染者并发肺结核感染病例。三是发现问题质量有提高。2014年，出入境交通工具发现医学媒介生物20种12 237只。在12 103标箱入境集装箱中发现医学媒介生物55种。在入境集装箱中截获全国口岸首次发现的斑翅伊蚊，浙江口岸首次发现的日本脉毛蚊，宁波口岸首次发现的长喙点池蝇，宁波口岸首次发现的携带伤寒杆菌、副伤寒杆菌、柯萨奇病毒等传染病病原体的蜚蠊。2014年截获有害生物901种41 886种次，同比分别增长18.9%、145%，其中检疫性有害生物91种1 939种次，同比分别增长37.8%、114%。在进口荷兰风信子种球上首次截获马铃薯黑胫病菌，为全国首例；在旅客携带物中截获以植物种子为填充物携带多种有害生物的薰衣草小熊玩具；在进口美国高粱中首次检出大量的曼陀罗籽（6粒/千克）。国家质检总局据此3次发布预警通报。在日本苗木中在全国首次截获危险性有害生物旱稻孢囊线虫；在进口菲律宾香蕉中有15批次被截获检疫性有害生物新菠萝灰粉蚧，共计324余吨、货值18.8万美元；在来自美国和乌克兰的3批次、976立方米南方松原木中截获松材线虫；在宁波口岸首次进口越南木薯渣粉中检出沙门氏菌；2次退运检出未经农业部批准的转基因品系MIR162的美国玉米5.18万吨，并多次在进口美国大豆中截获种衣剂；浙江首次在俄罗斯船舶上发现的死亡野生禽鸟中确认禽流感病毒核酸阳性；6次退运检出禁用药物或其他有毒有害物质超标的进口水产品约141吨，货值29.65万美元。

【浙江省公安边防总队推进勤务模式改革】 浙江省公安边防总队在全省执勤业务量快速增长、警力不足的情况下，经过通盘考虑，坚持内部挖潜，机关只保留必需的领导岗位和保障人员岗位，其余人员全部调整到基层工作，真正实现了“小机关大基层”。杭州边检站面对杭州空运口岸出入境流量高速增长的实际情况，在警力“零增长”的情况下，主动开展勤务模式改革，把执勤科划分为若干小组，区分白班和晚班，充分运用弹性工作制，努力缩短检查员工作时间，调动执勤人员积极性，提升执勤质量，2014年该站共验放出入境旅客达308万多人次；舟山边检站根据口岸开放执勤点越来越多，距离站部越来越远的实际情况，将舟山群岛口岸辖区进行网格化管理，长期外派驻扎官兵，分别在册子岛、金塘岛、马峙岛、衢山岛、长白岛、六横岛及舟山本岛北部的马岙设立7个执勤管理中心，直接为管理中心周边执勤区域企业单位服务。

【浙江省公安边防总队深化科技应用】 浙江省公安边防通过加大信息化建设投入力度，鼓励科技创新，先后自主研发应用了边防网上办事大厅、新一代网上报检系统、外国人入出境卡片自助打印系统、出入境船舶风险评估系统、内地旅游团入境免排、出境旅客智能验放管理等系统，大大提高了通关效率，方便了服务对象，其中宁波机场边检站研发的“出境旅客智能验放管理系统”自投入使用以来，平均缩短每架飞机停靠时间12分钟，提高出境航班起飞正点率11%以上，节约旅客候机时间累计超过8.69万小时，得到了广大旅客的一致好评。

【浙江省公安边防总队推出各类服务举措】 2014年，浙江省公安边防总队各边检站坚持履行“365天24小时通关服务”的承诺，推出“网上预约办检”、“网上办证”、“免费培训”、“送法上门”等服务举措，以人性化的服务为口岸企业提供实实在在的便利。北仑、穿山、大榭、梅山等边检站结合口岸实际，推行“诚信航线”绿色通关服务、大型集装箱船舶“零等待”服务、出入境外轮“一站式”服务等多项服务措施，允许预申报的船舶随报随检，靠泊即可作业。该项举措平均为每艘万箱船舶缩减作业时间2小时，大幅提升了船舶在港作业效率，催生了经济效益，赢得了普遍赞誉。舟山边检站主动对接舟山群岛新区和自由贸易港区建设大局，简化审批和查验流程，保障舟山保税燃料油外锚地供油实现常态化运行；提前谋划跟进服务，高效率验放通关，圆满完成了邮轮母港首航边防检查任务。台州边检站落实“锚地提前办结服务、远洋渔船出境靠前服务、诚信经营优待服务”通关提速举措，构建网上边检站、微信公众服务号等载体，实现服务前移。大麦屿边检站推出对台湾直航服务队、“刘畅服务岗”等措施，组织开展“边检服务品牌集中推介”活动，提升口岸通关效率。

【浙江省公安边防总队严格规范执法，落实重大活动安保】 2014年年初，浙江省公安边防总队在全国首创提出“三区两队一中心”边检勤务模式，细分边检队伍职能，突出专业队伍建设，加强口岸情报收集和证件研究水平，进一步提升口岸打击违法犯罪能力。部署浙江省边防辖区、口岸辖区开展为期半年的“三强、两治、一打击”大会战，强化边防业务基层基础工作，强化边防管控能力，强化“平安浙江”系列创建活动。2014年，浙江省共查获边控对象61人次，不准入境人员11人次；查获偷渡人员22人次，在逃人员34人次，违法违规人员1 187人次。针对全国“两会”、亚信峰会、青奥会、十八届四中全会、世界互联网大会等系列重大活动安保任务，浙江省公安边防总队坚持发挥边防职能，以维护口岸安全稳定和促进地方经济建设为己任，扎实开展“百警走访强基础”活动，严厉打击各类违法犯罪活动，保障口岸出入境人员、交通运输工具的安全进出，为浙江省创造了和谐安全的“大通关”环境，圆满完成了“亚太经合组织第一次高官会议”、“两会两展”（第十六届中国浙江投资贸易洽谈会、第三届中国海洋经济投资洽谈会、2014 中东欧国家特色产品展、第十三届中国国际日用消费品博览会）、“国际动漫节”、“海上对台湾客运直航”等大型经济贸易交流活动及多国政要专机等来浙江的出入境边防检查任务。

【浙江海事局积极助力舟山港综合保税区快速发展】 舟山海事局在浙江海事局的指导下，自觉以“舟山群岛新区建设的直接参与者、安全发展的守护者、开拓创业的先行者”的定位和追求，全力提高履职能力，优化通航环境和口岸服务环境，助推舟山港综合保税区快速发展。一是强化巡航巡查，保障良好的通航环境。随着2014年5月5日舟山港综合保税港区码头接靠首艘外轮以来，到港的外轮日益增多。由于保税港区码头西侧有神华国华舟山发电有限公司码头大吨位散货船靠离泊作业，东侧海域有欧华船配等码头进出港船舶作业，在特定环境下给进出保税港区作业船舶正常通航秩序带来一定影响，舟山海事局本着服务优先的原则，提前了解进出保税港区船舶动态，并积极联系发电公司提早掌握靠离泊卸煤船动态等情况，通过日常网格化巡航巡查、AIS 监控和海巡艇护航等方式有效保障综合保税区水域良好的通航环境。积极与当地政府、社区沟通，做好商渔船安全警示教育活动工作，重点打击违章锚泊、涨网、养殖等碍航行为，确保进出港航道的安全畅通。二是优化口岸服务，提升签证查验效率。自 2014 年 4 月 9 日入驻综合保税区通关服务大厅窗口以来，舟山海事积极贯彻“国际航行船舶进口岸办结立等可取”、“全年无休办理进口岸审批工作”和“节假日及特殊情况开通‘绿色通道’”三大原则，扎实做好各项业务办理工作，梳理可能遇到的各项海事业务，包括各种文书核发、涉污作业申请、港内安全作业报备等，并开通专业咨询电话，提供海运危险品运输专业咨询服务，力争提升服务质量，做到进港船舶所有涉海事业务都能在综合保税区窗口“一站式”办理，实现舟山海事政务审批效率走在口岸兄弟单位前列。三是着力先行先试，有效提升监管水平。针对舟山港综合保税区迎来对台贸易专线班轮，开辟内支线集装箱中转新航路等新情况，舟山海事局本着先行先试的理念，主动对接口岸单位，组织一线工作岗位上的“80 后”海事青年对集装箱船开箱工作手册、外轮保税油供受作业监管等海事业务开展专题研究，积极引导海事青年投身到提升履职综合保税区监管水平的研究中去，切实提升海事全面履职综合保税区监管与服务的能力。

【浙江海事局大力支持舟山打造江海联运服务中心】 在 2014 年 11 月 23 日召开的长江沿岸中心城市经济协调会第十六届市长联席会上，舟山明确表示将发挥舟山在长江经济带中的作用，打造长江流域江海联运服务中心，进一步助推舟山群岛新区发展。目前，舟山马迹山矿石、六横煤电、世纪太平洋、岙山兴中石油、老塘山中转 5 个港口，每年超过 1 200 万吨货物以“江海联运”的方式供应给长江流域钢铁、炼化、电力等大型企业。舟山海事局在浙江海事局的指导下，主动作为、服务先行、科学监管，多项举措助推江海联运服务中心的打造，促进舟山群岛新区经济发展。一是在舟山加快推进全天候深水航道、锚地、港口作业船舶基地及各类港航配套设施建设等工作中，积极提供海事技术支持和保障服务；充分利用“安全畅通文明”航区创建平台，定期组织地方政府、各部门及到港船舶企业召开安全管理座谈会，广纳意见建议。二是主动联系武汉、上海、南京等长江流域海事部门及相关航运公司，共同商讨船舶安全监管、协作机制、“文明港口”创建等事宜，为打造从起点到终点的江海联运服务中心提前做足调研。三是促进“江进海”、“海进江”船队组建。主动联系舟山港海运公司、浙江武钢航运公司和浙江浙能通利航运有限公司等港口企业、航运企业、货主单位，促进联盟经营，成功组建航运企业船队10余支。四是开辟运输“绿色通道”，通过实施随时预约安检机制、24小时进出口查验及签证制度、特殊情况预约处置等多项措施，确保船舶航行运输“零待时”；保持与船方、码头和船舶代理等各方的沟通联系，了解需求及其内部运转程序，及时提供海事安全监管优质服务；采取差别式安检选船机制，给予先进合格船舶优惠措施，引导公司加强船舶规范化管理，提高到港船舶技术状况。

【浙江海事局助力舟山群岛新区打造国家远洋渔业基地】 随着中国沿海渔获持续性减少，作为传统渔场区域的舟山群岛，远洋水产品供给需求迫切。舟山海事局在浙江海事局的大力指导下，积极响应舟山群岛新区打造国家远洋渔业基地的建设需求，服务地方民生产业。一是针对远洋渔运船出口岸办理时间紧、办理环节繁杂的特点，调配经验丰富、业务熟练的工作人员开辟绿色通道，确保远洋渔船通关顺畅，并减少“受理—审批”时间，合理简化手续，提高通关效率。二是结合实际，面向渔业乡镇和船舶所有人，通过现场宣传贯彻、送教上门、LED播放等方式，持续深化商船、渔船防碰撞安全警示教育，提升渔船船员安全意识。三是加大现场巡航力度，强化通航秩序的管理。针对大批渔船集中出港，指派海巡艇赴现场监管，监控渔船在客运船舶定线制、通航密集区航行情况，并督促遵守值班规定。四是主动服务舟山远洋渔业基地发展战略，保障保税区渔运船安全靠泊，积极支持地方政府关于加快远洋渔业基地建设战略规划的实施，服务地方产业发展。

开放口岸

【杭州空运口岸（萧山国际机场）】 杭州萧山国际机场位于浙江省杭州市东部萧山区，机场面积10平方千米，地理坐标东经120°26′01″，北纬30°13′46″，距杭州市中心27千米，是我国干线机场、国际定期航班机场。机场拥有两条跑道，可起降空客A380飞机；机场航站楼面积37万平方米，机坪面积90万平方米，能满足年旅客吞吐量3 300万人次，货邮吞吐量80.5万吨，航班起降量26万架次的保障需求。杭州萧山国际机场是由原军民合用杭州笕桥机场迁址新建机场。杭州笕桥机场始建于1935年，1957年成立杭州民用航空站，成为军民合用机场。1979年开通了“杭州—香港”包机。1980年经国务院、中央军委批准，杭州笕桥机场限中国籍飞机飞港澳地区。1997年7月，杭州萧山国际机场动工新建，2000年12月正式建成通航。2003年9月，国务院批复同意杭州航空口岸扩大对外国籍飞机开放。2004年3月，杭州航空口岸通过国家验收，正式对外开放。2007年11月，杭州萧山国际机场二期扩建工程开工。2010年7月新国际航站楼完工并投入使用，新国际航站楼建筑面积9.6万平方米，飞行区站坪及道面面积22.66万平方米，近机位8个，远机位12个，出发层设计44个国际值机柜台，设计年入出境旅客量384万人次，高峰小时1 020人次。2012年12月底、2013年1月初，第二国内航站楼和第二条跑道（北跑道）相继投入使用。第二国内航站楼建筑面积17万平方米，机坪面积40万平方米，近机位31个，远机位11个，出发层设计90个值机柜台，设计年旅客吞吐量1 376万人次，高峰小时3 900人次。北跑道等级为4F级，长3 400米，宽60米，可以起降目前世界上最大的民航客机A380。杭州萧山国际机场内建有独立的口岸工作园区，具有完善的口岸设施及功能（包括落地签证、台胞签注点等），实行“5+2”工作制和24小时通关。截至2014年年底，杭州航空口岸开通了35条定期国际（地区）航线。其中，国际航线有28个通航点，即阿姆斯特丹、亚地斯亚贝巴、德里、多哈、东京、大阪、首尔仁川、釜山、济州、清州、新加坡、吉隆坡、曼谷素万纳普、曼谷廊曼、马来西亚亚庇、柬埔寨暹粒、普吉、巴厘岛、长滩岛、岘港、清迈、巴黎、冲绳、静冈、莫斯科、甲米、韩国襄阳、韩国务安；地区航线有7个通航点，即香港、澳门、台北桃园、台北松山、高雄、台中、花莲。平均每周计划航班量达230班（460架次）。2014年，杭州萧山国际机场共完成旅客吞吐量2 552.6万人次，货邮吞吐量39.9万吨，航班起降21.3万架次。客、货运吞吐量在全国民用机场中分别排在第10位和第7位，运营的定期航线总数达220余条。

2014年，杭州空运口岸完成出入境人员327.07万人次，同比增长16.07%，其中出入境旅客308.03万人次，同比增长14.72%；出入境飞机21 048架次，同比增长11.89%；进出口货物量111 043吨（进口8 668吨，出口102 375吨），同比增长33.69%；进出口快件327.89万件（进口85.2万件，出口242.69万件），同比下降1.93%；进出口货值（含快件）30.84亿美元，同比增长1.26%。

【宁波空运口岸（栎社国际机场）】 宁波栎社国际机场位于浙东鄞西平原，距宁波市中心约12千米，地理座标东经121°27′51″，北纬29°49′30″，是国内重要的干线机场。机场占地面积近2 503万平方米，现有跑道长3 200米，宽60米，配有国际先进的通信导航和航行管制设备，为4E级标准，可满足波音747等大型飞机起降。机坪占地面积14.2万平方米，有16个停机位，其中7个近机位。候机楼总建筑面积4.35万平方米，按年旅客吞吐量380万人次、高峰小时1 700人次的要求建设。地下车库1.33万平方米，可停262辆小车；经整改扩建后的地面停车场总面积约2.5万平方米，可停靠512辆小车和12辆大客车。另有货站及其他周边停车位约300个。货站临时改扩建工程新建国际货站11 965平方米。另已改建完成国内货站10 643平方米，临时货代业务用房1 748平方米，国内分拨棚1 000平方米，国际分拨棚960平方米；扩建卡车监管仓库至2 270平方米。1992年7月，宁波航空口岸经国务院批准正式对外开放，“宁波—香港”直达航班开通；1998年11月，“宁波—澳门—台北/高雄”航线开通；1992年年底国际航空货运业务开通；2005年3月1日，“宁波—香港”全货机航班正式开通。2005年4月1日，宁波航空口岸对外国籍飞机开放得到国务院正式批准，9月2日通过国家验收。2006年4月22日东方航空公司空客A320型客机由宁波直飞韩国首尔国际机场，这是宁波栎社机场升格为国际机场后开通的首条定期国际航线。截至2014年年底，宁波栎社国际机场开通了70余条国内航线，覆盖北京、广州、深圳、珠海、大连、天津、青岛、重庆、成都、昆明、武汉、沈阳、三亚、海口、丽江等国内主要省会及旅游城市；开通了国际和地区定期航线11条，包括宁波至香港、澳门、台北、高雄、台中、曼谷、济州、清州、仁川、釜山和新加坡，平均每周进出境航班130余架次。

2014年，宁波栎社国际机场完成旅客吞吐量6 359 139人次，同比增长16.5%；货邮吞吐量78 024.5吨，同比增长21.4%；飞机起降53 897架次，同比增长16.0%。2014年，宁波空运口岸出入境人员为96.69万人次，同比增长17.39%，其中出入境旅客90.77万人次，首次突破90万人次，再创历史新高，同比增长17.75%；出入境飞机7 581架次，同比增长14.31%；进出口货运量16 152吨，同比增长1.57%，其中转关货运量10 361吨，同比增长3.13%；进出口货值12.66亿美元，同比增长15.16%。

【温州空运口岸（龙湾国际机场）】 温州龙湾国际机场前身是温州永强机场，位于浙江省三大中心城市之一的温州市龙湾区，地处温州东南瓯江口，濒临东海，距离温州市中心21.7千米，地理坐标东经120°51′03″，北纬27°54′46″。温州龙湾国际机场是国家一类航空口岸，国内二级民用机场，现占地面积278.8万平方米，飞行区等级为4D（兼顾4E）级，现有1条长3 200米、宽60米的跑道和1条长3 200米的平行滑行道，场址净空条件及控制区范围保护良好，高峰小时可起降28架次，可保障B767、A330－200及以下机型起降，能够满足年旅客吞吐量1 500万人次的容量要求；候机楼总面积3.65万平方米，其中国内候机楼面积2.3万平方米，国际候机楼面积1.35万平方米；停机坪面积15.4万平方米，可停放25架飞机，登机廊桥8座。温州龙湾国际机场于1987年5月开始建设，1990年7月12日建成通航。1994年9月温州航空口岸获国务院、中央军委批准对外开放（限中国籍飞机飞港澳地区），1995年开通温州至澳门航线，1996年开通温州至香港航线。2011年6月，国务院批复同意温州机场对外国籍飞机开放，2012年7月经国家验收温州机场正式对外国籍飞机开放。设计能力可满足年旅客吞吐量1 300万~1 500万人次的新建T2航站楼暨温州东片综合交通枢纽已经开始施工，将于2017年竣工投入使用。随着工程建设项目的陆续竣工，空运口岸的升级，运输保障能力将得到大幅提升，预计到2018年，温州龙湾国际机场年旅客吞吐量将达到1 000万人次，货邮吞吐量15万吨，将发展成为国内重要干线机场、国际定期航班机场、民用航空大型机场。温州空运口岸已实现罗马、济州等国际正班飞行，开通香港、台北、曼谷、暹粒、清州、普吉岛、巴厘岛等国际和地区航线。

2014年，温州龙湾国际机场完成航班起降量5.91万架次，旅客吞吐量680.22万人次，货邮吞吐量6.88万吨，旅客吞吐量在全国202个民用机场中排名第32位，在浙江省内民用机场中居第2位。其中，出入境人员、出入境旅客、出入境飞机和进出口货运量分别为31.32万人次、30.71万人次、2 438架次和834吨，同比分别增长0.08%、增长1.69%、减少5.76%、减少4.36%。

【义乌空运口岸（义乌国际机场）】 义乌国际机场位于浙江省义乌市西北，距市中心5.5千米，地理坐标东经120°01′54″，北纬29°20′41″，始建于1970年，原为海军训练二级机场。1988年经国务院、中央军委批准为军民合用机场，1991年4月正式开通民用航班。义乌机场历经4次改造和扩建。1993年机场进行第一次改扩建，飞行区技术等级为4C级，跑道由2 200米延长至2 500米，可以起降B737、MD82（减载）等机型，1994年12月底正式交付使用。2005年，义乌机场进行第二次改扩建，扩建国内航站楼及配套设施等工程，其中国内航站楼新建1.66万平方米，停机坪扩建2.6万平方米，航管楼为1 905平方米，货运仓库为2 800平方米，社会停车场面积约为5 320平方米，出租车排队停车场面积约5 110平方米。2007年为满足“中国义乌国际小商品博览会”的需要，义乌机场原国内航站楼改造为临时国际厅，增设国际离、到港流程，建筑面积从2 800平方米增加到6 250平方米，国际候机面积为4 500平方米，其中国际出发厅为3 321平方米，国际到达厅为885平方米。2013年10月，根据航空口岸对外开放的条件，新建国际航站楼12 830平方米，投资2.2亿元，2012年1月6日动工建设，2013年10月底建成，2014年6月通过民航华东管理局验收。其中，一层为国际到达，设检验检疫区、边检区、行李提取区、海关查验区，主要有2条检验检疫查验通道，6条边检查验通道，3条海关旅检通道；二层为国际出发，设检验检疫区、海关通关区、办票和行李托运区、边检区、安检区和候机区，主要有2条检验检疫查验通道，3条海关旅检通道、6个办票台，6条边检查验通道，4条安检X光机检查通道等。此外，拆除临时国际厅建设国际停机坪14 157平方米，扩建停车场4 700平方米。2014年10月，新建联检大楼6 476.2平方米，边防执勤点2 972.82平方米，同时将原国内货站改扩建为临时国际货站1 268.36平方米。义乌机场飞行区技术等级为4C级，可满足B737、A320等机型起降，停机坪面积6万平方米，12个中型客机机位，配备有现代化的仪表着陆系统、气象预报系统、通讯导航系统和进口全套夜航灯光系统，具备复杂天气起降条件。2014年，起降航班1.1万架次，运送旅客120万人次，完成行货邮1.3万吨，同比分别增长1.1%、3.7%、18.6%，旅客吞吐量在全国180个运营机场中排名55位。义乌机场现有国航、南航、海航、昆航、天津航、幸福航等6家航空公司入驻，开通了义乌至北京、广州、深圳、厦门、昆明、珠海、三亚、沈阳、郑州、揭阳、西安、兰州、南宁、晋江、合肥、福州、成都、香港等18个大中城市的航班，旺季周航班量达150余班。从2007年开始，义乌机场连续6年实现临时开放，期间开通义乌至香港客运包机，每次开通时间为3个月或6个月。2014年7月31日，国务院批复同意义乌空运口岸对外开放。10月13日义乌空运口岸通过国家验收，12月19日正式开通义乌至香港航班。截至2014年年底，义乌空运口岸出入境旅客841人次，出入境飞机8架次。

【宁波水运（海港）口岸】 宁波港位于我国历史文化名城和著名沿海港口城市——宁波市，地处我国大陆海岸线中部、南北海岸线和长江"T"形结构的交汇点上，是中国沿海著名的深水良港，是我国对外贸易的重要水运（海港）口岸。宁波港自然条件得天独厚，内外辐射便捷。向外直接面向东亚及整个环太平洋地区。海上至香港、高雄、釜山、大阪均在1 000海里之内；向内不仅可连接沿海各港口，而且通过江海联运，可沟通长江、京杭大运河，直接覆盖整个华东地区及经济发达的长江流域，是中国沿海向美洲、大洋洲和南美洲等港口远洋运输辐射的理想集散地。1979年6月，国务院正式批复宁波港对外开放。宁波港由甬江、镇海、北仑、大榭、穿山、梅山、象山、石浦八大港区组成，现有拥有大、中、小相配套的各类经营性泊位328个（海港码头322个，内河码头6个），其中万吨级大型泊位99个，10万吨级以上特大型深水泊位27个。2014年，宁波港调整优化航线数量和航班密度，积极开发东盟、南亚、西亚等经济板块的21世纪海上丝绸之路新航线，新开航线11条，现共拥有航线228条，其中远洋干线113条，近洋支线62条，内支线21条，内贸线32条；月均航班1 400班，现与世界上100多个国家和地区的600多个港口通航，全球排名前20位的国际班轮公司都已登陆宁波水运（海港）口岸。2014年，宁波港货物吞吐量达5.26亿吨，同比增长6.2%。其中，外贸货物吞吐量2.97亿吨，同比增长7.6%。大宗散货三大主要货种呈现"两增一减"的态势，其中完成铁矿砂吞吐量1.02亿吨，同比增长15.2%；完成原油吞吐量6 152.7万吨，同比增长0.5%；完成煤炭吞吐量7 412.8万吨，同比减少6.5%。

2014年，宁波水运（海港）口岸进口原油4 904万吨，同比增长3.5%；进口铁矿砂3 241万吨，同比下降2.8%；进口煤炭1 007万吨，同比下降28.4%；进口初级形状塑料245.6万吨，同比下降0.2%；进口液化气92.9万吨，同比增长95.4%；进口未锻造的铜及铜材14.6万吨，同比增长63.1%；进口天然橡胶4.3万吨，同比增长38.8%。同期，集装箱吞吐量为1 870万标箱，同比增长11.5%，吞吐量超过釜山港，排名跃至世界第5位、全国第3位。海铁联运业务进展快速，2014年共完成海铁联运13.5万标箱，同比增长28.4%，增幅列全国6个示范通道首位。

【舟山水运（海港）口岸】 舟山港地处我国东部海岸线与长江水道的交汇处，背靠长三角经济腹地，面向太平洋，是东部地区和长江流域重要的对外开放海上门户和通道。舟山港口岸于1986年4月经国务院、中央军委批准对外开放。目前，已经形成定海、老塘山、金塘、马岙、沈家门、六横、高亭、衢山、泗礁、绿华山、洋山等11个港区，开放面积1 302平方千米，拥有一类口岸监管点20个（其中油品码头监管点9个，集装箱码头监管点1个，散杂货码头监管点3个，粮食监管点2个，矿砂监管点1个、煤炭监管点2个，国际客运码头监管点2个），外籍船舶修理企业24家，外轮联检锚地15个，保税仓库18家。2013年1月17日，舟山群岛新区发展规划经国务院正式批复，舟山群岛新区以"大干、实干、苦干、巧干”的精神，全力推进新区建设，探索更加开放型经济的政策，进一步与国际接轨，建成我国东部地区重要的海上开放门户，努力打造成为我国面向环太平洋经济圈的桥头堡。2014 年，舟山港货物吞吐量达 3.47 亿吨，同比增长 10.6%，其中外贸进出口货运量首次突破亿吨大关，达 1.01 亿吨，同比增长 5.1%，位列全国口岸第 7 位、全省第 2 位；进出口集装箱 14.52 万标箱，同比增长 26.9%；进出境船舶 9 086艘次，同比增长 25%，其中外国籍船舶进出境 6 857 艘次，同比增长 42.1%；进出境人员 11.57 万人次，同比增长 16.73% ；外籍船舶修理 1 619 艘次，同比增长 27.3%。主要进口货种包括：矿产品，5 386.51 万吨；原油，2 404.4 万吨；成品油，378.1 万吨；煤炭，939.93 万吨；大豆，381.61 万吨；化工品，29.93 万吨。主要出口货种包括：船舶，310.67 万吨；成品油，65.48 万吨；原油，27.37 万吨；船舶非主机配件，21.52 万吨；水泥，13.89 万吨。

2014 年 10 月 13 日，舟山群岛国际邮轮港正式开港。当日，从台湾基隆港驶来的丽星邮轮公司“宝瓶星号”邮轮载着 1 700 余名台湾游客抵达舟山群岛国际邮轮港，成为开港后的首航船舶。舟山群岛国际邮轮港是舟山目前唯一对外开放的国际客运口岸，也是浙江省首个国际邮轮港。舟山成为继天津、上海、厦门、三亚后国内第 5 个建有国际邮轮码头的城市。舟山群岛国际邮轮港项目总投资约 6.3 亿元，分两期实施。已建成的 10 万吨级（兼靠 15 万吨级）码头全长 356 米，宽 32 米，引桥长 188 米，可满足 15 万吨级国际邮轮全潮通航，设计年客运量约 50 万；用于旅客候船及出入境查验的综合联检大厅占地 6 200 平方米，包括通关查验区、办公区域、游客休闲服务区、候船大厅、换票区、免税商店等，设有 10 个双向出入境查验通道。

【温州水运（海港）口岸】 温州港处于全国海岸线的中间节点，位于全国最早开放的 14 个口岸城市之一的温州市，由状元岙港区、乐清湾港区、大小门岛港区 3 个核心港区，以及瓯江港区、瑞安港区、平阳港区、苍南港区 4 个辅助港区组成。1957 年，温州港口岸经国务院批准对外开放，1964 年 8 月 27 日首艘外轮日本“东宫丸”抵达温州。改革开放后，温州港口岸陆续开放了龙湾码头、龙湾石化码头、小门岛油气中转码头、七里港区码头等 8 个码头和 22 个泊位。“十一五”时期，随着状元岙港区一期 8 号和 9 号两个 5 万兼靠 10 万吨级泊位、七里港区二期两个 2 万吨泊位、浙能乐清电厂 3.5 万吨级卸煤泊位等一批万吨级项目建成投产，温州港口岸由“瓯江时代”向“东海时代”迈进，实现由河口型港向近海深水港、地区性港向沿海枢纽港、集装箱喂给型港向重要支线港发展的三大历史性转变。“十二五”期间，温州港加快重点项目建设，乐清湾港区一期工程完成整体施工并顺利实现开港运营，作为温州首座跨海特大桥的大门大桥实现全桥合拢，七里港区二期工程完成道路堆场交工验收并投入使用，为温甬沪“三港”深化合作打下良好基础。作为浙南地区首个 10 万吨级集装箱专业泊位的状元岙港区二期工程正式开工建设。金属现代物流中心、黄岙二期围涂工程、大门港口物流区促淤堤工程、小门岛西片围涂工程（回填工程）、小门岛中石化 LNG 陆域（料场）工程等项目陆续克服有关困难，项目建设稳步推进。2014 年 2 月，温州港水运（海港）口岸扩大开放正式获国务院批准，共获批岸线 3 966 米、泊位 13 个，核增查验人员编制 131 名。这是温州港由“瓯江时代”向“东海时代”全面跨越的重要标志。2014 年 12 月，温州港状元岙港区通过国家验收。经过多年的发展，温州水运（海港）口岸已经逐步成为浙西南、赣东、闽北等地区对外交流的重要海港口岸。集装箱航线已开通至台湾近洋干线 1 条，至宁波—舟山港、上海港的外贸内支线 3 条，外贸集装箱航线通过直达及内支线与德国、英国、意大利、俄罗斯、美国、南非、阿联酋、日本、韩国、印度、新加坡、中国香港及中国台湾等 80 个国家和地区开展航运业务。内贸集装箱航线可抵达全国沿海及长江流域港口。

2014 年温州港完成货物吞吐量 7 901.05 万吨，同比增长 7.1%，其中外贸货物吞吐量 428.16 万吨，同比减少 3.78%；集装箱吞吐量 60.38 万标箱，同比增长 5.9%，其中外贸集装箱 13.81 万标箱，同比减少 3.43%；出入境船舶 1 099 艘次，同比减少 1.88%。主要货种完成情况包括：煤炭及制品，2 250.64 万吨，同比增长 13.3%；石油、天然气制品，421.42 万吨，同比增长 4.8%；金属矿石 286.82 万吨，同比增长 27.5%；钢铁 165.28 万吨，同比下降 16.3%；矿建完成 2 112.58 万吨，同比增长 2.7%；水泥 487.04 万吨，同比增长 40.9%；粮食 6.1 万吨，同比下降 20.2%；台湾集装箱航线 20 443 标箱，同比下降 9.3%；外贸集装箱出口 56 505 标箱，同比增长 5.1%。

【台州水运（海港）口岸】 台州港位于浙江中部沿海，地处我国海岸带中段，是浙中沿海的水运枢纽，港口资源丰富，海岸线长 745 千米，占全省的 28%。2001 年交通部批准台州市港口统一更名为台州港，实现“一城一港”、港城同名的发展格局。台州港由海门、大麦屿、健跳、临海、路桥和温岭等 6 个港区组成。台州水运（海港）口岸（原名海门港口岸）系水运海港一类口岸，由海门港区和大麦屿港区组成。海门港口岸于 1983 年 11 月经国务院批准开展国轮外贸运输业务，1989 年 5 月国务院批准对外轮开放，验收合格后国务院于 1990 年 10 月 1 日公布对外开放。此后，国务院、浙江省人民政府根据台州对外开放需要，陆续批准临海红光液化气专用码头、大陈岛海上水产品交货点两个一类口岸，现并入台州水运（海港）口岸统一管理。2008 年 4 月 18 日，国务院批准浙江海门港口岸更名为台州港口岸及大麦屿港区扩大开放，并给驻台州查验单位增加了查验人员编制。2011 年 9 月，大麦屿港区通过国家对外开放验收，同年 12 月交通运输部公布对外开放。台州水运（海港）口岸现有开放水陆域面积 770 平方千米，范围包含健跳、临海、海门、黄岩、路桥和温岭港区，在建的三门核电厂、市金属资源再生产业基地，待建的市石化基地和待开放的码头，船舶修造企业等一批重大项目均在其中。台州水运（海港）口岸现有开放泊位 14 个。海门港区有 5 000 吨级外贸泊位 4 个（其中 5 000 吨级集装箱专用泊位 2 个），3 000吨级外贸泊位 5 个；大麦屿港区有 7.4 万吨级外贸专用泊位和 7 万吨级多用途外贸泊位各 2 个；外贸货物堆场总面积 31.6 万平方米，建有 8 个口岸监管场所。台州水运（海港）口岸有 4 家保税仓库，分别是中石化椒江九条坑保税油库、温岭捷运公用型保税仓库、三门中亚公用型保税仓库和浙江陆通物流有限公司公用型保税仓库，前 3 家已开展经营业务，浙江陆通物流有限公司公用型保税仓库于 2013 年 12 月批准设立。2014 年 6 月 30 日，台州港口岸大麦屿港区对台湾海上直航客货滚装码头对外启用工作顺利通过验收，7 月 11 日获浙江省政府批准对外启用。大麦屿港区对台湾客货运直航转入常态化，将在浙（江）台（湾）经贸合作区等建设中发挥重要作用。2014 年，大麦屿港区对台湾客运直航完成进出境船舶 76 艘次，查验通关旅客16 608 人次，同比分别增长 137.5% 和 24.2%。

2014 年，台州港完成货物吞吐量 6 048.7 万吨，同比增长 7.5%，其中外贸货物吞吐量 869.3 万吨，同比下降 12.8%；集装箱吞吐量 15.43 万标箱，同比下降 7.4%，其中外贸集装箱吞吐量 4.59 万标箱，同比下降 14.3%；出入境船舶2 391艘次，其中外轮 2 268 艘次；出入境船员29 195 人次。按货种分，完成煤炭吞吐量 1 442.1万吨，矿建 2 114.0 万吨，钢铁 331.8 万吨，水泥443.2万吨，石油187.1万吨，裸装进口废旧金属161.6万吨，同比分别下降10.1%、增长27.8%、增长11.6%、增长37.3%、下降5.2%、下降4.4%。

【嘉兴水运（海港）口岸】 嘉兴港（原名乍浦港）位于浙北地区的杭州湾北岸，地处沪、杭两市中间的浙江省嘉兴市境内，是浙江北部唯一的出海门户，是全国海河联运主要港口之一，毗邻上海浦东，陆上距上海95千米，距杭州117千米，距嘉兴43千米；海上距上海122海里，距洋山港区53海里，距宁波港74海里。嘉兴港自东向西由独山、乍浦、海盐三大港区组成。其中，乍浦港区于1993年3月经批准开办国轮外贸运输业务，1994年5月经批准临时接靠外国籍船舶，1996年1月经国务院同意对外国籍船舶开放，2001年4月正式通过国家一类口岸开放验收对外开放。2014年12月24日，国务院批复同意乍浦港口岸更名为嘉兴港口岸并扩大开放。截至2014年年底，嘉兴港已建成各类生产性泊位46个（其中万吨级以上泊位33个），年设计货物吞吐能力5 873万吨（含18.2万标箱）；共有对外开放码头8个（泊位12个，其中万吨级以上泊位11个）。独山港区是嘉兴港最具开发潜力的深水港区，以承担煤炭、粮食等大宗干散货、液体化工品、件杂货运输及集装箱中转为主，后方建设煤炭、粮食物流园区，依托港口发展临港工业，逐步建设成为具有货物装卸储存、现代物流、临港工业等多功能的综合性港区。乍浦港区主要建设液体化工、件杂货、多用途泊位，后方建设综合物流园区，为嘉兴港区、嘉兴出口加工区和嘉兴市及周边地区生产、生活所需原材料及产成品的运输服务，逐步建设成为装卸储存、保税加工、现代物流、商务信息等多功能的综合性港区。海盐港区主要建设散杂货、多用途泊位，后方建设散杂货物流园区，重点发展临港工业，为浙江海盐经济开发区、大桥新区和腹地生产、生活所需货物的运输及经济发展服务，逐步建设成为具有货物装卸储存、临港工业、现代物流等多功能的综合性港区。嘉兴水运（海港）口岸已与日本、韩国、俄罗斯、美国、沙特阿拉伯、伊朗、澳大利亚、英国、荷兰、南非等40多个国家和地区的近百个港口建立了运输往来。作为宁波港、上海港的喂给港，嘉兴港集装箱业务可覆盖全球运输网络。

2014年，嘉兴港完成货物吞吐量6 880.35万吨，同比增长4.17%；集装箱吞吐量完成115.14万标箱，同比增长14.54%。外贸货物吞吐量完成901.06万吨，同比增长4.83%。其中，进口货物为681.5万吨，同比增长2.6%；出口货物为219.56万吨，同比增长12.43%。外贸集装箱吞吐量完成33.64万标箱，同比增长8.56%。其中，进口集装箱19.57万标箱，同比增长3.05%；出口集装箱14.07万标箱，同比增长17.25%。从进出口货物情况看，嘉兴港水运（海港）口岸外贸货物以进口为主，出口货物以集装箱运输为主。外贸进出口货物排前3位的货物有：适箱货物，467.49万吨；化工品，218.09万吨；油品类，144.1万吨。三者同比分别增长4.9%、下降17.83%、增长29.52%。

宁波市

【口岸运行数据】 2014年，宁波港货物吞吐量为5.26亿吨，同比增长6.16%。其中，外贸货物吞吐量2.97亿吨，同比增长7.58%；集装箱吞吐量1 870.03万标箱，同比增长11.49%，其中外贸集装箱吞吐量为1 562.36万标箱，同比增长10.32%；出入境船舶15 798艘次，同比下降8.41%。2014年宁波空运口岸出入境飞机7 581架次，同比增长14.3%；出入境旅客90.77万人次，同比增长17.75%；进出口货运量16 152吨，货值12.66亿美元，同比分别增长1.57%、15.16%，其中转关货运量10 361吨，同比增长3.13%。铁路监管点累计完成出口集装箱5 451标箱，同比增长10.03%。

2014年，宁波口岸进出口贸易额累计达2 185.75亿美元，同比增长3.1%。其中，出口1 449.46亿美元，同比增长8.2%；进口736.29

亿美元，同比下降5.6%。累计贸易顺差713.17亿美元。以人民币计价，宁波口岸进出口贸易额累计达13 428亿元人民币，同比增长2.1%。其中，进口4 523亿元，同比下降6.6%；出口8 905亿元，同比增长7.1%。异地企业经宁波口岸进出口总值为8 563.5亿元人民币，同比增长2.8%，增速高于宁波本地企业2个百分点，占同期宁波口岸进出口总值的63.8%。其中，浙江省内异地企业经宁波口岸进出口4 586.4亿元，同比增长0.8%，占异地企业进出口总值的53.6%。其中，绍兴、台州和杭州企业位居浙江省内异地企业在宁波口岸进出口值的前3位，分别进出口1 017.5亿元、883.8亿元和862.8亿元，同比分别增长1%、下降1.4%和增长1.2%。浙江省外异地企业经宁波口岸进出口3 977.1亿元，同比增长5.3%，占异地企业进出口总值的46.4%。其中，北京企业经宁波口岸进出口总值最大，达2 154.9亿元，同比下降1.9%；宁夏企业经宁波口岸进出口总值增幅最大，共进出口7.2亿元，同比增长8.8倍；四川、重庆、云南、贵州、甘肃、新疆维吾尔自治区、海南、青海及内蒙古自治区等地企业经宁波口岸进出口均出现成倍增长。

【口岸综合管理】 出台《宁波市人民政府关于进一步加强和改善口岸工作的若干意见》（甬政发〔2014〕44号），印发《宁波市人民政府办公厅关于印发宁波口岸2014年工作要点和2014年宁波口岸大通关建设实施方案的通知》（甬政办发〔2014〕99号），完成《宁波口岸开放规划意见（2016—2020年）》的编制工作。宁波市口岸与打私办向宁波市委、市政府提出《关于争取在宁波市开展国际贸易便利化综合改革试点的建议》，并向宁波市人大建议将其作为议案在全国人大期间提出。加强口岸研究，与浙江万里学院共同成立宁波口岸研究中心；确定了《宁波口岸实现“单一窗口”功能的研究》（此课题被宁波市委、市政府列为2014年重点资助课题）、《宁波跨境贸易电子商务规划及政策研究》、《宁波口岸白皮书》、《宁波口岸环境评介指标体系的建立及口岸发展指数的研究》等课题，单独或由口岸研究中心进行研究；开展宁波口岸集装箱运输应急机制调研，形成《关于进一步优化宁波港道路集装箱运输环境的有关建议报告》；开展宁波口岸集中查验设施建设调研，加快口岸查验和保障设施建设，建立口岸查验和保障设施建设项目库，探索口岸查验和保障设施的标准化，切实完善与港口开放相适应的查验配套设施。创办《宁波口岸》杂志，努力把该杂志办成具有权威性、指导性、创新性，兼具实用性、可读性和传播性的综合性杂志，为宁波口岸全面深化改革提供舆论支持和文化支撑；在前期试刊的基础上，2014年出版了《宁波口岸》杂志4期（含试刊）。在口岸协调服务方面，浙江造船厂出口船口岸交接和军用特资接卸的口岸协调工作顺利完成，宁波边检站镇海分站改扩建顺利推进，积极协调推进宁波各边检站干部家属参加市级医保。

【国际卫生港创建取得阶段性成果】 宁波自大榭港区创建国际卫生港以来，在2012年提出了全港创建国际卫生港，不但在全国，在全球也是第一个城市。宁波市口岸打私办作为市创建国际卫生港领导小组办公室主任单位，牵头做好方案拟订、现场踏勘、协调解决相关问题，推进宁波创建国际卫生港展厅施工、创建国际卫生港宣传片脚本制作，以及22万字中文和45万字英文材料编印；完成创建国际卫生港前期3次实地测评自查自评。7月3日穿山、梅山港区创建国际卫生港口通过世界卫生组织实地验收考核，两港区分别得到了95.1分和94.8分的高分，双双创造了国内创建国际卫生港成功口岸现场实地测评的最高分，正式成为中国第7个与第8个国际卫生港口。2014年7月5日~6日，加强《国际卫生条例（2005）》指定入境口岸核心能力建设国际研讨会在宁波召开，国务委员王勇发来贺信，世界卫生组织总干事陈冯富珍、国家质检总局局长支树平、宁波市市长卢子跃出席会议。来自世界各国、世界卫生组织全球各区域及中国质检系统代表共180余人参加研讨会。研讨会期间，陈冯富珍在支树平的陪同下，深入一线考察口岸核心能力建设情况。截至2014年6月15日，中国259个正式运营的对外开放口岸已全部通过达标验收，在全球作出突出表率。作为中国口岸核心能力建设的典范，宁波在口岸核心能力达标基础上首创的全港创建国际卫生港模式得到国家质检总局和世界卫生组织一致肯定。研讨会上，世界卫生组织向中国颁发世界卫生组织合作中心证书，并为宁波穿山、梅山港区国际卫生港口授牌。宁波全港创建国际卫生港第一阶段取得了圆满成功。

【"一体两翼"通关服务平台功能不断完善】 以宁波国际航运服务中心为一体，宁波海港通关中心和空港快件监管及通关中心为两翼，辐射全口岸的"一体两翼"实体通关平台服务体系全面优化，集大通关及政务服务平台、电子口岸及物流信息服务平台、航运交易及服务企业集聚平台于一体的三大功能不断强化，服务水平不断提高，业务量持续上升。海关90%以上报关业务、国检90%以上报检业务在航运中心和海港通关中心完成。各进驻单位结合自身工作特点，创立服务品牌，推出服务举措，如宁波海关的"通关我帮您"，宁波出入境检验检疫局推出"窗口服务标准化"，宁波海事的"蓝丝带"等，不断优化口岸环境。宁波空运口岸国际快件业务发展较快，出入境快件量位列全国前10名；服务水平不断提高，空港国际进出港货物由原来的"5+2"通关服务转变为"6+1"通关服务。

【口岸大通关建设再上台阶】 "三个一"通关模式于2014年9月23日正式实施，12月10日推广至宁波口岸各通关现场。至2014年12月31日，宁波口岸"三个一"工作实现"一次申报"178票、"一次查验"2 347票，"一次放行"27 906票。试点海关出口货物放行无纸化，首批选择15家企业进行试点；拓展宁波口岸红木进口，完成《关于东阳红木进口有关情况的调研报告》，优化红木进口监管流程，红木进口量大幅增长；会同宁波市发展改革委联合下发《关于进一步规范进出口环节收费工作的通知》，加大对口岸经营性收费和行政事业性收费的监管力度，有效遏制宁波口岸收费不透明、随意收费和变相垄断收费等现象的发生；拓展区域合作，贯彻落实长三角区域大通关第六次联席会议精神，加强与浙江省内港口联盟和腹地城市的合作，构建宁波口岸大通关合作体系。与浙江省口岸办、安徽省口岸办共同举办了长三角口岸城市群大通关合作浙皖对接会。赴京津冀、苏皖开展区域通关一体化调研，完成《关于宁波口岸在推进长三角区域通关一体化中有关意见建议》调研报告。自2014年9月22日长江经济带海关区域通关一体化改革启动以来，货物通关顺畅，企业反映良好，宁波口岸的辐射范围进一步扩大。开展"海铁联运"物流市场调研，与中西部城市签署"海铁联运"合作框架协议，建立不同关区间的沟通协调机制，积极拓展"海铁联运"腹地，不断优化和完善口岸功能。

【跨境贸易电子商务试点工作全国领先】 宁波市是国内首批5个开展跨境贸易电子商务服务试点城市之一。在宁波市跨境贸易电子商务服务领导小组的具体领导下，宁波市口岸打私办牵头组织调研，提出推进试点工作的具体措施，明确跨境贸易电子商务资金政策扶持方向，做好跨境贸易电子商务人才培训及宣传推广。成功举办中国（宁波）跨境贸易电子商务论坛并完成《宁波口岸》杂志跨境论坛特刊的发行。研究制订《宁波市跨境贸易电子商务服务试点项目进口业务模式新增方案》（甬政办函〔2014〕15号）向海关总署报送并获批。牵头协调各方力量确保"双11"活动的顺利开展，并促成宁波市政府与阿里巴巴签署战略合作协议。宁波检验检疫局出台《入境电子商务检验检疫监管工作规范》和《入境电子商务电商能力认定工作规范》，将跨境电子商务监管模式从2014年年初试点的一次检验检疫监管模式转变为年中的"入区检疫、区内监管、出区核查、后续监督"检验检疫监管"宁波模式"，实现"进得来、管得住、放得快"的目标，推动宁波跨境电子商务发展走在全国前列。2014年12月29日，跨境贸易电子商务保税集货模式在宁波栎社保税物流中心正式试运行。2014年，宁波跨境贸易电子商务进口业务发展势头良好，单量和货值均居全国各试点城市之首。

【电子口岸建设再上台阶】 推进宁波电子口岸政务项目建设，优化提升宁波电子口岸信息平台功能，开发建设了“三个一”试点项目、检验检疫海事危险化学品联合监管系统、检验检疫口岸物流信息平台、海事现场查验集装箱风险监控系统、宁波海事台湾直航船舶申报系统、宁波海关出口无纸放行、新舱单（二期）系统、海事国际航行船舶电子查验系统等8个政务项目。加大对平台的考核力度，确保平台稳定运行。2014年共办理宁波地区中国电子口岸入网企业3 481家，同比增长42%，比历史最高的2011年2 575家超出近千家。截至2014年年底，宁波地区共有入网企业28 453家，制发卡135 057张。

【航运交易所建设多头推进】 宁波航运交易所经过两年多的建设和发展，以国家发展改革委航运交易电子商务服务试点项目为核心功能的航运交易平台基本建成，船舶在线竞拍平台正式上线并试拍成功；船舶、航运人才、集装箱舱位等航运产业要素市场框架基本形成，截至2014年年底，宁波航运交易所注册会员累计3.5万余个，完成交易额38.62亿元，其中航运舱位交易市场完成交易量43.8万标箱，交易额24.1亿元；船舶交易市场完成船舶交易121艘，交易额达14.02亿元；航运服务人才市场完成交易额0.5亿元。首个“宁波航运价格”海上丝路指数之宁波出口集装箱运价指数（简称NCFI）发布后，在国家提出21世纪海上丝绸之路战略的背景下，于2014年4月份启动了海上丝路航运贸易综合指数研究，9月份在2014中国（宁波）智慧航运高层论坛上，发布了海上丝路指数之宁波出口集装箱运价指数的全部21条分航线指数及综合指数；研发智慧航运综合服务体系，9月份“悦龙智航”智慧航运管理服务平台正式启动，作为基于智慧航运管理理念及云服务、大数据等技术打造的信息化公共平台，将助推航运经济转型升级；搭建船舶司法拍卖公共平台，开设了船舶交易鉴证服务、船舶评估、船员证书办理窗口；9月份由宁波航运交易所和波罗的海交易所共同主办的海上丝绸之路——航运融资和大宗商品贸易研讨会在伦敦举行，双方就开发海上丝路指数、交流航运人才、航运金融衍生品研发等内容签署了合作框架协议。12月11日，国内首个境内海运费网上支付试点业务在宁波启动。用户只需开通登录宁波航运订舱平台所属“物贸汇平台”完成简单的签约备案后，即可向平台里的船代公司支付海运费等相关费用，方便快捷。这一重大外汇管理政策的突破解决了国际物流电子商务创新中的资金结算问题，标志着宁波成为全国首个实现出口集装箱订舱全流程电子商务服务的城市。出口集装箱订舱实现网上全流程服务有利于打破国际海运市场的垄断，形成更为公平透明的运输价格，从而使得参与其中的外贸出口企业直接受益。

【口岸中介服务业诚信体系建设有效推进】 继续深入贯彻实施《关于提升宁波口岸中介代理业发展水平若干意见》（甬政发〔2011〕1号）文件；研究制定《宁波市评选50强口岸服务业评选办法》，开展宁波市50强口岸服务评选；宁波市国际货运代理企业诚信评估平台建设项目进一步完善；提高培训力度和广度，加强信用管理，提高进出口企业守法、升类意识。截至2014年年底，宁波关区AA类企业89家，A类企业2 965家，同比分别增长11.3%和14%。国检AA类企业10家，A类企业1 385家，A类以上企业同比增长12%。强化差别管理，每月定期监控企业查验，强化企业“守法便利，违法惩戒”意识；加大结对帮扶力度，2014年宁波市口岸打私办筛选出12家A类企业进行结对，使结对帮扶企业总数达到了59家。海关也加强重点企业帮扶工作，共结对重点企业109家，研究制定了绿色通道、优先办理、预约加班、查验便利等11项针对性帮扶措施，力争通过“点对点”帮扶的形式，促进企业做大做强，使其尽早进入海关AA类企业行列；优化多部门联合执法，强化深度合作，提高综合治理整体合力，专案合作办理取得明显成效。

浙江省口岸大事记

1月3日

中共中央政治局委员、国务院副总理汪洋在商务部部长高虎城、海关总署署长于广洲、国务院副秘书长毕井泉、浙江省省长李强的陪同下赴义乌考察外贸工作。

1月8日

舟山港综合保税区一期正式封关运行。浙江省委书记、省人大常委会主任夏宝龙出席封关运行仪式。

1月20日

“义新欧”（义乌—中亚五国）国际集装箱专列开通，标志着义乌直达中亚的国际铁路联运物流大通道基本建成，这是义乌响应新丝绸之路国家战略，进一步深化国际贸易综合改革试点的新举措。

1月29日

义乌保税物流中心（B型）获海关总署、财政部、国家税务总局、国家外汇管理局联合批复同意设立。义乌保税物流中心是继宁波栎社保税物流中心、杭州保税物流中心之后，浙江省第3个保税物流中心，也是浙中西部地区首个保税物流中心。

2月19日~21日

2014年APEC海关手续分委会（SCCP）第一次会议在宁波召开。中国APEC副高官、贸易投资委员会（CTI）主席、APEC秘书处代表和来自APEC全部21个经济体的海关代表50余人参会。中国海关承办此次会议并担任主席。

2月21日

温州水运（海港）口岸扩大开放（状元岙港区和平阳港区）获国务院批复同意。这是温州港由“瓯江时代”向“东海时代”全面跨越的重要标志。

2月27日

波罗的海交易所总裁Jeremy Penn一行到宁波航运交易所考察交流。

3月11日

浙江省口岸与反走私工作会议在杭州市召开。

4月8日

舟山保税燃料油供应中心正式启动。建设保税燃料油供应中心，确立我国在东亚地区保税燃料油供应市场体系中的战略地位，对提升我国对外开放服务水平，提高港口和航运竞争力，赢得国际贸易主动权具有重要的战略意义。

4月21日

萧山机场海关被全国总工会评为“全国工人先锋号”荣誉称号。

5月7日

中国·杭州跨境贸易电子商务进口业务启动暨产业园开园仪式在杭州经济技术开发区（下沙）出口加工区举行，由浙江电子口岸有限公司承建的杭州跨境贸易电子商务通关服务平台（进口）正式上线运行。

5月15日

浙江欧华造船股份有限公司3号码头（3万吨级）、2号船坞（8万吨级）对外启用顺利通过浙江省政府组织的正式验收。

5月16日

浙江电子口岸有限公司承建的交通运输行业现代物流协同创新平台被交通运输部认定为交通运输行业以企业为主体协同创新平台。

5月20日

浙江电子口岸有限公司规划建设的“跨境一步达”网站正式上线。该网站是杭州市跨境贸易电子商务服务试点项目的门户网站。

6月27日

新加坡胜安航空公司复航“杭州—新加坡”航线。新加坡驻华大使、新加坡驻上海领事馆总领事参加了首航活动。胜安航空是新加坡航空公司旗下的全资区域子公司，也是第一家加盟杭州空运口岸的外国航空公司，曾于1994年在杭州笕桥机场开通浙江省首条国际航线——“杭州—新加坡”航线，为培育浙江省国际航空市场，推动杭州空运口岸的发展作出了贡献。

6月30日

台州水运（海港）口岸大麦屿港区对台湾海上直航客货滚装码头对外启用顺利通过浙江省政府组织的正式验收。

舟山市口岸工作领导小组出台《舟山口岸保税燃料油供应企业诚信管理办法（试行）》，对所有参与该项业务的企业执行诚信管理，对违规企业实行“黑名单”制。

7月1日

金华跨境贸易电子商务通关公共服务平台（出口）在金义都市新区上线运行。金华成为继杭州、宁波之后，浙江省又一个开展跨境贸易电子商务实质性运作的城市。

7月3日

浙江舟山中海粮油工业有限公司和润物流码头（3 000吨、5 000吨级泊位）对外启用顺利通过浙江省政府组织的正式验收。

宁波水运（海港）口岸穿山、梅山港区创建国际卫生港口通过世界卫生组织实地验收考核，正式成为中国第7个与第8个国际卫生港口。

7月5日~6日

加强《国际卫生条例（2005）》指定入境口岸核心能力建设国际研讨会在宁波召开。国务委员王勇发来贺信，世界卫生组织总干事陈冯富珍、国家质检总局局长支树平出席会议。研讨会上，世界卫生组织向中国颁发了世界卫生组织合作中心证书，并为宁波穿山、梅山港区国际卫生港口授牌。

7月6日

由俄罗斯奥伦堡航空公司执飞的“杭州—莫斯科”定期包机直达航线顺利首航，这是浙江省又一条洲际航线和第一条直达俄罗斯的航线。

7月14日

台州市政府专门发布《台州市人民政府关于划定口岸监管区内口岸限定区域范围的通告》（台政发〔2014〕34号），明确了台州边检站6个货运码头、5家涉外航修船厂及大麦屿边检站2个货运码头、1个客运码头的口岸限定区域划定范围。

7月31日

义乌空运口岸对外开放获国务院批复同意。这是义乌国际贸易综合改革试点取得的重大成果。义乌空运口岸是浙江省第4个空运口岸。

8月1日

宁波至义乌进口五大类法检货物转检试点开始实施，宁波口岸成为全国首个试点“进口货物直通放行”的口岸。

8月4日

第五期中俄海关通关知识培训班在宁波举行。本期培训班是中俄海关2014年度重点合作项目，230余名从事中俄双边贸易的中俄双方企业界代表参加此次培训。俄罗斯联邦海关署通关监管总局局长茹科夫出席开幕式并致辞。

9月3日

由海南航空执飞的“杭州—西安—巴黎”国际航线顺利首航。该航线是杭州空运口岸第二条欧洲定期航线。

9月16日

舟山水运（海港）口岸沈家门、六横、泗礁港区水陆域范围扩大开放和条帚门航道、福利门航道对外籍航行船舶开放获相关部门批复同意。

9月23日

宁波外运国际集装箱货运有限公司通过宁波电子口岸开发的“一次申报”平台录入一批来自美国的铜废碎料信息，分别向梅山海关和梅山检验检疫局发送并被顺利受理，标志着宁波口岸关检合作“三个一”通关模式在梅山港区正式启动。

10月9日

国家质检总局发布2014年第106号公告，公布了第一批进境粮食指定口岸名单。宁波水运（海港）口岸金光粮油公司码头、宁波光明通用码头、第二港埠公司散杂货码头3个查验点和舟山水运（海港）口岸老塘山港区查验点获得进境粮食指定口岸资质。

舟山水运（海港）口岸舟山长宏国际船舶修造有限公司、浙江东邦修造船有限公司、常石集团（舟山）造船有限公司码头船坞和舟山群岛国际邮轮码头对外启用顺利通过浙江省政府组织的正式验收。

10 月 10 日

义乌保税物流中心（B 型）顺利通过海关总署、财政部、国家税务总局、国家外汇管理局联合验收。

10 月 13 日

义乌空运口岸对外开放顺利通过国家验收。这对于深化义乌国际贸易综合改革试点，打通义乌国际贸易通道，构建国际贸易便利化体系，推进国际小商品贸易中心和建设国际陆港城市具有重要意义。

舟山群岛国际邮轮港正式开港。舟山群岛国际邮轮港是舟山目前唯一对外开放的国际客运口岸，也是浙江省首个国际邮轮港。舟山成为继天津、上海、厦门、三亚后国内第 5 个建有国际邮轮码头的城市。

10 月 14 日

浙江省委书记、省人大常委会主任夏宝龙莅临浙江电子口岸有限公司，视察指导浙江省大通关公共服务平台、国家交通运输物流公共信息平台、跨境贸易电子商务通关服务平台等建设运营维护工作。

10 月 16 日

义乌市场采购商品认定体系，涵盖市场采购贸易各方经营主体和贸易全流程的市场采购综合管理系统顺利通过由商务部牵头、国家发展改革委、财政部、海关总署、国家税务总局、国家工商总局、国家质检总局和国家外汇管理局等 8 个部委的联合验收。

10 月 20 日

杭州空运口岸开始对 51 个国家实行 72 小时过境免签政策。杭州空运口岸是我国内地继北京、上海、广州之后第 10 个实施 72 小时过境免签政策的空运口岸，也是继广州之后第 2 个把过境停留活动区域扩大到全省范围的空运口岸。

11 月 1 日

首票以市场采购贸易方式（代码 1039）申报出口的小商品货物在义乌海关成功报关并顺利出运，标志着市场采购贸易方式真正落地并进入实质性出口监管操作阶段。

11 月 18 日

“义新欧”中欧班列（义乌—马德里）正式开通。“义新欧”中欧班列是世界上线路最长、途经国家最多的国际铁路货运班列，是中国东部沿海地区通往欧洲的第一条国际铁路联运物流大通道，是义乌市乃至浙江省融入丝绸之路经济带和 21 世纪海上丝绸之路国家战略建设的重大举措。

义乌保税物流中心（B 型）正式封关运行。

11 月 19 日 ~20 日

中共中央政治局常委、国务院总理李克强，在中央书记处书记、国务委员兼国务院秘书长杨晶，浙江省委书记夏宝龙、省长李强，以及有关国部委主要负责人陪同下，到义乌视察指导工作。

12 月 11 日

国内首个境内海运费网上支付试点业务在宁波启动。这一重大外汇管理政策的突破解决了国际物流电子商务创新中的资金结算问题，标志着宁波成为全国首个实现出口集装箱订舱全流程电子商务服务的城市。

12 月 13 日

浙江电子口岸有限公司承建的交通物流信息工程技术研发中心被国家交通运输部认定为交通运输物联网信息行业唯一国家级工程技术研发中心。

12 月 17 日

宁波水运（海港）口岸扩大开放（梅山港区集装箱码头 1 ~5 号泊位及北仑港区四期集装箱码头 2 号泊位）顺利通过国家验收。

12 月 18 日

温州水运（海港）口岸扩大开放（状元岙港区 8 号、9 号泊位）顺利通过国家验收。

12 月 19 日

义乌空运口岸正式开放暨香港航班首航仪式在义乌机场举行。

12 月 22 日

由港龙航空执飞的 KA620 航班从香港飞抵杭州，搭乘该航班的邓智杰先生幸运地成为 2014 年杭州萧山国际机场第 300 万名出入境旅客。杭州空运口岸年出入境客流量首次突破 300 万人次，成为我国内地继上海（浦东国际机场）、北京、广州之后第 4 个年出入境客流量超过 300 万人次的空运口岸。

12 月 24 日

国务院批复同意浙江乍浦港口岸更名为嘉兴港口岸并扩大开放（独山港区和海盐港区）。扩大开放后，嘉兴港基本上实现全港域对外开放。

长三角区域大通关建设协作第七次联席会议在杭州市召开。上海、江苏、浙江、安徽三省一市的有关负责人出席会议，浙江省副省长梁黎明出席会议并作讲话。会议签署了 5 项合作备忘录。

12 月 25 日

由北京首都航空公司执飞的“杭州—静冈”定期直达航线顺利开通。静冈是杭州机场继东京、大阪、冲绳之后开通的第 4 个日本航点。1982 年，浙江省与静冈县缔结了友好省县关系。

12 月 26 日

义乌跨境贸易电子商务通关公共服务平台（出口）在义乌跨境电子商务监管中心上线运行。

12 月 29 日

首批宁波跨境电商集货模式下的进口商品从宁波栎社保税物流中心跨境贸易（进口）电子商务专用仓库发出，标志着宁波栎社保税物流中心跨境贸易电子商务业务开始试运营。

（撰稿人：陈展、钱风云、王静、潘思蔚、周燕华、卢文津、崔猛、汤军、邱琳、陈燕燕、李奕晨、赵华明、汤征国、程斐、冯秀妃、程芝娟）

2014 年浙江省口岸流量统计表

口岸类型		口岸名称	货运量（万吨）				集装箱量（万标箱）				人员（万人次）				交通工具（辆、艘、架、列次）			
			出口	进口	合计	同比（%）	出口	进口	合计	同比（%）	出境	入境	合计	同比（%）	出境	入境	合计	同比（%）
空运口岸		杭州航空口岸	10.24	0.87	11.10	+33.69					162.10	164.97	327.07	+16.07	10 493	10 555	21 048	+11.89
空运口岸		宁波航空口岸	1.11	0.51	1.62	+1.57					47.68	49.00	96.69	+17.39	3 791	3 790	7 581	+14.31
空运口岸		温州航空口岸	0.01	0.07	0.08	-4.36					15.47	15.85	31.32	+0.08	1 218	1 220	2 438	-5.76
空运口岸		义乌航空口岸			0.00						0.04	0.05	0.09		4	4	8	-
空运口岸		分计	11.35	1.45	12.80	+28.26					225.30	229.87	455.17	+15.10	15 506	15 569	31 075	+10.86
水运口岸	海港口岸	宁波港口岸	10 576.50	19 146.30	29 722.80	+7.58	798.52	763.84	1 562.36	+10.32	9.72	13.47	23.20	-2.89			15 798	-8.41
水运口岸	海港口岸	舟山港口岸	464.66	9 654.45	10 119.11	+5.10	0.40	14.12	14.52	+26.90	5.55	6.01	11.57	+16.73			9 086	+25.00
水运口岸	海港口岸	温州港口岸	54.41	373.75	428.16	-3.78	7.34	6.46	13.80	-3.43	0.36	0.19	0.56	+7.74			1 099	-1.88
水运口岸	海港口岸	台州港口岸	48.50	820.80	869.30	-12.80	2.36	2.23	4.59	-14.30	1.81	2.76	4.57	+2.98			2 391	-12.90
水运口岸	海港口岸	嘉兴港口岸	219.56	681.50	901.06	+4.83	14.07	19.57	33.64	+8.56	1.43	1.51	2.95	+0.17			986	-4.83
水运口岸	海港口岸	分计	11 363.63	30 676.80	42 040.43	+6.26	822.68	806.22	1 628.90	+10.19	18.89	23.95	42.84	+2.74			29 360	-0.19
水运口岸	河港口岸																	
水运口岸	河港口岸	分计																
合计			11 374.98	30 678.25	42 053.23	+6.27	822.68	806.22	1 628.90	+10.19	244.18	253.82	498.00	+13.92			60 435	+5.20
同比（%）			+9.09	+5.26	+6.27		+10.58	+9.80	+10.19		+14.81	+13.09	+13.92				+5.20	-

2014年杭州海关主要数据统计表

项目		2014年	同比（%）
进出口货运量（万吨）	合计	13 628.66	+3.20
	进口	12 076.28	+4.10
	出口	1 552.38	-3.70
进出口贸易总值（万美元）	合计	9 199 315.98	+0.10
	进口	5 012 450.76	-5.10
	其中：江、海运输	4 745 956.83	-5.90
	铁路运输	330.51	
	汽车运输	4 740.54	-25.90
	航空运输	260 664.33	+14.30
	邮件运输	758.55	+29.70
	其他运输		
	出口	4 186 865.22	+7.10
	其中：江、海运输	3 899 783.22	+7.90
	铁路运输	24 178.96	+27.70
	汽车运输	1 922.34	-83.50
	航空运输	258 498.42	-0.80
	邮件运输	2 482.28	-54.70
	其他运输		
税收（万元）	两税合计	4 719 704.67	-14.00
	关税入库	353 677.40	+1.40
	进口环节税入库	4 366 027.27	-15.10

（杭州海关提供）

2014 年宁波海关主要数据统计表

项目		2014 年	同比（%）
进出口货运量（万吨）	合计	15 423	-0.66
	进口	11 680	-2.79
	出口	3 743	+6.62
进出口贸易总值（万美元）	合计	21 857 695.6	+3.10
	进口	7 362 951.5	-5.60
	其中：江、海运输	7 155 820.2	-5.90
	铁路运输	0.00	
	汽车运输	45 884.1	-34.00
	航空运输	154 019.9	+20.20
	邮件运输	0.20	
	其他运输	7 227.1	+995.60
	出口	14 494 744.1	+8.20
	其中：江、海运输	14 284 220.2	+8.30
	铁路运输	35 655.4	+18.50
	汽车运输	58 793	-18.50
	航空运输	53 297.9	+3.20
	邮件运输	0.00	
	其他运输	62 777.7	+21.90
税收（万元）	两税合计	6 832 072	-7.12
	关税入库	394 724	-5.73
	进口环节税入库	6 437 348	-7.21

（宁波海关提供）

2014 年浙江省口岸出入境主要数据表

<table>
<tr><th colspan="3">项目</th><th>2014 年</th><th>2013 年</th><th>同比（%）</th></tr>
<tr><td rowspan="14">出入境人员（人次）</td><td colspan="2">出入境人员总数</td><td>4 980 042</td><td>4 371 402</td><td>+13.92</td></tr>
<tr><td colspan="2">入境人员</td><td>2 538 195</td><td>2 244 478</td><td>+13.09</td></tr>
<tr><td colspan="2">出境人员</td><td>2 441 847</td><td>2 126 924</td><td>+14.81</td></tr>
<tr><td colspan="2">出入境旅客</td><td>4 300 212</td><td>3 726 670</td><td>+15.39</td></tr>
<tr><td colspan="2">出入境员工</td><td>679 830</td><td>644 732</td><td>+5.44</td></tr>
<tr><td rowspan="5">中国公民</td><td>小计</td><td>4 062 218</td><td>3 533 077</td><td>+14.98</td></tr>
<tr><td>内地居民（因公）</td><td>225 506</td><td>228 167</td><td>-1.17</td></tr>
<tr><td>内地居民（因私）</td><td>3 134 542</td><td>2 638 032</td><td>+18.82</td></tr>
<tr><td>港澳居民</td><td>266 425</td><td>244 556</td><td>+8.94</td></tr>
<tr><td>台湾同胞</td><td>435 745</td><td>422 322</td><td>+3.18</td></tr>
<tr><td colspan="2">外籍人员</td><td>917 824</td><td>838 325</td><td>+9.48</td></tr>
<tr><td colspan="2">从海港出入境人数</td><td>428 387</td><td>416 967</td><td>+2.74</td></tr>
<tr><td colspan="2">从陆港出入境人数</td><td></td><td></td><td></td></tr>
<tr><td colspan="2">从空港出入境人数</td><td>4 551 655</td><td>3 954 435</td><td>+15.10</td></tr>
<tr><td rowspan="5">交通运输工具（辆、艘、架、列次）</td><td colspan="2">总计</td><td>52 225</td><td>49 588</td><td>+5.32</td></tr>
<tr><td colspan="2">船舶</td><td>21 150</td><td>21 558</td><td>-1.89</td></tr>
<tr><td colspan="2">飞机</td><td>31 075</td><td>28 030</td><td>+10.86</td></tr>
<tr><td colspan="2">火车</td><td></td><td></td><td></td></tr>
<tr><td colspan="2">机动车辆</td><td></td><td></td><td></td></tr>
</table>

（浙江省公安边防总队提供）

2014 年浙江省出入境检验检疫业务统计表

项目	货物检验检疫				交通工具				集装箱（标箱）		发现动植物疫情		货物通关		出入境人员查验（人次）	健康检查及预防接种（人次）			
	批次	金额（万美元）	检验检疫不合格																
			批次	金额（万美元）	船舶（艘）	飞机（架）	火车（列）	汽车（辆）	合计	检出问题	种类数	种次	批次	金额（万美元）		健康检查	艾滋病监测	发现病例	预防接种
本年累计	685 519	5 595 348	12 555	797 933	9 602	23 675			856 574	5 151	971	8 394	177 229	4 020 339	3 795 761	49 642	49 050	57 343	55 760
其中 出境	623 143	1 876 322	4 533	12 552	4 212	11 843			300 180	9	2	3	130 000	534 377	1 884 782	39 821	39 304	44 204	55 424
其中 入境	62 376	3 719 026	8 022	785 381	5 390	11 832			556 394	5 142	969	8 391	47 229	3 485 962	1 910 979	9 821	9 746	13 139	336
同比（%）	-51.37	-33.68	+22.92	-13.82	+3.06	+9.44			+13.96	+14.44	+10.59	-38.73	-19.5	-9.84	+14.42	-19.4	-20.08	-27.6	+0.09
其中 出境	-53.73	-57.86	+0.87	+2.4	+3.11	+9.42			+38.7	-82.69			-24.98	-26.27	+15.43	-20.36	-21.2	-25.25	+0.06
其中 入境	-0.81	-6.66	+40.24	-11.04	+3.02	+9.45			+3.95	+15.58	+10.36	-38.75	+0.77	-6.65	+13.44	-15.29	-15.24	-34.53	+6.67

（浙江出入境检验检疫局提供）

2014 年宁波市出入境检验检疫业务统计表

项目		货物检验检疫				交通工具				集装箱（标箱）		发现动植物疫情		货物通关		出入境人员查验（人次）	健康检查及预防接种（人次）			
		批次	金额（万美元）	检验检疫不合格																
				批次	金额（万美元）	船舶（艘）	飞机（架）	火车（列）	汽车（辆）	合计	检出问题	种类数	种次	批次	金额（万美元）		健康检查	艾滋病监测	发现病例	预防接种
本年累计		321 046	8 472 634	17 315	466 939	11 618	7 564			11 388 022	66 548	857	36 463	402 508	6 969 349	1 196 879	6 516	6 329	873	5 097
其中	出境	153 951	719 678	1 398	11 061	4 762	3 782			4 422 886		17	35	315 866	1 195 465	572 431	4 215	4 179	599	5 007
	入境	167 095	7 752 956	15 917	455 879	6 856	3 782			6 965 136	66 548	856	36 428	86 642	5 773 884	624 448	2 301	2 150	274	90
同比（%）		-51.1	-13.5	+390.5	+11.3	-4.0	+14.0			+12.9	+52.3	+20.5	+80.9	-58.4	-25.7	+13.0	-4.9	-3.6	-8.7	-2.2
其中	出境	-67.8	-56.9	+30.2	+346.7	-1.1	+14.1			+6.7		+142.9	+337.5	-63.7	-63.9	+14.0	-4.8	-5.3	-2.0	-2.0
	入境	-6.6	-4.5	+548.1	+9.3	-5.9	+14.0			+17.2	+52.3	+20.4	+80.8	-9.7	-4.9	+12.0	-5.0	-0.3	-20.6	-11.8

（宁波出入境检验检疫局提供）

2014 年浙江海事局进出港船舶统计汇总表

船舶类别	进港船舶							出港船舶						
	艘数（艘）	总吨（吨位）	总载重量（吨）	载客量（客位）	船员人数（人次）	货物到达量（吨）	旅客到达量（人）	艘数（艘）	总吨（吨位）	总载重量（吨）	载客量（客位）	船员人数（人次）	货物发送量（吨）	旅客发送量（人）
总数	676 810	1 374 034 484	1 746 944 883	69 451 509	5 226 138	590 084 723	23 344 991	677 492	1 366 866 628	1 737 503 377	68 876 460	5 251 216	297 872 189	22 993 319
中国籍船舶	659 851	598 090 416	691 537 037	69 425 909	4 884 031	319 235 389	23 337 561	660 469	593 105 826	685 931 940	68 851 610	4 906 700	238 855 083	22 986 060
其中外贸船	1 666	27 103 255	35 023 479	494	31 799	13 548 960	353	1 589	23 312 302	29 014 110	928	30 866	2 455 319	196

（浙江海事局提供）

安 徽 省

口岸名称	批准开放时间	开放状态
合肥空运口岸	1990.3	国际常年
黄山空运口岸	1992.9	国际常年
芜湖水运口岸	1980.2	国际常年
铜陵水运口岸	1993.1	国际常年
安庆水运口岸	1996.1	国际常年
池州水运口岸	2005.7	国际常年
马鞍山水运口岸	1990.10	国际常年

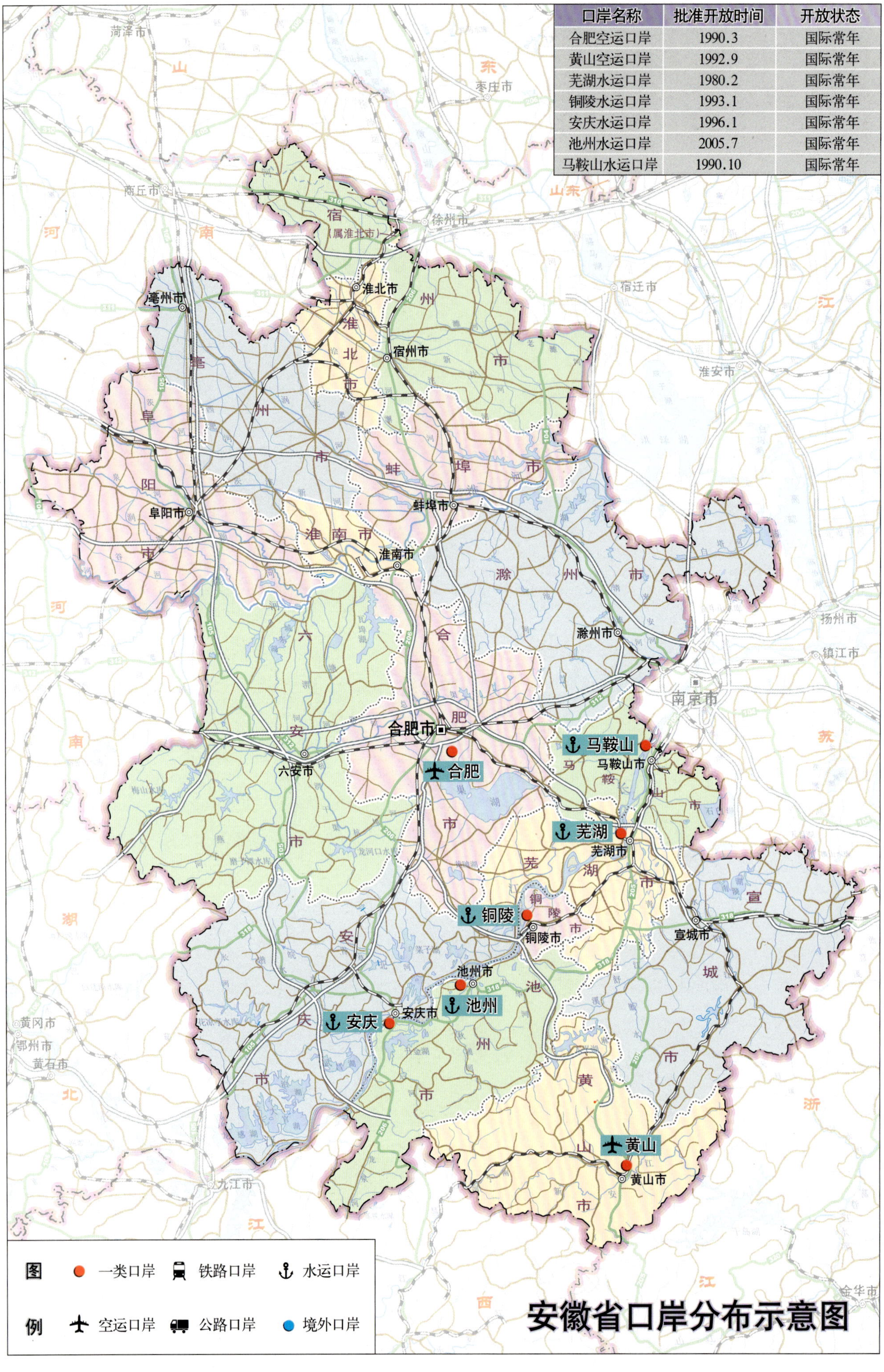

安徽省口岸分布示意图

口岸数量及分布

截至2014年年底，安徽省共有经国务院批准对外开放口岸7个。其中，空运口岸2个，分别是合肥空运口岸（合肥新桥国际机场）、黄山空运口岸（黄山屯溪国际机场）；水运（河港）口岸5个，分别是芜湖、安庆、铜陵、池州、马鞍山河港口岸。

口岸运行数据

2014年，安徽省口岸完成进出口货运量1 904.63万吨，同比增长13.9%。其中，进口1 656.35万吨，同比增长10.9%；出口248.27万吨，同比增长38.7%。口岸进出口货值为129.53亿美元，同比增长6.7%。其中，进口货值80.86亿美元，同比下降4.7%；出口货值48.67亿美元，同比增长33.1%。集装箱运输为555 265标箱，同比增长37.9%。到港船舶3 821艘，同比增长0.2%，其中外籍轮295艘，同比增长29.4%。进出境人员425 199人次，同比增长5.5%；进出境航班3 294架次，同比下降4.7%。

2014年，安徽省各市口岸货运量累计完成情况：马鞍山，进出口货运量1 244.14万吨，同比增长11.8%，进出口集装箱74 777标箱，同比增长43.4%；铜陵，进出口货运量274.1万吨，同比增长0.4%，进出口集装箱20 911标箱，同比增长2.7%；芜湖，进出口货运量154.1万吨，同比增长15.5%，进出口集装箱402 631标箱，同比增长40%；池州，进出口货运量73.78万吨，同比增长37.9%，进出口集装箱10 155标箱，同比下降13.1%；安庆，进出口货运量71.33万吨，同比增长37.9%，进出口集装箱30 943标箱，同比增长32.5%。两个外贸货物装卸点进出口货运量和进出口集装箱运量完成情况分别是：蚌埠，进出口货运量81.6万吨，同比增长84.3%，进出口集装箱9 889标箱，同比增长104.4%；阜阳，进出口货运量5.57万吨，同比增长90.1%，进出口集装箱5 959标箱，同比增长130.4%。两个空运口岸出入境人员完成情况分别如下：合肥市326 170人次，同比增长1.3%；黄山市99 029人次，同比增长22.3%。进口的主要商品有木薯干、木片、豌豆、高岭土、设备、玻璃瓶、棉纱、芝麻、矿粉、废纸、废钢、设备等，出口的商品主要有汽车散件、汽车、汽配、轮胎、轮圈、聚酯树脂、硫铁矿、空调、空调部件、冰箱、纺织品、玻璃瓶、开关、家具、食品等。

2014年安徽省各口岸进出口（出入境）运量总统计表

类别	单位	累计运量		
		数量	上年同期	同比（%）
1. 货运量	万吨	1 904.63	1 672.27	+13.9
其中：进口	万吨	1 656.35	1 493.29	+10.9
出口	万吨	248.27	178.98	+38.7
2. 货值	万美元	1 295 301.08	1 214 444.85	+6.7
其中：进口	万美元	808 621.83	848 779.03	−4.7
出口	万美元	486 679.25	365 665.82	+33.1
3. 客运量	人次	425 199.00	402 993.00	+5.5
其中：入境	人次	214 341.00	203 210.00	+5.5

续表

类别	单位	累计运量		
		数量	上年同期	同比（%）
出境	人次	210 858	199 783	+5.5
4. 到港船舶	艘	3 821	3 815	+0.2
其中：外籍轮	艘	295	228	+29.4
5. 集装箱	个	555 265	402 652	+37.9
其中：重箱	个	264 932	213 768	+23.9
6. 飞机	架次	3 294	3 457	-4.7
其中：外籍飞机	架次	1 262	1 271	-0.7

2014 年安徽省各口岸进出口（出入境）运量统计表

单位：万吨、人次

口岸名称	累计运量								
	累计总量	上年同期	同比（%）	其中直运			其中转关		
				数量	上年同期	同比（%）	数量	上年同期	同比（%）
马鞍山	1 244.14	1 113.29	+11.8	105.29	77.05	+36.7	1 138.85	1 036.24	+9.9
铜陵	274.1	273.05	+0.4	18.2	13.05	+39.5	255.9	260	-1.6
芜湖	154.1	133.47	+15.5	154.1	133.47	+15.5	0.00	0.00	0.0
池州	73.78	53.52	+37.9	23.38	31.62	-26.1	50.4	21.9	+130.1
安庆	71.33	51.74	+37.9	71.33	51.74	+37.9	0.00	0.00	0.0
蚌埠	81.6	44.27	+84.3	0.00	0.00	0.0	81.6	44.27	+84.3
阜阳	5.57	2.93	+90.1	0.66	0.00	+100	4.91	2.93	+67.6
合肥	326 170	322 006	+1.3	-	-	-	-	-	-
黄山	99 029	80 987	+22.3	-	-	-	-	-	-

2014 年安徽省各口岸进出口集装箱运量统计表

单位：个

口岸名称	累计集装箱运量					
	数量	上年同期	同比（%）	其中重箱		
				数量	上年同期	同比（%）
合计	555 265	402 652	+37.9	264 932	213 768	+23.9
马鞍山	74 777	52 129	+43.4	74 777	52 129	+43.4
铜陵	20 911	20 368	+2.7	11 332	11 776	-3.8

续表

口岸名称	累计集装箱运量					
	数量	上年同期	同比（%）	其中重箱		
				数量	上年同期	同比（%）
芜湖	402 631	287 689	+40.0	138 158	122 205	+13.1
池州	10 155	11 692	-13.1	6 027	6 680	-9.8
安庆	30 943	23 351	+32.5	18 790	13 555	+38.6
蚌埠	9 889	4 837	+104.4	9 889	4 837	+104.4
阜阳	5 959	2 586	+130.4	5 959	2 586	+130.4

2014 年安徽省各口岸出入境船舶、飞机统计表

单位：艘、架次

口岸名称	累计到港船舶、飞机					
	数量	上年同期	同比（%）	其中外籍船舶、飞机		
				数量	上年同期	同比（%）
合计	3 821	3 815	+0.2	295	228	+29.4
马鞍山	841	612	+37.4	60	61	-1.6
铜陵	143	508	-71.9	80	37	+116.2
芜湖	1 862	1 797	+3.6	133	88	+51.1
池州	304	310	-1.9	22	42	-47.6
安庆	671	588	+14.1	0	0	0.0
合计	3 294	3 457	-4.7	1 262	1 271	-0.7
合肥	2 437	2 656	-8.2	408	472	-13.6
黄山	857	801	+7.0	854	799	+6.9

口岸综合管理

【召开长三角区域大通关建设协作第六次联席会议】 2014 年 1 月 3 日，长三角区域大通关建设协作第六次联席会议在合肥召开。会议就加快推进长三角区域通关一体化进程达成共识，安徽作为 2014 年长三角区域大通关建设协作轮值方主动会商协调，促成并取得了一系列成果。会上，上海、江苏、浙江、安徽四省市人民政府共同签署了《深化大通关建设协作推进长三角区域通关一体化备忘录》，上海、南京、杭州、宁波、合肥海关共同签署了《长三角区域海关通关一体化合作备忘录》，上海、江苏、浙江、宁波、安徽出入境检验检疫局共同签署了《促进安徽食品农产品出口合作备忘录》，上海市、江苏省、浙江省、安徽省及宁波市电子口岸运营主体共同签署了《长三角地方电子口岸合作框架协议》等一系列合作协议。

【长三角区域大通关建设协作取得明显成效】 推动实现长三角海关区域通关一体化，签署实施《长三角检验检疫一体化合作备忘录》，关检合作“三个一”实现 3 个全覆盖，启运港退税政策扩大试点在芜湖、南京、太仓港和连云港实行，区域通关模式改革取得突破。长三角区域通关信息互换共享取得成效，区域口岸信用管理平台建设加快实施，沪苏浙皖和宁波五地电子口岸平台互联互通、数据交换共享稳步推进。长三角区域多式联运体系建设取得进展。口岸城市群之间加快发展水水中转、铁海联运、空陆联运。芜湖港与上海港务集团实现战略合作。蚌埠市与上海铁路局共建铁路“无水港”，马鞍山、芜湖、铜陵、池州、安庆和合肥港增开和加密至上海、南京和宁波港航线航班每周达 40 个班次。依托轮值联席会议、联络员例会、大通关专题座谈研讨会、四省市口岸城市群大通关合作项目对接会的“1+3”互补互促的工作机制得到进一步完善。

【着力完善多式联运体系建设】 打造全省水、陆、空三大口岸联盟，整体开展对外合作，一是马鞍山、芜湖、铜陵、池州、安庆和合肥 6 个口岸成立安徽省水运口岸联盟建立合作机制。二是推进合肥、蚌埠、阜阳 3 个口岸形成铁路口岸联盟，合肥开通至中亚和欧洲的货运班列，蚌埠开通至上海芦潮港的铁海联运定时定点快线。三是推进合肥、黄山 2 个口岸形成航空口岸联盟，提升境外航线覆盖率，实现异地口岸之间串飞，开拓欧美客货运航线；推进合肥新桥、黄山屯溪国际机场台湾居民签注点启用，合肥航空口岸获批水果进境指定口岸。

【研究建设口岸经济区】 按照安徽省领导要求，积极制订工作方案，拟定工作措施和时间节点，发挥各口岸城市口岸主管部门的作用，组织开展口岸经济区规划建设调研工作。芜湖、马鞍山、池州、蚌埠着手编制口岸经济区规划，马鞍山口岸郑蒲港扩大开放已报国务院审批，安徽省及合肥、马鞍山、芜湖、铜陵、池州、安庆、蚌埠市分别出台了相关鼓励口岸物流发展的扶持奖励政策，全省口岸经济区建设和临港产业发展稳步推进。

【优化口岸整体布局】 依托合肥完备的航空、铁路、公路、水运综合交通运输网络，建设具有口岸功能的合肥空港经济示范区、国际铁路内陆港，打造辐射皖中皖北的合肥综合枢纽口岸。发挥“芜马”组合港完善的基础设施能力，依托长江黄金水道，加快航运中心和国际集装箱中转中心建设，打造辐射皖江、连接长三角的“芜马”水运枢纽口岸。依托蚌埠、阜阳铁路枢纽优势，建设铁海联运国际集装箱运输通道，打造辐射皖北的“蚌阜”铁路枢纽口岸。依托合肥新桥、黄山屯溪国际机场，池州九华山机场，打造连接黄山、九华山、合肥国际黄金旅游线的旅游口岸群。支持芜湖港作为全省国际集装箱枢纽港，建设成为安徽至上海洋山港的重要喂给港；支持合肥港作为辐射皖中的内河航运港，建设成为安徽至上海外高桥港的重要喂给港。依托沿江各市产业优势，马鞍山、芜湖、铜陵、池州、安庆分别建设区域性的钢铁及铁矿石、煤炭、固体废物、旅游、化工油品等专业化港口口岸，形成优势互补、错位发展格局。

【加快口岸开发开放】 推动马鞍山口岸郑蒲港区、芜湖口岸三山港区、池州口岸江口港区等水运口岸在“十二五”期间扩大开放，力争池州九华山机场，合肥、蚌埠铁路，铜陵、安庆港扩大开放列入国家“十三五”口岸发展规划，争取马鞍山港、芜湖港、铜陵港、池州港和安庆港口岸列为国家进境水果、活动物、种子苗木、肉类、粮食、废物原料和汽车整车进口指定口岸。

【完善口岸基础设施】 加强口岸建设规划，区别不同地区、不同类型、不同功能，规范和完善口岸查验设施建设。对原有口岸查验场地和设施进行优化整合，对新设口岸的查验场地和设施统筹规划。统筹口岸主体工程与口岸查验设施的规划与建设，鼓励地方政府和国内外战略投资者建设和经营口岸码头、机场、货站、仓库、集中查验区及口岸现场查验配套设施。进一步加快口岸基础设施更新改造步伐，加强口岸堆场、仓储、装卸、锚地等基础设施建设，提高口岸作业的信息化、机械化和自动化程度，提高口岸货物通过及监管能力。

【积极拓展口岸腹地】 淮北、亳州、宿州、淮南、滁州、六安、宣城七市探索建立内陆无水港，鼓励引导民营资本合资合作建设省内内陆无水港，加强沿江水运口岸与内陆无水港的战略合作，为内陆地区进出口企业提供便捷口岸服务，实现就地报关报检、订舱、装拆箱、结汇、签发提单、出口清关等口岸功能。深化跨区域口岸合作，鼓励建设省外内陆无水港，打造赣、鄂、湘、豫等中西部省市在安徽省口岸出运；抓住我国新丝绸之路开发机遇，搭建新欧亚大陆桥，力争使合肥、蚌埠和阜阳铁路口岸成为便捷的出运口岸，拓展口岸的辐射范围。

【发展国际集装箱运输】 积极引进国内外大型船务公司、知名船代、货代企业，加大国际集装箱班轮航线、外贸内支线补贴力度，积极探索发展多式联运、甩挂运输等先进方式；重点支持港口企业与长三角大港和国内外大型船运公司采取多种战略合作方式，组建航运公司，加快发展国际集装箱运输；鼓励口岸通过市场化运作，以资本为纽带，采取股权整合等方式建立组合港，共同开发日本、韩国、中国台湾及东南亚地区国际（地区）集装箱班轮航线。

【推动省市出台口岸建设和物流发展扶持政策】 按照安徽省副省长花建慧指示要求，省口岸办与省发展改革委、省经信委、省交通运输厅、安徽出入境检验检疫局、合肥海关等单位组成口岸建设和进出口物流专题调研组开展相关考察调研，形成《全省口岸建设和进出口物流调研报告》。会同省财政厅、省发展改革委、省交通运输厅等有关部门，比照江苏等省市的做法，研究制定促进全省口岸进出口物流加快发展的支持政策。各口岸地政府也相继出台了口岸物流奖励政策，促进皖货回流、皖货皖运。

口岸监管与服务

【安徽省公安边防总队边检治理水平稳步提升】 2014年共检查出入境人员40万余人次，交通运输工具3 200余架（艘）次；办理“出海船舶户口簿”49本，“出海船民证”449本。一是平安口岸建设有效落实。严密口岸管控，坚持24小时查控值班，网络数据发布实时监控，规范报警甄别处理流程；增强预警能力，坚持专项分析评估，充分利用空港API和港口船舶预报预检系统功能，加强情报信息收集研判工作；构建防控体系，健全完善口岸应急预案，密切与公安、国保、反恐等部门在情报信息、身份核查、案件查处等方面的协作配合，构建口岸危机应对防控体系。二是边检治理水平稳步提升。创新勤务模式，扎实推进勤务模式改革，建立健全检查员跨站支援、交流轮岗机制，全面推行科队联勤、诚信管理等勤务措施，进一步优化了勤务组织模式；不断优化港口执法执勤综合管理系统，推行服务窗口前移，提升用警效能；研究制定《执法办案场所使用管理规定》等7项制度，规范“边境地区通行证”办理签发工作；建立健全重大执法问题决策机制，推进梅沙系统新五级保障体系建设，自主研发勤务动态显示、证件机读码校验、工作绩效点评等执法辅助软件。三是深入开展提高边检服务水平工作。坚持以便利出入境旅客通关、服务口岸扩大开放及地方经济发展为主线，服务地方经济发展。简化出海边防证件办证手续，深入走访服务对象，引入第三方测评，深化岗位练兵。

【合肥海关扎实做好上海自贸区海关监管创新制度复制推广工作】 成立了复制推广领导小组，结合安徽海关特殊监管区域的实际情况，制订了《合肥海关关于自贸区海关监管创新制度复制推广工作方案》，明确近、中、远3个阶段的推进计划。协调推进合肥、芜湖出口加工区完善海关监管条件，优化合肥综合保税区信息化建设标准设计。复制推广了批次进出、集中申报，简化无纸化通关随附单证，简化统一进出境备案清单、境内外维修等制度，改革取得了初步成效。

【安徽出入境检验检疫局加强区域合作提升贸易便利】 加强跨省检验检疫互联互通，积极推动实现长三角检验检疫通关一体化，为安徽进出口货物争取便捷通关待遇，搭建出口平台。促成安徽出口食品、农产品诚信企业相关产品在上海口岸享受验证放行，免于货证核查的便捷通关待遇；支持合肥开通新亚欧大陆桥国际货运班列，构建安徽与新疆口岸互联互通、全面合作机制，使安徽货物进出口“西向通道”畅通；与甘肃出入境检验检疫局签署《促进甘肃中药材出口合作备忘录》，推动安徽中药材扩大出口；与上海、江苏、浙江、宁波出入境检验检疫局签署《长三角检验检疫一体化合作备忘录》，从2015年开始，逐步实现安徽省出口货物以“直通放行为主、口岸核查为辅”的通关模式；对不在法律法规规定必须在口岸检验检疫的进口货物，可直接在省内实施检验检疫。

【安徽出入境检验检疫局扩展完善安徽口岸功能】 积极支持合肥空港、安庆港、芜湖港等申建“进境商品指定口岸”，为相关产品直接进入安徽打造便捷平台。合肥新桥机场获批进境水果指定口岸，实现了安徽省植物及植物产品指定进境口岸零的突破。合肥作为全国第二批电子商务试点城市之一，2014年12月22日，合肥出口跨境电子商务首单正式运行。

【安徽出入境检验检疫局服务重大战略，重大项目和重点产业】 深化国际合作，推动安徽自主品牌产品茶叶、种子等的出口，指导省内符合条件的企业与国外注册标准对接，帮扶更多符合条件的企业获得国际市场通行证；对跨境电子商务监管区、铜陵开源金属产业园区管理园区等重大建设项目，同步规划建设检验检疫设施，探索通关更为便捷、质量更有保障的监管模式；支持合肥空港开展国际航空货运业务。大力推进黄山茶叶质量安全研究中心建设，推动茶叶产业发展。

【安徽出入境检验检疫局推进集中查验区建设】 建立了铜陵、马鞍山进境废物原料集中查验监管区，对进口废物原料实施集中卫生检疫和检验监管，集中拆解处理有害废弃物，提高了时效，降低了企业贸易和物流成本。经测算，铜陵进境废物原料国检集中查验监管区每批进口废五金通关时间缩短了36小时，为企业减少费用近万元。

【安庆海事局加大港口国监督检查力度，强化船旗国监督管理】 通过实施港口国监督检查，逐步降低我国相关开放水域外国籍高风险船舶，特别是老旧方便旗船舶的比重，有效遏制低标准、高风险外国籍船舶的营运。2014年行使港口国监督检查3艘次，查出缺陷32项。加强对中国籍国际航行船舶的船舶安全检查，认真落实《中国籍国际航行船舶开航前检查管理办法》相关要求，着力维护辖区口岸直发国外港口的中国籍国际航行船舶安全、安保和防污染状况总体稳定。2014年受理开航前检查申请7艘次，对下一港为国外港口的中国籍国际航行船舶实施开航前检查7艘次，查出缺陷47项。经过开航前检查的船舶，在国外港口国监督检查中未发生被滞留情况。

【服务地方经济发展】 合肥海关进一步落实重点企业包保服务责任制，实行“一对一”包保服务；加快推进合肥综合保税区和海关机构建设，支持有条件的市申建综合保税区，2014年3月合肥综合保税区正式获批；大力支持保税物流中心申建，12月26日安徽省首家保税物流中心蚌埠（皖北）保税物流中心通过国家验收并正式封关运行。增强“12360”海关统一热线服务，扩大在线服务内容，确保企业咨询、办事公开透明和高效公平。全面加强统计决策辅助，加强全省外贸和产业结构、贸易条件和环境监测预警分析，为安徽开放型经济发展提供高质量的数据支持。安徽出入境检验检疫局研究制定了“安徽检验检疫局支持安徽外贸稳定增长实施措施”，出台15条具体服务措施，实现了企业减负、放行提速、工作增效的总体目标。严格执行免收出入境检验检疫费及免收原产地证签证费、工本费政策，累计减免检验检疫收费1 645.8万元；加强优惠原产地政策宣传贯彻，累计签发优惠原产地证明5.75万份，出口企业据此可享受进口国关税减免1.5亿美元。针对检出的进口不合格产品，为企业出具对外索赔证书86份，成功赔回1 694.82万美元。芜湖海事局协助做好马鞍山对外扩大开放工作，主动走访马鞍山市商务局，积极协助做好申报材料的准备和港口水域安全生产现场准备工作；保障铜陵东港顺利开通，制订了

《芜湖海事局铜陵东港开通公用航道安全监管工作方案》，发布《关于铜陵东港有关通航安全事项的通告》，编印《铜陵东港航路示意图》，通过网络、水上信息台、执法窗口、现场巡航等，广泛宣传铜陵东港通航安全有关注意事项，积极创造良好的通航环境；积极为辖区的造船厂制造的外贸出口船舶办理临时登记及试航手续，全力保障新船下水期间辖区通航环境安全畅通，为长江沿线的造船工业出口打造绿色通道；加强对到港国际航行船舶的监管，保障辖区外贸货物运输安全。

【深化通关改革】 合肥海关不断深化通关改革。一是有序推动关检合作“三个一”改革。与安徽出入境检验检疫局共同制订了《合肥海关与安徽出入境检验检疫局开展关检合作“三个一”试点实施方案》。2014 年 5 月，铜陵、马鞍山口岸先后启动了“三个一”试点工作。8 月，与安徽出入境检验检疫局联合召开全面推进关检合作“三个一”工作会议，共同研究制订了《合肥海关 安徽出入境检验检疫局关于全面推进关检合作“三个一”实施方案》。2014 年，通过“三个一”模式进出口货物 9.92 万吨，货值 5 191 万美元，征收税款 4 260.2 万元。二是全面推广通关无纸化改革。合肥海关在关区所有口岸通关现场和特殊监管区域全面推广无纸化改革，简化签约审核手续，将原集中在总关办理的通关无纸化企业签约审批权限下放各业务现场办理。2014 年，关区无纸化报关单为 202 131 票，占同期申报报关单总量 272 240 票的 74.25%，剔除目前无法实施通关作业无纸化的“属地申报，口岸验放”报关单 17 553 票和享受协定优惠税率报关单 3 591票，无纸化通关比重占可实施无纸化报关单的 80.5%，通关无纸化改革取得显著成效。安徽出入境检验检疫局深化通关放行业务改革。对内实施通关放行业务流程再造，简化报检企业及报检员管理，实施报检审单改革、电子放行改革和签证分类改革，缩减检务流程时限；启动无障碍申报通道，企业无须委托代理，现场即可免费申报；探索异地报检业务改革，实现全省通报通检通放。对外加强部门联动，与合肥海关共同推进关检合作“三个一”工作，自 2014 年 10 月起，省内所有通关现场、所有依法需要报关报检的进出口货物及物品全面推行“三个一”，有效简化通关手续，缩减申报、候查和查验时间。芜湖海事局服务“大通关”建设。为国际航行船舶开辟绿色通道，在手续齐全的前提下实行节假日无休息服务，给予优先办理船舶出港，优先安检复查等优惠待遇；支持“江海直达”外贸集装箱航线，保障集装箱班轮按时发航，缩短集装箱班轮的运营周期，加快货物流通。

【推动电子口岸建设】 合肥海关积极参与省、市政府组织开展的跨境贸易电子商务规划论证，推动跨境贸易电子商务产业园海关监管区建设；联系相关口岸海关打通安徽省跨境贸易电子商务出口通道。2014 年 12 月 22 日，安徽（蜀山）跨境电子商务产业园正式通关运行，首批 200 单货物由合肥直接发往美国、加拿大等发达国家。安庆海事局为便利国际航行船舶进出口岸，2005 年就开通了船舶进口岸网上申报系统，2007 年开发了互联网远程申报系统，船方或其代理人在船舶预计驶经上海港区 7 日前，可在安庆海事局外网“国际航行船舶进出口岸申报”窗口申报。该系统的投入运行，极大程度降低了船舶代理企业的工作量和经营成本，船舶代理企业的市场竞争力得到明显提升，同时吸引更多的国际航行船舶进入口岸。

开放口岸

【合肥空运口岸（合肥新桥国际机场）】 原合肥骆岗国际机场，1990 年 3 月经国务院批准对港澳地区开放，2005 年 4 月国务院批准扩大对外国籍飞机开放，2006 年 6 月通过国家验收。2007 年 10 月 15 日国务院与中央军委正式批复同意合肥迁建骆岗国际机场，新建新桥国际机场，并定位机场性质为国内干线机场。2013 年 5 月 29 日夜间，原合肥骆岗国际机场转场至新桥国际机场正式启用，并于 2013 年 5 月 30 日 0 时 05 分迎来首个航班。

合肥新桥国际机场位于合肥市肥西县高刘镇，距合肥市中心 31.8 千米。机场总共分三期建设。根据规划，一期工程设计飞行区技术等级指标为 4E 级，设计年旅客吞吐量为 1 100 万人次，货邮吞吐量 15 万吨，航站楼面积为 11 万平方米，跑道长 3 400 米，宽 45 米，站坪客机位 27 个。远期按 2030 年客货吞吐量分别达到 4 200 万人次和 58 万吨的需求建设。新桥机场服务于合肥、淮南、六安、巢湖、桐城等合肥经济圈城市，并辐射皖南、皖北、皖西南、皖东、豫东南等地区。

2014 年，合肥空运口岸进出港旅客为 597.5 万人次，同比增长 6.16%；起降飞机 50 778 架次，同比减少 1.85%；货邮吞吐量 46 425.96 吨，同比增长 16.11%。台湾远东航、中华航及东航每周增加 5 班台湾航线，港澳台航线在进出港航班和旅客吞吐量方面增幅较大，同比分别增长 20% 和 40% 以上。

【黄山空运口岸（黄山屯溪国际机场）】 位于黄山市屯溪区，始建于 1958 年，可满足 B757 及其以下机型起降。其占地面积为 172 万平方米，国内候机楼面积 1 万平方米，国际候机楼面积 4 600 平方米；设计年旅客吞吐量为 112 万人次（其中国内 92 万人次，国际 20 万人次）；新建航管楼和塔台面积为 2 200 平方米。飞行区等级指标为 4D 级，跑道长 2 600 米，宽 45 米。主航方向设 I 类精密进近仪表着陆系统和助航灯光系统；停机坪面积为 4.88 万平方米，可同时停放 5 架 B－737 及 3 架 B757。黄山屯溪国际机场地处皖浙赣三省交界地区，辐射皖南、浙西、赣东，是三省交界地区人流、物流、资金流、信息流的集散地，对发展航空运输具有得天独厚的区位优势。以黄山为主的皖南地区，旅游资源丰富，其辖区内被称为“三山一湖”的黄山、九华山、齐云山、太平湖及周边景区是安徽省的王牌旅游产品。尤其是黄山市，其旅游资源密度之大、品位之高、内涵之丰富，堪称世界一绝。

1992 年 9 月，国务院批准黄山空运口岸对港澳地区开放，2009 年 8 月国务院批准扩大对外籍飞机开放，2010 年 9 月通过国家验收。2014 年 5 月 4 日，公安部发文批复同意黄山口岸设立台湾居民签注点。11 月 1 日，黄山屯溪国际机场台湾居民口岸签注点正式开签。2014 年继续巩固韩国大韩航空、韩国韩亚航空执飞的黄山至首尔航线，台湾长荣航空执飞的黄山至台北等 3 条定期航线；新开黄山至香港、高雄的 2 条地区包机航线。2014 年，黄山空运口岸累计飞行各类国际和地区包机 89 架次，同比增长 30.88%；出入境人员 12 651 人次，同比增长 42.10%。

2014 年，黄山口岸累计飞行国际和地区航班 857 架次，同比增长 6.99%；出入境旅客 99 029 人次，同比增长 22.28%，创历史新高；平均客座率 67.01%，同比增长了 7.43 个百分点。

【芜湖水运（河港）口岸】 1980 年 2 月，国务院批准芜湖港为开放口岸，1991 年 10 月全国人大常委会批准对外籍轮开放，1992 年 5 月 12 日通过国家验收。2008 年 11 月，被国家批准为首批对台直航港口。2014 年 7 月 30 日，获批启运港退税政策试点口岸。

芜湖港是长江干线十大主枢纽港之一，是长江煤炭能源输出第一大港，也是安徽省集装箱主枢纽港，素有“皖南门户，长江巨埠”之美誉。其地处青弋江、运漕河与长江汇合处，位于东经 118°22′8″，北纬 31°22′29″，沿长江向下距南京港 96 千米，距马鞍山港 48 千米。港口岸线顺直，水深流缓，可常年靠泊 5 000 吨～10 000 吨级船舶。南北岸线全长 190 千米，拥有各类生产经营性泊位 139 个，其中万吨级泊位 4 个，5 000 吨级泊位 45 个（含 8 个兼顾万吨级泊位）。对外籍轮开放泊位 6 个，年吞吐能力达 9 500 万吨，集装箱年通过能力为 100 万标箱。

芜湖港作为安徽省经济发展、沿江产业布局、城市建设的重要支撑和对外贸易重要口岸，近年来集装箱量一直占全省的 70% 以上。2014 年，芜湖水运（河港）口岸完成进出口货运量 154.1 万吨，同比增长 15.5%；进出口货值 44.58 亿美元，同比增长 15%；集装箱累计

40.26万标箱，同比增长40%；到港船舶1 862艘，同比增长3.6%，其中外籍轮133艘，同比增长51.1%。

【铜陵水运（河港）口岸】 1993年1月，国务院批准铜陵港对外国籍船舶开放，1994年8月通过国家验收；1997年正式开通国际集装箱内支线航班；2009年交通运输部确立铜陵港为海峡两岸直航港口。

铜陵港地处长江中下游南岸、八百里皖江中部，素有皖中南及中国古铜都对外开放“桥头堡”之称。这里陆域平坦，岸线顺直，航道宽阔，水深流缓，河床稳定，是交通运输部《长江干线航道发展规划》确立的万吨级海轮进江终点港。铜陵港地理位置优越，区位优势明显，处在上海—武汉、九江—南京、合肥—黄山及安徽长江五港的中心点。沿江高速、合铜黄高速、铜宣杭高速、宁铜铁路、铜九铁路和已经在建的宁宜城铁、京福高铁交汇于港区及腹地边际，水陆交通四通八达，是皖中南物流集散中心和长江干线重要港口企业。港口现有15座码头，17个泊位，分布于大通、横港、兴隆、铜陵县城关四大港区，港区岸线长29.1千米，其中对外开放码头4座，辟有日本、朝鲜、韩国、中国香港、东南亚及欧美等国家和地区的直达或中转航线，常年可通航和靠泊万吨级海轮；主要从事国际、国内集装箱和件杂散货的装卸、仓储、中转，以及理货、船舶代理、水陆运输、旅游服务等物流服务等业务，是一个多功能、综合性、现代化港口。

2014年，铜陵水运口岸完成外贸货运量274.1万吨，同比增长0.4%；进出口集装箱20 911标箱，同比增长2.7%；到港船舶143艘，同比下降71.9%。

【安庆水运（河港）口岸】 安庆港是全国内河28个主要港口之一。1986年6月，安庆港被国务院批准为国家一类开放口岸，1996年1月对外籍轮开放，2011年7月获准对台直航。截至2014年，安庆水运口岸已经有7班始发外贸内支线班轮，每天都有班轮到上海口岸，为口岸集装箱业务的发展奠定了基础。2014年10月1日，国际航运巨头马士基航运在安庆驻点，又为进出口企业增加了一条新的更稳定优越的国际物流通道。

安庆港是长江干线上兼有沿海和内陆双重优势对外开放的重要港口，也是安徽省境内长江北岸唯一深水良港，被称为“皖西南咽喉”。港口岸线总长247千米，占皖江北岸岸线的61%；适合建设港口岸线105千米，其中深水岸线70千米。安庆至芜湖段长江航道日常维护水深为6米，具有建设5 000吨~10 000吨级海轮深水泊位的优越条件。境内华阳河、皖河、菜子湖、罗昌河四大水系均为长江左岸一级支流，航道总长724千米，与长江干流形成“一干四支”网络水系。目前，安庆港干线港区有各类码头173座，泊位214个，其中生产性泊位136个，5 000吨级以上泊位11个。港口年通过能力为3 864万吨。

安庆港中心港区上自皖河农场，下至枞阳县鲟鱼嘴，岸线长67千米，其中港口岸线47.6千米。依据《安庆港总体规划》，中心港区规划有长风铁水联运综合物流基地、马窝散货物流基地、石化油品码头作业区、五里庙集装箱综合物流基地、沙漠洲港口综合作业区、皖河农场作业区。中心港区拥有港口企业25家，各类码头40座。其中，公用码头23座，占58%；企业自用码头17座，占42%。泊位54个，其中生产性泊位39个，5 000吨级以上泊位9个，3 000~5 000吨级泊位4个，3 000吨级以下泊位26个，外贸集装箱泊位2个。拥有公用锚地3处。码头前沿最大靠泊能力为1万吨，最大起重能力为40吨，港口年通过能力为2 152万吨，集装箱年设计通过能力为6.35万标箱。港口实际年货物通过能力超过了货物吞吐量需求。长江游轮靠港实现常态化。

2014年，安庆水运（河港）口岸完成进出口货物运量71.33万吨，同比增长37.9%；进出口货值4.88亿，同比增长12%；外贸集装箱吞吐量累计完成3.09万标箱，同比增长32.5%。

【马鞍山水运（河港）口岸】 1990年10月

国务院批准办理国轮外运业务，2007年9月国务院批准扩大对外国籍船舶开放，2009年7月通过国家验收组验收。马鞍山水运（河港）口岸是首批对台湾直航的口岸。

马鞍山港位于长江下游南岸的马鞍山市，东经118°27′9″，北纬31°44′1″，地处安徽省中部东端，与江苏省交界，是皖江的东大门。上毗芜湖，下邻南京，逆江而上至重庆1 959千米，顺流而下至上海440千米。港辖区上起和县的西梁山，下至乌江的驻马河口，全长41千米。港辖区自采石矶翠螺山至慈湖和尚港，全长15.7千米。

马鞍山港是长江十大港口之一，是我国重要的钢铁流通基地，距长江入海口仅320千米，通航条件好。马鞍山地区具有明显的区域优势和良好的港口条件，沿江近海，集疏运便利，承东启西，经济腹地广阔，是安徽的东大门，皖江的第一站。马鞍山市临江近海，水路交通十分便利，宁铜铁路上接京沪线，下连皖赣线，与全国铁路网相接。宁芜公路、宁马高速公路与全国公路网贯通。马鞍山至和县长江汽车轮渡沟通大江南北，水路属长江“黄金”水道，可与国内外港口四季通航。

2014年，马鞍山口岸累计完成进出口货物总量1 113.3万吨，同比增长11.8%，其中直运进出口货物量105.3万吨，同比增长36.7%；累计进出口集装箱7.5万标箱，同比增长44%；累计进出口到港船舶839艘，同比增长37%，其中外籍轮60艘。

【池州水运（河港）口岸】 池州港是国家开放口岸，全国“十佳集装箱港口”，交通运输部长江重点港口，是长江溯江而上南岸最后一个万吨级深水港。2005年7月国务院批准对外国籍船舶开放，2009年7月通过国家验收。

池州市依江近海，水网发达，长江流经池州市158千米，岸线长162千米；长江池州段水流平稳，岸坡稳定，常年通航5 000吨级船舶，属国家一级航道，江口至梅龙段可建万吨级码头。沿江高速公路贯穿池州，东接上海，西连武汉；合黄高速公路北连合肥，南通杭州；沿江铁路大动脉铜九铁路东接上海，西达重庆；安庆长江大桥连接安庆与池州，池州九华山机场已于2013年7月29日建成通航，发展水陆联运和水铁联运前途广阔。

池州港目前拥有生产性码头9座，工作泊位2个，其中10 000吨级泊位2个，5 000吨级散货泊位2个，3 000吨级件杂货泊位5个；货场总面积31万多平方米，海关监管仓储面积1.5万平方米；长江深水岸线2 460米，码头前沿水深11～18米；各类装卸机械设备180余台，最大起重能力45吨；年货运综合通过能力2 000万吨，年集装箱通过能力5万标箱。池州旅游码头是安徽省唯一停靠涉外游轮的旅游码头，每年停靠涉外游轮约130航次，接待入境游客约3万人次。

2014年，池州水运（河港）口岸完成进出口货运量73.8万吨，同比增长37.9%，创口岸历史新高，提前2个月完成安徽省下达的运量目标任务。其中，进口50.8万吨，同比增长131.1%。

原二类口岸

【蚌埠铁路口岸】 1993年经安徽省人民政府批准设立蚌埠铁路口岸。口岸功能相对完备，设有蚌埠海关、蚌埠出入境检验检疫局两个查验单位为进出口企业提供通关服务；设有蚌埠站南货场内海关临时监管点和公路集装箱监管点两个海关监管点。区位交通优势明显，蚌埠外贸货物装卸点连接南北、纵贯东西，具有区域中心优势和地位，可以服务淮南、淮北、宿州、凤阳等地。1996年8月，蚌埠铁路国际集装箱堆场挂牌营运，堆场面积1.5万平方米，年吞吐量25万吨，最大起重能力40吨。可办理阿拉山口、满洲里、欧亚大陆桥国际联运和深圳北过轨供港运输及直通式国际集装箱铁海联运业务。目前，已开通蚌埠至上海定时定点快线和蚌埠至宁波铁海联运专线。2014年4月30日，蚌埠铁路无水港建成启用，是安徽省唯一铁路无水港。同日，蚌埠新港集装箱码头正式投入运营，成为淮河上首个开展水运集装箱运输业务的码头。同年12月26日，蚌埠（皖北）保税物流中心通过海关总署、财政部、国家税务总局和国家外汇管理局组成的国家联合验收组验收，实现“当年申报、当年批复、当年建设、当年验收、当年运营”。

2014年，蚌埠口岸完成进出口货运量81.6万吨、同比增长84.3%；集装箱运输为9 889标箱，同比增长104%。蚌埠（皖北）铁路无水港实现吞吐量4 428标箱，是2013年铁海联运发送量的4.3倍。

【阜阳铁路口岸】 阜阳是全国重要的铁路交通枢纽，是以农业生产、加工制造、商贸物流为主的皖西北中心城市。阜阳铁路口岸于1994年4月经安徽省人民政府批准对外开放。

2014年，阜阳铁路口岸完成进出口货运量5.57万吨、同比增长90.1%；进出口货值3.6万美元，同比增长93%；完成集装箱运输5 959标箱，同比增长130.4%。

安徽省口岸大事记

1月2日

海关总署党组成员、国家口岸管理办公室主任黄胜强调研合肥新桥国际机场航空口岸。

1月3日

长三角区域大通关建设协作第六次联席会议在合肥市举行，海关总署党组成员、国家口岸管理办公室主任黄胜强，上海市副市长艾宝俊，安徽省副省长花建慧，江苏、浙江省政府有关负责同志到会并讲话。

1月8日~9日

安徽省副省长花建慧调研郑蒲港、芜湖港。

3月18日

芜湖港召开安徽省外贸枢纽港政策推介会。

3月21日~26日

中国国民党名誉主席吴伯雄一行来皖访问。

3月30日

合肥—北京—法兰克福国际航线首航仪式暨新闻发布会在合肥新桥国际机场举行。该航线是安徽省首条洲际航线，每天执行一班。

4月22日

安徽省副省长花建慧到池州海关、池州出入境检验检疫局和池州边防检查站调研口岸工作。

4月22日~23日

长三角区域大通关建设协作第六次联席会议第一次联络员会议在安徽铜陵市召开。

4月30日

蚌埠（皖北）铁路无水港开通启用。

6月4日

芜湖沥青专用码头恢复对外开放使用。

6月26日

合肥新亚欧大陆桥国际货运班列首发。

7月2日

台湾中华航空公司台北桃园至合肥航线首航。

7月4日

江苏和安徽两省在南京共同举办长三角口岸城市群大通关合作苏皖项目对接会。

7月9日~10日

安徽省副省长花建慧在合肥新桥和黄山屯溪国际机场分别召开推进机场口岸台湾居民签注点建设工作专题会议。

7月11日

芜湖港与上港集团战略合作签约仪式在芜湖市举行。上港集团现金增资芜湖港全资子公司芜湖港务有限责任公司，实现芜湖港与上港集团的深度战略合作。

8月18日

安徽淮化集团有限公司UAN（尿素硝铵水溶肥）海铁联运班列首发。

8月28日~29日

长三角区域大通关建设协作第六次联席会议第二次联络员会议暨长三角区域通关一体化座谈会在上海召开，安徽作为轮值方牵头拟定《推进长三角区域通关一体化便利措施》和《长三角区域通关一体化推进方案基本框架》，五地地方电子口岸拟定《长三角区域地方电子口岸互联互通技术方案》。

9 月 1 日

芜湖市朱家桥港启运港退税正式启动实施。

10 月 31 日

安徽省和上海市在芜湖共同举办 2014 年长三角口岸城市群大通关合作皖沪项目对接会。安庆、池州、铜陵、芜湖、马鞍山、合肥六市口岸主管部门共同签署《安徽省水运口岸联盟合作备忘录》，正式建立安徽省水运口岸联盟合作机制。

11 月 1 日

安徽省公安厅合肥新桥国际机场签证处、黄山市公安局黄山屯溪国际机场签证科台湾居民签注点同时启用，为事先未办妥入境证件、直抵口岸的台湾居民办理入境证件和签注。

11 月 4 日

芜湖口岸关检合作“一单两报”系统正式运行。

11 月 13 日

浙江和安徽两省在宁波北仑港共同举办 2014 年长三角口岸城市群大通关合作浙皖项目对接会。

12 月 22 日

合肥出口跨境电子商务首单运行。

（撰稿人：肖黎）

2014 年安徽省口岸流量统计表

口岸类型		口岸名称	货运量（万吨）				集装箱量（万标箱）				人员（人次）				交通工具（辆、艘、架、列次）			
			出口	进口	合计	同比（%）	出口	进口	合计	同比（%）	出境	入境	合计	同比（%）	出境	入境	合计	同比（%）
空运口岸		合肥									162 522	163 648	326 170	+1. 30			2 437	-8. 20
		黄山									48 336	50 693	99 029	+22. 30			857	+7. 00
		分计									210 858	214 341	425 199	+5. 51			3 294	-4. 72
陆运口岸	公路口岸																	
		分计																
	铁路口岸	蚌埠	10. 13	71. 47	81. 60	+84. 30			0. 99	+104. 40								
		阜阳	4. 25	1. 32	5. 57	+90. 10			0. 59	+130. 40								
		分计	14. 38	72. 79	87. 17	+84. 68			1. 59	+113. 50								
水运口岸	海港口岸																	
		分计																
	河港口岸	马鞍山	59. 72	1 184. 42	1 244. 14	+11. 80			7. 48	+43. 40							841	+37. 40
		铜陵	26. 10	248. 00	274. 10	+0. 40			2. 09	+2. 70							143	-71. 90
		芜湖	112. 39	41. 71	154. 10	+15. 50			40. 26	+40. 00							1 862	+3. 60
		池州	22. 96	50. 82	73. 78	+37. 90			1. 01	-13. 10							304	-1. 94
		安庆	12. 72	58. 61	71. 33	+37. 90			3. 09	+32. 50							671	+14. 10
		分计	233. 89	1 583. 56	1 817. 45	+11. 84			53. 94	+36. 48							3 821	+0. 15
合计			248. 27	1 656. 35	1 904. 62	+13. 90			55. 53	+37. 90	199 783	203 210	425 199	+5. 51			7 115	-2. 16
同比（%）																		

（安徽省口岸办提供）

2014 年合肥海关主要数据统计表

项目		2014 年	同比（%）
进出口货运量（万吨）	合计	2 037.19	+18.6
	进口	1 762.32	+14.5
	出口	274.87	+53.8
进出口贸易总值（万美元）	合计	2 180 279.18	+35.1
	进口	1 311 535.79	+12.7
	其中：江、海运输	1 067 147.05	+3.0
	铁路运输	59.98	
	汽车运输	14 910.02	+132.2
	航空运输	229 418.74	+87.5
	邮件运输		
	其他运输	706.52	+54 247.69
	出口	868 743.39	+93.0
	其中：江、海运输	643 774.01	+67.1
	铁路运输	4 205.87	+12.8
	汽车运输	24 187.23	+2 398.3
	航空运输	196 576.28	+227.0
	邮件运输		
	其他运输	0.003 2	
税收（亿元）	两税合计	123.60	+18.9
	关税入库		
	进口环节税入库		

（合肥海关提供）

2014年安徽省口岸出入境主要数据表

项目			2014年	2013年	同比（%）
出入境人员（人次）	出入境人员总数		428 373	405 922	+5.53
	入境人员		215 236	204 222	+5.39
	出境人员		213 137	201 700	+5.67
	出入境旅客		396 844	374 365	+6.00
	出入境员工		31 529	31 557	-0.09
	中国公民	小计	342 971	319 507	+7.34
		内地居民（因公）	10 077	13 544	-25.60
		内地居民（因私）	267 892	252 438	+6.12
		港澳居民	9 475	3 499	+170.79
		台湾同胞	55 527	50 026	+11.00
	外籍人员		84 944	86 415	-1.70
	从海港出入境人数		3 174	2 929	+8.36
	从陆港出入境人数				
	从空港出入境人数		425 199	402 993	+5.51
交通运输工具（辆、艘、架、列次）	总计		3 530	3 675	-3.95
	船舶		238	219	+8.68
	飞机		3 292	3 456	-4.75
	火车				
	机动车辆				

（安徽省公安边防总队提供）

2014 年安徽省出入境检验检疫业务统计表

项目		货物检验检疫				交通工具				集装箱（标箱）		发现动植物疫情		货物通关		出入境人员查验（人次）	健康检查及预防接种（人次）			
		批次	金额（万美元）	检验检疫不合格		船舶（艘）	飞机（架）	火车（列）	汽车（辆）	合计	检出问题	种类数	种次	批次	金额（万美元）		健康检查	艾滋病监测	发现病例	预防接种
				批次	金额（万美元）															
本年累计		77 947	587 867	1 123	7 188	240	3 287	–	–	99 013	1 066	48	401	17 652	389 808	426 830	23 026	23 046	6 706	33 340
其中	出境	67 767	396 485	442	1 935	170	1 643	–	–	14 064	1	0	0	9 288	113 614	211 880	20 857	20 869	5 992	33 320
	入境	10 180	191 383	681	5 254	70	1 644	–	–	84 949	1 065	48	401	8 364	276 194	214 950	2 169	2 177	714	20
同比（%）		–43.04	–37.22	+44.90	–17.56	+24.35	+1.36	–	–	+0.95	+23.52	+128.57	+31.05	–23.77	+6.22	+5.72	–4.51	–4.80	+13.97	–21.61
其中	出境	–46.98	–47.43	+88.89	–20.77	+33.86	+0.80	–	–	–53.45	–	–	–	–39.72	–37.46	+5.70	–9.44	–9.72	+7.29	–21.61
	入境	+12.69	+5.05	+25.88	–16.31	+6.06	+1.92	–	–	+25.16	+23.41	+128.57	+31.05	+7.94	+49.04	+5.74	+100.46	+99.54	+138.80	–23.08

（安徽出入境检验检疫局提供）

2014 年安庆海事局进出港船舶统计汇总表

船舶类别	进港船舶							出港船舶						
	艘数（艘）	总吨（吨位）	总载重量（吨）	载客量（客位）	船员人数（人次）	货物到达量（吨）	旅客达到量（人）	艘数（艘）	总吨（吨位）	总载重量（吨）	载客量（客位）	船员人数（人次）	货物发送量（吨）	旅客发送量（人）
总计	37	109 866	167 637	0	505	24 437.93	0	37	109 866	167 637	0	504	114 146	0
中国籍船舶	14	54 864	78 858	0	229	12 270	0	14	54 864	78 858	0	228	50 850	0
其中外贸船	25	55 002	88 779	0	276	12 167.93	0	23	55 002	88 779	0	276	63 296	0

（安庆海事局提供）

福 建 省

福建省口岸分布示意图

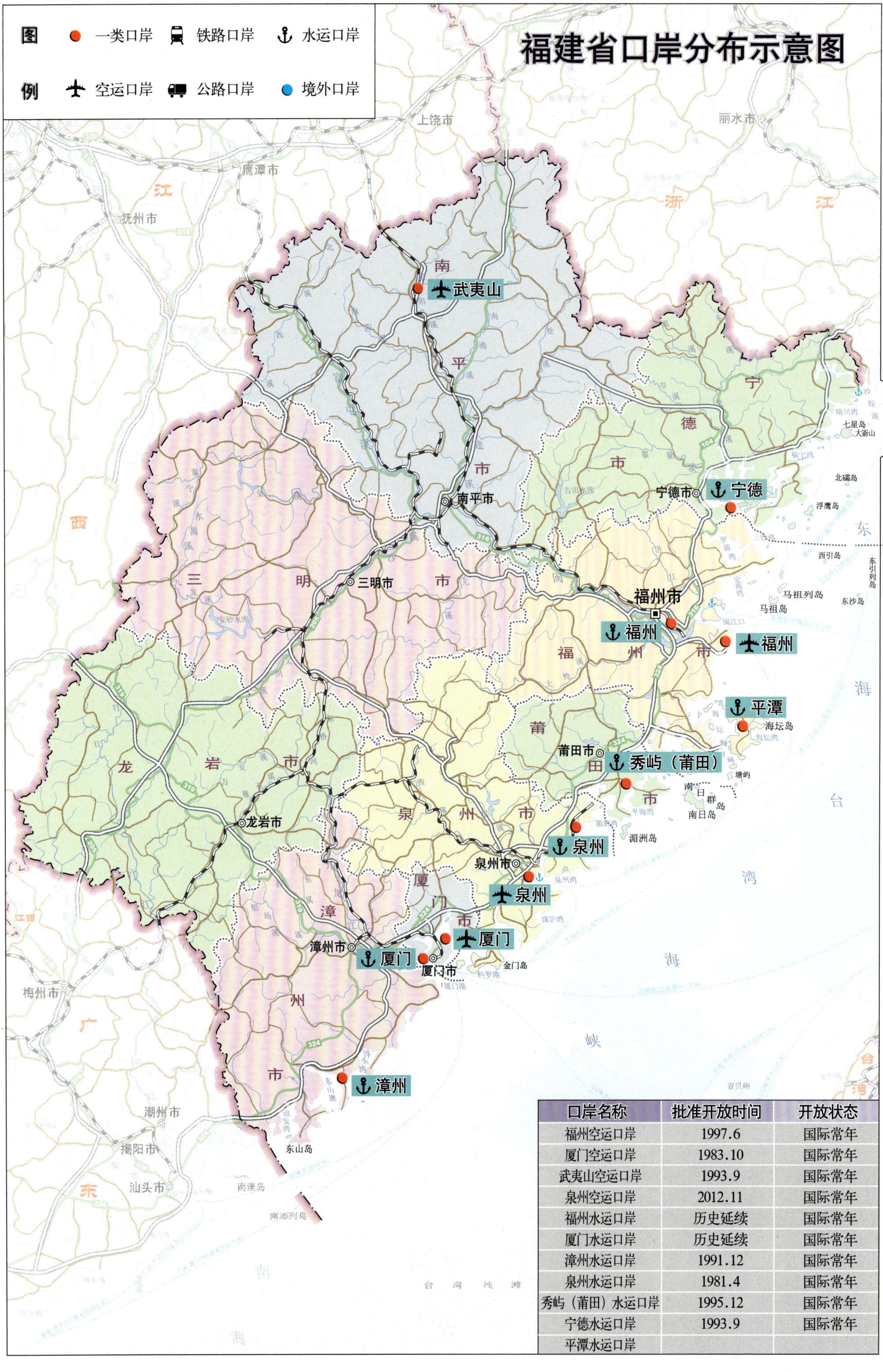

口岸名称	批准开放时间	开放状态
福州空运口岸	1997.6	国际常年
厦门空运口岸	1983.10	国际常年
武夷山空运口岸	1993.9	国际常年
泉州空运口岸	2012.11	国际常年
福州水运口岸	历史延续	国际常年
厦门水运口岸	历史延续	国际常年
漳州水运口岸	1991.12	国际常年
泉州水运口岸	1981.4	国际常年
秀屿（莆田）水运口岸	1995.12	国际常年
宁德水运口岸	1993.9	国际常年
平潭水运口岸		

口岸数量及分布

截至2014年年底，福建省共有经国务院批准对外开放口岸11个。其中，空运口岸4个，分别是福州空运口岸（福州长乐国际机场）、厦门空运口岸（厦门高崎国际机场）、武夷山空运口岸（武夷山机场）和泉州空运口岸（晋江机场）；水运（海港）口岸7个，分别是福州、厦门、漳州、泉州、莆田、宁德、平潭海港口岸。

口岸运行数据

2014年，福建省水运（海港）口岸累计完成外贸货运量21 519.63万吨，同比增长15.01%。其中，进口15 434.33万吨，同比增长16.8%；出口6 085.3万吨，同比增长10.7%。海运集装箱吞吐箱量累计完成750.39万标箱，同比增长5.08%。其中，进口370.57万标箱，同比增长5.87%；出口379.81万标箱，同比增长4.32%。累计出入境旅客175.01万人次，同比增长18.87%。其中，入境87.35万人次，同比增长17.61%；出境87.66万人次，同比增长20.16%。

空运口岸累计出入境旅客430.65万人次，同比增长10.54%。其中，入境215.08万人次，同比增长8.09%；出境215.57万人次，同比增长12.23%。

对台直航方面，水运口岸对台累计完成进出口货运量2 278.92万吨，同比增长1.32%。其中，进口445.26万吨，同比下降1.63%；出口1 833.66万吨，同比增长2.07%。累计完成直航海运集装箱74.82万标箱，同比下降2.19%。其中，进口38.05万标箱，同比下降2.16%；出口36.78万标箱，同比下降2.21%。两岸海上直航完成出入境旅客172.09万人次，同比增长19.01%。其中，入境85.96万人次，同比增长17.84%；出境86.13万人次，同比增长20.21%。

口岸综合管理

【加快推进口岸开放】 平潭港口岸正式对外开放。2014年2月21日，国务院批复同意平潭港口岸对外开放。按照国家相关部委支持平潭口岸“成熟一个港区、验收一个港区”的先行先试做法，7月8日平潭港口岸澳前港区对外开放通过国家级验收，8月18日正式对外开放。平潭口岸实现当年获批、当年验收、当年开放。金井港区对外开放的现场查验配套设施建设已基本到位。口岸扩大开放继续推进。福州港口岸罗源湾港区、泉州港口岸石井作业区分别于9月、12月获国务院批准对外开放，正在抓紧建设和完善口岸现场查验配套设施。莆田港口岸东吴港区、漳州港口岸旧镇和冬古港区、宁德港口岸三沙港区扩大开放已进入国家相关部委审理程序；福州港口岸黄岐港区扩大开放已获相关部门同意，拟报国务院批准，宁德港口岸三都澳港区扩大开放正在征求相关部门意见。口岸临时开放工作有序进行。平潭港口岸金井港区2个码头泊位首次临时开放获批，福州港口岸罗源湾港区9个码头泊位、莆田港口岸东吴港区2个泊位和平潭港口岸澳前客滚码头等15个码头泊位每半年延期获批；福州港口岸黄岐对台客运码头临时开放获相关部门同意，宁德港口岸漳湾作业区8号、9号码头临时开放正在征求海军东海舰队意见。

【组织开展新增外贸作业点验收】 先后对厦门海鸿石化码头，海澳石化码头，泉州肖厝港有限责任公司4号泊位福州名成渔业码头，泉州福建联合石化青兰山30万吨原油码头，宁德信昌造船有限责任公司外轮维修点，漳州招银港区8~10号泊位，厦门港海沧港区国际货柜码头1号泊位，漳州港古雷港区南1号、南2号和-1号、-2号泊位，东港石化实业有限公司化工码头3万吨及2 000吨泊位，鼎信物流有限公司白马作业区6号、7号泊位等18个码头泊位进行升级验收，并均已由省政府对外发布通知，同意启用以上新增外贸作业点。

【审理审批国际船舶临时进靠】 简化国际航行船舶临时进靠审批程序。将原由厦门海关负责的国际航行船舶临时进靠口岸的审批权下放给各停靠码头海关监管单位，由停靠码头海关监管单位函复省口岸办；将原由厦门检验检疫局领导审签后发文的程序改为直接由业务处室函复省口岸办。全省各临时开放新增外贸作业点全年临时进靠国际航行船舶222艘次（含厦门），比2013年增长120%，较好保障了古雷石化和泉港石化产业等省重点项目的建设和生产需要。

【加大口岸查验配套设施建设投入】 向国家发展改革委申报平潭综合实验区澳前海峡客滚码头旅检大楼等4个口岸查验设施建设项目补助资金列入2014年中央预算内投资计划。国家发展改革委下达了福建省2014年补助国家一类口岸查验设施建设中央预算内投资计划，安排平潭口岸查验设施建设等4个项目中央预算内补助5 229万元（其中平潭口岸查验设施建设项目562万元，澳前海峡客滚码头旅检大楼项目1 867万元，海西进出境动植物检疫隔离处理中心项目1 900万元，宁德口岸福安检验检疫业务用房900万元）。

【协调推进通关作业改革】 协调推进海关通关作业无纸化和检验检疫通关单无纸化，海关通关作业无纸化率达80%以上，检验检疫通关单无纸化率达100%；推动实现关检合作“三个一”通关模式福建省内通关现场覆盖，关检合作“三个一”通关模式在试点开展以来，形成“一次申报”系统福州版，海关总署、国家质检总局发文作为全国3个典型模式之一在全国推广。2014年10月15日，福建省关检合作“三个一”全覆盖启动仪式在福州举行，省长苏树林出席，12月实现覆盖到全省通关现场。

【协调增进关检协作】 开展关检协作专项督查，推动关检协作在具体工作中深入落实；协调推进关检协作进一步深化。2014年8月26日，福州海关、厦门海关、福建出入境检验检疫局、厦门出入境检验检疫局签署“两关两检”合作备忘录，围绕福建大口岸、大通道、大物流建设的大局，以深化关检合作，改进关检监管与服务，构建优质口岸为目的，加强合作联动，进一步提升口岸的监管效能和通关效率，提高通关便利化水平，降低企业通关成本。

【拓展区域通关协作】 加快推进区域通关一体化改革，进一步推动扩大“属地申报，属地放行”、“属地申报，口岸验放”的适用范围，让企业享受更多通关便利；加快推动陆地港发展，鼓励引导陆地港完善配套设施，进行业务拓展和市场开拓，改善通关环境，形成区域性外贸物流节点，促进与港口口岸的良性互动；重点推进闽赣区域通关合作，与江西省口岸办签订建立两省海铁联运推进机制备忘录。2014年7月，向莆铁路顺利开通货运，12月江阴港实现与江西海铁联运，闽赣间高速公路对接深入拓展；探索推进与川、渝等内陆省市区域通关合作，组织到四川、重庆落实对接福建省与两省市区域通关直通放行细则，推介福建口岸资源和通关环境，对利用对台优势和现有航班实现四川、重庆中高值货物空中对接进行商研。

【进行电子口岸机制改革】 坚持一个平台、单一窗口的原则，按一个界面、一次递单、一点接入和统一管理的要求，着力推动福建电子口岸机制改革，探索建设关检等部门共建共管，符合国际贸易“单一窗口”规则，福建省统一的通关一体化信息平台。项目可研暨初设已报福建省发展改革委。

【提升通关便利服务效能】 继续开展大通关满意度评价，完善通关便利化工作奖励。在2014年福建省关检通关便利化满意度评价中，加强设区市口岸综合协调部门作用，增加设区市口岸综合部门对辖区关检基层单位“社会贡献度、工作配合度、服务满意度”的评价。2014年度，福建省口岸通关服务总体满意度为94.67分，比2013年度提升5.26分，比2012年度提升7.20分，满意度逐年提升。2014年共发放奖励金1 194万元。加强通关协调服务，优化口岸通关环境。设立24小时投诉咨询电话，先后协调重点国企华能国际海关税票和进口煤炭检测中介费提高加重企业负担事宜，协调解决了福州商会请求延缓因海关系统切换造成企业通关困难，协调解决平潭台湾商品市场货物通关等，仅协调进口煤炭检测中介费一事全年可为企业节省费用1 000多万元。通关便利化举措引起国务院领导关注，福建省上报的《福建省提高贸易便利化水平的做法与成效》及《福建省全力推进关检合作通关便利化水平不断提升》两条信息均被国务院办公厅采用，并先后3次得到国务院领导的批示和肯定。

口岸监管与服务

【关检通关作业改革】 福州海关深入推进通关作业无纸化，2014年共办理通关作业无纸化报关单42.84万份，约占全年报关单总量的80%，超过2013年19.8个百分点；累计完成企业无纸化电子签约7.5万家，进、出口无纸化通关报关单的海关作业时间分别较全国平均用时少11.93小时和0.55小时。推进后续监管模式、风险管理作业机制和企业信用管理体系建设，全面实施差别化稽查作业模式，充分发挥风险管理在事前、事中、事后监管全过程的中心环节作用，扎实推进企业信用管理。加大机动查验、巡查工作、重点商品查验力度，口岸查验率、查获率、实质性查获率均超过了海关总署达标要求。

厦门海关全面推行通关作业无纸化改革，无纸化报关单比重逐月提升，2014年12月当月达到83.67%；上线海运、空运舱单及运输工具管理系统，实现关区新舱单海运、空运全面覆盖；推广预归类社会化服务工作和出口企业预化验试点，每年可为企业减轻负担3 000多万元。福建检验检疫局辖区实现通关单无纸化，在辖区全面实施出境“多点报检、就近取证”模式，上线大宗散货物流信息化监管系统，口岸验放效率提高1/3以上，直接减免检验检疫费1.06亿元，降低企业成本约15.49亿元，缩短通关时间约64万小时；研究出台报检随附单证简化方案，简化报检和签证放行程序，实施出境“多点报检、就近取证”。厦门出入境检验检疫局推广移动检验检疫和远程可视“云查验”监管模式，优化卫生检疫信息化服务网络，运行“船舶检疫移动执法系统”，优化完善“国际航行船舶检疫管理系统”，试点实施入境船舶无纸化申报；辖区全面实施通关单无纸化，每批货物的通关时间可缩短两个小时；试行并逐步推广进境水果和水生动物检疫审批与核销无纸化，进一步推行特殊物品检疫审批无纸化；对出境竹木藤草制品实行快速通关措施；通过企业质量安全保证能力评价，对36家企业实行一级监管，出口时即报即放，同时对200多家企业实行二级监管（抽样放行），出口抽批率降到3%，较此前20%的平均抽批率大幅降低。2014年下半年，根据海关总署、国家质检总局相关部署，福建省内海关和检验检疫部门不断加强跨部门、跨关检区业务协作和技术对接，深入研究制定有关规范，加快推进关检合作“三个一”通关模式从试点阶段转为常态推进阶段。2014年10月15日，在福建省省长苏树林等见证下，福建省口岸办、福州海关、厦门海关、福建出入境检验检疫局、厦门出入境检验检疫局共同启动“三个一”全覆盖工作。12月，实现关检合作“三个一”通关模式在全省通关现场全覆盖，企业申报录入数据从实施前的149项减少到现在的96项，整体查验效率提高50%，在“三个一”通关模式下共监管放行国际集装箱32 202标箱，是2013年的4.73倍。

【海关拓展区域通关协作】 福州海关实现与

全国所有直属海关及口岸的区域通关合作，扩大“属地申报，口岸验放”模式适用企业范围；扩大分类分层审单范围，将大多数大宗散货转由现场海关审核，便利企业就近审单。厦门海关推行关区内“多点报关，属地放行”的业务模式，突破原先“多点报关，口岸验放”业务模式的地域限制，拓展区域通关范围，将“属地申报，属地放行”扩大到所有A类以上企业。

【检验检疫简政放权便企减负】 福建检验检疫局在全国系统首家将原由直属局管理的集中审单权限全部下放分支机构执行，审单效率提升40%，95%以上报检单实现系统自动审单及布控；改革简化申报流程，对未实施口岸查验的入境非法检货物直接放行；放宽检务放行模式条件，将代理报检企业信用等级从A级放宽为B级，充分让利企业；推进原产地签证制度改革，出台“进一步简政放权推进原产地签证制度改革八项惠企措施”，全方位改革原产地业务并在全国系统率先实施有关举措，便利企业应用原产地优惠政策享受进口方关税优惠。厦门检验检疫局共取消6个行政审批项目，对保留的口岸卫生许可、出口商品质量许可等审批项目进一步下放审批权限，审批时限平均压缩8个工作日；取消代理报检企业审批制度，辖区近百家企业受惠；推广3C免办试点，进一步简化程序，降低企业成本；全年约减免检验检疫收费1.39亿元，鼓励企业用好ECFA等原产地优惠政策，为企业减免关税约4亿美元。

【边检创新勤务模式】 福建省公安边防总队研究制定海（空）港边检勤务值班室工作规范，优化“小前台、大后台”的执勤队伍结构；福州机场边检站建立“一中心两勤务值班室”，泉州边检站建立“一分站两中心”的勤务指挥新架构，总结固化“两级指挥、三级联动”勤务指挥机制；福州边检站建立“站指挥中心—区域勤务中心—前沿边检警务室”的“三位一体”勤务指挥体系，提升勤务效率，突出海港“管理中枢、管理基础、管理模式、管理保障”4个重点环节，制定出台《海港边检综合管理体系建设指导意见》，创新建立警力调配机制。所属各边检站全面建立风险评估、分级管理、诚信管理、警企联动为一体的综合管理新模式，健全完善了与地方公安机关和口岸联检单位的协作机制，积极推动士官检查员和边检协管员两只队伍建设，增强口岸管控合力。福州边检站深化警企联动机制，在口岸限定区域实行“红、黄、蓝”颜色管理，初步建立“一个平台、两项机制、三类管理”的“海盈模式”，形成了可看、可学、可借鉴的海港管理勤务模式。

【科技强警】 福建省公安边防总队积极构建以“梅沙网勤务运行平台”、“公安网勤务指挥平台”、“互联网公共服务平台”为核心的信息化“三大平台”，实现了勤务指挥扁平化，教育培训实战化，边检服务网络化，通关服务高效化和口岸管控智能化。所属各边检站全面建立实战型指挥中心，全部配备了证件阅读机，所有边检执勤现场均安装了红外高清视频监控系统，旅检现场同时安装了拾音设备，达到了“可视、可控、可对讲”；福州、肖厝、泉州、漳州等边检站启用基于3D仿真技术的边检船舶、飞机检查仿真系统，解决了组织实操培训较为烦琐的难题；各边检站借助微信等新媒介，建设网上便民服务平台，率先实现“无纸化办证、电子化检查、网络化服务”；泉州晋江、福州机场等空港口岸相继建设旅客自助通关系统；辖区各海港站主动研发应用船舶外舷视频监控、梯口人像智能管控等系统，启用无人巡查机对锚地进行监管，实现对口岸和锚地“远程化监控、立体化防控、

全时段掌控”。各空港边检站全面应用入境旅客预报检系统（API），积极建立“一中心两勤务值班室”、“一分站两中心”勤务指挥架构，实现勤务运转快速、高效。厦门边检总站研发启用船舶检查管理网上统一申报平台，接入福建省电子口岸平台，实现了船舶代理在厦门港区“一处备案、全港通用”和“一次录入、多向申报”，完成新一代边检自助通道查验系统建设，首批在厦门高崎机场旅检现场建设6条，在厦门五通客运码头旅检现场建设4条，共计10条自助查验通道，以及两间自助通关信息采集室，于2014年12月31日正式启用，填补了厦门口岸空白。

【打造规范服务型海事】 一是建立高效运行机制。福建海事局所属分支局完成海事执法模式改革机构调整工作，在各分支海事局设立了政务中心负责进出口岸审批与查验工作。二是开展海事文明创建。推行政务公开，推进效能建设，强化内部监督机制，规范执法行为，规范窗口服务，在工作上求深化，在服务上求延伸，在具体运作上求创新，内增素质，外塑形象。三是推行高效服务。在口岸通关服务保障中提供“针对式、贴近式、跟进式”服务，“全天候”办理国际航行船舶进出口岸查验和船舶载运外贸危险货物适装许可。设置“综合业务窗口”，负责相对人咨询的解答、指引。持续打造“平安、绿色、和谐”文明航区，充分运用VTS、CCTV、AIS、福建海事局可视化监控平台等科技信息化监管手段，对辖区水域进出港重点国际航行船舶提供全程监控服务。开辟重点物资通关“绿色通道”，在具备基本资料的情况下，优化通关流程，缩短办结时间，做到“在港零待时”、“服务零距离”。

【探索海事监管“福建模式”】 一是重点加强两岸客运航线监管，落实安全保障措施，推进两岸航线“安全畅通文明”航段创建工作。2014年11月14日，厦金直航船“上和1号”轮在猴屿东同益航道偏离航道，驶近鳗尾礁，厦门VTS中心值班员及时发现险情，果断发出警告，指导该船采取措施，成功地避免了搁浅险情发生。二是深化对台服务。海事部门坚持每周“5+2”工作制和24小时全天候办理两岸直航客轮进出口岸查验手续，实行直航客运航线特事特办、马上就办，对直航客轮进出口岸实行优先受理、优先办结、优先安排护航，遇有相关问题优先考虑、优先处理等一系列优先服务制度。三是提高两岸航行安全保障能力。海事部门先后在厦门组织开展厦金航线客船遇险应急桌面推演，在泉州市围头湾14号浮标附近海域举行“提升应急救助能力 保障泉金直航安全”的泉金客运航线应急救助实战演练，在马尾至马祖之间海域举行了“2014年海峡两岸海上联合搜救演练”，进一步拓展了海峡两岸搜救协作的深度和广度。顺利完成了第十二届“两马同春闹元宵”、“两马经贸文化交流活动”、“第四届海峡两岸高校帆船赛暨第二届泛太平洋大学生帆船邀请赛”、“‘新竹—平潭’两岸泳渡台湾海峡活动”等多项两岸交流水上活动的交通安全保障任务。四是实现对台船员培训常态化。福建海事局举办3期台湾船员适任培训，99名台湾船员完成过渡期岗位适任培训。五是开展闽台航线船舶航行安全研究。福建海事局承担交通运输部海事局《闽台航线对台湾海峡通航环境影响与安全对策研究》课题研究任务，对闽台客船航线相关情况进行了深入的调查分析，全面掌握了航线运行的基本情况，提出了促进闽台客船航行安全的保障措施建议。

【共促外贸稳增长】 福州海关、厦门海关、福建检验检疫局、厦门检验检疫局签订合作备忘录，进一步深化关检合作，改进关检监管与服务，促进福建外贸稳定增长。福州海关出台《福州海关支持福建外贸稳定发展的若干意见》，提出13项措施，对企业实施“一对一”帮扶，恢复12家A类以上企业管理类别；对关区重大投资项目跟踪服务，按照减免税政策为企业减免税款6.54亿元；3项税则调整建议被国家税委会采纳，福建省3种重点行业产品将实现降税，每年为企业减少1.4亿税负。厦门海关出台15项促进福建外贸稳定增长措施；倡导并主动参与口岸公共服务平台建设，“4项改革”建议得到省市政府转化落实，3篇统计分析报告获国务院领导批示。福建出入境检验检疫局两次出台促外贸稳增长17条措施，推动国家质检总局下发助力福建省等原中央苏区振兴发展22条措施，帮扶江阴港区整车进口口岸获得小批量进口汽车特殊检测处理程序权限，力促中化泉州石化1 200万吨炼油项目投产，帮扶3个口岸获首批进口粮食指定口岸资质，帮促7家企业获国家质检总局原产地声明企业资格核准。厦门出入境检验检疫局出台促进外贸稳定增长6个方面21条措施。加大对翔鹭石化、林德叉车、厦门ABB、厦船重工等龙头企业的专项服务力度，积极做好重点引资项目——日本电气硝子液晶基板玻璃项目（8.5代TFT液晶基板玻璃）价值41.4亿元人民币的进口设备检验，抓紧落实国家质检总局支持厦门口岸出入境特殊物品检疫监管4方面12项新政策，支持厦门生物医药产业发展。帮助出口企业有效应对技术性贸易措施，发布预警信息3 471条，免费培训企业代表近500人次。实行24小时预约登轮数重量鉴定和港口卸载同步不间断取样，促进大宗资源性货物从厦门进口，原油、废物原料、金属矿砂进口量同比分别增长140.2%、49.1%和27.4%。帮促厦门港成为全国首批进口粮食指定口岸，进口粮谷和油菜子同比分别增长47.1%和48.6%。

【服务平潭开放开发】 福州海关完成“二线”卡口通道、环岛监控系统及信息化管理平台三大项目建设，保障“分线管理”创新监管模式在平潭平稳落地；先后牵头对“二线”进行省级预验收，牵头对平潭对台小额商品交易市场组织验收，并协调推动二线卡口和监管查验设施顺利通过国家六部委联合验收。封关运作以来，共新增备案企业189家；接受货物申报1 175票，货值2.3亿美元，减免税款2.8亿元；监管跨境电商出口货物76票，货值1.8万美元；监管二线卡口进出区车辆166.6万辆，其中申报车辆161辆；监管两岸直航航线170艘次，进出境旅客4.4万人；陆路巡查1.71万千米，水路巡查613千米。福建检验检疫局提炼形成“找准定位、解放思想、简化手续、快速通关、加强宣传、做好服务”的平潭检验检疫工作新思路。平潭检验检疫机构实现机构升格、服务升级，指导平潭二线实现封关运作，澳前口岸通过国家级验收；帮助平潭获得全省首家进口冰鲜水产品指定口岸资质，对平潭进出境商品实施“一线放宽、二线管住、岛内自由流转”的分线管理模式，做到既放得开又管得住。建设全国质检唯一的对台检验检疫数据交换中心，推进“一张证书、两岸互认”。加快推进海西隔检中心建设，出台支持平潭小贸市场发展15条措施。福建省公安边防总队细化出台“助推平潭科学发展跨越发展十项措施”。福建海事局将平潭澳前对台客滚码头、金井码头及金井航道等建设项目列为重点建设项目，特事快办，简化审批环节。

【推进闽台口岸交流】 福州海关积极开展涉台优惠贸易协定项下进出口货物的原产地认证核

查，做好“两岸海关电子信息交换系统”等使用推广工作，支持邮政部门利用平潭“海峡号”运输出口邮政快递邮件，支持福州马尾作为国内唯一的水运口岸出口对台总包邮件交换口岸出境监管，支持中国邮政福州往返台北首条两岸邮货快递直航包机业务发展。厦门海关持续推动与台湾海关机构的交流合作，在2013年首开直属海关赴台交流“先河”，实现双向互访的基础上，再次组团赴台开展交流访问，就两岸海运快件运营一体化，对台小额贸易监管等议题进行深入研讨并取得实质性进展，与“高雄关”开展第二轮交流合作，成功推动两关合作纳入“海峡两岸海关合作工作小组”专家组范畴；顺利实现首批两岸海运快件进口业务试点运营，深入开展对台小额贸易专项整治，推动海峡两岸人民币现钞调运业务顺利开展，助力两岸文博会、台交会、“海峡论坛”、“9·8”贸洽会等两岸文化、经济交流活动顺利召开，关区两岸直航继续呈现航线、航点、人员三增加的喜人局面，多项业务继续开全国先河。福建出入境检验检疫局获国家质检总局支持并授权其在全国率先对接台方商洽两岸检验检疫电子证书信息互换互查。厦门检验检疫局与厦门市商务局联合举办两岸食品安全监管经验交流会，推动两岸监管合作、标准互认；按照“同等优先、适当放宽、风险可控”的原则，实施快件预归类，先行核查进口食品标签备案，预审核快件清单，闸口快速放行等4项措施，保障对台海运快件快速通关；做好有关业务调整，做到就近申报、就近查验、随到随验，促进厦台货物直航、客货滚装业务发展。

【建设福建自贸区】 按照“成熟一个推广一个”原则，福州海关先后复制推广7项上海自贸区海关监管创新制度，积极参与福建自贸区总体方案及福州片实施方案的集中工作，研究借鉴国际自由港通行规则、香港及台湾地区海关监管制度，结合区位特点、机制创新、通关便利、功能拓展等提出措施建议24条。厦门海关复制推广上海自贸区14项海关监管创新制度，飞机融资租赁、保税延展、出境加工等监管创新走在全国海关前列。福建出入境检验检疫局成立政研和推进小组，积极参与总体方案设计；研究提出17项支持福建自贸区储备政策；会同厦门出入境检验检疫局提出19项支持福建自贸区建设试验项目，其中大部分被采纳。厦门出入境检验检疫局提出福建自贸区检验检疫体制机制创新试点任务清单，全面推行实施4项国家质检总局总结上海自贸区可复制、可推广的检验检疫政策措施，2项正在推进，2项正在试点。

【支持发展跨境电商】 福州海关设计完善平潭跨境电子商务通关监管模式，制定相关配套监管办法，打造对台跨境电子商务平台，并通过“清单核放、汇总申报”模式，实现中小型外贸企业零散订单的结汇、退税功能，让企业真正享受到国家相应的外贸补助政策。厦门海关支持全国首批对台海运快件（进口）业务在厦门成功运营。福建出入境检验检疫局研究跨境电商配套工作制度和监管模式，出台出口跨境电商零售管理工作规范，制定进口跨境电商检验检疫管理工作规范，对接帮扶平潭、泉州、莆田等地跨境电商建设及发展。厦门出入境检验检疫局探索“一次申报、分批核销”及对电商企业实施诚信管理和差别化监管等便利化措施，引导跨境电子商务健康发展；积极参与厦门市跨境电子商务公共服务平台、集中监管场所和相关设施建设。

开放口岸

【福州水运（海港）口岸】 福州港是全国沿海25个主要港口之一，同时具备进境粮食、进境水果、整车进口指定口岸等口岸功能。福州港分为闽江口内港区、松下港区（含牛头湾港区）、江阴港区3个开放港区和拟开放的罗源湾港区（2014年获得国务院批复），并拥有福州保税港区、福州保税区、福州出口加工区等3个特殊监管区。全港共有生产性泊位162个（包含外贸作业点25个和临时进靠国际航行船舶靠泊点7个），其中万吨级以上深水泊位46个，最大可靠泊15万吨集装箱和30万吨级散杂货船舶。福州海港开辟了美西、非洲、西非远洋航线和日本、韩国、东南亚、越南、马尼拉、中国台湾、中国香港、内支线等37条外贸航线，以及“两马”（福州马尾－台湾马祖）海上直航客运航线。

2014年，福州海港共完成外贸货物吞吐量5 406.08万吨，同比增长11.26%；外贸集装箱累计吞吐量为131.72万标箱，同比增长10.32%；“两马”客运出入境旅客累计42 201人次，同比增长2.49%。进出口货物的主要货种为电子产品、机电产品、鞋、服装、工艺品、镍矿、煤炭、粮食等。

位于福州港罗源湾港区的淡头外贸货物装卸点，地理坐标为东经119°33′，北纬26°32′。1994年批准为二类口岸，1997年批准为台轮停泊点和对台贸易点（现无外贸作业）。目前，拥有500吨级搁浅泊位2个，1 000吨泊位1个，3 000吨泊位2个，3 000吨级（兼靠5 000吨）泊位1个，另有5号、14～15号3个3 000吨级和9～13号5个5 000吨级码头泊位在建。2014年吞吐量为310万吨。

位于福清市江阴半岛东北部的下垄外贸货物装卸点，地理坐标为东经119°20′05″，北纬25°33′18″。1991年批准为国轮外贸运输装卸点（现无外贸作业）。目前，拥有5 000吨泊位1个。2014年吞吐量60万吨。

【厦门水运（海港）口岸】 厦门位于中国东南沿海，福建省东南部，面对金门诸岛，与台湾宝岛和澎湖列岛隔海相望。厦门海岸线蜿蜒曲折，全长234千米。港区外岛屿星罗棋布，港区内群山环抱，港阔水深，终年不冻，是我国东南沿海重要的天然深水良港。

厦门港口岸是全国25个主要港口、12个区域性枢纽港、9个沿海国际集装箱干线港之一，为对台航运重要口岸，范围跨厦门与漳州两个地市级行政区共8个港区（其中厦门东渡、海沧、嵩屿、刘五店、客运5个港区，漳州后石、石码、招银3个港区）。厦门港目前共有集装箱班轮航线237条，其中国际航线165条，内贸线49条，内支线23条，与世界300多个港口建立业务联系，包括马士基、长荣、中远等世界前20名班轮公司在厦门港都设有分支机构和代理机构。

2014年，完成货物吞吐量20 503.98万吨，同比增长7.4%，其中外贸货物吞吐量10 198.74万吨，同比增长8.8%；集装箱吞吐量857.24万标箱，同比增长7%；靠泊国际邮轮21艘次，接待出入境旅客5.64万人次，同比增长270.66%。厦金“小三通”船班12 744班次，同比增长1.07%；客流量1 411 302人次，同比增长12.34%。厦门进出境快件监管中心共完成作业总量12 442.1吨，同比增长17.9%。其中，进口4 308.4吨，同比增长16.3%；出口8 133.7吨，同比增长18.8%。

【漳州水运（海港）口岸】 漳州口岸辖有7个港区：石码、招银、后石、东山、古雷、云霄和诏安港区，目前已对外开放6个港区，即石码、招银、后石、东山、古雷和云霄港区，其中4个港区为一类口岸，为招银港区、后石港区、东山港区及古雷港区。石码港区和云霄港区分别位于原东山港和招银港开放水域范围内，尚未有码头通过验收对外开放。漳州口岸初步规划码头泊位岸线长65千米，规划建设码头泊位266个（其中深水泊位154个），通过能力4.12亿吨，陆域面积5 406万平方米。现已建成客货运码头泊位62个，年综合通过能力4 142万吨，其中万吨级以上泊位16个；在建码头泊位7个，其中万吨级5个；拟建码头泊位10个。

招银港区。以集装箱、杂货运输发展为主，兼顾散杂货和客滚运输，是目前漳州市进出口的最主要口岸，成功培育了木材、粮食、钢材三大市场，成为全国十大木材进口港，是东南沿海最大的木材集散地和粮食中转港，2014年被国家评为首批进口粮食指定口岸。2014年，港口吞吐量达到2 453.87万吨，同比增长15.77%，其中口岸外贸吞吐量达到681.65万吨，同比增长26.32%；集装箱货运量41.87万标箱，同比下降28.05 %，其中国际集装箱8683标箱，同比下降36.76%。

后石港区。港区内的后石电厂建有7台60万千瓦火力发电机组并配套10万吨级煤炭专用码头和5 000吨级综合码头各1座，年综合通过能力1 000万吨。后石电厂自2006年以来每年从澳大利亚、印度尼西亚等国家进口动力煤均在300～450万吨/年。2014年，后石电厂共完成外贸货运量293.43万吨，同比下降18.32%。

东山港区。每年停靠的台轮有2 000多艘次，对台小额贸易额每年在3 000万美元以上。2014年，口岸吞吐量为20.39万吨，同比增长98.90%。大部分水产品通过外贸内支线及陆运转关，共完成31 243标箱，同比增长了75.8%；对台小额贸易共464船，货值4 571万美元，同比增长19.5%，成为福建省最大的水产品加工出口基地和对台活鱼进出口岸。2014年，共监管进口ECFA项下台湾活鱼2 122吨，货值2 719万元，同比增长10.4%。

古雷港区。以石油化工运输为主，兼顾散杂货运输，是大型深水港区。2014年，安全靠泊国际航行船舶99艘次；进口石油化工产品437.2万吨，同比增长266.4%，货值33.6亿美元。

【泉州水运（海港）口岸】 泉州港口岸历史悠久，早在6世纪的南朝，泉州已开始和国外交往，有大船到南洋诸国通航。唐代泉州开埠，宋元时期，泉州港海外贸易达到鼎盛阶段，公元1087年，北宋设置泉州市舶司。元代，泉州港成为国际重要的贸易港口。1981年，泉州港口岸恢复对外开放，1983年泉州港口岸正式对外开放。

泉州港涵盖四湾五港区，计16个作业区，建成生产性码头泊位91个，其中万吨级以上泊位25个，年设计通过能力11 986.2万吨（集装箱123.63万标箱）。已形成大中小码头泊位比较齐全、专业，货主、商业码头优势互补，配套设施相对完善，具有一定生产规模的区域性口岸群体。

现辟有航线130多条，其中外贸航线30多条，集装箱外贸航线20多条，与日韩、中国香港、中国台湾、马尼拉等地通航。2014年，泉州港口岸外贸进出口吞吐量完成3 100.41万吨（进口3 051.92万吨，出口48.49万吨），同比增长29.8%；集装箱进出口完成89 166.5标箱（进口56 246.25标箱，出口32 920.25标箱），同比下降21.53%；对台进出口吞吐量完成100.96万吨，同比增长19.52%。

【莆田水运（海港）口岸】 位于福建省沿海中部，地理坐标为东经118°58′57″，北纬25°13′3″。现建有20万吨级杂货码头、LNG10万吨级化工专用码头、10万吨级杂货码头、7万吨级杂货码头、5万吨级多用途码头、4万吨级木材码头、万吨级杂货码头、8 000吨级煤炭专用码头、3 000吨级集装箱杂货两用码头、3 000吨级化工专用码头、3 000吨客运码头等各1座，港内设有20万吨级、5万吨级、2万吨级、1万吨级浮筒各1座，避风避险应急锚地1座，设计年货物吞吐量达6 000万吨、客运20万人次。在建的万吨级以上深水泊位10多个，码头最大靠泊能力达40万吨，近期将形成近亿吨的吞吐能力。目前，莆田水运（海港）口岸可最大适航30万吨级船舶通航，现正在进行航道疏浚，至2015年将适航40万吨级。向莆铁路、沈海高速支线直通港区，可实现无转场铁海联运业务，是福建海西重要战略港口。

口岸查验单位海关、国检、边检、海事设置齐全，港区现场也都设有分支机构，港政、航运、代理、船务、银行、保险等也都全部配套到位，可全天候开展口岸通关业务。口岸设有海港进口木材熏蒸除害处理区、国家重点煤炭、鞋革和木材检验检测实验室。2014年2月26日，福州海关批准莆田水运（海港）口岸辖区首家保税仓库——天喔（福建）食品有限公司公用保税仓库设立。2014年10月9日，国家质检总局公布了第一批进境粮食指定口岸名单，莆田水运（海港）口岸（秀屿港区查验点）位列其中，成为我省首批进境粮食指定水运（海港）口岸之一。

2014年，累计完成口岸外贸货运量1 234.66万吨，同比增长46%。其中，进口货运量1 227万吨，同比增长47%；出口货运量7.65万吨，比2013年同期下降6%。累计完成集装箱货柜

10 732 标箱，同比增长 46%。其中，进口货柜 5 967标箱，同比增长 59%；出口货柜 4 765 标箱，同比增长 32%。2014 年 10 月份，莆田水运（海港）口岸完成外贸货运量当年累计达到 1 001. 34万吨，这是莆田建港后，也是 1999 年莆田水运（海港）口岸正式对外开放以来，单年度内口岸外贸年货运量首次突破千万吨大关。进出口的主要大宗货物有 LNG、木材、煤炭、转基因大豆、钢材、粮食、化石、鞋服原辅材料及成品、机器设备等。

莆田水运（海港）口岸已与美国、俄罗斯、加拿大、巴西、阿根廷、韩国、泰国、沙特、印尼、马来西亚、非洲、欧洲等世界上的 28 个国家和地区的 50 个港口建立了海上航运联系，也开通了与台湾的海上客货运直航业务。

【宁德水运（海港）口岸】 地理位置为北纬 26°30′~26°45′、东经 119°35′~119°58′，处在闻名世界的天然深水港三都澳内，东临台湾海峡，南依省会福州，西连中部江西，北接浙江温州，距离西太平洋国际主航道 30 海里，口岸资源丰富，对台优势、区位优势凸显，是福建省东北部对接长三角、连接中西部内陆省份的重要海港口岸。全口岸共开设外贸作业点 20 个，外贸货物装卸点 3 个，对台小额贸易点 2 个，对台货运直航点 2 个；开辟至日本、韩国、印尼、菲律宾、越南，以及对台直航等国际和地区航线。口岸生产营运种类主要有煤炭、镍矿、废物原料进口，水产品、砂石、钢材设备出口和外轮维修。2014 年，口岸累计完成货物吞吐量 1 158. 44 吨，同比增长 5. 41%，连续 4 年超过千万吨。其中，进口 910. 75 万吨，同比下降 1. 96%；出口 247. 69 万吨，同比增长 45. 74%。同期，完成对台直航货运量 228. 48 万吨，同比增长 39. 31%；完成外国籍船舶维修 60 艘次，同比增长 53. 48%，创历史最高纪录；进出口岸国际航行船舶 1 012 艘次，同比增长 3. 16%；进出口岸船员 18 429 人次，同比增长 9. 53%。2014 年，新增白马港区福建信昌造船厂为外轮维修点，新增白马作业区 6 号、7 号泊位（福建鼎信物流有限公司码头）为外贸作业点。

【平潭水运（海港）口岸】 位于北纬 25°15′~25°45′，东经 119°10′~120°10′。规划建设金井、澳前、草屿和流水 4 个港区。金井港区主要以对台客货滚装、国际邮轮靠泊和服务港口物流园区功能为主，重点发展多用途运输、海峡客运及车辆滚装和国际邮轮旅游观光等规模化港区，规划开放岸线 21. 5 千米；建设码头泊位 9 个，前沿规划建设水深 8~15 米，开发岸线长度 3 889 米。澳前港区主要以旅游码头、陆岛交通和渔业为主，近期作为平潭对台客运点，规划开放岸线 9. 2 千米；规划建设码头泊位 2 个，前沿规划建设水深 8 米，开发岸线长 185 米（不含渔业岸线）。澳前港区客货滚装码头于 2011 年 8 月建成 1 万吨泊位 1 个，2011 年 11 月 30 日正式投入使用；2014 年 10 月建成 1 万吨待泊泊位 1 个。

2014 年 2 月 21 日，国务院批复同意平潭港口岸对外开放；8 月 18 日，澳前港区正式对外开放。其以分线管理封关运作为基础，实行“一线放宽、二线管住、人货分离、分类管理”的新型通关模式。平潭口岸支持政策措施主要有：批准跨境电子商务和对台海运快件业务试点工作；批准增设平潭为独立的船籍港；平潭东澳港对台小额贸易点开放船舶吨位和交易金额限制；批准澳前口岸冰鲜水产品指定口岸、水果进口指定口岸，海西隔检中心“五个指定口岸”落户平潭；进入对台小额商品交易市场的人员免税（包括关税、进口环节增值税、消费税）携带入境的台湾原产商品的总额为每人每日 6 000 元；率先启动对台检验检测、认证认可单边采信，以及复制推广上海自贸区海关 14 项、国检 8 项监管创新制度；边检为旅行社提供旅游团网上报检服务，实施预检预录，实现“团出散进”；允许台湾地区机动车在临时牌照有效期内多次自由进出平潭口岸，方便两岸人员往来；公安出入境推出“台胞办证微信预受理”、“网上预约办证”、“五年居留签注”等措施政策，等等。

继 2011 年 11 月 30 日高速客货滚装船舶“海峡号”直航台中，2013 年 10 月 9 日开通平潭直航台北航线后，2014 年 5 月 27 日又新增台湾船籍客货滚装船舶“丽娜轮”往返台北至平潭航线。2014 年，平潭对台直航航线共往返台中、台北 476 个航次，同比增长 19.6%；出入境旅客 121 557 人次，同比增长 17.3%，其中出境 60 257人次，同比增长 8.1%，入境 61 300 人次，同比增长 27.8%；进出口集装箱 1 534 柜，同比增长 10.2%；进出口货物 348 批次，同比增长 29%；进出口货物 4 740.69 吨，同比增长 34.8%，1.7 亿美元；进出口 EMS 邮包 147 批次、57 153 袋、938.69 吨，同比分别增长 41.3%、684%、582%。

【福州空运口岸（长乐国际机场）】 福州长乐国际机场是我国航空干线网中的重要干线机场，也是东南沿海地区及对台、对外重要的国际和地区航空港。福州长乐国际机场于 1997 年 6 月 23 日正式通航，距离福州市区约 39 千米，机场到市区约 40 分钟。目前，有国内外 31 家航空公司在机场运营，福州长乐国际机场是福州航空、厦门航空的基地机场，中国北方地区前往东南亚的重要中转地之一。福州长乐国际机场目前已被民航局确定为海上丝绸之路门户枢纽机场，使之成为机场设施互联互通和打造空中交通走廊的核心节点。

福州长乐国际机场飞行区等级为 4E 级，拥有一条长 3 600 米的跑道，30 万平方米的停机坪，总面积 13.7 万平方米的候机楼，建筑面积 1.8 万平方米的航空货站，以及相应的通讯、供油、供水、供电、消防、气象、环保等设施，可起降 B747－400 型等大型飞机。为适应福建省及福州市社会经济快速发展的需要，满足区域航空运输业务量持续增长的要求，提高省会机场航空服务能力，福州机场自 2010 年起，投入 6 亿多元资金启动扩容工程，主要包括候机楼扩容和停机坪扩建，第一轮扩能建设已于 2012 年年底竣工。目前，机场拥有 36 个停机位，16 条登机桥，17 个安检通道，5 个国际出发厅和 11 个国内出发厅，机场年保障能力达到 1 300 万人次。2014 年年初，福州长乐国际机场已全面启动第二轮扩能改造建设，总投资约 19 亿元，包括航站楼扩能和站坪配套工程，计划于 2015 年年底完成，届时福州长乐国际机场将具备超过 2 000 万人次年旅客吞吐量的保障能力。

福州长乐国际机场是祖国大陆距台湾最近的省会机场，是实现海峡两岸经贸往来的重要门户。自 2008 年 12 月 18 日福州—台北（松山）首次实现空中直航以来，福州长乐国际机场对台航线的快速发展成为一大亮点。2014 年，福州长乐国际机场在航班量大幅度增长的同时，客流量也在不断攀升，开通了澳门、香港、台北（松山）、台北（桃园）、台中、高雄、新加坡、吉隆坡、东京、大阪、首尔、清州、胡志明、暹粒、雅加达、曼谷、纽约等国际和地区航线，年出入境客流量达 1 206 300 人次。

【厦门空运口岸（高崎国际机场）】 位于厦门岛的东北端，距厦门市中心 10 千米。1982 年 1 月 10 日破土动工兴建，1983 年 10 月 22 日建成并对外开放。1992 年经国家批准，投资 23 亿元人民币进行了大规模的扩建，扩建后的厦门空港飞行区等级为 4E 级，可起降 B747－800 等大型飞机，现为国家一类口岸。在厦门空港营运的航空公司达 42 家，其中国内航空公司 25 家，国际及地区航空公司 17 家，已有航线 176 条（境外 38 条）；航线网络已覆盖了中国所有省会城市和主要二、三线城市，搭建了直达欧洲的客、货运航线。同时，厦门机场的东南亚航线覆盖较广，航班密度较高，在全国位居前列，特别是由于厦门特殊的对台区位优势，厦门两岸直航航班的密度位居大陆地区前3位。目前，厦门机场现有国际及地区通航城市16个（东南亚6个，港澳台6个，东北亚3个，欧洲1个），厦门航空口岸已成为华东地区重要的区域性航空枢纽。

2014年，厦门空运口岸共保障安全飞行17.43万架次，同比增长4.49%；旅客吞吐量2 086.38万人次，同比增长5.62%，其中出入境旅客244.73万人次，同比增长6.61%；货邮吞吐量30.64万吨，同比增长2.3%。

【武夷山空运口岸（武夷山机场）】 位于武夷山市南郊、武夷大道东侧，距离市区及武夷山风景区各7千米。1993年9月经国务院批准设立，并设置了武夷山边防检查站、海关、检验检疫等口岸查验机构。

武夷山机场通过近几年的改扩建，已投资26 348万元，建成了长2 400米的机场跑道，停机坪46 600平方米，可供起降B737和MD-82等中型飞机，停机坪可同时停8架飞机；改扩建后的候机楼面积13 544平方米，年吞吐能力达200万旅客要求。目前，机场有11条航线，其中地区航线1条（香港），国内航线10条（北京、上海、广州、深圳、青岛、昆明、西安、济南、杭州、厦门）。当前正在进行候机楼改扩建项目建设，改扩建后国际旅检厅建筑面积5 580平方米，是原来的2倍，于2015年交付使用。

2014年，武夷山空运口岸共飞行86个航班170架次；出入境人数达17 470人次，其中出境8 736人次，入境8 734人次。出入境人员中，大陆出入境人数4 424人次，香港出入境人数12 457人次，澳门出入境人数799人次，台湾出入境人数57人次，外国籍出入境人数453人次。乘坐率为60.81%（169座的飞机）。

【泉州空运口岸（晋江机场）】 始建于1955年8月，时为军用机场。1993年12月，由地方政府自筹资金对泉州晋江机场进行大规模扩建改造，1996年12月12日正式通航。2012年11月航空口岸正式对外开放，2014年10月更名为泉州晋江国际机场。泉州晋江国际机场具有体系齐全、关系顺畅、保障科学的运行管理体系，飞行区拥有先进的VOR、DME通信导航系统和双向盲降系统，具备全天候飞行保障能力。机务维修具备承担空客319、320、321，波音737-300、500、700、800等多种机型的航线维修能力。空中管制体系先后代理过东航、南航、海航、国航、菲律宾菲龙等航空公司的签派服务，具有较强的进近指挥和地面保障协调能力。

目前，机场已开通了包括北京、上海、天津、重庆、广州、西安等20多条国内客运航线网络和中国香港、中国澳门、中国台湾、泰国、曼谷、韩国、济州等国际和地区航班，并有4架全货机运行无锡、北京、潍坊、深圳之间。厦航、深航、国航、四川航、奥凯航、春秋航、菲律宾菲龙、韩国真、泰国新时代等航空公司在本场运营，每周进出港航班约420班次。

2014年，泉州晋江国际机场航空口岸完成飞行4 574架次，出入境旅客为493 544人次（入境242 275人次，出境242 140人次）。

厦门市

【口岸运行数据】 2014年，厦门水运（海港）口岸完成货物吞吐量20 503.98万吨，同比增长7.4%，其中外贸货物吞吐量为10 198.74万吨，同比增长8.8%；集装箱吞吐量为857.24万标箱，同比增长7%；靠泊国际邮轮21艘次，接待出入境旅客5.64万人次，同比增长270.66%。厦门空运口岸共保障安全飞行17.43万架次，同比增长4.49%；完成旅客吞吐量2 086.38万人次，同比增长5.62%，其中出入境旅客244.73万人次，同比增长6.61%；货邮吞吐量为30.64万吨，同比增长2.3%。同期，厦金船班为12 744班次，同比增长1.07%；客流量1 411 302人次，同比增长12.34%。厦门进出境快件监管中心共完成作业总量12 442.1吨，同比增长17.9%。其中，进口4 308.4吨，同比增长16.3%，出口8 133.7吨，同比增长18.8%。

【推进口岸配套建设】 指导国际货柜码头1号泊位、海投通达码头13号泊位、远海码头14

号泊位通过福建省级口岸验收并正式对外开放，厦船重工3号码头3个泊位通过市级开放验收。推动做好东渡邮轮母港查验通道改造，通关通道于2014年9月份正式启用并成功接洽了多艘大型国际邮轮旅客。配合并指导厦门东渡港散粮进口码头、集装箱粮食进口码头和厦门海沧港集装箱粮食进口码头顺利通过国家质检总局专家组考核验收，成为全国首批进境粮食指定口岸。推进陆空口岸改扩建项目建设。推动厦门航空港T4航站楼工程建设顺利完工，五通客运综合楼二期改扩建项目投入使用。积极参与协调新机场、五通三期（海峡旅游服务中心）、邮政速递国际邮件监管处理中心扩建项目，以及前场铁路大型货站等口岸建设相关的各项前期工作，推动口岸各相关单位同步做好相关的预可研和工作计划，实现口岸提升建设的“三同步”立项与申报工作的协同效率，主动服务和服从全市口岸经济全面发展的战略实施。

【全力推进口岸通关便利】 积极推动厦门海关出台深化区域通关改革，创新保税监管模式，优化查验作业机制等方面的15项具体措施。2014年9月3日，厦门海关正式复制推广上海自贸区14项监管创新制度。9月8日起厦门关检全面实行通关单无纸化作业，9月26日联合发布《关于全面推进关检合作“三个一”实施方案》，10月20日厦门关检区成功启动“三个一”。设立海沧保税港区远程货站，将两次报关缩减为一次，实现“一次报关，一次报检”。厦门海关90%以上的出口货物在海关通关中实现“读秒放行”。积极配合厦门出入境检疫检疫局向国家质检总局申请参加首批原产地证书“管签分离”改革试点，为全面推广“管签分离”积累可推广、可复制的经验。争取边检72小时过境免签政策和推动开通“通程航班（海关）监管模式”，使更多旅客选择在厦门中转。推动五通对台口岸“外国人落地签证”政策的落地，经国务院批准，该政策已于2014年12月通过实施。

【支持拓展口岸腹地】 协调查验单位继续完善“异地报关、口岸放行”的转关模式及口岸集中查验、上门验放等便捷措施，推动海铁联运、国际国内中转、内外贸同船运输等业务发展。将支持晋江陆地港发展的政策措施延伸到其他陆地港，并根据不同陆地港的特点有针对性地支持龙岩陆地港、三明陆地港和武夷山陆地港发展。引入泰新时代航空开通厦门—甲米岛包机航线，完成泰航货机协议签订工作，促进泰航尽快开通曼谷—法兰克福—厦门货运航班。

【深化对台工作交流】 推动厦门查验单位促进对台鲜活产品出口，开通“冰鲜货绿色通道”，确保水果、农产品等对台贸易货物“零滞港”和“零损耗”。2014年，经由厦门海关进口台湾水果占大陆进口台湾水果总量约7成。支持闽台中心渔港、大嶝对台小额贸易市场等涉台功能区建设和发展。推动扶持厦门口岸成为对台生鲜冷链物流配送中心，为厦门涉台生鲜类农产品及食品建立特别的快速通关机制。探索两岸跨境电子商务便捷化检验检疫模式，支持厦门建设以海运快递为核心的两岸快速物流通道及跨境电子商务产业园。配合打造海西邮轮母港，积极推动开辟“厦门—台湾”海峡邮轮航线。推动厦台客货滚装运输，进一步确保“中远之星”客滚航线常态化运作。进一步推动完善海峡两岸空中双向直达航路，争取增辟海峡西岸经济区至台湾的新航路，开通南线空中双向直达航路，实现真正意义上的空中直航。

【加强地方电子口岸规划】 配合厦门海关、厦门出入境检验检疫局做好关检合作“三个一”在厦门的推广应用。做好上海自贸区14项创新监管制度在厦门的复制推广，并辅助开发14项中的5项制度，其中“保税展示交易制度”、“批次进出、集中申报制度”、“区内仓储联网监管制度”等3项制度已正式落地海沧保税港。配合象屿管委会完成“象屿保税物流园区辅助管理系统”的升级改造，规范园区进出区业务，加强货物监管。参与铁道部与福建省合作建设的重大战略项目——“前场铁路大型货场”项目信息系统的规划编制工作，并通过了专家评审。

福建省口岸大事记

1月7日

设立厦门出入境检验检疫局古雷办事处，机构规格正处级。

1月10日

厦门和平码头从入境旅客携带物中截获大蒜A、B、C 3种病毒，在全国口岸尚属首次。

1月11日

厦门海关缉私局机场分局获评“全省公安刑事侦查工作成绩突出集体”。

1月13日

海关总署下文对在“国门之盾”行动中贡献突出的集体和个人予以奖励，厦门海关共有3个集体荣立集体三等功，并有多人获表彰。

1月14日

国家反恐怖防范重要目标联系点——福建出入境检验检验局福州机场办通过考核验收。

1月29日

全国政协副主席王钦敏莅临福州保税港区调研。

2月12日

厦门海沧在一批来自希腊的木质铺垫材料中截获活体成虫地中海梗天牛500只，为福建口岸首次截获。

2月19日

厦门口岸从希腊入境木质铺垫材料中截获欧洲根小蠹活体成虫，为福建口岸首次截获。

2月20日

厦金航线自2001年1月开通以来出入境旅客总数突破1 000万人次大关。

2月21日

福州海关与中石化森美（福建）石油有限公司签订《打击成品油走私合作备忘录》。

2月24日

福建中检汽车检测有限公司获中国合格评定国家认可委员会CNAS资质认可，福州江阴口岸进口汽车检测实验室成为全国口岸首家通过CNAS资质认可的进口汽车检测实验室。

厦门海关全面推广通关作业无纸化改革。

3月1日

厦门出入境检验检疫局取消代理报检企业年检制度，实行代理报检企业报备制度。

3月6日

福州机场出入境检验检疫局揭牌成立。

3月11日

福州江阴整车进口口岸获批以来开展首票汽车零件进口业务。

3月15日

向莆铁路货运正式试运行，货运列车由莆田东吴港装载进口煤炭经向莆线发往内陆。

3月28日

23家企业成立厦门检验检疫协会出口健身器材示范区分会。

厦门和平码头截获的种苗携带害虫经鉴定为芒果半轮线虫，此为全国口岸首次截获。

3月31日

福州长乐国际机场开通福州往返胡志明航线。

3月

厦门机场从来自香港的入境旅客携带物中截获虎眼万年青花叶病毒和南芥菜花叶病毒，在全国口岸尚属首次截获。

4月1日

福建、厦门出入境检验检疫局在福州共同召开福厦两局落实“保增长促出口工作合作备忘录”联席会议，双方就进一步加强合作，共同促进福建外贸出口，合力推进福建科学跨越发展，加快海西建设达成6点共识。

“海峡两岸海关电子信息交换系统”全国正式上线。

4月2日

厦门海关同安办大嶝监管科青年突击队被共青团福建省委评为2013年度“福建省青年突击队”。

4月3日

福州海关将现有行政执法领域需核批的11项审批权限下放到隶属海关，同时取消1项，改审批为备案 2 项。

4 月 4 日

福建省检验检疫协会宁德分会成立，这也是福建出入境检验检疫局辖区成立的第一个检验检疫协会分会。

4 月 6 日

厦门海关隶属机场海关、东山海关报关大厅、邮轮办旅检现场、泉州海关肖厝办报关大厅、象屿海关物流园区监管科、石狮缉私分局侦查一科获评“2014～2016 年省级青年文明号”单位。

4 月 11 日

台湾新竹市妈祖信徒代表团 180 人随带运载妈祖銮轿金身的车辆搭乘“海峡号”客滚船抵达平潭，这是台湾车辆首次直接换牌入闽。

4 月 13 日

平潭对台小额贸易在 2012 年 3 月暂停后恢复开展该类业务。

4 月 18 日

厦、汕海关执法统一协作机制座谈会在汕头召开。

国家卫计委疾病控制局与国家质检总局卫生司专家组赴漳州开展越南新娘情况专题调研。

4 月 21 日

泉州海关缉私分局获评“2013 年全国缉枪治爆专项行动成绩突出集体”。

4 月 24 日

厦门海关获评福建省“六五”普法中期先进集体。

4 月 25 日

厦金客运航线原国际邮轮中心 20 个航班和五通客运码头 16 个航班总计 36 个航班统一调整至厦门五通客运码头运行，厦门邮轮中心主要作为厦台客货滚装船和大型邮轮出入境的口岸，并保留厦金客运航线备用功能。

4 月 29 日

福州保税港区（一期）封关运作。

4 月 30 日

福建出入境检验检疫局食品药品检验检疫关键技术公共研发平台获批建设。这是全国检验检疫系统首次建设该类公共研发平台项目。

5 月 4 日

厦门海关缉私局、厦门市公安局和厦门国税稽查局联合查办一起出口骗退税大案，案值 1.79 亿元，涉嫌骗取出口退税2 781万元，6 名犯罪嫌疑人被刑拘。

5 月 8 日

福建省口岸协会召开第四次会员代表大会暨第四届理事会第一次会议，选举产生 103 人组成的协会第四届理事会和 52 人组成的第四届常务理事会，选举产生新一届会长、副会长、秘书长、副秘书长。蒋乐超当选为新一届福建省口岸协会会长。

5 月 9 日

厦门出入境检验检疫局试点 3C 免办分类管理，采取“分级管理、周期监管、集中核销”新模式。

5 月 13 日

由厦门出入境检验检疫局技术中心孔繁德等共同研发的“用于同时检测沙门菌、枸橼菌、变形菌和爱德华菌的多重 PCR 引物及其设计方法”获国家知识产权局发明专利授权。

厦门检验检疫局邮快件办事处被国家部门间 CITES 执法工作协调小组评为“眼镜蛇二号行动”先进集体。

5 月 16 日

平潭综合实验区二线卡口和监管查验设施通过国家验收。

厦门海关组建全面深化改革领导小组办公室。

5 月 20 日

厦门出入境检验检疫局出台加大帮扶企业力度促进外贸稳定增长 6 方面 21 条意见。

5 月 26 日

国家质检总局批复同意设立漳州出入境检验检疫局漳浦办事处，机构规格为副处级。

5 月 26 日～30 日

台湾“移民署”国际事务组组长谢文忠到武

夷山边检站、福州机场边检站、泉州边检站和泉州支队参观访问。

5月27日

新增台湾船籍客货滚装船舶“丽娜轮”往返平潭至台北航线。

5月28日

大陆籍轿车首次经平潭澳前口岸赴台自驾游。

5月28日

长三角地区检验检疫系统第九次认证执法监管区域联席会在宁德召开，上海、江苏、浙江、宁波、安徽、福建、厦门、江西、湖北、湖南等10个直属局代表参会，会议签订《泛长三角地区检验检疫局加强事中、事后认证执法监管区域联动备忘录》。

5月29日

福州关区启用转关运抵报告系统。

5月

厦门机场检验检疫局旅检科被共青团福建省委授予省级“青年文明号”称号。

6月17日

平潭台湾商品免税市场开业。

6月19日

厦门海关查获457万支侵权香烟系列案入选2013年中国海关知识产权保护十佳案例。

7月3日

国家质检总局同意即日起平潭澳前码头试进口台湾水果。

7月8日

平潭港口岸澳前港区对外开放通过国家级验收。

国家质检总局竹木草制品及动植物检疫处理工作研讨会在福州召开，来自国家质检总局动植司，天津、辽宁、上海、江苏、浙江、宁波、福建、厦门、山东、湖南、广东、深圳检验检疫局和中国检科院的18位专家与会。

7月14日

厦门国际邮轮中心扩建工程暨新邮轮出境检查现场正式投入运行。

7月15日

平潭综合实验区封关运作，这标志着平潭岛成为全国最大、政策最优的特殊监管区域，区域内将实施“分线管理”创新监管模式。

平潭海关揭牌成立。

7月16日

漳州出入境检验检疫局漳浦办事处设立，机构规格为副处级。

7月18日

中共中央政治局常委、国务院副总理张高丽来到平潭综合实验区视察工作，到口岸看望慰问一线干部职工。

2014年海峡两岸跨境电子商务发展论坛在平潭举办。

7月21日

中国检验检疫科学研究院主持，福建、北京、广东局参与的科技部质检公益项目“国际机场大厅生物气溶胶预警呼吸道疾病传入风险基值的研究”课题研究会在三明召开。

7月22日

福建省人民政府授予福州边防检查站“爱民固边模范边检站”荣誉称号。

福州海关驻长乐机场办事处旅检岗被评为青年文明号创建活动二十周年“福建省示范青年文明号集体”，福州海关政工办被评为“福建省突出贡献青年文明号活动组织单位”。

7月24日

最高人民法院院长周强到平潭综合实验区调研，先后走访二线卡口、澳前客运码头等地，了解封关运作情况。

7月29日，海关总署同意在福建江阴港口岸和莆田秀屿港口岸设立供船免税店。

8月5日

厦门海关成立通关指挥中心CRI工作室。

8月7日

由中国海上搜救中心、中华搜救协会、福州市人民政府、马祖连江县政府、海峡两岸相关搜救部门联合举办海峡两岸海上联合搜救演练在福建马尾与台湾马祖附近水域举行。

8月8日

厦门海关同安办大嶝监管科、邮轮办旅检现场获评“福建省示范青年文明号集体”，厦门海关团委、隶属泉州海关人事政工处获评“福建省突出贡献青年文明号活动组织单位”。

8月18日

平潭港口岸澳前港区正式对外开放。

8月26日

福州海关、厦门海关、福建出入境检验检疫局、厦门出入境检验检疫局在平潭共同签署《关于深化关检协作共同促进外贸稳定增长合作备忘录》。

8月29日

福州、厦门、南昌海关在厦门召开闽赣海关区域通关一体化研讨会，重点讨论福、厦、南海关区域通关一体化改革方案。

9月1日

厦门五通客运码头厦金航线实施“连续通关”边检勤务模式，实现了船到人上，连续通关。

9月3日

平潭首家跨境电子商务公司正式落户。

9月8日

福州海关、厦门海关、福建出入境检验检疫局、厦门出入境检验检疫局在共同管辖区域内全面实施出入境法定检验检疫货物“通关单无纸化”，该通关模式覆盖福建口岸所有进出境法定检验检疫货物。

9月9日

国务院批复同意福州港口岸扩大开放罗源湾港区。

9月18日

国家质检总局批准厦门东渡、海沧口岸成为进口冰鲜水产品指定口岸。

9月19日

平潭出入境检验检疫局揭牌成立。

9月22日

福州海关C－TPAT联合验证组与美国海关专家组完成实地联合验证工作。

9月25日

平潭边防检查站揭牌成立。

9月28日

厦门海关、福州海关、厦门出入境检验检疫局、福建出入境检验检疫局共同签订《全面推进关检合作“三个一”实施方案》，标志着福建省辖区内正式启动关检合作“三个一”通关新模式。

9月29日

“厦门口岸核心能力可持续发展论坛”在厦门举办。

10月9日

厦门东渡、海沧和漳州3个口岸获批成为全国首批进境粮食指定口岸。

厦门海关启动“两单一审”通关业务改革，首票“两单一审”报关单在海沧保税港区顺利放行。

10月15日

福州海关、厦门海关、福建出入境检验检疫局、厦门出入境检验检疫局联合举行福建省关检合作“三个一”全覆盖模式启动仪式，福建省省长苏树林、副省长郑晓松出席仪式。

10月18日

国家质检总局和美国FDA联合在福州举行中美水产品工作组会议。

10月28日

厦门同益边检站一队被公安部命名为“全国公安机关爱民模范集体”，队长陈美玲赴京领奖，受到习近平总书记等党和国家领导人亲切接见。

10月30日

厦门市政府、厦门海关、厦门出入境检验检疫局签订《建设厦门大通关一体化信息平台合作协议书》。

福州海关与宁德市政府在宁德签订关于共同促进“六新大宁德”建设发展合作备忘录。

11月1日

中共中央总书记、国家主席、中央军委主席习近平到平潭综合实验区考察，先后视察平潭“二线”卡口、海峡高速客运码头，并登上“海峡号”，向台湾旅客送出祝福。

11月5日

福建省首票跨境电子商务货物在平潭出口。

11月14日

厦门口岸首次进口人体眼角膜。该批10枚眼角膜由斯里兰卡第一夫人赠送给彭丽媛，彭丽媛再转赠给厦门眼科中心。

11月18日

厦门籍游艇“诚信创新”号离开五缘湾游艇码头，直航台湾金门岛，开创大陆游艇首次直航台湾。

12月2日

原全国人大常委会副委员长彭珮云一行参观平潭二线卡口。

12月7日~20日

中韩检查官首次在福建联合开展港口国监督检查。

12月13日

国务院批复同意泉州港口岸扩大开放围头湾港区石井作业区。

12月16日

3批21只“MLKL基因敲除小鼠”从厦门口岸出口。这是我国首次出口该类实验型动物。

12月17日

ECFA海关合作工作小组第五次会议在厦门召开。

海关总署副署长孙毅彪在厦门会见来访的台湾“关务署副署长”庄水吉一行。

12月31日

厦门口岸首批10条边检自助查验通道正式启用，其中高崎国际机场6条，五通客运码头4条，8类出入境人员今后均可自愿选择使用自助通道办理边检出入境手续，旅客通过自助通道通关平均时间比人工查验快4~5倍。

（撰稿人：魏铭皓、丁海娃、林琳、陈瑞钦、庄政、陈 唯、兰思辉 、朱华煜、陈威、陈勇、高娜、林键、蔡路、黄国镇、欧阳建木、毕太、杜鹃花）

2014年福建省口岸流量统计表

口岸类型		口岸名称	货运量（万吨）				集装箱量（万标箱）				人员（万人次）				交通工具（辆、艘、架、列次）			
			出口	进口	合计	同比（%）	出口	进口	合计	同比（%）	出境	入境	合计	同比（%）	出境	入境	合计	同比（%）
空运口岸		福州机场	0.84	0.71	1.54	+379.15					62.51	62.84	125.35	+16.20				
		厦门机场	13.83	5.23	19.06	+12.13					128.71	126.98	255.70	+7.97				
		武夷山机场									0.87	0.87	1.75	+581.09				
		泉州机场									23.47	24.39	47.86	+7.20				
		分计	14.67	5.93	20.60	+18.95					215.56	215.08	430.65	+10.54				
陆运口岸	公路口岸																	
		分计																
	铁路口岸																	
		分计																

续表

口岸类型		口岸名称	货运量（万吨）				集装箱量（万标箱）				人员（万人次）				交通工具（辆、艘、架、列次）			
			出口	进口	合计	同比（%）	出口	进口	合计	同比（%）	出境	入境	合计	同比（%）	出境	入境	合计	同比（%）
水运口岸	海港口岸	福州港	1 193. 53	4 212. 55	5 406. 08	+11. 26	68. 49	63. 23	131. 72	10. 32	2. 11	2. 11	4. 22	+2. 49				
		厦门港	4 398. 88	4 788. 62	9 187. 50	+7. 76	305. 63	298. 90	604. 53	+4. 32	74. 34	73. 98	148. 32	+14. 48				
		漳州港	189. 65	1 243. 07	1 432. 72	+39. 31	1. 86	2. 13	3. 99	+26. 75								
		泉州港	48. 51	3 051. 90	3 100. 41	+29. 78	3. 29	5. 62	8. 92	-21. 52	4. 85	5. 46	10. 31	-21. 86				
		莆田港	7. 88	1 227. 17	1 235. 05	+52. 45	0. 48	0. 60	1. 07	+47. 99								
		宁德港	246. 76	910. 69	1 157. 45	+5. 33												
		平潭港	0. 09	0. 33	0. 42	+7. 69	0. 07	0. 08	0. 15	-3. 64	6. 35	5. 81	12. 16	+17. 33				
		分计	6 085. 30	15 434. 33	21 519. 63	+15. 01	379. 81	370. 57	750. 39	+5. 05	87. 66	87. 36	175. 01	+1. 72				
	河港口岸																	
		分计																
合计			6 099. 97	15 440. 26	21 540. 23	+10. 73	379. 81	370. 57	750. 39	+5. 08	303. 22	302. 44	605. 66	+13. 45				
同比（%）																		

（福建省口岸办提供）

2014 年福州海关主要数据统计表

项目		2014 年	同比（%）
进出口货运量（万吨）	合计	7 281.08	+17.7
	进口	6 112.84	+16.6
	出口	1 168.24	+23.8
进出口贸易总值（万美元）	合计	3 049 486.00	+10.20
	进口	1 369 427.00	+8.40
	其中：水路运输	1 246 247.00	+11.40
	铁路运输	10.00	-
	汽车运输	14 474.00	+13.60
	航空运输	104 650.00	-20.40
	邮件运输	321.00	-31.00
	其他运输	3 725.00	+4 308.30
	出口	1 680 059.00	+11.80
	其中：水路运输	1 580 745.00	+15.10
	铁路运输	0.00	-
	汽车运输	7 793.00	+10.90
	航空运输	84 062.00	-27.40
	邮件运输	2 857.00	-3.10
	其他运输	4 601.00	+41.50
税收（亿元）	两税合计	120.66	-0.52
	关税入库	14.71	+5.77
	进口环节税入库	105.95	-1.34

（福州海关提供）

2014 年福建省口岸出入境主要数据表

项目			2014 年	2013 年	同比（%）
出入境人员（人次）	出入境人员总数		2 312 715	1 996 776	+0.16
	入境人员		1 169 423	1 005 384	+0.16
	出境人员		1 143 292	991 392	+0.15
	出入境旅客		2 011 804	1 725 191	+0.17
	出入境员工		300 911	271 585	+0.11
	中国公民	小计	2 078 519	1 792 487	+0.16
		内地居民（因公）	169 014	157 243	+0.07
		内地居民（因私）	1 265 103	1 019 472	+0.24
		港澳居民	275 094	286 324	-0.04
		台湾同胞	369 308	329 448	+0.12
	外籍人员		234 196	204 289	+0.15
	从海港出入境人数		447 109	413 696	+0.08
	从陆港出入境人数				
	从空港出入境人数		1 865 606	1 583 080	+0.18
交通运输工具（辆、艘、架、列次）	总计		25 967	23 784	+0.09
	船舶		11 880	11 516	+0.03
	飞机		14 086	12 268	+0.15
	火车				
	机动车辆				

（福建省公安边防总队提供）

2014 年福建省出入境检验检疫业务统计表

项目		货物检验检疫				交通工具				集装箱（标箱）		发现动植物疫情		货物通关		出入境人员查验（人次）	健康检查及预防接种（人次）			
		批次	金额（万美元）	检验检疫不合格																
				批次	金额（万美元）	船舶（艘）	飞机（架）	火车（列）	汽车（辆）	合计	检出问题	种类数	种次	批次	金额（万美元）		健康检查	艾滋病监测	发现病例	预防接种
本年累计		212 546	3 539 599.00	8 934	503 666.00	16 732	14 047	0	9	633 925	2 391	857	10 330	180 731	3 246 452.00	2 319 200	29 833	29 814	15 864	35 662
其中	出境	153 793	896 756.90	2 732	25 591.00	8 215	7 030	0	5	156 838	2	0	0	133 401	788 824.10	1 146 127	25 145	25 126	13 586	35 622
	入境	58 753	2 642 843.00	6 208	478 075.00	8 517	7 017	0	4	477 087	2 389	857	10 330	47 330	2 457 628.00	1 173 073	4 688	4 688	2 278	40
同比（%）		−55.34	−13.18	+157.56	+11.83	−6.61	+14.86			−8.18	+48.60	+3.63	−6.32	−37.66	+4.21	+15.37	−8.15	−8.15	−1.36	−2.98
其中	出境	−62.27	−52.16	+361.49	+643.12	−6.41	+15.00	–	–	−34.85	0.00	0.00	0.00	−45.05	−36.80	+14.86	−6.92	−6.91	−5.34	−2.87
	入境	−14.05	+19.99	+115.63	+6.96	−6.81	+14.71	–	–	+6.10	+48.66	+3.63	−6.32	+0.44	+31.61	+15.88	−14.25	−14.25	+31.68	−51.22

（福建出入境检验检疫局提供）

2014 年福建海事局进出港船舶统计汇总表

船舶类别	进港船舶							出港船舶						
	艘数（艘）	总吨（吨位）	总载重量（吨）	载客量（客位）	船员人数（人次）	货物到达量（吨）	旅客到达量（人）	艘数（艘）	总吨（吨位）	总载重量（吨）	载客量（客位）	船员人数（人次）	货物发送量（吨）	旅客发送量（人）
总　计	453 157	566 372 772	758 468 353	81 215 143	2 684 919	284 799 395. 11	29 555 572	449 437	567 234 405	759 128 449	80 511 976	2 620 973	153 903 849. 09	29 079 754
中国籍船舶	438 678	252 485 344	331 806 923	80 111 365	2 425 158	159 461 194. 96	29 128 537	434 851	252 701 126	331 780 869	79 406 800	2 368 347	114 073 509. 42	28 671 865
其中外贸船	6 921	22 755 898	32 844 072	1 312 663	81 240	16 799 676. 22	457 314	6 748	22 050 358	30 322 829	1 313 475	78 491	3 434 320. 22	463 684

（福建海事局提供）

2014 年厦门市出入境检验检疫业务统计表

项目		货物检验检疫				交通工具				集装箱（万标箱）		发现动植物疫情		货物通关		出入境人员查验（万人次）	健康检查及预防接种（人次）			
		批次	金额（万美元）	检验检疫不合格																
				批次	金额（万美元）	船舶（艘）	飞机（架）	火车（列）	汽车（辆）	合计	检出问题	种类数	种次	批次	金额（万美元）		健康检查	艾滋病监测	发现病例	预防接种
本年累计		248 184	2 291 148.89	14 201	321 458.87	23 419	20 738			583.01	6.78	695	63 557	227 205	1 889 436.03	451.77	11 735	11 695	4 866	7 579
其中	出境	112 176	455 141.09	1 825	7 514.68	11 980	10 351			290.79				118 431	479 110.89	227.31	8 108	8 072	3 856	7 474
	入境	136 008	1 836 007.80	12 376	313 944.19	11 439	10 387			292.22	6.78	695	63 557	108 774	1 410 325.14	224.46	3 627	3 623	1 010	105
同比（%）		-36.08	-16.83	+46.81	+24.63	-1.62	+6.09			+12.93	-4.09	+10.85	+2.78	-54.08	-32.49	+7.92	-19.71	-8.22	+55.22	-13.30
其中	出境	-54.60	-57.09	+26.74	+33.28	-2.99	+6.87			+13.51				-69.42	-69.85	+8.42	-30.14	-17.41	+61.34	-13.39
	入境	-3.66	+8.38	+50.32	+24.43	-0.15	+5.32			+12.35	-4.09	+10.85	+2.80	+1.11	+16.56	+7.41	+20.50	+22.03	+35.57	-7.08

（厦门出入境检验检疫局提供）

2014 年厦门海关主要数据统计表

项目		2014 年	同比（%）
进出口货运量（万吨）	合计	10 541	+13.35
	进口	7 363	+22.80
	出口	3 178	-3.81
进出口贸易总值（万美元）	合计	12 894 915	+8.42
	进口	5 041 240	+13.34
	其中：江、海运输	4 006 166	+21.30
	铁路运输	17	-97.01
	汽车运输	165 353	+1.25
	航空运输	869 323	-11.36
	邮件运输	353	+6.56
	其他运输	28	-94.00
	出口	7 853 675	+5.48
	其中：江、海运输	6 912 797	+6.78
	铁路运输	3 434	-21.61
	汽车运输	293 446	-1.79
	航空运输	631 201	-3.94
	邮件运输	1 188	+85.80
	其他运输	11 609	+13.03
税收（万元）	两税合计	4 337 923	+9.00
	关税入库	350 822	-6.51
	进口环节税入库	3 987 101	+10.61

（厦门海关提供）

2014 年厦门市口岸出入境主要数据表

<table>
<tr><th colspan="3">项目</th><th>2014 年</th><th>2013 年</th><th>同比（%）</th></tr>
<tr><td rowspan="14">出入境人员（万人次）</td><td colspan="2">出入境人员总数</td><td>454.2</td><td>417.5</td><td>+8.8</td></tr>
<tr><td colspan="2">入境人员</td><td>225.5</td><td>208.4</td><td>+8.2</td></tr>
<tr><td colspan="2">出境人员</td><td>228.7</td><td>209.1</td><td>+9.4</td></tr>
<tr><td colspan="2">出入境旅客</td><td>403.5</td><td>367.2</td><td>+9.9</td></tr>
<tr><td colspan="2">出入境员工</td><td>50.7</td><td>50.3</td><td>+0.8</td></tr>
<tr><td rowspan="5">中国公民</td><td>小计</td><td>378.3</td><td>344.4</td><td>+9.8</td></tr>
<tr><td>内地居民（因公）</td><td rowspan="2">217.9</td><td rowspan="2">181.1</td><td rowspan="2">+20.3</td></tr>
<tr><td>内地居民（因私）</td></tr>
<tr><td>港澳居民</td><td>26.9</td><td>30.4</td><td>-11.5</td></tr>
<tr><td>台湾同胞</td><td>133.5</td><td>132.9</td><td>+0.5</td></tr>
<tr><td colspan="2">外籍人员</td><td>75.9</td><td>73.1</td><td>+3.8</td></tr>
<tr><td colspan="2">从海港出入境人数</td><td></td><td></td><td></td></tr>
<tr><td colspan="2">从陆港出入境人数</td><td></td><td></td><td></td></tr>
<tr><td colspan="2">从空港出入境人数</td><td></td><td></td><td></td></tr>
<tr><td rowspan="5">交通运输工具（万辆、艘、架、列次）</td><td colspan="2">总计</td><td>4.31</td><td>4.32</td><td>-0.2</td></tr>
<tr><td colspan="2">船舶</td><td>2.23</td><td>2.37</td><td>-5.9</td></tr>
<tr><td colspan="2">飞机</td><td>2.07</td><td>1.95</td><td>+6.2</td></tr>
<tr><td colspan="2">火车</td><td></td><td></td><td></td></tr>
<tr><td colspan="2">机动车辆</td><td></td><td></td><td></td></tr>
</table>

（厦门出入境边防检查总站提供）

江 西 省

江西省口岸分布示意图

口岸名称	批准开放时间	开放状态
南昌空运口岸	1990.3	国际常年
九江水运口岸	1980.2	国际常年

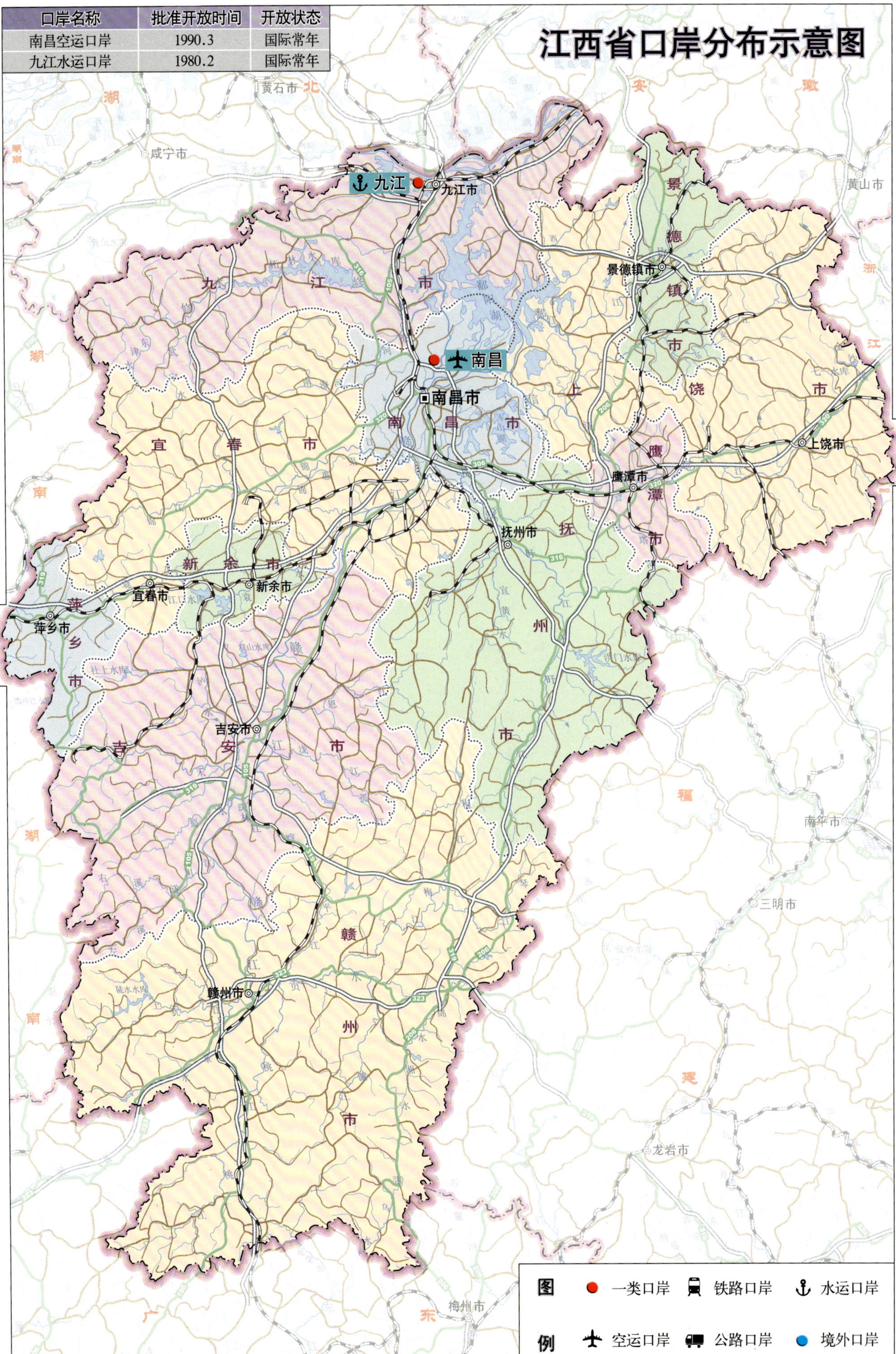

口岸数量及分布

截至2014年年底，江西省有经国务院批准对外开放的口岸2个。其中，空运口岸1个，为南昌空运口岸（南昌昌北国际机场）；水运口岸1个，为九江水运（河港）口岸。

口岸运行数据

2014年，江西省口岸进出口货运量为344.8万吨，国际集装箱货运量为21.8万标箱，同比分别增长15.62%和12.14%。其中，入境货运量为111.81万吨，入境国际集装箱为7.27万标箱，同比分别增长28.16%和47.71%；出境货运量为232.99万吨，出境国际集装箱14.53万标箱，同比分别增长10.42%和16.05%。

南昌空运口岸出入境人员28.49万人次，同比增长41.18%；出入境飞机1 908架次，同比增长41.65%。

江西省水运口岸累计完成进出口货运量276.65万吨，国际集装箱17.33万标箱，同比分别增长13.55%和10.03%。其中，九江水运（河港）口岸进出口货运量为178.72万吨，国际集装箱为10.70万标箱；水运口岸作业区进出口货运量97.94万吨，国际集装箱6.63万标箱。

江西省铁海联运共运送进出口货物45.65万吨，国际集装箱2.70万标箱，同比分别增长4.56%和6.30%。

江西省公路外贸货物装卸点进出口货物总量22.49万吨，国际集装箱1.77万标箱，同比分别增长109.40%和53.91%。

口岸综合管理

【组建江西地方航空取得阶段性成果】 2014年2月江西航空投资有限公司成立，注册资本4亿元，构架江西地方航空公司基础、经营和融资平台。经与国内各大航空公司竞争谈判，经江西省政府同意，2014年8月江西省人民政府与厦门航空有限公司签署《共同成立江西航空有限公司合作备忘录》，双方合作成立江西航空公司，注册资本20亿元，其中江西航空投资有限公司持股40%。其后，协调完成了江西航空投资有限公司增资扩股至8亿元。

【赣州综合保税区获批设立】 2014年1月《国务院关于同意设立赣州综合保税区的批复》（国函〔2014〕9号）正式批复设立赣州综合保税区。这是江西省首个综合保税区。现赣州保税区建设工作正在全面实施，预计2015年下半年完成建设，申报封关运行。南昌综合保税区申报完成“一区两片”规划布局调整，经积极开展协调和争取工作，现已获得国家多个部委的支持，预计2015年获批设立。

【九江水运（河港）口岸扩大开放通过验收】 2014年12月，由国家口岸管理办公室牵头，国家六部委组成的国家验收组对九江水运（河港）口岸扩大开放进行了验收。口岸基础设施和检查检验配套设施已建成并投入使用，检查检验单位人员基本到位。签署了《江西九江港口岸扩大开放验收纪要》，标志着城西港区正式成为国家一类口岸，为九江水运（河港）口岸更好地融入长江经济带发展，加快发展昌九新区，对接沿海发达地区搭建了更好的平台。2014年，江西省口岸货运实现两位数增长，全年进出口货运340万吨，同比增长13%，其中国际集装箱重箱运输首次突破20万重标箱，完成21万重标箱，水路运输占80%。

【不断拓展江西口岸服务功能】 2014年7月，根据江西省委办公厅、省政府办公厅《关于印发〈省直有关部门贯彻实施全面深化改革重要举措分工〉的通知》（赣办字〔2014〕13号）要求，牵头制订了加快完善口岸服务平台建设改革任务实施方案，就当前与今后一个时期江西省口岸改革重点工作进行分工部署，推进口岸各项工作进一步加快发展。8月份，进境木材口岸直通放行监管在南康试点，使赣州成为内陆第一个开展该类业务的地区。南昌海关上饶办事处正式升格为上饶海关，并揭牌运行。9 月，九江水运（河港）口岸获批开展启运港退税试点。10 月，南昌空运口岸签注点获得公安部批复，正式开展业务。11 月，南昌空运口岸新建海关监管仓投入运营。宜春海关于 2014 年 4 月获批设立。

【南昌空运口岸出入境人员快速增长】 2014 年 3 月成功引进海航 A330 宽体客机全年飞行南昌至北京航线，每天 1 班，这是江西省首次在国内航线上使用宽体客机全年稳定飞行。4 月，江西省开通南昌至曼谷国际直达定期航线，由泰国东方航执飞，每周 4 班，其后东航加密南昌至曼谷航班至每周 8 班。5 月，台湾远东航、中华航开通南昌至高雄航线，每周两班，这是江西省第一次开通高雄定期直航，7 月份进一步加密至每周 4 班，进而使江西省赣台航线达到每周 10 班。2014 年大幅加密了南昌至韩国旅游包机。昌北机场通航国际和地区航点达到 10 个。2014 年，昌北机场旅客运输量为 725 万人次，同比增长 6.3%，其中南昌空运口岸出入境突破 28 万人次，增长近 40%，增速高于昌北机场运输量（增速 33%）。

【海铁联运五定班列品牌效应初显】 2014 年 4 月，上饶至宁波海铁联运“五定班列”正式运行天天班，由隔日单向开行实现每天双向对开。该线路自 2011 年 6 月开通以来，已发展成为江西省对接长三角的重要出海通道。赣州（吉安）至厦门五定班列，每周保持 2 班，运量持续稳定增长。积极推动开辟国际铁路物流通道，推进江西至中亚和欧洲的国际铁路物流通道，实现试运行，全程时间约 17 天。

【开辟鲜活农产品公路运输绿色通道】 江西省不断完善与广东、福建口岸部门及相关单位就江西鲜活农产品运输车辆高速公路“绿色通道”免查验模式，对经江西省出入境检验检疫部门铅封的江西出口蜜橘、脐橙运输车辆，免开箱查验，免收高速公路通行费，2014 年 11 月实现常态化运行。至此，鲜活农产品出口华南、海西绿色通道顺利开通，对促进江西农产品出口，加快放行速度，减轻经济负担具有积极意义。

【口岸通关一体化全面实施】 2014 年新一轮电子口岸全面建设启动，昌九口岸一体化信息电子口岸系统、电子口岸辅助应用信息平台全面建设，奠定了口岸互联互通的技术基础。2014 年 9 月昌九通关一体化、赣州龙南通关一体化顺利实施，11 月江西省通关一体化实施，12 月江西正式纳入长江流域区域通关一体化改革范围，实现江西企业在长江全流域通关，通关效率大幅提高。海关与检验检疫实施“一次录入、一次查验、一次放行”，以信息化手段整合关检作业流程，大幅简化通关手续，提高通关效率，报检报关流程由原来的先报检后报关改革为查验和检疫工作同时进行，避免反复调箱、装卸和搬运。

【口岸文明建设】 江西省商务厅（省口岸办）不断加强调度服务，强化对口岸工作的领导与协调，先后召开了 14 次口岸协调及保障会议，围绕口岸重大问题，共商共议，积极争取各部门支持，特别是在口岸规划、通关合作、电子口岸建设、九江水运（河港）口岸扩大开放验收、航空口岸保障、海铁联运、口岸埃博拉防控、关检合作“三个一”等方面多次协商合作，解决口岸工作中遇到的困难和问题，促进口岸更好地服务于江西省开放型经济发展，共同推动江西口岸工作再上新的台阶。

口岸监管与服务

【南昌海关以支持服务江西经济社会发展为己任，强力助推江西外贸稳定增长】 南昌海关认真贯彻落实国务院、海关总署支持外贸稳定增长决策部署，主动对接江西省重大发展战略，在新的省署合作备忘录框架内，研究出台了支持江西扩大开放促进外贸稳定增长 18 项措施，经海关总署批复同意正式在江西省实施。研究制订分工方案，抓好省署合作备忘录和服务措施落实工作，截至 2014 年，江西省人民政府与海关总署 2013 年 8 月签署的合作备忘录明确的 21 项海关工作已完成 18 项，完成比率达 85.7%。全面深化各项业务改革。主动融入长江经济带，通关一体化改革实现江西省全覆盖。2014 年 9 月 15 日启动昌九海关通关一体化试点，10 月 10 日在赣南地区复制推广，11 月 1 日实现江西省通关一体化，为江西省融入长江经济带海关通关一体化奠定基础。区域通关一体化实施后，实现企业自主选择申报地点、纳税地点和验放地点，同一企业在不同海关受到同等待遇，海关流程进一步简化，手续更加简便。12 月 19 日，江西省副省长胡幼桃在南昌海关出席江西关检合作“三个一”改革全覆盖启动仪式。关检合作“三个一”全面实现后，企业只需通过“三个一”申报界面一次输入，即可同时完成报关和报检的录入工作。海关和检验检疫部门则根据“一次到场、一次开箱”原则进行查验，避免了企业反复调运集装箱，拆卸搬运货物。海关放行信息与检验检疫放行信息自动对碰，实现联网核放，省时省力，报关、报检速度和质量大大提高。稳步推进关区业务建设。进一步加强风险指挥中心建设，建立集约化业务运行管理模式，探索具有内陆海关特色的指挥中心运作模式，“前中后”互动的综合监管体系初步形成。积极配合地方电子口岸开发海关物流信息平台，实现数据交换。推动吉安陆地港、上饶、昌北国际机场等海关监管场所通过验收，龙南陆路车检场、上饶国际物流中心海关监管场所完成卡口改造升级。12 月与海峡西岸经济区内杭州海关、福州海关、厦门海关、汕头海关共同签订执法统一协作机制备忘录。深入推进“绿风”行动和打击大米等农产品走私专项行动，加大打击出口骗退税力度，维护进出口贸易秩序。成立新余海关缉私分局，完善关区缉私机构布局。2014 年，南昌海关税收入库 45.5 亿元，监管进出口货物总值 143.5 亿美元、货运量 1 669.6万吨，同比分别增长 8.03%、38.84%、1.73%。大力支持赣南苏区振兴发展。以海关总署对口支援为契机，支持赣南等原中央苏区振兴发展有力有效。协调促成海关总署出台支持赣南等原中央苏区及对口支援龙南县发展“8 项政策措施”。支持赣州建设“三南”加工贸易梯度转移重点承接地。参照海关支持苏州、东莞建设全国加工贸易转型升级试点城市的相关政策，研究出台“南昌海关支持赣南等原中央苏区加工贸易发展若干措施”。推动口岸开放平台和海关特殊监管区域科学发展。主动向海关总署请示汇报，多方协调沟通，大力争取支持。2014 年 1 月，国务院批复同意设立赣州综合保税区。4 月，中央编办批复同意设立上饶海关、宜春海关。鹰潭海关、上饶海关分别于 4 月、8 月正式开关并对外办理业务。促成九江城西港于 2014 年 7 月 30 日纳入启运港退税政策试点范围，实现江西省出口货物无须等待实际离境即可办理退税手续。协调促成海关总署党组成员、国家口岸管理办公室主任黄胜强实地视察指导九江水运（河港）口岸扩大开放工作。九江水运（河港）口岸扩大开放于 12 月 15 日通过国家联合小组验收。自 2014 年 8 月 27 日起有序复制推广中国（上海）自由贸易试验区海关监管创新制度。企业反映，“简化无纸通关随附单证”、“批次进出、集中申报”、“简化统一备案清单”可分别使每票货物节约通关时间 10 分钟，节约通关成本约 500 元，减少申报耗时 5%。大力支持促进出口加工区保税加工、保税物流和保税服务业务多元化发展，深入研究试点出口加工区“委外加工”业务，帮助九江中浩纺织有限公司多增加出口值达 2 000 余万美元。2014 年，江西省出口加工区进出口值为 48.17 亿美元，同比增长 1.63 倍。其中，进口 23.74 亿美元，同比增长 2.19 倍；出口 24.43 亿美元，同比增长 1.24 倍。南昌保税物流中心进出口值为 7.95 亿美元，同比增长 4.96 倍。

【江西出入境检验检疫局推进监管区建设，助力江西开放型经济发展】 2014 年共检验检疫出入境货物 7.9 万批 65.7 亿美元，批次、货值同比分别下降 35.1% 和 12.2%；查验出入境人员 28.2 万人次，同比增长 40.1%；健康体检 9 561人次，同比下降 4.6%；艾滋病监测 9 415 人次，同比下降 4.9%；预防接种 7 048 人次，同比下降 13.6%；社会体检4 491人次，同比下降 16.1%；集装箱检疫 13 万标箱，同比增长 0.4%；飞机检疫 1 896 架次，同比增长 37.7%。

出入境检验检疫不合格1 589批1.4亿美元，不合格批次、货值同比分别增长54.7%、95.4%。集装箱检出问题标箱13 462标箱，不合格检出率同比增长68.9%。入境截获外来有害生物1 453种次，同比增长6.1%，首次截获地中海白蜗牛等检疫性有害生物。检疫进出境货物木质包装3 659批 162 736件，同比分别增长71.6%、65.1%。体检检出病例1 495人次，同比增长6.3%，首次检出H3型流感和乙型流感病例。完成检测样品2.2万个15.2万项次，检出阳性样品3 853个。推进国检监管区建设，沿海口岸搬至江西。在江西省工业园区、农业示范区、重大项目、循环经济示范区和重点进出口企业建成国检监管区9个，在建13个。积极推进赣州进境木材指定口岸申报工作，促成赣州进境木材国检监管区试运行，实现了国内进境木材首次内陆直通。据初步测算，该口岸建成后每年可为本地家具企业进口木材降低成本30亿元，每年将至少增加20万个标箱空箱资源，可为外贸出口企业节省10亿元的物流成本。江西省委书记强卫、省长鹿心社等省领导先后到国检监管区考察调研。鹿心社省长指出“检验检疫部门‘口岸搬到江西’是个创新，国检监管区模式是办实事”。《把沿海口岸搬到江西来》提案被评为江西省政协优秀提案。在首届全国质检系统“质量之光”评选活动中，“国检监管区建设新举措”获改革创新奖。提升检疫防控能力，保障国门卫生安全。建立多方联动的工作机制，促使江西省2个一类开放口岸均如期通过口岸核心能力建设考核验收，昌北机场以96.16分的成绩获得中部航空口岸考核最高分。密切跟进埃博拉出血热疫情，迅速启动应急机制，促成江西省疫情防控领导小组和工作小组的成立，积极做好2014年景德镇国际陶瓷博览会、万载第二届国际花炮文化节期间疫情防控工作，确保疫情“零输入”。集装箱检疫查验阳性率、放射性检出批次、出入境人员监测体检传染病检出率居全国系统首位。创新检验监管模式，提高外贸便利化水平。在江西省系统创新实施“通报通放”监管模式，将原来在货物产地和口岸机构之间需要的两次报检、两次查验、两次签证简化成一次完成，每批进出口货物可缩短3天的通关时间，每批货物可为企业节约2 000元左右的成本。与南昌海关在鹰潭、九江国检监管区开展“一次申报”试点。通过关检双方信息互换、监管互认、执法互助，简化通关手续，提升通关效率，企业进口货物申报周期可由原来的2~3天缩短到10分钟，进出境集装箱滞留时间平均减少3天。加大原产地工作推进力度，江西省共签发原产地证书8.5万份，签证金额47亿美元，同比分别增长173%、160%；原产地备案企业数同比增长75%，达到135家，累计为江西出口商品获得关税减免2.35亿美元。发挥认证认可作用，力促农产品扩大出口。帮扶江西省103家农产品出口企业获国际认证，83家食品生产企业获国外注册。通过GAP认证的供港猪场增加20%，其中赣南地区14家全部通过，认证率达100%，供港活猪数量稳步发展到每年40万头，成为全国第二大供港活猪省份。指导推荐婺源、万载获评“国家有机产品认证示范县”，出口农产品基地建设积极效应凸显，婺源县出口茶叶同比增长23%，实现9年连增，有机茶叶占据欧盟市场的60%。创新强化科研能力，助力江西优势产业发展。成立了江西省检验检疫科学技术研究院。局综合技术中心被农业部认定为首批有机产品认证定点检测机构，为中部六省系统内唯一入选的检测机构。与中国艺术品鉴证备案中心共同研发中国陶瓷艺术品数据库，形成陶瓷艺术品唯一的身份信息。与地方政府合作共建了陶瓷检测评估中心和陶瓷艺术品检测实验室，与故宫博物院、上硅所、中科院高能物理所和北京大学等国内外重点科研机构及院校建立了合作关系。主动应对解决江西烟花出口欧盟的技术难题，与德国、西班牙、加拿大、日本、挪威等国检测机构开展技术交流，与匈牙利TUV、西班牙LOM等国际检测机构实现检测结果互认，促使江西烟花出口量占全国比重提升了14个百分点。

【江西公安边防部队全面提升业务工作水平，圆满完成了各项边防检查任务】 2014年共检查出入境交通运输工具1 903架（艘）次，检查出入境旅客266 749人次、员工17 420人次，实现了“六零型”平安口岸（零漏检、零漏控、零偷渡、零差错、零复议、零投诉）目标，官兵服务素质、口岸通关效率、边检社会地位均有了大幅提升。先后完成了赣港经贸合作代表团、赣台经贸合作代表团、台湾海峡观光旅游会等大型出入境边防检查任务7次，给予台湾海基会原董事长江丙坤先生一行、台湾“司法院”副秘书长姜仁修一行、海峡两岸青年工作者中秋联欢活动台湾参访团一行等两岸各界人士提供优质服务1 000余人次。为有效应对加密航班边检任务，积极就创新勤务模式进行专题讨论，组织业务骨干反复调研论证，充分发挥前期勤务改革经验优势，针对个别航线航班出入境客流“错峰”特点，创新实施对开航班单科执勤模式，由当值科队领导根据客流情况和岗位需要灵活调度出入境执勤人员，有效实现了警力最大效率化，进一步提升了客流疏导率和服务满意度；3月份在全总队范围内开展了为期一个月的“服务定式养成月”活动，组织观看服务礼仪视频6场300余人次，开展专题讨论3场90余人次，进行示范演练2场60余人次，评选了1个“服务定式示范岗”，并通过调阅监控视频、实地检查、查阅台账等方式指出了活动中存在的3个方面共8个问题，促使每名执勤人员都向高水准的定式养成迈进，队伍整体服务水平明显提高；2014年8月19日深入开展“边检服务品牌集中宣传”暨“边检警营开放日”活动，在执勤现场设立“服务咨询台”，组织“边检文明使者”、“优秀共产党员”与出入境旅客进行互动交流，邀请口岸联检单位、服务单位及驻地小学生们入营体验部队生活，并通过边检政务微博对活动进行实时宣传。同时，利用春节、国庆、“世界旅游日”等节点，大力开展倡导中国公民文明出游活动。全年共发放各类宣传册、资料300余份，接受旅客咨询100余人次，在网上与粉丝互动50余人次，走访各级各界单位30余次，收到锦旗2面、感谢信4封，使边检服务品牌形象逐步深入人心。不断规范执法工作流程，坚持疏通执法反馈途径，高度重视群众监督机制，努力实现边检执法工作阳光化、公开化、透明化。在规范执法岗位标准上下工夫，细化工作流程。制作了《边检执法细则》、《勤务值班员工作手册》、《前台检查员验证操作手册》，编制了《定期旅游包机执法执勤工作手册》，为梅沙系统后台操作、执法办案、应对旅游包机提供了标准化、精细化的执法程序，规范了执法工作。在规范边检案卷制作上下工夫，统一示范标准。制作了公安网查询记录章、复印件专用章、查询API记录确认章等专用印章；制作了航空公司不按规定申报等6类示范案卷，运用视频编辑软件为22起行政案件录像均加入了统一、美观的开头画面，并将所有案件的录音录像资料逐案刻盘附卷，有效地规范了边检执法办案工作。在规范执法服务举措上下工夫，回应旅客诉求。顺应形势发展需要，与江西省旅发委签订互聘“边检指导员”、“涉外信息员”工作制度，2014年指派执法人员对口帮扶省内各涉外旅行社20余次；回应旅客新期待、新诉求，在新浪网设立“政务微博”，组建“南昌边检”微信公众平台，变“面对面”为“键对键”。目前，边检政务微博粉丝数量已经达26 000人，发表博文350余篇，被@、转发、评论、点赞次数近2 000次，进一步拓展了服务的渠道和范畴。

【九江海事局积极构建文明、高效、畅通的口岸通关环境】 以水上安全管理为中心，以“打非治违”为主线，加强工作机制创新，提升便利通关效率，优化服务措施，积极构建文明、高效、畅通的口岸通关环境，为外贸出口企业提供高效便捷服务。2014年共办理船舶进出港签证19.96万艘次，同比增长10.2%；辖区货物吞吐量为5 523万吨，同比增长10.1%；水路运输集装箱吞吐量为15.92万集装箱，同比增长3.9%。一是强化服务，促进开放型经济发展。主动开展行政审批事项的精简清理核查，取消船舶水上拆解作业许可、港口码头装卸站应急预案报备等两项审批事项，同时落实好交通运输部海事局取消11项行政许可后的监管措施，确保海事审批工作的精简高效；实行24小时派海巡艇现场签证，对夜间到港船舶实行“绿色通道”制度，即集装箱船在进行电话申报后即可开航（有危险品箱子除外），对危险品集装箱船申报实行24小时申报制，对集装箱船安检实行预约安检，承诺在接到船方安检申请并确定到港时间后，无论是否是工作时间，海事处工作人员将及时到达码头对船舶进行安检；及时为新建船舶办理试航手续，当天申请当天办理船舶临时国籍证书和试航报备手续，方便辖区造船企业；积极创造条件，克服编制不足的困难，优化机构设置，为船舶进出港口提供便利条件。在湖口金沙湾工业园区和九江水运（河港）口岸外贸码头专门设立办事处，就近为船舶办理申报、签证、检查手续，方便船舶船员办理进出口手续，将办事时间缩短到最低限度。随着城西港区的建成投产运行和扩大开放验收，九江海事局在城西港区集装箱码头增设巡航站点，调派海巡艇负责该水域的安全巡逻，靠前监管，保障外贸船舶进出码头安全；加快现代化水上交通安全保障监管设施建设，积极向上级申报建设项目。交通运输部批复了“长江海事局九江船舶交通管理系统工程（VTS）”、“长江海事局九江监管救助综合基地”、“长江海事局九江船舶溢油应急设备库及新港海事处业务用房工程”等三大项目，项目总投资超过1亿。二是强化管理，优化水道通航环境。严格落实长江海事局“116”客渡船管理机制，扎实开展渡船“斑马线”专项活动，划定长江水域航行渡船“斑马线”30条。强力推进老旧渡船淘汰更新工作，建成渡船1艘，在建1艘，淘汰2艘，停航整顿5艘。扎实开展“部9号令”宣传贯彻活动，促进了地方政府落实主体责任制。编制《渡运安全三字经》，组织相关人员开展“部9号令”及《渡运安全三字经》知识竞赛，有效提升渡运相关人员安全责任意识和安全技能，截至2014年，连续实现渡船9年“三零”的好成绩；扎实开展砂石船分类工作，在整治小型吸砂船方面，全局上下统一思想，积极参与九江市长江河道采砂管理综合整治活动。协助水行政主管部门对小型吸砂船实施集中停靠。与相关单位联合组成“打击组”、“堵截组”，对非法采砂实行“零容忍”，做到发现一艘整治一艘。走访湖北、安徽水行政主管部门，力促三省同步治理，初步形成齐抓共管的格局。通过一年来的整治，打掉非法采砂犯罪团伙2个，抓获涉案人员146人，网上追逃4人，刑事拘留4人，移送检察机关起诉6人，查扣非法采砂船85艘，行政处罚非法涉砂行为579次，行政拘留非法涉砂人员25人，长江九江段非法采砂得到有效遏制；有效实施危化船报港制度，对到港船舶实行了船岸对接检查，按要求实行了危险化学品码头报备，按要求实施危险品船舶分类监管，盯屏维护危险品船2 400艘次，现场维护186艘次一类危险品运输船舶安全过境。开辟危险品船舶临时锚地，对600总吨以下小型危险化学品船夜航实施了全线第一起行政处罚。配合九江市发展改革委开展了成品油市场清理整顿，开展了加油站（船）及码头的大检查，依法取缔了4艘非法加油船舶。推行了货主选船机制落实，与辖区相关单位签订了相关备忘录；全面运行电子巡航系统，实行了指挥中心集中盯屏，海事处24小时应急值守。全年共发布安全预警25次，提供安全信息服务1.2万余次。积极探索现场安全监管规律，将狗头矶横驶区水域下移，调整为城子镇横驶区，优化了九江水道通航环境。对湖口交汇水域实行常年交通管理，严禁船舶淌航、追越，湖口交汇水域禁止600总吨以下砂船夜航。对马南水道实行了安全信息滚动播发。开展了为期一个月的通航秩序整治活动，重点整治船舶“三不一违”行为，活动期间，查处违法行为394起，查纠不规范航行行为146起，罚款75万元，查处船员175人，记分268分；组织对辖区内60余家有船的航运公司实施监督检查，将发现的问题分别对各公司下发《航运公司安全与防污染管理监督检查通知书》。针对存在的168项问题，通报了公司所在地的港航和安监部门，提升监管部门的联动效能。组织公司贯彻学习新修订的《安全生产法》，签订履行安全生产主体责任承诺书，促进辖区航运公司履行主体责任。建立了“九江船东”微信群，与船公司有效互动，及时传递管理工作中的信息，探索长江航运安全生产“行业自律”新路；编写了《九江海事局船舶签证手册》，规范了船舶签证行为。对签证量较大的4个办事处强化了监管和指导，与瑞昌市有关部门一道开展了码头的专项治理，促进业主规范操作，强化了辖区碎石船起运和装载现场监管。强化船舶签证申报信息核查，全年对近8 000艘次船舶签证申报信息进行了核查，发现问题船舶539艘次。

开放口岸

【南昌空运口岸（南昌昌北国际机场）】 1990年3月5日，国务院以《国务院关于同意开放南昌机场的批复》（国函〔1990〕19号）批准南昌机场对外开放。南昌昌北国际机场原址在南昌向塘机场，1999年9月搬迁至南昌市新建县境内。南昌昌北国际机场与昌九高速相连，距离市中心23千米，占地面积为15平方千米，跑道长3 400米，可起降包括空客A380在内的所有机型，有46个停机位，2 000个停车位。T1航站楼为国际候机楼，面积为2.7万平方米。T2航站楼为国内候机楼，面积为9.66万平方米，主楼宽222.4米，进深90米。南昌空运口岸在南昌市区设有2个城市候机楼，在九江、抚州、新余、景德镇、上饶等市设有异地城市候机楼，南昌空运口岸地空联运网络已基本覆盖昌北机场东、西、北向的主要客源市场。

2014年，南昌空运口岸完成旅客吞吐量724万人次，同比增长6.3%，其中出入境人员28.49万人次，同比增长41.18%；货邮吞吐量达到46 067吨，同比增长14.1%；航班起降65 402架次，同比增长2.1%，其中出入境飞机1 908架次，同比增长41.65%。先后通航的航点达到58个，同比增加11个。国内航线：北京、上海、广州、深圳、成都、昆明等16个重点航线得到加密，其中南昌飞北京每天13班；引进邮航全货机在昌北机场运营南宁—南昌—南京货运航线，每周6班；实现了A330宽体客机在北京航线上的常态化运营。国际（地区）航线：加密了南昌飞曼谷、台北、高雄的定期航班，推动江西省内旅行社深度开发国际旅游包机，新增了柬埔寨、韩国等地的5条旅游包机线路，使韩国、泰国出境游成为2014年江西市场上最热门的旅游航线。

【九江水运（河港）口岸】 1980年2月14日经国务院批准，九江水运（河港）口岸正式对外开放。口岸位于长江中下游结合部南岸，江西省北端的九江市，拥有长江岸线152千米，对外开放口岸线40余千米。

九江水运（河港）口岸开放码头、锚地一览表

码头名称	类别	开放状态	基本情况
214码头	一类	已开放	多用途5 000吨级泊位一个，年吞吐能力100万吨
三角线港区	一类	已开放	散货3 000吨级、2 000吨级泊位各2个，年吞吐能力220万吨
外贸码头	一类	已开放	散杂件、集装箱5 000吨级泊位3个，年吞吐能力90万吨
油品码头	一类	已开放	油品专用5 000吨级泊位3个，年吞吐能力540万吨
中建万佳码头	一类	已开放	液化气专用3 000吨级泊位1个，年吞吐能力36万吨
城西港码头	一类	已开放	5 000吨级泊位2个，年吞吐能力30万标箱（2014年12月通过国家验收）
联检锚地		已开放	姚港锚地、新港锚地

2014年，九江水运（河港）口岸运行呈现如下特点：一是集装箱运输形势趋好，内贸箱大幅增长，本地外贸箱涨势高于中转外贸箱，口岸进出箱量总体差距缩小，集装箱占江西省比重稳步增长；二是口岸进出口货种保持稳定，进口货种废纸、木浆、电器位列前三位，其中棉花、高粱、盐水增加量较多。出口货种仍保持瓷砖、石材、玻纤纱、化工品等传统排序，其中木制品、灯具增加量较多；三是船舶航行运行良好，其中九江至洋山港集装箱班轮运营情况良好，该航线共计运营84班，共载货11 704重标箱，平均载货率约为51.97%，航班维持周双班态势。

九江水运（河港）口岸运行稳定，功能逐步健全，进出口货运量保持稳定增长态势。2014年完成外贸进出口货运量1 868.33万吨，同比增加24.34%。其中，水运直接进口73.89万吨，同比增长42.99%；直接出口104.83万吨，同比增长2.03%；水运中转进口1 442.61万吨，同比增长45.95%；水运中转出口145.13万吨，同比增长13.73 %，铁路中转外贸进出口运量101.87万吨，同比下降46.81%；集装箱吞吐量22.26万标箱，同比增长21.99%；集装箱船舶3 589航次，同比增长531个航次。

江西省口岸大事记

1月12日

江西省省长鹿心社到南丰蜜橘出口产业园考察调研。

1月22日

国务院印发《关于同意设立赣州综合保税区的批复》（国函〔2014〕9号），正式批复设立赣州综合保税区。

2月26日

江西航空投资有限公司成立，注册资本4亿元。

3月24日

海关总署关于支持赣南等原中央苏区及对口支援龙南县发展相关政策措施正式发布，包括8项具体措施。

3月26日

南昌海关“属地申报，属地放行”报关单启动通关作业无纸化改革试点。

4月1日

泰国东方航空公司将正式开通南昌至曼谷间国际直达航班，每周4班，这是江西省第一条国际直达定期航班。

4月4日

海南航空公司在南昌—北京航线上投入空客330宽体机运营，每天1班。这是江西省首次在国内航线上使用宽体客机全年稳定飞行。

4月15日

中央编办批复海关总署，同意设立宜春海关，正处级，隶属南昌海关。

4月18日

上饶至宁波海铁联运“五定班列”正式运行天天班，由隔日单向开行，实现每天双向对开。

4月23日

九江水运（河港）口岸顺利通过江西出入境检验检疫局组织的口岸核心能力考核验收。

5月19日

江西省委书记强卫同志到南昌空运口岸视察调研。

6月4日

江西省各出口加工区及南昌保税物流中心正式启动通关作业无纸化改革。

7月7日

中华航空公司增开高雄至南昌往返航班，每

周1班。江西省至台湾航线加密至每周10班，通航城市台北、高雄，其中南昌至台北每周6班，南昌至高雄每周4班，分别由中国东方航空公司、中华航空公司、台湾远东航空公司执飞。

7月16日

江西出入境检验检疫局与九江市人民政府签署《关于进一步发挥检验检疫服务保障作用推进九江沿江开放开发和昌九一体化的合作协议》。

7月21日

江西省委书记强卫到南昌空运口岸出入境执勤现场检查指导工作。

7月23日

“南昌海关支持江西扩大开放促进外贸稳定增长若干措施”正式印发实施。内容涵盖提高贸易便利化水平，降低企业经营成本，促进加工贸易转型升级，增强外贸企业竞争力等4个方面，共18条具体措施。

7月24日

柬埔寨吴哥航空公司开通南昌与暹粒（吴哥）间往返旅游包机，每五天一班。

8月1日

江西省商务厅（省口岸办）召开了关于加快完善口岸服务平台建设改革任务的专题协调会。江西省发展改革委、南昌海关、省工商局、江西出入境检验检疫局等17个相关单位参加会议。会议对江西省商务厅（省口岸办）草拟的《关于省委分工方案第35项改革任务的实施方案》（修改稿）进行了认真研究、讨论，并对部分改革措施提出了修改意见。

8月5日

南昌海关上饶办事处正式升格为上饶海关，并揭牌运行。

8月7日

江西、深圳出入境检验检疫局进境木材直通放行合作备忘录签署仪式在深圳举行。

8月19日

江西省省长鹿心社视察南昌国际集装箱码头和南昌保税物流中心。

8月21日

江西口岸埃博拉出血热留观病例与疑似病例转运机制正式启动。

8月28日

赣州进境木材口岸直通放行试行仪式在赣州南康区举行。赣州南康区人民政府与赣州出入境检验检疫局、赣州海关签订了战略合作协议，赣州南康成为内陆第一个开展进境木材口岸直通放行监管的地区。

8月13日

江西省人民政府与厦门航空有限公司签署了《共同成立江西航空有限公司合作备忘录》。

8月31日

江西省商务厅（省口岸办）印发《江西省直有关部门贯彻实施全面深化改革重要举措分工方案第35项改革任务的实施方案》。该实施方案主要内容为加快完善江西口岸服务平台建设，由江西省商务厅（省口岸办）牵头制订，涉及江西省发展改革委、江西省商务厅、南昌海关、江西出入境检验检疫局等省内20个相关单位。方案就当前口岸功能的规划布局、建立机场口岸签证点、联检单位自身建设等11项工作进行分工部署，推进口岸各项工作进一步加快发展。

9月1日

九江水运（河港）口岸获批开展启运港退税试点。

9月1日

江西出入境检验检疫局在江西省范围内实行“通报通放”检验检疫工作新模式。

9月15日

南昌海关启动关区通关一体化改革。

9月16日

九江水运（河港）口岸扩大开放顺利通过江西省政府组织的预验收。

9月25日

江西省政府召开了全省口岸工作座谈会，对全省口岸发展及改革进行了全面部署，围绕抓住新一轮全国口岸发展机遇，以及上海自贸区可复制、可推广的政策正在口岸集中体现的有利时机，对接跟进全国口岸改革，主动融入长江经济带发展，完善江西省口岸布局，推进通关一体化建设，关检“三个一”实施，国际贸易“单一窗口”，着力部署了一系列重点工作，这是近年来江西省首次全面部署口岸改革与发展。

9月

昌九通关一体化、赣州龙南通关一体化顺利实施。

10月9日

南昌海关启动集中汇总征税改革试点。

10月13日

赣粤两省行政首长在第十届泛珠三角区域合作与发展论坛暨经贸洽谈会期间举行会晤。会晤中，江西省商务厅（省口岸办）与深圳市交通委签署了《加强电子口岸平台合作协议》。江西省省长鹿心社、广东省省长朱小丹等领导见证了协议签署。

10月16日

南昌昌北国际机场台湾居民口岸签注点正式投入使用，为事先未办妥入境证件直抵口岸的台湾居民办理入境证件和签注。

10月17日

江西省商务厅（省口岸办）与南昌铁路局召开推进“大物流”产业发展座谈会并签署《战略合作框架协议》。

10月31日

南昌空运口岸新建海关监管仓顺利通过南昌海关验收。该监管仓面积近5 000平方米，其中国际库区面积为4 150平方米，国际冷冻库及贵重物品区域164平方米，报关报检大厅600平方米。

11月18日

江西省商务厅（口岸办）会同省发展改革委、省交通运输厅、南昌海关、江西出入境检验检疫局等部门，对定南公路口岸作业区进行了验收并推动其启动运营。

11月28日

江西省省长鹿心社到上栗国检监管区视察调研。

12月1日

江西正式纳入长江流域区域通关一体化改革范围，实现江西企业在长江全流域通关。

12月15日

九江水运（河港）口岸扩大开放通过国家验收。

12月18日

赣新欧国际铁路货运试运行正式启动，这是继重庆、郑州、武汉等地后中国内陆地区又一条直达中亚和欧洲的陆上铁路大通道。

12月19日

江西省商务厅（省口岸办）、南昌海关、江西出入境检验检疫局在南昌联合举办江西关检合作“一次录入、一次查验、一次放行”启动仪式。

12月30日

江西省商务厅（省口岸办）组织有关专家对高安铁路口岸作业区大通关信息系统进行了验收。该系统是江西省第一个口岸作业区大通关信息平台，可将口岸管理部门的查验放行业务与作业区的装卸配载业务紧密结合起来，解决口岸业务量快速增长与口岸联检部门人员不足的矛盾，实现口岸业务网络化、数字化、无纸化。

（撰稿人：邹志清、朱翌华、张璐、李建华、黄振旺）

2014 年江西省口岸流量统计表

口岸类型		口岸名称	货运量（万吨）				集装箱量（万标箱）				人员（万人次）				交通工具（辆、艘、架、列次）			
			出口	进口	合计	同比（%）	出口	进口	合计	同比（%）	出境	入境	合计	同比（%）	出境	入境	合计	同比（%）
空运口岸		南昌									14.27	14.22	28.49	+41.18	952	956	1 908	+41.65
		分计									14.27	14.22	28.49	+41.18	952	956	1 908	+41.65
陆运口岸	公路口岸		21.60	0.89	22.49	+109.40	1.61	0.16	1.77	+53.91								
		分计	21.60	0.89	22.49	+109.40	1.61	0.16	1.77	+53.91								
	铁路口岸		39.24	6.41	45.65	+4.56	2.20	0.50	2.70	+6.30								
		分计	39.24	6.41	45.65	+4.56	2.20	0.50	2.70	+6.30								
水运口岸	海港口岸																	
		分计																
	河港口岸	九江	104.83	73.89	178.72	+15.74	6.09	4.62	10.70	+11.57								
		南昌装卸点	67.32	30.62	97.94	+9.76	4.64	1.99	6.63	+7.63								
		分计	172.15	104.51	276.66	+13.55	10.72	6.61	17.33	+10.03								
合计			232.99	111.81	344.80	+15.62	14.53	7.27	21.80	+12.14	14.27	14.22	28.49	+41.18	952	956	1 908	+41.65

（江西省口岸办提供）

2014 年南昌海关主要数据统计表

项目		2014 年	同比（%）
进出口货运量（万吨）	合计	1 669.59	+1.73
	进口	1 406.81	-3.09
	出口	262.78	+38.62
进出口贸易总值（万美元）	合计	4 278 316	+16.45
	进口	1 074 483	+25.40
	其中：江水路运输	625 852	-0.70
	铁路运输	6 891	-28.89
	汽车运输	186 257	+105.88
	航空运输	255 475	+103.01
	邮件运输	8	0
	其他运输	1	-99.83
	出口	3 203 833	+13.73
	其中：水路运输	2 354 081	+0.98
	铁路运输	7 639	+155.31
	汽车运输	440 998	+47.34
	航空运输	400 975	+118.65
	邮件运输	24	-40.00
	其他运输	116	+1 350.00
税收（万元）	两税合计	455 154	+8.03
	关税入库	31 836	+33.83
	进口环节税入库	423 317	+6.50

（南昌海关提供）

2014 年江西省口岸出入境主要数据表

项目			2014 年	2013 年	同比（%）
出入境人员（人次）	出入境人员总数		284 169	201 802	+40.82
	入境人员		141 925	100 367	+41.41
	出境人员		142 244	101 435	+41.23
	出入境旅客		266 749	189 302	+40.91
	出入境员工		17 420	12 500	+39.36
	中国公民	小计	270 999	191 130	+41.79
		内地居民（因公）	1 613	2 132	−24.34
		内地居民（因私）	211 478	141 908	+49.02
		港澳居民	1 891	2 507	−24.57
		台湾同胞	56 017	44 583	+25.65
	外籍人员		13 170	10 672	+23.41
	从海港出入境人数		0	0	0
	从陆港出入境人数		0	0	0
	从空港出入境人数		284 169	201 802	+40.82
交通运输工具（辆、艘、架、列次）	总计		1 903	1 347	+41.28
	船舶		0	0	0
	飞机		1 903	1 347	+41.28
	火车		0	0	0
	机动车辆		0	0	0

（江西省公安边防总队提供）

2014 年江西省出入境检验检疫业务统计表

项目	货物检验检疫				交通工具				集装箱（标箱）		发现动植物疫情		货物通关		出入境人员查验（人次）	健康检查及预防接种（人次）			
	批次	金额（万美元）	检验检疫不合格																
			批次	金额（万美元）	船舶（艘）	飞机（架）	火车（列）	汽车（辆）	合计	检出问题	种类数	种次	批次	金额（万美元）		健康检查	艾滋病监测	发现病例	预防接种
本年累计	79 235	656 985	1 589	13 877		1 896			130 068	13 462	196	597	13 529	162 534	282 339	9 561	9 415	1 495	7 048
其中 出境	70 877	487 484	1 123	7 639		946			94 013	10 812			10 115	109 172	141 377	7 738	7 715	1 297	7 046
其中 入境	8 358	169 501	466	6 238		950			36 055	2 650	196	597	3 414	53362	140 962	1 823	1 700	198	2
同比（%）	-35. 12	-12. 18	+54. 57	+95. 92		+37. 69			+0. 39	+68. 93	+33. 33	-11. 03	-24. 04	-22. 22	+40. 09	-4. 61	-4. 91	+6. 33	-13. 59
其中 出境	-37. 33	-20. 67	+132. 51	+396. 04		+37. 50			+4. 39	+53. 06	-100		-24. 29	-3. 58	+39. 98	-8. 17	-8. 42	+0. 31	-13. 54
其中 入境	-7. 40	+26. 85	-14. 50	+12. 54		+37. 88			-8. 72	+192. 82	+33. 33	-11. 03	-23. 30	-44. 27	+40. 21	+14. 15	+15. 10	+75. 22	-71. 43

（江西出入境检验检疫局提供）

2014 年九江海事局进出港船舶统计汇总表

船舶类别	进港船舶							出港船舶						
	艘数（艘）	总吨（吨位）	总载重量（吨）	载客量（客位）	船员人数（人次）	货物到达量（吨）	旅客到达量（人）	艘数（艘）	总吨（吨位）	总载重量（吨）	载客量（客位）	船员人数（人次）	货物发送量（吨）	旅客发送量（人）
总数	99 902	53 636 637	53 606 037	7 907 823	587 757	25 955 761	1 710 071	99 704	53 560 983	52 902 017	7 794 251	586 592	29 283 427	1 710 101
中国籍船舶	99 902	53 636 637	53 606 037	7 907 823	587 757	25 955 761	1 710 071	99 704	53 560 983	52 902 017	7 794 251	586 592	29 283 427	1 710 101
其中外贸船	0	0	0	0	0	0	0	0	0	0	0	0	0	0

（九江海事局提供）

山 东 省

口岸数量及分布

截至2014年年底，山东省共有经国务院批准对外开放口岸16个。其中，空运口岸4个，分别是青岛流亭国际机场、济南遥墙国际机场、烟台莱山国际机场、威海国际机场；水运（海港）口岸12个，分别是青岛港、烟台港、威海港、龙口港、石臼（日照）港、石岛港、岚山港、东营港、蓬莱港、莱州港、龙眼港、潍坊港。

口岸运行数据

2014年，山东省口岸外贸进出口货运量达到6.55亿吨，同比减少0.21%。其中，进口5.27亿吨，同比减少3.56%；出口1.29亿吨，同比增长16.34%。国际集装箱吞吐量为1 867.61万标箱，同比增长3.54%。其中，青岛水运（海港）口岸外贸集装箱运输量完成1 592.75万标箱，占全省的85.28%。2014年，山东省口岸外贸进出港船舶达28 309艘次，同比减少5.55%。青岛水运（海港）口岸龙头作用明显，进出口运量为3.12亿吨，占全省的47.58%，同比增加0.6%。进口运量最大的是铁矿石，达到2.62亿吨，同比减少2.77%；增幅最大的是成品油，达到815.71万吨，同比增长80.06%；出口运量最大的是化肥，达到988.07万吨，同比增长75.95%；出口增幅最大的是成品油，达到323.55万吨，同比增加125.27%。

2014年，山东省各口岸积极开辟新的国际航线，增加航班密度，入出境旅客人数为479.76万人次，同比增长17.45%。4个空运口岸入出境旅客量为366.41万人次，同比增长19.32%。其中，青岛空运口岸达到249.27万人次，占全省的68.03%；烟台空运口岸51.59万人次，占全省的14.08%；济南空运口岸50.80万人次，占全省的13.87%；威海空运口岸14.75万人次，占全省的4.03%。国际航线出入境飞机29 649架次，同比增长19.77%。

2014年山东省各市进出口统计表

项目	进出口总值			出口			进口		
	金额（万美元）	同比（%）	比重（%）	金额（万美元）	同比（%）	比重（%）	金额（万美元）	同比（%）	比重（%）
合计	27 711 549	+4.0	100.0	14 474 545	+7.9	100.0	13 237 004	0.0	100.0
青岛市	7 988 833	+2.5	28.8	4 577 696	+9.1	31.6	3 411 137	-5.2	25.8
烟台市	5 275 180	+7.6	19.0	2 940 357	+0.8	20.3	2 334 823	+17.7	17.6
日照市	3 476 901	+5.2	12.5	478 865	+23.5	3.3	2 998 036	+2.8	22.6
潍坊市	1 778 647	+10.1	6.4	1 232 904	+6.3	8.5	545 743	+19.7	4.1
威海市	1 658 729	-3.3	6.0	1 137 218	+6.3	7.9	521 511	-19.1	3.9
东营市	1 325 607	+4.1	4.8	609 488	+5.1	4.2	716 119	+3.3	5.4
临沂市	1 079 054	+14.4	3.9	569 408	+22.9	3.9	509 646	+6.3	3.9
济南市	1 050 013	+9.7	3.8	606 120	+10.5	4.2	443 894	+8.5	3.4
淄博市	893 936	-0.6	3.2	559 843	+6.9	3.9	334 094	-11.1	2.5
滨州市	719 914	-12.9	2.6	378 169	+6.8	2.6	341 746	-27.7	2.6
聊城市	575 343	-6.9	2.1	238 553	+19.1	1.6	336 790	-19.3	2.5

续表

项目	进出口总值			出口			进口		
	金额（万美元）	同比（%）	比重（%）	金额（万美元）	同比（%）	比重（%）	金额（万美元）	同比（%）	比重（%）
济宁市	523 154	0.0	1.9	326 914	-2.0	2.3	196 240	+3.5	+1.5
菏泽市	352 216	+19.0	1.3	215 759	+23.3	1.5	136 457	+12.8	+1.0
德州市	350 743	-3.1	1.3	222 717	+9.9	1.5	128 026	-19.6	+1.0
泰安市	297 354	+19.5	1.1	173 108	+26.7	1.2	124 246	+10.8	+0.9
莱芜市	221 884	-11.4	0.8	92 056	+22.6	0.6	129 828	-25.9	+1.0
枣庄市	144 041	+15.1	0.5	115 373	+21.9	0.8	28 668	-5.9	+0.2

表注：按进出口额大小排序。

（山东省商务厅提供）

口岸综合管理

【水运（海港）口岸功能进一步提升】 针对口岸查验力量紧张，新建码头泊位多的实际，突出工作重点，较好地保证了各主要水运（海港）口岸的需求，进一步提升了口岸的功能。2014 年共完成 6 个新建码头泊位的开放验收工作，包括青岛水运（海港）口岸前湾小港池 86 号、87 号两个新建泊位，东营水运（海港）口岸 4 个新建液化泊位，新增外贸通过能力 2 537 万吨，也使口岸结构得以优化，口岸功能得到提升。除此之外，还完成了青岛水运（海港）口岸董家口港区 5 个码头泊位和烟台水运（海港）口岸西港区、海阳港区、大宇造船码头和荣成好当家等部分码头临时开放期限的顺延，使上述码头泊位在正式扩大开放前，能够具备停靠国际航行船舶的资质，为有关口岸企业创造了良好的运营环境。

【通关便利化取得新进展】 山东省口岸办与省商务厅、青岛海关、济南海关联合成立“青济海关通关一体化改革”课题组，立足省情和青岛、济南两海关业务实际，授予济南海关 12 名关员青岛关区全部口岸放行授权，放开济南海关在青岛关区的区域通关口岸限制，并对济南关区放开进口废铜转关业务。按照国家有关要求，认真开展“三个一”试点，梳理“三个一”主要业务流程和网络对接要求，搭建模拟服务器和数据交换平台，对相关业务流程进行模拟演示，为搭建“三个一”平台做好技术准备。山东省口岸办组织济南、潍坊市政府和有关查验单位专题研究部署跨境电商通关管理平台、通关服务平台建设。2014 年年底，青岛关区一般出口模式跨境电商通关服务已经开通运行，汇总报关单顺利通关，出口退税申报有序开展。积极推动海关、检验检疫复制推广上海自贸区监管创新制度，因地制宜，制订方案，明确时间表、路线图，对于外贸企业降低报关和运输成本，节约税款资金占用，发展新型贸易业态具有积极促进作用。

【山东电子口岸建设有序推进】 经过充分调研、反复沟通，研究起草了《山东电子口岸建设方案》，根据分管省长意见和全国口岸工作座谈会精神，对方案不断修改完善。2014 年 11 月 19 日通过了国家口岸管理办公室、公安部、交通运输部、海关总署、国家质检总局“单一窗口”建设工作组的评审。组织人员到厦门、宁波、新加坡等地调研学习，起草了《山东电子口岸总体设计方案》。山东省经信委组织专家评审通过了关于将山东电子口岸平台纳入山东电子政务云规划的方案。省财政厅组织专家对投资概算进行评审，并确定了投资预算。由省口岸办牵头，组织省交通运输厅、商务厅及海关、边防、检验检疫、海事、国税、外汇等部门组建电子口岸建设联合工作组，明确责任人，定期召开会议研究山东电子口岸建设发展规划，协调处理山东电子口岸建设中的具体事项。从青岛海关、济南海关和山东出入境检验检疫局抽调3名同志，集中开展有关工作。

【空运口岸建设不断增强】 认真落实全省增开国际航线工作座谈会议精神，将开辟新的空中国际航线作为空运口岸建设的重点之一，明确了有关市分管领导和联络员，建立联席会议机制，指导各市做好2014年开通航线的计划。适应形势任务，突出抓好了国际客货运航线开通和增加现有航班密度工作。新开通新加坡虎航济南—新加坡的包机航线，山航济南—重庆—柬埔寨暹粒的国际航线，青岛—上海—大阪—青岛和青岛—冲绳货运航线，以及青岛—花莲、普吉岛、巴厘岛的旅游航线，原有航线继续加密。2014年全省空运口岸出入境旅客同比增长19.32%，达到366.41万人次，空运口岸建设为山东经济社会发展提供了有力支撑。

口岸监管与服务

【青岛海关不断加大监管力度】 2014年，青岛海关监管进出口货物4.7亿吨，进出口总值18 934亿元（3 082.7亿美元），审核进出口报关单431.4万票，同比分别增长6.0%、6.1%（7.2%）和7.4%；完成税收总量1 612.6亿元，同比增长0.1%；税收入库1 449.53亿元，同比下降5.4%。同期，打击走私刑事立案102起，案值90.87亿元，同比分别增长6.3%、156.1%，涉税2.26亿元；行政立案3 733起，案值38.02亿元，同比分别增长3.2%、14.3%，涉税2.58亿元；罚没收入入库1.12亿元。

2014年，青岛海关为512家重点项目企业减免税28.6亿元，居全国海关第4位。助力南山铝业打造亚洲最大航空航天用铝合金生产基地，为其进口设备减免税2.5亿元。协调解决热敏纸成色剂出口归类问题，为业内龙头企业年均增加退税1 200万元。推行税单无纸化缴库，税款入库时间缩短70%，使银行节约成本500余万元。以质为主、以质促量，全力推动综合治税。积极采取措施催缴滞纳税款，防范关区重大欠税风险，催缴滞纳税款超过8亿元，征收滞纳金近800万元。加强对税收形势的掌控，摸清税收底数，固化税收风险点，分类开展专项监控，审价、归类、税收征管合计补税11亿元。加快保证金清转、港口滞压货物清理，做好特殊监管区域货物出区，加工贸易内销征税，行政涉案货物补税等工作。

2014年，青岛海关成功侦办走私化肥、檀香紫檀、羊皮、大豆、保税棉花等大要案；“绿风”行动战果丰硕，关区共立案侦办案件43起，总案值88.27亿元，涉税1.9亿元。8起重大案件海关总署挂牌督办，刑事执法考评成绩蝉联全国首位，行政案件连续5年报海关总署案件批复零变更。创新缉私反哺监管工作模式，构建“一警双权、一案到底”办案模式，建立“缉私办案协作区”作战模式。与省市打私办加强联系配合，组成联合调研组先后开展打击农产品走私和打击进口棉花走私专项调研。积极协调公安、安全部门强化配合保障，成功抓获犯罪嫌疑人46人。推动反走私综合治理制度建设，积极推动省级立法工作，《山东省反走私综合治理办法》进入征求意见阶段。与山东省公安厅刑侦局、济南海关、省烟草专卖局建立缉私协作机制，与省烟草专卖局出台相关重大案件督办制度。

【青岛海关继续优化通关环境】 推进简政放权，优化外贸营商环境。2014年，青岛海关落地承接海关总署取消、下放7项行政审批事项，清理事权范围内审批核批事项，取消16项，下放5项，压缩审批层级31项，建立审批核批事项清单233项。取消报关企业注册资本等门槛限制，注册登记时间缩短50%以上，新增报关企业217家，同比增长323%。清理规范经营性服务收费，取消加工贸易企业联网监管系统入网费等4项收费，为企业减负1 600万元。对372家企业实施企业协调员“一对一”服务；将172家企业纳入企业自律管理试点，企业可自主选择稽核查时间；组织上门普法200余次；查获知识产权侵权案件连续8年入选海关总署十佳案例。

深化通关便利化改革。实施黄岛海关业务现场集约化整合、一站式服务，通关时效提升37%。落实分类分流查验措施，查验量下降32%。通关作业无纸化覆盖所有业务现场和业务领域。实施青、济海关业务一体化，首创授权放行模式。234家企业获中韩AEO（经认证的经营者）认证，享受中韩两国海关的较低查验率、简化单证审核、非常时期优先处置等通关便利，通关效率提升67%；11家试点企业全部通过中美C—TPAT（海关—商贸反恐联盟）联合验证。推进关检合作“三个一”，进口固体废物通关时间平均缩短一周左右，每集装箱节约费用500元。开发进出境邮递物品管理系统，实现了海关与邮政系统信息数据互联。推进跨境电子商务试点，引入外贸综合服务企业满足小微电商报关、退税需求，电商申报出口跨境清单11.1万票，总值402.1万美元。

积极复制推广上海自贸区创新制度。首批“统一备案清单”、“简化随附单证”、“集中汇总纳税”、“融资租赁”及“批次进出、集中申报”5项制度于2014年9月份实施，同步启动基础设施信息化改造，为全面复制推广创造条件。富士康集团（烟台）适用“批次进出、集中申报”制度后，较传统逐单申报模式年节省成本570万元。促进铁路机车、船舶、海工装备等高端制造业发展，支持9家企业申请融资租赁资质，可分期缴纳设备租金税款。

助推山东省、青岛市“一带一路”桥头堡的物流平台建设。支持青岛建立全国第2家、沿海地区第1家多式联运海关监管中心，促成“前港后站、一体运作”海铁联运模式，实现监管中心与港口间集装箱转运班列“公交化”运输，每列可减少100辆汽车进出港口，集疏港时间缩短66.7%。加强与西安、郑州等沿线海关的区域通关协作，支持开通青岛至欧洲的跨境火车班列，实现海铁联运无缝对接。推动整车进口口岸发展，实施智能监管、网上申报等监管创新，实现进口汽车卸船直入堆场，查验、检测等一站式服务，最快一周即可办结全部通关提车手续。青岛成为全国唯一具备滚装船、集装箱、客货班轮3种运输模式的汽车进口口岸。支持实现滚装船国际转运汽车业务零的突破，首批867辆国际转运汽车顺利通关出境。首趟青岛至新疆进口整车海铁联运专列顺利发运。2014年，监管进口整车3 314辆，同比增长32.1倍，居全国18个整车进口口岸第5位，在近3年获批整车进口口岸中居首位。

【青岛海关积极支持山东开放型经济发展】 支持西部经济隆起带发展。与济南海关联合开展专项课题研究获山东省领导高度评价。在全国首创“农户+企业”分包加工模式，相关做法被中央媒体宣传介绍。助推临沂综合保税区获批、临沂机场临时开放，落实临沂商城国际化支持措施，临沂港集装箱出口增长7.5倍，商城旅游购物模式出口2.1亿美元，同比增长11.5倍。积极支持菏泽富士康等重大项目落地，提前指导、特事特办。批准西部再生资源企业设立进口直通场站，实行“属地申报，属地验放”，企业年节约成本3 000余万元。

支持打造董家口现代化港口，前瞻性设计现代化海关监管模式，准许边申请开放边建设、边试运营；批准设立3家散货保税堆场创新实施大宗散货提前入库模式，货物入库平均用时从原来5～7天缩短至24小时，企业年均节省费用400余万元。支持青岛建设全国最大高速列车产业化基地，量身定制多点报关、虚拟审单、先放后税等个性化监管服务措施，出口动车44辆，价值5.4亿美元。支持青岛建成江北一级国际水果集散地，进口水果实行港外关、检并联查验。

【济南海关强化监管通关】 2014年，济南海关监管进出口货物7 190.5万吨，同比下降35.3%，进出口货值2 157.3亿元，同比下降13%；税收入库158.7亿元，同比下降18%；审结进出口货物报关单510 633份，同比下降9.2%；验放进出境人员54.6万人次，同比增长

70.2%；监管运输工具5 437架、艘、次，同比增长75.1%；加工贸易实际进出口185.3亿美元，同比下降0.4%。“双查”指标全面完成，口岸实质性查获率、特殊区域实质性查获率分别为4.27%和2.1%。

对监管场所、查验工作和行邮监管等11个重点业务领域进行逐项排查，堵塞监管漏洞，夯实业务基础。批准设立、注册、变更监管场所10处，注销1处，规范1处。制定了关区卡口建设标准。

【济南海关积极推进通关业务改革】 全面推进关、检合作。与山东出入境检验检疫局签署合作备忘录及相关实施细则，将“三个一”工作模式推广至辖区九地市全部通关现场，在全国内陆直属海关率先实现辖区全覆盖。实施以来，关、检重复申报项目和申报时间平均减少约30%，查验时间和费用平均节省约50%。

全面深化济、青区域通关一体化改革。和青岛海关共同制订《济青业务一体化改革方案》，推进物流管理、风险防控、统一审单等“三大平台”建设，构建“一体两翼”的通关作业体系，为省内无障碍通关提供有力支撑。推进济、青转关无纸化系统建设，转关无纸化改革顺利实现，通关时长缩短为半小时，每集装箱降低成本500元左右。

【济南海关加强加工贸易与保税监管工作】 搭建关区加工贸易风险防控体系，针对棉纺、橡胶、塑料三大行业发布商品调研和业务运行报告4期。组织开展了棉纺行业、“国货复进口”等领域重点整治专项行动，注销3家长期未开展业务的保税仓库，清退联网监管企业22家，占原有企业总数的43.1%；核查棉纺企业160余家，查获走私违规线索12起，案值1.45亿元，涉税3 400万元。以专项整治为契机，建立棉纺行业加工贸易监管长效机制。

【济南海关主动服务区域经济发展】 主动对接“两区一圈一带”战略，出台并落实支持外贸稳增长的若干措施。与青岛海关合作完成“海关支持西部经济隆起带发展”课题。首次承办的署级课题“支持特殊监管区域内企业开展研发业务研究”通过评审。赴济南、聊城、莱芜三市开展现场办公和政策宣讲，解决问题62个，定制措施35项。推动滨州鲁中运达保税物流中心通过正式验收。在全国海关率先上线保税货物流转管理系统。支持跨境电子商务发展，保税进口模式和一般进出口模式同步推进。落实中韩AEO互认，实施与美国海关的联合认证（C－TPAT）。进一步加强统计分析，55篇报告被省级以上载体采用，5篇获中央领导批示。

【山东省公安边防总队持续提升为经济发展护航能力】 紧跟经济社会发展大局，注重加强与地方党委、政府协调衔接，主动为经济社会发展创造优质高效的通关环境。协助地方政府重点推进72小时过境免签政策，建立出入境动态分析、人流大数据部门协作机制，得到夏耕副省长、邓向阳副省长批示肯定。大力推行窗口前伸、服务前移，全面实施“清单式”服务模式，探索建立服务短信回访机制，持续提高窗口服务质量。进一步优化特种勤务流程，服务保障APEC系列会议、“世园会”、“青奥会”及“西太平洋海军论坛”等重大国际交流活动，得到社会各界的高度评价。2014年，全省边检站服务保障了38个泊位临时开放、扩大开放，为12条航线加密航班和新增航线提供优质服务。

【山东省公安边防总队全面打造智能化服务管理体系】 坚持科技创新驱动改革、支撑发展理念，始终把边检信息化建设作为新时期边检工作破局发展的主题，大力推进“智慧边检”建设，推动实现边检战斗力生成模式的转型升级。坚持“着眼长远、少投高效、业务主导、重在实用”的原则，制定实施“智慧边检”建设规划，加强顶层设计和统筹整合，避免了重复开发和浪费资源。对新建、扩大开放的口岸，出台建设标准，推动将信息化基础设施统一纳入口岸建设总体规划。投资300余万元建成28条智能验证通道，优化了前台查验模式；启动24条自助查验通道建设项目，建成6条并投入使用，实现单人验放时间缩短至7秒。依托勤务指挥系统、移动执勤车、警务终端应用，实现一线勤务分层指挥、实时调度，不断提升勤务运行效率。推进智能化网络服务建设，持续深化山东边防民生警务平台应用，充分发挥团队零散验放、网上报检系统及“齐鲁边检”微信平台作用，全省5.4万个旅游团110余万人次实现零散验放，311家企业使用网上报检服务，发布政策规定1 300余条，提供在线咨询1 400余次，实现让数据多“跑路”、群众少“跑腿”。

【山东省公安边防总队稳步推进边检改革创新】 坚持把边检工作置于全面深化改革大势中思考谋划，立足边检职能，主动研究配套工作思路和创新举措，全力护航改革、服务发展。组建复合科队，调配220余名边检辅警参与执法执勤，推进警力向核心业务倾斜，实现了“参加一线执勤人员占总人数的70%以上，从事验证的检查员达到总人数的50%以上”的目标。完善风险评估指标体系，搭建统一的诚信管理平台，依据风险评估和诚信等级评定结果，全面实施勤务等级响应和差别化管理，实现勤务组织向精准化、协同式转型。大力实施港口企业和船方自管机制，通过联合发文、信誉管理方式，形成以引导和督促港口企业、船方自管为主的管理模式，有效提高口岸综合管理水平。完善与海事、海关等部门的协作配合，与山东海事局签订合作备忘录，推动实现“三互”，不断加强国际航行船舶联合监管效能。2014年6月25日至26日，公安部出入境管理局边检勤务改革创新现场交流会在青岛召开，山东省公安边防总队“智慧边检”建设及新型勤务组织模式得到武冬立局长、欧洛布穷副局长及与会代表的充分肯定。

【山东省公安边防总队全力维护口岸安全稳定】 清醒认识口岸反恐维稳斗争的严峻性和复杂性，建立口岸安全隐患排查整治长效机制，促进安全隐患排查工作常态化、制度化。2014年6月份，部署开展口岸安全隐患排查整治专项行动，围绕基础排查、信息研判、辖区维稳、口岸管控、舆情监控、应急处突等6个重点方面开展深入排查整改。进一步加大口岸管控力度，在执勤现场配齐配全防暴枪、警用钢叉等口岸查缉、防暴处突专业装备，建立健全常备处突力量，加强小单元单警处突能力建设，细化完善处突预案，从难从严强化实战训练。扎实做好口岸管控工作，把做好重点人员出入境管控工作作为口岸反恐维稳的中心，加强询问检查、面像比对、关联分析，强化协查通报、动态管控。全力维护口岸安全稳定，营造安全和谐的通关环境。

【山东出入境检验检疫局稳步推进检验检疫改革】 立足当前，着眼长远，确立了“放、管、转、建”的改革总体思路，出台了67项改革措施，全面激发转变职能、简政放权、创新发展的深层动力。大力推进简政放权，在全国率先取消原产地备案企业年审，惠及2.7万家企业；将进口废物原料国内收货人注册登记、出口食品包装备案、进口食品接触产品备案、出口危爆生产企业分级评定工作，免于办理强制性产品认证证明，口岸卫生许可及大部分出口动植物及其产品生产企业注册登记的审批工作下放分支局办理。取消代理报检企业、报检人员从业注册登记。大力推进模式创新，本着删繁就简的原则，对检验检疫全过程实施流程、模式的升级再造。全面推广无纸化报检，企业覆盖面达到95%。引入“合格假定”理念，积极探索质量安全管理新模式，实行以产品风险分级、企业分类、差别化监管为主要内容的分类管理和信用管理，对优质企业出口产品实施“即报即放”的快速核放模式。复制推广国家质检总局确定的上海自贸区首批8项检验检疫创新制度。积极实施进口废纸、进口棉花直通检验检疫和进口铜废碎料口岸转检，累计为企业节省费用4 700万元。创新进口集装箱装载废物原料的卫生处理和放射性监测模式，验放周期缩短2~3天。特殊物品检疫审批时间缩短5~7天。大力压缩流程时限，研发推广流程管理系统，出入境验放时间同比分别缩短5%和22%。

【山东出入境检验检疫局执法把关得到有力加强】 沉着应对埃博拉疫情，全力做好口岸疫情防控，在入境人员中检出基孔肯雅热合并登革热感染病例，全国属首次。传染病监测体检10万人次，体检发现各种病例3.4万例，其中传染病3 000例，检出放射性超标事件54起。截获植物疫情2.4万批，同比增长51%；截获动物疫病疫情和有毒有害物质878批。成功应对输德国冷冻草莓事件。检出进口工业品不合格1.3万批次，货值116亿美元，检出重大问题被国家质检总局发布风险预警及典型案例42次，居全国系统首位。检出安全卫生项目不合格进口食品化妆品207批，出口国外通报率同比下降40.2%，进口食品检出率同比提高1倍。加强违法违规行为的查处，累计办结行政处罚案件421件，处罚333万元，涉案货值3 345万元。查办"双打"（打击侵犯知识产权和制售假冒伪劣商品）案件22件，货值932万元。

【山东出入境检验检疫局服务外贸水平全面提升】 积极发挥政策参谋作用，出台促进外贸稳定增长21条措施，向山东省政府提交《2013年度进出口商品质量状况分析报告》等16篇专题信息及调研报告。山东省委、省政府领导先后20余次对山东出入境检验检疫工作予以批示肯定。健全技术性贸易措施工作机制，发布警示通报、风险信息等8 000余条，开展对企业的定向帮扶200余次。山东对韩国出口轮胎企业技术性贸易措施影响的调研成果被省政府《每日要情》和国家质检总局《质检内参》、《质检调研》采用。帮助山东熟制禽肉首次出口加拿大市场，禽肉首次出口蒙古市场，兔肉重返俄罗斯市场。全年累计减免费用6.1亿元。大力提升贸易便利化水平，抓住有利契机，先后与济南、青岛海关联合制定关、检合作"三个一"工作方案并顺利启动；与陕西、宁夏出入境检验检疫局开展省际区域直通放行合作，与山西出入境检验检疫局就实施"口岸虚拟直通车"达成一致，实施直通放行企业达到322家。口岸新增或整合集中查验场（库）19.6万平方米，全省所有水运、空运口岸提前两年完成国家质检总局目标要求，空运口岸实现了当天通关当天验货零等待，水运口岸集装箱货物查验效率提高2倍以上。认真贯彻中国质量大会精神，出台《全面推动山东质量提升实施意见》，积极协助召开山东省质量大会。全面推动产品结构转型升级，出口农产品质量安全省级示范区达到83家，其中国家级示范区40家，占全国总数的21%。率先在全国开展出口农产品质量安全示范省创建工作，推动中韩共建食品安全示范区建设。出口工业产品省级质量安全示范区达到10家，其中国家级示范区2家，占全国总数的22%。积极对接地方经济发展战略，支持青岛保税港区拓展业务，支持临沂综合保税区获得国务院批复设立。积极做好APEC贸易部长会议、西太平洋海军论坛、青岛世园会等重大国际活动的保障工作。

【山东海事局协同创建"平安海区"成效明显】 推动山东省安委会印发《山东沿海"平安海区"创建活动实施方案》，组织环渤海海事机构签订监管合作协议，建立完善"联网、联防、联控、联动"工作机制。倡导"平安是福"安全文化理念，联合交通、教育部门开展"水上安全知识进校园"活动70余次，安全教育学生1.7万人次。探索冬季大风小型货船安全监管对策，依托石岛海洋气象站创建联合预警新机制。全面推行"两小船"公司安全管理标准化。执法巡航14.5万海里，开展PSC检查1 097艘次，滞留76艘次（居海事系统第2位），连续3年开展中韩客货班轮PSC联合检查。深刻汲取韩国"世越号"事故教训，深化客运船舶"五制五关"安全监管长效机制，编制实施《客运船舶安全监管工作指南》和《客滚船单船安全综合评价指标体系》，保障了2 604万人次水上安全便捷出行。

【山东海事局海事服务保障成绩显著】 推动新开放口岸泊位6个，办理船舶抵押融资3.8亿元。划定石岛、岚山等3处锚地，新增锚地面积133平方千米。服务新开通客货运输航线19条，保障1.91万标箱集装箱船，17万立方米LNG船，以及超大型矿石船等64.5万艘次中外船舶安全进出港。协助举办2014年中国航海日论坛，完成第14届西太平洋海军论坛等重大水上活动的海事保障。完成《山东省海上搜寻救助办法》

后评估，成功组织防抗台风“麦德姆”和“娜基莉”，及时有效处置“威龙5”轮沉没等重特大险情。2014年共组织救助855人，船舶62艘，海上人命救助成功率达96.1%，同比上升2个百分点。

【山东海事局积极维护船员合法权益】 持续推进船员素质提升工程，向山东省政协提交“全面提升船员素质打造山东船员强省”提案，辖区注册船员11.3万，年外派海员2.4万人次，创汇近5亿美元。组织《2006年海事劳工公约》宣传贯彻工作，健全船员服务机构准入退出机制，依法注销9家船员服务机构资质。与工商等部门联合打击黑中介，优化船员维权投诉处置机制，答复船员各类咨询6.2万件，处理船员维权投诉123件，帮助船员追讨被非法扣留证书51本和欠薪22.5万元。

开放口岸

【济南空运口岸（济南遥墙国际机场）】 坐落在济南市东郊遥墙镇，距市区20千米。1992年10月经国务院批准对外开放。机场拥有3 600米、2 600米跑道各1条，飞行等级为4E级。

2014年，共有27家国内外航空公司执飞135条航线，通往49个城市。其中，起降83 551架次，同比增长3.5%；完成旅客吞吐量870.9万人次，同比增长7.0%；完成货邮吞吐量8.06万吨，同比增长10.9%。现有国际（地区）航线10条，其中，国际航线5条，分别由济南到大阪、首尔、曼谷、新加坡、普吉岛；地区航线5条，分别由济南到台北、高雄、台中、花莲、香港。2014年，新开济南—新加坡、泰国甲米岛2条包机航线，济南—重庆—柬埔寨金边和暹粒、泰国清迈等3条国际中转航线，复航济南—泰国普吉岛包机航班，加密济南—首尔、香港、台北、高雄等4条国际地区航班（济南—首尔航班由每周5班增至32班，济南—台湾航班由每周8班增至14班，济南—香港航班由每周2班增至5班），进一步完善了东南亚地区航线布局。2014年，出入境航班4 321架次，同比增长63.4%；出入境人员54.42万人次，同比增长72.9%；进出口货运总量6 494吨，同比下降13.5%；进出口货值27.57亿美元，同比下降24.4%。以日本、韩国、中国香港、中国台湾台航班为重点，东南亚包机、欧美中转航班为辅助的国际航线新格局初步形成。

济南综合保税区于2012年5月获国务院批准，2013年12月通过国家正式封关验收。2014年工业总产值为49.52亿元，同比增长19.76%；利税总额为9.3亿元，同比增长33.71%；固定资产投资总额69.01亿元，同比增长35.08%（其中基础设施投资7 352万元）；进口额2.2亿美元，出口额8.4亿元，同比分别增长119.55%、13.83%。海关监管进出口货运量为31 123吨，货值1.7亿美元。其中，进口25 472吨，货值9 648.1万美元；出口5 651吨，货值6 863万美元。

2014年，济南邮政速递物流处理进出口邮件2 506.1万件，其中进口1 281.4万件，出口1 224.7万件，同比分别增长33.20%、31.97%、34.5%。国际邮件则为457.8万件，其中进口240万件，出口217.8万件，同比分别增长103.29%、72%、153.8%。

【青岛空运口岸（青岛流亭国际机场）】 位于青岛市北部城阳区，离市中心约23千米。建于1958年7月，1992年9月4日经国务院批准对外开放。青岛空运口岸飞行等级为4E级，拥有3 400米跑道1条；客机停机坪44万平方米，停机位41个；货机坪3.20万平方米，停机位4个；登机桥14部。机场候机楼分国内、国际两个航站楼，左右对称，总建筑面积17.10万平方米。2014年青岛空运口岸共有36家航空公司投入运营，东方航空公司、山东航空公司、青岛航空公司设有基地。停场过夜飞机39架。国内航线111条，国际（地区）航线22条，通航国内60个城市和国际（地区）17个城市，直达韩国首尔、釜山，日本东京、大阪、福冈、名古屋，新加坡，曼谷和我国香港、台北、高雄、台中地区。青岛至韩国、日本的航班密集，每周往返日韩的客运航班 280 架次，货运航班 28 架次，占每周国际（地区）航班总量的 77.77%。2014 年青岛空运口岸进出境航班 18 694 架次，同比增长 13.26%；进出境人员 249.30 万人次，同比增长 12.97%；进出境货物 8.92 万吨，同比增长 16.16%。

青岛新机场建设预可研报告于 2014 年 10 月 11 日获国务院和中央军委批复，进入国家发展改革委审批流程并进行了专家评审，航站楼建设方案进入初设阶段。

2014 年青岛空运口岸每周国际航班情况统计表

国家（地区）	城市	数量	运营航空公司及航班情况
客运航线			
韩国	仁川	196	国航（CA127/128、133/134，每日）；东航（MU2033/2034，2043/2044、5021/5022、559/560 每日）；大韩（KE841/842、845/846，每日）；韩亚（OZ317/318、OZ319/320，每日）；山航（SC4617/4618、4777/4778、4081/4082，每日）；济洲（7C8401/8402，每日）
	釜山	28	大韩（KE889/890，每日）；釜山（BX322/321，每日）
日本	东京	14	全日空（NH927/928，每日）
	大阪	14	全日空（NH157/158，每日）
	福冈	14	东航（MU535/536，每日）
	名古屋	14	东航（MU743/744，每日）
中国香港	香港	20	港龙（KA950/951，每日；KA954/955，周 2、4、6）
中国台湾	台北	16	山航（SC4085/4086，周 2、5、7），东航（MU2041/2042，周 5），长荣（B70101/0102，周 2、5），华航（CI531/532，周 3、6）
	高雄	2	长荣（B7207/7208，周 6）
	台中	2	山航（SC4615/4616，周 4）
新加坡	新加坡	8	酷航（TZ086/085、095/096，周 2、3、5、7）
泰国	曼谷	6	山航（SC4079/4080，周 3、5、7）
德国	法兰克福—沈阳—青岛	6	汉莎（LH784/785，周 2、4、6）
美国	青岛—浦东—旧金山	4	东航（MU589/590，每周 2、4）
货运航线			
韩国	仁川	10	UPS（5X0185/0186，周 2、3、4、5、6）；
日本	冲绳—青岛—成田	12	全日空（NH8465/8506，周 2、3、4、5、6、7）
	大阪—青岛—成田	2	全日空（NH8495/8468，周 1）
	青岛—浦东—大阪—青岛	4	扬子江（Y87427，周 2、3、4、5、7）
美国	洛杉矶	2	南航（CZ439，周 1、4）
合计	396 架次		

【烟台空运口岸（烟台莱山国际机场）】 位于烟台市南部莱山区境内，地理坐标为东经121°22′12″，北纬37°24′01″，距烟台市中心约15千米，距青岛市区和威海市区分别约200千米和80千米，外围与沈海、荣乌、烟海及烟台绕城等高速公路相连。先后开通烟台至韩国首尔、釜山、济州、大邱，日本大阪，俄罗斯，中国香港、澳门、台北9条国际（地区）客运航线，以及至韩国首尔，美国纽约、洛杉矶、芝加哥，比利时布鲁塞尔，荷兰阿姆斯特丹等6条国际货运航线。目前，处于运行中的有烟台至首尔、大阪、香港、台北4条国际（地区）客运航线，烟台至首尔、布鲁塞尔2条国际货运航线。2014年，运行国际（地区）航班5 283架次，同比增长64%；出入境旅客515 713人次，同比增长72.3%；进出口货物13 526吨，同比增长25.1%。

正在建设的烟台蓬莱国际机场位于烟台市蓬莱潮水镇附近，距烟台市中心约43千米，将于2015年通航。其飞行区技术等级指标为4D（兼顾部分E类机型使用），航站楼面积为8万平方米，拥有长3 400米的跑道，39个机位的停机坪，建成后将满足年旅客吞吐量1 000万～1 200万人次需要。机场一期工程规划目标年为2020年，将满足旅客吞吐量650万人次、货邮吞吐量9万吨的要求。

【威海空运口岸（威海国际机场）】 位于文登市大水泊镇，地处威海市域中心地带，距威海市区45千米，距文登区、荣成市均为19千米。威海国际机场原为军用机场，1992年经国务院、中央军委批准为军民合用机场，1996年1月正式投入运营。2004年9月国务院批准为一类空运口岸对外开放，2005年3月开通国际航班。2011年投资2.5亿元建设的1.2万平方米新国际候机楼投入使用。2014年停航5个月进行适应性改造。近年来，威海国际机场硬件设施不断完善，运营管理水平不断提高，服务保障能力不断增强，连续实现18年安全运营；航班量、旅客吞吐量逐年攀升，特别是对外开放以来，曾创造了旅客吞吐量连续3年翻番的佳绩，在国内机场的排名由1996年的92位上升到2013年的57位。

威海国际机场的发展定位是建设功能齐全、设施完善、服务优良、保障过硬的精品化和现代化小型国际中转枢纽口岸。机场总占地面积266.67万平方米，机场飞行区技术标准等级为4D级，现有一条长2 600米、宽45米跑道，停机坪面积6.8万平方米，共10个停机位，5个登机桥，可供B767－300、空客320等大型飞机起降。

2005年3月，威海国际机场开通至韩国首尔、釜山国际航线，2010年7月开通威海至俄罗斯哈巴罗夫斯克国际旅游包机航线，2013年12月实现对台直航，现有至北京、上海、广州、长春、沈阳、哈尔滨、西安、大连、成都、济南、太原、天津、南京、武汉、首尔、台湾等航线，每周210架次航班。其中，国际及港澳台航线4条，每周航班22个。2014年（因改造停航5个月），运营国际航班1 353架次，运送国内外旅客54.8万人次、外贸货物1 160吨。

【青岛水运（海港）口岸】 位于山东半岛南岸的胶州湾内，始建于1892年。青岛港是太平洋西海岸重要的国际贸易口岸和海上运输枢纽，是沿黄流域及其腹地外贸物资、能源和原材料运输的重要口岸，是我国重要的大宗原材料进口港、集装箱运输干线港和山东半岛及其腹地重要的物流中心，是世界第七大港，主要从事集装箱、原油、铁矿石、煤炭、粮食等各类进出口货物的装卸、储存、中转、分拨等物流服务和国际客运服务。它由青岛老港区、前湾新港区、黄岛油港区和董家口港区（在建）四大港区组成。青岛老港区以一般散杂货物和内贸集装箱为主，兼顾少量液体化工品和成品油运输；开通有青岛至韩国仁川、日本下关的客货班轮航线，并加快建设邮轮母港，已建成可停靠世界最大的 22.5 万吨级邮轮专用码头。黄岛油港区以接卸外贸进口原油和成品油、液体化工品为主，是我国大陆沿海最大的油品运输、中转、储存基地。前湾港区以国际集装箱干线和铁矿石、煤炭等大宗散货中转运输为主，拥有可停靠 1.8 万标箱船舶的最大集装箱码头和 20 万吨级矿石码头、10 万吨级的煤炭码头等专业化大型码头，是青岛水运（海港）口岸目前现代化程度最高、规模最大的生产性港区，承担了青岛港 80% 的吞吐量。董家口港区为正在开发建设的新港区，承载着青岛港转型升级，向“第四代”港口跨越的历史重任，以大宗散货、液体化工品及杂货运输为主，逐步发展港口现代物流及港口物流与临港产业的联动。截至 2014 年年底，已建成泊位 25 个，通过能力为 1.2 亿吨，累计吞吐量为 2.03 亿吨。青岛水运（海港）口岸开放范围内拥有码头 26 座，已对外开放泊位 97 个，其中万吨级以上泊位 81 个；集装箱泊位 25 个，通过能力 1 500 万标箱。港口平均每月开出的国际国内航班达 700 班，其中国际航班达 580 班。拥有航线 161 条，其中国际（地区）航线 147 条，国内航线 30 条，通达非洲、南美、澳洲、欧洲、日本、韩国、地中海、波斯湾、俄罗斯、东南亚等世界 180 个国家和地区。

2014 年青岛海港口岸主要运输货种统计表

类别	港口吞吐量（万吨）	外贸运量			
		外贸运输总量（万吨）	同比（%）	进口（万吨）	出口（万吨）
合计	46 802.12	31 094.23	+0.42	22 364.01	8 730.22
煤炭	1 944.23	561.28	-40.00	498.29	62.99
原油	5 988.05	4 788.25	+3.40	4 351.99	436.26
成品油	873.64	393.88	+189.68	73.73	320.15
铁矿石	13 319.80	10 962.72	-10.74	10 962.72	0.00
钢铁	477.09	200.21	-11.11	20.67	179.54
水泥	15.15	7.76	+66.92	7.35	0.41
木材	125.56	124.95	+70.67	124.89	0.06
非金属矿	67.09	19.70	-54.62	16.48	3.22
化肥	256.47	255.15	+74.87	83.59	171.56
粮食	677.43	672.15	+23.55	664.76	7.39
食盐	21.05	21.05	-49.97	21.05	0.00
其他	23 036.56	13 087.13	+6.97	5 538.49	7 548.64

【烟台水运（海港）口岸】 烟台港拥有开放泊位56个，临时开放泊位16个，与世界100多个国家和地区的150多个港口直接通航，每年有2 800多艘外籍船舶进出港口。2014年，烟台水运（海港）口岸先后开通至韩国平泽国际客滚班轮航线及至韩国（烟台—韩国仁川—韩国济州岛—烟台）国际邮轮航线各1条；西港区（含大宇造船码头）和海阳港区被国务院批准扩大开放。

2014年，烟台水运口岸完成外贸运输量3 475.6万吨，同比下降17.9%；外贸集装箱运输量43.6万标箱，同比增长13.6%；出入境旅客17.1万人次，同比增长138%。

【威海水运（海港）口岸】 威海港位于山东半岛东端，北临黄海，东与朝鲜半岛、日本列岛隔海相望，扼京津咽喉。水路距大连港93海里，距青岛港200海里，距韩国仁川港136海里。刘公岛是天然屏障。港深域扩，不淤不冻，地理和自然条件十分优越。

1985年4月1日，经国务院、中央军委批准威海港正式对外开放。1990年9月16日，在中韩尚未建交的情况下，开通了全国第一条对韩客货班轮航线。截至2014年年底，威海水运（海港）口岸有18条国际班轮航线，每周30班，与80多个国家和地区的港口建立了贸易往来，基本形成了直达东北亚区域，辐射世界各地的航运体系。口岸出口主要目的地依次是亚太经合组织、韩国、日本、欧盟、美国等，进口主要原产地依次是亚太经合组织、韩国、东盟、日本、印尼等。口岸进出口贸易方式以加工贸易为主，占比为58.3%；其次是一般贸易，占比为39.6%。主要进出口商品是机电产品、农产品、轮胎和水海产品等。口岸共有开放泊位22个，其中万吨级以上泊位11个，集装箱场站4个，码头功能齐全，公路铁路集疏运完善。依托口岸先后设立了威海出口加工区、威海邮局国际邮件分拣中心和多处保税仓库。2010年12月21日，威海水运（海港）口岸在全国率先试点中、韩陆海联运汽车运输项目，开启了“门对门”货物直通的物流运输模式。2013年威海市委、市政府根据城市发展和港口生产需要，决定将位于市中心的北港业务全部搬迁到南港。2013年6月27日顺利完成搬迁任务，总建筑面积4万平方米的威海港国际客运中心同步投入使用。2013年7月，三进船业新扩建码头（5个码头和1个干船坞）通过省政府开放验收，成为山东省唯一实现整体开放的外商独资企业码头。2014年积极推动与韩、日口岸部门开展数据共享，食品安全认证，中、韩AEO企业互认，技术政策交流等方面的交流合作，贸易便利化水平不断提高。获批冰鲜水产品进口口岸，口岸建设取得新进展。

威海水运（海港）口岸航线开辟情况

	航线	开通时间	每周班次
客货运航线	威海—仁川	1990.9.15	3班
	威海—平泽	2009.6.20	3班
对韩国集装箱航线	大连—威海—釜山	2000.10.11	1班
	天津—大连—威海—釜山	2002.4.17	1班
	天津—大连—威海—平泽	2002.11.26	1班
	威海—大连—釜山	2002.8.27	1班
	威海—仁川	2003.7.9	3班
	威海—釜山—美国西海岸	2004.12.1	1班
	连云港—青岛—威海—釜山	2005.3.25	1班
对日本集装箱航线	天津—威海—日本大阪、神户、横滨、东京、名古屋	1995.7	1班
	威海—日本下关、门司、博多	2003.3.3	1班
	丹东—威海—日本大阪、神户、横滨、东京、名古屋	2002.11.28	1班
	威海—日本横滨、东京、名古屋	2004.2.29	1班
	天津—大连—威海—日本下关、门司、博多	2005.8.2	1班
	威海—日本关东	2007.11.27	1班
外贸内支线	威海—大连中转至欧美、东南亚各港口	1999.4	1班
	威海—大连中转至欧美、东南亚各港口	2009.7	1班
	威海—青岛中转世界各港	2003.7.25	1班
	威海—青岛中转世界各港	2004.11.19	1班
	威海—釜山	2008.6.1	7班

2014年，威海市口岸办联合威海海关等8个部门出台了《关于推进口岸“大通关”建设促进外经贸发展的实施意见》，全年为企业节省费用近亿元；深化口岸通关改革，实现关、检合作“三一个”通关模式，积极复制推广上海自贸区海关监管创新制度，全面实施无纸化通关；各部门以“提速增效、服务发展”为重点，改革查验模式，优化通关流程，相继实行了“5+2”、“全天候、无假日”、预约通关等措施，通关效率进一步提高，通关成本进一步降低，执法服务更加优质贴心。据统计，目前威海水运（海港）口岸集装箱货物通关当天验放率达到100%，旅客通关速度控制在人均35秒以内，均保持全省领先水平。2013年被国家口岸管理办公室评为“全国运行管理先进口岸”。

2014年，威海水运口岸完成进出口货值1 056.7亿元，同比增长7%；完成港口吞吐量

4 542.4万吨，同比下降1.5%，其中外贸货物吞吐量1 958.9万吨，同比下降3.2%；完成国际集装箱67.2万标箱，同比增长3.3%；运送出入境旅客30.8万人次，同比增长2.5%。

【龙口水运（海港）口岸】 龙口港始建于1914年，地处渤海南岸、胶东半岛西北部，地理坐标为东经120°19′14″，北纬37°39′11″，与辽东半岛隔海相望，是距离黄河三角洲最近的15万吨级以上船舶出海口，烟台市和烟台港集团规划建设的三大核心港区和两个亿吨港区之一，是中国最大的对非散杂货出口贸易口岸和铝矾土进口口岸，首批对台开放直航港口，国内首家拥有原油仓储资质的港口企业，国家规划建设的北煤外运装船港。1984年12月被国务院和中央军委批准为一类口岸对外开放。目前，龙口水运（海港）口岸辖龙口港集团、龙口胜利码头、龙口渔港码头和龙口屺母岛港，主要进出口业务在龙口港集团。龙口港集团现有资产总额101亿元，员工5 000余人；码头岸线15 000余米，占地面积6平方千米；生产泊位30个，其中15万吨级1个，10万吨级7个，5万吨级5个，万吨级7个，核定通过能力6 000万吨以上；主航道等级10万吨，水深－16米，底宽300米。港区库场面积为180万平方米，石油化工仓储能力为170万立方米，粮食罐存储能力为26万吨。龙口胜利码头有6个生产泊位，主要业务为1号、2号船舶维修泊位。龙口渔港码头有12个生产泊位（监管条件尚未达到要求，暂无外贸业务）。龙口屺母岛港有15万吨级通用泊位1个。

龙口水运（海港）口岸地处环渤海经济圈的中心区域，港湾自然条件良好。北有东西长8千米的连岛天然沙坝为屏障，南有金沙滩环抱，不冻不淤，全年作业天数在300天以上，史有“稳油盆”之称。屺坶岛端部自然水深－16米以上，最大水深－22米，后方陆域土地广阔，具备优越深水泊位的建设条件。港口直接经济腹地包括龙口市及周边市县区、黄河三角洲地区，自然资源丰富，工农业发达，外向型经济活跃，加工制造业发展势头强劲，是我国经济发展较快的区域之一。口岸交通条件十分便捷，从此起航可直达全国各港口及世界各地。以大莱龙、益阳、胶济、寿平铁路为骨架，以威乌、济青、东青、滨博、龙青等高速公路为脉络，以青州“无水港”为货源集散中心，以寿光、大家洼、羊口等站点为节点，以环渤海港口至龙口港的转水航线为呼应的集疏运网络将龙口港与腹地客户紧密相连。德龙烟、黄大铁路贯通后，龙口港的发展空间将更加广阔，不仅可承担“三西”煤炭下海出口分流的任务，同时港口的货源腹地还将向甘、宁、陕、晋、冀等地区延伸，构成一条连接西北、横贯山东境内的沿海铁路大通道。

龙口水运（海港）口岸拥有70多条国内外航线，与世界50多个国家和地区的港口有贸易往来，现有集装箱航线15条，其中环渤海航线6条，已经成为山东半岛至渤海湾港口之间航线最密集、服务最完善的港口。具体航线情况见下表：

区域	航线名称	挂港顺序
外贸线	海丰关东线	龙口—釜山—东京—横滨（釜山中转世界各地）
	大连外支线	龙口—大连，中转界各地
珠三角区域	天海黄埔线	龙口—虎门—汕头—泉州
	安通黄埔线	龙口—南沙
	中谷珠海线	天津—龙口—珠海

续表

长三角区域	中谷上海线	龙口—大连—上海，中转：长江下游、厦门、黄埔
	信风宁波线	龙口—营口—宁波，中转：乍埔、温州
	信风温州线	龙口—营口—温州 中转：台州等
	天海黄埔线	龙口—泉州—虎门—汕头
环渤海区域	环渤海大连线	龙口— 大连— 东北口岸（内外贸易同船，锦州、营口、秦皇岛、丹东、东北各海铁内陆点）
	中谷营口线	龙口— 营口— 锦州（接东北三省、内蒙古自治区等地货）
	中海支线	龙口— 大连（可中转：黄埔、蛇口、湛江、海口、防城）
	中海营口线	龙口— 大连— 营口— 锦州（接东北三省、内蒙古自治区等地货）
	信风营口线	龙口— 营口— 温州
	合德京唐线	龙口— 京唐— 锦州（可中转泉州）

为充分利用龙口港优越的地理环境，向企业和外商提供优质、便捷的海关监管服务，促进外贸经济的快速发展，2005 年 10 月经青岛海关批复，龙口海达物流公用型保税仓库正式投入使用。进口保税仓库位于龙口港港区 28 号、29 号泊位后堆场，面积 10.4 万平方米；出口保税仓库位于龙口港港区 17 号库及库南库北场地，面积 2 万平方米（含 17 号库）。

港口主要经营煤炭、石油化工、铝矾土、铁矿砂、水泥及熟料、粮食、集装箱、非洲杂货班轮等业务。拥有“大包水泥效率”、“中非杂货班轮”、“木材全程物流服务”、“港口现代物流融资支持平台”和“环渤海黄金水道集装箱运输服务”5 个山东省级服务名牌。中非杂货班轮货物、铝矾土、朝鲜煤炭 3 个货种的市场占有率居国内首位。2014 年，港口实现货物吞吐量 8 251.1万吨，同比增长 17.0%；集装箱完成 55 万标箱，同比增长 7%。进出口货种吞吐量情况详见下表：

货种名称	吞吐量情况（万吨/标箱）
铝矾土	2 716
液体化工	1 055
煤炭	838
铁矿	659
燃料油	450
原油	430
水泥	265
粮食	250
木材及木片	217
成品油	96
集装箱	550 736

【石臼（日照）水运（海港）口岸】 现有石臼（日照）港和岚山港两个国家一类开放口岸，素有“两港通四海，一桥系亚欧”之美誉。石臼（日照）港地处山东半岛与江苏大地夹角的底部，我国海上南北运输主通道的中间地带，是新亚欧大陆桥东方桥头堡，地理坐标为北纬 35°23′，东经 119°33′，水上北距青岛 65 海里，南距连云港 40 海里，东与朝鲜半岛、日本隔海相望。日照港于 1982 年正式开工建设，1986 年 5 月经国务院口岸领导小组批准为一类口岸正式对外开放，是我国重点发展的沿海 20 个主枢纽港之一。1992 年，石臼港更名为日照港，包括东港区、北港区、西港区，至 2014 年年底已开放煤炭、通用、矿石、散杂、油品、木片、集装箱及客箱码头等泊位 34 个，与世界 100 多个国家

和地区通航，设计吞吐能力1.3亿吨。

2014年完成吞吐量2.1亿吨；进出口货物1.19亿吨；其中进口1.12亿吨，出口700万吨；国际集装箱83 121标箱。

2014年石臼（日照）水运（海港）口岸运输情况统计表

类别	港口吞吐量（万吨）	外贸			
		合计（万吨）	同比（%）	进口（万吨）	出口（万吨）
合计	21 000.82	11 965.09	-3.72	11 266.29	698.8
煤炭	2 704.33	1 086.94	-12.21	988.47	98.47
原油	0	0	0.00	0	0
成品油	9.18	0	-100.00	0	0
铁矿石	8 745.98	7 758.34	-6.51	7 750.62	7.72
钢铁	380.55	382.28	118.76	2.63	379.65
水泥	338.76	9.55	-50.92	0	10.48
木材	1 267.38	1 262.75	15.24	1 259.22	3.53
非金属矿	154.17	111.77	-51.30	60.53	51.24
化肥农药	24.53	24.53	248.93	0	24.53
粮食	755.37	740.06	18.74	740.06	0
食盐	0	0		0	0
其他	6 620.57	587.94	-39.55	464.76	123.18

石臼（日照）水运（海港）口岸配套设施齐全、功能完善。投资3亿元建设的鲁南（日照）国际贸易与航运服务中心，是国内第3个、山东省第1个国际贸易与航运服务中心。海关、检验检疫、海事、边防检查等查验单位进驻大厅，为进出日照口岸的船舶、货物、人员提供“一站式”通关、“一条龙”服务。

口岸功能更加完善，具备国际中转、国际配送、国际贸易、国际采购和保税基本功能的日照保税物流中心（B型），是目前鲁南地区唯一的保税物流中心。石臼（日照）水运（海港）口岸获得国际联运过境货物运输业务资质，并开通了至中亚海铁联运，至蒙古的陆路过境运输业务和日照至韩国釜山外贸集装箱航线，集装箱航线达到37条，促进了港口的转型升级。当年建设当年审批的6个海关监管场所全部投入使用，总的监管场所达到29个，成为山东省监管场所最多的口岸。2014年年底瓦日铁路全线开通，货运列车可直接进出日照港，成为连接我国东西部的重要煤炭资源运输通道。日照电子口岸门户网站、船勤统一申报系统正式上线运行，岚山木材检疫除害处理区建设全面启动，日照大宗商品交易中心获得营业批复并运营，为日照市对外开放和经济发展搭建了新的载体和平台。

石臼（日照）水运（海港）口岸辐射影响进一步扩大。采取多种形式，加强与丝绸之路经济带的协作与联合，先后与新疆阿拉山口口岸、霍尔果斯口岸和西安口岸签署了战略合作框架协议，

2014 年，石臼（日照）水运（海港）口岸在 2013 年“阳光口岸建设年”活动基础上，进一步加大了法规政策、工作流程和服务承诺 3 个方面向社会公开的力度，努力在优化环境、提高效率、创建品牌上取得实效。口岸政务公开内容达 688 项，打造出“阳光口岸”、“E 站通关通鲁南”、“阳光国检”、“海事服务 365”等一批石臼（日照）水运（海港）口岸独特的服务品牌。

【石岛水运（海港）口岸】 石岛港位于山东半岛的最东端，与日本、韩国隔海相望。1988 年 12 月经国务院批准正式对外开放，2001 年 8 月石岛新港正式对外启用，2014 年 1 月经国务院批准口岸扩大开放至好当家和俚岛港区。拥有石岛新港、蜊江港、朱口港、好当家港、俚岛港、三星港、荣喜港、远通港、和兴港 9 个作业港口。石岛新港码头沿线总长 3 950 米，对外启用泊位 17 个，其中万吨级以上泊位 7 个，年货物吞吐量 1 000 多万吨。石岛新港有 20 万平方米的集装箱堆场和散货场，3 000 平方米的国际候船厅；下设国际物流、船舶代理、报关报检、外轮理货、货物装卸运输等专业化服务部门；主要从事货物装卸储运、旅客运输服务、港机设备租赁、港口拖轮经营、船舶港口服务等业务。石岛新港开通了石岛至韩国仁川、群山 2 条客货班轮航线，至韩国釜山和日本门司、博多、关东、关西，以及青岛、泉州等 10 余条国际国内全集装箱航线。2011 年 11 月开通了石岛港中、韩陆海联运汽车货物运输通道，实现了快速直达运输。2014 年 12 月获国家质检总局批准为进口冰鲜水产品检验检疫口岸。好当家港区由 4 个作业港组成，其中好当家老港岸线长 1 800 米，共 8 个泊位，新港岸线长 1 100 米，共 3 个泊位；荣喜港岸线长 4 600 米，共 5 个泊位，2 个船台；远通港岸线长 1 700 米，共 6 个泊位；和兴港岸线长 1 400 米，共 7 个泊位，3 个船台。俚岛港区由三星港和俚岛港组成，开放岸线长 7 200 米，共 6 个泊位。

石岛水运（海港）口岸进出口货物以煤炭、钢铁、非金属矿和散杂货为主，2014 年出入境船舶为 2 196 艘，进出口货运量为 606.4 万吨，进出口集装箱为 12.9 万标箱，出入境旅客为 28.6 万人次。

石岛水运（海港）口岸航线情况表

分类	航线名称	开通时间	航班情况
客货	石岛—仁川	2002.7	每周 3 班（二、四、日）
	石岛—群山	2008.4	每周 3 班（一、三、六）

续表

分类	航线名称	开通时间	航班情况
集装箱	石岛—釜山	2003.4	每周1班（五）
	石岛—日本门司、博多	2003.6	每周1班（一）
	石岛—平泽	2007.6	每周1班（五）
	石岛—日本关西	2005.9	每周1班（日）
	石岛—日本关东	2005.10	每周1班（一）
外贸内支	石岛—青岛	2005.3	每周3班（三、五、日）

【岚山水运（海港）口岸】 岚山港位于日照市东南部，黄海海州湾北岸，鲁东南、苏北交界处，地理坐标为北纬35°05′，东经119°22′，是1977年作为山东省“七五”重点建设项目而兴建的地方港口。1989年1月被国务院批准为一类对外开放口岸。口岸包括南作业区、中作业区、北作业区，至2014年年底已开放油品、液化、通用、散杂等泊位14个，其中30万吨原油泊位2个。港口设计吞吐能力为3 671万吨，2014年完成吞吐量1.42亿吨，其中外贸1.09亿吨。港口配套设施完善，配有铁路、引航、轮驳、储运、理货、动力、通讯、机修及科研等港口生产服务的各类配套保障系统，拥有9条液化品专用装卸线，已成为江北重要的液体化工品集散地和重要的木材进口港。港口交通便利，集疏运体系健全，岚兖铁路直通港口，与204国道交叉，坪岚铁路直通码头和罐区，与京沪线、京九线、陇海线等铁路干线联通，岚山至仪征、岚山至东明的输油管线投入使用，坪岚铁路改扩建、岚山至濮阳输油管线也于“十二五”期内开工建设。具备木材贸易、检验检疫、加工等多种功能的国家级木材贸易加工示范区，是全国第二家木材贸易加工示范区。

2014年岚山水运（海港）口岸运输情况统计表

类别	港口吞吐量（万吨）	外贸			
		进出口（万吨）	同比（%）	进口（万吨）	出口（万吨）
合计	14 227.12	10 863.54	+11.5	10 674.16	189.38
煤炭	817.55	659.82	-1.3	659.82	
原油	3 254.48	2 920.77	+5.0	2 920.77	
成品油	657.10	388.78	+377.8	388.78	
铁矿石	5 947.62	5 605.84	+10.7	5 605.84	
钢铁	401.4	61.59	+69.6		61.59
水泥	12.79	12.79	+8.3		12.79

续表

类别	港口吞吐量（万吨）	外贸			
		进出口（万吨）	同比（%）	进口（万吨）	出口（万吨）
木材	486.79	486.79	-12.3	486.01	0.78
非金属矿	119.58	12.02	-18.2	6.97	5.05
化肥	7.18	7.18	+718.0		7.18
粮食	411.38	410.37	+26.3	410.37	
食盐					
其他	2 111.25	297.59	+48.9	195.6	101.99

【东营水运（海港）口岸】 东营港始建于1984年，位于山东省东营市北部，地理坐标为北纬38°05′、东经118°57′。1995年12月国务院批准东营港为一类开放口岸，1997年12月正式对外开放。2010年12月经省政府有关部门和口岸查验单位验收，两个新建3万吨散杂货和燃料油码头正式对外启用。2014年10月宝港国际2×5 000吨、万通4×2万吨液化码头通过省政府有关部门和口岸查验单位的验收对外启用。

东营港现有已投产和在建泊位49个，吞吐能力突破2 600万吨。中海油2×5万吨、2×3万吨，宝港国际4×5 000吨，万通2×2万吨等38个泊位已经投产，东营港已逐步发展成为环渤海地区最大的油品和液体化工品特色港口。2014年，东营港完成吞吐量2 667万吨；进出外轮62艘次，同比增长166.7%；完成货运量12.79万吨，同比增长38.6%；进出口货值为10 573.8万美元，同比增长203%。

【蓬莱水运（海港）口岸】 蓬莱港位于山东半岛最北端，与日本列岛和朝鲜半岛隔海相望，拥有蓬莱新港和栾家口港两个作业区。蓬莱新港位于蓬莱城东8千米开发区以北，地理坐标为东经120°35′50″，北纬37°46′49″，港口腹地陆路交通已成网络，十分便利。1996年7月经国务院批准为一类对外开放口岸，1997年12月正式对外开放。航道长400米，宽100米，水深-10米。港口占地453 335.6平方米，有6个对外开放泊位，15万平方米的堆场，2 600平方米的仓库。港口各类设施先进，技术力量雄厚，具有全天候作业能力。现已开通至日本、朝鲜、韩国、中国香港等国家和地区的国际货运航线。栾家口港位于蓬莱市西10千米，地理坐标为东经120°35′50″，北纬37°46′49″，始建于1995年4月，2003年6月国务院批准口岸扩大开放至栾家口作业区，2004年2月正式对外开放。港口占地345 335.06平方米，自然条件优越，航道宽畅，有对外开放泊位12个，腹地为蓬莱市西城临港工业区，交通十分便利。口岸有监管区出入卡口通道9条，封闭式查验场房1 400平方米，平台式查验场地1 200平方米，扣留货物仓库2 400平方米，现场查验单位办公场所及值班休息室3 170平方米，视频监控探头47个。

2014 年蓬莱水运（海港）口岸运输情况统计表

类别	港口吞吐量（万吨）	外贸			
		合计（万吨）	同比（%）	进口（万吨）	出口（万吨）
合计	1 481.07	305.80	+29	196.78	109.02
煤炭	323.62	45.2	-14	35.7	9.5
原油	0.02				
成品油	4.53	0.9		0.9	
铁矿石	18.74	21.74	+523	19.24	2.5
钢铁	5.48	10.98	+96	2.18	8.8
水泥	103.36	118.42	-19	65.46	52.96
木材	55.47	71.2	-21	67	4.2
非金属矿	123.2	0.5			0.5
化肥					
粮食	1.6				
食盐					
其他	112.66	36.86	+11	6.3	30.56
滚装	732.39				

【莱州水运（海港）口岸】 莱州港位于渤海湾南岸莱州市三山岛工业区，是黄河三角洲地区唯一适合建设 10 万吨级以上泊位的港口，是唯一同时列入黄河三角洲高效生态经济区和山东半岛蓝色经济区两大国家战略的港口，被山东省交通运输厅规划为黄河三角洲地区龙头港。1996 年 11 月经国务院批准为一类对外开放口岸，1997 年 12 月正式对外开放。2009 年被批准为对台海运直航口岸，现由中海港务（莱州）有限公司运营。

莱州港主航道水深 -14.3 米，万吨级以上生产泊位 12 个，全部对外开放。其中，10 万吨级油化品专用泊位 1 个，5 万吨级油化品专用泊位 2 个，1 万吨级油化品专用泊位 4 个，7 万吨级通用泊位 2 个，3 万吨级通用泊位 1 个，万吨级散杂货泊位 2 个。2014 年，莱州港完成吞吐量 1 830万吨，其中油化品 1 124 万吨，散杂货 706 万吨。

莱州港主营货种为原油、燃料油、成品油等液体化工品，以及矿石、煤炭、包件货、散盐等散杂货，具有大宗散货和液化品接卸的能力。现有 13 台门机及各类接卸设备 60 余台，散货卸船能力达 2 000 吨/小时。堆场面积为 10 万平方米，另有 2 万平方米的专业化包件货仓库。拥有原油罐、汽柴油罐及各类化工品罐 150 万立方米。全长 119 千米，年均输送能力 1 600 万吨的“莱州港—昌邑”输油管线，是环渤海港口中接卸危险化学品种类最多、设施最齐全、安全保障设施最完备的港口。油化品接卸能力和罐储规模位居山东省第2位。

港口全面推进数码港和ISO质量管理体系建设，提供国际船（货）代、多式联运代理、保税物流、监管物流、物流金融等拓展服务，是鲁中和鲁西北地区陆上运距最短、综合物流成本最低的深水出海口岸，莱州港现有莱州海关监管的散杂货保税堆场2万平方米，保税油罐10万立方米，保税沥青罐2.13万立方米。

【龙眼水运（海港）口岸】 龙眼港位于山东半岛最东端，北纬37°25′02″，东经122°38′24″，紧邻著名的海上之路——成山头，与日本、韩国隔海相望，距国际主航道仅5海里。1999年8月经国务院批准正式对外开放，是全国第一家村办一类对外开放港口，也是中国距韩国最近的一个港口。口岸对外启用泊位10个，其中5万吨级泊位3个，5 000吨级以上泊位5个，集装箱专用泊位2个。拥有160吨汽车吊1台，4 000马力拖轮3条，10万平方米货场，3万平方米港口仓库，10万立方米成品油库，并配有大型国际货运集装箱车队、箱站、货代、船代、物流保税库、豪华的国际候船厅。龙眼港港池面积百万平方米，航道广阔，无暗礁、无浅滩，水深-30米~-40米，船舶在夜间、雾天航行安全无险。2001年10月开通至韩国平泽港的客货航线，是中、韩两国客货航程最短、最具优势的航线。2006年建设了5万吨级和8万吨级两座干船坞。2009年投资20亿元建设龙眼港东区，新建15万吨和20万吨级两座干船坞，829米防波堤，8万吨顺岸式舾装码头314米，10万吨突堤式舾装码头482米，配套建设其他附属设施10万平方米，预计开放后可承修20万吨级以下各类型船舶，年修船能力将达到200艘次、1 000万载重吨，成为山东省最大的修船基地之一。2011年1月国务院正式批准其开展口岸签证业务，同年11月开通了中、韩陆海联运汽车货物运输通道，可实现“门到门”直达运输。2014年12月获国家质检总局批准为进口冰鲜水产品检验检疫口岸。经过10多年运行，龙眼港已成为集修造船业、国际航运、港口物流、成品油经营等多种功能一体的重要人流、物流集散地。

龙眼港进出口货物以钢铁、粮食、煤炭和散杂货为主，2014年，口岸出入境船舶1 428艘，进出口货运量300.1万吨，进出口集装箱5.2万标箱，出入境旅客17.0万人次。

龙眼水运（海港）口岸海运航线

分类	航线名称	开通时间	航班情况
客货	龙眼—平泽	2001.10	每周3班（三、五、日）

【潍坊水运（海港）口岸】 潍坊港位于渤海莱州湾南岸，现有3个港区、4个作业区，共有各类泊位41个，岸线总长5 350米，年设计吞吐能力2 046万吨。2014年潍坊港在建码头项目8个，共23个泊位，岸线总长4 359米，设计通过能力3 630万吨。2014年，潍坊港总吞吐量和外贸货物吞吐量实现“双增长”，总吞吐量为2 603万吨，同比增长4.7%，其中外贸货物71万吨，同比增长19%。潍坊港运行呈现新的特点。一是集装箱业务增长迅速，逐步向散杂货、集装箱业务一体的综合性大港迈进。潍坊港中港区集装箱业务自2012年年底首航开始，经过市场优化，陆续开通了“潍坊—大连”、“潍坊—京唐”、“潍坊—盘锦—乍浦”、“潍坊—盘锦—宁波”等4条集装箱班轮航线。潍坊港西港区集装箱首航于7月9日在寿光港举行，首批集装箱运往烟台港。2014年集装箱运量达17万标箱，同

比增长283%。受潍坊港区位优势及潍坊海关内支线转关效率提升影响，内支线转关业务成为港口新增长点，监管内支线船舶180多艘次，集装箱2 400多标箱，进出货运量30多万吨，同比分别增长38倍、54倍、64倍，有力激发了港口活力。二是进出口货种有新的突破。2014年潍坊港首次接卸进口种牛和石油焦。10月18日来自澳大利亚的“野牛快车”轮满载着2 420头奶牛和500头肉牛运抵潍坊港，实现了潍坊港活体运输新突破，成为山东省第4家可以接卸外贸活畜的港口，共进口澳大利亚和新西兰种牛4 800头。山东硕昌食品有限公司在昌邑市柳疃开发区已建成占地面积约6.67万平方米，一次可以隔离4 000头牛的牲畜隔离区，并通过相关部门验收，未来进口活畜将常态化。11月22日来自马来西亚的万吨级石油焦货船“新富顺”轮安全停靠潍坊港，标志着石油焦这一新的货种在潍坊港正式启运，年吞吐量将达到400万吨。三是煤炭进口量增长快。2014年进口朝鲜煤24万吨，是2013年进口朝鲜煤总量的8倍。潍坊港腹地经济发达，大型发电、化工企业能源需求量大，朝鲜煤炭自潍坊港进口最为便捷。四是主要货物原盐及盐化工产品出口减缓。2014年原盐出口35万吨，约占全国总量的1/3，与2013年相比减少约6万吨，同比减少11%。

潍坊港地处渤海湾南部，潍坊市北部，山东蓝黄“两区”叠加之地，北有天津港、京唐港，东临莱州港、龙口港。港口区位适中，交通便利，是潍坊、淄博、东营、滨州、济南、莱芜等地区货物进出海运距最短、最经济、最便捷的海上交通口岸。腹地内海洋化工、石油化工、机械制造、绿色能源、仓储物流等布局合理，协调发展独具特色的现代产业体系。

按照潍坊市委、市政府多元建港思路，以筹建潍坊港集团为平台，统筹“大潍坊港”规划的落实实施，对潍坊港3个港区的基础设施和公路、铁路、管道、转水等集疏运体系建设及物流配套服务业务等相关产业发展进行统一规划、统筹开发、统一服务。随着港口5万吨级航道及配套泊位的建设，潍坊港建设发展实现了三大突破。一是港口建设发展管理体制机制实现重大突破。首次引进山东高速参与港口建设运营。政府主导，马来西亚森达美集团和山东高速集团参股组建的港务公司作为公共基础设施的建设管理维护主体和公共资源的管理开发经营主体，解决了港口公共基础设施建设管理维护的投资主体和融资渠道问题，增强了潍坊港对周边港口的吸引力。二是资金投入实现重大突破。2014年首次获得国家资金补助，国家补助、地方投入、企业融资、外资参股的多元资金渠道已经建立。三是港口工程建设实现重大突破。5万吨级航道、5万吨级液化品泊位、2万吨级客货滚装泊位全面开工，为进一步推进潍坊港口建设，实现亿吨大港目标，提升综合竞争能力，奠定了坚实基础。

青岛市

【外贸进出口货运量与总值】 2014年，青岛水运（海港）口岸外贸进出口货运量达31 094.23万吨，同比增长0.42%。其中，进口22 364.01万吨，同比下降3.98%；出口8 730.22万吨，同比增长13.77%。海港货物吞吐量达46 802.12万吨，同比增长4.00%。外贸进出口货运量与港口吞吐量比值达到66.44%。集装箱吞吐量为1 658.43万标箱，同比增长6.84%，其中外贸集装箱1 046.19万标箱，同比增长4.30%。青岛空运口岸货邮量为20.44万吨，同比增长9.79%。口岸外贸进出口总值达10 142.20亿元人民币，同比增长4.30%。其中，进口总值4 771.30亿元人民币，同比下降3.50%；出口总值5 370.90亿元人民币，同比增长12.40%。青岛市进出口总值达4 906.8亿元人民币，占青岛口岸年度总值的48.38%。

【进出境人员与交通工具】 2014年，青岛水运（海港）口岸进出境旅客12.17万人次，同比下降11.29%。青岛空运口岸进出境人员249.30万人次，同比增长12.97%；进出境飞机1.87万架次，同比增长13.26%；中外客流量

1 641.18万人次，同比增长13.05%；机场飞机起降总量14.16万架次，同比增长9.85%。

【扩大口岸开放，助推蓝色跨越】 2014年7月4日，《交通运输部关于同意国际航行船舶临时进靠青岛港董家口港区部分码头泊位的批复》同意国际航行船舶临时进靠青岛港（集团）董家口分公司30万吨矿石码头和20万吨矿石转水码头泊位，华能码头3.5万吨级、5万吨级，以及北二突堤5万吨级码头泊位，期限延长至2014年11月31日；12月22日《交通运输部关于同意国际航行船舶临时进靠青岛港董家口港区部分码头泊位的批复》对上述泊位临时停靠期限延长至2015年6月22日。2014年实现董家口港区20万吨矿石码头船舶试靠和重载试车30艘次，中国石化山东液化天然气LNG项目码头实船试靠调试试车3艘次。7月16日，山东省政府组织青岛海关、山东边防总队、山东出入境检验检疫局、山东海事局及山东省港航局等单位，对青岛港国际股份有限公司前港分公司86号、87号通用泊位对外启用验收；8月11日，《山东省人民政府关于同意青岛港口岸前湾小港池新建通用泊位对外启用的批复》批准青岛港前港分公司86号、87号通用泊位对外启用。6月27日《青岛海关关于同意开展中韩客货班轮整车进口业务试点工作的函》同意青岛至韩国客货班轮开展整车进口业务试点，整车运抵青岛港大港口岸后，以过驳方式将汽车转运青岛港黄岛保税港区专用进口汽车堆场统一监管，并在黄岛海关办理整车监管通关等手续。

2014年，青岛空运口岸新增和加密5条国际（地区）客货运航线。1月24日泰国捷特亚洲航空公司开通青岛—泰国普吉旅游包机航线；2月19日新加坡酷航空公司新增青岛—新加坡直航航线；3月30日扬子江航空公司开通青岛—上海浦东—大阪—青岛货运航线；10月26日东方航空公司开通青岛—台湾花莲包机航线；12月22日印度尼西亚城市快线航空公司开通青岛—巴厘岛旅游包机航线，该航线是青岛至印度尼西亚的首条空中航线。另外，加密青岛至首尔、曼谷、大阪等国际航线。

【大通关建设】 深化通关便利化改革。实施黄岛海关业务现场集约化整合、一站式服务，通关时效提升37%。落实分类分流查验措施，查验量下降32%。通关作业无纸化覆盖所有业务现场和业务领域。推行税单无纸化缴库，税款入库时间缩短70%。实施青济海关业务一体化，首创授权放行模式。青岛109家企业获中韩AEO认证，享受中韩两国海关在较低查验率、简化单证审核、非常时期优先处置等通关便利，通关效率提升67%。7家试点企业全部通过中美C-TPAT联合验证。研发并全面应用无纸化报检管理系统，实现了企业足不出户即可完成报检业务，1 992家企业实施了无纸化报检，使用无纸化报检微信平台企业153家。全面实施原产地证签证“全流程无纸化”申报；进一步简化报检随附单据，共取消单据4类，合并单据10多类，报检随附单据减少约40%。积极探索进出口食品、动植物产品、工业产品质量安全管理新模式，实行以产品风险分级、企业分类、差别化监管为主要内容的分类管理和信用管理。在黄岛口岸建立集中审单系统一站式申报审单规则体系库，货物通关时间由原来2天缩减至2小时甚至即时通关。

积极推行关、检合作“三个一”。全面推行到所有通关现场，所有依法需报关报检的货物。进口固体废物通关时间平均缩短一周左右，每集装箱节约费用500元。支持青岛建成江北一级国际水果集散地，实行进口水果港外关、检并联查验。

上海自贸区通关便利化创新措施在青岛实施。首批“统一备案清单”、“简化随附单证”、“集中汇总纳税”、“融资租赁”及“批次进出集中申报”5项制度于2014年9月份实施，同步启动基础设施信息化改造，为全面复制推广创造条件；进境货物预检验制度和中转货物原产地签证制度2项措施在保税港区开展先行先试业务。

全面实行海关新舱单管理系统。2014年11月10日青岛海关进出境运输工具舱单管理系统在青岛口岸全面施行，该系统实现了港口物流作业信息的网上传输、自动对比、电子放行，大大提高了口岸监管效能，为先入区后报关、枢纽港国际中转、过境、集装箱拆拼一体化等新型物流模式提供了系统支持，是上海自贸区政策在口岸落地的重要基础。

实施整车进口一站式服务。实现进口汽车卸船直入堆场，查验、检测等一站式服务，最快一周可办结全部通关提车手续。青岛成为全国唯一具备滚装船、集装箱、客货班轮3种运输模式的汽车口岸。支持实现滚装船国际转运汽车业务零的突破，首批867辆国际转运汽车顺利通关出境。监管进口整车3 314辆，跃居全国18个整车口岸第5位，3年来在全部获批口岸中居首位。

提高检验检疫通关验放效能。进一步扩大进出口货物检验检疫直通放行范围，与天津、河南、山西、甘肃、河北、陕西、宁夏出入境检验检疫局实施直通放行合作，直通放行企业达到322家，每年为企业节约成本100余万元。继续实施“通关单联网核查，纸面通关单不流转”的通关模式。2014年为山东企业放行货物88.9万批，累计节约22.2万个工作日。推进与山东各口岸货运量及外贸规模相适应的检验检疫集中查验，推进关、检共用查验场地建设，提高查验集约化程度，减少货物在口岸滞留时间，进一步提高通关效率。

推广应用检验检疫网上审批。对进境动植物检疫许可证网上审批。探索实施电子证书、电子核销管理，由过去5个工作日缩减为3个工作日完成初审并提交国家质检总局。全面应用免于办理强制性产品认证电子审批系统，实现全流程无纸化运行。加快推行进口旧机电备案网上审批。

实施边检智能化通关查验。青岛空运口岸在全国率先建成集前后台联合查验、登机牌扫描、3D人脸识别等功能于一体的“第4代智能验证台”，新增前后台音视频互联、证件联合鉴别、登机牌扫描及航班号自动录入等功能，使单名旅客查验时间由40秒缩短至25秒，优化了前台查验模式，提高了查控精度和工作效率，降低了检查员劳动强度，大幅提高通关效率。

创新海港边检口岸管理模式。推行以复合勤务、港船自管、协同治理为主体，以大数据云计算为支撑的口岸管理模式。研发了海港边检勤务综合指挥系统、卡口管理系统等，建立了“智能化管控为先导、网络化培训为支撑、移动化警务为主体、多元化管理为保障、自动化通关为拓展”的五位一体智能化服务模式，全面提升口岸智能化管理水平。

实施疏港“五环工作法”。第一时间发布安全信息，通过VHF、政务QQ、政务微博等渠道发布疏港信息，提醒船舶做好准备。启动“三方联合值班”模式；VTS、港调、引航三方整合优势、各司其职，制定科学疏港计划，使整个疏港过程公开、公平、公正，透明。落实“先出后进、先快后慢”原则；根据港区、船舶特情实行差异化疏港，实现疏港效率最优化。配备最强值班资源；在分台分区监控基础上，选派资深值班人员组织交通，对“四客两危”船舶实施双岗监控。

【口岸跨区域合作】 2014年，青岛市政府口岸办结合职能深入开展口岸跨区域合作，进一步增强对内陆服务功能和辐射能力，着力打造“一带一路”东西双向开放桥头堡。会同青岛港集团、大陆桥物流联盟举办了“2014新亚欧大陆桥国际运输研讨会暨青岛港亚欧大陆桥国际海铁联运推介会”，与甘肃、陕西、河南、新疆维吾尔自治区、内蒙古自治区等内陆和沿边口岸建立新型合作关系，共同签署《深化沿黄流域口岸合作，共同支持大陆桥国际运输青岛共识》。拓展内陆货源腹地多式联运通道，会同口岸查验单位、码头业主、物流公司和货代公司，先后赴河南漯河、洛阳，甘肃兰州、嘉峪关，内蒙古自治区满洲里等地推进合作，分别签署了共建漯河进口肉类口岸，参与洛阳内陆港建设等合作协议，在开行洛阳至青岛货运班列，促进青岛与甘肃物流发展，推动青岛经满洲里至俄罗斯海铁联运班列等达成共识，协力推进各项业务顺利开展。截至2014年年底，青岛口岸与内地30个口岸建立了合作关系。

口岸各查验单位支持青岛港转型升级，强化董家口港查验设施规划与建设，前瞻性设计监管模式；准许边申请开放边建设、边试运营。青岛海关加强与西安、郑州等沿线海关的区域通关协作，支持开通青岛至欧洲的跨境火车班列，实现海铁联运无缝对接。山东出入境检验检疫局积极推进省际区域直通合作，与天津、河南、山西、甘肃、河北、陕西、宁夏局实施直通放行合作。目前，实施直通放行企业达到322家，每年为企业节约成本100余万元。

【重大活动保障】 2014年，青岛市政府口岸办会同各检查检验单位认真研究制订重大活动保障方案、应急预案，圆满完成了2014年APEC贸易部长会议和第二次高官会、2014年青岛世界园艺博览会、“西太海军论坛”第十四届年会等重大活动的通关保障任务。完成了克利伯乐13－14环球帆船赛、2014国际极限帆船系列赛、2014第六届青岛国际帆船周·青岛国际海洋节等重大帆船赛事和“阿姆斯特丹”号、“海娜”号大型邮轮的通关保障任务。

【共建文明口岸】 2014年，青岛口岸各单位深入开展了以争创“廉洁口岸”为主题的口岸文明共建活动。通过深化口岸大通关建设，突出抓好口岸政风行风建设，优化青岛口岸软环境，努力营造清廉、高效的口岸通关环境，进一步提升青岛口岸核心竞争力，更好地促进青岛开放型经济发展。口岸各检查检验单位结合群众路线教育实践活动，全面深化廉政和作风建设，加强正风肃纪，打造廉洁公正的口岸执法队伍；创新改革措施，努力提升贸易便利化水平；大力支持重点项目建设，保障重大活动顺利举办，不断提高口岸工作社会满意度。市政府口岸办聘请部分市人大代表、政协委员等50名社会监督员，分年中、年底对口岸查验单位在“服务水平、通关改革、履行承诺、政务公开、廉洁自律、协作配合”等六方面组织监督测评，取得了良好的效果。

山东省口岸大事记

1月1日

济南海关综合业务管理平台正式上线运行。

3月31日

济南海关“12360”服务热线正式开通。

5月12日~13日

交通运输部海事局在山东烟台召开全球动议（GI）中国项目第一次正式会议，标志着全球动议中国项目正式启动。

6月25日~26日

“公安边防部队边检勤务改革创新现场交流会”在青岛召开。

7月11日~12日

以“促进21世纪海上丝绸之路与海员服务发展”为主题的2014年中国海日论坛在日照举办。

7月16日

青岛水运（海港）口岸前湾小港池86号、87号两个新建泊位通过验收，正式对外启用。

8月16日

中国第一艘全资、自主经营管理的豪华游轮“中华泰山”号举行首航仪式。

9月12日

山东海事局与山东省公安边防总队在青岛签署《关于建立国际航行船舶监管协作机制合作备忘录》。

9月25日

济南海关与山东出入境检验检疫局正式在济南海关全面推广关、检“三个一”工作模式。

10月20日

东营水运（海港）口岸3号、4号、9号、10号4个新建液体化工泊位通过验收，正式对外启用。

11 月 19 日

《山东电子口岸建设方案》通过了国家口岸管理办公室、公安部、交通运输部、海关总署、国家质检总局“单一窗口”建设工作组的评审。

12 月 23 日

国家口岸管理办公室批复同意，临沂机场成为继济南、青岛、烟台、威海之后，山东省第 5 个对外开放的口岸机场。

12 月

山东边防总队“智慧边检”建设获公安边防部队科技进步一等奖。

（撰稿人：杨东炜、刘皓、刘文远、王亚楠、田林大、林祝恩）

2014 年山东省口岸流量统计表

口岸类型	口岸名称	货运量（万吨）				集装箱量（万标箱）				人员（万人次）				交通工具（辆、艘、架、列次）			
		出口	进口	合计	同比（%）	出口	进口	合计	同比（%）	出境	入境	合计	同比（%）	出境	入境	合计	同比（%）
空运口岸	青岛			0.00				0.00		123.86	125.41	249.27	+12.96				
	济南			0.00				0.00		25.28	25.52	50.80	+73.91				
	烟台			0.00				0.00		26.02	25.57	51.59	+72.05				
	威海			0.00				0.00		7.38	7.37	14.75	-45.76				
	分计			0.00				0.00		182.54	183.87	366.41	+19.32			29 649	+19.77
海港口岸	青岛	8 740.4	22 437.92	31 178.32	+0.65	811.56	781.19	1 92.75	+2.61	6.10	6.08	13.90	-12.43				
	烟台	1 223.2	2 152.9	3 376.1	-20.27	88.99	91.50	180.49	+10.38	8.66	8.49	7.21	+137.72				
	威海	1 044.6	974.3	2 018.9	-0.84	34.12	33.07	67.19	+3.33	15.32	15.51	30.07	+2.53				
	日照	650.94	11 266.29	11 917.23	-5.71	4.08	4.23	8.31	+114.17	3.83	3.71	1.86	+304.70				
	东营	0.00	6.60	6.60		0.00	0.00	0.00		0.00	0.00	0.00					
	潍坊	45.38	25.58	70.95	+23.80	0.00	0.00	0.00		0.00	0.00	0.00					
	岚山	189.38	10 674.16	10 863.54	+10.63	0.00	0.00	0.00		0.00	0.00	0.00					
	龙口	545.3	4 009.9	4 555.2	+9.04	0.39	0.36	0.76	+17.07	0.00	0.00	0.00					
	石岛	276.81	329.62	606.43	-2.22	6.26	6.63	12.89	-2.62	14.75	13.86	30.36	-5.78				
	龙眼	37.7	262.4	300.1	-2.41	2.56	2.66	5.22	-1.09	8.54	8.50	17.98	-5.19				
	蓬莱	108.02	202.98	311	-8.83	0.00	0.00	0.00		0.00	0.00	0.00					
	莱州	0.00	329.32	329.32	-28.30	0.00	0.00	0.00		0.00	0.00	0.00					
	分计	12 861.73	52 671.97	65 533.70	-0.21	947.97	919.65	1 67.61	+3.54	57.20	56.15	101.39	+11.79			28 309	-5.55

（山东省口岸办提供）

2014 年青岛海关主要业务统计表

指标	单位	数量	同比（%）
进出口货运量	万吨	46 891	+6.0
进口	万吨	38 920	+3.4
出口	万吨	7 971	+20.9
进出口总值	亿美元	3 082	+7.2
进口	亿美元	1 659	+0.7
出口	亿美元	1 423	+15.9
进出口报关单	万份	431.4	+7.4
进口	万份	109.2	+2.1
出口	万份	322.2	+9.3
集装箱量（标箱）	万个	860.1	+11.3
进口	万个	376.5	+8.1
出口	万个	483.6	+14.0
监管进出境运输工具	艘架次	54 221	+2.5
船舶	艘次	27 721	-5.7
飞机	架次	26 500	+12.8
进出境人员	万人次	528.8	+10.4
监管行邮物品	万件	197.2	+84.3
监管邮政和非邮政快件	万件	689.7	+44.4
入库税款	亿元	1 449.5	-5.4
关税	亿元	139.7	-4.6
进口环节税	亿元	1 309.8	-5.5
罚没收入	万元	11 179.3	-7.6
备案加工手册	份	34 476	-9.7
手册备案金额	亿美元	167.0	+11.8
经批准内销征税	亿元	20.6	-25.6
加工贸易经营企业数	个	5 342	-5.0
加工贸易生产企业数	个	5 155	-4.3

（青岛海关提供）

2014 年济南海关主要业务统计表

指标	单位	数量	同比（%）
进出口货运量	万吨	7 190.5	-35.3
进口	万吨	6 308.4	-37.7
出口	万吨	882.1	-11.7
进出口总值	亿元	2 157.3	-13.0
进口	亿元	1 053.6	-12.9
出口	亿元	1 103.7	-13.0
进出口报关单	万份	51	-9.2
进口	万份	9.9	+8.6
出口	万份	41.1	-12.7
集装箱量（标箱）	万个	150.3	-13.3
监管进出境运输工具	艘架次	5 437	+75.1
船舶	艘次	427	+17.0
飞机	架次	5 010	+82.1
进出境人员	万人次	54.6	+70.2
监管行邮物品	万件	206.4	+110.2
监管邮政和非邮政快件	万件	38.2	+39.3
入库税款	亿元	158.7	-18.0
关税	亿元	14.3	-10.3
进口环节税	亿元	144.4	-18.7
罚没收入	万元	1 451.5	+19.6
备案加工手册	份	8 754	-9.7
手册备案金额	亿美元	77.8	+2.7
加工贸易经营企业数	个	2 506	+6.3
加工贸易生产企业数	个	2 395	+6.3

（济南海关提供）

2014 年山东省口岸出入境主要数据表

项目			2014 年	2013 年	同比（%）
出入境人员（人次）	出入境人员总数		5 523 433	4 782 971	+15.48
	入境人员		2 770 460	2 396 202	+15.62
	出境人员		4 618 567	3 916 849	+17.92
	出入境旅客		3 916 849	3 566 848	+9.81
	出入境员工		904 866	866 122	+4.47
	中国公民	小计	3 309 402	2 597 709	+27.40
		内地居民	3 053 162	2 357 943	+29.48
		港澳居民	88 260	88 127	+0.15
		台湾同胞	167 980	151 639	+10.78
	外籍人员		2 214 031	2 185 262	+1.32
交通运输工具（辆、艘、架、列次）	总计		57 958	54 726	+5.91
	船舶		28 309	29 971	-5.55
	飞机		29 649	24 755	+19.77
	火车				
	机动车辆				

（山东省公安边防总队提供）

2014年山东省出入境检验检疫业务统计表

项目	货物检验检疫				交通工具			集装箱（标箱）		发现动植物疫情		货物通关		出入境人员查验（人次）	健康检查及预防接种（人次）			
	批次	金额（万美元）	检验检疫不合格															
			批次	金额（万美元）	船舶（艘）	飞机（架）	火车（列）	合计	检出问题	种类数	种次	批次	金额（万美元）		健康检查	艾滋病监测	发现病例	预防接种
本年累计	831 391	14 838 579	31 573	2 668 696	27 289	29 677		8 391 005	92 676			888 613	14 803 565	5 379 554	99 799	98 747	33 553	89 042
其中 出境	642 764	3 248 042	2 967	13 008	13 382	14 897		4 944 243	518			660 280	3 270 391	2 677 827	90 554	89 627	30 797	88 904
其中 入境	188 627	11 590 537	28 606	2 655 688	13 907	14 780		3 446 762	92 158			228 333	11 533 174	2 701 727	9 245	9 120	2 756	138
同比（%）	-34.63	-16.81	+47.45	+2.61	-5.61	+19.37		+10.27	+21.13			-34.69	-17.98	+14.06	-7.06	-5.67	-37.49	-4.87
其中 出境	-40.66	-36.78	-12.17	-13.86	-7.99	+17.51		+12.71	+46.33			-40.86	-37.06	+13.62	-8.13	-6.54	-32.40	-4.93
其中 入境	+0.07	-8.73	+58.61	+2.70	-3.20	+21.30		+6.95	+21.01			-6.47	-10.27	+14.50	+4.83	+3.75	-66.05	+51.65

（山东出入境检验检疫局提供）

2014 年山东海事局进出港船舶统计汇总表

船舶类别	进港船舶							出港船舶						
	艘数（艘次）	总吨（吨位）	总载重量（吨）	载客量（客位）	船员人数（人）	货物到达量（吨）	旅客到达量（人）	艘数（艘次）	总吨（吨位）	总载重量（吨）	载客量（客位）	船员人数（人）	货物发送量（吨）	旅客发送量（人）
总计	321 829	1 082 695 405	1 315 646 419	25 815 779	2 448 134	613 124 471	12 878 662	324 368	1 090 913 462	1 327 223 716	25 854 917	2 530 702	268 291 255	12 857 062
中国籍船舶	302 707	467 744 494	427 148 124	24 889 344	2 028 019	170 973 022	12 340 453	305 154	472 911 218	433 522 319	24 928 482	2 108 345	192 843 710	12 326 284
其中外贸船	2 842	33 226 663	44 844 149	175 910	53 021	23 135 323	116 148	2 934	29 515 153	36 833 805	175 910	53 617	6 870 748	114 044
外国籍船舶	19 122	614 950 911	888 498 295	926 435	420 115	442 151 449	538 209	19 214	618 002 244	893 701 397	926 435	422 357	75 447 545	530 778

（山东海事局提供）

河 南 省

河南省口岸分布示意图

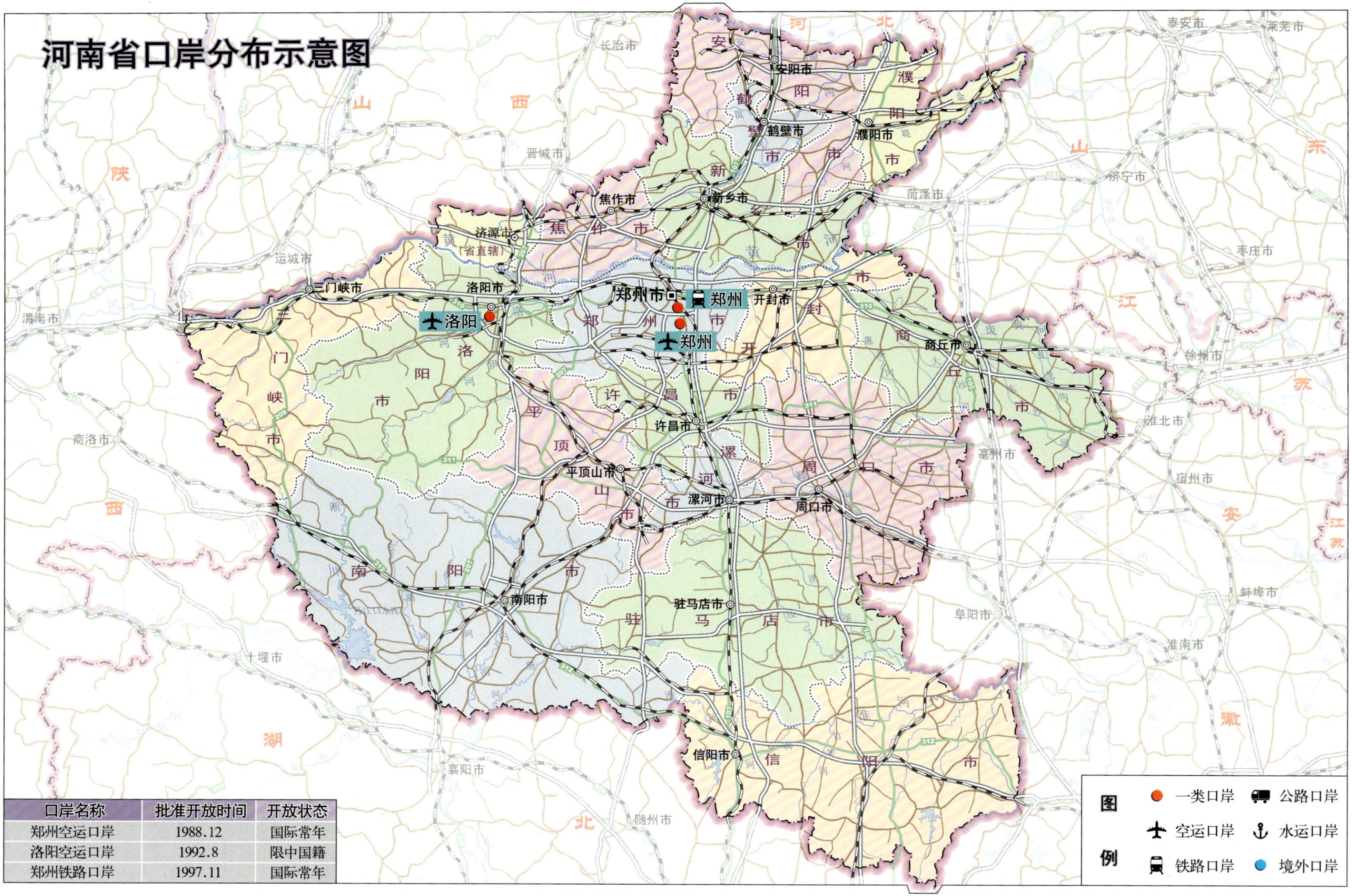

口岸名称	批准开放时间	开放状态
郑州空运口岸	1988.12	国际常年
洛阳空运口岸	1992.8	限中国籍
郑州铁路口岸	1997.11	国际常年

口岸数量及分布

截至2014年年底，河南省共有经国务院批准的对外开放口岸3个。其中，空运口岸2个，分别是郑州空运口岸（郑州新郑国际机场）、洛阳空运口岸（洛阳北郊机场）；陆路（铁路）口岸1个，即郑州铁路口岸。经国务院批准海关特殊监管区域3个，分别是郑州出口加工区、郑州新郑综合保税区、南阳卧龙综合保税区；海关特殊监管场所2个，分别是河南保税物流中心（B型）、河南德众保税物流中心（B型）。

口岸运行数据

2014年，河南省口岸实现外贸进出口总值3 994.40亿元，同比增长7.50%。其中进口1 575.60亿元，出口2 418.80亿元，同比分别增长6.10%和8.40%；贸易顺差843.20亿元，同比扩大13.10%。郑州海关为全省205家企事业单位进口的3 768项商品进行了减免税审批，共出具“征免税证明”2 379份，累计减免税款6.32亿元，同比增长70.00%。其中，减免关税2.83亿元，减免进口环节代征税3.49亿元。两税实际入库202.42亿元，同比增长50.86%。其中，关税6.46亿元，同比增长0.27%；进口环节税195.96亿元，同比增长53.41%。

2014年，郑州空运口岸进出境人员突破91.68万人次，同比增长47.50%，连续6年年均增速超40.00%。国际货邮吞吐量完成20.60万吨，同比增长82.78%，占货邮吞吐总量的55.64%，增速居全国主要机场前列。洛阳空运口岸2014年出入境旅客1 275人次。目前，洛阳机场航线通达至北京、上海、广州、深圳、三亚、包头、杭州、昆明、大连等13个航点城市。

2014年，郑州陆路（铁路）口岸集装箱进出口吞吐量为2.23万标箱。郑欧国际货运班列实现常态化运行，自2013年7月18日开通至2014年年底，共运营100班，其中出口班列91班，回程班列9班；从二连浩特口岸进出9班，其余91班均通过阿拉山口口岸进出。海关监管货物44 980.80吨，货值49 907.08万美元，集装箱10 176标箱。进口商品结构不断调整，从最初的纺织品、矿产品发展到机械设备、电子产品及整车进口。

口岸综合管理

【河南省政府高度重视口岸建设工作】 河南省政府始终把口岸和海关特殊监管区域作为发展开放型经济的重要战略资源，摆在郑州航空港经济综合实验区建设龙头和优先发展位置，研究部署郑州空运口岸、洛阳空运口岸、郑州跨境贸易电子商务服务试点、郑州新郑综合保税区、郑欧国际班列和中原国际陆港建设等工作，加大河南电子口岸和大通关建设推进力度，有力促进了河南口岸的建设发展。

【海关特殊监管区域（场所）保持较快发展态势】 注重海关特殊监管区域（场所）在参与国际产业分工合作，促进开放型经济发展中的主平台作用，积极争取国家政策支持，千方百计加快发展。特别是郑州新郑综合保税区发展势头良好，在封关运行短短3年时间里，完成的进出口总值占河南进出口总值的一半以上，主要经济指标评价在全国海关特殊监管区域中名列前茅，成为“自产内销货物返区维修”全国10个试点之一，获准拓展手机维修业务和开展手机内销业务，为打造全球苹果手机制造、维修中心和全球采购、分拨中心奠定了基础。2014年，郑州新郑综合保税区完成进出口总值388.21亿美元，同比增长8.47%，占全省进出口总额的60.00%，外贸进出口创历史新高。

【郑州市跨境贸易电子商务服务试点取得阶段性成效】 围绕“买全球、卖全球”及打造国际网购物品集散分拨中心的目标，在河南省委省政府高度重视下，经多部门共同努力，郑州市跨境贸易电子商务服务试点工作已取得显著成效，业务规模不断扩大。从2013年7月开始到2014

年年底，进出口包裹达50.11万包，货值突破1亿元人民币。尤其是聚美优品的顺利入驻并成功运营，带动了菜鸟、网易、中通国际等国内外知名企业的积极参与，为试点业务的快速增长奠定了基础。参与企业主要有聚美优品、唯品会等，交易商品类别涉及食品、奶粉、母婴用品、化妆品、装饰品等，进口商品主要来源于日本、韩国、澳大利亚和欧美。同时，依托河南电子口岸，积极开发建设一套服务河南全省的跨境贸易电子商务通关管理和通关服务平台，推动多载体、多模式开展试点业务。

【以河南电子口岸为载体的大通关建设成效明显】 电子口岸具有报关、报检、外汇核销、出口退税等口岸业务电子化办公和“一个门户入网、一次认证登陆和一站式服务”等功能，是建立大通关机制，推动通关便利化的重要载体和建设航空港实验区内陆开放高地不可或缺的关键要素。按照河南省政府决策部署及“政府主导、市场化运作、企业经营、行业监管”原则，建立了决策协调机制和建设运行机制，加强领导，落实责任，持续推动项目建设。2014年9月26日，河南电子口岸门户网站上线试运行。同时，着力推动通关改革，郑州海关、河南出入境检验检疫局联合印发《关于推进关检合作“三个一”的通知》，并分别研究制定拓展口岸功能，便利企业报关报检，支持电子口岸建设等政策措施，积极加强与沿海沿边口岸区域通关协作，推进大通关建设，通关环境进一步优化。

【郑欧国际货运班列实现常态化运行】 在保障现有郑州至青岛、郑州至连云港的国际集装箱“五定班列”正常运行基础上，依托迁址建设的郑州陆路（铁路）口岸，2013年7月18日开通运行了郑欧国际货运班列，截至2014年12月31日，已累计突破100班，实现常态化运行，货源覆盖全国19个省市，长三角、珠三角及日韩地区。郑欧国际铁路货运班列的开通及常态化运行，开辟了中原经济区向西开放的陆上出海通道，对于河南打造丝绸之路经济带制高点，推进内陆开放高地建设具有重要影响。同时，紧邻郑州陆路（铁路）口岸启动了中原国际陆港建设，规划占地面积约1.32万平方千米，致力于打造具有口岸通关、物流集疏、分拨配送、商品展示等综合功能的国际物流中心。

【河南德众保税物流中心（B型）获国家四部委联合批准设立并通过国家正式验收】 2014年1月29日，海关总署、财政部、国家税务总局、国家外汇管理局等四部委联合下发《关于设立徐州等7个保税物流中心的批复》（署加函字〔2014〕15号，以下简称《批复》），批准设立河南德众保税物流中心，这是继河南保税物流中心之后，第二个获国家批准设立的保税物流中心。河南省政府高度重视河南德众保税物流中心建设工作，《批复》下发后，省长谢伏瞻作出了“要抓紧建设，及早通过验收投入运营”的重要批示。按照批示要求，省口岸办牵头协调，郑州海关、省财政厅、国家税务总局、国家外汇管理局等相关部门及焦作市政府密切协作、共同努力，认真指导、帮助河南德众保税物流中心高标准完成建设任务。2014年10月24日，河南德众保税物流中心（B型）通过海关总署等四部委的联合验收，正式揭牌。保税物流中心作为国家资源，是增强区域承载能力，提升对外开放层次，促进地方经济发展的重要载体。河南德众保税物流中心的设立，是国家加快中原经济区建设的又一新举措，是河南省委、省政府实施“建设大交通、发展大物流、形成大产业、促进大发展”战略和建设豫西北开放桥头堡的点睛之笔。河南德众保税物流中心的建成，将进一步降低进出口企业的物流成本，大大提高资金、货物周转效率，减轻企业的资金压力，对焦作及周边地区乃至全省进一步扩大对外开放和经济社会发展产生巨大的推动作用。

【南阳综合保税区获国务院批准设立】 2014年11月6日，南阳卧龙综合保税区获国务院批准设立，这是继郑州新郑综合保税区后，河南省设立的第二个综合保税区，是省委、省政府大力实施开放带动战略，提升对外开放总体水平的又一重大举措，对于南阳统筹利用国际国内两种资源、两个市场，有效发挥产业和资源优势，带动河南省西南部地区外向型经济发展，具有十分重要的意义。南阳卧龙综合保税区选址在南阳光电产业集聚区北部，面积3.03平方千米，一期建设面积1.05平方千米。在区内可开展国际转口贸易、国际采购配送、国际中转、商品展示等业务。南阳综合保税区将依托光电、装备制造等优势产业，以口岸、保税加工、货物贸易、保税物流四大功能为主，致力于建设成为河南省高端开放平台，形成郑州航空港综合实验区的延展区，成为中原经济区快速发展的助推器和中部地区崛起的增长极。

【郑州汽车整车进口口岸通过国家验收】 2014年9月26日，郑州铁路汽车整车进口口岸通过海关总署、工信部、商务部和国家质检总局等四部委联合验收，意味着郑州可以正式开展汽车整车进口业务。郑州也是全国首家通过验收的陆港型整车进口口岸。汽车整车进口口岸是由国家开设的供汽车整车进口的通道，是国家对外开放的门户和国际货物运输的枢纽。随着郑州铁路汽车整车进口口岸获批，郑州陆路（铁路）口岸功能得到进一步完善，将极大丰富中欧班列返程货源，不仅给中西部乃至全国的汽车经销商购买进口汽车提供了便利，而且对于优化整个国家的对外开放布局，平衡区域间发展环境，引导资本在地区间合理流动，也都有着重要意义。同时，郑州汽车整车进口口岸赋予了河南省发展成为我国内陆腹地开放型经济战略支点的契机，大大强化了河南省作为丝绸之路经济带物流枢纽的作用。

【进口粮食指定口岸获批筹建】 2014年12月12日，国家质检总局复函河南省政府，同意在郑州设立进口粮食指定口岸。目前全国已经获批的进口粮食指定口岸共有58家，主要以沿江、沿海城市为主。内陆省份中，湖南、湖北各1家，四川2家。河南省是粮食生产、消费和加工大省，进口粮食指定口岸获批筹建，对河南省利用“两种资源、两个市场”，满足企业需要，打造国际粮食集散地具有重大意义。

口岸监管与服务

【郑州空运口岸开通对外国人落地签】 2014年9月11日郑州新郑国际机场正式开通口岸签证业务，外国人来河南可以在郑州机场进行落地签，这一举措填补了河南省没有外国人口岸签证点的空白。口岸签证是指一国签证机关在入境口岸，为抵达口岸且符合一定条件的外国人直接办理签证的程序，是解决外国人急需入境签证的一种补充措施，行使着国家驻外使领馆办理签证的职权。以前，外国人从郑州入境须提前在我国驻外使领馆办理签证。这项业务开通后，外国人可先到达郑州，凭本人护照、有关单位邀请函等证明材料，在机场口岸当场办理签证。自2012年3月河南省公安厅率先在郑州机场开通了台湾居民签注业务起，两年多来共接待航班5 200余架次，惠及7 800多名台胞。郑州机场开通口岸签证业务，标志着河南省对外开放程度的进一步提升，对进一步增强郑州空运口岸的整体功能及打造国内大型航空枢纽起到积极作用，也必将对河南省的对外开放、对外交流、对外合作起到推动作用。

【郑州海关出台14条措施支持河南外贸持续稳定增长】 郑州海关认真贯彻落实《海关总署关于印发支持外贸稳定增长的若干措施的通知》精神，于2014年8月21日出台支持河南省外贸持续稳定增长14条措施。该措施结合河南省的实际情况，突出了简政放权、全省通关一体化、区域通关、跨境电子商务、郑欧班列平稳快速发展等工作，并对每一条措施做出了进一步深化细分，具有较强的操作性。尤其在优化通关流程、简化通关手续、改进通关服务、提高通关时效上下工夫，降低了企业通关成本，减轻了企业负担。

【上海自贸区9项海关监管创新制度落地郑州关区】 2014年8月上海自贸区14项海关监管创新制度在全国海关特殊监管区域复制推广。其中，郑州关区已落地的9项创新制度为：保税展示交易，加工贸易工单式核销，批次进出集中申报，区内自行运输，统一备案清单，集中汇总纳税，简化通关作业随附单证，保税物流联网监管，境内外维修。这些创新制度在郑州关区复制推广后，能简化富士康、天宇、聚美优品、唯品会等区内企业的报关单证，加快货物流转速度。据测算，仅已落实的这9项创新制度，即可使富士康等企业每票货物节约通关时间3小时左右，每年节省成本近千万元。

【河南出入境检验检疫局复制推广上海自贸区8项检验检疫制度】 上海自贸区运行以来，根据国务院关于在自贸区开展制度创新，形成可复制、可推广制度的总体部署。国家质检总局深入研究自贸区的定位特点和政策需求，指导上海出入境检验检疫局推进检验检疫职能转变，创新监管机制，支持新业态聚集发展，防范质量安全风险等方面，推出了多项制度创新措施，取得了积极成效。为加快政府职能转变，简政放权，积极探索管理模式创新、促进贸易和投资便利化，河南出入境检验检疫局认真贯彻国家质检总局有关要求，结合工作实际，积极复制、推广上海自贸区检验检疫制度创新事项，推动河南外向型经济发展。自贸实验区首批8项检验检疫创新制度在河南“复制推广”，分别是：采信第三方检验结果；入境维修旧机电产品检验监管便利化；对出入境特殊物品实施风险管理；签发中转货物产地来源证；加快推进通关无纸化工作；特殊监管区内实施进口货物预检验制度；特殊监管区检验检疫分线监督管理模式；优化动植物及其产品检疫审批。

【河南出入境检验检疫局17条措施服务河南省外向型经济】 为推动河南外向型经济发展，河南出入境检验检疫局提出，支持郑州空运、陆路（铁路）、邮政口岸，以及延伸海港、陆路口岸功能的内陆口岸等“物理”口岸、跨境贸易电子商务等跨越时空局限的“虚拟”口岸（即“六类口岸”）建设，形成具有现代意义的综合性郑州大口岸，加快推进郑州航空港经济综合实验区建设，使河南在国家新一轮开放中抢占发展先机。强调要创新陆路（铁路）口岸查验模式，促进郑欧班列扩量增效。同时，要进一步发挥进口水果指定口岸功能，加快推进进口肉类、进口汽车指定口岸、进口粮食指定口岸建设。

【河南边防提高边防检查服务水平】 2014年，河南边防总队坚持以提高边检服务水平为中心，紧跟中原经济区、郑州航空港经济综合实验区国家战略的实施，持续加强边检专业化、法治化、信息化建设，深入推进勤务模式改革，创新实行便民利民措施，全力维护口岸安全稳定，圆满完成了甲午年黄帝故里拜祖大典、第32届中国（洛阳）牡丹艺术节、2014中国（郑州）世界旅游城市市长论坛、豫港豫台交流参访、缅甸总统访豫等重大边防检查任务。全年共检查出入境人员91.85万人次，出入境航班9 821架次，较2013年分别增长43.32%和49.41%，其中出入境货运航班增速位居全国第一。旅客服务满意率始终保持在99.00%以上，郑州边检站被公安部评为“全国边检机关提高边检服务水平成绩突出单位”，有力提升了河南省对外开放窗口的良好形象。

开放口岸

【郑州空运口岸（郑州新郑国际机场）】 郑州空运口岸于1988年12月经批准开放，当时只限中国籍飞机出入境。2002年5月经国务院批准可供中国籍和外国籍飞机出入境。1997年建成并通航的河南郑州新郑国际机场位于郑州市东南，距市区27千米，占地466.67万平方米，飞行区等级4E级，跑道长3 400米，可满足波音747机型的顺利起降，是国家开放空运口岸和国内干线运输机场，是民航局确定的全国八大区域性枢纽之一。建设有高速公路直达机场，交通条件优越。2007年航站楼改扩建工程完工，扩建后航站楼建筑面积达到12.89万平方米，客机坪18.25万平方米，货机坪7.6万平方米，机位43个，可满足波音747以下机型全载起降，年旅客和货邮保障能力分别为1 200万人次、15万吨。特别是近几年，随着郑州航空港经济综合试验区国家战略的深入实施，围绕“建设大枢纽、发展大物流、培育大产业、塑造大都市”的总体要求，坚持“货运为先、国际为先”的枢纽发展思路，实现了郑州机场航空货运规模持续扩大，航线网络通达性逐步提高，行业位次大幅攀升，国际影响力日益增强，已构建形成国际与国内、货运与客运、干线与支线衔接互转、相互支撑的航空网络格局 。2014 年，郑州机场航空口岸出入境人员吞吐量为 91.68 万人次，同比增长 43.32%；国际货邮吞吐量 20.61 万吨，同比增长 82.78%。郑州机场为适应河南经济快速发展，机场扩建二期工程正在积极建设中，2015 年完工投入使用。

【洛阳空运口岸（洛阳北郊机场）】 洛阳空运口岸于 1992 年 8 月 1 日经国务院批准为开放空运口岸，成为河南省第 2 个国家开放空运口岸（只限中国籍飞机入出境）。

洛阳机场位于洛阳市北部，距市中心 9 千米。该机场净空条件优越，各种设施、设备齐全，可起降 B737、B767、MD82 等大型客机，是北京机场、郑州机场理想的备降机场。机场候机楼面积 1.7 万平方米，其中国际部分 1.2 万平方米。从 1993 年 2 月 4 日开通以来，运送来自 56 个国家和地区的入出境旅客近 10 多万人次。除洛阳直航香港的包机外，还开通了洛阳至日本冈山、韩国、新加坡等国家的不定期直航包机。2014 年，洛阳空运口岸出入境人员吞吐量为 0.16 万人次。

【郑州陆路（铁路）口岸】 位于郑州铁路东站，1991 年 3 月经河南省批准为陆路口岸，1994 年 12 月经铁道部、海关总署和河南省政府协商，开通了郑州东站至香港九龙的直达集装箱专列。1997 年 11 月 28 日《国务院关于同意开放河南郑州东站铁路货运口岸的批复》（国函〔1997〕106 号文）将其批准为国家开放口岸。2014 年，郑州陆路（铁路）口岸集装箱进出口吞吐量为 2.23 万标箱。

郑州铁路东站位于京广、陇海铁路交汇处，是全国铁路特等货运站。1993 年被国家确定为国际大型集装箱中转站，全国 9 条国际集装箱联运线中有 4 条在此经达。1997 年被国家批准为开放口岸后，郑州铁路局投资 5 000 多万元，对原集装箱场地进行扩建，增添了吊装设备等硬件设施。占地面积 24 万平方米，其中集装箱场地 5.1 万平方米；拥有大型仓库 9 座，货物装卸线 9 条，装卸机 133 台；辖管铁路专用线 44 条，海关监管区 1 个，达 5 万平方米，监管仓库 2 个。其年货物吞吐量达 780 万吨，是国内在新亚欧大陆桥上最大的货运站和集装箱货物集散地之一。

河南省口岸大事记

1 月 7 日

河南省政府办公厅下发了《关于加快电子口岸建设的通知》（豫政办〔2014〕1 号），对河南电子口岸的功能定位、建设内容、实施步骤及相关保障措施等进行了明确。

1 月 21 日

河南省副省长赵建才召开省长办会议，专题研究部署河南进口肉类指定口岸筹建方案。

1 月 29 日

河南德众保税物流中心获海关总署、财政部、国家税务总局、国家外汇管理局等四部委联合审批。

2 月 8 日

赵建才副省长主持召开会议，研究部署南阳卧龙综合保税区申建工作。

3 月 21 日

海关总署副署长孙毅彪率队的国家发展改革委、财政部等 10 个部委组成联合调研组，到河南省调研海关特殊监管区域发展情况，指导工作。

5 月 10 日

习近平总书记视察河南保税物流中心，对郑州市跨境贸易电子商务服务试点提出了“买全球、卖全球”的发展目标。

7 月 1 日

国务院正式批复在郑州陆路（铁路）口岸设

立汽车整车进口口岸。

8月11日

河南省人民政府与海关总署在京签署第二轮《省署合作备忘录》。河南省省长谢伏瞻和海关总署署长于广洲分别代表河南省人民政府和海关总署签署了合作备忘录。

8月29日

郑州海关、河南出入境检验检疫局共同制定了《郑州海关、河南出入境检验检疫局关检合作“三个一”推进工作方案》，并下发省内口岸单位、联检机构执行。

9月1日

郑州陆路（铁路）口岸迁址圃田集装箱中心站，口岸基础设施和监管设施高标准建成，正式开办业务。

9月11日

郑州新郑国际机场正式开通外国人落地签证业务，口岸功能进一步完善。

9月26日

郑州汽车整车进口口岸通过海关总署、商务部、工信部、国家质检总局等国家部委联合验收，意味着郑州可以正式开展汽车整车进口业务。郑州也是全国首家通过验收的陆港型整车进口口岸。

9月26日

河南电子口岸门户网站（www. haeport. com）正式上线试运行。电子口岸网站是河南电子口岸大通关公共服务平台的门户，是电子口岸各信息系统的统一入口及口岸信息发布平台，前端包括门户首页、口岸资讯、政务公开、物流信息、用户中心等栏目。

10月16日~17日

海关总署党组成员、国家口岸管理办公室主任黄胜强率队，就内陆地区设立陆路（铁路）口岸的可行性及口岸建设标准问题赴河南开展专题调研。

10月24日

河南德众保税物流中心顺利通过海关总署、财政部、国家税务总局、国家外汇管理局等四部委正式验收。

10月28日

鹤壁海关正式开关运行。

11月16日

国务院下发《关于同意设立南阳卧龙综合保税区的批复》（国函〔2014〕147号），正式批准设立河南南阳卧龙综合保税区。

12月4日~5日

上海与中部六省口岸大通关合作第九次联席会议在郑州召开。

12月8日

副省长赵建才主持召开会议，研究部署南阳卧龙综合保税区筹建工作。

12月12日

国家质检总局函复河南省政府，同意在郑州设立进口粮食指定口岸。

12月15日

按照省政府决策部署，省口岸办牵头，有关部门配合，依托河南电子口岸，正式启动建设服务全省的统一的跨境电子商务通关管理和通关服务平台。

12月22日

河南省电子口岸建设领导小组办公室印发《集中推进跨境贸易电子商务通关服务平台建设工作方案》，明确了完成建设跨境贸易电子商务通关服务平台和通关管理平台的任务分工、时间节点和责任分工。

（撰稿人：范会卿）

2014 年河南省口岸流量统计表

口岸类型		口岸名称	货运量（万吨）				集装箱量（万标箱）				人员（万人次）				交通工具（辆、艘、架、列次）			
			出口	进口	合计	同比（%）	出口	进口	合计	同比（%）	出境	入境	合计	同比（%）	出境	入境	合计	同比（%）
空运口岸		郑州	10.35	2.39	12.74	+44.77					46.30	45.40	91.70	+43.32	5 059	4 748	9 807	+52.00
		洛阳									0.09	0.08	0.16	−91.55	7	7	14	−88.43
		分计	10.35	2.39	12.74	+44.77					46.39	45.48	91.86	+43.33	5 066	4 755	9 821	+49.41
陆运口岸	公路口岸																	
		分计																
	铁路口岸	郑州	7.07	0.14	7.21		1.80	0.43	2.23	−29.21								
		分计	7.07	0.14	7.21		1.80	0.43	2.23	−29.21								
水运口岸	海港口岸																	
		分计																
	河港口岸																	
		分计																
合计			17.42	2.53	19.95	+44.77	1.80	0.43	2.23	−29.21	46.39	45.48	91.86	+43.33	5 066	4 755	9 821	+49.41
同比（%）			+154.31	+29.74	+126.7		+5.26	−70.14	−29.21		+42.78	+43.92	+43.33		+43.51	+56.26	+49.41	

（河南省口岸办提供）

2014 年郑州海关主要数据统计表

项目		2014 年	同比（%）
进出口货运量（万吨）	合计	1 527. 5	+36. 9
	进口	1 487. 4	+37. 9
	出口	40. 1	+7. 9
进出口贸易总值（亿美元）	合计	547. 7	+8. 0
	进口	256. 8	+11. 0
	其中：江、海运输	41. 4	+7. 6
	铁路运输	0. 14	+887. 4
	汽车运输	4. 5	－27. 2
	航空运输	210. 77	+12. 9
	邮件运输		
	其他运输		
	出口	290. 9	+5. 5
	其中：江、海运输	7. 3	+31. 1
	铁路运输	4. 13	+136. 4
	汽车运输	2. 45	+38. 6
	航空运输	276. 96	+3. 9
	邮件运输	0. 03	+34. 2
	其他运输	0	
税收（亿元）	两税合计	202. 4	+50. 9
	关税入库	6. 5	+1. 5
	进口环节税入库	195. 9	+53. 4

（郑州海关提供）

2014 年河南省口岸出入境主要数据表

<table>
<tr><th colspan="3">项目</th><th>2014 年</th><th>2013 年</th><th>同比（%）</th></tr>
<tr><td rowspan="14">出入境人员
（人次）</td><td colspan="2">出入境人员总数</td><td>918 477</td><td>640 860</td><td>+43.32</td></tr>
<tr><td colspan="2">入境人员</td><td>454 570</td><td>315 953</td><td>+43.87</td></tr>
<tr><td colspan="2">出境人员</td><td>463 907</td><td>324 907</td><td>+42.78</td></tr>
<tr><td colspan="2">出入境旅客</td><td>850 984</td><td>594 489</td><td>+43.15</td></tr>
<tr><td colspan="2">出入境员工</td><td>67 493</td><td>46 371</td><td>+45.55</td></tr>
<tr><td rowspan="5">中国公民</td><td>小计</td><td>775 564</td><td>530 074</td><td>+46.31</td></tr>
<tr><td>内地居民（因公）</td><td>3 596</td><td>2 808</td><td>+28.06</td></tr>
<tr><td>内地居民（因私）</td><td>668 565</td><td>440 681</td><td>+51.71</td></tr>
<tr><td>港澳居民</td><td>26 166</td><td>22 173</td><td>+18.00</td></tr>
<tr><td>台湾同胞</td><td>77 237</td><td>64 412</td><td>+19.91</td></tr>
<tr><td colspan="2">外籍人员</td><td>75 420</td><td>64 415</td><td>+17.08</td></tr>
<tr><td colspan="2">从海港出入境人数</td><td></td><td></td><td></td></tr>
<tr><td colspan="2">从陆港出入境人数</td><td></td><td></td><td></td></tr>
<tr><td colspan="2">从空港出入境人数</td><td></td><td></td><td></td></tr>
<tr><td rowspan="5">交通运输工具
（辆、艘、架、列次）</td><td colspan="2">总计</td><td>9 821</td><td>6 573</td><td>+49.41</td></tr>
<tr><td colspan="2">船舶</td><td></td><td></td><td></td></tr>
<tr><td colspan="2">飞机</td><td>9 821</td><td>6 573</td><td>+49.41</td></tr>
<tr><td colspan="2">火车</td><td></td><td></td><td></td></tr>
<tr><td colspan="2">机动车辆</td><td></td><td></td><td></td></tr>
</table>

（河南省公安边防总队提供）

2014 年河南省出入境检验检疫业务统计表

项目	货物检验检疫				交通工具				集装箱（标箱）		发现动植物疫情		货物通关		出入境人员查验（人次）	健康检查及预防接种（人次）			
	批次	金额（万美元）	检验检疫不合格																
			批次	金额（万美元）	船舶（艘）	飞机（架）	火车（列）	汽车（辆）	合计	检出问题	种类数	种次	批次	金额（万美元）		健康检查	艾滋病监测	发现病例	预防接种
本年累计	59 788	2 125 685. 67	3 664	152 155. 16		9 832	3 716		13 991	51	207	1 414	14 316	1 692 664. 42	918 461	43 231	43 058	17 983	59 552
其中 出境	43 174	334 319	1 062	6 941. 33		5 070	3 342		5 554				3 230	50 551. 05	463 907	40 665	40 504	16 555	59 544
其中 入境	16 614	1 791 366. 67	2 602	145 213. 82		4 762	374		8 437	51	207	1 414	11 086	1 642 113. 37	454 554	2 566	2 554	1 428	8
同比（%）	−38. 82	−16. 18	+403. 3	+671. 34		+49. 83	+568. 35		+9. 4	−74. 5	+162. 02	+144. 64	−46. 92	−18. 27	+43. 97	+5. 64	+5. 58	+20. 38	−1. 2
其中 出境	−47. 59	−77. 01	+865. 45	+1 360. 26		+43. 75	+501. 08		+99. 28	0	0	0	−81. 26	−95. 62	+43. 41	+5. 79	+5. 69	+22. 04	−1. 17
其中 入境	+8. 28	+65. 64	+321. 04	+654. 33		+56. 9			−15. 65	−74. 5	+162. 02	+144. 64	+13. 89	+78. 86	+44. 54	+3. 34	+3. 82	+4. 01	−69. 23

（河南出入境检验检疫局提供）

湖　北　省

湖北省口岸分布示意图

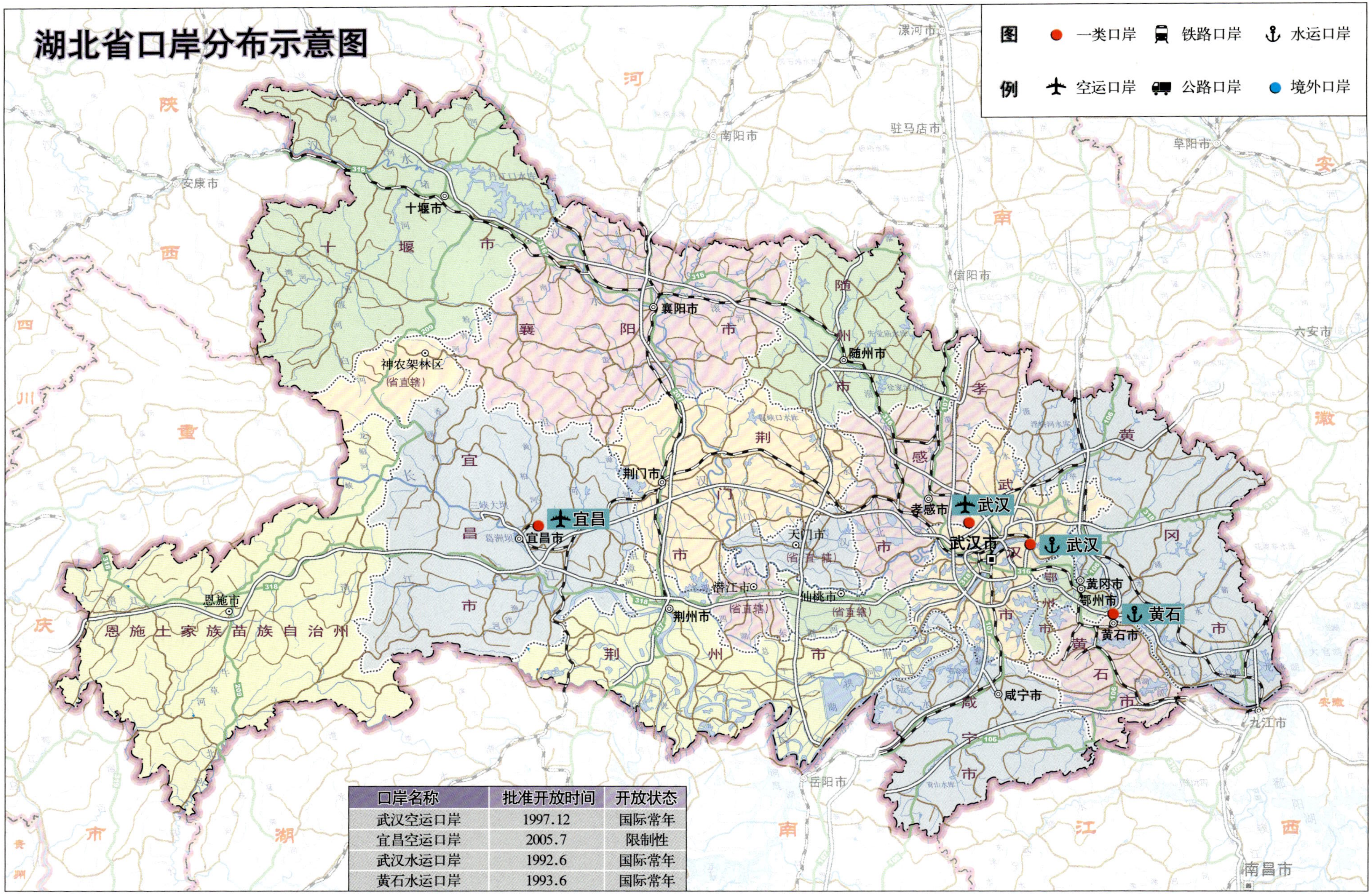

口岸名称	批准开放时间	开放状态
武汉空运口岸	1997.12	国际常年
宜昌空运口岸	2005.7	限制性
武汉水运口岸	1992.6	国际常年
黄石水运口岸	1993.6	国际常年

口岸数量及分布

截至2014年年底，湖北省共有经国务院批准对外开放口岸4个。其中，空运口岸2个，分别是武汉空运口岸（武汉天河国际机场）、宜昌空运口岸（宜昌三峡机场）；水运口岸2个，分别是武汉、黄石河港口岸。通过30多年发展，湖北省已形成了水、陆、空全方位对外开放的格局。

口岸运行数据

2014年，湖北省口岸进出口货运量为2 314.07万吨，与2013年持平。其中，进口货运量1 786.07万吨，同比下降3.50%；出口货运量528万吨，同比增长13.90%。国际集装箱运量为37.98万标箱，同比增长12.50%。其中，出口运量27.62万标箱，同比增长14.05%；进口运量10.36万标箱，同比增长8.33%。空运口岸出入境飞机10 457架次，同比增长25.76%；出入境人数140.69万人次，同比增长28.84%，其中出境人数70.10万人次，入境人数70.59万人次。水运口岸出入境船舶1艘，为入境船舶。

2014年湖北省（地、市）进出口总值一览表

地市名	总值（万美元）	同比（%）	进口（万美元）	同比（%）	出口（万美元）	同比（%）
武汉	2 642 887.3	+21.5	1 263 798.1	+28.8	1 379 089.2	+15.5
黄石	285 540.4	+0.9	140 815.3	+14.6	144 725.1	+20.1
宜昌	269 669.7	+14.7	44 110.4	+32.2	225 559.3	+11.8
襄阳	196 572.0	+21.4	22 729.2	+22.5	173 842.8	+21.2
荆州	165 138.8	+20.9	35 490.3	+48.8	129 648.5	+15.0
随州	143 054.2	+12.9	15 605.3	+11.6	127 448.9	+13.1
孝感	119 597.2	+16.7	25 701.0	+4.9	93 896.2	+20.4
荆门	96 721.8	+24.5	19 928.0	+25.0	76 793.8	+24.4
仙桃	73 869.7	+11.2	21 736.1	+0.8	52 133.6	+16.6
黄冈	61 184.6	+14.2	7 772.3	−7.8	53 412.3	+18.3
十堰	53 282.4	+10.3	2 431.5	−59.2	50 850.9	+20.1
鄂州	51 808.7	+5.3	31 426.8	−0.5	20 381.9	+15.6
咸宁	46 705.0	+39.1	6 990.0	+2.8	39 715.0	+48.3
潜江	46 585.5	+12.5	2 807.7	−14.3	43 777.8	+14.8
恩施	45 736.1	+17.8	62.4	−78.6	45 673.7	+18.7
天门	7 470.6	+11.8	416.3	−64.8	7 054.3	+28.3
神农架	576.9	+397.3	0.0	0.0	576.9	+397.3
合计	4 306 400.8	+18.3	1 641 820.7	+21.2	2 664 580.1	+16.7

（湖北省商务厅提供）

口岸综合管理

【口岸开放工作】 2014年1月3日国家口岸管理办公室批复同意台湾籍客运包机从宜昌空运口岸临时出入境，时间为2014年5月1日至10月31日。宜昌空运口岸对台湾籍客运包机临时开放，是三峡机场发展史上的重大突破。5月10日宜昌空运口岸开通宜昌至台中包机航线。7月份试运行了宜昌至高雄航线。10月22日国家口岸管理办公室同意台湾籍客运包机继续从宜昌空运口岸出入境，时间为2014年11月1日至2015年4月30日。

12月30日黄石棋盘洲保税物流中心（B型）实现封关运行。黄石棋盘洲保税物流中心主要开展进口保税、出口提前退税和“一日游”业务，主要货品是铜精矿、棉花、钢材、服装、鞋类等。该中心将利用“入区退税”政策，解决加工贸易企业深加工结转手续复杂、深加工增值部分不予退税等问题。

【口岸基础设施及配套设施】 加快武汉新港阳逻港区集装箱三期建设，首批建设的4个泊位及配套设施项目主体工程基本完工，进入设备安装调试阶段。黄石棋盘洲保税物流中心（B型）完成建设，实现了“当年获批、当年建成、当年验收、当年封关运行、当年见效”。

十堰市全面启动公路口岸及海关监管区建设。完成海关监管区3.2万平方米用地山地平整、农户拆迁、挡土墙、主体基础孔桩、检验检疫区主体工程和整体建设规划设计方案，完成海关监管区、出口监管仓库和进口保税仓库申报工作，完成卡口、监控系统等设计方案、工程预算和隔离围网建设50%工程量，完成联检办公场所规划设计方案。

【电子口岸建设】 湖北电子口岸通关信息平台是经省政府批准，由省商务厅会同口岸管理、查验、运输、代理、中介服务等相关部门共同建设的跨部门、跨行业的大通关电子政务工程，实现了与武汉海关的部分数据传输，并开通了通关状态查询功能。2014年湖北省电子口岸实现了全年安全运行，建设工作也取得了一定的进展和成效，尤其是“三个一”公共信息平台、入网审批系统等新应用项目的上线运行，以及即将投入运行的空运舱单系统，届时将进一步提高湖北省的通关效率。

【口岸综合管理】 为促进全省开放型经济又好又快发展，2014年6月11日湖北省口岸办联合武汉海关、湖北出入境检验检疫局、湖北省公安边防总队、长江海事局、湖北省国税局、国家外汇管理局湖北省分局等七部门联合下发《关于进一步优化通关环境 提高通关效率的意见》，从加强口岸设施建设，加快对外开放通道建设，加快推进大平台建设，深入推进大通关建设，建立完善大通关保障机制5个方面，提出了19条具体措施，对促进开放型经济发展和口岸建设发挥了积极作用。长江经济带实施区域海关一体化改革，12个关如同1个关，湖北省外贸企业可自由选择申报、纳税、放行地点，进一步降低了企业物流成本，提高了通关效率。湖北出入境检验检疫局推进与沿海出入境检验检疫局之间的“三互”，加深口岸与内地执法一体化合作；在全省水运口岸推开“内河版快查系统”，减少了检疫通关时间。2014年3月湖北省组织联合考察组学习重庆市“大通关、大通道、大平台”建设经验，考察了重庆西永综合保税区、重庆铁路口岸，与重庆市相关部门进行了专题座谈和对口交流，形成了调研报告。

【武汉—东盟四国等水运航线】 重点发展武汉—上海“江海直达”和长江内支线运输，稳定“泸汉台”集装箱快班，推动武汉主要港口与上海主要港口的一体化运作，实现武汉与上海主要港口间外贸货物转运“无缝对接”。2014年武汉阳逻港新开通了武汉—东盟试验航线，国际集装箱从阳逻港出发，经上海洋山港换装海轮直达泰国、柬埔寨、越南、老挝等国家。武汉—东盟四国试验航线以武汉阳逻港、上海外高桥港、泰国曼谷港、越南胡志明港4个港口为运输节点，通过调整班期，改造挂港港序和明确时间窗口，在武汉—上海、上海—越南、上海—泰国3个航段实行每周双进双出运输。武汉水运口岸依托长江黄金水道，打通了中部地区通往东盟的海上丝绸之路。

【“汉新欧”国际货运班列】 为抢抓国家建设“一带一路”的战略机遇，大力推进湖北省向西开放和与新亚欧大陆桥沿线城市物流联动发展，2012年10月武汉开通了“汉新欧”国际铁路集装箱货运专线，并于2014年4月实现常态化运营，每月开行3~5个班列。目前“汉新欧”班列已开通4条线路，分别是武汉—帕尔杜比采（捷克）班列、武汉—莫斯科班列、武汉—塔什干（乌兹别克斯坦）班列、武汉—戈茹夫（波兰）班列。“汉新欧”班列自2014年4月份常态化运营以来，至2014年年底已经开行41列次，共发运2 142标箱，货值超过2.15亿美元。其中，电子产品占整个货运量的79.50%，整车占9.71%，光缆产品占2.99%，其他产品共计占7.80%。

口岸监管与服务

【武汉海关服务口岸大通关】 2014年武汉海关共受理进出口报关单申报28.54万票，同比增长19.60%；监管进出口货运量2 314.10万吨，与2013年持平；监管货运值249.90亿美元，进出境人员144.20万人次，邮快件365.90，同比分别增长16.00%、29.80%和56.60%；关区口岸现场查验率为6.20%，查获率为19.18%；特殊监管区域查验率为7.32%，查获率为13.74%。

2014年湖北省在中部地区率先正式启动了关检“三个一”合作，口岸通关效率进一步提升；支持打造长江中游航运中心，扩大“启运港退税”范围，支持开通“泸汉台”近洋航班，为“江海直达”航线提供通关便利；继续在阳逻港开展“一条龙”通关服务。2014年在阳逻港监管集装箱100.67万标箱，同比增长17.00%，创历史新高。积极拓宽货物通关渠道，推动“汉新欧”国际铁路货运专列常态化运行，2014年共监管专列21列，出口标箱2 215个，货值1.24亿美元。门户网站和“网上服务大厅”建设工作取得新进展，“12360”海关统一服务热线社会影响力持续扩大，全年话务量达18 946个，同比增长18%，海关总署抽查合格率达100%。

【武汉海关支持地方外贸发展】 着力加大服务支持力度，切实促进贸易便利。制定支持湖北外贸稳定增长17项措施。积极参与社会信用体系建设，促使关区高资信企业规模显著扩大。落实海关总署简政放权部署，细化23项重点工作，做好海关总署取消下放的7项行政审批事项后续承接，对8项手续进行取消或简化，执法更为规范高效。统计分析文章被海关总署采用14篇，被湖北省委省政府采用40篇，被中办、国办采用6篇，3篇得到李克强总理、张高丽副总理、汪洋副总理等领导批示。课题研究服务经济发展成绩突出，对湖北“大通关”效率问题开展诊断式调研；“湖北省外贸发展对策研究”课题报告荣获湖北省2013年度优秀调研成果一等奖，取得历史性突破。

【武汉海关创新通关监管模式】 2014年5月全面推广通关作业无纸化改革，对高、低风险报关单比例结构进行调整，启用“汉E通”电子报关平台，强化了电子报关单证档案管理。9月在全关区范围内实行了“多点申报、多点查验、多点放行”的操作模式，在中部地区海关中率先启动了关区内通关一体化改革，使企业可自主选择在申报地海关直接验放结关，不再需要办理关区内“二次转关”手续。12月1日启动与长江经济带区域通关一体化改革的全面对接，推动实现长江经济带海关区域通关一体化改革与关区内通关一体化改革的“政策叠加”，让湖北企业享受到在长江流域九省二市“多地通关，如同一关”的便利。2014年武汉海关进口平均通关时间为58小时，较2013年缩短14.7小时，提速20.00%；出口平均通关时间为5.2小时，较2013年缩短2.7小时，提速34.00%。将“属地申报，属地放行”扩大到A类企业，“属地申报，口岸验放”扩大到B类生产型企业。完成了关区空运新舱单系统的切换工作。积极拓宽货物通关渠道，推广“空陆联运班车”监管模式，推动实现了天河机场与武汉市内海关业务现场之间转关操作的“无缝衔接”，将口岸服务延伸到了企业“家门口”。

【口岸规范化管理不断提高】 武汉海关打击走私成效显著，2014年刑事立案14起，案值2.27亿元，实现大幅增长。全力推进“绿风”、“打击大米等农产品走私”、“紫光”等一系列专项行动，成功查处一批大要案。侦办了“1·09走私信鸽案”、“5·19走私濒危植物案”、“8·18系列大米走私案”；破获“1·08走私奢侈品案”，为武汉海关缉私局成立以来破获的最大一起奢侈品走私案件；毒品案件侦办实现新突破，连续破获“1·04”、“6·21”、“8·10”、“8·17”、“8·28”等5起走私毒品案。全面落实各项贸易管制措施，建立并落实知识产权海关保护企业联系点制度，积极宣传海关知识产权保护制度，加大对企业自主知识产权、自主知名品牌的保护和培植力度。全年共查办涉嫌侵犯知识产权案件5起，在货运、邮递渠道查获商品总值74万余元。武汉海关处置的“泓乐”奶粉案被评为“2013年中国海关保护知识产权十佳案例”，并入选“2013年武汉市保护知识产权十大案件”。后续监管效果明显，切实履行稽查后续监管职责，全年关区稽查企业136家，发现问题32起。

【湖北出入境检验检疫局促湖北全面对外开放】 大力推动制度创新，积极服务湖北省开放先导战略。出台促进外贸稳定增长措施、武汉自贸区、内陆开放型城市等支持政策。在襄阳、宜昌结合辖区产业发展深入调研，主动对接，出台具体服务举措；在武汉东湖国家自主创新示范区探索采信第三方检验鉴定结果、动植物及产品负面清单等9个方面的检验检疫先行先试政策，在东湖综合保税区创新“港区联动”、“区铁联动”、保税展示交易监管机制，积极支持和参与跨境电商平台建设。简化出口食品生产企业备案核准审批流程，采用网上备案管理系统，提高行政效率。积极做好复制推广上海自贸区的改革创新事项工作。

支持省市口岸电子平台建设。探索推行无纸化报检，主动服务长江经济带一体化国家发展战略，自主开发的“内河水运口岸快速查验系统”已经在武汉港和黄石港部署，并通过国家质检总局验收。加强与口岸部门协调配合，深化与泛长三角和珠三角等口岸检验检疫机构区域合作，全力推进汉欧铁路常态化、阳逻港“水水联运”、襄阳“无水港”等大通道建设，助推湖北企业借港出海。

【湖北出入境检验检疫局增强可持续发展能力和后劲】 优化资源配置、完善工作流程和实施电子监管，积极推进权力下放和关口前移，在机场办、港口办实施“一口对外、一站办结”的工作新模式。

创新检验检疫区域合作机制，签署《泛长三角地区检验检疫认证执法监管区域联动备忘录》。加大政府间协议检验商品的检验监管力度，输非商品检出不合格显著上升。创新出口水产品检验监管模式，实行产品质量安全主动报告制度和有奖举报制度，有效应对出口小龙虾氯霉素残留等突发事件。坚持依法行政，大力推进法治质检建设。开展“质检利剑”行动、打击假冒伪劣商品专项行动，严厉打击假冒伪劣和骗取检验检疫单证行为。

【湖北出入境检验检疫局构建一体化电子口岸平台】 湖北出入境检验检疫局积极支持并参与地方政府电子口岸平台建设。在具体项目的支持上，已经同意向电子口岸平台移植下列项目：一期上线运行，同意移植出口食品生产企业卫生注册登记查询、出口商品质量许可查询、代理报检单位查询、编码查询、动植物检疫许可证申报系统；二期上线运行，同意移植湖北水运口岸出入境货物快速查验系统；三期上线运行，将根据国家质检总局信息化主干系统E-CIQ建设情况，提供有关支持。

【湖北出入境检验检疫局提高服务效能】 为

提高服务效能，给企业创造更好的通关环境，湖北出入境检验检疫局采取系列措施。实现口岸放行业务一次办结。通过将申报窗口前移至第一报关口岸并抽调业务骨干充实口岸一线的方法，实现大多数的进出口检验检疫业务在口岸一次性处理完成。进一步提高审单效率。通过全面推进集中审单系统应用，及时动态维护审单规则，规范申报数据审核，实现24小时智能审单，降低企业运营成本，提高工作效率。加快推进无纸化申报和无纸化通关工作。在现阶段检验检疫申报无纸化试点的基础上，加快推广至全省应用。同时，与武汉海关沟通，探索推进快核快放。通过减少工作流程节点、外部流程内部化及增设“快速核放”岗等措施，缩短单证内部流转时间，提高签证速度。对分类企业中适应快速核放要求的业务批实现报检、放行一站式服务。强化港检联运。针对口岸查验信息化程度低的现状，通过开发水运口岸快速查验系统，与港口EDI系统的数据交换，实现及时处理外贸企业检验检疫申报后的抽箱、查验及电子闸口放行工作。扩大“绿色通道”企业受惠面。做好对企业的宣传并积极向国家质检总局申报，使更多产品风险低、企业诚信好的湖北出口企业享受到免除口岸查验的便捷通关措施。

【湖北省公安边防总队工作再上新台阶】 2014年，湖北省对外开放口岸边防检查工作取得新突破，年出入境人员流量突破140万余人次，继续领跑中部六省，在内陆12个省份仅次于四川、重庆，位居第三。全年各口岸共检查出入境人员140.68万人次，检查出入境交通运输工具10 458架（艘）次，同比分别增长28.84%和25.71%；查获边控对象55人次，网上追逃人员31人次，违法违规人员54人次，保持了零事故、零案件、零投诉复议的“三零”目标，群众满意率始终保持在99.90%以上，有力维护了口岸安全稳定和通关顺畅。团队快速通关查验系统、无线验放系统、自助查验通道等一批先进的科技手段投入一线，提高了边检服务效率。

【湖北省公安边防总队加强口岸反恐防护】 强化口岸处突维稳能力。昆明“3·01”暴恐事件发生后，投入专项经费为口岸执勤一线配备防割手套等器材，认真修订完善口岸处置突发事件预案，划分口岸重点防控区域，科学调配执勤现场警力，从严、从难加强各类警情的处突演练，重点锤炼部队快速集结、现场指挥、随机应变、情况处置等方面的能力，确保遇有突发情况能够“发现得了、控制得住、处置得好”。强化限定区域警戒巡逻。在口岸现场，选派政治敏锐性强、军事业务素质过硬的官兵组成武装巡逻小分队，佩带警械装备，对候检大厅、执勤现场、候机厅等重点区域进行警戒和动态巡查，全面掌握执勤现场和口岸限定区域人员动态，随时做好应急处置准备，有效提升了候检旅客安全感和对边检工作的满意度。

【湖北省公安边防总队加强队伍发现问题、处置问题的能力】 扎实开展业务岗位练兵。结合反恐形势和维稳任务的需要，将总队、边检站两级所有人员全部纳入业务培训、考核范围，组织全体官兵开展警务实战技能、口岸突发事件先期处置、埃博拉疫情防控等演练，主动邀请新疆边防总队反恐专家、湖北省公安厅网络安全专家和反恐专家到总队就重点人员查缉与管控、网络安全形势及舆情控制和中国当前反恐形势及对策等方面进行专题辅导，进一步提升了一线官兵的实战理念和应急能力。建立跨区域轮岗交流制度，打破建制用警，分批次组织业务量较小单位官兵到武汉机场口岸执勤，实现全省范围内警力跟着警情走。建立机关干部轮岗执勤机制，精简机关警力下沉到执勤一线参与执法执勤。建立“小前台、大后台”勤务制度，实现问题发现在“前台”，解决在“后台”，勤务运行更加高效。

【湖北省公安边防总队建设服务型边检机关】 探索建立“口岸诚信管理体系”，对口岸航空企业和旅行社进行分类管理和服务，引导航空企业和旅行社诚信经营，促进其自觉履行管理义务。制定航空公司代理管理办法，推行随到随检、代理培训、送法上门等工作模式，提高了手续办理效率。针对航班密集时段旅游团队旅客排长队候检的现状，实行网上团队零散验放报检、代理备案手续，旅游团队成员在接受边防检查时“随到随检、零散通关”，实现了“申报网络化、通关零散化”的目标，全年累计受理零散验放申请4万余人次。自行研发使用“登机牌智能扫描识别”系统和“前台旅客验放校验比对”系统，进一步加快了验证节奏，有效提高了口岸通关效率。

【长江海事局圆满完成全年目标】 2014年辖区共发生水上交通事故125件，同比下降25.60%。其中，运输船舶发生一般以上等级事故12.5件，死亡失踪24人，沉船8艘，直接经济损失708.1万元，同比分别下降10.70%、35.00%、33.00%、38.40%。6个分支局实现辖区运输船舶“零死亡”。创造了运输船舶一般以上等级事故件数、沉船艘数有记录以来最低，死亡失踪人数、直接经济损失有记录以来次低的历史佳绩。

【长江海事局开展专项活动，出重拳打击突出违法行为】 开展了为期3个月的船舶标志和配员专项检查活动，共检查船舶33 099艘次，其中签证核查船舶19 902艘次，等候检查船舶9 337艘次，整改基地拦截检查3 860艘次；发现存在配员问题的船舶750艘次，占检查船舶总数的2.27%；存在配员问题船舶中填报有上一港签证机构的船舶615艘，占问题船舶总数的82.70%；船舶标志方面共查出问题船舶1 130艘次，罚款处罚30艘次，罚款10万元，因标志问题滞留船舶18艘次。开展了三峡库区客运船舶专项整治活动，对辖区内的客运船舶进行了全面的清理和检查，并对客运船舶建立了一船一档，实施跟踪管理。开展了为期两个月的代管公司代管船舶集中检查活动，对辖区所有持“符合证明”的船舶代管公司及其代管船舶进行了集中检查和审核，进一步规范代管公司对船舶的代管行为。

【长江海事局推进国内航行海船远程电子签证管理】 2014年2月15日起，在辖区内对国内航行海船实施远程电子签证管理。截至目前，长江海事局共注册电子签证海船632艘，占适合电子签证规定的登记海船的83.70%；实施电子签证3 397艘次。

【长江海事局积极应对枯水，严把船舶签证关】 随时关注三峡库区水位、长江水位、水情、流量变化情况，在枯水期实施船舶吃水控制，对拟通过中游浅区的船舶实施分段签证和加减载管制措施，严把船舶源头关，确保长江中游船舶航行安全、畅通。同时，继续开展船舶签证申报信息核查工作，采取到港等候检查，开航前现场核查，整改基地巡航检查措施，对船舶申报的签证信息进行核查，对申报信息不实的违法行为进行严厉打击，进一步提高船舶诚信申报意识。加强对公司的安全管理体系运行管理。根据长江片区体系内船舶发生水上交通事故、险情、滞留的情况，进行深入分析，针对其中存在的船员安全培训不足、安全意识淡薄、操作不谨慎等原因，将船员在船培训和事故警示教育作为其公司审核的重点检查内容，进一步提高公司审核水平；积极推进差异化管理建设，通过推进诚信管理体系，实现差异化管理。认真落实五星级、A级安全诚信公司和安全诚信船舶的优惠待遇，强化对C级航运公司及所属船舶和列入黑名单船舶的监督管理。同时，对重点监管的船舶和航运公司进行了筛选，选出83家重点监管的航运公司和1 320艘重点监管船舶名单，实施重点监控管理。开展检查活动，保持重点时段安全形势稳定，加强重点时段的安全监管工作。开展了“春运”、“清明节”、“五一”、“十一”期间上线客船的专项检查活动。防止客船带病上线营运，保障节假期间水上安全形势的稳定。积极应对船闸停航检修通航保障工作。2014年2月5日～24日，三峡、葛洲坝船闸进行计划性检修。长江海事局迅速部署，组织人员分析辖区特点，理清监管重点，及时制订和完善各项通保预案和8项措施积极应对，主动作为，强化监管。实施分段签证，加强源头控制，并设置拦截线，科学调度，对过闸船舶实行动态掌控，圆满完成了通航保障工作任务。

开放口岸

【武汉空运口岸（武汉天河国际机场）】 位于湖北省武汉市黄陂区天河街，被民航局定位为全国重要的枢纽机场，1995 年 4 月 15 日投入使用。武汉航空口岸 1987 年经国务院批准对飞行香港的中国籍飞机开放，1997 年 8 月国务院批准对外国籍飞机开放。2003 年 11 月国务院批准空运口岸开展落地签证业务，拥有对外国人和对台湾同胞落地签证权。

武汉天河机场现有 3 400 米跑道一条，可供波音 747－8 型飞机起降。机场国际航站楼于 2010 年 6 月开工建设，2010 年 12 月 28 日投入使用，2012 年年初进行扩建。国际航站楼为主体单层、局部两层结构，离港和到港流程均在同一层，扩建后建筑总面积为 1 万平方米，同时配套建设 1.8 万平方米的道路、停车场，以及楼外供电、供水、弱电、雨水及污水排放等设施。在国际航站楼运营的航空公司有中国东方航空公司、中国南方航空公司、中国国际航空公司、法国航空公司、大韩航空公司、港龙航空公司、中华航空公司、复兴航空公司、胜安航空公司、亚洲航空公司、济州航空公司、韩国易斯达航空公司、泰国东方航空公司、远东航空公司等。国际航站楼设置了检验检疫进出港通道各 1 条，5 个申报柜台；设置了海关进出港通道各 2 条，4 个申报台；设置了边防进出港通道各 3 条，10 个边检柜台；设置了口岸签证柜台 9 个；设置了安检通道 2 条，值机柜台 8 个。

天河国际机场先后开通了武汉至巴黎、新加坡、曼谷、普吉岛、首尔、济州岛、香港、澳门、台北、台中、高雄、花莲、澎湖、清迈、大阪、静冈、福冈等航线，2014 年新增武汉至巴厘岛、莫斯科、马尔代夫等 8 条国际航线，累计开通国际（地区）客运航线达 33 条，成为中部地区拥有国际（地区）航线最多的城市。重启国际货运航线。2014 年先后开通了武汉—香港货运航线（顺丰航空包租扬子江快运飞机，每周 6 个航班），武汉—阿克托比（哈萨克斯坦）国际货运航线（友和道通航空公司承运，每周 2 班）。

2014 年，武汉航空口岸进出境飞机 10 277 架次，同比增长 23.40%；国际及地区出入境人数达到 138.60 万人次，同比增长 27.80%。

【宜昌空运口岸（宜昌三峡机场）】 位于湖北省宜昌市猇亭区，距宜昌市中心 26 千米，距三峡大坝 55 千米，北接宜黄高速公路，南临长江黄金水道，东临焦枝铁路。宜昌三峡机场按 4E 级标准规划，一期工程按 4D 级标准建设。跑道全长 2 600 米，可满足 B737、B757、B767、A320 等同类及其以下机型起降；航站楼建筑面积 13 800 平方米，其中国际厅 4 000 平方米；设计年旅客吞吐量 140 万人次，高峰小时旅客吞吐量 840 人次，起降飞机 5 架次。宜昌三峡机场拥有国际航班专用登机桥、国际厅标示标志、国际厅通道智能化门禁系统、国际航班专用廊桥、国际航班旅客摆渡车、X 光机行李传输带、国际厅航显信息系统工程、国际机场 PBN 飞行程序、国际航班摩擦系数测试专用车、国际航班飞机除冰专用车及国际厅安检信息查验系统等查验监管设施。2013 年，三峡机场国际厅改造完成，并通过国家质检总局的核心能力建设评审。

三峡空运口岸于 2005 年 7 月获得国务院批准对外开放，2007 年 11 月 25 日通过国家正式验收。目前已开通国内航线 18 条，宜昌至香港定期包机和宜昌至台湾旅游临时包机航线，通达北京、上海、南京、广州、海口、三亚、成都、重庆、昆明、深圳、西安、宜宾、唐山、贵阳、香港等城市，每周航班达 200 多个。

2014 年 1 月，国家口岸管理办公室同意台湾籍客运包机从湖北宜昌航空口岸临时出入境。5 月 10 日复兴航空公司开通了宜昌至台中航线。自开通以来，航线上座率在 90.00% 以上。

2014 年，宜昌三峡机场累计飞行国际包机航班 198 架次，其中出境 99 架次，入境 98 架次，出境公务机 1 架次。具体而言，宜昌—香港包机航班 114 架次，同比下降 25.00%，其中入境、出境各 57 架次；宜昌—台湾包机航班 83 架次，其中出境42架次，入境41架次；出境香港公务机1架次。2014年，三峡机场累计运送出入境旅客21 143人次，同比增长71.00%，其中入境10 100人次，出境11 043人次。具体而言，宜昌—香港累计出入境旅客9 410人次，同比下降23.00%，其中入境4 480人次，出境4 930人次；宜昌—台湾出入境旅客11 730人次，其中入境5 620人次，出境6 110人次；出境公务机3人次。

【武汉水运（河港）口岸】 位于湖北省武汉市东部，是长江中上游航运枢纽，水路沿长江东至上海1 125千米，西达重庆1 370千米。武汉新港阳逻港区一期工程2004年投入运营，建有2个5 000吨级（兼顾万吨级）集装箱泊位及配套设施，设计年吞吐能力25万标箱。二期工程于2010年投产，拥有4个5 000吨级集装箱专用泊位，设计年吞吐能力75万标箱。三期工程正在规划建设中，三期工程共规划17个5 000吨兼顾万吨级集装箱泊位及配套设施，建成后武汉新港阳逻港区吞吐能力将达到500万标箱。阳逻港口岸基础设施和查验设施完善，建设有联检大楼、查验仓库、保税仓库、移动式集装箱检查设备（H986）及配套设施、熏蒸房、消毒门、防辐射门等。1980年经国务院批准对航行国际航线的中国籍船舶开放，1992年经全国人大批准对外国籍船舶开放。2014年，武汉港出入境船舶1艘，进出口货运量1 953万吨，同比下降4.10%；进出口集装箱运量30.90万标箱，同比增长10.80%。2006年，武汉开通了至上海洋山的江海直达航线，由于货源不足，先后经历了3次停航。2009年该航线再次恢复运行，武汉市政府出台政策，对江海直达航线给予财政补贴，实现了货运72小时内到达上海的目标，成为湖北省进出口货物运输的优质航线。2014年武汉阳逻港—上海洋山港点对点“江海直达”航线保持了高效的运作，共开行航班412个班次，其中411个班次实现点对点直航、72小时内到达，航班准点到达率高达99.76%。“泸州—武汉—台湾”快班（简称“泸汉台”）运营管理上新台阶。2014年以来，共开行航次231班，运输进出口货柜5 460标箱。7月21日成功开通了21世纪海上丝绸之路武汉—东盟四国（泰国、柬埔寨、越南、老挝）试验航线。截至2014年12月底，武汉—东盟航线共开行航班48班，出口集装箱896标箱。2014年10月9日，武汉水运口岸（河港）获批成为进境粮食口岸，共计进口粮食137.50吨；11月18日，武汉水运口岸（河港）获批成为进境水果指定口岸。

【黄石水运（河港）口岸】 位于长江中游南岸，上距武汉143千米，下距上海982千米。黄石港是湖北省鄂东南地区最大的货物集散地和贸易中转港口，是面向沿江、辐射沿海的水陆交通枢纽。港口直接经济腹地为黄石市（包括大冶市、阳新县），间接经济腹地为鄂州市、黄冈市和咸宁市。1993年6月15日经国务院批准为国家开放口岸（水运），是湖北省第二个国家开放口岸，2004年经国家交通运输部确认为全国53个主要港口之一。

黄石港现有主要生产码头6座，11个生产泊位，码头最大靠泊能力5 000吨级，港口年综合通过能力680万吨。黄石口岸监管区的现场联检楼、卡口、堆场、扣留仓库、信息化系统全面竣工，口岸联检单位已进驻联检大楼办公；黄石口岸检验检疫查验区、卫生处理区、熏蒸区、实验室、检验检疫监管仓库、消毒药品库房、码头电子监管系统等得到全面升级，并投入使用。

2014年黄石口岸工作以抢抓长江经济带新一轮开放开发为契机，以加快保税物流中心建设为重点，以加强口岸大通关建设为抓手，以服务企业发展为中心，增强了全市对外开放功能，提高了口岸进出口货运量，口岸工作亮点纷呈。进出口货运量保持稳定增长。2014年进出口货运量118.7万吨，同比增长0.40%。其中，进口货运量108.3万吨，同比下降0.30%；出口货运量10.4万吨，同比增长8.60%。集装箱吞吐量创历史新高。2014年口岸集装箱吞吐量15 386标箱，同比增长26.20%。其中，进口集装箱吞吐量8 878标箱，同比增长38.00%；出口集装箱吞吐量 6 508 标箱，同比增长 13.00%。

为促进黄石外向型经济发展，助力黄石产业转型升级，黄石口岸将积极加强大通道、大通关、大平台建设，提高口岸通关效率；以引进深圳盐田港为机遇，做好口岸新区的规划建设工作，加快将棋盘洲新港建成亿吨大港，实现区港联动；以保税物流中心为依托，尽快启动综合保税区的申报工作，打造黄石外向型经济新“引擎”。

原二类口岸

经湖北省政府批准开放的口岸 9 个。其中，水运口岸 2 个，分别是宜昌港、荆州港；铁路口岸 4 个，分别是武汉、襄阳、十堰、麻城铁路口岸；公路口岸 3 个，分别是武汉、襄阳、十堰公路口岸。另有海关特殊监管区域 2 个（武汉东湖综合保税区、武汉出口加工区）和 B 型保税物流中心 2 个（武汉东西湖保税物流中心、黄石棋盘洲保税物流中心）。

湖北省口岸大事记

1 月 13 日

湖北省人大常委会党组书记、常务副主任李春明率调研组在武汉海关开展调研。

1 月 29 日

海关总署、财政部、国家税务总局、国家外汇管理局批准设立黄石棋盘洲保税物流中心（B 型），这是湖北省继武汉东西湖保税物流中心后获批的第二家 B 型保税物流中心。

3 月 14 日

香港特别行政区政府驻武汉经济贸易办事处在武汉海关办理机构备案手续。这是香港特别行政区政府继驻京办、驻粤办、驻沪办、驻成都办后在内地设立的第 5 个经贸办事处。

3 月 28 日

湖北顺和海关监管场所顺利通过武汉海关验收。

3 月 31 日

武汉顺丰速运有限公司在天河机场开通武汉至香港全货运出口航班，这是湖北省首条快件全货运航线。

4 月 2 日

湖北省副省长甘荣坤出席由武汉海关牵头组织召开的湖北省 2014 年打击走私综合治理办公室成员单位联席会议。

4 月 11 日

武汉海关“属地申报，属地放行”模式首票无纸化报关单顺利通关。

4 月 14 日

武汉铁路集装箱中心站办理首票出口报关单转关业务，该票货物从武汉铁路集装箱中心站出发，经阿拉山口口岸转关至乌兹别克斯坦的阿布雷克。

4 月 16 日 ~18 日

国家质检总局党组副书记、副局长梅克保在湖北调研质检工作。在鄂期间，梅克保先后考察了中国质检大讲堂选址现场、武汉大学质量发展战略研究院、湖北出入境检验检疫局、湖北省质量技术监督局、烽火集团。

4 月 23 日

“汉新欧”铁路国际货运班列常态化运营举行首发仪式。班列从武汉吴家山铁路集装箱中心站发车，开往波兰。车上装载的 41 个 40 英尺集装箱，均为武汉富士康生产的电子产品。

5 月 5 日

国家质检总局副局长、国家认监委主任孙大伟视察湖北出入境检验检疫局工作。

5 月 7 日

武汉海关“汉 E 通”报关服务平台正式投入应用。

5 月 10 日

宜昌航空口岸开通至台湾包机。台湾复兴航空公司空客 A320 型飞机从宜昌三峡机场起飞，前往台中市清泉岗机场。该航线每周一班，周六执飞。

6 月 10 日

湖北省副省长甘荣坤在宜昌调研，视察宜昌猇亭保税物流中心选址（拟建）及五峰民族工业园区。

6月26日

在海南三亚亚太国际会议中心，宜昌三峡机场作为全球500万人次以下机场的唯一代表，荣获SKYTRAX全球四星级机场称号，携手北京首都国际机场、上海虹桥国际机场、英国伦敦希思罗机场、瑞士苏黎世机场等15个SKYTRAX四星级机场，跻身世界先进机场行列。

7月3日

武汉开通直航马尔代夫航班，每周一班。武汉成为华中地区首个直航马尔代夫的城市。

7月9日

海关总署党组成员、国家口岸管理办公室主任黄胜强在湖北恩施土家族苗族自治州、宜昌市调研口岸工作，实地察看恩施海关机构筹建地点、恩施许家坪机场和宜昌航空口岸。

7月21日

武汉开通至东盟试验航线，班轮从武汉阳逻港出发，3天后抵达上海洋山港，1天内换装海轮出海，沿线驶过越南胡志明港（11天）、柬埔寨西哈努克港，抵达泰国林查班港（15天）。武汉成为打通水陆两条新丝绸之路的首座中部城市。

7月30日

南方航空公司开通武汉至莫斯科直航航班，是继武汉至法国巴黎航线后武汉天河机场开通的第二条直航洲际航线。

8月13日

湖北省副省长甘荣坤到东西湖区调研推动“汉新欧”专列和综合保税区建设工作。

8月15日

武汉海关与湖北出入境检验检疫局签署《关于深化关检协作促进湖北外贸稳定增长合作备忘录》。湖北省副省长甘荣坤出席签字仪式。

9月19日

武汉海关驻东湖综合保税区办事处正式揭牌。

9月28日

黄石棋盘洲保税物流中心（B型）通过预验收。

10月8日

武汉海关开展通关一体化改革试点。

10月9日

武汉阳逻港取得国家首批进境粮食指定口岸资格。

10月20日

武汉海关宣布推出第二批复制推广上海自贸区海关监管新政，分别是集中汇总纳税、加工贸易工单式核销、仓储企业联网监管、集成电路设计企业保税监管和关检合作“三个一”。至此，上海自贸区新政已在湖北省落地13项。

10月21日

湖北出入境检验检疫局武汉经济技术开发区办事处和两个国家重点实验室揭牌开检。

11月14日

由湖北省商务厅（口岸办）、武汉海关、湖北出入境检验检疫局共同推进的“三个一”公共服务平台（一期）完成了基本的开发工作，正式在湖北电子口岸平台上线试运行。

阳逻港正式启动关检合作“三个一”通关模式，并成功办结首票“三个一”通关模式进口业务。

11月18日

国家质检总局批准湖北武汉阳逻港为进境水果指定口岸，成为中西部地区首个获批的进口水果内河水运口岸。

11月20日

湖北省副省长甘荣坤出席黄石棋盘洲保税物流中心（B型）颁证暨揭牌仪式。

12月12日

2014年鄂豫两省部门间CITES执法工作协调小组联席会议在武汉海关召开。

12月15日

东湖综合保税区正式开展保税展示交易业务，首批展示商品有进口水果、红酒、化妆品、母婴用品等6类1 300余种商品。

12月16日

南航“广州—武汉—旧金山”航线开通仪式

在武汉天河机场举行，湖北省副省长甘荣坤出席开航仪式。该航线是中部地区唯一一条中美跨洋洲际直达航线。

黄冈检验检疫办事处（筹）举行揭牌仪式并正式开展检验检疫业务。

12 月 30 日

英国驻武汉总领事馆在武汉海关备案，这是继法国、美国、韩国后第 4 家在武汉开设的总领事馆。

（撰稿人：乔欣荣、陈昆鹏、金伟）

2014 年湖北省口岸流量统计表

口岸类型		口岸名称	货运量（万吨）				集装箱量（万标箱）				人员（万人次）				交通工具（辆、艘、架、列次）			
			出口	进口	合计	同比（%）	出口	进口	合计	同比（%）	出境	入境	合计	同比（%）	出境	入境	合计	同比（%）
空运口岸			0.96	1.17	2.13	+15.40					70.10	70.59	140.68	+28.8	5 307	5 150	10 457	+25.8
		分计																
陆运口岸	公路口岸		0.14	0.01	0.16	−21.30	0.02	0.00	0.02	−46.00								
		分计																
	铁路口岸		1.41	0.01	1.42	+3 467.30	0.21	0.00	0.22	+3 956.60								
		分计																
水运口岸	海港口岸																	
		分计																
	河港口岸		525.52	1 784.88	2 310.40	−0.10	27.39	10.36	37.75	+11.90		0.00				1	1	−75.0
		分计																
合计			528.04	1 786.07	2 314.11	+0.0	27.62	10.36	37.98	+12.50	70.10	70.59	140.68	+28.8	5 307	5 151	10 458	+25.71
同比（%）			+13.90	−3.50	+0.0		+14.20	+8.10	+12.50		+28.64	+29.04	+28.84		+27.63	+23.79	+25.71	

（湖北省口岸办提供）

2014 年武汉海关主要数据统计表

项目		2014 年	同比（%）
进出口货运量（万吨）	合计	2 314. 11	+0. 0
	进口	1 786. 07	- 3. 5
	出口	528. 04	+13. 9
进出口贸易总值（万美元）	合计	2 498 514. 40	+16. 0
	进口	1 264 436. 40	+12. 60
	其中：江、海运输	763 761. 59	- 2. 7
	铁路运输	198. 10	+884. 7
	汽车运输	3 296. 74	- 69. 2
	航空运输	496 639. 72	+51. 8
	邮件运输	112. 48	- 8. 0
	其他运输	427. 78	+3 000. 7
	出口	1 234 078.	+19. 7
	其中：江、海运输	959 670. 61	+8. 5
	铁路运输	13 451. 95	+4 153. 5
	汽车运输	3 997. 36	- 25. 1
	航空运输	254 851. 63	+82. 3
	邮件运输	539. 51	- 37. 0
	其他运输	1 565. 54	+11 003. 1
税收（万元）	两税入库	1 289 152	+6. 2
	关税入库	200 277	+2. 6
	进口环节税入库	1 088 875	+6. 9

表注：上述进出口贸易总值仅指贸易统计项下进出口总值。

（武汉海关提供）

2014 年湖北省口岸出入境主要数据表

<table>
<tr><th colspan="3">项目</th><th>2014 年</th><th>2013 年</th><th>同比（%）</th></tr>
<tr><td rowspan="14">出入境人员
（人次）</td><td colspan="2">出入境人员总数</td><td>1 406 840</td><td>1 091 901</td><td>+28.84</td></tr>
<tr><td colspan="2">入境人员</td><td>705 884</td><td>547 008</td><td>+29.04</td></tr>
<tr><td colspan="2">出境人员</td><td>700 956</td><td>544 893</td><td>+26.84</td></tr>
<tr><td colspan="2">出入境旅客</td><td>1 318 896</td><td>1 021 382</td><td>+29.13</td></tr>
<tr><td colspan="2">出入境员工</td><td>87 944</td><td>70 519</td><td>+24.71</td></tr>
<tr><td rowspan="5">中国公民</td><td>小计</td><td>1 133 813</td><td>862 848</td><td>+31.4</td></tr>
<tr><td>内地居民（因公）</td><td>45 393</td><td>36 386</td><td>+24.75</td></tr>
<tr><td>内地居民（因私）</td><td>1 088 420</td><td>826 462</td><td>+31.7</td></tr>
<tr><td>港澳居民</td><td>40 546</td><td>37 126</td><td>+9.21</td></tr>
<tr><td>台湾同胞</td><td>88 804</td><td>81 157</td><td>+9.42</td></tr>
<tr><td colspan="2">外籍人员</td><td>143 677</td><td>110 770</td><td>+39.71</td></tr>
<tr><td colspan="2">从海港出入境人数</td><td>10</td><td>57</td><td>-82.46</td></tr>
<tr><td colspan="2">从陆港出入境人数</td><td></td><td></td><td></td></tr>
<tr><td colspan="2">从空港出入境人数</td><td>1 406 830</td><td>1 091 844</td><td>+28.85</td></tr>
<tr><td rowspan="5">交通运输工具
（辆、艘、架、列次）</td><td colspan="2">总计</td><td>10 458</td><td>8 319</td><td>+25.71</td></tr>
<tr><td colspan="2">船舶</td><td>1</td><td>4</td><td>-75.00</td></tr>
<tr><td colspan="2">飞机</td><td>10 457</td><td>8 315</td><td>+25.76</td></tr>
<tr><td colspan="2">火车</td><td></td><td></td><td></td></tr>
<tr><td colspan="2">机动车辆</td><td></td><td></td><td></td></tr>
</table>

（湖北省公安边防总队提供）

2014 年湖北省出入境检验检疫业务统计表

项目	货物检验检疫				交通工具				集装箱（标箱）		发现动植物疫情		货物通关		出入境人员查验（人次）	健康检查及预防接种（人次）			
	批次	金额（万美元）	检验检疫不合格																
			批次	金额（万美元）	船舶（艘）	飞机（架）	火车（列）	汽车（辆）	合计	检出问题	种类数	种次	批次	金额（万美元）		健康检查	艾滋病监测	发现病例	预防接种
本年累计	60 746	586 861	794	10 749.7		9 617			274 166	405	134	5	41 588	468 107	1 346 826	36 519	34 572	7 768	40 328
其中 出境	49 287	422 220	68	1 528.1		4 826			175 823	25			23 259	206 218	668 917	30 305	30 002	7 672	40 257
其中 入境	11 459	164 641	726	9 221.6		4 791			98 343	380	134	5	18 329	261 889	677 909	6 214	4 570	96	71
同比（%）	-33.1	-30.45	+6.01	-4.32		+19.76			+1.7	-32.0			-1.01	-15.7	+27.5	+5.6	+5.0	-37.7	+1.5
其中 出境	-36.58	-29.25	+38.78	+350.5		+20.04			+1.1	-89.9			-19.1	-20.67	+26.0	-4.8	-2.3	-36.9	+1.4
其中 入境	-12.4	-33.36	+4.14	-11.5		+19.48			+2.6	+9.2			+4.5	-11.4	+29.1	+125.55	+105.3	-68.93	+24.56

（湖北出入境检验检疫局提供）

2014年长江海事局进出港船舶统计汇总表

船舶类别	进港船舶							出港船舶						
	艘数（艘）	总吨（吨位）	总载重量（吨）	载客量（客位）	船员人数（人次）	货物到达量（吨）	旅客到达量（人）	艘数（艘）	总吨（吨位）	总载重量（吨）	载客量（客位）	船员人数（人次）	货物发送量（吨）	旅客发送量（人）
总计	8 385	25 098 129	38 569 136	192	87 749	16 732 736.61		8 441	25 430 335	39 051 396	437	87 980	15 285 135.68	
中国籍船舶	8 253	24 798 079	38 071 424	192	86 313	16 624 434.33		8 295	25 103 835	38 518 433	437	86 449	15 024 339.62	
其中外贸船	32	109 312	163 422		413	63 005.93		35	116 519	165 620		456	129 319.98	

（长江海事局提供）

湖 南 省

湖南省口岸分布示意图

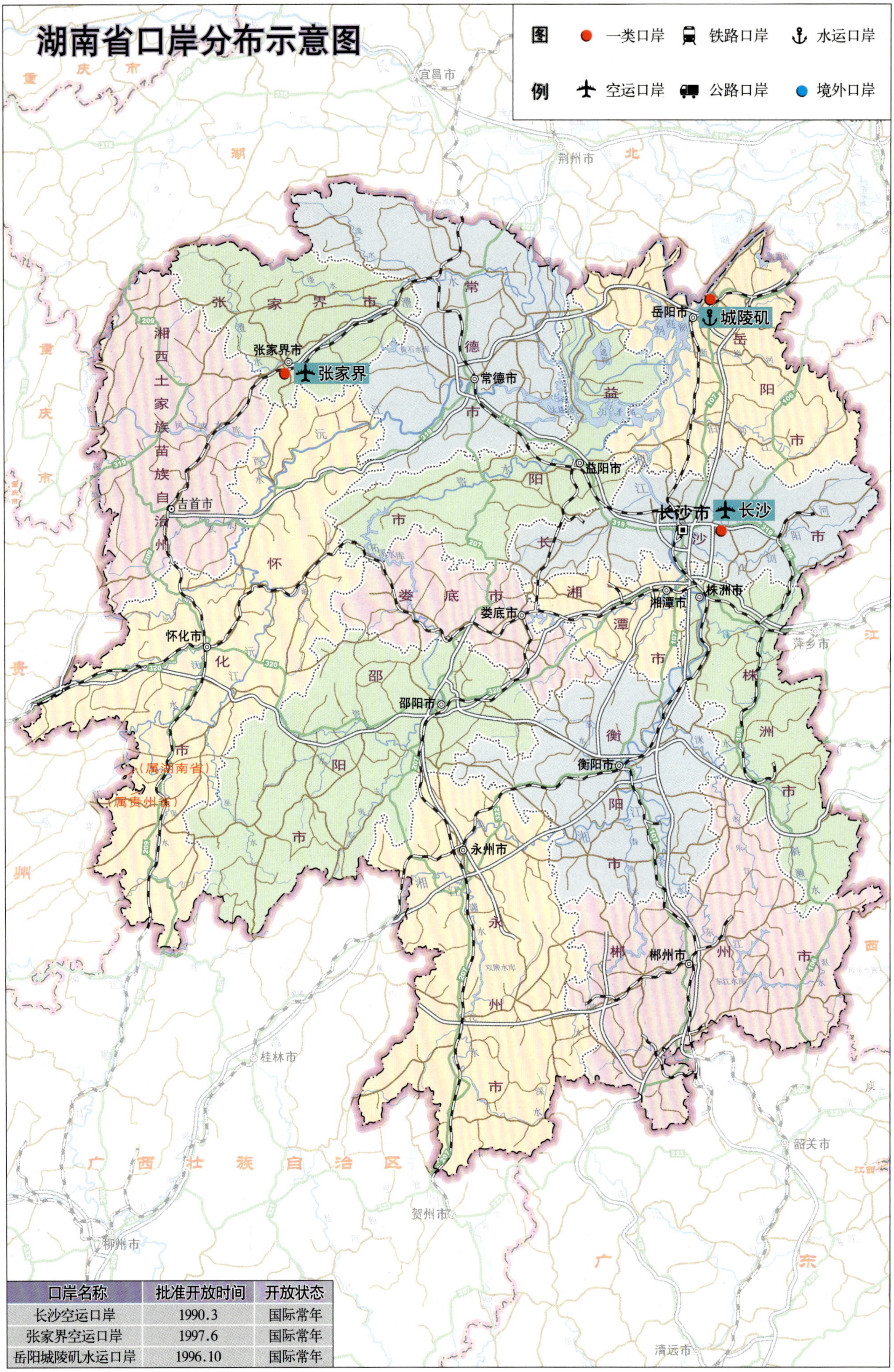

口岸名称	批准开放时间	开放状态
长沙空运口岸	1990.3	国际常年
张家界空运口岸	1997.6	国际常年
岳阳城陵矶水运口岸	1996.10	国际常年

口岸数量及分布

截至2014年年底，湖南省共有经国务院批准对外开放口岸3个。其中，空运口岸2个，分别为长沙空运口岸（长沙黄花国际机场）和张家界空运口岸（张家界荷花国际机场）；水运（河港）口岸1个，即岳阳城陵矶河港口岸。

口岸运行数据

2014年，湖南省外贸进出口货值为310.27亿美元，同比增长23.30%。其中，出口货值200.23亿美元，同比增长35.10%；进口货值110.04亿美元，同比增长6.40%。按运输方式分，水路运输货值197.49亿美元，同比增长20.43%；铁路运输货值9.78亿美元，同比减少24.54%；公路运输货值55.10亿美元，同比减少7.46%；航空运输货值33.94亿美元，同比增长124.30%；邮件运输货值0.01亿美元，同比减少29.20；其他运输方式货值13.95亿美元，同比大幅增长。

2014年，长沙海关关区进出口货值为121.80亿美元，同比增长24.70%。其中，进口货值76.70亿美元，同比增长17.90%；出口货值45.10亿美元，同比增长38.20%。

从进出口货物情况看，2014年进口货值排前3位的商品是：铁矿砂及其精矿，19.53亿美元，同比减少18.50%；集成电路，5.43亿美元，同比增长285.40%；铅矿砂及其精矿，5.14亿美元，同比增长70.00%。进口量较大的还有经其他加工的翡翠、银矿砂及其精矿、原油等。出口货值排前3位的商品是：服装及衣着附件，14.81亿美元，同比增长170.30%；钢材，13.04亿美元，同比增长33.10%；鞋类，7.21亿美元，同比增长86.70%。出口量较大的还有手持式无线电话机零件（天线除外）、陶瓷产品等。

2014年，湖南省口岸进出境人员137.92万人次，同比增长33.10%。其中，空港出入境137.90万人次，同比增长33.10%。长沙空运口岸（黄花机场）出入境人员为120.40万人次，同比增长30.59%；张家界空运口岸（张家界荷花国际机场）出入境人员为17.50万人次，同比增长53.51%。全省口岸出入境旅客为129.91万人次，同比增长33.60%；出入境员工7.99万人次，同比增长25.50%。进出境内地居民为68.85万人次，同比增长48.29%；进出境港澳居民2.56万人次，同比增加11.60%；进出境台湾同胞18.19万人次，同比增长25.70%；进出境外籍人员48.30万人次，同比增长19.50%。湖南省公安厅人口出入境管理局办理口岸落地签证5.66万人次，同比增长32.70%。

2014年，湖南省口岸进出境交通工具8 985架（艘）次，同比增长28.60%。其中，空运口岸进出境航班8 984架（艘）次，同比增长28.60%；水运口岸进出境船舶1艘次，同比减少90.00%。长沙空运口岸（黄花国际机场）进出境航班7 726架次，同比增长26.14%。张家界航空口岸（张家界荷花国际机场）进出境航班1 258架次，同比增长46.11%。岳阳城陵矶水运（河港）口岸进出境船舶1艘次。

口岸综合管理

【口岸开放全面推进】 2014年4月28日，长沙霞凝陆路口岸作业区正式通过省政府联合验收组验收，并于同日开通至深圳“五定班列”；岳阳综合保税区于7月5日获国务院正式批复设立，正进行设施建设及项目引进；9月9日，湖南首家综合保税区——衡阳综合保税区正式封关运行；12月16日，湘潭综合保税区顺利通过省政府和长沙海关的联合预验收；长沙综合保税区申报进程加快。12月8日，常德盐关水运口岸作业区正式通过验收，对外开放。郴州与广州港、湖南兴义物流公司、浩通国际货运代理公司合作共建陆路口岸暨内陆无水港，永州供港澳农产品集中验放场项目建设加快推进。

【口岸功能进一步完善】 2014年8月14日，海关总署、财政部、国家国税总局等三部委下发通知，岳阳城陵矶水运（河港）口岸于9月1日起实行启运港退税政策试点；11月3日，岳阳城陵矶进口肉类指定口岸通过国家质检总局验收正式投入运营；汽车整车、粮食、固体废物进口指定口岸成功获批建设，相关业务正有序推进。长沙空运口岸72小时过境免签业务通过各单位协调论证，并以省政府名义上报国务院。永州正在进行陆路口岸申报进境水果指定口岸可行性研究论证，并按国家质检总局规定的水果口岸建设标准进行了规划设计。

【国际航线持续拓展】 2014年6月23日湖南省第一条真正意义上的欧美航线——长沙至德国法兰克福航线正式开通，上座率稳中有升；首条美洲航线，长沙—安克雷奇—洛杉矶航线于12月28日首航。加上原有前往泰国曼谷，韩国首尔、济州岛、釜山，中国香港、中国台湾方向的定期国际和地区航班，以及前往泰国普吉和甲米、印度尼西亚巴厘岛及马尔代夫等包机国际航线，口岸高峰时段周出入境航班达200余架次，航线达到20余条。长沙至香港全货运包机于12月26日开通。

【“湘欧快线”成功开行】 2014年10月30日“湘欧快线”国际货运班列双列首发，年内超计划成功试运行4趟班列。班列按照“一主两辅”线路设计，主线约18天抵达德国杜伊斯堡，两条辅线目的地分别为乌兹别克斯坦塔什干和俄罗斯莫斯科，在途11天左右。班列主要承运湖南省内外的电子产品、工业机械、无缝钢管、玩具、化工产品、茶叶、瓷器等七大类产品。“湘欧快线”引入“高铁”理念，通过优化通关流程、强化运输协作，大大缩短了物流运输时间，并做到实时向客户反馈货物信息，确保货物在途全程安全可控。成功的运行令广大客户十分满意，计划于2015年实行常态化运行。

【电子口岸快速发展】 湖南电子口岸成功构建了上连中国电子口岸，下连地市州口岸、园区平台，横连海关、检验检疫等联检单位的对外接入平台。项目建设上，已完成“陆路、水运、空运”三大类型的口岸信息服务平台和“加工贸易、危爆物品、特殊监管区域”三大应用项目平台建设；与海关、检验检疫协同构建湖南电子口岸的通关物流信息中心、通关业务服务中心和通关辅助监管中心；湖南关检合作“三个一”信息系统，已在3个监管场所实现了海关及检验检疫部门的“三个一”的目标。

【口岸通关改革深入实施】 积极落实全国口岸工作座谈会精神，协调海关、检验检疫部门签署了合作备忘录，优先启动全面推进关检合作“三个一”作业、区域通关一体化改革、“单一窗口”建设和通关单无纸化改革等4个合作项目。以湖南省政府名义致函海关总署，对加快海关特殊监管区域整合优化改革，提出支持湖南增设联检分支机构，支持内陆地区增设一类口岸及海关特殊监管区等口岸平台，复制推广上海自贸区政策等合理化建议。协调办理开通醴陵至深圳盐田烟花爆竹铁路出口通道有关事宜，力争疏通湖南烟花出口“南通道”。

【口岸跨区域合作不断深化】 组织赴新疆、内蒙古开展口岸交流对接，分别签署了《湖南新疆加强口岸合作框架协议》和《湖南省与内蒙古自治区加强口岸合作框架协议》。协议主要包括通关合作、国际物流运输合作、“湘欧快线”运营及健全沟通机制等方面。两地海关、检验检疫、铁路运输方面也分别对口签署了单项协议。

【口岸参谋辅政再上新台阶】 加强口岸辅助监管队伍建设和专项资金管理，以省政府名义起草《湖南省边防辅警、海关协管员、出入境检验检疫协检员管理办法（试行）》，增加协警、协管和协检人员40名；起草了《湖南空运口岸发展专项资金管理办法》。参与省政协临港临空产业发展调研，并负责调研方案总体设计及子课题组织调度，完成《湖南临空产业发展口岸子课题研究报告》、《打造岳阳水运口岸升级版提速湖南通江达海大通道》及《组建湖南航空调研报告》等3项子报告；参与长江经济带建设、“十三五”全省开放型经济发展规划等政策研究等。

口岸监管与服务

【长沙海关改革创新取得新进展】 长沙海关全面推动各项改革任务，通关作业无纸化率为83.60%，在中部六省排第1位。通关一体化改革在抓好长株潭试点、全省推广的基础上，顺利与长江经济带区域海关对接，跨关区一体化报关单为8 981票。加强与检验检疫部门协作配合，关检合作“三个一”实现业务现场全覆盖。复制推广上海自贸区5项监管创新制度。集中汇总纳税改革试点在关区两家高资信企业启动实施。积极推进跨境电子商务创新发展，试行了“E邮宝”跨境电子商务出口监管业务，支持启动长沙跨境电商零售出口试点。

【长沙海关助推湖南开放型经济发展】 长沙海关出台18项支持措施，助推湖南外贸首破300亿美元，同比增长23.30%。2014年11月18日星沙海关开关，承担长沙、益阳、怀化三市辖区业务，为湖南开放发展增添了新平台。加强与口岸海关通关协作，支持湖南畅通国际大通道，优化国际物流布局，推动湖南外贸物流更加顺畅。深化关企合作，与102家企业签署了关企合作备忘录；建立“三重”联系服务制度，关领导带队走访调研重点企业80余家，解决实际问题100多个。

【长沙海关强监管严把关】 长沙海关强化税收，入库税款65.95亿元人民币，同比增长12.10%。积极优化监管查验机制，上线运行新舱单和运输工具系统，规范邮递快件业务监管，开展监管场所专项整治，加快信息化联网建设，综合监管效能稳步提升，2014年进出口平均查验率为5.98%，查获率为18.76%。创新加贸保税监管模式，加贸合同备案金额57.20亿美元，同比增长78.80%；内销征税1.40亿元人民币，同比增长18.10%。优化工作机制，风险布控水平、规范申报率、专项稽查查发率保持较高水平，特别是对汽车特许权使用费专项稽查取得重大突破。

【湖南出入境检验检疫局严把产品质量关】 湖南出入境检验检疫局实施出入境货检7万批，货值44.30亿美元，检出不合格商品0.08万批，0.36亿美元，严格保障烟花爆竹、打火机等出口危险品和进口废物原料安全。开展进出口重要消费品安全专项检查、输非产品打假及8个检出率督查等活动，严厉打击出口假冒伪劣商品，“双打”排查331家企业，查获并制止388批、货值1 227万美元的不合格商品出口。严格食品安全监管，销毁20.40吨受阪崎肠杆菌污染的奶粉，退运48.30吨不合格进口公干鱼。加强风险管理，收集进口工业产品风险信息110条，进出口食品安全风险信息15条。

【湖南出入境检验检疫局确保国门公共安全】 湖南出入境检验检疫局截获进境有害生物150种类、3 512种次，同比分别增长27.20%、190.10%。发现检疫性有害生物15种，同比增长114%。查验出入境邮件417.80万件，截获禁止进境邮寄物207批，同比增长41.80%。发现发热或有传染病症状旅客284例，确诊33例；发现核生化有害因子超标105例，同比增长81.00%。通报埃博拉疫情发生国来华人员276名，其中埃博拉出血热留观病例7例，经检测均排除疫情。

【湖南出入境检验检疫局16项措施优通关便企业促外贸】 湖南出入境检验检疫局推出16条措施促进外贸稳定增长。提升贸易便利化水平5项，包括：实施出口货物检验检疫“通报、通签、通放”；简化申报数据项目，减少随附单证种类，实施报检随附单据电子化；将分类管理推广至出口食品、农产品生产企业和经营企业；推行与海关“三个一”工作；紧密对接泛长三角、泛珠三角检验检疫区域和口岸检验检疫机构合作，实现口岸功能内移。服务开放发展4项：参与“一部一带”、长株潭“两型”试验区发展战略；支持临空临港经济发展；支持先进技术设备、关键零部件和优质资源性产品进口；对接复制上海自贸区检验检疫政策创新。促进出口产业提质增效2项：大力推进出口工业品、食品、农产品质量安全示范区建设，重点打造长沙工程机械、株州轨道交通、浏阳花炮、醴陵陶瓷等出口基地，促进产业集聚，增强品牌效应；通过标准引领、品牌带动、技术支撑等全面提升湖南出口产品质量。服务外贸企业5项：将出口企业注册登记备案等权限下放至分支机构；及时将受理、证单签署、换证凭单等信息反馈给企业；充分发挥进出口公共技术服务平台的作用，为企业提供技术支持；加强对湖南主要出口市场技术性贸易措施的跟踪研究；简化原产地证书申签手续，全面开展原产地申报企业分类管理，帮助企业利用政策获得国外减免关税待遇。

【关检“三个一”通关模式正式启动】 长沙海关和湖南出入境检验检疫局正式启动“三个一”通关模式，企业只需通过“三个一”申报界面一次输入即可完成报关和报检的录入，海关和检验检疫部门根据“一次当场、一次开箱”原则进行查验，放行信息自动对碰，实现联网核放，查验时间减少50.00%以上。实施“三个一”，企业向海关和检验检疫部门的申报项目录入从原来的143项合并为84项，减少59项，企业申报时间提高40.00%以上。“三个一”通关模式将逐步推广至全省所有关检机构、所有通关现场、所有依法需要报关报检的货物和物品。

【湖南省边防总队科技强警服务大通关】 边防总队加快“数字边检”建设步伐，共投入300百余万元对3个口岸现场进行了查验网络提速升级，完善口岸限定区域监控系统；研发“小工具、小系统、小模块、小程序、小平台”。完成长沙口岸边检自助查验通道建设并报请验收，正式启用后，50.00%以上的旅客将在25秒内实现自助通关。探索边检“小前台、大后台”的勤务模式，前台专一负责人证对照、信息采集等基础工作，后台集成整合风险评估、指挥调度、问题处置等职能，让旅客通关更舒心便捷，口岸管控更精准有效。

【湖南省边防总队严密管控打造平安口岸】 总队拓展梅沙系统、EDISON系统、证件联网鉴别系统、面像查控系统、监控系统应用，主动收集、分析出入境各项数据和情况，每月进行口岸管控风险动态评估和预警，提前做好处置准备，做到口岸管控关口前移。突出管控重点，严密口岸管控措施。推动边检机关从入境手续办理向入境审查转变，将出境检查重点放在查控工作及重点人群的检查上。深化跨警协作，完善与公安、国保、安全、宗教、外事、应急办及口岸联检等单位的工作协作机制，定期召开联席会议，交流反恐维稳情况，扩大信息资源共享，强化对可疑对象的甄别处理合作。

【湖南省边防总队开展提高服务水平外部评价活动】 边防总队采取现场随机抽样问卷调查的方式开展了提高服务水平外部评价活动，主动接受服务对象和社会各界对边检执法服务的监督和评价。活动期间，共收集有效问卷394份。其中，内地旅客111份，占28.17%；港澳台旅客124份，占31.47%；外国旅客159份，占40.36%。经统计分析，近年来湖南省各边检站开展提高边检服务水平工作取得了良好成效，得到广大出入境旅客、涉边企业及口岸联检单位的认可，但在通关设施便利化程度、通关速度和通关秩序等方面还有待改进。下一步总队将继续抓好外部评价工作，更加客观地反映各单位服务情况，促进提高服务水平工作深入开展。

【岳阳海事局多举措改善通航秩序】 通过功能分区、总量控制、分级预警等措施保证3个通道畅通。启动洞庭湖口水域航路改革工作，联合地方海事局起草了《岳阳扁山至城陵矶水域通航管理规定》。加强了电子巡航与现场联动，强化旅游客船、一类危险品船等重点船舶的跟踪维护；加强超载检测系统的维护和使用，形成了全时电子巡航、高峰现场巡航、夜间错时巡航互为补充的长江巡航新模式，车船年巡航里程160万千米，巡航频度力度不断加大。

开放口岸

【长沙空运口岸（长沙黄花国际机场）】 位于长沙县黄花镇，距长沙市中心24.2千米，1990年开放。目前飞行区等级为4E级，是湖南省规模最大的民用机场，也是湖南首个国家开放口岸。黄花机场共有43家中外航空公司在长沙运营，中国南方航空公司、厦门航空公司在此设立运营基地，机场每周航班执行密度超过2 300架次，航班可供座位数每周达30万个。长沙航空口岸实行24小时通关，推行无纸化通关、“属地报关、口岸验放”、风险分级管理等措施及“10－5－3－1”边检服务法、4S服务模式。

截至2014年，长沙黄花国际机场国际通航城市达29个，开通了长沙—法兰克福、长沙—安克雷奇—洛杉矶两条欧美航线，至此，湖南省航空网络正式覆盖至欧美地区。开通长沙往返中国香港、中国台湾、新加坡、韩国、泰国、印度尼西亚、菲律宾、越南、马尔代夫等多条国际（地区）航线，以及至法兰克福、巴黎、伦敦、洛杉矶、温哥华、悉尼和墨尔本等7条欧美内部代码共享航线。2014年，长沙黄花国际机场旅客吞吐量突破1 800万人次，出入境人数达137.90万人次，同比增长33.10%。

【张家界空运口岸（张家界荷花国际机场）】 张家界空运口岸地处湖南张家界，坐落在中国国家5A级景区“武陵之魂天门山”脚下，是湖南第二个空运口岸。张家界拥有丰富的旅游资源，是国内外重要的游客集散地，旅游资源富集，是首批国家旅游综合改革试点城市之一。2014年湖南出入境检验检疫局张家界机场办事处综合实验楼投入使用，张家界荷花国际机场货运站建设主体基本完成。

2014年，张家界空运口岸积极致力于国际（地区）航线的开拓，取得了显著成绩。新开境外航点1个（台中），引进航空公司1家（韩国德威航空）。全年有11家航空公司执飞张家界口岸航线，全年出入境人员17.50万人次，出入境航班1 258架次，同比分别增长53.56%和45.77%。2014年口岸台胞落地签注办理297人次（其中一次性台胞签注56人次）。张家界空运口岸（张家界荷花国际机场）自1999年开放以来，累计通关旅客45万余人次，口岸出入境航班4 000余架次。

【岳阳城陵矶水运（河港）口岸】 位于岳阳城陵矶港，1996年获国务院批准正式对外籍船舶开放，是目前湖南唯一的国家开放水运口岸。处于长江与洞庭湖交汇处的城陵矶港是“长江八大良港”之一，距岳阳市中心区7.50千米，主航道通航水深4.50米，全港岸线22.34千米，堆场总面积45万平方米，各类泊位15个，其中3 000吨～5 000吨级深水泊位5个。2005年，城陵矶被交通运输部列为全国主要内河港口；2008年被国家定为内河对台水运直航口岸；2009年城陵矶松阳湖新港正式开港运营；2010年长江干线武汉至城陵矶河段海轮航道开通；2011年开通至宁波、上海等港口“五定”始发班轮航线，并开启宜昌、川江、重庆等地货物在城陵矶新港中转的新模式；2012年城陵矶口岸至香港、澳门直达航线正式开通，成为长江中上游首条直达港澳航线；2013年岳阳城陵矶进口肉类指定口岸获批建设，2014年11月3日获准正式投入运营；2014年10月9日岳阳城陵矶口岸的新港码头、老港码头、华粮码头3个查验点获批为湖南第一批进境粮食指定口岸；2014年7月5日国务院正式批准同意设立岳阳城陵矶综合保税区；2014 年 7 月 1 日国务院批准同意岳阳城陵水运（河港）口岸为汽车整车进口口岸。2014 年，城陵矶口岸完成集装箱吞吐量 21.05 万标箱，同比增长 4.60%；出口货物 1 836 万吨，集装箱 18.25 万箱，同比分别增长 13.10% 和 5.70%；至上海“五定班轮”开行 234 班次，发运出口集装箱 4.08 万标箱。

湖南省口岸大事记

1 月

长沙海关通关作业无纸化改革实现关区所有业务现场全覆盖。

2 月 28 日

加快发展临港临空产业调研启动会在长沙召开。

4 月 16 日

《岳阳口岸限定区域管理规定》正式颁布实施。

4 月 17 日

张家界空运口岸台湾居民口岸落地签注正式开通。

4 月 28 日

长沙霞凝陆路口岸正式通过湖南省政府联合验收组验收对外开放，长沙霞凝至深圳“五定班列”正式开通。

4 月

省文明办授予岳阳城陵矶口岸管理服务中心、长沙金霞保税物流中心、张家界荷花机场国际厅、郴州出入境检验检疫局等 4 家单位 2013 届省级“文明窗口单位”荣誉称号。

5 月 1 日

长沙海关“属地申报，属地放行”的通关模式进一步扩大到经营单位为 A 类且申报单位为 B 类（含 B 类）以上企业的进出口货物。

5 月 20 日 ~21 日

湖南省省长杜家豪考察中国（上海）自由贸易试验区及上港集团。

5 月 30 日

中共中央办公厅、国务院办公厅批复同意《湖南省人民政府职能转变和机构改革方案》。方案将湖南省政府办公厅的口岸工作职责划入省商务厅。

6 月 5 日

张家界至台中双向直航包机正式开通。

6 月 24 日

湖南省首条洲际直达航线——长沙至德国法兰克福航线正式开通。

7 月 1 日

国务院正式致函湖南省批准设立岳阳城陵矶汽车整车进口口岸。

7 月 5 日

岳阳城陵矶综合保税区获国务院批复同意。

7 月 24 日

湖南省委书记、省人大常委会主任徐守盛来到岳阳城陵矶水运（河港）口岸，调研项目建设和经济运行情况。

8 月 12 日

湖南省省长杜家豪赴长沙新港调研港口建设和水运发展情况。

8 月 14 日

湖南省省长杜家豪赴岳阳城陵矶口岸和临港新区，考察口岸建设工作和经济运行情况。

8 月 18 日

长沙海关完成新舱单系统的正式切换，黄花国际机场所有直接进境货物均向新舱单系统进行舱单申报和理货报告。

8 月 28 日

长沙海关与湖南出入境检验检疫局签署合作备忘录，提高关检双方行政执法效能，进一步提升通关运作效率。

9月1日

即日起，岳阳城陵矶口岸被纳入启运港退税范围。

9月9日

湖南首个综合保税区——衡阳综合保税区举行封关运行仪式。

9月12日

郴州市政府与广州港股份有限公司、湖南兴义物流有限公司、浩通国际货运代理有限公司签署了郴州内陆港建设战略合作框架协议。

9月15日

长沙海关和湖南出入境检验检疫局决定即日起起对湖南口岸进出境货物实施通关单无纸化试点。

长沙海关正式启动“长株潭”通关一体化改革试点。

9月25日

湖南与新疆口岸办签署《湖南新疆加强口岸合作框架协议》。

9月30日

湖南省政府向国务院申请长沙空运口岸入境过境外国人72小时免签政策。

10月9日

国家质检总局批准岳阳城陵矶口岸3个码头查验点作为湖南首批进境粮食指定口岸。

10月16日

电子口岸“三个一”公共服务平台项目正式上线。

湖南出入境检验检疫局在永州召开“树标杆、重质量、保安全”工作会议。

10月30日

湘欧国际货运班列长沙—杜伊斯堡、长沙—塔什干双线首发。

11月3日

国家质检总局批准同意将岳阳城陵矶水运口岸列为进口肉类指定口岸，从即日起按照国家有关法律法规规定开展肉类进口贸易。

11月3日~5日

海关总署、财政部、国家发展改革委和国家外汇管理局等四部委调研组在岳阳、长沙调研综合保税区工作。

11月4日

《湖南省商务厅主要职责内设机构和人员编制规定》（湘政办发〔2014〕99号）明确，将省口岸办职责划入省商务厅。省商务厅内设口岸处，湖南省电子口岸服务中心为省商务厅所属事业单位。

11月10日

湖南与内蒙古口岸办签署《湖南省内蒙古自治区加强口岸合作框架协议》。

11月18日

星沙海关开关，正式对外办理海关业务。

11月20日

电子口岸岳阳水运口岸项目正式上线。

11月25日

第二届湘鄂赣内河口岸检验检疫工作交流会在岳阳召开。

12月1日

包括长沙海关在内的长江经济带九省二市的12个直属海关全面启动长江经济带海关区域通关一体化改革。

长沙空运口岸（黄花国际机场）边防检查自助通道建成。

12月8日

常德盐关水运口岸通过湖南省政府联合验收组验收，正式对外开放。

12月16日

长沙海关国际邮件征税查询系统上线。

12月25日

湘南进出口食品（农副产品）检测中心项目在永州正式开工。

12月26日

湖南省首条全货运包机航线长沙—香港航线开通。

12月28日

湖南省首条美洲航线长沙—安克雷奇—洛杉矶航线正式开通。

（撰稿人：罗专、马显佳）

2014 年湖南省口岸流量统计表

口岸类型	口岸名称	进出口货运量（万吨）				国际集装箱运量（万标箱）				出入境人员（万人次）				出入境交通工具（辆、艘、架、列次）			
		出口	进口	合计	同比（%）	出口	进口	合计	同比（%）	出境	入境	合计	同比（%）	出境	入境	合计	同比（%）
空运口岸	长沙空运口岸	0. 26	0. 17	0. 44	+38. 17					60. 32	60. 07	120. 40	+30. 58	3 865	3 861	7 726	+26. 14
	张家界空运口岸									8. 75	8. 76	17. 50	+53. 51	629	629	1 258	+46. 11
	分计	0. 26	0. 17	0. 44	+38. 17					69. 07	68. 83	137. 90	+33. 11	4 494	4 490	8 984	+28. 60
水运口岸	岳阳城陵矶水运（河港）口岸	397. 15	1 439. 67	1 836. 82	+13. 17	9. 51	8. 74	18. 26	+5. 73	0. 01	0. 01	0. 02	+11. 0	1		1	-90. 00
合计		397. 41	1 439. 84	1 837. 26	+13. 20	9. 51	8. 74	18. 26	+5. 73	69. 08	68. 84	137. 92	+33. 10	4 495	4 490	8 985	+28. 43

（湖南省口岸办提供）

2014 年长沙海关主要数据统计表

项目		2014 年	同比（%）
进出口贸易总值（万美元）	合计	3 102 728	+23.3
	进口	1 100 380	+6.4
	其中：江、海运输	667 422	－0.4
	铁路运输	44 655	－22.7
	汽车运输	151 591	－26.7
	航空运输	163 315	－64.7
	邮件运输	3	－75
	其他运输	73 395	+1 401 044.2
	出口	2 002 348	+35.1
	其中：江、海运输	1 307 460	+34.9
	铁路运输	53 128	－26.0
	汽车运输	399 409	+2.8
	航空运输	176 106	+237.5
	邮件运输	94	－24.8
	其他运输	66 151	+413 343.8
进出口货运量（万吨）	合计	2 172.8	+11.3
	进口	1 985.5	+9.6
	出口	187.3	+34.6
税收（万元）	两税入库	659 092.9	+12.2
	关税入库	82 334.6	+26.1
	进口环节税入库	576 758.3	+10.3

（长沙海关提供）

2014 年湖南省口岸出入境主要数据表

项目			2014 年	2013 年	同比（%）
出入境人员（人次）	出入境人员总数		1 379 018	1 036 124	+33.1
	入境人员		688 291	519 124	+32.6
	出境人员		690 727	517 000	+33.6
	出入境旅客		1 299 098	972 436	+33.6
	出入境员工		79 920	63 688	+25.5
	中国公民	小计	896 016	631 929	+41.8
		内地居民（因公）	26 243	16 288	+61.1
		内地居民（因私）	662 266	448 005	+47.8
		港澳居民	25 582	22 927	+11.6
		台湾同胞	181 925	144 709	+25.7
	外籍人员		483 002	404 195	+19.5
	从海港出入境人数		156	141	+10.6
	从陆港出入境人数				
	从空港出入境人数		1 379 005	1 035 983	+33.1
交通运输工具（辆、艘、架、列次）	总计		8 985	6 996	+28.4
	船舶		1	10	-90.0
	飞机		8 984	6 986	+28.6
	火车				
	机动车辆				

（湖南省公安边防总队提供）

2014 年湖南省出入境检验检疫业务统计表

项目	货物检验检疫				交通工具				集装箱（标箱）		发现动植物疫情		货物通关		出入境人员查验（人次）	健康检查及预防接种（人次）			
	批次	金额（万美元）	检验检疫不合格																
			批次	金额（万美元）	船舶（艘）	飞机（架）	火车（列）	汽车（辆）	合计	检出问题	种类数	种次	批次	金额（万美元）		健康检查	艾滋病监测	发现病例	预防接种
本年累计	70 318	442 994	823	3 585		9 004		630	103 165	3 092	147	3 512	24 497	174 615	1 374 089	19 154	17 351	2 389	20 348
其中 出境	61 038	305 341	388	1 208		4 526		630	52 686				17 412	88 550	688 566	15 747	14 415	2 168	20 323
其中 入境	9 280	137 653	435	2 378		4 478			50 479	3 092	147	3 512	7 085	86 065	685 523	3 407	2 936	221	25
同比（%）	-27.20	-21.25	+57.06	+4.98		+29.15		-40.45	+17.97	+160.71	+26.72	+190.01	-0.65	-0.26	+32.80	+6.16	+8.49	+30.62	-13.32
其中 出境	-30.52	-28.58	+8.99	-9.04		+29.72		-40.45	-1.62				-2.42	-14.08	+33.55	+4.35	+6.81	+35.67	-13.32
其中 入境	+6.15	+1.96	+158.93	+13.94		+28.57			+48.91	+160.71	+26.72	+190.01	+3.99	+19.52	+32.06	+15.41	+17.58	-4.33	-10.71

（湖南出入境检验检疫局提供）

2014 年湖南海事局进出港船舶统计汇总表

船舶类别	进港船舶							出港船舶						
	艘数（艘）	总吨（吨位）	总载重量（吨）	载客量（客位）	船员人数（人次）	货物到达量（吨）	旅客到达量（人）	艘数（艘）	总吨（吨位）	总载重量（吨）	载客量（客位）	船员人数（人次）	货物发送量（吨）	旅客发送量（人）
总计	14 074	49 238 796	73 858 194			28 197 687	88 477	14 075	49 264 854	73 897 281			64 523 421	84 939
中国籍船舶	14 048	49 166 762	73 750 143			28 188 684	88 477	14 050	49 194 752	73 792 128			64 482 217	84 939
其中外贸船	26	72 034	108 051			9 003		25	70 102	105 153			41 204	

（岳阳海事局提供）

广　东　省

口岸数量及分布

截至2014年年底，广东省共有经国家批准的对外开放的口岸57个。其中，空运口岸5个，分别是广州空运口岸（广州白云国际机场）、深圳空运口岸（深圳宝安国际机场）、湛江空运口岸（湛江机场）、梅州空运口岸（梅县机场）、揭阳空运口岸（揭阳潮汕国际机场）；陆路（铁路）口岸5个，分别是深圳、广州、东莞、肇庆、佛山铁路口岸；陆路（公路）口岸9个，分别是文锦渡、沙头角、皇岗、罗湖、深圳湾、福田、拱北、横琴、珠澳跨境工业区（专用）公路口岸；水运（海港、河港）口岸39个，分别是广州、南沙、莲花山、赤湾、大亚湾（专用）、大铲湾、妈湾、东角头、蛇口、盐田、西冲、珠海、九洲、湾仔、万山、汕头、潮阳、南澳、惠州、汕尾、潮州、阳江、湛江、茂名、揭阳、广海、梅沙海港口岸27个，虎门、新会、三埠、江门、肇庆、南海、斗门、鹤山、中山、容奇、高明、新塘河港口岸12个。

口岸运行数据

2014年，广东省口岸进出境人员3.74亿人次（约占全国的76.5%），同比增长6.8%。其中，入境人员1.865亿人次，同比增长6.6%；出境人员1.871亿人次，同比增长6.6%。出入境交通工具1 943.6万辆（艘、架、列）次（约占全国75%），同比下降1.4%。其中，船舶19.1万艘次，同比增长11.1%；飞机9.7万架次，同比增长5.2%；火车1.5万列次，同比下降3.6%；机动车辆1 905.3万辆次，同比下降1.6%。进出口货运量4.3亿吨，同比增长9.4%（加上向港澳供水，出口水8.2亿吨，进出口货运总量为12.5亿吨，约占全国总量的32.1%）。其中，进口2.58亿吨，同比下降0.7%；出口1.72亿吨，同比增长28.8%。进出口集装箱总量2 762.6万标箱，同比增长2.5%。其中，进口1 328.8万标箱，同比增长2%；出口1 433.8万标箱，同比增长3%。外贸进出口总值66 137.3亿元，同比下降2.5%。其中，进口26 443.9亿元，同比下降6.5%；出口39 693.4亿元，同比增长0.5%。

广东省陆路口岸进出境人员和交通运输工具占全省通关量的绝大部分，其中，进出境人员比重占92.4%，进出境交通运输工具比重占98.4%。深圳、珠海市通关量保持前2位，进出境人员分别占全省的62.9%和32.1%，分别达23 519万和11 975万人次；进出境交通运输工具分别占全省的79.8%和19.3%，分别达1 545万和374万辆（艘、列、架）次。全省重点口岸继续保持稳定增长趋势，珠海拱北口岸出入境人员突破1亿人次，已达1.104万人次，同比增长11.6%，通关量稳居全国进出境人员通关量第一位。

口岸监管与服务

【国务院部署的珠澳口岸“三项工作目标”全面落实】 国务院部署的澳门回归15周年前珠澳口岸“三项工作目标”（即拱北口岸提前延后各1小时开闭关，横琴口岸旅检24小时通关，珠澳跨境工业区专用口岸每天00:00—07:00对特定旅客临时开放），广东省口岸办高度重视，在国务院有关部门大力支持和口岸查验单位的通力配合下，多次派人会同珠海市政府、珠海市口岸局等部门到3个口岸检查落实情况，通过实地调研，召开座谈会、督办会等形式，检查督导各单位制定和完善工作方案、工作措施，并检查落实情况。同时，与澳门特区政府保安司保持紧密联系，并2次组织召开粤澳口岸专责小组工作会议，就共同推进“三项工作目标”进行工作对接，以便双方共同推进、同步实施，确保了“三项工作目标”如期、保质、圆满完成。“三项工作目标”于2014年12月18日零时起在珠海三个口岸同步实施，旅客通关更加便利，候检时间明显缩短，广受社会各界欢迎。

【口岸通关模式创新取得突破】 一是推进横琴口岸分线管理政策全面实施。根据国家发展改革委关于对横琴新区封关验收有关事项的批复精神，广东省口岸办加强协调珠海市政府、驻珠海口岸相关查验单位及珠海市相关部门推进横琴二线监管查验设施的验收工作，多次赴珠海相关部门进行沟通协商，于2014年5月组织完成了横琴二线封关预验收及配合国家验收组通过正式验收，2014年6月28日分线管理正式启用，标志着横琴“分线管理”通关模式全面实施。二是积极配合关、检部门全面推进“三个一”通关模式，适用商品范围进一步扩大，申报系统逐步完善。多次会同关、检部门召开专题会议，研究部署全面推广“三个一”通关、扩大适用商品范围、完善现行系统模式的具体措施等重点工作，同时抓好明确事项的跟进落实工作。“三个一”通关模式已经部署到全省具备实施条件的145个口岸现场，现场种类由过去的海、空运口岸现场扩展到公路口岸和车检场，关、检双方已在佛山南海三山港、高明明珠码头、东莞等地启动进口“两废”（废五金、废塑料）共同查验试点，并逐步将该模式扩大推广至全省符合条件的口岸。三是推进广东省“单一窗口”建设试点取得阶段性成果，国际贸易“单一窗口”建设试点方案正式获得国家口岸管理办公室批准。经广泛征求驻粤口岸相关单位的意见，拟定了“单一窗口”建设试点工作方案，明确了试点工作思路、目标、内容、机制、步骤和措施等，并积极与国家口岸管理办公室进行沟通，得到了国家口岸管理办公室的指导和支持，2014年10月底，试点方案通过了由国家口岸管理办公室组织的专家会议评审。四是积极推进完善广东电子口岸建设。广东电子口岸一期工程建设项目完成立项，“三个一”通关模式、口岸通关动态及预警信息已初步实现在平台实体运行。2014年，广东省口岸办加强与省发展改革委、省经济和信息化委协调沟通，完成了广东电子口岸一期工程可行性研究报告及立项工作。同时，广东电子口岸运行维护主体和运行维护模式方案也已初步拟定。五是推进粤澳新通道（青茂口岸）“合作查验、一次放行”通关模式的研究。广东省口岸办牵头召集粤澳新通道粤澳双方协调小组召开了3次专题会议，共同探索、研究“合作查验、一次放行”的操作方式、建设设想并达成共识，初步确定该项目“自助式”查验通道双方共用一套一体化自助查验设备的设计方案，同时明确新设施设备研制、软件开发工作的双方牵头单位，为进一步推进粤澳新通道口岸建设奠定了基础。

【口岸开放建设成效显著】 一是全力跟进广东省已上报国务院审批的重点口岸扩大开放项目的审批进展及已批准项目通过验收对外开放。在国家相关部门的支持帮助下，中山港、湛江港口岸扩大开放项目于2014年8月获得国务院批复，揭阳潮汕国际机场、南沙汽车整车进口口岸及汕尾红海湾港区分别于2014年7月、8月、10月份顺利通过国家验收正式对外开放。二是积极协调推进重点口岸在建项目的开放验收和临时对外开放运作。在驻粤口岸单位的支持下，协调促成珠海港口岸珠海LNG项目专用码头、广州港口岸南沙港区粮食通用码头等5个重点口岸项目通过验收正式对外开放。三是积极向国家口岸管理办公室汇报工作，促成梅县机场、珠海机场临时对外国籍飞机开放。四是协调促成河源进出境货运车辆检查场通过验收正式启用。五是协调办理惠州港大亚湾石化工业区公用货运码头（一期）、台山核电专用码头等14个项目获准实施临时对外开放运作17批次。全力支持煤炭、矿石、石化、粮食等广东省紧缺能源资源大宗货物、重点装备和汽车扩大进口，全年进出口货运量首次突破4亿吨，为促进外贸稳定增长提供了有力的保障。六是加大对粤东西北地区口岸建设支持力度。认真落实国家“十二五”口岸发展规划和省委省政府部署，支持帮助揭阳、汕尾、阳江、茂名等地加快口岸扩大开放项目。

【推进口岸开放审批制度改革】 一是《广东省人民政府关于公布省直部门权责清单（第一批）的决定》（粤府〔2014〕72号）已将国务院下放广东省特定口岸临时对外开放审批事项及省

政府下放已开放港口口岸范围内新建外贸作业区或涉外码头开放启用审批事项列入省商务厅（口岸办）的权责清单。二是研究制定《广东省已开放港口口岸范围内新建外贸作业区或涉外码头对外开放启用审批管理操作办法》（以下简称《操作办法》）。经与省编办沟通并请示省政府办公厅同意，研究起草《操作办法》，并征求驻粤口岸各查验单位、各地级以上市及顺德区人民政府口岸主管部门意见，形成送审稿。撰写了有关情况说明，配套编写了办事指南、业务手册和审批工作流程图，对本机关及工作人员办理审批事项进行规范，为行政相对人提供便利。三是积极参与配合广东省网上办事大厅建设，按行政效能监察要求完善相关程序和服务内容，方便各地和相关企业办理相关许可，进一步提高网上办事大厅入驻事项的服务实效。

【做好“广东21世纪海上丝绸之路国际博览会”航运物流展】 根据广东省委、省政府的统一部署和要求，牵头组织实施“广东21世纪海上丝绸之路国际博览会”航运物流展。共有70多家中外企业参展，积极跟进航运物流展参展企业、签约项目和布展方案情况，得到广东省各主要口岸经营单位的积极响应支持，展会特色鲜明、效果突出，后续相关工作进展情况良好。

【深化粤港澳口岸合作及跨区域通关协作，推动三地口岸融合发展】 一是推进港珠澳大桥跨界通行政策研究。由广东省口岸办牵头的“口岸设置及通关便利化”和“跨界通行车辆规管及配额制度”的课题研究工作进展顺利。大桥珠海口岸设置方案已上报待批，口岸申请对外开放工作已由珠海市政府向省政府行文转报国务院。关于车辆规管及配额制度，粤港澳三方有关部门在珠海召开了第四次三方会议和一次筹备会议，就港珠澳大桥各类跨境车辆规管前期工作进行了梳理总结，对后续工作进行磋商并达成部分原则共识。二是强化工作互动，促进有关问题解决。广东省口岸办与香港特区政府保安局、运输署等部门加强联系和沟通，进行了两次工作会晤，就提升深圳湾口岸通关效率、跨境学童通关便利措施等问题进行磋商并达成共识。三是积极争取有关部门支持，推进粤港澳游艇合作。会同有关部门赴欧洲开展进出境游艇通关管理的学习交流和业务对接，研究和探索粤港澳游艇合作涉及的游艇码头开放、通关模式及查验监管配套设施建设等问题；支持和指导中山开展游艇码头对外开放，中山至澳门游艇通关便利化先行先试筹备工作，以及在广州南沙湾国际游艇博览会举办期间临时进靠香港籍游艇。四是加强实施粤港直通客运车辆过境班次动态管理。广东省口岸办会同粤方专责小组成员赴香港与港方共同召开粤港第十四轮直通客运车辆过境班次安排会谈，总结一年来过境车辆的配额安排及管理情况，并议定下阶段合作事项；与香港特区政府运输及房屋局多次召开粤港班次会谈专家组会议，协商制定文锦渡口岸过境巴士常规配额安排方案，以满足文锦渡口岸旅检恢复开放后客流增长的需求；继续支持提供深港跨境学童校巴服务，为跨境学童提供便利通关条件。五是跟进粤港跨境口岸基础设施的建设进展。莲塘/香园围口岸通关“一站式”设计方案与各查验单位已达成共识，通关模式设计问题基本得到解决；积极配合国家有关部门就广深港高铁口岸选址问题进行研究论证，向国家有关部门反映倾向性意见。六是稳步推进与沿边地区开展口岸通关协作。落实与内蒙古口岸通关合作协议，支持广东外运依托东莞相关口岸和铁路货场，开通“粤满俄（欧）”（广东—满洲里—俄罗斯）、“粤新欧”（广东—阿拉山口—中亚—欧洲）集装箱铁路班列，积极参与丝绸之路经济带建设，为广东省外贸进出口货物来往欧洲、俄罗斯和中亚相关国家开辟新的通道。

【加强口岸通关安全和综合管理，促进口岸安全畅通】 一是强化口岸日常通关安全管理、重大节日安全疏导、重大卫生事件口岸防控的各项安全制度措施和突发事件应急处置预案，在春节、清明、国庆等公众假期期间督促各级口岸管理部门全面开展口岸安全检查，对发现的问题责成及时整改、消除隐患，保障口岸安全通关和有序疏导。二是协调和配合有关口岸部门做好“埃博拉”病毒联防联控工作。分别到广东、深圳、珠海检验检疫局和全省有关重点口岸，协调当地口岸主管部门、边检、海关及口岸运营单位积极配合检验检疫部门采取有力措施，共同做好口岸防控工作，严防“埃博拉”病毒输入。三是围绕提高口岸综合管理服务水平，牵头开展系列专题调研。组织开展粤港澳游艇“自驾游”、“三个一”扩大推广和运行情况、电子口岸建设及运维、推进口岸资源整合优化、进出境货运车辆检查场等专项调研并形成调研报告；出台《促进进出境货运车辆检查场发展意见》，为整合资源、促进车检场健康发展打好基础。四是启动口岸通关数据库建设工作，研究提出口岸通关数据库项目及目录需求，为开展大数据平台建设做好准备。五是积极配合做好海防打私工作，把配合开展反走私工作作为推动口岸开放建设、促进外经贸稳定健康发展的重要抓手，加强与有关部门和单位密切配合，推进完善口岸查验监管设施，强化反走私、反偷渡责任制，确保了口岸安全畅通和正常运作，圆满完成了全年各项工作任务，进一步促进了商务工作的持续健康发展。

【海关总署广东分署（以下简称广东分署）落实省委、省政府决策，力促广东外贸企稳回升】 深入贯彻落实党的十八大精神和十八届三中、四中全会精神，全国海关关长会议精神，反腐倡廉工作会议精神，与广东省内各海关一起以改革为统领，创新职能实现方式，协调推进广东省内海关各项重点工作作出了努力。结合广东省委、省政府的战略部署，力促广东外贸企稳回升，出台了《广东分署关于采取切实措施促进广东外贸稳定增长的通知》，推动16项先行先试监管政策在南沙落地。扶持外贸综合服务企业发展。主动为广东参与“一带一路”等国家战略建言献策。推动广东省内海关继续落实好各项通关便利措施，提高进出口通关效率，积极支持广东省鼓励进口产品目录中的产品扩大进口。密切配合商务部门梳理出口300强企业，按照《海关总署关于开展海关企业协调员试点工作的通知》要求，由广东省内各海关指派专人实行挂点跟踪服务。推动跨境贸易电子商务和新型贸易业态发展，要求相关海关支持所在地市申报跨境电子商务试点城市。扶持外贸综合服务企业发展，为中小企业提供出口通关、退税便利服务。针对异地企业在广东口岸进出口异常增长的情况，撰写专题调研报告，为广东省政府提供决策参考，根据广东省政府统一部署，广东省内海关重点在央企、异地外贸公司等方面采取针对性措施，配合广东省有关部门推动外贸数据据实回归。

【广东分署充分发挥综合协调职能作用，推进海关口岸规划和建设】 注重加强与广东省口岸办及广东省内海关的沟通联系，全力协调广东省内海关开展口岸规划设置和建设，推动口岸监管场所的规范化、标准化建设，及时向广东省口岸办和地方政府反映并协调督促解决广东省内海关在口岸开设中遇到的问题和困难。一方面，应广东省内海关的要求，协调跟进深圳湾口岸旅检出境大厅拥堵问题；跟进解决广州港口岸南沙港区沙仔岛作业区多用途码头对外开放的事宜；协调粤港直通列车加挂车厢；提请有关部门对揭阳潮汕国际机场有关查验设施进行督办；协调河源进出境货运车辆检查场事宜；按时完成并反馈广东分署涉口岸事项的督办工作，切实做到服务于基层海关。另一方面，及时向广东省政府提出省内设立、调整或撤销开放口岸的建设性意见，做好对外开放码头、车检场及新建码头的征求意见的反馈和检查验收工作；制发广东省内海关口岸管理征求意见函及反馈广东省口岸办涉及海关口岸管理意见117份；参加口岸调研、验收会、协调会22次；办理专用码头、机场、车检场开放验收等项目8个，实施临时对外开放运作15个项目约20批次。

【广东分署支持广东自贸区的申建工作，推动海关特殊监管区域整合优化】 全力支持和配合广东省申报建设广东自贸区，多次召集广东省内相关海关召开研讨会议。全力配合广东省政府申建工作安排，积极就有关总体方案和调整申报范围提出意见建议。充分借鉴中国上海自贸区的新型海关监管模式，会同广东省内相关海关做好广东自贸区监管模式的研究和前期准备工作。继续推动广州南沙落实海关总署批复的有关先行先试监管政策措施。2014年12月12日国务院常务会议原则通过在广东等三地设立自贸区后，及时配合广东省政府做好关于申报范围的沟通汇报工作。联合广东省商务厅开展海关特殊监管区域整合优化专题调研，协调广东省内海关落实海关特殊监管整合优化有关措施。走访广东省内特殊区域管委会与企业，开展复制推广上海自贸区的海关监管创新制度宣传。

【广东分署加强调查研究工作，辅助决策取得新成效】 紧扣广东经济社会发展重大问题及海关改革发展的热点问题，联合广东省委研究室开展上海自贸园区建设对广东的启示，借鉴署级课题研究，参与海关总署“海关支持‘一带一路’发展战略相关政策研究”和“新技术应用对海关管理影响研究”等课题研究工作。承接2014年广东省宏观经济重大课题“关于增强广东企业外贸内生动力的研究”工作。组织开展广东虚拟大关区建设、跨境电子商务、海关支持深圳前海深港现代服务业合作区开展保税延展专题调研等课题研究。参与广东省政府研究室组织的外贸综合服务业发展情况调研活动，并做好关于支持广东总部经济发展课题研究的落地跟进工作。

【广东分署扎实推进关检合作“三个一”，并取得新成效】 积极牵头广东省内海关与驻粤检验检疫部门加强沟通协调，在全省口岸全面推进“三个一”模式。广东关检“三个一”合作继续领先全国，整体工作步入快车道。一是推行区域不断拓展。“三个一”合作已由广州海关、广东检验检疫局扩大到了广东省内各直属海关和深圳、珠海检验检疫局辖区。实施口岸已推进到所有具备实施“三个一”条件的口岸现场，现场种类由过去的海（空）运口岸现场扩展到公路车检场。二是商品范围不断扩大。关检开展对固体废物查验、放行环节的合作，于2014年7月15日开始在佛山高明码头开展试点。2014年8月15日，在广东省口岸办牵头召开的外贸稳增长改进措施协调会上，广东分署和广东出入境检验检疫局共同商定推进“三个一”及固体废物关检合作的部署落实方案，将双方查验开箱率较高的废五金、废塑料纳入关检合作范围，扩大试点规模。2014年8月22日，广东省内各直属海关与广东出入境检验检疫局分别签订了《全面推进关检合作“三个一”工作方案》。2014年9月3日，广东分署与广东检验检疫局联合发文推动广东省内其他地区的关检部门，共同开展对“两废”查验、放行环节的合作。为进一步深化省内关检合作，2014年11月，广东分署与广东出入境检验检疫局签署了关于推动实现“三互”工作合作备忘录，明确了“三互”3个方面的14项内容，共同促进广东贸易便利化和外贸稳定增长。三是业务量显著增加。2014年，广东省内海关受理“一次申报”报关单23.18万份，实施“一次查验”报关单3.57万份，“一次放行”报关单95万份。积极推动落实数据交换平台，广东电子口岸运行维护模式和运行维护主体工作正在积极筹划推动中。朱小丹省长、招玉芳副省长对广东分署、广东出入境检验检疫局、广东省口岸办联合报送的“三个一”进展情况报告给予充分肯定。

【广东分署全力支持配合广东省开展“单一窗口”建设】 高度重视对“单一窗口”建设的探索实践，主动配合广东省口岸办开展广东电子口岸管理机制、技术架构、项目应用等方面研究，积极向广东省政府建言献策，协助起草并促成《广东省人民政府、海关总署关于建设广东电子口岸的合作备忘录》的签署。对于广东省下一步开展“单一窗口”建设，广东分署提出了4点工作建议：一是加强组织领导和协调推动机制建设，明确牵头单位和各单位职责，科学统筹推进试点工作具体落实，特别是要做好中央驻粤单位上级部门的协调工作，争取得到切实支持；二是积极推动广东电子口岸平台建设，在组织、管理、资金、软硬件配置和人员上予以加强，并在建设各类地方外贸信息化系统时优先考虑以电子口岸为统一平台；三是制定符合广东特色的“单一窗口”试点工作方案，支持将广州的南沙港或南海三山港列为试点单位，同时，建议将深圳大铲湾口岸也一并列入试点口岸，积极融入国家“单一窗口”总体建设规划。

【广东分署区域通关一体化全面启动】 根据海关总署统一部署，广东地区海关区域通关一体化改革于2014年9月22日正式启动，围绕广东省内通关“七关如一关”的目标，通过建立区域通关中心，构建统一的申报平台、风险防控平台、专业审单平台和现场作业平台（简称“一中心，四平台”），初步形成了一体化管理机制和运行模式，取得了良好开局。2014年12月1日，所有公路口岸按期启动一体化改革。广东分署加强统筹协调，加大工作力度，牵头组建应急协调中心，切实发挥广东省内海关合力，推动了一体化改革任务的顺利实施。一体化改革工作进展顺利，截至2014年12月31日，广东地区共申报一体化报关单604.1万票，其中，跨关区一体化报关单2.3万票，4个区域审单中心实施人工专业审核报关单16.2万票。从评估情况看，一体化改革取得了初步成效，达到了预期效果，主要体现在：一是执法统一性明显提升，与一体化改革相冲突、相矛盾的76份直属海关公告、286份内部文件被废止或修订，改革前每周平均同名异归类商品记录条数为232条，改革后下降到183条；二是进口价格水平有所提高，改革前一般贸易应税进口价格水平为0.99，改革后提升至1.01；三是审单效率和布控有效率明显提升，5小时内审结率由改革前的87.3%，提升至93.6%，人工审单布控有效率由改革前的16.9%提高到42.3%；四是对海关税收促进明显，广东海关超额完成全年税收计划，同时，广东企业通关时间由原来的平均8.3小时降低至6.8小时，海关作业时间由原来的平均4.1小时降低至3.3小时。问卷调查中，近八成企业认为通关时间有所缩短或明显缩短，对海关改革表示满意。《人民日报》、中央电视台、《南方日报》等多家中央和地方主流媒体先后多次对广东地区海关一体化改革情况进行了广泛报道并给予积极评价。广东地区海关全面深化改革工作受到了广东省委、省政府领导的高度重视，胡春华、朱小丹、任学锋、招玉芳等省委、省政府领导分别作出批示。

【广东分署探索建立“缉私战区”工作机制】 广东分署按照《海关总署党组关于加强新形势下打击走私工作的意见》精神，积极发挥职能作用，探索建立“缉私战区”作战模式和工作机制，夯实“缉私战区”作战模式基础工作。积极实践“战区情报分中心”、“战区联合指挥作战”运作模式，加强情报综合研判，提升打私整体效能，始终保持反走私高压态势，进一步完善与广东省级公检法机关联系配合机制，着力解决执法疑难问题和个案法律适用，为战区缉私办案提供服务保障。充分发挥海关“堵源截流”职能作用，深入开展“绿风”、“紫光”等专项行动，全面推动广东省内海关缉私工作开展。加强统筹，强化指导，组织协调相关海关开展重大案件侦办工作。发挥省级反走私综合治理平台作用，加强缉私部门与公安、税务、卫计等执法部门之间的联系配合，提升反走私整体合力。加强执法规范化建设，积极探索行政办案模式改革，构建珠江水系反走私防控打击体系。继续深化粤港澳缉私执法合作，加强跨境行动性情报通报和联合经营，携手开展了跨境走私团伙案件的联合情报经营并取得突出成效。2014年，广东省内海关共立案走私犯罪案件957起，案值236.54亿元，同比分别上升12.6%、35%；立案调查走私行为案件14 730起，案值48.32亿元，同比分别上升11.6%、134.5%。查获毒品走私案件305起，缴获冰毒、海洛因、大麻等各类毒品495千克，查获新型毒品恰特草703千克，抓获犯罪嫌疑人190人。

【广东分署推动保税加工监管改革，并取得初步成效】 广东分署积极部署推动广东地区海关深化保税监管改革，促进广东加工贸易转型升级。协调指导深圳、黄埔海关开展保税加工监管改革前期试点工作，加强对试点关区检查督导，推进加工贸易全程信息化和保税加工智能化作业改革，改革实施后企业向海关递交纸质单证量大幅减少，海关监管效能明显提升，据测算，每年可为关区企业节省经营成本数千万元。深入推进改革试点的复制推广工作，2014 年 9 月 25 日开始在广东地区海关全面启动“保税加工监管全程信息化管理改革”，进一步简化加工贸易手册设立、核销手续，推进保税加工监管智能化、作业无纸化，惠及全省 2.9 万家加工贸易企业，为企业“减负、增效、提速”。牵头建设和部署“广东海关保税加工管理辅助平台”，提高改革配套的信息化管理水平和海关监管效能。

【广东分署进一步提升信息化建设和管理水平】 广东分署加强科技保障和创新应用，抓好通关系统安全运行工作，加强 H2010 系统运维基础建设和安全管理，创新手段提升运维效率，信息中心广东分中心顺利完成 233 天的主运行任务，运行期间没有发生二级以上系统故障。积极参加金关工程二期建设，承办了 11 个工程项目任务。努力推进海关信息化建设，完成了 9 个科技应用项目的开发测试和上线任务。落实海关总署部署，开展北斗卫星导航示范应用、绿色机房建设等新技术研究和应用。落实来往港澳小型船舶监管系统运行维护保障长效机制，切实保障系统安全、稳定和高效运行。

【广东分署认真指导省内各海关开展税收工作】 坚持以综合治税为抓手，坚决贯彻落实海关总署决策部署，加大综合协调力度，建立区域税收征管协调机制，形成了广东海关商品归类、估价互认与协调机制，成立了省内海关商品归类、估价专家队伍及联络员队伍，开发运行了省内海关归类、估价区域协调工作平台，与此同时，广东省内海关首批试点了税收数量区域合并监测机制，打破了关区藩篱，推动便捷通关。牢固树立全国海关税收“一盘棋”意识，做到“量质并举”，超计划完成全年税收预算。2014 年，广东海关入库税收 3 311 亿元，占全国的 19.24%；监管进出口货运量 12.50 亿吨，占全国 32.1%；监管进出口商品总值 1.32 万亿美元，占全国的 30.7%；监管进出境运输工具 2 261.12 万辆（艘），占全国的 68.7%；监管进出境人员 3.7 亿人次；广东省外贸进出口总值为 10 767.3 亿美元。

【广州海关顺利推进区域通关一体化改革】 2014 年 8 月，海关总署决定在广东地区海关启动区域通关一体化改革，成为全国继京津冀海关通关一体化改革之后，第二批开展改革试点的单位。2014 年 9 月 22 日，广东地区海关通关一体化改革正式启动，首先在广东地区的空运、海运口岸启用区域通关一体化通关方式；2014 年 12 月 1 日起在陆路口岸启用一体化通关方式。改革中，广州海关提前布局，主动试点，年初率先在广州海关关区内开展“全关通”通关模式试点，实现了企业在广州关区内任一监管点申报，在机场、南沙等主要口岸验放。主动推进与黄埔海关实现“一关通”，深化“舱单互认”，建立两关归类、估价、企业待遇互认工作机制，协商实施“两关（广州市区）办理海关企业管理业务统一对外”、“高信用企业便利措施同城化”、“取消两关报关企业关区限制”等区域执法协作措施。推广“属地申报，口岸验放/属地放行”通关模式取得明显成效，采用“双属”模式报关单量同比增长了 58%。深化通关作业无纸化改革，关区八成以上的进出口企业采用无纸通关模式，无纸化报关单占比达到 96.6%。全面深化关检“三个一”合作，解决“一次申报”系统技术难题，将“三个一”全面推广至关检共同管辖的 51 个海运、空运、陆路货运通关现场，推进进口固体废物关检执法合作，并以海关“全关通”和检验检疫“直通放行”为抓手，融合双方通关方式的优势，实现“家门口报检报关，机场、南沙提货（装运）”。积极探索和推动“单一窗口”建设，推动口岸通关一体化，得到海关总署领导和地方党政的充分肯定。改革的叠加效果明显：全年关区进口平均通关时间为 17.6 小时，低于全国的 27.3 小时；出口平均通关时间为 1 小时，低于全国的 2.5 小时。

【广州海关加强口岸实际监管提升效能】 实施分类监管查验，改进和完善查验方式，提高大型查验设备使用效能，优化分类分级布控查验管理，开展机动查验和复查复验，规范查验作业管理。关区口岸监管现场进出口实质性查获率同比上升了0.1个百分点，关区进出口风险集中度大幅提升。以舱单和运输工具为主线，强化口岸物流监控，率先完成空运舱单管理系统切换，提前完成关区27个水运监管现场全面切换新舱单管理系统。全力推进物流监控信息化建设，在白云国际机场启动空运电子货运监管改革，在南沙港启动海港智能化项目。建立口岸高风险排查长效机制，实施监管场所差别化分类管理，河源新车检场、中船龙穴船舶维修专用码头、南沙粮食码头通过口岸验收，南沙整车码头通过验收并正式启用，关闭佛山滘口口岸。优化旅客行李物品监管方式，落实72小时过境免签政策支持措施，优化“国际航班国内段”监管模式，扩大“通程航班”适用范围并加强动态评估，实现旅客行李物品便捷通关。迅速应对埃博拉疫情，制定防控预案和处置指引，主动对接地方政府有关部门，加强联防联控，做好疫情防控工作。

【广州海关保持高压打私态势，成效显著】 以“绿风”、“布网”等专项行动为重点，抓住突出问题，精、准、狠地实施联合打击和综合整治，推动关区反走私工作取得了新成效。严厉打击农产品等涉税走私活动，深入开展“绿风”行动，组织开展大米等高风险商品专项稽查，查办一系列走私农产品案件。坚持情报主导，成功侦破一批大要案，铲除一批走私团伙。深入开展“布网”缉毒专项行动，强化源头治理，推动邮递行业全面规范整治经营行为，并对邮件实施100%的验视。积极创新缉毒战法战术，创新海关与机场安检的合作机制，严密口岸堵截，深化与地方禁毒部门及国际执法机构的情报交流和执法合作，全力深挖扩线，摧毁毒品走私团伙，打击毒品走私取得新突破。其中，货运渠道连续破获多宗毒品夹藏走私案件，破获迄今为止广州海关一次性查获外籍涉案人员最多的“12·28”特大走私冰毒出境案，得到了汪洋副总理的批示肯定和于广洲署长等署领导的充分肯定。开展“清源2014”、“净网2014”、“秋风2014”专项行动，对各类违禁印刷品、音像制品予以查扣、退运。开展“绿茵”行动、邮递快件渠道重点执法等专项行动，加大海关知识产权保护力度。

【黄埔海关着力促进通关便利化】 根据海关总署的统一部署，结合关区口岸通关监管实际，着力推进口岸通关模式创新改革，稳步提升海关监管效能，逐步提高通关便利化水平。深化通关作业无纸化改革，2014年无纸化报关单占全部报关单的比例超过90%，其中超过50%的无纸化报关单的整体通关时间不超过1分钟。推进关区通关业务互联互通，打破各隶属海关（办事处）之间业务办理限制，除有关法律法规对进出境办理海关有限制性规定的以外，允许企业自主选择全关区内任一现场办理申报、审核、放行等海关业务，实现“一关通”。支持跨境贸易电子商务，在广州经济技术开发区开展“B2C”零售出口和“B2B2C”保税出口模式试点工作，优化“黄埔跨境电商系统”业务需求，开发“B2B2C”保税进口模块，试点跨境贸易“B2B”一般出口。开展移动查验，开发移动查验系统，利用手持移动终端采集查验信息、反馈查验结果，实现了查验单证电子化和查验过程透明化，在关区内多个海运监管场所试运行该系统。做好海运新舱单系统的切换，加强与码头方的联系配合，加大舱单数据整理力度，提高报关单正常核注核销、装载、理货比率，实施批量化作业处理，全方位提高结关效率。正式启用广州出口加工区车辆智能化验放系统，实现了进出区车辆的“提前申报，运抵验放”。营造健康、文明、高效的口岸环境，继续狠抓行风政风建设，倡导勤政廉政，推行文明窗口服务，树立文明新风，提升服务水平。完善和健全与口岸、公安、工商、税务、码头、港务、检验检疫等部门的联系配合机制，共同构建和谐文明口岸，力争创造健康、高效的口岸通关环境。突出打击重点，将主要力量放在打击严重扰乱市场秩序、影响广州经济发展和社会稳定的重大走私活动上。加强综合治理，进一步加强信息共享、资源整合与协作互助，努力形成“海上抓、岸边堵、口岸查、市场管”的反走私综合治理格局。维护贸易公平，不断深化与广州市公安局、广州市知识产权局等单位的执法合作与互助，结合“4·26知识产权宣传周”、“12·4全国法制宣传日”等特定时机，借助“12360”海关统一服务热线、互联网“网上直播”、“在线访谈”等不同形式，深入开展知识产权保护宣传系列活动。

【黄埔海关大力开展区域口岸合作】 认真落实《泛珠三角区域合作框架协议》、《泛珠三角区域合作发展规划纲要（2006—2020年）》等协议和规划，以密切海关与地方联系机制为平台，深入开展执法互助合作为方式，以提高通关效率、加快通关便利为重点，不断提升通关监管整体效能。开展关检合作“三个一”项目，2013年移植广州海关“一次申报”系统，并在黄埔老港海关、黄埔新港海关辖下全部码头实施“三个一”通关模式，2014年上半年进一步推广到新塘海关、新沙海关辖下各码头，将原来的单独报关、单独报检，改为一次完成报关和报检，申报数据项从原来的169项减少为92项，申报效率提高45%左右。每一个进出口的集装箱最多只开一次箱，海关和检验检疫人员同时到场开展“一次查验”，节省了人力、时间和费用。企业无需往返海关、检验检疫，凭海关和检验检疫部门放行信息可直接到码头办单提货。2014年9月22日启动广东地区海关区域通关一体化改革后，口岸通关效率明显提高，海关通关时间由原来的平均8.3小时降低至5.96小时，作业时间由原来的平均4.14小时降低至2.77小时，人工审单时间由原来的平均8.02小时降低至5.26小时，查验时间由原来的平均13.69小时降低至5.97小时，24小时通关率由原来的91.44%上升至92.45%。2014年12月1日正式启动陆运口岸通关一体化改革。与其他直属海关开展区域通关改革合作，着力推广“属地申报，口岸验放”通关模式，切实做好推动、联系和落实工作，先后与全国22个直属海关结对开展“属地申报，口岸验放”业务。2014年3月1日起，将“属地申报，口岸验放”适用范围扩大到B类生产型企业，2014年5月1日起，将“属地申报，属地放行”通关模式的适用范围扩大到经营单位为A类且申报单位为B类（含B类）以上企业。

【黄埔海关全力服务地方外贸】 主动将关区工作融入地方经济发展大局，积极配合地方经济发展战略谋划，推进自身工作。按照国务院“促进外贸稳增长16条”和海关总署“20条措施”的精神，专门出台支持外贸稳定增长的21条措施。支持中新知识城等重点项目建设，大力推动“黄埔、南沙、萝岗、机场”联动快速通关模式，解决中新知识城地区高新技术企业快速通关需求。专人跟进重点项目的落户启动，为项目提供“一对一”的海关政策指导服务。在政务服务中心增设咨询服务窗口和高层次人才服务专窗，方便企业办理业务。支持大型企业发展，落实“由企及物”理念，与地方外经部门密切配合，梳理关区出口300强企业，指派专人实行挂点跟踪服务。对高资信企业落实重点帮扶和个性化帮扶，予以量身订制配套服务措施。同步落实分类管理，建立重点高资信企业信息档案及分类管理措施监督落实机制，积极推动A类管理企业通过验证稽查向AA类管理企业转化；加大对中小微企业的帮扶力度，对守法诚信的中小微企业实施“一视同仁”的平等待遇。借鉴AA类企业“担保验放”的通关模式，对经海关认定担保机构担保的中小企业允许先放后征。坚持“宽严相济”的执法理念，彰显执法平等，快速办理案件，避免因处理走私违法案件拖垮企业。主动帮助中小微企业解决内销障碍问题，促进中小企业拓展内销市场。将关企信息互动平台延伸到中小微企业，帮助及时了解海关政策和信息，畅通咨询服务渠道。做好外贸新增长点培育，完成关区跨境电子商务通关系统与广州电子口岸平台的对接，探索利用快件中心、海关特殊监管区域和保税监管场所，按照海关总署批准的试点模式开展跨境贸易电子商务进出口业务。研究制定适应外贸综合服务业发展新要求的通关便利措施，支持外贸综合服务企业提升海关类别，促进外贸综合服务业发展。与地方政府紧密配合，按照“试点先行，逐步推进”的原则，选择一批实力较强，货源充足的企业先行先试，积极推进旅游购物商品出口试点工作。在广州经济技术开发区正式启动跨境电子商务保税进口业务，推动开发区海关特殊监管区域转型升级，着重支持出口加工区拓展保税物流功能，开展研发、检测、维修业务试点。探索实现“一线放宽、二线管住”，扩大“区港联动”试点范围至园区与关区内所有码头之间，对二线进出园区的货物实施分流和区内查验，加强园区数据交换，推动园区之间及与其他保税场所之间货物流转顺畅，拓展“属地申报，属地放行”模式，实现区区（港）高效互通。全面复制推广上海自贸区14项海关监管创新制度，完成保税展示交易的复制推广工作。积极遴选电商企业，建设“跨境电子商务综合服务平台”，支持广州保税区建成“跨境电商集中区”，创新措施促进广州保税区繁荣发展。

【深圳海关支持区域和地方经济发展】 一是全力推动通关一体化改革。2014年9月起广东地区启动区域通关一体化进程，该关至年底已实现通关一体化在海运、空运和陆路的全覆盖，接受一体化报关单申报达230多万票，占广东地区海关的一半以上，从深圳口岸进出的一体化报关单则达到了310多万票，占了广东地区海关的七成多。广东地区内通关“七关如一关”，提高了通关效率，节约了物流成本，增强了企业的辐射力和竞争优势。二是支持跨境电商等新兴业态发展，打造“无纸化”通关保税港区。据统计，深圳跨境电商超过5 000家。深圳海关以前海湾保税港区为重点，推行“智能化卡口验放”、“批次进出、集中申报”、“简化无纸通关随附单证”、“先进区、后报关”等共8项创新制度，促进了跨境电商出口业务快速增长，至2014年年底，前海湾港区每天进出境包裹数量已从启动初期的100多个增加到3 000多个，进出口货值每月增幅均在50%以上。三是与深圳市合作，推广“十、百、千、万”家企业扶持计划。该计划实施后取得初步成效，为数以千计的中小微企业解决了实际困难。2014年深圳市进出口总值29 960.7亿元，其中，出口17 468.9亿元，进口12 491.8亿元，在全国大中城市名列前茅。

【深圳海关提高供港民生物资通关效率】 监管供港鲜活产品30.4亿美元、天然水7.2亿吨、液化气62.3万吨、电力104.6亿千瓦/时，同比分别增长28%、19%、12%、3%。文锦渡口岸是国家指定的唯一供港活禽、水生动物出境口岸，其输出量占香港市场总份额的85%以上，平均每天有500多辆满载鲜活物资的车辆经此口岸驶向香港各个市场。节假日期间，针对供港鲜活农产品比平时大幅度增加的情况，深圳海关设立专用查验台为鲜活农产品车辆优先查验，审单部门安排充足的人力延长工作时间，对当日申报的鲜活商品予以当日审结放行，并实行24小时预约通关，确保供港鲜活产品“零滞关”。2014年11月10日，文锦渡海关启动公路舱单管理系统，让企业通过网络提前将货车所载鲜活货物数据转送到海关，司机无须在口岸填写投递纸质载货清单，车辆到达闸口后仅需几秒钟就能通过。深圳海关还建立供港民生物资数据定期监测机制，每月监控相关商品供港数量、金额，设置供港物资通关业务“一对一”服务专员，负责协调解决供港天然水、液化气在通关过程中的海关事务问题，提高供港民生物资通关效率。

【深圳海关通关改革顺利实施】 陆续推出多项重大改革措施，继续推进通关作业无纸化改革。一线口岸全面应用防控风险、现场管理、服务企业的无纸化派单管理系统，同时实现代理委托协议无纸化，实现监管场站无纸化运抵，货物平均放行时间由1小时缩短至5分钟，年内全关区全程无纸化报关单859.98万票，占比82.73%，签约企业16.8万家。全面推行与国检部门的“三个一”改革，14个口岸海关全面启动，并扩大到关区所有符合条件的业务现场及所有依法需要报关报检的货物和物品，共完成一次申报16.04万票，占全省的70%；一次查验3 193票，候查时间平均减少2小时；一次放行82.29万票，占全省近90%。在深港间的4个公路口岸全部启用公路舱单，实现了电子化申报，全国唯一实现舱单与智能卡口联动核放，公路舱单量占全国80%以上，企业的进出口效率得到提升。

2014年9月，广东全省海关启动区域通关一体化改革，所有通关作业现场可通过信息网络互联互通，形成一个虚拟的“区域通关中心”进行后台实际运作，全省企业被视为一个关区的企业，可自主选择申报地点和通关方式，实现了“一地注册、多地报关”，通关时间大幅缩短，通关成本降低两成。深圳海关共办理通关一体化报关单371万票，占广东区域通关一体化报关单总量的七成多。

【深圳海关保税物流监管创品牌】 2014年，深圳海关监管的5个特殊监管区域进出口总值为1 109.13亿美元，同比下降超过四成。其中，保税物流进出口值为629.67亿美元。福田、沙头角保税区为405.6亿美元；盐田港保税物流园区为65.15亿美元；出口加工区为116.37亿美元，同比增长92.26%；前海湾保税港区为42.55亿美元。深圳海关监管的27家保税仓，境外入库和出库货物总值分别为21.48亿美元和10.36亿美元；23家出口监管仓，境内入库和出库货物总值分别为160.90亿美元和161.19亿美元；机场保税物流中心（B型）进出口总值为54.36亿美元。

深圳海关还通过打造“前港快速通”品牌，促进前海湾保税港区快速发展。在通关环节，建立全国首个“无纸化”保税港区，全程无纸化比例达92%；建立“分送集报”和“入区即卸货”新通关模式，入区货物通关耗时由4~6小时缩减到1~2小时，为企业节约超过10%的交货成本。在物流环节，利用“直接调拨”代替“转关运输”，实现保税港区与西部港区的“一体化”运作；建立与皇岗、深圳湾等陆路口岸的跨境快速通关模式，实现保税港区与深圳各口岸“一体化”运作。在服务环节，以预约加班方式延长保税港区通关时间至22点，引入协管员协助开展卡口值守和单证流转等辅助性工作，以满足香港门店物流配送业务需求。2014年，前海湾保税港区仓储区利用率高达98%，吸引了DHL、NYK、APL等多家国际顶尖物流企业进驻，单位面积进出口值在全国保税港区中排名第一。

【深圳海关推进加工贸易监管改革】 积极落实简政放权、转变职能的要求，推进加工贸易全程信息化改革。2014年9月28日，在所属南头海关率先启动加工贸易全程信息化改革推广工作，从加工贸易手册设立至手册核销等各环节实行全程信息化管理，实现企业无纸化申报和智能化作业。至2014年年底，共完成信息化资质备案企业1 500余家，并对部分企业的手册核销业务实现无纸化办理，为企业节省了打印纸质单证费用，改革成效初显。同时，该关还积极为企业减负，取消加工贸易6项行政审批项目，改为企业自主申报和备案，同时压缩担保金收取范围，为企业资金链松绑。改革实施后，惠及加工贸易企业1万多家。该关还继续做好来料加工企业转型升级，全年办理转型企业136家。据统计，2014年深圳关区有注册加工贸易生产企业12 975家。深圳地区加工贸易进出口总值2 203.76亿美元，同比下降2.25%。

【深圳海关创新企业管理模式】 2014年，深圳海关注册登记的进出口企业有55 274家，其中，进出口货物收发货人企业54 566家，报关企业748家，共有报关人员11 643人。深圳海关创新监管和服务模式，多措并举大力扶持企业稳定发展。与深圳市经贸信息委、科技创新委等部门签署合作备忘录，联合推行“十、百、千、万”家企业扶持计划，针对10家总部经济企业、100家上市企业、1 000家国家级高新技术企业、10 000家具有国际市场竞争力的高成长性生产型中小微企业4个层次，分别采取有针对性的扶持措施，支持企业迅速做大做强。发挥企业协调员贴身服务企业的优势，重点扶持大企业稳定发展。有426家企业纳入海关总署协调员企业管理，为其提供“定制式”的服务措施。其中，159家深圳海关客协企业进出口及纳税均稳定增长，保持良好发展态势，全年进出口总额达2 373.75亿美元，同比增长6.61%，占关区进出口总值的27.34%。引导企业享受国际通关便利，提升国际市场竞争力。组织企业积极参加中美C－TPAT联合验证，联合香港海关向200余家企业宣讲AEO国际互认相关知识，为企业“走出去”创造更多有利条件，全年共有374家企业在美国、韩国、新加坡、中国香港等国家和地区享受了简化办事程序、快速通关等优惠措施。

【深圳海关改革稽查作业模式】 全面推进差别化稽查作业模式改革，实现对高风险企业体现重点管理，对中风险企业体现常规管理，对低风险企业体现信任管理。共办结稽查作业1 029起，核查作业773起，其中办结常规稽查作业524起，对AA类企业稽核查、巡访及贸易调查覆盖305家。大力推进专项稽查行动，共开展专项稽查11次。2014年5月6日起连续开展“绿风”1号、2号打击农产品走私专项行动，重点是谷物、粮食、淀粉、食用油、冻肉等8项大宗进口商品，稽查部门选择深圳市8家进口大米企业开展行业性稽查，通过对经营单位、货主单位、国内实际买家3个环节开展调查取证工作，至8月份共查获31家企业涉嫌非法买卖配额证或涉嫌使用其他企业配额证进口大米情事，共涉及各类进口大米9.18万吨，货值近亿元。此外，还对进口出钞机、游乐设备、扬声器等重点商品行业性专项稽查，查获价格瞒骗、费用漏报、归类不当等涉税案件一批，查发涉嫌走私、违规及追补税企业289家，追补税款入库5 962万元。在稽查工作中，深圳海关注意发挥社会中介机构专业化优势，加强合作，仅上半年就引入该类机构对18家企业开展稽核查，发现并移交缉私案件线索3家，案值5 913.2万元，涉税215.37万元。

【深圳海关查缉走私成效显著】 立案查办走私罪案件、走私行为案件、违规案件保持全国第一。围绕“打得准、打得狠、打得及时”的目标，共计开展16次大规模打私专项联合行动，严厉查处电子产品、粮食和毒品、武器弹药等走私违法活动，捣毁走私团伙93个。其中，为维护国家粮食安全，开展了“绿风”系列专项行动，共查获走私案件3 008起，其中走私犯罪案件53起，涉嫌偷逃税款986.3万元。为保护珍稀动植物，开展了“守卫者”专项行动，查获旅客违规携带濒危物种及其制品案件23起，查获一大批珍稀动物皮毛、象牙等走私品。2014年5月下旬，针对走私活动“北上西进”的情况，组织跨关区打击，成功摧毁一个将货物从香港转送到中越边境再走私进内地的走私犯罪网络，仅在深圳关区就打掉走私团伙12个，案值达9.76亿元。在打击恶性走私方面，深圳海关对旅检、货运、寄递等走私重点渠道和重点口岸围绕“堵进口、截出口、断通道”3个环节进行严防死守，查缉毒品和武器弹药走私成效显著，共查获武器弹药走私案件42起，缴获枪支171支、子弹42 505粒。

针对近年来“水客”走私比较猖獗的情况，深圳海关开展3次大规模查缉行动，集中打掉“水客”及购私、贩私团伙18个，合计案值7.1亿元。同时，注重综合治理的常态化，先后在罗湖、沙头角、福田和深圳湾等“水客”走私活动多发区域，联合打私办、市场监管部门、街道办等执法部门开展“灭蚁行动”数十次，捣毁“水客”交接货地下仓库和私货销售商店等窝点60余个。多部门还联合组成40余人的专项整治执法队，每天轮流在罗湖口岸及周边区域巡查，查处私货非法交易活动，共劝离“水客”5万多人次，处罚250余起。

围绕侦办的大要案开展同步整治，以个案促进行业整治，实现“查获一个案件、规范一个行业、净化一片市场”的目的。在打击粤港车大油箱走私成品油的行动中，在查缉的走私窝点召开现场会，协调南山、龙岗区地方政府综治办和行政执法队对6个非法卸油点和相关设施进行整治和清除。在实施打击电子产品走私行动后，迅即在华强北召开流通领域联合检查专项行动动员会，与市场监管，街道办，市、区打私办密切配合，检查仓库、档口40多个，查获电子产品一大批。

【深圳海关开展缉毒专项行动】 根据毒品走私新特点，多次开展专项查缉行动，并根据海关总署部署开展打击毒品走私“紫光”专项行动，共查获毒品走私案件42宗，缴获各类毒品138千克。2014年7月4日联合深圳市公安局禁毒支队，出动60余人，在位于深圳市罗湖、龙岗等地的7个目标场所开展联合缉毒抓捕行动，摧毁一个以港籍人员为首的跨境走私贩毒团伙，斩断了一条以深圳为中转站，经广州走私冰毒到境外的跨国走私、贩卖、运输毒品通道，抓获并刑拘涉案人员5人，查扣冰毒43.3千克。根据空港快件渠道和旅客渠道毒品走私出口明显增加的情况，该关下属的机场海关联合深圳公安、机场安检等部门，构建打击毒品走私立体网络，取得较好成效，共在深圳空港快件渠道查获毒品走私案件23起，同比增长360%，共查获各类毒品49.3千克，其中近七成为冰毒。深圳海关下属的罗湖海关与罗湖海关缉私分局联合开展“利剑”等缉毒专项行动，全年共查获各类毒品走私案件16起，其中，于2014年11月17日在罗湖口岸查获1名中国香港籍男子走私冰毒2.97千克出境案件，翌日又在市内抓获其3名同伙，此为深圳海关近5年来在罗湖口岸查获的最大冰毒走私案。

【深圳海关知识产权保护有成效】 采取知识产权保护措施3 052批次，扣留侵权货物4 210多万件，案值逾8 300万元。所查处的“侵犯朗科公司专利产品案”，获评“深圳市十大知识产权案件”。2014年侵权货物大多是通讯设备、服装、鞋帽、香烟等，主要通过盐田港、蛇口港等海运渠道运往境外。2014年4月起在海关总署广东分署统筹下，参与“粤港海关联合执法行动”2次，重点查处通过邮递、快件渠道输港以及经港转口侵权案件，查获侵权货物120批次，共3万件，案值逾50万元。年内还根据侵权情况的变化，开展专项行动4次。其中，在世界杯赛期间开展“绿茵行动”，查获侵权国际足联及其赞助商的商品282批次，共58.3万件。下半年针对假烟出口态势，采取重点监控措施，查获6起重大假烟案件，扣留侵权香烟3 900多万支。为提升自主知识产权保护工作效能，该关采取定点联系、培训授课等多种形式，引导本土企业积极寻求海关保护，成效明显，经企业提供线索而采取保护措施的情况明显增多，据此扣留侵权货物达40万件。为支援内地救灾工作向昆明地区转交服装、鞋帽等侵权货物9.5万件。组织大规模销毁行动4次，销毁侵权货物4 707万件。

【深圳海关落实国家各项进口优惠政策】 继续实施各项便利措施，促进各优惠贸易协定货物进口的增长。据统计，我国签署实施的优惠贸易安排已达15项，深圳关区除《中国—哥斯达黎加自由贸易协定》以外，其他14项优惠贸易安排项下均有受惠进口。全年该项下货物共进口7.5万票，受惠货值为43.72亿美元，关税优惠32.68亿元，实征税款42.53亿元，受惠货值在全国排名第七。其中，《中国—东盟自由贸易协定》项下受惠货值居首位，达23.4亿美元。受惠商品种类呈多样化，水果、塑料制品、机械器具、糕饼、铜及其制品等5类产品占主导，占深圳关区受惠总值近七成。在单项商品中，鲜榴莲、鲜葡萄、鲜樱桃受惠货值占据前3位，三者合计占受惠总值的24.20%。不同优惠贸易安排的进口货物各有侧重，《中国—东盟自由贸易协定》以水果、机械器具、塑料制品、动植物油脂等农产品和初级产品为主；香港CEPA以药品、糕饼、塑料制品、毛皮等为主。全关区有18个口岸有受惠货物进口，其中，文锦渡海关、蛇口海关和大鹏海关监管的该类货物占受惠总值逾七成。

【深圳海关征收税款大幅上升】 征收税款净入库1 257.99亿元，同比增长11.96%，其中关税112.9亿元，进口环节税1 145.1亿元，居全国第五。税收额居前3名的基层单位是皇岗海关、惠州港海关和大鹏海关。深圳海关在各征税单位的通关岗位中，挑选业务骨干担任税源管理员，为税源企业做好“点对点”服务和纾困解难工作。开展调研，重点了解关区120家主要税源企业及海关总署指定的171家企业税收情况，主动掌控全关税源状况及走势，并按企业类型和行业类别确定针对性服务措施。例如，为液晶显示板、电子产品等重点生产型企业提供个性化的减免税审批、通关验放等服务，保障企业 24 小时通关顺畅。大力推进汇总征税和电子支付，组织相关企业及物流报关企业就操作注意事项等问题进行培训、指导，解决运行中遇到的问题。全关电子支付税款 1 176.74 亿元，占全部税款的 93.54%。

此外，深圳海关还认真落实减免税政策，设立专项小组服务制和“一站式”服务平台，对重点项目实施全程跟进辅导，将重点项目审批用时大幅缩短 50%。全年共审批“征免税证明”1.17 万份，审批货值 34.8 亿美元，减免税款 27.03 亿元，推动了华星光电、海洋石油工程、中海油深圳及大鹏液化天然气站、长安标致雪铁龙汽车、深圳地铁车辆增购等大型项目的建设，得到地方党政主要领导的充分肯定。

【拱北海关全面深化改革有新突破】 一是突出重点，全面推进海关总署、广东分署改革工作的部署落实。克服卡口信息化不足等困难，顺利启动区域通关一体化、广东地区陆路口岸通关一体化改革，企业满意率超过 77%。在广东海关率先实现全关区审单作业集约化，报关单当天审结率由 34% 提升为 91%，无纸化报关单占比 89.4%。关检合作“三个一”改革取得突破，全流程报关单量位居全国海关第 4 位、广东海关第 2 位。在横琴新区、珠澳跨境工业区率先推广上海自贸区做法，实施“先进区、后报关”模式，通关时间由 4 小时减至 5 分钟；简化一线备案清单，企业申报项目简化率 26%。二是主动对接，抓紧落实地方关注和企业期待的改革。以设立横琴自贸区为契机，加强与地方和澳门海关对接，结合关区和珠海的实际，创新理念、创新政策、创新制度，探索业务改革新模式。配合国家口岸查验机制改革试点研究，迅速收集先进国家和地区口岸查验机制做法，针对中央编办、国家口岸管理办公室提出的思路要求，提出在珠澳口岸开展试点建议。促进港珠澳大桥建设，与港澳海关探索“两地一检，监管互认”通关模式。支持珠澳跨境工业区向“一线放宽、二线管住”转型升级，探索“离岸免税区”。发挥珠海保税区作为珠江口西岸唯一保税区作用，推进珠港澳物流园和通关服务中心建设。三是立足自身，优化管理机制、体制和模式。加大瘦上强下力度，交流干部 102 人充实延关口岸，新招录关员 60 人全部下基层；在横琴新区探索管理指挥、一线监管、二线监管、风险监控“4 个中心”，在跨境工业区打破科室界限，实现一科多能、一人多岗；在闸口海关全面实施“查验征税一体化”，与银行开发“旅客自助刷卡缴税系统”，在邮递物品、入境车道实现旅客及收件人 100% 自助缴税，以科技力量和科学管理释放人力。

【拱北海关支持外贸稳增长迈出新步伐】 一是举全关之力顺利完成口岸延关“三项任务”，为迎接澳门回归 15 周年营造良好氛围。成立专题领导小组，关领导分工负责，通过瘦上强下、整合优化、改革创新等措施，挖掘内部人力资源，加大科技投入，创新监管模式，充分发挥口岸查验单位“三互”作用，顺利完成 2014 年 12 月 18 日拱北口岸、跨境工业区口岸、横琴口岸延关三项任务。珠澳社会各界和新闻媒体对口岸延关工作反响良好。二是创新监管模式，支持重大项目发展。全力配合横琴新区二线通道正式封关运作，认真落实横琴各项优惠政策，对长隆国际海洋度假区量体裁衣制定 5 项具体的“一对一”服务措施，向横琴海关下放 10 项业务管理权限。推动特殊监管区域和保税监管场所顺应国际市场变化做大做强，促进珠海高栏港一批大码头大项目建设，支持申报高栏综合保税区，批准珠三角地区首家、全国面积最大的露天保税堆场。中山港口岸扩大开放获得批准，协力中山保税物流中心转型发展成为广东省进口商品交易中心。新增 5 家实施新型保税监管模式的战略性新兴企业，启动电子化手册智能化改革，审批效率提升 50%。以行业分类为基础，完成线路板、激光打印机碳粉盒等两个行业规范管理指引。顺利完成第十届中国国际航空航天博览会参展物资监管工作。支持推进洪湾港码头建设，做好承接九洲港、香洲港货运业务搬迁准备。三是全力以赴降低企业通关成本，力促外贸稳定增长。加大科技投入，卡口系统顺利通过验收；整合海关57项审批办事项目进驻珠海政务服务中心，为企业提供“一站式”服务，对80%以上进驻珠海政务中心办事时限进行压缩，60%的事项在现场办结，平均提速20%。创建客户协调和电子协调机制，对珠海、中山的308家企业实行挂点跟踪服务。在中山市主要口岸实行延时通关作业，3.7万家次企业受惠。

【拱北海关把好国门】 一是全力以赴打好税收攻坚战。对65家定价模式清晰、管理规范、价格风险可控企业试行价格分类管理快速放行模式。开展应税报关单和减免税抽样考核，形成科学、良性的工作指向。电子支付税单数占比从年初的49%提升至年底的63%。支持自主创新产业和高新技术发展，办理“先征后返”退税1.6亿元。发挥原产地管理办公室外脑机构作用，参与中国与新西兰等6个国家和地区的自贸区工作，打击原产地伪瞒骗行为。全年税收实际入库124.54亿元，提前5天“量质效”并举完成税收目标。二是始终保持打私高压态势。落实反走私领导责任制，开展“绿风”等专项打私行动，在“水客”、直通车、非设关地、货运等渠道齐头并进打击走私。2014年立案查处走私违法案件1.096万起，首次突破万起，案值70.13亿元，涉税5.47亿元，同比分别增长21.46%、1.78倍、1.25倍；上缴罚没收入1.71亿元，同比增长16.47%；实现缉私补税入库2 891.27万元。查获毒品案件73起，缴获毒品11.67千克，同比分别增长58.7%、63.4%。三是实际监管有效强化。优化监管查验机制，加强对固体废物、货币、违禁印音制品等重点货物、物品的监管，全国“扫黄打非”工作领导小组和海关总署共同召开现场会议推广拱北海关做法。强化邮递、快件安全监管。加强两地牌客车监管，检查338.34万辆次。打击治理“水客”走私，对当天多次往返旅客物品查验2.64万票，有效查获率58.1%。加强保税监管，手册报核及时率、结案及时率均达99.9%，均处于绿色最优区间；推进内销征税便利化，加工贸易内销征税10.1亿元，同比增长6.8%。监管进出口货运量1.63亿吨，同比增长29.62%；进出口货物总值703.8亿美元，同比下降0.9%；进出境运输工具381万辆次，同比增长3.93%；监管进出境旅客1.18亿人次，同比增长9.56%。四是风险实战水平不断提升。构建“事前、实时、事后”三位一体风险监控体系。配合区域通关一体化改革，开展专项风险分析和联合研判，整合设置5 800余条风险参数和布控指令。统计监督与服务职能作用进一步加强，共有5条进出口监测预警信息获中央和国务院领导同志批示，30篇被《海关要情》采纳，编发《统计监督信息》26期。

【汕头海关推进通关改革，全力提升通关效能】 始终将监管工作作为履行把好国门职责的主阵地，不断创新观念，优化通关环境，提高服务水平，努力实现“管得住”与“通得快”的有机统一。2014年，监管进出口货物2 523.4万吨，货值1 109亿元，监管进出境人员30.8万人次，监管进出境邮、快递物品19.7万件。一是积极参与广东省内海关区域通关一体化改革，确保此项改革的深入推进和顺利进行，2014年，共接受一体化报关单申报84 787票。二是全力推进通关作业无纸化改革。通过直接对企业录入申报的全部报关单证电子数据进行无纸审核、验放处理的通关作业方式，简化通关作业无纸化协议签约及解约手续。2014年，通关作业无纸化率88.95%，位居全国海关前列。三是大力推进关检合作“三个一”试点工作。签署《汕头海关、广东出入境检验检疫局全面推进关检合作“三个一”工作方案》，在8个具备条件的业务现场推行关检合作“三个一”通关模式。2014年，汕头海关关区实施关检合作“三个一”企业共261家，占符合条件企业数的98%；通过“一次申报”系统申报报关单1 303份，占符合条件报关单的100%；实现“一次查验”报关单358份，实现“一次放行”报关单1 303份（不包括固体废物），占符合条件报关单的100%。四是复制推广上海自贸区14项海关监管创新制度。按照成熟一项复制推广一项的原则，分步在关区内复制推广上海自贸区 14 项海关监管创新制度。在汕头保税区完成“简化统一进出境备案清单”和“简化无纸通关随附单证”2 项制度的复制推广工作，并取得较好成效。

【汕头海关严密海关监管，提高通关监管科技化水平】 一是加快推动卡口联网和视频监控联网工程建设。卡口联网已在关区全覆盖，实现了货物运抵信息的实时验证和自动核放，通关效率、风险防范能力进一步提升。二是自行研发并推广运用“陆运车检场快速通关系统”，将海关卡口联网与控制系统和运抵报告实时传输、分类通关、选择查验等业务改革有效融合，实现通关流程的公开、透明、高效，有效缩短车辆在车检场的总体停留时间。三是在广东省内海关首个启用新舱单系统。运用系统有效提升报关货物的提前预判分析力度，对加快货物通关、引导现代物流发展、打击走私违法等起到积极的促进作用。四是创新行邮监管模式。移植应用邮递物品通关管理系统，对进出境邮递物品监管的信息化管理，实现收件人足不出户就可办理国际邮件征税业务，享受到便民通关服务。

【汕头海关强化服务导向，落实通关便利措施】 一是擦亮“12360”海关统一服务热线品牌，推广“关企 E 线通”企业信息服务平台，加强现场办事大厅、海关门户网站等服务窗口建设，进一步提高服务效能，方便进出口企业和个人了解海关相关工作流程，及时解决通关过程中的疑难问题。二是进一步推动简政放权，做好海关总署下放的审批权的承接工作，建立审批制度，完善审批程序，确保合法合理高效审批，并结合清权确权工作，进一步加强海关内部各通关监管环节的衔接，提高办事效率。三是认真落实国务院、海关总署有关决策部署和政策措施，组织制定落实海关总署 20 项措施具体实施办法，实施“24 小时预约通关”等通关便利措施，积极构建海关与诚信企业的新型战略合作伙伴关系。四是努力扩大“属地申报，口岸验放”通关模式的影响力，吸引更多合格企业参与，该通关模式可惠及粤东近 5 000 家企业。

【汕头海关深化综合治税，圆满完成税收征管任务】 坚持“量质效并举”的综合治税方针，依法治税，多措并举，为企业打造优质纳税通关环境。2014 年，征收税款入库 53.91 亿元，同比增长 3.40% 。一是优化税收征管便利措施。加强关企联系，做好煤炭、塑料等关区主要税源商品和主要税源企业的政策咨询和服务工作，推动统一煤炭送检和塑料原料审价管理尺度，解决异地报关税源流失问题，营造税源良性拓展环境。开展预归类和归类咨询服务，减少通关环节的价格干预，进一步提高价格咨询、价格认定的工作时效性。继续推广税费电子支付和担保系统，取消二级验估制度和保证金转税审批制度，扩大享受纳税通关便利企业的范围，为企业支付税费提供便利。2014 年通过电子支付/担保方式征收税款 23.71 亿元，同比增长 28.84%，占关区税收总数的 44.38%。二是落实税收优惠政策。组织实施原产地优惠政策。加强对 ECFA、CEPA、自贸协定等优惠贸易协定项下进出口货物的监管，对协定内容、监控重点、原产地条件等知识开展普及，引导企业充分运用税收优惠政策。2014 年，关区享受优惠原产地协定税率累计税款优惠金额 3.3 亿元，同比增长 33.78%。做好减免税宣传和服务工作，简化监管设备抵押贷款审批手续，推行减免税业务“一站式”审批，推动传统优势产业转型升级，帮助中小微企业减负增效。2014 年，审批减免税货物货值 11 507.3 万美元，审批减免税款共 11 546.1 万元。强化前伸服务和政策指导，服务中石油炼油、中海油粤东 LNG、华能海门煤炭中转基地等大型重点项目落户粤东，积极开展海关政策指导，组织关税专家研究解决项目业务疑难问题，引导企业用好、用足国家税收优惠政策。三是密切协作联动，确保税收科学入库。加强过程管理，提高税收掌控力，树立全关“一盘棋”思想，合理切块下达各基层和稽查、加贸等线条的税收任务，科学确定综合治税阶段性目标和年度目标，实时掌握税收进度，定期通报税收进度和相关指标完成情况，统筹推进综合治税工作。发挥部门合力，提升税收征管质量，应用关税分析系统和统计执法评估系统，保持对重点税源商品、大宗低价商品、享受优惠进口商品的监控，及时提出风险预警，防止税收“跑冒滴漏”。实施税源分类管理，提升价格管理水平，与汕头塑胶行业商会和海西塑料交易中心建立信息互通协作机制，多渠道掌握塑料原料消费规模、市场信息、价格行情走势，对主要税源商品做到心中有数。2014 年，对煤炭、液化气等大宗商品审价补税约 1 332 万元，对废塑料、冻品等审价补税约 688 万元。

【汕头海关积极加强政策宣传工作】 一是利用媒体和网站资源加大对外宣传和服务。积极宣传报道海关业务改革进展和成效，提升海关正面形象，及时报道该关开展通关作业无纸化改革、关检合作“三个一”、区域通关一体化等主动服务地方经济发展、为企业提供通关便利的重要举措。积极挖掘身边先进典型，配合海关总署向中宣部推荐稽查处副调研员陈榕渠同志作为“时代先锋”进行宣传。二是以“4·26 知识产权宣传周”、“6·26 国际禁毒日”、“8·8 海关法制宣传日”、“12·4 全国法制宣传日”为契机，集中开展法制宣传教育活动，通过举办面对面交流会、互联网在线访谈、接受咨询、“送法进企业”等一系列活动，大力宣传普及海关法律法规，弘扬法治理念，引导企业自觉守法，规范进出口秩序。三是加强与地方口岸主管部门和口岸联检单位的工作联系和业务沟通，每季度坚持报送大通关建设情况，通报和反馈海关通关业务改革的进程。

【汕头海关服务促进粤东外向型经济健康发展】 一是积极关注汕头华侨经济文化合作试验区建设。高度关注试验区的建设规划，参加地方组织的研讨会，主动发挥职能作用，从国家发展战略、海关政策规定等角度，对地方拟订的可争取政策目录中涉及海关的政策进行细致研究，及时提出意见和建议供地方完善规划、明确政策需求。二是主动培育粤东外向型经济发展新的增长点。积极关注华能海门电厂能源中转基地的建设情况，支持中石油、中海油等在建大项目，认真做好地方政府开展跨境电子商务试点、汕头市旅游购物出口、南澳县对台小额商品交易市场、粤东大型塑料交易市场等调研论证工作，及时反馈意见和建议供地方党政决策参考。三是积极引导和支持关区内有条件的企业设立保税仓库、出口监管仓和保税物流中心等海关特殊监管场所，继续支持和推动汕头保税区申请设立保税物流中心（B 型）。四是及时跟进深汕特别合作区的建设进展情况，以优质的监管服务全力支持合作区建设。于 2014 年 6 月推动三方单位共同签署了《深圳海关、汕头海关、深汕特别合作区管理委员会促进深汕特别合作区建设发展合作备忘录》。

【汕头海关为粤东外向型经济发展发挥决策辅助作用】 一是主动参与地方重大发展战略的研究。积极参与 21 世纪海上丝绸之路国家战略，完成《支持粤东地区参与 21 世纪海上丝绸之路国家战略研究报告》，汕头市政府召开会议对课题成果进行专题研讨；与兄弟海关联合撰写《广东省加工贸易梯度转移调研报告》，得到朱小丹省长重要批示；《支持粤东地区参与 21 世纪海上丝绸之路国家战略研究报告》、《梅州市稀土产业发展及贸易状况的调研报告》、《积极推进外贸新业态发展，促进普宁市纺织服装产业转型升级》等调研报告也得到地方党政的高度肯定。二是及时发布进出口数据和信息。每月定时通报和发布粤东地区外贸运行情况及各市进出口统计数据，及时为各市党政部门提供最新海关统计数据；结合地方外贸运行热点撰写新闻稿件，进一步提高海关统计信息的透明度和社会化程度。三是紧贴进出口形势、宏观调控政策实施效果开展监测预警分析，突出敏感性和针对性，跟进分析国家各项宏观调控政策的实施效果及针对各级领导关注热点，开展专题分析并主动报送地方党政。四是结合海关中心工作和地方特色产业做好粤东各市外贸形势分析。做好对重点进出口商品的数据监控，加强对煤、农产品等主要进口商品、主要进口企业的调研和监测预警，综合分析国际经济形势和国内需求对本地外贸进出口的影响，及时提供有关分析报告。

【汕头海关扎实推进法治海关建设】 以党的十八届三中、四中全会精神为指引，着力培养全体关员法治意识，进一步提升全体关员运用法治思维、法治方式解决问题的能力，有力地推动全年工作任务的完成。一是科学制定全年普法计划。结合海关总署全面深化改革的总体要求和汕头海关实际，研究制定了《汕头海关2014年法制宣传教育工作计划》、《“视野、改革、法治”专题学习活动方案》、《知识产权执法知识学习竞赛活动方案》等系列普法活动方案，重点关注十八届三中全会、四中全会精神等时事热点，将宪法、知识产权海关保护条例等法律作为重要学习内容，明确全年普法工作的主要任务、工作措施和实施步骤，为有效开展全年法制工作奠定基础。二是积极开展专项法制宣传教育活动。组织开展贯穿全年的法律知识竞赛活动，将十八届四中全会精神、海关全面深化改革、知识产权海关保护作为主要竞赛内容，通过全员考试、选拔考核及现场比武3个阶段，不断强化全体关员对相关法律知识的理解，活动得到海关总署政策法规司、广东分署法规处和汕头市司法局领导的高度肯定。组织开展“视野、改革、法治”专题学习活动，邀请专家举办法制专题讲座2场，开展“送法下基层”法制培训课程3场，举办学习贯彻十八大精神研讨活动1场，组织《中华人民共和国宪法》、《中华人民共和国海关法》等6部法律法规的集中学习，在内部网页开设“领导干部法治思维和法治方式系列讲座”专栏，增强关警员运用法治思维和法治方式处理解决各种矛盾和问题的能力。三是依托专题法制宣传日做好全年普法工作。坚持源头防控和提升关员查缉能力并重，精心策划“4·26知识产权宣传周”系列活动。在门户网站开通“粤东知识产权海关备案自主品牌展示专栏”，扩大汕头关区自有品牌的影响；组织8家权利人代表向一线执法关员介绍产品鉴别方法及侵权货物出口规律，联合揭阳市政府举办“保障自主品牌发展，维护公平外贸秩序”专题宣讲活动，发放知识产权宣传手册2 000多份，积极培养关区企业尊重和保护知识产权的意识；注重借鉴学习兄弟海关优秀做法，邀请广东分署及上海、厦门、宁波、广州、拱北等兄弟海关法制工作代表就知识产权工作进行经验交流，不断提升知识产权侵权查缉能力。认真开展“8·8海关法制宣传日”活动，邀请国务院法制办、海关部署政策法规司相关专家做法制专题讲座，提升领导干部对全面深化改革、知识产权海关保护的认识；在空运口岸举办进出境旅客通关法律政策宣讲活动，发放宣传册1.5万余册。周密部署“12·4全国法制宣传日”活动，举办学习十八届四中全会精神暨法律知识竞赛现场决赛，进一步检验关员学法成果；与汕头大学联合开展“送法进校园”交流活动，组织全体关警员参加“百家网站暨中国普法官方微博宪法知识竞赛活动”。同步利用传统和新兴媒体开展法制外宣工作，进一步扩大海关普法工作的影响，2014年各级媒体共报道汕头海关工作60篇次。四是着力推进“法治型海关”建设。扎实推进简政放权工作，配合海关总署研究梳理相关配套审批事项，对行政审批事项后续改革提出36条意见建议，修订2个相关业务制度，配合广东分署做好加工贸易改革工作，办理加工贸易合同备案（变更）和内销征税业务300余宗。积极开展执法培训。举办“海关行政审批制度改革”等各类法制培训班4场次，参训人员280人次，为相关改革事项的顺利实施打好基础。大力推进政务公开，规范海关公告栏的使用和管理，及时更新该关门户网站和现场触摸屏系统，组织企业代表和市民群众参观相关业务现场。

【汕头海关打造热线品牌，树立为民服务形象】 汕头海关始终秉承“为民、便民、利民”服务理念，通过“四个突出”多维度提升“12360”海关统一热线服务效能，精心打造热线品牌，树立海关为民服务的良好形象。一是突出自我提升，增加积累厚度。提升人员素质，加强岗位练兵。组织热线人员参加在线考试、岗位练兵、普法练兵等活动，通过以考促练、以练促学、练考一体，促使热线人员熟练掌握政策法规。提升管理水平，注重回顾总结。通过每日逐条记录咨询问题及答复处理情况，每周开展“回头看”检查梳理业务处理情况，每月整理总结业务动态并分析业务形势及特点，多层次推动热线内部管理，提升服务的针对性和有效性。提升知识库建设水平，加强积累。选编热线历年受理的典型案例，建立具有关区特点的知识库，提高答复的准确率和时效性。二是突出品牌宣传，扩大影响广度。总结经验做法，大力宣传热线品牌。汕头海关“12360服务热线打造为民服务窗口品牌”典型案例参加中共中央国家机关工作委员会组织的“建设服务型机关党组织”案例征集评选活动，在全国563个案例中脱颖而出获评优秀案例，成为全国海关系统唯一一个获奖的单位，并在紫光阁网站首页通报供各级机关党组织学习借鉴。紧抓宣传节点，以点扩面提升宣传效果。把握获评“建设服务型机关党组织”优秀案例、法制宣传日等时机联系省、市媒体密集开展宣传，在业务大厅、旅检现场派发宣传资料等，深化热线品牌宣传，扩大热线影响，拓宽服务覆盖面。《羊城晚报》、《汕头日报》、《汕头都市报》、“搜狐网”、“南方网”、“阿里巴巴”等媒体进行报道10余次。三是突出决策辅助拓展服务深度。助推业务机制优化升级。收集来电反映的第一手资料，及时总结反馈政策贯彻落实效果；对来电反映集中的热点难点问题，尤其是对公众关注度较高、关系民生的实际问题进行研究并提出建议，不定期编发《汕头海关12360服务热线工作简报》，为领导提供决策参考。助力内部部门加强反馈。收集梳理以热点业务问题为基础的培训资料提供给教育部门；协助督审部门了解企业对各业务现场执法成效的反映情况。四是突出服务效能，多手段创新热线运作模式。选调有业务工作经历的关员为接线员，挑选各部门业务骨干组成后台专家团队，确保服务规范、权威、高效；落实首问负责制和限时跟踪督办制度，明确受理问题的处理流程及职责分工，确保群众诉求件件有答复。多渠道加强与群众互动交流。在门户网站开通热线专栏，举行热线专题在线访谈，开展多样化服务。多层次强化应急处理。关注新出台的法律法规及业务改革，提前联系相关部门做好政策解读、制订应急预案，未雨绸缪，确保妥善应对。如广东地区海关通关一体化改革启动前，该关热线积极与审单、监管通关等部门联系，归纳整理相关政策资料并预先拟定相关问题的对外答复意见，提高解决效率，及时解决群众诉求。

【江门海关大力推动地方电子口岸实体化建设】 江门电子口岸物流服务平台（以下简称“平台”）是海关总署与江门、阳江两市人民政府签署的《江门（江门市、阳江市）电子口岸建设合作备忘录》确定的大通关综合服务平台，由江门海关负责承建。江门海关经过前期调研、总体规划、实际研发，推动地方电子口岸实体化建设。一是抓好平台总体设计，加强与地方外经贸部门、口岸联检单位、口岸服务企业的沟通联系，组织业务、技术论证会，及时将业务需求与项目实施方案报海关总署和江门市政府审定。二是促进由虚转实，2014年9月底，江门电子口岸物流服务平台一期工程正式上线运行，提供了服务导航、加工贸易辅助、跨境贸易电子商务汇总申报等10多项丰富的功能。三是着力提升平台实用性，通过多部门联网，促进部门之间信息互换，涵盖港口物流全程相关的船舶、堆场、卡口、报关报检等相关信息，进一步严密口岸管理。四是加强科学规划，平台构建为政府、企业服务的“云计算”中心，建立了统一的数据交换标准和接口开放规范，具有良好的可扩展性和灵活性，满足当前及未来平台建设应用的需求。

【江门海关推动电子商务迅速发展】 以物流监管为核心，创新跨境电子商务监管模式，在较短的时间内推动江门市跨境电子商务发展迅速走在全国前列。2014年，江门海关验放进口个人物品类快件达113万件，验放出口邮件337万件，出口总值位居全国第2位。一是加强调查研究，主动推动跨境电子商务发展。江门海关通过深入调研认为，江门市发展跨境电子商务具有明显的区位优势和要素优势，为此，江门海关向江门市党政主要领导提出了建设快件分拣清关中心，大力发展跨境电子商务的建议，得到地方党政主要领导的认可。在广州、深圳海关的帮助支持和口岸部门共同配合下，江门海关主动协调中国邮政EMS江门公司，于2014年6月从进口快件清关开始试点，逐步推广至出口快件，探索出了以物流为核心的跨境电子商务监管新模式。二是创新监管模式，高起点建设快件分拣清关中心。开发“通关服务平台”和“通关管理平台”，将通关服务平台与跨境物流企业的信息系统对接，实现进出境商品信息向口岸管理部门无纸化传递，实现“清单核放，汇总申报”功能，最大限度地简化通关手续。规范监管场所建设，并对进口快件进行100%过机查验，确保实际监管质量。口岸通关实行“单一窗口”和“一站式作业”。将以往海关、检验检疫部门的串联作业模式改革为并联作业模式，在申报环节企业向海关和检验检疫部门一次性申报；对进出口商品的查验实行“一机双屏”和“一机双控”；对同一进出口商品都需要查验、检验的，实施现场联合查验，形成了“前台共同查验，后台分别处置”的监管格局。在跨境电子商务领域，江门快件分拣清关中心是全国首个“单一窗口”式管理。江门快件分拣清关中心一期工程已投入使用，日处理快件能力已达到2.5万件。

【江门海关稳步推进通关业务改革】 一是全面推广通关作业无纸化改革。2014年4月在江门关区口岸启动通关作业无纸化作业模式，2014年关区无纸化报关单占同期报关单总量的80.43%。二是顺利完成关检合作“三个一”全覆盖。2014年9月底，江门海关8个现场海关全部启动关检合作“三个一”工作，年底覆盖至所有法检商品，全年“三个一”报关单共1 687票，共同查验197票。三是成功启动广东省内区域通关一体化模式。2014年9月22日全面启动海运区域通关一体化模式，2014年12月1日，启动陆路区域通关一体化改革。改革后，区域通关报关单平均通关时间由原来的8.51小时降至5.52小时，通关速度大幅提升。四是拓宽“属地申报，口岸验放”应用范围，该模式申报进出口的报关单2 968票，同比增加26.3%；货运量31.25万吨，同比增加58.55%；货值5.14亿美元，同比增长1.38%。五是积极推进上海自贸区监管创新制度复制推广工作。研究制定落实启用“进出境备案清单”、“批次进出、集中申报”及“简化无纸通关随附单”等改革方案，7项制度的复制推广工作有序推进。

【江门海关积极探索区域通关一体化下审单处转型升级】 顺应广东地区海关区域通关一体化改革后汕头、江门、湛江3个海关审单处不再承担审单职责的新形势，主动提出将审单处转型升级为验核中心，实现与区域通关一体化的“无缝对接”，得到了海关总署、广东分署的肯定，创造了首条“江门经验”。自2014年9月22日广东地区海关区域通关一体化改革启动至2014年9月28日，江门海关审单处办理区域审单中心外转验估岗报关单33票，通过集约化组织和管理，所有指令均在1天内完成处置。一是集中指挥，海关验估工作更加有的放矢。梳理主要业务运转模式，重新设计关区验估作业流程，创新验估岗位授权模式，将原有专业审单资源按集中管理和就近实施原则“下沉”到执法一线，审单处统一管理验估工作，承上启下，确保验估到位、反馈及时、执法统一，更好地帮助区域审单中心发挥集约作用，企业得到更专业的通关体验。同时，对关区非专业审单报关单实施常态化的实时监控，实现验估指令的集中下达和处置，提升验估作业中的审批指挥力度，最终提高验估的专业性、规范性和有效性。二是突破限制，海关预审工作更加便利有效。在争取广东分署、海关总署关税司的支持基础上，以保持审单部门作为派驻机构性质不变为前提，按审批操作与职能监督相分离的原则，将价格预审核、商品预归类、原产地预确定等“三预”工作前推到审单处具体办理，借助审单作业平台，建立起与企业在货物申报进口前的信息联系渠道，提前预判和掌控关区进出口商品的税收属性，同时继续推行合同预审核机制，纳入“三预”门槛外的企业，扩展海关服务空间，辐射政策便利效应。三是统筹资源，海关复审工作更加细分到位。打造“3 +

1”复审业务运转模式，后移对报关单的自查自纠、堵塞漏洞和防控风险工作，既不影响正常通关秩序，又能掌控关区审单质量水平，即按照分类通关判别的风险等级实施分类复审，各有侧重，不重复用力。开放报关单批量复审系统的口岸授权，现场海关除复审本口岸已放行报关单电子数据，还需根据审单处按口岸优势商品划分的税号段实施交叉复审。审单处根据复审工作需求和各现场海关复审工作量，以专项工作形式统筹各现场复审资源，对关区重点商品或潜在风险实施专项复审。

【江门海关保持打击走私高压态势】 以打私能力建设为核心，推进大情报体系、缉私指挥体系建设和警力资源改革，坚决把好国门。2014年，缉私立案191宗，案值约5.8亿元，其中，走私案件立案53宗，案值达到4.78亿元，查获案值千万元以上案件4宗。一是深入开展“绿风”行动，在“大规模、专项、联合”框架下集全关之力开展行动，成功破获“9·24”走私进口动物饲料案，初步查证案值约1.7亿元，偷逃税款4 000万元，被海关总署缉私局列为一级挂牌督办案件，得到了中央电视台、《法制日报》等中央媒体的关注和报道。行动期间查获涉及农产品走私案件11宗，案值1.8亿元；查获冻品527.5吨；查扣涉嫌走私动物饲料400吨。二是“守卫者”专项行动成效显著，查获走私珍贵动物制品案，查证走私犀牛角3 775克、象牙手镯50个，被列为海关总署缉私局二级挂牌督办案件。三是打击成品油走私成效突出，查获走私成品油案，涉案走私柴油6 497吨，案值4 900万元，涉嫌偷逃税款1 300万元，被海关总署缉私局列为二级挂牌督办案件。积极探索水上缉私工作新模式，水上缉私改革过程中联结查获3宗成品油案件，查获涉嫌走私成品油6 400多吨。四是打击货运渠道走私取得突破，查办“4·22”低报价格走私专案，货值约1亿元，偷逃税款662.3万元。五是部署开展打击毒品走私“紫光”专项行动，破获毒品案件2起，查扣毒品2 243克。

【湛江海关业务管理整体效能稳步提升】 一是科学谋划，全面深化改革部署。成立全面深化改革工作领导小组及其办公室，加强领导推动和统筹谋划，围绕解决制约自身科学发展的深层次问题，结合关情地情，研究制定了全面深化改革总体框架方案。以区域通关一体化和创新服务发展方式等重点领域和关键环节为改革突破口，分别成立对应的专项改革小组，按照“分类推进、分级负责、分步实施”的原则，全面推进实施环北部湾区域海关合作、创新监管手段等9个重点改革项目。二是勇于创新，重点业务改革成效明显。全力参与海关总署、广东分署统一部署的广东地区区域通关一体化改革，实现海陆空口岸全覆盖，有效提升通关效率。2014年共接受一体化报关单申报14 415票，企业普遍反映改革后通关成本明显降低。主动加强与湛江、茂名检验检疫局的联系配合，三方共同探索构建“一关两检”区域合作机制，大力推进“三个一”合作，提前实现关检“三个一”覆盖关区所有口岸，关检合作的深度和广度大幅提升。深入推动通关作业无纸化改革，全年通关作业无纸化报关单占同期报关单总量的83.42%，达到海关总署要求。成功切换上线水运、空运新舱单系统及运输工具管理系统，舱单系统改革顺利完成，关区物流监控信息化覆盖面进一步扩大。有序开展自贸区成功经验复制推广工作，结合企业需求复制推广“无纸通关随附单证”等监管创新制度，提高监管服务水平。全年监管进出口货运总量（含口岸验放）7 923.57万吨，同比增长10.4%。三是筑牢基石，综合执法水平全面提升。加强税收科学预测和质量跟踪监控，做好一般贸易应税商品价格监控分析和高风险商品的分析评估，简化优化加工贸易业务和减免税工作审批流程，大力推广税款电子支付，2014年价格水平保持在0.99的合理区间，审价补税2.04亿元。全年实现税收入库277.36亿元，完成年度税收预算安排。切实加强实际监管，开展监管作业标准化规范建设，联手香港海关强化对关区主要货物流的风险监控，有效打击固废退运复进口及牛皮伪报产地、低报价格等走私违法现象，研究部署提升布控查验工作质量的 6 个方面 15 项措施，全年关区报关单（不含 AA 类企业）查验率 7.33%，查获率 23.26%，布控查验效能进一步提升。继续完善风险预警、业务运行集中监控和布控查验机制以及风险管理绩效考核制度，推进综合业务管理平台的二次开发，逐步提高风险管理水平。推进差别化稽查作业模式，探索实践海关引入社会中介协助稽查工作，全年稽查企业 115 家，查发并移交缉私部门涉嫌违法情事 11 起。

【湛江海关服务地方经济社会发展成绩显著】 一是深化合作共赢，牵头构建环北部湾地区口岸部门和港口企业区域合作机制。主动提议并与南宁海关、海口海关及湛江港、北部湾港、海南港航、国投洋浦港深化“三地七方”合作，构建环北部湾地区口岸部门和港口企业区域合作机制，共同提升环北部湾地区口岸整体辐射效应和聚集效能，强化环北部湾地区港口作为中西南地区出海主通道和综合枢纽的作用，有力服务国家“一带一路”发展战略。加强口岸部门间合作，与检验检疫、海事局等共同研究推进区域内口岸管理部门“三互”合作的具体实现方式和内容，为实施粤西口岸“单一窗口”打好基础。针对粤西经济发展存在的突出问题和外贸发展空白点，研究提出助推粤西经济发展的工作建议，得到地方党政的高度重视。二是突出量身定制，服务粤西发展重点部署。积极做好钢铁、造纸、石化等重大项目建设的对接互动和政策帮扶，完成晨鸣浆纸二期项目的项目审批，为宝钢湛江钢铁、巴斯夫等项目进口设备提供全程快速通关服务，协助企业用足用好减免税相关政策，主动服务粤西龙头产业发展壮大。积极参与湛江广东奋勇东盟产业园建设，服务“国家级水海产品外贸转型升级专业型示范基地”建设，打造“湛江供港蔬菜快速干线”，大力支持水海产品、农副产品等粤西传统特色产业升级发展。全力支持粤西参与 21 世纪海上丝绸之路建设，制定了深化 AEO 互认、促进东盟贸易等 13 项措施，支持湛江申报战略支点市。主动指导和积极支持湛江保税物流中心（B 型）项目申建工作，力促湛江保税物流中心的批准设立，为粤西地区保税物流服务的发展奠定更好的基础。撰写反映粤西外贸和区域经济发展的分析文章 70 余篇次，编发《湛关统计监测预警分析》358 篇，为地方宏观决策、贸易研究及时提供信息服务。三是坚持靠前服务，助力粤西口岸加快建设开放。研究对宝满港区、霞山港区 30 万吨散货码头实行集约化的综合监管新模式，发挥湛江港作为“母港”的聚散效能，实现与邻近港口的联动。积极跟进和指导吴川再生资源基地建设，拓展吴川进出境车辆检查场作为配套监管场所服务再生资源产业发展的功能。开展与云、贵、川、渝、湘等西南、中南地区内陆海关的区域通关合作，全面实施“属地申报，属地放行”通关改革，探索海铁联运监管模式。

【湛江海关苦练内功，重拳打私】 研究制定了加强新形势下打击走私工作的“7 个强化”共 27 条具体措施，切实提升打私能力，全面构建打击走私坚固防线。一是突出重点，专项打私行动硕果累累。认真开展“绿风”、“守卫者”、打击大米等农产品走私和“紫光”等专项打私行动，成效显著。2014 年共立案 101 宗，案值 14.37 亿元，同比增加 17.57 倍；涉税 7.93 亿元，同比增加 31.7 倍。充分认识中越边境走私漂移的新形势，强化打击和“二线”封堵拦截，取得了丰硕战果，与南宁海关在两地开展联合行动，成功侦办案值 10.8 亿元、涉税 7.3 亿元的“1·23”香烟走私案和案值 2.16 亿元、涉税 3 999 万元的“9·03”冻海产品走私案，得到海关总署领导的批示肯定。二是联防联控，反走私综合治理层次不断提升。联合湛江、茂名两市打私办、公安等 10 余家单位深入开展农产品市场专项整治清理工作，与烟草部门设立联合执法办公室，建立联合打击香烟走私长效工作机制；联合地方党政，在辖区 40 个沿海乡镇积极开展系列反走私宣传工作；举办政策法规宣讲会暨海关打私成果展，与地方外汇管理部门签署《反走私合作备忘录》，联合地方执法部门开展打击走私联合查缉行动，反走私综合治理全面推进。加强“联防联控”，开展广东关区“缉私战区”作战模式改革，强化与广州、深圳、南宁等兄弟海关缉私办案互助，开展案件协查125次，有效提升了区域打私掌控能力。三是打牢基础，缉私业务规范化建设扎实开展。优化缉私业务职能设置，对刑事案件补充侦查、查缉行动、罚没财物和涉案物证管理等职能进行调整和明确，理顺缉私业务职责分工；完成海缉处划转人员档案材料交接和海上缉私资产的清查整理。加强缉私能力建设，加快构建缉私监控指挥平台和海关情报体系，积极开展缉私指挥监控系统演练，完善网上管控、协调指挥、网上联动等网上缉私工作机制，提高缉私实战信息化能力；组建联合分析专家组，强化缉私情报分析利用能力；积极探索行政处罚案件办案模式改革，不断提高缉私办案水平。

【广东边防总队着力提高边检服务水平】 按照公安部工作部署，以“专业化、信息化、法治化”新三大支柱为指导，积极创新边检勤务模式，扎实规范边检执法执勤，创新优化信息技术应用，严密细致抓好口岸管控，推动边检工作取得了新成效。一是结合实际创新边检勤务模式。湛江边检站根据海上石油钻井平台的勤务特色，建立了全国首个海上平台边检警务室。汕尾边检站针对海上渔排鱼苗出口的需求，推出海上渔排移动验放勤务，打造渔排移动服务窗口。中山、东莞、顺德边检站利用电子往来港澳通行证、电子普通护照启用的契机，升级自助查验通道，提升通关效率。东莞边检站与香港驻粤经济贸易办事处建立了出入境事务协作机制，实现了与香港管制站“点对点”协作对接。二是深度探索电子往来港澳通行证服务查验工作。东莞、中山、顺德、江门、佛山、高明、肇庆、梅州、湛江等口岸，作为公安部首批电子往来港澳通行证验放试点现役边检站，在设备管理、人员查验和问题处理等方面积极探索，完善保障机制，规范查验流程，为电子往来港澳通行证全面推广应用积累了丰富的经验，取得良好效果。三是强调基础信息化增强管控效能。在各口岸全面应用3G无线验放系统，有效拓展出入境边防检查手续办理触角，增强边检勤务机动性和应急保障能力。继续完善航行港澳小型船舶服务监管系统功能，在所有海港边检站全面推广海港边检勤务综合指挥系统，运用各类数据综合采集、比对、全面增强船舶、人员、代理单位等涉口岸单元的综合管理，提升口岸安全管控能力。四是提高一线执勤装备信息应用水平。强化口岸查验设备信息化水平，进一步提升口岸服务管控能力。全面更新各口岸出入境证件查验采集设备，自主研发前台外国人登记卡智能打印系统，方便外国旅客出入，提高口岸通关效率。在部分较大海港口岸引入小型航拍机开展口岸巡查，有效拓展了口岸管控触角。五是依托新媒体提高边检服务水平。紧跟网络时代新媒体服务潮流，在全国边检系统率先启用边检微信公众服务平台，打造“南粤边检政务微信群”。历经2年发展，政务微信群逐步发展壮大，关注网友达2万多人，推送各类边检讯息达万余条，自动答复问询3万多次，人工解答问题4 000多次，收到意见建议70多条，妥善处理和督办了多起登轮证办理、港澳居民自助资料备案等意见和投诉，逐步形成品牌效应，编印提高边检服务水平专刊向全国边检机关推介工作经验和做法。六是提升口岸服务深度和广度。佛山、肇庆、中山、顺德等边检站推出“不眠报检室”、“ABC轮流岗”机制，采用3组轮流值班全天候服务口岸贸易，让鲜活产品船舶、急需救助船舶、诚信船舶等零待时通关。高明、江门边检站合理调配警力，主动对接客运航班调整，确保客运港航班调整如期通航。梅州边检站主动靠前服务梅州至台湾航班，出入境人员数量上升近5倍，航班公司初步实现平稳经营并计划开辟梅州至泰国新航线。东莞、惠州边检站以开通对台直航航班为契机，优化勤务模式，采取“报检室前移，24小时通关”等模式，服务好海峡两岸货运贸易。

【广州出入境边防检查总站认真落实扩大边检自助查验通道使用范围便利措施】 2014年7月，公安部部署实施扩大边检自助查验通道使用范围便利措施。该措施实施后，5类人员可以通过边检自助查验通道出入境：一是持已采集指纹信息的电子普通护照入境的中国公民；二是持已采集指纹信息的电子往来港澳通行证和有效赴香港或澳门签注的内地居民；三是持台湾居民来往大陆通行证和1年以上（含）多次来往大陆签注或居留签注的台湾居民；四是持外国护照和中国永久居留证的外国人；五是在定期国际航班上服务的中国籍机组人员和可免签入境及已办妥1年以上（含）乘务（C）、任职（Z）签证或居留证件的外国籍机组人员。为确保扩大边检自助查验通道使用范围便利措施在广州地区各旅检口岸的顺利实施，广州出入境边防检查总站根据公安部出入境管理局的部署要求，加强领导，精心组织，认真抓好相关工作落实。一是做好技术准备，升级边检查验信息系统，更新显示屏、触摸屏、指纹仪、摄像机等边检自助查验通道设备，优化通道灯光环境，提高出入境旅客自助通关效率。二是完善勤务组织，组织业务培训，使民警熟练掌握便利措施实施后的相关操作流程，引导出入境旅客有序自助通关。三是宣传便利措施，在口岸出入境大厅通过宣传栏、宣传单、电子显示屏滚动播放等形式开展宣传，让出入境旅客了解便利措施，选择适宜边检通道出入境。

【深圳出入境边防检查总站服务口岸大通关】 认真落实公安部便民利民措施，针对涉边检4项便利措施，及时配发“边检办证告知单”、鲜活产品绿色通道标志牌及扩大自助通道适用范围宣传单；创新推出深港跨境学童免下车“掌上通”查验，并在所有学童通关口岸实行学童保姆电子标签查验；积极做好多次有效签证另纸盖章页签发工作，共为200多名外籍港澳永久性居民提供多次有效签证另纸盖章页。加强深港双方客流疏导协作，建立深港双方客流管制措施“事前通报”机制和现场人员配置、通道设置及勤务组织情况定时通报机制，基本解决了深港查验能力不平衡的问题。罗湖站建立工作日、周末及节假日3种勤务排班模式，有效解决了客流高峰期警力不足、低谷期警力虚耗的问题。深圳湾站调整小车查验岗位和信息采集备案岗位警力配置，充实旅检岗位执勤力量。

【深圳出入境边防检查总站支持地方外经贸发展】 全力服务地方经济社会发展，延长深圳空运口岸（深圳宝安国际机场）国际客运航班通关保障时间3个小时，配合推进广东省电子口岸建设、莲塘口岸筹建及深圳市国际贸易“单一窗口”查验试点等工作，全力做好“中国杯”帆船赛、中国（深圳）国际文化产业博览交易会及中国国际高新技术成果交易会等大型活动的通关服务保障工作。

【深圳出入境边防检查总站推动口岸通关改革】 提升自助通道使用效率，简化自助信息采集备案手续，加大旅客自助通关操作指引，完善自助通道硬件设备，提高自助通关后台核查效率，为自助通关旅客提供更大便利。加强反恐处突工作协作，与地方公安、反恐、国保等单位建立协调联络、执法协作及信息共享机制，与边防武警及驻口岸派出所等有关单位开展联合武装巡逻，协调深圳市口岸办、码头公司、船务公司、车辆运营公司等单位，建立口岸反恐处突综合防控机制。配合开展打击“水客”走私工作，按照公安部、海关总署有关通知要求，共向深圳海关提供当天多次往返旅客出入境记录91万条、照片23万张，当天多次往返旅客“亮灯”提示系统共向深圳海关“亮灯”提示45万次，海关据此查获各类非直接放行情事2万余宗。

【深圳出入境边防检查总站创新通关监管模式】 建立客流疏导监控督导机制，明确了节假日及周末客流高峰期各口岸旅检现场人工通道最低开通数量，并定期召开客流疏导形势评估会，督促指导各边检站在客流高峰期及时、开足查验通道。推进勤务指挥扁平化建设，初步建成总站勤务指挥中心综合信息指挥平台，实现对各口岸现场旅客流量、通道开通情况、执勤队警力调度等情况的实时监控、督导，提升总站勤务指挥中心勤务指挥效能。

【深圳出入境边防检查总站提高口岸规范化管理】 严厉打击非法出入境活动，部署开展打击藏匿车底偷渡专项行动，并与广东省公安厅、深圳市公安局及香港入境事务处联合成立了“11·13”专案组，全力遏制藏匿车底偷渡活动扩展蔓延。开展重点国家伪假证件实物鉴别培训和审查询问技巧专项培训，强化“照片查控比对系统”运用，共查获一批变更资料的非洲籍不准入境人员。研究分析涉嫌在华非法就业和涉嫌从事“水客”走私活动的外籍旅客数量及规律，分别制定相应的查验要点和工作指引。加强出入境数据分析应用，排查出一批大学生出境后滞留未归，内地居民涉嫌从事跨境盗窃活动线索，以及同时持用内地出入境证件和港澳居民来往内地通行证件的人员及疑似拥有双重国籍的人员。提高反恐处突警务保障水平，制定《深圳边检总站警械装备使用管理规定（试行）》，采购配发了一批适应现场处突需求的警械装备，并在皇岗口岸、深圳湾口岸人员密集区配置移动警务巡逻车，指导蛇口站、深圳机场站协调港务公司在客运码头候检大楼入口处安装X光机。部署开展限制内地居民持“小国签证”过境澳门专项工作，设立持中国护照赴澳旅客专门查验通道，加强政策宣传告知，商请船务公司在售票环节提前筛查，研发启用假过境澳门人员梅沙系统前台标记及提醒功能和后台快速处理程序。2014年，蛇口、深圳机场站共劝阻持护照赴澳门不符条件人员100多人次，发现假过境澳门人员1 300多人次。

【珠海出入境边防检查总站创新管理，提升服务效能】 以推进边检“新三大支柱”建设为重点，迎难而上，团结务实，开拓进取，坚决落实拱北口岸延关、横琴口岸24小时通关和珠澳跨境工业区专用口岸00:00－07:00调整功能3项任务，圆满完成澳门回归15周年安保、第十届中国航空航天博览会边防检查等重点工作。全年共验放出入境人员1.2亿人次，同比增长12%；验放交通运输工具378万辆（艘、架）次，同比增长3.2%。其中，拱北边检站10次刷新单日验放记录，并以突破1.1亿的年验放量再次位居全国之首。一是边检查验手续进一步简化。万山、湾仔边检站简化了港珠澳大桥香港口岸人工岛、澳门新城填海施工船舶出入境手续，已为服务对象节约经营成本超千万元，支持了香港、澳门特别行政区重大项目建设；高栏边检站简化了海港证件审签流程，配置身份证阅读器，办理登轮许可证时间从60秒降至15秒，服务更为高效；九洲边检站针对紧急情况果断采取“先起飞后申报”措施，为南航珠海直升机分公司实施海上救援赢得了时间；斗门边检站首次独立完成第十届中国国际航空航天博览会期间边防检查工作，高效、专业的边检服务赢得了多方赞誉，珠海航展公司、珠港机场管理公司专门致信予以感谢。二是边检服务广度进一步延伸。总站联合珠海移动推出“智能交通珠海好行”边检通关好行手机APP，以更加便捷方式向广大服务对象提供更丰富的边检通关资讯，拉近了服务对象与边检的距离，这是广东省乃至国内首个以边检通关资讯为主题的手机APP。在服务品牌集中宣传日推出“拱北边检”微信订阅号，及时推送边检政策法规、便民措施解读，答复网友咨询，预受理因私查询出入境记录申请，现已为14名旅客办理查询服务。通过定期开展服务品牌集中宣传和推出“边检通关好行”手机APP、“拱北边检”微信订阅号，边检社会影响力明显提升，公安部16项便民措施和加强内地居民持护照过境澳门前往第三国政策一经2个平台推出，即第一时间被广大服务对象知悉。同时，公安部出入境管理局对总站创新做法也给予肯定，以简报形式向全国边检机关推广宣传。三是办理自助通关手续更加便捷。总站以电子往来港澳通行证启用为契机，对拱北、九洲、横琴、湾仔边检站已有100多条自助查验通道进行升级，完善更新各口岸边检执勤现场标志，使指引更明确，通关更快捷。拱北边检站在广泛征求服务对象意见后，将自助采集室搬迁至口岸入境大厅旁并延长了自助采集时间，九洲边检站推出了预约采集服务，湾仔边检站自助采集时间保持与口岸开关同步，方便了旅客办理采集手续、自助通关。国庆期间，一名在九洲边检站办理自助采集手续的台湾旅客连连称赞：“节假日大家都在放假，你们却忙得不可开交，真不容易！感谢你们的辛勤劳动！”与此同时，总站、拱北边检站主动回应自助通关旅客单独候检呼声，积极向驻地政府谏言献策，顺利推动自2014年3月28日起在拱北口岸广场启用自助通关旅客候检专道，得到了旅客广泛好评。2014年4月，港区全国政协委员、港澳台侨委员会委员贺定一在珠海调研期间，专门感谢总站实施自助通关旅客候检专道服务措施，有效解决了自助通关的香港、澳门居民不能快速进入口岸过关的难题，避免了排长队，很受港澳居民欢迎。四是勤务组织管理更为高效。拱北边检站在旅检队推行“一人双章、出入互备”勤务模式，一大批民警具备出境、入境查验技能，勤务衔接更为紧凑，疏导能力明显增强。九洲边检站打破队与队界限，建立警力统一调配勤务模式，实施“机关支援基层、二线支援一线”工作措施，盘活了现有警力资源。横琴边检站结合24小时通关需求对勤务组织进行大胆改革，所有环节均实施“四班人员三班倒”，提高了用警效益，有效应对了横琴口岸24小时开关。九洲、湾仔、高栏、万山、斗门等港口边检站主动与口岸经营单位、码头经营单位等签订多方共管协议，完善优化了“边检主管、船方自管、企业协管”的新型港口管理体系。万山边检站将原3个执勤队整合为2个综合队，兼具查验和监管职责，用警更加合理，一线民警执勤压力大幅下降。

【珠海出入境边防检查总站强化执行力，落实重点工作】 一是坚决落实拱北、横琴、珠澳跨境工业区口岸延关及调整功能等任务。成立了珠澳口岸通关专项领导小组，制定了短期、中期、远期3步走工作规划，在通关压力大、执勤警力紧张、反恐维稳形势严峻的情况下，一方面积极争取上级机关和地方政府支持，加强与澳门治安警察局出入境事务厅沟通对接；另一方面主动内部挖潜，精简两级机关，合并部分岗位，引入警务辅助人员，推动拱北、九洲、横琴、湾仔等4个主要旅检站实施“一人双章、出入互备”勤务模式，盘活了现有警力，提高了用警效益。拱北边检站通过创新勤务模式和精简机关，解决了自身警力缺口；总站调配100多名警力至横琴、茂盛围边检站，指导3个有任务边检站做好了勤务组织调整、执勤设备调试、调入民警培训等各项准备工作，确保了3项任务顺利在珠澳口岸实施。二是圆满承办了2014年九边检总站工作会议和2014年边检业务技术座谈会，第一时间就贯彻全国边检工作会议和九边检总站工作会议精神进行专题部署，将落实工作纳入总站2014年工作要点，把任务落实到具体单位和责任人员，并确定了工作推进表和重点督办事项，每月定期检查、通报，对推进不力单位人员实施约谈提醒，确保了各项任务按期推进。在公安部集中推出16项便民措施期间，及早落实工作部署，制定了整体工作方案，细化分解成13项具体任务，逐站逐项检查准备情况，确保执行到位。主动就涉及边检4项便民措施商珠海市口岸局和拱北海关、珠海出入境检验检疫局协助实施，通过在口岸现场张贴指引、播放视频，以及官方微博、边检通关好行手机APP和粤澳两地新闻媒体等及时发布16项便民措施，确保广大服务对象及时知悉。“扩大边检自助查验通道适用范围”措施一经推出，即受到出入境旅客，尤其是经常来往大陆的台湾居民的广泛赞誉。三是首次完成全总站范围提高服务水平工作专题调研。总站组建工作组对各边检站开展提高服务水平工作，贯彻执行提前加开、蓝色提示线、特别通道等便民措施情况，以及不同年龄段、不同岗位民警对服务工作认识等进行全面调研摸底，回收有效问卷495份，收集建议250余条。通过汇总分析，找准了各单位及民警在理念教育、定式养成、投诉处理、服务态度等方面存在问题，为下一步有针对性地改进工作提供了有力参考。拱北边检站开展了为期1个月的不文明规范执勤行为专项整治，湾仔边检站开展了为期3个月的跟班督察，总站部署开展了服务态度专项整治活动，通过集中回看一线民警执勤服务视频和体验督察等方式，逐一找出存在问题、研究解决对策，并重点加强对近几年新警进行服务理论教育，帮助他们牢固树立服务理念，纠正认识上存在偏差，确保服务质量不打折扣。从总站对各边检站外部评价

7项具体指标统计情况看，旅客对民警服务态度的评价得分最高，改进民警服务态度工作得到了广大出入境旅客的认可。在调研分析基础上，总站制定了《总站关于提高边检服务水平工作常态化发展的意见》，从服务教育、激励奖惩、监督评价、资料管理等方面对提高服务水平工作进行明确，推动了提高服务水平工作常态化和规范化发展。

【珠海出入境边防检查总站防控结合，确保口岸安全】 一是民警查验技能明显提升。以培养打造全能型检查员为目标，组织实施了全警大轮训，着重提高前台查验、调研审查和勤务、查控值班等岗位技能，部署开展人证对照、资料录入、证件鉴别等专项培训，强化了民警基础业务、提高了实操技能。拱北边检站建立了典型案件培训跟踪机制，及时分享查处经验，突出培训时效性和实用性，一线查堵能力明显提升，成功查获潜逃10年的台湾籍通缉犯和全国首例冒用他人电子往来港澳通行证等典型案件。横琴边检站建立了业务分析制度，编写了《证研业务入门教材》，开设了微课堂，前台查堵能力明显提升，先后查获携带巨额筹码出境案和持伪假APEC卡入境案。九洲边检站开展了送课下基层活动，着重加强人像识别和证件鉴别培训，在APEC峰会期间查获一起2人互换证件案，培训的效果在实战中得到了检验。二是口岸管控机制更加完善。总站成立总站、边检站主官挂帅的2级反恐工作领导小组，建立了情报信息员队伍和反恐情报信息定期会商制度，自主研发应用总站情报信息数据库及综合应用平台，加强与驻地反恐、国保、国安等部门沟通协作，情报信息收集研判和反恐处突处置合力明显增强；制定了突发事件应急处理工作总则，对事件类型、响应机制、处置原则等予以规范；完善了口岸安全隐患排查整改长效机制，发现一项整改一项，全年累计共整改口岸安全隐患40项。总站进一步加强与澳门边检部门联络，多次召开边境联络官座谈会，保持电话联络畅通，情报信息收集反馈和人员劝退接收等更为顺畅，扎实做好了澳门回归15周年庆典安保工作。拱北边检站与拱北口岸公安分局建立“拱北口岸反恐处突联勤工作机制”，横琴边检站与横琴公安分局“动中备勤”武装巡逻小组建立直接呼叫支援机制，打造了反恐处突“一分钟处置圈”。九洲边检站协调九洲港口岸分局组织开展3次联合演练，口岸各部门协助配合和衔接处置更为顺畅。总站、拱北边检站以“两会”安保为契机，积极推动驻地政府在拱北口岸广场实施安检措施，拱北口岸率先成为全国首个建立常态化安检机制的大型陆路口岸。拱北、九洲、横琴、湾仔边检站建立了常态化武装巡逻机制，与驻地公安建立了口岸广场巡逻、截流分控协作机制，把口岸外围纳入驻地公安警戒安保范围，确保口岸安全。三是防控处突能力明显增强。总站分两期组织骨干民警到广东警官学院进行反恐处突培训，联合广州总站委托山东警察学院开展第一期情报信息及调研审查人员培训班，邀请新疆公安厅反恐专家到总站授课，组织600名业务、处突骨干到驻澳部队珠海基地实弹射击，着重提高了民警情报信息收集、案件审查、突发事件处置技能。拱北边检站抽调经验丰富的民警充实处突队伍，组织全警开展防暴培训，单警实战能力明显提升，同时邀请珠海市公安局拱北口岸分局、珠海市武警支队、拱北口岸安检部门开展了反恐处突联勤演练。九洲、横琴、湾仔边检站建立了专职处突队伍，利用执勤间隙开展民警警械配合使用训练，强化处置合力，打造了“人人都是战斗员”的全警处突局面。高栏边检站妥善处置了中化珠海码头油罐闪爆事故和一外轮涉嫌载运危险物品突发事件。拱北边检站在APEC会议期间成功查获阻止入境重点人员，做好了周边人员排查、录像取证和监管退回等工作，事件处置高效、有序，全程未出现影响口岸通关秩序的现象。

【珠海出入境边防检查总站健全制度，建设长效机制】 一是特色培训格局初步形成。总站围绕“全员大轮训、跨总站交流、新警初任培训”，进一步加强平沙培训基地软硬件建设，搭建了梅沙系统模拟训练系统，解决了梅沙系统培训的短板。完善了总站兼职教员队伍管理办法，遴选19名民警充实兼职教员人才库，梯队建设更为合理，教研范围更为全面，基本做到一线需要什么就能培训什么，初步形成紧贴实战需求、独具总站特色的培训格局。2014年4月~10月，总站分12期对全体民警进行封闭式集中轮训，参训人员全部通过考核。组织干部民警参加基层党务、跨总站交流、警衔晋升、职业制现役制边检人员交流、文明使者赴港研修和处级领导干部出国考察、挂职锻炼等，参加各类培训人员实现全覆盖。二是激励机制效果更加明显。总站、各边检站坚持开展文明使者评选，实行“一票否决”，杜绝“平均主义”，共评选总站文明使者12名，选出了服务质量过硬、群众满意度高的先进个人，做到了在立功授奖、交流培训等工作中予以优先推荐，真正让实干的人得实惠，有效激发一线队伍活力，树立正确价值导向。拱北边检站借鉴公安交管部门12分计分制做法，创新制定《拱北边检站现场执勤量化考评规定》，根据民警执勤服务行为进行相应加分、扣分，将考评结果与文明使者评选、公务员考核等相结合，以刚性制度遏制服务水平滑坡现象，从实施情况看，不规范文明执勤服务行为等基本杜绝，提倡服务、崇尚服务的氛围初步形成。三是监督评价体系进一步完善。总站在充分征求各单位意见建议的基础上，研究制定《总站提高边检服务水平外部评价实施办法》，对外部评价主责部门、时间间隔、问卷时间、项目设计、有效样本数量、结果统计运用等进行细化明确，确保各单位外部评价工作有序开展。首次对各边检站实施提高服务水平工作外部评价，收集有效问卷2 447份、意见建议108条，指导各边检站按计划开展了外部评价工作；从数据分析情况来看，99.8%的服务对象对服务态度给予好评，对服务态度评价得分在7项具体指标中得分最高，反映出了各边检站提高服务水平工作成果，尤其是改善民警服务态度工作得到了旅客认可。拱北、横琴边检站完善了提高服务水平工作约谈办法，健全了定期督察、通报工作机制，积极开展体验督察、换位督察，从督察和旅客角度找出自身在规范养成方面不足，有效杜绝不文明执勤服务行为。总站2个基层党支部（总支）获评公安部出入境管理局先进党支部，1名党支部书记获评公安部出入境管理局优秀党务工作者，3名党员获评公安部出入境管理局优秀党员称号，横琴边检站一队女子特勤组获评全国“巾帼文明岗”称号。

【珠海出入境边防检查总站务实创新，建设新“三大支柱”】 在专业化建设方面。一是队伍专业素质有新提升。总站按计划组织了民警岗位基本业务能力考核，在岗人员全部取得本岗位资格，91%的民警取得双岗位资格，56%的民警取得3个及以上岗位资格，岗位能力建设成效明显，为拱北、九洲、横琴、湾仔边检站顺利实施勤务组织创新以及总站落实三项任务提供了有力支持。二是基础业务建设有新突破。在总站持续努力下，总站司法鉴定中心于2014年4月正式在拱北边检站挂牌成立，首批证研人员取得了文件检验鉴定人资格，总站具备了文件检验鉴定机构资质，率先打破九边检总站没有证件鉴定资质单位的局面，总站证件鉴别专业化建设迈上新台阶。在法治化建设方面，一是法治理念进一步强化。在全警大轮训期间专门设置了法制课程，在拱北口岸开展了《中华人民共和国出境入境管理法》实施一周年系列法制宣传活动，邀请广东财经大学法学院院长邓世豹到总站进行专题讲座，不断提升各级领导和广大民警对法治的理论认知，营造法治边检良好氛围。二是制度建设进一步完善。总站以法治化建设为契机，研究制定了《总站法制审核工作规范》和《总站法制员准入资格考试办法》，首次组织实施法制员准入资格考试，46名民警取得法制员资格，法制审核更加规范。同时，总站还制定了《总站重大执勤差错事故领导责任追究办法》等规章制度，依法行政水平明显提升。三是执法监督进一步加强。总站部署开展了执法回头看和执法质量检查活动，重点对办理行政案件主体是否适格，程序是否合法，案件定性及法律适用是否准确，服务行为是否标准等进行集中检查。同时建立了行政案件不定期抽查工作制度，促进了各单位执法服务行为规范。严格依法办理向某行政复议案，既保障了相对人法律权利，又做到了定纷止争，提升了边检机关执法公信力。在信息化建设方面，一是研发电子往来港澳通行证查验系统并协助部署全国升级。按照部局统一部署，总站圆满完成电子往来港澳通行证查验系统研发任务，对总站所有自助通道OCR阅读机进行升级，确保持电子往来港澳通行证旅客能顺利通关。二是站在旅客的角度自主研发电子往来港澳通行证自助查询机，旅客通过查询机可读取电子往来港澳通行证剩余次数，目前总站已在拱北口岸出境旅检大厅设置查询机，主动向有需要的旅客提供自助查询服务。三是推出了总站民警休假管理系统、被装管理系统，让民警感受到了信息化建设带来的方便，获得了一致好评。

【汕头出入境边防检查总站狠抓维稳与管控，坚决维护口岸安全】 2014年，共验放出入境人员251 821人，其中，出入境旅客191 514人，出入境员工60 307人。验放出入境交通运输工具5 398架（艘）次，其中，出入境飞机1 754架次，出入境船舶3 644艘次。2014年，汕头边检总站始终把维护国家政权稳定、政治安全作为头等工作和首要任务加以落实，严密口岸管控举措，努力营造安全顺畅的通关环境。一是狠抓口岸安保反恐工作，进一步完善总站处突工作预案，组建处突机动分队，完善反恐维稳工作联系机制和情报调研机制，主动与驻口岸公安机关、口岸联检单位等建立反暴恐工作通报制度，签订口岸反恐维稳工作协作责任书，强化联防联治，形成处突合力。二是全力做好“埃博拉”病毒防控工作，完善与检验检疫部门的协调合作机制，定期召开情况通报会，加强重点地区、重点人员入境排查，坚决杜绝疫情传入。三是加大非法出入境活动打击力度，加强对重点国家、地区和重点人员的资料核查，严格把好人证对照、证件鉴别和准确录入资料三大关口，确保打击非法出入境活动的高压态势。在公安部“猎狐2014”专项活动中，汕头边检总站共查获在控人员10宗10人次，协助地方公安机关查获网上追逃人员3人。四是狠抓管控措施落实，完善两级勤务指挥中心建设，将一线各执勤点监控镜头全部纳入总站指挥中心的视频监控体系，进一步完善口岸限定区域管理工作，明确工作权责，规范区域划分，确保管理责任落实，管理措施到位。

【汕头出入境边防检查总站深化服务举措，助力地方经济发展】 汕头边检总站一直以来坚持以提高边检服务水平为中心工作，不断创新边检管理，巩固提服成效，着力发挥好边检机关职能作用，不断提升口岸通关效能，提高服务地方经济发展能力。一方面，努力打造特色服务品牌，积极开展“819”服务品牌宣传活动，结合侨乡地域特点，主动打好“侨”牌、架好“侨”梁，通过创新服务细节、推出“乡音”服务等举措，构建侨乡特色服务品牌，优质服务得到社会各界和广大侨胞的好评。另一方面，主动研究配套措施，积极服务地方经济发展。积极探索研究汕头建设海上丝绸之路重要门户和“华侨经济文化合作试验区”的边检配套服务政策和措施，配合汕、潮、揭三市政府，完成潮汕机场口岸对外开放验收工作，积极做好揭阳港边检站筹建相关工作，配合做好南澳县对台小额商品交易市场项目前期工作，努力为对外开放和经济发展提供支持。

【汕头出入境边防检查总站深化技术保障，推动边检信息化建设】 一是全力做好技术系统维护，狠抓制度落实和安全维护管理，先后完成梅沙系统升级、“一机两用”监控系统升级工作及安全服务器的升级，检查改进公安网“一机两用”注册和杀毒软件、安全补丁升级等，有效提高“一机两用”防控能力。二是加强基础技术设施建设和维护，充分发挥技术工作的支撑与保障作用，做好总站今年新启用的综合楼和潮阳站办公楼等场所的相关技术配套项目建设，完成潮阳站梅沙系统主备服务器等设备迁移至新楼机房工作，顺利完成网络及设备部署，按公安部出入境管理局的要求完成结构建设。三是加强技术队伍建设和科技创新力度，积极开展多层次的技术学习培训，加大创新研发力度，研发完成“总站大楼车辆出入管理系统”、“汕头总站药品管理系统”、“汕头总站人事资源管理系统”及“总站文化宣传系统”等，有效提升信息化应用水平。

【广东出入境检验检疫局全面启动业务综合改革，推动各项工作显著进步】 全面启动了以“三种模式”和“三个体系”为核心的业务综合改革，即建立以合格假定为核心的出口监管模式，以风险管理为内容的进口监管模式和检验检疫口岸通关放行模式，构建宏观质量安全管理、“智检口岸”和技术支撑保障3个体系，推动各项重点工作取得显著进步。一是在全国检验检疫系统率先搭建起“智检口岸”，得到国务院领导肯定。对外建设口岸公共信息服务平台，对内整合集成综合业务管理系统并与广东电子口岸对接，使货物通关时间进口缩短3.5倍，出口缩短至几近“零等候”，被王勇国务委员誉为“两化融合，智在其中”。全面应用“航行港澳小型船舶检疫监管系统”，实现企业向检验检疫、海关、边检等部门一次性申报，整个流程最快仅需2分钟，提速近60倍。积极推动广东电子口岸建设，实现“三个一”系统与广东电子口岸和广州电子口岸对接。完成空港业务监管功能模块需求分析和“智检口岸公共信息服务平台”需求细化工作，实现与广州电子口岸数据交换工作。二是不断完善检验监管模式改革，以合格假定、风险管理为核心的新的进出口商品检管模式得到广泛应用。率先在进口食品中实施申报放行、验证放行、抽样放行和检验放行等差别化放行措施，制定进出口食品监督抽检、合格评定、调查处置等工作规范。率先制定了广东跨境电商检验检疫监管措施，研发应用了广东出入境检验检疫跨境电商公共服务平台，探索建立了“公共服务平台+集中监管园区”和“集中监管、分批核销”监管模式。在辖区各地结合地方经济发展特色建设了一批市场采购商品监管区、集中检管区和示范区。三是进一步加强宏观质量安全管理，对辖区12个重点行业出口企业的质量安全状况进行调查分析。探索建立了进口不合格产品质量约谈制度，约谈了奔驰汽车、大众汽车、台湾大同等7家公司。制定了进出口工业产品质量安全风险预警、信息管理、质量安全抽查、不合格信息发布和检验鉴定机构监管、结果采信等工作规范。

【广东出入境检验检疫局打出组合拳，促进广东外贸平衡发展】 一是先后出台了促外贸稳增长10项措施，提出了19项个性化帮扶措施，提出了11项支持扩大进口措施，切实有效促进了外贸平衡发展。二是全力推进通关便利化工作，和广东海关分署签订“三互”合作备忘录，确定16项具体合作内容；和省内7个直属海关签署工作方案，全面推进“三个一”，首创的“三个一”广东模式在全国范围内得到复制推广，全年辖区143个口岸实现进口“三个一”，共有49 901批进口货物采用“三个一”模式通关，惠及企业3 172家；出口“三个一”和进口废物原料“三互”监管合作开始启动，“三个一”工作走在全国前面。三是积极主动为企业减负增效，大力推进报检无纸化、通关单无纸化和产地证签证无纸化工作，减负提速成效明显；全年共减免检验检疫收费2.76亿元；签发各类原产地证书85.8万份，签证金额314.02亿美元；启动了珠三角区域通关一体化试点，扩大出境直通放行货物范围，陆续与重庆、贵州、广西合作推行出境货物直通放行，仅广东局辖区各口岸就有336万批出境货物以直通放行模式通关，涉及货值1 193.2亿美元，为企业节省4亿元。四是加强技术性贸易措施应对工作，新筹建了广东进出口水生动物公共技术服务平台，9个平台全部获得广东省示范平台认定，共组织免费培训111场，累计减免委托检测收费2 287万元；全年共开展66项TBT/SPS通报评议，向国家质检总局提交评议意见72份、特别贸易关注信息12条，3条被选为关注和磋商议题；成立了全国首家“家电技术性贸易壁垒研究工作室”；依托“应对国外技术贸易壁垒网站”为系统内外提供预警信息526条。五是成功承办金伯利进程2014年全体会议，在筹办过程中全力以赴，克服经费预算不足、埃博拉防控形势严峻等困难，做到精心策划、严密组织、周到服务，确保会议安全圆满，促进了我国在国际事务中的形象地位提升和广东钻石行业的转型升级。六是积极促进潮州港三百门码头获批进口肉类指定口岸，广东省委书记胡春华同志给予高度评价。

【广东出入境检验检疫局力保国门安全】 一是严密防控口岸疫病疫情，以极端重视、高度负责的精神，采取“三率先、两强化”措施，创新“3+3+3”空运口岸防控模式，全面布防埃博拉疫情，得到了广东省委书记胡春华、国家质检总局局长支树平和广东省省长朱小丹的高度肯定。胡春华在广东检验检疫局上报的相关信息上专门批示：“检验检疫局做了大量的工作，分析也是有道理的，要采取措施，严防病例输入。”全年共检疫17 505名来自埃博拉疫情发生国的入境人员，占全国的58.8%，发现29例转运病例，占全国的37.66%，并均排除染疫嫌疑；共检出登革热等输入性传染病病例1 053例；全年从进境植物及其产品中截获疫情疫病2 622种、15.3万次，同比分别增长13.7%和46.8%，其中检疫性有害生物156种、16 042次，属全国首次截获的检疫性有害生物3种；从进境动物及其产品中检出各类动物疫病共78批次，国家质检总局根据广东出入境检验检疫局截获的疫情发布警示通报7份。二是进一步加强敏感商品检验监管，积极探索进口不合格产品监管模式，强化事后监管，对问题产品采取销毁、通报、召回、整改等措施，降低了质量安全风险；对进口危险化学品等风险较高的产品，采取加强检验检疫、限制货物入境、紧急控制等严格措施，全年共检出不合格进出口危险化学品35.2万吨、3.1亿美元，检出不合格进口机电产品批次、货值同比分别增长683%和548%。三是对大宗敏感进口食品重点检测项目进行动态调整，实现高效监管，全年共检出不合格进口食品化妆品2.2万货物批，检出率22.1%，出口食品化妆品检出不合格批次同比增长26倍。四是全力保障供港澳鲜活商品和食品安全，牵头建立广东省保障香港《食物内除害剂残余规例》（以下简称《规例》）平稳实施联席会议制度，形成共同应对工作机制，全面推广供港蔬菜溯源管理系统，推进云浮、清远、惠州等供港澳食品农产品质量安全示范区建设，完善供港澳食用动物电子耳标系统。《规例》实施以来，广东检验检疫局辖区供港食品农产品未出现质量安全事件，供港食品总量平稳，全年检验检疫供港澳食品25.13万货物批、152.49万吨、24.32亿美元，确保了供港澳食品农产品质量安全，总量平稳。五是进一步加强认证监管工作，要求HACCP认证监管与备案监管100%联动，提高了监管效能；及时跟踪获证产品质量动态，降低产品出口风险；优化网络化管理，简化监管程序，推进诚信体系建设。六是大力开展专项稽查行动，全年共实施行政处罚案件1 212宗，涉案货值3 546.29万元，罚没金额412.75万元；在南沙、黄埔等口岸查获涉及多个知名品牌的鞋类、服装等出口假冒伪劣商品，涉案货值超过2 000万元；首次从跨境电商快件中截获濒危野生动物象牙制品。

【深圳出入境检验检疫局确保进出口产品质量安全】 一是创新质量宏观管理。参与制定进出口商品领域国际标准、地方标准、行业标准共38项，其中牵头编制的跨境电子商务领域标准《网上交易进口商品质量信息规范》，弥补了该领域地方性标准的空白；完善进出口企业分类管理，强化企业诚信激励措施，推行事中事后监管制度，积极开展缺陷召回调查；加大执法打假力度，开展“口岸稽查”“打击水客”等专项行动，共计出动7 200多人次，查验进出境交通工具5 200辆，查获各类违法案件820宗，包括假冒产地的输埃及陶瓷，输非假冒三星手机配件、假冒阿迪达斯运动鞋等大量假冒输非产品；2014年办理行政处罚案件1 115宗，罚没金额198.9万元，营造了良好的外贸秩序和质量发展环境；与深汕特别合作区管委会、贵州商务厅、广东海关分署等分别签署了18项合作协议，加强与深圳市公安局、市场监管委、企业信用中心的合作与资源共享，促进质量共治。二是把好敏感商品和供港食品农产品质量关。加强重点敏感商品检验监管，推出了“三特四类五模式”机电产品监管模式，检出输非产品不合格1 390批，同比增长 166%，批次不合格率为 9.08%，同比增长 165.50%，高于全国 5.9% 的平均水平，发现了 627 批特种设备、成套设备质量安全隐患，妥善处理了阿斯顿马丁汽车油门踏板杆事件、奔驰汽车跑偏事件。制定了“视频查验与企业质量监督员备案化、矿企业管理”等模式，检出不合格化、矿产品（含危化、废料）2 432 批，涉及重量 71 万吨，金额 1.3 亿美元，检出进口大宗商品短重 169 批次、短少重量 2 543 吨，为企业挽回经济损失 137 万美元。报送的进口食品化妆品不合格信息被质检总局采用 363 份，同比增长 87%，采用量列质检系统第一；实验室检出进口食品不合格样品 7 181 份，列质检系统第一；积极应对香港《食物内除害剂残余规例》，深圳辖区 95 家出口食品生产企业没有一例被通报不合格的情况，供港食品农产品保持安全稳定供应。

【深圳出入境检验检疫局防控疫情跨境传播】 一是防控传染病疫情输入。口岸排查有症状旅客 15 056 人次、检出传染病 3 493 例，双项指标继续位居全国第一。全力防控埃博拉疫情，坚持“体温监测 100% 覆盖，测温系统报警人群 100% 处置到位、重点旅客 100% 处置到位”3 个“100%”的原则，采取“六严格”措施，先后调配两批共 133 人支援口岸防控。2014 年 8 月～12 月，排查重点旅客 3 113 人，未发现疫情疑似或确诊病例。同时，加强对人感染 H7N9 禽流感等重点传染病防控，检疫发现全国口岸首例人感染 H7N9 禽流感病例，受到质检总局通报表扬，《人民日报》等媒体还做了专题报道。发挥深圳市联防联控工作组成员单位和信息核查专责小组组长的牵头作用，及时提出疫情应对建设性意见，推动深圳皇岗、深圳湾等口岸防控硬件设施建设与改造。二是防控动植物疫情跨境传播。进境植物检疫共检出植物有害生物 1 042 种 63 681 种次，种类数与种次数分列全国第 3 和第 5，其中检疫性生物 82 种 7 873 种次，2 次为全国首次截获，从菲律宾香蕉中检出新菠萝灰粉蚧，对 61 吨货物进行了销毁；进口水生动物不合格 239 批，两次全国首次检出，检出批次居质检系统第一；2014 年国家质检总局依据深圳出入境检验检疫局查验和检出情况发布了警示通报 29 条。

【深圳出入境检验检疫局支持深圳外贸发展】 一是服务湾区跨越发展。对接深圳市“三化一平台”发展战略，支持深圳打造 21 世纪海上丝绸之路“桥头堡”，制定贯彻《质检总局支持深圳前海深港现代服务业合作区先行先试的意见》28 条措施，打造“全天候通关”、“深港仓店通”等六大口岸通关服务品牌，荣获 2014 年度“质量之光”质检改革创新示范奖。在深圳前海实施跨境电子商务、现代物流业原产地证签发、通关模式改革等创新举措，使前海检验检疫全流程速度为深圳口岸最快。建设深港国际酒类检验中心，推动新兴产业和高端商品保税展示业务发展。借鉴上海自贸区可推广经验，制定支持粤港澳自贸区建设的 17 条措施，为深化粤港澳紧密合作做好政策储备。二是服务外贸企稳回升。面对外贸严峻形势，及时推出支持外贸稳定增长、促进扩大进口等系列改革创新措施，其中 7 条被纳入《深圳市促进外贸稳增长调结构的若干措施》。通过召开政策宣讲会、座谈会、新闻通气会等，扩大优惠政策覆盖面和企业受益面，在特殊时期为助推深圳市一般贸易逆势增长 18.8% 作出了特殊贡献，得到国家质检总局及省、市领导充分肯定，深圳市委宣传部还首次专门发文要求新闻媒体对深圳出入境检验检疫局促外贸工作进行集中报道。三是服务进出口企业减负增效。利用“降、快、促、先、优”系列措施，直接为企业减免费用 4.2 亿元；对 25 家企业 36 亿多美元进口大型成套设备签署协议直通放行；帮助 6 艘远洋捕捞渔船获欧盟注册；利用产地证优惠政策帮助企业减免关税 10.1 亿美元；帮助企业间接缩短通关时长 392 万小时，间接减少费用 4 580 万元。

【深圳出入境检验检疫局改革深圳口岸检验检疫通关模式】 一是推进简政放权。共取消、下放和简化审批备案权限共 10 项。在卫生检疫方面，全国口岸首次将口岸卫生许可管理权限下放至下属分支机构，在质检系统率先推出免予车辆备案制度及免予车辆年审要求，首次对出入境特殊物品实行“一次审批，多次核销”制度；在进出口工业产品监管方面，取消了进口旧机电产品备案和出口日用陶瓷质量许可；在认证认可方面，配合深圳商事登记制度改革，对进出口商品检验鉴定机构的市场准入由前置审批改为后置审批；在动植物检疫方面，全面实行动植物产品检疫许可无纸化，有效缩短审批时限。二是加快模式改革创新。局领导分别牵头成立5个改革工作组，初步探索了法检制度、通关模式、检管分离、文化建设等各项改革框架与工作方案，以打造“通关最快、费用最低、服务最好”的一流口岸为目标，完成直通放行负面清单等38项通关模式改革任务，涉及20多类商品，覆盖全局检验检疫货值的60%。全力支持深圳建设国际贸易“单一窗口”，在深圳11个口岸所有通关现场实施关检“三个一”合作模式。深圳口岸检验检疫通关平均时间同比缩短33.7%。推动深圳5个口岸获得进口冰鲜水产品指定口岸资质，4个港口获得首批国家进境粮食指定口岸资质，2个口岸获得进境罗汉松特定口岸资质。助力深圳成为惠氏品牌乳粉中国进口第一口岸，吸引沃尔玛公司将盐田作为中国进口食品的第一口岸，使深圳口岸竞争力进一步提升。

【珠海出入境检验检疫局圆满完成珠澳口岸延关任务】 全力以赴，攻坚克难，按期保质完成了国务院部署的珠澳口岸延关任务。一是加强组织领导。印发三项任务工作推进方案，成立专项工作领导小组，出台16项工作细化措施，明确各项工作具体实施步骤，确保各项工作要求和部署如期完成。二是优化人力资源。一方面通过内部挖潜，压缩机关人员充实口岸一线，结合口岸实际需求，优化人员配置，统筹解决口岸一线人力资源紧张问题；另一方面积极争取质检总局增编支持，招录专业人员充实口岸一线。三是提高监管效能。从转变工作方式、利用信息化手段、优化业务流程等方面着手，加强研究创新，着力提高监管效能。科学区别对待出境和入境，将检疫监管重点转向入境人群和车辆；加强信息化和技术支撑建设，对卫生检疫业务系统、携带物查验系统优化升级，车检通道实现自助放行和人工放行相结合，提高通关效能；探索建立人机犬一体化查验方式，将在横琴口岸、拱北口岸逐步推行；加强与海关、边检的合作，实现口岸部门执法协作互助。四是推动查验设施升级改造。积极协调，多方合作，优化口岸查验设施，提升口岸查验智能化水平。完成了拱北、跨境等4个口岸的6间医学隔离室的建设，提高口岸疫情疫病防控能力；对三项任务所涉口岸红外体温监测系统及视频监控系统等检验检疫设施设备进行升级改造，减少误报率，提高查验效率；研发出入境旅客综合查验系统，提高旅客通关便利性，同时节约人力资源。

【珠海出入境检验检疫局强化措施严防埃博拉出血热疫情】 一是加强检疫查验，把好第1关。重点加强对来自几内亚、利比里亚、塞拉利昂、尼日利亚及其周边国家入境人群的卫生检疫查验工作。设立中英文对照主动申报提示牌，强化医学询查，安排业务骨干对入境的来自西非国家的人士逐个做旅行史、接触史排查，把好检疫查验第一关。二是与口岸查验单位建立联防联控快速工作机制，共同把好第二关。与拱北边检站合作，对来自或者近3周内到过西非四国的入境人员，边检在办理入境手续前，移交给出入境检验检疫部门进行医学排查，边检凭出入境检验检疫部门开出的“就诊方便卡”予以放行，共同把好检疫查验第二关。三是与地方卫生部门合作，建立疑似病例快速移交工作机制。如在口岸发现来自西非国家的入境人员，出现发热、全身极度乏力、腹泻、呕吐等埃博拉出血热相关症状，在现场采取严密的防护措施，控制好传染源并及时移交120急救车转送至珠海市第一人民医院诊疗。四是为防控工作提供有力保障。成立防控工作领导小组加强组织领导，增加应急物资储备，加强人员培训，做好一线人员自身防护，严格卫生处理，做好信息上报工作。

【珠海出入境检验检疫局保障第十届中国国际航空航天博览会顺利进行】 精心部署，统筹调配各项资源，全力做好展会的各项检验检疫监管服务工作。航展前期迅速成立第十届航展临时检验检疫办公室，下设旅检组和货检组，货检工作组负责进出境参展物品的检验检疫等工作，旅检工作组负责进出境参展人员及飞机的检验检疫等工作。航展期间，在横琴、九洲等口岸都设立了航展专用通道，确保出入境参展人员及物资通关畅顺。制定实施一整套贯穿航展“前中后”整个周期的详尽工作方案，并对入境航展物资引入便利企业的“多点报多点放”业务模式，大大提高了监管效率和服务能级。为确保航展货物、航空器及旅客随到随检，检验检疫工作人员实行7×24小时工作制，确保出入境参展旅客及物资通关顺畅。航展结束后，检验检疫工作小组还将进行严密的出境监管，保证物资全部快速通关复出。同时对境外参展商遗弃的零碎木质包装、赛事人员生活用品等废弃物，进行消毒除害处理并运往指定地点集中销毁，防止境内、境外木质包装交叉感染。第十届中国航展的成功举办，再一次让世界记住了珠海蓝天盛会的“金字招牌”，也再一次向境内外参展商展示了中国检验检疫高效把关、优质服务的良好形象。

【珠海出入境检验检疫局推进珠海进出口公共技术服务平台建设】 珠海进出口公共技术服务平台成立1年多以来，秉承“立足公益、集中资源、开放共享、促进发展”的原则，为本地区产业发展及中小企业转型升级提供公益性、综合性的技术服务，取得了一定成效。2014年8月1日被认定为“广东省公共（技术）服务示范平台”。平台通过一系列服务机制和保障措施，强化了平台联络员的服务意识，改进了各自部门的工作方式，有力地推动了珠海出入境检验检疫局监管理念和服务形式的转变。一是为企业带来了良好的经济效益。平台成立以来共为3 000家次中小企业提供技术服务，节省了可观的质量成本，减免企业各项费用400多万元；2014年共举办48场免费培训，并录制成视频上传平台网站，供企业免费浏览；共享了价值上亿元的分析仪器信息；针对企业实际困难，在应对国外技术行贸易措施，协助企业自建实验室，合作新产品、新技术科研攻关以及便利通关措施等方面提供技术帮扶活动43家次。二是为企业带来了社会效益。平台紧贴珠海“三高一特”现代产业发展规划，加强了与珠海市科工信局、珠海市商务局等单位的联系，定期召开工作会议，协商解决企业遇到的困难。平台一系列服务活动，切实让企业获得实惠，企业参与平台活动的主动性更强，积极性更高，平台的知名度进一步增强，平台的工作也得到各级领导的肯定和支持。此外，平台还与港澳地区的典型生产力促进机构（香港生产力促进局、澳门生产力暨科技转移中心）建立了稳固合作关系，拓宽了平台的辐射范围，进一步促进了粤港澳经济的融合。

【广东海事局深化改革，转变职能，全面推进海事科学发展】 广东海事局是全国三大海区局之一，是直属海事系统中业务门类最齐、工作量最大、人员数量最多的单位之一，管辖海域面积占全国的七分之一，内河通航里程占全国的八分之一，人员总数占直属海事系统的七分之一，资产规模和规费收入均占直属海事系统的五分之一。同时，广东也是少数几个没有地方海事及地方船检的省份之一。贯彻落实党十八大全面深化改革的要求，按照交通运输部统一部署，遵循“精简、统一、效能”的原则和“转变职能、简政放权”的总体要求，广东海事局积极稳妥推进实施海事核编转制工作。调整机关处室，理顺机关职责事权，细化处室及办事机构具体职责，划转24项“三定”职责，下放34项业务事权，积极简政放权、丰富惠民利民举措。取消了船员任职资格特免证明签发等9项海事行政审批项目，累计取消项目占海事原有行政审批项目的三分之一。广东海事局管辖水域46.82万平方千米，其中海域41.32万平方千米，通航河流998条，总通航里程1.36万千米。在交通运输部、海事局和广东省委省政府的领导下，坚持以水上交通安全管理为中心，秉承“航运更安全、运输更便利、海洋更清洁”的宗旨，攻坚克难，务实创新，认真履行职责，完善基础设施建设，加强队伍建设，提高监管水平，严格秉公执法，为维护国家权益，保障水上交通安全和防止水域污染，促进社会经济和水运事业的发展作出了应有贡献。全国4个重点监管水域，广东就占了珠江口和琼州海峡2个。辖区年进出港船舶321万艘次，货物吞吐量近17亿吨，集装箱吞吐量约2 900万标箱，运输旅客4 000余万人次。

【广东海事局主动作为，全面履职，服务地方经济发展】 积极服务地方经济发展。出台贯彻落实《珠江三角洲地区改革发展规划纲要》的工作举措，提供及时、便利的口岸海事管理，积极帮扶航运企业应对金融危机，实现航运公司源头管理规范化，有效保障煤电油气等重点物资海上运输的安全、便捷、畅通。近年来，广东社会经济快速发展对水运需求尤其是外贸运输需求持续大幅增长，大量涉及重要基础设施建设的物资、城市交通与居民生活的燃料、区域性特色产品和大型国有企业的生产原材料的（进口贸易业务）对外贸易业务需要通过国际航行船舶在非开放码头或水域进行。省内尤其是广州市港区有些码头历史上担负着外贸运输的功能，但没有明确的列入开放区域或没办妥开放手续，而国家口岸主管部门持续加大了对口岸的管理力度，对国际航行船舶临时进入非开放港口及水域的管理更加严格。面对这样的状况，广东海事局在维护国家主权、确保水域安全的前提下，积极配合省口岸主管部门，向上级反映广东口岸实际情况，取得上级的理解和支持。在当地政府、港口经营人、码头业主提请申报的过渡期，执行“一船一靠一批”的工作程序，做好这些码头在过渡期间的临时靠泊手续。通过采取以上措施，为国际航行船舶临时进出非开放码头和水域创造条件，如惠州中海油项目、南沙游艇会临时进靠等。2014年，广东海事局支持地方水域、码头口岸开放4座次，船舶进入非开放水域、码头20件次。此外，广东海事局全力做好港珠澳大桥、汕头南澳大桥、清远水利枢纽等重大水工项目的施工安全保障。积极开展珠江口虎门二桥、深中通道、揭阳石化、湛江东海岛钢铁基地和中科炼化等重大项目的通航论证评估。

【广东海事局进一步提高口岸通关效率】 进一步提高口岸通关效率，做好口岸查验、口岸审批、船舶临时进入非开放水域受理等工作，着力维护水运口岸水域良好通航秩序，确保水运口岸船舶进出通道顺畅，为国际航行船舶特别是大型船舶安全进出口岸提供高效、优质的服务。强化服务意识，想方设法为港口企业和地方经济发展服务，实行“一个窗口对外”，“一站式服务”，将服务承诺、工作流程、办事程序、收费标准公开。开通“绿色通道”，为特殊重点船舶办理进出港手续和安全进出港提供方便快捷的途径。通过预约办理、优先办理、推行免检、重点跟踪等措施，积极创造高效的口岸查验环境。2014年，辖区港口货物吞吐量18.37亿吨（其中危险货物吞吐量3.07亿吨），同比增长9.8%；集装箱吞吐量3 150万标箱，同比增长6.6%；船舶进出港315.91万艘次，同比增长2%；旅客运送量5 010.39万人次，同比增长15.9%。全年辖区列入统计范围的一般等级以上事故41起，死亡失踪52人，沉船24艘，经济损失3 715.9万元，各项指标控制在上级下达的指标范围内。

【广东海事局支持航运公司应对金融危机】 积极配合“大三通”政策的实施，主动为两岸直航船舶及公司提供海事业务指导和帮助。在船舶监督、通航管理等六大业务领域出台26项便利措施，帮助、支持航运企业提高应对金融危机能力。积极推进船用产品检验，促进广东地方船舶工业配套产品的发展。建立规范解决外商独资船厂建造中的船舶融资抵押登记管理问题。提供船员业务网上电子申报及配套服务，推出船员证书自愿邮递服务。做好台湾船员履约培训服务工作，提请部海事局出台了港澳航线船员申办海员证的特殊政策，受到了航运企业、广大船员的普遍欢迎和好评。

【广东海事局加强维护航海保障设备】 启动航海保障“南进战略”，加快重点水域航标建设和专用航标接收工程，管理公用航标1 901座，同比增长7%。接收专用航标131座，首次在南沙九章群礁东门礁投放灯浮标。完成交通运输部航测标准体系表修订工作。全年维护航标2 515座，航标正常率超过部颁标准。海上测量面积8 311平方千米，测绘项目完成率与合格率均为100%，完成国内首次开展的最远海域——西沙永兴岛渔港航道测绘。

【广东海事局加强与口岸相关部门联系配合】 与省交通运输厅、水利厅、海洋与渔业局、检验检疫局及海关、边防、公安等职能单位建立合作机制，与广西、海南、福建海事局签订跨界合作框架协议，按照“把握规律，抓住重点，关注异常，给力预防”的工作思路，总结、宣传辖区“十大危险水域”和“十大水上危险行为”，扎实开展“百日安全大检查”、“防范商渔船碰撞”、“打击江匪水盗”等专项行动，大力整治砂石船超载、中小海轮配员不足、易流态货物违规装载等监管顽疾，持续保持水上监管高压态势。先后与广东省旅游局合作，贯彻落实省委主要领导批示，大力推动游艇高端休闲旅游发展；与广东出入境检验检疫局签署合作备忘录，提高口岸通关效率；与广州航海高等专科学校共建海事研究中心，打造华南地区航海、海事人才培养基地；与中石化广东石油公司签署合作备忘录，保障水上供油安全。

【广东海事局加快推进智慧海事行动】 开发应急搜救辅助决策系统，整合既有监管系统和静态数据，完成地理信息平台基础工作，为全省口岸通关工作提供海事服务保障。开展“广东沿海VTS规划”及“珠江口VTS规划”编制，加快推进沿海VTS资源联网整合，加强对沿海及珠江口航行船舶的监控力度，及时掌握沿海及珠江口船舶航行动态。积极推进项目前期工作，多个项目纳入上级工程许可审查或得到批复。制定《广东海事局海事处装备配备标准》，完成13艘船艇建造工程许可上报。积极推动万吨级大型海事巡视船项目，开展需求和设备调研，提交可行性方案论证材料，这将进一步拓展海事巡航范围，对于加强我国南海水域的监管，保障水上交通安全、保护海洋环境、维护国家主权具有重要意义。

【广东海事局积极参加维护国家主权行动】 一是全力参与马航失联客机搜救任务。马航客机失联后，广东海事局第一时间启动应急预案，调派“海巡31”和海事直升机紧急奔赴指定搜救海域开展现场搜救。2014年3月8日～4月30日，历时44天执行马航失联飞机阶段性搜救任务。“海巡31”航行里程10 488海里，搜寻面积127 655平方千米，组织协调中方船舶11艘，飞机2架。此次搜救行动是“海巡31”列编以来，难度最大、规模最大、时间最长、范围最广、跨度最大、协调舰船最多的一次行动，全方位锻炼和提升了广东海事局海上搜救应急处置能力。二是执行西沙水域“ZS”项目保障任务。2014年5月7日，“海巡31”紧急赶赴西沙群岛水域执行“ZS”项目保障任务，根据现场任务的要求，组织制定了“‘海巡31’参与‘ZS项目’护航保障工作应急预案”，并针对任务特点进行了演练。在前线指挥部的指挥下，与海警力量精诚合作及全体人员的团结协作下，护航保障任务进展顺利。三是紧急调遣船舶赴越南接回我在越人员。2014年5月18日，广东海事局根据国务院的整体部署，紧急调遣湛江籍客滚船“紫荆十二号”于当日赶赴越南执行接回我国在越人员任务。接到紧急通知后，广东海事局立即启动应急工作程序，按照“船舶适航、船员适任、手续完备”的要求，克服时间紧、任务重、涉面广、协调多、无先例的困难，以高度的政治敏锐性和责任感，敢于担当、全力以赴、优质高效办理相关证书及手续，制定并落实安全保障措施及预案，圆满完成了这项紧急任务。

【深圳海事局不断丰富“深圳海上安全特区”构建内涵】 认真总结前期“深圳海上安全特区”构建经验，结合“平安交通”建设要求和“四个特别”的“深圳海上安全特区”总要求，不断创新工作机制，丰富构建内容。牢固树立风险管理理念，强化隐患排查治理，实施网格化管理，有效落实现场监管责任，全面提升水上交通安全综合管理能力。完成中国籍船舶综合品质管理系统的应用推广，不断深化深圳船籍港管理，开展平安船舶、平安航运企业建设。大力开展平安水域、平安码头、平安涉水工程等建设，构建平安和谐的水上交通运输环境，有力保障了港珠澳大桥、太子湾邮轮母港、LNG 码头群、铜鼓航道疏浚等重大涉海工程建设工作，实现施工区域零事故目标。推动“大鹏澳水上休闲活动样板区”创建工作，积极探索“海岸并举、标本兼治、综合治理”的水上休闲活动安全监管新机制。深入开展水上交通安全宣传教育，进一步强化“红线”意识，普及安全知识，弘扬安全文化，提升安全素养，促进安全发展。“深圳海上安全特区”构建内涵进一步深化，为辖区水上交通安全形势持续稳定提供有力保障。

【深圳海事局不断提升“深圳海上安全服务链”品牌效能】 弘扬“携手安全，共赢发展”理念，以安全为底线，以发展为目标，充分发挥服务链在涉海政府部门与港航企业之间的平等交流平台和桥梁纽带作用，更加注重协作互助，更加注重解决实际问题，推动安全主体责任、监管责任落实，提升政府部门服务港航的意识和水平，有效促进了深圳港航业的科学发展、安全发展。与市交委认真落实高层定期会晤机制，共同推动解决沿江高速通航安全隐患治理、深中通道建设、临时码头管理、海上休闲活动安全管理等热点难点问题，继续落实 43 项帮扶措施，帮助港航企业克服航运经济低迷的不利影响。与海事法院、深圳仲裁院等机构共同研究建立海损事故处理的合作机制，推动高端航运服务业聚集前海。各分支局结合辖区实际，开展了保客运安全、保航道畅通、促船员服务、助游艇产业发展等各具特色的服务链主题单元活动等。此外，推出服务链微信公众服务平台，进一步畅通沟通交流渠道和提高便捷高效服务，服务链活动形式不断丰富，社会影响力不断扩大，品牌效能持续提升。

【深圳海事局扎实有效开展水上交通安全隐患排查治理】 修订《深圳海事局水上交通安全隐患排查治理办法》，进一步明确“落实港航企业安全主体责任为主，海事部门专项整治为辅”的隐患排查治理工作原则，构建条块结合、齐抓共管的水上交通安全隐患排查治理工作机制。依托深圳市事故隐患排查治理体系，督促企业开展安全隐患自查自报自改，同时加强安全隐患排查治理监督，全面梳理辖区安全隐患并建档跟踪治理，确保整改措施落实到位。

开展沿江高速海上安全隐患专项整治，通过海陆协调联动，严厉打击危害桥梁和船舶航行安全的违法行为，有效遏制了船舶超标准使用通航孔行为。果断采取行政强制措施，对深圳市海景船舶用品有限公司所属“海景 1 号”等 4 艘搁置船舶予以处置，彻底消除影响辖区水域多时的重大安全隐患。积极推动地方政府和有关部门落实责任，加强协调联动，有效推进辖区临时码头、海上休闲活动等规范管理工作。

【深圳海事局深入开展各类水上安全专项整治活动】 认真做好元旦、春运、“十一”长假等重点时段，“两会”等重大会议（活动）期间海事安全监管工作，营造安定、祥和的水上交通安全氛围。全面贯彻落实国务院、交通运输部安全生产工作部署，扎实开展“平安交通”集中整治、“打非治违”、安全生产月、水上危险化学品专项整治、内河船舶参与海上运输等专项整治活动。强化专项整治与常态管理有机结合，突出监管重点和难点，科学制订工作方案，认真筹划，周密部署，确保责任落实，措施到位，各项整治活动有效开展。重点加强水上交通安全现场监督检查，“查隐患、纠违章、防事故”，有力打击水上交通安全生产中存在的违法和违规行为，确保了辖区水上交通安全形势持续稳定。

【深圳海事局积极推进海事监管网格化工作】 在深入研究网格化管理基本原理和运作模式的基础上，认真总结前期试点工作经验，学习借鉴兄弟单位好的做法，结合辖区水上交通安全管理的特点和规律，确定了“合理划分网格，科学评估风险，规范运行管理，优化资源配置，强化责任落实”的海事监管网格化基本工作思路。通过牢固树立风险管理理念，以预警预控为核心，以信息技术为支撑，着力打造一个能够适应新形势、新变化的信息化、系统化、协同化的海事监管服务体系，构建管理规范化、监控立体化、反应快速化的水上交通安全保障系统，做到安全风险得到有效识别和控制，管理资源能够有效掌控和调度，管理责任得到有效落实和监督，不断提高海事监管服务能力，实现海事监管的标准化、精细化和动态化，整合了监管资源，提高监管效率，全面提升海事监管水平。按照交通运输部海事局要求制定了海事监管网格化运作方案，将全面推进网格化管理。

【深圳海事局有效提升海上应急处置能力】 修订实施《深圳市海上突发事件应急处置预案》等3个专项应急预案，积极协调各有关单位开展应急演练，着力提高应急处置和指挥协调能力。深刻吸取韩国客轮“岁月”号沉船事故教训，督促所有载客定额超过50人的船舶按规定期限完成一次水上弃船演习，并通过海上应急演练检查，切实加强辖区客运船舶应急反应和险情处置能力。组织开展专题研究，完善应急预案，加强综合演练，提高客运船舶险情的应急处置能力。搜救中心组织边防、消防、渔政、救助、急救、客船、拖轮等单位举行无角本无预演的海上综合应急暨海底输气管道泄漏应急演习，有效检验了预案的合理性，并首次使用基于北斗系统的应急示位标，为该技术推广应用进行了有益探索。大铲局协调市交委及宝安区应急办、安监局、环保水务局、卫计局、公安消防等单位联合开展了船舶载运危险化学品泄漏应急处置救援演习。通过协调组织开展不同层次、不同种类的应急演习，进一步增强了搜救成员单位合作，检验了各单位预案执行能力，提高了多险种联合行动能力。共组织搜救应急135次，救助遇险人员306人，救助成功率96.1%，救助船舶9艘，挽回直接经济损失180万元，成效显著。

【深圳海事局广泛开展水上交通安全宣传教育】 为充分发挥水上交通安全宣传教育在预防和减少事故方面的重要作用，全局开展各具特色、精彩纷呈的安全宣传教育活动。局安全办与大铲海事局以“教育一个学生、影响一个家庭、带动整个社会”为目标，组织开展“心系安全，情满校园”水上交通安全知识进校园活动，分别走进南园小学、高峰学校，以及龙华街道办为育英、元芬、胜华三所民办学校为近1 000名学生进行水上安全知识讲座，增强了中小学生的水上安全防范意识和能力。结合“安全生产月”、“6·5世界环境日”、“6·25世界海员日”和“7·11航海日”活动，在码头、政务大厅、游艇会、休闲船舶作业点等场所设置宣传咨询台，通过安全知识讲解、法律法规解读、当面答疑解惑、发放方式宣传资料等，开展水上交通安全和海洋环保宣传咨询活动，强化水上安全“红线”意识。举行“向污染宣战，你我同行”主题活动，开展“海洋环保知识进校园”活动，号召大家向污染宣战。举办交通海权专题讲座，组织海员、社会团体参观海事指挥中心、展示厅等，邀请社会公众走近海事，向社会普及海事安全知识，收到了良好的效果，努力营造了科学发展、安全生产的舆论环境和社会氛围。

开放口岸

【广州空运口岸（广州白云国际机场）】 位于广州市白云区人和镇以北、花都区新华镇以东交界处，地理坐标为北纬23°23′32.66″，东经113°18′33.33″，距市中心海珠广场30.7千米。是我国首个按中枢理念规划建设的航空港，是国内三大枢纽机场之一，是华南地区最大的空运口岸。现有国际客货运航线100多条，遍布全球五大洲100多个城市。白云国际机场于2004年8月5日正式投入使用，现有3 800米×60米跑道2条、3 600米×45米跑道1条，是国内第3个拥有3条跑道运营的机场。飞行等级为4F，可满足A380飞机在内的各类大型飞机全载起降。机场将采用两楼运作模式，一号航站楼已具备口岸功能，二号航站楼的建设工程正全面推进，计划2018年正式投入使用。按设计要求，一号航站楼、二号航站楼具备口岸功能，可以满足50万架次、8 500万旅客量和200万吨货邮量的运营需求。一号航站楼建筑面积50万平方米，出入境边检通道各22条，中转通道10条，自助通道5条。自1978年10月开通广州—香港航线以来，进出境旅客从1978年的2万多人次跃升至2014年的992.2万人次。口岸现场查验设施的设置力求体现以人为本的理念，通关环境得到进一步的优化，通关效率进一步提高，通关服务更加人性化。2013年6月28日起白云国际机场正式试行24小时直接过境旅客免办边检手续。2013年8月1日起正式实施对部分持有第三国签证和机票的外国人实行过境72小时免办签证政策。美国联邦快递公司公司亚太转运中心于2009年2月在白云国际机场正式投产运营，是该公司在美国本土以外建造的最大转运中心，总投资40多亿，占地面积163.4万平方米。每周有16条国际货运航线、136架货机进出白云国际机场，往返220多个国家和地区。每小时可处理2.4万个货件，转运中心能够隔夜将货件送达亚洲22个主要城市。每年为白云国际机场新增40～50万吨的货物吞吐量。货物吞吐量占白云机场整体货量的四分之一。广州白云机场综合保税区于2010年7月3日获国务院批准设立，批复面积7.39平方千米（包括中区、北区、南区3个区块），一期建设规划面积1.65平方千米，已于2014年4月17日通过国家验收，2014年7月29日正式封关运作。现区内海关注册登记企业17家。2014年进出该保税区货物3.44万吨，货值32.65亿美元。

广州白云国际机场国际客货航点情况表

机场名称	航点分布	客运数量（个）	货运数量（个）	小计（个）
广州白云国际机场	亚洲	40	20	60
	欧洲	6	6	12
	美洲	4	1	5
	大洋洲	5	1	6
	非洲	4	2	6
	合计	59	30	89

2014年广州白云国际机场进出境数据表

口岸名称	类别	项目	北美洲	大洋洲	非洲	欧洲	亚洲			总计
							日韩	东盟国家	亚洲其他	
广州白云国际机场	客运（万人次）	出境	25.37	48.11	23.29	45.85	59.66	191.99	102.65	496.91
		入境	24.82	46.65	23.45	44.12	60.92	185.57	103.44	488.98
		合计	50.18	94.75	46.74	89.97	120.58	377.56	206.10	985.88
	货运（吨）	出口	12 623.54	5 975.89		78 534.86	112 422.38	127 799.02	72 704.25	410 059.94
		进口	4 678.12	7 564.92		57 432.93	79 576.72	89 764.62	43 411.13	282 428.44
		合计	17 302.00	13 540.81		135 967.79	191 999.10	217 563.6	116 115.4	692 488.38

2014年，广州空运口岸入出境人员992.2万人次。其中，入境人员494.7万人次，同比增长0.4%；出境人员497.5万人次，同比增长0.98%。出入境飞机7万架次，同比增长4%。进出口货运量48.3万吨，同比增长23.9%。

【深圳空运口岸（深圳宝安国际机场）】 是

我国第一家以地方投资为主兴建的机场。一期工程于1989年5月动工兴建，1991年10月正式开通国内航线，1992年2月经国务院批准正式对外开放。拥有中国现代化程度最高的航空货站和24万平方米的货运停机坪，货站内建有现代化的立体散货及集装货处理系统，启用了货物存放、存取机械化自动系统，并配备了电脑自动化语音查询系统，为货主提供了规范、流畅、便捷的服务。口岸开放时间为07:00—次日02:00。

深圳宝安国际机场原有A、B两个国内航站楼，面积约15万平方米；临时国际候机楼，面积约2万平方米。其中，A、B航站楼设计年吞吐量1 500万人次，临时国际候机楼设计年吞吐量为125万人次。2013年11月28日，T3航站楼正式投入使用，原A、B航站楼和临时国际候机楼停止使用。新航站楼国际区设计总面积5.5万平方米，一楼入境大厅联检查验区面积为4 250平方米，三楼出境大厅联检查验区面积为2 400平方米。T3航站楼入境和出境大厅配置的查验监管设施基本一致，各包括海关查验通道2条、检验检疫查验通道8条、边检查验通道16条（含无障碍通道）。签证处位于入境大厅东侧，配备了4个办证窗口，能够有效满足航班高峰期旅客的签证需求。T3航站楼流量设计目标为2035年，预计年旅客吞吐量4 500万人次，其中国内旅客3 600万人次，国际旅客900万人次，预计高峰小时旅客人数为13 716人，货邮吞吐量240万吨，飞机起降架次为每年37.5万架。截至2014年年底，深圳宝安国际机场共开通国内外航线182条（其中国际客运航线15条、国际货运航线14条、港澳台客货运航线5条），通航国内外127个城市，共有6家客货运基地航空公司。

2014年，深圳空运口岸进出境货物20.58万吨，同比增长6.2%；出入境旅客181.14万人次，同比增长16.8%；国际及港澳台航班起降21 914架次。

与机场配套的福永于码头1991年建成，1993年正式运行。由于机场第二跑道和第三航站楼等扩建工程建设的需要，原有机场福永客货运码头迁建至机场南侧，距新建的T3航站楼约3千米，紧邻规划中的沿江高速公路。新港区建设规模为3个1 000吨级多用途泊位和4个500吨级的客运泊位。2014年开通深圳至香港机场海天码头和上环港澳码头航线共5个往返航班，开通至澳门外港码头和氹仔码头航线共12个往返航班，总出入境旅客181.14万人次，同比增长16.8%。

2014年深圳宝安国际机场国际客货航点情况表

机场名称	航点分布	客运数量（个）	货运数量（个）	小计（个）
深圳宝安国际机场	亚洲	15	11	26
	欧洲	0	1	1
	美洲	0	2	2
	大洋洲	0	1	1
	非洲	1	0	1
	合计	16	15	31

2014 年深圳宝安国际机场进出境数据表

口岸名称	类别	项目	北美洲	非洲	欧洲	亚洲			总计
						日韩	东盟国家	亚洲其他	
深圳宝安国际机场	客运（万人次）	出境		0.45		18.89	38.59		57.93
		入境		0.44		19.05	36.65		56.14
		合计		0.89		37.94	75.25		114.08
	货运（吨）	出口	20 639.89			44 348.40	55 025.57	4 207.62	124 221.47
		进口			113 057.08	27 699.35	25 666.06	3 251.58	169 674.07
		合计	20 639.89			72 047.75	80 691.63	7 459.19	180 838.46

【揭阳空运口岸（揭阳潮汕国际机场）】根据国务院、中央军委《关于同意新建广东潮汕民用机场的批复》建设，为承接原汕头外砂机场口岸出入境业务，于 2011 年 12 月 15 日临时开放投入使用，汕头外砂机场口岸原有查验机构转入揭阳空运口岸。2013 年 12 月 16 日获国务院批准对外开放；2014 年 7 月 10 日通过国家验收，正式对外开放；2014 年 9 月 12 日揭阳潮汕机场更名为揭阳潮汕国际机场。

揭阳潮汕国际机场位于揭阳市空港经济区登岗镇，地处汕头、揭阳、潮州三市中心，距离揭阳、汕头、潮州市区分别为 22 千米、28.5 千米、24 千米，服务总面积 3 万多平方千米的粤东地区，辐射闽南、赣南部分地区，与宝岛台湾隔海相望，是直飞台湾距离最近、客源较多的机场之一，对扩大潮汕地区对外开放，促进粤东地区对外经贸、文化、旅游等交流与合作，方便潮汕籍华侨华人往来和投资兴业，并配合国家实施海峡西岸经济区建设规划以及对台交流的战略具有重要意义。机场占地 339 万平方米（含场外 8.34 万平方米），定位为国内中型机场，规划以 2020 年为目标年，飞行区等级指标为 4E 级，本期按 4D 级标准建设，现有长 2 800 米、宽 45 米的跑道 1 条，配备双向 I 类精密进近助航灯光系统和 I 类仪表着陆系统，停机坪面积 16 万平方米，停机位 21 个（其中廊桥机位 11 个），航站楼面积 5.5 万平方米（其中国际区域面积约 1.25 万平方米），值机柜台 39 个，安检通道 14 条，行李转盘 4 座，可满足 B767 型等级飞机的起降要求和年旅客吞吐量 450 万人次使用需求（其中可满足年吞吐量 100 万国际旅客场地需求）。截至 2014 年年底开通国内外定期航线 33 条，其中国际及地区定期航线 3 条（中国香港、新加坡、曼谷），另有国际及地区不定期包机航线 3 条（中国台湾台中、仁川、内比都），运营航空公司 8 家。2014 年出入境旅客 19.02 万人次，飞机起降 1 754架次，货邮 730.1 吨。

揭阳潮汕国际机场查验配套设施由航站楼旅客出入境查验现场、国际货运站查验设施、口岸查验综合办公楼 3 部分组成。航站楼旅客出入境查验现场位于机场航站楼东侧，分为 3 层。第三层为国际出发厅，按照出境检查流程顺序，设置检验检疫、海关、边检检查区域。其中，检验检疫候检区面积约 250 平方米，工作用房面积约 120 平方米，查验通道 6 条；海关候检区面积约为 350 平方米，工作用房面积约 210 平方米，查验通道 7 条；边检候检区面积约 390 平方米，工作用房面积约 110 平方米，查验通道 8 条。第二层和第一层为国际到达厅，按照入境检查流程顺序，设置检验检疫、边检、海关、动植物检疫检查区域。其中，检验检疫候检区面积约 330 平方米，工作用房面积约 150 平方米，查验通道 6 条；边检候检区面积约 380 平方米，工作用房面积约 390 平方米，查验通道 10 条；海关候检区面积约 1 200 平方米，工作用房面积约 300 平方米，查验通道 5 条；动植物检疫工作用房面积约

210 平方米，查验台 2 个，配有检疫犬用房。

国际货运站查验设施位于机场西北侧，分为 2 层。首层为国际到港、国际出港查验区，设有海关、检验检疫现场业务用房。其中，海关监管仓库为独立封闭区域，面积 1 400 平方米，设置集中查验场地、特殊物品仓库、海关暂扣物品仓库等监管设施；安装了 X 光机、地磅等配套查验设备。检验检疫出入境查验现场查验用房 5 间，共 93 平方米，设置入境查验房、药械房、入境监管仓、出境查验房、出境监管仓等监管设施；配置查验平台 2 个，共 97 平方米，卫生处理区 180 平方米。二层为海关、检验检疫申报大厅，面积约 260 平方米，其中海关、检验检疫申报大厅面积各约 90 平方米，办公用房各约 40 平方米。

口岸查验综合楼及附属楼位于机场西南侧，建设用地 1.44 万平方米，建筑面积 1.34 万平方米，总投资 4 929.26 万元，为海关、边检、检验检疫 3 个查验单位的办公、业务、生活及配套场所，各查验单位面积平均约 4 472 平方米。

2013～2014 年揭阳潮汕国际机场进出境数据表

	2013 年	2014 年	同比（%）
出入境飞机（架次）	1 814	1 754	-3.31
出入境人员（万人次）	20.27	19.02	-6.17

2014 年揭阳潮汕国际机场国际客货航点情况表

机场名称	航点分布	客运数量（个）	货运数量（个）	小计（个）
揭阳潮汕国际机场	亚洲线	5	0	5
	合计	5	0	5

2014 年揭阳潮汕国际机场国际航线客运运量汇总表

口岸名称	类别	项目	亚洲			总计
			日韩	东盟国家	亚洲其他	
揭阳潮汕国际机场	客运（万人次）	出境	0.12	6.13	2.53	8.78
		入境	0.14	6.18	2.45	8.77
		合计	0.26	12.31	4.98	17.55

【梅州空运口岸（梅县机场）】 位于梅州市梅江区三角镇境内。地理坐标为北纬 23°23′～24°56′，东经 115°18′～116°56′之间。地处闽、粤、赣三省交界处，1985 年 6 月动工兴建，1987 年 9 月建成投入使用。1989 年 3 月经国务院批准对外开放，同年 11 月 28 日，梅州至香港直航包机航线正式通航。按照广东省“十一五”发展规划，梅县机场飞行区扩建工程于 2010 年 12 月动工，2012 年 7 月通过竣工验收。延长加宽后的跑道为长 2 400 米、宽 45 米，飞行区等级由 3C 级上升为 4C 级，可以满足 A320、B737-800 等主力机型的起降要求。梅州空运口岸已经开通梅州至广州、深圳、珠海、海口、上海、郑州、天津等国内航线和梅州至香港、台湾航线，香港航线逢周一、五各一个航班往返，台湾航线逢周一、二、五各一个航班往返。

2014年，梅州空运口岸出入境旅客27 516人次，同比增长463.3%；飞机446架次，同比增长123%；进出境货运车辆2 739辆次，同比增长27.6%；进出口货物72 035吨。

2014年梅县机场国际客货航点情况表

机场名称	航点分布	客运数量（个）	货运数量（个）	小计（个）
梅县机场	亚洲线	2	0	2
	合计	2	0	2

【湛江空运口岸（湛江机场）】 位于广东、广西、海南的交界处，中心坐标为北纬21°13′02″、东经110°21′27″，是连接三省的重要交通枢纽。湛江机场始建于1936年，系当年的法国殖民者侵占和租用“广州湾”（1943年8月22日定名湛江市）时兴建。1953年民航局批准“中国民用航空湛江站”成立，1987年7月7日国务院批准湛江机场对外开放。湛江机场飞行区等级标准为4D级，拥有2个停机坪，总面积4万平方米；货运中心面积2 700平方米，年处理货物能力10万吨；口岸国际联检厅面积1 600平方米，综合业务楼4 616平方米。

2014年湛江机场新增湛江—南苑、海口、昆明、揭阳、贵阳、珠海、武汉、三亚、天津、长沙、西安、重庆、杭州等13条航线，参与运营航空公司9家，湛江与国内通航城市18个，旅客吞吐量101.2万人次。湛江—香港航班于2013年8月复航，每周3个航班往返，2014年11月加密到每周5个航班往返。2014年该航班出入境旅客29 577人次，同比增长155.5%；货邮行256.7吨，同比增长185.9%。

2014年湛江机场国际客货航点情况表

机场名称	航点分布	客运数量（个）	货运数量（个）	小计（个）
湛江机场	亚洲线	1	0	1
	合计	1	0	1

【广州陆路（铁路）口岸】 位于广州市天河区中心地带，是广州直通香港九龙的一类口岸。广九直通车于1979年经国务院批准在原流花车站开通。1991年，广州市政府和广铁集团共同投资6.8亿元，在天河新建广九直通车站，于1996年9月28日正式启用。有大型地铁、公交车站等公共交通配套设施，规模大、设备先进、建筑新颖，口岸日发广九线列车12对，旅客检查手续分别在2个出入境大厅办理，其中出境大厅有17个检查台，入境大厅有24个检查台。口岸对改善广州市投资环境，加强穗港两地经济技术交流合作起到了重要作用。2014年，该口岸进出口货物吞吐量约2万吨，主要为出口的熊猫食用竹子。因进出口货物含金伯利钻石，全年总货值约1.6亿。

2010～2014年广州陆路（铁路）口岸出入境数据表

时间	2010年	2011年	2012年	2013年	2014年
出入境旅客人数（万人次）	276	314	345	378	384.2
同比（%）	+11.3	+13.8	+9.87	+9.5	+1.6
出入境列车	8 760	8 760	8 760	8 760	8 760

【东莞陆路（铁路）口岸】 位于东莞市东部的常平镇内，地处京九、广梅汕、广深准高速铁路三线交汇点，是我国南方新兴的铁路交通枢纽，是东莞市对外开放的重要通道之一。1994 年 8 月国务院批准开设东莞常平铁路客运口岸，10 月正式对外开放。1997 年 5 月至 2003 年 9 月经国务院批准，京九、沪九直通旅客列车经停东莞常平铁路客运口岸，并在此办理出入境手续。1997 年 12 月国务院批准常平铁路客运口岸更名为东莞铁路口岸。

口岸现场设在东莞火车站新综合大楼三层对开的铁路跨线桥上，总建筑面积 3 450 平方米，出境和入境查验场地的面积均为 720 平方米，出、入境旅客候车室各 240 平方米。设有进出境通道各 10 条。2008 年广东边防总队东莞边防检查站将进出境通道中各两条通道即 1、2 通道改造为进出境各 3 条电子自助通关通道。

东莞陆路（铁路）口岸自 1994 年 10 月 28 日正式开通以来，客源稳步上升。开通初期每日经停广州至九龙的直通旅客列车进出境各 1 趟，每趟列车安排 1 节车厢 80 坐席在常平上落；1995 年 10 月 8 日增停肇庆至九龙的直通旅客列车；1997 年 5 月 19 日北京至九龙、上海至九龙直通旅客列车在东莞陆路（铁路）口岸进行查验；2000 年 8 月再增停广九线开行的“新时速”列车；2001 年 6 月 28 日开始承担东莞至九龙假日直通旅客列车的查验和监管任务，假日直通旅客列车在周五、六、日和香港公众假期开行，每趟车 8 节车厢，共 586 个坐席。至此，东莞陆路（铁路）口岸直通车在平时已达“四进四出”共 1 620 个坐席，当假日直通车开行时达“五进五出”共 2 790 个坐席。2012 年 6 月 7 日铁路总公司将东莞站更名为常平站，广深线新建的石龙站命名为东莞站。

2014 年，东莞陆路（铁路）口岸进出境旅客为 42. 2 万人次，同比下降 6%。

【佛山陆路（铁路）口岸】 位于广东省珠江三角洲中部的佛山市禅城区，处于广茂线东段。其东邻广州，西接茂名，是连接广东省东西两翼的交通要道，地理位置优越。开设的固定班次为九龙至佛山及佛山至九龙的直通列车，后来延伸到肇庆，是我国直通香港的第 2 个铁路口岸，1993 年 1 月经国务院批准对外开放。

口岸出境大厅面积 1 350 平方米，设有查验通道 6 条，海关设有红色通道 1 条，绿色通道 1 条，查验工作台 2 个。检验检疫在入口位置设有 2 个工作卡口，出口位置设有 1 个查验工作台。入境大厅面积 2 085 平方米，边检设有查验通道 8 条。海关设有红色通道 1 条，绿色通道 1 条，查验工作台 4 个。检验检疫在入口位置设有 3 个工作卡口，出口位置设有 2 个查验工作台。

2014 年，佛山陆路（铁路）口岸进出境旅客 29 723 人次，同比下降 2%。其中，入境旅客 17 261 人次，同比下降 2%；出境旅客 12 462 人次，同比下降 3%。

【肇庆陆路（铁路）口岸】 位于肇庆市端州区西江北路肇庆火车站东侧，距香港 301 千米，途经佛山、广州、东莞口岸，单程行车时间约 4 小时。1994 年 8 月 6 日经国务院批准开放，1995 年 3 月 28 日建成使用。经营单位为广州铁路集团公司。

口岸联检大楼共 6 层，总建筑面积15 533. 08 平方米，总投资6000万元。首层为出境联检大厅，面积4 168.15平方米，设有检验检疫查验台、医学排查室、海关询问室、边防询问室和勤务室；边防验证通道8条（平时开通4条），即时视频监控连通省边防总队至公安部；海关行李检查X光机一台，即时视频监控连通广州海关。入境大厅设有检验检疫查验台、负压医学排查室、动植物检疫处理室，海关询问室，边防勤务室和执法室，边防验证通道8条（平时开通4条），海关行李检查X光机一台，即时视频监控连通广州海关。

【罗湖陆路（公路）口岸】 位于深圳罗湖商业中心南侧，与香港新界一河之隔，深港两地由一座双层人行桥和一座铁路桥相连。是改革开放前深圳仅有的2个陆路口岸之一。1887年九龙海关正式建立，建国初期主动后撤至现在位置。现联检大楼于1984年1月开始动工兴建，1985年6月14日竣工启用。占地面积18 107平方米，主楼高12层（含地下一层），南、北附楼各3层，总建筑面积共70 623平方米。楼内地下B层和一层为入境（北行）查验场地，建筑面积18 107平方米；二层和三层为出境（南行）查验场地，建筑面积17 558平方米。具体设置为地下B层设为港澳旅客入境检查通道，一层为非港澳旅客入境检查通道，二层为非港澳旅客出境检查通道，三层为港澳旅客出境检查通道。该口岸出入境验证通道共有216条，其中人工查验通道116条，自助查验通道100条。口岸设计通过能力由八十年代每天20万人次，提高到2002年以来每天40万人次。

口岸开放时间为每天早晨6:30时开闸，晚上24:00时关闸，运行17.5小时。2014年，罗湖陆路（公路）口岸出入境旅客8 708.6万人次，日均23.86万人次，同比减少5.3%。

【皇岗陆路（公路）口岸】 位于深圳市福田区南端，与香港新界落马洲隔河相望，口岸南面的皇岗—落马洲大桥横跨深圳河连接深港两地。该口岸是配合广深高速公路建设开设的口岸。1985年5月开始建设，1988年11月30日经国务院批准对外开放，1989年12月29日货运部分启用通车，1991年8月8日客运部分开通使用。1994年11月3日起，开辟2条货检通道试行24小时通关，并设置了空车验放专用通道。1997年3月20日开通了皇岗—落马洲穿梭巴士服务，为方便旅客过境开辟了一条新的途径。1999年10月实行车辆自然分流通关，即除部分货物、车辆按照有关规定维持现行做法从指定口岸进出境外，其他行走文锦渡、沙头角陆路（公路）口岸的货车在原行走口岸晚上关闸以后，可行走皇岗陆路（公路）口岸24小时通关的货车通道。2003年1月27日零时起，皇岗陆路（公路）口岸实行旅检通道24小时通关。2003年10月8日始允许持有文锦渡、沙头角陆路（公路）口岸两地牌的私家车、公务车和商务车在00:00—06:30时从皇岗陆路（公路）口岸出入境。

皇岗陆路（公路）口岸区域占地面积101.6万平方米，其中监管区65.3万平方米，生活区6.8万平方米，商业服务区29.5万平方米。监管区分东、西两个场地，东场为货检场地，西场为客车和旅检场地。货检场东侧为入境查验场，西侧为出境查验场；旅检大厅东西向排列，东侧为入境大厅，西侧为出境大厅，大厅两侧为客车通道。共设有入出境小汽车、客车检查通道10条（入出境各5条），货车检查通道40条（入出境各20条）；旅客检查通道50条（入出境各25条）。设计通过能力为每日车辆5万辆次（标准车）、旅客5万人次。

2007年，皇岗陆路（公路）口岸开始对旅检场地进行改造。出入境场地改造完成后，小汽车、客车检查通道为20条（入出境各10条）；旅客入出境检查通道为100条（入出境各50条），设计旅客通过能力提高到每日25万人次。2011年7月26日，口岸车港城首层出境场地改造完成并正式启用运行，旅客出境查验通道由25条增加到50条，小客车出境通道由5条增加到10条。

2014年，皇岗陆路（公路）口岸出入境旅客3 170.9万人次，日均8.69万人次，同比增加

0.3%；出入境车辆898.9万辆次，日均2.46万辆次，同比减少3.2%。

【文锦渡陆路（公路）口岸】 以供港鲜活产品过境为特点的客、货运综合性公路口岸。位于深圳市罗湖区南面、香港新界北面，由一座公路桥与香港新界相连。是改革开放前深圳仅有的2个陆路口岸之一。1978年经国务院批准对外开放。改革开放前文锦渡只是供港鲜活商品的贸易口岸，1978年10月建成公路桥，1985年2月新建一座公路桥，实行出入境车辆分桥行驶。配合治理深圳河工程，原出入境桥被拆除，新建一座出入境双向桥于2005年2月正式投入使用。口岸区域占地面积13万多平方米。

2010年，文锦渡陆路（公路）口岸开始进行旅检场地改造。从2010年2月22日零时起口岸客运区域改造期间实行临时关闭。原从文锦渡陆路（公路）口岸出入境的客车（含过境巴士、私家车、公务车及商务车），按其已选择的口岸出入境。口岸客运区域改造期间，口岸货运区域正常开放，通关时间为07:00—22:00。

2011年5月口岸旅检场地改造工程正式动工，10月改造工程主体部分全面开工，11月18日基础工程施工完成。2012年1月10日停车楼结构封顶，3月29日联检楼结构封顶，7月30日停车楼钢结构施工完成，8月30日联检楼钢结构施工完成，10月15日幕墙工程施工完成，11月5日室外工程全面启动。2013年1月20日室内装修工程基本完成，5月8日竣工验收完成，6月21日消防验收完成。2013年8月19日客运区域通过省口岸办验收组的验收，8月26日客运区域恢复运行。

该项目总用地面积34 205.76平方米，总建筑面积47 646.5平方米，工程总造价约2.89亿元。工程主要由新建联检综合楼，停车楼及附属建筑小客车查验通道、雨棚等单体组成。其中，联检综合楼建筑高度约30.4米，地上6层，局部地下1层，建筑面积20 322平方米（含地下室）。停车楼建筑面积约22 050平方米，建筑高度约23.7米，地上共7层，不设地下室，功能设置一到六层为停车库，七层为协查武警驻地营房、宿舍。

旅客联检楼大厅面积约为7 000平方米（一、二层各3 500平方米），一层为入境联检大厅，二层为出境联检大厅。查验通道由原来的18条（出境8条，入境10条），增加到44条（出入境各22条，其中人工查验通道24条，自助式查验通道20条）。设计日过境旅客通过能力由3 000人次增加到3万人次。小（客）车查验区查验通道由原来2条（出入境各1条），增加到10条（出入境各5条，其中小车通道3条、客车2条）。设计日过境小（客）车通过能力由1 100辆次增加到3 000辆次。

2014年，文锦渡陆路（公路）口岸出入境旅客378.6万人次，日均1.04万人次，同比增加216.8%；出入境车辆172.4万辆次，日均4 723辆次，同比增加8%。

【沙头角陆路（公路）口岸】 位于深圳市盐田区沙头角西面，东接沙头角保税区和盐田港，北邻梧桐山公路隧道。是服务于盐田、龙岗及珠江三角洲东部地区的辅助性客货综合性口岸。1984年9月经国务院批准对外开放，1985年3月建成使用，2005年1月28日启用新的口岸跨境大桥。口岸管理区占地面积约4.2万平方米，其中入出境旅客查验场地5 700平方米，入出境货物查验场地3.6万平方米。旅检大厅设在口岸区中间，东侧是出境货检场，西侧是入境货检场。共设有入出境车辆检查通道10条（入出境各5条），查车台15个；入出境旅客检查通道22条（入出境各11条）。此外，还建有专门供香港灵柩入境的检查服务设施，为港澳同胞前往大鹏湾“华侨墓园”办理安葬和扫墓活动提供方便。设计通过能力每日车辆1 500辆次、人员1 500人次。

旅检和货检场地的通关时间均为每日07:00开闸，22:00关闸，运行15小时（其中，旅检场地通关时间在2009年7月1日以前为每天20:00关闸，运行13小时）。

2014年，沙头角陆路（公路）口岸出入境旅客350.8万人次，日均9 611人次，同比减少8.4%；出入境车辆79.8万辆次，日均2 186辆次，同比减少17.1%。

【深圳湾陆路（公路）口岸】 位于深圳市南山区蛇口东角头，经深圳湾跨海大桥连接香港鳌勘石。是国家“十五”重点建设项目，1997年12月国家批准立项，工程于2003年8月奠基，2007年7月1日正式开通启用。是经全国人大授权、国内首个实施“一地两检”查验新模式的现代化、智能化口岸，深港双方口岸区域均在深圳境内，双方口岸查验单位均在一栋大楼内完成查验工作。口岸占地117.9万平方米，其中深方为76.3万平方米，港方为41.6万平方米；口岸联检大楼建筑面积5.4万平方米，其中深方2.9万平方米，港方2.7万平方米。

口岸开通初期采用旅检大楼内同一层双向通行，即出入境旅客均在一层大厅内通行。随着客流量不断攀升，2011年2月18日口岸旅检大楼分层改造工程开始施工，同年4月6日完成二层出境大厅改造工程，7月15日完成一层入境大厅改造工程并投入使用。改造后口岸旅检大楼一层为入境大厅，设人工验放通道25条，自助通道25条；二层为出境大厅，设人工验放通道27条，自助通道25条。在小（客）车检查通道上，海关、边检分别在出、入境检查通道上各设小车通道17条、客车2条；在货车检查通道上，货车出境通道海关设27条，边检设22条；货车入境通道海关设26条，边检设22条，另设海关二道12条。

口岸原设计通关时间为24小时通关，经深港双方商定，从2007年口岸开始运行起，通关时间暂定为06:30—24:00，每天共17.5小时。口岸设计通过能力为每日车辆5.86万辆（其中货车4.32万辆次、小汽车1.39万辆次、大客车1 500辆次），设计旅客流量为每天6万人次。

2014年，深圳湾陆路（公路）口岸出入境旅客3 969.6万人次，日均10.88万人次，同比增长13.4%；出入境车辆382万辆次，日均1.05万辆次，同比减少1%。

【福田陆路（公路）口岸】 位于福田区裕亨路（福田保税区东侧）。2004年12月正式开工建设，2007年8月15日开通启用。总占地面积62 962平方米，总建筑面积84 198平方米。口岸由人行通道桥和旅检大楼组成。人行通道桥连接福田陆路（公路）口岸联检大楼和香港九广铁路落马洲管制站，桥长240米，深方116米，港方124米，桥宽16.5米，上下2层，单向行走，桥内有自动步行梯（深圳一方每层有一部长80.5米的自动步行梯），分别供深港出入境旅客使用（上层为出境，下层为入境）。旅检大厅面积约1.2万平方米，二层为入境旅检大厅，三层为出境旅检大厅。出境大厅内设有边检通道78条（自助式通道20条、人工验放通道58条），入境大厅内设有边检通道68条（自助式通道20条、人工验放通道48条），出入境通道共146条。设计日过境旅客通过能力为25万人次。

设计通关时间为每日06:30—24:00。经深港双方商定，从2007年口岸开始运行起，通关时间暂定为每日06:30—22:30，运行16小时，与深圳地铁的运营时间相衔接。

2014年，福田陆路（公路）口岸出入境旅客5 464.4万人次，日均14.97万人次，同比增长17.1%。

【拱北陆路（公路）口岸】 地处珠海经济特区境内，距珠海市政府所在地香洲区9千米，北面是北岭工业区，西北面是前山镇，西南临近湾仔口岸，东临南海，南与澳门相连。1849年葡萄牙人在拱澳之间建筑城墙设置闸口，闸口北面称为上关闸，南为下关闸。1887年4月2日清朝政府在拱北设置海关，新中国成立后接管该关。1999年10月2日迁建后的拱北陆路（公路）口岸作为广东省迎澳门回归重点工程建成投入使用。口岸占地16.2万平方米，建设总投资8.3亿元，建筑面积12.8万平方米。其中，联检楼（3层半）3.5万平方米，改扩建联检楼（4层，含负一层）4.32万平方米，免税商场及走廊1.3万平方米，进境查验场5 000平方米，出口报关楼及货物查验场1万平方米，其他配套设施建筑

2.18 万平方米。口岸设计通关能力为50 万人次/日，但目前改扩建联检楼二层未开通使用，现有口岸通关能力为35 万人次/日，车辆8 000 辆次/日。

口岸设有出入境旅客通道共202 条（联检楼出境大厅56 条，其中人工24 条，自助32 条；联检楼入境大厅66 条，其中人工28 条，自助38 条；改扩建出境大厅37 条，其中人工16 条，自助21 条；改扩建入境大厅40 条，其中人工14 条，自助26 条；出境随车人员验放厅4 条，其中人工2 条，自助2 条；入境随车人员验放厅3 条，均为人工通道）。“一站式”客车通道共12 条，其中出境6 条（包括鲜活商品通道1 条），入境6 条。

2003 年，在国家开放自由行政策，以及CEPA 自由贸易协议的拉动下，澳门与内地经济、人员的往来联系日益紧密，拱北陆路（公路）口岸以其优越的地理位置和便捷的通关环境，成为越来越多的中外旅客入出我国内地的首选口岸。10 多年来经该口岸出入境的客流量迅猛增长，由1999 年的3 000 万人次大幅增加到2013 年的9 800多万人次，约占全国年出入境人员总数的28%，旅客通关量跃居全国之首，成为世界上最繁忙的旅检口岸之一。据统计，近年经拱北陆路（公路）口岸出入境旅客均达26 万人次/日。2014 年11 月15 日，经拱北陆路（公路）口岸出入境旅客突破38.3 万人次，创单日历史新高。

口岸（含客车通道）开放时间为上午06:00—次日凌晨01:00，鲜活商品通道07:00—10:00。改扩建出境大厅开放时间为06:00—12:00，改扩建入境大厅开放时间为16:00—21:00。

2014 年，拱北陆路（公路）口岸出入境客运量9 722 129 人次，出入境交通工具253 236 辆次，货运量253 236 吨，进出口总值3 886 万美元。

【横琴陆路（公路）口岸】 位于珠海市横琴经济开发区十字门东南侧，与珠海莲花大桥相接，与澳门路氹隔海相望。于2000 年3 月建成并投入使用。经过三期工程的建设，过渡期口岸总建筑面积约4.4 万平方米，占地25 万平方米。主要建筑物有临时联检楼，内设出入境各16 条人工验放通道和6 条自助验放通道。出入境客货车查验通道共20 条（其中客车10 条，货车10 条），出入境货检场、报关楼及附属配套设施等。三期工程过渡期口岸于2014 年12 月17 日建成并投入使用，2014 年12 月18 日开始实行24 小时通关，投资为6.59 亿元。口岸的通关设计能力为旅客8 万人次/日，车辆为2 万辆次/日。目前客流量日均为1.3 万人次/日，车辆为2 300 辆次/日，为促进珠三角地区经济发展起到了重要的桥梁纽带作用。随着中国（广东）自由贸易试验区横琴新区片区的挂牌成立，并根据国务院批准通过的《横琴总体发展规划》有关创新通关制度的规定，按口岸的总体规划，横琴口岸实行分线管理，在横琴大桥设立二线通道。并在“十二五”口岸规划中，在横琴二桥、金海大桥分别设立二线通道。广珠城际轻轨横琴站将与澳门莲花口岸对接。今后横琴口岸将建设成以货运为主，大型物流与客流相匹配的大型客货运枢纽口岸。

2014 年，横琴陆路（公路）口岸出入境客运量447 486 人次，出入境交通工具81 147 辆次，货运量151 533 吨，进出口总值28 355 万美元。

【珠澳跨境工业区陆路（公路）口岸】 珠澳跨境工业区专用口岸地处前山水道内港，东与澳门相接，北临石角咀水闸，西临前山水道，东侧临近拱北口岸。2003 年12 月5 日国务院批准建设珠澳跨境工业区，2003 年12 月9 日正式动工建设。2005 年珠澳跨境工业区专用口岸开始建设，2006 年6 月28 日珠澳跨境工业区珠海园区专用口岸通过国务院五部委联合验收，2006 年9 月22 日珠澳跨境工业区珠海园区通过海关总署、国家发展改革委、国土资源部等九部委联合验收，2006 年12 月8 日珠澳跨境工业区及专用口岸正式开通启用。2007 年4 月8 日海关总署颁布的《中华人民共和国海关珠澳跨境工业区珠海园区管理办法》正式实施。珠澳跨境工业区专用口岸项目投资3 000多万元，用地面积为27 863平方米，总建筑面积3 350平方米。2014年12月18日跨境工业区专用口岸临时扩大开放正式通关，扩大开放项目的建筑面积约为1 579平方米，其中新扩建旅客查验厅326平方米、旧旅客查验厅改造423平方米，出入境风雨廊及配套建筑约800平方米。改造后出入境查验通道共16条，其中出境人工2条、自助6条；入境人工2条，自助6条；出入境客、货车通道各1条，实行24小时开放。跨境工业区专用口岸根据国务院规定，旅检通道每天00:00—07:00临时向社会开放，每天07:00—24:00仅对园区工作人员开放，客、货车车辆进出专用通道07:00—24:00仅供在跨境工业区备案的车辆进出专用。

珠澳跨境工业区专用口岸2014年进出境旅客85万人次，同比增长4%；车辆32 850辆次，同比增长2%；货运量2.8万吨，同比下降20%。2014年12月18日口岸临时扩大开放，至2015年1月18日出入境旅客共8.7万人次，出入境车辆2 700辆次。

2014年，珠澳跨境工业区陆路（公路）口岸出入境客运量76 863人次，出入境交通工具3 010辆次，货运量7 897吨，进出口总值2 783万美元。

【广州水运（海港）口岸】 早在2 000多年前的秦汉时期，广州古港就是中国对外贸易的重要港口，是中国古代海上丝绸之路的起点之一。1 300多年前的唐宋时期，“广州通海夷道”是世界上最长的远洋航线。至清朝广州成为中国唯一的对外通商口岸和对外贸易的最大港口。改革开放以来社会经济飞速发展使广州港发展成为国家综合运输体系的重要枢纽和华南地区对外贸易的重要口岸。广州水运（海港）口岸地处珠江入海口和我国外向型经济最活跃的珠江三角洲地区中心地带，濒临南海，毗邻香港和澳门，东江、西江、北江在此汇流入海。通过珠江三角洲水网，广州港与珠三角各大城市及与香港、澳门相通，由西江联系我国西南地区，经伶仃洋出海航道与我国沿海及世界诸港相连。广州港由内港港区、黄埔港区、新沙港区、南沙港区和珠江口水域组成。内港港区保留部分泊位的客、货运功能，其部分泊位逐步搬迁、调整为城市功能，主要承担广州市及珠江三角洲地区能源物资、原材料、粮食、杂货、客运及沿海、近洋集装箱运输作业；黄埔港区承担沿海、近洋集装箱运输、粮食、煤炭、化肥、成品油等散货运输和沿海粮食中转及西江沿线非金属矿石运输；新沙港区承担集装箱、煤炭、铁矿石、粮食和化肥等物资运输；南沙港区承担集装箱、能源、石油化工、汽车滚装、杂货、粮食运输以及保税、物流、商贸、临港工业开发。

广州港出海航道全长约153千米，三期试挖工程完工后，南沙港区至珠江口段出海航道底标高为-17米，有效宽度243米，可满足10万吨级船舶全天候双向通航和12万吨级船舶乘潮通航。广州港拥有码头泊位845多个，其中生产性泊位669多个，开通外贸航线46条，与国际海运通达世界80多个国家和地区的350多个港口，是我国与东南亚、中印半岛、中东、非洲、澳洲和欧洲各国运距最近的大型贸易口岸，也是华南地区最大的对外贸易口岸。南沙保税港区2008年10月18日获国务院批准设立，批复面积7.06平方千米（包括口岸作业、保税物流和保税加工三个区块），一期建设规划面积3.7平方千米，于2009年7月9日通过国家验收，2009年8月31日正式封关运作；余下3.36平方千米为二期建设范围，将于2015年组织验收。现区内海关注册登记企业43家。

2014年，广州水运（海港）口岸货物吞吐量50 097.49万吨、集装箱1 662.62万标箱，同比分别增长6%和7.2%，位居国内第4位、第5位，全球第5位、第8位，同时成为全球第5个跨入5亿吨生产规模的港口。其中，进出口货物吞吐量1.21亿吨、集装箱684.24万标箱，同比分别增长5.6%和8.8%。

2011～2014 年广州水运（海港）口岸货物吞吐量数据表

时间	2011 年	2012 年	2013 年	2014 年
货物吞吐量（亿吨）	4.31	4.35	4.50	5.01
进出口货物吞吐量（亿吨）	0.99	1.10	0.94	1.21

【南沙水运（海港）口岸】 2003 年 12 月正式对外开放，2005 年 4 月 28 日投入使用。位于珠江的入海口河段西侧低岸，虎门大桥以南 1.6 千米，西临南沙蒲洲高新技术开发园、南沙会议展览中心，南依五星级的蒲洲大酒店。距香港 40 海里，距澳门 41 海里，航程 70 分钟，设计标准为年客运量 160 万人次，设计旅客聚集量 1 600 人，为二级国际客运港。南沙客运港呈“叠浪”造型，建筑群包括主楼和副楼，基地面积 67 264 平方米，主楼建筑面积 10 712 平方米，设计高度 21 米，附楼建筑面积 2 230 平方米。口岸出入境检查大厅设置验证通道 8 条。码头设顺岸式客船泊位 3 个，码头岸线长 292 米，有 5 艘双体高速客轮，每天往返香港 6 个航班，每周往返澳门 2 个航班。

2014 年，南沙水运（海港）口岸出入境旅客 29.9 万人次。其中，出境旅客 15.2 万人次，入境旅客 14.7 万人次。

【莲花山水运（海港）口岸】 1985 年 6 月正式对外开放，属双边性口岸（广州与香港），位于广州市番禺区石楼莲花山联围村。拥有岸线 171 米，水深 5 米，泊位 2 个，码头吨位 1 200 吨，是广东省最早开放的粤港水运口岸之一。距香港 61 海里，有先进豪华、安全舒适的双体高速客轮 4 艘，往返香港航程只需 1 小时 45 分，每天往返 5 个航班。

2014 年，莲花山水运（海港）口岸出入境旅客 40.6 万人次。其中，出境旅客 19.5 万人次，入境旅客 21.1 万人次。

【盐田水运（海港）口岸】 位于深圳大鹏湾海域西北部，南与香港九龙半岛隔海相望，分为盐田港区、下洞港区和广东大鹏液化天然气（LNG）专用码头。

盐田港区。1990 年 6 月经国务院批准对外国籍船舶开放，1994 年 7 月正式开港。距深圳市区 13 千米，距大鹏湾口 12 海里。岸边水深 15～20 米。由于大鹏半岛与九龙半岛天然的屏障掩护，湾内水深浪小，无淤积，大型船舶可以自由进出锚地，是少有的天然良港，并被列为中国沿海重点发展的四大国际深水港之一。

盐田港区划分为西、中、东 3 个港区。西港区建有多用途泊位 3 个，可停泊 2.5 万～5 万吨级集装箱船舶。截至 2012 年年底，中港区建有大型集装箱专用泊位 15 个，中港区一期工程 2 个泊位于 1994 年 7 月完工并投入运营，二期工程 3 个泊位于 2000 年 1 月起正式投入使用，三期工程 4 个泊位于 2004 年 9 月陆续投产营运。2012 年 9 月 17 日～18 日，三期扩建工程 10～15 号新建泊位通过广东省口岸办组织的验收，广东省政府于同年 10 月 17 日批准上述 6 个集装箱专用泊位作为深圳港口岸盐田港区新增泊位正式对外开放。东港区岸线总长为 2.5 千米，为深圳市长远规划开发的建设项目，主要以远洋集装箱运输为主的集装箱专用港区。

盐田港与全球近 40 家大型船公司紧密合作，开通每周近 100 班远洋国际集装箱班轮。2014

年，盐田港集装箱吞吐量 1 167.3 万标箱，同比增长 8.12%。

下洞港区。下洞港区位于大鹏湾畔，为深圳市东部石油、液化气等危险品码头专用作业区。2002 年 12 月国务院批准下洞港区作为盐田水运口岸危险品作业区对外开放，港区内共建有 3 个独立的栈桥式码头共 9 个泊位。

广东大鹏液化天然气（LNG）专用码头。广东大鹏液化天然气（LNG）专用码头位于深圳东部大鹏半岛秤头角，是“十一五”期间广东省口岸发展规划中主要建设项目之一。2007 年 3 月经国务院批准盐田水运口岸大鹏液化天然气专用码头对外国籍船舶开放。LNG 码头建有 1 个靠泊能力为 8 万吨级的 LNG 船专用的栈桥式码头泊位和 1 个 5 000 吨级的工作船舶。

2014 年盐田水运（海港）口岸国际集装箱班轮航线情况表

港区名称	小计	北美线	南美线	中南美洲	欧洲线	大洋洲线	非洲线	亚洲线	
								中东	亚洲其他
盐田港区	86	30	4	1	29	2	2	3	15

【大亚湾水运（海港）口岸】 大亚湾核电站专用码头，位于深圳市东部大亚湾畔的大坑村麻岭角。距深圳市直线距离约 45 千米，距香港岛约 50 千米。经国务院批准于 1986 年 1 月 1 日起对外国籍船舶开放。1987 年 3 月和 1989 年 6 月，核电站专用码头和相关配套设备相继竣工投入使用，该码头建有 4 个泊位（该口岸由大亚湾核电站专用，不对外经营）。

【梅沙水运（海港）口岸】 位于深圳东部梅沙旅游区内，西距深圳市区 30 千米。1984 年 7 月经国务院批准为对港、澳地区旅游专用口岸，同年 8 月实现对外开放。口岸专用码头水深 4 米，建有 4 个泊位，可靠泊高速气垫船和飞翔船。因客源不足等原因，于 1985 年 5 月暂停使用至今。

【蛇口水运（海港）口岸】 位于珠江口东岸、深圳市西部南头半岛南端。东临深圳湾，南与香港隔海相望，西邻珠海、澳门及深圳机场，北靠南山内陆腹地。陆路距深圳市区 27 千米，水路距香港 22 海里。陆路可与广深、广惠公路干道及广深高速公路、平南铁路进而由广深线、广九线与国内衔接。1981 年 9 月经国务院批准对外国籍船舶开放，是我国改革开放初期第 1 个由企业自筹资金建设、管理和经营的国家一类口岸。

招商港务（深圳）有限公司客货运码头拥有陆域面积 75 万平方米，岸线总长 4 100 米（其中客运岸线 1 050 米），是拥有 35 个客、货运泊位的中国沿海大型综合性港口。港口年货物通过能力 2 000 万吨，集装箱 100 万标箱，客运 500 万人次，成为珠三角及华南地区重要的海上门户。

蛇口集装箱码头建有 10 个泊位。其中，一期工程建设规模为 2 个集装箱专用泊位，年设计吞吐能力为 100 万标箱，于 1991 年 8 月建成投产；蛇口集装箱码头二、三期工程项目，于 2001 年上半年动工兴建，共建成 8 个集装箱专用泊位，其中二期工程 2 个集装箱专用泊位，已于 2003 年建成并投入使用；三期工程 6 个集装箱专用泊位于 2010 年 3 月前建成并陆续投入使用。

2014 年，蛇口水运（海港）口岸集装箱吞吐量 606.85 万标箱，同比增长 0.47%；进出口货物 143.3 万吨，同比减少 63.24%。客运码头开通至香港机场海天码头和中环码头航线共 20 个往返航班，开通至澳门外港码头和氹仔码头航线共 18 个往返航班。出入境旅客 253.1 万人次，同比增长 12.08%。

蛇口水运（海港）口岸还有招商局深圳孖洲岛友联修船基地专用码头，为中外客商提供 30 万吨级的修船业务，是深圳市唯一的大型修船基地。该修船基地距蛇口东北侧前海湾约 1 500 米，陆域面积约63万平方米，码头岸线3 400米，建有4个泊位（其中2个干船坞、2个浮船坞）。2014年，停靠孖洲岛修船基地维修船舶223艘（其中外国籍船舶190艘），同比增加104%；实现总产值约10.7亿元，同比增加76%。

2014年蛇口水运（海港）口岸国际集装箱班轮航线情况表

港区名称	小计	北美线	南美线	中南美洲	欧洲线	大洋洲线	非洲线	南太岛国	亚洲线				
									日韩	东盟	南亚	中东	亚洲其他
蛇口集装箱码头	107	1	3	0	9	4	3	0	75			9	3

【赤湾水运（海港）口岸】 位于珠江口东岸、深圳市西部的南头半岛西南端。东连蛇口港，位于蛇口港西侧；南面向伶仃洋，与香港、澳门、珠海隔海相望；西接妈湾电厂和妈湾港区；北靠南山半岛。陆路距深圳市中心30千米，可与广深、广惠公路干道及广深高速公路、平南铁路衔接；水路与香港、澳门、珠海均在20余海里范围。赤湾码头于1982年8月动工兴建，1983年10月建成一个1万吨级泊位并开港，1984年5月经国务院批准对外国籍船舶开放。港区现有泊位17个，其中集装箱专用泊位6个，码头岸线总长3 176米。是中国主要的散装化肥及粮油进出口中转基地之一，是深圳西部港口群中规模仅次于蛇口港，功能集铁路、公路、水路等运输方式为一体的大型综合性口岸。

2014年，赤湾水运（海港）口岸集装箱吞吐量495.76万标箱，同比减少7.27%，进出口货物259.8万吨，同比减少23.25%。

2014年赤湾水运（海港）口岸国际集装箱班轮航线情况表

港区名称	小计	北美线	南美线	中南美洲	欧洲线	大洋洲线	非洲线	南太岛国	亚洲线				
									日韩	东盟	南亚	中东	亚洲其他
赤湾集装箱码头（含妈湾集装箱码头）	38	6	3	0	9	1	3	0	12			3	1

【妈湾水运（海港）口岸】 位于珠江口东岸，深圳市西部的南头半岛西侧，东接赤湾港，南面向伶仃洋，与珠江口主航道对接，西邻深圳机场，北以南山半岛为腹地。陆路距深圳市区24千米，可与广深、广惠等公路干道及广深高速公路、平南铁路衔接。水路距香港、澳门、珠海约20余海里。1987年开始建设，1990年7月建成第一个3.5万吨级多用途泊位，1990年2月经国务院批准对外国籍船舶开放。码头岸线总长3 877米，该港区现有泊位14个（集装箱专用泊位3个，煤码头专用泊位2个）。

港区的2个煤码头专用泊位设计能力均为5万吨，为妈湾电力有限公司电厂（深圳能源集团妈湾电厂有限公司）生产所需燃煤提供接卸，2011年7月12日~13日，深圳能源集团妈湾电厂有限公司煤码头通过了由省口岸主管部门组织的验收，2011年10月19日省政府批准（粤府函〔2011〕287号）该专用煤码头正式对外开放。

2014 年，妈湾水运（海港）口岸进出口货物 91.08 万吨，同比减少 66.43%。

【东角头水运（海港）口岸】 位于深圳市西部南头半岛东南端，东距深圳市区 28 千米。东角头码头于 1985 年 3 月由深圳市航运总公司与香港中华造船厂合资兴建，并由深圳市圳华港湾企业有限公司负责管理和经营。1986 年建成 3 个 1 000 吨级泊位投入使用，堆场面积 2 万平方米。1987 年 1 月经国务院批准为对外开放。因道路改造等原因，截至 2014 年年底，进出口业务已暂停约 7 年。

【大铲湾水运（海港）口岸】 位于珠江口伶仃洋矾石水道东南部，深圳西部妈湾港区以北的大铲湾内。港区地理位置优越，水、陆路交通便捷，水路南距香港 20 海里，北至广州 40 海里；陆路通过广深高速、机荷高速、107 国道及在建的广深沿江高速公路联系腹地。大铲湾港区岸线总长为 11.6 千米，陆域面积为 10.28 平方千米，拟建大型集装箱深水泊位 17 个，中型泊位 7 个及驳船泊位 19 个，设计年吞吐能力为 1 250万标箱，总投资约 450 亿元人民币。港区整体工程分四期建设。其中，大铲湾港区集装箱码头（一期）工程于 2005 年 9 月正式开工兴建，其建设规模为 3 个 10 万吨级和 2 个 7 万吨级集装箱专用泊位，占地为 112 万平方米，泊位岸线总长为 1 830 米，设计年吞吐能力为 250 万标箱，整体工程于 2009 年 11 月全部完工。2009 年 5 月经国务院批准深圳港口岸大铲湾港区对外国籍船舶开放。2011 年 11 月，大铲湾水运口岸正式通过国家口岸验收。

2014 年，大铲湾水运（海港）口岸集装箱吞吐量 125.61 万标箱，同比增长 25.05%。

2014 年大铲湾水运（海港）口岸国际集装箱班轮航线情况表

港区名称	小计	北美线	南美线	欧洲线	亚洲线		
					日韩	东盟	中东
大铲湾港区	14	3	1	3	1	4	2

【珠海水运（海港）口岸】 位于珠海市西部，珠江三角洲西侧、黄茅海东部沿岸及高栏列岛海域，东距澳门 23 海里，至香港 45 海里。其对外开放的水域范围为北纬 21°50′~22°00′，东经 113°05′~113°17′。1994 年 6 月经国务院批准设立，1996 年 7 月 28 日正式对外开放。该口岸地理优势得天独厚，处于珠江出海口的虎跳门、崖门和鸡啼门之间，外临南海，靠近国际航线大西水道仅 1 海里，内通西江，具备发展江海联运、南北航运和近远洋运输的优越条件，主要贸易有石化、集装箱、钢铁、造船及能源业务。

目前已启用码头 10 个，包括珠海国际货柜码头（高栏）有限公司、珠海华南联合石油有限公司、新海能源（珠海）有限公司、珠海一德石化有限公司、珠海恒基达鑫国际化工仓储有限公司、珠海碧辟液化石油气有限公司、珠海发电厂、珠海粤裕丰钢铁有限公司、中化格力港务有限公司、珠海 LNG 码头。有泊位 34 个。口岸综合楼建设用地面积 36 399. 95 平方米，建筑面积 11 706平方米。

2014 年，珠海水运（海港）口岸进出口货物 1 348 168 万吨，出入港船舶（含国轮、外轮）256 艘次，征收关税 42 103 万元。

【九州水运（海港）口岸 】 位于珠江口西岸，距香港 36 海里，距澳门 4 海里。1981 年 9 月经国务院批准对外开放，客、货运口岸分别于 1982 年和 1984 年建成通航。唐家大坞湾危险品作业区于 1991 年 11 月经国务院批准对外开放。

客、货运码头全长 1 442.58 米，其中，客运码头长 436.70 米，港池直径 275 米，航道长 10.5 海里，水深 5.5 米~6.5 米，港区航道设有灯光等标志，日夜均可通航，可供 8 艘大型双体快速客船同时靠泊，设计年客运量为 200 万人次；货运码头长 1 005.88 米，港池水深 5.5 米~6.5 米，可供2艘5 000吨货轮同时靠泊。港区东面有一条长达450米的防浪堤，西南面有呈月牙形6千米长的海岸线保护着港池，是船舶停靠的良港。

目前，九洲港至香港每日进出36航班（其中九洲港至香港国际机场航班每天8班），逢节假日视情况增加航班，最多一天可达60多航班。九洲口岸货运码头设有一座2 400平方米货检大楼及400平方米的货运中心，海关、边检、港监、检验检疫等查验部门及国际货柜公司、外轮代理公司、外轮理货公司均在现场办公，实行一次开箱、联合查验，手续简化，运作高效。口岸查验部门与经营单位都实现电脑联网，信息资源共享，实行电脑打单、电脑记账现代化管理，货主申报查验方便快捷。货运区拥有7个泊位，其中5 000吨泊位2个，3 000吨泊位3个，1 000吨泊位2个，以及万吨级锚地1个，2 000吨级锚地1个。仓库面积为1.3万多平方米，堆场7万多平方米。码头配有各种类型的装卸机械55台，种类齐全，货物起落方便，机械化作业程度高，集装箱作业已全部电脑化管理。

2014年，九州水运（海港）口岸出入境客运量222 455人次，出入境交通工具1 421艘次，货运量88 904吨，进出口总值102 615万美元。关税总额24 373万元。

【湾仔水运（海港）口岸】 位于珠海市湾仔镇西南面，与澳门一水相隔，水面距离只有几百米。1984年经国家批准开设，同年12月23日正式通航。

口岸占地2 700多平方米，总建筑面积1 417.5平方米，办公用房518.5平方米，现共开设旅检通道18条，每日开29个航次，节假日视客流量情况增开班船。口岸开放时间为08:00—11:30、13:00—16:30（首航班08:30，尾航班16:30）。

2014年，湾仔水运（海港）口岸出入境客运量81 133人次，出入境交通工具2 946艘次，货运量3 292 185吨，进出口总值23 800万美元。关税总额5 308万元。

【万山水运（海港）口岸】 位于珠海市万山群岛港区，包括桂山岛、外伶仃岛和大万山岛三大作业区，1995年4月6日经国务院批准对外国籍船舶开放。万山群岛处于珠江出海口下游，是船舶由南海进出珠江三角洲的必经之地，紧临香港和澳门，多条国际航线从港区通过，港区有特殊的地域优势，适合开展大型油品储存和集装箱、大宗散货水运中转业务。

口岸建设按“一次规划，分步实施；简易入手，逐步完善；先中心港桂山，后其他岛屿；成熟一个，开放一个”的原则进行。该港口是客货运综合性港口，货运码头建有3 000吨级泊位1个，设计年吞吐量为60万吨；客运联检楼占地面积1 164平方米，建筑面积1 785.7平方米。桂山十三湾第一、第二作业区客货运口岸于2003年4月正式对外开放。2015年位于桂山一湾的口岸新联检楼和新码头已建成完工即将投入使用。

2014年，万山水运（海港）口岸出入境客运量13 321人次，出入境交通工具487艘次，货运量2 808 838吨，进出口总值699万美元。

【斗门水运（河港）口岸】 1991年1月28日建成，并开通了斗门至香港的客运航线，进行生产性试航。斗门港占地面积38万平方米（含客、货运区和经济开发区），码头岸线长970米，旅客联检大楼4 700平方米，使用252座豪华快速双体喷射客轮。

口岸集装箱货运码头于1994年6月18日建成试航，主要从事港区内货物装卸、仓储，道路货物运输（集装箱）业务，为客户提供珠海地区到香港乃至世界各地的门到门全程陆路、水路联运服务。2005年10月货运码头由珠江船务发展有限公司独资经营。货运码头目前拥有岸线203米，4个1 000吨级泊位，堆场面积达11万平方米，进出口仓库面积3 726平方米，以及一大批大型的、先进的装卸、运输设备。扩建工程完成后港口的通过能力大幅度提高，集装箱年通过能力由6万标箱增加到15万标箱，货物年通过能力由60万吨增加到100万吨。另外，港区还设有对外工业加工区，以方便中外客商投资设厂。

2014年，斗门水运（河港）口岸出入境客运量 2 531 人次，出入境交通工具 82 艘次，货运量 29 763 吨，进出口总值 68 646 万美元。关税总额 5 584 万元。

【南海水运（河港）口岸】 包括南海客运港、三山港区、平洲外贸货物装卸点、北村外贸货物装卸点和九江外贸货物装卸点。

南海客运港。南海客运港位于南海区桂城街道平洲东平水道上，1986 年 6 月经国务院批准建设，1992 年 12 月 8 日正式对外开放。2006 年 3 月南海客运港暂时停航。

三山港区为货运港区，位于东平水道出口处，由南海国际货柜码头有限公司经营，南海国际货柜码头有限公司（三山港）投资方是和记黄埔三角洲港口与佛山市南海区交通建设投资公司。港区码头岸线长 420 米，有 3 000 吨级泊位 7 个，港区总面积 42 万平方米，堆场面积 23 万平方米。开通接驳航线有南海—香港/蛇口/赤湾/南沙/大铲等班轮。港区配备 CCTV、X 光机货物查验系统，闸口集装箱自动识别系统等查验设备。进出口货物种类主要为废五金、木材、家电、洗车零配件等。口岸实行“6＋1”工作制（即星期一至星期六正常上班，星期日预约上班）。2014 年，进出口货运量 237.44 万吨，同比增加 7%。其中，出口货运量 67.11 万吨，进口货运量 170.33 万吨，集装箱吞吐量 22.3 万标箱。

【高明水运（河港）口岸】 位于佛山市西翼的西江之滨，分为高明港客运口岸、高明外贸货物装卸点。

高明港客运口岸。位于西江河畔，水路距香港 101 海里。1992 年 12 月国务院批准对外开放，每天开行高明至香港的高速客轮。出境大厅面积约 2 000 平方米，设有查验通道 3 条；入境大厅面积约 2 000 平方米，设有查验通道 3 条。查验监管设施齐备，能实施有效监管。2014 年出入境人员 46 509 人次，其中，入境人员 23 105 人次，出境人员 23 404 人次。

【汕尾水运（海港）口岸】 位于汕尾市城区香港大道南侧，春晖西路新港区，地理坐标为东经 115°21′24″，北纬 22°45′24″。水路距香港 81 海里、澳门 112 海里、广州 179 海里。处于对外开放的黄金海岸地带，地理位置优越，自然条件良好历来就是粤东沿海的主要外贸口岸。据史载，早在 1894 年清政府就把汕尾辟为对外通商口岸。1903 年（光绪二十八年）曾开办轮船公司，有“海江号”、“海口号”轮船通航香港的客货业务。孙中山在其《建国方略》中曾把汕尾港列为全国重点开放港口。上世纪二、三十年代汕尾港曾有过“舟楫云毛，商旅云集”的繁荣写照。1962 年，汕尾港成为我国政府首批公布对外轮开放的一类口岸。

1979 年投资建设了重力式码头一座，长 215 米，有 1 000 吨级泊位 3 个，港区设计年通过能力为 30 吨。1988 年 3 月，汕尾以得天独厚的港口优势，经国务院批准建立地级市。为达到以港立市，港城共荣，市委、市政府高度重视港口建设，千方百计筹措建设资金扩建汕尾港，于 1991 年 7 月动工扩建 2 个 5 000 吨级泊位码头，1993 年 10 月主体工程竣工并试产，1995 年 4 月航道疏浚工程顺利通过验收营运集装箱业务，总投资 5 400 万元。扩建后的汕尾港增加了 5 000 吨级泊位 2 个（集装箱专用码头 1 个）。港区总面积 13 万平方米，年货物吞吐量 80 万吨，集装箱 2 万个。1985 年汕尾港还辟有汕尾至香港的客运航线。

2006 年，汕尾水运（海港）口岸红海湾港区对外开放工作列入国家“十一五”口岸发展规划。目前港区已建有汕尾发电厂专用码头、汕尾红海湾万聪船舶修造厂专用码头和汕尾红海湾东洲（小澳）码头等码头设施。其中，汕尾发电厂专用码头是汕尾发电厂的重要配套设施，建有 7 万吨级煤码头、3 000 吨级重件码头和 1 000 吨级油码头各 1 个。建筑面积 1 400 平方米、共 4 层的口岸查验综合大楼也已建成，各项基础设施配套完善。汕尾红海湾万聪船舶修造厂是为国际航行船舶提供维修服务的一类港口口岸配套专业码头，现建有 1 万吨级码头泊位 1 个，1.5 万吨级船坞、5 000 吨级船坞、2 000 吨级船坞各 1 个，

500吨级船坞4个，1万吨级造船台2个。汕尾红海湾东洲（小澳）码头为通用码头，建有1万吨级码头泊位和3 000吨级码头泊位1个，设计年吞吐能力60万吨 。万聪船厂建设的一幢占地面积250平方米、建筑面积500平方米的二层查验楼也已建成投入使用。同时配套建设了封闭式厂区围墙，电子监控系统和电子卡口设备，卫生外理仓库、临时留验室、废弃物处理场和船舶停泊查验区等口岸查验配套设施。

2010年6月开始建设红海湾港区口岸综合查验中心，该中心占地总面积18 324平方米，建筑面积12 695.93平方米，投资2 953万元，2014年建成，2015年交付使用。

2014年10月16日红海湾港区扩大对外开放通过国家验收，扩大开放水域面积达191.6平方千米。

2014年，汕尾水运（海港）口岸进出口货运量302.91万吨，为2013年的2.25倍；出入境船舶528艘次，同比减少0.8%；出入境人员0.6万人次，同比增长9.1%。

【虎门水运（河港）口岸】 位于珠江口东岸，处于广州—东莞—深圳—香港城市发展轴带的中间和珠三角经济区中心位置，拥有珠江口53千米的深水岸线，海域面积79平方千米，航道水深13米，1997年6月27日经国务院批准对外开放。2003年9月28日正式对外开放。自北向南分别是麻涌港区、沙田港区、沙角港区、长安港区。麻涌港区为大宗散杂货码头港区；沙田港区为虎门水运（海港）口岸的主港区，主要规划建设多功能大型集装箱码头和石化码头，配合虎门港保税物流园区和后方加工贸易区以及石化工业园的同步发展；沙角港区主要配合虎门水运（海港）口岸太平客运码头和虎门镇威远岛整体规划的发展，逐步使威远岛发展成为旅游休闲度假区；长安港区主要远期规划建设大型深水集装箱码头。

2010年3月正式开通对台航线，并从2013年5月开始，航班由原来1周1班变为1周2班。口岸已实现“区港联动”通关模式，拓展了虎门港码头的功能和范围，既节省通关成本，又提高通关效率。

太平客运码头于1982年6月24日经国务院批准开通，1984年7月2日正式通航，恢复了中断20多年的太平至香港客运航线。太平客运码头位于东莞市西南部的虎门镇，地处珠江口东侧，是“广州—深圳—香港”和“广州—珠海—澳门”这两条经济走廊的交汇点，是连贯珠江三角洲、连接穗港澳的交通枢纽。港口地理位置条件优越、交通网络发达：南往深圳20千米，香港47海里，澳门48海里；北至广州90千米，距东莞市区29千米；西与番禺隔河相望。水陆交通四通八达，公路干线连接广深高速公路和107国道，并通过虎门大桥连番禺通往珠海、广州等地。

太平客运码头是广东省最早开通的客运口岸之一，由码头和出入境客运大楼两部分组成，出入境现场总面积达2 337.14平方米。现有出入境查验通道共12条（其中入境6条、出境6条），各种检查检验仪器设备，较完备的各种标志牌、电子显示屏、告示牌和闭路电视监控系统。2010年对口岸出入境大堂、旅客候船厅及预办登机服务大厅等场地进行重新装修升级改造，更换大厅的空调设备，增设标准化航空值机柜台11张，自动化行李处理线路9条。目前，太平客运码头设趸船泊位2个，长38米，宽6米，面积228平方米，设计水深3米，实际水深2米。太平客运码头开通时只有一艘150座位的双体客轮“流花湖”号，经多年更替目前共有2艘客轮营运：“太建”号豪华双体高速客轮，318个座位，建造地点澳大利亚，投入使用时间1997年7月23日；“东太安”号豪华双体高速客轮，271个座位，建造地点新加坡，投入使用时间1993年8月。

太平客运码头自1984年7月开通以来，客源稳步上升，至2010年年底，共验放出入境旅客618万人次。2003年9月29日，太平客运虎门至香港国际机场航线正式开通，每日对开10个航班（5进5出），客源投送点由原来东莞虎门至香港中港城的点对点服务，扩展至全球150

多个国家和地区。截至目前，国泰航空、美国联合航空、港龙航空、中华航空、华信航空、长荣航空、日航航空、印尼航空、香港快运和香港航空10家具有国际影响力的航空公司可在太平客运口岸为广大旅客办理值机服务，旅客在乘船转机之际便可直接领取登机牌和办理行李托运手续，抵达香港国际机场过安检后便可直接登机，无需再办理任何手续。

2014年，虎门水运（河港）口岸出入境人员37.2万人次，同比增长18%。其中，入境9.2万人次，同比增长0.4%；出境22.2万人次，同比下降7.1%。

【惠州水运（海港）口岸】 位于南海大亚湾西北隅，地处我国华南沿海经济中心珠江三角洲东部，毗邻港澳，面对东南亚和台湾，处在以香港为核心的航运中心地带，依傍国际环球和环太平洋航线，是华南沿海便捷的海上门户和京九铁路的出海口。拥有超大型原油接卸泊位和具有可建大型干散货泊位的自然条件及丰富的土地资源，对发展石化、电力等能源型临港工业有独特优势。1993年4月16日正式对外国籍船舶开放。

口岸包括荃湾港区、东马港区、港口碧甲作业区和亚婆角作业区。建有17座码头，其中货运码头16座，客运码头1座；共有44个泊位，其中万吨级以上泊位17个。设计年货物吞吐能力为9 449万吨和90万集装箱标箱。荃湾港区是惠州港的起步港区，是多功能综合性的港区，以承担大宗散货物资转运和集装箱运输为主。东马港区是惠州港的大型石化港区，建有30万吨级和15万吨级石化泊位各2个，主要承担大亚湾石化区内生产企业的原材料及产成品装卸和广石化原油接卸服务，同时也为周边地区提供石化货物运输服务以及为海上石油钻井平台提供物资输送服务。碧甲港口作业区主要为临港工业区提供港口配套服务，以承担临港工业所需的工业煤炭、矿石等大宗散货接卸任务为主。亚婆角作业区为砂石出口作业点，主要提供矿建材料和非金属矿石等装卸服务。惠州港开通有日本及我国香港、台湾地区货运航线。荃湾港区国际集装箱码头1号泊位和大亚湾石化工业区公用货运码头（一期）经省政府批准延长了对外开放生产性试运行期限。

2014年，惠州水运（海港）口岸出入境人员1.7万人次，同比增长2.5%；出入境交通工具0.2万艘次，同比增长13%。进出口货运量为1 796万吨。

【中山水运（河港）口岸】 已有300多年悠久历史。1984年经国务院批准客运口岸对国轮开放，1986年批准货运口岸对国轮开放。中山港地理坐标为北纬22°34′、东经113°28′。水路距香港51海里、距澳门38海里。向东进入伶仃洋与国际航线相通，内河接珠江水网，公路以广珠东线、京珠高速公路为骨干线。中山港河宽平均400米，水深7～10米，现可通航3 000吨级江海轮。港内设客运码头1个、公共货运码头2个。中山港的服务区域覆盖了全市各个镇区及中山周边城市。

2014年8月，国务院下发《国务院关于同意广东中山港口岸扩大开放的批复》，同意口岸扩大开放中山港区、神湾港区、小榄港区和黄圃港区。其中，中山港区和神湾港区对港澳台和外国籍船舶开放，小榄港区和黄圃港区仅对中国籍船舶开放。经过20多年的建设，口岸已发展为集客货运一体，年均出入境旅客100多万人次，进出口货物600多万吨的综合性口岸。中山市还设有中山海关、检验检验进驻进行查验进出口货物业务的进出境货运车辆检查场2个，分别是中山保税物流中心进出境货运车辆检查场、小榄进出境货运车辆检查场。

2014 年中山水运（河港）口岸航线情况表

序号	始发港	目的港
1	中山港	香港
2	中山港	深圳
3	中山港	南沙

2006～2014 年中山水运（河港）口岸进出境数据表

年份＼项目	进出口货运量（万吨）	进出境人员（人次）	运输工具（艘）
2006 年	632.29	1 438 358	27 811
2007 年	683.69	1 545 911	28 826
2008 年	613.67	1 363 253	25 358
2009 年	646.56	1 159 761	24 839
2010 年	673.08	1 232 752	27 596
2011 年	597.47	1 335 278	23 594
2012 年	561.70	1 377 526	21 072
2013 年	613.03	1 424 108	20 846
2014 年	635.11	1 414 175	21 358

【江门水运（河港）口岸】 江门港客运码头是广东江门五邑地区具有百年悠久历史的客运口岸，原位于江门北街，1997 年 6 月迁至西江河段江门外海大桥下游 1.5 千米处新港，江门市江海区金瓯路 1 号。水路距香港 95 海里、距澳门 44 海里。口岸占地面积 8 万平方米，码头长度 133 千米，有 500 吨泊位 3 个，设计年客运通过能力 100 万人次。查验综合大楼建筑面积 4 万平方米，大楼内出入境查验通关大厅、候船厅、免税商场、地下车库等口岸功能设施齐全。港口广场及绿化面积 6.50 万平方米。新中国成立以来，该口岸大部分时段保持通航澳门，1982 年 5 月扩大开放通航香港。口岸客运公司现有高速豪华客轮 1 艘，客位 354 个，日常每天 2 个航班往返于江门至香港，直航单程只需 2 小时 30 分钟左右。该港客船与珠海斗门港挂港联运，节假日进出境客流高峰时，每天进出航班会增开到 5 个。口岸公司拥有 10 多辆各型客车的车队，接送江门五邑各市和中山、顺德等周边地区的旅客。

2014 年，该口岸出入境人员 12.5 万人次，同比下降 9.9%；出入境交通运输工具 0.6 万艘次，同比下降 4%。

【新会水运（河港）口岸】 包括天马货运港区及口岸开放水域范围的双水发电厂进口煤专用码头、银湖船舶维修专用码头、宜大化工品专用码头和客运码头（2003 年暂停运行）。

天马货运港区位于潭江下游的银洲湖左岸，新会今古洲江裕路 2 号。其航道经崖门出南海，天然水深 8～13 米，是少有的内河优良建港水域。交通便利，水路距香港 98 海里、距澳门 47 海里，陆路紧靠广东西部沿海高速公路和广珠铁路。2001 年 12 月该港首期全面建成并获准开放，可靠泊外国籍船舶。目前，3 000 吨级海轮可全潮、5 000 吨级海轮可乘潮进出港。待第二期航道浚深工程完工后，5 000 吨级海轮可全潮、1 万吨级海轮可乘潮进出港。首期建成使用的港区占地面积 12.8 万平方米，基本设施建有长 323 米的码头，含 5 000 吨级泊位 2 个、500 吨级泊位 1 个，仓库 4 800 平方米，集装箱及件杂货堆场共 5 万平方米，建筑面积近 4 千平方米的综合联检办公大楼，进出港道路为 6 车道一级水泥公路。港口运作配套设施较先进、齐备，装卸运输设备主要有门座起重机 4 台（最大起重能力 45 吨），各型集装箱牵引车、叉车和运输车 50 多辆，港口作业船 1 艘。目前已投入使用的港区，设计年货物吞吐能力 100 万吨，其中集装箱 10 万标箱。2014 年，该港区进出口货物 88.18 万吨，比上年下降 18.6%。目前该港区扩建的二期万吨级泊位码头及仓库已完工，堆场及门吊等设施在建，争取 2015 年内全面完成。

双水发电厂进口煤专用码头，位于天马货运港区下游斜对岸双水发电厂一侧，2006 年 4 月口岸设施建成并获准开放使用。码头长 170 米，有泊位 2 个，可靠泊 5 000 吨级煤船，年设计吞吐能力 100 万吨。

银湖船舶维修专用码头，位于天马货运港区

下游银洲湖出口左岸银湖船舶工程有限公司厂区岸边，2009年2月口岸设施建成并获准开放使用。码头建有5 000吨级泊位1个，担负银洲湖区域修造船产业的船舶进出口查验监管。2014年，出口船4艘，共4.4万吨。

宜大化工品专用码头，位于天马货运港区下游银洲湖崖门水道左岸、古井镇南洋围河段。码头总长275米，有泊位3个，全潮可靠泊5 000吨船舶，乘潮可靠泊近万吨级船舶，年设计吞吐能力150万吨。化工库区一、二期工程已建成液体化工库容共10.50万立方米，是广东江门五邑地区具有国际水准、规模较大的石化物流基地。2012年12月该专用码头建成并获准开放使用。2014年，该码头进口货物1.1万吨。

【广海水运（海港）口岸】 位于台山市广海湾华侨投资开发试验区，原址在台山广海镇海港码头，距澳门52海里、香港96海里。1985年10月经国家批准成为对外国籍船舶开放的一类口岸。客运于1988年8月开通香港客运航线，年客运量曾超过10万人次；1996年11月该口岸客运前往公益港，2007年起暂停运行。货运于1996年规划迁建可靠泊万吨级轮船的鱼塘货运港区，目前该港区基本完成了码头泊位、堆场及进港道路等主体工程；2014年台山市政府根据大广海湾的规划发展，拟将该港区规划调整升级为建设5万吨级泊位、规模更大的广海湾货运港区。口岸开放水域范围增开的国华粤电台山电厂进口煤专用码头于2012年12月获准正式对外开放，该码头位于台山市广海湾东侧铜鼓湾内，建有2个5万吨级泊位（水工设计为10万吨级），港口接卸能力达到1 300万吨，2014年进口煤13.15万吨。同期，还通过申报临时开放等方式，为台山核电厂重大建设项目解决进口物资在本项目重件码头就地进口问题。2014年进口设备物资4 960.6吨。

【鹤山水运（河港）口岸】 位于广东省鹤山市西江河段、325国道九江大桥侧的沙坪河口与西江的汇合处的鹤山沙坪镇口岸路，1988年4月27日经国务院批准对外开放，1989年1月28日开通鹤山至香港的水路客运航线。港区岸线长260米，码头长48米，有泊位1个。建有旅检大楼3 000平方米，内设6条旅客进出境通道，候船厅、免税商场、停车场等设施齐备。目前由佛山高明港高速客轮挂港联运，每天一进一出共2个航班，每航次约需2小时30分钟。

2014年，鹤山水运（河港）口岸出入境旅客3.89万人次，同比增长8.6%。

【肇庆水运（河港）口岸】 1963年广东省人民政府批准开设肇庆进出口货物装卸点。1982年6月18日国务院批准肇庆客运港为国家对外开放一类口岸。1984年5月28日，肇庆至香港直达客轮“西江”轮正式通航。20世纪80年代，广东省政府先后批准开设二类港口口岸5个，分别是肇庆新港口岸、肇庆三榕港口岸、高要港南岸装卸点、德庆港康州装卸点、四会港马房装卸点。目前，正将肇庆二类港口口岸整合到肇庆港口岸。现肇庆港客运业务因高速公路的贯通，已暂停运作。

2014年，肇庆水运（河港）口岸出入境货运量332.8万吨，同比增长19.1，其中出口129.4万吨，进口203.4万吨。进出口集装箱2.9万标箱，同比增长10.4%，其中出口13.6万标箱，进口15.6万标箱。进出口船只0.48万艘次，同比增长16.1%，其中出境0.22万艘次，入境0.26万艘次。

【汕头水运（海港）口岸】 位于广东省东部沿海，美丽富饶的潮汕平原的南部，居福州至广州黄金海岸中央，东临台湾海峡。距高雄214海里，西距香港187海里，扼韩江、榕江、练江之出海口，素有“岭东之门户，华南之要冲”的称誉。

汕头港是中国华南地区对外贸易的重要口岸，是沿海25个国家级主要港口之一，是广东省东翼的主要港口。汕头港历史悠久，是中国最早对外开放的港口城市之一，于1861年开埠，是一个有150多年的历史老港。至今已与57个国家和地区的268个港口有货物往来。汕头港主航道通航水深为9.5米，全港岸线总长9 444米，堆场总面积126万平方米。拥有500吨级以上泊位79个，其中万吨级以上泊位18个，综合通过能力2 690万吨，集装箱吞吐能力73万标箱。近年来，汕头市大力发展港口物流和海运业，与中国香港、泰国、日本等地有集装箱定期货运班轮。

汕头港的直接经济腹地是汕头、潮州、揭阳、梅州4市所辖14县的广大地区，其间接腹地包括闽西南及赣南部分地区。腹地经本港吞吐的主要货物有煤炭、石油、钢铁、水泥、化肥、木材、粮食等。汕头市是我国是最早设立的4个经济特区之一，随着沿海经济的开发及临海工业的发展，已形成塑料玩具、工业电子、纺织服装、塑料皮革、食品加工、医疗器械、包装机械等骨干企业，工业经济特别是外向型经济蓬勃发展。

2014年，汕头水运（海港）口岸完成货物吞吐量4 369万吨，集装箱吞吐量130万标箱。

2014年汕头水运（海港）口岸货物吞吐量数据表

		2013年	2014年	同比（%）
货物吞吐量（万吨）		4 323	4 369	+1.1
外贸进出口量（万吨）	进口	463	448	-3.2
	出口	250	231	-7.6
	合计	713	679	-4.8

【潮阳水运（海港）口岸】 位于广东省汕头市潮阳区海门镇，距香港161海里，距台湾恒春港210海里。1996年8国务院批准潮阳港对外国籍船舶开放。2005年7月通过验收，同年11月正式对外开放。已建成码头5座，有8个泊位，年设计货物吞吐能力755万吨及3万个集装箱标箱。分别是澳内码头、佛兰克油库码头、大明液化石油气码头、华能海门煤炭中转基地一号煤码头、潮阳（海门）对台小额贸易码头。

2014年潮阳水运（海港）口岸货物吞吐量数据表

		2013年	2014年	同比（%）
货物吞吐量（万吨）		715	791	+10.6
外贸进出口量（万吨）	进口	715	791	+10.6
	出口			
	合计	715	791	+10.6

【阳江水运（海港）口岸】 位于阳江市西南方向的海陵湾。海上北距广州约181海里，东距香港约143海里，距澳门约129海里，西距湛江约125海里。公路距广州210千米，距湛江230千米，是珠三角经济圈和北部湾经济圈两大板块中间，是联结两大经济圈的桥梁和纽带，同时，也是广湛水陆交通线的中心点，在广州、湛江港两大主枢纽港之间，与主枢纽港一起构成层次分明的水运体系，成为粤西中部和内陆地区重要出海口。1988年2月8日，根据国务院的批复撤销阳江县设立阳江市。1989年1月13日广东省计委批准建设阳江港，同年12月18日阳江港建设工程破土动工。万吨级通用码头于1992年12月28日建成试产。1993年2月9日国务院批准阳江港为国家一类口岸。1996年7月14日～15日通过国家验收，同年7月28日宣布正式对开放。

阳江港现有水域纳潮面积约110平方千米，东西两岸的岸线长60多千米，港区的陆域范围，按照《阳江港总体布局规划》，海陵山湾东岸，从九姜河至大湾口，陆域宽度1.6千米；大湾北岸陆域纵深500米；大湾南岸陆域纵深600米。面积共约11平方千米。阳江港口岸现有对外开放泊位6个，其中万吨级通用码头泊位2个（6、7号泊位，设计年吞吐量100万吨），3.5万吨通用码头泊位1个（8号泊位，设计年吞吐量195万吨），3万吨级粮食码头泊位1个（10号泊位，水工结构按靠泊5万吨级设计，设计年吞吐量180万吨），5万吨级公用散货码头泊位2个

（11、12 号泊位，水工结构按靠泊 5 万吨级和预留 10 吨级散货船设计，设计年吞吐量 381 万吨）。通用码头泊位以进口燃煤为主，粮食码头泊位以进口大豆为主，散货码头泊位以进口镍矿为主。目前，阳江港拥有国内设施最先进的 10 万吨/个散粮仓库 2 座，3 万吨袋装货平面仓库 1 座，堆场总面积 87.3 万平方米。阳江港主航道水深 12 米，港池和码头前沿水深 8.5～14.5 米。目前已按 5 万吨级航道进行疏浚改造，可满足载重 7 万吨船舶航行。

2014 年阳江水运（海港）口岸进出境数据表

	人员（万人次）	交通运输工具（万艘次）
入境	0.32	0.01
出境	0.31	0.02
合计	0.62	0.03
同比（%）	-44.5	-43.3

【湛江水运（海港）口岸】 位于中国大陆最南端的雷州半岛，是汉代海上丝绸之路始发港，是中国大陆通往东南亚、非洲、欧洲和大洋洲海上航程最短的港口，已与世界 100 多个国家（地区）通航。自 1956 年开港以来，历经 59 年的建设已成为全国沿海 12 个战略枢纽港和原油、铁矿石物流集散中心，是西南沿海港口群的龙头港和我国中西部地区货物进出口的主通道，是广东省连接东盟自贸区的最佳海上物流平台，是国家建设 21 世纪海上丝绸之路的重要支点口岸，是中国内地的重要远洋门户，在亚太经济圈中具有重要的战略地位。湛江水运（海港）口岸主要包括霞山港区、调顺港区、霞海港区和南海西部石油公司专用码头等港区和 5 个原二类口岸，拥有对外开放码头泊位 45 个，年设计货物吞吐能力 1 亿吨。2014 年 8 月国务院批准湛江水运（海港）口岸扩大开放，扩大开放范围包括宝满港区和东海岛港区的 29 个码头泊位、岸线长达 44 400 米。

霞山港区岸线 6 387 米，陆域纵深 1 500 米，用地面积 393.2 万平方米，生产性泊位 29 个（其中万吨级以上泊位 25 个，30 万吨级陆岸原油码头 2 个，30 万吨级和 25 万吨级陆岸铁矿石码头各 1 个）。开通航线主要是原油运输航线（中东航线、非洲航线、新加坡中转航线）、铁矿石运输航线（东盟航线、南亚航线、非洲航线、美洲航线）、集装箱航线（东南亚航线、东南亚—东北亚航线、经香港和蛇口中转全球航线、日本航线）等。2014 年新增湛江—防城—新加坡、湛江—徐闻—中国香港 2 条集装箱定期班轮航线，进出口货物有铁矿石、原油、成品油、集装箱、杂矿、化肥、粮食、钢材、木材等。

调顺港区岸线 1 315.4 米，陆域纵深 660 米，用地面积 79.5 万平方米，生产性泊位 6 个，开通航线主要是煤炭运输航线（东盟航线、非洲航线），进出口货物有煤炭、杂矿等。

霞海港区拥有对外开放码头泊位 5 个，开通航线主要是湛江—中国香港货运班轮及东盟航线，进出口货物有散货、集装箱等。

南海西部石油公司专用码头主要业务是进口大型海上钻井平台配件。

宝满港区岸线 10 290 米，陆域纵深 1 000 米，用地面积 67.2 万平方米；规划重点发展集装箱运输业务，已完成一期工程，建成 2 个 5 万吨级集装箱专用泊位，年设计吞吐能力 80 万标箱。“十三五”期间规划建设二期工程，年设计吞吐能力 120 万标箱。

东海岛港区岸线 34 110 米，有泊位 27 个，系湛江钢铁基地和中科合资广东炼化一体化项目生产配套的港区，以大宗能源、原材料运输为主兼顾集装箱运输等。

湛江保税物流中心（B 型）项目于 2014 年 10 月由海关总署、财政部、国家税务总局、国家外汇管理局批准设立。该项目选址于湛江临港工业园区内，用地面积 39 万平方米，平面布置分别为仓库区、堆场区、查验区和辅建区。预计达产年进出保税物流中心的物流量为 475 万吨，其中集装箱量 15 万标箱、干散货 250 万吨。计划 2015 年 9 月底建成并达到封关验收条件。

2014年湛江水运（海港）口岸进出口货运量5 460万吨，同比增长9%；进出口贸易总额209.5亿美元；进出境集装箱18.94万标箱；出入境交通工具6 071艘（架）次；出入境人员7.6万人次，同比增长46%。实现关税181.89亿元。湛江市全市港口货物吞吐量2.03亿吨，同比增长12.4%。

【茂名水运（海港）口岸】 位于广东省茂名市东南角，东经111°，北纬21°，是南海伸入内陆的一个面积为32万平方千米的泻湖湾。1988年经国务院批准为对外开放口岸。

茂名市水东港在清道光年间已成为粤西地区的重要商埠，在清咸丰和民国年间，曾两度对外通商贸易。1958年省航运厅投资在水东湾建成50吨级泊位6个。20世纪80年代开始了大规模的港口开发建设。1984年开辟炮台港，作为对港澳进出口货物起运点，后经批准成为装卸点。1988年10月，经国务院批准成为国家对外开放一类口岸，1993年6月18日经国务院批准正式对外国籍船舶开放。水东港航线可直达国内沿海各口岸，国际上与40多个国家和地区口岸建立了贸易往来。

茂名市水东港后方具备公路、铁路、管道等多种运输方式：由进港公路连接高水一级公路，与325国道、207国道相连接，横贯茂名东西南北；接上沈海高速（广湛高速）公路或在建的包茂高速可通往全国各地；茂名市铁路运输以广茂线为东部走廊，以河茂线为西部走廊，连接黎湛线，通过广茂线、河茂线、茂湛线及在建的广东沿海铁路可接入国铁干线网络；已建的各类管道是水东港区、博贺新港区与后方炼油厂、石化园区连接的重要通道。

茂名市水东港是我国南方重要的油品中转、集散基地和石化产品进出口基地，也是海产品和农副产品进出口基地。现有对外开放码头12座，其中拥有全国首创的30万吨级单点系泊原油接卸码头1座，3万吨级、1万吨级、3 000吨级成品油码头各1座，3万吨级煤炭码头1座，2万吨级杂货重件码头1座，3 000吨级液体化工码头1座，500吨级双泊位杂货码头1座，1万吨级通用码头1座，5 000吨级囤船化工码头1座，1万吨级液化气码头1座，1万吨级综合码头1座。港口年吞吐能力1 750万吨。

2014年，茂名水运（海港）口岸进出口货物1 476.8万吨，集装箱35 234标箱，船舶1 332艘次，出入境人员18 298人次。

【容奇水运（河港）口岸】 位于顺德大良德胜河板沙尾，东经111°3′，北纬22°3′。距香港62海里，陆路距广州和佛山各40千米，距东莞50千米。珠海90公路、城际轻轨经港口而过，水路、陆路交通十分便利。1986年经国务院批准开设，1987年12月通过国家验收正式对外开放。港口岸线长260米，港区占地7.28万平方米，建筑面积2.93万平方米。口岸现有4条自助查验通道建设及一套信息采集系统。

容奇港客运口岸在广东省内具有举足轻重的作用，是佛山市内最大的水运客运口岸。2014年出入境人数约74.7万人次，同比下降10.5%。其中，出入境旅客为65.2万人次，同比下降7.84%；入境旅客32.2万人次，同比下降8.57%；出境旅客33万人次，同比下降7.13%。全年进出境航班0.36万航次，平均每天有10个航班往返顺德和香港中港城码头。

2014年，顺德各外贸货物装卸点进出境总货运量452.4万吨，同比下降1%，其中进口154.8万吨，出口297.8万吨。标箱总数103.4万个，同比上升2%，其中进口标箱49.1万个，出口标箱54.3万个。容奇港、北滘港、勒流港3个外贸货物装卸点全年进出口货运量分别为115.6万吨、174.7吨、156.8万吨。2014年顺德区大宗进出口散货货物以钢铁、粮食、机械、设备、电器、化工原料及制品、医药产品等类别为主。出口商品以机电产品、贵金属、服装等为主；进口商品以钻石、初级形状的塑料、钢材等为主。

原二类口岸

【九江外贸货物装卸点】 位于佛山市南海西江九江镇东南段。1979年10月经省政府批准设立，现由佛山中外运仓码有限公司经营。经过近3年的改造建设，总投资5.5亿元的佛山中外运仓码有限公司码头现已完成330米岸线的改造，并投产45吨轨道门座机5台，集装箱龙门吊4座。二期改造完成后，码头岸线将增至440米，驳船位增至6个，其中2个3 000～5 000吨级泊位，集装箱年处理能力达80万标箱。2014年进出口货运量186.63万吨，同比增长19%。其中出口货运量153.11万吨，进口货运量33.52万吨；集装箱吞吐量11.14万标箱。

【平洲外贸货物装卸点】 位于南海区的东部，东平水道出口处。1986年5月经省口岸办批准设立，现由佛山南港码头有限公司经营。港区码头岸线长230米，3 000吨级泊位4个，集装箱堆场面积1万平方米，散货堆场面积2.6万平方米。进出口货物种类主要为废五金、废塑料、木材、家电、钢材等。口岸实行“6+1”工作制（即星期一至星期六正常上班，星期日预约上班）。2014年，进出口货运量69.39万吨，同比下降6%。其中出口货运量10.62万吨，进口货运量58.77万吨；集装箱吞吐量8.21万标箱。

【北村外贸货物装卸点】 位于珠江口水道广州珠江大桥上游。1986年经省政府批准设立。自1986年起，由南海食品进出口有限公司进行外贸散杂货码头经营，2005年1月由珠江内河货运码头有限公司与广东省南海食品进出口有限公司组成中外合作企业佛山北村珠江货运码头有限公司经营。口岸码头岸线长200米，设有1 000吨级的集装箱泊位1个，500吨级的散货船泊位2个，集装箱堆场面积8 200平方米，仓库面积650平方米。口岸实行“6+1”工作制（即星期一至星期六正常上班，星期日预约上班）。2014年，进出口货运量15.81万吨，同比增长3%。其中出口8.48万吨，进口7.32万吨；集装箱吞吐量0.59万标箱。

【高明外贸货物装卸点】 位于西江河畔。1985年3月经广东省口岸办批准设立。内设珠江码头和高明食出码头。珠江码头于2001年10月经广东省外经贸厅批准搬迁到现址，并通过验收正式投入使用，由佛山高明珠江货运码头有限公司经营。港区内有集装箱堆场面积17万平方米，散货堆场面积5 000平方米，码头岸线长650米，1 000吨级泊位4个。进出口货物种类主要为废五金、废塑料、纺织品等。口岸实行“6+1”工作制（即星期一至星期六正常上班，星期日预约上班）。食出码头是经省政府批准对外开放的高明装卸点内设码头，由海晏（广州）国际货运代理有限公司经营，占地面积2.6万平方米，码头岸线长度150米，有1 500吨级泊位1个。进出口货物种类主要为废五金、废塑料、瓷砖、钢材等；口岸实行“6+1”工作制（即星期一至星期六正常上班，星期日预约上班）。

2014年，高明外贸货物装卸点进出口货运量为416.83万吨，同比增长13%。其中出口313.29万吨，进口103.54万吨。进出口集装箱39.51万标箱。

【乌坎外贸货物装卸点】 位于陆丰市东海镇乌坎管区，处于粤东黄金海岸碣石湾顶（东经115°7′、北纬22°9′），地处深圳与汕头特区之间。水路东至汕头98海里，西至香港105海里；陆路距陆丰市区4千米。1992年6月23日经广东省口岸办批准开设的二类口岸（粤府口函〔1992〕72号），1997年3月3日正式启用。该装卸点建成重力空心方块500吨级码头泊位2个，岸线长124米，港池宽400米，水深3.9米，新开出海航道750米，宽200米，水深3.6米，乘潮码头和航道水深分别达到4.9米和4.6米。货物监管场地2.8平方米，有码头40吨位装卸吊机1部，设计年吞吐能力为25万吨。

【博罗红海港外贸货物装卸点】 1985年11月5日经广东省人民政府批准开设的原二类口岸，是东江流域的重要河港口岸之一。1998年10月经省人民政府、国家口岸管理办公室确认为继续保留运作的原二类口岸。该装卸点包含恒盛集装箱码头和宏兴码头，经国务院同意2005年作为新开口岸项目列入国家“十一五”口岸发展规划。2010年6月，经广东省人民政府审核后定名为“博罗港口岸”，设红海港区和宏兴港区，并上报国务院审批。其中恒盛集装箱码头位于博罗县石湾镇江滨路，设有500吨级泊位2个，设计年吞吐能力为60万吨，自开放以来一直保持正常运作。宏兴码头位于博罗县龙溪镇，始建于1998年10月，分两期建设。一期建设有500吨级泊位10个，设计年吞吐能力为500万吨，经组织验收合格，宏兴港区从2013年3月6日起对来往港澳国轮开放启用，仍按原二类口岸模式运作。二期计划建设占地面积40万平方米，建设目标是港区联动保税区。2014年博罗红海港外贸货物装卸点进出口货运量为24万吨。

【湛江港长桥作业区】 位于湛江市霞山区，东经110°24′、北纬21°12′。由霞山长桥码头、渔业公司旧码头和富多石油液化气专用码头3个码头组成。霞山长桥码头、渔业公司旧码头于1982年经广东省口岸办批准设立的原二类口岸。霞山长桥码头为湛江口岸对台小额贸易点。

【湛江港北潭作业区】 位于雷州半岛西北部的英罗湾，东经109°8′、北纬21°6′。1993年经广东省口岸办批准设立的二类口岸，1998年广东省政府列为暂停运作进行调整。2003年广东省政府批准恢复运作。

【湛江港营仔作业区】 位于雷州半岛北部，东经109°54′、北纬21°28′。1993年经广东省政府口岸办批准设立的二类口岸。1998年广东省政府列为暂停运作进行整顿。2004年经广东省政府批准恢复运作。

【湛江港流沙作业区】 位于雷州半岛西南端，东经109°55.8′、北纬20°26.2′。1989年经广东省政府口岸办批准设立的二类口岸。1998年广东省政府列为暂停运作进行整顿，2004年经广东省政府批准恢复运作。

【湛江港海安作业区】 位于祖国大陆最南端，东经110°35′、北纬20°13′。1981年经广东省政府口岸办批准设立的二类口岸，1995年广东省政府批准为对越南小额贸易试点口岸。

【容奇港外贸货物装卸点】 地处西江下游的容桂水道，位于广珠公路容奇大桥东侧，距香港63海里，距深圳48海里。现有泊位10个，码头岸线长636米，港区面积为12万平方米，年吞吐量80万标箱，300万吨散货。每天有10多班往来香港的集装箱船、件杂货船和多班往来深圳、南沙的进出口直航驳船。码头内还设有货柜车检查场、公共保税仓库。容奇港外贸货物装卸点于1987年12月18日通航。

【北滘港外贸货物装卸点】 位于北江顺德水道的北岸，105国道三洪奇大桥东面，碧桂路西面的北滘工业园内。于1992年10动工兴建，1994年12月28日通过验收投入使用。港口泊位岸线长405米，设计年吞吐能力200万吨、40万只标箱。港区内设有进出境货运车辆查验场。

【勒流港外贸货物装卸点】 地处顺德区北江水道南岸的稔海—黄连段，距香港70海里，距深圳55海里，距广州黄埔港68海里。1999年经广东省口岸办批准为国家二类口岸。现有泊位9个，码头岸线长600米，港区面积为30万平方米，年吞吐量25万标箱，150万吨散货。平均每天有8艘次货运航班出入境。港区内设有进出境货运车辆查验场。

深圳市

【口岸概述】 截至2014年年底，在深圳市225千米的海岸线和与香港接壤的27.5千米的陆地上，有经国务院批准对外开放的口岸15个。其中，陆路（公路）口岸6个，分别是罗湖、文锦渡、皇岗、沙头角、深圳湾、福田陆路（公路）口岸；水运（海港）口岸8个，分别是盐田港、大亚湾、梅沙、蛇口、赤湾、妈湾、东角头、大铲湾水运（海港）口岸；空运口岸（深圳宝安国际机场）1个。经省政府批准的原二类口岸3个，即蛇口外贸货物装卸点、沙鱼涌外贸货物装卸点和莲塘起运点。此外，在原126千米的特区管理线上设立了南头、白芒、布吉、沙湾、盐田、背仔角、同乐、梅林、蛇口、溪冲、清水河、盐排、南坪、新区、新城、福龙、南光等17个检查站，形成了一、二线并举，海陆空全方位的口岸开放大格局。

罗湖陆路（公路）口岸是目前国内客流量最大的旅客入出境陆路口岸之一；皇岗陆路（公路）口岸是国内货车入出境数量最多的客货综合性陆路口岸，也是我国率先实行24小时通关的口岸；深圳湾陆路（公路）口岸是国内第一个按照“一地两检”查验模式运作的客货综合性陆路口岸；文锦渡陆路（公路）口岸是国内最早对外开放的口岸；福田陆路（公路）口岸是国内首个内地与香港无缝接驳的地铁口岸；盐田港水运（海港）口岸是国内四大国际深水港之一；蛇口水运（海港）口岸是第一个由企业自筹资金建设、管理和经营的水运口岸；赤湾水运（海港）口岸是第一个中外合资港口企业建设和经营的水运口岸；深圳宝安国际机场是国内第一家以地方投资为主兴建的空运口岸，是我国四大航空港之一。

【口岸运行数据】 截至2014年年底，深圳陆路（公路）口岸出入境人员2.35亿人次，日均64.4万人次，同比增长5%；出入境车辆1 533.1万辆次，日均4.2万辆次，同比下降2.4%。深圳水运（海港）口岸集装箱吞吐量2 403.67万标箱，同比增长3.26%；进出口货物共18 406.2万吨，同比增长1.21%；出入境旅客共319.99万人次，同比增长13.53%。深圳空运口岸（深圳宝安国际机场）进出境货物20.6万吨，同比增长6.1%；出入境旅客182万人次，同比增长16.8%。2014年，深圳市进出口总额4 877.65亿美元，同比下降9.2%，其中，出口总额2 844.03亿美元，同比下降7%。连续22年居全国内地大中城市首位。

【口岸基础设施改造工程】 近年来，罗湖陆路（公路）口岸日均出入境旅客20多万人。该口岸现有电梯大部分运行近30年，使用频率高，设备磨损严重，整体机能下降，具有一定的安全隐患。2012年3月，深圳市口岸办向市发展改革委申请更换该口岸20台电梯（其中11台扶梯，9台升降梯）；同年7月，市发展改革委批复投资匡算为852万元；2013年5月，市口岸办将此项目移交市建筑工务署组织建设。截至2014年年底，共完成11台扶梯和3台升降梯的更新改造。

【空运口岸延长通关时间】 深圳宝安国际机场新航站楼自2013年11月正式启用以来，运作正常，国际航线运营能力大幅提升，各航空公司新增或加密国际航线的需求也十分迫切。为进一步服务国际业务的发展需求，按照市领导指示，深圳市口岸办加大延长空运口岸客运通关时间的协调力度，多次组织机场公司与各查验单位进行协商和沟通，就相关问题达成共识。自2014年10月16日起，深圳空运口岸国际航班查验时间从08:00—24:00，正式延长为07:00—次日凌晨02:00。10月16日上午07:00，深圳空运口岸延长通关时间启动仪式在深圳宝安国际机场航站楼国际到达大厅正式举行，同日07:13由印尼巴厘岛飞抵深圳的南航CZ6066号航班顺利落地，成为延长通关时间后首个接受查验服务的航班。正式延长通关时间以来，南方航空、深圳航空、春秋航空都相继开通了相关国际航班，并且运作顺利。

广东省口岸大事记

1月1日

中国船员网微信公众平台正式开通试用 。

横琴陆路（公路）口岸实施跨境公路客车担保首日通关畅顺，进出跨境客车1 522辆次。

1月7日

黄埔海关获海关总署综合治税集体一等功。

1月14日

广东省口岸办吴军主任与香港运输及房屋局副秘书长罗翠薇女士共同主持召开粤港第13轮直通客运车辆过境班次安排会谈。

1月20日

广东省口岸办吴军主任赴港与香港特区政府保安局新任副秘书长黄少珠女士进行工作会晤，共商春运期间口岸通关安全疏导措施及应急预案。

1月23日

广东省人民政府批准雷州市乌石港辟为对台

湾小额贸易点。

1月26日

广东省招玉芳副省长率队到广州空运口岸进行工作调研。

2月10日

广州出入境边防检查总站朱建敏政委、温盛富总站长助理与香港保安局黎栋国局长一行在广州天河陆路（铁路）口岸进行会面交流。

3月1日

中共中央政治局委员、广东省省委书记胡春华，省长朱小丹在广州会见国家质检总局支树平局长。

3月10日

珠海出入境检验检疫局黎庆翔局长与澳门民政总署代主席黄有力在澳门签署《关于2014—2016年珠澳开展澳门进口国外水果有害生物调查研究的合作协议》。

3月11日

江门海关荣获全国“六五”普法中期“先进单位”荣誉称号。

3月28日

海关总署署长于广州会见汕头市市委书记陈茂辉、市长郑人豪，感谢汕头市委、市政府对海关工作的支持，表示海关关注汕头经济特区外经贸事业的发展，将继续努力实现既有效监管又优质服务，营造良好通关环境，为推动汕头开放型经济发展继续做出积极贡献。陈书记介绍汕头市近年来经济社会发展情况，对海关总署、汕头海关长期以来对汕头经济社会发展的支持和帮助表示感谢，表示汕头市委市政府将一如既往地支持和配合好海关各项工作。

4月28日

全国“扫黄打非”办公室、海关总署在拱北海关召开进境查验现场会议。海关总署副署长鲁培军充分肯定拱北海关做法，要求全国海关加强监管、密切配合，夺取海关“扫黄打非”工作新成效。全国“扫黄打非”工作小组专职副组长李长江要求认真学习借鉴拱北海关忠诚履职意识、创新工作方法、联动协作机制、敬业务实作风，充分认识查堵工作的极端重要性和现实紧迫性，不断提高查验效能，推动实现“清源2014”行动预期目标。与会代表参观了拱北口岸海关旅客监管现场和车辆监管现场。

4月29日

海关总署与国家烟草专卖局首次联合在湛江举行“中国执法查没走私烟公开销毁活动”。海关总署、国家烟草专卖局、国务院相关部委、英国驻广州总领事，广东省政府、地方执法单位，及有关海关约200名代表，中央电视台、《人民日报》等20余家媒体参加此次活动。

4月30日

蛇口海事局荣获广东省五一劳动奖状。

东莞海关获评广东省五一劳动奖状。

5月5日

国务委员王勇视察广东出入境检验检疫局南沙局、广州局报检窗口和广东局技术中心。

5月5日

国家口岸管理办公室主任黄胜强到深圳调研广深港高铁口岸选址有关工作。

5月5日

广东省招玉芳副省长在广东检验检疫局主持召开全面推进“三个一”通关模式工作座谈会。

5月5日~6日

国务委员王勇和国家质检总局局长支树平一行在广东调研，听取珠海出入境检验检疫局工作汇报。

5月6日

国家口岸管理办公室主任黄胜强率领由海关总署、公安部、国家质检总局、国务院港澳办、中央编办人员组成的国家口岸调研组赴珠海市，就提高珠海口岸通关便利化进行调研。赴拱北、跨境、横琴等口岸实地考察，听取情况汇报，召开座谈会，集中研究对澳口岸延长通关时间问题。并与部分澳门地区全国人大代表、政协委员座谈，听取有关粤澳口岸通关便利化的意见和建议。

5月7日~8日

国务院参事、全国政协委员、中国出入境检

验检疫协会会长葛志荣到汕尾市调研考察海洋经济发展情况。

5月12日

香港特区政府保安局副秘书长黄少珠女士一行赴广东省口岸办拜会吴军主任，双方在友好的气氛中共叙粤港口岸合作成果及共商粤港口岸合作下一步方向。

5月15日

湛江海关通过“两岸海关电子信息交换系统”首次成功验核ECFA项下进口货物。

5月19日

东莞海关获评“广东省‘爱心父母大联盟’荣誉章金奖”。

5月21日

广州出入境边防检查总站李长友总站长与到访的澳大利亚移民和边境保卫部堪培拉办公室边境事务全球主管Kerryn Vine－camp女士一行在广州空运口岸进行会晤。

5月30日

在香港工业总会珠三角工业协会举办的“迈向新里程”政企交流会上，深圳出入境检验检疫局获“服务港商共促发展”奖牌。

6月16日

坦桑尼亚内政部部长马赛厄斯·迈因拉德·奇卡维先生一行参观广州空运口岸。

6月20日

珠海港高栏港区南水作业区煤炭码头通过临时对外开放验收。

6月24日

珠海出入境检验检疫局黎庆翔局长会见香港食物环境卫生署高级总监张丽娟一行，双方就港珠澳大桥落成后检验检疫有关事宜进行了座谈交流。

6月26日

深圳海事首家社团组织——深圳市前海深港国际海员现代服务协会成立。

6月30日

湛江海关与湛江出入境检验检疫局合作启动的“三个一”口岸通关模式在湛江市一类海港口岸全面实施。

7月10日

由国家口岸管理办公室牵头，海关总署、公安部、国家质检总局、民航局等单位组成国家口岸验收组，对揭阳空运口岸对外开放准备工作进行检查验收，同意揭阳空运口岸正式对外开放。

7月11日

东莞海关、新塘海关获评“广东省文明单位”。

8月10日

国务院批准湛江水运（海港）口岸扩大开放，宝满港区和东海岛港区共开放码头泊位29个，岸线44 400米。

8月18日

骅林海事服务（深圳）有限公司取得中国海事局颁发的“海员外派机构资质证书”，成为全国首家获得海员外派许可的外商独资企业。

8月22日

广东省各直属海关关长与广东出入境检验检疫局分别签订了《全面推进关检合作“三个一”工作方案》。

8月31日~9月5日

为进一步落实“广东21世纪海上丝绸之路国际博览会”（简称“21世纪海博会”）境外招商招展工作，广东省口岸办主任、21世纪海博会组委会秘书长吴军率队赴韩国、泰国开展21世纪海博会宣传推广工作。

9月2日

老挝公安部宋乔代部长一行到罗湖边检站参观访问。

9月10日

广东省口岸办吴军主任牵头的粤方协调小组，与由澳门特区政府行政长官办公室高展鸿顾问牵头的澳方协调小组在珠海举行第一次会议，双方就粤澳新通道（青茂口岸）自助式查验通道设计方案、双方设计牵头单位及研发资金先行拨付等相关问题进行了讨论，并达成一致意见，

9月11日

中共中央政治局委员、国务院副总理汪洋到

黄埔海关监管作业现场视察。实地考察沙田启盈快件通关现场，观看东莞市跨境贸易电子商务发展宣传短片，听取了黄埔海关关于海关跨境贸易电子商务服务试点情况的介绍，并与大龙网、东信、跨境达等电子商务企业代表交流，了解企业运营情况。到东莞海关听取东莞市“十证联办”改革情况介绍，并到业务现场观摩了东莞市“十证联办”试点改革海关核发证书的整个实操过程。广东省省长朱小丹、省委副书记马兴瑞、副省长招玉芳，海关总署副署长鲁培军陪同调研。

9月11日～12日

国务院副总理汪洋到广东调研并出席广东省外贸工作座谈会。

9月12日

经国家民用航空局批准，“揭阳潮汕机场”更名为“揭阳潮汕国际机场”。

9月16日

国务院毕井泉副秘书长主持召开珠澳口岸通关工作协调会议。中央编办、国家发展改革委、公安部、海关总署（国家口岸管理办公室）、国家质检总局、港澳办、广东省等单位的有关领导参加会议。

9月28日

湛江港新建30万吨级散货码头成功首泊。

10月

深圳出入境边防检查总站深圳机场边检站被公安部命名为“全国公安机关执法示范单位”。

10月10日～11日

国家供港食品检测实验室联盟在深圳成立并召开了第一届理事会全体会议，会议选举深圳出入境检验检疫局曾繁礼副局长担任联盟第一届理事会理事长，

10月13日

经广东省人民政府批复同意，广东珠海LNG项目一期工程码头LNG1号泊位正式对外开放。

10月15日～16日

国家口岸管理办公室牵头公安部、交通运输部、质检总局等单位组成国家口岸验收组，对汕尾水运（海港）口岸红海湾港区对外开放准备工作进行验收。同意汕尾水运（海港）口岸红海湾港区正式对外开放。

10月16日

第二十次粤港海关口岸通关效率业务小组研讨会在湛江海关召开。

10月18日

载箱量达1 550个标箱的新加坡籍“力城”轮首航湛江港，标示着“新加坡—中国防城港—中国湛江”新航线顺利开通，改变湛江港货物进出东南亚等地需经香港、深圳使用驳船转运的现象。

10月28日

《深圳市海上休闲船舶运营安全管理办法》自2014年12月1日起施行。

10月30日

黄埔出入境边防检查站被公安部评为“全国公安机关执法示范单位”。

10月30日

广西壮族自治区党委书记彭清华听取湛江、南宁海关主要负责人工作汇报。对湛江、南宁海关落实海关总署与两广省区合作备忘录要求，主动适应两广经济一体化发展战略，加强区域通关合作的具体举措表示充分肯定，希望两地四方继续加强合作，推动环北部湾地区开放型经济的一体化进程，为拉动西南、中南地区物流发展，促进两广地区与21世纪海上丝绸之路沿线国家经贸往来作出新的贡献。广西壮族自治区副主席张晓钦，广西北部湾国际港务集团董事长周小溪，湛江港务集团总裁刘恩怀参加会见。

11月5日

广东省口岸办吴军主任和澳门特区政府保安司方晓东顾问共同主持的粤澳口岸合作协调小组会议在珠海市举行。珠海市政府、市口岸局和海关广东分署、拱北海关、珠海边检总站、珠海检验检疫局及澳门特区政府有关部门负责人员参加会议。

11月7日

广州出入境边防检查总站李长友总站长、何坤柱副总站长与澳大利亚移民和边境保卫部东南

区边境主管 Meredith Byron 女士一行在广州空运口岸进行会晤。

11 月 10 日

国家质检总局局长支树平到广州空运口岸视察埃博拉出血热疫情防控工作。

11 月 11 日

第十届中国国际航空航天博览会开幕式在珠海举行，航展期间珠海机场获国家口岸管理办公室批准临时对外开放。

11 月 11 日 ~14 日

金伯利进程 2014 年全体会议在广州举行。全国人大常委会副委员长吉炳轩、国家质检总局局长支树平、广东省副省长招玉芳、广州市市长陈建华、世界钻石理事会主席爱德华·阿什切尔及民间社会联盟代表出席会议开幕式并讲话。会议由金伯利进程 2014 年度主席魏传忠主持，来自 45 个成员国、1 个申请国、4 个观察员及联合国专家团等代表近 500 人参加了会议。

11 月 12 日

国家质检总局局长支树平一行视察拱北口岸出入境旅检通道、国家印刷品及办公自动消耗材料质量监督检验中心、珠海航展馆。

12 月 3 日

广东省政府召开“全省口岸工作座谈会”，会议由广东省副秘书长刘晓捷主持，副省长招玉芳发表重要讲话。全省 18 家中直驻粤口岸查验单位、21 个地级以上市口岸主管部门及广东省政府相关部门领导参加了会议。

12 月 4 日 ~5 日

为确保珠澳口岸便利通关政策能在 12 月 18 日顺利实施，国务院办公厅秘书二局吴相仁副局长率队，由海关总署（国家口岸管理办公室）、公安部、国家质检总局、港澳办、澳门中联办和广东省政府相关负责人组成联合督查组，对珠澳口岸便利通关的准备工作进行了督促检查。

12 月 4 日

海关总署署长于广洲在广东省委常委、珠海市委书记李嘉的陪同下到拱北口岸、跨境工业区口岸、横琴口岸视察指导工作。

12 月 7 日

江门海关“12360”服务热线工作室、江门海关隶属新会海关驻港区办事处、江门海关隶属鹤山海关通关科、江门海关驻外海办事处通关一科、江门海关审单处、江门海关缉私局海上缉私处 872 艇被继续认定为“广东省级青年文明号”。黄埔海关驻沙田办事处稽核科获评“广东省青年文明号”。

12 月 7 日

法国前总理拉法兰一行到文锦渡陆路（公路）口岸参观。

12 月 9 日

粤港第十四轮直通客运车辆过境班次安排会谈在香港召开。会议总结了 2014 年双方在粤港直通车过境班次安排及规管方面合作事项取得的成果，并就 2015 年合作议题进行友好磋商，达成多项共识。

12 月 13 日

全球最大的集装箱船“中海环球”在盐田港举行首航仪式。

12 月 16 日

中共中央政治局委员、中央政法委书记孟建柱同志视察横琴口岸。要求各单位继续抓紧落实珠澳口岸延关实施前各项准备工作，确保澳门回归 15 周年活动期间各项通关服务、安全保障工作落实到位。

12 月 17 日

横琴临时口岸正式启用，横琴口岸原通关现场同步停止运作。

12 月 18 日

在澳门回归 15 周年之际，珠澳 3 个口岸分别实行新的通关安排。拱北口岸则早晚各延关一小时，即改为每天 06:00 开关、次日 01:00 闭关，横琴口岸实行 24 小时通关，珠澳跨境工业区专用口岸 00:00—07:00 向澳门居民、外雇、学生开放。

12 月 18 日

国务委员、公安部党委书记、部长郭声琨到拱北口岸调研。

12 月 24 日

白云出入境边防检查站被广东省人民政府评为“广东省民族团结进步模范集体”。

12 月 25 日

湛江水运（海港）口岸年吞吐量首次突破 2 亿吨。中共中央政治局常委、十二届全国人大常委会委员长张德江批示：“欣闻湛江港货物吞吐量突破 2 亿吨，十分高兴。湛江发展港口经济大有潜力，大有希望。要优化临港工业，发展港口服务业，扩大辐射范围，进一步深化改革、扩大开放，相信湛江一定会建设得更好。”12 月 26 日，中共中央政治局委员、广东省委书记胡春华批示：“省发展改革委、经信委、交通厅等部门要研究支持湛江发展的措施，湛江市要按照张德江委员长批示，进一步抓好落实，通过 3 ~ 5 年的努力，力争使湛江有一个明显的变化。”

12 月 26 日

湛江、南宁、海口海关及三地港口企业在湛江签署《湛江海关、南宁海关、海口海关、湛江港、北部湾港、海南港航、国投洋浦港合作备忘录》。各方就共同推动三地港口竞合发展，探索区域通关合作新机制，打造对接中南和西南、面向东盟的进出口物流大平台，提高服务外贸水平，维护进出口贸易秩序、建立联系协调工作机制 6 个方面合作达成共识。

（撰稿人：沈锐、严庆荣、凌虹、甄文创、万海螺、彭晓燕、聂宁、谭敏、庄晓熙、张冰慧、黄志军、邵丹、彭双桥、孔莹莹、潘家琰、颜杰、丁宁、张晓琳、王枣、马建军、骆伟雄）

2014 年广东省口岸数据统计表

口岸名称		合计				入境		出境	
		人员（人次）	同比（%）	交通工具（辆、艘、架、列次）	同比（%）	人员（人员）	交通工具（辆、艘、架、列次）	人员（人次）	交通工具（辆、艘、架、列次）
公路口岸	罗湖口岸	87 090 908	-5.4			44 100 254		42 990 654	
	皇岗口岸	36 974 774	-0.4	8 702 996	-2.7	16 854 298	4 211 859	20 120 476	4 491 137
	文锦渡口岸	5 334 095	+93.4	1 730 495	+8	2 300 511	909 854	3 033 584	820 641
	沙头角口岸	3 904 739	-8.6	803 494	-17.2	1 936 794	427 346	1 967 945	376 148
	深圳湾口岸	40 950 332	+13	3 826 203	-1.1	20 759 883	2 030 304	20 190 449	1 795 899
	福田口岸	54 651 193	+17.1			27 399 782		27 251 411	
	福田保税区	303 118	-16.2	296 328	-16.8	151 567	148 156	151 551	148 172
	拱北口岸	110 406 318	+11.6	2 849 236	+1.2	56 541 857	1 395 159	53 864 461	1 454 077
	横琴口岸	4 978 886	+22.6	811 923	+5.1	2 523 336	436 020	2 455 550	375 903
	珠澳跨境工业区口岸	823 421	+31.8	32 819	+15	406 506	16 890	416 915	15 929
	合计	345 417 784	+6.9	19 053 494	-1.6	172 974 788	9 575 588	172 442 996	9 477 906
铁路口岸	广州铁路口岸	3 841 511	+1.7	7 994	-0.3	1 925 913	3 998	1 915 598	3 996
	笋岗铁路口岸								
	东莞铁路口岸	421 874	-7			203 870		218 004	
	佛山铁路口岸	80 588	-6.5	6 697	-7.5	42 584	3 332	38 004	3 365
	肇庆铁路口岸	57 464	-1	728	-0.3	32 053	364	25 411	364
	合计	4 401 437	+0.5	15 419	-3.6	2 204 420	7 694	2 197 017	7 725
空运口岸	广州空运口岸	9 922 756	+0.7	73 732	+3.8	4 947 283	36 971	4 975 473	36 761
	深圳空运口岸	1 968 871	+18.1	20 739	+8.8	972 703	10 431	996 168	10 308
	揭阳空运口岸	172 904	-19	1 607	-4.6	86 301	807	86 603	800
	梅州空运口岸	27 881	+470.7	448	+124	13 691	223	14 190	225
	湛江空运口岸	33 410	+154.5	388	+128.2	15 966	194	17 444	194
	合计	12 125 822	+3.2	96 914	+5.2	6 035 944	48 626	6 089 878	48 288

表注：按口岸类型统计。

续表 1

	口岸名称	合计 人员（人次）	合计 同比（%）	合计 交通工具（辆、艘、架、列次）	合计 同比（%）	入境 人员（人次）	入境 交通工具（辆、艘、架、列次）	出境 人员（人次）	出境 交通工具（辆、艘、架、列次）
水运口岸	广州港口岸	227 578	－0.4	22 769	＋0.9	110 330	11 151	117 248	11 618
	广州莲花山港客运口岸	463 011	－8	6 256	＋11.5	224 729	3 311	238 282	2 945
	广州南沙港客运口岸	351 079	－6.4	4 526	－3.1	174 310	2 428	176 769	2 098
	蛇口口岸	3 237 641	＋10.1	62 634	＋2.9	1 362 577	30 361	1 875 064	32 273
	（注：含蛇口码头、赤湾码头、妈湾码头、东角头码头）								
	盐田口岸	188 742	－1.4	12 148	－4.2	90 106	5 899	98 636	62 49
	（注：含盐田码头、西冲旅游专用口岸、梅沙旅游专用口岸、大亚湾核电站专用码头）								
	福永码头	783 075	＋22.7	11 709	＋35.7	390 126	5 860	392 949	5 849
	大铲湾港区								
	九州港口岸	2 367 267	＋5.1	16 201	－3.7	1 191 276	8 103	1 175 991	8 098
	湾仔口岸	1 145 651	＋10.8	30 321	＋25.1	417 902	14 911	727 749	15 410
	斗门港口岸	35 736	－7.6	892	－0.4	18 481	428	17 255	464
	万山港口岸	113 260	＋893.4	4 509	＋227.7	56 585	2 253	56 675	2 256
	珠海港口岸	42 162	－14.3	2 738	－10.8	20 678	1 331	21 484	1 407
	汕头港口岸	34 654	－5.7	3 018	－0.9	17 161	1 484	17 493	1 534
	潮阳港口岸	6 786	＋23.4	274	－6.5	1 985	68	4 801	206
	南澳港口岸								
	惠州港口岸	17 320	＋2.5	2 153	＋13	7 794	1 033	9 526	1 120
	汕尾港口岸	6 233	＋9.1	528	－0.8	3 168	262	3 065	266
	虎门港口岸	451 285	＋2.8	14 031	＋9.4	159 033	7 414	292 252	6 617
	中山港口岸	1 396 366	－2.3	20 732	＋2.6	689 618	10 216	706 748	10 516
	江门港口岸	125 049	－9.9	6 004	－4	64 550	3 095	60 499	2 909
	三埠港口岸	7 659	＋30.6	988	＋28.1	3 861	498	3 798	490
	台山广海港口岸	60 849	＋4.6	6 059	＋1.1	30 431	3 033	30 418	3 026
	鹤山港口岸	51 732	＋18.6	1 544	＋34.5	25 618	774	26 114	770
	新会港口岸	12 356	－23.4	1 548	－17.7	6 593	839	5 763	709
	高明港口岸	72 872	＋30.3	4 604	＋13.4	35 055	2 159	3 7817	2 445
	南海港口岸	42 847	－7.6	5 714	－9.2	24 085	3 194	18 762	2 520
	顺德港口岸	1 294 329	＋58.7	19 259	＋71.1	638 594	9 580	655 735	9 679

续表2

口岸名称		合计				入境		出境	
		人员（人次）	同比（%）	交通工具（辆、艘、架、列次）	同比（%）	人员（人次）	交通工具（辆、艘、架、列次）	人员（人次）	交通工具（辆、艘、架、列次）
港口口岸	阳江港口岸	6 240	-44.5	289	-43.3	3 177	149	3 063	140
	湛江港口岸	50 146	-0.2	2 776	-2.9	26 859	1 491	23 287	1 285
	茂名水东港口岸	18 268	+4.8	1 151	+4.5	9 145	579	9 123	572
	肇庆港口岸	37 726	+14.3	4 813	+16.1	22 952	2 918	14 774	1 895
	潮州港口岸	5 401	-7.8	261		2 912	143	2 489	118
	合计	12 653 320	+10.1	270 449	+9.6	5 829 691	134 965	6 823 629	135 484
总计		374 598 363		19 436 276		187 044 843	9 766 873	187 553 520	9 669 403

（广东省口岸办提供）

2014 年广东省口岸货运通关数据统计表

项目		2014 年	同比（%）
1. 进出口货运量（万吨）		43 051.5	+9.4
其中	进口	25 821.4	-0.7
	出口	17 230.1	+28.8
2. 从水路口岸进出口货运量（万吨）		40 248.8	+10.3
其中	进口	24 867.5	-0.4
	出口	15 381.3	+33.8
3. 从陆路口岸进出口货运量（万吨）		2 638.2	-4.4
其中	进口	937.5	-6.5
	出口	1 700.7	-3.3
4. 进出口集装箱总量（万标箱）		2 762.6	+2.5
其中	进口	1 328.8	+2.0
	出口	1 433.8	+3.0
5. 从水路口岸进出口集装箱总量（万标箱）		2 435.0	+3.3
其中	进口	1 164.3	+2.9
	出口	1 270.7	+3.6
6. 从陆路口岸进出口集装箱总量（万标箱）			
其中	进口	164.5	-4.1
	出口	163.1	-1.7
7. 征收入库税款		3 311.0	+7.4

（海关总署广东分署提供）

2014 年广东省内海关主要数据统计表

项目		2014 年	同比（%）
进出口货运量（亿吨）	合计	12.50	+14.3
	进口	2.58	-0.7
	出口（包括供港用水）	9.92	+18.9
进出口贸易总值（亿美元）	合计	10 767.3	-1.4
	进口	4 305.1	-5.5
	出口	6 462.2	+1.5
征收入库税款（亿元）	合计	3 311	+7.4

（海关总署广东分署提供）

2014 年广州海关主要数据统计表

项目		2014 年	同比（%）
进出口货运量（万吨）	合计	6 420	+8.7
	进口	3 680	+9.6
	出口	2 740	+7.5
进出口贸易总值（万美元）	合计	16 617 961	+21.8
	进口	6 231 660	+8.7
	其中：江、海运输	3 956 520	+5.2
	铁路运输	512 329	+75.1
	汽车运输	772 391	-8.3
	航空运输	986 414	+18.6
	邮件运输	228	-45.0
	其他运输	3 778	-40.3
	出口	10 386 301	+31.3
	其中：江、海运输	6 537 940	+18.9
	铁路运输	512 994	+76.5
	汽车运输	1 323 488	+8.7
	航空运输	1 919 821	+123.7
	邮件运输	46 191	+758.7
	其他运输	45 867	+9.5
税收（万元）	两税合计	4 541 126	+7.1
	关税入库	851 612	+13.4
	进口环节税入库	3 689 514	+5.7

（广州海关提供）

2014 年拱北海关主要数据统计表

项目		2014 年	同比（%）
进出口货运量（万吨）	合计	16 346	+29.63
	进口	1 641	+1.03
	出口	14 705	+33.86
进出口贸易总值（万美元）	合计	7 037 224	+1.0
	进口	2 521 341	-7.3
	其中：江、海运输（水路运输）	2 035 499	-11.8
	铁路运输		
	汽车运输（公路运输）	469 489	+16.8
	航空运输	13 520	+48.6
	邮件运输	100	-46.1
	其他运输	2 733	+7 856.5
	出口	4 515 883	+3.0
	其中：江、海运输（水路运输）	3 744 177	+0.4
	铁路运输	1 235	
	汽车运输（公路运输）	697 287	+20.7
	航空运输	22 732	-34.8
	邮件运输	329	+36.4
	其他运输	50 123	+9.3
税收（万元）	两税合计	1 245 404	-10.05
	关税入库	193 440	-2.06
	进口环节税入库	1 051 964	-11.38

（拱北海关提供）

2014 年黄埔海关主要数据统计表

项目		2014 年	同比（%）
进出口货运量（万吨）	合计	8 082.3	+1.4
	进口	6 214.5	–
	出口	1 867.8	+6.3
进出口贸易总值（万美元）	合计	25 023 890.8	+8.7
	进口	10 959 708.3	+3.7
	其中：江、海运输	6 037 381.9	+7.2
	铁路运输	29 721.5	-0.2
	汽车运输	4 878 823.9	-0.3
	航空运输	13 773.2	+18.1
	邮件运输		
	其他运输	7.8	-88.3
	出口	14 064 182.5	+13.0
	其中：江、海运输	8 375 676.3	+28.3
	铁路运输	30 163.4	+763.3
	汽车运输	5 598 181.3	-4.6
	航空运输	28 269.2	+39.8
	邮件运输		
	其他运输	31 892.4	+6.4
税收（万元）	两税合计	10 979 756.4	+9.0
	关税入库	3 001 627.0	+11.5
	进口环节税入库	7 978 129.3	+8.1

（黄埔海关提供）

2014 年汕头海关主要数据统计表

项目		2014 年	同比（%）
进出口货运量（万吨）	合计	2 523.4	+3.8
	进口	2 245.4	+4.2
	出口	278.0	+0.5
进出口贸易总值（万美元）	合计	1 781 040.5	-0.7
	进口	629 483.6	-4.9
	其中：江、海运输	391 891.4	-1.8
	铁路运输		
	汽车运输	232 411.7	-6.8
	航空运输	2 518	-77.1
	邮件运输	2 642.4	+8.4
	其他运输	20.1	
	出口	1 151 556.9	+1.8
	其中：江、海运输	851 163.3	+5.1
	铁路运输	94.3	-56.1
	汽车运输	298 369.5	-6.6
	航空运输	1 922.8	+11.0
	邮件运输	7.1	-48.5
	其他运输	0.05	
税收（万元）	两税合计	539 111.3	+3.4
	关税入库	68 259.9	-4.7
	进口环节税入库	470 851.4	+4.6

（汕头海关提供）

2014 年江门海关主要数据统计表

项目		2014 年	同比（%）
进出口货运量（万吨）	合计	1 308. 38	-38. 34
	进口	946. 74	-46. 45
	出口	361. 64	+2. 18
进出口贸易总值（人民币：万元）	合计	12 517 496. 24	+2. 21
	进口	3 249 112. 61	-8. 71
	其中：江海运输	2 870 567. 37	-9. 84
	铁路运输		
	汽车运输	314 147. 93	+0. 66
	航空运输	64 385. 38	+1. 94
	邮件运输	8. 33	-38. 48
	其他运输	3. 59	-78. 65
	出口	9 268 383. 63	+6. 68
	其中：江海运输	7 678 190. 94	+6. 18
	铁路运输	10 845. 67	+25. 48
	汽车运输	1 253 709. 52	+2. 30
	航空运输	101 187. 94	+15. 01
	邮件运输	39 968. 94	.
	其他运输	184 480. 62	+37. 45
税收（万元）	两税合计	451 560. 43	-16. 55
	关税入库	72 085. 88	-6. 05
	进口环节税入库	379 474. 54	-18. 29

（江门海关提供）

2014年湛江海关主要数据统计表

项目		2014年	同比（%）
进出口货运量（万吨）	合计	6 937.81	+11.3
	进口	6 512.32	+10.6
	出口	425.49	+22.3
进出口货值（万美元）	合计	3 197 701.25	+0.2
	进口	2 779 509.59	-1.0
	其中：江、海运输	2 771 677.02	-1.0
	铁路运输		
	汽车运输	7 270.04	+24.8
	航空运输	562.53	-21.8
	邮件运输		
	其他运输		
	出口	418 191.66	+8.5
	其中：江、海运输	410 636.54	+9.5
	铁路运输		
	汽车运输	7 552.30	-28.4
	航空运输	2.82	+280.7
	邮件运输		
	其他运输		
税收（万元）	两税合计	2 773 627.94	-2.3
	关税入库	112 495.29	+5.9
	进口环节税入库	2 661 132.65	-2.7

（湛江海关提供）

2014 年深圳海关主要数据统计表

项目		2014 年	同比（%）
进出口货运量（万吨）	合计	10 828.0	-0.1
	进口	45 35.1	-8.1
	出口	6 292.8	+6.5
进出口贸易总值（亿美元）	合计	7 652.1	-12.1
	进口	2 953.8	-16.3
	其中：江、海运输	290.0	-5.0
	铁路运输		
	汽车运输	2 532.4	-18.8
	航空运输	36.1	+41.9
	邮件运输	0.1	-13.5
	其他运输	95.5	+15.7
	出口	4 698.3	-9.3
	其中：江、海运输	2 134.1	-6.0
	铁路运输	2.1	+20.2
	汽车运输	2 423.9	-12.8
	航空运输	26.7	+5.2
	邮件运输	0.3	+22 133.2
	其他运输	110.9	+11.8
税收（亿元）	两税合计	1 258.0	+12.0
	关税入库	112.9	+8.4
	进口环节税入库	1 145.1	+12.3

表注：深圳海关 2014 年监管进出口货运总量实际为 83 389.5 万吨，其中监管供应香港饮用水 72 561.5 万吨，监管普通货物 10 828 万吨。

（深圳海关提供）

2014 年广东省口岸出入境主要数据表

<table>
<tr><th colspan="3">项目</th><th>2014 年</th><th>同比（%）</th></tr>
<tr><td rowspan="15">出入境人员
（万人次）</td><td colspan="2">出入境人员总数</td><td>373.0</td><td>-1.95</td></tr>
<tr><td colspan="2">入境人员</td><td>179.2</td><td>-3.21</td></tr>
<tr><td colspan="2">出境人员</td><td>193.8</td><td>-0.76</td></tr>
<tr><td colspan="2">出入境旅客</td><td>287.7</td><td>-2.93</td></tr>
<tr><td colspan="2">出入境员工</td><td>85.3</td><td>+1.47</td></tr>
<tr><td rowspan="5">中国公民</td><td>小计</td><td>337.8</td><td>-1.69</td></tr>
<tr><td>内地居民（因公）</td><td>79.4</td><td>+0.41</td></tr>
<tr><td>内地居民（因私）</td><td>134.1</td><td>+5.45</td></tr>
<tr><td>港澳居民</td><td>103.5</td><td>-1.66</td></tr>
<tr><td>台湾同胞</td><td>20.7</td><td>+2.94</td></tr>
<tr><td colspan="2">外籍人员</td><td>35.2</td><td>-4.42</td></tr>
<tr><td colspan="2">从海港出入境人数</td><td>316.0</td><td>-2.60</td></tr>
<tr><td colspan="2">从陆港出入境人数</td><td>50.9</td><td>-6.07</td></tr>
<tr><td colspan="2">从空港出入境人数</td><td>61 291</td><td>+232.74</td></tr>
<tr><td rowspan="5">交通运输工具
（万辆、艘、
架、列次）</td><td colspan="2">总数</td><td>9.3</td><td>+2.39</td></tr>
<tr><td colspan="2">船舶</td><td>9.1</td><td>+1.92</td></tr>
<tr><td colspan="2">飞机</td><td>0.08</td><td>+115.46</td></tr>
<tr><td colspan="2">火车</td><td>0.07</td><td>-0.27</td></tr>
<tr><td colspan="2">机动车辆</td><td></td><td></td></tr>
</table>

（广东省公安边防总队提供）

2014 年广州市口岸出入境主要数据表

项目			2014 年	同比（%）
出入境人员（万人次）	出入境人员总数		1 489.1	+0.38
	入境人员		741.8	+0.03
	出境人员		747.3	+0.73
	出入境旅客		1 358.9	+0.25
	出入境员工		130.2	+1.80
	中国公民	小计	999.9	+4.44
		内地居民	817.8	+6.77
		港澳居民	141.1	+5.48
		台湾同胞	41	+2.82
	外籍人员		489.2	+7.01
	从海港出入境人数		113.7	+6.31
	从陆港出入境人数		384.2	+1.69
	从空港出入境人数		991.2	+0.70
交通运输工具（万辆、艘、架、列次）	总数		12.2	+2.73
	船舶		4.2	+0.26
	飞机		7.2	+4.58
	火车		0.8	-0.29
	机动车辆			

（广州出入境边防检查总站提供）

2014 年深圳市口岸出入境主要数据表

项目			2014 年	同比（%）
出入境人员（万人次）	出入境人员总数		23 500	+4.70
	入境人员		11 600	+4.50
	出境人员		11 900	+4.90
	出入境旅客		22 600	+5.04
	出入境员工		989	-2.58
	中国公民	小计	22 800	+4.97
		内地居民	8 527	+17.2
		港澳居民	14 000	-1.12
		台湾同胞	226	-4.29
	外籍人员		730	-3.34
交通运输工具（万辆、艘、架、列次）	总数		1 547	-2.34
	船舶		8.8	+5.12
	飞机		2	+8.78
	火车			
	机动车辆		1 536	-2.39

（深圳出入境边防检查总站提供）

2014年珠海市口岸出入境主要数据表

项目			2014年	同比（%）
出入境人员（万人次）	出入境人员总数		11 992.2	+12.00
	入境人员		6 118.1	+12.47
	出境人员		5 874.1	+11.49
	出入境旅客		11 892.5	+11.87
	出入境员工		99.7	+11.87
	中国公民	内地居民	7 019.2	+21.36
		港澳居民	4 716.6	+21.48
		台湾居民	84.2	+1.19
	外籍人员		172.2	-3.87
交通运输工具（万辆、艘、架、列次）	总数		378.4	+3.21
	船舶		5.5	+18.71
	飞机		0.004	-25.00
	火车			
	机动车辆		372.9	+3.01

（珠海出入境边防检查总站提供）

2014 年汕头市口岸出入境主要数据表

项目			2014 年	同比（%）
出入境人员（万人次）	出入境人员总数		21.4	-16.2
	入境人员		10.5	-16.1
	出境人员		10.9	-16.3
	出入境旅客		16.5	-18.9
	出入境员工		4.9	-5.2
	中国公民	内地居民	8.2	-26.8
		港澳居民	1.1	-35.6
		台湾居民	0.4	-24.9
	外籍人员		11.7	-3.3
交通运输工具（万辆、艘、架、列次）	总数		0.5	-2.4
	船舶		0.3	-1.3
	飞机		0.2	-4.6
	火车			
	机动车辆			

（汕头出入境边防检查总站提供）

2014 年广东省出入境检验检疫业务统计表

项目		货物检验检疫				交通工具				集装箱（标箱）		货物通关		出入境人员查验（人次）	健康检查及预防接种（人次）			
		批次	金额（万美元）	检验检疫不合格														
				批次	金额（万美元）	飞机（架）	火车（列）	汽车（辆）	轮船（艘）	合计	检出问题	批次	金额（万美元）		健康检查	艾滋病监测	发现病例	预防接种
本年累计		1 937 526	15 885 789	109 494	1 695 886	151 911	74 402	87 514	268 643	10 201 415	109 833	1 837 016	15 176 259	19 331 764	66 520	66 741	35 058	54 637
其中	出境	1 357 627	4 176 656	26 625	55 659	73 932	37 147	43 739	210 969	5 327 165	312	1 195 204	3 932 427	9 817 947	44 677	43 863	22 322	51 820
	入境	579 899	11 709 133	82 869	1 640 227	77 979	37 255	43 775	57 674	4 874 247	109 521	641 812	11 243 832	9 513 817	21 843	22 878	12 736	2 817
同比（%）		-39.34	-26.66	+216.94	+50.65	+6.97	+4.12	-2.98	-1.18	+0.64	+5.61	-93.68	-28.45	+4.07	-10.11	+7.65	-4.85	-20.68
其中	出境	-48.97	-60.93	+03.58	+560.64	+6.14	+4.02	-3.14	-1.45	-4.14	-27.78	-50.22	-61.33	+4.30	-14.57	+13.42	-5.29	-21.43
	入境	+8.61	+6.75	+159.83	+46.80	+7.77	+4.21	-2.82	-0.20	+6.45	+66.22	-0.42	+1.82	+3.83	+0.62	-1.90	-4.07	-3.76

（广东出入境检验检疫局提供）

2014年深圳市出入境检验检疫业务统计表

项目		货物检验检疫				交通工具				集装箱（标箱）		货物通关		出入境人员查验（人次）	健康检查及预防接种（人次）			
		批次	金额（万美元）	检验检疫不合格														
				批次	金额（万美元）	船舶（艘）	飞机（架）	火车（列）	汽车（辆）	合计	检出问题	批次	金额（万美元）		健康检查	艾滋病监测	发现病例	预防接种
本年累计		924 730	5 444 221	23 520	306 530	88 561	20 755		14 241 756	21 367 608	59 551	886 670	5 580 621	226 800 357	84 673	84 673	11 343	29 065
其中	出境	528 718	1 873 212	1 661	3 072	45 187	10 397		7 092 787	10 448 907	0	513 799	2 536 180	114 521 086	21 114	21 114	2 244	29 065
	入境	396 012	3 571 008	21 859	303 458	43 374	10 358		7 148 969	10 918 701	59 551	372 871	3 044 441	112 279 271	63 559	63 559	9 099	0
同比（%）		-25.15	-34.63	+53.95	+24.01	+4.89	+7.43		-2.89	+5.23	+78.99	-34.42	-38.08	+2.91	+11.85	+11.85	+48.6	+9.09
其中	出境	-37.91	-60.2	+37.96	-14.64	+2.5	+7.74		-5.02	+4.47	-	-48.01	-56.32	+3.21	+23.29	+23.29	+39.47	+9.09
	入境	+3.16	-1.39	+55.31	+24.59	+7.49	+7.11		-0.68	+5.96	+78.99	+2.53	-5.03	+2.61	+8.51	+8.51	+51.05	-

（深圳出入境检验检疫局提供）

2014 年珠海市出入境检验检疫业务统计表

项目	货物检验检疫				交通工具				集装箱（标箱）		发现动植物疫情		货物通关		出入境人员查验（人次）	健康检查及预防接种（人次）			
	批次	金额（万美元）	检验检疫不合格																
			批次	金额（万美元）	船舶（艘）	飞机（架）	火车（列）	汽车（辆）	合计	检出问题	种类数	种次	批次	金额（万美元）		健康检查	艾滋病监测	发现病例	预防接种
本年累计	166 960	1 581 110	1 425	76 277.49	54 788			3 759 282	424 768	217	276	3 849	121 652	591 018.9	117 566 558	29 423	29 486	7 219	2 114
其中 出境	64 351	193 065.5	87	421.04	27 925			1 877 041	200 509	0	0	0	78 844	115 054.8	58 138 949	27 986	28 050	6 911	2 089
其中 入境	102 609	1 388 044	1 338	75 856.45	26 863			1 882 241	224 259	217	276	3 849	42 808	475 964.1	59 427 609	1 437	1 436	308	25
同比（%）	-43.8	-42.63	+48.28	+18.02	+23.38			+4.07	-8.77	+51.75	+14.05	+41.77	-34	-43.08	+8.69	+40.56	+41.46	+88.24	+21.91
其中 出境	-66.02	-80.93	+123.08	+315.83	+20.64			+3.77	-11.14	-	-	-	-43.02	-77.19	+9.21	+37.22	+38.13	+82.59	+20.54
其中 入境	-4.75	-20.39	+45.12	+17.55	+26.37			+4.38	-6.53	+51.75	+14.05	+41.77	-6.87	-10.87	+8.18	+167.1	+167.41	+516	+2 400

（珠海出入境检验检疫局提供）

2014 年广东海事局进出港船舶统计汇总表

	进港船舶							出港船舶						
	艘数（艘次）	总吨（吨位）	总载重量（吨）	载客量（客位）	船员人数（人）	货物到达量（吨）	旅客到达量（人）	艘数（艘次）	总吨（吨位）	总载重量（吨）	载客量（客位）	船员人数（人）	货物发送量（吨）	旅客发送量（人）
总计	288 275	958 985 769	1 109 035 838	3 4463 378	2 441 754	582 664 979	14 388 661	291 708	960 855 722	1 112 449 783	34 670 907	2 484 891	214 797 064	14 346 968
同比（%）	+5.12	+5.68	+8.84	-1.92	+2.67	+4.91	+6.99	+3.17	+5.78	+9.14	-3.62	+2.36	+19.16	+4.81
中国籍船舶	277 098	647 909 179	661 919 993	34 458 519	2 260 202	408 494 195	14 388 661	280 490	650 920 967	667 445 425	34 664 749	2 297 451	190 312 717	14 346 968
其中外贸船	35 550	120 481 139	72 590 800	11 641 155	499 461	41 890 725	4 301 025	35 884	135 286 312	106 032 488	11 655 850	514 898	32 991 662	4 339 722

（广东海事局提供）

2014 年深圳海事局进出港船舶统计汇总表

船舶类别	进港船舶							出港船舶						
	艘数（艘次）	总吨（吨位）	总载重量（吨）	载客量（客位）	船员人数（人）	货物到达量（吨）	旅客到达量（人）	艘数（艘次）	总吨（吨位）	总载重量（吨）	载客量（客位）	船员人数（人）	货物发送量（吨）	旅客发送量（人）
总计	74 706	815 697 302	903 099 317	7 024 369	773 694	76 855 969	4 261 676	73 745	823 773 674	913 072 453	7 005 177	784 949	70 331 073	4 856 556
同比（%）	+14.0	+0.9	+0.7	+13.1	+18.7	-10.9	+52.0	+11.7	+0.3	+0.1	+12.7	+15.5	-2.0	+34.8
中国籍船舶	60 220	67 413 241	71 646 954	6 982 748	486 732	27 129 975	4 244 756	59 149	68 015 308	72 293 896	6 963 556	495 257	16 508 611	4 855 829
其中外贸船	21 510	18 174 596	11 338 502	4 710 479	188 166	1 922 620	1 398 910	21 828	22 869 400	16 830 703	4 734 075	187 410	2 442 469	1 989 237

（深圳海事局提供）

广西壮族自治区

口岸数量及分布

截至2014年年底，广西壮族自治区（以下简称广西）共有经国务院批准对外开放的口岸18个。其中，空运口岸3个，分别是南宁空运口岸（南宁吴圩国际机场）、桂林空运口岸（桂林两江国际机场）、北海空运口岸（北海福成机场）；水运（海港、河港）口岸9个，分别是防城港、北海、钦州、江山、企沙、石头埠海港口岸6个，梧州、贵港、柳州河港口岸3个；陆路（铁路、公路）口岸6个，分别是凭祥铁路口岸，友谊关、东兴、水口、龙邦、平孟公路口岸。

口岸运行数据

2014年，广西壮族自治区口岸进出口货运量累计1.03亿吨，同比增长7.28%。其中，进口8 989.7万吨，同比增长5.6%；出口1 340.45万吨，同比增长33%。进出口货值578.83亿美元，同比增长33.9%。其中，进口货值264.69亿美元，同比增长13.6%；出口货值314.14亿美元，同比增长57.5%。出入境人员数量1 059.6万人次，同比增长25.7%。其中，出境538.5万人次，同比增长25.8%；入境521.1万人次，同比增长25.21%。出入境交通工具41.93万辆（艘、架、列）次，同比下降26.07%。其中，船舶1.08万艘，同比下降22.25%；飞机0.98万架，同比增长29.1%；火车0.23万列，同比增长14.6%；机动车辆39.64万辆，同比下降27.1%。水运口岸集装箱吞吐量35.94万标箱，同比增长2.38%。其中，入境17.38万标箱，同比增长0.07%；出境18.56万标箱，同比增长4.64%。

口岸综合管理

【口岸开放工作全面推进】 扎实有序推进口岸开放和升格工作，上报国家口岸管理办公室的3个口岸升格项目和6个口岸扩大开放项目中，已有北海港、梧州港、爱店、东兴口岸4个项目获国务院批复。防城港、友谊关、水口、峒中口岸和里火边民互市贸易点5个项目审理程序正在稳步推进。

【口岸基础设施建设进展顺利】 落实中央预算内投资补助广西一类口岸查验设施建设资金3 430万元，惠及3个口岸、4个项目。广西深入开展兴边富民行动大会战工作，共安排兴边富民建设项目17个，其中包括口岸建设项目8个，边民互市贸易点项目5个，边境贸易市场项目1个，边境农贸市场项目3个。17个项目总投资12 256万元，其中，兴边富民资金补助6 400万元，涉及广西7个边境县（市）。各重点口岸建设进展顺利。其中，水口口岸联检楼改（扩）建项目、龙邦口岸驻县城办证大楼及附属工程已完成主体工程，进入装修阶段；友谊关口岸货运通道改造及配套设施、友谊关口岸边检及海关查验设施、东兴口岸查验设施更新完善、东兴口岸信息指挥中心配套设施等项目已进入招投标或采购阶段；凭祥市边境贸易货物物流中心的检验检疫水果辐照中心主体工程、查验综合楼等项目已完成；龙州那花边贸城降坡拓宽道路工程、那坡百南互市点基础设施已开工建设；东兴互市区信息化管理系统项目（一期）已进入采购阶段；那坡弄平边境贸易市场基础建设项目（二期）已全面开工建设。

【电子口岸建设稳步推进】 依托电子口岸进一步完善通关物流应用体系，完成广西加工贸易管理平台、广西边民互市贸易管理平台、口岸物流联动监管系统一期等应用项目，同时启动建设北海港电子口岸、钦州港电子口岸、多部门“三个一”公共信息平台（“单一窗口”一期）等一批应用项目。电子口岸应用效果进一步显现，电子口岸门户网站访问人数达200多万人次，广西电子口岸直接服务进出口企业8 000余家，企业每月通过广西电子口岸办理各类外贸业务超过6万票。目前，广西口岸船舶通关申报效率在全国处于领先地位，南宁关区实现通关作业全程无纸化。通过信息互联互通，多个环节无纸化作业的实施减少了企业往返海关、港务办理业务的时间，提升了企业办理进出口通关及物流手续的工作效率，节省了口岸通关成本。积极探索建立电子口岸长效运行机制，研究制定相关实施方案，建立政府主导和市场补充的运维模式。一方面依靠政府投入，采用服务外包的方式，保障基本政务服务；另一方面通过市场商务服务增值，增加收入来源，平衡运维成本，实现电子口岸的持续健康发展。

【口岸改革工作务实推进】 加快推动北部湾经济区口岸通关一体化，自治区政府印发实施《北部湾经济区口岸通关一体化工作方案》，在全国率先提出行政管理、通关作业、信息技术、综合服务、管理协调等5个“一体化”，明确10项重点改革工作任务，打造广西口岸物流联动体系，实现物流到港、存储、在途、进场等信息的实时监管与互信互认，优化货物流转程序，节省企业通关成本。积极推进查验部门“三互”合作，2014年年底，关检合作“三个一”通关模式推广应用到全区所有口岸和监管场所，并在关检“三个一”基础上，融入交通、海事、边检等部门相关业务，启动建设多部门“三个一”和“单一窗口”。加强区域通关合作，与贵州省签署进一步深化口岸通关合作协议，积极推进与西南、中南相关省份大通关合作；积极探索与“一带一路”沿线国家口岸通关合作，提出“两国一检”通关模式，完成可行性研究报告；与越方就东兴、友谊关等重点口岸延长通关时间达成共识，确定在2015年第二季度正式实施，进一步提升广西口岸通关服务水平。进行口岸办机构升格改革，由自治区商务厅厅长兼任口岸办主任，海关、检疫、边防、海事等部门领导兼任副主任，并扩编为2个处室。同时，建立联席会议制度，每季度召开口岸联席会议，密切了与各查验部门之间的联系。

口岸监管与服务

【南宁海关服务广西经济发展成效显著】 南宁海关积极构建服务协作机制，确立了“惠政策、扶产业、造平台、畅物流”服务发展的基本思路，促成广西口岸工作联席会议召开，并形成长效机制。加强与湛江、海南等海关及港务部门协作，推动“三地七方”签署《环北部湾口岸部门及港口企业深化合作备忘录》，力推环北部湾地区经济一体化。深入推进广西口岸通关便利化改革，关检合作“三个一”通关改革有序推进。积极落实海关总署和国家质检总局部署，于2014年11月11日在凭祥友谊关和防城口岸正式启动关检合作“三个一”试点，12月18日实现关区全覆盖。通关无纸化改革全面推广，于2014年6月全面推广至所有业务现场，实现通关作业无纸化全覆盖。全年无纸化报关单比例达75.4%，通关效率明显提升，区域通关一体化改革深入推进，全力参与北部湾经济区通关一体化改革，着力服务打造“六市一关”和口岸多部门“三个一”，以及“单一窗口”通关合作。扩大“属地申报，口岸验放”和“属地申报，属地放行”模式适用范围及企业惠及面，推广新舱单及运输工具管理系统，开发应用南宁海关物流管理平台，推动海关总署批准同意出口货物“提前申报，货到验放”模式，北部湾经济区“区港联动”海关物流监管改革同步启动。全年关区监管“属地申报，口岸验放”货物686.9万吨、12.3亿美元，同比分别增长1.1倍和1.3倍，口岸通道作用明显。

【南宁海关创新思路促进互市贸易转型升级】 研究提出实施互市贸易合作社，推动互市贸易“落地加工”，构建贸工结合机制，创新海关监管模式等思路和举措，形成方案报请海关总署协调国家相关部委审批。牵头开发边民互市贸易管理系统，制发边民互市监管场所设置标准，调整完善监管流程和工作制度，开展委托监管边民互市点管理模式调整，年内有东兴滩散等6家委托点调整为驻点，边境地区5个县市45名地方公务员到关区各边民互市驻点监管点履行职责，进一步促进了边民互市健康规范发展。全年广西边民互市贸易进出口总值达286.1亿元，同比增长

25.7%。

【南宁海关综合监管效能取得新成效】 优化监管查验机制，深入开展分类查验、查验分流和查获分类考核，查验率、查获率分别为6.91%和13.93%，查验率达到海关总署指标要求。建立海关业务运行预警与改革绩效评估相结合的统计监测工作机制，推动业务整体运行良好。监管进出口货运量1.03亿吨，进出口总值3 555.9亿元，同比分别增长8.5%和32.6%；监管运输工具37.61万辆艘架，进出境人数1 059.6万人次，同比分别增长22.8%和25.7%。综合运用稽查手段，稽查追补征税1.07亿元，同比增长1.28倍，列全国海关第9名；综合业务管理平台应用全面深化，布控实体有效率达9.97%，高出全国平均水平1.47个百分点；大力宣传海关信用管理制度，全年新增高级认证企业21家，一般认证企业139家，同比分别增长4.25倍和1.4倍。

【南宁海关打击走私工作取得新战果】 深入学习贯彻国务院打击走私工作座谈会和2014年全国海关缉私工作会议，坚持抓住要害、突出重点、守住底线、深化打击，紧紧依靠广西各级地方政府，深化推动反走私综合治理，全面开展打击农产品“绿风”行动和打击大米走私专项行动，大力参与“清源2014”、“净网2014”、“秋风2014”等重大行动，深入开展扫黄打非和违禁品查缉，持续加大非设关地打私力度，促进平安广西建设，坚决维护广西正常贸易秩序和社会安全稳定。共立案查办各类走私违法犯罪案件2 038起，案值60.53亿元，涉税16.37亿元。

【广西出入境检验检疫局加强质量监管和口岸疫病疫情防控】 2014年，广西出入境检验检疫部门检验检疫出入境货物13.3万批次，货值294.9亿美元，截获进境动植物有害生物838种、1.8万次，其中包括检疫性有害生物71种、1 405次。旅邮检共截获禁止进境物7 276批，检出有害生物774批，其中包括检疫性有害生物12种、258次。签发各类原产地证书6.4万份，签证金额27.2亿美元。查验出入境人员927.7万人次，发现有传染病症状者908例，检出并妥善处置核与辐射有害因子超标113起，排查来自埃博拉疫区的人员140人次。实施出入境健康检查21 529人次，共检出传染病228例，检出传染病病原携带者1 103例；检疫出入境交通工具61.7万辆架次，检疫查验出入境集装箱32.7万标箱。广西检验检疫部门坚持以质量为基础，以安全为底线，持续加强口岸疫病疫情防控。建立口岸核心能力建设监督检查制度，强化疫情防控。针对西非埃博拉出血热、登革热、疟疾等传染病疫情高危传入态势，加强组织领导和联防联控，严格口岸检疫查验，开展应急处置演练，加强技术培训和防控知识宣传，有效地防范了疫情传入，为第11届中国—东盟博览会和第45届世界体操锦标赛等重大活动顺利举办提供了强有力的口岸卫生检疫保障。进一步完善与海关、农业、林业等部门联防联控机制，抓住口岸特别是边境一线动植物疫情防控工作不放松，抓住进口大宗农产品、活动物的检疫监管不放松，圆满完成了广西口岸最大批量进口奶牛（4 404头新西兰奶牛）的隔离检疫任务。加强进出境旅客携带物和邮寄物的检疫监管，与自治区邮政管理局签署合作备忘录，并进驻南宁国际邮政处理中心开展邮检业务；进一步完善南宁、桂林机场口岸“人—机—犬”综合查验模式，检疫犬的使用得到旅客的广泛认同。

【广西出入境检验检疫局服务地方外经贸发展】 创新检验检疫监管机制，与南宁海关签署合作备忘录，积极推进关检“三个一”通关作业模式。积极探索转变检验监管模式，对出口烟花爆竹实施分类管理和在广西辖区内直通放行，对输美陶瓷试行采信第三方检验结果等。在友谊关和东兴口岸实施了延长通关时间的试点，得到地方政府和企业的好评。加强检验检疫合作，加强与广东出入境检验检疫局、西南及中南地区、东盟国家特别是越南等国检验检疫机构的合作。协调组织召开了2014年西南六省（区、市）检验检疫区域合作联席会议。服务重点园区重点项目建设，推动国家质检总局在国家部委中第一个为东兴国家重点开发开放试验区出台专项政策措施。争取国家质检总局批准防城港筹建进口水果指定口岸，钦州保税港区筹建进口肉类指定口岸，防城港、钦州、梧州3个口岸的5个查验点为全国第一批进口粮食指定口岸。争取国家质检总局批准桂林两江机场创建国际卫生机场。促进广西特色产品扩大出口，结合广西实际制定了促进外贸稳定增长、服务战略支点建设的15项具体措施，得到自治区领导的充分肯定。推动自治区政府召开“广西应对香港规例实施暨加强出口食品农产品质量安全示范区建设座谈会”，指导新建2个自治区级出口食品农产品质量安全示范区，2个自治区级出口工业品质量安全示范区，推动3个食品农产品示范区升级为国家级示范区。

【广西公安边防总队口岸管控成效显著】 全区边检机关共查获网上在逃人员35人次，在控对象221人次，查处违法违规263人次，偷渡案件17起、18人次，同比分别增长75%、41.6%、49.4%和31.2%。总队面对新形势、新任务，准确把握口岸面临的现实威胁和做足充分的准备。强化数据分析研判，推行月度口岸形势分析和涉恐重点人员零报告制度，加强非控数据管理，认真落实口岸风险评估机制，指导各边检站跨单位、跨警种签署合作协议，初步实现情报信息的互通和共享。强化联动联控效能，紧跟西江经济带所属口岸管控形势需要，指导梧州、贵港、柳州边检站与广东总队肇庆边检站建立西江流域执法执勤服务协作机制，积极构建粤桂边检机关区域化联防联控体系；充分发挥陆地边检站涉外职能优势，抓住中越边防部队“共建友好站屯，共创平安边境”平台，深化对越执法执勤合作，并成功举行首次中越口岸联合处突演练。强化证研成果运用，依托总队证件研究中心，加快证研成果转化，抽调精干力量组成证件研究工作小组，结合广西口岸管控面临的新特点、新任务，编发口岸反偷渡、非在控重点人员检查指引、业务预警提示及证件研究专刊等，进一步强化口岸风险预警和精确打击。

【广西公安边防总队提升重大专项勤务质量】 全区边检机关坚实创新通关模式，完善巩固常态化专项勤务服务机制，圆满完成了新加坡总理李显龙、柬埔寨首相洪森等104名各国政要、46个重要代表团入出境边检礼遇任务和226个大型团队的通关保障任务。提升勤务运转效能，反复研究，创新推出“部署方案流程对接、通关专人对接、警力支援对接、处理问题无缝对接”重大专项勤务模式，并在实践中得以成功运用，根据不同类型口岸，建立团队预检预录、开设专用通道、延长通关时间、跨境紧急协作等常态化服务机制，有力地保障了口岸顺畅通关。提升跨境服务水平，找准陆地边检站涉外职能优势的着力点，重点围绕延长通关时间、简化查验手续等便利化措施，跟进指导加强与越南边检机关建立常态化跨境服务机制。2014年5月，针对越南境内反华暴力事件影响，迅速启动跨境服务机制，联合采取通关便利化举措，在陆地口岸日均流量增长3倍的情况下，确保我国紧急撤离公民顺利回国，得到自治区主要领导充分肯定。提升区域协作能力，以重大国际会议、赛事活动为保障重点，坚持通关需求导向，推动建立覆盖全区空港口岸的跨区域警力增援机制，指导3个空港边检站组建应急边检勤务预备队，有效实现灵活调配警力目标。以恶劣天气等特殊因素影响口岸通关为保障重点，指导南宁、桂林、北海机场站建立主备降机场边检协作机制，全力打造无缝对接通关模式。

【广西海事局口岸监管服务扎实有效】 大力支持口岸和海运经济发展，成功推动北部湾新增开放码头3座、临时开放码头1座，继续促成北海电厂码头、北海铁山港1号2号泊位和防城港电厂码头临时开放通过交通运输部审批。积极参与广西口岸通关便利化改革，共同探索实施“四个一”和“三互”合作。创新监管方式，大力推广海船电子签证，覆盖率达到78%。改进巡航执法模式，推行驻点工作制，利用CCTV、AIS、VTS等系统开展电子巡航，维护国际航行船舶通航安全。维护安全环境，印发《全区水上交通安全专项整治工作方案》。全年累计巡航2.69万次、9.75 万小时、10.39 万海里。加大对违法船舶的处罚力度，暂扣 128 艘、强制拆解 182 艘。强化对 182 个水上水下活动项目的现场监管，查处 7 个非法作业项目。提升服务质量，积极推进简政放权，下放“原油水上过驳审批许可”、船员专业培训考试等 12 项行政审批事项，推进行政审批“一站式”服务，行政许可办理时限提速 30%。出台“十项便民措施”，公开海事权力清单和收费清单。实施海事业务网上申报，新增网上申报项目同比增长 50%，海船网上申报率超过 80%。深化窗口规范化建设，推广“电子签证”、“网上申报系统业务”，借助电子签证平台为国际航行船舶提供优质便捷的服务。推行弹性工作制，提供“绿色通道”、“24 小时预约查验”、“服务性开航前检查”等服务措施，提高国际航行船舶查验审批效率。强化应急保障，全年组织开展搜寻救助、海上溢油、消防应急演习演练 104 次。组织客船开展水上弃船应急演练 450 余艘次，实现 50 客位以上客船全覆盖。及时妥善处置了“新海信 68”沉没、“捷安达 2”侧翻等多起重大事故险情。成功组织防抗包括新中国成立以来广西北部湾最强台风“威马逊”在内的多个强台风，取得了台风期间辖区水上交通零死亡的重大胜利，得到了自治区领导和地方政府的高度赞扬。我局提名的“恒晖 1”轮获得了国际海事组织海上特别勇敢奖表扬信。全年共组织搜救行动 181 次，救助遇险船舶 230 艘、遇险人员 1 365人，1 334 人获救，人命救助成功率达 97.73%。

开放口岸

【桂林空运口岸（桂林两江国际机场）】 位于桂林市西南方向临桂县境内，距市中心 26 千米，中心点地理方位为北纬 25°13′06″、东经 110°02′22″。2012 年，桂林空运口岸被国家质检总局授予《世界卫生组织口岸核心能力建设达标单位》，成为广西首个符合《国际卫生条例》要求的空运口岸。2014 年，桂林空运口岸出入境人员达 42.59 万人次，同比增长 11.84%；出入境飞机3 234架次，同比增长 26.28%；进出口货物 8.37 万吨，同比下降 4.7%。目前已开通国际（地区）定期航班 7 条（泰国曼谷、马来西亚吉隆坡、韩国首尔、新加坡、中国台北、中国高雄、中国香港）

【南宁空运口岸（南宁吴圩国际机场）】 位于南宁市良庆区，距南宁市区 32 千米。南宁机场已开通 21 条国际（地区）航线，直飞中国的香港、澳门、台北、台中、高雄、花莲，以及新加坡、吉隆坡、胡志明、雅加达、金边、万象、仰光、曼谷、首尔、济州、普吉、槟城、达卡、熊本、安克雷奇等国际（地区）城市。2014 年，南宁空运口岸出入境人员达 82.27 万人次，同比增长 40.84%；出入境飞机 6 524 架次，同比增长 31%；进出口货物 1.82 万吨，同比下降 92.12%。

【北海空运口岸（北海福成机场）】 位于北海市银海区境内，占地面积约 373 万平方米。机场飞行区等级为 4D 标准，可全天候起降 B737、A320 等同类机型。北海机场新航站楼投资 3.08 亿，面积达 2.7 万平方米，共 3 层，高度为 24 米，有值机柜台 6 个、VIP 候机室 6 个、廊桥 5 个、远机位 2 个、行李传送系统 1 套，设计旅客吞吐量 270 万/年，高峰小时吞吐量为1 350人。2014 年，北海航空口岸出入境人员1 121人次，同比增长 34.6%；出入境飞机 38 架次，同比减少 24%。

【友谊关陆路（公路）口岸】 距离凭祥市区 18 千米，距离越南谅山 18 千米，与越南友谊口岸相对，为常年开放的国际性口岸。于 1951 年开通，1979 年一度关闭，1992 年 4 月经国务院批准恢复对外开放。2012 年 9 月，友谊关口岸荣获世界卫生组织口岸核心能力达标单位。2013 年先后完成了友谊关口岸边检站的查验设施维修工程、友谊关口岸联检楼三楼会议室、卫生间的改造工程，友谊关口岸限定区域内广场部分地板砖的更新工程，友谊关口岸零公里绿化美化，极大地改善了友谊关口岸的通关环境，对加快口岸的通关速度和发展口岸经济起到了积极的推动作用。2014 年，友谊关口岸进出口货物 198.91 万吨，同比增长 176%；出入境人员 91.68 万人次，同比减少 4.62%；出入境车辆 16.74 万辆次，同比增长 66.57%。

广西凭祥综合保税区于 2008 年 12 月经国务院批准设立，规划控制面积 8.5 平方千米，位于广西凭祥市友谊关。一期于 2011 年 9 月 30 日正式封关运营。广西凭祥综合保税区是广西北部湾经济区开放开发的重要平台，是服务于中国—东盟自贸区贸易往来，集口岸、国际贸易、保税物流、保税加工、国际配送等功能于一体的国际经济合作区域。自封关运营以来，广西凭祥综合保税区运行情况良好。2014 年，综保区共有入区登记注册企业 100 家，3 家越南企业入区设立办事处，另有 200 多家企业依附凭祥综保区平台，开展一般贸易、边境小额贸易、物流配送业务。2014 年，凭祥综保区保税业务值达 18.37 亿美元，同比增长 89.6 倍，在全国 34 个综合保税区中排名第 12 位；入区企业外贸进出口总额达 16.79 亿美元，同比增长 46 倍；口岸进出口贸易额达 170.56 亿美元，同比增长 143%，首次突破百亿美元。

【东兴陆路（公路）口岸】 位于东兴市繁华市区，地处我国西南陆地边境线与大陆海岸线的汇合处，在中越边境的最东端，东南濒临北部湾，北面背靠十万大山，通过北仑河大桥和越南芒街口岸连接，为常年开放的国际性口岸。于 1958 年经国务院批准对外开放，1978 年一度关闭，1994 年 4 月 17 日恢复对外开放。2011 年，国务院批准设立东兴开发开放试验区，东兴口岸同东盟各国的贸易、旅游交流将进一步发展。2013 年 11 月，自治区公安厅口岸签证处入驻东兴口岸现场，东兴口岸正式启动外国人口岸签证业务，成为广西第一个陆路口岸签证处。2013 年投资 870 万元建设的出入境大厅调换改造工程竣工投入使用，口岸形象得到了很大的提升。经东兴口岸进口的货物主要有橡胶、红木、矿产品、碳、干果、糖果、棉纱等，经东兴口岸出口的商品主要有纺织品、机械设备、鞋材、干货、电缆、塑料制品等。2014 年，东兴口岸进出口货物 23.24 万吨，同比增长 11.68%；出入境人员 600.61 万人次，同比增长 35.74%；出入境车辆 22 664 辆次，同比增长 8.14%。2014 年东兴口岸出入境人员突破了历史性纪录，超过了 600 万人次。

【水口陆路（公路）口岸】 位于中越边界 943（1）号界碑处，水口镇境内，距龙州县城 34 千米，与越南驮隆口岸仅一河之隔，为常年开放的双边性口岸，1978 年曾一度关闭，1992 年 10 月经国务院批准恢复对外开放。主要进出口货物有冻海产品、腰果、核桃、机电配件及日用品等。2013 年完成口岸联检楼改扩建工程的主体工程建设。2014 年，水口口岸进出口货物 31.07 万吨，同比增长 268.2%；出入境人员 45.96 万人次，同比减少 33.48%；出入境车辆 6.90 万辆次，同比减少 71.67%。

【龙邦陆路（公路）口岸】 位于百色市靖西县龙邦镇，地处中越边境 741 – 742 号界碑，与越南茶岭口岸对应，距靖西县城 42 千米，距越南茶岭县城 5 千米。2003 年 1 月，国务院批准龙邦口岸对外开放。2007 年 10 月，龙邦口岸通过验收正式对外开放。龙邦口岸进出口货物主要有腰果、核桃、冷冻海产品、铁矿、锰矿、钢筋、搅拌机、打谷机、电器、电子产品、照明装置等。2014 年，龙邦口岸进出口货物 14.67 万吨，同比减少 12.6%；出入境人员 6.68 万人次，同比减少 16.82%；出入境车辆 15 668 辆次，同比减少 17.51%。

【平孟陆路（公路）口岸】 位于中越边界第 647 号界碑处，与越南朔江口岸相对应，是广西最西端的陆路口岸。2011 年 10 月 9 日，国务院正式批复平孟公路口岸对外开放，口岸性质为中国和越南双边公路客货运输口岸。目前，平孟口岸尚未通过国家验收正式对外开放。平孟口岸进出口货物主要有水果、海鲜、中药材、纺织品、建材、土特产品、矿产品和小五金等。2014 年，平孟口岸进出口货物 10.18 万吨，同比增长

1%；出入境人员8.75万人次，同比增长0.1%；出入境交通工具5 668辆次，同比减少1%。

【凭祥陆路（铁路）口岸】 位于凭祥市南区，与越南同登口岸相对应，为常年开放的国际性口岸。于1953年经国务院批准对外开放，是湘桂铁路的终点，也是广西唯一的一个铁路口岸。凭祥铁路口岸站区内设立40股道标准轨，窄轨铺轨总长13.2千米，站线铺轨21.61千米，占地1.8平方千米，货物站台3 500平方米，旅客站台3 840平方米，候车室280平方米，货仓420平方米，准轨客车1 397辆，窄轨客车142辆，换装能力111.8万吨。2013年9月，凭祥铁路口岸顺利通过世界卫生组织口岸核心能力达标单位检查验收。2014年，凭祥铁路口岸进出口货物60.5万吨，同比减少5.59%；出入境人员7.38万人次，同比减少0.53%；出入境火车3 009列次，同比增长14.58%。

【防城港水运（海港）口岸】 位于广西南部沿海北部湾北岸，是我国大陆海岸线最西南端的深水良港，也是我国沿海11个主要港口之一及西部第一大港。1983年7月经国务院批准对外国籍船舶开放，为常年开放的国际性口岸。口岸地理位置和建港条件得天独厚，北靠云、贵、川，南濒北部湾，东邻粤、琼、港、澳，西接越南，地处华南经济圈、西南经济圈与东盟经济圈的结合部，是中国通往东盟、南亚、西亚、欧洲、非洲、大洋洲及南美洲海上运距最短的口岸。经过40多年的发展，口岸所在港口防城港已经拥有泊位41个，其中万吨级以上深水泊位26个，泊位最大靠泊能力为20万吨级，是广西港口中码头泊位最多，功能最齐全的港口。防城港20万吨级矿石码头两边均能靠船，是国内唯一的前沿吃水最深，既可卸船又可装船的20万吨级码头。防城港硫磷专用码头是全国目前唯一一个现代化硫磷专用泊位。铁路、高速公路直达港口，各类仓储和装卸设备齐全。与100多个国家和地区的250多个港口有业务往来。防城港口岸进口产品主要有煤炭、铁矿石、黄豆、化工、农林产品等；出口产品主要有煤炭、铁矿石、非金属矿石、化肥及农药等。2014年，防城港口岸进出口货物6 516.3万吨，同比增长12.55%；出入境人员5.72万人次，同比减少0.87%；集装箱17.58万标箱，同比增长12.48%；出入境船舶3 025艘次，同比减少1.31%。

【北海水运（海港）口岸】 位于广西南端、北部湾东北部的北海半岛西段北岸，东经109°4′12″，北纬21°28′5″。以环北部湾的中心城市北海为依托，水域地域宽广，地理优势显著，背靠大西南，面向东南亚，南与海南隔海相望，西濒越南，处于“一城系四南”的中枢位置，为常年开放的国际性口岸。现有9个泊位，其中有2个万吨级，1个2万吨级，1个3.5万吨级泊位，设计吞吐能力215万吨。1998年4月经广西壮族自治区政府同意开通北海至越南下龙海上旅游航线业务。2013年6月，北海港客运口岸联检大楼投入使用。2014年，北海口岸进出口货物999.73万吨，同比增长1.96%；出入境人员2819人次，同比减少60.45%；集装箱吞吐量4.77万标箱，同比减少2.46%；出入境船舶1 420艘次，同比减少0.63%。

【钦州水运（海港）口岸】 于1994年6月经国务院批准设立，1997年6月18日通过验收正式宣布对外开放，是常年开放的国际性口岸。钦州港位于广西钦州市境内，北部湾顶端的钦州湾内，地处东经108°37′44″~108°41′29″，北纬21°36′40″~21°44′23″，处于广西南部沿海南（宁）北（海）钦（州）防（城）沿海经济区的中心位置，面向东南亚，背靠大西南，三面环山，南面向海，是天然的避风良港，水深、港池宽、潮差大、回淤少，建港条件优越，是大西南地区通向东南亚最便捷的出海口之一。钦州港口岸出口货物种类主要有化肥，碳电极，磷酸、磷酸氢钙等化工原料；进口货物种类主要有铁矿、锰矿等金属矿石，原油，煤炭，淀粉，生牛皮，机械设备等。2014年，钦州口岸进出口货物2 869.8万吨，同比增长10.56%；出入境人员3.31万人次，同比减少10.05%；集装箱4.07万标箱，同比增长35.31%；出入境船舶1 981

艘次，同比减少16.06%。

钦州保税港区于2008年5月29日经国务院批准设立，是我国西部沿海唯一的保税港区，规划总面积10平方千米，由码头作业区、保税物流区、出口加工区和综合服务区组成。2011年2月16日全面开港运营。2011年11月1日，钦州保税港区整车进口口岸顺利通过国家验收并对外开放，汽车进口业务已正常开展。2014年保税港区新注册企业40家，注册资本2.65亿元。目前入区企业已达161家，注册资本16.66亿元。2014年，保税港区进出口总额完成34.62亿美元，同比增长130.98%；关税及进口环节税15.95亿元，同比增长1.54倍；港口吞吐量2 022万吨，同比增长25.12%；集装箱吞吐量70.2万标箱，同比增长16.75%。

【江山水运（海港）口岸】 于1994年10月经国务院批准对外开放，1995年2月通过验收正式对外开放，为仅限中国籍和越南籍船舶开展运输业务的常年开放的口岸。位于防城港市防城区江山半岛西南端，东经108°13′，北纬21°30′，其东北部是防城港，西南与越南隔海相望，海路距越南鸿基不足80海里，陆路距防城区38千米，是一个水深、避风、不淤积的天然良港。江山港口岸自开放以来，凭借其距离越南较近，航道状况良好，水路便利等优势，主要进口越南的煤、营草、木材等货物，出口产品主要有钢材等。2014年，进出口货物230.45万吨，同比减少50.26%；出入境人员1.65万人次，同比减少45.15%；出入境船舶2 776艘次，同比减少42.26%。

【企沙水运（海港）口岸】 于1994年10月经国务院批准对外开放，1995年5月通过验收正式对外开放，为仅限中国籍和越南籍船舶开展运输业务的常年开放的口岸。位于防城港市港口区的企沙镇内，地处北部湾西北部的企沙半岛南端，东面和南面濒临北部湾，东北面与钦州港相邻，西面为防城港，北面背靠大西南。企沙口岸现有5个业主码头，建有泊位37个。进口货物主要是矿产品、无烟煤、原木，出口货物主要是白水泥、石膏、建筑用玻璃和机电产品。2014年，企沙口岸进出口货物230.45万吨，同比减少50.26%；出入境人员1.65万人次，同比减少45.15%；出入境船舶2 776艘次，同比减少42.26%。

【石头埠水运（海港）口岸】 于1994年10月经国务院批准对外开放，1995年4月通过验收正式对外开放，为仅限中国籍和越南籍船舶开展运输业务的常年开放的口岸。2014年，进出口货物1.24万吨，同比减少88.9%；出入境船舶24艘次，同比减少89.09%。

【梧州水运（河港）口岸】 位于广西东部，北纬23°30′，东经111°，是广西乃至西部地区毗邻粤港澳地区最近的口岸，地处珠江流域中游的桂江、浔江、西江交汇处，与粤港澳一水相连。经梧州沿江而上，可至贵港、南宁、柳州、桂林、百色等地，连接资源丰富的大西南地区；经梧州沿江而下，可达广州、深圳、珠海、香港、澳门，连接沿海经济发达地区，因而梧州口岸素有“广西水上门户”、“两广咽喉”之称。梧州口岸具有百年通关历史，据《梧州市志》记载，早在1897年，梧州便作为通商口岸对外开放，凭借着天然水运优势，与130多个国家和地区有经贸往来，成为广西最大的内河港口，是常年开放的限制性内河水运口岸。梧州口岸进出口货物主要包括船舶、人造宝石、电池、松香及其深加工产品、钛白粉、纺织品、服装、玩具、回收固体废料、电子设备、机电产品及配件等。2014年，梧州口岸进出口货物67.54万吨，同比减少24.6%；出入境人员7 861人次，同比减少24.87%；集装箱7.22万标箱，同比减少25.14%；出入境船舶941艘次，同比减少24.42%。

【贵港水运（河港）口岸】 于1992年3月经国务院批准对外开放，1994年1月通过验收正式对外开放，是常年开放的限制性内河水运口岸。位于广西贵港市珠江干流西江中游黎湛铁路与西江航道的交汇处。目前罗泊湾码头作业区堆场面积16万平方米，仓库面积2.05万平方米，码头岸线长900米，5股道专用线长5 000米。拥有3个2 000吨级集装箱泊位、4个1 000吨级件杂货及多用泊位，年通过集装箱20万标箱和件杂货180万吨能力。预计2015年罗泊湾作业区20万标箱集装箱堆场和库场等配套项目建成后，集装箱和件杂货通过能力分别达到30万标箱和300万吨以上。2013年3月开通贵港至香港定期班线。贵港口岸主要出口商品是胶合板、办公家具、白砂糖等；主要进口商品是柴油发动机零配件、小型挖掘机零配件、废纸等。2014年，贵港口岸进出口货物41.67万吨，同比增长180.1%；出入境人员3 059人次，同比增长50.48%；集装箱2.11万标箱，同比增长19.48%；出入境船舶427艘次，同比增长10.05%。

【柳州水运（河港）口岸】 于1988年经国务院批准对外开放，1990年5月通过验收正式对外开放，是常年开放的限制性内河水运口岸。位于广西柳州市区内，距离西南出海通道口约400千米，距离中越边境约450千米，交通运输十分方便。鹧鸪江码头是目前柳州口岸唯一对外开放的监管场所。由于鹧鸪江码头升级改造，该监管区从2011年初开始拆除重建。2013年恢复通关业务，在鹧鸪江码头作业区恢复建成口岸简易通关监管设施，并按国家质检总局的标准要求完成口岸卫生检疫核心能力建设，顺利通过国家质检总局考核组的验收。2014年，柳州口岸进出口货物58万吨，同比增长15.09%。

原二类口岸

【爱店公路口岸】 位于广西崇左市宁明县爱店镇，中越边境1223号界碑处，北距宁明县城51千米，东距东兴市195千米，西距凭祥市友谊关92千米，南距越南首都河内180千米、凉山省府34千米、禄平县17千米，与越南峙马口岸相对。爱店口岸于1957年作为二类口岸对越开放，1979年一度关闭，1991年恢复贸易往来。2009年中越两国政府在签订的《关于中越陆地边境口岸及其管理制度的协定》中同意“爱店—峙马”口岸在条件具备时开放。2012年，广西壮族自治区政府向国务院申请将爱店口岸正式开放。爱店口岸主要进出口商品有中草药材、机电产品、针织品、日常用品、水果、干杂货等。2014年，爱店口岸进出口货运量为49.20万吨，进出口货运值为19.27亿美元，出入境人员约4.5万人次，出入境交通工具达6.56万辆次。

【峒中公路口岸】 位于广西防城港市防城区峒中镇旧街，中越边境1317（1）号界碑处，处于防城区最西端，距离防城区124千米，北靠十万大山，西南与越南广宁省平辽县横模关口接壤。峒中口岸于20世纪50年代就已对外开放，1979年一度关闭，1991年恢复贸易往来。2009年中越两国政府在签订的《关于中越陆地边境口岸及其管理制度的协定》中同意“峒中—横模”口岸在条件具备时开放。2013年年底，广西壮族自治区政府向国务院申请将峒中口岸正式开放。峒中口岸主要从越南进口农副产品，以及海产品和药材，出口我国广西及华南地区日用五金百货产品和轻工机械建筑材料等产品。2014年，峒中口岸进出口额货物总值20.56亿美元，同比增长328.3%。进出口货物总量25.6万吨，同比增长178.6%。出入境交通工具1.54万辆次，同比增长101.3%；出入境人员为15.36万人次，同比增长185.7%。

【硕龙公路口岸】 位于广西崇左市大新县硕龙镇，中越边境847号界碑处。距大新县县城45千米，距靖西龙邦口岸150千米，距龙州水口口岸130千米。西与越南高平省接壤，距越高平市105千米，距高平省重庆城38千米，下琅县城30千米，对应越方里板口岸。该口岸于1954年作为原二类口岸对越开放，1978年一度关闭，1991年恢复贸易往来。2009年中越两国政府在签订的《关于中越陆地边境口岸及其管理制度的协定》中同意“硕龙—里板”口岸在条件具备时开放。硕龙口岸出境货物主要有化肥、农药、布匹、服装及其他生活日用品、建材、机电产品等，入境货物主要有锰矿石、林木、果类、中草药材等。2014年，硕龙口岸出入境人员3.65万人次。

【平而关公路口岸】 位于广西崇左市凭祥市西北端，中越边境1036（1）号界碑处，距凭祥市区23千米，西南面与越南隔河相望，与越南平宜口岸对应，平而关口岸是凭祥市唯一的公路、水路口岸。1979年一度关闭，1991年恢复贸易往来。2009年中越两国政府在签订的《关于中越陆地边境口岸及其管理制度的协定》中同意“平而关—平宜”口岸在条件具备时开放。2014年，平而关口岸进出口货运量为0.24万吨，出入境人员约2.78万人次，出入境交通工具达4 486万辆（艘）次。

【科甲公路口岸】 位于广西崇左市龙州县武德乡，中越边境911号界碑处，与越南高平省下琅县山水相连，距龙州县城39千米。与科甲口岸对应的是越南的下琅口岸。科甲口岸于1953年对越开放，1978年一度关闭，1991年恢复贸易往来。2009年中越两国政府在签订的《关于中越陆地边境口岸及其管理制度的协定》中同意“科甲—下琅”口岸在条件具备时开放。科甲口岸进出口的货物主要是农产品、土特产品、日用品和药材等。2014年，科甲口岸出入境人员约2.98万人次，出入境交通工具为0.83万辆次。

【岳圩公路口岸】 位于广西百色市靖西县，中越边境791号界碑处，离靖西县城28千米，与百色市相距209千米，距首府南宁258千米。岳圩口岸与越南重庆县相连，对应越南坡标口岸，分别与越南重庆县城、高平市、首都河内相距22、72、342千米。岳圩口岸于1952年10月对越开放，1979年一度关闭，1991年恢复贸易往来。2009年中越两国政府在签订的《关于中越陆地边境口岸及其管理制度的协定》中同意“岳圩—坡标”口岸在条件具备时开放。岳圩口岸进出口货物主要有水泥、饲料、锰矿、药材等50多种。2014年，岳圩口岸进出口货运量为0.93万吨，口岸出入境人员约5.71万人次。

【南宁内河水运外贸货物装卸点】 1987年正式对外开放，位于南宁市邕江河段。上溯左江可达龙津港，溯右江可通百色，下航可抵贵港、梧州、广州、香港、澳门等地。南宁港经过几十年的建设，已具备了发展成为一个吞吐量达1 000万吨以上的现代化内河大型港口的基本条件。南宁水运外贸货物装卸点开通了直达香港、澳门的外贸货物运输。西江航运贵港枢纽二期工程建成通航后，千吨级船队可从南宁直达港澳，进行散装和集装箱运输。铁路进出口运输由南铁南宁站和南宁南站承当装卸和编组任务，验关点设在南宁南站的沙井外贸仓库专用线。随着南宁市的逐步发展，南宁内河水运外贸货物装卸点现有的软硬环境设施已逐渐不能满足南宁市水运业发展的需要，南宁港码头已于2008年下半年拆除，南宁内河水运外贸货物装卸点因为码头拆迁而暂停业务。该外贸货物装卸点新址规划定点位于南宁港中心城港区牛湾作业区，牛湾作业区一期工程目前正在施工建设。

广西壮族自治区口岸大事记

2月12日~13日

自治区主席陈武到北海市调研电子产业园区、铁山港重点企业及重点项目。

2月19日

自治区常务副主席黄道伟到凭祥边境贸易货物海关监管中心（在建）、浦寨边民互市点和南山红木城开展调研。

3月6日

梧州海关旧建筑被国务院列入第7批全国重点文物保护单位。

4月15日

广西海事局完成首艘海船电子签证，广西海船远程电子签证工作正式启动。

4月18日

海关总署会同国家发展改革委、财政部等国家九部委组成的联合验收小组通过对广西北海出口加工区B区（一期）1.14平方千米区域的验收。

5月5日~9日

中国保税区出口加工区协会会长甄朴到北海

出口加工区、钦州保税港区、凭祥综合保税区和水口海关调研。

5月19日~21日

中越边防部队（广西段）“共建友好站（队）屯，共创平安边境”试点工作总结暨全面推进启动仪式在南宁举行。公安部边防管理局武冬立局长和越南国防部边防部队武仲越司令分别率团出席仪式。

6月12日

自治区主席陈武、常务副主席黄道伟在梧州视察比亚迪运营中心、李家庄码头、食品医药产业园和粤桂合作特别试验区，并出席粤桂合作特别实验区建设工作会议。

7月30日

北部湾地区目前最大的60米级B型海事巡逻船“海巡1001”轮在钦州应急反应基地列编。

8月17日~18日

自治区党委书记彭清华到爱店、水口口岸视察了解口岸基础设施建设和对外贸易发展情况。

8月28日

南宁海关会同自治区发展改革委、财政厅、商务厅、广西出入境检验检疫局等11家单位组成联合验收组同意钦州保税港区（二、三期）正式通过验收。

9月23日

海关总署署长于广洲陪同中央第12巡回督导组组长邢元敏在东兴海关视察调研。

9月25日

自治区政府主席陈武，区党委常委、组织部部长周新建到南宁机场新航站区检查工作。

10月14日

梧州、防城和钦州口岸获批成为全国首批进境粮食指定口岸。

11月11日

南宁海关、广西出入境检验检疫局同时在防城港口岸和凭祥口岸正式启动关检合作“三个一”改革。

（撰稿人：谢清达、谭青青）

2014 年广西壮族自治区口岸流量统计表

口岸类型		口岸名称	货运量（万吨）				集装箱量（万标箱）				人员（万人次）				交通工具（辆、艘、架、列次）			
			出口	进口	合计	同比（%）	出口	进口	合计	同比（%）	出境	入境	合计	同比（%）	出境	入境	合计	同比（%）
空运口岸		桂林港	6.93	1.44	8.37	-4.70					21.91	20.68	42.59	+11.84	1 618	1 616	3 234	+26.28
空运口岸		南宁港	0.16	1.65	1.81	-92.13					40.71	40.16	80.87	+40.84	3 247	3 277	6 524	+31.00
空运口岸		北海港									0.06	0.05	0.11	+34.57	19	19	38	-24.00
空运口岸		分计	7.09	3.09	10.18	-68.04					62.68	60.89	123.57	+29.40	4 884	4 912	9 796	+29.05
陆运口岸	公路口岸	友谊关	110.12	3.00	113.12	+6.32					45.88	45.80	91.68	-4.63	83 706	83 703	167 409	+66.57
陆运口岸	公路口岸	东兴	13.30	9.94	23.24	+11.68					299.20	301.42	600.62	+35.73	11 388	11 276	22 664	+8.14
陆运口岸	公路口岸	水口	4.09	26.98	31.07	+268.20					22.91	23.03	45.94	-33.48	34 520	34 520	69 040	-71.67
陆运口岸	公路口岸	龙邦	7.09	7.59	14.68	-12.60					3.34	3.34	6.68	-16.82	21 118	16 792	37 910	-17.51
陆运口岸	公路口岸	平孟	3.88	6.29	10.17	+0.99					4.37	4.37	8.74	+0.11	2 834	2 834	5 668	-1.19
陆运口岸	公路口岸	分计	138.48	53.80	192.28	+17.87					375.70	377.96	753.66	+20.91	153 566	149 125	302 691	-26.86
陆运口岸	铁路口岸	凭祥	59.83	1.02	60.85	-7.88					1.52	1.52	3.04	-60.62	1 141	1 138	2 279	+14.58
陆运口岸	铁路口岸	分计	59.83	1.02	60.85	-7.88					1.52	1.52	3.04	-60.62	1 141	1 138	2 279	+14.58

续表

口岸类型	口岸名称	货运量（万吨）				集装箱量（万标箱）				人员（万人次）				交通工具（辆、艘、架、列次）			
		出口	进口	合计	同比（%）	出口	进口	合计	同比（%）	出境	入境	合计	同比（%）	出境	入境	合计	同比（%）
水运口岸 海港口岸	防城港	717.48	5798.82	6516.30	+12.55	9.29	8.29	17.58	+12.48	2.73	3.00	5.73	-0.87	1 459	1 566	3 025	-1.31
	北海港	250.50	749.23	999.73	+1.96	2.39	2.38	4.77	-2.46	0.14	0.14	0.28	-60.45	709	711	1 420	-0.63
	钦州港	201.30	2 668.50	2 869.80	+10.56	2.04	2.03	4.07	+35.31	1.57	1.74	3.31	-10.05	927	1 054	1 981	-16.06
	江山港	0.24	18.94	19.18	-50.59					0.08	0.08	0.16	-42.31	122	122	244	-42.45
	石头埠港		1.24	1.24	-88.90									12	12	24	-89.09
	企沙港	0.53	230.03	230.56	-50.26					0.82	0.82	1.64	-45.15	1388	1388	2776	-42.26
	分计	1 170.05	9 466.76	10 636.81	+7.66	13.72	12.70	26.42	+12.29	5.34	5.78	11.12	-23.94	4 617	4 853	9 470	-21.03
水运口岸 河港口岸	梧州港	31.83	35.71	67.54	-24.60	3.64	3.58	7.22	-25.14	0.38	0.40	0.78	-24.87	470	471	941	-24.42
	贵港港	18.89	22.78	41.67	+180.23	1.17	0.94	2.11	+19.48	0.18	0.13	0.31	+10.71	244	183	427	+10.05
	柳州港	9.25	48.75	58.00	+15.10												
	分计	59.97	107.24	167.21	+2.82	4.81	4.52	9.33	-18.37	0.56	0.53	1.09	-16.79	714	654	1368	-32.71
合计		1 435.42	9 631.91	11 067.33	+12.15	18.53	17.22	35.75	+2.41	429.00	431.59	860.59	+15.82	243 744	239 473	483 217	-8.53
同比（%）		+32.32	+9.66	+12.15		+4.63	+0.12	+2.41		+15.84	+15.79	+15.82		-6.71	-10.31	-8.53	

（广西壮族自治区口岸办提供）

2014年南宁海关主要数据统计表

项目		2014年	同比（%）
进出口货运量（万吨）	合计	10 330	+8.5
	进口	8 990	+5.6
	出口	1 340	+33.0
进出口贸易总值（万美元）	合计	24 911 476	+22.3
	进口	9 964 330	+13.6
	其中：江、海运输	7 892 148	+4.3
	铁路运输	1 305	-66.9
	汽车运输	1 974 280	+78.5
	航空运输	94 139	+4.5
	邮件运输	314	+83.6
	其他运输	2 144	+276.8
	出口	14 947 146	+28.9
	其中：江、海运输	4 471 615	+18.3
	铁路运输	601 105	-0.9
	汽车运输	9 797 446	+37.1
	航空运输	71 474	+27.0
	邮件运输	2 449	+20.0
	其他运输	3 057	-6.6
税收（亿元）	两税合计	234.91	-5.1
	关税入库	23.1	-10
	进口环节税入库	211.81	-4.6

（南宁海关提供）

2014 年广西壮族自治区口岸出入境主要数据表

项目			2014 年	2013 年	同比（%）
出入境人员（人次）	出入境人员总数		8 504 352	10 411 836	+22.43
	入境人员		4 259 826	5 217 724	+22.49
	出境人员		4 244 526	5 194 112	+22.37
	出入境旅客		8 280 646	10 179 705	+22.93
	出入境员工		223 706	232 131	+3.77
	中国公民	小计	2 777 197	2 982 083	+7.38
		内地居民（因公）	123 533	113 937	-7.77
		内地居民（因私）	2 308 069	2 529 024	+9.57
		港澳居民	88 241	80 015	-9.32
		台湾同胞	257 345	259 107	+0.68
	外籍人员		2 064 144	2 996 017	+45.15
	从海港出入境人员		131 791	123 040	-6.64
	从陆港出入境人员		3 743 489	4 605 050	+23.01
	从空港出入境人员		966 061	1 250 010	+29.39
交通运输工具（辆、艘、架、列次）	总计		572 506	857 214	+49.73
	船舶		7 430	7 248	-2.45
	飞机		7 591	9 796	+29.05
	火车		2 683	2 336	-12.93
	机动车辆		554 802	837 834	+51.01

表注：“出入境人员总数”、“入境人员”、“出境人员”、“出入境旅客”、“出入境员工”项数据中含持边民通行证出入境人员数，但“中国公民”、“外籍人员”、“从海港出入境人员”、“入陆港出入境人员”、“从空港出入境人员”项数据中不含持边民通行证出入境人员数。

（广西壮族自治区公安边防总队提供）

2014 年广西壮族自治区出入境检验检疫业务统计表

项目		货物检验检疫				交通工具				集装箱（标箱）		发现动植物疫情		货物通关		出入境人员查验（人次）	健康检查及预防接种（人次）			
		批次	金额（万美元）	检验检疫不合格																
				批次	金额（万美元）	船舶（艘）	飞机（架）	火车（列）	汽车（辆）	合计	检出问题	种类数	种次	批次	金额（万美元）		健康检查	艾滋病监测	发现病例	预防接种
本年累计		132 537	2 949 368	1 911	789 910	10 345	9 639	18 463	680 418	329 689	221	487	139	105 654	2 830 004	9 002 555	17 239	16 561	2 889	8 431
其中	出境	77 531	598 190	215	691	5 032	4 968	9 230	336 751	169 379	17	20	4	51 011	557 830	4 488 071	14 829	14 210	2 660	8 427
	入境	55 006	2 351 177	1 696	789 219	5 313	4 671	9 233	343 667	160 310	204	482	135	54 643	2 272 174	4 514 484	2 410	2 351	229	4
同比（%）		-10.23	+14.89	+23.37	+26.12	-27.76	+16.77	-12.8	+12	+2.49	+78.23	+38.75	-17.8	-3.65	+12.13	+20.68	-14.81	-15.63	-25.46	-43.8
其中	出境	-19.49	+17.69	-15.02	-3.07	+20.73	+20.73	-12.79	+11.07	+5.75	-73.02	+25	-	-11.85	+24.16	+20.49	-18.95	-19.94	-27.89	-43.8
	入境	+7.14	+14.2	+30.86	+26.15	+12.83	+12.83	-12.81	+12.93	-0.74	+234.43	+39.71	-20.1	+5.53	+9.53	+20.87	+24.16	+24.99	+22.46	-50

（广西出入境检验检疫局提供）

2014 年广西海事局进出港船舶统计汇总表

船舶类别	进港船舶							出港船舶						
	艘数（艘）	总吨（吨位）	总载重量（吨）	载客量（客位）	船员人数（人次）	货物到达量（吨）	旅客到达量（人）	艘数（艘）	总吨（吨位）	总载重量（吨）	载客量（客位）	船员人数（人次）	货物发送量（吨）	旅客发送量（人）
总计	32 161	148 788 812	233 206 937	2 953 438	319 570	128 799 913. 90	2 003 503	32 272	148 783 840	232 792 998	2 960 801	318 976	55 454 956. 56	2 071 887
中国籍船舶	27 818	71 918 986	97 586 706	2 953 438	247 868	38 725 738. 82	2 003 503	27 907	71 888 769	97 126 162	2 960 801	251 423	45 521 890. 47	2 071 887
其中外贸船	925	6 240 059	9 103 436	6 659	15 419	6 852 581. 69	1 533	991	7 070 532	11 313 654	6 659	16 473	1 527 379. 09	1 550

（广西海事局提供）

海　南　省

海南省口岸分布示意图

口岸名称	批准开放时间	开放状态
海口空运口岸	2003	国际常年
三亚空运口岸	1995	国际常年
海口水运口岸	1962	国际常年
三亚水运口岸	1984.7	国际常年
洋浦水运口岸	1991	国际常年
八所水运口岸	1988.9	国际常年
清澜水运口岸	1996	国际常年

图例
- 一类口岸
- 铁路口岸
- 水运口岸
- 空运口岸
- 公路口岸
- 境外口岸

口岸数量及分布

截至2014年年底，海南省有经国务院批准的对外开放口岸7个。其中，空运口岸2个，为海口空运口岸（海口美兰国际机场）、三亚空运口岸（三亚凤凰国际机场）；水运（海港）口岸5个，为海口、三亚、洋浦、清澜和八所海港口岸。

口岸运行数据

2014年，海南省出入境人员1 226 133人次，同比下降3.09%；出入境飞机6 388架次，同比下降3.69%；进出口货物2 572.31万吨，同比增长25.33%；出入境船舶4 435艘次，同比下降26.69%；出入境集装箱12.35万标箱，同比下降0.72%。

口岸综合管理

【推动口岸扩大开放】 游艇开放政策实现突破，交通运输部于2014年7月10日批准同意东营、博鳌、石梅湾神州半岛、海棠湾、南山、龙沐湾、棋子湾、临高角等8个境外游艇海上游览景区临时开放，解决了游艇入境后“游不动”的问题。随着海口港功能规划调整，货运业务西移至马村港，督促企业抓紧完善码头口岸配套设施规划建设，积极协调推进海口水运口岸马村港区二期扩大开放工作。跟踪推进三亚、八所、清澜、洋浦港等4个已开放水运口岸开放范围，得到有关部门确认。编制海南省“十三五”口岸扩大开放发展规划，经海南省人民政府批准，上报国家口岸管理办公室。

【加强口岸基础设施和配套设施建设】 主动协调财政部驻琼专员办，恢复清澜水运口岸后勤设施改造项目施工；配合海南省发展改革委做好八所水运口岸联检业务用房项目的各项准备工作；完成三亚空运口岸综合楼（三期）维修改造项目建设任务；稳步推进海口水运口岸马村港区单位限价商品房项目建设。不断完善口岸基础设施和配套设施。

【深化口岸区域合作】 认真落实《粤桂闽琼口岸主管部门推进入出境邮轮游艇旅游休闲产业发展合作框架协议书》、《琼粤口岸加强直通车管理合作备忘录》等有关协议，积极协调推进落实《环北部湾口岸部门及港口企业深化合作备忘录》，口岸区域合作取得明显成效。建立完善海南空运口岸执行“中途分程权”航线航班联系合作机制，确保“中途分程权”航线航班正常运行。

【提供口岸通关优质高效服务】 圆满完成了APEC财政副手会议、博鳌亚洲论坛2014年年会、世界旅游旅行大会、第五届环海南岛国际大帆船赛、第三届司南杯大帆船赛、三亚海天盛筵、世界游艇盛典、3 567名在越中国人员撤离等重大涉外活动、重要赛事活动的口岸通关服务保障工作。2014年，共保障公务机301架次，为90多艘境外船艇参赛、参展提供口岸优质通关服务，做到人员、飞机和船舶进出口岸快捷、简便、温馨、安全。

【促进外贸经济发展】 深入企业、口岸现场，协调保障4家企业共110艘国际航行船舶顺利临时靠泊，装卸外贸货物76万多吨，确保企业生产经营的正常运转。完成58艘次外籍鱼苗船舶临时靠泊非开放水域的报批及通关保障工作，出口鱼苗528万尾，创汇1 700多万美元。认真做好直通香港运输车辆指标管理工作，为11家直通香港运输车公司办理147辆指标续期手续。2014年，海南口岸进出口货运量2 572.4万吨，进出口货值228.1亿美元，同比分别增长25.3%和32.1%，有力地促进了外贸经济发展。

【推动邮轮游艇产业稳步发展】 加强邮轮游艇产业发展情况调研，协助海南海事局调研起草游艇进出口岸检查规范性文件，简化、细化游艇进出口岸查验手续，规范国际航行游艇在境内的停留时间及明确其临时进入非开放水域的程序，方便游艇进出口岸。指导海南中铁公司做好邮轮靠泊平台口岸联检厅设计方案，为中铁邮轮靠泊平台设计建设提供参考依据，指导海南陵水雅居乐清水湾游艇会和万宁石梅湾游艇俱乐部口岸查验设施建设。2014 年 1 月，海口边境旅游异地办证政策落地，开通了海口至越南邮轮旅游；2014 年 9 月开通了三亚至西沙邮轮旅游航线。成功举办了世界游艇盛典、海天盛筵、环海南岛大帆船赛、司南杯帆船赛等各种活动。组织海南省政府代表团参加国家旅游局在天津市主办的第九届中国邮轮产业发展大会暨国际邮轮博览会，推介海南发展邮轮游艇产业的区位、环境和政策等优势，三亚凤凰岛国际邮轮港在全国邮轮港口中通关速度最快、服务质量优，获得中国邮轮协会颁发“最佳邮轮港口旅客快速通关效率奖”。完成“乘轮驾艇，畅游海南”邮轮游艇宣传片拍摄工作。2014 年，进出境邮轮 229 艘次，出入境邮轮旅客192 309 人次，同比增长 32.1%；出入境游艇 97 艘次，同比增长 4.3%。海南省全省游艇保有量1 000余艘，已建成游艇码头 9 个、泊位 1 529个，在建码头 11 个、泊位 2 773 个，游艇制造企业有 8 家，游艇俱乐部（游艇会）有 39 家，邮轮游艇销售、服务的企业有 138 家。

【加快口岸信息化建设】 海南省境外游艇管理信息系统项目于 2014 年 10 月 17 日通过验收，项目建设资金 2 707.7 万元，实现对境外游艇在海南水域活动的有效管理和优质服务。2014 年 11 月 13 日，海南口岸关检合作“三个一”通关信息化系统正式上线，提前实现“三个一”通关模式在海南全省推广使用的目标。海南省电子口岸大通关安全数据交换系统于 2014 年 12 月 16 日通过初验，总投资 414.05 万元，项目建成后可满足海南电子口岸大通关 6 个子系统的数据交换要求，为企业提供“一站式”通关服务，降低企业成本，提高海南口岸的综合竞争力。完成海南离岛免税购物信息系统公共服务平台机房搬迁和改造任务，该平台的稳定性和数据安全性得到提升，确保离岛免税购物政策顺利实施。海南口岸国际贸易“单一窗口”建设前期工作已经启动，《海南口岸国际贸易“单一窗口”建设工作方案》已报国家口岸管理办公室审批。完成了海南电子口岸门户网站和海南海防口岸打私网安全测评工作。

【加大口岸宣传力度】 开辟专栏宣传口岸，先后在《海南日报》和省政府门户网站上开设“海南口岸”专栏，集中宣传全国口岸工作座谈会精神和海南省口岸事业发展情况。组织修编完成《航空口岸通关业务指南》，为空港口岸通关提供帮助。通过宣传，全方位诠释海南口岸在国际旅游岛建设中的功能、地位和作用。

口岸监管与服务

【海口海关全面深化业务改革】 海口海关完善综合治税工作机制，优化专业审单和现场接单审核，加强对重点税源商品的专项监控和价格核查，开展租赁飞机、游艇、飞机轮胎、大米等专项稽查，超额完成海关总署下达的税收目标任务，海口海关全年税收入库 93.04 亿元，同比增长 9.29%，其中征收行邮税款 1.3 亿元，首次突破亿元大关，在全国海关排名第一。着力提升监管效能，推广应用海关综合业务管理平台，优化监管查验机制，引入社会中介机构协助稽查。2014 年，海口海关查验率和查获率分别达到 8.31% 和 17.78%；监管进出口货运量 2 677.7 万吨，监管进出口货值 228.1 亿美元，同比分别增长 10.8% 和 32.1%；监管进出境人员 123.8 万人次，同比下降 3.4%。超额完成常规稽查覆盖率、企业巡查率、风险信息应用实体有效率等海关总署考核指标。实施通关作业改革，海口海关辖区 8 个业务现场及邮件报关现场实施无纸化全覆盖，2014 年自 5 月 30 日至 12 月 31 日，海口海关无纸化申报率为 89.68%，其中全口径无纸化率为 88.17%，进口平均通关时间比上半年缩短 2.18 小时。扩大“属地申报，口岸验放”模式适用范围，关检合作“三个一”改革在海南口岸全面实施，复制推广集中汇总征税等 6 项上海自贸区海关监管创新制度。深化行政审批制度改革，推进简政放权。对海关进驻海南省政务服务中心办理的审批业务实行互联网申报，压缩 26 个行政审批及业务办理事项法定时限，平均提速 49.2%。

【海口海关积极支持海南国际旅游岛建设和海洋强省战略实施】 海口海关上报的离岛免税 3 周年评估报告获得中央政治局常委、国务院副总理张高丽批示肯定。支持离岛免税政策效应放大，在海关总署批准下实施“即购即提，先征后退”、“特殊情况下邮寄送达”购物提货新模式，支持全球最大的单体免税店——三亚海棠湾免税购物中心顺利开业运营。全年海口海关共监管离岛免税品销售金额 6.96 亿美元，离岛免税品销售 532.1 万件，离岛免税购物旅客 138.9 万人，同比分别增长 31.1%、21.7%、24.3%。助推邮轮游艇产业稳步发展，继续开展水上游艇保税仓试点，试点引入专业担保为租赁游艇、自驾进境游艇提供担保，协调解决租赁进境游艇转留购上牌问题，支持海南邮轮码头规划建设和游艇产业发展。2014 年，海口共进口游艇（含摩托艇）价值 3 911 万美元，同比下降 71.7 %；进出境邮轮 229 艘次；出入境邮轮旅客 192 309 人次，同比增长 32.1%。促进海南外贸稳增长，出台支持海南外贸稳增长的 23 项措施和海南现代服务业发展的 13 项措施，支持省政府加大对海关特殊监管区域整合优化力度，支持洋浦保税港区、海口综合保税区开展出口入区复进口进境、钻石珠宝加工与展销等新兴业务，支持洋浦原油及成品油保税油库、三亚凤凰国际机场航煤保税仓库运作，推动海口港区汽车整车进口口岸获批，积极落实和推动“中西部产业目录”和博鳌乐城国际医疗旅游先行区等税收优惠政策落地。2014 年，海南外贸进出口总值达 156.98 亿美元，同比增长 4.3%，为海南企业事业单位实际办理减免税款 1.8 亿美元。积极服务海洋强省战略实施，海口海关先后与三沙市，湛江、南宁海关及三地港口企业签署合作备忘录，成功验放三沙市设立以来基础设施建设项目的首批进口设备，助力海南参与 21 世纪海上丝绸之路战略规划。

【海南出入境检验检疫局制定出台促外贸稳增长 10 项措施】 为贯彻落实党中央、国务院及国家质检总局关于促外贸稳增长工作部署，海南出入境检验检疫局及时制定促进海南外贸稳增长 10 项措施，得到海南省省长蒋定之和国家质检总局局长支树平的充分肯定。10 项措施是：严格执行法定检验检疫商品目录，激发外贸出口活力；全面落实减免收费政策，规范收费行为，减轻企业负担；加强关检合作，全面推进“三个一”工作；全面深化行政审批制度改革，不断提升窗口服务水平；服务区域发展战略，支持海南扩大对外开放；切实做好服务进口工作，促进对外贸易平衡发展；加强技术性贸易措施工作，积极应对贸易摩擦；坚持以质取胜，促进出口商品提质增效；加强检验检测技术研究，提供检验检测技术综合服务；支持跨境电子商务等新兴业态发展。

【海南出入境检验检疫局促进海南特色经济发展】 大力推进洋浦进境肉类、粮食指定口岸建设，推动洋浦打造面向东南亚的航运枢纽。深化大型工业项目提前介入、跟踪服务机制，增强洋浦石化基地生产、存储和物流能力，扩大成品油对东盟出口，以及木片、椰果等进口。充分发挥文昌罗非鱼国家级出口食品农产品质量安全示范区辐射效应，出口食品农产品质量安全管理水平明显提升，罗非鱼及其制品成为本地产品的最大出口品种，出口量位居全国第二。支持南海天然气资源开发利用，有效保障天然气顺利供港。探索邮轮电讯检疫、靠泊检疫等便利化检疫措施，研究母港邮轮“一站式”监管模式，推动邮轮游艇产业发展。探索实施基于风险分析的分类管理模式，全力保障海南三亚海棠湾免税购物中心运营。全力服务保障博鳌亚洲论坛年会及首届“品牌亚洲”分论坛、海口首届国际友城市长会议、中国（三亚）国际热带兰花博览会、环海南岛国际大帆船赛等重大活动。2014 年，口岸截获进境植物检疫性有害生物 43 批次、18 种类、61 种次，同比分别增长 2.38%、38.46% 和 29.79%；首次截获有害生物 42 种，其中首次截获检疫性有害生物 7 种，属全国口岸首次截获有害生物 15 种。发现病例 1 186 例，首次检出 7 种病原体。检疫查验出入境邮寄物 70.35 万件，同比增长 60.14%，截获禁止邮寄进境物 114 批次，同比增长 1.79%。旅检口岸截获禁止携带进境物 6 294 批次，同比增长 9.61%。累计完成检验检疫离岛免税进口商品2 227批次，货值 2.16 亿美元，同比分别增长 18.39%、19.68%；检出不合格商品 257 批次，货值 426.08 万美元，同比分别增长 41.21%、2.54%。检出原油、煤炭、设备等进口货物短重或与品质不符，帮助企业索赔损失 1 000 多万美元。

【海南出入境检验检疫局大力开展科技强检活动】 科研立项创新高，获国家星火计划等科研项目和标准立项达 11 项和 9 项，同比分别增长 40% 和 12.5%。有序推进国家热带水海产品安全检测重点实验室和国家进口化妆品检测重点实验室建设，“国家质检总局医学媒介检测区域性中心实验室（海口）”通过国家质检总局专家组验收，各技术机构检测项目扩项 667 项，同比增长 84.54%。以质量管理、绩效考核和能力培养的“三位一体”综合行政管理平台为辐射，建成统一门户平台，加快电子监察系统建设进度，在海南省全省检验检疫系统内应用电子考勤管理系统，全面推广远程移动办公系统，应用出口水产品养殖基地备案管理系统，信息化服务“智慧质检”的保障作用突出。

【海口出入境边防检查总站突出海港中小口岸特色，深入推进边检管理改革】 海口出入境边防检查总站按照“规范、有效”的海港边检管理，深化改革工作指导思想，着眼于探索建立符合中小口岸工作实际的海港边检管理模式，对海港边检管理改革工作中风险评估、多方共管和信誉管理等工作制度进行了全面梳理评估，持续深入推进海口港边检管理改革工作。一是精简制度，在可操作性强的风险评估制度支撑下强化诚信管理。被评定为一般风险且信誉好的船舶享受优检、证件办理等方面的便利；对评定为高风险的船舶强化检查手段，做好管控维稳工作。二是分类管理，归纳船舶种类检查模式。针对海口港出入境（港）国际航行船舶、内地往来港澳小型船舶、边贸船舶实际特点，认真分析不同形态出入境船舶的检查方法，实施分类管理，有利于服务对象熟悉边防检查方式，进一步配合做好各项边防检查工作。三是强化自管，协同各方力量形成多方共管长效机制。借力《国际航行船舶和港口设施保安规则》及国内法律法规规章中对船舶自管和港口保安设置的标准和要求，明确各方职责，海口出入境边防检查总站与船方、码头、公司签订多方共管协议，充分协同各方力量，形成船方自管、港区自治、登轮单位和人员自律的良好局面。四是创新措施，推进边检服务水平提高。海口秀英边防检查站、马村边防检查站所辖港区同属海口水运（海港）口岸，为避免船方和代理人员往返奔波两个边检站，海口出入境边防检查总站研究推出了证件办理、备案制度等“一港通”措施，有效提高了服务保障水平。2014 年 7 月，海口出入境边防检查总站启用邮轮管控系统，进一步简化邮轮及其载运人员出入境（港）手续，助力海南邮轮经济发展。

【海口出入境边防检查总站实行“一二三四”服务工作方法，助推海南国际旅游岛建设腾飞】 海口出入境边防检查总站持之以恒抓服务的效果和水平，不断传递微笑服务与阳光国门的精神力量，实行“一二三四”服务工作方法，助推海南国际旅游岛建设腾飞。一是坚持“第一”为考量，坚持把出入境旅客的呼声作为第一信号，把出入境旅客的利益作为第一追求，把出入境旅客满意作为第一标准。二是坚持“两个”保证不发生，保证每天充足的执勤警力，绝不因为警力问题影响通道开通，造成旅客候检时间过长；保证 24 小时随时备勤，绝不因为边检执法执勤工作原因造成航班晚点、旅客出入境延误。三是坚持“三声”检查法，在检查验放过程中坚持“来有迎声、问有答声、走有送声”，始终保持良好的精神面貌，注重服务形象和服务细节，充分展现边检民警的文明礼仪和职业素养。四是坚持“四快”通关服务，“验放速度快、帮扶求助快、处理问题快、咨询答复快”，为中外旅客提供专业、高效、友好的通关服务。2014 年，圆满完成了

APEC财政副手会议、博鳌亚洲论坛年会、世界旅游旅行大会的通关服务保障工作。海口美兰国际机场以4.9分的成绩蝉联500～1 500万旅客吞吐量规模组世界第一名。海口美兰机场出入境边防检查站入境护照/身份证检查、检查人员是否有礼貌和乐于助人2个与边检有关的项目得分，分别取得了4.86分和4.93分的好成绩，为海口美兰国际机场折获ASQ同规模“最佳机场”旅客满意度全球第一名及“2014年海南省用户满意企业”做出了积极贡献。

【海南公安边防总队开展勤务管理创新，提高服务效能】 按照公安部统一部署简化优化边检政策措施，海南公安边防总队取消查验《海员出境证明》手续和员工验讫章，简化邮轮与其载运人员出入境（港）手续，启用往来港澳通行证电子化的通关模式，自助通关人员范围和比例不断扩大，通关效率进一步提升。探索实施游艇联勤联管，实行公务机“一站式”通关，建立跨边检站执勤警力调配支援机制，推广“小前台、大后台”、小单元执勤、口岸多元化管理等新型勤务组织方式，为博鳌论坛2014年会、沃尔沃帆船赛、阿罗哈帆船赛、司南杯大帆赛等重大专项勤务提供优质的通关服务。

【海南公安边防总队加强科技信息应用，打造“数字边检”】 把科技信息应用作为推动勤务模式转型升级和战斗力生成方式转变的重要手段，扎实推进海港边检勤务综合指挥系统建设，加快建设自助查验通道和智能验证台，打造“数字边检”。洋浦公安边防检查站建设海南省一流边检站指挥中心，并纳入口岸监控系统统一建设，制定出台《指挥中心工作规程》，建立站指挥中心和监护中队、警务区监控中心“三级联动模式”，依托码头“电子哨兵”、科队电子巡查、后台电子指挥“三级监管网络”，推行扁平化指挥模式，构建覆盖广泛、指挥高效、反应灵敏、联动迅速的实战型立体指挥体系。

【海南海事局服务国家大局，扛起使命担当】 海南海事局圆满完成了2014年博鳌论坛水上安保、中建南项目护航、赴越南接回我在越人员撤离等任务。主动与美亚航空等社会资源力量合作，全力打造“空海一体”南海巡航执法新模式，对琼州海峡、海南东部和南部海域等相关水域的水上交通秩序进行了海空立体全面巡查，开启了借助社会资源参与南海海事巡航执法的先例。海南海事局参与中建南项目护航的“海巡21”轮船荣获全国边海防先进单位光荣称号，船长李勇代表“海巡21”船出席表彰仪式，受到习近平总书记、李克强总理、张高丽副总理等党和国家领导人亲切接见并合影留念。

【海南海事局全力做好辖区水上交通安全保障工作】 海南海事局以重点水域、重点船舶、重点气况（台风、季风、浓雾）、重点时段（春运、“两会”、国庆、博鳌年会等）的水上安全监管为抓手，以“航行更安全，海洋更清洁”为工作目标，努力为海南航运经济的快速发展提供最优质的海事服务和安全保障，取得了较好的工作成效。圆满完成41年来登陆海南超强台风“威马逊”防抗任务，取得了防台工作零人员伤亡、零船舶沉没、零海域污染的骄人成绩。2014年，海南海事局共保障辖区水路运送旅客2 020万人次，同比增长14.61%；货物吞吐量1.38亿吨，同比增长3.50%；集装箱吞吐量158.1万标箱，同比增长8.70%；4项指标“三降一升”，海南辖区水上安全形势持续稳定。

开放口岸

【海口空运口岸（海口美兰国际机场）】 位于海口市灵山镇，占地面积5.83平方千米。1999年建成使用，2003年正式对外开放。国际航空4E级标准园林式机场，跑道长3 600米、宽45米，可满足波音747－400等大型飞机全载起降要求，设计年客运能力930万人次、货物15万吨。机场航站楼总面积9.93万平方米，站坪总面积38.40万平方米，站坪机位33个，已启用的新国际航站楼占地面积1.32万平方米，可满足年出入境旅客吞吐量105万人次。目前已开通国内航线121条，国际及地区航线19条，年旅客吞吐量已突破1 385万人次，旅客吞吐量年平均增长率保持在10%左右。2014年，海口空运口岸进出境飞机4 321架次，同比增长9.8%；进出境人员570 440人次，同比增长15.15%。

海口美兰国际机场于2005年4月1日顺利通过世界卫生组织（WHO）检验，成为我国第4家“国际卫生机场”；2010年荣获ACI全球总干事杰出贡献奖；2011年3月份荣膺SKYTRAX区域最佳机场（中国区）；2011年11月成为国内首家通过ASQ资格认证的机场；2011年12月荣膺SKYTRAX四星机场，成为国内第2家、全球第9家四星级机场；2012年9月成为我国首批通过口岸核心能力验收的口岸；2014年6月新国际航站楼荣膺SKYTRAX“五星航站楼”。

【三亚空运口岸（三亚凤凰国际机场）】 位于三亚市凤凰镇，占地面积约4.63平方千米，航站楼总面积5.23万平方米，国际航站楼面积1万平方米。1994年建成使用，1995年正式对外开放。国际航空4E级标准热带海岛滨海花园式机场，跑道长3 400米，宽60米，可满足波音747、空客340等大型飞机全载起降的要求，设计年客运能力650万人次、货物15万吨。机场航站楼总面积4.23万平方米，停机坪可同时停放41架大中型客机。截至2014年年底，已开通国内航线160条，国际航线31条，地区航线3条；地区3个城市、国际31个城市通航。2014年，三亚凤凰国际机场口岸进出境飞机2 067架次，同比下降23.4%；进出境人员237 610人次，同比下降32.92%。

三亚凤凰国际机场2004年获得中国民航总局“旅客话民航”评比“用户满意优质奖”的桂冠；2005年荣获“旅客话民航”机场服务质量最高奖项——“机场地面服务优秀奖”，还先后荣获了“2005全国用户满意企业”、“2005全国用户满意荣誉成就金奖”、“全国诚信信用单位”等多个国家级奖项；2014年SKYTRAX授予了“全球最佳贵宾航站楼”、“SKYTRAX四星机场”。

【海口水运（海港）口岸】 位于海南省海口市北部，地处南海航运中枢，是交通运输部规划的25个沿海主枢纽港之一，由海口港区和马村港区组成。其中，海口港区1957年对外开放，是海南进出货物的重要集散地，素有琼州门户之称，主要经营大宗散杂货、集装箱、车客滚装运输等。海口港现有码头泊位20个，年吞吐能力为件杂货225万吨。其中，3万吨级集装箱泊位2个，万吨级散杂泊位3个，5 000吨级以下杂货泊位5个，客货泊位1个，车客滚装泊位9个。开通海口—中国香港、海口—越南集装箱固定航线2条；国内航线主要有海口至营口、天津、秦皇岛的集装箱航线和海口经广州、深圳中转至全国各港口的集装箱干线及海口至北海、湛江、泉州等国内集装箱支线。2014年1～3月份开通海口—越南（海防、下龙湾）海上邮轮边境游线路。马村港区位于海南岛西北部，琼州海峡澄迈湾之西，在省级开发区—海南澄迈县老城经济开发区内，2005年对外开放，马村港水深浪平，拥有得天独厚的自然条件，是海口港未来的中心港区。马村港区现有4个锚地、6个泊位。其中，3.5万吨级泊位2个、2万吨级泊位1个、5 000吨级泊位2个、500吨级泊位1个。马村港区扩建二期工程建设规模为4个2万吨级、3个5 000吨级通用散杂货泊位及堆场、仓库等，设计年吞吐量390万吨，码头已建成并投入试生产。2014年，海口水运（海港）口岸出入境人员82 770人次，同比增长71.6%；集装箱吞吐量9.08万标箱，同比增长17.7%；出入境邮轮39个航次，邮轮出入境旅客41 570人次，同比增长128%；出入境货物299.2万吨，同比减少0.4%。

海口综合保税区位于海南老城经济开发区内，占地面积1.93平方千米，2008年12月22日经国务院批准设立，是继国务院批准设立洋浦保税港区后，海南又一个由海关监管的开放层次最高、优惠政策最多、功能最齐全、手续最便捷的特殊经济区域。海口综合保税区是海口保税区转型发展、区位调整升格获国务院批准设立的开放层次更高的海关特殊监管区域。1992年10月海口保税区获国务院批准设立，经过10多年的发展，区域已形成了以生物制药、汽车制造、电子信息和机电加工为支柱的四大产业群，对带动海口市的产业结构调整，促进海南省、海口市的经济发展做出了积极的贡献。但随着城市经济的发展，为解决园区功能定位与城市发展规划的矛盾、区港分离和发展空间不足的三大问题，经海口市、海南省政府报请国务院批准，海口保税区转型升格为海口综合保税区。海口综合保税区发挥依托省会城市及海口市被批准为全国加工贸易梯度转移的重点承接城市的优势，重点发展具有海南特色的、轻型的外向型加工业、物流业，为海南旅游业、航空航天产业、热带高效农业、水（海）产品出口加工业服务配套的专业园，形成以口岸为依托的高度开放的加工贸易和现代物流运营区。2014 年 9 月，上海自贸区 14 项监管创新制度在海口综合保税区全面复制启动推广。

【三亚水运（海港）口岸】 位于海南岛南端三亚市内，以国际客运为主、货运为辅，自古以来是著名的盐海港口，1953 年改为商港，1984 年对外开放，是海南省东南部对外贸易和游客往来的主要口岸，与世界 30 多个国家和地区通航。三亚水运（海港）口岸现有 8 个客货运泊位，其中包括 1 个 8 万吨级邮轮泊位、2 个 5 000 吨级泊位、2 个 3 000 吨级泊位、1 个 1 500 吨级泊位、2 个 500 吨级泊位，游艇泊位 246 个。三亚凤凰岛国际邮轮港二期工程已开工，项目总投资约 180 亿元，再建 1 座 47.9 万平方米人工岛，建设 1 个 10 万吨泊位、2 个 15 万吨泊位和 1 个 22.5 万吨泊位。2014 年，三亚水运（海港）口岸出入境人员 290 701 人次，同比减少 8.1%；邮轮出入境旅客 150 739 人次，同比增长 18.4%；出入境船舶 274 艘次，同比减少 24.3%；游艇出入境 97 艘次，同比增长 4.3%。

【清澜水运（海港）口岸】 位于海南省东岸北部，文昌市清澜镇内，1996 年对外开放，是海南省东北部唯一的对外开放窗口。主要经营矿产、天然气、海产品、航天发射、文昌鸡及椰子产品进出口等，也是三沙市主要的保障基地。清澜港拥有渔业码头 1 座、5 000 吨级泊位 1 个和 500 吨级泊位 2 个，年设计吞吐能力 50 万吨，开通航线 8 条，主要通往内地、中国香港、中国台湾、中国澳门及东南亚等地区。按照文昌市清澜港总体规划，文昌清澜港占地面积为 1.42 平方千米，其中清澜新港首期建设用地 410 132 平方米，码头岸线长 942 米，已建 5 个5 000吨级码头（油气码头 1 个，通用码头 2 个，通用码头兼火箭发射场设备运载码头 1 个，旅游码头 1 个）。为更好保障航天发射任务，将火箭发射场设备运载码头由原先的 5 000 吨级改扩建为 1.5 万吨。2014 年，清澜水运（海港）口岸出入境人员 997 人次，同比增长 29.15%；出入境船舶 96 艘次，同比增长 20%；出入境货物 13.99 万吨，同比增长 4 014.70。

【洋浦水运（海港）口岸】 位于海南岛西北部洋浦经济开发区境内，是规划与建设中的区域国际航运枢纽和物流中心，由洋浦、神头等两大港区组成，港口年吞吐量突破 3 000 万吨，开放海域面积扩大到 55 平方海里，开通国内外航线 20 多条。其中，洋浦港区 1991 年对外开放，素有“天然深水良港”之称，以集装箱和通用件杂货为主。现拥有 3 000 吨～3.5 万吨级码头泊位 12 个，设计年通过能力 1 000 万吨。神头港区 2012 年正式对外开放，以服务临港工业的能源、原材料等大宗散货为主，现有 3 000 吨～30 万吨级码头泊位共 24 个。2014 年，洋浦水运（海港）口岸出入境人员 44 984 人次，同比减少 17.51%；出入境船舶 3 444 艘次，同比减少 20.8%；集装箱 3.27 万标箱，同比减少 30.8%；出入境货物 1 836.79 万吨，同比增长 13.8%。

洋浦保税港区位于海南省洋浦经济开发区内，占地面积为 9.21 平方千米，将分三期开发建设，2007 年 9 月 24 日经国务院批准对外开放。洋浦保税港区是我国继上海洋山保税港区、天津东疆保税港区和大连大窑湾保税港区之后，设立的第 4 个保税港区，也是我国在华南地区设立的首个保税港区。2014 年 9 月，上海自贸区 14 项监管创新制度在洋浦保税港区全面复制启动推广。洋浦毗邻东盟贸易区，靠近国际主航线，深水岸线长达50多千米，可建1万~30万吨码头泊位80个，还是距离南海石油天然气资源最近的工业基地。港区将充分发挥区域、资源和政策优势，面向东南亚，建成环北部湾地区最为开放的航运中心；建成以石油、天然气、化工原料、纸浆、纸制品的保税仓储、中转交易为主的物流中心；并发展成为全国重要的化工产品加工出口基地。设立洋浦保税港区，是国家实施区域经济发展战略和能源战略、完善国家对外开放格局的重要举措，有利于促进海南特区乃至整个北部湾区域经济发展。

【八所水运（海港）口岸】 位于海南省西部东方市境内，北黎湾的西南部，1958年对外开放。八所港是海南省重要的工业港，集装卸、仓储、运输、配送、贸易为一体的功能齐全的综合性深水良港，也是环北部湾经济圈主要的贸易港口，主要输出铁矿石。现有3个作业区共11个泊位，年设计综合吞吐能力1 263万吨。开通国内、国际、港澳台航线，与国内30个港口通航，与国际20个国家和地区通航。2014年，八所水运（海港）口岸出入境人员4 960人次，同比下降30.6%；出入境船舶275艘次，同比下降32.3%；出入境货物422.37万吨，同比增长210.4%。

海南省口岸大事记

1月13日

海口海关与三沙市人民政府签署紧密合作机制备忘录，全力推动三沙建设发展和扩大开放。

1月20日

经海关总署批准，海口海关在三亚市内离岛免税商店“店内购物、机场提货”购物方式的基础上，试点使用“即购即提、先征后退”的购物方式。

1月21日

海南省省委书记罗保铭在《海口海关全力做好离岛免税政策试点使用新购物提货方式有关工作试点首日运转平稳顺畅》的专报上作出批示：“衷心感谢海关总署并于广洲署长等的大力支持。请省政府并中免公司对此项监管创新搞好无缝对接，让广大消费者享受购物方便。”

2月18日

海关总署发布公告，海南省洋浦水运（海港）口岸成为吉林省内贸货物跨境运输入境口岸，这是海南省口岸首次入选内贸货物跨境运输试点口岸。

2月26日

第十届中韩海事调查合作会议在海南举行，以中华人民共和国海事局局长陈爱平为团长的中国代表团和以大韩民国海洋安全审判院首席调查官李龙为团长的韩国代表团出席了本次会议。会上双方达成了多项新的合作共识，共同签署了《中华人民共和国海事局与大韩民国海洋安全审判院第十届海事调查合作会议会议纪要（草案)》。

2月26日~27日

交通运输部海事局验收组对海南海事局申请的开展新授权海船船员管理业务资质进行了验收，结束了不能开展无限航区海船船员管理业务的历史。

3月6日

海南省首个航空煤油保税仓库——三亚凤凰国际机场航空煤油自用型保税仓库通过海关验收，于6月26日正式投入运营，从而能有效拓展国际航线执飞三亚航班。

3月19日~28日

“阿罗哈杯”2014第五届环海南岛国际大帆船赛在海南三亚成功举办。海南省海防与口岸办协调口岸各查验单位为参赛的外籍船舶、人员等提供了优质的通关服务保障。

4月8日~11日

海口海关开设专门通道服务博鳌亚洲论坛年会。

4月8日~11日

2014年博鳌亚洲论坛年会在海南召开。海南省海防与口岸办主动协调各查验单位，圆满完成了口岸通关服务保障工作。

4月9日

受中共中央政治局常委、国务院总理李克强

委托，国务院常务副秘书长肖捷在海南省省委书记罗保铭陪同下到三亚市内免税店视察，专题调研海南离岛免税政策实施情况，听取了海口海关工作汇报。同时对海南出入境检验检疫局有效开展进境检验检疫监管，积极保障离岛免税购物政策实施三年来无一起质量安全事件给予肯定。

4 月 10 日

交通运输部部长杨传堂对海南交通运输工作进行调研。

4 月 9 日～12 日

国家质检总局局长支树平出席 2014 年博鳌亚洲论坛年会。

4 月 18 日～25 日

第三届“司南杯”大帆船赛在海南三亚成功举办。海南省海防与口岸办协调口岸各查验单位为参赛的外籍帆船、人员等提供了优质的通关服务保障。

4 月 23 日～25 日

2014 年世界旅游旅行大会在海南召开。海南省海防与口岸办主动协调各查验单位，圆满完成了口岸通关服务保障工作。

5 月 4 日

海南海事局派出“海巡 21”轮赶赴指定海域为“中建南”项目护航。

5 月 20 日

海南省海防与口岸办主动协调各查验单位，圆满完成了护送 3 567 名我国从越南回国人员安全、快速地从海口秀英港入境的任务。

5 月 20 日

公安部表彰海口秀英边防检查站在完成从越南撤离回国人员入境边防检查工作任务中表现出色，给予荣立集体三等功。

5 月 30 日

海南出入境检验检疫局出台加大帮扶企业力度，促进外贸稳定增长 10 项支持措施。海南省省长蒋定之批示：“海南出入境检验检疫局心系大局、服务大局，结合履职实际，出台 10 项措施支持帮扶企业，体现了难能可贵的责任意识和担当精神，其做法值得学习与提倡。请办公厅加按印发各部门、各市县”。

6 月 12 日

海南省省长蒋定之听取海口海关工作汇报，希望该关继续深入落实国务院关于支持外贸稳定增长各项优惠政策，推动海南离岛免税等国际旅游岛建设重大政策发挥更大效应，推进洋浦保税港区、海口综合保税区等海关特殊监管区域转型升级，支持博鳌乐城国际医疗旅游先行区、海南国际旅游岛先行试验区等重点产业园区建设，积极为海南省重点企业重点项目建设提供更加全面的政策支持和更便捷的通关服务，全面助推海南“海洋强省”战略和 21 世纪海上丝绸之路建设国家战略实施。

6 月 17 日

海南省省委书记罗保铭听取海口海关工作汇报，对海关全力支持海南进一步扩大开放和国际旅游岛建设予以充分肯定，希望海关不断深化改革、大胆创新，抓住建设“面向 21 世纪的海上丝绸之路”的新机遇，用好用足中央赋予海南的开放优惠政策，努力为打造海南扩大开放的新高地作出新的更大贡献。

6 月 27 日

海南海事局“海巡 21”船荣获全国边海防先进单位光荣称号，船长李勇代表“海巡 21”船受到习近平总书记、李克强总理、张高丽副总理等党和国家领导人亲切接见并合影留念。

7 月 1 日

国务院办公厅正式复函同意海口水运（海港）口岸海口港区获批为汽车整车进口口岸。

7 月 10 日

交通运输部正式批复同意境外游艇临时进出海南省东营、博鳌、石梅湾神州半岛、海棠湾、南山、龙沐湾、棋子湾、临高角等 8 个海上游览景区，这是全国首例批准多点同时对外开放，为海南开展邮轮游艇旅游、游艇赛事等活动提供了便利和支持。

7 月 16 日

海南省省委书记罗保铭对《海口海关关于报送支持海南外贸稳定增长 23 项措施的报告》作

出批示："海口海关出台支持海南外贸稳定增长的23项措施，很及时，很有针对性，很有含金量，很好！海口海关主动作为为海南扩大开放、服务地方经济发展做出了突出贡献。借此特别表达对海关总署并于广洲署长的衷心感谢！对海口海关的全体干部职工表示亲切问候！"

7月18日

第9号超强台风"威马逊"登陆海南，中心最大风力达到18.4级，为41年来登陆我国华南地区的最强台风。海南海事局取得了防抗台风工作零人员伤亡、零船舶沉没、零海域污染的骄人成绩。

8月23日

三亚海关和八所海关被省委省政府授予"海南省2011~2013年度文明单位"荣誉称号。

9月1日

经财政部、海关总署等四部委批准，中免集团三亚市内免税店大东海店正式搬迁至海棠湾免税购物中心并开业运营。

9月2日

海峡股份"椰香公主"号满载旅客从凤凰岛邮轮港首航西沙，开辟三亚—西沙旅游航线。

9月3日

海口海关启动将上海自贸区14项监管创新制度在海南省的海关特殊监管区域——洋浦保税港区和海口综合保税区全面复制推广工作。

9月5日

海南出入境检验检疫局从海南口岸进境小麦中首次检出检疫性有害生物——南方三棘果。

9月12日

海南出入境检验检疫局筹建的"国家质检总局医学媒介检测区域性中心实验室（海口）"通过国家质检总局专家组验收。

9月27日~29日

全国人大常委会副委员长吉炳轩率全国人大常委会《中华人民共和国旅游法》执法检查组到三亚海棠湾国际购物中心对海南离岛免税政策试点实施情况进行实地考察调研，听取三亚海关关于海关监管离岛免税政策试点实施情况工作汇报，并视察凤凰岛国际邮轮港旅检现场，了解三亚邮轮母港建设和邮轮进出境监管情况。

10月6日

海南省省委书记罗保铭到三亚海棠湾免税购物中心海关监管现场调研，听取三亚海关当班关员有关离岛免税海关监管工作情况汇报，充分肯定了海口海关积极助推三亚海棠湾免税购物中心开业运营以来的各项工作，对一线关员节日期间坚守岗位做好监管与服务表示慰问。

10月21日~29日

由海南大学信息科学技术学院、三亚鸿洲国际游艇会联合主办，由法国博纳多协办的"环岛探秘——海南大学环海南岛海域无线电频谱资源测量调查暨鸿洲国际游艇会LEO海上丝绸线路探索行动"启航仪式在三亚鸿洲国际游艇会VIP码头隆重举行。

10月27日

三亚出入境检验检疫局荣获国家质检总局首批"质检系统依法行政示范单位"称号。

11月6日

"海巡1103"船正式列编三亚海事局，填补了琼南地区无大型海事巡逻船的空白，有效地提升了三亚海事局海上巡查执法能力。

11月12日

第15次中韩海上安全定期会议在海南举行，以中华人民共和国海事局局长陈爱平为团长的中国代表团和以韩国海洋水产部部长助理（海事和安全政策局局长）林炫澈为团长的韩国代表团出席了本次会议。

11月13日

海南省人民政府召开新闻发布会，海南口岸关检合作"三个一"通关信息化系统正式上线，提前实现"三个一"通关模式在海南省全省推广使用的目标。

11月14日

坦桑尼亚桑给巴尔副总统伊迪一行参观了三亚凤凰岛国际邮轮港码头、口岸联检楼等。

11月18日~19日

"海巡21"轮、"海巡1103"轮与美亚航空的水上飞机一起对琼州海峡、海南东部和南部海域进行了海空联合巡查。

11 月 21 日

中华人民共和国海事局下发《中华人民共和国海事局关于同意三沙海事局开展国内航行船舶登记工作的批复》（海船舶〔2014〕679 号），授权三沙海事局开展国内航行船舶登记工作，三沙海事局正式取得船舶登记资质。

12 月 4 日 ~7 日

2014 世界游艇盛典在海口举行。

12 月 15 日

海南省省委书记罗保铭听取海口海关工作汇报，对海关今年以来实施通关无纸化、关检合作“三个一”，复制推广上海自贸区创新监管和服务制度，全力支持海南外贸发展和国际旅游岛建设予以充分肯定。希望海关围绕对省委常委班子民主生活会提出的“推动海南参与国家‘一带一路’发展战略，推动海南开放型产业的科学规划和合理布局，构建运转顺畅的口岸管理工作格局”等建议进行深入研究，为海南开放型经济发展做出更大贡献。

12 月 26 日

海口海关、南宁海关、湛江海关及三地港口企业签署了《环北部湾口岸部门及港口企业深化合作备忘录》。

（编委：周功民；组稿人：罗贵生；撰稿人：罗贵生、甘学斌、卢荔、魏东亮、梁文辉、周青瑜）

2014 年海南省口岸流量统计表

口岸类型		口岸名称	货运量（万吨）				集装箱量（万标箱）				人员（万人次）				交通工具（辆、艘、架、列次）			
			出口	进口	合计	同比（%）	出口	进口	合计	同比（%）	出境	入境	合计	同比（%）	出境	入境	合计	同比（%）
空运口岸		海口									28.52	28.53	57.04	+21.88	2 166	2 155	4 321	+9.84
		三亚									12.29	11.47	23.76	-26.00	1 032	1 035	2 067	-23.42
		分计									40.81	40.00	80.80	+2.40	3 198	3 190	6 388	-3.69
陆运口岸	公路口岸																	
		分计																
	铁路口岸																	
		分计																
水运口岸	海港口岸	海口	45.50	253.70	299.20	-0.43	4.72	4.36	9.08	+17.77	3.93	4.35	8.28	+71.60	196	150	346	-59.53
		八所	77.23	345.14	422.37	+210.38					0.25	0.25	0.50	+30.60	121	154	275	-32.27
		三亚									14.13	14.94	29.07	+8.10	127	147	274	-24.31
		洋浦	236.45	1 600.34	1836.79	13.75	1.78	1.49	3.27	-30.87	+2.21	2.29	4.50	-17.51	1 675	+1 769	3 444	-20.77
		清澜	6.14	7.85	13.99	+4 014.71					0.05	0.05	0.10	+29.15	48	48	96	+20.00
		分计	365.32	606.69	2572.31	+25.33	6.50	5.85	12.35	-0.72	20.57	21.88	42.45	+0.61	2 167	2 268	4 435	-26.69
	河港口岸																	
		分计																
合计			365.32	606.69	2572.31	+25.33	6.50	5.85	12.35	-0.72	61.38	61.88	123.25	+2.58	5 365	5 458	10 823	-14.67
同比（%）																		

（海南省海防与口岸办提供）

2014年海口海关主要数据统计表

项目		2014年	同比（%）
进出口货运量（万吨）	合计	2 677.70	+10.89
	进口	2 237.60	+6.75
	出口	440.10	+38.11
进出口贸易总值（万美元）	合计	1 825 875.86	+21.88
	进口	1 348 799.46	+19.64
	其中：水路运输	1 157 503.92	+27.71
	铁路运输	422.22	+9.64
	汽车运输	1 961.25	-35.04
	航空运输	188 852.78	-11.43
	邮件运输	6.56	+81.22
	其他运输	52.72	-98.78
	出口	477 076.40	+28.72
	其中：水路运输	427 478.43	+32.49
	铁路运输	119.58	+23.42
	汽车运输	11 092.06	-64.35
	航空运输	9 498.10	+92.91
	邮件运输	0.03	+100.00
	其他运输	28 902.20	+145.00
税收（万元）	两税合计	930 415.60	+9.29
	关税入库	72 615.60	+25.32
	进口环节税入库	857 800.00	+8.12

（海口海关提供）

2014 年海南省口岸出入境主要数据表

项目			2014 年	2013 年	同比（%）
出入境人员（人次）	出入境人员总数		1 226 133	1 265 223	-3.09
	入境人员		611 469	628 897	-2.77
	出境人员		614 664	636 326	-3.40
	出入境旅客		949 538	934 785	+1.58
	出入境员工		276 595	330 438	-16.29
	中国公民	小计	769 780	730 864	+5.32
		内地居民（因公）	339 622	273 999	+23.95
		内地居民（因私）	209 310	232 049	-9.80
		港澳居民	178 166	185 628	-4.02
		台湾同胞	230 676	172 800	+33.49
	外籍人员		351 566	449 214	-21.74
	从海港出入境人员		335 074	380 822	-12.01
	从陆港出入境人员		570 621	493 148	+15.71
	从空港出入境人员		242 975	347 800	-30.14
交通运输工具（辆、艘、架、列次）	总计		7 131	8 929	-20.14
	船舶		8 400	9 128	-7.98
	飞机		2 067	2 699	-23.42
	火车				
	机动车辆				

（海口出入境边防检查总站、海南省公安边防总队提供）

2014 年海南省出入境检验检疫业务统计表

项目		货物检验检疫				交通工具				集装箱（标箱）		发现动植物疫情		货物通关		出入境人员查验（人次）	健康检查及预防接种（人次）			
		批次	金额（万美元）	检验检疫不合格																
				批次	金额（万美元）	船舶（艘）	飞机（架）	火车（列）	汽车（辆）	合计	检出问题	种类数	种次	批次	金额（万美元）		健康检查	艾滋病监测	发现病例	预防接种
本年累计		16 308	13 30 703	460	18 167	5 141	6 511			119 999	20	232	2 736	14 457	1 234 297	1 252 300	4 942	4 666	1 186	2 966
其中	出境	8 400	336 297	23	245	2 540	3 244			59 339	10			7 271	31 3921	627 300	2 492	2 498	671	2 964
	入境	7 908	994 406	437	17 922	2 601	3 267			60 660	10			7 186	920 376	625 000	2 450	2 168	515	2
同比（%）		-6.71	28.35	14.14	-8.71	-15.89	-6.76			+4.96	+33.33	-17.14	+18.03	-5.92	+25.38	-4.09	+8.88	+4.55	+2.42	-2.82
其中	出境	-10.62	42.38	35.29	42.44	-16.25	-6.73			+4.95				-9.78	+36.61	-4.48	+11.75	+11.82	+13.15	-2.82
	入境	-2.19	24.21	13.21	-9.16	-15.52	-6.79			+4.87	-33.33			-1.66	+21.95	-3.70	+6.11	-2.74	-8.85	-

（海南出入境检验检疫局提供）

2014 年海南海事局进出港船舶统计汇总表

船舶类别	进港船舶							出港船舶						
	艘数（艘）	总吨（吨位）	总载重量（吨）	载客量（客位）	船员人数（人次）	货物到达量（吨）	旅客到达量（人）	艘数（艘）	总吨（吨位）	总载重量（吨）	载客量（客位）	船员人数（人次）	货物发送量（吨）	旅客发送量（人）
总计	441 998	299 690 260	157 794 506	38 844 353	2 105 398	81 116 615	10 037 235	441 177	299 735 657	157 893 158	38 848 331	2 111 548	54 090 850	10 158 058
中国籍船舶	439 803	275 370 836	124 707 191	38 663 477	2 000 479	61 885 406	9 943 748	438 993	275 346 161	12 4697 579	38 666 456	2 005 681	51 148 096	10 064 792
其中外贸船	570	2 910 431	4 565 150		7 212	3 157 942		645	3 971 786	6 322 579		8 552	778 831	

（海南海事局提供）

重 庆 市

重庆市口岸分布示意图

口岸名称	批准开放时间	开放状态
重庆空运口岸	1994	国际常年
重庆水运口岸	2010	国际常年

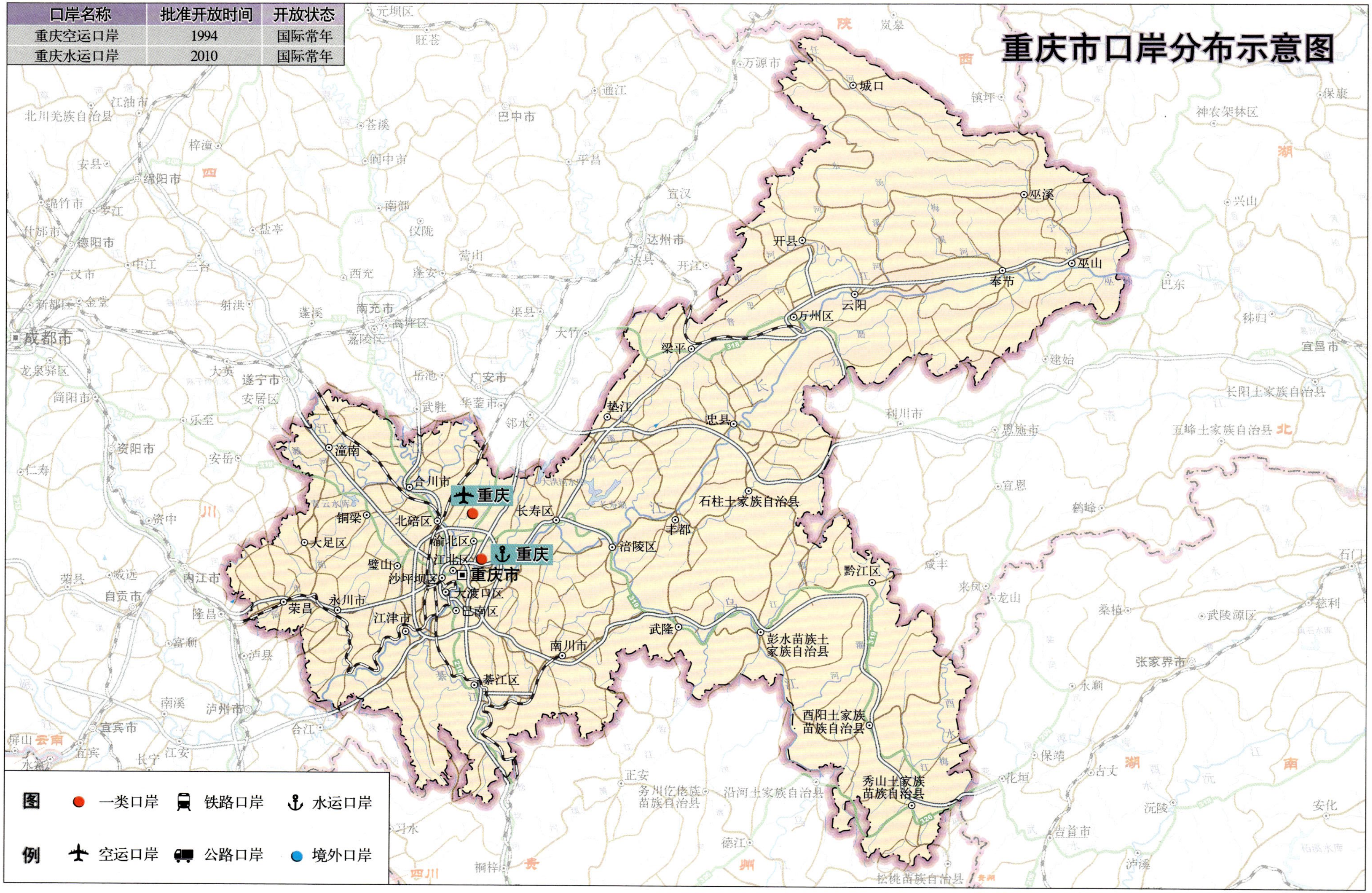

口岸数量及分布

截至2014年年底，重庆市有经国务院批准对外开放口岸2个，分别是重庆空运口岸（重庆江北机场）、重庆水运（河港）口岸。

口岸运行数据

2014年，重庆空运口岸航班起降12 889架次，同比增长24.32%；出入境人员176.91万人次，同比增长28.85%（其中旅客166.32万人次，同比增长29.26%；机组人员10.6万人次，同比增长22.71%）；办理口岸签证（签注）4 424人次；国际货邮量12.08万吨，同比增长3.07%；保税航油加注量9.77万吨，同比增长53.12%。

重庆水运（河港）口岸共完成外贸集装箱运输52.7万标箱，同比增长10%；外贸货物吞吐量完成915.58万吨，同比减少7.81%。

重庆陆路（铁路）口岸（临时开放）外贸集装箱吞吐量完成4.69万标箱（全年运输铁路集装箱7.49万标箱），同比增长24.4%，外贸集装箱占比增长14.7%。渝深铁水联运班列每天发车1班，高峰期每天发车3班。开行渝新欧班列130班。

口岸综合管理

【加强口岸基础设施建设】 重庆空运口岸投入7 000万元修建了1.7万平方米空运口岸大楼，装修了6 400平方米的海关西部化验中心大楼，建设了一站式报关报检大厅、边防检查审查室、2 000平方米的检验检疫实验室、1 000平方米的检疫犬训练场等基础设施。重庆机场集团投入近500万元新建成1 000平方米的查验仓库、200平方米的初筛实验室、70立方米的熏蒸库房及100立方米的移动进口水果冷冻库房。

重庆陆路（铁路）口岸规划建设50万平方米的作业区、13.68万平方米的铁路保税物流中心。2014年，沙坪坝区已投入2.27亿元，建设了7.7万平方米的汽车整车进口口岸监管作业场所，建设了2条汽车检测线，并获得国家五部委联合验收。

重庆水运（河港）口岸、两江新区和保税区投入1 400万元，建成了6 300平方米的进口肉类和水果查验场所，重庆检验检疫局安装了40万元的检测设备。

【完善立体口岸功能】 成功获批汽车整车进口口岸并通过正式验收。铁路保税物流中心（B型）获批并启动建设。保税港区进口肉类指定口岸冷链查验设施已经建成并投入营运。

【加快电子口岸建设】 按照《重庆电子口岸建设总体规划》，通过2年建设，已投入4 500多万元，基本搭建起电子口岸硬件网络平台和同城灾备系统，实现了与海关、检验检疫、公安、外经贸、外汇管理、税务等部门的系统对接，具备承接更多通关服务系统研发和维护能力。开发并上线运行跨境贸易电子商务公共服务平台、渝深快线区域联动、铁路口岸通关辅助系统等8个应用项目。

【推动口岸协作】 成功举办“沪渝川”区域大通关第7次联席会议，探索内陆与沿海跨省市口岸联动，以口岸发展推进区域开放型经济发展。三地口岸部门和查验单位积极寻求合作途径，努力解决通关环节各种问题和矛盾，促进口岸大通关和物流大发展。加强与新疆口岸合作，特别是加强与阿拉山口口岸的合作，为渝新欧国际铁路班列创造便捷通关环境。

【进境水果指定口岸开通并投入试运行】 2014年1月23日，重庆空运口岸进境水果指定开通并投入试运行。该口岸是西部内陆地区开通运行的第一个、全国第15个进境水果指定口岸，对于完善重庆市口岸功能，构建合理国际货物结构，推动开放型经济加快发展具有重要的促进作用。开通当日即有多家水果经销商从东南亚、南美洲及台湾地区进口的10余吨水果清关。2014年9月28日，重庆两路寸滩保税港区水港进境水果指定口岸通过国家质检总局专家组考核验收。

【跨境贸易电子商务公共服务平台正式上线】 2014年6月17日，重庆跨境贸易电子商务公共服务平台正式上线，标志着重庆跨境贸易电子商务进入实际运行阶段。该公共服务平台由重庆市人民政府建设，服务全球消费者，免费为广大电商、支付、物流、仓储企业提供全天候24小时的贸易、通关和物流数据交换服务，推动海关、检验检疫、外管、税务等部门实现“三互”和通关便利化。截至2014年，重庆跨境贸易电子商务公共服务平台成交金额超过6 400万元。

【重庆铁路汽车整车进口口岸通过国家联合验收】 2014年10月16日，重庆铁路汽车整车进口口岸顺利通过海关总署、工信部、商务部和国家质检总局等部委组成的联合验收组正式验收。重庆汽车整车进口口岸的投入运营不仅丰富了“渝新欧”国际货运班列回程货源和重庆深化内陆开放高地平台要素，还可助推重庆成为西部内陆进口汽车物流中心，为重庆市打造“向东向西双向开放”枢纽城市奠定坚实基础。

【重庆保税商品展示交易中心开业】 2014年7月31日，重庆保税商品展示交易中心延展平台于解放碑商圈正式开业，此为继上海自贸区后首个保税区外的保税商品展示交易中心。2014年10月18日，重庆保税商品展示交易中心（一期）开业，拥有4.7万平方米主体场馆和1万平方米进口汽车馆，主要经营进口汽车、珠宝、名表、服装箱包、化妆品、母婴用品、日化用品、进口酒类等1.2万余种国际知名奢侈品商品。

口岸监管与服务

【重庆海关积极深化通关改革】 扩大“属地申报，口岸验放”、“属地申报，属地放行”适用范围，年内新增参与企业87家。全面推进通关无纸化改革，实现重庆关区所有业务现场和业务类型全覆盖，到2014年12月份，通关无纸化率达97.38%。积极推进关检合作“三个一”，年内已在重庆铁路、空运和水运口岸开展“三个一”试点，为企业节省通关成本近一半。全面融入长江经济带区域通关一体化试点，据企业测算，该项业务改革可帮助企业节省至少30%的运输成本。借鉴区域通关一体化改革理念，在重庆关区内启动“渝关通”建设，年内已完成11票“就近报关，口岸验放”试点，实现报关零距离、通关无障碍。

【重庆检验检疫局大力保障重庆口岸卫生安全】 重庆检验检疫局共发现传染病例1 621次，非传染病例10 082次，检出输入性疟疾等检疫性传染病13例，其中，首次从重庆口岸入境人群中检测出聚集性感染登革热疫情。为成功应对埃博拉疫情，重庆检验检疫局与重庆市卫计委等相关部门联合举行埃博拉出血热疫情防控演练，成功保障了第三军医大学援利比里亚诊疗中心医疗队和物资器材安全入境。全年累计检疫查验来自埃博拉出血热疫区人员61人次，消毒航空器22架次，处理废弃物固体89袋、液体22车，防控工作获得重庆市领导的表扬。

生态和生物安全方面，重庆检验检疫局首次在口岸检出病媒生物樱桃红蚩蠊（累计截获动植物有害生物321类，935种次，同比分加增长28.4%和26%）；全国首次截获长林小蠹、新西兰隐喙象；首次截获大豆北方茎溃疡病，多次截获地中海实蝇、芒果果核象甲等重大检疫性有害生物。首次在邮包中一次性截获40条活蜥蜴，并从中检出立克次氏体、沙门氏菌、绿脓杆菌；全国首次从美国进境的苜蓿草中检出转基因成分，在进口玉米和酒糟饲料中检出禁止进境转基因成分。

进出口产品质量安全方面，全年共监管验放出入境货物36.8万批次、货值539.5亿美元，共检出不合格货物970批，货值9 760万美元，不合格检出率达3.49%；退运和销毁不合格进口产品45批，货值35.61万美元，实现全年重庆出口工业品、动植物产品在国外零通报、零召回。全年累计检验74类进口食品872批，退运、销毁不合格进口食品11批，首次在重庆进口黑布里白兰地中检出甲醇超标。全年未发生系统性、区域性重大质量安全事故。

【切实做好口岸监管服务】 重庆检验检疫局将国家重点实验室下沉口岸一线，方便企业办理进出口产品的检验业务，缩短检测周期，提高通关效率。优化自身口岸监管流程，实行预申报，将口岸功能延伸至特殊监管区域和指定监管点，并对进出境货物及集装箱检验检疫实行提前预约、预报检、“5+2”和“7×24”等服务举措，实现货物检验检疫“零等待”，切实解决服务群众“最后一公里”问题。同时，全面推行关检合作“三个一”工作方案，对进出境货物实施一次申报、一次查验、一次放行，使货物通关效率提升了50%。

为深化区域直通放行制度，重庆检验检疫局与新疆检验检疫局签署直通放行合作备忘录，使“渝新欧”进出口货物在口岸的通关时间由原来的2~3天缩短为4个小时，大大降低了“渝新欧”物流成本。

【重庆边防总队全面增强口岸管控能力】 查获口岸偷渡案件3起，共6人；查处其他违法违规案件59起，配合地方开展“猎狐行动”两次，抓捕2人。为积极应对不断发展变化的口岸边检安保形势，重庆边防总队加强了与相关单位的警务合作，倡导建立了川渝黔边检警务协作机制，2014年7月组织召开了第3次联席会议，与重庆市公安局反恐、国保、出入境等总队签订了警务合作协议，就常态化情报研判、建立涉恐敏感人员核查机制等方面开展合作。2014年9月1日，重庆边防总队在执行重庆至多哈QR881次航班任务中查获一起3人次越南籍人员持伪假证件借道中国迂回偷渡至欧洲案件。2014年12月3日，在执行卡塔尔多哈至重庆QR880航班入境检查任务中，通过常态化的预警研判，与海关配合，成功查获一起哥伦比亚籍旅客走私2.74千克可卡因毒品入境案件。

【重庆海事局加大安全监管及维护力度】 开展“船舶标志与船舶配员”、“船舶AIS使用情况”、“三防一禁”、“船舶突出违法行为专项整治”等专项活动，共计查处违法集装箱船舶39艘次，处以罚款14.2万元，有力地打击了船舶的违法行为，确保了通航持续有序。通过把好船舶签证和安全检查关，杜绝船舶不适航、船员不适任的集装箱船舶进行货物运输，最大限度地保障了集装箱货物运输安全。2014年，重庆海事局承办第二期“危险货物申报员、集装箱装箱现场检查员”培训班，对来自重庆各集装箱航运公司的134名学员进行了培训，有效提高航运申报、检查效率。先后出台三峡库区蓄水、高水位运行及消落期大型船舶安全操作指南，强化了外贸港口水域内作业船舶的动态监管，维护正常的通航秩序，通过有效巡航，确保了相应水域的安全畅通。

【重庆海事局继续推进便民利民服务措施】 葛洲坝二号船闸于2014年2月5日~2月24日进行计划性检修，船闸通过能力不足，船舶通航压力增大。重庆海事局结合辖区实际制定周密的管控方案，最大限度地减轻了船闸维修对船舶通航造成的影响。上海亚洲相互信任及协作会议期间，根据交通部海事局的要求，共计开展专项安全检查125艘次，有效保证了航经上海水域的船舶安保远端控制工作质量。

南京第2届国际青年奥林匹克运动会期间，重庆海事局总结上海亚信会远端控制工作的经验，提前做好相关准备，合理调派人力物力，优先保障对集装箱快班轮开展远端控制工作，得到了集装箱船舶船员及货主的肯定。整个活动期间，重庆海事局共开展专项安全检查376艘次，圆满完成相关了南京青奥会远端控制工作。

开放口岸

【重庆空运口岸（重庆江北国际机场）】 2014年共检查出入境人员1 769 122人次，同比增加28.85%。查验出入境客运航班12 889架次，同比增加24.32%；货运航班1 300架次，同比增长12.3%；公务机84架次，同比增加55.6%。口岸出入境流量首次突破175万，占重庆机场整体吞吐量比重由2013年的5.4%提高到6.1%，在中西部机场口岸中仅次于成都、昆明，机场国际影响力和辐射效应进一步扩大。

2014年，春秋航空、山东航空和斯里兰卡航空公司新增重庆至日本大阪、柬埔寨金边、斯里兰卡科伦坡直航航线；重庆—中国澳门航班加密至每天1班，重庆—首尔航班加密至每周11班，国际（地区）客运和货运航线总量达到39条。截至2014年，重庆空运口岸直达国际（地区）客运航点26个，洲际航点4个；国际货邮量12.08万吨，同比增长3.07%；每周固定客运航班达到145班290个架次，7、8月暑期旺季，加上旅游包机每周近200个航班400个架次。以东南亚、港澳台为基础，覆盖欧洲、大洋洲、北美洲、亚洲客货航线网初步形成，为提升重庆开放水平，打造内陆口岸高地发挥了重要作用。

【重庆水运（河港）口岸】 2014年，重庆海事局共办理集装箱船舶签证6 625艘次；安全运送集装箱101.5万标箱，比去年同期增加12%；安全运送集装箱货物671万吨，比去年同期增加26%。对集装箱船舶开展安全检查408艘次，查出并督促整改缺陷1 961项；安全运送载运危险货物的集装箱4 932标箱，实施开箱检查109标箱，开箱检查率2.2%，确保了集装箱危险货物的运输安全。

【重庆陆路（铁路）口岸】 2013年12月26日，重庆铁路口岸获批临时对外开放，于2014年2月26日首期设施通过联合验收并正式启动运行。2014年7月1日国务院办公厅批准在重庆铁路口岸设立汽车整车进口口岸，这是继重庆铁路口岸开放后，国务院批准重庆设立的又一重大开放平台功能，也是国家首次在西部内陆地区设立整车进口口岸，有助于构建我国汽车进口多元化物流方式，降低内陆地区汽车进口消费成本，为“渝新欧”返程班列提供更加持续的大宗货源保障，在丝绸之路经济带建设中发挥重要基础和支撑作用。2014年8月14日，重庆首批80辆进口整车乘渝新欧班列自德国杜伊斯堡启程，于2014年9月1日抵渝。2014年10月16日，重庆铁路汽车整车进口口岸顺利通过国家联合验收组正式验收，标志着重庆铁路汽车整车进口口岸正式启动运行。

重庆市口岸大事记

1月23日

重庆空运口岸进境水果指定口岸开通并投入试运行。

4月27日

国务院总理李克强来渝考察。

6月6日

重庆市市委书记孙政才、市长黄奇帆视察重庆铁路、水运口岸。

6月17日

重庆跨境贸易电子商务公共服务平台正式上线。

7月1日

国务院办公厅批准重庆设立汽车整车进口口岸。

7月1日

斯里兰卡航空公司开通每周1班重庆—科伦坡客运直飞航线。

7月19日

春秋航空公司开通每周3班重庆—大阪客运直飞航线。

7月31日

重庆保税商品展示交易中心延展平台正式开业。

9月1日

重庆市市委书记孙政才、市长黄奇帆视察渝新欧首班进口整车抵渝。

9月16日

国务院批准同意在两路寸滩保税港区开展调整相关税收规定、促进贸易多元化试点。

9月28日

重庆两路寸滩保税港区水港进境水果指定口岸通过国家质检总局专家组正式考核验收。

10 月 13 日

海关总署、财政部、国家税务总局、国家外汇管理局联合下文，同意重庆设立铁路物流保税中心（B 型）。

10 月 15 日

山东航空公司开通每周 2 班重庆—金边客运直飞航线。

10 月 16 日

重庆汽车整车进口口岸通过国家联合验收组验收。

10 月 18 日

重庆保税商品展示交易中心（一期）正式开业。

12 月 3 日

“沪渝川”区域大通关合作第 7 次联席会议在渝召开。

（撰稿人：李璐、彭宇、高世上、刘程超）

2014 年重庆市口岸流量统计表

口岸类型		口岸名称	货运量（万吨）				集装箱量（万标箱）				人员（万人次）				交通工具（辆、艘、架、列次）			
			出口	进口	合计	同比（%）	出口	进口	合计	同比（%）	出境	入境	合计	同比（%）	出境	入境	合计	同比（%）
空运口岸			9.82	2.26	12.08	+3.07					88.99	87.92	176.91	+28.85	6 527	6 362	12 889	+24.32
		分计	9.82	2.26	12.08	+3.07					88.99	87.92	176.91	+28.85	6 527	6 362	12 889	+24.32
陆运口岸	公路口岸																	
		分计																
	铁路口岸		6.12	0.71	6.83	+57.01	0.72	0.16	0.89	+70.00								
		分计	6.12	0.71	6.83	+57.01	0.72	0.16	0.89	+70.00								
水运口岸	海港口岸																	
		分计																
	河港口岸		261.37	635.30	896.67	-7.81	18.21	13.06	31.26	+14.00								
		分计	261.37	635.30	896.67	-7.81	18.21	13.06	31.26	+14.00								
合计			277.31	638.27	915.58	-7.61	18.93	13.22	32.15	-17.03	88.99	87.92	176.91	+28.85	6 527	6 362	12 889	+24.32
同比（%）			+6.11	-12.53	-7.61		-29.73	11.94	-17.03		+28.91	+28.78	+28.85		+26.17	+22.46	+24.32	

（重庆市口岸办提供）

2014年重庆海关主要数据统计表

项目		2014年	同比（%）
进出口货运量（万吨）	合计	923.5	-7.70
	进口	642.7	-12.80
	出口	280.8	+6.70
进出口贸易总值（万美元）	合计	7 596 832	+46.20
	进口	2 967 636	+51.70
	其中：水路运输	6 392 667	+13.00
	铁路运输	9 769	+476.60
	汽车运输	210 524	-26.60
	航空运输	2 108 054	+91.20
	邮件运输	22	-52.90
	其他运输		
	出口	4 629 196	+42.90
	其中：水路运输	2 097 779	+14.80
	铁路运输	144 638	+28.40
	汽车运输	34 277	-40.60
	航空运输	2 351 574	+89.60
	邮件运输	928	+13.30
	其他运输		
税收（万元）	两税合计	1 243 125	+10.70
	关税入库	226 992	+24.10
	进口环节税入库	1 016 132	+8.10

（重庆海关提供）

2014 年重庆市口岸出入境主要数据表

项目			2014 年	2013 年	同比（%）
出入境人员（人次）	出入境人员总数		1 769 122	1 373 019	+28.85
	入境人员		879 195	682 746	+28.77
	出境人员		889 927	690 273	+28.92
	出入境旅客		1 663 152	1 286 662	+29.26
	出入境员工		105 970	86 357	+22.71
	中国公民	小计	1 583 658	1 223 749	+29.41
		内地居民（因公）	26 977	19 207	+40.45
		内地居民（因私）	1 398 690	1 063 878	+31.47
		港澳居民	2 115	1 287	+64.34
		台湾同胞	105 234	92 627	+13.61
	外籍人员		185 464	149 270	+24.25
	从海港出入境人员				
	从陆港出入境人员				
	从空港出入境人员		1 769 122	1 373 019	+28.85
交通运输工具（辆、艘、架、列次）	总计				
	船舶				
	飞机		12 889	10 368	+24.32
	火车				
	机动车辆				

（重庆市公安边防总队提供）

2014 年重庆市出入境检验检疫业务统计表

项目		货物检验检疫				交通工具				集装箱（标箱）		发现动植物疫情		货物通关		出入境人员查验（人次）	健康检查及预防接种（人次）			
		批次	金额（万美元）	检验检疫不合格																
				批次	金额（万美元）	船舶（艘）	飞机（架）	火车（列）	汽车（辆）	合计	检出问题	种类数	种次	批次	金额（万美元）		健康检查	艾滋病监测	发现病例	预防接种
本年累计		31 547	358 719	1 379	13 856		12 640			333 179	806	321	935	36 402	584 141	1 741 127	18 890	18 324	13 508	31 472
其中	出境	17 283	175 871	448	3 781		6 391			207 350	40	3	3	12 776	158 172	878 389	15 539	15 444	11 347	31 437
	入境	14 264	182 848	931	10 075		6 249			125 829	766	318	932	23 626	425 970	862 738	3 351	2 880	2 161	35
同比（%）		-51.61	-49.59	+64.56	+29.00		+21.88			+1.35	+44.19	+29.90	+184.19	-37.27	-31.70	+27.99	+21.49	+22.40	+49.61	+23.22
其中	出境	-65.09	-64.52	+89.03	+58.00		+23.31			+3.80	-18.4	+100.00	100	-64.28	-61.63	+28.53	+23.71	+23.42	+50.73	+23.42
	入境	-9.02	-15.34	+54.91	+20.69		+20.45			-2.44	+50.2	+41.33	+183.28	+6.13	-3.84	+27.47	+12.19	-3.58	+43.97	-12.50

（重庆出入境检验检疫局提供）

2014 年重庆海事局进出港船舶统计汇总表

船舶类别	进港船舶							出港船舶						
	艘数（艘）	总吨（吨位）	总载重量（吨）	载客量（客位）	船员人数（人次）	货物到达量（吨）	旅客到达量（人）	艘数（艘）	总吨（吨位）	总载重量（吨）	载客量（客位）	船员人数（人次）	货物发送量（吨）	旅客发送量（人）
总计	74 129	204 107 028	108 574 057	7 080 945	815 419	89 791 536	5 626 973	75 161	204 527 674	81 225 920	6 763 406	826 771	63 699 624	5 499 238
中国籍船舶	74 129	204 107 028	108 574 057	7 080 945	815 419	89 791 536	5 626 973	75 161	204 527 674	81 225 920	6 763 406	826 771	63 699 624	5 499 238
其中外贸船														

（重庆海事局提供）

四 川 省

四川省口岸分布示意图

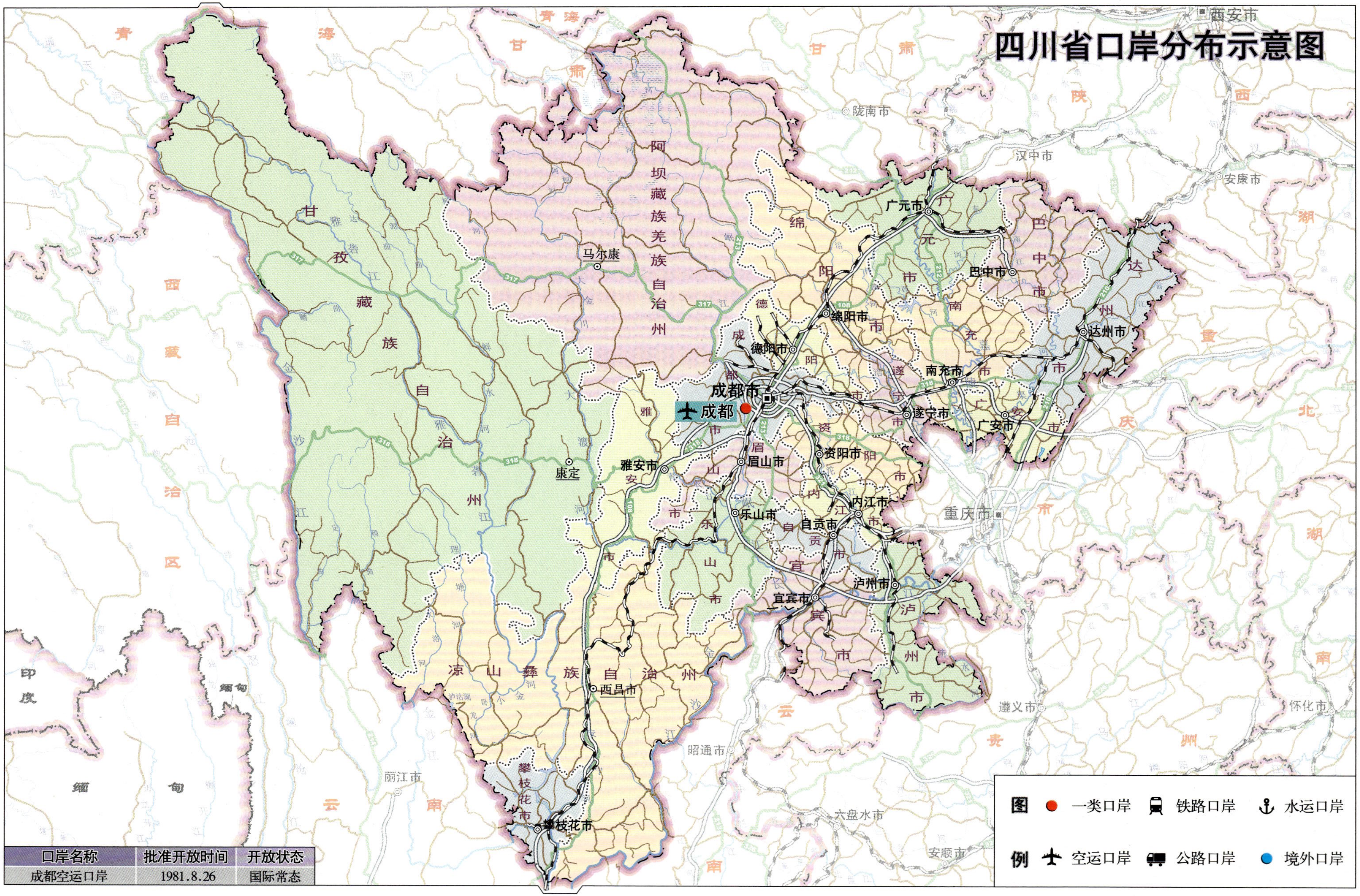

口岸名称	批准开放时间	开放状态
成都空运口岸	1981.8.26	国际常态

口岸数量及分布

截至2014年年底，四川省有经国务院批准对外开放口岸1个，即成都空运口岸（成都双流国际机场）；经国家口岸管理办公室批准临时开放口岸1个，即成都陆路（铁路）口岸 。

口岸运行数据

2014年，成都空运口岸出入境飞机及国际航班22 516架次，同比增长24.38%；出入境人员329.3万人次（其中，直航航班的国际旅客300.36万人次，经停国内航点的国际航班的国际旅客8.34万人次，中外航空公司员工20.6万人次），同比增长34.20%；进出境货物10.15万吨；为外国籍人士办理口岸签证1.82万人/份，同比增长18.8倍；为台湾同胞办理口岸签注0.57万人/份，同比增长4.67%；为外国人办理72小时过境免签238人次，同比增长319%。为进出境的重要客人3 686人次及所乘专（包）机、班机提供了口岸礼遇，乘机、起降保障。

2014年，四川省陆路口岸（铁路、公路外贸货物装卸点）进出境货物111.63万吨，同比增长169.83%；国际集装箱2.44万标箱，同比增长27.9%。其中，成都陆路（铁路）口岸（临时开放口岸）进出境货物53.05万吨，同比增长41.96%；进出境国际集装箱2.21万标箱，同比增长41.95%。

口岸综合管理

【海关特殊监管区建设】 按照四川省政府关于“大力推进海关特殊监管区‘一区四中心’建设，支持符合条件的地区申请设立综合保税区、保税物流中心等海关特殊监管区”精神，对遂宁、自贡等市申请设立综合保税区和保税物流中心（B型），进行实地考察。跟踪省政府报国务院申请设立德阳综合保税区文件和成都空港、成都铁路集装箱物流园区、泸州港、宜宾港设立保税物流中心（B型）给海关总署的文件落实情况。

在省市政府的积极努力和查验单位的大力支持下，成都空港保税物流中心（B型）、泸州港保税物流中心（B型），分别于2014年1月29日、10月13日获海关总署等四部门联合批准。成都空港保税物流中心（B型）于2014年10月23日正式通过国家验收，封关运行。

【复制（推广）自贸区经验】 贯彻落实《国务院关于推广中国（上海）自由贸易试验区可复制改革试点经验的通知》要求、省政府54次常务会精神和甘霖副省长关于复制推广上海自贸区经验的工作部署，由成都向全省推广，成都海关在第一批14项制度中已有8项在成都高新综合保税区先行先试。四川出入境检验检疫局抓好贸易便利化领域5项制度和检验检疫3项创新制度的具体落实。海关、检验检疫进一步创新创新机制，定位定向突出特色，用足用够现有政策，先行先试改革创新，助推四川内陆开放试验区建设。

【争取新设口岸，完善口岸功能】 按省委省政府领导的指示精神，在省级有关部门、成都市政府、成都海关、四川出入境检验检疫局、铁路运输服务部门的大力支持和共同努力下，2014年4月21日，国家口岸管理办公室批准成都陆路（铁路）口岸为临时开放口岸；2014年10月9日，国家质检总局批准泸州、宜宾水运（河港）口岸为第一批进境粮食指定口岸；国家质检总局于2014年9月11日同意在成都铁路口岸筹建进口肉类指定口岸。

成都陆路（铁路）口岸批准为临时口岸开放后，在有关单位的大力支持下，已正式向国家申报设立国家进口汽车整车、肉类、水果指定口岸。

【增设海关检验检疫机构】 按省委省政府要求，在省级有关单位、市政府、驻川查验单位的积极努力、大力支持下，中央编办、海关总署、国家质检总局为支持四川外向型经济发展，先后批准设立遂宁海关、德阳海关、内江海关、天府新区海关、成都出入境检验检疫局、德阳出入境检验检疫局。遂宁海关、德阳海关分别于2014年6月18日、9月25日正式开关；成都出入境检验检疫局、德阳出入境检验检疫局分别于2014年7月1日、9月25日揭牌开检，对外服务。

【支持四川外贸稳定增长】 为贯彻落实国务院办公厅、海关总署、国家质检总局关于促进外贸稳定增长的意见（措施），成都海关、四川出入境检验检疫局在不断提升口岸服务水平的同时，2014年上半年相继出台了支持四川外贸稳定增长的细则和措施，受到魏宏省长、甘霖副省长的充分肯定。

继2014年6月20日成都海关“区港联动”从成都高新综保区延伸至青白江区成都铁路口岸后，2014年10月22日开通全省“全域通”，实现了省内全领域（物流链条各环节各部门）和全区域（省内所有设关地）通关一体化，进一步缩短了进出口货物通关时间，降低了企业物流成本。

【口岸建设和管理】 在口岸查验单位、运输服务部门（企业）的大力支持下，省机场集团对国际厅虚拟航班通关流程进行了升级改造，完成了国际候机厅头等舱休息区扩建并投入使用，改善了口岸条件，优化了口岸通关环境，提升了口岸形象，为旅客提供了方便快捷的通关服务；在国际厅附近新建综合保障大楼，于2014年5月份交付使用，改善了口岸驻场查验执法单位生活、工作条件。泸州、宜宾水运（河港）口岸，为设立国家进口粮食指定口岸，修建了进口粮食实验室、进口粮食查验监管场所和储存仓库，完善了进口粮食所需的查验设施设备。

蓉欧快铁稳定开行，运载率不断提高，运行时间由14天缩至12天，成为四川通往欧洲的便捷通道。成都陆路（铁路）口岸还开通了中亚列车。

【口岸安全】 管理好各开放口岸，严控西非埃博拉疫情入境。由省口岸办协调，四川出入境检验检疫局牵头，查验单位、机场、航空公司等单位配合，认真做好埃博拉疫情防控工作。四川出入境检验检疫局制定预防埃搏拉疫情的应急方案和措施。于2014年8月15日召开预防埃搏拉疫情专题会议，2014年8月、12月在机场举行预防埃搏拉疫情入境演练。对各开放口岸，特别是空运口岸入境人员进行严密查控。截至目前，四川省无一例埃搏拉疫情入境，保证口岸安全运行。

【口岸调研】 按照四川省省委、省政府工作部署，省口岸办先后到绵阳、德阳、遂宁、自贡、达州、攀枝花等地，调研申请设立综合保税区、保税物流中心（B型）、物流园区，铁路口岸迁建情况，机构设置等问题，并与当地政府交换了意见。

对蓉欧快铁运行情况，组织成都青白江区物流园区管委会、中铁联集、班列公司、海关、检疫等部门座谈调研（含个别了解情况），针对省外“渝新欧”、“郑新欧”等市场激烈竞争态势，充分利用成都铁路口岸区位优势，大力支持蓉欧快铁正常运行。

针对成都空运口岸（成都双流国际机场）深夜航班过多与联检单位人员不足问题，组织海关、检疫、边防、机场等单位人员，到杭州、昆明机场调研，借鉴其解决问题的经验。

组织有关市口岸部门、驻川查验单位、成都陆路（铁路）口岸人员到广西钦州学习考察拟开通成都至钦州“五定班列”情况。

推进关检合作“三个一”工作，进一步提高口岸通关效率，分别到成都铁路口岸、泸州水运口岸及驻地查验单位调研。召开专门会议听取成都海关、四川出入境检验检疫局，关于推进关检合作“三个一”通关模式的意见、建议。

【组织办好会议】 组织召开全省口岸办主任会议、每季度口岸系统领导同志联席会议和有关口岸业务方面的会议；承办了2014年全省打击走私综合治理工作专项会议；贯彻落实省政府蓉欧快铁建设及发挥作用专题会议。落实上级政策和领导指示精神，研究部署工作，解决具体问题。

【开通国际航线】 在口岸系统各单位和运输服务部门（企业）的大力支持下，2014 年 3 月 30 日，国航西南分公司开通了“成都—昆明—仰光”国际航线；2014 年 4 月 9 日，韩国真航空公司开通了“江原道—成都—江原道”包机航班；2014 年 6 月 11 日，美国联合航空公司开通了“旧金山—成都—旧金山”国际直飞航线；2014 年 6 月 21 日，老挝国家航空公司开通“琅勃拉邦—成都—琅勃拉邦”的包机航班。截至 2014 年 12 月底，成都空运口岸（成都双流国际机场）已开通国际（地区）客货航线 78 条。

【口岸服务保障】 在省级有关单位的大力支持下，口岸系统、运输服务部门（企业）密切配合，完成了德国总理默克尔、美国第一夫人米歇尔及家人、新西兰总理约翰·基、莱索托王国首相塔巴内、捷克总统泽曼、埃及总统塞西等外国（地区）元首、政府首脑、友好人士对四川省友好访问的口岸服务保障任务。为参加“第十五届中国西部博览会”、“知名企业四川行”、“活力澳门推广周”、“春季糖酒会”、“科技博览会”等重大活动及会议的重要客人 989 批次、3 686 人次及所乘专（包）机进出境提供口岸礼遇和服务。完成了中冶集团等单位从越南撤回的 307 名员工的口岸服务保障任务。为 2 批大熊猫交流西班牙、马来西亚，成都·迪拜国际杯—温江·迈丹赛马经典赛 50 匹赛马，以及随机人员进出境提供快速高效的通关服务。

【密切交流合作，做好口岸推介工作】 口岸管理及查验单位、运输服务部门（企业）与来四川口岸考察的重庆市政协港澳委员、上海、福建、海南口岸办、乌鲁木齐海关、波兰罗兹省等多批次国内外考察团交流了口岸监管、合作、大通关方面内容和需解决的问题。重点向重庆市政协 30 多名港澳委员、乌鲁木齐海关领导、波兰罗兹省副省长马辛·布加斯基介绍了四川在西部地区的区位优势，成都至香港澳门航班、蓉欧快铁运行情况，以及口岸在四川经济社会发展中发挥的重要作用。

成都双流国际机场先后在陕西西安，湖北武汉，省内达州、广元、广安等城市举行国际航空旅游产品推介会，大力宣传成都双流国际机场优质高效的服务，开通国内、国际（地区）航线情况，提升双流国际机场（空运口岸）知名度和影响力。

省机场集团公司争取到 2016 年第二十二届世界航线发展大会承办权。该航展大会的举行，将对成都双流国际机场在世界机场排名中产生较大的影响。

口岸监管与服务

【成都海关加强特殊监管区域建设，提高口岸通关效率】 2014 年成都海关办理报关单 63.8 万票，同比增长 13.8%；监管进出口货值 453.6 亿美元，同比增长 16.7%；征收两税 120.1 亿元，同比增长 4.3%，创征税历史新高。全年减免税货值 14 亿美元，减免两税 10.5 亿元。全年关区整体查验率 5.76 %，查获率 22.75%。立案侦办刑事案件 17 起，案值 1 553 万元；查处走私行为案件 18 起，行政违规案件 315 起，案值 1.10 亿元，罚没款入库 1 025 万元，补税 2 008 万元。“12·25”枪支配件走私案为全国海关查获的最大一起枪支配件走私出境案。通过空港旅检渠道查获毒品走私案件 12 起，同比增长 1.5 倍，缴获各类毒品 70 千克。

【海关重点业务改革】 2014 年 10 月 22 日，四川全域通关一体化改革实现全省联通，“全区域如一关，全领域为一体”使企业享受到全省及长江经济带通关一体化的双重便利。全年“全域通”模式申报报关单 12.1 万票，货值 290.4 亿美元，通过此项改革节约企业通关物流成本，缩短企业生产周期，助推经济良性发展，减少企业通关环节 10 余个，节省通关物流时间至少 3 ~ 5 小时，单票货物节约通关成本 135 ~ 160 元，每标箱货物节约物流成本 300 ~ 1000 元。促进四川构建水、陆、空“三位一体”的国际物流通道，促进内陆口岸开放，推动口岸临港经济发展，全年关区监管货运量 232.7 万吨，同比增长

51.3%，物流枢纽、集聚效益逐步发挥。全程电子化、可视化的“四位一体”物流监管体系基本建立，监管有效性和智能化水平不断提升，在报关单量保持13.8%增幅的同时，转关单工作量减少31%。积极推进通关作业无纸化改革。全年无纸化报关单总体占比达76.54%，海关作业时效提速明显。

【海关特殊监管区域建设】 积极复制推广上海自贸区监管创新制度，参与制定了四川省在海关特殊监管区域学习借鉴上海自贸区经验方案，目前第一批14项制度中企业有需求的已全部落实，没有需求的也做好了承接准备。成都综保区全年实现进出口322.8亿美元，占全省外贸的46%，在全国排名第三。保税加工发展趋于平稳，内销“返区维修”获批扩大至集团内产品，保税维修货值达3.8亿美元，保税展销平台搭建完成，部分企业研发中心转移至区内，保税服务占比超过三成，标志着区内已从单一加工制造中心向加工制造与维修、展销、研发中心并存多元化方向发展。海关特殊监管区域优化监管改革多点突破，实现“手续最简”，企业成本降低。坚持推进“分送集报”，减少报关单17.5万票。推广“一报一审”，减少报关手续约30%。深化“区间结转”，减少在途运输时间约50%。实现功能最全，特殊区域发展多元化。成都空港保税物流中心（B型）通过验收，泸州港保税物流中心（B型）获批，青白江铁路保税物流中心（B型）审批正式启动，标志着川内企业将能够依托内陆口岸的保税、退税功能，开展保税分拨、展示、维修业务，从而缩短退税周期，降低资金占用成本，一定程度抵消内陆物流费用偏高的先天劣势，提高四川产品外销出口的市场竞争力。空、铁、水三大保税物流中心初步形成与综保区等对外开放重要平台良性互动、协调发展的格局，为更好地促进产业转移、转型升级乃至四川申建内陆自由贸易园区打下坚实基础。

【口岸和对外通道建设】 成都双流国际机场航空枢纽作用已经实现，已开通国际航线78条，海关监管进出口货运量28万吨，货值370亿美元，进出境旅客331万人次，同比分别增长120%、41%和29%，主要指标均稳居中西部第一，并形成覆盖周边30多个城市的航空辐射圈。依托快件中心推进个人快件物品规范化改革，个人快件处理量增长超过20倍，监管进出境快件141.2万件。支持青白江铁路口岸发展，铁路枢纽辐射效能初步显现，2014年4月获批临时对外开放，全年监管货运量62.2万吨，同比增长41.8%，其中，蓉欧快铁、中亚班列全年运输进出口货物1.65万吨，货值5.06亿美元，货运量货源地覆盖西南、华南、华东等多个地区。支持泸州、宜宾港业务拓展，水运枢纽的功能基础基本奠定，完成信息化建设，优化海关监管和港口作业模式，支持两地开行经武汉、南京至中国台湾、韩国的国际班轮，培育国际航路，全年两地外贸集装箱吞吐量达3.8万个。不断加强区域合作，“东通西达南下北上”的国际物流通道进一步疏通，加强与长三角、珠三角、京津冀区域内和乌鲁木齐等兄弟海关的通关合作，探索开展多式联运便捷转关、水水中转等协作。

【海关机构建设】 海关机构布局更加合理，德阳海关、遂宁海关顺利开关运行，天府新区海关、内江海关正式获批，四川已基本在所有开放型经济发展较好的11个市设立了海关机构，进一步适应了“多点多极”战略布局和国家级新区建设发展的需要。

【重大走私案件查处】 全年立案侦办刑事案件17起，案值1 553万元；查处走私行为案件18起，行政违规案件315起，案值1.1亿元，罚没款入库1 025万元，补税2 008万元。其中，大要案办理成效显著，“5·26”走私普通货物物品案被海关总署列为一级挂牌督办案件，“12·25”枪支配件走私案为全国海关查获的最大一起枪支配件走私出境案，被国务委员郭声琨批示列入公安部部级督办案件。查缉毒品成绩斐然，空港旅检渠道查获毒品走私案件12起，同比增长1.5倍，缴获各类毒品70千克，位列全国空港查毒第2位。

【四川出入境检验检疫局加强口岸监管，确

保国门安全，主动服务地方外向型经济发展】 2014年完成检验检疫监管进出口产品34 352批，货值36.67亿美元。其中，出口14 770批，货值12.62亿美元；进口19 582批，货值24.05亿美元。检出不合格产品969批，货值13 814万美元，同比分别增长173.73%、309.2%。签发原产地及普惠制证书19 678份，签证金额29.82亿美元。检疫、查验出入境飞机22 673架次、旅客326.65万人次、集装箱37 561标箱，为出入境人员健康体检31 095人次，发现病例27 067例，同比增长40.44%。

【大力拓展四川口岸功能】 积极争取国家质检总局对西部内陆地区特殊的政策支持，帮助宜宾、泸州水运口岸顺利通过国家质检总局考核验收，实现了2个口岸同时申报、同时获批，四川成为西部地区首批获准从事水运集装箱进境粮食业务的省份。积极推动成都青白江铁路口岸临时开放，帮助成都青白江铁路口岸申报进口肉类指定口岸和进口整车指定口岸，目前，进口肉类指定口岸已通过国家质检总局的批准筹建，进口整车指定口岸也得到了国家质检总局的支持。帮助成都双流机场通过国家质检总局进口冰鲜水产品指定口岸能力考核。帮助成都双流机场口岸和青白江铁路口岸向国家质检总局申报进口水果指定口岸。积极支持综保区建设“国际进出口商品展示交易中心”。做好蓉欧班列出口产品检验检疫服务，支持蓉欧快铁提升回程运力，助推国家质检总局出台《关于促进中欧国际货运班列扩量增效检验检疫工作方案》。

【全力保障国门口岸安全】 完善口岸疫病疫情联防联控机制。进一步加强双流国际机场口岸联防联控体系建设，提高疫病疫情风险监测和防控能力。埃博拉出血热疫情发生后，着力构筑境外健康申报、途中机上防控、口岸专用通道3道防线，对重点航班全部登机检疫，查验来自疫区人员74例，妥善处置疫区入境人员发热临界事件2例，埃博拉出血热留观病例1例，向地方通报疫区入境人员信息282例次。

加强口岸动植物检疫。持续加强水运、陆路及国际邮件互换中心口岸核心能力建设，完善监管机制，严格口岸检疫查验，狠抓进境集装箱、木质包装检疫、动植物产品查验，截获率和检出率进一步提高。共截获违规进境动植物产品5 385批次，同比增长3倍；检出植物有害生物261种、1 079次，同比分别增长74%、109.71%。其中，检疫性有害生物8种11次；一般有害生物253种1 068次，同比分别增长76.92%、113.17%；全国首次检出一般性外来植物有害生物25种。主动应对跨境电子商务迅猛发展的态势，加大对旅邮检、快件和跨境电子商务邮寄物的监管力度，查验进境邮寄物64.27万件，开包查验7 271件，数量同比分别增长82.45%、361.94%，截获禁止邮寄进境物品648批次、8 120千克。

【积极推动上海自贸区经验落地生根】 2014年8月，省政府印发《成都市部分区域学习借鉴中国（上海）自由贸易试验区经验方案》后，四川检验检疫局认真学习借鉴上海自贸区经验，及时制定《四川检验检疫局支持成都市部分区域学习借鉴中国（上海）自由贸易试验区经验检验检疫工作方案》，同时积极向质检总局申请先行先试政策支持，形成了进境货物预检验及核销管理等6项可复制、可推广的检验检疫制度，把上海经验全面本土化。同时，努力探索建立与国际标准和规则体系相适应的监管制度，创新性地出台了无纸化报检、检验检疫分线监督管理、企业信用管理、行政许可事项办理4项规章制度，做到制度先行、措施先行、试验先行。至2014年12月24日《国务院关于推广中国（上海）自由贸易试验区可复制改革试点经验的通知》（国发〔2014〕65号）印发时，涉及贸易便利化和特殊监管区检验检疫制度的8项内容，已经全部实施、稳步开展。其中，全球维修产业检验检疫监管方面，全省已有6家企业可开展此项业务，富士康已实质性开展业务；进口货物预检验方面，对综保区内拟进口的食品实施“集中检验分批核销”，已完成首批50余个品种、10.8万瓶进口酒类，1批进口奶粉的预检验。

【不断创新检验监管模式】 提升以风险为导向的监管能力，创新出口食品农产品“3 + 3G”监管模式，全面构建风险信息监测网络，加强对进口消费品、进口机电产品、大宗敏感商品、危险化学品及包装的监管，减少抽批率，强化企业自主检查，实现放管结合，不断夯实质量安全基础，2014 年未发生系统性、区域性、行业性质量安全事件。结合四川 10 个外向型产业示范区规划，在成都武侯女鞋之都、高新综保区、攀枝花钒钛产业集聚区，推动创建出口工业品质量安全示范区。形成质量、品牌、创新“三轮驱动”的检验监管新模式。成都武侯出口女鞋质量安全示范区顺利通过国家级质量安全示范区现场考核验收，成为西部首家国家级出口工业品质量安全示范区。攀枝花出口钒钛工业产品、成都高新综保区出口电子信息类产品、苍溪猕猴桃等 3 个出口示范区通过省级质量安全示范区现场考核验收。原有 4 个国家级食品农产品出口质量安全示范区通过质检总局复审，保持国家级食品农产品出口质量安全示范区称号。

【持续提升口岸通关便利化水平】 推进关检“三个一”合作。2014 年 8 月以来，四川出入境检验检疫局与成都海关加强合作，召开全面深化合作座谈会，联合印发“三个一”实施方案，建立沟通协调机制，每月举行例会，研究解决存在的问题。组织人员到广东进行实地调研，共同细化具体实施方案。2014 年 10 月 15 日，四川省首批采用“一次申报”方式的报检（关）单电子数据，在青白江铁路口岸通过“三个一”业务窗口分别向检验检疫和海关发送成功。2014 年 12 月 24 日，关检合作“三个一”在四川省内所有具备条件的口岸现场全面实施，实现省内全覆盖，释放了改革红利。

加强检验检疫区域一体化建设。完善川渝沪和西南六省检验检疫机构协作机制，积极参与“一带一路”、长江经济带检验检疫一体化建设。加强西南六省区合作，贯彻落实《西南六省（区、市）进一步推进出口货物检验检疫直通放行实施方案》和《西南六省（区、市）检验检疫业务统计合作交流工作方案》，充分发挥西南六局内陆沿海沿边通关协作机制，在西南六局试行“属地申报，口岸放行”的出口直通放行制度；发挥业务统计数据支撑和业务导向作用，建立业务统计数据交换与共享机制。

【主动服务地方外向型经济发展】 在贯彻落实国务院办公厅《关于支持外贸稳定增长的若干意见》（国办发〔2014〕19 号）、国家质检总局《关于加大帮扶企业力度促进外贸稳定增长的意见》（国质检通〔2014〕296 号）、四川省政府《关于印发支持外贸稳定增长的十二条措施的通知》（川办发〔2014〕56 号）的基础上，四川检验检疫局主动作为，先后制定印发了《关于印发进一步促进外贸稳定增长措施的通知》（川检通〔2014〕63 号）和《落实支持外贸稳定重点工作任务分解表》（川检通〔2014〕113 号）、“五项工程”等一系列工作措施。制定《四川检验检疫局服务第十五届西博会工作方案》、《服务指南》（中英文对照）和《应急预案》，用好国家质检总局授权政策措施，在西博会现场设立检验检疫现场服务组和现场快速监测点，设置咨询、报检、签证、服务 4 个台位，配备多种快速检测仪器，开展入境参展物品质量安全项目现场快速检测和检验检疫服务，保证入境展会人员和物品在全川口岸“零障碍”快速通关放行。圆满完成第 90 届全国糖酒商品交易会、中外知名企业四川行、成都迪拜国际杯赛马经典赛、2014 中国成都国际鞋展、第十届食品博览会、川酒出国门、2014 年米其林必比登挑战赛、第五届中国（四川）—南亚经贸合作圆桌会议等重大国内外赛事检验检疫保障服务工作，对入境参展物资实施通关便利化措施。

引导企业用足用好原产地优惠政策。四川出入境检验检疫局进一步简化原产地签证手续，提高签证效率，共签发各类原产地证明书共计 19 678份，同比增长 4.5%，签证金额为 29.8 亿美元，同比增长 143.4%。其中，中国东盟证书、中国秘鲁、中国新加坡优惠原产地证书增长明显，为四川出口企业带来国外关税减免约7 200

万美元，折合人民币约4.5亿元。

【四川省公安边防总队加强口岸监管，提高边检服务水平，助推地方经济社会发展】 2014年检查出入境航班19 803架次、人员3 209 592人次，再创历史新高，同比分别增长9.5%、31%，出入境旅客流量仅次于上海、北京、广州、杭州等对外开放空港口岸，领先中西部省（市）。出入境旅客流量增长76万人次，增量居全国空港口岸前列。

积极提供决策参考依据。加强与美国、澳大利亚、英国、加拿大、荷兰等领事机构及我国香港入境事务处的工作交流，及时了解掌握最新移民、签证政策。坚持定期提供口岸出入境人员数据统计分析信息，为政府制定口岸发展规划，航空公司开辟新航线和旅行社优化经营活动提供决策参考依据，有效降低航空公司、旅行社的运营风险和成本。

助力成都国家级航空枢纽建设。2014年新开的2条客运直飞航线、5条旅游包机航线运营正常、客源丰富。在机场过境、中转通关环境不完善情况下，2014年共办理5 789人次国际中转24小时过境手续，22个国家的238名旅客享受了72小时过境免签便利政策，加速了成都国家级航空枢纽建设步伐。

助推四川出境游市场持续火爆。简化了中国公民因私前往泰国、尼泊尔等50个单方面对中国公民采取免签或落地签政策的国家（地区）的出境查验手续，各航空公司联合旅行社借势而为，新开旅游包机航线或加密航班。对赴台港澳旅游团队采取了准许分团、准许异地参团等更加方便、灵活的措施，2014年共批准792个赴港澳旅游团可以分团出入境，批准330名外省居民参加我省旅行社组织的台湾游，赴台游和港澳游的旅客分别达到9.3万人次和11.6万人次，同比分别增长34.4%、22.4%，促进了四川出境游市场的持续火爆。

优质高效服务，当好四川文明开放形象的宣传员。针对各国政要频繁访川和四川国际性会议、活动、比赛多的特点，选派工作经验丰富、形象气质佳的干部组建专项勤务小组，专门负责各国政要和重要嘉宾的出入境边防检查任务，为其提供“免人证对照”、“集中交验”和“开设专用通道”等优质高效的通关礼遇。2014年，圆满完成了美国第一夫人米歇尔、德国总理默克尔、新西兰总理约翰·基、莱索托王国首相塔巴内、捷克总统泽曼、埃及总统塞西等外国政要访川，以及第十五届西博会、现代五项世界杯、成都迪拜国际杯赛马经典赛、中外知名企业四川行、第五届中国（四川）—南亚经贸合作圆桌会议等国际性会议、比赛、活动期间的口岸边检安全保卫和服务保障工作，为来川考察、投资的世界500强企业高管提供了通关礼遇和便利。2014年5月18日，总队启动紧急突发事件预案，为越南撤侨行动中的3架包机、307名遭受暴力冲击的中冶集团企业员工快速办理了入境边检手续。

开放口岸

【成都空运口岸（成都双流国际机场）】 位于成都市双流县，距离成都市区16千米。成都双流国际机场是我国西部地区枢纽机场，2014年旅客货吞吐量3 750万人次，在全国城市排名第4位，机场排名第5位，中西部机场第1位。机场建有2条跑道，一条4E级跑道、一条4F级跑道，可起降A380等大型客、货飞行器；建有2座航站楼（T1、T2），面积达50万平方米。成都空运口岸的国际旅检现场设在T1航站楼A指廊，建筑面积3.9万平方米；设有8个登机廊桥、国际值机柜台37个，边检入境14个、出境12个通道；海关出入境快速通关通道，检验检疫出入境各设6个通道。成都双流国际机场已开通国内、国际（地区）航线240条（其中，国内航线162条，国际（地区）客货航线78条），78条国际（地区）客货航线中，定期直飞航线25条，直飞货运航线27条，中转和包机客运航线26条。通航城市186个，包括国际（地区）城市68个，国内城市118个。机场建有3座航空货运站，总面积10.7万平方米，年货物处理能力150

万吨，能满足航空货物较长时期的发展需要。其中，建筑面积5.5万平方米的双流机场空港新货运站是中国中西部最大、功能较完善的综合货运站。目前机场年验放进出境货物10.15万吨，除四川货物外，通过该口岸进出口的货物可中转至国内30多个城市；可实行国际货物大通关，加快货物的通关速度，满足驻川英特尔等世界500强企业高端技术密集型IT产品24小时内到达全球客户手里。

成都空运口岸（成都双流国际机场）经国务院批准，2013年9月1日起正式实施部分国家外国人过境72小时免办签证政策（51个国家）。2014年过境免签外国人达238人次，同比增长319%。

【成都陆路（铁路）临时开放口岸】 位于成都市青白江区城厢集装箱中心站（占地1 400万平方米，亚洲第一，全国18个集装箱中心站之一），距离成都市区44千米。2014年4月21日，国家口岸管理办公室批准成都铁路口岸为临时开放口岸。2014年9月11日，国家质检总局同意在成都铁路口岸筹建进口肉类指定口岸。已开通成都至上海、深圳、重庆“五定班列”和通往欧洲波兰的蓉欧快铁国际货物直达快速班列、中亚货运列车。查验设施、设备齐备、完善，有联检大厅面积5 210平方米，查验区面积2.7万平方米，海关、检疫监管仓库面积1 920平方米，监管堆场面积2.88万平方米，检验检疫场地6 300平方米，实验楼2 021平方米，熏蒸房150平方米及其他功能设施。集装箱正面吊4台、叉车6台、集装箱卡车19台。

原二类口岸

【绵阳铁路外贸货物装卸点】 位于四川省川西北地区绵阳市火车站（宝成复线下行线ZK542.02千米、上行线YK541.43千米处），距离成都市93千米，服务川西北地区外向型经济发展，是川西北地区通往世界的门户。拥有出口加工区、综合监管平台、出口监管仓库和公共型保税仓库等特殊监管区3处。该口岸基础设施、设备完善齐全，可满足川西北地区外贸货物进出境查验、验放的需求。2014年4月，四川省人民政府批准绵阳铁路口岸由绵阳火车站搬迁至涪城区新皂镇，2015年正式动工兴建。

【攀枝花铁路外贸货物装卸点】 位于川南地区攀枝花市渡口火车站，地处川滇结合部，是四川通往东南亚沿边、沿海口岸的最近点，为南方丝绸之路上重要的交通枢纽和商贸物资集散地。其独有的地域位置，凸显了在四川建设西部综合交通枢纽和发展开放型经济，建设面向东南亚“桥头堡”的重要使命。该口岸查验、监管设施、设备、堆场面积、监管仓库等基础设施、设备完善齐全，可满足攀西地区外贸货物进出口查验、验放的需求。

【乐山铁路外贸货物装卸点】 设在乐山市夹江县火车站。位于四川省川南地区，距离成都124千米。堆场面积4万平方米，普通仓库面积1 026平方米，监管仓库面积320平方米。有吊车2台，叉车6台。

【泸州河港外贸货物装卸点】 位于四川省南部地区，地处长江上游泸州市龙马潭区罗汉镇泥大坝，距成都251千米。可利用成渝、成自泸两条高速公路和通往港口堆场的临港铁路，实现铁公水联运。2014年10月13日，海关总署等部门批准设立泸州港保税物流中心（B型），同年10月9日，国家质检总局批准泸港为国家进境粮食指定口岸。港口堆场面积40万平方米；轨道式龙门吊45吨（吊具下35吨）7台，集装箱岸边桥式起重机45吨（吊具下35吨）3台，岸边120吨大件吊1台，岸边45吨门座机一台，堆高机2台，正面吊3台，集装箱内转车8台；3 000吨级直立框架泊位6个；商品车滚装泊位1个，已经具备集装箱100万标箱/年、商品滚装汽车30万辆/年的吞吐能力。是长江上游第一个铁路直通堆场的集装箱码头，已成为集公、铁、水多式联运为一体的长江上游百万标箱大港和四川第一大港口。

【宜宾河港外贸货物装卸点】 位于四川省川南地区，地处四川宜宾港志城作业区，长江上游北岸，距离成都市242千米。2014年10月9日，国家质检总局批准宜宾水运口岸为国家进境粮食指定口岸。宜宾港志城作业区堆场面积为7万平方米，其中，监管仓库围网查验监管区面积为1.1万平方米。有龙门吊40吨/8台，岸吊40吨/4台，25吨旋转式门座机1台，堆高车2台，正面吊3台，集装箱卡车60吨/20台，1 000吨（兼顾3 000吨级）集装箱泊位4个，1 000吨级重件泊位1个，重载滚装泊位1个。宜宾港一期工程已全面完成，年集装箱吞吐能力可达50万标箱。

【成都公路外贸货物装卸点】 2010年9月6日，省政府正式批准从成都市成华区建材路11号迁建至龙泉驿区成都（国家）经济开发区物流中心内，于2012年迁建动工，计划2015年竣工正式对外开放。

【成都国际邮件互换局（成都双流国际快件中心）】 位于成都市双流县航空港经济开发区、机场高速公路旁，距成都双流国际机场5千米，距市中心11千米。快件监管仓库有2 500平方米，报关大厅400平方米，联检单位办公及休息区2 000平方米，快件企业办公场地1 000平方米，停车场5 000平方米，监控室150平方米。国际邮件快件中心是独立的封闭区域，根据功能限制，流向限制和技术监控等要求，通过有限的物流隔离，划分出不同性质和功能的作业区域，实现场地分区管理，使各区域间保持相对独立，相互隔离，并实施24小时监控。成都国际邮件互换局（成都双流国际快件中心）已开通98个国家和地区特快专递业务，与200多个国家和地区互通邮件，并同新加坡、韩国、日本、美国4个国家和我国香港地区建立了国际特快专递直封关系。

四川省口岸大事记

1月29日

成都空港保税物流中心（B型）获海关总署等部门批准。

2月22日

中国政府赠送给比利时大熊猫，从成都空运口岸运送出境。

3月26日

美国总统奥巴马夫人米歇尔访问四川结束后，从成都空运口岸出境。

3月30日

国航西南分公司开通“成都—昆明—仰光”国际航线。

4月9日

韩国真航空公司开通成都至江原道（韩国襄阳机场）72小时过境免签包机航线。

4月21日

国家口岸管理办公室批准成都陆路（铁路）口岸为临时开放口岸。

4月30日

印尼航空公司开通巴厘岛—成都—巴厘岛国际航线。

5月18日

成都空运口岸为中冶集团从越南紧急撤回的300名员工回国提供通关服务保障。

6月24日

国家质检总局专家组对泸州、宜宾进口粮食指定口岸进行考核验收。

6月11日

美国联合航空公司开通“旧金山—成都—旧金山”国际直飞航线。

6月18日

中华人民共和国遂宁海关开关，对外服务。

6月21日

老挝国家航空公司开通了“琅勃拉邦—成都—琅勃拉邦”的包机航班。

7月1日

成都出入境检验检疫局正式揭牌开检。

7月5日

德国总理墨克尔从成都空运口岸入境，对四川进行友好访问。

8月26日

四川出入境检验检疫局与成都海关召开全面

深化合作座谈会，双方签署了《成都海关 四川检验检疫局关于全面推进关检合作“三个一”实施方案》。

9月11日

国家质检总局同意在成都陆路（铁路）口岸筹建进口肉类指定口岸。

9月18日~20日

第九届中国东盟民间友好大会在成都召开，成都空运口岸为进出境的东盟民间友好客人提供口岸服务保障。

9月25日

中华人民共和国德阳海关开关，对外服务。

德阳出入境检验检疫局揭牌开检，对外服务。

10月9日

国家质检总局批准泸州、宜宾水运口岸为第一批进境粮食指定口岸。

10月13日

泸州港保税物流中心（B型）获海关总署等部门批准。

10月22日

四川省开通“全域通”，实现了省内全领域（物流链条各环节各部门）和全区域（省内所有设关地）通关一体化，进一步缩短进出口货物通关时间，降低企业物流成本。

10月23日

成都空港保税物流中心（B型）正式通过国家验收，封关运行。

捷克总统泽曼访华团一行乘坐的专机和副机先后抵达成都空运口岸，对四川进行友好访问。

10月23日~26日

第十五届中国西部国际博览会在成都开幕，成都空运口岸为参加会议活动的国际（地区）重要客人及其专包机入出境提供口岸服务保障。

10月27日

海关总署、财政部、国家税务总局、国家外汇管理局四部委批复同意设立泸州港保税物流中心（B型）。

11月5日

四川省委副书记、省长魏宏一行到成都空港国际快件中心和保税物流中心视察、调研。

12月16日

四川宜宾水运口岸开通“宜宾—武汉—台湾”集装箱班轮。

（撰稿人：刘礼明、李熊、颜冬青、罗媛、石磊）

2014 年四川省口岸流量统计表

口岸类型		口岸名称	货运量（万吨）				集装箱（万标箱）				人员（万人次）				交通工具（辆、艘、架、次）			
			出口	进口	合计	同比（%）	出口	进口	合计	同比（%）	出境	入境	合计	同比（%）	出境	入境	合计	同比（%）
空运口岸		成都空运口岸	8.89	1.26	10.15						164.45	164.85	329.30	+34.20	11 107	11 409	22 516	+24.38
		分计	8.89	1.26	10.15						164.45	164.85	329.30	+34.20	11 107	11 409	22 516	+24.38
陆运口岸	公路口岸	成都陆路（公路）口岸	1.46	7.39	8.85	-22.03	0.07	0.35	0.42	-22.22								
		分计	1.46	7.39	8.85	-22.03	0.07	0.35	0.42	-22.22								
	铁路口岸	成都陆路（铁路）口岸	43.14	9.91	53.05	+41.96	1.80	0.41	2.21	+42.58								
		绵阳陆路（铁路）口岸	0.23	2.41	2.64	-10.51	0.02	0.21	0.23	-34.29								
		攀枝花陆路（铁路）口岸	1.14	54.80	55.94													
		乐山陆路（铁路）口岸																
		分计	44.50	67.12	111.63		1.82	0.62	2.44									
水运口岸		泸州水运（河港）口岸	31.08	19.50	50.58		2.18	1.28	3.46									
		宜宾水运（河港）口岸	7.26	7.32	14.58		0.15	0.15	0.30									
		分计	38.34	26.82	65.16		2.33	1.43	3.76									
合计			93.19	102.59	195.78		4.22	2.40	6.62		164.45	164.85	329.30	+34.20	11 107	11 409	22 516	+24.38

（四川省口岸办提供）

2014 年成都海关主要数据统计表

项目		2014 年	同比（%）
进出口货运量（万吨）	合计	232.78	+51.28
	进口	155.97	+65.63
	出口	76.82	+28.68
进出口贸易总值（万美元）	合计	4 523 821	+16.65
	进口	2 159 874	+16.2
	其中：江、海运输	312 478	-8.28
	铁路运输	140	-15.47
	汽车运输	18 860	+11.53
	航空运输	1 828 307	+22.75
	邮件运输	52	+3.5
	其他运输		
	出口	2 363 947	+17.11
	其中：江、海运输	409 055	+26.25
	铁路运输	60 159	+66.53
	汽车运输	27 881	-3.16
	航空运输	1 866 775	+14.56
	邮件运输	78	-14.31
	其他运输		
税收（万元）	两税合计	1 200 508	-1.09
	关税入库	182 408	+3
	进口环节税入库	1 018 100	+4.5

（成都海关提供）

2014 年四川省口岸出入境主要数据表

<table>
<tr><th colspan="3">项目</th><th>2014 年</th><th>2013 年</th><th>同比（%）</th></tr>
<tr><td rowspan="14">出入境人员（人次）</td><td colspan="2">出入境人员总数</td><td>3 209 592</td><td>2 453 826</td><td>+30.80</td></tr>
<tr><td colspan="2">入境人员</td><td>1 606 280</td><td>1 236 042</td><td>+29.95</td></tr>
<tr><td colspan="2">出境人员</td><td>1 603 312</td><td>1 217 784</td><td>+31.66</td></tr>
<tr><td colspan="2">出入境旅客</td><td>3 003 632</td><td>2 284 982</td><td>+31.45</td></tr>
<tr><td colspan="2">出入境员工</td><td>205 960</td><td>168 844</td><td>+21.98</td></tr>
<tr><td rowspan="5">中国公民</td><td>小计</td><td>2 689 499</td><td>2 056 018</td><td>+30.81</td></tr>
<tr><td>内地居民（因公）</td><td>106 049</td><td>77 332</td><td>+37.13</td></tr>
<tr><td>内地居民（因私）</td><td>2 239 114</td><td>1 708 797</td><td>+31.03</td></tr>
<tr><td>港澳居民</td><td>146 618</td><td>109547</td><td>+33.84</td></tr>
<tr><td>台湾同胞</td><td>196 718</td><td>160 342</td><td>+22.69</td></tr>
<tr><td colspan="2">外籍人员</td><td>520 093</td><td>228 964</td><td>+127.15</td></tr>
<tr><td colspan="2">从海港出入境人员</td><td></td><td></td><td></td></tr>
<tr><td colspan="2">从陆港出入境人员</td><td></td><td></td><td></td></tr>
<tr><td colspan="2">从空港出入境人员</td><td>3 209 592</td><td>2 453 826</td><td>+30.80</td></tr>
<tr><td rowspan="5">交通运输工具（辆、艘、架、列次）</td><td colspan="2">总计</td><td>19 803</td><td>18 093</td><td>+9.45</td></tr>
<tr><td colspan="2">船舶</td><td></td><td></td><td></td></tr>
<tr><td colspan="2">飞机</td><td>19 803</td><td>18 093</td><td>+9.45</td></tr>
<tr><td colspan="2">火车</td><td></td><td></td><td></td></tr>
<tr><td colspan="2">机动车辆</td><td></td><td></td><td></td></tr>
</table>

（四川省公安边防总队提供）

2014 年四川省出入境检验检疫业务统计表

项目	货物检验检疫				交通工具				集装箱（标箱）		发现动植物疫情		货物通关		出入境人员查验（人次）	健康检查及预防接种（人次）			
	批次	金额（万美元）	检验检疫不合格																
			批次	金额（万美元）	船舶（艘）	飞机（架）	火车（列）	汽车（辆）	合计	检出问题	种类数	种次	批次	金额		健康检查	艾滋病监测	发现病例	预防接种
本年累计	34 352	366 659	969	13 814		22 673			37 561		175	626	30 700	600 345	3 266 525	31 095	30 502	27 067	53 527
其中 出境	14 770	126 191	204	1 687		11 698			19 376				2 418	38 841	1 659 431	27 017	26 909	24 035	53 432
其中 入境	19 582	240 468	765	12 127		10 975			18 185		175	626	28 282	561 504	1 607 094	4 078	3 593	3 032	95
同比（%）	-46. 22	-28. 52	+176. 07	+309. 2		+14. 68			-11. 80		+98. 86	+413. 11	-3. 67	+9. 58	+30. 13	-7. 66	-4. 95	+40. 44	+26. 98
其中 出境	-65. 39	-61. 91	+126. 67	+114. 39		+16. 86			-5. 89				-74. 03	-33. 92	+29. 14	-11. 65	-8. 29	+43. 55	+26. 95
其中 入境	-7. 61	+32. 34	+193. 10	+368. 42		+12. 44			-17. 34		+98. 86	+413. 11	+25. 37	+14. 81	+31. 16	+31. 72	+30. 61	+19. 84	+50. 79

（四川出入境检验检疫局提供）

贵 州 省

贵州省口岸分布示意图

口岸名称	批准开放时间	开放状态
贵阳空运口岸	1992.9	国际常年

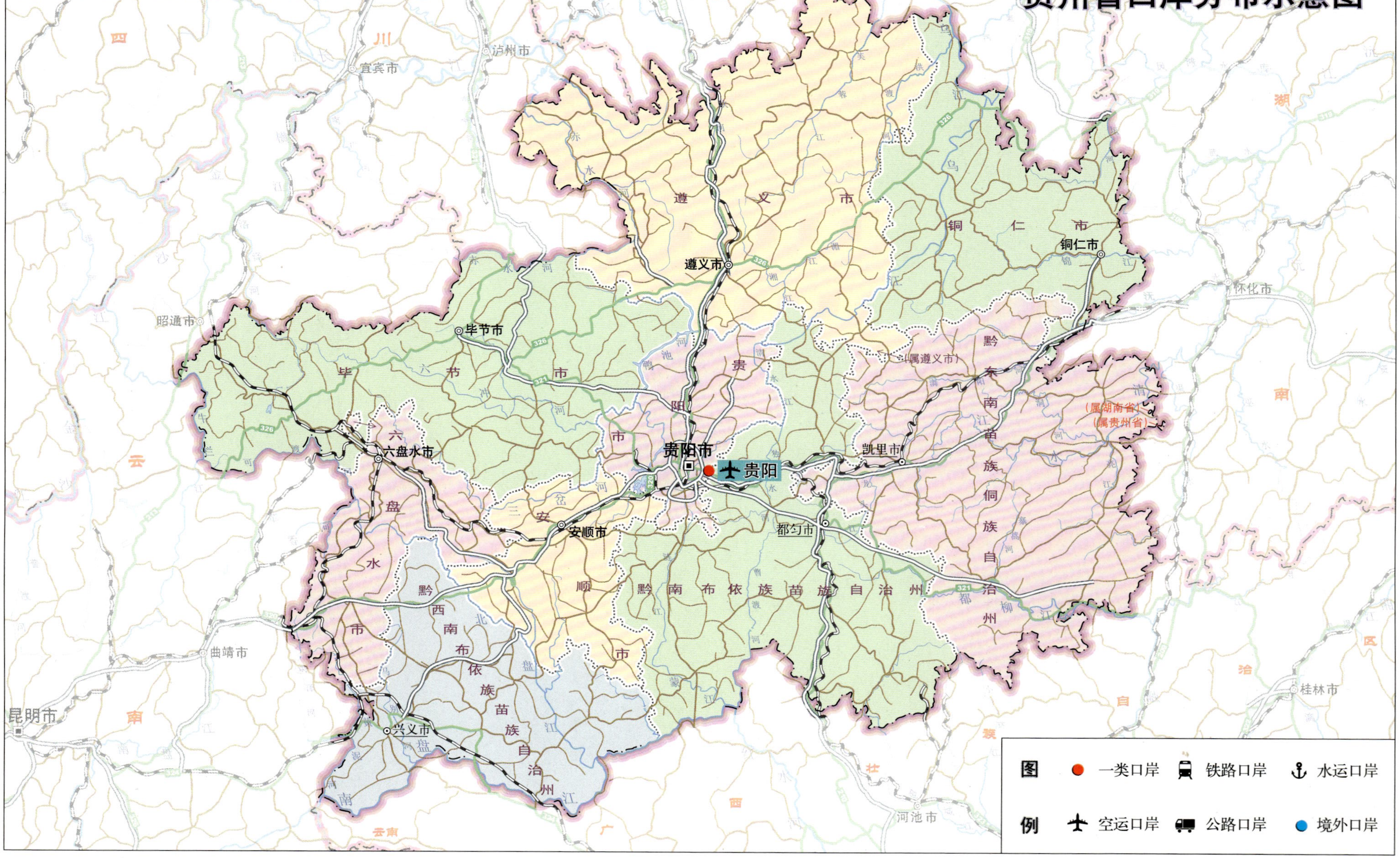

口岸数量及分布

截至2014年年底，贵州省有经国务院批准对外开放的空运口岸1个，即贵阳空运口岸（贵阳龙洞堡国际机场）。

口岸运行数据

2014年，贵阳空运口岸出入境人员289 889人次，同比增长34.26%。其中，入境144 869人次，出境145 020人次；出入境旅客271 405人次，同比增长34.47%；出入境员工18 484人次，同比增长31.17%；出入境航班2 348架次，同比增长28.25%，其中入境1 173架次、出境1 175架次。截留禁止进境携带物1 081批次。

2014年贵州省各市、州进出口统计表

市州	进出口额	出口额	进口额	同比（%）		
				进出口	出口	进口
合计	1 081 430	939 738	141 691	+30.45	+36.47	+0.91
贵阳市	784 221	727 188	57 033	+17.71	+22.76	-22.79
黔东南州	40 036	39 115	921	-37.29	-38.13	+48.41
遵义市	37 833	32 486	5 347	+109.75	+119.52	+65.11
毕节市	60 707	51 131	9 575	+456.86	+383.03	+2 928.54
安顺市	14 791	13 726	1 065	+383.44	+504.53	+35.01
黔南州	30 024	19 733	10 291	+121.21	-38.13	-10.54
黔西南州	16 296	16 275	22	+683.24	+780.29	-90.63
铜仁市	14 451	14 306	144	+782.56	+911.15	-35.13
六盘水市	83 072	25 779	57 292	+67.32	+87 554.09	+15.46

（贵州省商务厅提供）

口岸监管与服务

【加大内陆口岸开放建设力度】 贵州省口岸工作立足于盘活现有口岸资源，积极开拓新的口岸开放平台，着力构建一个高效服务全省开放型经济发展的稳定有序的口岸开放体系。依照《贵州省"十二五"口岸发展规划》，结合开放型经济发展需求，在海关总署及国家有关部委的大力支持和帮助下，2014年9月12日贵阳综合保税区一期围网建设顺利通过国家十部委联合验收。据统计，贵阳综保区目前已有惠普、海信、中兴通讯、中航工业、中国电子、国药集团、博奥生物、瓮福集团、瑞士银行、富士康、ABB等98个项目签约入驻，完成工商注册企业66家，开工建设10余家。积极推动完善市州口岸开放平台规划布局建设，目前已有贵州孟关国际无水港（含B型保税物流中心）、遵义新浦公用型保税仓库、毕节大方公用型保税仓库、安顺经开区公用型保税仓库、铜仁大龙公用型保税仓库等项目启动实施。贵安新区综合保税区、遵义综合保税区也在积极申报中。

【遵义机场获批临时开放口岸】 以纪念遵义会议召开80周年主题纪念活动为契机，为满足活动期间中外相关人士及游客进出境等方面的需求，提高活动质量和效率，贵州省于2014年10

月向国家口岸管理办公室提出了临时开放遵义新舟机场空运口岸的请示，在中央各部门的关心支持下，在省市各级的共同努力下，仅用了不到3个月的时间，在2014年12月30日，国家口岸管理办公室正式批复同意临时开放遵义新舟机场空运口岸（国岸发〔2014〕34号文件），这不仅为境外参加遵义会议80周年纪念活动重要客商的往来提供了极大方便，也为遵义大型外向型企业、旅游业提供了高效快捷的进出境通道，为遵义新舟机场下一步申报正式开放空运口岸打下了坚实基础。

【强化协调提升服务】 为充分发挥口岸协作机制的作用，切实做好口岸的建设、管理和协调工作，充分发挥口岸优势，整合口岸资源，提高通关效率和服务水平，共同推进“口岸大通关”建设，构建和谐文明口岸，贵州省口岸办认真组织贵州省公安边防总队、贵州出入境检验检疫局、贵阳海关、贵州省公安厅出入境管理局、贵州省机场集团有限公司等单位召开口岸现场通关协调工作例会，专题研究解决口岸建设、管理及运行中出现的各方面问题，协调、统一相关单位的意见，推动口岸建设和管理工作的有效开展。例会原则上每个月召开1次，也可根据需要随时召开，会议形成的共识或达成事项以会议纪要形式发布，口岸现场各单位共同遵守，确实发挥口岸协调作用，有效改善口岸通关环境和服务水平。

【大力发展航班航线，积极推动贵阳空运口岸升级改造】 进一步规范航空口岸国际及地区航线服务管理工作，提高口岸综合管理水平和查验服务质量，加大新开航线扶持力度，引进有实力的航空公司新开国际和地区航班航线。狠抓贵阳龙洞堡国际机场升级改造，协调联检单位提前介入改造事宜，主动参与航站楼改造的前期规划设计工作，通过充分调研学习提出系列意见和建议，提高项目设计的科学性和可行性。航站楼改造后的国际厅面积将从9 000平方米增加到1.8万平方米，改造工作采取不停航施工，即边改造施工，口岸照常运行。2014年年底，贵阳空运口岸二期改造建设工作已基本完成。

【贵州电子口岸开通运行，贸易便利化进一步提升】 为贯彻落实《国务院办公厅关于印发电子口岸发展“十二五”规划的通知》（国办发〔2012〕41号）、《省人民政府关于深化改革加快内陆开放型经济发展的实施意见》（黔府发〔2014〕11号）精神，加快贵州电子口岸建设步伐，提升贸易便利化水平，提高口岸通关效率，省商务厅（省口岸办）积极组织贵阳海关、贵州出入境检验检疫局等相关单位到湖南、江西、广西、上海等地考察学习，在借鉴兄弟省区经验方法的基础上结合贵州发展实际，制定了《贵州电子口岸建设工作方案》，在省级开放型经济发展专项资金中安排了5 000万元用于电子口岸项目建设，运用云计算、物联网、大数据等技术建设电子口岸数据中心，初步完成了贵州电子口岸门户网站搭建，实现了电子口岸平台与各相关单位信息平台的技术链接，于2014年12月31日完成了阶段建设任务并正式开通运行。

【口岸大通关合作体系逐渐完善，进出口贸易通道进一步通畅】 2014年12月1日，海关总署正式宣布贵州纳入长江经济带海关区域通关一体化改革，与上海、南京、杭州、宁波、合肥、南昌、武汉、长沙、重庆、成都、昆明等海关实施通关一体化改革。2014年12月22日由省商务厅（省口岸办）牵头，海关、检验检疫共同参与的“贵州与广东、广西进一步深化口岸大通关合作签约仪式”在贵阳举行，粤桂两省区商务、口岸、海关、检验检疫等部门分别与贵州方面签署了《黔粤进一步深化口岸大通关合作协议》、《黔桂进一步深化口岸大通关合作协议》，并在打造区域电子口岸、优化通关环境、海关特殊监管区域（场所）的监管协作、先行先试和创新发展、构建沿贵广高铁经济带新型大通关合作体系等方面取得了深入的合作共识。

【贵阳海关推进海关业务改革】 2014年，贵阳海关稳步推进各项业务改革，以改革促发展。一是全面融入长江经济带区域通关一体化改革，通关效率进一步提升，执法统一性进一步加强；二是深入推进通关单无纸化改革，实现各业务领域和各业务现场全面覆盖；三是扩大“属地申报，口岸验放”和“属地申报，属地放行”通关模式适用范围，关区企业享受更多便利；四是稳步推行关检合作“三个一”，口岸大通关合作机制初见成效；五是复制推广上海自贸区14项海关监管创新制度，抢占改革创新制高点；六是完成“黔关通”项目一期建设，打造智能化服务平台。

【贵阳海关加强税收征管】 贵阳海关以税收征管为轴心，保持一线监管、后续管理和打击走私3支力量的良性互动。一是强化税收征管制度建设，充分发挥关区归类、估价、原产地技术小组作用，以税收能力为基础，以征管质量为重点，以应收尽收为目标，完善综合治税大格局；二是巩固税基，拓展税源，强化关区税收监控，全面了解税源动向，主动走访税源大户，保证税收逆势增长；三是推行应税商品监测预警，电子税费支付推广运用、报关单批量复审、价格核查等举措提高税收征管质量。

【贵阳海关主动服务，促进开放型经济发展】 2014年，贵阳海关主动作为，努力促进地方开放型经济发展。一是支持外贸稳定增长。落实中央、海关总署支持外贸稳定增长意见，出台《贵阳海关深化改革支持外贸稳定增长26项措施》，支持贵州开放型经济转型升级。二是助推开放型平台建设。积极协助地方政府推进贵阳综保区规划建设，顺利通过国家部委联合验收；加强与海关总署请示沟通，争取政策支持，量身定制新型海关监管模式，促成贵阳综保区顺利封关运行；大力支持贵安综保区申建，获得国务院正式批准，极大提升贵州对外开放水平。三是充分发挥海关统计监测预警和辅助决策作用。围绕贵州外贸发展态势，加强分析研究和统计监测，及时向省委、省政府报送信息、专报、工作建议，全年获省领导批示20篇次，相关分析建议得到省委省政府的高度关注和认可。四是服务地方扩大对外开放。与地、州、市和口岸联检部门签订合作备忘录，深入各地市州、企业调研，制定个性化服务方案；积极参与地方招商引资，改善投资环境；优质高效完成贵州省第三届酒类博览会监管服务工作。

【贵阳海关打击走私违法，维护经济秩序】 2014年，贵阳海关贯彻落实《海关总署关于加强新形势下打击走私工作的意见》，保持打击走私高压态势。一是强化执法规范化建设。制定了民警进入执法办案场所办案工作流程图，指导办案实际，健全职能、现场和缉私部门在打私工作中的联系配合机制。二是发挥情报主导作用。以“海关缉私执法办案工作平台”、“海关缉私案件线索移交反馈系统”、“海关缉私协查管理系统”推广应用为契机，加强风险分析和情报经营，强化信息化系统应用。三是深化反走私综合治理。主动加强与地方政府和相关职能部门的联系沟通，与贵州省公安厅、贵州省工商局、贵州省林业厅等相关部门开展了执法合作配合，确保了各项反走私重点工作的有序推进。四是开展打私专项行动。开展打击农产品走私“绿风”专项行动，抓获2名走私农产品犯罪嫌疑人，案值4 665万元，涉嫌偷逃税1 100万元。开展打击走私象牙等濒危物种“守卫者”专项行动，立案侦办国家禁止进出境的物品进出境案件3起，没收象牙共计1.87千克。严厉打击毒品走私。立案侦办了邮件渠道走私毒品案件1起，缴获冰毒467.5克，缴获毒品数量创历年来最高。

2014年，贵阳海关缉私局立案行政案件11起，刑事案件2起，涉税刑事案件立案案值1.67亿元，涉及偷逃税额166万元；审理办结行政案件11起，结案案值1 103.196万元，同比增加503.5%；办结执行法院终审裁定刑事案件1起，结案案值1.77亿元，涉及偷逃税额2 136.31万元；全年缉私罚没收入共计1 158.77万元，同比增加2 314%。行政案件结案案值、刑事案件结案案值、涉及偷逃税额和缉私罚没收入创近年来最高。

【贵州省公安边防总队积极服务贵州发展建设】 2014年，本着“让更多的航线飞起来、让更多的游客走进来、让更多的外资引进来”的原则，贵州省公安边防总队把边检职能与地方经济发展紧密联系起来，主动介入、靠前服务。对招商引资、经贸洽谈、科技交流的境内外大企业和政要名流实行集中、优先验放和设置专用通道、简化出入境手续等通关便利服务。全年共完成重大通关接待任务80余批次、1 500余人次，同比增长120%；各类公务、商务包机43架次，同比增长65.12%。先后为出席贵阳国际生态文明论坛2014年年会、第四届中国贵州国际酒类博览会、贵州（贵阳）台湾名品博览会等会议政要贵宾，以及赵克志、陈敏尔等省领导率团出入境提供通关礼遇服务，得到了出入境贵宾和接待单位的充分肯定。针对安保任务日趋常态化的实际，从情报共享、巡逻检查、预检预录3个环节入手，进一步严密口岸管控。充分利用API预申报系统，提前获取旅客信息资料，切实发挥信息指导勤务、助力管控的预警作用。全年未发生漏控失控事件，口岸始终保持高度安全稳定。

【贵州省公安边防总队不断提高边检服务水平】 随着贵州省旅游产业的不断升温，出入境航班、旅客流量大幅增加，总队主动优化举措，积极将服务做深做透。通过常抓“执法为民”理念教育，全面开展“岗位业务技能练兵”，建立“训中干，干中练”实战考核平台，外派业务骨干到成都、重庆、昆明、广州、深圳等业务大站跟班见习，举办川渝黔边检机关区域警务合作，全面增强了官兵的履职能力。结合中国旅游日、“边检服务品牌集中推荐”等活动，组织检查员现场与广大出入境旅客、旅游团队零距离互动交流。以“满足旅客需求，回应旅客期待”为出发点和落脚点，在细节上下工夫，主动了解旅客有无疑难问题、有无急难情况、有无特殊要求，全面推行检查、服务、管控前移的工作模式，安装语音监控系统，对口岸进行全面监控，及时发现报告处理“急、难、险、病”等突发事件。全年共为老、弱、病、残、孕等旅客提供帮助500余人次，提供行李物品免费寄存服务100余次，为出入境旅客找回丢失的行李物品30余次，挽回经济损失10余万元。全年旅客电子评价满意率始终在100%，未发生旅客有效投诉事件。

【贵州省公安边防总队严密安防管控】 针对安保任务日趋常态化的实际，从情报共享、巡逻检查、预检预录等3个环节入手，进一步严密口岸管控，加强与国保、机场公安、各航空公司的协作交流，建立情报信息互通机制。通过视频监控探头对各重点区域、重点部位和重点环节进行全方位、多角度电子监控。建立限定区域巡查机制，充分发挥台外检查员、执勤战士的巡查监管作用，切实将一切可能影响口岸安全稳定的因素扼杀在萌芽状态。同时，建立安保风险评估机制，重点针对客流高峰通关能力、重点国家人员查验安全、人员监管移交安全、监控系统故障风险等进行分析评估，区分红、橙、黄、蓝4级预警，全方位摸清口岸管控薄弱环节和安全隐患，严防境内外敌对势力和违法犯罪分子潜入潜出。全年共查获在控对象7起，其中重要对象4起、掌握动态2起、网上追逃1起，协助省国税局、国安厅等部门完成有关人员出入境信息线索核查300余人次，协助遣送出境20余人次，接收境外遣返2人次。为维护口岸安全，保障社会稳定，服务贵州发展建设发挥了积极作用。

【贵州省公安边防总队全力做好重大活动保障工作】 随着贵州省对外开放力度的加大，各类公务、商务活动明显增多，贵州边防总队不断改善礼遇通关接待工作，加大了为中外贵宾的直接服务力度。按照省市党委、政府的安排部署，全警动员、全力以赴为出席贵阳国际生态文明论坛2014年年会、第四届中国贵州国际酒类博览会、贵州（贵阳）台湾名品博览会等会议的政要贵宾，以及赵克志、陈敏尔、李军、秦如培、刘晓凯、慕德贵等省领导率团出入境提供优质、高效的出入境通关服务。2014年共完成为参加国际性会议、活动、来黔访问、参会、考察、投资的外国政要和世界500强企业高管等重大活动保障及边检安保任务80余批次、1 500余人次，同比增长120%。

【贵州出入境检验检疫局口岸艾滋病防控】 2014年，贵州出入境检验检疫局共实施艾滋病监测 3 557 人次。检出艾滋病感染者 3 例，其中，1 例中国籍出境留学人员、2 例中国籍出境劳务人员。贵州出入境检验检疫局采取多项措施，加强口岸艾滋病防控和监测：一是继续加大口岸艾滋病防控知识宣传教育力度，加强对商务、劳务、留学等重点人群的宣传教育，进一步拓宽艾滋病防控宣传教育的渠道，口岸艾滋病防控知识宣传覆盖率已达 100%；二是增加艾滋病防控的投入力度，完善口岸艾滋病监测体系；三是完善实验室建设，加强艾滋病防控专业队伍建设，提高检测水平；四是深化联防联控的合作机制，吸收社会力量，努力探索更加科学有效的合作模式，使联防联控能够向广深方向发展；五是寻求口岸艾滋病防控在体制机制上的突破。

【贵州出入境检验检疫局出入境人员健康体检】 2014 年，贵州出入境检验检疫局共完成出入境人员传染病监测体检 3 585 人次，同比增长 17%，其中出国劳务和出国留学体检增长较为明显，同比分别增长 24% 和 8%，入境人员同比增长 39%。共计检出传染性病例 185 例，同比增长 36%，其中艾滋病毒感染者 3 例、梅毒 10 例、肺结核 6 例、肝炎 21 例、澳抗阳性 145 例。检出非传染性病例 619 例次，同比增长 20%。全年共完成国际预防接种 4 496 剂次，同比增加 16%。增长主要以出国留学接种为主，其中麻风腮 726 剂次、流脑 720 剂次、白破 192 剂次、水痘 301 剂次，同比分别增长 21%、56%、27%、80%。劳务人员接种为主的黄热病疫苗接种 1 068剂次、霍乱疫苗接种 1 415 剂次。严格执行证书拟制规程和签发程序，共签发《国际旅行健康检查证明书》3 505 份，《疫苗接种或预防措施国际证书》2 032 本，体检和预防接种均未发生任何检验检疫事故。

【贵州出入境检验检疫局卫生监督】 贵州出入境检验检疫局在口岸卫生监督工作方面主要开展了以下工作。一是进一步规范和强化预防性卫生监督工作，对餐饮服务项目的设计方案进行卫生学审核，作出卫生学评价，竣工后进行验收，发现卫生问题及时研究解决。对贵阳龙洞堡国际机场 T2 航站楼新入场的 2 家餐饮单位完善了预防性卫生监督流程。二是严格遵从程序性和实效性原则，认真履行口岸卫生行政许可行为。全年新签、换发国境口岸食品生产经营单位卫生许可证 20 个，新签、换发国境口岸服务行业卫生许可证 4 个。三是按照国家质检总局对于口岸食品生产经营单位推行食品卫生监督分级管理的相关要求，继续深入推进口岸食品生产经营单位日常卫生监督以及分级管理工作。2014 年年初，完成 20 家食品生产经营单位的信誉度等级评定工作。四是在日常卫生监督过程中，逐步增加食品现场快速检测项目和现场采集样品数量，在口岸核心能力建设要求仪器设备到位的前提下，重新按要求开展二次供水单位的水质监测项目和公共场所空气质量与微小气候监测项目。五是进一步加强口岸食品从业人员健康体检和知识培训的管理力度。全年组织从业人员健康体检 644 人次，均未检出相关传染病，签发“从业人员健康证书”644 份，同比增长 11%。利用信息化手段建立口岸从业人员健康信息和卫生知识培训信息数据库，结合日常卫生监督现场核查证件，对口岸从业人员实施动态管理。六是在元旦和春节期间开展“两节”食品安全专项检查，检出部分阳性样品，事后约谈涉及单位，共同查找问题，及时进行整改，复查抽检样品达标，专项检查取得实效。通过开展专项监督检查，进一步提高食品生产经营单位食品安全第一责任人的意识，对促进口岸食品生产经营单位的规范化管理，避免食品安全事故的发生起到积极的作用。七是通过口岸核心能力建设卫生监督项目的验收检查。按照核心能力建设的要求，督促机场管理部门以及相关企业完成模块规定的建设项目，精心准备迎检资料，认真回答检查组提出的问题。对检查出的问题，不搪塞、不回避，及时整改落实。

【贵州出入境检验检疫局口岸核心能力建设】 自开展口岸核心能力建设以来，贵州出入境检验检疫局严格按照《国际卫生条例（2005）》有关要求，积极“围绕一个目标，贯彻两项原则，完善三种机制，提升四种能力”工作思路，全力推进贵阳机场口岸核心能力建设。2014 年 7 月 28 日，贵阳龙洞堡国际机场口岸顺利通过国家质检总局口岸核心能力建设验收组复查验收，成为国家质检总局公布的 63 个《国际卫生条例(2005)》口岸核心能力空港达标口岸之一。按照口岸核心能力建设要求和部署，贵州出入境检验检疫局传染病监测实验室开拓创新，积极进取，将核心能力建设要求具备相应检测能力的病原体相关检测标准汇总并集结成《口岸卫生检疫核心能力建设标准汇编》一册，新编写制定检测操作程序 12 个，逐步建立了国外流行、国内少见的新发烈性传染病病原体（基孔肯雅病毒、黄热病、西尼罗热、埃博拉等多种病毒）快速筛查、系统鉴定检测技术体系；新开展了实时荧光 RT－PCR、常规 RT－PCR 和微孔板悬浮基因芯片等多种检测方法，具有快速、特异和高灵敏度等优点。实验室全年接收机场口岸鼠肺、人血清、咽拭子、肛拭子等样品共计 26 份，进行了甲型 H1N1、汉坦病毒、登革病毒和疟原虫等 20 余种病原体的核酸检测，为口岸应对公共卫生突发事件提供了简单、可行、高效的技术依据。在掌握和开展新方法的同时，自发参加了国家认监委组织的 A 类“登革病毒检测能力验证计划”(CNCA－17－C01)，总计 5 个盲样的登革病毒核酸检测结果均为满意，检测能力和检测水平得到了充分的肯定和验证。

【贵州出入境检验检疫局医学媒介生物监测】 按照国家质检总局《关于开展全国口岸及相邻边境线医学媒介生物本底调查和监测专项工作的通知》，以及《全国口岸及相邻边境线医学媒介生物本底调查和监测专项工作方案》的相关要求，从 2014 年 5 月份开始，贵州出入境检验检疫局在贵阳龙洞堡国际机场口岸实施了鼠类、蚊类本底调查及监测工作。组织撰写了《贵州出入境检验检疫局 2014 年度口岸鼠类、蚊类本底调查及监测实施方案》，并以此为契机推动贵阳机场口岸医学媒介生物监测工作“上水平”。一是参阅口岸媒介生物监测的各项规程和相关资料，梳理出媒介监测所需设施设备详细条目，利用口岸核心能力建设的项目经费支持，配置了相关的设施设备，提升了口岸医学媒介生物监测的“硬件”能力；二是派员参加了 2 期国家质检总局举办的全国医学媒介生物口岸现场监测技术培训班，学习了媒介采集方法、生境选择、布点设计、初步鉴定、病原体样本采集等内容，并组织再培训进一步提高口岸医学媒介生物监测的“软件”能力；三是在《贵州出入境检验检疫局 2014 年度口岸鼠类、蚊类本底调查及监测实施方案》中，明确了各参与单位的职能职责，并通过积极的组织协调，使得在标本采集、标本制作、标本鉴定以及媒介生物病原体检测各环节均有人力保障，实现无缝对接，确保任务顺利完成；四是按照“医学媒介生物监测信息系统”、“国家质检总局绩效管理系统”的上报要求，在每次监测结束后，认真核查数据、完善记录，及时上报信息；五是按照要求撰写媒介监测年度报告。

【贵州出入境检验检疫局综保区办事处成立】 2014 年 12 月 18 日，国家质检总局批准成立的贵州出入境检验检疫局贵阳综合保税区办事处正式挂牌，标志着检验检疫机构正式入驻贵阳综保区并全面开展检验检疫工作。此举对提升贵阳综保区检验检疫监管服务效能，促进贵阳外向型经济发展，牵引带动贵州外经贸发展步入快车道具有极其重要意义。2013 年 9 月 14 日，国务院正式批复同意设立贵州省首个综保区——贵阳综保区。贵州出入境检验检疫局在贵阳综保区规划建设工作中，全力配合地方政府，全程指导，高效推进，确保了检验检疫基础和监管设施建设顺利完成，于 2014 年 9 月 12 日正式通过国家十部委验收，并于 2014 年 12 月 27 日封关运行。

【贵州出入境检验检疫局进口植物种苗指定入境口岸实现零突破】 在国家质检总局实地考核评估及指定口岸工作质量分析评价的基础上，国家质检总局 2014 年年底发布公告，批准贵阳龙洞堡国际机场口岸为进口植物种苗指定入境口岸，结束了贵州无进口植物种苗指定入境口岸的历史。同时也表明贵阳龙洞堡国际机场口岸已具备现场查验、除害处理、隔离检疫设施等必要的条件，贵州出入境检验检疫局相关实验室也具备了检测手段和技术能力。贵阳龙洞堡国际机场口岸为进口植物种苗指定入境口岸后，将有效促进贵州省引进国外优质种子种苗，大幅度缩短贵州省进口种子种苗隔离检疫周期，同时还将大幅度减少进口企业成本，势必对贵州农林果业及农产品进出口起到积极的促进作用。

【贵州出入境检验检疫局保障进出口产品质量安全】 2014年，贵州出入境检验检疫局在进口产品方面对社会广泛关注的进口消费品等重点敏感产品进行监督抽查，全年抽查非法检进口商品21批次，不合格率为28.5%；对市场采购、跨境电子商务等新型领域进行了专项检查，对2起违法行为做出了处罚。在出口产品方面，围绕出口产品质量安全和双边协议要求等加大查验力度，全年检出出境不合格商品54批次、货值3 072.2万美元，比2013年大幅度增长。

【贵州出入境检验检疫局创建出口食品农产品质量安全示范区】 为提升全省出口食品农产品质量总体水平，贵州出入境检验检疫局在总结湄潭和麻江成功创建国家级出口食品农产品质量安全示范区的基础上，2014年又成功创建了凤冈出口茶叶质量安全示范区，进一步提高了全省食品农产品在国际市场上的竞争力，有力地促进了茶叶等特色农产品的出口。2014年，在省政府的有力领导下，在贵州出入境检验检疫局及相关部门和进出口企业的共同努力下，以茶叶、白酒、食品级磷酸和磷酸氢二铵为代表的贵州农产品、特色产品出口大幅增长，出口货值同比分别增长542.5%、64.6%、13%和142.1%。铜仁的袖珍打火机，黔西南的花卉、薏仁米、硝酸铵和白酒等相继首次走出国门。

【严防埃博拉疫情传入】 西非发生埃博拉疫情以后，贵州出入境检验检疫局高度重视，第一时间加强口岸严防严控和卫生检疫工作，采取严密措施对入境航班实施严格的检疫查验。从疫情发生至2014年年底，共检疫查验入境航班1 183架次、人员16.1万人次，排除了8例疑似病例。

【贵州出入境检验检疫局严控有害生物入侵】 通过加强标志查验、严厉违法查处、实施后续监管和加强分类管理等措施，强化对入境货物木质包装查验。全年共检出带有有害生物的木质包装13批、183件，检出蓝黑树蜂、三裂叶豚草等检疫性有害生物，按照《中华人民共和国进出境动植物检疫法》及其实施条例对这些木质包装进行了销毁处理。在贵阳龙洞堡国际机场口岸共检疫查验入境旅客行李27.2万件次，同比增加31.4%；截获旅客禁止携带物835批次，其中检疫犬截获295批次，占总截获批次的35.3%。从入境旅客携带物中共截获有害生物18批次，并首次截获检疫性有害生物具条实蝇。

【贵州出入境检验检疫局全面实施关检“三个一”通关模式】 2014年11月13日，贵州出入境检验检疫局联合贵阳海关召开新闻发布会暨政策宣讲会，宣告贵州辖区内关检合作“三个一”通关模式正式上线运行。“三个一”模式的上线是双方积极落实国务院促外贸、稳增长部署的措施之一；是落实双方合作备忘录的一项重点工作；是加强关检联动配合，创新口岸通关模式、推动通关便利化的重大创举，对提高通关效率、降低企业成本、促进贸易便利化有着明显效果。贵州辖区实施关检合作“三个一”作业后，企业向出入境检验检疫和海关部门的申报项目录入项也将从原来分别申报模式的169项优化合并成92项，项目数减少45%，录入效率提高30%以上。同时，采取“一次查验”做法后，货物查验时间约减少50%以上，企业办理查验等候时间减少50%以上，还能避免企业反复调运集装箱，拆卸、搬运货物，节约了企业成本。

【贵州出入境检验检疫局加强目录外进出口商品监督抽查】 2014年，贵州出入境检验检疫局按照国家质检总局要求，将抽查工作重点往进出口重点敏感产品上进行了转移，全年抽查产品44批次，其中，检出不合格17批，不合格率38.6%。受理4批次非法检产品出口货物退运核查工作，分别是磷铁、酒糟粉、全棉工装、电机连齿轮箱，经积极与企业联系，帮助其分析不合格原因并进行了整改提高。

【贵州出入境检验检疫局力促老干妈通过FDA检查】 2014年12月，美国食品药品监督管理局（FDA）正式以书面文件形式告知，贵阳南明老干妈风味食品有限责任公司成为贵州首家通过FDA食品安全现场检查的出口食品生产企业。2014年5月，FDA首次派专员对该公司开展常规检查，FDA检查官在完成检查后明确表示，公司不会收到代表存在缺陷项的美国“483”表格，原定次日检查工作取消，“老干妈”公司得以顺利通过常规检查。为迎接这一检查，并确保检查取得满意结果，贵州出入境检验检疫局进行了精心安排，全程帮扶指导。一是成立由分管局领导为组长及10余名专家为成员的专项工作组，组织人员进行专题调研，就FDA检查要求向公司管理层做详细说明。2014年4月，协调邀请了广东检验检疫局具有丰富迎检经验的资深专家到现场授课和指导。同时，积极联系省内商务、外事部门，对公司管理人员进行涉外礼仪及交流方面的专题培训。二是全程帮助公司整改。对公司的生产管理、体系运行、实验室检测、溯源管控等环节进行全面检查，提出整改建议40余条，公司以此为蓝本，对4个出口卫生备案车间进行内审。同时，派人对公司进行驻场蹲点监管，监管细化到原材料生产、环境卫生评估、设备更新、仓储管理等重要环节，并组织专家会同公司管理层对整改计划进行可行性论证、完善，确定了整改方案和进度安排。三是做好检查现场指导工作。在现场检查中，贵州出入境检验检疫局除以官方形式全程陪同FDA检查官开展不事前告知相关环节的检查工作外，还与公司管理人员组织现场预检并成立应急处置工作组，以便发现问题采取措施，避免意外情况发生。随后，利用检查官午休时间，逐字审阅公司针对上午检查出的3个观察项制定的整改方案，并在下午检查工作开始前递交给检查官，高效、严谨的工作作风得到了美方高度评价。“老干妈”公司顺利通过检查，为贵州食品质量品牌在国内外树立了良好榜样。贵州出入境检验检疫局在帮助企业适应国际贸易规则、突破国外技术壁垒工作中做出了成绩，得到了锻炼。

【贵州出入境检验检疫局提高贸易便利化服务水平】 贵州出入境检验检疫局不断提升检验检疫工作有效性，进一步提高贸易便利化服务水平：一是根据国务院要求，组织人员结合贵州实际进行认真研究，在贵州辖区内复制、推广上海自贸区8项创新检验检疫制度；二是为贵安新区富士康产业基地提供全程服务，及时沟通检验检疫建设需求，支持帮助贵安综合保税区成为贵州第2个获批的综合保税区；三是进一步加强区域检验检疫合作与交流，参与形成《西南六省区市出口货物直通放行工作实施方案》、《西南六省（区、市）检验检疫业务统计合作交流工作方案》。

【贵州出入境检验检疫局创新风险监控工作机制】 2014年，贵州出入境检验检疫局进一步下放业务权限，将过去局本部统一实施的方式改革为主管业务处室牵头+辖区实施的方式；对于进境有害生物监测工作，委托有资质的第三方专业检验机构开展；积极推广监管+服务+共商对策的监管模式，进一步将提速、增效、减负和严密监管落到实处。另外，以出口茅台酒、油辣椒和饲料添加剂为试点，在产品风险评估的基础上，推行“合格假定”、分类管理和风险监控相结合的检验监管新模式，进一步规范进出口食品农产品检验监管工作，有效缓解业务工作量大、人手紧张的矛盾，提高了检验监管工作质量和工作效率。

开放口岸

【贵阳空运口岸（贵阳龙洞堡国际机场）】 贵阳龙洞堡国际机场是一个位于中国贵州省贵阳市东部的民用国际机场，距离市区11千米，交通便利。机场于1997年5月28日正式投入空运，是西南地区一个重要的航空枢纽。机场管理机构为贵州省机场集团有限公司，距贵阳市中心约11千米，车程约25分钟。该机场占地面积约400万平方米，机场跑道长3 200米、宽45米，三条快速脱离道和两条端联络道，是可接受波音747、空中客车A330等同类及其以下机型的全重起降，具有先进导航系统和设施的4E级现代化机场。新航站楼满足年旅客吞吐量1 550万人次，货邮吞吐量22万吨，飞机起降量14.6万架次。主要建设规模为新建航站楼11万平方米，停机坪26万平方米，货运站2.1万平方米，停车场（楼）10.5万平方米，配套有空管、供油、供电、给排水、供冷、供热、燃气、消防救援和辅助生产设施，用地规模约7.24万平方米，是西南地区一个重要的航空枢纽。贵阳机场以中型飞机为主、小型飞机配套、长短航线互补的航空运输，目前该机场直飞航线63条，每周航班起降1 000余架次。直飞航线和包机航线遍及国内50个大中城市和中国香港、中国台北、韩国、新加坡、泰国、柬埔寨、越南等地。包括4家基地公司在内，总共有16家航空公司在该机场营运。基地航空公司分别是中国国际航空股份有限公司贵州分公司、中国南方航空集团贵州航空有限公司、华夏航空公司、天津航空贵州分公司。

2006年1月19日，贵阳龙洞堡机场更名为贵阳龙洞堡国际机场，成为中国西南地区第4家国际机场。此前，该机场已通过国家有关部门的综合评估和验收，并获得民航总局的正式批复。2013年启动了贵阳机场T1航站楼扩容改造工程。改扩建工程国际区域的投用，将使贵阳机场T1航站楼和T2航站楼连为一体，实现双楼运行，新建成的高架桥贯穿T1航站楼和T2航站楼，乘坐国际、地区航班的旅客进出港将更便捷。T1航站楼改扩建工程以满足年旅客吞吐量600万人次的使用要求设计，总建筑面积80 768平方米，总投资6.55亿元。改造后贵阳机场航站楼总规模达21万平方米，可满足年旅客吞吐量1 850万人次的需要，有效提升机场硬件保障水平。

贵州省口岸大事记

3月25日

富士康集团第一票货物在贵阳海关申报出口。

4月4日

贵阳龙洞堡机场国际货运海关监管场所正式启用。

5月21日

贵州出入境检验检疫局在贵阳龙洞堡国际机场国际到达大厅举行贵阳机场口岸突发公共卫生事件应急处置演练。

7月9日

贵州省第一家规范的海关陆运监管场所——胜记仓海关监管货场正式成立。

7月18日

川渝黔边检机关区域警务合作首次联席会议在贵州省公安边防总队召开。

7月28日

贵阳龙洞堡国际机场口岸顺利通过国家质检总局口岸核心能力建设验收组的复查验收，标志着贵阳机场口岸核心能力正式通过验收，口岸公共卫生防控和突发事件应对能力基本达到世界卫生组织《国际卫生条例（2005）》及国家质检总局规定的要求。

7月29日~30日

中老缅泰湄公河流域执法安全合作情报信息交流推进会在贵阳召开。

8月19日

由公安部边防管理局和出入境管理局联合组织开展的中国边检服务品牌推介活动在全国多个边检站同时举行，贵州省公安边防总队作为示范点之一，在贵阳龙洞堡国际机场出入境大厅举行边检服务品牌推介活动。

9 月 12 日

贵阳综合保税区（一期）顺利通过国家部委联合验收。

11 月 14 日

关检合作“三个一”首单报关报检成功。

12 月 22 日

在贵州国际会议中心举行了贵州与广东、广西进一步深化口岸大通关合作座谈会暨签约仪式，贵州省商务厅、贵阳海关、贵州出入境检验检疫局分别与广东、广西两地商务厅、海关、检验检疫局签署了“进一步深化口岸大通关合作协议”。

12 月 27 日

贵阳综合保税区正式封关运行。

12 月 31 日

贵州电子口岸正式开通。

12 月 31 日

国家口岸管理办公室正式批复同意临时开放遵义新舟机场空运口岸。

（撰稿人：邓院生、陈亮、孙伟、杜江、杨珺轶）

2014 年贵州省口岸流量统计表

口岸类型		口岸名称	货运量（万吨）				集装箱量（万标箱）				人员（万人次）				交通工具（辆、艘、架、列次）			
			出口	进口	合计	同比（%）	出口	进口	合计	同比（%）	出境	入境	合计	同比（%）	出境	入境	合计	同比（%）
空运口岸		贵阳空运	0.08	0.07	0.15	+25.74					14.50	14.49	28.99	+34.26	1 175	1 173	2 348	+28.52
空运口岸		分计	0.08	0.07	0.15	+25.74					14.50	14.49	28.99	+34.26	1 175	1 173	2 348	+28.52
陆运口岸	公路口岸																	
陆运口岸	公路口岸	分计																
陆运口岸	铁路口岸																	
陆运口岸	铁路口岸	分计																
水运口岸	海港口岸																	
水运口岸	海港口岸	分计																
水运口岸	河港口岸																	
水运口岸	河港口岸	分计																
合计			0.08	0.07	0.15						14.50	14.49	28.99		1 175	1 173	2 348	
同比（%）			+30.26	+21.27	+25.74						+34.59	+33.92	+34.26		+28.70	+28.37	+28.52	

（贵州省口岸办提供）

2014年贵州海关主要数据统计表

项目		2014年	同比(%)
进出口货运量(万吨)	合计	656.00	+46.70
	进口	544.85	+49.80
	出口	111.15	+33.10
进出口贸易总值(万美元)	合计	187 084.00	+45.30
	进口	97 079.00	+27.90
	其中：江、海运输	74 232.00	+8.50
	铁路运输		
	汽车运输	8 904.00	+2 428.00
	航空运输	13 942.00	+96.50
	邮件运输		
	其他运输	3.00	
	出口	90 005.00	+70.20
	其中：江、海运输	62 514.00	+34.70
	铁路运输	968.00	-44.70
	汽车运输	18 717.00	+1 307.60
	航空运输	7 806.00	+131.90
	邮件运输		
	其他运输		
税收(万元)	两税合计	90 453.00	+9.30
	关税入库	15 679.00	-3.00
	进口环节税入库	74 774.00	+12.30

(贵阳海关提供)

2014 年贵州省口岸出入境主要数据表

项目			2014 年	2013 年	同比（%）
出入境人员（人次）	出入境人员总数		289 889	215 921	+34.26
	入境人员		144 869	108 172	+33.92
	出境人员		145 020	107 749	+34.59
	出入境旅客		271 405	201 829	+34.47
	出入境员工		18 484	14 092	+31.17
	中国公民	小计	281 648	207 683	+35.61
		内地居民（因公）	5 763	3 969	+45.20
		内地居民（因私）	197 379	149 175	+32.31
		港澳居民	21 879	17 549	+24.67
		台湾同胞	56 627	36 990	+53.09
	外籍人员		8 241	8 238	+0.04
	从海港出入境人员				
	从陆港出入境人员				
	从空港出入境人员		289 889	215 921	+34.26
交通运输工具（辆、艘架、列次）	总计		2 339	1 812	+29.08
	船舶				
	飞机		2 339	1 812	+29.08
	火车				
	机动车辆				

（贵州省公安边防总队提供）

2014 年贵州省出入境检验检疫业务统计表

项目	货物检验检疫				交通工具				集装箱（标箱）		发现动植物疫情		货物通关		出入境人员查验（人次）	健康检查及预防接种（人次）			
	批次	金额（万美元）	检验检疫不合格																
			批次	金额（万美元）	船舶（艘）	飞机（架）	火车（列）	汽车（辆）	合计	检出问题	种类数	种次	批次	金额（万美元）		健康检查	艾滋病监测	发现病例	预防接种
本年累计	2 269	93 975. 10	96	4 522. 61		2 348			965		24	21	1 649	6 3 931. 71	290 842	3 585	3 557	806	4 500
其中 出境	1 744	83 043. 10	54	3 072. 21		1 175			916		1	1	657	60 814. 70	146 613	2 708	2 706	608	4 492
其中 入境	525	10 932. 00	42	1 450. 40		1 173			49		24	20	992	3 117. 01	144 229	877	851	198	8
同比（%）	-58. 19	+10. 29	+220. 00	+781. 84		+28. 52			-46. 09				-8. 79	+80. 91	+34. 84	+17. 16	+16. 09	+23. 62	+16. 58
其中 出境	-64. 07	+11. 80	+134. 78	+3 880. 08		+28. 70			-48. 83				-9. 00	+78. 99	+35. 42	+11. 49	+11. 13	+21. 60	+16. 49
其中 入境	-8. 38	+0. 01	+500. 00	+232. 91		+28. 34							-8. 66	+128. 91	+34. 26	+38. 99	+35. 29	+30. 26	+100. 00

（贵州出入境检验检疫局提供）

云 南 省

口岸数量及分布

截至2014年年底，云南省有经国务院批准对外开放的口岸16个。其中，空运口岸3个，分别是昆明空运口岸（昆明长水国际机场）、西双版纳空运口岸（西双版纳嘎洒国际机场）、丽江空运口岸（丽江三义国际机场）；陆路（铁路）口岸1个，即河口铁路口岸；陆路（公路）口岸10个，分别是瑞丽、畹町、孟定清水河、腾冲猴桥、打洛、磨憨、勐康、河口、天保、金水河公路口岸；水运口岸2个，分别是景洪、思茅河港口岸。

口岸运行数据

2014年，云南省口岸货运量1 475万吨，同比增长23.9%。其中，出口368万吨，同比增长20.5%；进口1 108万吨，同比增长25%。进出口额达到157.6亿美元，同比增长33%，占云南省外贸进出口的比重为53.2%。其中，出口92.2亿美元，同比增长25.6%；进口65.4亿美元，同比增长45%。云南省内企业进出口额为125.7亿美元，占云南省口岸进出口额的79.8%；云南省外企业进出口额为31.9亿美元，占云南省口岸进出口额的21.2%。云南省企业进出口额较2013年度增加了35.9亿美元，同比增长40%。口岸出入境人员首次突破3 000万人次，达到3 358万人次，同比增长14.4%。其中，出境1 661万人次，同比增长14.4%；入境1 696万人次，同比增长14.3%。口岸出入境交通工具首次突破600万辆（艘、架、列）次，达到677万辆（艘、架、列）次，同比增长21%。其中，出境336万辆（艘、架、列）次，同比增长20.9%；入境341万辆（艘、架、列）次，同比增长21.2%。

2014年，中缅边境口岸进出口货运量888万吨，同比增长43.2%，占云南省口岸货运量的60.2%；进出口额87.8亿美元，较2013年增长31.4亿美元，同比增长55.6%，占云南省口岸的55.7%；出入境人员2 644万人次，同比增长18.2%，占云南省口岸出入境人员的78.8%；出入境交通工具622万辆次，同比增长22.8%，占云南省口岸出入境交通工具的91.8%。

2014年，中越边境口岸进出口货运量228万吨，同比下降24.8%，占云南省口岸货运量的15.4%；进出口额11.7亿美元，同比下降8.4%，占云南省口岸进出口额的7.4%；出入境人员401万人次，同比下降3.2%，占云南省口岸出入境人员的12%；出入境交通工具20万辆（列）次，同比下降15.1%，占云南省口岸出入境交通工具的3%。

2014年，中老边境口岸进出口货运量158万吨，同比增长25.7%，占云南省口岸货运量的10.7%；进出口额为27.6亿美元，同比增长21.5%，占云南省口岸进出口额的17.5%；出入境人员99万人次，同比增长21.1%，占云南省口岸出入境人员的3%；出入境交通工具33万辆次，同比增长22%，占云南省口岸出入境交通工具的4.8%。

口岸综合管理

【口岸开放工作】 云南省口岸开放工作落实“国家‘十二五’口岸发展规划”和“国务院沿边地区开发开放规划（2014—2020年）”，在规划开放中进一步优化全省口岸布局，统筹全省口岸发展，进一步扩大口岸开放力度，提升云南沿边开放水平，融入“西南国际经济合作圈”，从不同层次和角度积极推进批准口岸和规划新开口岸开放建设工作。形成以公路为主导、铁路为支撑、航空水运为突破口，多层次、全方位的口岸开放格局。按照口岸开放的相关程序，有序推动打洛、瑞丽等口岸扩大开放，实现对双边和第三国持有效照护照人员和货物通行，向国家口岸管理办公室请示筹备打洛公路口岸国家验收工作；继续推动实现畹町口岸芒满通道第3次临时开放，完成芒市机场第6次临时开放和芒市机场口岸开放申报，完成大理机场临时开放申报工作；将已列入国家“十二五”口岸发展规划的都龙（公路）、勐满（公路）、关累（水运）、腾冲（空运）、芒市（空运）口岸作为工作重点开展工作，开展新开口岸规划、选址、勘验、建设等一系列开放前实质性基础工作；继续推动原二类口岸（片马、盈江、孟连、沧源、章凤、南伞公路口岸）有序升格，并积极与国家口岸管理办公室协调推进。通过以上扎实有效的规划开放工作，进一步扩大云南省口岸开放力度，促进云南省口岸功能的发挥。

【口岸基础设施建设】 按照云南省委、省政府和国家口岸管理办公室口岸工作部署，以口岸通关便利化为抓手，严格按建设的相关程序和《云南省口岸建设专项资金管理办法》、《云南省口岸建设项目管理实施办法（试行）》的规定开展口岸建设工作。云南省口岸办主动积极与云南省财政厅就口岸项目建设专项资金沟通，突出重点口岸的辐射带动功能和口岸通关效益，加快口岸配套设施和通关便利化软硬件环境建设，使口岸建设项目与资金配置上更趋合理高效，云南省口岸建设和发展的整体性和互补性得到进一步提升。开展口岸建设项目申报审理工作，严格按照《云南省口岸建设专项资金管理办法》，组织专家评审组对云南省口岸项目建设评审，高效率高质量完成云南省口岸建设项目申报、审核、评审、上报和下达工作。完成瑞丽、河口、磨憨、勐康、孟连、南伞等口岸新建联检楼和查验货场建设。全面推进拟新开的都龙、田蓬、关累口岸基础设施建设。完成河口边民互市贸易场所规范建设省级验收，积极推动方案评审通过的打洛、南伞、孟定清水河口岸边民互市贸易场所规范建设，完成河口坝洒、版纳关累等边民互市建设征求意见工作。通过以上工作，使口岸建取得实质性进展，实现云南省口岸又好又快发展。

【口岸通道发展规划】 积极开展《云南省口岸“十三五”规划》和《云南省口岸通道中长期发展规划》的编制，成立联合编制组开展编制工作，完成云南省 8 个边境州市和昆明、昭通、大理、丽江、迪庆调研和资料收集工作。全面组织云南省各相关州市口岸“十三五”规划的编制工作，修编部分口岸经济区总体规划，完成云南瑞丽重点开发开放实验区口岸发展规划，完成芒市机场、腾冲机场现场查验设施功能设计方案等规划方案，为科学合理配置全省口岸资源，扩大口岸开放力度，建立了服务进出口业协作新机制，促进云南省口岸功能进一步发挥提供了保障。

【创新口岸通道管理机制和制度】 积极创造促进边民参与边境贸易和发展外向型经济的条件和环境，推进沿边开放，探索沿边口岸开放新模式，把创新作为深入实施“一带一路”、“兴边富民”战略和“商务为民”的突破口，在国家、云南省口岸有关部门的共同努力下，结合云南口岸通道实际，组织会同云南省人大、云南省政协及口岸相关单位多次深入德宏、保山、红河等边境州市，25 个边境县口岸通道和昆明、版纳、丽江机场口岸一线实地调研，创新性研究口岸和通道管理模式，支持地方外向型经济发展，取得创新突破。在芒满通道创造性推进“一口岸多通道”便利化监管模式，并对云南省 15 条通道实地调研摸底，为实现口岸单边管理和“一口岸、多通道”模式创新进行了积极有效的调研，在此基础上形成“一口岸多通道实施意见”上报云南省政府。按照云南省委、云南省政府的部署要求，完成昆明机场“72 小时”过境免签工作，使昆明机场成为全国第 10 个开展“72 小时”过境免签的口岸机场，全面圆满完成云南省委、云南省政府督办任务。完成云南省“一个免签口岸、多个口岸免签”课题任务。加强云南省口岸制度建设，完成《云南省口岸建设项目管理实施办法（试行）》课题调研、评审等系列工作，出台《云南省口岸建设项目管理实施办法（试行）》，进一步促进云南省口岸建设项目管理规范化。参与完成云南省公安边防总队《云南省边境口岸通道限定区域管理规定》的制定及云南省人大、云南省政府《云南省边境管理条例》的起草、编撰等工作。创新性工作和制度化工作的开展，为打造云南省口岸大通关开放建设升级版，奠定了坚实基础。

【口岸合作机制】 与邻国口岸合作机制。云南省人民政府与越北、老北、泰北有关省（府）建立合作机制，每年举行会议商讨经贸合作事宜，其中口岸、通道和跨境运输成为会谈的重要内容，并通过瑞丽、版纳、河口、临沧、天保、腾冲边境交易会等会展促成双边高层会谈会晤，也将口岸、通道建设列为会谈的重要内容。云南省与越南口岸合作机制：根据《中华人民共和国政府和越南社会主义共和国政府关于中越陆地边境口岸及其管理制度的协定》，在中越陆地边境口岸管理合作委员会会议机制下，云南省加强与越南就口岸事务合作进行了积极探索，云南省和红河州、文山州及沿边县政府与越方省、市、县政府建立了口岸管理机构会晤合作机制，定期或根据工作需要举行双边口岸管理机构会晤，主动保持协调联动，加大协调配合力度。云南省与缅甸口岸合作机制：根据《中华人民共和国政府和缅甸联邦政府关于中缅边境管理与合作的协定》，云南省和德宏、保山、临沧、怒江、版纳等州市政府及沿边县（市）政府外事办、口岸办对缅全部口岸（一类、原二类）均与缅方口岸管理当局建立了双边会晤合作机制，提高了协调合作处理口岸事务的水平。云南省与老挝口岸合作机制：根据《中华人民共和国政府和老挝人民民主共和国政府关于边境口岸及其管理制度的协定》，云南省和版纳、普洱州市政府及沿边县政府外事办、口岸办均与老方建立了口岸管理机构会晤合作机制，中老双方共同推动了勐康—兰堆口岸的开放，磨憨—磨丁口岸的改造升级，提高了通关便利化水平。云南省外事办公室、云南省口岸办、昆明海关、云南出入境检验检疫、云南省公安边防及基层政府也与周边三国及泰国沿路沿江对口机构有定期会商会晤机制及遇事相约等联络机制，推动了“口岸建设运行通报协调机制”、“进出口商品统计数据交换机制”、“实蝇检测合作机制”、“情报交换案件协查机制”、“口岸安全联合防控机制”、“口岸突发事件应急联动处置工作机制”、“快速遣返遣送工作机制”等分别在部分对外开放口岸实施。

省际口岸合作机制。云南省口岸办通过“泛珠会议”，签订了《泛珠三角区域九省区口岸合作备忘录》，与广东、广西、福建、江西、湖南、海南、四川、贵州省口岸办建立了密切的协作关系，交流分享口岸建设运行管理的经验，全面推动属地报关、口岸验放工作。与宁夏回族自治区口岸办签署了《跨区域口岸合作备忘录》，落实了银川—昆明—迪拜国内转国际朝觐航线、航班的开通。与京、沪、黑、吉、辽、内蒙古、新疆口岸办也进行了密切的口岸合作。昆明海关、云南出入境检验检疫局、云南省公安边防总队及其所属单位按业务性质分别与多个省区和口岸对口单位建立了合作关系，推动了跨区域、跨系统的交流合作发展。

口岸内部协调机制建设。为营造高效便利的口岸通关环境，云南省口岸办牵头组织建立口岸联检单位联席工作机制，召开云南省口岸联检单位工作座谈会，昆明海关、云南出入境检验检疫局、云南省公安边防总队等成员单位参会，形成常态化、制度化的云南省口岸联检单位联席工作机制，以深入贯彻落实国家关于口岸工作的方针、政策和指示精神，执行云南省口岸建设管理领导小组的重要决策，通报和交流云南省口岸管理和运行情况，研究加快云南省口岸发展的工作思路和对策措施，解决云南省口岸工作中存在的主要问题，合力推进口岸开放和通关便利化建设，合力营造高效便利的口岸通关环境。

【电子口岸建设 】 提升口岸智能化水平，推进云南电子口岸大通关建设，实现具有云南特色的“单一窗口”工程，提升云南省贸易便利化水平，有效参与对外经济合作与竞争，是促进云南省对外贸易稳定平衡发展的必要条件。2014年，在昆明海关、云南出入境检验检疫局等单位的密切配合和共同努力下，云南电子口岸一期项目已进入建设阶段，预计2015年上半年即可投入使用。同时，为实现国务院年初提出的“三个一”、“三互”要求，进一步完善云南电子口岸整体功能，云南省口岸办会同相关部门深入分析业务需求，提出了一期补充项目建设，制定了具体实施方案，并于2014年10月份通过专家评审。一期及补充项目建成后将极大地提高口岸通关效率，降低企业通关成本。

口岸监管与服务

【昆明海关全面深化海关改革，支持云南外贸发展】 昆明海关紧紧围绕丝绸之路经济带和21世纪海上丝绸之路、长江经济带、孟中印缅经济走廊、建设中国面向西南开放重要桥头堡等战略实施，根据国务院、海关总署及云南省委、省政府关于促进和支持外贸稳定增长的部署要求，制定实施了昆明海关支持云南外贸稳定增长24项措施，涵盖深化海关改革、完善政策措施、促进加工贸易转型升级、创新海关服务模式、营造良好外贸环境等5个主要方面，为云南开放型经济发展注入了新动力。认真落实口岸发展规划，加大口岸开放力度，勐康海关正式开关运行，芒市机场、畹町口岸芒满通道临时开放期限延长，促进地区经济和外贸发展。积极适应口岸通道管理发展需求，认真探索研究“一口岸、多通道”管理模式。协同加快云南省电子口岸大通关平台建设，努力争取云南沿边金融综合改革试验区建设政策支持，对外贸易基础条件更趋完善、规范。

【昆明海关积极推进通关便利化改革】 紧跟海关总署和云南省委、省政府全面深化改革步伐，持续深化通关作业无纸化改革，实现了关区各业务现场全覆盖，报关单无纸化单月比例达90%以上，惠及云南省内4 900多家企业。积极推进长江经济带海关区域通关一体化改革，带动和促进通关一体化（“云关通”）项目实施。2014年12月1日，昆明海关正式融入长江经济带海关区域通关一体化作业模式，进出口通关效率加速提升。此项改革后，企业可自主选择向经营单位注册地、货物实际进境地海关或直属海关集中报关点办理申报、纳税和查验放行手续，全流域实现“12关如1关”。重点复制推广上海自贸区“简化无纸化通关随附单证”、“简化统一进出境备案清单”、“企业自律管理”、“企业信用信息公开”等4项海关监管创新制度在昆明出口加工区落地生根。全力推进关检合作“三个一”，实现现场业务处，瑞丽、勐腊、机场、河口、腾冲、版纳、天保、孟定海关等11个业务现场关检合作“一次申报”系统上线运行，有效提升了通关便利化水平。2014年，昆明海关出口通关时间为1.36小时，比全国出口通关时间快1.09小时，云南进出口企业普遍享受到“可预见、低成本、高效便利”的通关环境。

【昆明海关积极推进关检合作“三个一”工作】 昆明海关积极推进关检合作“三个一”工作，多次赴云南出入境检验检疫局就“三个一”合作细节问题进行商讨，并向地方政府、口岸相关管理部门通报云南省关检合作“三个一”的工作情况，以及存在的困难和问题。2014年8月，昆明海关和云南出入境检验检疫局联合下发了《关于全面推进关检合作“三个一”的实施方案》，正式启动关检合作“三个一”，方案明确了责任时限，建立了联络机制，确定了实施步骤。2014年10月，昆明海关和云南出入境检验检疫局就“三个一”申报系统的试点上线实施工作进行商谈，并联合下发了《关于启动关检合作“三个一”试点工作的通知》，明确了“三个一”申报系统的上线时间、系统培训等事项。2014年10月28日，西双版纳海关辖区内一家企业通过“一单两报”系统，在一个界面内分别向检验检疫和海关成功申报通关单和报关单，标志着昆明海关和云南出入境检验检疫局成功移植了福州版本“三个一”申报系统，提前完成了海关总署11月14日前完善系统移植上线的要求，至此，昆明关区内9个试点海关业务现场已经全部实现了“一次申报”。“三个一”工作对参与“一次申报”的试点企业采取优先接单、减少查验等便利化优惠措施，提高了企业通关效率。

【昆明海关贯彻云南“航空强省”战略，积极支持云南航空口岸发展】 昆明海关认真贯彻

“航空强省”战略，积极支持将昆明长水国际机场培育、发展为具有国际竞争力的国家门户枢纽机场，促进云南国际航线网络建设和航空口岸基础设施完善，支持云南航空口岸发展。推动“通程航班”监管模式试点，昆明海关主动介入，积极配合云南机场集团、航空公司在昆明长水国际机场口岸推进“通程航班”监管模式试点工作，大力发展国际航空旅客中转业务。争取昆明长水国际机场成为继北京首都机场、上海浦东机场、广州白云机场之后全国第4个施行“通程航班”监管模式的国际空港口岸，促进国家门户枢纽建设。支持航空企业新开国际航线，拓展云南对外开放航线网络建设。进一步优化海关监管流程，完善协调机制，将昆明与南宁、上海之间多条国际航班国内段航线纳入一个联系配合办法进行管理，签署一次协议，解决企业对多条航线、多次往返签协议问题，降低企业成本。目前，昆明海关已支持东航、国航、祥鹏等航空企业开展了23条国际航班国内段航线客运业务，其中，2014年以来新增航线9条，有效提高了航空企业航班运力和航线效益。拓展航空口岸业务领域，带动航空物流发展。积极拓展航空口岸业务领域，支持昆明综合保税区申建工作，支持昆明长水国际机场口岸开展保税航油业务，完善、优化航空口岸机上免税店海关监管模式，大力推进昆明长水国际机场口岸快件中心建设。

【云南出入境检验检疫局服务云南开放型经济发展】 云南出入境检验检疫局结合云南外贸特点和工作实际，服务云南外经贸发展。一是制定出台11条措施，严格执行减免检验检疫收费和进出口法检目录调整政策，积极发挥优惠原产地证的促进作用，切实落实各项惠企政策，减轻企业负担，有效提高出口产品竞争力，促进云南外贸稳定增长。2014年共降低及减免收费5 176万元，签发29 735份原产地证书，金额167.9亿美元。其中，优惠原产地证27 107份，金额121.4亿美元，可减免进口国关税约6.1亿美元。二是积极助推“走出去”战略的实施，推进解决周边国家农产品输华准入问题。根据云南扩大对外贸易，保障国家粮食安全的需要，积极组织开展缅甸大米、玉米和老挝大米、印奇果输华风险分析工作，促成中缅双方于2014年9月正式签署缅甸大米、玉米输华植物检验检疫要求议定书，缅甸大米、玉米获准以一般贸易方式进入中国。三是加大对云南优势产业、特色产品出口的支持力度。推进出口食品农产品质量安全示范区和备案基地建设，积极应对香港《食物内除害剂残余规例》，帮助云南供港蔬菜种植基地顺利通过香港食环署检查。办理出口食品生产企业备案事项153件。云南省获出口食品生产企业备案证书的企业共400家，其中，获国外注册企业共10家，有1家公司获得了美国FDA注册，实现了云南省高值高风险即食食品对国外注册零的突破。不断推动地方传统产业的改造和结构转型升级，促进了云南现代农业、烟草、装备制造、食品农产品生产加工等优势特色产业进一步发展壮大，出口企业质量管理水平得到大幅提升。四是积极促进资源性农产品安全进口，云南省已成为西南地区最大海鲜进口省份，位居全国第4位。支持新兴生物产业发展，确保云南省进口生物制品快速通关。服务国家能源战略，跟进服务中缅油气管道建设项目。加强对云南烟草、中石油云南1 000万吨/年炼油项目等重大建设项目进口设备的检验监管服务，有效确保了进口货物的质量安全和项目的顺利实施。

【云南出入境检验检疫局通关便利化建设】 云南出入境检验检疫局深化改革创新，采取多种措施，通关便利化水平不断提升。一是强化关检合作，不断加快区域通关一体化进程，2014年9月1日起在云南省范围内对所有法检货物（进口废物原料、入境流向货物除外）实施通关单无纸化，同时实现了直通放行和跨关区无纸化通关的有效叠加。与昆明海关共同推动“三个一”通关模式，为区域一体化开放格局提供有力支撑。二是创新检验检疫监管模式，不断扩大绿色通道、无纸化报检、原产地证电子签证无纸化申报、直通放行实施范围，截至2014年年底，有9家企业享受绿色通道制度，8家企业实行无纸化报检模式，对54家出口工业产品企业实施分类管理，107家企业的出口产品在西南六省（区、市）各口岸实施了直通放行，提高了通关效率。三是加强与沿海、沿边检验检疫机构的协作，深化区域间检验检疫机构的通关便利化合作机制。2014年7月，实施出口货物西南六省（区、市）检验检疫直通放行工作。2014年10月，与广东、深圳、珠海检验检疫局签署合作备忘录，不断深化区域合作，建立区域检验检疫监管执法协作、信息化合作和联动协查机制，提升通关便利化水平。四是加强与地方政府和口岸相关部门的协作配合，以云南省口岸联检单位联席会议工作机制为平台，依托云南电子口岸平台建设，推进口岸管理部门“三互”合作机制建设。创造条件积极推行“单一窗口”工作模式，及时解决工作中出现的问题。五是积极响应企业诉求，不断完善促进云南口岸通关便利化的措施，针对云南进出口鲜活农、林、水产品对通关时效的需求，实施“5+2”工作模式和24小时预约服务措施，延长进出口货物检验检疫查验时间，全力保障鲜活产品快进快出，创造更加便捷、高效的通关环境。

【云南出入境检验检疫局国家级口岸核心能力建设】 按照国务院、国家质检总局、云南省关于加快推进口岸核心能力建设的要求，积极推动云南国家级口岸核心能力建设工作。结合口岸的实际情况，制定工作实施方案，分批次分时段推进各口岸参与达标考核。在昆明长水机场、瑞丽、天保、猴桥等8个口岸于2013年先后分2批次通过了口岸核心能力达标考核的基础上，在云南省口岸办、卫生厅及各级地方政府的通力协作下，云南出入境检验检疫局加强与各口岸所在地政府沟通，通过采取共同投入资金，加强专业人员配备，完善联防联控机制等措施积极推动第3批口岸核心能力建设工作，2014年5月4日～9日，丽江三义机场、西双版纳打洛、临沧清水河、红河金水河口岸顺利通过国家质检总局口岸核心能力建设考核组的现场考核验收。至此，云南有12个国家级口岸均在我国政府承诺时限内顺利通过了世界卫生组织口岸核心能力建设的要求。同时，继续加强口岸现场设施、设备、人员等方面的投入，努力打造安全、高效的一流口岸，更好地为云南“桥头堡”建设服务。

【云南省公安边防总队深化改革创新，不断提高边检管理效能】 云南省公安边防总队深化改革创新，不断提高边检管理效能。一是研究出台便民利民措施。紧紧围绕云南省融入国家“一带一路”、“孟中印缅经济走廊”战略，深入实施桥头堡、重点开发开放试验区、跨境经济合作区、边境经济合作区等沿边开放区域经济发展规划，部署全省边检单位开展征求边检服务地方经济社会发展便民利民措施的活动，形成了《总队服务全面深化改革边检便民利民10条措施》。各边检单位自觉融入地方经济建设大局，主动作为，通过推出服务承诺，建立“边检参事”、口岸风险评估预警和动态勤务机制，开通跨境学童“早读通道”等创新服务举措，主动为驻地经济发展“分忧解难”，赢得了社会各界的一致好评。各边检站紧紧围绕边检惠及民生的总要求，坚持民意引导勤务，因地制宜地推出便民利民措施69条。瑞丽、畹町、磨憨、河口、金水河、景洪港等边检站边检推出的开设跨境学童边检专用通道、鲜活产品优先验放制度2项便民措施，被公安部采纳作为今年全国公安机关的16项便民利民措施内容。清水河边检站推出了《服务临沧沿边开放和边境经济合作区建设20条工作举措》，建立“边检参事”等制度。二是着力推动边检勤务模式改革创新工作。制定《关于试点开展区域边检警力调配支援工作机制的实施方案》，部署德宏片区边检单位通过采取互动帮扶、轮换帮勤、联勤联训等方式，积极探索和建立区域性警力调配支援模式，初步形成了以勤务指挥为中枢，以日常勤务支持为基础，以特殊勤务联动为重点，以协作机制为保障的工作机制。三是主动服务重大项目建设。积极对接中越“河口—老街”、中老“磨憨—磨丁”经济合作区建设，深入基层调研并拟制了《边合区建设涉公安边防工作意见》，进一步细化明确了公安边防部队服务边合区建设的工作任务、目标和具体要求。深入边防辖区调研，共同起草《关于创新大通关制度促进通关便利化建设的调研报告》、《国际大通道（云南）物流领域治安问题及对策研究报告》，《大湄公河次区域安全合作研究报告》、《推进孟中印缅经济走廊沿边开放特区边防管理通关便利化研究报告》等报告。

【云南省公安边防总队严密口岸管控，全力维护国家安全和社会稳定】 一是严格出入境检查。严格落实人证对照、照片比对、查控审核和值班备勤等工作制度，不断加大对出入境人员、行李物品和交通运输工具的检查力度。及时对昆明、河口、磨憨、瑞丽4个口岸证件研究中心的证研成果进行收集整理并编印下发，进一步提升了边检一线执勤人员识别伪假证件能力和口岸管控水平。结合“两节”、“两会”、南博会、APEC会议等重大节庆活动安保工作需要，制定下发了专项工作方案。针对暴力恐怖活动频发多发、口岸通道反恐维稳形势严峻复杂的实际，编制了查验工作指引，为各边检单位防范和打击涉恐等重点敏感人员从口岸偷渡外逃、潜入潜出工作提供了翔实的指导依据。二是加强处突演练。指导各边检单位积极结合周边局势变化和口岸反恐维稳形势，健全完善安全保卫、反恐处突、梅沙系统应急保障等预案，定期开展实兵演练，努力做到了“想定充分、处置得当、控制得住”，进一步提高边检机关处突应急能力。三是密切联动协作。主动加强与国家安全、公安国保、反恐等部门的合作，不断健全完善反偷渡信息交流、办案侦查协作等长效机制。积极与越、老、缅三国边防部门开展会谈会晤，及时妥善处理口岸涉外事务，共同打击跨境犯罪，确保了口岸通道的安全稳定。

【云南省公安边防总队强化科技应用，强力推进边检信息化建设】 一是积极协助云南省出入境管理局研发外国人72小时过境免签动态管控平台，部署各边检站开展外国人服务管理综合信息系统、前台电子控本系统的培训启用工作，圆满完成了云南省梅沙系统和昆明自助查验通道的升级改造，极大提高了前台查验的效率和查控准确率。二是争取经费190万元分别用于在昆明边检站建设智能验证台，在瑞丽边检站建设电子围栏及微波探测设施及改造边检移动执勤车，在景洪港边检站建设海港边检勤务指挥系统，有效提高口岸形象和管控效率。三是依托昆明边检站建立了全省边检业务文件资源共享库和证件研究网，截至2014年年底，该证件研究网共收集36个国家（地区）的实物证件样本900余本，采集了135个国家（地区）的护照、签证和验讫章等电子图片9 000余幅，在方便各边检单位学习研究的同时，极大提升了昆明边检站在全国九大区域性证研中心的地位和影响力。四是针对云南省大多边民通道修建时间早、设施设备差、个别尚无检查室等困难实际，完成云南省边民通道基础设施调研工作。

开放口岸

【昆明空运口岸（昆明长水国际机场）】 昆明空运口岸于1955年经国务院批准对外开放。2012年6月28日，原昆明巫家坝国际机场转场至位于云南省昆明市官渡区大板桥镇的长水国际机场，昆明长水机场国际旅客吞吐量居西南地区第2位，国际航线开通数量位居全国第7位，是我国面向东南亚、南亚和连接欧亚的国家门户枢纽机场，也是全国继北京首都机场、上海浦东机场、广州白云机场之后第4家实现双跑道独立运营模式的机场。长水机场建设总投资233亿元，工程建设规模为飞行区按照4F标准规划，截至2014年年底，昆明长水国际机场已开通国内国际和地区航线256条，其中国内航线210条，国际航线40条。昆明机场通航城市达133个，国内通航城市98个，国际通航城市31个，地区通航城市4个。2014年10月1日起，对美国、俄罗斯等51个国家持有第三国签证和机票的外国人，在昆明长水国际机场口岸享受72小时过境免签，成为继北京、上海、广州等城市后，全国第10个获得72小时过境免签政策的空运口岸。

【西双版纳空运口岸（西双版纳嘎洒国际机

场）】 位于景洪市郊4千米，于1990年4月建成通航，1995年12月3日经国务院批准为对外国籍飞机开放的国家一类航空口岸，1996年12月10日通过国家验收，1997年1月1日正式对外开放。西双版纳嘎洒国际机场占地108万平方米，机坪面积2.04万平方米，航站楼面积7 859平方米，停机位4个，跑道长2 200米，设计年旅客吞吐量350万人次，货物吞吐量1.09万吨，飞行区指标为3C，可满足波音737、A300系列类型飞机，配有I类灯仪表着陆系统及夜航灯光设备。西双版纳国际机场是国内重要的干线机场和连通东南亚、南亚的中型枢纽机场，同时也是国际著名的具有傣族民俗特点的热带雨林花园机场。先后开通了23条国内航线和泰国（曼谷、清迈）、老挝3条国际航线。

【丽江空运口岸（丽江三义国际机场）】 位于丽江市古城区七河乡，距离市区约28千米，于2012年5月31日正式通航，机场占地面积120万平方米，机场飞行区等级为4D，跑道长度3 000米、宽45米，成南北向，可供波音737－700型及以下机型起降。国际候机楼建筑面积5 300平方米，有3座登机廊桥。拥有平行滑行一条、仪表着陆系统、助航灯光等通信导航设备，可保障A300/B767－300同类型及以下的机型起降机场。2011年11月11日，国务院正式批准丽江机场对外开放。目前，开通了中国香港和泰国两条航线，中国东方航空公司和四川航空公司经营这两条航线。

【瑞丽陆路（公路）口岸】 位于云南省西部、德宏傣族景颇族自治州的西南，与缅甸木姐口岸对接，边境线长141.4千米。距云南省会昆明750千米，距缅甸木姐市4千米、腊戍160千米、缅甸仰光900千米，它是中缅铁路通道（昆明—大理—瑞丽—腊戍—曼德勒—印度洋）、中缅公路通道（昆明—瑞丽—仰光）和中缅陆水联运大通道（昆明—瑞丽—八莫港）上的重要口岸。瑞丽口岸还是全国唯一一个实行“境内关外”（入境：货物、车辆可入境不入关；出境：货物、车辆出关不出境）特殊管理的口岸。

瑞丽口岸是云南省较早开放的国家一类口岸，1978年经国务院批准开放，1985年经德宏州政府批准为边境贸易区。1991年2月，云南省政府批准瑞丽姐告设立边境贸易经济区。1992年6月经国务院批准为沿边开放城市，1993年撤县设市，国务院特区办批准在瑞丽口岸设经济合作区。2000年经国务院批准按照“境内关外”的方式设立“姐告边境贸易区”，2001年10月26日经国务院批准瑞丽口岸对第三国人员开放，2010年国务院将瑞丽批准为瑞丽开发开放试验区。

瑞丽口岸是中缅边境口岸中人员、车辆、货物流量最大的口岸，其东、南与缅甸棒赛、木姐、南坎3个城市相毗邻，东有畹町经济开发区国家一级口岸，西有章凤二类口岸。姐告是起于上海320国道的终点，是昆瑞公路与缅甸的“史迪威”公路相接点，是云南省实施国际大通道战略的试验区和示范区，是中国大西南沿边开放的主要城市，是通往南亚、东南亚的重要门户。近年来，瑞丽口岸边民互市贸易，边境小额贸易、一般贸易有了长足的发展，出口商品达2 000多种，进口200多种。不少中国商品通过缅甸转口到孟加拉、泰国、新加坡、印度和中东国家，国外各种商品也源源不断通过瑞丽口岸进入我国内地。

【畹町陆路（公路）口岸】 位于云南省西部德宏傣族景颇族自治州南部。畹町1932年设镇，1938年滇缅公路通车，畹町成为驰名中外的军事重镇；1950年4月29日和平解放，1952年初政务院批准设立县级镇，同年8月17日政务院批准为新中国首批一类口岸；1985年1月国务院批准设立县级市；1992年5月国务院批准为沿边对外开放城市，1992年9月国务院特区办批准设立5平方千米的国家级边境经济合作区；1999年1月区划调整国务院批准撤销畹町市，并入瑞丽市，设立畹町经济开发区。畹町南与缅甸相邻，西北与瑞丽隔江相望，与缅甸的九谷口岸对接，两国村寨相望，山水相连，国境线长28.6千米。

畹町是中国历史上较早通向东南亚、南亚的主要贸易通道，是南方丝绸之路的重要驿站。抗日战争时期，滇缅公路通车后成为当时中国大后方对外联系唯一的国际陆运口岸。1993 年，畹町九谷桥建成，畹町口岸的优势得到进一步发挥。从畹町口岸出境可直达缅甸中部的水、陆、空设施齐全的曼德勒市。由昆明经畹町、曼德勒至仰光和印度的加尔各答运距要比从昆明经广州绕马六甲海峡到仰光和加尔各答分别缩短4 651千米和4 331 千米，是中国大西南通往东南亚、南亚和西亚的捷径。畹町口岸服务功能齐备，基础设施完善。

【河口陆路（公路）口岸】 位于红河哈尼族彝族自治州河口瑶族自治县，与越南老街口岸对接，国境线长 193 千米。2011 年 7 月，国务院批准河口公路口岸对外开放。河口公路口岸具有“口岸就是县城，县城就是口岸”的天然优势，是滇越铁路、昆河公路、红河航道与越南乃至东南亚地区铁路、公路、航道连接的交通枢纽。距昆明市 469 千米，距越南首都河内 296 千米，距出海口——越南北方最大的海防港 416 千米，是中国西南进入东南亚、南太平洋的便捷通道。在中国—东盟自贸区和“昆明—河内—海防”经济走廊的规划中，处于“咽喉”的重要地位，是西南地区与东南亚国家发展对外贸易的窗口，是云南省建立国际大通道中越铁路、中越公路 4 条出境通道上的重要口岸。目前，河口口岸联检楼、公路口岸北山配套查验场已建设完成投入使用，口岸物流配套设施由昆钢集团河口公司正在完善建设中。中国河口—越南老街跨境经济合作区、国际物流园区、边民互市市场、河口口岸免税商品城、海产品交易市场等项目正在快速推进。

【磨憨陆路（公路）口岸】 位于云南省西双版纳州勐腊县城南 58 千米的磨憨经济开发区，于 1992 年 3 月被国务院批准为国家一类口岸，是国家首批列为沿边开放的地区。1993 年 12 月 22 日，中老两国共同宣布正式开通磨憨—磨丁国际口岸。2000 年 6 月，云南省人民政府批准磨憨口岸为边境贸易区，并赋予优惠政策。2004 年 9 月 6 日，国务院批准磨憨口岸开展口岸签证工作，并对第三国人员实行开放。

磨憨口岸与老挝磨丁口岸对接，允许中老双方人员、车辆持有效证件出入境和第三国人员持有效证件通行及各种贸易货物开放。磨憨口岸距老挝南塔省会南塔 60 千米、北本码头 240 千米、首都万象 700 千米。从磨憨口岸出境经老挝可直抵泰国、越南、柬埔寨等国，是我国通往东南亚各国最大的陆路通道。磨憨口岸基础设施日益完善，配套功能日益健全，产业培育初见成效。磨憨口岸国际物流客运中心、云维西双版纳大为商贸中心、西部货场、五国商贸城、新联检楼等一大批项目建成投入使用。西双版纳至老挝琅勃拉邦边境旅游环线经国家旅游局批准开通。磨憨国家级边境经济合作区或中老跨境经济合作区的建设工作正在稳步推进。

【金水河陆路（公路）口岸】 位于红河哈尼族彝族自治州金平苗族自治县城西南 38 千米金水河镇。金水河口岸于 1954 年 12 月 17 日经中越双方会谈同意正式开放为边民互市口岸，

1978年12月关闭。1993年2月25日，国务院批准设立国家一类口岸，于1993年11月10日正式对外开放。金水河口岸与越南马鹿塘口岸对接，允许中越双方人员、车辆持有效证件通行和开展各种贸易。

金水河口岸距越南莱州省会封土25千米、河内590千米、老挝边境230千米。是国家西南战略安全节点的重要组成部分，云南省主要对越通道和红河州对越开放口岸“桥头堡”之一。金水河口岸重点开展以进口玉米、木薯、稻谷、茶叶、咖啡为主的对外贸易。出境金水河口岸，可到达越南西北部旅游重镇奠边府和沙巴，充分领略越南的异国风光，开展中越民俗旅游文化交流和品尝越南风味饮食。

【天保陆路（公路）口岸】 位于云南省文山州麻栗坡县南端，距麻栗坡县城40千米，与越南河江省清水河口岸对接，口岸距越南河江省省会河江市23千米，首都河内341千米，海防港441千米。该口岸于1954年3月1日开通，1960年12月关闭；1963年3月口岸恢复对外开放；1978年口岸关闭；1993年2月25日经国务院批准恢复天保口岸正式对外开放为国家一类口岸。2011年6月12日，国务院同意天保口岸扩大对外开放，口岸性质为国际公路客货运输口岸。2013年12月，天保口岸扩大对外开放通过国家级验收。天保口岸联检楼及查验货场等基础设施已建成投入使用，边防、海关、出入境检验检疫局的办公、生活等基础设施和配套设施已完善。

【腾冲猴桥陆路（公路）口岸】 位于腾冲县猴桥镇的槟榔江畔，距腾冲县县城65千米，距中缅边界南4号界桩19千米，与缅甸甘败地口岸对接。口岸距缅甸北部重镇密支那133千米，从该口岸经密支那到西印度雷多（里多）仅687千米。1991年8月，云南省政府云政发〔1991〕140号文批准腾冲为原二类口岸。2000年4月经国务院批准为一类口岸，2003年1月正式对外开放。该口岸是历史上南方丝绸之路的重要通商口岸，是抗日战争时期“史迪威公路”（中印公路）的枢纽，是云南省通向南亚规划建设的大通道之一。

【孟定清水河陆路（公路）口岸】 位于耿马傣族佤族自治县孟定镇人民政府所在地，与缅甸掸邦第一特区接壤，边境线长47.35千米，与缅甸清水河口岸对接。距耿马县城83千米，平均海拔510米。该口岸是我国西南地区通往缅甸和东南亚的重要陆路通道，面积350平方千米。1957年，孟定口岸正式对外开展小额贸易进出口业务；1991年8月被省政府批准为原二类口岸；2004年10月，国务院批复同意开放为国家一类口岸；2007年11月8日经国家验收正式对外开放，允许中国和缅甸双方人员、车辆持有效证、照、签证或边境通行证通行，并对各种贸易货物开放。目前，孟定清水河口岸联检楼和配套查验货场已建成投入使用。口岸得天独厚的地理位置优势、热带的自然风光、古朴文雅的民俗风情、丰富的旅游资源和热带经济作物使孟定口岸有“黄金口岸”之称。孟定口岸边境贸易辐射面广，公路通往国内外，交通十分便利。从清水河到缅甸重镇户板、滚弄分别为

15 千米和 24 千米，到缅北重要商品集散地腊戍 161 千米，到缅甸首都仰光1 136.9千米，从盘姑公路到昆明 750 千米。

孟定清水河口岸自建成投入使用以来，一直是国内外经济贸易活动的窗口，对缅甸边境贸易的辐射面主要是第一特区（果敢同盟军）、第二特区（佤邦地区）、清水市、滚弄镇区、户板镇区、腊戍、佤城、仰光等 5 省 1 市 10 个镇区，经营方式也由以物易物、小额贸易发展为边境贸易、转口贸易、大贸。

【打洛陆路（公路）口岸】 位于云南省西双版纳州勐海县西南端打洛镇，距勐海县城 66 千米，与缅甸掸邦东部第四特区勐拉县接壤，国境线长 36.5 千米。由打洛出境经缅甸，可达泰国、越南、马来西亚、新加坡、印度等国家，距缅甸掸邦东部首府景栋 86 千米，经东枝到仰光1 270千米，到泰缅边界重镇大其力 240 千米，距泰国清迈 550 千米，是云南省中路国际大通道的重要口岸之一。1950 年 11 月成立了海关打洛支关；1956 年打洛口岸正式对外开展小额贸易进出口业务；1991 年 8 月 10 日云南省人民政府批准打洛为二类口岸，1992 年被列为国家首批沿边开放的地区。1997 年 3 月 25 日，中华人民共和国政府和缅甸联邦政府签订《关于中缅边境管理与合作的协定》，中国打洛—缅甸勐拉口岸被列为对第三国人员开放的口岸；2007 年 11 月 13 日经国务院批准为国家一类开放口岸；2009 年 8 月 19 日，海关、检验检疫、边防检查站正式进驻口岸新联检楼。

【勐康陆路（公路）口岸】 位于云南省普洱市江城县，与老挝丰沙里省兰堆口岸对接。距约乌县城 52 千米，距省城丰沙里 186 千米，距首都万象 830 千米，是云南省通往老挝及通向东南亚最便捷的陆路通道，是普洱市对外开放的重要“桥头堡”。2011 年 7 月 24 日，国务院批准同意中国与老挝边境的云南勐康口岸对外开放，口岸性质为双边公路客货运输口岸。2013 年 11 月 12 日云南勐康口岸通过国家级验收。

结合“一城连三国”的特殊区位优势，江城县提出把江城建成云南省对越南、老挝开放的黄金前沿门户，普洱市面向东盟的商贸流通基地，努力构建以江城为中心，辐射老挝、越南三国边境经济圈的发展战略，加快勐康口岸、龙富通道建设，实现口岸活县。目前，勐康口岸联检楼、查验货场已建设完成，口岸物流配套设施正在规划建设中，口岸正成为中老边界上一个集边境贸易、生态休闲、民俗文化为一体的边境旅游小镇。

【河口陆路（铁路）口岸】 位于云南省东南端，与越南社会主义共和国老街省山水相邻，国境线长193千米。河口铁路口岸具有“口岸就是县城，县城就是口岸”的天然优势，是滇越铁路、昆河公路、红河航道与越南乃至东南亚地区铁路、公路、航道连接的交通枢纽。距昆明市469千米，距越南首都河内296千米，距出海口——越南北方最大的海防港416千米，是中国西南进入东南亚、南太平洋的便捷通道。在中国—东盟自由贸易区和“昆明—河内—海防”经济走廊的规划中，处于“咽喉”的重要地位，是西南地区与东南亚国家发展对外贸易的窗口。河口历史上就是我国与越南、东南亚各国进行经济文化交流的门户和咽喉，是南方丝绸之路的第2条通道。

1895年，河口被辟为商埠；1910年，随着滇越铁路的建成通车，云南省进出口物资有80%以上经河口口岸进出，河口成为中国西南对外商贸的最大集散地；1992年，河口被国务院批准为沿边开放县，同年12月，国务院特区办批准在河口设立4.02平方千米的边境经济合作区；1996年，河口口岸复通，河口迎来了千载难逢的发展机遇，进出口贸易焕发出勃勃生机与活力，带动了河口经济社会事业快速发展。

【景洪水运（河港）口岸】 是澜沧江—湄公河国际航道上重要的港口口岸，是一个可以辐射3个以上国家的国际性口岸。景洪港辖景洪港区中心码头和勐罕、关累2个开放码头。景洪港区中心码头位于云南省西双版纳州政府所在地景洪市区澜沧江北岸，占地面积9.8万平方米，设计规模年货运量40万吨，客运量150万人次，共6个泊位（2个客运泊位、4个货运泊位）。关累码头是景洪港重要的货运码头，设计规模年货运量20万吨，客运量10万人次。景洪港于1993年7月24日经国务院批准为国家一类口岸；2000年4月20日，中、老、缅、泰四国签署《四国商船通航协定》；2001年6月13日通过国家正式验收；2001年6月21日宣布对外开放；2001年6月交通部批准对外国籍船舶开放，港口与老挝、缅甸、泰国多个港口开通了散杂货、集装箱、客运航线。

【思茅水运（河港）口岸】 位于普洱市思茅港镇，距离普洱市区87千米，1993年7月国务院批准为一类水路口岸，2001年4月1日起正式对外国籍船舶开放。思茅港是澜沧江—湄公河国际航运中国境内的第一港，可达老、缅、泰、柬、越5个国家，是东南亚地区最便捷的一条黄金水道，是云南乃至大西南通往东南亚的重要通道。港口规模为年货运30万吨、客运10万人次。有大小船只43艘，国际航运船只31艘，载货能力3 000吨，客位449个，查验设施配套齐全。思茅港边防检查站、思茅海关、普洱市出入境检验检疫局承担口岸的监管任务，由于修建国家重点项目——小白塔电站，从2005年1月起暂停航运。

原二类口岸

【田蓬陆路（公路）口岸】 于1954年3月1日对外开放，属边境陆路通道。位于云南省富宁县的东南部，东经10°37′，北纬23°18′，与越南苗旺、同文两县接壤，国境线长60千米。对内距富宁县城80千米、文山州府235千米、昆明680千米、广西南宁市480千米、北海港750千米。对外距越南同文县24千米、苗旺县35千米、河江省会110千米、河内451千米。通道有公路通往国内外，交通便利。1979年因中越关系紧张口岸关闭。1996年9月27日经云南省政府批准对外开放。2012年被国务院纳入“十二五”开放规划，恢复开通以来，一直是中越经济贸易活动的窗口，对越边境贸易逐年活跃。

【片马陆路（公路）口岸】 位于怒江傈僳族自治州泸水县正西66千米的片马镇人民政府所在地，地处高黎贡山西麓，属边境陆路通道，与缅甸大田坝口岸对接。边界线长64千米，距泸水县城96千米，距缅甸北部城市密支那224千米，通道有3条公路通向国外，交通十分便利。片马于1991年8月10日经云南省人民政府批准对外开放，是中缅边界北段10号~47号界碑638千米长的边界线唯一的通道，成为中国滇藏两省、区通往南亚的一个重要通道。片马是中国古西南丝绸之路的重要组成部分，边境贸易源远流长。由于它在中缅边界北段具有独特的区位优势，所以，二战前和二战中曾几度被英、日两国侵占，直至1961年才回归祖国。

【盈江陆路（公路）口岸】 位于云南省德宏傣族景颇族自治州西部的盈江县城，东经97°31′~98°15′，北纬24°24′~25°20′之间，与缅甸拉咱口岸对接，属边境陆路通道。与缅甸克钦邦第二特区接壤，国境线长214.6千米，距缅北八莫150千米，距密支那180千米，距仰光1 200千米，距印度雷多540千米。口岸有公路通往国内外，交通十分便利，成为西南地区通往缅甸的一个重要通道。1991年8月10日经云南省人民政府批准批准对外开放，自对外开放以来，成为国内外经济贸易活动通道，对缅甸边境贸易的辐射面逐步扩大，由原来边境一线的集镇，发展到八莫、密支那、仰光、印度雷多等重镇。形成了以边境贸易、一般贸易、对外经济技术合作和转口贸易等多种贸易相结合、多渠道并举的大经贸新格局。

【章凤陆路（公路）口岸】 地处德宏傣族景颇族自治州陇川县人民政府所在地章凤正西4千米的拉影。位于北纬24°08′~24°09′，东经97°39′~97°17′之间，与缅甸雷基（洋人街）口岸对接，距缅甸重镇八莫80千米。章凤自古以来就是南方丝绸路上的重点门户之一，1991年8月10日经云南省人民政府批准批准对外开放。章凤通道是中缅两国重要陆路通道之一，还是缅甸政府唯一指定进口棉纺织通道。

【南伞陆路（公路）口岸】 位于云南省临沧市镇康县南伞镇。地处北纬23°46′、东经98°49′，平均海拔1 100米，气候温和，属热带气候类型。南伞通道总面积272.5平方千米。通道与缅甸掸邦第一特区接壤，国境线长47千米。距缅甸首都内比都750千米，第一大城市仰光1 142千米、第二大商业城市曼德勒484千米、缅北重镇腊戍197千米、掸邦果敢自治区老街仅9千米。距昆明784千米、临沧232千米、保山市龙陵县城238千米。北上保山，南往普洱，公路四通八达，是通往南亚、西亚的内陆通道之一。1991年8月经云南省人民政府批准批准对外开放，1996年列为边境经济开发实验区。2002年，开始把通道建设纳入新县城规划统筹进行建设，逐步改善了基础设施和联检部门办公条件。

【孟连陆路（公路）口岸】 位于普洱市孟连县西南部，地处南马河与南卡江的汇合处，以南卡江心为界，江东岸为中国，江西岸为缅甸。距云南省会昆明690千米，距普洱市230千米，距孟连县城51千米。通道与缅甸掸邦第二特区政府（佤邦）邦康市隔江相望，自然条件优越，地理位置独特，区位优势明显，从邦康市经丹阳、腊戍、曼得勒达缅甸原首都仰光约1 300千米，勐阿是普洱市客、货吞吐量最大的通道，对缅贸易占全市的三分之二以上，是中缅两国交往的主要通道，也是我国通往东南亚各国的主要陆路通道之一。1991年经云南省人民政府批准批准对外开放。孟连通道具备较为完善的联检查验功能和设施，金融、通信、市政、交通等配套设施齐全，通道人流、物流通关顺序流畅。中缅双边友好往来频繁，边民互市、经贸交流与合作不断深入，孟连县对外贸易得到了迅猛发展。进口货物主要以木材、矿产品为主；出口货物以建材、百货、成品油、机电产品、生活用品等商品为主。

【沧源陆路（公路）口岸】 位于临沧市沧源县，1996年9月27日经云南省人民政府批准批准对外开放，有芒卡和永和两个出境通道。与缅甸掸邦第二特区接壤，国境线长达147.083千米。芒卡贸易区位于沧源县南腊乡人民政府所在地，中缅边界146号界碑处，距县城110千米，距缅甸佤邦南登特区4.07千米。永和贸易区距县城14千米，距缅甸佤邦绍帕区3千米，永和连接着班歪—龙潭—中国西盟，班歪—营盘—邦康—大其力或瓦城，班歪—勐冒—腊戍等境外公路干线，是云南省通往缅甸和邻国的通道之一。2个贸易区都有公路通往国内外，交通十分便利，是西南地区通往东南亚的一个重要通道。

云南省口岸大事记

1月8日

云南省委常委、常务副省长李江赴磨憨公路口岸，就磨憨口岸外贸发展情况及建设中老磨憨—磨丁跨境经济合作区工作推进情况进行调研。

1月8日

云南省政协主席罗正富视察河口公路口岸北山国际货场。

1月14日

云南省政府与越南老街省政府在河口口岸举办中国河口—越南老街跨境经济合作区建设推进工作专题会议，云南省副省长高树勋出席会议并召开调研座谈会。

1月20日

云南省副省长丁绍祥到德宏章凤公路口岸、

畹町芒满通道调研。

1月21日

交通运输部副部长冯正霖到雷允通道就“中缅陆水联运大通道”建设进行调研。

1月26日

云南省副省长丁绍祥一行到昆明空运口岸边防检查站执勤现场进行调研。

2月9日

云南省委副书记、省长李纪恒到腾冲猴桥公路口岸调研口岸建设等有关工作，实地察看联检楼业务现场和猴桥公路口岸货检中心。

2月19日

云南省常务副省长李江到河口公路口岸坝洒通道和金水河公路口岸调研河口跨境经济合作区规划建设情况。

3月10日

国家质检总局副局长梅克保到畹町公路口岸调研。

3月12日

泰国商业部贸易谈判司一行到勐腊磨憨公路口岸调研，泰方就昆曼大通道中泰贸易、运输、报关及知识产权保护等方面的情况进行座谈。

4月10日

云南省人大常委会副主任张百如到关累口岸码头调研，实地查看进出境通道、码头及新货场，了解澜沧江—湄公河进出境贸易情况。

4月11日

云南省委副书记仇和到景洪水运口岸调研，实地察看口岸设施，详细了解景洪港实际客运量、货运量及港口水流量等相关情况。

4月25日

广西壮族自治区党委书记庞清华、自治区主席陈武率考察团在云南省省长李纪恒、德宏州委书记王俊强等领导的陪同下到畹町公路口岸视察。

4月25日

国家人力资源和社会保障部副部长杨志明一行到瑞丽公路口岸视察。

5月3日

昆明空运口岸新开通昆明—缅甸内比都航班。

5月6日

云南省政协常务副主席白成亮一行到河口公路口岸调研。

5月27日

国家发展改革委调研组到天保公路口岸调研口岸发展建设情况。

6月18日

云南省政协副主席王承才到沧源永和公路口岸调研。

6月20日

外交部调研组到天保公路口岸调研中越口岸开放情况。

6月21日

国家农业部副部长于康震赴勐龙240通道就边境口岸通道动、植物及其产品进出口情况进行调研。

6月26日

国家工信部副部长刘利华到瑞丽公路口岸调研。

7月17日

由国家民族事务委员会牵头组成的“七部委经济调研小组”一行到沧源永和公路口岸进行实地调研。

7月21日

国家商务部、财政部、海关总署、国家税务总局、国家质检总局联合调研组赴瑞丽口岸调研边贸发展情况，分别与边贸管理部门、商务部门和瑞丽重点边贸企业召开工作座谈会，视察中缅油气管道弄岛油汽站、瑞丽口岸联检中心、边民互市贸易交易市场、姐告—国门两通道。

7月22日

云南省副省长尹建业到中山边境检查站口岸执勤现场视察。

8月6日

全国政协常委、副秘书长、台盟中央副主席黄志贤到瑞丽公路口岸调研。

8月19日

由全国人大外事委副主任委员、民革中央专职副主席修福金带领的陆地国界立法调研组一行到畹町公路口岸开展调研活动。

9月1日

昆明海关与云南出入境检验检疫局正式启动关检合作“三个一”工作。昆明海关完成对昆明空运口岸国际快件监管中心的验收工作。

9月2日

中国侨联主席林军到瑞丽公路口岸调研。

9月5日

云南省副省长尹建业到天保公路口岸视察。

9月14日

台湾移民署署长莫天虎、云南省公安厅出入境管理局局长王学勤及公安部出入境管理局相关工作人员一行到昆明空运口岸参观访问。

10月1日

昆明空运口岸对51个国家人员正式实施72小时过境免签政策。

10月17日

云南省口岸建设管理领导小组工作会议召开。

10月21日

云南省副省长高树勋在磨憨公路口岸调研，实地察看联检大楼、海关监管货场，了解进出口贸易、通关便利化及经济合作区建设等情况。

10月28日

云南省副省长高树勋在河口主持召开现场工作会，听取红河州、河口县两级政府关于河口口岸、河口—老街跨境经济合作区、红河综合保税区建设推进情况及河口县边境地区打私综合整治工作情况汇报。

11月4日

云南省常务副省长李江到南伞、清水河公路口岸调研。

12月1日

昆明海关长江经济带海关区域通关一体化切换成功，正式融入长江经济带海关区域通关一体化作业模式。

12月5日

中宣部副部长蔡名照到打洛公路口岸调研。

12月17日

东方航空公司在昆明空运口岸开通昆明—巴黎航线，该航线为云南省首条洲际航线。

12月18日

云南省副省长高树勋到天保公路口岸调研。

12月19日

中国天保—越南清水国际口岸升级典礼仪式在越南清水口岸隆重举行。云南省副省长高树勋及越南河江省委书记赵才荣、省长谭文崩等相关领导出席公布仪式并致辞和剪彩。

（撰稿人：杨镇宇、黄红霞、许楠、李媛）

2014 年云南省口岸流量统计表

口岸类型		口岸名称	货运量（万吨）				集装箱量（万标箱）				人员（万人次）				交通工具（辆、艘、架、列次）			
			出口	进口	合计	同比（%）	出口	进口	合计	同比（%）	出境	入境	合计	同比（%）	出境	入境	合计	同比（%）
空运口岸		昆明机场	1.06	0.50	1.56	+17.60					98.38	97.94	196.32	+4.40	8 287	8 271	16 558	+2.30
空运口岸		版纳机场									0.43	0.44	0.87	-52.00	117	118	235	-25.40
空运口岸		丽江机场									3.73	3.77	7.50	+44.00	377	376	753	+37.20
空运口岸		分计	1.06	0.50	1.56	+17.60					102.53	102.15	204.68	+5.00	8 781	8 765	17 546	+2.90
陆运口岸	公路口岸	瑞丽	87.54	258.95	346.49	+85.20					826.92	843.99	1 670.92	+15.20	1 757 802	1 783 607	3 541 409	+16.50
陆运口岸	公路口岸	畹町	3.36	13.95	17.31	-2.60					52.04	57.54	109.58	+30.30	167 344	176 378	343 722	+45.70
陆运口岸	公路口岸	磨憨	56.71	96.45	153.15	+34.40					47.51	48.49	96.01	+53.60	179 376	174 154	353 530	+97.90
陆运口岸	公路口岸	金水河	1.54	0.75	2.29	-63.70					14.15	14.29	28.43	-2.60	5 980	5 953	11933	+13.70
陆运口岸	公路口岸	河口	122.43	62.07	184.50	-31.00					150.05	150.86	300.91	-2.40	71 606	71 599	143 205	-23.80
陆运口岸	公路口岸	天保	6.21	5.45	11.66	+5.30					28.48	28.61	57.09	-8.60	20 883	20 929	41 812	+19.70
陆运口岸	公路口岸	腾冲猴桥	3.44	297.34	300.78	+30.70					47.51	48.49	96.01	+53.60	179 376	174 154	353 530	+97.90
陆运口岸	公路口岸	孟定清水河	20.16	30.98	51.14	+41.60					30.01	29.85	59.86	+35.10	128 648	119 868	248 516	+66.30
陆运口岸	公路口岸	打洛	6.26	5.40	11.66	+30.60					39.63	39.24	78.87	+38.30	117 511	115 909	233 420	+23.20
陆运口岸	公路口岸	片马	0.21	36.52	36.73	+19.10					14.17	13.89	28.06	+4.20	64 410	63 938	128 348	+6.90
陆运口岸	公路口岸	盈江	0.13	11.08	11.22	+66.80					79.34	79.34	158.68	+15.10	122 652	122 649	245 301	+13.80
陆运口岸	公路口岸	章凤	4.30	16.61	20.91	-13.20					58.88	71.51	130.40	+10.10	186 475	225 222	411 697	+10.10
陆运口岸	公路口岸	南伞	14.51	24.11	38.62	-10.30					66.61	67.20	133.81	+21.10	147 772	147 925	295 697	+35.30
陆运口岸	公路口岸	孟连	6.36	31.04	37.40	+45.40					59.78	60.21	119.99	+20.10	123 964	124 674	248 638	+13.20
陆运口岸	公路口岸	沧源	3.69	12.06	15.75	+62.50					29.99	28.19	58.18	+26.20	83 086	83 333	166 419	+37.30
陆运口岸	公路口岸	田蓬	3.79	25.09	28.88	+60.20					7.51	7.15	14.66	+2.10	3 747	3 545	7 292	+2.10
陆运口岸	公路口岸	勐康	0.16	4.26	4.42	-33.90					3.60	3.63	7.23	+4.80	13 798	13 550	27 348	+5.80
陆运口岸	公路口岸	分计	340.82	932.09	1 272.91	+21.55					1 556.18	1 592.51	3 148.69	+15.16	3 374 430	3 427 387	6 801 817	+22.09
陆运口岸	铁路口岸	河口	0.01	0.35	0.35	-64.40					0.02	0.02	0.04	-71.60	5	28	33	-73.40
陆运口岸	铁路口岸	分计	0.01	0.35	0.35	-64.40					0.02	0.02	0.04	-71.60	5	28	33	-73.40

续表

口岸类型		口岸名称	货运量（万吨）				集装箱量（万标箱）				人员（万人次）				交通工具（辆、艘、架、列次）			
			出口	进口	合计	同比（%）	出口	进口	合计	同比（%）	出境	入境	合计	同比（%）	出境	入境	合计	同比（%）
水运口岸	海港口岸																	
		分计																
	河港口岸	景洪港	6.44	10.27	16.70	+23.10					3.58	3.53	7.11	+30.70	2 356	2 394	4 750	-10.50
		思茅港																
		分计	6.44	10.27	16.70	+23.10					3.58	3.53	7.11	+30.70	2 356	2 394	4 750	-10.50
合计			348.32	943.21	1 291.53	+21.49					1 661.09	1 695.68	3 356.77	+14.40	3 356 334	3 413 413	6 769 747	+21.00
同比（%）			16.60	23.40	21.49	+21.49					14.40	14.30	14.40	+14.40	20.90	21.20	21.00	+21.00

表注：2014 年昆明海关主要数据统计表中货运量 1 475 万吨与本表中货运量 1 291.53 万吨的差额，是其他非口岸通道的货运量。

（云南省口岸办提供）

2014 年昆明海关主要数据统计表

项目		2014 年	同比（%）
进出口货运量（万吨）	合计	1 475	+23.9
	进口	1 107	+25.0
	出口	368	+20.5
进出口贸易总值（万美元）	合计	1 575 919	+33.00
	进口	654 364	+45.00
	其中：江、海运输	78 497	-8.20
	铁路运输	441	+236.60
	汽车运输	368 064	+22.70
	航空运输	70 245	+77.20
	邮件运输	52	+30.00
	其他运输	137 065	+424.10
	出口	921 555	+25.60
	其中：江、海运输	21 083	+30.20
	铁路运输	1.00	-99.80
	汽车运输	786 336	+30.60
	航空运输	97 973	+5.80
	邮件运输	97	+19.80
	其他运输	16 065	-27.30
税收（万元）	两税合计	390 300	+45.77
	关税入库	36 400	+82.41
	进口环节税入库	353 900	+42.82

（昆明海关提供）

2014 年云南省口岸出入境主要数据表

项目			2014 年	2013 年	同比（%）
出入境人员（人次）	出入境人员总数		30 686 066	28 857 296	+9.80
	入境人员		16 066 844	14 602 376	+10.03
	出境人员		15 619 222	14 254 920	+9.57
	出入境旅客		5 075 654	4 429 226	+14.59
	出入境员工		976 130	857 721	+13.81
	中国公民	小计	9 450 285	7 921 512	+19.30
		内地居民（因公）	123 410	117 919	+4.66
		内地居民（因私）	9 326 875	7 803 593	+19.52
		港澳居民	90 344	102 556	-11.91
		台湾同胞	114 627	100 192	+14.41
	外籍人员		22 235 781	20 935 784	+6.21
	从海港出入境人员		68 119	53 658	+26.95
	从陆港出入境人数		29 571 233	26 853 471	+10.12
	从空港出入境人员		2 046 714	1 950 167	+4.95
交通运输工具（辆、艘、架、列次）	总计		6 085 607	5 018 924	+21.25
	船舶		4 588	5 288	-13.24
	飞机		17 509	17 048	+2.70
	火车		41	120	-65.83
	机动车辆		6 063 469	4 996 468	+21.36

（云南省公安边防总队提供）

2014 年云南省出入境检验检疫业务统计表

项目	货物检验检疫				交通工具				集装箱（标箱）		发现动植物疫情		货物通关		出入境人员查验（人次）	健康检查及预防接种（人次）			
	批次	金额（万美元）	检验检疫不合格																
			批次	金额（万美元）	船舶（艘）	飞机（架）	火车（列）	汽车（辆）	合计	检出问题	种类数	种次	批次	金额（万美元）		健康检查	艾滋病监测	发现病例	预防接种
本年累计	88 662	683 371	9 374	55 398	1 170	17 373	170	2 156 065	12 060	0	434	7 497	81 824	559 438	22 114 498	41 173	39 473	10 295	60 778
其中 出境	48 324	328 249	111	2 582	586	8 669	52	1 015 033	5 234		5	1	46 146	226 261	8 276 059	21 387	19 817	7 700	60 487
其中 入境	40 338	355 122	9 263	52 816	584	8 704	118	1 141 032	6 826		431	7 496	35 678	333 177	13 838 439	19 786	19 656	2 595	291
同比（%）	-4.3	+15.84	-4.01	-12.38	+14.04	+3.51	-47.04	+57.05	-32.81		+85.47		-8.09	+17.03	+20.19	+9.15	+10.42	-21.53	-23.57
其中 出境	-9.79	-3.65	-47.64	-54.75	+15.81	+3.18		+76.13	-27.12		-28.57		-17.56	-15.43	+41.91	+2.17	+2.13	-25.35	-23.77
其中 入境	+3.21	+42.47	-3.05	-8.18	+12.31	+3.84	-63.24	+43.24	-36.61		+89.87		+7.95	+58.29	+10.11	+17.86	+20.26	-7.45	+76.36

（云南出入境检验检疫局提供）

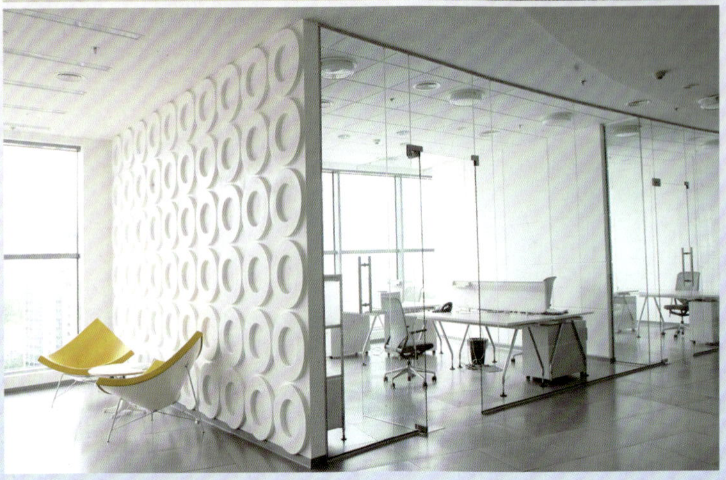

位于德国的研发中心及节能减排实验楼

FOTON 福田汽车

北汽福田汽车股份有限公司（简称福田汽车）是中品种较全、规模较大的商用车企业。福田汽车成立1996年8月28日，1998年6月在上海证券交易所上市现有资产300多亿元、员工近4万人，产销量位居世界用车行业前列。2014年度，福田汽车品牌价值达809.亿元，位居汽车行业第四位，商用车领域排名前列。

北京是福田汽车的全球总部所在地，也是福田汽车创新中心和业务管理与运营中心。此外，福田汽车在国的京、鲁、湘、粤、冀、鄂等多省市拥有整车和零部件地；在日本、德国、印度、俄罗斯等国家拥有研发分支构；在印度、俄罗斯设立了事业部；在全球20多个国家有KD工厂，产品出口到80多个国家和地区。

福田汽车坚持“商业模式、科技创新、管理创新、才开发、全球化”的经营方针，在全面发展商用车的时，注重将商用车全系列发展构建的黄金价值链（包含术、管理、供应链、生产制造、分销和服务等）延伸开相关联产业。汽车与新能源汽车、工程机械、新能源、融、现代物流、信息技术服务六大产业共同构成了优势补、资源共享、相互支撑的黄金产业链。福田汽车坚持造企业价值链“4×4”核心竞争力，链合戴姆勒、康斯，集成德美中三方优势技术，接轨德国工业4.0，同步世界的中、高端产品，致力于为用户提供产品全生命周期服务。

在节能与新能源汽车领域，福田汽车一直紧跟新能源汽车的技术潮流，不断开发出更节能环保的产品并进入商业化运营。节能新能源汽车已经覆盖卡车、客车和多功能汽车等各个领域，产销节能与新能源汽车近万辆，成为中国新能源汽车产销量较大的企业。

在企业快速发展的同时，福田汽车在社会公益方面始终不懈耕耘，累计捐款捐物近6 000万元。此外，福田汽车联合世界冠军联会和国内部分核心媒体共同发起成立了社会公益组织——福田汽车媒体爱心联谊会（简称FMG），并利用FMG持续贡献爱心，创了企业公益行为的实现途径。

福田汽车曾先后获得“汽车产品出口质量安全示范企业”、“全国先进基层党组织”、“全国五一劳动奖状”、“全国五四红旗团”、“中国名牌产品”、“全国机械行业企业形象十佳”、“全国质量管理先进企业”、“全国自主创新典型企业”等荣誉称号。

在战略布局上，福田汽车正在全面实施“5+3+1”战略，在俄罗斯、印度、巴西、墨西哥、印度尼西亚五个国家分别建立年产万辆汽车的工厂，突破北美、欧盟、日韩等三个发达地区市场，在中国建设全球总部，建设全球创新中心、业务管理和运营中，积极实施全球化战略。

福田汽车以打造“世界级主流汽车企业”为战略目标，坚持“转型与整合增长、创新与互联互通”两个指导方针，实施“核心动力、网系整合、产品创造”三个策略。届时，福田汽车将成为时尚科技与人文环保高度融合的综合性国际汽车企业，成为高科、现代型的世界品牌。

福田汽车是中国汽车行业自主品牌和自主创新的中坚力量。自成立以来，福田汽车以令业界称奇的“福田速度”实现了快速发展，累计产销汽车近800万辆。目前福田汽车旗下拥有AUMAN、AUMARK、VIEW、TOANO、SAUVANA 、TUNLAND、AUV、LOXA等汽车产品品牌。

AUMAN——世界级重卡 福田戴姆勒

AUMAN，福田戴姆勒汽车中重卡产品品牌，致力于为第三方物流提供整体解决方案，长期坚持以产品和服务为核心竞争力，不断创新、超越，创造了重卡行业的奇迹。

AUMARK——世界AUMARK 福田康明

AUMARK，福田汽车中高端轻卡产品品牌，为满足全球用户效、无忧的城市物流追求所设计，整合康明斯动力，以科技、人性、保等理念，引领世界级标准的中高端轻卡品牌。AUMARK产品现C/TX/FL三大系列，全面满足各层次物流载货需求。

VIEW——超越大空间

VIEW，福田汽车 VAN 类产品品牌，现旗下拥有 C1/C2/CS2 三大产品系列。以创新技术和以人为本的设计理念，分别满足不同消费群体对高效商务、短途客运、轻载货运、休闲旅游等功能的需求。

TOANO——来自德国的商务伙伴

TOANO，德国斯图加特汽车研发中心研发，秉承德国精品质，搭载世界级康明斯卓越动力，引入德国质量管理体系，在无接触、自动化、零排放的智能工厂精益制造的时尚外观、力强劲、安全可靠、智能科技的新一代商务车，为用户提供高商务接待和城市物流运输的全方位全天候的运输解决方案。

FOTON
福田汽车

AUVANA——势不可挡的自由力量

SAUVANA，传承北美SUV优秀基因，集结美国顶尖科技，整合美国领先造车理念，链合全球顶级供应链体系，与发巨擘美国康明斯通力打造全新硬派大SUV，引领美式越野生式。

TUNLAND——心无垠 驾无疆

TUNLAND，福田汽车皮卡类产品品牌，以创新之心链合全球科技，秉承欧洲设计理念，将每一位用户纵情前路的激情与成功的梦想注入车的每一个细节，其气质高贵典雅。同时，其超强越野性能亦能让用户在荒漠丛林里游刃有余。

UV——科技承载价值 绿色引领未来

AUV，以中国自主研发全承载技术为核心，外形尊贵演绎经典，集理想与智慧科技于一体的新能源汽车践行者。

AUV是同步全球领先核心动力，以创新科技打造的中高端品质大中产品，用先进的全承载、新能源技术为客运、公交、旅游客户提供安可靠、环保的客运解决方案，已经形成了大中型城市客车、城间客用校车三大类完整的产品系列。

LOXA——品质创造未来

LOXA，通过提供高价值的混凝土成套设备整体解决方案，成就全球中高端泵送机械用户的价值理想。LOXA是福田汽车整合全球科技，运用一体化的研发、设计、制造、服务体系，精心打造的科技领先、品质可靠、服务便捷、高收益的专业设备，在标准化、人性化、智能化等方面与世界标准同行，为全球用户提供高价值泵送成套设备整体解决方案，现旗下拥有搅拌车、泵车、搅拌站、车载泵、拖泵、背罐车、干混砂浆车七大产品系列。

祥云飞龙
XIANGYUN FEILONG

云南祥云飞龙再生科技股份有限公司

总经理 杨龙

云南祥云飞龙再生科技股份有限公司始建于1995年，是一家集铅、锌及二次资源综合回收利用的企业。目前，公司资产总额达73.5亿元，2013年上缴国家税收2.33亿元。

几年来，公司先后与昆明理工大学、同济大学、北京化工大学等十几所大专院校的50多名专家建立起了牢固的科研合作关系，形成了一支生产与科研相结合的科技开发队伍，建立起了科技研发中心，先后开发出了“有机溶剂萃锌与湿法炼锌的联合工艺”等21项自主发明专利技术。其中，“难处理复杂氧化锌矿和氧化锌矿浸出渣提锌新工艺”荣获2008年度云南省科学技术发明类一等奖，“氧化锌矿高效清洁冶金新技术”荣获2008年度中国有色金属工业科学技术一等奖。公司走出了一条以人为本、科技为先、循环利用的“飞龙路子”，为国内锌冶炼企业的环境治理与效益有机结合

http://www.xyfl.net/

起到了重大的示范推广作用。

在发展中，公司先后荣获全国诚信守法乡镇企业、全国五一劳动奖状、中国中小企业创新100强、云南地方工业企业（集团）销售收入超千亿突出贡献奖、云南省优强工业企业、云南省高新技术特色产业基地骨干企业、云南省节能减排先进单位、云南省光彩事业先进企业、云南100强企业、全国循环经济工作先进单位、云南省扶残助残先进集体等。2013年又获得了云南省科技小巨人企业、大理州知名商标、大理州纳税10强、大理州上50亿元台阶奖等荣誉。

公司在取得良好的经济效益的同时，始终不忘回报社会。几年来，公司为希望工程及灾区恢复重建、扶贫助残、公路建设、教育事业等各项公益事业累计捐款5 000多万元。

云南祥云飞龙再生科技股份有限公司

公司技术装备

气体电加热炉

自动化生产线

年产8万吨电铅氧气底吹炉生产车间

8万吨电铅氧气制氧站

阿法拉伐板式换热器

收尘设备

电解槽

化尘环保设备

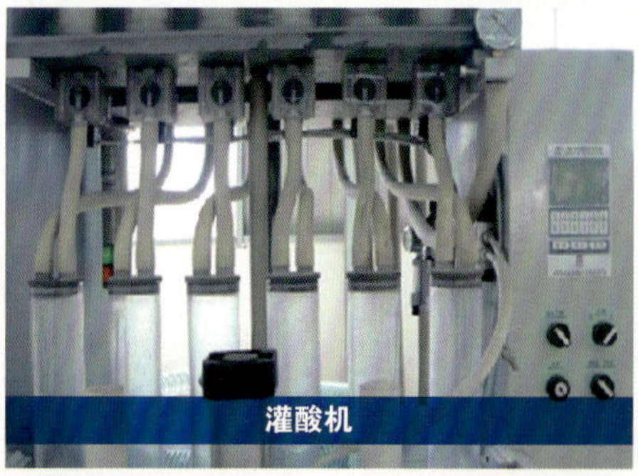
灌酸机

酸雾处理环保设备

固化设备

铅粉机

公司荣誉

NAC
SC07
GB/T19001-2000 idt ISO 9001:2000
质量管理体系认证合格单位
东北认证有限公司
云南省认定
企业技术中心
云南省经济委员会
云南省再就业工作
先进企业
云南省人民政府
二00五年二月
2004年—2006年度云南省省级
重点保护非公有制企业
云南省监察厅
二00四年十月
全国乡镇企业创名牌重点企业
中华人民共和国农业部
祥云县飞龙实业有限责任公司
中国优秀企业
中国企业联合会
中国企业家协会
二00三年颁发
2008年度安全生产
先进单位
授予：祥云县飞龙实业有限责任公司
省级创名牌重点企业
云南省乡镇企业质量管理协会
2001年12月
1999年度云南私营企业
百强企业
云南省人民政府
2000年3月
先进会员
云南省工商行政管理局
云南省个体私营经济协会
二00四年七月
赠：飞龙公司
情系体育
热心公益
祥云县文体局
危险化学品安全生产
示范单位
大理州安全生产委员会

CNBM

易单网 okorder.com

易单网是基于现代服务业理念和供应链整合的跨境电子商务平台，为海外买家提供一站式采购方案，为中国生产企业提供综合出口解决方案。通过对传统外贸模式中各个环节的整合与优化，易单网致力于成为全球材料及设备相关领域领先的跨境电商平台。

易单网由中国建材集团倾力打造，由中国建材集团物流贸易板块的重要成员企业中建材国际贸易有限公司运营。中国建材集团是中国大型的综合型建材产业集团，连续多年位居建材行业500强之首，2014年位列《财富》世界500强第267位。

易单网坚持创新驱动，推动转型发展，首创了“跨境电商+海外仓”商业新模式，将传统大型外贸公司的优势与现代电子商务有机结合，为国内生产企业提供全球营销推广、出口代理、物流运输、海外仓储及配送、在线供应链金融、外贸及电商培训等外贸综合服务，打造网上丝绸之路，服务中国外贸发展。

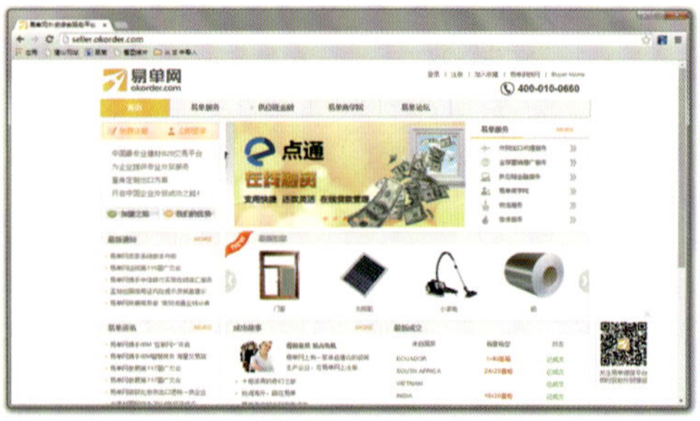

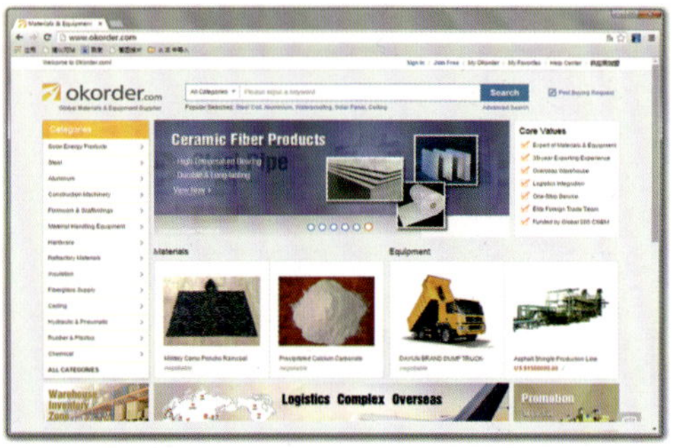

易单网迪拜物流园

易单网作为专业的外贸综合服务平台，积极将出口供应链上的海运物流、海运保险、出口信用保险、国内外银行、海外仓储等核心服务提供商通过易单网平台进行整合，并实现与海关、税务、商检等政府系统的对接，搭建起一个完整的外贸生态系统。中小企业可以通过易单网，实现“借船出海”、快捷出口，沿着“一带一路”积极“走出去”。

经过多年的实践与探索，易单网创新的“跨境电商+海外仓”商业模式受到了各部门的肯定，目前是海关出口退税一类企业（海关双A)，先后被授予“中关村现代服务业综合试点”、“商务部电子商务示范企业”、“工信部电子商务集成创新试点工程”、“工信部工业化和信息化深度融合项目”、“北京市外贸转型升级示范基地”等多个项目称号。

同时，易单网“跨境电商+海外仓”创新商业模式也得到了国内外媒体的关注和报道，先后有经济日报、中央电视台《经济信息联播》栏目、《对话》栏目、新华网、光明日报、中国信息产业网、中国电子商务研究中心、中国建材报、中国财经报、国际商报、中国信息化杂志、新浪网、凤凰网等多家主流媒体对易单网进行了专题性报道，引起了社会广泛关注。

易单网不断实践、不断完善，通过对产品属性、海外市场特征、竞争优势、供应商渠道等多方面进行深入透彻的分析，以优势的平台和本地化海外仓为依托，推动传统外贸电商化；通过优秀的团队化运作，打通产业链上每一个环节，真正实现了“全程、可控、信用、增值”的一站式综合外贸服务。

未来，易单网将积极贯彻落实国家“一带一路”战略，继续优化“跨境电商+海外仓”线上线下相结合的创新商业模式，降低贸易风险，推动贸易便利化，致力于建设一条高效、共赢的网上新丝路，实现全球化贸易联动。

国家核电 SNPTC

国核工程有限公司

STATE NUCLEAR POWER ENGINEERING COMPANY

国核工程有限公司是国家核电技术公司的全资子公司，于2007年7月6日正式挂牌。

公司目前主要承担浙江三门、山东海阳AP1000自主化依托项目4台机组的建设管理任务。项目采用美国西屋公司开发的、代表国际先进电水平的第三代AP1000非能动压水堆堆型，其中，浙江三门核电站一号机组是世界范围内首个开工建设的AP1000核电机组，其工程建设世瞩目。

公司还承担了国家重大专项示范工程CAP1400及一批AP1000后续项目的建设管理任务。在国家核电技术公司的引领和主导下，通过引、消化、吸收和再创新，公司走出一条“标准化设计、工厂化预制、模块化施工、专业化管理、自主化建设”的核电发展新路子。

通过AP1000自主化依托项目建设，公司建立了核电建设国际化、专业化、标准化的管理体系，锻造出一支优秀的核电项目管理队伍，构了一个先进的自主化管理信息平台，在工程设计咨询与设计管理、集约化采购与系统集成、工程建造、核电调试与调试管理、项目管理与控五大核心业务能力建设方面取得了明显成效。

公司将坚持“规范化、标准化、程序化、专业化、国际化”的管理理念，与国内外行业伙伴精诚合作，在将自身打造成集项目控制、设计理、施工管理、调试管理、设备采购等业务于一身的国际知名核电工程公司的同时，与合作单位一起共创中国乃至世界核电美好的明天。

国核工程有限公司重大荣誉

2015年	2013~2014年度上海市职工职业道德建设先进单位	2014年	企业文化顶层设计与基层践行优秀单位
2014年	上海市认定企业技术中心	2013年	2013年全国安全生产月活动先进单位
2013年	企业文化竞争力优秀单位	2013年	企业信用评价AAA级信用企业
2013年	2012年度全国电力行业新闻宣传工作先进单位	2012年	上海市平安单位
2012年	国家核电员工行为规范建设示范单位	2012年	2011年度全国电力行业新闻宣传工作先进单位
2012年	全国电力行业优秀企业	2011年	2011年度企业文化建设优秀单位
2011年	中央企业党建带团建工作先进单位		

奎屯
保税物流中心

奎屯保税物流中心（以下简称中心）于2013年8月8日批准设立，并于2014年9月23日通过验收，封关运营。这是新疆唯一一家B型保税物流中心。

中心位于丝绸之路经济带核心区的中心区——奎屯市。奎屯市是新疆综合经济开发带上的重点发展城市、对外开放城市及新型工业商贸城市，地处天山北坡经济带的中心位置，东距乌鲁木齐市253千米，西出伊犁通向西亚，南越天山直达南疆交通要塞库车市，北抵油城克拉玛依市及物产丰富的塔城、阿勒泰地区，扇形辐射阿拉山口、霍尔果斯、都拉塔、巴克图、吉木乃、塔克什肯等一类开放口岸，并设有原二类内陆口岸。312国道与217国道在此十字交汇，高速公路、铁路横贯辖区，中哈石油管道、中土天然气管道和伊犁煤变油输油管道都从奎屯经过，初步形成集公路、铁路、管道运输为一体的立体交通运输网络体系。拥有第二条亚欧大陆桥西部入境的具有物资进出口功能的区段站——奎屯火车站，年货物吞吐量2 400多万吨，已建有铁路专用线11条，区位优势突出，交通条件便利，现代物流业发展潜力巨大。

正式验收并颁发

签署奎屯保税物流中心验收《

新疆奎屯—哈萨克斯坦（热特苏）国际货运班列首发

中心是从事保税物流仓储业务的海关监管场所，可
理保税相关的报关报检业务。中心建有保税仓库、露天
海关监管系统和货物查验平台。中心集保税物流、出口
转口贸易、简单加工、增值服务及货物“一日游”功
体，享有保税物流中心的各项政策优惠。中心占地面积
平方米。其中，海关集中监管场所占地33.9万平方米，
税仓库1.2万平方米，堆场27万平方米；配套服务区占
万平方米，建设综合服务办公场所8 000平方米，可供
流企业同时入驻。先后开行了中国奎屯—格鲁吉亚的国
班列、中国奎屯—吉尔吉斯斯坦整车钢材班列，进口了
亚红酒及乌兹别克斯坦棉花、棉纱等货物，拉开了把奎
物流中心打造成中亚各国食品、红酒、棉花、棉纱、
金、电解铜等进口商品展示交易中心的序幕，实现了西
货运班列发运常态化。

中心将紧紧抓住建设丝绸之路经济带重大机遇，充
保税物流中心所具备的境内关外、出口退税、交易免税
保税、外汇优惠、保税金融、转口贸易等特殊功能和政
过为入住企业提供进出口商品“一次申报、一次查验、

”的服务，减少企业运营成本，节约货物运输时间，加快企业资金流转，增强企业市场竞争力，提高企业综合效益。通过与霍尔果斯、阿拉山口口岸外运企业的合作，利用区位优势，大力发展国际联运，成为口岸货物转关、疏港承接地，建设具有“港口前设、就地办单、铁路联运、无缝对接”的国际内陆港。通过进一步加快外贸发展，推动产业联动，面向国内化工、冶金、纺织等产业发展的需求，自主进口中亚大宗物资、原材料，培育新的经济增长点，促进外向型经济发展。通过进一步提升奎屯市对外经济发展形象，扩大对外开放，提高招商引资吸引力，使奎屯市发展成为丝绸之路经济带上的重要支点、区域商贸物流中心和进出口加工基地。

将努力打造成“5个中心”，即棉花、铁精粉、铝锭等大宗资源进口物流聚集中心，中亚各国食品、红酒等进口商品展示交易中心，五金机电、建材家居、汽车配件及农资、农副产品等货物出口集散直拼中心，番茄酱、果蔬、肉制品等特色农产品出口交易集散中心，哈萨克斯坦铁路总公司集装箱集结存放中心。打造真正意义上的内陆“无水港”。

新疆奎屯—格鲁吉亚国际货运班列首发

新疆西部明珠保税物流有限公司

新疆西部明珠保税物流有限公司由新疆农资集团北疆农佳乐有限责任公司与奎屯市国有资产投资经营有限责任公司共同出资设立，注册资本5 000万元，位于奎屯市火车西站南侧。主要负责奎屯保税物流中心的建设和经营业务。

新疆农资集团北疆农佳乐有限责任公司

新疆农资集团北疆农佳乐有限责任公司（以下简称公司）隶属于自治区供销社新疆农资（集团）有限责任公司，位于奎屯市南环路。拥有铁路专用线、仓库等储运设施。主要经营农资商品、化工产品、棉花等农副产品的仓储发运和进出口贸易。

公司在新疆拥有2个专业仓库：新疆农资集团北疆农佳乐有限责任公司奎屯西仓库，静态存储货物70万吨，被郑州商品交易所确定为奎屯地区唯一的棉花期货交割中转库；新疆农资（集团）奎屯储运分公司仓库，静态存储货物15万吨。

公司在江苏建湖县上冈镇注册成立了“江苏银海农佳乐棉花仓储有限公司”。仓库占地面积40万平方米，拥有2 000平方米/幢的封闭式棉花仓储库72幢，室内静态棉花仓储量达35万吨，是本区域较大的棉花仓储、中转、销售场所，被郑州商品交易所确定为棉花期货交割仓库。

公司联合注册成立了亚欧国际物资交易中心有限公司。共同打造中国—乌兹别克斯坦电子商务平台，可在公司直接开展与中亚各国的商品进出口贸易。

奎屯保税物流中心管理委员会
地址：新疆维吾尔自治区奎屯市南区中路
电话：0992-3333216
传真：0992-3333211
网址：http://blcmc.kuitun.gov.cn

新疆西部明珠保税物流中心有限公司
地址：新疆维吾尔自治区奎屯市南环路翠竹园50-A区
电话：0992-3337113、3290289
传真：0992-3290289

新疆农资集团北疆农佳乐有限责任公司
地址：新疆维吾尔自治区奎屯市南环路翠竹园50-A区
电话：0992-3290289
传真：0992-3290289
网址：http://topic.ec.com.cn/topic/kuitunggbsk/index.shtml

新疆奎屯—中亚（吉尔吉斯斯坦）整车钢材班列首发

浙江·杭州出口加工区

浙江杭州出口加工区于2001年5月18日通过国家验收，同年5月23日正式封关运作以来，已经封关运作14年。2014年，在倡导大力发展信息经济和智慧经济的大背景下，浙江杭州出口加工区“转理念、优服务、推改革、促升级”，以锲而不舍、昂扬向上的精神，助力区内实体企业转型升级，配合引进阿里巴巴、银泰、中外运等极具影响力的企业。2014年全年实现工业总产值117.85亿元，进出口总额21.7亿美元，其中出口17.52亿美元。

目前浙江杭州出口加工区拥有海关、国检的现场报关部门，为加工区内企业提供现场报关、报检服务。引入银行1家、报关行5家、货运代理9家、物流企业7家、跨境电子商务企业39家、物业、邮政等公共服务机构为杭州出口加工区内企业提供相应的服务，并先后引进了杭州松下住宅电器设备（出口加工区）有限公司、东芝信息机器（杭州）有限公司、杭州矢崎配件有限公司等世界500强企业，形成了电子信息、机械制造、家用电器、跨境电子商务等产业集聚区。

浙江杭州出口加工区于2014年1月28日被杭州市人民政府确定为开展跨境电子商务（进口）试点实施单位，经过3个月的筹备于5月7日正式开园，开发区高度重视，集全区之力，全要素保障试点工作，高效发挥了开发区在区位交通、综合实力、产业基础、人才集聚、环境配套等方面的优势，按照杭州跨境电子商务试点工作制度建设、政府管理、服务集成“三个创新”的要求，努力实现跨境电子商务自由化、便利化、规范化，有序推进各项工作。通过积极探索试点模式、优化服务机制、对接重点项目，实现了3个月实单测试成功，100天开园运作，5个月直邮进口业务启动，6个月园区跨境O2O业务启动，成为进口业务全覆盖园区，并在试点业务覆盖、交易规模、模式创新、产业集聚等方面取得明显成效，走在全国前列。目前已有来自英国、德国等十多个国家和地区的113家知名海外电商在园区完成海关备案并开展业务。

天猫国际“双十一”新闻发布会

中国（杭州）国际电子商务博览会主题论坛参展区

同年，管委会积极推动园区转型升级，启动升级综合保税区申报工作，优化区域投资环境，推动产业转型升级，增强区域综合竞争力。将大力发展服务于杭州经济技术开发区及周边地区的对外贸易、国际采购、分销、配送、国际中转、商品展示等现代化贸易、物流服务体系，探索物流合作新模式，加大跨境贸易、物流产业链的培育，为区域经济发展提供各项服务保障。

鲁中运达保税物流中心

基本情况

鲁中运达保税物流中心（B型）于2013年8月8日获得批准设立，于2014年11月19日通过国家的正式验收。中心的关区代码为4381，国内地区代码为3712w。2015年1月21日，鲁中运达保税物流中心（B型）正式开关运营，为滨州市第一个海关特殊监管场所。截至2015年4月，中心实现500票业务顺利通关，货值5 000万美元。

鲁中运达保税物流中心（B型）一期占地面积40.3万平方米，建设内容包括海关卡口区、海关查验区、检验检疫区、保税仓储区、集装箱和散货堆场、监控中心、办公大楼等其他配套设施。2015年，中心还将申报建设海关监管场站和跨境电子商品展示交易中心，逐步推动上海自贸区14项新政和“一带一路”区域通关一体化政策的落地实施。

鲁中运达保税物流中心致力于为滨州市及周边进出口加工贸易企业的国际贸易、国际物流提供通关代理、代采购、信息咨询、金融、物流等“一站式”综合配套服务交易平台。目前已有中国外运、海程邦达、嘉里大通、魏桥创业等百余家企业在中心注册，注册资本总额6亿元。中心还与国内外知名物流贸易商、船公司、货代公司、生产厂商、银行广泛合作，更与青岛港等国际大港形成战略合作。

区位优势

鲁中运达保税物流中心位于国家级邹平经济技术开发区内，地处黄河三角洲高效生态经济区、山东半岛蓝色经济区和环渤海经济圈、济南省会城市群经济圈“两区两圈”叠加地带，地域优势明显。青银高速G20、长深高速G25在区内交错，东距青岛港240千米，西距京沪高铁70千米，新规划的济青高铁穿城而过，境内海陆空交通四通八达。

区内经济力量雄厚，拥有世界500强魏桥创业集团、中国500强西王集团为代表的一大批知名企业，是全球较大的棉纺织基地和全球知名铝产业基地，享有中国棉纺织名城、山东省轻质高强合金新材料基地、中国糖都、中国玉米油城的美誉。

经济和社会效益

鲁中运达保税物流中心具备“境内关外”的政策优势，可实现保税仓储、国际物流配送、简单加工和增值服务、进出口和转口贸易、口岸功能和出口退税、物流信息处理等功能，实行国外货物入中心保税、国内货物入中心退税等优惠政策，可以为滨州市及周边进出口企业有效降低企业物流成本，提高资本运作效率，对于承接沿海加工贸易产业向中西部转移、推进新型工业化具有重要战略意义。

中心积极建设跨境贸易电子商务服务信息平台，将逐步发挥国际采购与商品展示功能，为地方工业产品打开国际市场通道。吸引大型跨国公司和区内贸易企业在中心进行全球进口采购并在中心内展示交易，实现进口商品的国内外分销。同时，进一步深化“分送集报”、“滚动核销”等方式灵活的清关模式，适时推广“前店后仓”式的进口商品内销，最大限度地满足当地居民对高中档进口商品的需求。

鲁中保税物流中心的建成运营，为邹平、滨州乃至鲁中地区打开一条连接国内和国际两大市场的便捷通道，强力拉动滨州市及周边地区的进出口业务，帮助该区域的外向型企业有效降低经营成本，大幅提高获利空间，在激烈的国际市场竞争中获得更为有利的发展先机，必将成为山东半岛蓝色经济区、黄河三角洲高效生态经济区和济南省会城市群经济圈开发建设过程中功能政策的强力支撑。

申能

上海申能燃料有限公司
SHANGHAI SHENERGY FUEL CO., LTD

上海申能燃料有限公司由申能股份有限公司(600642)、国电电力发展股份有限公司(600795)按60%和40%的比率共同投资，于2008年6月19日正式成立，为上海地区较大的电煤供应商。

公司以经营煤炭为主，兼营燃料油、矿产品、金属材料等，年煤炭销售量达1 200万吨以上，主要客户包括上海外高桥第三发电厂、外高桥第二发电厂、吴泾第二发电厂等高效环保，拥有国际国内领先火电技术的大型发电厂。

公司自成立以来，通过诚信、规范、高效的作管理，与神华、伊泰、中煤等国内主要煤炭供商，以及BHP、SUEK、ADARO等国际大型矿建立了长期战略合作关系。公司供应煤炭品种富，包括内蒙古、陕西、山西等地烟煤、贫瘦煤，东北地区褐煤，环保煤、特低灰煤等特殊煤种，及产自印度尼西亚、俄罗斯、澳大利亚等地区的口煤炭。同时，公司在东北港口设有煤炭自加工地，在上海及周边地区设有专用堆场，满足用户性化需求，为广大客户提供质优价廉的产品。

公司与铁路、港口、海运等方面深化协作，确保供应链各环节的畅通，目前在秦皇岛港、京唐港、京唐东港共有3条准班列一准班轮航线，确保资源优先供应、运力优先保证、船舶优先靠泊。公司系统内航运企业拥有5艘散货船，总运力达20万吨，年运量逾700万吨。同时，公司与中海、中远、长航等国内大型航运集团建立了长期战略合作伙伴关系，为公司煤炭经营提供了可靠的运力保障。

2015年起，公司将按照国资国企改革的精神要求，积极推进市场化经营，为广大用户提供更加稳定可靠的货源、优质贴心的服务，与各界伙伴共同开创合作共赢的美好未来！

上海申能燃料有限公司

地址：上海市杨浦区昆明路518号A座16楼

邮编：200082

电话：021-65656765

传真：021-65656755

网址：www.shsnrl.com

驻秦皇岛办事处

地址：河北省秦皇岛市海港区河北大街西段金海湾森林逸城A区95-1

联系电话：0335-3990802　　传真：0335-3990805

MITSUBISHI MOTORS
Drive@earth

品质至上
欧蓝德/帕杰罗 成就价值之选

近几年SUV市场一直保持强劲的增长势头。乘联会数据显示，2014年我国SUV累计销量407.79万辆，同比增长36.44%，以绝对优势继续领跑整个车市。为了抢占这一增长高地，各大车企纷纷瞄准SUV这块大蛋糕，快速布局，竞争也更加白热化。作为三菱汽车旗下两款经典的SUV车型，都市全能型SUV欧蓝德、地表之王帕杰罗凭借出色的品质性能在众多车型中脱颖而出，销量稳步攀升，成为了越来越多消费者的价值之选。

5大超值增配 2014欧蓝德超值版持续引领潮流

作为新一代领衔SUV，全新欧蓝德自2012年年底盛装上市以来，凭借高效节能的环保性能、潮流时尚的外观设计、至臻完美的内饰品质、博大舒适的7人大空间，以及领先同级的E-NCAP五星安全评级等产品亮点，很好地满足了驾乘者的用车需求，引领了中国中高端城市SUV的潮流。2014欧蓝德超值版在继承了原款车型传统优点的基础上，增加了5大超值配置，性价比得到很大提升，以远超同级的产品力再次树立了城市SUV的价值典范。

2014欧蓝德超值版前脸镀铬格栅进行了微调，配合棱角分明的多功能前大灯和梯型进气格栅，使得整个前脸看上去更加时尚大气。同时，为提高车后信号的安全性，新车配置了更加炫酷时尚的多功能组合式LED尾灯。此外，全新设计的18英寸铝合金轮毂、黑色轮眉、酷炫银色行李架等配置，不仅增加了欧蓝德的运动感，而且也大大提升了这款新车的品质感。

在动力和油耗方面，得益于三菱高环保性能的最新MIVEC发动机和INVECS-Ⅲ CVT无极变速器，2014欧蓝德超值版动力输出强劲平顺，燃油经济性卓越而高效。其中，2.0L款最大功率110kw/6 000rpm，最大扭矩190N·m/4 200rpm，百公里油耗仅为7.1L；2.4L款最大功率124kw/6 000rpm，最大扭矩220N·m/4 200rpm，百公里油耗仅为7.9L。同时，ECO经济驾驶辅助系统，通过该系统ON/OFF开关的切换，加强对发动机、空调、4WD的节能控制，降低油耗，节能环保。

32年经典传承 2015款帕杰罗再续越野传奇

作为三菱汽车旗下的经典车型，从第一代帕杰罗诞生开始，至今已经拥有32年的历史，其硬派越野的个性一直受到广大玩家的称赞。2015款帕杰罗同样继承了帕杰罗品牌的纯正越野血统，同时还添加了更具现代感的设计和配置。

外观上，新车采用了全新设计的进气格栅和前保险杠，不仅突出了越野SUV应有的粗犷与洒脱，外观视觉也更加时尚精致。前雾灯处新增了LED日间行车灯，科技感十足。配置上，2015款帕杰罗增配带自动水平调节装置的超宽区域氙气大灯、自动感应大灯及雨量感应系统等科技配置，进一步满足消费者的驾乘需求。

2015款帕杰罗延续着三菱汽车优异的动力系统，其搭载的3.0L 24气门V6发动机，最大功率为130kw/5 250rpm，最大扭矩259N·m/4 000rpm；配备带运动模式的INVECS-Ⅱ自动变速器，在保证车辆拥有澎湃动力的同时，在节油和排放方面也有优异的表现。超选四轮驱动系统Ⅱ（SS4-Ⅱ）可提供包括2H、4H、4HLc与4LLc等驱动模式选择，不同路况下的驱动模式针对性输出动力和调整扭矩，实现日常公路行驶平顺、安静、省油，更在崎岖或湿滑等极端路况上行驶稳定而有力。

值得一提的是，帕杰罗在安全性能方面也是久经市场考验，表现极为出色。主动安全方面，ASTC主动稳定性及牵引力控制系统通过收集车轮、发动机、方向盘的反馈信息，主动调整车辆的制动力和动力输出，防止车轮发生打滑的现象。被动安全方面，2015款帕杰罗采用内置型梯形结构车架，它具有旧梯形框架车几乎3倍的强度，在车体受到冲击力、压力、扭曲力时不会轻易溃缩或扭曲变形，在极度颠簸、崎岖的路面依然带给驾乘者稳定而舒适的感受。同时，高强度侧防撞横梁、侧面气囊等被动安全配置最大限度地保证驾驶者的安全。

进口三菱一直致力于为中国消费者提供具有优秀驾控体验、动力性能，以及安全品质的产品。2014欧蓝德超值版和2015款帕杰罗是三菱汽车集合了现阶段技术之大成而开发，它们是进口三菱重要的销售增长一极，将助推进口三菱再上一个台阶；它们也是SUV市场强大的搅局者，让这个市场的竞争更趋激烈化，同时，也让消费者拥有更多更高品质的选择。

TOSHIBA

Leading Innovation >>>

集东芝之大成·创时代之先端

东芝信息机器（杭州）有限公司

东芝信息机器（杭州）有限公司是位于杭州经济技术开发区出口加工区M12-19-1地块，投资额为7 100万美元，注册资金为3 400万美元的外商合资企业，主要生产东芝电脑产品及其外围机器和零部件、车载电子产品，销售自产产品并提供售后服务。生产的产品绝大部分销往欧美、日本、东亚、东南亚、大洋洲等海外市场。公司是以B2B事业为中心的东芝全球PC唯一生产据点，月生产能力达到30万台，职工人数1 904人。

公司成立于2002年6月，于2003年4月开始正式投入生产，并于当年取得了ISO9001和ISO14001的认证。初年产量为70万台，获得了杭州市外商投资企业2003年年度自营出口第1名，出口额为36 649.36万美元，并获得销售收入第6名。2004年年产量为120万台，获得自营出口第1名，出口额为110 834万美元，同时获得销售收入第2名，金额为953 396万元，并获得出口先进企业“金龙奖”和2011年浙江省出口百强企业称号等。2008年取得OHSAS18001的认证，2011年6月生产累计台数达到1 000万台。2013年获得日本能率协会的“GOOD FACTORY”奖（“GOOD FACTORY”奖由日本能率协会主办，是一个表彰主要在亚洲区域内，成为制造业模范的工场的制度，表彰对象是致力于企业经营革新，在改革方面取得较大成果的工厂）。几年来，公司一直保持这种良好势头，不断发展，获得杭州市及所处经济技术开发区的多种奖项、奖励。

2013年，公司导入新的项目，EPS-ECU车载电子产品，为公司发展提供了更大的可能性。

目前，公司拥有200人左右的设计中心及浙江省唯一一座10米法电波暗室，在保证自己公司产品品质的同时，还可以向其他有需要的客户提供优质的服务。

公司设计、生产差别化、差异化的商品，发挥以品质为主轴的精细制造力，与设计联手的生产体制，以及以操作工为本的制造管理力，以B2B市场为中心，向顾客提供高品质的、高附加价值的笔记本电脑。同时，还生产台式机及工业用PC等。

公司把“为了人类和地球的明天”作为经营口号，秉承“尊重人，创造丰富价值，为社会作贡献”的经营理念，开展绿色采购、绿色生产，各种环保工作在中国范围内领先开展。

入手如无物的轻薄·商业机新标准

PORTEGE-R850

一滑而立·一机两得

U9-20T 平板电脑新概念

东芝信息机器（杭州）有限公司

地址：浙江省杭州出口加工区内M12-19-1

邮编：310018

电话：0571-86714411 传真：0571-86714317

上海复旦微电子集团股份有限公司

Shanghai Fudan Microelectronics Group Company Limited

上海复旦微电子集团股份有限公司成立于1998年，是国内从事超大规模集成电路设计、开发和提供系统解决方案的专业公司。

1998年7月，由复旦大学“专用集成电路与系统国家重点实验室”、上海商业投资公司和一批梦想创建中国最好的集成电路设计公司（芯片设计）的创业者联合发起创建了复旦微电子。公司成立以来，已成功地确立了在国内集成电路设计行业中举足轻重的地位。产品主要应用于金融（卡）、社会保障（卡）、公共交通（交通卡）、卫生、身份识别、智能电表（MCU）、智慧家电(EEPROM)、北斗导航等领域，并占据主要市场份额。公司于2000年8月4日在香港上市，成为国内集成电路设计行业的上市企业。

今日，复旦微电子已从10多位创业者发展为拥有600多位员工的公司，用户遍及全球各地。公司更以卓越的管理，良好的发展潜能，骄人的业绩，为国内外同行所瞩目。2011年复旦微电子荣登《福布斯亚洲》杂志编辑评选的“最佳中小上市企业200强”榜单。

立足上海，走向世界，复旦微电子以发展中国微电子产业为己任，以赶超国际先进水平为目标，力争早日成为国际一流的集成电路跨国企业集团。

主要荣誉

- 中国集成电路设计业发起式股份公司
- 中国上市的集成电路设计企业
- 国家规划布局内集成电路设计企业
- 《福布斯亚洲》评选的“最佳中小上市企业200强”企业
- 《亚洲金融》杂志评选的“大陆最佳管理企业”
- 国际特殊奥林匹克运动会9年技术赞助商

2014年公司股票从香港创业板转往香港主板上市

董事长蒋国兴先生（左一）与总经理施雷先生

知识产权

公司管理层高度重视自主知识产权，建立了专门的知识产权管理机构，设有专职人员负责专利申请、专利保护等一系列知识产权管理工作，关键技术均获得了专利保护。

2001年10月1日，《集成电路布图设计保护条件》颁布实施，公司FM1008 8K CPU卡电路获得全国布图设计保护批准第一号，布图设计保护登记号01500001。

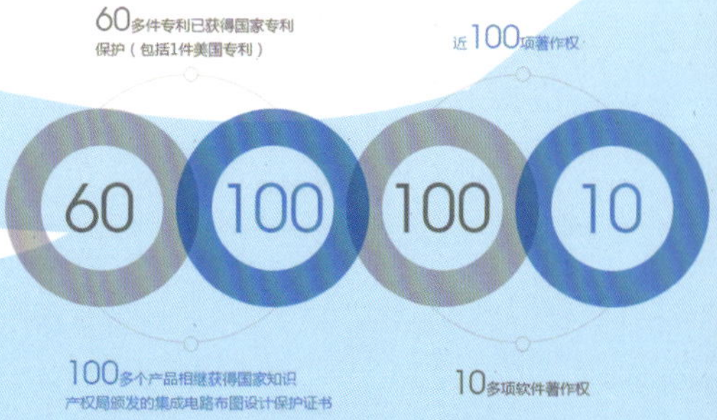

“专芯成就未来”，复旦微电子与合作伙伴和最终用户一起，成就共同美好的未来！

SPREADTRUM®

展讯通信

致力移动通信技术

展讯通信（上海）有限公司是一家由在国外留学和工作多年的留学人员团队创办，从事移动通信手机核心芯片研制开发的创新企业，总部位于中国上海张江高科技园区，在北京、天津、深圳、台北、美国圣地亚哥、印度新德里等地设有分支机构。十余年来，展讯发展迅速，现已成为年产值超过60亿人民币的集成电路设计公司，拥有“国家规划布局内集成电路设计企业”、“国家高新技术企业”、“上海市知识产权优势企业”等称号，2013年12月，展讯为清华紫光集团收购。

展讯立足中国本土，面向全球市场，不断加强与国际一流芯片厂商的正面竞争，拓展市场份额，致力于成为具有国际竞争力的手机芯片公司。目前，展讯已有包括三星、HTC、华为、联想、中兴、小米等超过260家国内外主流手机制造商和手机设计公司。2013年度，展讯总营收超过60亿元，在GSM基带芯片中国市场占有率达到24%，TD基带芯片中国市场占有率超过50%。按出货量统计，展讯占全球市场份额达到16%，跻身全球第三大手机基带芯片供应商行列。

展讯自成立以来的十余年间，一直致力于无线通信核心技术领域的自主技术创新，公司目前已形成2G/2.5G/3G/4G移动通信技术基带芯片、射频芯片产品系列，创造了多个“世界第一”，整体技术达到国际领先，科技创新成果荣获了2006年度、2012年度国家科技进步一等奖。

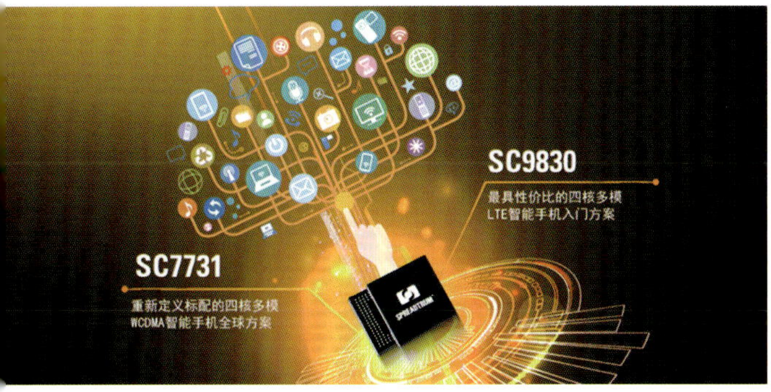

产品概述

展讯开发应用于智能手机、功能手机及其他消费电子产品的移动终端芯片平台，支持包括GSM、GPRS、EDGE、TD-SCDMA、WCDMA、HSPA+和TD-LTE的2G、3G和4G无线通信标准。

公司的方案通过基带和射频芯片套片或者基带射频单芯片的方式销售，并广泛应用到高端智能手机、低成本智能手机、功能手机、无线固定台和数据卡上。

公司以交钥匙的方式提供解决方案，方案整合了高集成度、低功耗的芯片组，以及客户化的软件和参考设计，帮助客户开发功能丰富的终端产品，并降低开发成本、缩短产品上市周期。公司的Mocor软件平台，除了给客户带来供交钥匙参考设计的成本和时间增益以外，还可以帮助客户在基于不同的展讯芯片组和不同的通信制式设计产品时复用。

公司持续不断地创新，利用先进的技术给无线终端OEM厂商提供低成本解决方案，以满足中国及其他新兴市场的需求。展讯的“首创”如下：

- 单芯片双卡、三卡和四卡基带芯片
- 全球首颗40nm基带芯片
- 单芯片多模TD-SCDMA射频收发器
- 单核低功耗TD-SCDMA智能手机平台

中万印刷（深圳）有限公司

万里印刷有限公司于1992年在香港成立，由最初一间中小型印刷公司迅速发展成现今能提供多元化高素质产品的印刷公司。为配合公司发展，1995年万里印刷有限公司开拓了中国印刷业基地，在广东省深圳地区注册6 000万人民币，于深圳横岗开设了具有5万平方米生产用地的中万印刷（深圳）有限公司，并在海外开设了营业部。

中万印刷（深圳）有限公司能迅速成为提供全面书版印刷公司，有赖于董事局成员的远见，及早建立公司坚实的基础，充分发挥各方面优势，使公司稳健持续发展。

万里集团在成立初期就由一班具丰富生产、品管及有国际视野的专才及技术人员负责各部门日常运作，公司高层可以集中资源在营运策略发展计划上。与此同时，集团设立了培训中心给前线员工提供最新印刷技术课程，务求能保持较高效益及质量管理。公司取得了ISO9001国际质量认证体系认证，还与海关实行了计算机联网、电子自动报关；开设了光纤网络、跟单电话业务专线24小时为世界各地的客户服务。

公司为全面满足各项独特需要，特别成立专责小组，与客户一同商定印刷品的设计、颜色管理及白样等。公司至今已投放大量资源添置最新型号生产线，例如从欧洲及日本购买印刷机、折书及钉装组合，能应付特急量大的订单。公司与市场共进，不断更新换代，吸纳世界精英，成为集印刷、包装、广告制作等于一体，以印刷业为主的现代化企业集团。

中万印刷（深圳）有限公司与客户共进，提供优质服务，满足各项特别需要，是客户生意上理想的合作伙伴。

HUATE GAS

佛山市华特气体有限公司

华特气体创建于1993年，公司以广东佛山为产品研发基地，分别在广东、湖南、江西、湖北、浙江、陕西、香港等地设立了十多家全资子公司，现已成为国内较大的民营特种气体及相关设备供应商，同时产品出口40多个国家和地区。公司现有员工900多人，科技人员占35%以上，销售额约6亿余元人民币。

华特气体专业从事气体产品和设备的研发和生产，气体产品包括电子工业用气体、电光源气体、超高纯气体、标准气体、激光气体、医用气体、食品工业用气体、消防气体、普通工业气体等，具有可靠的质量保证体系，通过了ISO9001质量管理体系认证和ISO14000环境管理体系认证。华特气体以满足用户需求为己任，为用户提供领先的气体应用一体化解决方案。

自主研发的电子特气，如超高纯氨、超高纯氮、高纯CF_4、高纯SF_6、NO、高纯CO、高纯CHF_3、高纯C_2F_6、高纯C_3F_8、高纯C_4F_8、高纯CO_2及电子混合气等十几个系列共200多个产品，广泛应用于半导体芯片、平板显示器、LED照明、光伏太阳能、光纤等领域，产品供应给台积电、中芯国际、华虹宏力半导体、华润上华、德州仪器等8寸以上的半导体芯片生产企业及华星光电、深超光电、深圳莱宝高科、京东方、昆山维信诺等平板显示器生产企业，在半导体芯片、平板显示器、LED照明、光伏太阳能产业中占据了重要的市场份额，产品质量和公司品牌获得市场的高度认可。

华特气体作为国内领先的电子特气制造厂之一，在气体产品合成和纯化及新产品研发和应用方面已积累了丰富的经验。

华特气体研发中心拥有一支高素质研发团队，配置先进的在线及产品检测仪器，建立了产品研发实验室、研发用洁净车间及产品合成、反应、纯化设备装置，每年都有适应市场及满足不同客户需求的新产品问世，为电子特气国产化作出了积极的贡献。

华特气体主导或参与了11项国家标准的制定，分别为《电子工业用气体–四氟化碳》、《八氟环丁烷》、《纯氖和高纯氖》、《电子工业用六氟化硫》、《工业六氟化硫》《电子工业用一氧化碳》、《电子工业用四氟化硅》、《电子工业用高纯氯》、《电子工业用氯化氢》等。

公司拥有国家专利36件，其中12项发明专利，24项实用新型专利。电子工业用气CF_4、CHF_3被评为广东省高新技术产品。

公司承担国家科技重大专项《极大规模集成电路制造装备及成套工艺》中的《高纯电子气体研发与产业化》，负责《高纯三氟甲烷的研发与中试》课题，同时承担广东省战略性新兴产业区域集聚发展试点（新一代显示技术）项目中的“平板显示器用特种气体”研发。

公司被评为广东省高新技术企业、广东省特种气体工程技术研究中心、广东省企业技术中心、广东省民营科技企业、广东省重合同守信用企业、集成电路材料产业技术创新战略联盟成员、佛山市南海区安全文化建设示范企业、佛山市南海区选种育苗重点扶持企业、中国气体协会副理事长单位等。

公司与华南理工大学建立产、学、研合作关系，共同承担广东省教育厅产学研结合项目《半导体材料用氟碳系列气体产品的开发与应用》；与广东工业技术研究院建立了“电子特气研发联合实验室”。

目前公司正处于产品结构的战略转型阶段，重点研发平板显示器、半导体芯片、LED、光伏太阳能等配套用特种气体，通过综合资金投入、技术团队研发、产品创新、产业化等方面打造国际先进、国内领先的行业地位，实现我国新兴产业关键特种气体产品的国产化。

华特气体，以“扎根中国的跨国气体公司”为目标，以发展民族气体工业为己任，坚持“走自己的路”，努力成为一个知识型、科技型、管理现代化的高速发展的企业，为我国的微电子产业发展作出更大的贡献。

辐射与环保仪器

Radiation and Pro-environment Instrument

贝谷公司是专业从事辐射与环保仪器研发、生产、销售与服务的高新技术企业。公司取得了辐射安全和制造计量器具许可证等多项专业资质。公司以博士、硕士为骨干的研发团队经过多年的自主研发，对创新成果实施产业化，获得省部级科技进步一等奖。公司辐射与环保仪器产品已形成序列化，包括通道式放射性自动监测系统、放射源在线监控系统、辐射防护剂量当量率仪、环境监测吸收剂量率仪、表面污染检测仪、X/γ个人剂量仪、手持式核素识别仪、多功能核辐射检测仪、食品和水放射性检测仪、测氡仪、多功能氡室及健康环保仪器等在内的一系列产品，并广泛应用于环保、出入境、海关、核电、金属冶炼等领域。公司整体改制为“股份公司”，迎来新的发展机遇，仪器产业全面提速，通过北京、上海和深圳的分支机构，向全国市场推广应用，加快了企业的发展步伐。

通道式车辆放射性自动监测系统

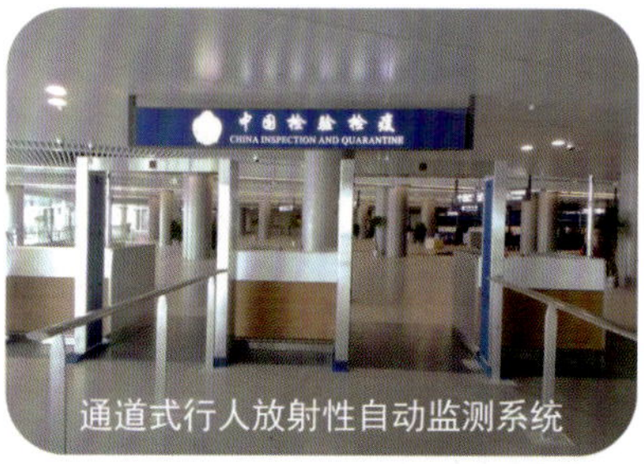
通道式行人放射性自动监测系统

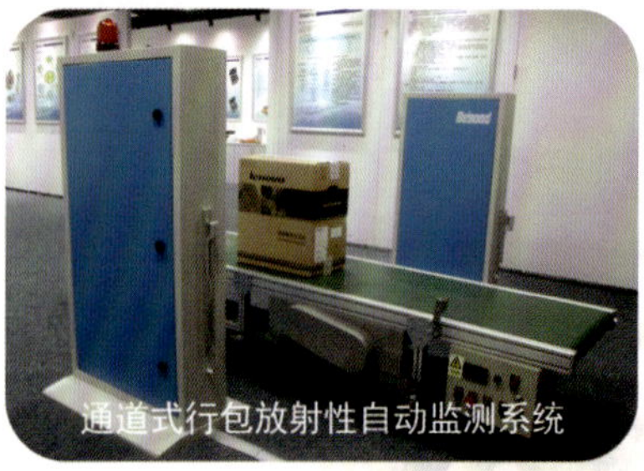
通道式行包放射性自动监测系统

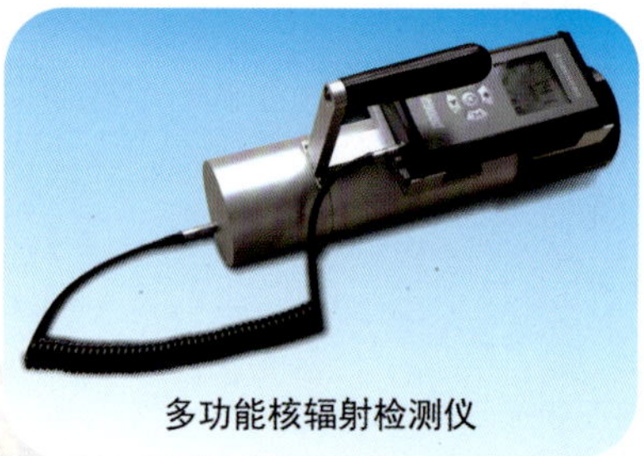
多功能核辐射检测仪

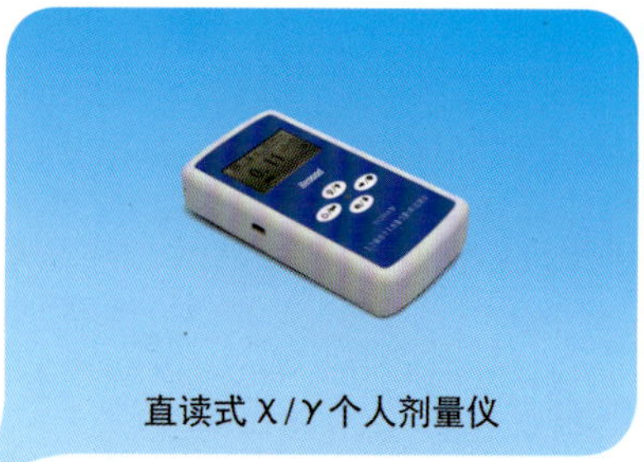
直读式X/γ个人剂量仪

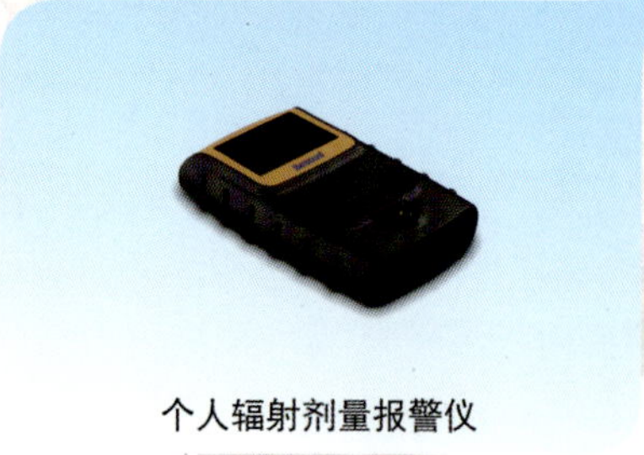
个人辐射剂量报警仪

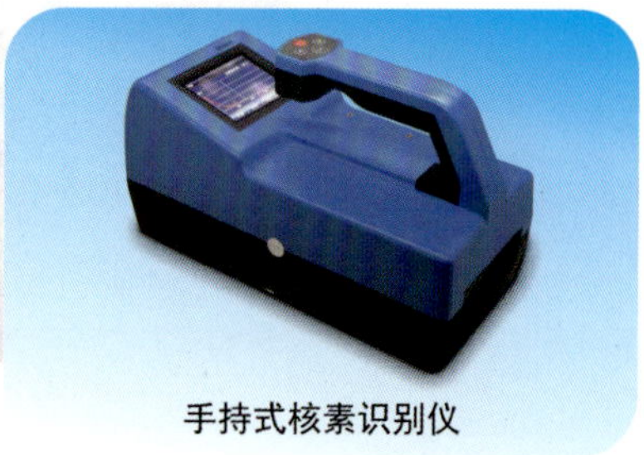
手持式核素识别仪

Begood贝谷 贝谷科技股份有限公司

BEGOOD TECHNOLOGY CO.,LTD.

地址：江西省南昌高新大道900号贝谷科技园 邮编：330096 网址：www.begood.cn

电话：0791-88383081、88286491 传真：0791-88286491 服务热线：400-667-0090

●分支机构 北京：010-82095578 上海：021-54803386 深圳：15012893730

致力于辐射与环保仪器产业的全面提升

固邦公司副总经理 吴忠志

固邦（东莞）电器有限公司

KUPOINT (DONG GUAN) ELECTRIC CO.,LTD.

固邦（东莞）电器有限公司位于东莞市虎门镇怀德工业区，交通方便、环境优雅，是一家独资企业，主要生产和销售圣诞节日灯饰、灯饰配件、塑胶制品，占地面积20万平方米，拥有员工2 500余人。公司本着“以质量求生存，以效益求发展，以品种求繁荣”的宗旨，自1970年成立至今已取得了飞速的发展，成为灯饰行业中一颗灿烂的明珠。公司已通过ISO及CQC等认证，产品远销欧洲、美国、加拿大等国家和地区。

公司投资建设了配套完善的生产生活设施、园林化的厂区、生活区及多种体育活动场地，极大地丰富了员工的业余生活，并吸引了大批优秀的企业管理、产品开发及生产技术人才，是虎门镇的明星企业。

时代在前进，企业要创新，公司领导层高瞻远瞩，在“团结、务实、开拓、创新”的方针下，极其注重新产品的开发工作，现已拥有比较庞大的专业研发队伍，在现有的UL、GS、CSA、JAPAN等多种规格产品的基础上，及时顺应现代产品的多元化，采取复合材料设计产品。到目前为止，除了圣诞灯饰，公司还生产和销售包括LED灯饰、仿真圣诞树（PE、PVC）等上万种产品，极大地丰富了国际灯饰产品的市场，同时也实现了公司可持续发展的战略目标。

新的世纪，新的目标，公司同仁正以满腔的热情，继往开来，为力争创造最佳企业效益而努力奋斗，拥抱明天那轮火热的太阳。

完善功能 突出特色 提档升级

—— 推进东西湖保税物流中心发展

武汉东西湖保税物流中心（以下简称“中心”）是关税过亿元的保税物流中心。中心勇于打破常规，积极转型升级，以完善基础配套设施为抓手，以发挥口岸核心功能为重点，以突出特色产业为突破口，打造华中地区重要的外向型功能节点。

一、加大投入力度 完善功能设施

中心按一级汽车货运站标准规划，分三期建设，已累计完成投资4亿元人民币。

一期工程为中心海关监管区，占地12.33万平方米，目前已建成投入使用。建有海关查验仓库、保税仓库3.06万平方米，具有保税仓储，国际采购、分拨和配送，国际中转，转口贸易，简单加工和增值服务，出口退税六大功能。

二期为公路口岸及联检大楼。公路口岸总投资6 000万元，作业区占地2.87万平方米，设有查验仓库、熏蒸房、堆场、卡口、围网等设施。口岸联检大楼是中心的信息管理核心，总投资8 000万元。

三期为综合仓库储备用地，占地30.40万平方米，旨在引进国内外知名的第三方物流企业，形成物流产业集群。

二、发挥口岸功能 服务外向企业

中心封关以来，引进10多家国际货代企业，累计服务企业100余家，服务范围覆盖湖北、安徽、山西等十省市，进出口业务达9.35万票，货运量85.31万吨，货值128.65亿美元，征收税款25.12亿人民币，稳居全国同类保税物流中心前列。2014年中心实现通关总票数10 936票，通关货值12.12亿美金，总货运量 1.16万吨，征缴关税4.29亿元人民币。

武汉空港综合保税区及东西湖综合保税物流园示意图

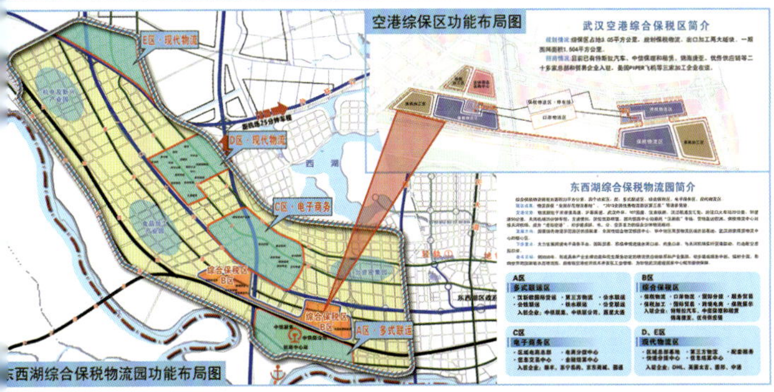

联系方式

地址：湖北省武汉市东西湖区高桥三路189号
电话：027－83264010
传真：027－83264010

三、寻求差异发展 大力引进项目

中心立足现有功能，重点发展国际商品展示、交易和分拨配送，启动了全球商品采购中心项目。2014年实现招商引资65.4亿元，中心新注册企业51家，纳税企业达到420家。新增建设用地申报20项，已挂牌项目6个，土地已储备项目7个。

四、积极提档升级 申报综合保税区

中心与阳逻港以“一区两园”的模式，打包申报武汉新港空港综合保税区，申报工作计划2015年年底完成，规划保税物流、出口加工两大版块。

其中，保税物流版块占地1.4平方千米，依托已建成运行的保税物流中心，与公路口岸、铁路口岸联动，构建华中地区重要的外向型功能节点。出口加工版块占地1.65平方千米，旨在依托先进制造业集聚优势，吸引占地面积小、投资回报高的外向型企业入驻，打造立足全区、辐射全市的出口加工平台。

中心下一步将继续开拓创新，锐意进取，力争到2020年，初步建成服务中部、辐射全国、影响世界的保税物流中心，助推临空港经济技术开发区快速发展，为武汉加快建设国家中心城市提供有力保障。

商社化工

CGTC

重庆商社化工有限公司（以下简称商社化工）是由重庆商社（集团）有限公司全额出资，具有独立法人资格的全资子公司。商社化工成立于2004年1月，注册资本7 000万元人民币，是专业批发经营化工生产资料的大型批发企业，其前身为重庆化工原料采购供应站，经营历史近70年，为重庆乃至西南的经济发展作出了积极贡献。

目前，商社化工主营商品有天然橡胶、合成橡胶、合成树脂、石蜡、硫磺、纯碱等数十品种，已初步形成以橡胶为龙头，石油化工产品、轻工化工产品为两翼的经营格局。2013年销售橡胶50多万吨，销售总额110亿元。

商社化工于2005年通过ISO9001:2000质量管理体系认证，2009年顺利通过新版ISO9001:2008质量管理体系认证，公司内部采用ERP系统管理。

商社化工在天津、青岛、上海、深圳及满洲里等城市和口岸设有分支经营（办事）机构。其中，化工产品主要来自中石油、中石化，以及北美、北欧、中东、中亚等国的石化企业；天然橡胶则主要来自以泰国为主的东南亚各国，并与泰国联益、美莱、泰华树胶、宏曼利等大型橡胶企业建立了长期合约关系，具有较强的货源优势。

商社化工自2004年组建以来，面对化工批发经营变幻莫测、难以把握的市场形势，始终遵循“发展才是硬道理”的原则，牢固树立解放思想、改革创新、稳中求进的观念，确立了“大化工、新化工”的企业目标，即“企业立大目标、经营寻大渠道、销售求大规模、效益要大增长”和“队伍塑新形象、观念有新变化、管理创新形式、考核立新标准”；提倡“勤奋坚韧，追求更高”的企业精神，制定了“巩固西南，北上东进、拓展境外”的中长期市场战略。2014年公司明确提出了“搭建两个平台、建设两个基地”的中长期战略目标。

商社化工因发展迅速，成效显著，多次被《中国化工报》、《重庆日报》、《重庆晨报》、《重庆商报》等媒体报道，获得同行和社会各界的一致认可，有较大的社会影响力和良好的信誉，组建以来获得多项荣誉。其中，2007年获重庆市“文明单位”称号，2008年度荣获重庆市“守合同重信用”称号，2011年获重庆市“文明单位”等称号，2012年获重庆市“国企贡献奖”等荣誉，并连续多年荣膺中国橡胶工业协会“诚信橡胶贸易商”称号。

货物在满洲里海关查验区

西双版纳橡胶加工厂

西双版纳橡胶加工厂

发展历程及未来目标

公司自2004年组建以来，围绕企业目标，在经营方式、经营渠道和商品结构3个方面进行持续不断的调整，摒弃与发展不相适应的传统经营模式，将现代营销理念贯穿于经营始终。重点围绕橡胶品种开展经营，做大做强橡胶品类。2013年，销售天然橡胶50多万吨。目前，公司橡胶经营规模处于国内前10位以内，在行业内有较大影响力，在国内的市场份额超过15%。

2013年，商社化工启动橡胶加工生产项目，并注册自有商标，创造向国际大型轮胎企业供货的条件，借此拓展境外市场，从而使公司迈出了向产业上游探索的第一步。同时，在两路寸滩保税港区注册成立了重庆威斯敦进出口贸易有限公司，搭建起供应链营运平台。

深圳中外运物流有限公司

SINOTRANS SHENZHEN LOGISTICS CO.,LTD.

深圳中外运物流有限公司从属于5A级综合物流企业中国外运长航集团有限公司，隶属该集团下属的境外上市大型综合物流企业——中国外运股份有限公司。

公司自1989年经营以来，在仓储、运输、报关等国际及国内货物操作上积累了丰富的经验，培养了一支优秀的物流专业队伍，在业内具有一定的知名度，搭建了“华南地区最大的散货拼箱平台”，与国内外众多知名的企业建立了长期稳定的合作关系，并得到政府各部门的大力支持。2007年被授予“客户协调员制度企业”，2009年6月被批准为AA类管理企业；继2007年被深圳市评为首批重点物流企业之后，2011年3月、2014年11月再次被认定为重点物流企业；2012年11月被认定为高新技术企业。

目前，公司已有海关和检验检疫等监管单位进驻，是海关监管的特殊监管场所。主要经营与进出口贸易相关的业务，为客户提供的服务包括传统物流服务，如仓储、装卸、运输等，还有提供如代理报关报检、贸易代理，以及信息数据、资金等综合性物流解决方案服务。

公司筹资建设的“深圳中外运平湖物流中心”是中外运长航集团为华南地区物流一体化而投资打造的区域性大型保税物流中心项目，占地12.5万平方米，投资概算超过8亿元人民币，建筑面积25万平方米，仓库容量为22.5万立方米，设有海关保税仓库1.84万平方米，海关监管仓库7.36万平方米。

当今的世界正在全面地被互联网改变，传统国际贸易在互联化技术的影响下也正在发生裂变，不仅国内电子商务如火如荼，跨境电子商务更是以倍增的速度逐年飞速发展。目前国内已有多地如上海、郑州、杭州、重庆、宁波、广州等地市成为跨境电子商务试点城市，深圳在继2013年成为出口试点城市以后，2014年年中也获批为进口跨境电子商务的试点城市。深圳是跨境电商企业的重要据点，据统计，全国40%的出口跨境电商企业是在深圳。新的经济形态下，衍生了更多的商业机会，公司希望借政策东风，利用龙岗区贴近货源腹地等优势，以公司新的物流中心为开展跨境业务的基础设施之一，建设一个具有区域特色的跨境电子商务平台。公司已申请作为试点企业，通过之后，将开展跨境出口快捷通关服务及进口保税备货模式业务和进口保税展示交易业务，成为跨境电子商务企业的新选择点。

公司正以集团物流作业网络和营销网络为依托，聚焦于客户的商业挑战与压力，为客户提供具有竞争力的物流解决方案与服务，持续为客户创造更大价值，全力打造华南地区具有稳固地位的现代化综合物流企业。

政府信息化建设实践专家

进出口贸易信息服务专家

业务范围

出口贸易信息咨询服务

中海通向社会各界用户提供权威、专业、高效的进出口贸易信息咨询服务，为政府机构、研究机构和进出口相关企业准确把握我国对外贸易发展趋势、政策走向、招商引资和投资等提供有价值的参考，发挥决策支持作用。

业务服务平台：海关信息网 www.haiguan.info

统集成服务

中海通在系统工程科学方法的指导下，以满足客户需求为出发点，以多年积累的项目管理经验为支撑，优选各种技术和产品，帮助客户建立低成本、高效率、可扩充、易维护的IT系统。

件研发服务

凭借多年的政府及大型企业项目经验，中海通形成了一套成熟的软件项目开发流程和质量保证体系，通过了CMMI三级认证，可客户提供量身定制的软件开发、软件解决方案和专业测试与性能工程服务。

息安全服务

中海通公司秉承“科学、简洁、注重实效”的信息安全建设理念，拥有一支既掌握信息安全理论和标准，又具备丰富实施经验的全团队，可在电子政务及电子商务领域提供全方位的信息安全服务。

运营维护服务

中海通结合行业标准，借鉴ITIL等业界先进理念，逐步形成了一套被实践证明行之有效的IT运营维护服务体系。在该体系架构，中海通面向社会各界提供专业的IT运营维护服务，根据客户需求，量身定制“恰如所需”的专业服务。

术支持与服务

中海通以全国海关技术支持项目的丰富经验为基础，以“沟通渠道便捷通畅，响应速度快速高效，服务质量至臻完善”为目标，力于打造技术一流、服务专业、流程规范的技术支持服务体系。

SS®系列培训服务

作为ITSS授权培训机构，为使IT服务从业人员能够更好地掌握IT服务相关技术知识和管理知识，中海通针对不同岗位的IT服务人，提供适应其工作需求的培训课程。

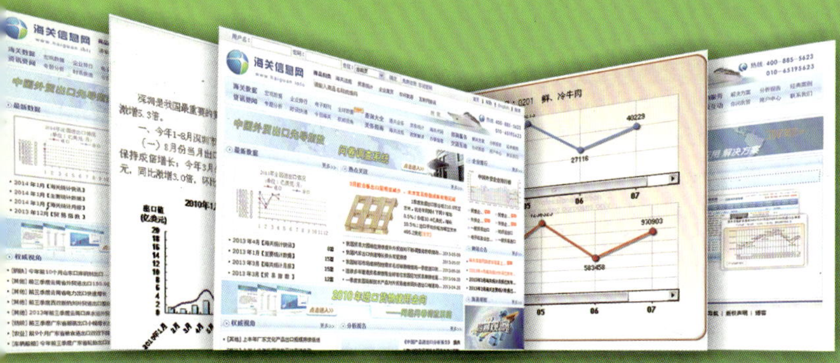

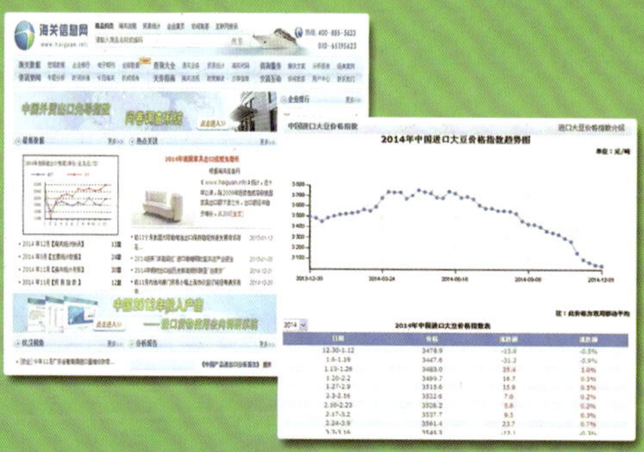

联系方式

话：400-885-5623　　传真：010-87167400　　网址：www.cuslink.cn

址：北京市朝阳区东四环南路甲1号（100023）　　邮箱：market@cuslink.cn

北京福田康明斯发动机有限公司

（简称福田康明斯）是独立发动机制造商——康明斯公司与中国领先的商用车企业——北汽福田汽车股份有限公司以50:50比例合资组建的生产轻型和重型柴油发动机企业。福田康明斯总投资逾49亿元，年产能可达52万台，产品包括康明斯ISF/QSF（公路/非公路）系列2.8升和3.8升、ISF系列4.5升轻型及ISG系列10.5升、11.8升重型柴油发动机。福田康明斯是拥有全球先进的柴油发动机生产基地的公司之一。

Beijing Foton Cummins Engine Co., Ltd (BFCEC) is a 50:50 Joint Venture between Foton—the leading commercial vehicle manufacturer in China, and Cummins, established to produce light-duty and heavy-duty diesel engines. The total investment is over RMB 4.9 Billion with annual design capacity of 520,000 units. BFCEC is among the world-class production bases of diesel engines producing Cummins ISF/QSF series (on/off-highway) in 2.8L and 3.8L, ISF series in 4.5L displacements and ISG series in 10.5L and 11.8L displacements

ISG 系列直列六缸超高压直喷式发动机是康明斯全新推出的重型发动机平台，功率范围覆盖310～490马力，峰值扭矩2 300牛米，采用康明斯XPI超高压燃油喷射技术，ISG系列特别为满足全球多样的排放标准而设计，可满足欧Ⅲ（国Ⅲ）、欧Ⅳ（国Ⅳ）、欧Ⅴ（国Ⅴ）和欧Ⅵ排放及全球非道路第四阶段最高标准正在开发中。ISG专注于为牵引车、自卸车、平板车、专用车及公交车辆和大客车等提供理想动力解决方案。

The ISG is a new global heavy-duty engine platform that Cummins has developed to complement its existing global product offering. The ISG, with a power range from 310 to 490 hp and a peak torque of 2,300N·m, incorporates Cummins' industrial leading Xtra-High Pressure Injection (XPI) fuel system, to meet a broad variety of on-highway market requirements and emissions standards, including Euro Ⅲ, Euro Ⅳ and Euro Ⅴ, as well as Euro Ⅵ and Tier 4f under development. The ISG offers ideal power solution for heavy-duty tractors, tippers, flatbeds and vocational vehicles, as well as buses and coaches, etc.

ISF/QSF 系列直列四缸高压直喷式柴油发动机是康明斯
入巨资研发的两款面向未来的全电控轻型柴油机，功率范围覆
46~210马力。ISF/QSF发动机具有结构紧凑、重量轻、噪音低
低排放等特点，能够满足欧Ⅲ（国Ⅲ）、欧Ⅳ（国Ⅳ）、欧Ⅴ（
Ⅴ）和欧Ⅵ排放及全球非道路第四阶段最高标准，适用于轻（中
卡、VAN、轻客、皮卡、MPV多功能车、SUV等轻型车辆及小
工程机械和小型发电机组等非公路设备。

The ISF/QSF, with a power range from 46 to 210hp, have been develope
with high performance and low weight, specifically for light commerc
applications such as trucks, vans, pick-up trucks, MPVs and SUVs, a
well as small construction equipment and industrial applications. Thes
two types of clean diesel engines will meet stringent on-highway an
off-highway emission standards worldwide, including Euro Ⅲ, Euro Ⅳ
Euro Ⅴ and Euro Ⅵ as well as Tier 4f.

福田康明斯ISF和ISG工厂

拥有按照世界
先的技术标准和质量控制标准设计的发动机制造系统。车间生产
包括缸体和缸盖机加线、装配线、试验线、喷漆线和附装线。设
自动化程度高，预防性防错技术应用广泛。工厂运营严格遵循康
斯运营系统（COS）。福田康明斯已通过TS16949、ISO1400(
OHSAS18001认证。

Both ISF and ISG plants of BFCEC have installed world-class and state
the art engine manufacturing systems in terms of manufacturing technolo
and quality control standard, including block and head machining, assem
bly, test, paint and final upfit. The systems are highly automated with exte
sive use of preventive failsafing techniques. The Cummins Operat
System (COS) has been introduced for plant operation. BFCEC is a cer
fied engine manufacturer of TS16949, ISO14000 and OHSAS18001.

福田康明斯

于2008年3月26日正式成立，2009年6月
现ISF批量投产，2014年第二季度实现ISG批量投产。

Officially founded on Mar 26, 2008, BFCEC has achieved ISF volume pr
duction in June of 2009 and ISG volume production in 2Q 2014.

Cummins® FOTON 福田康明斯

上海亿通国际股份有限公司

上海亿通国际股份有限公司成立于2001年7月，是一家专业从事口岸物流公共信息和国际经贸电子商务统一平台建设运营和服务的控股型企业，是中国口岸物流信息化建设领域的先行者和引领者。

公司成立以来，积极推动上海口岸物流信息资源的整合，逐步形成了以统一数据处理平台为核心，相关口岸监管及港口航运单位"一点接入"的大口岸物流基础信息共享支撑体系，网络覆盖上海海港、空港口岸及所有特殊监管区域，并辐射长三角和长江流域，与香港、台湾等地区的物流信息网络衔接，服务功能贯穿"外贸监管"、"现代物流"、"供应链管理"、"电子支付"四大业务环节，为上海航运航空枢纽建设提供了重要的技术支撑和保障。

公司发展至今，已拥有1 100平方米的电信级数据中心和600平方米的异地容灾备份中心，平台网络连接海关、检验检疫、港口、海事、边检等主要口岸监管单位，并通过上海政务外网实现与工商、税务、质检、国资、外经贸委、外管局的网络互联，同时实现了十大金融机构的网络接入。客户网络涉及各类出口加工制造企业、第三方物流企业、各类进出口及国际物流业务中的相关单位，覆盖上海的洋山保税港区、外高桥保税区、保税物流园区、五大出口加工区及上海所有的海港、空港口岸，此外还实现与香港、台湾物流信息网络的衔接，积极探索"两岸三地"的口岸信息共享。

近年来，公司积极地参与到上海国际航运中心综合信息共享平台的建设中，按照"整合资源、强化主业、优化结构、和谐发展"的指导方针，不断强化公司核心竞争力建设，提高自主创新能力和市场竞争能力，实现跨越式发展。公司提出了集团式发展战略、数据中心战略和长江战略三大核心战略，重点围绕上海国际航运中心信息化服务体系建设，以公共信息服务平台建设和运营为目标，努力提高上海口岸物流信息一体化服务能力，同时实现长江流域主要港口信息互联，提高航运信息增值服务能力，大力拓展跨区域、跨国界、全覆盖的物流信息采集、处理和交换，构建具有高度市场竞争力的现代物流信息服务产业集团，并计划利用5~10年的时间成为全国乃至全球领先的电子数据服务商。

总经理：李伟达

打造陆海联运枢纽 助力“一带一路”战略

西安国际港务区
XI'AN INTERNATIONAL LOGISTICS & TRADE PARK

西安国际港务区是陕西省调整产业结构，转变经济发展方式，提升现代服务业发展水平，打造内陆型改革开放新高地的创新举措。园区依托西安综合保税区、西安铁路集装箱中心站、西安公路港三大核心平台，实现了内陆地区梦寐以求的“港口内移，就地办单，多式联运，无缝对接”梦想。

西安国际港务区紧紧抓住“一带一路”建设的重大历史机遇，结合自身功能优势，科学谋划、主动作为，加强内陆口岸与沿海、沿边口岸通关合作，大力提升“西安港”的辐射集聚能力，强力推进丝绸之路经济带上大型国际中转枢纽港的建设工作，释放发展活力和潜力，实现了发展速度、质量和效益的统一。

主动融入“一带一路”对外开放和区域协调发展战略，西安国际港务区建设亮点频现：“西安港”国际代码（CNXAG）、国内代码（61900100）正式启用，成为国内率先拥有双代码的内陆港，引领内陆地区步入“国际直达时代”；国家一类陆路（铁路）对外开放口岸获批，并在此基础上获批筹建进口肉类、进口粮食指定口岸，为内陆地区的开放型经济发展搭建了新的平台；“长安号”国际货运班列实现每周2~3班的常态化开行，聚集全国货物发往中亚，初步发挥出西安的物流枢纽作用，正在成为丝绸之路经济带的黄金干线；西安国际港务区牵头成立中国港口协会陆港分会，并当选为会长单位，开启了国际陆港事业的新纪元；西安跨境电商平台成功起步，为建设“网上丝绸之路”奠定了基础。

面向2015年，西安国际港务区人以“国际陆港大运营、项目建设大推进、开放型经济大跨越、产城融合大发展”为主线，力争主要经济指标继续保持快速增长，运营好“西安港”、“长安号”、开放口岸、跨境电商等一系列开放平台，打造陆海联运枢纽，助力西安打造内陆型改革开放新高地，为陕西、西安融入“一带一路”大格局作出新贡献。

西安综合保税区

西安铁路口岸

西安铁路集装箱中心站

“西安港”首单国际陆海直达货物抵港

西安跨境电商平台——洋货码头

西安国际港务区管理委员会

地址：陕西省西安市西安国际港务区港务大道6号　邮编：710026

电话：029-83332222、83591918　传真：029-83332189、83332055

网址：www.itl.gov.cn

贵阳综合保税区

贵阳综合保税区（简称贵阳综保区）于2013年9月14日获得批复成立，成为贵州省首个综合保税区。2014年9月12日，贵阳综合保税区（一期）通过国家联合验收组正式验收。2014年12月27日，贵阳综合保税区正式封关运行。

贵阳综保区位于贵阳市中心城区东北部，总规划面积10.83平方千米，核心区面积3.01平方千米，一期围网区面积.003平方千米。贵阳综保区着力构建“一核、三园、五中心”的功能布局。“一核”就是3.01平方千米围网区。“三园”包括现代物流园、《中瑞自由贸易协定》贵阳示范园、科技创新园 。“五中心”是指在配套区域建成区域性贸易中心、高端商品展示中心、金融创新中心、服务外包中心、配套服务中心。

贵阳综保区坚持“科技创新为引领、金融创新为支撑、政策创新为抓手、制度创新为突破”，坚持高起点规划、高标准建设、高质量招商、高效率服务，做强核心区，做优功能区，做大配套区，以一期围网开发建设、产业培育为核心，以点带面，全面推动贵阳综保区二期及配套区域的开发建设，实现“一年有进度、两年出形象、三年大发展”，努力将贵阳综保区打造成为内陆开放试验区、科技创新先导区、金融创新引领区、高端制造聚集区、现代服务示范区。同时，积极打造高端服务外包平台、跨境电商平台、新医药健康云平台、大数据、云计算平台、跨国公司资金集中管理平台、国际贸易结算平台、互联网创意文化发展平台，全面推进对外开放。

贵阳综合保税区展示中心

政策创新方面：围绕企业的需求，贵阳综保区系统梳理中央、省、市深化改革事项，找准结合点，积极向国家相关部委、省、市争取政策支持，政策创新取得重大突破。省、市及省市有关部门出台了相关支持政策，有力推动了招商引资。同时，推进通关便利化改革，加强与沿海沿边通关协作，完成了“属地申报，口岸验放”、区域通关一体化等6项改革举措，形成分工协作、优势互补、均衡协调的开放新格局，通关时间大幅缩短，提高通关质量和效率。

贵阳综合保税区主卡口

招商引资方面：贵阳综保区实施“走出去”、“请进来”战略，高强度推进招商引资，在2014年省、市“3·1”、“3·21”、“4·24”等重大招商活动中取得显著成效，一批“高、精、尖”项目落户贵阳综保区。截至2015年6月，累计洽谈企业300余家，完成工商注册企业151家。贵阳综保区积极加强协调服务，促进项目落地，惠普、富士康、亿赞普、中航集团等一批重点企业项目集中开工建设，在省市项目建设观摩会中，得到省市领导及观摩团一行充分肯定、高度评价。

贵阳综合保税区主卡口及综合服务大楼

贵阳综合保税区10.83平方千米鸟瞰图

东方口岸科技有限公司
East Port Technology Co., Ltd

东方口岸科技有限公司是中国电子口岸数据中心、中国电信集团和中信二十一世纪电讯有限公司共同出资成立的高新科技企业。经十年成长，公司现已发展为一家综合性IT服务公司，在为中国电子口岸信息化提供持续性服务的同时，积累了大量电子政务建设、运营、维护经验，培养了一支熟悉海关业务，具备承接信息化项目的强大队伍。

公司主要提供包括CA认证与安全交换、数据集成、物流链信息化建设、电信增值业务等多项目业务解决方案，其中在关务、口岸监管、物流管理等领域拥有丰富的项目开发、运营经验。

产品介绍 Products Introduction

安全产品及解决方案

EP-DSCard、安全读写器、安易维数据库、USBKey、电子关锁、EP-SmartSD、EP-IVE型智能车载台、单兵系统等。

保税产品及解决方案

基于海关关于海关特殊区域信息化建设指导思想与标准要求，同时结合各地方管委会与企业实际需求，形成“特殊区域辅助管理系统”解决方案。

集成通数据交换平台

实现企业间、企业与管理部门间数据协同，增加业务透明度，提高运作效率，降低运营成本。其中，包括报关集成通、物流集成通、加贸集成通、特区集成通。

物流智能监控指挥中心系统

智能监控指挥中心管理系统是以物联网技术与移动应用技术为支撑，以海关监管作业流程为主线，整合海关视频监控信息及布控查验、途中监管、智能卡口等物流通关信息，满足作业指挥、复查复验、运输工具监管、监管场所监控等海关业务需要的智能化系统。

资质证书 Qualification Certificate

- 软件企业认定证书
- 高新技术企业证书
- 计算机系统集成资质四级
- 商用密码产品型号证书(18)
- 中华人民共和国增值电信业务经营许可证
- 软件产品登记证书(18)
- 中关村高新技术企业
- ISO9001质量体系认证证书
- 专利证书(4)
- 计算机软件著作权登记证书(36)
- CMMI L3证书
- 商用密码产品生产定点单位证书
- 商用密码产品销售许可证

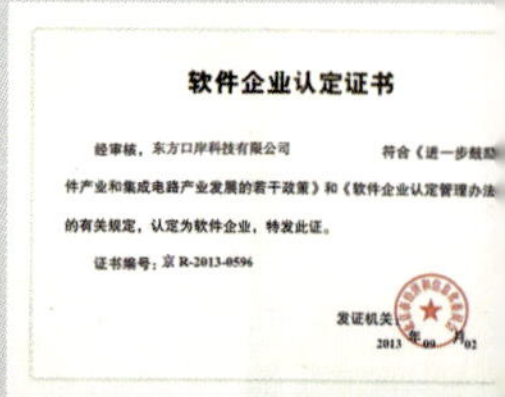

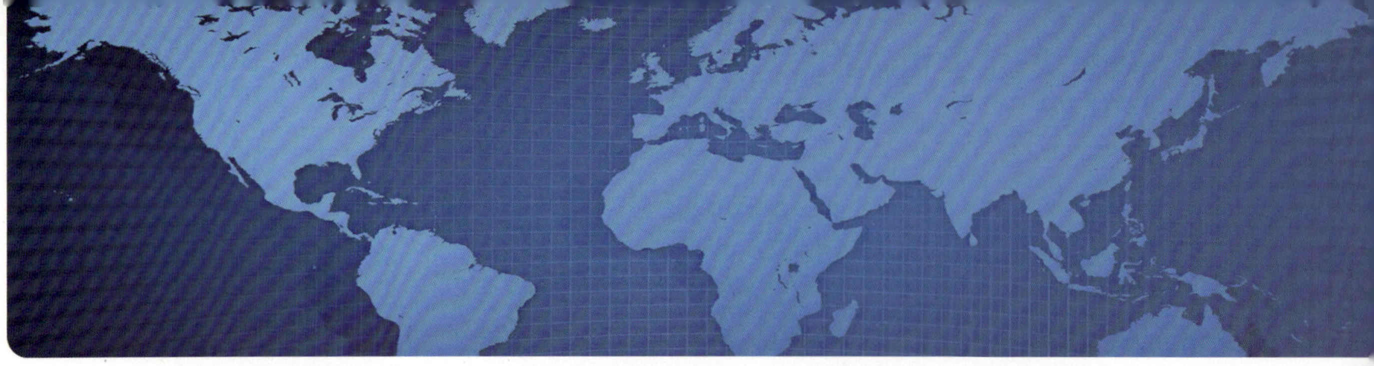

中国电子口岸数据中心成都分中心

中国电子口岸数据中心成都分中心（以下简称成都数据分中心）主要负责四川省进出口企业的数据支持服务及相关应用项目开发、合作等。目前，四川省获得进出口经营权的企业已经超过1万家。成都数据分中心部署专网路线13条，辐射四川省行政区域内8个地市州，入网企业达15 222家，预录入报关用户达11 435家，通过QP系统预录有实际投资的企业突破150家。

当前，国际分工更加深化，国内外发展态势要求四川进一步提高对外开放水平。2013年，四川省外贸规模突破600亿美元大关，创历史新高，外贸进出口总值居全国第11位，居中西部第2位，其中出口总值列全国第11位，进口总值列全国第13位，开放型经济的脚步进一步加快。这也要求成都数据分中心全力推动自身建设，促进地方经济的快速、持续发展。

2013年，成都数据分中心先后完成通关无纸化系统建设、新快件系统建设、新舱单系统建设、电子口岸专网3G备份线路建设、工单核查系统建设、一报一审系统建设、捷通信息平台建设、深加工系统建设、集成通（TCS）测试环境系统建设、分送集报系统、智能邮箱客户端系统等一系列系统建设工作，为减少企业负担，提高通关效率作出了突出的贡献。

同时，成都数据分中心积极完成了QP改进版4.0预录入系统、集成通系统、北京保税仓系统、北京保税仓QT查询工具系统、无纸化手册系统、电子账册联网监管系统、老舱单系统、报关单条形码系统、电子口岸制卡系统、电子口岸专网维护、电子口岸视频会议系统、电子口岸呼叫热线系统、QP激活码管理系统等一系列系统的维护升级工作，及时排除各种故障，保障了企业工作的顺畅运行。

为不断提升服务企业水平，成都数据分中心还举办了企业培训班，强化与企业的直接沟通与交流。此外，成都数据分中心制作发放了企业联系卡、培训光盘，建立了QQ互动交流平台，方便企业与分中心进行相关业务的咨询与沟通，受到企业广泛赞誉。

2014年，四川地方电子口岸建设进入更加关键的时期，成都数据分中心也迎来了新的挑战与发展机遇。成都数据分中心将进一步加强与地方政府及其相关部门和企业的联系、沟通与合作，不惧挑战，抓住机遇，积极主动开展工作，特别是在航空、铁路、公路口岸物流中心等海关特殊监管区域及地方电子口岸建设中，充分发挥自身专业优势，提升成都数据分中心素养，为加快推进四川“多点多极”格局建设，实现外贸健康发展，作出更大的贡献。

中国电子口岸数据中心 西安数据分中心

2014年，西安数据分中心深入开展党的群众路线教育实践活动，不断改
进工作作风，认真落实《电子口岸发展“十二五”规划》在新的起点上解放
思想、开拓创新、主动作为的要求，扎实推动西安海关业务改革和电子口岸
建设再上新台阶。

一、大力推动跨境电子商务发展，积极探索运维机制。自西安市正式获
批成为国家跨境贸易电子商务试点城市后，分中心协助技术处第一时间组织
业务骨干，通过大量的前期调研，结合西安海关实际情况逐步搭建了一套安
全、可靠、高性能、高扩展性的基础计算平台。基于这套基础计算平台，协
同东方物通公司在3日内完成了西安跨境贸易电子商务公共服务平台测试版的
部署上线工作，并同步实现了该平台与电商、物流商、园区间的互联互通。
2014年5月22日，在该公共服务平台上正式开出西北跨境贸易电子商务服务
试点的“第一单”，10月28日正式上线运行。目前，分中心根据该公共服务
平台的运营维护需求规划、运营维护体系构建和运营维护过程管控等方面进
行研究，积极探索服务平台在今后运营维护保障方面的机制。

二、西安电子口岸应用项目建设。一是建设秦关通数据交换平台，构建
小网服务长效机制。以实现口岸通关、海关监管、物流商务等“一站式”服
务为目标，扩大秦关通系统的应用服务范围，建设完善手工录入、自动导入
平台，门户网站及计费系统。目前秦关通用户已达到43家。二是建立开发团
队项目负责制。大项目上发挥团队协作优势，小项目上调动个人主观能动
性，合理调配资源、科学有效开发。承办1个署级、12个关级科技应用项目。
以五大机制为抓手支撑关级项目建设。三是通过优化工作机制，顺利完成了
新企业录入、解锁、热线接听、设备销售等各项基础业务。截至12月底，共
申报报关单260 923张，同比增长了45.3%。其中，进口报关单104 369张，
同比增长45.30%；出口报关单156 554张，同比增长45.30%。四是深入了
解企业需求，帮助企业提高办事效率。开发西安口岸数据咨询系统，开通微
信自助查询等系统，高效服务企业。

三、陕甘宁青区域电子口岸规划。一是派专人负责区域电子口岸规划；
二是为了给区内各关区企业及其他口岸部门提供更优良的服务体验，积极将
各关数据汇集到西安海关电子口岸专网；三是在以“陕甘宁青区域电子口
岸”品牌统一规划的门户网站下，分设“陕西大通关子系统”、“甘肃大通关子
系统”、“宁夏大通关子系统”及“青海大通关子系统”。四是初步通过区域电
子口岸平台及应用建设机制和区域电子口岸可用应用系统等方面筹备。

四、推进陕西电子口岸实体平台化工作。一是分中心根据陕西省电子口
岸三年发展规划的要求，积极参与陕西电子口岸建设工作，加快陕西电子口
岸公司组建工作。二是实行例会专报制度。由陕西省口岸办负责，组织公司
筹备工作小组每周召开例会，研究推进电子口岸建设及公司组建工作，形成
会议纪要，定期向主管工作领导汇报工作进展情况。三是进一步推进公司前
期准备工作，修订完善公司章程，推荐董事和监事人选和明确资金投入等相
关事宜，并按照按内部程序报请省政府办公厅向省工商局发函。

五、围绕西安海关中心工作，大幅度提升服务水平。一是推进西安综合
保税区、高新综合保税区个性化建设。开发部署区区联动、区港联动、在途
监管系统，实现在途监管、自动加减锁、进出卡口自动抬杆放行等功能。截
至12月底，高新综合保税区卡口正常进出63 648车次，出口加工B区5 082车
次，西安综合保税区10196车次。二是机房运营维护方面，建立7×24小时值
班制度和进出人员登记制度，每日按时巡查，保障业务平稳运行。三是积极
配合西安关区业务改革，做好技术服务保障。积极与相关业务部门协调配
合，多次赴企业开展专项调研并进行相关技术培训，为业务改革工作提供全
面高效的技术服务保障。四是网站维护方面。维护网站图片179次，网站发文
142次，模块测试33次，文档样式修改205次，页面样式修改61次。五是通过

西安数据分中心客服部

西安数据分中心机房

建立技术服务管理和评价机制，有效提升技术保障服务的效率和质量
水平。截至2014年12月底，共为关区安装客户端85余台，维修各类
前台设备721余次，调整网络端口77个、语音端口98个，维护打印机
设备127次，平均故障解决时间比2013年同期大幅缩短。

六、夯实基础，防范风险。一是深化部门非执法领域内控建设，
分析梳理风险环节，制定防控措施。深化党风廉政建设，狠抓中央八
项规定精神的贯彻执行，着力解决“四风”突出问题。开展“中央八
项规定、厉行节约条例等相关措施”贯彻执行情况自查，优化部门作
风建设。二是积极支持中小企业，自开展企业减负专项行动以来，分
中心规范进出口环节经营服务性收费工作，对收费项目进行梳理归
类，并将新企业入网、制卡、变更等业务作出调整。三是推行OA管
理，实现网上审批。配合制定了OA管理制度，进一步规范了日常行政
管理工作，倡导文明办公、绿色办公，节约办公成本。四是严格财务
管理，坚持勤俭节约。强化预算意识，每月进行预算执行检查，严格
资金审批，压缩经费开支，落实节约型海关要求。五是严格资产管
理，定期完成资产清查工作，做到账实相符。全年，分中心未发现违
反廉政规定和行风要求的情事。

七、不断增强队伍战斗力，建立高效团队。建立每周学习机制，
以老带新、以强带弱，不断提高团队开发能力和凝聚力。一是坚持周
五培训，有针对性地安排专题培训，营造学习氛围，先后举办各类培
训100余次。二是派员多次参加集中工作，加大与兄弟单位的学习交
流力度。三是做好组织配套建设，提升员工归属感。先后成立了团
委、分中心下属经济实体工会等机构。四是为进一步树立和保持公司
良好的公众形象，量体定做全员工服，并制定管理规定。通过近年来
的不懈努力，目前西安数据分中心已建成了一支年轻的初具规模的高
效团队。

江苏省大丰市口岸管理委员会

二期码头

江苏省大丰市口岸管理委员会成立于2004年4月9日，成立之初，承担大丰港一类口岸的申报工作，经过两年多的努力，将大丰港口岸越过原二类，直接申报成为国家一类口岸，2006年6月13日大丰港口岸对外开放获得批准，2007年7月30日大丰港口岸一次性通过国家验收组的正式验收，同年9月20日正式对外开放。

大丰港口岸位于江苏沿海中部，与日本、韩国隔海相望，是江苏省委、省政府重点建设的三大海港之一。目前，大丰港作为上海港的喂给港、连云港港的组合港，已建成6座码头，16个生产性泊位，开通至韩国仁川港、釜山港、光阳港、平泽港、木浦港的国际集装箱班轮航线，至日本门司港、博多港航线，至俄罗斯的木材航线，与我国台湾基隆港直航，可经上海港、宁波港中转至世界各大港口的国际航线，以及大丰港至宁波港、上海港、青岛港的外贸内支线。2014年，大丰港口岸完成货物吞吐量5 109万吨，其中外贸货物吞吐量701.4万吨，集装箱吞吐量10万标箱。

在江苏沿海地区发展上升为国家战略和长三角地区区域规划正式实施的大好形势下，江苏省大丰市口岸管理委员会将继续秉承和发扬“大气、包容、创新、争先”的大丰精神，认真履行“综合管理、协调服务”的职能，为早日实现建成江苏沿海亿吨大港的宏伟目标作出更大的贡献！

通用码头

地址：江苏省大丰港经济区中央大道1号　邮编：224145　电话：0515－83555129　传真：0515－83555280

西藏自治区

西藏自治区口岸分布示意图

口岸名称	批准开放时间	开放状态	国外对应口岸
拉萨空运口岸	1993.6	国际常年	
普兰公路口岸	1961	国际常年	雅犁
吉隆公路口岸	1961	国际常年	热索瓦
樟木公路口岸	1961	国际常年	科达里

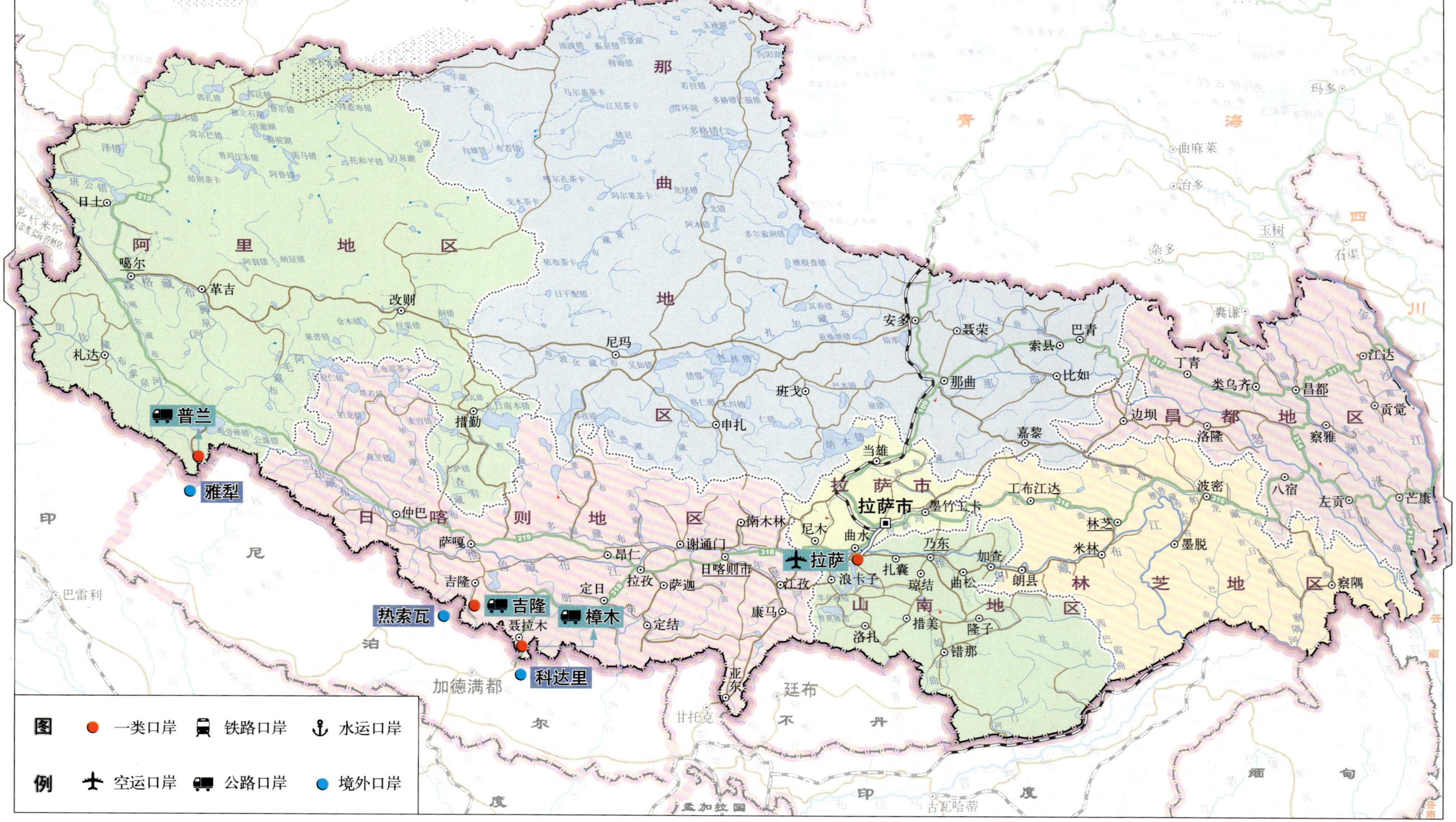

图例
- 一类口岸
- 铁路口岸
- 水运口岸
- 空运口岸
- 公路口岸
- 境外口岸

口岸数量及分布

截至2014年年底，西藏自治区有经国务院批准的对外开放口岸4个。其中，拉萨空运口岸（拉萨贡嘎机场）1个；陆路（公路）口岸3个，分别是樟木、吉隆、普兰公路口岸。中尼边境口岸2个，中印边境口岸1个。

口岸运行数据

2014年，西藏自治区陆路（公路）口岸进出口货物18.95万吨，同比减少6.3%。其中，出口18.53万吨，同比下降17.35%；进口0.42万吨，同比下降9.75%。空运口岸进出口货物0.04万吨，同比增长43.2%。其中，进口0.04万吨，同比增长43.2%。进出口总值212 153.6万美元，同比增长3.54%。其中，出口204 251.6美元，同比增长2.03%；进口7 902.2万美元，同比减少61.54%。进出境客运量1 594 943人次，同比减少2.78%。其中，陆路（公路）口岸进出境客运量1 555 861人次，同比减少10.13%；空运口岸进出境客运量39 082人次，同比增长34.9%。进出境交通运输工具38 313辆（架）次，同比减少9.8%。其中，陆路（公路）口岸进出境交通运输工具37 932辆次，同比减少10.13%；空运口岸进出境交通运输工具381架次，同比增长36.55%。

口岸综合管理

【口岸开放规划工作】 积极落实国家“十二五”口岸发展规划，推进规划新开口岸开放建设工作。按照口岸开放相关程序，有序推动吉隆陆路（公路）口岸扩大开放，根据西藏自治区领导的指示精神，由自治区政府副秘书长率区商务厅、区口岸办、西藏自治区公安边防总队、拉萨海关、西藏出入境检验检疫局相关人员赴国家口岸管理办公室、中央编办等国家部委开展了协调工作。自治区商务厅主要领导赴国家口岸管理办公室就审批事宜进行了工作衔接。吉隆口岸扩大开放得到了国家相关部委的高度重视，审批工作进展顺利，为吉隆口岸的扩大开放奠定了基础。

【口岸基础设施建设】 严格按照西藏自治区口岸建设专项资金管理办法，与自治区财政厅共同安排年度建设项目。2014年口岸建设专项资金主要用于各口岸基础设施建设土地征地费，查验设施、设备和联检楼改扩项目建设。根据口岸建设需求，报送了2015年中央预算内国家一类口岸补助资金项目及“十三五”口岸建设项目计划。

【口岸管理部门队伍建设】 为了帮助各口岸管委会做好口岸的服务协调和管理等相关工作，结合党的群众路线教育活动，根据商务厅主要领导指示，自治区口岸办邀请国家口岸管理办公室、拉萨海关、西藏出入境检验检疫局、西藏自治区公安边防总队的专家和业务骨干，改变在拉萨集中培训的模式，采用送业务和法律知识下乡的方式，赴日屋、樟木、吉隆、普兰口岸开展了为期14天的口岸业务培训。培训主要围绕口岸开放与地区经济发展、口岸业务管理、中国海关旅客通关与货物结关相关业务流程、出入境检验检疫业务讲座、出入境边防检查、中华人民共和国出境入境管理法等内容，先后对定结、樟木、吉隆、普兰口岸管委会、“一关两检”、商务部、财政部、发展改革委等相关部门共计350人次进行了培训，并分别在西藏大学和樟木口岸边检站举办了两期英语和尼泊尔语培训班。

【电子口岸建设】 2014年，由西藏自治区口岸办牵头，完成了《西藏自治区电子口岸可行性研究报告》的编制工作，为2015年启动西藏地方电子口岸平台建设奠定了基础。

口岸监管与服务

【以业务改革为重点，助力全面深化改革】 稳步推进关检合作“三个一”工作，2014年12月前已具备条件的口岸开展试点。报关单位注册登记管理制度改革和企业信用管理制度改革均已完成。

全面贯彻实施《新形势下西藏口岸出口商品检验监管模式》，出台并实施《小额贸易检验检疫工作指南》、《2014 年〈目录〉外出口商品抽样计划》、《进口货物现场检验检疫流程及要点》监管工作方案。

在樟木口岸试点“1 + 2 + 3 + X”模式，组建复合型科队，推行查验、监护、执法一体化运行；启动陆港勤务综合指挥系统试点建设工作。

【落实取消和下放行政审批事项】 降低报关企业注册登记准入门槛，简化报关企业申请注册登记的材料，取消报关企业跨关区分支机构许可，改为备案制。减少进出口货物收发货人注册登记材料。将临时注册企业登记有效期延长至 1 年。

【加强管控力度，维护口岸安全稳定大局】 按照习近平总书记“治国必治边，治边先稳藏”的重要战略思想，以西藏“塔尔钦”宗教活动安保工作及 33 届“时轮金刚法会”口岸防控工作为主线，深入开展以口岸查控为核心，以中尼边境一线为重点，有效规范口岸限定区域管理秩序，加大对来自重点国家的交通运输工具及人员的检查力度。进一步完善口岸处预案，严密口岸管控，加大硬件投入力度，提高信息资料采集质量，做到接收、布控及时、规范、精确，确保口岸查控工作万无一失。强化预警能力，树立反恐维稳是边检机关主责的观念，高度注重预警性、前瞻性动态信息的收集，加强对出入境各项数据和情况分析，分阶段制定下发口岸反恐维稳风险评估，用于指导各边检站开展口岸反恐维稳工作。规范查验程序，制定了《关于做好打击整治非法出入境专项行动期间边防检查工作的意见》，按照西藏自治区“两个一律”和“四个必查”工作要求，进一步规范口岸出入境检查流程，指导各边检站全力做好各敏感期间出入境边防检查工作。突出管控重点，根据口岸管控面临的新形势、新任务，加强对重点查缉对象的排查力度。

【抓质量保安全促发展】 对口岸 219 家餐饮单位、272 家食品经营单位和 126 家服务行业经营单位实施了卫生监督执法。面对埃博拉疫情的严峻形势，严格口岸查验，完善应急预案和联防联控机制，配备防空设备和物资。强化口岸核生化反恐工作，确保口岸反恐工作落实到位。联合边检、环保、公安、卫生、海关等部门，开展了口岸核与辐射突发事件和埃博拉疫情防空应急处置演练。樟木和拉萨机场口岸已按照口岸卫生检疫核心能力建设相关标准顺利通过达标验收。结合实际适当调整了实蝇监测区域及监测点，把监测重点放在进口水果、蔬菜零售批发市场，完成 120 个实蝇监测点的设置工作。完成西藏出口尼泊尔牦牛疫情工作，实现西藏种用牦牛首次对外出口。

开放口岸

【拉萨空运口岸（拉萨贡嘎机场）】 位于山南地区贡嘎县甲竹林镇。距西藏自治区首府拉萨市 50 千米，是西藏自治区唯一对外开放的机场。目前只开通了成都—拉萨—加德满都往返一条国际航线。随着近年来对外开放力度加大，旅游业快速发展，成都—拉萨—加德满都往返国际航线已由一开始的季节性飞行，增加至目前的全年飞行。目前只有中国航空公司飞行该航线。2014 年，四川航空公司已向中国民航总局申请飞行该航线。2014 年，进出口贸易总值 4 510.6 万美元，出入境人员 39 082 人次。

【樟木陆路（公路）口岸】 位于日喀则地区聂拉木县南端的樟木镇，以友谊桥为界与尼泊尔隔河相望，有 110 千米的边境线。樟木口岸历史上就是中国通往南亚的重要通道，距尼泊尔中心城市近，中尼两国边民长期友好相处，具有与尼泊尔进行经济文化往来的地缘优势。1965 年，中国连接尼泊尔的公路建成通车，迅速提高了樟木口岸对中尼贸易流的吸引力，提升了它作为中尼贸易前沿的功能，并且承担了西藏自治区 90% 以上的边境贸易和三分之二的对外贸易及全国一半以上的对尼贸易。中国政府正在援助尼泊尔建设口岸出入境检查检验基础设施，由于樟木口岸尼泊尔一侧公路等级低，加之受自然灾害的影响道路损坏严重，应尼泊尔政府的要求，中国政府已决定援助尼泊尔对公路进行改扩建，2014 年已完成建设的各项前期工作。实施有“预约通关、担保放行”，“24 小时、全天候、无假日通关”，农副产品“随到随报（关、检），提前报号、优先放行”，中方农副产品运输车辆直接前往尼境内卸货等通关便利化措施。2014 年，出入境货物总值 20.67 亿美元，出入境人员 1 425 840 人次。

【吉隆陆路（公路）口岸】 位于日喀则地区吉隆县的吉隆镇，以热索桥为界与尼泊尔隔河相望。吉隆口岸自古就有商道、官道、战道之称，历史上曾是我国西藏与尼泊尔最大的陆路通商口岸之一，是中尼双方政治、经济、文化交流的主要通道，也是中尼间的传统边贸市场。2013 年以前，由于交通等基础设施建设滞后，口岸功能没有得到充分的发挥。2013 年中国连接尼泊尔的公路和中国政府援助尼泊尔公路相继建成通车，为扩大口岸的开放奠定了基础。2014 年，吉隆双边性口岸运行正常，出入境货物总值 6.52 亿元，出入境人员 10 450 人次。

【普兰陆路（公路）口岸】 位于阿里地区普兰县普兰镇，县城西南与印度毗邻，南与尼泊尔接壤，是全国 12 个三国交界县之一，有 21 个通外山口。全县边境线总长 414.75 千米，其中，中尼边境线长 319.7 千米、中印边境线长 95.05 千米。

普兰口岸与毗邻的中尼、中印边境地区及其腹地之间资源条件和贸易商品互补性较强，三国边民贸易活动积极，为普兰口岸对外贸易的长期、稳定发展带来了良好前景。“神山”、“圣湖”对南亚各国信众乃至西方游客也有强大吸引力，具有发展旅游服务贸易的市场潜力。2014 年对普兰口岸进出口货物检查检验现场基础设施进行了改扩建，并完成了出入境人员检查检验现场基础设施建设项目的前期各项准备工作，得到了项目的立项批复。2014 年，进出口贸易总额 3 664万元，出入境人员 24 589 人次。

原二类口岸

【日屋外贸货物装卸点】 位于日喀则地区定结县日屋镇。定结县历史上有西安堂嘎、日屋、古荣堂嘎 3 个边贸互市点。1963 年 8 月，3 个边贸互市点集中到日屋，形成了民间自由发展的日屋边贸市场。日屋外贸货物装卸点对应尼泊尔哈提亚市场和基玛塘市场，是中国西藏与尼泊尔之间传统的长年性的边民互市贸易市场。

西藏自治区口岸大事记

1 月 16 日

自治区口岸建设管理和边境贸易发展领导小组 2014 年第一次会议召开，会上总结了西藏自治区 2013 年口岸工作，对西藏自治区 2014 年口岸重点工作进行了安排部署。自治区副主席、自治区口岸建设管理和边境贸易发展领导小组常务副组长董明俊主持。

5 月

西藏自治区人民政府董明俊副主席率自治区人民政府办公厅、日喀则地区行署、自治区商务厅、西藏自治区公安边防总队、拉萨海关、西藏出入境检验检疫局、自治区口岸办、日喀则地区商务局（口岸办）赴樟木、吉隆、日屋口岸进行调研，并根据各口岸的实际情况，自治区人民政府下发了吉隆口岸专题会议纪要和樟木、日屋口岸议定事项。

8 月 6 日

樟木口岸对尼泊尔贸易通道因尼方地质灾害，道路损毁严重，造成樟木口岸货物严重积压，各级口岸管理部门立即研究应对方案，引导企业货主将积压的货物，尤其是不易储存的货物由吉隆口岸通关。在各相关部门的共同努力和协作下，积压货物全部顺利从吉隆口岸通关。

11 月 25 日

自治区口岸建设管理和边境贸易发展领导小组 2014 年第二次会议召开，就吉隆口岸扩大开放事宜进行了安排部署。自治区副主席、自治区口岸建设管理和边境贸易发展领导小组常务副组长董明俊主持。

11 月 30 日 ~12 月 2 日

西藏自治区人民政府董明俊副主席率自治区人民政府办公厅、日喀则地区行署、自治区商务厅、自治区财政厅、日喀则地区发展改革委、西藏自治区公安边防总队、拉萨海关、西藏出入境检验检疫局、自治区口岸办、日喀则地区商务局（口岸办）赴吉隆口岸就口岸运行和建设工作进行调研。

12 月 1 日

自治区商务厅组织自治区财政厅、西藏自治区公安边防总队、拉萨海关、西藏出入境检验检疫局、自治区口岸办、商务厅规划财务处、商务厅纪检监察室、日喀则地区发展改革委、日喀则地区住建局赴吉隆口岸，对吉隆口岸出入境检查检验现场基础设施建设项目进行了竣工验收。

（撰稿人：王海明、李跃飞、陈培、陈春生、郭雄）

2014 年西藏自治区口岸流量统计表

口岸类型		口岸名称	货运量（万吨）				集装箱量（万标箱）				人员（万人次）				交通工具（辆、艘、架、次）			
			出口	进口	合计	同比（%）	出口	进口	合计	同比（%）	出境	入境	合计	同比（%）	出境	入境	合计	同比（%）
空运口岸		拉萨口岸		0.04	0.04	+43.20					1.84	2.07	3.91	+34.90	197	184	381	+36.55
空运口岸		分计		0.04	0.04	+43.20					1.84	2.07	3.91	+34.90	197	184	381	+36.55
陆运口岸	公路口岸	樟木、普兰、吉隆、亚东口岸	18.53	0.42	18.95	-6.30					79.05	76.54	155.59	-3.46	18 186	19 746	37 932	-10.13
陆运口岸	公路口岸	分计									79.05	76.54	155.59	-3.46	18 186	19 746	37 932	-10.13
陆运口岸	铁路口岸																	
陆运口岸	铁路口岸	分计																
水运口岸	海港口岸																	
水运口岸	海港口岸	分计																
水运口岸	河港口岸																	
水运口岸	河港口岸	分计																
合计			18.53	0.46	18.99	-20.03					80.89	78.61	159.49	-2.78	18 383	19 930	38 313	-9.80
同比（%）			-17.35	-9.75	-20.03						-2.00	-3.50	+2.78		-15.40	-3.96	-9.80	

（西藏自治区口岸办提供）

2014 年拉萨海关主要数据统计表

项目		2014 年	同比（%）
进出口货运量（万吨）	合计	14.23	-20.03
	进口	0.46	-11.77
	出口	13.77	-20.28
进出口贸易总值（万美元）	合计	212 586.50	+3.54
	进口	8 334.90	+62.61
	其中：江、海运输	432.70	-61.54
	铁路运输		
	汽车运输	3 386.90	-1.48
	航空运输	4 510.60	+703.51
	邮件运输	4.60	+265.52
	其他运输		
	出口	204 251.60	+2.03
	其中：江、海运输		
	铁路运输		
	汽车运输	204 226.50	+2.04
	航空运输		
	邮件运输		
	其他运输	25.20	-41.81
税收（万元）	两税合计	11 400.00	+13.78
	关税入库	4 051.31	+73.89
	进口环节税入库	7 395.84	-4.34

（拉萨海关提供）

2014 年西藏自治区口岸出入境主要数据表

项目			2014 年	2013 年	同比（%）
出入境人员（人次）	出入境人员总数		1 594 943	1 640 684	-2.78
	入境人员		786 051	810 320	-3.50
	出境人员		808 892	830 364	-2.00
	出入境旅客		194 198	176 918	+9.70
	出入境员工		41 875	36 691	+14.10
	中国公民	小计	163 573	161 195	+1.47
		内地居民（因公）	736	4 059	-82.00
		内地居民（因私）	111 871	94 296	+18.60
		港澳居民	883	663	+33.18
		台湾同胞	214	250	-14.40
		边民	50 083	61 927	-19.10
	外籍人员		1 431 370	1 479 489	-3.25
	从海港出入境人员				
	从陆港出入境人员		1 555 861	1 611 713	-3.46
	从空港出入境人员		39 082	28 971	+34.90
交通运输工具（辆、艘、架、列次）	总计		38 313	42 490	-9.80
	船舶				
	飞机		381	279	+36.55
	火车				
	机动车辆		37 932	42 211	-10.13

表注：“出入境人员总数”中含持边民通行证出入境人员数，但“出入境旅客”及“出入境员工”均不含持边民通行证出入境人员数。

（西藏自治区公安边防总队提供）

2014 年西藏自治区出入境检验检疫业务统计表

项目		货物检验检疫				交通工具				集装箱（标箱）		发现动植物疫情		货物通关		出入境人员查验（人次）	健康检查及预防接种（人次）			
		批次	金额（万美元）	检验检疫不合格																
				批次	金额（万美元）	船舶（艘）	飞机（架）	火车（列）	汽车（辆）	合计	检出问题	种类数	种次	批次	金额（万美元）		健康检查	艾滋病监测	发现病例	预防接种
本年累计		573	3 243	6	4		386		22 713			18	132	1 087	5 594	16 4645	1 481	1 481	38	65
其中	出境	140	784	1	3		203		11 052					660	3 413	90 847	285	285	9	65
	入境	433	2 460	5	1		183		11 661			18	132	427	2 182	73 798	1 196	1 196	29	
同比（%）		-66.23	-83.31	-	-54.08		+38.35		-15.8					-46.45	-73.8	+10.89	+8.9	+8.9	-30.91	+132.14
其中	出境	-88.93	-95.07	-83.33	-63.97		+37.16		-17.4					-58.93	-81.4	+9.18	+11.76	+11.76	-30.77	+132.14
	入境	+0.23	-30.71				+39.69		-14.2					0.95	-27.33	+13.06	+8.24	+8.24	-30.95	

（西藏出入境检验检疫局提供）

陕 西 省

陕西省口岸分布示意图

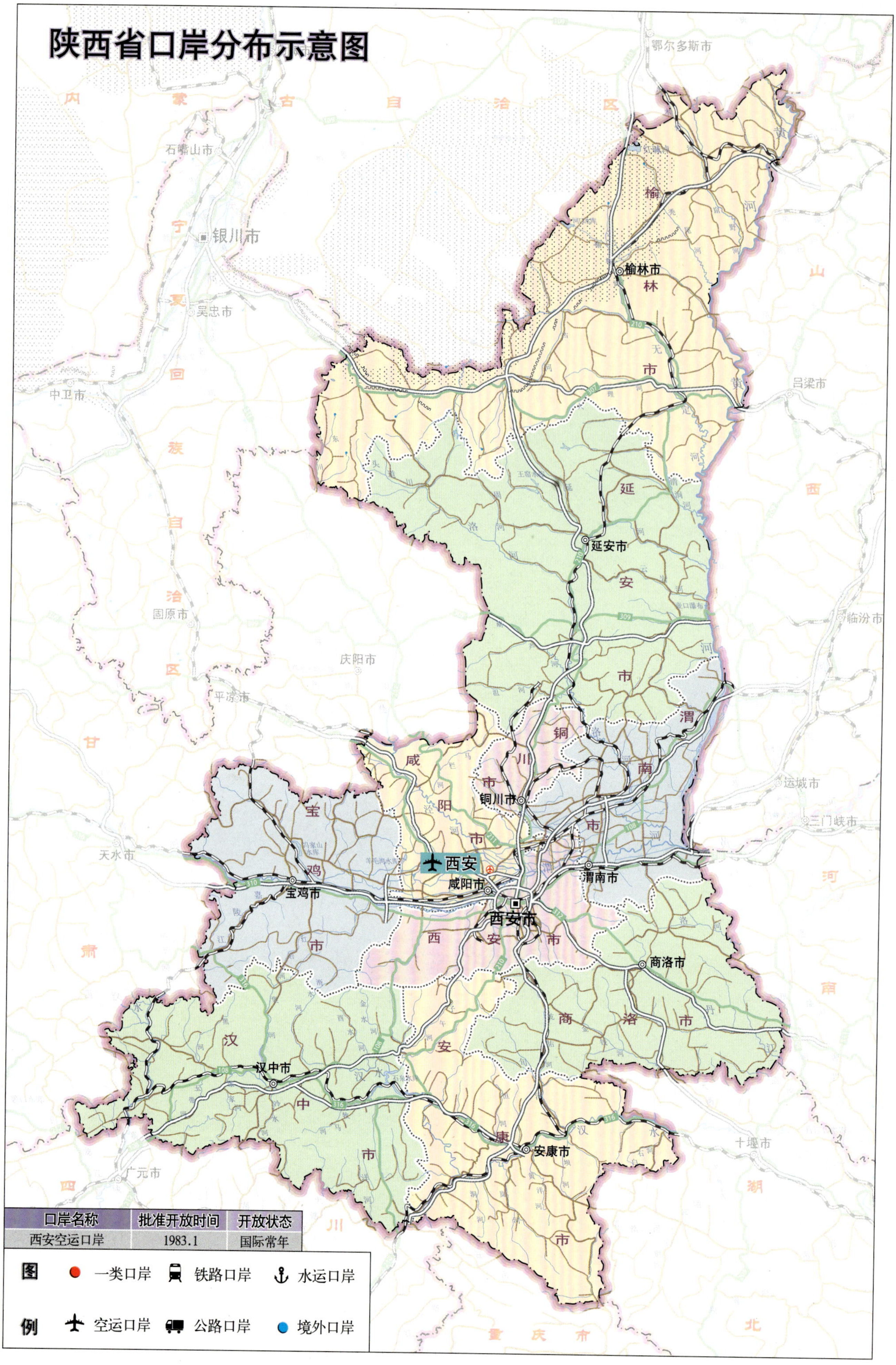

口岸名称	批准开放时间	开放状态
西安空运口岸	1983.1	国际常年

口岸数量及分布

截至2014年年底，陕西省有经国家批准的对外开放口岸2个，包括西安空运口岸（咸阳国际机场）1个，西安陆路（铁路）口岸（临时开放口岸）1个。

口岸运行数据

2014年，西安空运口岸共验放出入境飞机及国际航班7 279万余架次，同比增长29.63%；共验放和运送进出境人员111.15万人次，同比增长38.35%；共验放、运输进出口货物10 304吨。为外国籍人士办理口岸签证17人/份，同比减少51.4%；办理台湾同胞落地有效签注1 987人次，同比增长1.59%；办理一次入境有效台胞176人次，同比增加45.5%。为外国人办理72小时过境免签20人次；为进、出境的重要客人所乘专（包）机、班机提供口岸礼遇，乘机、起降保障30批次。陆路口岸（铁路外贸货物装卸点）2014年共监管进出口货物314.51万吨，同比减少10.8%。

口岸综合管理

【海关特殊监管区建设】 按照省委、省政府打造“一带一路”丝绸之路新起点要求，大力推进海关特殊监管区，对西咸新区申请设立综合保税区和保税物流中心进行实地考察；跟踪省政府报国务院申请设立西安高新保税区文件转给海关总署的文件落实情况；2014年4月18日，西安高新综合区封关运行；2014年10月13日，西咸新区保税物流中心（B型）获批设立；2014年10月20日，西安海关为陕西省煤炭物资供应签发《中华人民共和国海关保税仓库注册登记证书》；2014年10月28日，西安综合保税区跨境电子商务监管中心正式揭牌办理业务。

【争取新设口岸，完善口岸功能】 2014年10月28日，国家口岸管理办公室批准西安铁路口岸为临时开放口岸。2014年11月18日、12月24日，国家质检总局先后复函同意在西安国际港务区筹建进口肉类指定口岸与进境粮食指定口岸。2014年8月28日，陕西出入境检验检疫局与西安海关签署《深化关检协作共同促进陕西外贸稳定增长合作备忘录》。与山东、内蒙古出入境检验检疫局建立直通放行合作机制，与山西局、河南局建立晋、陕、豫黄河金三角出入境检验检疫合作机制。西安铁路口岸批准为临时口岸开放后，陕西省已正式向国家申报设立国家进口汽车整车、水果指定口岸。随着空、铁、路口岸开放体系的形成，西安将成为丝绸之路经济带上的重要战略支撑和交汇的节点。

【增设海关出入境检验检疫机构】 中央编办、海关总署、国家质检总局为支持陕西外向型经济发展，2014年先后批准陕西省设立延安海关并于2014年10月23日正式开关；渭南海关、汉中海关、榆林海关条件已成熟待批。进一步适应了“多点多极”战略布局和国家中西部建设发展的需要。渭南海关货物监管场所项目一期占地约3.33万平方米，于2014年12月30日全部竣工，随时做好开关准备工作。延安、渭南检验检疫机构增设尚在审批中。西安港国际代码“61900100”，国际代码“CNXAG”分别于11月24日、26日正式获批，步入国际运输“始发港/目的港”序列，成为首个获得2个代码的内陆型港口。2014年12月18日，首单陆海直达业务1.8万箱澳大利亚纯牛奶从澳洲墨尔本港直发西安港。

【支持陕西外贸稳定增长】 为贯彻落实国务院办公厅、海关总署、国家质检总局关于促进外贸稳定增长的意见（措施），西安海关、陕西出入境检验检疫局在不断提升口岸服务水平的同时，相继出台了支持陕西外贸稳定增长的细则和措施，正式实施“三个一”，全面实施省内出入境货物通关无纸化。经过17年努力，苹果基地和加工产品顺利通过美方检查，陕西苹果对美国出口全面解禁。加快推进关区通关一体化，2014

年11月5日全面启动“全省通”一体化政策，企业自主选择报关地办理通关手续。

【加大口岸基础设施建设】 在口岸查验单位的大力支持下，统筹推进西部机场集团对西安国际机场T3航站楼国际厅基础设施建设，对航班通关流程进行了升级改造，加大边检自助查验通道设备及系统投入，配置转型查验设施，提升基础设施信息化水平，改善了口岸条件，优化了口岸通关环境，提升了口岸形象，为旅客提供了方便快捷的通关服务。2014年8月21日，海关总署批复同意西安国际港务区建设多式联运监管中心，将统筹陆、海、空、铁等运输功能，真正创建“三个一”的新型海关监管模式。2014年10月28日，西安跨境电子商务服务平台正式上线并实现了常态化运营，来自全国23个城市的78个企业和个人登录跨境电商平台出口货物，累计开出1万余票。

【口岸业务培训】 在海关、检验检疫局、物流行业协会、口岸单位的大力支持下，举办一期陆路口岸业务知识培训班，对延安、榆林两地口岸建设、物流运营管理等涉及口岸业务方面的80名人员进行了培训。

【口岸服务保障】 在口岸系统、运输服务部门（企业）的大力支持和密切配合下，完成了美国第一夫人米歇尔及其家人、乌兹别克斯坦总统、马来西亚总理等国家元首礼遇的检查14批次，共295人次，先后为科威特亲王、南非外交部总司长、中国台湾国民党荣誉副主席林丰正、中国台湾新党主席郁慕明等提供了礼遇。

口岸监管与服务

【海关重点业务改革】 改革优化海关特殊监管区，率先在区域内开展区港、区区、关企“三个联动”，以信息化手段实现在途监管，卡口智能验放，重点企业联网监管，全年海关特殊监管区域进出口总值1 060.7亿元，同比增长60.7%，比全省增速高出24.3个百分点。大力推进税款电子支付，简化担保手续，推动专业海关事务担保试点。积极推进高信用企业培育，全年提升高信用管理企业148家，关区高信用企业达到552家，占进出口企业数的22%。推动实施“一体化管理”企业19家，为高信用企业提供全方位便利和优惠，简化企业审批，信用管理审批效率提升30%。与关区内13家企业签订备忘录，关企合作企业增加到23家，建立关企合作委员会工作会议制度，及时协调解决企业困难，对重点企业实施“一企一策”。

【海关特殊监管区域建设】 积极复制推广上海自贸区监管创新制度，参与制定了陕西省在海关特殊监管区域学习借鉴上海自贸区经验方案，加快推进关区通关一体化。2014年11月5日全面启动“全省通”一体化改革，企业可以自主选择报关地办理通关手续。创新提出“一丝一带”通关一体化建议获得海关总署支持，与青岛海关率先开展试点研究。

【陕西出入境检验检疫局多措并举守国门，全力以赴抓防控】 重点做好埃博拉等疫情防控工作。与卫生、边检、教育、商务等部门建立联防联控机制，完善应急预案，开展实战演练，严格口岸检疫查验，有效防范了疫情传入。

【检验检疫开拓新思路，加大建设力度，促进地区发展】 在陕西出入境检验检疫局的努力争取下，国家质检总局批准将国家进出口粮食检验检疫信息平台建在陕西，由陕西出入境检验检疫局负责建设。支持长安号国际货运班列常态化运行。协调指导西安综保区和西安高新综保区检验检疫设施建设，2个综保区均一次性通过验收。同时，在促进口岸功能完善方面有所突破：协助西安铁路口岸临时对外开放获得国务院批准；进口冰鲜水产品指定口岸获批准并开检，进口肉类指定查验场获准筹建，粮食和肉类产品进口获准先行先试。

2014年，国家实施“一带一路”和优先推进西部大开发战略，陕西在全国大局中的地位更加重要。加快建设丝绸之路新起点，扎实做好丝绸之路经济带自由贸易园区筹建申报工作、探索内陆自由贸易新模式。发挥检验检疫部门在信息、技术方面的优势，帮助富县成功创建为全国第一个良好农业规范示范县，受到国家质检总局肯定。同时，利用白水、洛川等水果出口示范基地复审，不断提高示范区管理水平，带动陕西果品质量提升。促进贸易便利化。陕西出入境检验检疫局与西安海关签署合作备忘录，正式实施“三个一”。全面实现省内出入境货物通关单无纸化。与山东、内蒙古出入境检验检疫局建立直通放行合作机制，疏通向东、向北开放通道。与山西局、河南局建立晋陕豫黄河金三角检验检疫合作机制。苹果基地和加工工厂顺利通过美方检查，经过17年努力，中国苹果对美出口全面解禁。指导比亚迪轿车获得出口免验资格，提升了产品国际竞争力。在机构调整、监管创新、通关模式等方面进行了积极探索，加快渭南检验检疫局、延安检验检疫局建设，使分支机构区域布局更加完善。

【陕西边防总队贯彻落实2014年全国边检工作电视电话会议精神】 一是稳步提高执法执勤能力。继续强化“理性、平和、文明、规范”的执法理念。二是全力服务陕西经济建设。积极做好了西安口岸72小时过境免签政策落地后的边防检查服务，继续推行出入境旅客信息查询，“一站式”通关服务等举措，拓展了边检服务平台，提高了边检通关效率，优化了口岸通关环境，三是加强边检长效机制建设。通过固化边检勤务例会制度、深化勤务模式改革、主动汇报争取支持、加强边检职业文化建设、加大服务地方经济发展力度，全面增强提高边检服务水平工作动力。四是完成重要礼遇检查勤务。总队圆满完成了美国第一夫人米歇尔、乌兹别克斯坦总统、马来西亚总理等国家元首的礼遇检查14批次，共295人次；先后为科威特亲王、南非外交部总司长、中国台湾国民党荣誉副主席林丰正、中国台湾新党主席郁慕明等提供了礼遇检查服务；为出席清明节公祭轩辕黄帝典礼、第十八届中国东西部合作与投资贸易洽谈会、第二十七届世界佛教徒联谊会大会等活动的与会代表和嘉宾提供了通关便利；为韩国三星视界朴商镇社长等来陕进行投资的世界500强企业代表团开启了绿色通道；顺利完成了为期5个月的韩国三星存储芯片项目货运包机入出境边检通关保障任务，共检查货运包机185架次，查验机组和随机人员555人次。2014年，陕西边防总队共检查出入境人员1 111 472人次，同比增长38.4%；检查国际航班7 279架次，同比增长29.6%；查获违法违规人员115人次，同比增长221.2%，有效维护了国家的安全，确保了西安口岸的稳定。

【全面激发执勤人员潜力，全力服务口岸新增航线】 自2013年陕西省委省政府提出推进丝绸之路经济带新起点建设，加大西安（咸阳）中心门户机场建设和对外开放举措后，西安口岸国际航线增加到23条，国际航班数量同比增长37.5%。迅猛增长的旅客流量和每天长达21小时的执勤时间，给边检工作带来新的压力和挑战。陕西边防总队本着“精简机关、充实一线”的原则，最大限度地将警力投放到边检执勤现场，通过强化业务培训、以老带新培训、轮换岗位培养等有效手段，使能够直接上台验放旅客的检查员比例增加到70%。

【改革创新边检执勤模式，全面提高勤务运行效率】 陕西边防总队以改革西安口岸边检执勤模式，以“小前台、大后台”为目标，“前台”由5个执勤业务科区分出境入境轮流担负旅客验放勤务；“后台”由情报法制科、证件研究室和执勤业务六科的精干警力组成，进一步加强现场执勤执法力量，提高解决勤务问题和办理行政案件的效率，缩短勤务保障措施的落实周期。

【全面落实便民利民措施，巩固提高边检工作成效】 2014年，陕西边防总队继续认真贯彻落实这4项便民服务新举措，进一步拉近了与出入境旅客和服务对象的心理距离，通过西安边检微博平台向社会发布出入境边防检查类政策规定、各国签证政策和出入境旅客流量预告信息等业务资讯40条，“西安边检”微博平台的粉丝达到47 896人。通过边检热线电话为出入境人员、旅行社工作人员和广大群众解答业务咨询和信息提示1 600余人次；“陕西边防出入境人员预报申报平台”访问量约9 000人次，接受旅行团报检约1.26万人次；先后为120人提供了出入境记录查询服务，为16架急救包机提供了快捷通关服务。

开放口岸

【西安空运口岸（咸阳国际机场）】 西安咸阳空运口岸位于陕西省咸阳市，距西安市中心47千米，距咸阳市13千米，海拔高度479米，机场代码XIY。一期于1991年9月1日建成通航，二期于2003年9月16日投入运营，三期于2012年5月投入运营。机场占地564万平方米，机场建筑面积36万平方米，拥有3座航站楼，可以起降空客380等大型客机，实行雷达空中管制系统。目前拥有3 000米×45米的跑道和3 800米×60米的平行滑行道各一条，停机位59个，是西北地区最大的空中交通枢纽、中国第五大机场，是中国东方航空集团公司西北公司、海南航空集团长安公司的基地机场。截至2014年年底，在西安咸阳国际机场已开能国际（地区）通航城市23个，航线27条，运营国际（地区）航线的中外航空公司达22家，每天的国际航班超过25个班次，每天有3万名旅客从这里前往世界各地。2014年，西安空运口岸出入境航班及包机7 297架次，同比增长29.63%，出入境旅客111.15人次，同比增长38.35%。

【西安陆路（铁路）口岸】 西安陆路（铁路）口岸位于西安国际港务区内的西安铁路新筑车站的集装箱中心站内，是西安港的重要组成部分。

西安铁路集装箱中心站是全国18个现代化铁路集装箱中心站之一，由中铁联合国际集装箱有限公司投资建设并负责运营，总投资3.5亿元，已于2010年12月1日正式纳入全国铁路货运站开通运营。该站面向生产企业、货运代理企业、船公司办理20英尺、40英尺通用集装箱、罐式液体集装箱及冷藏集装箱的铁路到发业务，已纳入《国际铁路货物联运协定》，可实现西安中心站与各国铁路间国际铁路直通联运的货物运送工作。现已形成西安乃至西北地区区域性集装箱运输中心，与全国其他中心站相互协调的集装箱运输网络。同时，在中心站内建设了4 800平方米独立封闭围网的海关监管区，配有120平方米查验平台、200平方米海关监管仓库，卡口设海关专用通道，配SCS/ZCS－MM系列组合型静态80吨电子地磅，申办了“中华人民共和国国境口岸储存场地卫生许可证”和“中华人民共和国西安海关监管场所许可证”，配备先进货物、集装箱信息管理系统，可实现对集装箱的实时追踪和管理，并与海关、检验检疫优化了监管货物作业流程，可为进出口货物实施一票通关、快速发运。

陕西是丝绸之路的起点，又是当前国家实施“一带一路”战略的新起点。西安铁路新筑车站作为陆路货运口岸的一部分，已建设了进出口货物进出境监管区，于2014年10月28日经国家口岸管理办公室批复同意作为临时口岸正式对外开放。经由西安铁路口岸始发的西安至中亚国际货运班列“长安号”，自开通截至2014年12月31日以来，累计开行46列（2 300车），共发运出口货物5.6万吨。目前，西安铁路口岸已具备了粮食、肉类、汽车、机电类进出口的报关、报检及进出口货物仓储、运输集散的大型化、集中化、规模化、现代化的多式联运。随着西安铁路口岸的正式对外开放，西安陆路货运口岸必将为陕西积极推进建设中的丝绸之路经济带铁路核心货运枢纽提供有力保障。

海关特殊监管区域

陕西有经省政府批准的外贸货物装卸点4个，均为铁路外贸货物装卸点，分别是榆林、宝鸡、汉中、渭南铁路外贸货物装卸点；综合保税区2个，即西安综合保税区、西安高新综合保税区；综合保税物流中心1个，即西安航空物流保税中心；出口加工区2个，即西安出口加工A区、西安出口加工B区。

陕西省口岸大事记

1月1日

海南航空公司开通了“西安—北京—西雅图”国际航线。

1月26日

东方航空公司开通了“西安—暹粒”国际航线。

2月7日

泰国东方航空公司开通了“西安—甲米”国际航线。

2月8日

泰国东方航空公司开通了“西安—普吉”国际航线。

3月24日

圆满完成美国总统奥巴马夫人米歇尔一行访华先遣警卫人员携带武器由西安口岸入出境检查任务。

4月9日

韩国真航空公司开通了“西安—江原道”国际航线。

4月9日

韩国济州航空公司开通了“西安—济州”国际航线。

5月2日

东方航空公司开通了“西安—济州”国际航线。

5月13日

韩国易思达航空公司开通了“西安—清州”国际航线。

5月19日

西安铁路局与西安国际港务区成功签署《联合推进中亚班列“长安号”常态化合作备忘录》。

6月19日

新加坡虎航航空公司开通了“西安—新加坡”国际航线。

7月1日

东方航空公司开通了“浦东—西安—莫斯科”国际航线。

7月2日

亚洲航空长途公司开通了“西安—吉隆坡”国际航线。

7月7日

韩国真航空公司开通了“西安—济州”国际航线。

8月1日

深圳航空公司开通了“西安—首尔”国际航线。

8月18日

俄罗斯奥伦堡航空公司开通了“西安—莫斯科”国际航线。

8月20日

乌兹别克斯坦总统卡里莫夫在中国访问后，从西安回国。

8月21日

海关总署批复同意西安国际港务区建设多式联运监管中心。

8月28日

陕西出入境检验检疫局与西安海关签署《深化关检合作共同促进陕西外贸稳定增长合作备忘录》。

9月3日

陕西省委常委、常务副省长江泽林专题听取边防工作汇报。

9月3日

海南航空公司开通了“杭州—西安—巴黎”国际航线。

9月29日

泰国亚洲航空公司开通了“西安—清迈”国际航线。

10月3日

泰国亚洲航空公司开通了“西安—甲米”国际航线。

10月23日

延安海关正式揭牌开关。

10 月 29 日

国家口岸管理办公室以国岸发〔2014〕26 号文件同意位于西安国际港务区的铁路口岸设为国家一类对外开放口岸。

11 月 18 日

国家质检总局复函同意在西安国际港务区筹建进口肉类指定口岸。

11 月 24 日

交通运输部正式批复同意给予西安港代码 61900100，使得西安港成为国内唯一获得国家代码认可的内陆港。标志为西安港正式纳入国家综合交通运输统计体系。

12 月 3 日

首都航空公司开通了“西安—曼谷”国际航线。

12 月 9 日

首都航空公司开通了“西安—普吉”国际航线。

12 月 14 日

天津航空公司开通了“西安—中国台湾台中”航线。

12 月 24 日

渭南海关业务用房通过了西安海关的预验收。

12 月 28 日

东方航空公司开通了“西安—青岛—大阪”国际航线。

（撰稿人：敬军民、王铮）

2014 年陕西省口岸流量统计表

口岸类型		口岸名称	货运量（吨）				集装箱量（标箱）				人员（人次）				交通工具（辆、艘、架、列次）			
			出口	进口	合计	同比（%）	出口	进口	合计	同比（%）	出境	入境	合计	同比（%）	出境	入境	合计	同比（%）
空运口岸		西安咸阳国际机场	7 554	24 595	32 149	+34.5					558 567	552 905	1 111 472	+38.85			7 279	
		分计																
陆运口岸	公路口岸		333	370	703													
		分计																
	铁路口岸		215 109	2 897 123	3 112 232													
		分计																
水运口岸	海港口岸																	
		分计																
	河港口岸																	
		分计																
合计			222 996	2 922 088	3 145 084	-10.8							1 111 472	+38.85			7 279	

（陕西省口岸办提供）

2014 年西安海关主要数据统计表

项目		2014 年	同比（%）
进出口货运量（万吨）	合计	314.51	-10.8
	进口	292.21	-9.6
	出口	22.30	-24.6
进出口贸易总值（万美元）	合计	2 126 235.33	+46.5
	进口	1 268 343.38	+40.8
	其中：江、海运输	182 497.19	-40.0
	铁路运输		
	汽车运输	716.44	+2.3
	航空运输	1 084 471.82	+81.9
	邮件运输	151.68	+5.0
	其他运输	506.25	+1 643.9
	出口	857 891.95	+56.2
	其中：江、海运输	81 609.97	-3.0
	铁路运输	7 190.68	+40.7
	汽车运输	6 229.14	-6.0
	航空运输	760 038.30	+68.5
	邮件运输	2 821.22	+24.8
	其他运输	2.64	-98.1
税收（万元）	两税合计	268 500	-20.5
	关税入库	46 673	-9.6
	进口环节税入库	221 827	-22.4

（西安海关提供）

2014 年陕西省口岸出入境主要数据表

项目			2014 年	2013 年	同比（%）
出入境人员（人次）	出入境人员总数		1 111 472	803 376	+38.35
	入境人员		552 905	399 705	+38.32
	出境人员		558 567	403 671	+38.37
	出入境旅客		1 046 341	755 713	+38.46
	出入境员工		65 131	47 663	+36.65
	中国公民	小计	814 908	593 530	+37.30
		内地居民（因公）	10 697	10 846	-1.38
		内地居民（因私）	690 388	476 349	+44.93
		港澳居民	49 542	45 128	+9.78
		台湾同胞	64 281	61 207	+5.02
	外籍人员		296 564	209 846	+41.32
	从海港出入境人数				
	从陆港出入境人数				
	从空港出入境人数		1 111 472	803 376	+38.35
交通运输工具（辆、艘、架、列次）	总计				
	船舶				
	飞机		7 279	5 615	+29.63
	火车				
	机动车辆				

（陕西省公安边防总队提供）

2014 年陕西省出入境检验检疫业务统计表

项目	货物检验检疫				交通工具				集装箱（标箱）		发现动植物疫情		货物通关		出入境人员查验（人次）	健康检查及预防接种（人次）			
	批次	金额（万美元）	检验检疫不合格																
			批次	金额（万美元）	船舶（艘）	飞机（架）	火车（列）	汽车（辆）	合计	检出问题	种类数	种次	批次	金额（万美元）		健康检查	艾滋病监测	发现病例	预防接种
本年累计	26 929	338 637	834	28 529		7 222			7 329						1 100 987	22 612	22 220	4 785	37 853
其中 出境	18 402	117 267	75	1 360		3 604			28						553 300				
其中 入境	8 527	221 370	759	27 169		3 618			7 301						547 687				
同比（%）	-13.39	+14.79	+398.2	+721.45		+29.08			-43.00						+37.17	+9.47	+11.52	-34.62	+7.45
其中 出境	-27.76	-35.4	+162.1	+364.16		+29.22			-96.09						+37.15				
其中 入境	+51.73	+95.09	+447.5	+754.37		+28.94			-39.86						+37.19				

（陕西出入境检验检疫局提供）

甘　肃　省

甘肃省口岸分布示意图

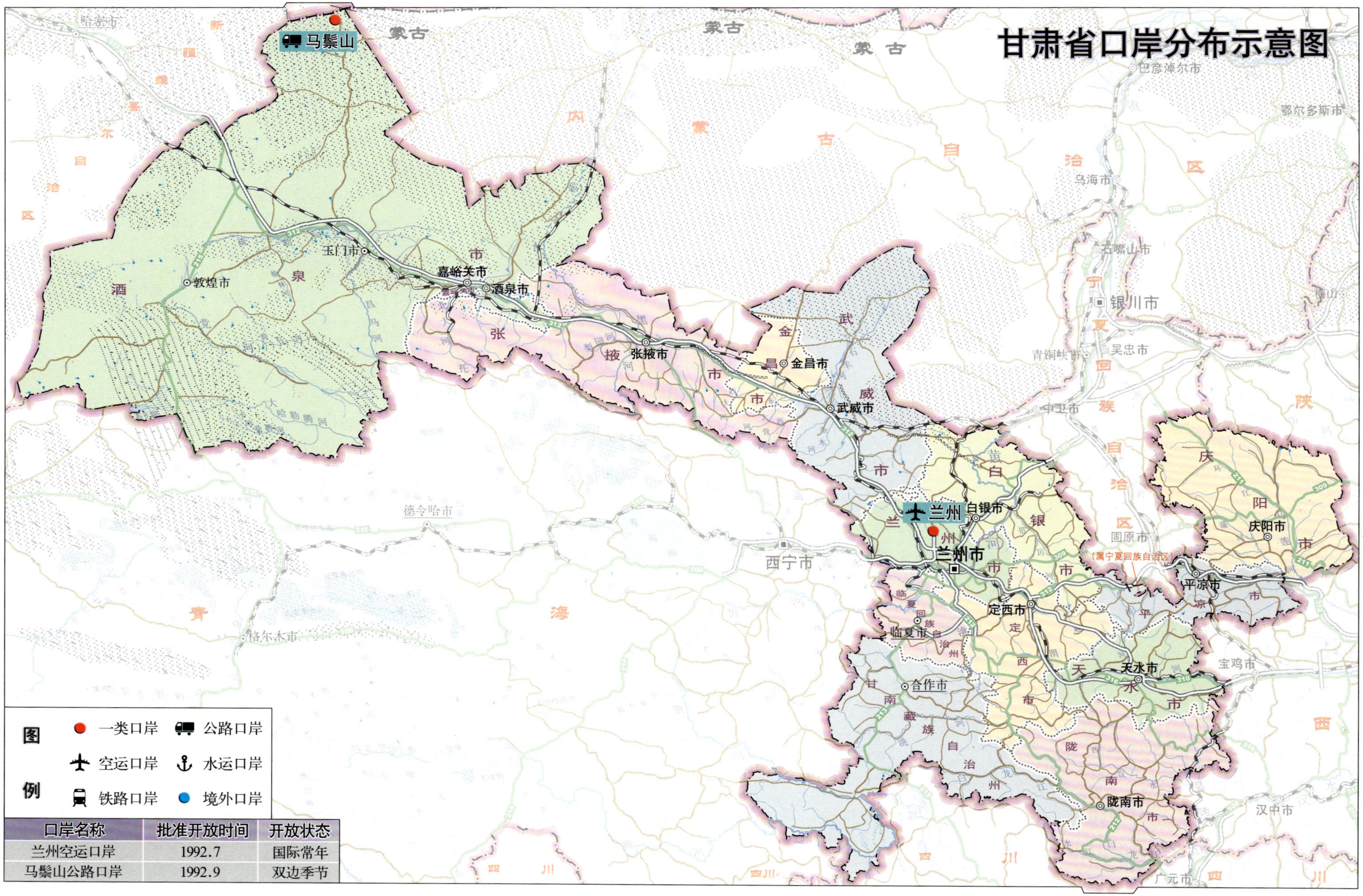

口岸名称	批准开放时间	开放状态
兰州空运口岸	1992.7	国际常年
马鬃山公路口岸	1992.9	双边季节

口岸数量及分布

截至2014年年底，甘肃省有经国务院批准的对外开放口岸2个，为兰州空运口岸（兰州中川国际机场）和马鬃山陆路（公路）口岸。

口岸运行数据

2014年，由兰州海关监管的甘肃省进出口货运量达152.2万吨，同比减少63.8%。其中，进口货运量151.1万吨，同比减少63.9%；出口货运量1.1万吨，同比减少33.5%。兰州空运口岸进出境客运量为105 405人次，同比增长10.89%。其中，入境52 697人次，同比增长10.56%；出境52 708人次，同比增长11.2%。进出境运输工具（航空器）723架次，同比增长8.23%。

2014年甘肃省各市州进出口统计表

市、州	进出口额（万美元）	出口额（万美元）	进口额（万美元）	同比（%）		
				进出口	出口	进口
总值	864 894	533 077	331 817	-15.00	+14.00	-40.00
兰州	484 847	421 844	63 003	+20.00	+18.00	+34.00
金昌	195 850	30 823	165 027	-48.00	+622.00	-55.00
白银	74 748	14 658	60 090	-3.00	-55.00	+35.00
天水	37 176	25 078	12 098	+1.00	-7.00	+22.00
嘉峪关	32 762	5 969	26 792	-61.00	+354.00	-67.00
酒泉	7 621	6 965	656	-29.00	-30.00	-15.00
庆阳	7 269	7 269	0	-16.00	-16.00	0
甘南	7 187	7 187	0	-50.00	-50.00	0
定西	4 472	1 966	2 506	+26.00	+73.00	+4.00
武威	3 968	3 213	755	+70.00	+49.00	+326.0
平凉	2 833	2 770	63	+51.00	+59.00	-51.00
张掖	2 327	2 316	11	持平	+1.00	-48.00
陇南	2 171	2 027	144	+120.00	+124.00	+74.00
临夏	1 663	992	671	持平	-40.00	0

（甘肃省商务厅提供）

口岸综合管理

【兰州空运口岸基础设施完善】 2010年9月，国务院批复同意兰州空运口岸扩大对外国籍飞机开放，甘肃省口岸管理办公室首先全力以赴协调推动兰州空运口岸联检单位办公生活大楼建设和口岸基础设施完善工作；督促完善口岸查验机构建制，建立健全口岸各项规章制度，提高口岸服务和管理水平。2013年12月，兰州空运口岸顺利通过国家验收，正式提升为兰州中川国际机场。兰州海关、兰州边防检查站、甘肃出入境检验检疫局全部入驻，建设标准达到国家对空运口岸出入境设施的相关要求，保障了国际航班的安全畅通运行。

【兰州新区综合保税区设立】 2014年7月15日，国务院批复同意设立兰州新区综合保税区。2012年8月国务院批准设立兰州新区以来，甘肃省口岸办按照省委省政府安排部署，积极开展兰州新区综合保税区申建的协调推动工作，指导兰州市和兰州新区制订工作方案，强化与申建相关的各厅局和海关、检验检疫部门的联系制度，推动甘肃省首个海关特殊监管区域的申请报批和建设等按计划开展各项工作，并取得成效。2013年10月27日，甘肃省政府向国务院上报了《甘肃省人民政府关于设立兰州新区综合保税区的请示》。2014年3月24日，海关总署分别向国土部及住建部发出征求意见函，正式启动十部委联审工作；2014年5月12日海关总署向国家发展改革委、财政部、商务部、国家税务总局、国家工商总局、国家质检总局及国家外汇管理局七部委发出征求意见函；2014年6月12日海关总署向九部委发出会签文件；2014年7月7日海关总署上报国务院《海关总署关于设立兰州新区综合保税区的请示》（署加发字〔2014〕103号）；2014年7月15日获得国务院批准。兰州新区综合保税区的设立，对于加快甘肃产业集聚发展，打造国家向西开放的重要战略平台、国家重要的产业基地、西北地区重要的经济增长极具有重要意义。兰州新区综合保税区建成后将服务甘肃省、辐射西北，集保税加工、保税仓储、保税物流、口岸作业和综合服务等功能为一体的、西北地区对外开放优势最全面的综合保税区。

【武威保税物流中心（B型）设立】 2014年1月29日，海关总署、财政部、国家税务总局、国家外汇管理局联合发文，正式批复同意设立武威保税物流中心（B型），标志着甘肃省首家保税物流中心落户武威。2014年8月，武威保税物流中心全面建成，2014年9月通过国家验收，2014年10月13日正式封关运营。武威保税物流中心已建成报关报检大厅、行政办公用房、卡口、监管仓库、查验平台、查验场地和监控系统等开展口岸检验必备的软硬件设施。截至2014年年底，中心监管组共完成11列“天马号”中欧班列监管任务，出口报关单618份，监管货物运量4.8万吨，集装箱965箱次，监管货运总值4 475万美元，实现了外贸经济快速发展的态势。同时，武威市政府已经投资3 500万元在武威城区建设武威海关机构业务技术报关综合楼，建筑面积约5 000平方米。武威保税物流中心是服务甘肃、辐射西北、连接亚欧的现代国际物流平台和国家向西开放的进出口产业聚集区，对于甘肃外向型经济发展，推进全省开放开发，加快丝绸之路经济带甘肃黄金段建设，具有十分重要的意义。

【敦煌机场申请开放】 2014年，甘肃省商务厅（甘肃省口岸管理办公室）按照甘肃省委、省政府全力推进敦煌机场对外开放的工作部署，根据国家口岸对外开放报批程序，制定具体工作方案，多次向国家口岸管理办公室等相关部门汇报争取。2014年1月1日，甘肃省政府向国务院上报了《甘肃省人民政府关于申请敦煌航空口岸对外开放的请示》；2014年3月，国务院同意敦煌机场对外开放列入海关总署（国家口岸管理办公室）《2014年度口岸开放审理计划》；2014年8月，国家口岸管理办公室发函征求国家相关部门开放意见；2014年11月国家口岸管理办公室启动第二轮征求中央编办意见。为了争取敦煌机场早日开放，甘肃省口岸办积极协调推动敦煌市口岸办抓紧口岸建设。2014年，敦煌机场按照国际机场的建设标准，投资195万元对国际联检大厅（T1航站楼）进行了维修改造，重新安装了X光机、安全门，完成了离港系统、行李分拣场区、消防设施、标志标牌，订制了候机厅80把椅子和20个手推车，更换了部分上下水、电路和网络线路等设备，已具备了对外开放的条件。

【穆斯林朝觐通关保障】 兰州空运口岸是我国穆斯林信众赴沙特朝觐出入境最重要的口岸之一。在国家宗教局和中国伊斯兰教协会及国家口岸管理办公室的指导下，甘肃省口岸办协调兰州海关、甘肃出入境检验检疫局、甘肃省公安边防总队和甘肃机场集团兰州机场公司等单位，配合甘肃省宗教局、省伊斯兰教协会连续9年先后顺利完成甘肃、青海、宁夏和西藏等省区广大穆斯林信众赴麦加朝觐的保障服务，共完成出入境朝觐包机264架次，朝觐信众达81 893人次。2014年，兰州空运口岸共计完成朝觐验放航班36架次，10 689人次。为了确保航班安全、顺利地从兰州起飞，针对航班保障任务的各个环节，做了详细的计划和部署。在各查验单位的共同配合协调下，出入境通关秩序井然，工作高效顺畅，受到了国家宗教事务局的表扬和广大穆斯林群众的好评。今年穆斯林群众朝觐在全国5个出境口岸中，兰州空运口岸出境人数最多，承担任务最重，占全国朝觐穆斯林群众的37%。

【马鬃山陆路（公路）口岸复通工作】 马鬃山陆路（公路）口岸于1992年9月经国务院批准开通，后因蒙古国单方面原因关闭至今。在甘肃省委、省政府的大力支持下，省口岸办多次向国家口岸管理办公室汇报复通该口岸的迫切愿望，协调甘肃省政府外事办争取外交部的支持，力争使马鬃山陆路（公路）口岸尽快复通。

【电子口岸建设】 2006年，兰州海关数据分中心搭建了甘肃地方电子口岸门户网站（虚拟平台）。开通虚拟平台后满足了当时的基本需求，为外贸企业提供了方便，有利于口岸“大通关”建设。但是电子口岸建设缺乏后续支持且无法获得有关单位数据共享，导致网站内容长时间得不到更新，更无法为企业提供服务而关停，此后，甘肃电子口岸建设一直处于停滞状态。下一步，甘肃省将进一步加强口岸大通关协作，全面推进“三个一”，建立国际贸易“单一窗口”制度，推动口岸相关部门“三互”，发展区港联动、区区联动业务，实现与口岸城市时间物流供应链的信息联网和监管。计划2015年年底前建成电子口岸数据交换平台，整合大通关和口岸物流相关信息系统，使之成为具有通关、物流、商务等功能的信息平台，实现数据共享、联网申报、联网核查和联网作业。

【跨区域通关合作】 甘肃省加大跨区域口岸合作力度，协调口岸查验机关，建立了与沿海、沿边对口协作单位定期或不定期的联席会议制度，与重要沿海和边境口岸签署有关口岸合作备忘录和口岸区域通关合作框架协议。2014年6月11日，甘肃省口岸办与青岛市口岸办签署了《促进口岸物流发展合作协议》，为推动两地口岸现代物流业发展营造良好环境，打造两地开放型经济新格局。2014年8月21日，甘肃省口岸办与青岛市、四川省、山西省、青海省、重庆市、西安市等省市口岸管理部门签署了《青岛共识》，旨在深化沿黄河流域口岸大合作，共同支持大陆桥国际运输，促进沿黄河流域省、区、市口岸功能延伸和优势互补，形成相互促进、共同发展的新格局。

口岸监管与服务

【努力开辟国际和地区航线】 2014年，在国家“一带一路”战略决策精神的指导下，在甘肃省委省政府的大力支持下，甘肃省口岸管理办公室紧抓兰州空运口岸正式对外扩大开放的良好契机，充分发挥甘肃作为国家向西开放重要门户和次区域合作战略基地的作用，加大航空市场开发力度，加密骨干航线密度，完善支线航线网络，构建适合甘肃市场的旅游航线网络，相继开通了兰州至中国香港，中国台湾台北、高雄，韩国首尔、济州岛，泰国曼谷，沙特麦加，阿联酋迪拜，新加坡和格鲁吉亚第比利斯等10条国际和地区航线。作为西北地区重要枢纽机场，连接我国与西亚国家空中通道的“中转站”地位将日益突显。随着兰州空运口岸的全面开放和我国向西开放战略，以及丝绸之路经济带建设构想的实施，今后几年，兰州中川国际机场将会开辟更多的国际和地区航线，出入境航班、人数将会继续攀升，同时口岸国际货运业务现已快速起步，机场的海关监管场所正在加速改造完善。

【开展创建“模范口岸”活动】 为积极响应党中央创新社会管理、创建服务型政府的要求，进一步优化口岸通关环境，筑牢口岸安全屏障，全面推进“效能风暴”行动，打造外向型经济服务窗口的良好形象。2014 年 9 月 18 日，甘肃省口岸管理办公室和甘肃省精神文明办公室组织甘肃省公安边防总队、兰州海关、甘肃出入境检验检疫局、兰州机场公司在兰州空运口岸举办了创建“模范口岸”活动启动仪式。此项活动以科学发展观为指导，以提高服务水平为中心，以建设“平安稳定、服务高效、文明和谐、群众满意”口岸为目标，积极创新社会管理，探索加强口岸发展的新途径、新办法，全面提升口岸管理和服务水平，为促进甘肃外向型经济发展提供坚实保障。

【兰州海关提升通关便利化水平】 兰州海关深入贯彻落实海关总署决策部署，积极推动各项通关业务改革，促进贸易便利化。深入推进通关无纸化、分类通关、区域通关改革。与 140 家企业签约开展无纸化申报，无纸化报关单占报关单总量的 73%，完成关区考核指标。分类通关除“属地申报，口岸验放”报关单外，实现关区分类通关业务全覆盖，通关效率进一步提升。区域通关使 39 家企业享受便利，区域通关货运量、货值分别占关区总量的 71.6%、63.2%。

认真做好简政放权工作。落实海关总署关于简政放权、转变职能部署，制定落实关区工作方案，清理规范行政审批事项，取消 4 项行政审批事项，下放 3 项非行政审批事项，简化 3 项内部审批权限，制订涵盖关税、加工贸易等 9 个领域 62 项行政职权权力清单。

全面推进关检合作“三个一”工作。主动加强与检验检疫部门协调沟通，上线运行“一次申报”系统，协商确定 11 家企业，对符合条件的报关单实行“三个一”模式试点。积极做好上海自贸区监管创新制度推广复制。开展 14 项创新制度政策宣讲，确定“仓储企业联网监管”、“智能化卡口验放”、“集中汇总纳税”及“简化无纸通关随附单证”等 4 项监管创新制度复制推广。在武威保税物流中心应用“智能化卡口验放”监管方式。

【甘肃出入境检验检疫局提高进出口通关效率】 推进无纸化申报。在加强企业诚信管理的基础上，全面推行检验检疫电子申报，简化申报数据项目，减少随附单证种类。全面推动“通报、通检、通放”检务改革举措，以企业需求为立足点，最大限度按照企业的自主选择，实现“就近申报、就近放行、就近取证”的目标，在全省范围内推广了“通报、通检、通放”，得到了企业的广泛赞誉。积极探索“进口直通”检疫查验模式，进一步调整优化检验监管职能，及时将检疫监管职能从省局下放到分支机构，降低了监管成本，提高了工作效率。在完善信用管理、分类管理和风险管理的基础上，为出口企业全面开通“直通放行”和“绿色通道”，针对不同的业务特点和监管对象，对出入境货物分别实行验证放行、预检验放行和信用放行等快速放行模式。同时加强与天津、山东、江苏、深圳、珠海和新疆等沿海、沿边检验检疫机构的合作，构建与口岸监管部门“三互”合作机制。对于促进对外贸易便利化和区域经济快速发展具有重要意义。

【兰州边防确保口岸安全畅通】 甘肃省公安边防总队兰州边防检查站坚持服务与管控并举，狠抓业务练兵，提高服务水平，同时加强边检专业化、法制化和科技信息化建设，展现国门良好形象。在营造安全、高效、便捷通关环境的同时，履行管控职责，严密各项管控措施，有力地确保了口岸安全稳定。紧紧围绕“两会”、国庆、四中全会、APEC 峰会等重大安保任务，严格人证对照、证件识别、查验复核等工作环节，加强对重点地区重点人员的复核审查力度，严防不法分子潜入潜出。结合各敏感时期、敏感节点，不断修改完善各类口岸应急处突工作预案，并及时组织开展处突演练，确保人人熟悉、人人掌握，不断提升应对突发事件的实战能力。进一步加强与省口岸办、海关、检验检疫等联检单位的沟通协调，就工作衔接、信息互通、资源共享等问题达成广泛共识，有效构建了口岸管理整体防控体系。

开放口岸

【兰州空运口岸（中川国际机场）】 兰州中

川国际机场一直以来是西北地区重要航空港和I类国际备降机场，距兰州市中心约70千米。现有候机楼面积2.75万平方米，8部登机廊桥和13个远机位，飞行区等级为4D，跑道长3 600米，宽60米，可保证大中型航空器安全起降。正在新建的T2候机楼总面积达6.1万平方米，新增8部廊桥。建成后机场总停机位将达到29个，候机楼总面积将达到8.85万平方米，计划2015年2月正式投入运营。

1992年7月，国务院批准有限开放兰州空运口岸，开辟了兰州至香港航线。2010年9月国务院批准兰州空运口岸扩大对外国籍飞机开放，经过3年的建设和完善，兰州空运口岸于2013年12月通过国家验收，正式扩大开放。现有国际联检厅面积3 100平方米，新建的联检单位办公生活大楼功能齐备，也已交付使用。2014年，兰州中川国际机场全年共完成旅客吞吐量751万人次、运输起降6.85万架次、货邮吞吐量4.88万吨，同比分别增长15%、6.8%、12.7%。三大运输生产指标均创同期历史最高纪录。货邮吞吐量增幅位居西北区域首位，旅客吞吐量增幅高于西北区域平均水平。兰州空运口岸现开通国际和地区航线10条，出入境旅客共计105 405人次，同比增长10.89%；出入境飞机723架次，同比增长8.23%；其中出境人员52 708人次，同比增长11.2%；出境飞机356架次，同比增长8.87%；入境人员52 697人次，同比增长10.57%；入境飞机367架次，同比增17.62%。特别是2013年达到95 059人次，同比增长179%，几乎是上一年的3倍。从以上数据可以看出，兰州空运口岸出入境流量仍然保持了较高的连续增长态势。

【马鬃山陆路（公路）口岸】 马鬃山陆路（公路）口岸位于酒泉市肃北蒙古族自治县马鬃山镇中蒙边界496号界桩处，是甘肃境内唯一的国家开放陆路边境口岸。1992年9月，国务院批准开通马鬃山/那染色布斯台陆路（公路）口岸，先后季节性开放5次，过货4次，进出境货物1 500吨，实现贸易额443.5万元。青海、宁夏和内蒙古等邻近省区也参与了马鬃山陆路（公路）口岸的边境贸易活动。1993年8月，由于蒙古国单方面原因，关闭了那染色布斯台口岸，致使马鬃山陆路（公路）口岸关闭至今。2013年8月，甘肃省政府外事办向外交部报送了相关请示，并在中蒙边界联委会第一次全体会议上向蒙方代表提出口岸恢复通关的建议；同年9月，省外办安排工作小组专程赴蒙交涉，得到我驻蒙使馆大力支持；2014年年初甘肃省政府外事办向外交部作了专题汇报，得到外交部高度重视。2014年4月，外交部在与蒙古国新成立的口岸委员会会晤时正式向蒙方提出马鬃山陆路（公路）口岸恢复通关的建议，蒙方代表接受建议，答应列入研究议题。目前，复通工作仍在积极努力当中。

甘肃省口岸大事记

1月1日

甘肃省政府行文上报国务院《甘肃省人民政府关于申请敦煌航空口岸对外开放的请示》（甘政发〔2104〕1号）。

1月7日

甘肃省委副书记、省长刘伟平在海关总署《关于印送兰州航空口岸扩大开放验收纪要的函》上作出批示："要建立责任制，扎实推进。"

1月29日

海关总署、财政部、国家税务总局、国家外汇管理局联合发文，正式批复同意设立武威保税物流中心（B型）。

3月

敦煌机场被海关总署（国家口岸管理办公室）列入《2014年度口岸开放审理计划》。

4月16日、28日

参加"和平天使—2014"中巴联合军事演习的部分中方参演部队及物资装备由兰州口岸出入境。

5月26日

兰州海关驻兰州中川国际机场办事处挂牌成立。

6月3日

甘肃省口岸办和甘肃省精神文明办公室正式联合下发了《关于开展创建“模范口岸”活动的实施意见》，标志着甘肃省委、省政府共同组织开展的创建“模范口岸”活动已全面启动。

6月11日

甘肃省口岸办和青岛市口岸办签订了《促进口岸物流发展合作协议》。

6月18日

兰州海关为兰州国储石油基地有限责任公司保税仓库举行颁证授牌仪式，标志着兰州关区首座国家原油储备保税仓库正式通过海关验收投入运营。

6月19日

兰州海关酒泉分关首票“通关作业无纸化”模式报关单成功申报。

6月24日

由台湾复兴航空公司执飞的高雄—兰州GE3690次航班顺利降落兰州中川国际机场，标志着台湾高雄至兰州的直飞航线正式开通。

6月30日

兰州海关区域通关无纸申报首票出口报关单顺利通关。

7月15日

国务院正式批复同意设立兰州新区综合保税区。兰州新区综合保税区规划面积2.86平方千米，东至经十路，南至纬六路，西至经七路，北至纬十六路，新获批的兰州新区综合保税区整合了海关特殊监管区域的所有功能政策。

8月13日

兰州海关牵头会同甘肃省财政厅、甘肃省国家税务局、国家外汇管理局甘肃省分局组成预验收联合工作组对武威保税物流中心进行了预验收。

8月15日

甘肃省副省长李荣灿在张银喜关长、武威市委市政府主要负责人陪同下考察武威保税物流中心建设情况。

8月21日

兰州海关与甘肃出入境检验检疫局就全面推进关检合作“三个一”工作举行座谈会，标志着兰州海关与甘肃出入境检验检疫局关检合作“三个一”工作全面启动。

9月3日

甘肃省副省长李荣灿会见来兰州出席第二届全国陆港发展研讨会的中国口岸协会会长叶剑。

9月9日~20日

甘肃、青海、宁夏、四省、西藏、安徽共计5 346名穆斯林信众从兰州空运口岸出境赴麦加参加朝觐活动。

9月19日

东方航空公司开通了兰州—昆明—新加坡国际航线定期航班。

9月24日

武威保税物流中心顺利通过海关总署、国家财政部、国家税务总局和国家外汇管理局四部委正式验收。

9月29日

南方航空公司开通了“兰州—乌鲁木齐—迪拜”国际航线定期航班。

9月30日

南方航空公司开通了“兰州—乌鲁木齐—第比利斯”国际航线定期航班。

10月13日

武威保税物流中心（B型）封关运营。甘肃省委书记、省人大常委会主任王三运出席封关运营仪式，并视察武威保税物流中心。

10月18日~29日

甘肃、青海、宁夏、四川、西藏、安徽共计5 345名穆斯林信众结束麦加朝圣活动由兰州空运口岸顺利入境。

11月7日

甘肃省副省长黄强前往兰州中川国际机场海关货运监管场所建设现场进行视察。

11月27日

兰州新区综合保税区重点项目签约暨开工仪式在兰州新区举行。

12月12日

甘肃省首列中欧班列“天马号”发运仪式在

武威南火车站举行，14 时 18 分首列中欧班列“天马号”鸣号顺利开行。

12 月 18 日

经 H2010 系统确认，12 月 12 日经武威保税物流中心现场通关的“天马号”货物已经全部结关，首列中欧班列“天马号”监管任务画上了圆满的句号。

12 月 22 日

兰州空运口岸年出入境旅客突破 10 万人次，创历史新高。

（撰稿人：陶永刚、赵政、甘振杰、王潇乐）

2014 年甘肃省口岸流量统计表

口岸类型		口岸名称	货运量(万吨)				集装箱量(万标箱)				人员(万人次)				交通工具(辆、艘、架、列次)			
			出口	进口	合计	同比(%)	出口	进口	合计	同比(%)	出境	入境	合计	同比(%)	出境	入境	合计	同比(%)
空运口岸																		
		分计									5.27	5.26	10.54				723	
陆运口岸	公路口岸																	
		分计																
	铁路口岸																	
		分计																
水运口岸	海港口岸																	
		分计																
	河港口岸																	
		分计																
合计			1.10	151.10	152.20						5.27	5.26	10.54				723	
同比(%)			-33.50	-63.90	-63.80						+11.20	+10.56	+10.90				+8.23	

(甘肃省口岸办提供)

2014年兰州海关主要数据统计表

项目		2014年	同比（%）
进出口货运量（万吨）	合计	152.20	-63.80
	进口	151.10	-63.90
	出口	1.10	-33.50
进出口贸易总值（万美元）	合计	196 000	-51.80
	进口	190 000	-52.70
	其中：江、海运输		
	铁路运输		
	汽车运输		
	航空运输		
	邮件运输		
	其他运输		
	出口	6 000	+49.20
	其中：江、海运输		
	铁路运输		
	汽车运输		
	航空运输		
	邮件运输		
	其他运输		
税收（亿元）	两税合计	14.50	-60.40
	关税入库	0.10	-14.60
	进口环节税入库	14.40	-60.60

（兰州海关提供）

2014 年甘肃省口岸出入境主要数据表

项目			2014 年	2013 年	同比（%）
出入境人员（人次）	出入境人员总数		105 405	95 059	+10.89
	入境人员		52 697	47 661	+10.56
	出境人员		52 708	47 398	+11.20
	出入境旅客		98 973	89 511	+10.57
	出入境员工		6 432	5 548	+15.93
	中国公民	小计	96 085	86 931	+10.53
		内地居民（因公）	27	20	+35.00
		内地居民（因私）	91 073	82 744	+10.06
		港澳居民	34	34	-
		台湾同胞	4 951	4 133	+19.79
	外籍人员		2 888	2 581	+11.89
	从海港出入境人数				
	从陆港出入境人数				
	从空港出入境人数		105 405	95 059	+10.89
交通运输工具（辆、艘、架、列次）	总计		723	668	+8.23
	船舶				
	飞机		723	668	+8.23
	火车				
	机动车辆				

（甘肃省公安边防总队提供）

2014 年甘肃省出入境检验检疫业务统计表

项目	货物检验检疫				交通工具				集装箱（标箱）		发现动植物疫情		货物通关		出入境人员查验（人次）	健康检查及预防接种（人次）			
	批次	金额（万美元）	检验检疫不合格		船舶（艘）	飞机（架）	火车（列）	汽车（辆）	合计	检出问题	种类数	种次	批次	金额（万美元）		健康检查	艾滋病监测	发现病例	预防接种
			批次	金额（万美元）															
本年累计	6 959	154 454	45	511		914			34		27	77	1 423	64 411	108 522	9 734	9 461	991	17 897
其中 出境	5 927	52 936	30	456		462							152	1 104	54 286	8 775	8 765	962	17 896
其中 入境	1 032	101 518	15	55		452			34		27	77	1 271	63 307	54 236	959	696	29	1
同比（%）	-39.8	+22.63	-8.16	+96.54		+33.63			+13.33		+200	+220.83	-61.34	+7.93	+18.16	+3.21	+5.93	-53.43	+0.92
其中 出境	-16.23	+9.16	-14.29	+130.3		+34.3							-48.47	-72.2	+17.67	+4.68	+8.57	-51.9	+0.93
其中 入境	-76.97	+31.06	+7.14	-11.29		+32.94			+13.33		+237.5	+220.83	-62.46	+13.65	+18.65	-8.49	-18.88	-77.34	-50

（甘肃出入境检验检疫局提供）

青 海 省

青海省口岸分布示意图

口岸名称	批准开放时间	开放状态
西宁空运口岸	2008.3	国际常年

口岸数量及分布

截至2014年年底，青海省有国务院批准的对外开放口岸1个，即西宁空运口岸（西宁曹家堡机场）。

口岸运行数据

2014年，青海省口岸出入境旅客共计2 348人次，同比减少36.61%；出入境员工201人次。

口岸综合管理

【加快口岸基础设施建设】 2014年，西宁空运口岸联检综合楼开工建设，建筑面积7 500平方米，总投资3 200万元，11月21日竣工验收，12月5日正式启用。西宁航空港T1航站楼的改造工程于2014年6月底全部完工并交付使用。负压隔离室、国际货运临时场所等配套设施目前正在建设中。

【积极开辟国际航线】 2014年，口岸与韩国、中国台湾地区航空公司以及国内东航、南航等航空公司积极对接，落实开通国际航线的有关事宜。经过协商洽谈，12月5日青海航空投资管理有限公司“大美青海号”西宁—泰国曼谷航线首航。这条航线是青海省首条由本省航空企业执飞的正班国际航线，填补了青海省无国际航班的空白。12月15日开通西宁至首尔定期包机航班。12月18日台湾立荣航空公司的西宁直航台北航班复航。

【积极推进陆路口岸建设】 随着青海省临空经济开发区的建设，陆路口岸建设也在积极推进中，西宁曹家堡保税物流中心（B型）基础设施及综合配套设施正在建设，预计在2015年年底通过国家验收。

口岸监管与服务

【西宁海关】 2014年，监管进出口货物7 567.10吨，征收税款1.35亿元。在三个方面取得了重大突破：一是通关改革不断推进。累计放行无纸化报关单103票，占启动以来报关单总量的32%。二是业务执法不断规范。开展海关报关单数据管理工作；启用H2010报关单证理单系统；制定了监管场所管理、进口展览品监管、旅检现场应急处置等规定，进一步规范了业务操作流程。开展了《行政强制法》执行情况自查，对关区审批事项进行摸底核查。对全关194项规章制度进行了归纳分类。三是对企业管理不断强化。全年完成升AA类企业3家，升A类企业7家，关区A类以上企业达40家，占实际进出口企业30%。深化“互动稽查、关联并查、批量核查、稽核联动”作业模式，主动引入中介机构协助海关稽查工作，实现了“稽核联动、三查并举、提升绩效”目标。全年稽查企业5家，保税常规核查企业4家，实地巡查企业18家。强化风险参数管理，丰富风险处置手段，关区风险防控能力得到提升。关区风险布控率为15.40%，风险布控有效率为31.37%，实体有效率为10.91%。组织召开了青海省电子口岸建设工作会议，推动了“青海电子口岸企业入网网上审批系统”等跨部门联网项目建设和应用。青海电子口岸现有入网企业769家。

【青海省公安边防总队】 2014年，总队共出动警力228人次，检查出入境航班19架次，出入境旅客2 147人次，出入境员工201人次。圆满完成西宁口岸各项边防检查任务。提高了口岸通关效率和出入境旅客满意度。

【青海出入境检验检疫局】 2014年，出入境检验检疫局检验检疫出入境货物1 155批2.19亿美元。健康检查入境412人次，出境3 117人次，预防接种8 236人次。检疫查验出入境航空器19架次，其中出境9架次1 225人次、入境10架次928人次。对口岸13家食品生产经营单位进行日常卫生监督和食品卫生监测。去年间，出入境检验检疫局在以下方面工作取得成效：一是西宁机场口岸核心能力建设通过验收。对照《〈国际卫生条例（2005）〉口岸核心能力建设标准（空港）》，投入1 500余万元加强西宁机场口岸检验检疫基础建设，构建口岸外来有害生物防控体系、疫情疫病防控体系和核生化防控体系。经现场考核，2014年10月，国家质检总局公布西宁曹家堡机场正式成为国家批准对外开放的259个正常运营口岸之一。二是加大口岸基础设施投入，提高口岸检测能力。建立完善负压隔离室、检验检疫查验、处理场地、视频监控系统等设施，购置了艾滋病、疟疾、登革热、霍乱等快速检测试剂和通道式核辐射监测仪等120余台（套）设施设备，检测能力得到进一步提高。三是强化内外联动，建立健全防控共建机制。制定《青海局口岸化学恐怖袭击事件应急处置预案》等8个工作机制，联合卫生、公安、边检、海关、机场等12家单位签署《应对口岸突发公共安全事件备忘录》，形成共建合力，使联防联控机制进一步加强。紧紧围绕口岸核心能力建设，加强与青海大学附属医学、青海省CDC等部门建立合作机制，共同组织科研攻关，使口岸卫生检疫技术支撑能力得到提升。实现全年“零事故”，保障了青海口岸安全。

开放口岸

【西宁空运口岸（西宁曹家堡机场）】 西宁空运口岸坐落在湟水河畔，小峡之中，距市中心28千米，是国内4E级干线机场，是青藏高原上重要交通枢纽和青海省主要对外口岸。口岸1991年12月建成投产，2005年11月完成一期扩建，2013年7月完成二期改扩建，扩建后跑道长3 800米，宽45米，二期候机楼面积4.2万平方米，可满足年旅客吞吐量800万人次的需求。

青海省口岸大事记

1月13日

青海省口岸办召开协调会议，就年内开通西宁至中国台北、中国香港、韩国首尔直航包机，开通西宁至迪拜、泰国等国际中转联程航班的可行性、必要性及运营模式进行了充分的研究探讨。

2月14日

青海省政府与海关总署签订合作备忘录。

4月15日

青海省口岸办组织省民委、西宁海关、青海出入境检验检疫等部门的有关人员赴兰州中川机场考察朝觐包机工作流程。

6月23日

青海省委常委、副省长王晓调研西宁国际机场口岸核心能力建设和保税物流中心建设情况，现场听取各联检单位的工作汇报，肯定了青海出入境检验检疫局在口岸核心能力建设中付出的努力。

6月30日

西宁曹家堡机场T1国际航站楼改造项目工程全部完工。

7月3日

青海省口岸办组织相关单位对空运口岸通航能力进行验收。

8月11日

西宁曹家堡机场T1国际航站楼首次完成由新加坡直飞西宁的GL605型公务机降落保障任务，这标志着青海省空运口岸基础设施建设达到服务国际航线的硬件标准。

8月12日

青海省发改委组织口岸等相关单位对西宁曹家堡机场T1国际航站楼改造项目进行验收。

8月21日

青海省口岸办与青岛市口岸办签订《〈沿黄河流域口岸大合作青岛共识〉通关合作协议》。

8月25日

民航西北管理局行业验收组对西宁曹家堡机场T1国际航站楼改造项目进行行业验收。

11月2日

青海省委常委、省长郝鹏，省委常委、副省长王晓前往西宁曹家堡机场实地考察调研T1国际航站楼、口岸联检综合楼和曹家堡保税物流中心（B型）等建设情况，并就加快口岸基础设施建设作出明确指示。

11 月 8 日

青海省政府召开专题会议，研究部署曹家堡保税物流中心建设工作事宜。省委常委、副省长王晓主持会议并讲话。

11 月 19 日

青海航空投资管理公司举办西宁—泰国包机首航仪式新闻发布会。

12 月 4 日

青海省口岸办在西宁曹家堡机场组织召开西宁空运口岸正式运营暨西宁直飞泰国国际航班首航仪式新闻发布会。

12 月 5 日

西宁空运口岸联检楼正式运营暨“大美青海号”西宁直飞泰国曼谷国际航班首航。

12 月 18 日

台湾立荣航空公司的西宁直航台北航班复航。

12 月 23 日

青海省口岸办组织召开国际（地区）航线通关服务协调会。

12 月 28 日

青海首家“国际保税仓库”正式批复运营“青海国际保税购物中心”第一家入驻企业——天津东疆港保税区进口商品直营中心入驻并挂牌。

（撰稿人：张丽芳、王立志、徐礼泉、李冰）

2014 年青海省口岸流量统计表

口岸类型	口岸名称	货运量（吨）				集装箱量（万标箱）				人员（人次）				交通工具（辆、架、列次）			
		出口	进口	合计	同比（%）	出口	进口	合计	同比（%）	出境	入境	合计	同比（%）	出境	入境	合计	同比（%）
空运口岸	西宁曹家堡机场	1 064	6 221	7 285	-25.6					1 321	1 027	2 348	-36.61	19		19	-38.71
合计		1 064	6 221	7 285	-25.6					1 321	1 027	2 348	-36.61	19		19	-38.71

（青海省口岸办提供）

2014年西宁海关部分业务统计数据表

项目		2014年	同比（%）
进出口货运量（吨）	合计	7 285	-25.6
	进口	6 221	-34.7
	出口	1 064	+300
税收（万元）	两税合计	12 602	-48.3
	关税入库	2 080	-58.5
	进口环节税入库	10 522	-45.7

（西宁海关提供）

2014年青海省口岸出入境主要数据表

项目			2014年	2013年	同比（%）
出入境人员（人次）	出入境人员总数		2 348	3 704	-36.61
	入境人员		1 027	1 829	-43.85
	出境人员		1 321	1 875	-29.55
	出入境旅客		2 147	3 273	-34.40
	出入境员工		201	431	-53.36
	中国公民	小计	2 295	3 699	-37.96
		内地居民（因公）	100	0	+100
		内地居民（因私）	2 131	1 271	+67.66
		港澳居民	2	7	-71.42
		台湾同胞	62	2 421	-97.44
	外籍人员		53	5	+960
	从海港出入境人数				
	从陆港出入境人数				
	从空港出入境人数		2 348	3 704	-36.61
交通运输工具（架次）	总计		19	31	-38.71
	船舶				
	飞机		19	31	-38.71
	火车				
	机动车辆				

（青海省公安边防总队西宁边检站提供）

2014 年青海省出入境检验检疫业务统计表

项目	货物检验检疫				交通工具				集装箱（标箱）		发现动植物疫情		货物通关		出入境人员查验（人次）	健康检查及预防接种（人次）			
	批次	金额（万美元）	检验检疫不合格																
			批次	金额（万美元）	船舶（艘）	飞机（架）	火车（列）	汽车（辆）	合计	检出问题	种类数	种次	批次	金额（万美元）		健康检查	艾滋病监测	发现病例	预防接种
全年累计	1 155	21 864	144	3 049.6		19			1 041		25	44	147	4 320	2 153	3 529	3 529	233	8 236
其中 出境	702	6 422	26	389		9									1 225	3 117	3 117	221	8 236
其中 入境	453	15 442	118	2 660		10			1 041		25	44	147	4 320	928	412	412	12	0
同比（%）	-37.4	-38.1	+22	+37.6		-37.8			+231.5			+41	-20.5	-13.7	-34.2	+2.4	+2.4	+22.6	+6.9
其中 出境	-39.7	-44		+161.5		-40							-100	-100	-26.2	+1.8	+1.8	+20.8	+6.9
其中 入境	-33.3	-35.3	+28.3	+28.7		-37.5			+231.5			+41	-8.1	-5.4	-42.4	+7.6	+7.6	+71.4	

（青海出入境检验检疫局提供）

宁 夏 回 族 自 治 区

宁夏回族自治区口岸分布示意图

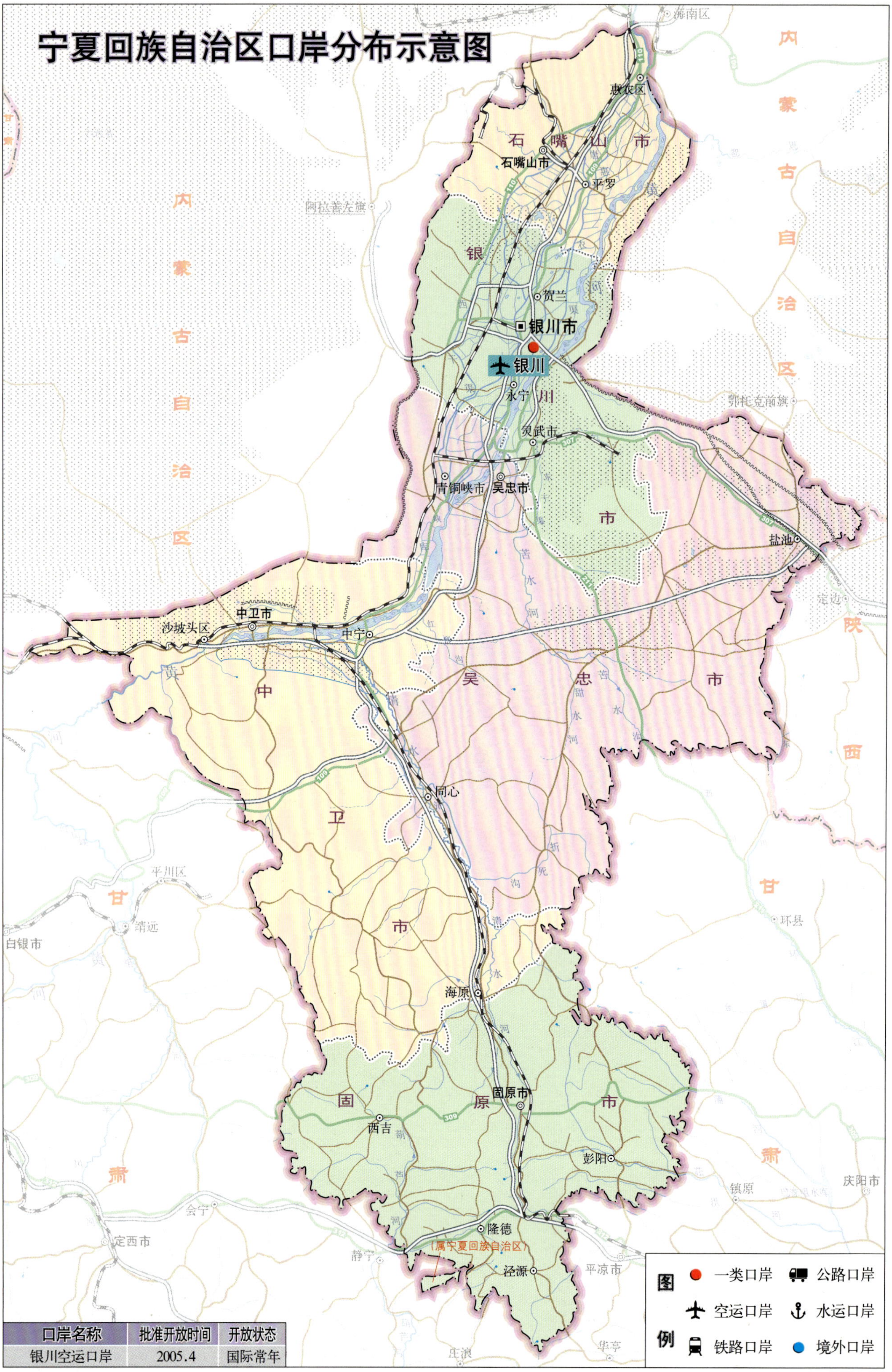

口岸名称	批准开放时间	开放状态
银川空运口岸	2005.4	国际常年

口岸数量及分布

截至2014年年底，宁夏回族自治区有经国务院批准对外开放口岸1个，即银川空运口岸（银川河东机场）。

口岸运行数据

2014年，宁夏外贸进出口总额54.4亿美元，同比增长68.9%。银川河东国际机场运输起降4.51万架次、旅客479.1万人次、货邮3.11万吨，同比分别增长9.38%、10.26%和6.7%，开通包括所有省会城市在内的56个国内城市的58条国内航线，银川空运口岸出入境旅客7.1万人次，开通至曼谷、大阪、仁川、济州、大邱、江原道和香港、台北8条国际及地区航线，开通银川—哈萨克斯坦货运包机。

2014年，外贸货物装卸点完成集装箱运量2.27万标箱，进出口货运量20.35万吨。

口岸综合管理

【银川河东机场三期扩建】 银川河东国际机场三期扩建工程设计目标为2020年旅客吞吐量1 000万人次、货邮吞吐量10万吨。建设项目主要包括机场工程、空管工程、安全运行中心工程、供油工程，扩建后的银川河东国际机场飞行等级由4D提升为4E。

银川河东国际机场三期口岸联检综合用房及其配套的熏蒸库、检验检疫业务用房、货物堆场等项目也纳入机场三期扩建，概算总投资4 844.32万元，自2013年项目展开至2014年12月，自治区政府已拨付2 300万元用于口岸联检综合用房及其配套设施的建设，预计2016年项目完工后，银川空运口岸保障能力将得到极大的提升。

【基础设施建设】 惠农外贸货物装卸点周边三大通道（陆港西线大道、黄河大桥、东石铁路宁夏段）建设项目不断推进。2014年，陆港西线大道全线贯通，石嘴山黄河大桥改扩建工程基本完工，东石铁路宁夏段前期手续已办理完毕。

围绕银川陆港经济区核心功能区——银川开发区外贸货物装卸点的综合物流区、冷链物流区、出口加工区、国家物资储备库区、临港服务区建设步伐的进一步加快，2014年新建续建项目5个，闽宁医药公司新建的现代医药仓储中心项目完成围墙及联合工房的基础开挖工程，完成投资1 560万元；四季青冷藏物流公司续建的低温冷库项目完成土建、钢结构工程及保温层、冷冻设备安装并正式投入使用，累计完成投资2 080万元；银川经济开发区建发公司续建的出口加工基地配套工程项目完成道路、绿化及场地硬化等配套工程建设，累计完成投资2.28亿元；承润生物技术公司冷榨及熟榨胡麻油生产技术改造项目完成投资1 500万元，日灌装能力比技改前增加1倍，填补了宁夏无冷榨有机亚麻籽油的空白；佳奇物流集团续建的宁蒙陕甘信息港项目，完成投资180万元，开发建设了网站门户平台企业数据库、企业电子商务微信推广平台和物流物联网的系统集成，完成企业在线发布新闻、产品、商机、订单管理的功能，目前正在进行在线电子商务平台系统和在线支付系统的开发测试工作，企业数据库入网用户达到了1 400家，比2013年增长1.3倍，被宁夏认定为“宁夏中小企业公共服务示范平台”。

中宁物流园区占地约326.7万平方米，园区内水电网框架基本建成，汽车城，战略装车点已建成投入运营，公共信息服务平台、建材港、企业仓储加工区、物流配送中心等正在建设之中，能够完全实现集装箱运输整列配车、整列始发、直达港口。作为园区核心的功能区占地16.7万平方米，总建筑面积10 878平方米。截至2014年12月，已完成联检楼、实验室、暂扣库等主体建筑物及道路、堆场等工程项目，信息化建设项目有序推进，其中，卡口设施及周界围网监控设施的线路布设、设备安装等工作已完成，软件开发安装工作有序展开。口岸管理部门会同铁路、港口、联检等单位积极做好封关运营的前期准备工作，争取开通五定班列，实现整列配车，整列发货。中宁战略装车点集装箱运营资质获批。

【政策和资金支持】 宁夏回族自治区人民政府设立了口岸和物流园区专项资金，专门支持自治区“三大口岸、九大物流园区”基础设施和信息平台建设。石嘴山市委、市政府出台《关于强化政策支持加快推进“三大转型”的若干意见》，将加快宁夏惠农外贸货物装卸点发展列入重大支持范围，每年投入500万元资金支持口岸建设。各级政府充分发挥中介组织物流协会的作用，适时召开企业家座谈会，研究和探索解决物流不畅、节点过多、运价过高等问题的新途径和新方法，宣传和推介内陆口岸的功能和作用，推动口岸做大做强。

【航权开发利用】 2013年，中国对阿联酋开放了银川河东国际机场第三、四、五航权，并同意阿联酋航空公司开通迪拜经停银川至郑州的航线，每周四班。宁夏回族自治区党委、政府非常重视航权开放利用工作，2014年自治区政府分管领导利用因公出访之机，专门赴迪拜就开通银川—迪拜间航线航班与阿联酋航空公司进行洽谈，并促成阿联酋航空公司高管来宁就航线的开辟等事项进行了进一步沟通洽谈。

宁夏口岸办积极争取民航局在航权开发利用工作的支持，分别与阿联酋、阿布扎比、阿提哈德、新加坡、马来西亚、沙特等外籍航空公司驻北京办事处联系对接，建立沟通渠道，寻找合作切入点，探讨实现互利共赢的途径和方法。同时为争取国内航空公司开辟国际新航线，宁夏口岸办与国航、南航、东航、海航、厦航、深航对接洽谈，积极争取国内航空公司开通银川至迪拜新航线。2014年，东方航空公司在银川河东国际机场成立运营基地公司，入驻机场飞机4架，开通城市航线增至21个。

【电子口岸】 为加强宁夏电子口岸指导，宁夏口岸管理办公室委托专业机构制订了《宁夏地方电子口岸建设总体规划方案》，并广泛征求银川海关、宁夏出入境检验检疫局等有关部门的修改意见，为进一步完善口岸管理打下了坚实基础。2014年，在区内推广应用的中国电子口岸项目共计11个，分别是出口收汇、进口付汇、税费电子支付、网上报关、出口退税、无纸化手册、保税联网核查、新舱单传输、网上报关系统、通关无纸化系统和集成通系统，主要实现了海关、检验检疫、工商、税务、商务厅、外汇管理局等单位的基础数据联网，宁夏电子口岸入网企业总数达到1 267家，网上支付税款累计超过30亿元。

【通关便利化】 宁夏口岸检疫和查验部门实行“5+2”工作制、“24小时预约”通关制度，严格履行“接单不过夜”的服务承诺。查验上推行通关作业无纸化和分类通关改革。银川关区90%以上报关单实现了通关作业无纸化申报。推动“区域通关”。实行“属地申报，属地放行”。宁夏与北京、天津、上海、山东、深圳等地实施“检验检疫直通放行”，进出口企业可享受“产地检疫、口岸出单”的出口通关模式和“口岸转检、属地报检”的进口通关模式。复制推广上海自贸区海关、检验检疫制度创新。在银川综合保税区复制推广并完成“先入区、后报关”、“集中汇总纳税”、“保税展示交易”等15项制度。全面启动关检合作“三个一”通关模式。检疫上出台了《推广中国（上海）自由贸易试验区首批可复制可推广检验检疫制度实施方案》和《加强进口工作实施方案》。对1 507种HS编码项下的一般工业制成品不再实行出口商品检验。对所有出口货物、运输工具、集装箱及其他法定检验检疫物免收出境检验检疫费。用足用好普惠制和区域性原产地优惠政策，最大程度利用进口国关税减免优惠待遇。落实大宗出口商品实施分类管理、“一厂一品一案”、绿色通道、直通放行通关便利化措施。对航空器实现“三个一”，查验检疫实现“一机双屏”，建立携带物监管相互移交机制，新航线备案实现无纸化申报、审核。对转关货物建立网上货物放行凭条报送渠道，实现“共同查验，一次放行”。在宁夏惠农陆路口岸（后续监管点）设立了食品检测实验室，新增了自助报检和原产地签证业务，调整脱水蔬菜 HS 编码归类，帮助企业享受了贸易额的6%出口退税优惠政策。验放上优化勤务流程，简化通关验放环节。通过前台验放远程查询系统和利用后台交通工具预查控功能，减少非控人员查控报警几率，最大限度缩短旅客通关时间。开辟旅游团散客式验放、迟到免排通道、绿色通道。实行“提前加开通道”制度和“同团分台验放”模式，疏导候检旅客。推进信息化建设，旅客候检区设有电子触摸屏和自动卡片填写机，查验通道均配有最新型号的全页式证件阅读机。执勤现场办公区设置 24 小时监控系统，全程监控通关验放效率。

【跨区域合作】 宁夏口岸管理办公室会同惠农外贸货物装卸点管理部门和联检单位，依照《天津市—宁夏回族自治区经济与社会发展合作框架协议》，推动两地合作编制完成了《石嘴山陆港经济区物流核心区总体规划》。富海物流园区建设完成。宁津物流园建设稳步推进。引进北方国际集团天津物流中心，在石嘴山市投资注册北方国际集团石嘴山陆港贸易有限公司和宁夏富海报关服务有限公司，为进出口企业提供进出口贸易平台、报关、报检、物流及租船订舱等“一条龙”全程服务，实现天津港业务向内陆无水港的延伸。

银川开发区外贸货物装卸点辖区运营企业与连云港港口集团合作成立了宁夏港通国际物流公司，连云港投资支持宁夏港通国际物流公司自购1 000 个集装箱，增加集装箱发送量。

【筹建宁夏货运航空公司】 2014 年，宁夏货运航空公司筹建期间，开通了银川—哈萨克斯坦的货运航班，货源辐射宁夏及西北、华北等地，完成飞行手册编制、飞行员招聘面试、飞机选型及上报购机申请等项工作。为保障货运航空公司的建设和运营，宁夏口岸管理办公室起草了《银川—哈萨克斯坦包机保障暂行办法》，截至 11 月 30 日空运口岸保障货运包机 4 架次，出口货物3 735件，货重 82 吨。

【银川综合保税区】 2012 年 9 月 10 日，国务院正式批准宁夏设立银川综合保税区。银川综合保税区规划占地面积 8.17 平方千米，国务院批准建设海关特殊监管区面积为 4 平方千米，该区东至银川国际空港物流中心九号东路西侧，南至下桥村，距离空港十二号路向南 2 583 米，西至 G211 高速公路东侧辅道边，北至银川国际空港物流中心规划十二号路南界，采用围网全封闭管理。围网建设工程分两期进行，一期围网范围为：东至银川国际空港物流中心九号东路西侧，南至规划纬三路，西至 G211 高速公路东侧辅道边，北至银川国际空港物流中心规划十二号路南界，总面积 2.08 平方千米。银川综合保税区按照海关总署验收标准，累计投资 11 475 万元，完成海关巡关道 4 440 米，物理监控围网5 700米，海关检验检疫查验中心 300 平方米，海关罚没仓库 4 500 平方米，海关检验检疫查验场地 2.3 万平方米，海关检验检疫查验综合楼 570 平方米，检验检疫熏蒸房 230 平方米，双向 10 车道（宽 121 米）电子监控主卡口及信息化数据收集交换平台工程。2013 年 9 月 13 日，银川综合保税区顺利通过国家验收组验收，同年 12 月 29 日，银川综保区正式封关运行。

2014 年，银川综合保税区共开工建设重点项目 8 个，新增项目 3 个，黄金珠宝、葡萄酒、清真牛羊肉等六大主导产业项目全部落地实施，注册企业 87 家，招商引资实际到位资金 11.93 亿元。跨境贸易电子商务上线运行。肉类指定口岸、进境水果／种苗指定口岸获批，宁夏口岸管理办公室制订了《肉类口岸的分工推进方案》，经自治区政府办公厅下发实施。肉类口岸运营公司在宁夏完成注册，并在银川综保区征地约 20 万平方米，拟投资 4 亿元，建设肉类口岸各项基础设施。银川综合保税区与迪拜杰贝阿里自贸区、迪拜航空港自贸区及世界自贸区组织达成了合作意向。成功复制上海自贸区 7 项海关监管创新制度和 8 项检验检疫监管创新制度。2014 年，银川综合保税区实现进出口贸易 17.3 亿美元。

【落地签证和免税店】 经国务院批准，银川空运口岸获准口岸签证权，自 2014 年 1 月 1 日起，乘坐国际直航航班抵达银川河东国际机场的外国人及外国旅行团，可直接在公安厅出入境管理局口岸签证处申办停留期限不超过30日的一次入境有效签证进入宁夏。银川空运口岸设立了为国际入境旅客办理外国人口岸签证的办公场所。为方便台湾居民来往大陆，经公安部出入境管理局批准，在宁夏公安厅出入境管理局口岸签证处开展口岸签证业务的基础上，授权开展台湾居民口岸签注业务，为事先未办妥入境证件直抵口岸的台湾居民办理一次有效台湾居民来往大陆通行证、签注。银川空运口岸设立免税店，截至2014年11月30日，银川河东机场免税店销售总额174.78万元，销售总量8 031件，购买人数3 800余人次。

【穆斯林朝觐】 6月27日，宁夏朝觐工作会议召开，国家宗教事务局副司长李革、宁夏回族自治区副主席白雪山等出席会议并讲话，会议标志着2014年度宁夏朝觐保障工作全面展开。2014年度我国朝觐人数为1.45万人，宁夏共有2 833名穆斯林前往麦加朝觐，占全国朝觐人数的20%。宁夏穆斯林群众朝觐于9月5日~9日自银川空运口岸出境，10月11日~17日入境，行李物品8 000余件，赞目水2 673桶，出入境包机共18架次，由中国国际航空公司波音777-200执飞。

银川机场出入境检验检疫局明确防控职责和疫情紧急处置流程，准备了大量防控物资，印发宣传册3 000余份，并利用电子显示屏及现场咨询方式，大力宣传埃博拉疫情防控知识；对宁夏回族自治区民委和宗教局工作人员开展相关培训，积极与海关、边检等单位建立部门联络机制，形成口岸合力；开展应急演练，针对埃博拉疫情等紧急状况，与地方卫计部门形成联动，制定预案并完成应急演练。

宁夏公安边防总队针对朝觐航班入境包机抵港时间突遇天气骤然降温的实际情况，优化勤务组织，科学调配警力，开通绿色通道等，最大限度缩短了首批回国朝觐群众的候检时间，仅30分钟不到的时间就为首架入境朝觐包机和旅客办妥了边防检查手续，有效地提高了通关效率。

银川海关分管领导就朝觐保障工作组织有关人员召开了通关工作动员会，制定措施，加强空运口岸疫情防控。积极与口岸疫情防治主管部门、机场检验检疫局联系配合，细化可能出现的突发情况，制定应急措施，确保第一时间安全、有效地处置突发状况。充分利用旅客舱单系统，排查入境人员信息，配合检验检疫部门做好疑似患者应急通关工作。对“一机两屏”合作模式下检验检疫部门提出开箱查验的行李，严格实施共同检验检疫和查验。向自治区口岸保障单位提出口岸一线单位工作人员防护意见，普及关员疫情防护知识，及时通报疫情信息，提高现场关员的防护意识，规范旅检工作中的卫生要求，做好旅检关员的防护工作。

口岸监管与服务

【银川海关综合监管】 银川海关制订《银川海关深入推进通关无纸化工作方案》，对符合条件的B类以上企业全部实行通关无纸化作业。目前，银川关区90%以上报关单实现了通关作业无纸化申报，无纸化通关时间比传统报关单通关时间缩短了80%。扩大“区域通关”范围。对AA类、A类企业施行“属地申报，属地放行”，对B类以上生产型进出口企业施行“属地申报，口岸验放”，关区95%以上的进出口企业实现了“区域通关”。对低风险报关单采取“快速放行”，中风险报关单采取“单证审核”，高风险报关单采取“重点审核、选择查验”，分类通关率达到89%。通过分类通关改革，通关时间缩短了80%，有力地提高了进出口企业的通关效率。2014年8月启动关检合作“三个一”通关模式，11月14日“一次申报”系统全面上线运行，关检合作“三个一”通关模式在宁夏范围内所有海关和检验检疫机构、通关现场、依法需要报关报检的货物、物品推广实施。各通关现场建立了关检执法联系人，在机场完善旅检通道X光机“一机两屏”查验合作机制，旅检现场X光图像由海关、检验检疫分屏共享。关检合作“三个一”通关模式大幅简化通关手续、优化作业流程、减少重复作业、提高通关效率，其中申报环节将节省时间约25%、查验环节可节省时间近半。

银川海关复制推广上海自贸区海关监管创新制度。结合银川综保区实际，优化通关流程，认真确定、复制和推广路线图、时间表，责任到人。已复制推广完成“先入区、后报关”、“集中汇总纳税”、“保税展示交易”等7项制度。同时在机场与银川综合保税区开展“企业自行运输”试点，提高了往来综保区和机场海关监管仓库之间货物的运输效率，降低了企业物流成本，进一步提升了宁夏贸易便利化程度。做好银川—哈萨克斯坦直航货运包机的保障工作。主动配合，做好包机开通的前期通关准备工作，提前介入，对进出口企业、包机公司、货物承运人进行具体通关业务指导，克服监管资源紧张的矛盾，加班加点验放货物，全力保障了货运直航包机成功开通。建立健全空港口岸服务配套机制。通过规范更新旅检现场布局、标志、指示牌等设施配置，实现对进出境人员、物品的快速验放与有效监管，为进出境旅客提供专业、规范、便捷的通关服务；加强对河东机场免税店的日常监管和政策指导，保证免税店有序经营，对完善宁夏空运口岸开放功能、提升口岸对外形象起到了积极的推动作用。推进开通国际新航线。加强与昆明海关、上海海关等口岸海关的联系配合，先后与昆明海关、上海海关、东方航空公司和吉祥航空公司签订了联系配合办法，力促银川河东机场成功开通银川—昆明—迪拜，银川—昆明—曼谷，银川—上海（浦东）—大阪等国际航线，进一步提高了银川空运口岸开放水平。

【宁夏出入境检验检疫局口岸核心能力建设】宁夏出入境检验检疫局先后出台了《推广中国（上海）自由贸易试验区首批可复制可推广检验检疫制度实施方案》（宁检质〔2014〕150号）和《加强进口工作实施方案》（宁检质〔2014〕153号），提出促进宁夏外贸稳定增长等若干措施。坚决贯彻落实出口商品法检目录调减政策，对1 507种HS编码项下的一般工业制成品不再实行出口商品检验。严格执行有关免收出境检验检疫费相关政策，对所有出口货物、运输工具、集装箱及其他法定检验检疫物免收出境检验检疫费，2014年为企业减免法检收费359.9万元。主动引导企业用好用足普惠制和区域性原产地优惠政策，最大程度享受进口国关税减免优惠待遇，2014年共签发原产地证书5 385份，为企业减免关税2 623万美元。拓展口岸发展，积极争取国家质检总局在宁夏批复设立进境牛羊肉、水果、种苗指定口岸，积极参与指定口岸筹建期间的工作，给予业务和政策指导。指定口岸建成后，对于完善宁夏内陆口岸功能，打造区域性国际物流中心，促进葡萄产业发展都具有重要意义。推动通关便利化，对大宗出口商品实施分类管理、“一厂一品一案”、绿色通道和直通放行等通关便利化措施。在宁夏全区试行关检“三个一”工作模式，进一步提高通关效率。

银川机场出入境检验检疫局加强口岸执法把关，积极做好进出境旅客、携带物及货物查验工作。实现与海关、边检对航空器“一次申报、一次查验，一次放行”；实现与海关“一机双屏”，建立携带物监管相互移交机制，为旅客提供快速通关的便利；新航线备案实现无纸化申报、审核。对转关货物建立网上货物放行凭条报送渠道，与海关实现“共同查验，一次放行”。

宁夏出入境检验检疫局在惠农区设立办事处（正处级），服务惠农外贸货物装卸点建设。针对辖区出口产品种类，设立了食品检测实验室，确保了对辖区出口脱水蔬菜产品的检验工作顺利开展；新增了自助报检和原产地签证业务，缩短了企业往返银川的办证时间，提高了通关速度；调整脱水蔬菜HS编码归类，使企业出口退税由原来的征13%退5%，改为征17%退15%，此项调整帮助企业享受了贸易额6%的出口退税收益。

2014年7月，宁夏出入境检验检疫局综合保税区办事处正式受理报检业务，截至12月，共受理入境货物11批，查验174个集装箱，货值2 602.7万美元。开展进口货物预检验制度，对银川保税区内拟进口的法定检验货物，预先实施检验，货物实际进口出区核销放行，方便企业及时获取检验结果，缩短了仓储时间，降低企业的运营成本，便利企业贸易方式，提高通关效率。以进口葡萄酒为例，检验检疫工作时间由 15 个工作日缩短至 3 个工作日；实施分线监督管理模式，在综保区一线，实施无豁免检疫，即对所有入境交通工具、货物进行必要的卫生检疫和动植物检疫，除废物原料、放射性检测外，其他货物免于检验监管，在综保区二线，实施“预检验及核销”、“登记核销管理”等便利化制度，实现了二线管得住、放得快；复制推广上海自贸区检验检疫制度创新，在银川综保区实行“检验检疫分线监督管理”等 8 项制度。

宁夏出入境检验检疫局与天津出入境检验检疫局建立直通放行合作机制，对于符合条件的进出口企业可享受“产地检验、口岸出单”的出口通关模式和“口岸转检、属地报检”的进口通关模式，从而将属地、口岸两道关口变为一道关口，实现进出口货物的“一次报检、一次检验检疫、一次放行”的工作模式。2014 年宁夏出入境检验检疫局分别与天津、北京、上海、深圳、山东五地检验检疫部门签署直通放行合作备忘录，实施直通放行口岸由原来的一地增加到五地，进出口产品种类由 9 种增加到 30 种，枸杞汁、脱水蔬菜、活性炭、药类等大宗出口产品，首次列入直通放行目录。经过考核，47 家进出口企业开始享受直通放行的优惠政策，真正实现了由“特惠”向“普惠”的转变。每批货物可节省 2～3 天时间，每个标箱可节省掏箱费、搬运费、仓储费约 2 500 元。2014 年享受直通放行的货物共计 3 833 批，累计为企业节省时间 18.4 万小时，节省资金 958.3 万元。严把口岸安全，先后投入 1 000 多万元建设卫生检疫实验室、媒介生物实验室，配备口岸应急处置设备，极大提高了口岸疫情疫病防控、媒介生物监测、食品检验和核生化反恐能力建设考核。截至 2014 年 12 月，银川空运口岸共发现监测性传染病 3 例，宁夏地区共截获有害生物 16 批、24 种。

【口岸边检勤务管理】 根据银川空运口岸国际（港澳台）直航航班实际情况及旅客流量变化规律，优化勤务组织，科学弹性地部署警力、安排勤务，按照“科学合理、实用高效”的思路，采取小单元执勤、交替轮换、高峰期动态警力支援等方法改革原有勤务模式，科学整合现有警力完成执勤任务，保障通关高效顺畅，保证在岗执勤人员良好地工作状态和验放质量。按照“整合、优化、合理、高效”的原则，在结合银川空运口岸业务实际需要、借鉴国际通行做法和边检工作发展趋势的基础上，进一步优化边检勤务流程，规范各岗位职责分工，明确问题处理流转程序，努力提高工作效率。通过前台验放远程查询系统和后台交通工具预查控功能，帮助检查员快速、准确了解旅客出入境记录、户籍信息和证件签发情况，减少非控人员查控报警几率，使前台验放更高效，最大限度缩短旅客通关时间。实行旅游团散客式验放、迟到免排通道、绿色通道等做法，切实为旅客通关带来便利，大大节省了通关所需时间。一般情况下，验放一名旅客不超过 45 秒，95% 以上的旅客候检不超过 25 分钟，问题处理不超过 30 分钟。依据不同旅客的实际需求，实行“提前加开通道”制度，在客流高峰尚未到来时，提前加开通道减少候检客流，缓解高峰期压力，缩短客流高峰期旅客的候检时间；设置“黄色提示线”，提醒旅客有序排队候检，确保执勤现场安全有序；实行“同团分台验放”模式，合理疏导候检旅客，提高各通道验放效率，均衡同一旅游团旅客候检时间；设立“绿色通道”，遇有特殊旅客、急需救治的病人或抢险救灾等特殊情况，启动应急机制，开启“绿色通道”，尽可能提供通关便利。执勤现场旅客候检区设有电子触摸屏和自动卡片填写机，方便旅客了解出入境政策法规及填写快捷填写出入境卡片；每条查验通道均配有最新型号的全页式证件阅读机，帮助前台检查员鉴别证件真伪并采集旅客信息；勤务值班室配有文检仪，用以鉴别伪假证件工作；执勤现场办公区均设置 24 小时监控系统，实现执法执勤全程同步录音录像；依托信息化执法办案平台，实现行政案件网上录入、网上办理、网上审批、网上流转，提升办案效率；为一线执勤科队配备了“照相机、DV机、录音笔”科技三小件和执法记录仪，不但提升了执法科技信息化应用水平，还确保了执法办案工作严格公正、高效规范。截至2014年12月，银川边防检查站与新疆边防总队乌鲁木齐边防检查站建立证件研究协作机制；与浙江边防总队杭州边防检查站、四川边防总队成都边防检查站建立检查员业务交流培训机制；宁夏公安边防总队与陕西、山西、河南、青海四省边防总队签订《晋豫陕宁青边检警务合作框架协议》，合作领域囊括勤务组织保障、业务培训交流、情报信息共享、证件鉴别认定和执法办案合作等方面工作，已初步形成了专业对口、操作性强、制度明确的合作体系。

开放口岸

【银川空运口岸（银川河东国际机场）】 银川空运口岸始建于1995年，1997年9月6日正式通航。银川河东国际机场位于宁夏回族自治区银川市下辖的灵武市临河镇黄河东岸，距银川市区19千米，占地3.71平方千米，机场技术等级为4D级，属国内干线机场，跑道长3 200米，宽45米，可起降波音747（减载）以下各类机型飞机。2005年4月1日国务院正式批准设立银川河东国际机场空运口岸。2008年4月1日银川河东机场正式被民航局批准对外国籍飞机开放。

2014年，银川河东国际机场开通了包括全国省会城市在内的54个城市的59条国内航线，旅客吞吐量由2011年的337.7万人次增加到2014年的479万人次，年均增长12.35%，货邮吞吐量由2011年的2.37万吨增加到2014年的3.11万吨，年均增长9.5%，起降架次由2011年的2.95万架次，增加到2014年的4.23万架次，年均增长12.8%。银川空运口岸开通至曼谷、大阪、仁川、济州、大邱、江原道和香港、台北8条国际及地区航线，以及银川至哈萨克斯坦货运包机，进出境旅客7.1万人次。

原二类口岸

【惠农外贸货物装卸点】 惠农外贸物装卸点于2007年4月经宁夏回族自治区人民政府批准设立，2010年3月封关运营。惠农外贸货物装卸点位于石嘴山工业园区内，110国道以西，兴惠路以南，包兰铁路线东侧，紧靠惠农站（一级编组站）。装卸点规划占地面积0.228平方千米，设计年吞吐量10万标箱、运输能力200万吨，总投资1.17亿元。一期工程，总面积23万平方米，铁路专用线长800米，设计年吞吐量10万标箱。集装箱堆场（含海关办公房、监管库、停车场）8万平方米，联检单位办公生活用房5 300平方米。具备了查验、报关、报检、租船订舱、装箱、拆箱、储存、运输等口岸物流服务功能。2011年，宁夏惠农外贸货物装卸点集装箱发运量3万标箱，位居天津港与内陆省份合作建设的23个无水港集装箱铁路发运量的首位。受铁路调价和铁路往返线路影响，2012年~2014年集装箱发运量逐年下降，三年分别为2.40万标箱、1.42万标箱、0.57万标箱，发运的货物主要有：增碳剂、锰硅合金、碳化硅、电极糊、腐殖酸钠、微硅粉、中碳锰铁、赖氨酸、粮食、双氰胺、蜂蜜等，货物运至天津港后，出口至美国、欧洲、东南亚等30多个国家和地区。

【银川开发区外贸货物装卸点】 银川开发区外贸货物装卸点，2007年6月经宁夏回族自治区人民政府批准设立。位于银川经济技术开发区西区，诚信街以东、经天路以南、文萃南街以西、光明路以北。概算总投资3亿元，占地约30.5万平方米，铁路专用线2 344米。一期项目占地约5.7万平方米，建筑面积8.59万平方米，其中口岸联检楼2 637平方米、集装箱堆场3.6万平方米，海关、检验检疫暂扣库500平方米、监管库500平方米，货物中转500平方米。2010年9月一期工程通过了综合验收，并封关运营。2011、2012、2013、2014年集装箱发运量分别为0.6万标箱、1.34万标箱、1.61万标箱、1.7万标箱。开通银川至连云港集装箱不定期班列。

【中宁外贸货物装卸点】 中宁外贸货物装卸点于2012年7月经宁夏回族自治区人民政府批准设立。位于中宁物流园区内，距中宁县3千米。穿行或紧临中宁物流园区有包兰、宝中、太中银3条铁路，以及石中、中郝、中营、中固、中盐5条高速公路和109、101、201等3条国省道，距“太中银”铁路中宁战略装车点和包兰铁路石空战略装车点分别为5千米、3千米。规划占地面积约16.7万平方米，总建筑面积10 878平方米，概算投资1.2亿元，主要建设海关国检办公楼1 686平方米，检查桥307平方米，海关国检暂扣仓库3 827平方米，保税仓库4 203平方米，熏蒸库368平方米，实验室（2座）376平方米，消防泵房110平方米和室外堆场及接入铁路专用线、道路、绿化、配套水电管网等。

中宁外贸货物装卸点后续监管点自2013年建设以来，截至2014年12月，已完成海关和检疫联检楼、实验室、熏蒸室、暂扣库、保税仓库、堆场、查验场所建设，信息化建设有序推进，已具备基本封关运营的条件。

宁夏回族自治区口岸大事记

1月2日

海关总署批准银川市开展跨境贸易电子商务试点工作。

1月3日

根据国家质检总局的统一要求，宁夏出入境检验检疫局为做好免收出口商品法检费用工作，对2014年1月1日~12月31日期间报检的所有出境货物、运输工具、集装箱及其他法定检验检疫物免收出境检验检疫费。

1月4日

宁夏口岸办组织银川海关、宁夏出入境检验检疫局、宁夏公安边防总队、民航宁夏监管局、民航宁夏空管局、宁夏机场公司、宁夏货运航空公司、英国查普曼包机公司，以及北京航联航空货运运输代理公司等单位，在银川召开宁夏直飞哈萨克斯坦国际货运包机口岸保障协调会，正式启动宁夏货运航空公司开展国际货运业务。

1月11日

首架A300F型货机满载40吨货物，从银川河东机场起航，直飞哈萨克斯坦，标志着宁夏银川至哈萨克斯坦货运航线正式开通。

1月11日

宁夏回族自治区党委书记、人大常委会主任李建华，自治区政府主席刘慧，党委副书记崔波分别在《银川海关关于全力加快推进宁夏开展跨境贸易电子商务试点的报告》上批示，支持宁夏跨境贸易电子商务试点工作。

1月14日

宁夏出入境检验检疫局首次利用银川综保区查验平台进行检疫查验。

1月17日

银川海关与呼和浩特海关开通“属地申报，口岸验放”业务。

1月21日

中国国际航空公司开通重庆—银川—长春航线航班，银川至国内所有省会城市的航线航班全部开通，这标志着宁夏提出的银川通达全国的“省会通”战略目标得以实现。

1月21

银川海关“属地申报，属地放行”业务模式正式启动。

1月22日

中宁供香港蔬菜质量安全示范区荣获“国家级”出口质量安全示范区。

1月28日

银川机场出入境检验检疫局采取紧急措施，加强银川河东国际机场人感染H7N9禽流感疫情防控工作。

2月24日

银川航空口岸顺利完成银川—香港航班首航保障任务。

3月2日

由宁夏金和化工有限公司生产的600吨氟化铝经宁夏出入境检验检验局检验合格后，顺利在俄罗斯通关。宁夏地区首次实现出口氟化铝，出口产品再添新成员。

3 月 3 日

银川综合保税区正式开展区内报关业务，首批保税货物顺利验放。

3 月 27 日

银川空运口岸顺利通过国家八部委组织的口岸公共卫生应急核心能力建设督导检查。

4 月 11 日

宁夏口岸办制定《银川—哈萨克斯坦货运包机保障暂行办法》，经宁夏回族自治区政府颁布实施。

4 月 24 日

宁夏回族自治区党委书记李建华视察银川综合保税区。

4 月 24 日

宁夏出入境检验检疫局口岸医学媒介生物监测工作正式启动。

4 月 28 日

宁夏口岸办会同宁夏机场公司等部门和单位，推动浙江长龙航空公司首飞杭州—西安—中卫客运往返航线。

4 月 30 日

宁夏回族自治区政协主席齐同生带队参观调研银川综合保税区，并视察海关监管场所。

5 月 16 日

宁夏生产的肌氨酸钠水溶液首次在天津港顺利通关并运往英国。

5 月 19 日

宁夏口岸办与美国捷美航空公司代表就该公司与宁夏货运航空公司开展航空器拆解项目合作进行商洽。

5 月 20 日

宁夏口岸办会同中国民航科学技术研究院在银川召开“丝绸之路经济带建设和机场建设座谈会”。

5 月 26 日 ~6 月 4 日

宁夏口岸办组织召开口岸反恐怖防范标准编制工作座谈会，并制订口岸反恐怖防范标准编制工作方案。

6 月 5 日

国家质检总局调研银川进境肉类口岸申报工作。

6 月 6 日

宁夏地区首次出口硝基胍，在上海顺利启运，前往墨西哥。

6 月 8 日

宁夏口岸办组织召开银川河东机场三期口岸联检综合业务用房工程施工招标专题协调会。

6 月 9 日

宁夏出入境检验检疫局驻惠农办事处自助报检系统正式安装运行。

6 月 13 日

宁夏获批筹建进口肉类指定口岸。

6 月 16 日

宁夏出入境检验检疫局对装载来自法国葡萄酒的入境集装箱进行检疫查验时首次截获外来生物——蜥蜴。

6 月 19 日

宁夏口岸办会同宁夏回族自治区财政厅向自治区政府申请外贸发展资金编制《宁夏国际航空物流中心规划》。

6 月 20 日

宁夏 47 家外贸企业的近 30 种商品被纳入直通放行目录。

6 月 23 日

宁夏口岸办组织召开肉类口岸建设协调会，并制订宁夏推进指定肉类口岸建设方案。

6 月 26 日

宁夏出入境检验检疫局对首例出口食品逃避检验检疫的案件进行当场行政处罚。

6 月 30 日

宁夏口岸办上报《中阿合作论坛 2014 年至 2016 年行动执行计划》。计划中涉及宁夏口岸建设的工作情况。

7 月 1 日

宁夏口岸办分别与香港顺驰国际速递公司、江苏圣鸿国际有限公司负责人洽谈开通国际货运航班事宜。

7月1日

宁夏出入境检验检疫局惠农办事处被宁夏回族自治区政府授予“青年文明号”称号。

7月7日

宁夏出入境检验检疫局惠农办事处签发首份普惠制原产地证书。

7月8日

宁夏首次出口的氰亚胺荒酸二甲酯，在上海顺利启运前往印度。

7月11日

银川关区首票“属地申报，口岸验放”无纸化报关单顺利通关。

7月11日

宁夏出入境检验检疫局签发首份中国—瑞士自贸区原产地证书。

7月15日

宁夏口岸办会同中国民航科学技术研究院编写完成《“中阿空中丝绸之路”宁夏通道建设规划研究—宁夏国际航空物流中心建设规划》（项目建议书），并征求相关部门的意见和建议。

8月11日

宁夏2014年度朝觐工作联席会议在银川召开，标志着2014年度宁夏穆斯林朝觐工作全面展开。

8月12日

全国政协副主席罗富和视察银川综合保税区，调研宁夏内陆开放型经济试验区建设相关情况。自治区政协主席齐同生、自治区党委常委、银川市委书记徐广国陪同视察。

8月12日

宁夏出入境检验检疫局紧急开展埃博拉出血热疫情防控工作。

8月16日

宁夏出入境检验检疫局、银川海关签署《关于深化通关模式改革促进外贸发展合作备忘录》，启动关检“三个一”的通关模式。宁夏回族自治区副主席王和山出席签署仪式并讲话。

8月18日

宁夏口岸组织召开2014年度朝觐包机口岸保障协调会，安排部署口岸保障工作。

8月21日至22日

国家质检总局局长、党组书记支树平在宁夏考察质检工作。

8月26日

宁夏出入境检验检疫召开宁夏口岸埃博拉出血热疫情防控专题会议。

8月26日~28日

宁夏出入境检验检疫局杂草监测小组和宁夏农牧厅杂草专家共同完成首次外来杂草监测工作。

9月1日

宁夏回族自治区政府召开“关于加快推进我区肉类进口口岸建设”的专题会议。

9月3日

银川海关在银川综合保税区正式复制实施上海自贸区海关监管创新制度。

9月4日

宁夏口岸办积极协调银川空运口岸以保障台湾海基会原董事长江丙坤一行来宁通关等事项。

9月5日~10月18日

银川空运口岸圆满完成2014年度宁夏穆斯林朝觐进出境保障任务。

9月15日

宁夏区口岸办会同银川海关、宁夏出入境检验检疫局等单位修改完善《宁夏电子口岸建设总体规划方案》。

9月19日

国家质检总局督导组视察宁夏口岸埃博拉出血热疫情防控工作。

9月22日

宁夏口岸办上报的《肉类口岸建设各单位分工方案》经自治区政府颁布实施。

9月23日

宁夏出入境检验检疫局两个省部共建重点实验室通过验收。

9月24日

上海与银川机场出入境检验检疫部门签署国际中转航班联合监管备忘录。

9月29日

2014中国（宁夏）国际清真食品穆斯林用品交易会在银川开幕，宁夏口岸单位完成相关保障工作。

10月11日

首批297名参加2014年度朝觐的宁夏银川籍穆斯林群众乘包机从银川空运口岸入境。

10月13日

国家卫生和计划生育委员会督查组督查宁夏口岸中东呼吸综合征的防控工作。

10月23日

“银川海关12360”微信公众平台正式上线。

10月23日~26日

宁夏口岸单位积极服务“2014中国（宁夏）国际牛羊肉产品及设备展览会”。

10月27日

银川航空口岸顺利完成银川—上海—大阪首航保障任务。

11月3日~6日

国家质检总局国家级出口工业产品质量安全示范区考核验收组，对灵武出口羊绒产品质量安全示范区建设进行了考核验收。

12月17日

宁夏留世葡萄酒庄有限公司经过宁夏出入境检验检疫局现场审核，取得了出口食品生产企业备案证书，成为宁夏首家、全国第三家获得出口资质的葡萄酒庄。

12月26日

宁夏口岸办就推进迪拜至银川航线筹备工作，进行了专门部署和安排，确定小组成员单位及联络员。

12月29日

银川海关成功复制上海自贸区区外保税展示交易业务模式。

12月29日

国家质检总局复函宁夏回族自治区人民政府，同意宁夏依托银川国际航空港和银川综合保税区，筹建进境水果/种苗指定口岸。

（撰稿人：郝若阳、王晓亮、关天龙、刘佳、高宁强）

2014 年宁夏回族自治区口岸流量统计表

口岸类型		口岸名称	货运量（万吨）				集装箱量（万标箱）				人员（万人次）				交通工具（辆、架、列次）			
			出口	进口	合计	同比（%）	出口	进口	合计	同比（%）	出境	入境	合计	同比（%）	出境	入境	合计	同比（%）
空运口岸		银川河东国际机场	0.76	8.54	9.30	−0.72					34 598	34 431	69 029	+91.2			449	+28.29
空运口岸		分计	0.76	8.54	9.30	−0.72					34 598	34 431	69 029	+91.2			449	+28.29
陆运口岸	惠农陆路口岸								0.57	−0.59								
陆运口岸	惠农陆路口岸	分计							0.57	−0.59								
陆运口岸	银川开发区陆路口岸								1.70	+0.06								
陆运口岸	银川开发区陆路口岸	分计							1.70	+0.06								
水运口岸	海港口岸																	
水运口岸	海港口岸	分计																
水运口岸	河港口岸																	
水运口岸	河港口岸	分计																
合计			0.76	8.54	9.30	−0.72			2.27	−0.53	34 598	34 431	69 029	+91.2			449	+28.29

（宁夏回族自治区口岸办提供）

2014 年银川海关主要数据统计表

项目		2014 年	同比（%）
进出口货运量（万吨）	合计	9.30	-71.84
	进口	8.54	-73.46
	出口	0.76	-9.52
进出口贸易总值（万美元）	合计	154 978	+196.05
	进口	113 037	+127.48
	其中：江、海运输	63 953	+35.72
	铁路运输	0	0
	汽车运输	12 514	+100.00
	航空运输	31 382	+1 121.09
	邮件运输	0	0
	其他运输	5 188	+100
	出口	41 940	+14.98
	其中：江、海运输	1 328	+35.93
	铁路运输	0	0
	汽车运输	12 529	+926.12
	航空运输	27 974	+5 981.30
	邮件运输		
	其他运输	109	-36.99
税收（万元）	两税合计	66 900	+26.79
	关税入库	10 705	+70.14
	进口环节税入库	66 900	+43.95

（银川海关提供）

2014 年宁夏回族自治区口岸出入境主要数据表

项目			2014 年	2013 年	同比（%）
出入境人员（人次）	出入境人员总数		69 029	36 103	+91.20
	入境人员		34 431	18 097	+90.26
	出境人员		34 598	18 006	+92.15
	出入境旅客		64 860	33 386	+94.27
	出入境员工		4 169	2 717	+53.44
	中国公民	小计	67 141	34 179	+96.44
		内地居民（因公）	1 875	441	+325.17
		内地居民（因私）	51 416	28 542	+80.14
		港澳居民	5 854	433	+1 251.96
		台湾同胞	7 996	4 763	+67.88
	外籍人员		1 888	1 924	-1.87
	从海港出入境人数				
	从陆港出入境人数				
	从空港出入境人数		69 029	36 103	+91.20
交通运输工具（辆、艘、架、列次）	总计		449	350	+28.29
	船舶				
	飞机				
	火车				
	机动车辆				

（宁夏回族自治区公安边防总队提供）

2014 年宁夏回族自治区出入境检验检疫业务统计表

项目	货物检验检疫				交通工具				集装箱（标箱）		发现动植物疫情		货物通关		出入境人员查验（人次）	健康检查及预防接种（人次）			
	批次	金额（万美元）	检验检疫不合格																
			批次	金额（万美元）	船舶（艘）	飞机（架）	火车（列）	汽车（辆）	合计	检出问题	种类数	种次	批次	金额（万美元）		健康检查	艾滋病监测	发现病例	预防接种
全年累计	8 064	84 544	200	2 775.5	0	636	0	0	1 033	138	0	0	350	19 717.35	69 720	4 790	4 790	26	4 013
其中 出境	7 671	69 192.8	165	2 339	0	300	0	0	39	0	0	0	74	832.11	34 031	4 455	4 455	24	4 013
其中 入境	393	15 351.2	35	436.5	0	336	0	0	994	138	0	0	276	18 885.24	35 689	335	335	2	0
同比（%）	+18	+15.8	+300	+133	0	+6.71	0	0	+20	+97	0	0	+9	+203	+94.84	+9.01	+9.01	+271.42	-49.75
其中 出境	+19.8	+15.9	+293	+443	0	+1.01	0	0	-58	0	0	0	+5	-6.00	+89.70	+10.05	+10.05	+500	-49.75
其中 入境	-9	+15.3	+337.5	-42.7	0	+12.37	0	0	+30	+97	0	0	+10	+236	+100	-3.18	-3.18	-33.3	0

（宁夏出入境检验检疫局提供）

新疆维吾尔自治区

口岸数量及分布

截至2014年年底，新疆维吾尔自治区（以下简称自治区）共有经国务院批准对外开放的口岸18个。其中，空运口岸2个，分别是乌鲁木齐机场和喀什机场。陆路（铁路、公路）口岸16个，分别是中蒙（蒙古）边境口岸4个，包括老爷庙、乌拉斯台、塔克什肯和红山嘴陆路（公路）口岸；中哈（哈萨克斯坦）边境口岸8个，包括阿黑土别克、吉木乃、巴克图、都拉塔、木扎尔特、霍尔果斯陆路（公路）口岸和阿拉山口、霍尔果斯陆路（铁路）口岸；中吉（吉尔吉斯斯坦）边境口岸2个，包括吐尔尕特、伊尔克什坦陆路（公路）口岸；中巴（巴基斯坦）边境口岸1个，即红其拉甫陆路（公路）口岸；中塔（塔吉克斯坦）边境口岸1个，即卡拉苏陆路（公路）口岸。

已对外开放的18个口岸中，霍尔果斯、阿拉山口、巴克图、吉木乃、塔克什肯、红其拉甫、伊尔克什坦陆路（铁路、公路）口岸和乌鲁木齐、喀什空运口岸对第三国人员、货物、交通工具开放；阿黑土别克、木扎尔特陆路（公路）口岸未开通使用。

口岸运行数据

2014年，自治区口岸进出口货运量为4 665.26万吨，同比减少6.05%，其中，进口货运量为4 161.57万吨，同比减少5.95%，出口货运量为503.69万吨，同比减少6.86%（其中，进口天然气2 053.08万吨，同比增长3.65%；中哈原油管道进口原油1 205.4万吨，同比增长1.8%）。

进出口贸易额为461.38亿美元，同比增长2.48%。其中，进口贸易额为234.97亿美元，同比减少0.78%；出口贸易额为226.4亿美元，同比增长6.1%。

入出境人员2 076 282人次，同比增长2.9%。其中，入境人员1 037 657人次，同比增长3.3%；出境人员1 038 625人次，同比增长2.5%。入出境旅客1 675 791人次，同比增长5.7%；入出境员工400 491人次，同比减少7.2%。

入出境交通工具295 873辆（列、架）次，同比减少13%。其中，飞机8 543架次，同比增长11%；火车13 531列次，同比减少14.6%；车辆273 799辆次，同比减少13.5%。

口岸综合管理

【积极做好口岸开放工作】 推动霍尔果斯铁路口岸对外开放。2月21日，国务院下发《国务院关于同意新疆霍尔果斯铁路口岸对外开放的批复》（国函〔2014〕23号），同意霍尔果斯铁路口岸对外开放，口岸性质为国际性常年开放铁路客货运输口岸，待验收通过后正式开放。

实现卡拉苏—阔勒买口岸正式对外开放工作。4月23日，国家口岸管理办公室邀请外交部、公安部、海关总署、国家质检总局，对卡拉苏口岸对外开放前的准备工作进行验收。验收组实地查看和听取当地政府及各查验部门意见后，一致认为卡拉苏口岸基本达到正式开放条件，同意通过验收。根据海关总署《关于新疆卡拉苏口岸对外开放验收纪要的函》（署岸函〔2014〕145号）和外交部《关于塔方复照确认中塔卡拉苏—阔勒买口岸正式开放事》（边函〔2014〕173号），中塔卡拉苏—阔勒买口岸已于2014年5月30日正式对外开放。

实现老爷庙口岸扩大对外开放。8月10日，国务院下发《国务院关于同意新疆老爷庙公路口岸扩大对外开放的批复》（国函〔2014〕106号），同意老爷庙公路口岸扩大对外开放，口岸性质为国际性常年开放公路客货运输口岸，待验收通过后正式开放。

【着眼长远抓好口岸规划工作】 2014年，自治区口岸办加强了口岸及口岸所在地区规划编制的指导工作，按照既要服务于国家宏观战略要求又要兼顾自治区经济发展的需要，将口岸规划与城镇体系规划统筹衔接，参与指导了《都拉塔口岸总体规划（2014—2030）》的评审，并通过了自治区人民政府的批复。根据国家编制全国“十三五”规划的总体部署，完成《“十三五”新疆口岸发展规划》的编制工作。

【管好用好口岸建设资金，改善口岸通关环境】 2014年，自治区口岸办共落实2.459 9亿元用于口岸基础设施建设，其中边境地区转移支付资金2.13亿元，中央预算内补助资金3 299万元。同时完成了2015年中央预算内补助资金项目的申报和立项工作。这些建设资金的投入，改善了口岸基础设施条件，提高了通关效率。

口岸监管与服务

【促进中蒙口岸建设和服务水平转型升级，协调口岸临时开放工作】 一是根据实际需要，经请示国家口岸管理办公室同意，老爷庙口岸2014年2、4、6、8、10、12月的1日～10日临时开放。二是根据自治区实际和企业需求，经请示国家口岸管理办公室同意，乌拉斯台口岸2014年4月15日～25日、11月1日～10日临时开放。三是中蒙双方达成一致，自2014年起红山嘴—大洋口岸开放时间调整为每年6月1日～6月20日、6月26日～7月10日、7月15日～8月9日、8月15日～9月25日，逢中蒙双方法定节假日，由双方地方口岸管理部门协商后闭关。

【做好设立口岸边民互贸区及实施“免签”优惠政策】 一是完成了吉木乃口岸边民互市贸易区迁址验收和落实“三日免签”政策。2013年11月12日，组织相关单位赴吉木乃对口岸互贸区迁址进行验收，并对互贸区实行的“三日免签”通过了预验收。自治区口岸办随即邀请公安部组织通过了对吉木乃口岸实行“三日免签”的正式验收，2014年8月12日，吉木乃口岸边民互市贸易区“三日免签”政策正式实施。二是批准在伊宁市新发地国际广场设立边民互市贸易区工作。8月27日，自治区人民政府下发《关于同意在伊宁市新发地国际广场设立边民互市贸易区的批复》（新政函〔2014〕146号），批准在伊宁市新发地国际广场设立边民互市贸易区。三是参加并组织中哈巴克图口岸农产品快速通关“绿色通道”双边及内部评估，推动这项便捷通关措施向吉木乃口岸推广，并实现将中哈霍尔果斯公路口岸7×12小时通关制度试行时间延长到“双西公路”新联检区建成运行。

开放口岸

【乌鲁木齐空运口岸（乌鲁木齐机场）】 位于自治区首府乌鲁木齐市郊地窝堡，距市区16千米。乌鲁木齐机场原为中苏民用航空机场，1970年7月经国务院批准进行扩建。1973年建成并对外开放，是中国五大门户机场之一。

2014年口岸入出境人员917 586人次，其中，入境人员460 750人次，出境人员456 836人次。入出境旅客834 361人次，入出境员工83 225人次。入出境交通工具8 414架次。

进出口货运量1.33万吨，同比减少8.93%。其中，进口货运量0.24万吨，同比增长6.83%；出口货运量1.09万吨，同比减少11.8%。进出口贸易额4.22亿美元，同比减少8.35%。其中，进口贸易额1.53亿美元，同比增长4.69%；出口贸易额2.68亿美元，同比减少14.44%。

【喀什空运口岸（喀什机场）】 位于自治区喀什地区喀什市北面，距市中心10千米。该口岸1993年4月23日经国务院批准开放，2005年11月17日向第三国开放。喀什机场1953年建成，经过3次扩建，目前跑道全长2 800米，宽50米。候机楼4 856平方米，既具有检查、售票等功能，又满足旅客候机、就餐、住宿、购物、迎送的需要。机场飞行保障设备安全，有东西导航台。东面设有夜航灯光设备，备有通用特种车辆，可供飞机昼夜起降。由于缺乏客源，从2007年至2012年，喀什机场国际航运处于停滞状态。

2014年口岸入出境人员8 580人次，其中，入出境旅客7 076人次，入出境员工1 504人次。

入出境航班 175 架次。进口货运量 0.038 万吨，同比增长 153.8%。进出口贸易额 0.005 3 亿美元，同比增长 416.98%。其中，进口贸易额 0.000 2亿美元，出口贸易额 0.005 1 亿美元。

【阿拉山口陆路（铁路）口岸】 该口岸为中哈边境常年开放口岸，位于自治区博尔塔拉蒙古自治州博乐市境内，地理坐标为东经 83°36′，北纬 45°12′。距博乐市 73 千米，距乌鲁木齐市 460 千米，距中哈两国边防会晤点即接轨点 4.4 千米。对面为哈萨克斯坦共和国阿拉木图州，口岸名称为多斯特克。阿拉山口陆路（铁路）口岸 1990 年 6 月 27 日经国务院批准对外开放。1992 年 12 月 1 日正式向第三国开放，自开办铁路临时货运以来，口岸过货量保持了年均 25% 以上的增长。

2014 年口岸入出境人员 95 393 人次，其中，入境人员 47 952 人次，出境人员 47 441 人次。入出境旅客 28 702 人次，入出境员工 66 691 人次。入出境交通工具 35 859 辆（列）次，其中火车 11 022 列次，汽车 24 837 辆次。边民互市 5 480人次，同比减少 23.4%；旅游购物 5 480 人次。

口岸进出口货运量 2 545.1 万吨，同比减少 14.7%。其中，进口货运量 2 054.4 万吨，同比减少 14.8%；出口货运量 490.7 万吨，同比减少 14.2%。铁路口岸进出口货物总计 1 316.12 万吨，同比减少 23.4%。中哈原油管道进口原油 1 205.4万吨，同比增长 1.8%；公路口岸进出口货物 23.6 万吨，同比减少 2.3%。进出口贸易额 154.53 亿美元，同比减少 11.3%。其中，进口贸易额 117.79 亿美元，同比减少 11.6%；出口贸易额 36.74 亿美元，同比减少 10.6%。

【霍尔果斯陆路（铁路、公路）口岸】 位于自治区伊犁哈萨克自治州霍城县境内，地理坐标为东经 80°29′，北纬 44°14′。同哈萨克斯坦共和国阿拉木图州毗邻。距伊犁哈萨克自治州首府伊宁市 90 千米，距乌鲁木齐 670 千米。口岸联检厅距中哈边界线 210 米，距哈萨克斯坦霍尔果斯口岸 1.5 千米，距哈阿拉木图市 378 千米。口岸历史悠久，早在隋唐时期，就是古丝绸之路上的重要驿站，自 1881 年起就是中俄两国之间的正式通商口岸。1950 至 1962 年中苏贸易进入了兴盛时期。1962 年以后，由于中苏关系紧张，霍尔果斯口岸除保持通邮外，停止了进出口贸易。1983 年 11 月 16 日，经国务院批准，霍尔果斯口岸恢复开放。1986 年起开展了地方贸易和边境贸易。1992 年 8 月，中哈两国政府同意该口岸向第三国开放，具有国际联运地位。1992 年 11 月，开始对第三国人员、交通工具和货物开放。2010 年 5 月，中央召开新疆工作座谈会，决定设立霍尔果斯经济开发区，实行特殊的政策，将其建设成为新疆新的经济增长点和全国向西开放的桥头堡。

霍尔果斯铁路口岸站位于兵团农四师 62 团团部以南，东接精伊霍铁路，西至中哈铁路接轨点，全长 9 千米。工程概算总额为19.3亿元，2020 年设计年运量 1 900 万吨，2030 年设计年运量 3 350 万吨。已于 2012 年 12 月 22 日实现临时开放并过货通车。2013 年 6 月国家口岸管理办公室批准延长霍尔果斯铁路口岸临时开放时间至 2013 年 12 月 14 日。2014 年 2 月 21 日国务院下发《国务院关于同意新疆霍尔果斯铁路口岸对外开放的批复》（国函〔2014〕23 号），同意霍尔果斯铁路口岸对外开放，口岸性质为国际性常年开放铁路客货运输口岸。

2014 年口岸入出境人员 529 498 人次，其中，入境人员 264 214 人次，出境人员 265 284 人次。入出境旅客 454 570，入出境员工 74 928 人次。入出境交通工具 71 585 辆（列）次，其中火车 2 509 列次，汽车 69 076 辆次。进出口货运量 2 566.87 万吨，同比增长 13.12%。其中，进口货运量 2 064.11 万吨，同比增长 3.61%；出口货运量 502.76 万吨，同比增长 81.5%。进出口贸易额 149.32 亿美元，同比增长 3.58%。其中，进口贸易额 102.9 亿美元，同比增长 4.79%；出口贸易额 46.42 亿美元，同比增长 1%。

公路口岸进出口货运量 68.94 万吨，同比减少 11.66%。进出口贸易额 28.15 亿美元，同比增长 3.68%。铁路口岸进出口货运量 169.41 万吨，同比增长 2.57%。出口贸易额 13.71 亿美元，同比减少 18.3%。合作中心出口货运量 275.44 万吨，同比增长 508.44%。出口贸易额 5.05 亿美元，同比增长 87.73%。进口天然气 2 053.08万吨，同比增长 3.65%。贸易额 102.41 亿美元，同比增长 4.99%。

【老爷庙陆路（公路）口岸】 位于新疆哈密地区巴里坤哈萨克自治县境内，与蒙古国戈壁阿尔泰省相邻，对面为布尔嘎斯台口岸。从老爷庙入境至巴里坤县城 172 千米，至哈密市 308 千米，至乌鲁木齐 773 千米。老爷庙出境至蒙古布尔嘎斯台 57 千米，至布格特县城 280 千米，至戈壁阿尔泰省会阿尔泰市 484 千米。老爷庙口岸历史上就是古代商人的驿站，是中蒙之间的通商要道。1991 年 6 月 24 日中蒙两国政府达成协议，开放老爷庙—布尔嘎斯台口岸。老爷庙口岸于 1992 年 3 月正式开通。2014 年 8 月 10 日，国务院下发《国务院关于同意新疆老爷庙公路口岸扩大对外开放的批复》（国函〔2014〕106 号），同意老爷庙公路口岸扩大对外开放，口岸性质为国际性常年开放公路客货运输口岸。

2014 年口岸入出境人员 45 603 人次，其中：入境人员 22 780 人次，出境人员 22 823 人次。入出境旅客 1 093 人次，入出境员工 44 510 人次。入出境交通工具 38 360 辆次，同比减少 13%。边民总计 32 人次。进出口货运量 190.62 万吨，同比减少 10.2%。其中，进口货运量 189.18 万吨，同比减少 10.26%；出口货运量 1.44 万吨，同比减少 1.82%。进出口贸易额 1.3 亿美元，同比减少 27.34%。其中，进口贸易额 1.17 亿美元，同比减少 30.92%；出口贸易额 0.12 亿美元，同比增长 41.27%。

【卡拉苏陆路（公路）口岸】 位于自治区喀什地区塔什库尔干塔吉克自治县境内，在西昆仑山和萨雷阔勒岭之间，东经 74°52′，北纬 38°11′，海拔 4 050 米。属高原山地气候，早晚温差大，气候比较寒冷。距塔什库尔干县城 62 千米，距喀什市 225 千米，距塔吉克斯坦穆尔加布市 89 千米，距塔吉克斯坦首都杜尚别约 850 千米。2004 年 5 月 25 日对外临时开放。2013 年 7 月 31 日至 8 月 2 日自治区口岸办组织口岸预验收工作。2014 年 4 月卡拉苏陆路（公路）口岸正式对外开放。

2014 年，口岸入出境旅客 4 916 人次，同比增长 22%；入出境员工 23 361 人次，同比增长 53%。进出口货运量 41.1 万吨，同比增长 33%。其中，进口货运量 0.76 万吨，同比增长 219%；出口货运量 40.6 万吨，同比增长 31%。进出口贸易额 15.85 亿美元，同比增长 16%。其中，进口贸易额 0.19 亿美元，同比增长 7%；出口贸易额 15.67 亿美元，同比增长 16%。

【都拉塔陆路（公路）口岸】 位于自治区省道 313 线伊犁河谷最西端，南倚乌孙山，北邻伊犁河，西与哈萨克斯坦阿拉木图州春贾区接壤，距伊宁市约 70 千米，距哈萨克斯坦阿拉木图市约 247 千米，距哈方科里扎特口岸仅 3.8 千米。1992 年 8 月中哈两国政府签署协议同意开放口岸。2006 年 2 月 15 日批准对外开放，同年 12 月底实现旅客通关。2014 年 8 月 31 日中哈两国政府已同意都拉塔口岸扩大对外开放。

2014 年，口岸入出境人员 32 614 人次，同比减少 0.6%。其中，入境人员 14 906 人次，出境人员 17 708 人次。入出境旅客 6841 人次；入出境员工 25 773 人次。入出境交通工具 26 260 辆次，同比减少 11.4%。全部为出口货运量 38 万吨，同比减少 3.6%。贸易额 39.34 亿美元，同比增长 5%。

【伊尔克什坦陆路（公路）口岸】 位于新疆克孜勒苏柯尔克孜自治州乌恰县境内，地理坐标为东经 73°58′、北纬 39°42′，距乌恰县城 150 千米，距阿图什市 250 千米。伊尔克什坦国境公路经 X54 省道与 314 国道相连，从该口岸至吉尔吉斯斯坦奥什州 210 千米，比从吐尔尕特口岸出境到奥什州近 800 千米，是我国最西端的一条重要国际通道。是古丝绸之路上的一个重要通道和驿站，历史上曾有过一段商旅不断的繁荣时期。新中国成立前后的五十年代，这里是中苏两国边民贸易的通道。后因中苏关系恶化，该口岸被迫关闭。随着我国改革开放的不断深入发展，中吉两国人民企盼伊尔克什坦口岸重新开放，中亚乌兹别克斯坦、塔吉克斯坦等国也强烈要求开放该口岸。1996年江泽民主席出访中亚五国期间，与吉尔吉斯斯坦共和国总统达成开放该口岸的协议。伊尔克什坦口岸于1997年7月21日临时开通，1998年1月26日国务院批准开放该口岸，将该口岸批准为国家一类口岸，对吉尔吉斯斯坦共和国及第三国人员、货物开放。

2014年，口岸入出境人员39 405人次，同比减少6.9%。其中，入出境旅客11 666人次，同比增长9%；入出境员工27 739人次，同比减少12.2%。进出口货运量为38.1万吨，同比减少11.8%。其中，进口货运量2.4万吨，同比减少25.2%；出口货运量35.7万吨，同比减少11%。进出口贸易额25.4亿美元，同比增长28.9%。其中，进口贸易额0.2亿美元，同比减少14%；出口贸易额25.2亿美元，同比增长29.9%。

【吐尔尕特陆路（公路）口岸】 位于自治区克孜勒苏柯尔克孜自治州乌恰县境内，地处图噜噶尔特山口，地理坐标为东经75°23′，北纬49°30′，海拔3 795米。距阿图什市170千米，距喀什165千米，距乌鲁木齐1 630千米。与吐尔尕特口岸对应的为吉尔吉斯斯坦共和国的图噜噶尔特口岸。该口岸位于吉方的纳伦州境内，距吉尔吉斯斯坦共和国首都比什凯克400多千米，距中国吐尔尕特口岸12千米，海拔3 700米，气候和自然条件较差，但终年可以通车。早在汉代，吐尔尕特即是丝绸之路上的一个重要驿站。口岸通商始于1881年，已有上百年的历史。20世纪初期口岸已经开放。新中国成立后，根据中苏两国签订的贸易协定和换货合同，于1950年初正式办理进出口过货。1958年5月开展了中苏两国间的边境贸易。1969年通商贸易停止。1983年12月13日再次恢复通商贸易。

2014年口岸入出境人员37 747人次。其中，入境人员19 027人次，出境人员18 720人次。入出境旅客11 286人次，入出境员工26 461人次。入出境交通工具26 832辆次。进出口货运量36.4万吨，同比减少11.9%。其中，进口货运量3.4万吨，同比减少10.5%；出口货运量33万吨，同比减少11.8%。进出口贸易额20.6亿美元，同比减少13.4%。其中，进口贸易额0.3亿美元，同比减少16.9%；出口贸易额20.3亿美元，同比减少13.2%。

【吉木乃陆路（公路）口岸】 位于自治区阿勒泰地区吉木乃县境内，对面为哈萨克斯坦共和国东哈萨克斯坦州。吉木乃口岸地处阿尔泰山南麓，地理坐标为东经85°43′，北纬47°33′，平均海拔770米左右。口岸所在地属大陆性北温带干旱气候。从吉木乃口岸入境至吉木乃县城24千米，至阿勒泰市198千米，至乌鲁木齐市650千米；从吉木乃口岸出境至哈方对应口岸迈哈布奇盖0.5千米，距斋桑县60千米，至东哈萨克斯坦州首府乌斯季缅市约500千米。吉木乃口岸历史上就是新疆的通商口岸，1962年以后中断贸易和人员往来口岸关闭。1991年中哈两国政府签订协议，批准吉木乃口岸开通临时过货。1992年8月中哈两国政府签署协定同意开放吉木乃口岸，为双边常年开放口岸，允许中哈两国人员、货物和交通工具通行。1994年3月经国务院批准对外开放，1997年11月正式通过国家验收批准为一类口岸。2002年3月1日批准向第三国开放。2013年5月吉木乃成为新疆第二个进口管道天然气的口岸。2013年6月外交部批准同意对哈公民进入吉木乃口岸边民互贸区实行“三日免签”政策。公安部组织通过了对吉木乃口岸实行“三日免签”的正式验收后，2014年8月12日吉木乃口岸边民互市贸易区“三日免签”政策正式实施。

2014年，口岸入出境人员137 887人次，同比增长20%。其中，入境人员68 405人次，同比增长19%；出境人员69 482人次，同比增长20%。入出境交通工具6 876辆次，同比增长21%。进出口货运量35.37万吨，同比增长96%。其中，进口货运量29.64万吨，同比增长161%；出口货运量5.7万吨，同比减少15%。进出口贸易额5.16亿美元，同比减少4%。其中，进口贸易额0.56亿美元，同比增长131%；

出口贸易额4.6亿美元，同比减少10%。

【巴克图陆路（公路）口岸】 位于自治区伊犁哈萨克自治州塔城地区境内，地理坐标为东经82°48′，北纬46°41′，海拔460～480米。巴克图口岸对面为哈萨克斯坦共和国东哈州。从巴克图口岸入境至塔城市17千米，至乌鲁木齐市621千米；出境至哈方巴克特口岸800米，至马坎赤市60千米，至乌尔加尔机场110千米，至阿亚库斯车站250千米，至东哈州首府乌斯季缅市800千米。巴克图口岸已有200年通商历史，是中国西部通往中亚及欧洲的交通要道。1990年10月巴克图口岸恢复开放成为临时过货口岸，允许边境双方经贸、旅游人员和交通工具过往。1992年8月中哈两国政府达成协议，同意该口岸向第三国开放，具有国际联运地位。1994年3月经国务院批准对外开放。1995年5月巴克图口岸通过国家正式检查验收，同年7月1日正式对中哈两国及第三国公民、交通工具和货物开放。年货运能力20万吨，客运量10万人次。2013年12月23日，中哈巴克图—巴克特口岸农产品快速通关“绿色通道”正式开通。

2014年，口岸入出境人员134 739人次，其中，入境人员67 359人次，出境人员67 380人次。入出境旅客118 098人次，入出境员工16 641人次。入出境交通工具16 726辆次。

进出口货运量18.43万吨，同比增长60.8%。其中，进口货运量2.86万吨，同比增长1 019%；出口货运量15.57万吨，同比增长38.9%。进出口贸易额12.83亿美元，同比增长34.3%。其中，进口贸易额0.18亿美元，同比增长197%；出口贸易额12.65亿美元，同比增长33.3%。进出口果蔬6.76万吨，同比增长37.49%。其中，蔬菜1.85万吨，同比增长231.84%；水果4.91万吨，同比增长12.59%。贸易额0.48亿美元，同比增长40%。其中，蔬菜贸易额0.13亿美元，同比增长231%；水果贸易额0.35亿美元，同比增长14.52%。

【塔克什肯陆路（公路）口岸】 位于自治区阿勒泰地区青河县境内，地理坐标为东经90°48′，北纬46°11′。对面为蒙古国科布多省布尔干县。从塔克什肯入境距青河县城90千米，距阿勒泰市380千米，距乌鲁木齐市510千米。口岸距中蒙边界线15.5千米，距对方布尔干口岸25千米，距布尔干县城65千米，距科布多省会约265千米。塔克什肯口岸依山傍水，地势平坦，历史上就是中蒙贸易通道。新中国成立后中蒙贸易有所发展，当时中国向蒙古国出口的商品主要有农副产品和生活用品，进口的商品则是牲畜、棉布和茶叶。60年代初，塔克什肯与布尔干之间的贸易中断，1989年7月20日塔克什肯口岸经国家批准对外开放。

2014年口岸入出境人员64 608人次，其中，入境人员31 923人次，出境人员32 685人次。入出境旅客59 678人次，入出境员工4 930人次。入出境交通工具11 389辆次，边民总计100 974人次。进出口货运量14.75万吨，同比减少12.97%。其中，进口货运量2.18万吨，同比增长928.98%；出口货运量12.56万吨，同比减少24.92%。进出口贸易额3.81亿美元，同比增长33.72%。其中，进口贸易额0.024亿美元，同比减少53.78%；出口贸易额3.79亿美元，同比增长35.36%。

【红其拉甫陆路（公路）口岸】 位于自治区喀什地区西南部，帕米尔高原塔什库尔干塔吉克自治县境内，同巴基斯坦北部地区毗邻。口岸海拔4 500米，地理坐标为东经75°33′，北纬37°02′。从红其拉甫入境至塔什库尔干县城130千米，至喀什市420千米，至乌鲁木齐市1 890千米。从红其拉甫出境至巴基斯坦苏斯特125千米，至巴基斯坦北部地区首府吉尔吉特市270千米，至巴基斯坦首都伊斯兰堡约870千米。与红其拉甫口岸对应的是巴基斯坦北部地区的苏斯特口岸。由于红其拉甫口岸海拔较高，严重缺氧，气候恶劣，1993年口岸检查检验机构下迁至塔什库尔干县城办公。1981年9月中国和巴基斯坦政府达成原则协议，同意开放红其拉甫口岸。1982年8月27日红其拉甫口岸对中巴两国公民正式开放。1986年5月1日正式向第三国人员开放。

2014 年，口岸入出境人员 30 665 人次，其中，入境人员 15 289 人次，出境人员 15 376 人次。入出境旅客 9 069 人次；入出境员工 21 596 人次。入出境交通工具 25 883 辆次，边民总计 12 689人次。进出口货运量4. 95 万吨，同比增长 2%。其中，进口货运量 0. 37 万吨，同比增长 56%；出口货运量4. 58 万吨，同比减少 1%。进出口贸易额 2. 08 亿美元，同比减少 6%。其中，进口贸易额 0. 15 亿美元，同比增长 92%；出口贸易额 1. 93 亿美元，同比减少 10%。

【乌拉斯台陆路（公路）口岸】 乌拉斯台（蒙语意为有白杨树的地方）口岸地处奇台县北塔山地区，土地使用权属新疆生产建设兵团农六师北塔山牧场。位于中蒙边界 73 号界标正西方向 4. 3 千米处，地理坐标为东经 90°44′，北纬 45°22′。口岸距边防会谈会晤站通道界线 4. 8 千米、乌拉斯台会谈会晤站 4 千米，蒙古国北塔格口岸 6. 5 千米。距奇台县城 248 千米，距乌鲁木齐市 450 千米，昌吉市 485 千米。1991 年6 月 24 日中蒙两国政府在北京签署《中华人民共和国政府和蒙古人民共和国政府关于中蒙边境口岸及其管理制度的协定》，批准开放中蒙边境新疆昌吉回族自治州乌拉斯台口岸—北塔格口岸（蒙），为国家一类双边季节性开放口岸。

2014 年口岸入出境人员 264 人次，其中，入境人员 117 人次，出境人员 147 人次。入出境旅客 179 人次，入出境员工 85 人次。入出境交通工具 91 辆次，边民总计 14 人。进出口货运量 0. 14 万吨，同比减少 66. 68%。其中，进口货运量 0. 04 万吨，出口货运量 0. 1 万吨。进出口贸易额 0. 018 亿美元，同比减少 45. 63%。其中，进口贸易额 0. 007 5 亿美元，出口贸易额 0. 01 亿美元。

【红山嘴陆路（公路）口岸】 位于自治区阿勒泰地区福海县境内，地理坐标为东经88°55′，北纬 48°51′，距福海县城 240 千米，距阿勒泰市 192 千米，距乌鲁木齐市 896 千米，至中蒙边界线 2 千米，与蒙古国巴彦乌列盖省萨格赛县接壤，距巴彦乌列盖省省会乌列盖市 180 千米，距萨格赛县城 160 千米，从红山嘴出境至蒙古国大洋口岸 12 千米。红山嘴口岸历史上就是中蒙贸易通道。1991 年 6 月 24 日中蒙两国政府签订协议，开放红山嘴口岸。1992 年经国务院批准对外开放，同年 7 月正式开通。

2014 年，口岸入出境人员 684 人次，其中，入出境旅客 186 人次，入出境员工 498 人次，旅游购物 3 250 人次。入出境交通工具 146 辆次。进出口货运量 0. 046 万吨，其中，进口货运量 0. 000 6 万吨，出口货运量 0. 045 万吨。进出口贸易额 0. 005 3 亿美元，其中，进口贸易额 0. 000 2 亿美元，出口贸易额 0. 005 1 万亿美元。

【阿黑土别克陆路（公路）口岸】 位于自治区阿勒泰地区哈巴河县西部，对面为哈萨克斯坦共和国东哈州。地理坐标为北纬 48°21′，东经 85°44′。口岸距哈巴河县城 117 千米，距阿勒泰市 284 千米，距乌鲁木齐市 829 千米。1992 年 8 月中哈两国政府签订协议，同意开放阿黑土别克口岸，允许中哈两国人员、交通工具和货物通行。1994 年 3 月经国务院批准对外开放。阿黑土别克口岸的总体规划已完成。截至 2014 年，该口岸尚未开通。

【木札尔特陆路（公路）口岸】 位于自治区伊犁哈萨克自治州昭苏县西南 109 千米处，地处天山北麓，特克斯河上游，地理坐标为东经 80°45′，北纬 44°35′，海拔 1 806 米。距伊宁市 296 千米。对面为哈萨克斯坦共和国阿拉木图州纳林果勒区，对方口岸名称为纳林果勒口岸，两口岸相距 4 千米，距阿拉木图市 320 千米。木札尔特口岸在 1953 年曾作为中苏两国临时过货点，一度是边民易货贸易的进出口货物集散地。由于历史原因关闭 30 多年。1992 年 8 月中哈两国政府签订协议，同意开放该口岸。1994 年 3 月经国务院批准对外开放。截至 2014 年该口岸尚未开通。

新疆维吾尔自治区口岸大事记

2 月 21 日

国务院下发《国务院关于同意新疆霍尔果斯

铁路口岸对外开放的批复》(国函〔2014〕23号)，同意霍尔果斯铁路口岸对外开放，口岸性质为国际性常年开放铁路客货运输口岸。

4月23日

国家口岸管理办公室组织外交部、公安部、海关总署、国家质检总局，对卡拉苏陆路（公路）口岸对外开放进行验收。验收组实地查看和听取当地政府及各查验部门意见后，一致同意通过验收。根据海关总署《关于新疆卡拉苏口岸对外开放验收纪要的函》(署岸函〔2014〕145号)和外交部《关于塔方复照确认中塔卡拉苏—阔勒买口岸正式开放事》(边函〔2014〕173号)，中塔卡拉苏—阔勒买口岸于2014年5月30日正式对外开放。

8月10日

国务院下发《国务院关于同意新疆老爷庙公路口岸扩大对外开放的批复》(国函〔2014〕106号)，同意老爷庙公路口岸扩大对外开放，口岸性质为国际性常年开放公路客货运输口岸。

8月12日

公安部组织验收组对吉木乃陆路（公路）口岸实行“三日免签”进行验收，8月12日正式实施。

8月27日

自治区人民政府下发《关于同意在伊宁市新发地国际广场设立边民互市贸易区的批复》（新政函〔2014〕146号），批准在伊宁市新发地国际广场设立边民互市贸易区。

9月1日

中哈两国外交部联合签署都拉塔—科里扎特口岸向第三国开放协议书。

（撰稿人：罗贵生）

台 湾 地 区

2014年台湾地区口岸工作综述

在台湾地区政府持续推动多元便捷公共运输、深耕邮轮市场与策略营销台湾观光品牌等努力下，2014年轨道运输载客量、国际商港进出港旅客人数及来台旅客人数等多项指标再创佳绩，其他交通营运量亦多持续上扬，表现亮眼。

各业施政指标		2014年		成果
		统计值	较上年增减率（%）	
铁公路	轨道及汽车客运载客量总计	619.3万人次	+3.2	历年新高
	1. 台铁每日载客量	63.8万人次	+2.4	历年新高
	2. 北捷每日载客量	186.2万人次	+7.0	历年新高
	3. 高捷每日载客量	16.8万人次	+1.0	历年新高
	4. 高铁每日载客量	13.2万人次	+1.1	历年新高
	5. 汽车客运每日载客量	339.4万人次	+1.5	近18年新高
港埠	6. 港埠货柜装卸量	1 505万标箱	+7.1	历年新高
	7. 港埠货物装卸量	7.5亿计费吨	+6.1	历年新高
	8. 港埠进出港旅客人数	137.9万人次	+39.1	历年新高
航空	9. 各机场进出旅客人数	5 536万人次	+10.0	近17年新高
	10. 各机场两岸航线客运量	1 130万人次	+22.5	历年新高
	11. 桃园国际机场旅客人数	3 580万人次	+11.1	历年新高
观光航空	12. 来台旅客人数	991万人次	+23.6	历年新高
	13. 来台观光目的旅客人数	719万人次	+31.3	历年新高
	14. 国人出国人数	1 184万人次	+7.2	历年新高
邮政	15. 邮政储金结存金额（12月底）	5.5兆元	+6.5	历年新高
	16. 邮政储金结存户数（12月底）	3 465万户	+1.9	历年新高

表注：本表港埠系指国际商港（基隆港、高雄港、台中港、花莲港、苏澳港、安平港及台北港）。

一、轨道运输便捷度提升，搭乘旅客人数再攀升

2014年，轨道运输平均每日载客量279.9万人次（增长5.3%），其中北捷因11月松山线加入营运，交织更多元与便捷的绵密路网，及跨年活动之运量大幅推升，致全年平均每日载客186.2万人次（增长7.0%）增加最多，客运收入达147.6亿元（增长6.6%）（新台币，下称元），两项均缔造北捷新纪录；高雄捷运2014年平均每日载客16.8万人次（增长1.0%），运量稳定增长。

台铁营运方面，花东铁路电气化于2014年6月28日正式通车及普悠玛号列车全数投入营运，缩短台北—花东行车时间并提升整体运能，2014

年平均每日载客63.8万人次（增长2.4%），客运营收178.9亿元（增长6.0%），载客量及收入均创历年新高。

2014年高铁平均每日输运13.2万人次，较上年增长1.1%；观察各站旅客人数依序以台北、台中及左营站较多，合占总旅客量六成三，其中台北及台中站旅客数增长均逾2%，唯左营站首见微幅负增长（-0.3%）。

近6年轨道运输平均每日载客人数

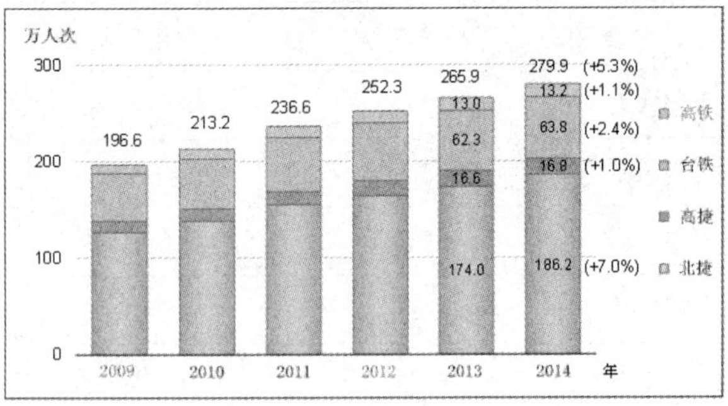

二、国际商港货柜装卸量及转口柜量刷新历史新高

2014年，台湾地区国际商港货柜装卸量1 505万标箱，创历年新高，较上年增长7.1%，其中转口柜量迭创佳绩，达567万标箱（增长6.8%）。各港货柜装卸量以高雄港首次突破千万标箱（达1 059万标箱）居首（增长6.6%），其转口柜达501万标箱亦居各港之首，为近7年新高；其次为基隆港169万标箱（增长4.5%），另台中港及台北港分别为151万标箱（增长3.1%）及126万标箱（增长22.3%），均联袂刷新历年纪录，表现亮眼。

两岸海运直航部分，2014年台湾地区国际商港货柜装卸量248万标箱，较上年增长9.4%，其中以高雄港137万标箱最多，增长7.3%，其次依序为基隆港52万标箱及台中港49万标箱，三港合计占九成六，台北港为10万标箱，增幅达21.9%，以上四大商港之两岸柜量同创历年新高。

2014年，各国际商港两岸直航柜量占该港货柜装卸量之比率以台中港32.7%居冠，为连续3年超过三成，基隆港之占比亦突破三成达30.7%，显见两岸海运直航之重要性。

近6年国际商港货柜装卸量

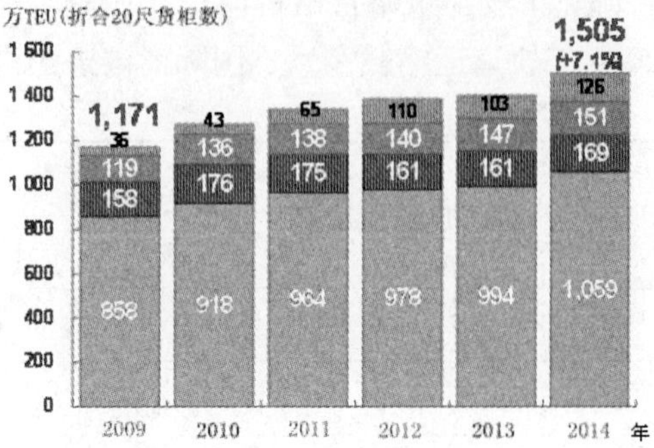

说明：1. 总计包含安平港。

2. 2008年12月15日起实施两岸海运直航。

3. 2009年2月18日台北港货柜业务正式营运。

三、亚洲邮轮带动来台热潮进出港旅客人数增近四成

根据国际邮轮协会CLIA（Cruise Lines International Association）统计，亚洲邮轮市场崛起，年增长率平均达8%~9%，高于全球平均增长率7%。近年台湾地区持续深耕邮轮观光，加以2014年2月签订“亚洲邮轮项目”，增辟台湾—香港航线，带动国际商港进出港旅客人数突破百万达137.9万人次，较上年增幅达39.1%，再创新高。

按国际商港航线别观察，2014年国际及岛内航线进出港旅客人数联袂刷新历年纪录；其中国际航线旅客59.6万人次（占43.3%），较上年增加60.4%，远高于亚洲及全球增长率，主因国际不定期邮轮靠泊数及旅客量双双增长，成绩斐然；岛内航线旅客计48.9万人次（占35.5%），增长达64.1%，系因丽娜轮及蓝色公路有效促进花莲、宜兰观光热潮；两岸航线旅客为29.3万人次（占21.3%），虽减8.7%，惟仍为历年次高。

依港口别观察，由于国际邮轮来台增加，

2014 年基隆港 57.8 万人次居冠（邮轮旅客占 77.7%），创历年新高，较上年增加 10.2%；其次为高雄港 21.4 万人次（邮轮旅客占 62.4%），亦较上年增加 51.9%。

近 6 年国际商港进出港旅客人数

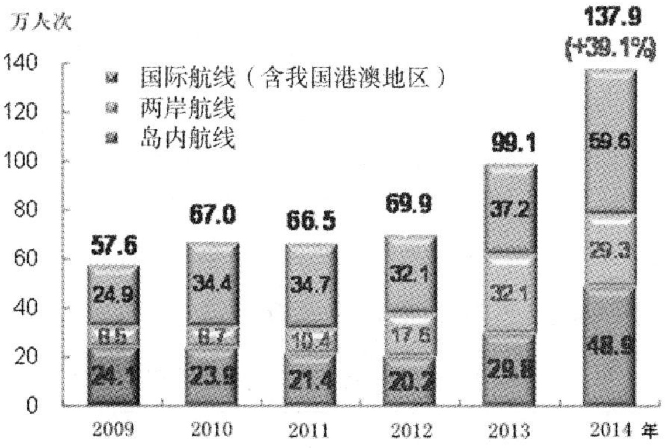

四、三大机场旅客人数皆增长，两岸航线首破千万人次

2014 年，台湾地区各机场进出旅客合计 5 536万人次（平均每日 15.2 万人次），较上年增加503 万人次（增长 10.0%），其中国际航线（含我国港澳地区）旅客 3 310 万人次，增加 9.7%；两岸航线首度突破千万人次达 1 130 万人次，大幅增长 22.5%；岛内航线 1 056 万人次，增 0.2%；另过境旅客 40 万人次与上年持平。

依台湾地区三大主要机场观察，受惠于来台观光人数持续增加，带动航空客运畅旺，桃园机场进出旅客人数 3 580 万人次（增长 11.1%），创历年新高；松山机场及高雄机场进出旅客分别为611 万人次（增长 4.5%）及 540 万人次（增长 16.2%）亦稳定增长，分创近 8 年及近 7 年最佳纪录。

另就国际航线观察，2014 年，日本及我国香港航线受惠观光热潮及航班大幅增加之有利因素，载客人数双双突破九百万人次达 925 万人次及 911 万人次，同创历年新高，次为韩国航线 234 万人次，增长逾二成（增长 25.3%）表现亮眼，充分展现台湾地区观光市场带动航空客运增长劲扬之荣景。

近 6 年台湾地区主要机场进出旅客人数

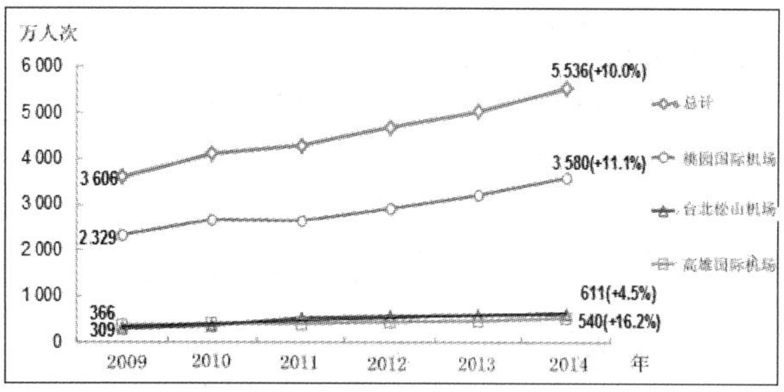

五、来岛旅客迈向千万大关，宝岛旅游展佳绩

2014 年，整体来台旅客突破 900 万人次（达 991 万人次）创历年新高，较上年 801 万人次增长 23.6%，成绩亮丽；依旅客入境目的别分，以观光为主之人数占比首度突破七成达 72.6%，为观光市场再添新页，展现台湾地区秉持质量并进之经营理念，提升台湾观光竞争力之绩效斐然。

2014 年来，台旅客以亚洲地区 897 万人次最多，较上年增加 25.7%，为连续 6 年两位数增长，占整体比率首度突破九成，达 90.5%。观察各地来台旅客，以我国大陆 399 万人次居首，较上年大幅增长 38.7%；其次为日本 163 万人次，较上年增加 15.0%；再次为我国香港我国澳门地区旅客，已连续 3 年突破百万达 138 万人次，增 16.3%；另韩国 53 万人次，超越历年纪录，增加 50.2%，增长最明显，其原因为韩媒营销来台观光效果明显。余包括马来西亚、新加坡、菲律宾、印尼、美国、加拿大、法国、德国、澳大利亚、意大利、荷兰及英国等 12 国家（地区）来台人数均创历年新高，显示台湾地方大力推动观光旅游成效卓著，观光市场多元化蓬勃发展。

近6年来台旅客人数按居住地分

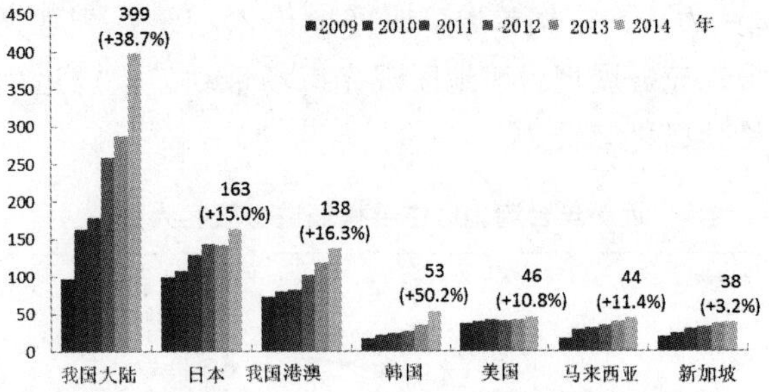

六、两岸快捷邮件创纪录，储金结存户数及金额持续攀升

2014年，收寄邮件总计27亿8 684万件（增长2.0%），其中函件27亿5 508万件（增长2.0%）、包裹2 356万件（下降8.0%）及快捷邮件819万件（增长8.7%）。就函件类别观察，以信函收寄量15亿7千万件，占56.9%，为最大宗；另应近年网络购物盛行，自2012年开办1千克以下的经济实惠宅配“便利包”成为用户新选择，致2014年函件类小包交寄量2 589万件（增长13.5%），创历年新高。

观察两岸邮务往来，2014年收寄邮件总计513万件（增长11.3%），其中，收寄快捷40.4万件（增长15.5%）续创佳绩，近年开办之“两岸邮政速递”及“两岸邮政e小包”业务，提供两岸民众与企业更便利及实惠之邮递新选择。

2014年年底，邮政储金结存户数为3 465万户（增长1.9%），结存金额为55 474亿元（增长6.5%），其中以定期储金23 240亿元（增长7.0%），占总金额六成四，为最高，平均每户结存金额16万元（增长4.4%），显见邮政储金服务深受国人肯定与信任，储存金额节节攀升。

近6年中华邮政储金结存户数及结存金额

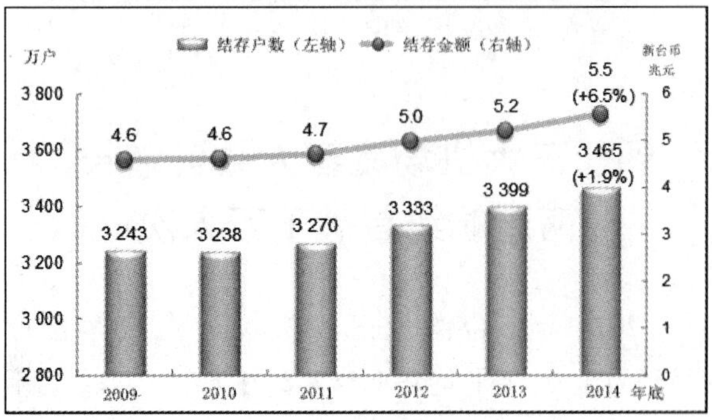

香 港 地 区

2014 年香港地区口岸工作综述

说明：香港地区对外贸易包括香港地区的对外商品贸易及服务贸易。香港地区的对外商品贸易统计是根据进出口报关单上的资料编制。依据《中华人民共和国香港特别行政区基本法》的规定，香港特别行政区为单独的关税地区。香港地区与内地之间的贸易，亦须办理进出口报关，有关的统计资料包括在香港地区的对外商品贸易统计数字内。香港地区与内地之间的服务贸易视作对外交易，并包括在香港地区服务贸易统计数字内。

总体商品贸易

单位：百万港元

贸易种类	2012 年	2013 年	2014 年
港产品出口	58 830	54 364	55 283
同比（%）	-10.4	-7.6	+1.7
转口	3 375 516	3 505 322	3 617 468
同比（%）	+3.2	+3.8	+3.2
整体出口	3 434 346	3 559 686	3 672 751
同比（%）	+2.9	+3.6	+3.2
进口	3 912 163	4 060 717	4 219 046
同比（%）	+3.9	+3.8	+3.9
贸易总额	7 346 509	7 620 404	7 891 798
同比（%）	+3.4	+3.7	+3.6
商品贸易差额	-477 817	-501 031	-546 295

港口货物吞吐量

项目		2012 年	同比（%）	2013 年	同比（%）	2014 年	同比（%）
港口货物总吞吐量（千公吨）	合计	269 282	-2.9	276 055	+2.5	297 737	+7.9
	卸下	154 699	-2.0	162 275	+4.9	184 185	+13.5
	装上	114 583	-4.2	113 780	+0.7	113 552	-0.2
海运货物吞吐量（千公吨）	合计	188 860	-3.1	184 238	-2.4	197 321	+7.1
	卸下	117 448	-2.3	116 071	-1.2	130 527	+12.5
	装上	71 412	-4.5	68 168	-4.5	66 793	-2.0
河运货物吞吐量（千公吨）	合计	80 423	-2.5	91 817	+14.2	100 416	+9.4
	卸下	37 251	-1.1	46 205	+24.0	53 657	+16.1
	装上	43 172	-3.8	45 612	+5.7	46 758	+2.5

按用途类别划分的进口、转口及留用进口货值

单位：百万港元

	用途类别	2012 年	2013 年	2014 年
食品	进口	150 743	169 748	186 696
	转口	39 509	42 908	47 442
	留用进口	114 870	130 787	144 710
消费品	进口	944 366	933 964	945 943
	转口	866 744	841 128	827 309
	留用进口	265 125	274 797	290 822
原料及半制成品	进口	1 284 357	1 359 996	1 470 195
	转口	1 110 436	1 168 233	1 237 125
	留用进口	306 262	330 993	391 421
燃料	进口	141 887	137 214	122 033
	转口	6 659	5 753	4 812
	留用进口	135 728	131 892	117 726
资本货品	进口	1 390 809	1 459 795	1 494 180
	转口	1 352 168	1 447 300	1 500 780
	留用进口	234 489	222 122	220 017
所有用途类别	进口	3 912 163	4 060 717	4 219 046
	转口	3 375 516	3 505 322	3 617 468
	留用进口	1 056 611	1 095 355	1 168 291

按主要国家/地区划分的商品贸易

单位：百万港元

贸易种类/主要国家/地区		2012 年	2013 年	2014 年
进口	总量	3 912 163	4 060 717	4 219 046
	同比（%）	+3.9	+3.8	+3.9
中国内地		1 840 862	1 942 131	1 986 964
日本		311 605	286 343	288 891
中国台湾		244 889	261 895	300 278
新加坡		246 346	246 441	260 801
美国		204 459	219 678	219 599
韩国		153 527	158 709	175 537
马来西亚		83 649	87 601	102 191

续表1

贸易种类/主要国家/地区		2012 年	2013 年	2014 年
印度		81 831	87 321	96 088
泰国		72 873	77 544	88 231
瑞士		78 546	77 195	79 291
出口	总量	58 830	54 364	55 283
	同比（%）	-10.4	-7.6	+1.7
中国内地		26 026	24 784	23 195
美国		6 766	5 401	4 475
新加坡		2 712	2 533	2 512
中国台湾		2 698	2 433	3 001
中国澳门		1 664	1 856	1 872
越南		1 388	1 815	2 113
印度		901	336	1 762
澳大利亚		795	1 315	1 662
韩国		1 277	1 058	1 436
马来西亚		1 313	1 165	1 416
转口	总量	3 375 516	3 505 322	3 617 468
	同比（%）	+3.2	+3.8	+3.2
中国内地		1 831 732	1 924 463	1 955 821
美国		331 739	325 902	336 980
日本		142 778	133 967	130 238
印度		76 281	82 965	92 462
中国台湾		78 145	74 926	76 296
德国		77 441	73 552	72 181
韩国		57 576	63 070	60 948
越南		49 315	56 766	64 690
新加坡		53 238	56 047	57 339
英国		54 015	53 006	53 104
整体出口	总量	3 434 346	3 559 686	3 672 751
	同比（%）	+2.9	+3.6	+3.2
中国内地		1 857 759	1 949 247	1 979016
美国		338 505	331 303	341 456
日本		143 970	135 229	131 505
印度		77 181	83 301	94 224
中国台湾		80 842	77 359	79 297

续表 2

贸易种类/主要国家/地区		2012 年	2013 年	2014 年
德国		77 812	73 827	72 588
韩国		58 853	64 128	62 384
越南		50 702	58 580	66 803
新加坡		55 950	58 580	59 850
英国		55 164	54 045	54 301
贸易总额	总量	7 346 509	7 620 404	7 891 798
	同比（%）	+3.4	+3.7	+3.6
中国内地		3 698 621	3 891 378	3 965 980
美国		542 964	550 981	561 055
日本		455 575	421 572	420 396
中国台湾		325 732	339 253	379 575
新加坡		302 297	305 021	320 651
韩国		212 379	222 838	237 921
印度		159 013	170 622	190 312
德国		135 090	129 689	131 074
泰国		114 628	120 861	137 270
马来西亚		112 421	114 301	132 074

按产品所属工业划分的港产品出口统计表

单位：百万港元

主要货物类别	2012 年	2013 年	2014 年
食品	2 657.7	2 819.8	3 080.0
饮品	509.6	557.5	717.6
烟草制品	2 950.5	3 093.3	3 280.0
纺织制品	1 388.2	1 206.1	820.5
成衣制品	1 986.0	1 659.1	1 390.7
纸及纸制品和印刷及已储录资料媒体的复制	3 920.8	3 467.6	3 291.0
非金属矿产制品	904.2	760.3	1 016.5
化学品及化学产品	8 196.2	7 870.6	7 003.0
药品、医药化学剂和植物药材产品	2 922.9	2 703.9	3 464.5
橡胶及塑胶制品（家具、玩具、体育用品及文具除外）	1 369.5	1 370.2	1 463.8
基本金属制品	7 934.7	6 114.9	7 989.2
金属制品（机械及设备除外）	330.7	481.8	543.1

续表

主要货物类别	2012 年	2013 年	2014 年
电脑、电子及光学产品	7 049.1	5 160.0	3 996.0
电器设备制品	919.3	930.1	867.1
其他机械设备	3 487.4	3 497.9	4 413.9
珠宝首饰及相关制品	9 002.6	8 713.6	7 891.5
其他制造业	2 136.7	2 732.3	2 964.1
总计	57 666.2	53 139.2	54 192.2

商品贸易指数

指数类别	贸易种类	2012 年	2013 年	2014 年
货值	进口	116.3	120.7	103.9
	同比（%）	+3.9	+3.8	+3.9
	港产品出口	84.6	78.2	101.7
	同比（%）	-10.4	-7.6	+1.7
	转口	114.0	118.4	103.2
	同比（%）	+3.2	+3.8	+3.2
	整体出口	113.3	117.4	103.2
	同比（%）	+2.9	+3.6	+3.2
	留用进口	120.8	125.2	105.8
	同比（%）	+3.0	+3.7	+5.8
单位价格	进口	111.6	112.6	101.9
	同比（%）	+3.3	+0.9	+2.0
	港产品出口	109.1	111.5	100.2
	同比（%）	+2.5	+2.2	+0.2
	转口	111.7	113.1	102.0
	同比（%）	+3.4	+1.3	+2.0
	整体出口	111.6	113.1	102.0
	同比（%）	+3.4	+1.3	+2.0
	留用进口	109.7	109.4	101.7
	同比（%）	+0.2	-0.3	+1.7

续表

指数类别	贸易种类	2012 年	2013 年	2014 年
货量	进口	105. 1	109. 3	102. 3
	同比（%）	+1. 0	+3. 9	+2. 3
	港产品出口	76. 6	69. 4	102. 9
	同比（%）	-13. 0	-9. 4	+2. 9
	转口	102. 9	106. 0	101. 5
	同比（%）	+0. 1	+3. 0	+1. 5
	整体出口	102. 3	105. 2	101. 5
	同比（%）	-0. 1	+2. 8	+1. 5
	留用进口	111. 6	118. 6	104. 5
	同比（%）	+3. 5	+6. 3	+4. 5
贸易价格比率		100. 0	100. 4	100. 1
	同比（%）	+0. 1	+0. 4	+0. 1

澳门地区

2014 年澳门地区口岸工作综述

2014 年，澳门地区经济实质收缩 0.4%，其中，上半年增长 10.5%，下半年下跌 10.2%。本地生产总值为 4 433 亿元（澳门元，下同），人均本地生产总值为 713 514 元（约 89 333 美元）。经济收缩的主要原因是博彩服务出口减少 7.9%，而其他旅游服务出口只轻微下跌 0.3%。除博彩旅游外，本地生产总值其他组成部分在过去一年取得不同程度的升幅，其中固定资本投资大幅增长 35.2%、私人消费及政府最终消费支出分别上升 5.9% 及 7.1%、货物出口增长 20.7% 以及货物进口上升 16.7%，而服务进口减少 13.8%。

【进出口贸易】 2014 年，总出口货值为 99.1 亿元，按年上升 9.0%；其中再出口（78.9 亿元）增加 11.4%，本地产品出口（20.2 亿元）小幅上升 0.7%。2014 年全年总进口货值再创新高，按年上升 11.0% 至 899.5 亿元。2014 年货物贸易逆差为 800.4 亿元。

按出口目的地分析，2014 年输往我国香港（58.1 亿元）及欧盟（3.1 亿元）货值按年上升 19.7% 及 10.3%，而出口至我国内地（15.5 亿元）及美国（2.9 亿元）分别减少 3.2% 及 19.6%。

2014 年，非纺织品出口为 91.3 亿元，按年上升 10.7%；机器设备与零件（18.4 亿元）及钟表（8.7 亿元）分别增加 21.5% 及 85.2%，电子元器件（6.6 亿元）则减少 31.6%。纺织品及成衣出口为 7.8 亿元，按年下跌 7.7%。

按货物原产地统计，2014 年由我国内地（298.4 亿元）和欧盟（218.5 亿元）进口货值按年增加 13.0% 及 16.3%。消费品进口按年增加 8.4%，为 559.9 亿元；其中食物及饮品（116.7 亿元）上升 21.8%，手表（79.4 亿元）上升 22.2%。此外，手提电话（74.6 亿元）及建筑材料（34.7 亿元）的进口货值分别增加 21.5% 及 25.5%。

2014 年，对外商品贸易总额达 998.7 亿元，较 2013 年的 901.1 亿元增加 10.8%。

【货运情况】 2014 年，全年跨境汽车总流量达 4 940 238 架次，按年增长 6.1%；经关闸进出境的占 79.7%。澳门往来香港及内地的客轮共 140 941 班，按年增加 1.9%；经外港码头的有 94 155 班，占 66.8%。国际机场之抵达及离境的商业航班共 48 193 班，按年增长 7.3%，往来我国内地的占 39.2%，我国台湾的占 24.5%；越南及韩国的航班分别录得 245.1% 及 52.8% 的显著增幅，而马来西亚及泰国的航班则分别减少 17.9% 及 11.7%。另一方面，澳门往来香港及内地的直升机班次按年减少 12.3%，为 15 161 班。

2014 年，海路货柜总吞吐量为 139 539 标准货柜单位，共 96 367 柜次，按年分别上升 11.7% 及 7.7%。经海路进出口的货柜货物毛重为 246 424 公吨，按年增加 26.6%；而经陆路进出口的货柜货物毛重为 28 719 公吨，微降 0.4%。

空运进口及出口货物分别有 6 672 公吨及 16 343公吨，按年上升 3.7% 及 8.8%。台湾仍然是进出口空运货物的主要来源地及目的地，分别占 55.1% 及 44.1%。转口空运货物按年增加 15.8%，达 5 754 公吨。

【出入境旅客】 2014 年，入境旅客共 2 540 070人次，按年减少 1.8%；不过夜旅客共 1 375 681人次，占总数 54%。

按原居地统计，我国内地旅客共 1 638 854 人次，按年增加 1%，主要来自广东省（654 325 人次）及福建省（70 404 人次）；个人游内地旅客为 740 906 人次，增加 6%。韩国旅客（47 346 人次）按年增加 2%，而中国香港（545 772 人次）及中国台湾旅客（78 150 人次）分别减少 4% 及 10%。长途旅客方面，美国（14 859 人次）、澳大利亚（9 563 人次）、加拿大（6 501 人次）及英国旅客（4 356 人次）按年减少。

2014 年 12 月，旅客平均逗留 0.9 日，较 2013 年同月减少 0.1 日；留宿旅客及不过夜旅客平均逗留 1.9 日及 0.2 日。

2014 年旅客总数刷新纪录，达 31 525 632 人次，按年增加 7.5%；不过夜旅客共 16 959 949 人次，占总数 54%。中国内地（21 252 410 人次）、韩国（554 521 人次）及日本旅客（299 849人次）按年增加，中国香港（6 426 608 人次）及中国台湾旅客（953 753 人次）则取得减幅。此外，来自美国的旅客按年增加，澳大利亚、加拿大及英国旅客有所减少。2014 年旅客平均逗留 1.0 日，与 2013 年持平。

澳门地区对外贸易指数

年	出口			本地产品出口			再出口			进口			贸易价格比率
	价值	单位价格	数量	价值	单位价格	数量	价值	单位价格	数量	价值	单位价格	数量	
2012	117.1	100.7	116.3	95.6	101.3	94.4	128.2	100.6	127.5	113.9	103.0	110.6	+97.7
2013	130.5	100.1	130.3	84.1	103.3	81.4	154.7	99.6	155.3	130.1	102.5	126.8	+97.6
2014	142.2	98.6	144.2	84.6	104.0	81.4	172.3	96.5	178.5	144.4	101.5	142.3	+97.1

澳门地区对外商品贸易主要指标

单位：百万澳门元

年	进口	按年变动（%）	出口	按年变动（%）	本地产品出口	按年变动（%）	再出口	按年变动（%）
2013	81 013.5	+14	9 093.9	+11	2 009.2	-12	7 084.7	+21
2014	89 952.2	+11	9 914.8	+9	2 022.7	+1	7 892.0	+11

澳门国际机场空运货物流量

单位：公吨

年	总数	出发地								
		中国内地	中国台湾	韩国	日本	泰国	马来西亚	菲律宾	新加坡	其他
2012	6 393	323	4 108	86	165	638	104	716	85	168
2013	6 434	405	3 763	166	242	751	116	795	44	152
2014	6 672	493	3 677	152	354	806	94	890	33	172
年	总数	目的地								
		中国内地	中国台湾	韩国	日本	泰国	马来西亚	菲律宾	新加坡	其他
2012	16 348	1 491	9 089	555	529	2 338	1 205	57	842	241
2013	15 019	1 646	6 480	530	444	3 085	1 240	334	667	592
2014	16 343	2 046	7 206	705	404	2 614	900	724	740	995

澳门地区边检站车辆总流量

单位：辆次

年	总数	入境				出境			
		小计	重型客车	重型货车	轻型汽车	小计	重型客车	重型货车	轻型汽车
2012	4 465 854	2 222 373	471 706	163 814	1 586 853	2 243 481	479 667	160 778	1 603 036
2013	4 658 186	2 321 370	509 334	154 081	1 657 955	2 336 816	517 526	156 450	1 662 840
2014	4 940 238	2 459 067	555 441	178 191	1 725 435	2 481 171	557 184	178 526	1 745 461

澳门地区各口岸货柜货物毛重统计表

单位：公吨

年	总数	进口						出口					
		小计	内港	关闸	九澳港	路凼城边检站	跨境工业区	小计	内港	关闸	九澳港	路凼城边检站	跨境工业区
2012	220 912	198 927	116 648	678	66 907	14 088	606	21 985	13 928	27	3 732	4 225	72
2013	207 988	191 177	116 486	350	57 473	16 762	105	16 811	11 595	9	2 961	2 109	136
2014	261 153	246 220	116 518	26	110 137	19 419	121	14 933	10 462		3 090	1 308	73
年	总数	转口入境						转口出境					
		小计	内港	关闸	九澳港	路凼城边检站	跨境工业区	小计	内港	关闸	九澳港	路凼城边检站	跨境工业区
2012	17 050	10 023	1 015	–	2 557	3 051	3 399	7 027	324	711	2 167	3 772	53
2013	15 477	9 680	1 238	–	2 666	2 520	3 256	5 797	534	709	1 685	2 729	140
2014	13 991	8 272	1 026	–	1 906	1 029	4 310	5 718	179	679	3 106	1 648	107

澳门地区货柜流量统计表

单位：柜次

年	总数	进口			出口		
		小计	海路	陆路	小计	海路	陆路
2012	91 270	56 188	54 253	1 935	35 082	33 454	1 628
2013	92 711	58 468	56 517	1 951	34 243	32 802	1 441
2014	110 662	62 707	60 336	2 371	37 955	35 982	1 973

续表

年	总数	转口入境			转口出境		
		小计	海路	陆路	小计	海路	陆路
2012	615	338	108	230	277	16	261
2013	539	357	162	195	182	13	169
2014	1 159	633	42	591	526	7	519

澳门地区离澳货船统计表

年	船旗											
	中国内地			中国香港			巴拿马			其他		
	船次	千总吨	千净吨	船次	千总吨	千净吨	船次	千总吨	千净吨	船次	千总吨	千净吨
2012	8 622	4 027	2 278	2 892	1 985	967	16	32	13	37	62	25
2013	9 956	5 328	2 950	2 127	1 574	820	17	32	15	25	77	24
2014	10 104	10 317	5 693	1 886	1 349	650	15	24	13	4	14	4

澳门地区对外商品贸易

		2012	2013	2014
一、贸易总额	百万澳门元	79 087.4	90 107.5	99 866.9
	同期变动率	+14.2	+13.9	+10.8
二、出口	百万澳门元	8 159.7	9 093.9	9 914.8
	同期变动率	+17.1	+11.4	+9.0
1. 本地产品出口	百万澳门元	2 285.0	2 009.2	2 022.7
	同期变动率	-4.4	-12.1	+0.7
2. 再出口	百万澳门元	5 874.7	7 084.7	7 892.0
	同期变动率	+28.2	+20.6	+11.4
三、进口	百万澳门元	70 927.8	81 013.5	89 952.2
	同期变动率	+13.9	+14.2	+11.0
四、贸易差额	百万澳门元	-62 768.1	-71 919.6	-80 037.4
(出口减进口)				
五、出口/进口比率		+11.5	+11.2	+11.0
六、对外商品贸易指数				
1. 出口				
价值指数	指数	117.1	130.5	142.2

续表

		2012	2013	2014
	同期变动率	17.1	11.4	9.0
单位价格指数	指数	100.7	100.1	98.6
	同期变动率	+0.7	-0.6	-1.5
数量指数	指数	116.3	130.3	144.2
	同期变动率	+16.3	+12.0	+10.7
2. 进口				
价值指数	指数	113.9	130.1	144.4
	同期变动率	+13.9	+14.2	+11.0
单位价格指数	指数	103.0	102.5	101.5
	同期变动率	+3.0	-0.5	-1.0
数量指数	指数	110.6	126.8	142.3
	同期变动率	+10.6	+14.6	+12.2
3. 贸易价格比率 a	指数	97.7	97.6	97.1
	同期变动率	-2.3	-0.1	-0.5

澳门地区按原居地统计之入境及不过夜旅客表

单位：人次

原居地	入境旅客					不过夜旅客				
	2014 年		2013 年		变动(%)	2014 年		2013 年		变动(%)
	总数	结构	总数	结构		总数	结构	总数	结构	
总数	31 525 632	100.0	29 324 822	100.0	+7.5	16 959 949	100.0	15 056 359	100.0	+12.6
中国内地	21 252 410	67.4	18 632 207	63.5	+14.1	11 524 204	67.9	9 706 885	64.5	+18.7
中国香港	6 426 608	20.4	6 766 044	23.1	-5.0	3 638 054	21.5	3 560 766	23.6	+2.2
中国台湾	953 753	3.0	1 001 189	3.4	-4.7	544 012	3.2	578 448	3.8	-6.0
日本	299 849	1.0	290 622	1.0	+3.2	118 791	0.7	112 419	0.7	+5.7
印尼	189 189	0.6	208 481	0.7	-9.3	58 139	0.3	57 730	0.4	+0.7
印度	167 216	0.5	160 019	0.5	+4.5	33 220	0.2	30 039	0.2	+10.6
马来西亚	250 046	0.8	291 136	1.0	-14.1	106 421	0.6	126 775	0.8	-16.1
泰国	175 906	0.6	238 635	0.8	-26.3	79 279	0.5	102 286	0.7	-22.5
越南	14 223	0#	17 105	0.1	-16.8	894	0#	1 111	0#	-19.5
菲律宾	262 853	0.8	274 103	0.9	-4.1	109 201	0.6	115 652	0.8	-5.6
新加坡	196 491	0.6	189 751	0.6	+3.6	88 887	0.5	81 230	0.5	+9.4

续表

原居地	入境旅客					不过夜旅客				
	2014 年		2013 年		变动(%)	2014 年		2013 年		变动(%)
	总数	结构	总数	结构		总数	结构	总数	结构	
韩国	554 521	1. 8	474 269	1. 6	+16. 9	271 842	1. 6	212 350	1. 4	+28. 0
亚洲其他	70 235	0. 2	64 993	0. 2	+8. 1	29 157	0. 2	25 951	0. 2	+12. 4
巴西	9 674	0#	9 785	0#	-1. 1	5 165	0#	4 891	0#	+5. 6
加拿大	70 601	0. 2	74 213	0. 3	-4. 9	32 010	0. 2	32 030	0. 2	-0. 1
美国	181 457	0. 6	179 527	0. 6	+1. 1	90 962	0. 5	87 107	0. 6	+4. 4
美洲其他	23 929	0. 1	25 166	0. 1	-4. 9	12 197	0. 1	12 129	0. 1	+0. 6
西班牙	9 208	0#	8 723	0#	+5. 6	4 936	0#	4 787	0#	+3. 1
法国	39 976	0. 1	43 440	0. 1	-8. 0	21 767	0. 1	22 154	0. 1	-1. 7
英国	60 756	0. 2	61 330	0. 2	-0. 9	29 276	0. 2	28 583	0. 2	+2. 4
俄罗斯	31 908	0. 1	30 528	0. 1	+4. 5	17 544	0. 1	15 536	0. 1	+12. 9
荷兰	12 157	0#	11 697	0#	+3. 9	6 494	0#	5 843	0#	+11. 1
瑞士	7 230	0#	7 658	0#	-5. 6	4 041	0#	4 196	0#	-3. 7
意大利	13 758	0#	13 487	0#	+2. 0	7 702	0#	7 474	0#	+3. 1
葡萄牙	15 868	0. 1	16 034	0. 1	-1. 0	3 067	0#	2 742	0#	+11. 9
德国	28 191	0. 1	29 717	0. 1	-5. 1	16 839	0. 1	16 983	0. 1	-0. 8
欧洲其他	50 767	0. 2	50 221	0. 2	+1. 1	27 028	0. 2	25 453	0. 2	+6. 2
新西兰	14 565	0#	14 401	0#	+1. 1	6 523	0#	6 554	0#	-0. 5
澳洲	105 914	0. 3	109 566	0. 4	-3. 3	48 402	0. 3	50 018	0. 3	-3. 2
大洋洲其他	1 386	0#	1 346	0#	+3. 0	455	0#	430	0#	+5. 8
南非	5 678	0#	4 981	0#	+14. 0	2 535	0#	2 156	0#	+17. 6
其他	29 309	0. 1	24 448	0. 1	+19. 9	20 905	0. 1	15 651	0. 1	+33. 0

澳门地区贸易类别及运输方式统计之货值及毛重

单位：百万澳门元/公吨

贸易类别	2013 年				2014 年			
	总数	海运	陆运	空运	总数	海运	陆运	空运
出口	9 093.9	6 134.1	1 494.5	149.9	9 914.8	6 959.7	1 448.3	121.4
	384 724	202 027	23 414	882	409 443	192 297	45 430	466
本地产品出口	2 009.2	1 799.2	183.8	10.1	2 022.7	1 784.9	214.2	6.2
	74 126	70 274	3 824	26	147 480	143 421	4 034	23
再出口	7 084.7	4 334.8	1 310.7	139.8	7 892.0	5 174.8	1 234.0	115.3
	310 599	131 753	19 590	857	261 964	48 876	41 396	443
进口	81 013.5	70 951.8	4 767.8	1 663.9	89 952.2	78 689.9	5 737.7	1 750.4
	92 475 122	4 657 885	1 195 966	4 243	98 897 123	4 785 834	1 234 834	4 789
暂时出口	1 449.3	686.5	539.6	223.2	1 512.6	591.3	817.1	104.2
	1 417	390	965	62	1 023	297	686	40
再进口	915.2	292.0	612.8	10.4	1 165.0	430.6	732.1	2.4
	1 637	475	1 156	6	1 047	240	804	3
转运（进入）	10 024.3	4 359.7	4 006.9	1 655.1	10 395.8	5 002.3	3 884.8	1 508.7
	50 923	10 419	38 631	1 874	48 305	14 273	32 746	1 287
转运（离开）	10 024.3	1 676.6	7 454.4	893.3	10 395.8	1 767.6	7 624.8	1 003.4
	50 923	9 464	32 918	8 541	48 305	7 617	31 297	9 391

第五篇

口岸相关法规

中华人民共和国海关总署令

中华人民共和国海关总署 第214号令

《海关总署关于修改〈中华人民共和国海关关于大嶝对台小额商品交易市场管理办法〉的决定》已于2013年12月9日经海关总署署务会议审议通过，现予公布，自2014年2月1日起施行。

署　长

2013年12月31日

海关总署关于修改《中华人民共和国海关关于大嶝对台小额商品交易市场管理办法》的决定

经国务院批准，国家决定对大嶝对台小额商品交易市场税收政策进行调整，海关总署决定对《中华人民共和国海关关于大嶝对台小额商品交易市场管理办法》（海关总署令第163号，以下简称《办法》）作如下相应修改：

一、将《办法》第五条第一款由“台湾船舶及其人员运输或者携带进入交易市场的货物仅限产于台湾的土特产品、生活日用小商品以及旅游商品（具体清单详见附件）。”修改为“台湾船舶及其人员运输或者携带进入交易市场的货物仅限原产于台湾的土特产品、生活日用小商品以及旅游商品（详见附件1）。进入交易市场的台湾商品暂不征收进口关税和进口环节海关代征税。”。

二、将《办法》第七条第一款由“进入交易市场的人员每日携带出交易市场的台湾商品总值在人民币3000元以下的，免征进口关税和进口环节海关代征税。超过人民币3000元的，超过部分按照一般贸易的管理规定办理进口手续。”修改为“进入交易市场的人员每日携带出交易市场的台湾商品总值在人民币6 000元以下的，免征进口关税和进口环节海关代征税。超过人民币6 000元的，超过部分按照一般贸易的管理规定办理进口手续。”

三、增加“本办法附件2列明的商品仅限在规定数量内携带出交易市场。超出规定数量的，应当按照一般贸易的管理规定办理进口手续。”，作为《办法》第七条第二款，原《办法》第七条第二款予以删除。

四、增加“大嶝对台小额商品交易市场携带入境数量限制商品清单”作为《办法》附件2。

《中华人民共和国海关关于大嶝对台小额商品交易市场管理办法》根据本决定作相应修改，重新公布。

本决定自2014年2月1日起生效。

附件：中华人民共和国海关关于大嶝对台小额商品交易市场管理办法

中华人民共和国海关关于大嶝对台小额商品交易市场管理办法

第一条　为了加强大嶝对台小额商品交易市场（以下简称交易市场）的管理，维护交易市场的正常经营秩序，促进海峡两岸民间商品交流健康发展，根据《中华人民共和国海关法》（以下简称《海关法》）及其他有关法律、行政法规的规定制定本办法。

第二条　大嶝对台小额商品交易市场是经国家批准在厦门市翔安区大嶝岛内专门设立，用于开展对台民间小额商品交易活动，并且实行封闭管理的海关监管区。

第三条　对进出交易市场的货物、物品、运输工具，以及交易市场的有关场所，海关依法进行监督管理。

第四条　在交易市场内从事经营活动的法人和其他组织应当向海关办理备案登记手续。

第五条 台湾船舶及其人员运输或者携带进入交易市场的货物仅限原产于台湾的土特产品、生活日用小商品以及旅游商品（见附件1）。进入交易市场的台湾商品暂不征收进口关税和进口环节海关代征税。

国家限制进出口和实行许可证管理的商品，按照国家有关规定办理。从台湾进口到交易市场的台湾产卷烟，可以免于交验“自动进口许可证”。

国家禁止进出境的货物、物品不得进出交易市场。

第六条 进境运输工具负责人、进口货物收货人及其代理人应当如实向海关申报运进交易市场货物的品名、数量、价格等，并且按照海关要求交验有关单证。

第七条 进入交易市场的人员每日携带出交易市场的台湾商品总值在人民币6 000元以下的，免征进口关税和进口环节海关代征税。超过人民币6 000元的，超过部分按照一般贸易的管理规定办理进口手续。

本办法附件2列明的商品仅限在规定数量内携带出交易市场。超出规定数量的，应当按照一般贸易的管理规定办理进口手续。

第八条 从境外运入交易市场的货物和从交易市场运往境外的货物列入进、出口统计。从交易市场内运往市场外的货物，实施单项统计。

第九条 对台小额贸易公司从交易市场采购商品进口、台湾居民从交易市场采购商品出口以及进出交易市场专用码头的船舶，由海关按照原外经贸部、海关总署发布的《对台湾地区小额贸易的管理办法》进行管理。

第十条 在交易市场与专用码头之间运输台湾商品的运输工具，应当符合海关监管要求，并且办理有关手续。

第十一条 违反本办法，构成走私行为、违反海关监管规定行为或者其他违反《海关法》行为的，由海关依照《海关法》和《中华人民共和国海关行政处罚实施条例》的有关规定予以处理；构成犯罪的，依法追究刑事责任。

第十二条 本办法自2007年10月1日起施行。1999年3月3日海关总署批准、1999年3月26日厦门海关公布的《厦门海关对大嶝对台小额商品交易市场的监管办法》同时废止。

附件：1. 大嶝对台小额商品交易市场商品经营范围

2. 携带出大嶝对台小额商品交易市场的数量限制商品清单

附件1

大嶝对台小额商品交易市场商品经营范围

一、粮油食品类，包括粮油制品、食用动物及其产品、食用植物及其产品、水产品、食品制成品。

二、土产畜产类，包括茶叶、咖啡、可可、香调料及香料油、山货、畜产品、烟类。

三、纺织服装，包括纺织品、丝织品、服装。

四、工艺品类，包括陶瓷、地毯及装饰挂毯、工艺品。

五、轻工业品类，包括家用电器、箱包及鞋帽、文体用品、日用五金器皿、钟表、家具、日用杂品、纸品。

六、医药品类，包括中成药、药酒。

附件 2

携带出大嶝对台小额商品交易市场的数量限制商品清单

序号	商品名称	税则号列	备注
1	烟丝	ex24012010 ex24012090	每人每日 500 克以内免税。
	雪茄烟	24021000 ex24029000 ex24039900	每人每日 100 支以内免税。
	卷烟	24022000 ex24029000 ex24039900	每人每日 800 支以内免税。
	其他烟草、烟草代用品及其制品（烟草精汁除外）	24011010 24011090 ex24012010 ex24012090 24013000 24031100 24031900 24039100 ex24039900	每人每日 500 克以内免税。
2	酒精度在 12 度及以上的酒类商品	ex21069020 ex22041000 ex22042100 ex22042900 ex22043000 ex22051000 ex22059000 ex22060010 ex22060090 22071000 ex22072000 22082000 22083000 22084000 22085000 22086000 ex22087000 22089010 22089020 ex22089090 ex33021090	每人每日 2 000 毫升 以内免税。

续表 1

序号	商品名称	税则号列	备注
3	小麦	10011100 10011900 10019100 10019900 11010000 11031100 11032010	每人每日 50 千克以内免税。
4	玉米	10051000 10059000 11022000 11031300 11042300	每人每日 50 千克以内免税。
5	稻谷和大米	10061011 10061019 10061091 10061099 10062010 10062090 10063010 10063090 10064010 10064090 11029011 11029019 11031921 11031929	每人每日 50 千克以内免税。
6	糖	17011200 17011300 17011400 17019100 17019910 17019920 17019990	每人每日 1 千克以内免税。
7	羊毛	51011100 51011900 51012100 51012900 51013000 51031010	不予免税

续表 2

序号	商品名称	税则号列	备注
8	毛条	51051000 51052100 51052900	不予免税
9	棉花	52010000 52030000	每人每日 5 千克以内免税。
10	豆油	15071000 15079000	每人每日 5 千克以内免税。
11	菜子油	15141100 15141900 15149110 15149190 15149900	每人每日 5 千克以内免税。
12	棕榈油	15111000 15119010 15119090	每人每日 5 千克以内免税。
13	咖啡	09011100 09011200 09012100 09012200 09019020	每人每日 5 千克以内免税。
14	胡椒	09041100 09041200	每人每日 5 千克以内免税。

表注：1. “ex” 表示免征进口关税的商品以 “商品名称” 描述为准。其余以税号为准。

2. 对 20 种不予免税的家用电器商品仍按国家有关规定执行。

中华人民共和国海关总署
第 217 号令

《中华人民共和国海关进口货物直接退运管理办法》已于 2014 年 2 月 13 日经海关总署署务会议审议通过，现予公布，自公布之日起施行。2007 年 2 月 2 日以海关总署令第 156 号公布的《中华人民共和国海关进口货物直接退运管理办法》同时废止。

署　长

2014 年 3 月 12 日

中华人民共和国海关进口
货物直接退运管理办法

第一条　为了加强对进口货物直接退运的管理，保护公民、法人或者其他组织的合法权益，根据《中华人民共和国海关法》（以下简称《海关法》）制定本办法。

第二条　货物进境后、办结海关放行手续前，进口货物收发货人、原运输工具负责人或者其代理人（以下统称当事人）将全部或者部分货物直接退运境外，以及海关根据国家有关规定责令直接退运的，适用本办法。

进口转关货物在进境地海关放行后，当事人办理退运手续的，不适用本办法，当事人应当按照一般退运手续办理。

第三条 货物进境后、办结海关放行手续前，有下列情形之一的，当事人可以向货物所在地海关办理直接退运手续：

（一）因为国家贸易管理政策调整，收货人无法提供相关证件的；

（二）属于错发、误卸或者溢卸货物，能够提供发货人或者承运人书面证明文书的；

（三）收发货人双方协商一致同意退运，能够提供双方同意退运的书面证明文书的；

（四）有关贸易发生纠纷，能够提供已生效的法院判决书、仲裁机构仲裁决定书或者无争议的有效货物所有权凭证的；

（五）货物残损或者国家检验检疫不合格，能够提供国家检验检疫部门出具的相关检验证明文书的。

第四条 办理直接退运手续的进口货物未向海关申报的，当事人应当向海关提交“进口货物直接退运表”以及证明进口实际情况的合同、发票、装箱清单、提运单或者载货清单等相关单证、证明文书，按照本办法第十条的规定填制报关单，办理直接退运的申报手续。

第五条 办理直接退运手续的进口货物已向海关申报的，当事人应当向海关提交“进口货物直接退运表”、原报关单或者转关单以及证明进口实际情况的合同、发票、装箱清单、提运单或者载货清单等相关单证、证明文书，先行办理报关单或者转关单删除手续。

本条第一款规定情形下，海关依法删除原报关单或者转关单数据的，当事人应当按照本办法第十条的规定填制报关单，办理直接退运的申报手续。

对海关已经确定布控、查验或者认为有走私违规嫌疑的货物，不予办理直接退运。布控、查验或者案件处理完毕后，按照海关有关规定处理。

第六条 货物进境后、办结海关放行手续前，有下列情形之一的，海关应当责令当事人将进口货物直接退运境外：

（一）货物属于国家禁止进口的货物，已经海关依法处理的；

（二）违反国家检验检疫政策法规，已经国家检验检疫部门处理并且出具“检验检疫处理通知书”或者其他证明文书的；

（三）未经许可擅自进口属于限制进口的固体废物，已经海关依法处理的；

（四）违反国家有关法律、行政法规，应当责令直接退运的其他情形。

第七条 责令进口货物直接退运的，由海关根据相关政府行政主管部门出具的证明文书，向当事人制发“海关责令进口货物直接退运通知书”（以下简称“责令直接退运通知书”）。

第八条 当事人收到“责令直接退运通知书”之日起30日内，应当按照海关要求向货物所在地海关办理进口货物直接退运的申报手续。

第九条 当事人办理进口货物直接退运申报手续的，除另有规定外，应当先行填写出口报关单向海关申报，然后填写进口报关单办理直接退运申报手续，进口报关单应当在“关联报关单”栏填报出口报关单号。

第十条 进口货物直接退运的，除《中华人民共和国海关进出口货物报关单填制规范》外，还应当按照下列要求填制进出口货物报关单：

（一）“监管方式”栏均填写“直接退运”（代码“4500”）；

（二）“备注”栏填写“进口货物直接退运表”或者“责令直接退运通知书”编号。

第十一条 直接退运的货物，海关不验核进出口许可证或者其他监管证件，免予征收进出口环节税费及滞报金，不列入海关统计。

第十二条 由于承运人的责任造成货物错发、误卸或者溢卸的，当事人办理直接退运手续时可以免予填制报关单。

第十三条 进口货物直接退运应当从原进境地口岸退运出境。由于运输原因需要改变运输方式或者由另一口岸退运出境的，应当经由原进境地海关批准后，以转关运输方式出境。

第十四条 保税区、出口加工区以及其他海关特殊监管区域和保税监管场所进口货物的直接退运参照本办法有关规定办理。

第十五条 违反本办法，构成走私行为、违反海关监管规定行为或者其他违反《海关法》行为的，由海关依照《海关法》和《中华人民共和国海关行政处罚实施条例》的有关规定予以处理；构成犯罪的，依法追究刑事责任。

第十六条 “进口货物直接退运表”、“海关责令进口货物直接退运通知书”等法律文书，由海关总署另行制发公告。

第十七条 本办法由海关总署负责解释。

第十八条 本办法自公布之日起施行。2007年2月2日以海关总署令第156号公布的《中华人民共和国海关进口货物直接退运管理办法》同时废止。

中华人民共和国海关总署第219号令

《中华人民共和国海关加工贸易货物监管办法》已于2014年2月13日经海关总署署务会议审议通过，现予公布，自公布之日起施行。2004年2月26日以海关总署令第113号发布，并以海关总署令第168号、195号修改的《中华人民共和国海关对加工贸易货物监管办法》同时废止。

署　长

2014年3月12日

中华人民共和国海关加工贸易货物监管办法

第一章　总则

第一条 为了促进加工贸易健康发展，规范海关对加工贸易货物管理，根据《中华人民共和国海关法》（以下简称《海关法》）以及其他有关法律、行政法规，制定本办法。

第二条 本办法适用于办理加工贸易货物手册设立、进出口报关、加工、监管、核销手续。

加工贸易经营企业、加工企业、承揽者应当按照本办法规定接受海关监管。

第三条 本办法所称“加工贸易”是指经营企业进口全部或者部分原辅材料、零部件、元器件、包装物料（以下统称料件），经过加工或者装配后，将制成品复出口的经营活动，包括来料加工和进料加工。

第四条 除国家另有规定外，加工贸易进口料件属于国家对进口有限制性规定的，经营企业免于向海关提交进口许可证件。

加工贸易出口制成品属于国家对出口有限制性规定的，经营企业应当向海关提交出口许可证件。

第五条 加工贸易项下进口料件实行保税监管的，加工成品出口后，海关根据核定的实际加工复出口的数量予以核销。

加工贸易项下进口料件按照规定在进口时先行征收税款的，加工成品出口后，海关根据核定的实际加工复出口的数量退还已征收的税款。

加工贸易项下的出口产品属于应当征收出口关税的，海关按照有关规定征收出口关税。

第六条 海关按照国家规定对加工贸易货物实行担保制度。

未经海关批准，加工贸易货物不得抵押。

第七条 海关对加工贸易实行分类监管，具体管理办法由海关总署另行制定。

第八条 海关可以对加工贸易企业进行核查，企业应当予以配合。

海关核查不得影响企业的正常经营活动。

第九条 加工贸易货物的手册设立、进出口报关、核销，应当采用纸质单证、电子数据的形式。

第十条 加工贸易企业应当根据《中华人民共和国会计法》以及海关有关规定，设置符合海关监管要求的账簿、报表以及其他有关单证，记录与本企业加工贸易货物有关的进口、存储、转让、转移、销售、加工、使用、损耗和出口等情况，凭合法、有效凭证记账并且进行核算。

加工贸易企业应当将加工贸易货物与非加工贸易货物分开管理。加工贸易货物应当存放在经海关备案的场所，实行专料专放。企业变更加工贸易货物存放场所的，应当经海关批准。

第二章　加工贸易货物手册设立

第十一条 经营企业应当向加工企业所在地主管海关办理加工贸易货物的手册设立手续。

经营企业与加工企业不在同一直属海关管辖的区域范围的，应当按照海关对异地加工贸易的管理规定办理手册设立手续。

第十二条 除另有规定外，经营企业办理加工贸易货物的手册设立，应当向海关如实申报贸易方式、单耗、进出口口岸，以及进口料件和出口成品的商品名称、商品编号、规格型号、价格和原产地等情况，并且提交下列单证：

（一）主管部门签发的同意开展加工贸易业务的有效批准文件；

（二）经营企业自身有加工能力的，应当提交主管部门签发的“加工贸易加工企业生产能力证明”；

（三）经营企业委托加工的，应当提交经营企业与加工企业签订的委托加工合同、主管部门签发的加工企业“加工贸易加工企业生产能力证明”；

（四）经营企业对外签订的合同；

（五）海关认为需要提交的其他证明文件和材料。

第十三条 经营企业按照本办法第十一条、第十二条规定，提交齐全、有效的单证材料，申报设立手册的，海关应当自接受企业手册设立申报之日起5个工作日内完成加工贸易手册设立手续。

需要办理担保手续的，经营企业按照规定提供担保后，海关办理手册设立手续。

第十四条 有下列情形之一的，海关应当在经营企业提供相当于应缴税款金额的保证金或者银行、非银行金融机构保函后办理手册设立手续：

（一）涉嫌走私，已经被海关立案侦查，案件尚未审结的；

（二）由于管理混乱被海关要求整改，在整改期内的。

第十五条 有下列情形之一的，海关可以要求经营企业在办理手册设立手续时提供相当于应缴税款金额的保证金或者银行、非银行金融机构保函：

（一）租赁厂房或者设备的；

（二）首次开展加工贸易业务的；

（三）加工贸易手册延期两次（含两次）以上的；

（四）办理异地加工贸易手续的；

（五）涉嫌违规，已经被海关立案调查，案件尚未审结的。

第十六条 加工贸易企业有下列情形之一的，不得办理手册设立手续：

（一）进口料件或者出口成品属于国家禁止进出口的；

（二）加工产品属于国家禁止在我国境内加工生产的；

（三）进口料件不宜实行保税监管的；

（四）经营企业或者加工企业属于国家规定不允许开展加工贸易的；

（五）经营企业未在规定期限内向海关报核已到期的加工贸易手册，又重新申报设立手册的。

第十七条 经营企业办理加工贸易货物的手册设立，申报内容、提交单证与事实不符的，海关应当按照下列规定处理：

（一）货物尚未进口的，海关注销其手册；

（二）货物已进口的，责令企业将货物退运出境。

本条第一款第（二）项规定情形下，经营企业可以向海关申请提供相当于应缴税款金额的保证金或者银行、非银行金融机构保函，并且继续履行合同。

第十八条 已经办理加工贸易货物的手册设立手续的经营企业可以向海关领取加工贸易手册分册、续册。

第十九条 加工贸易货物手册设立内容发生变更的，经营企业应当在加工贸易手册有效期内办理变更手续。

需要报原审批机关批准的，还应当报原审批机关批准，另有规定的除外。

第三章　加工贸易货物进出口、加工

第二十条 经营企业进口加工贸易货物，可以从境外或者海关特殊监管区域、保税监管场所进口，也可以通过深加工结转方式转入。

经营企业出口加工贸易货物，可以向境外或者海关特殊监管区域、保税监管场所出口，也可以通过深加工结转方式转出。

第二十一条 经营企业应当凭加工贸易手册、加工贸易进出口货物专用报关单等有关单证办理加工贸易货物进出口报关手续。

第二十二条 经营企业以加工贸易方式进出口的货物，列入海关统计。

第二十三条 加工贸易企业开展深加工结转的，转入企业、转出企业应当向各自的主管海关申报，办理实际收发货以及报关手续。具体管理规定由海关总署另行制定并公布。

有下列情形之一的，加工贸易企业不得办理深加工结转手续：

（一）不符合海关监管要求，被海关责令限期整改，在整改期内的；

（二）有逾期未报核手册的；

（三）由于涉嫌走私已经被海关立案调查，尚未结案的。

加工贸易企业未按照海关规定进行收发货的，不得再次办理深加工结转手续。

第二十四条 经营企业开展外发加工业务，应当按照外发加工的相关管理规定自外发之日起3个工作日内向海关办理备案手续。

经营企业开展外发加工业务，不得将加工贸易货物转卖给承揽者；承揽者不得将加工贸易货物再次外发。

经营企业将全部工序外发加工的，应当在办理备案手续的同时向海关提供相当于外发加工货物应缴税款金额的保证金或者银行、非银行金融机构保函。

第二十五条 外发加工的成品、剩余料件以及生产过程中产生的边角料、残次品、副产品等加工贸易货物，经营企业向所在地主管海关办理相关手续后，可以不运回本企业。

第二十六条 海关对加工贸易货物实施监管的，经营企业和承揽者应当予以配合。

第二十七条 加工贸易货物应当专料专用。

经海关核准，经营企业可以在保税料件之间、保税料件与非保税料件之间进行串换，但是被串换的料件应当属于同一企业，并且应当遵循同品种、同规格、同数量、不牟利的原则。

来料加工保税进口料件不得串换。

第二十八条 由于加工工艺需要使用非保税料件的，经营企业应当事先向海关如实申报使用非保税料件的比例、品种、规格、型号、数量。

经营企业按照本条第一款规定向海关申报的，海关核销时应当在出口成品总耗用量中予以核扣。

第二十九条 经营企业进口料件由于质量存在瑕疵、规格型号与合同不符等原因，需要返还原供货商进行退换，以及由于加工贸易出口产品售后服务需要而出口未加工保税料件的，可以直接向口岸海关办理报关手续。

已经加工的保税进口料件不得进行退换。

第四章 加工贸易货物核销

第三十条 经营企业应当在规定的期限内将进口料件加工复出口，并且自加工贸易手册项下最后一批成品出口或者加工贸易手册到期之日起30日内向海关报核。

经营企业对外签订的合同提前终止的，应当自合同终止之日起30日内向海关报核。

第三十一条 经营企业报核时应当向海关如实申报进口料件、出口成品、边角料、剩余料件、残次品、副产品以及单耗等情况，并且按照规定提交相关单证。

经营企业按照本条第一款规定向海关报核，单证齐全、有效的，海关应当受理报核。

第三十二条 海关核销可以采取纸质单证核销、电子数据核销的方式，必要时可以下厂核查，企业应当予以配合。

海关应当自受理报核之日起30日内予以核销。特殊情况需要延长的，经直属海关关长或者其授权的隶属海关关长批准可以延长30日。

第三十三条 加工贸易保税进口料件或者成品因故转为内销的，海关凭主管部门准予内销的有效批准文件，对保税进口料件依法征收税款并且加征缓税利息，另有规定的除外。

进口料件属于国家对进口有限制性规定的，经营企业还应当向海关提交进口许可证件。

第三十四条 经营企业因故将加工贸易进口料件退运出境的，海关凭有关退运单证核销。

第三十五条 经营企业在生产过程中产生的边角料、剩余料件、残次品、副产品和受灾保税货物，按照海关对加工贸易边角料、剩余料件、残次品、副产品和受灾保税货物的管理规定办理，海关凭有关单证核销。

第三十六条 经营企业遗失加工贸易手册的，应当及时向海关报告。

海关按照有关规定处理后对遗失的加工贸易手册予以核销。

第三十七条 对经核销结案的加工贸易手册，海关向经营企业签发“核销结案通知书”。

第三十八条 经营企业已经办理担保的，海关在核销结案后按照规定解除担保。

第三十九条 加工贸易货物的手册设立和核销单证自加工贸易手册核销结案之日起留存3年。

第四十条 加工贸易企业出现分立、合并、破产、解散或者其他停止正常生产经营活动情形的，应当及时向海关报告，并且办结海关手续。

加工贸易货物被人民法院或者有关行政执法部门

封存的，加工贸易企业应当自加工贸易货物被封存之日起5个工作日内向海关报告。

第五章　附则

第四十一条　违反本办法，构成走私行为、违反海关监管规定行为或者其他违反《海关法》行为的，由海关依照《海关法》和《中华人民共和国海关行政处罚实施条例》的有关规定予以处理；构成犯罪的，依法追究刑事责任。

第四十二条　本办法中下列用语的含义：

来料加工，是指进口料件由境外企业提供，经营企业不需要付汇进口，按照境外企业的要求进行加工或者装配，只收取加工费，制成品由境外企业销售的经营活动。

进料加工，是指进口料件由经营企业付汇进口，制成品由经营企业外销出口的经营活动。

加工贸易货物，是指加工贸易项下的进口料件、加工成品以及加工过程中产生的边角料、残次品、副产品等。

加工贸易企业，包括经海关注册登记的经营企业和加工企业。

经营企业，是指负责对外签订加工贸易进出口合同的各类进出口企业和外商投资企业，以及经批准获得来料加工经营许可的对外加工装配服务公司。

加工企业，是指接受经营企业委托，负责对进口料件进行加工或者装配，并且具有法人资格的生产企业，以及由经营企业设立的虽不具有法人资格，但是实行相对独立核算并已经办理工商营业证（执照）的工厂。

单位耗料量，是指加工贸易企业在正常生产条件下加工生产单位出口成品所耗用的进口料件的数量，简称单耗。

深加工结转，是指加工贸易企业将保税进口料件加工的产品转至另一加工贸易企业进一步加工后复出口的经营活动。

承揽者，是指与经营企业签订加工合同，承接经营企业委托的外发加工业务的企业或者个人。

外发加工，是指经营企业委托承揽者对加工贸易货物进行加工，在规定期限内将加工后的产品最终复出口的行为。

核销，是指加工贸易经营企业加工复出口或者办理内销等海关手续后，凭规定单证向海关报核，海关按照规定进行核查以后办理解除监管手续的行为。

第四十三条　保税工厂开展加工贸易业务，按照海关对加工贸易保税工厂的管理规定办理。

第四十四条　进料加工保税集团开展加工贸易业务，按照海关对进料加工保税集团的管理规定办理。

第四十五条　实施联网监管的加工贸易企业开展加工贸易业务，按照海关对加工贸易企业实施计算机联网监管的管理规定办理。

第四十六条　加工贸易企业在海关特殊监管区域内开展加工贸易业务，按照海关对海关特殊监管区域的相关管理规定办理。

第四十七条　单耗的申报与核定，按照海关对加工贸易单耗的管理规定办理。

第四十八条　海关对加工贸易货物进口时先征收税款出口后予以退税的管理规定另行制定。

第四十九条　本办法由海关总署负责解释。

第五十条　本办法自公布之日起施行。2004年2月26日以海关总署令第113号发布，并经海关总署令第168号、195号修正的《中华人民共和国海关对加工贸易货物监管办法》同时废止。

中华人民共和国海关总署
第220号令

《中华人民共和国海关进出口货物报关单修改和撤销管理办法》已于2014年2月13日经海关总署署务会议审议通过，现予公布，自公布之日起施行。2005年12月30日以海关总署令第143号公布的《中华人民共和国海关进出口货物报关单修改和撤销管理办法》同时废止。

署　长

2014年3月13日

中华人民共和国海关进出口货物报关单修改和撤销管理办法

第一条　为了加强对进出口货物报关单修改和撤销的管理，规范进出口货物收发货人或者其代理人的申报行为，保护其合法权益，根据《中华人民共和国海关法》（以下简称《海关法》）制定本办法。

第二条 进出口货物收发货人或者其代理人（以下统称当事人）修改或者撤销进出口货物报关单，以及海关要求对进出口货物报关单进行修改或者撤销的，适用本办法。

第三条 海关接受进出口货物申报后，报关单证及其内容不得修改或者撤销；符合规定情形的，可以修改或者撤销。

进出口货物报关单修改或者撤销后，纸质报关单和电子数据报关单应当一致。

第四条 进出口货物报关单的修改或者撤销，应当遵循修改优先原则；确实不能修改的，予以撤销。

第五条 有以下情形之一的，当事人可以向原接受申报的海关办理进出口货物报关单修改或者撤销手续，海关另有规定的除外：

（一）出口货物放行后，由于装运、配载等原因造成原申报货物部分或者全部退关、变更运输工具的；

（二）进出口货物在装载、运输、存储过程中发生溢短装，或者由于不可抗力造成灭失、短损等，导致原申报数据与实际货物不符的；

（三）由于办理退补税、海关事务担保等其他海关手续而需要修改或者撤销报关单数据的；

（四）根据贸易惯例先行采用暂时价格成交、实际结算时按商检品质认定或者国际市场实际价格付款方式需要修改申报内容的；

（五）已申报进口货物办理直接退运手续，需要修改或者撤销原进口货物报关单的；

（六）由于计算机、网络系统等技术原因导致电子数据申报错误的。

第六条 符合本办法第五条规定的，当事人应当向海关提交“进出口货物报关单修改/撤销表”和下列材料：

（一）符合第五条第（一）项情形的，应当提交退关、变更运输工具证明材料；

（二）符合第五条第（二）项情形的，应当提交商检机构或者相关部门出具的证明材料；

（三）符合第五条第（三）项情形的，应当提交签注海关意见的相关材料；

（四）符合第五条第（四）项情形的，应当提交全面反映贸易实际状况的发票、合同、提单、装箱单等单证，并如实提供与货物买卖有关的支付凭证 以及证明申报价格真实、准确的其他商业单证、书面资料和电子数据；

（五）符合第五条第（五）项情形的，应当提交“进口货物直接退运表”或者“责令进口货物直接退运通知书”；

（六）符合第五条第（六）项情形的，应当提交计算机、网络系统运行管理方出具的说明材料；

（七）其他证明材料。

当事人向海关提交材料符合本条第一款规定，并且齐全、有效的，海关应当及时进行修改或者撤销。

第七条 由于报关人员操作或者书写失误造成申报内容需要修改或者撤销的，当事人应当向海关提交“进出口货物报关单修改/撤销表”和下列材料：

（一）可以证明进出口货物实际情况的合同、发票、装箱单、提运单或者载货清单等相关单证、证明文书；

（二）详细情况说明；

（三）其他证明材料。

海关未发现报关人员存在逃避海关监管行为的，可以修改或者撤销报关单。不予修改或者撤销的，海关应当及时通知当事人，并且说明理由。

第八条 海关发现进出口货物报关单需要修改或者撤销，可以采取以下方式主动要求当事人修改或者撤销：

（一）将电子数据报关单退回，并详细说明修改的原因和要求，当事人应当按照海关要求进行修改后重新提交，不得对报关单其他内容进行变更；

（二）向当事人制发“进出口货物报关单修改/撤销确认书”，通知当事人要求修改或者撤销的内容，当事人应当在5日内对进出口货物报关单修改或者撤销的内容进行确认，确认后海关完成对报关单的修改或者撤销。

第九条 除不可抗力外，当事人有以下情形之一的，海关可以直接撤销相应的电子数据报关单：

（一）海关将电子数据报关单退回修改，当事人未在规定期限内重新发送的；

（二）海关审结电子数据报关单后，当事人未在规定期限内递交纸质报关单的；

（三）出口货物申报后未在规定期限内运抵海关监管场所的；

（四）海关总署规定的其他情形。

第十条 海关已经决定布控、查验以及涉嫌走私或者违反海关监管规定的进出口货物，在办结相关手续前不得修改或者撤销报关单及其电子数据。

第十一条 已签发报关单证明联的进出口货物，当事人办理报关单修改或者撤销手续时应当向海关交回报关单证明联。

第十二条 由于修改或者撤销进出口货物报关单导致需要变更、补办进出口许可证件的，当事人应当向海关提交相应的进出口许可证件。

第十三条 进出境备案清单的修改、撤销，参照本办法执行。

第十四条 违反本办法，构成走私行为、违反海关监管规定行为或者其他违反《海关法》行为的，由海关依照《海关法》和《中华人民共和国海关行政处罚实施条例》的有关规定予以处理；构成犯罪的，依法追究刑事责任。

第十五条 本办法由海关总署负责解释。

第十六条 本办法自公布之日起施行。2005 年 12 月 30 日以海关总署令第 143 号公布的《中华人民共和国海关进出口货物报关单修改和撤销管理办法》同时废止。

中华人民共和国海关总署 第 221 号令

《中华人民共和国海关报关单位注册登记管理规定》已于 2014 年 2 月 13 日经海关总署署务会议审议通过，现予公布，自公布之日起施行。2005 年 3 月 31 日以海关总署令第 127 号发布的《中华人民共和国海关对报关单位注册登记管理规定》同时废止。

署　长

2014 年 3 月 13 日

中华人民共和国海关报关单位注册登记管理规定

第一章　总则

第一条 为了规范海关对报关单位的注册登记管理，根据《中华人民共和国海关法》（以下简称《海关法》）以及其他有关法律和行政法规，制定本规定。

第二条 中华人民共和国海关是报关单位注册登记管理的主管机关。

第三条 报关单位办理报关业务应当遵守国家有关法律、行政法规和海关规章的规定，承担相应的法律责任。

报关单位对其所属报关人员的报关行为应当承担相应的法律责任。

第四条 除法律、行政法规或者海关规章另有规定外，办理报关业务的报关单位，应当按照本规定到海关办理注册登记。

第五条 报关单位注册登记分为报关企业注册登记和进出口货物收发货人注册登记。

报关企业应当经所在地直属海关或者其授权的隶属海关办理注册登记许可后，方能办理报关业务。

进出口货物收发货人可以直接到所在地海关办理注册登记。

报关单位应当在每年 6 月 30 日前向注册地海关提交“报关单位注册信息年度报告”。

报关单位所属人员从事报关业务的，报关单位应当到海关办理备案手续，海关予以核发证明。

报关单位可以在办理注册登记手续的同时办理所属报关人员备案。

第六条 进出口货物收发货人应当通过本单位所属的报关人员办理报关业务，或者委托海关准予注册登记的报关企业，由报关企业所属的报关人员代为办理报关业务。

海关可以将报关单位的报关业务情况以及所属报关人员的执业情况予以公布。

第七条 已经在海关办理注册登记的报关单位，再次向海关提出注册登记申请的，海关不予受理。

第二章　报关企业注册登记

第八条 报关企业应当具备下列条件：

（一）具备境内企业法人资格条件；

（二）法定代表人无走私记录；

（三）无因走私违法行为被海关撤销注册登记许可记录；

（四）有符合从事报关服务所必需的固定经营场所和设施；

（五）海关监管所需要的其他条件。

第九条 申请报关企业注册登记许可，应当提交下列文件材料：

（一）“报关单位情况登记表”；

（二）企业法人营业执照副本复印件以及组织机构代码证书副本复印件；

（三）报关服务营业场所所有权证明或者使用权证明；

（四）其他与申请注册登记许可相关的材料。

申请人按照本条第一款规定提交复印件的，应当同时向海关交验原件。

第十条 申请人应当到所在地海关提出申请并递交申请注册登记许可材料。

直属海关应当对外公布受理申请的场所。

第十一条 申请人可以委托代理人提出注册登记许可申请。

申请人委托代理人代为提出申请的，应当出具授权委托书。

第十二条 对申请人提出的申请，海关应当根据下列情况分别作出处理：

（一）申请人不具备报关企业注册登记许可申请资格的，应当作出不予受理的决定；

（二）申请材料不齐全或者不符合法定形式的，应当当场或者在签收申请材料后五日内一次告知申请人需要补正的全部内容，逾期不告知的，自收到申请材料之日起即为受理；

（三）申请材料仅存在文字性或者技术性等可以当场更正的错误的，应当允许申请人当场更正，并且由申请人对更正内容予以签章确认；

（四）申请材料齐全、符合法定形式，或者申请人按照海关的要求提交全部补正申请材料的，应当受理报关企业注册登记许可申请，并作出受理决定。

第十三条 所在地海关受理申请后，应当根据法定条件和程序进行全面审查，并且于受理注册登记许可申请之日起20日内审查完毕。

直属海关未授权隶属海关办理注册登记许可的，应当自收到所在地海关报送的审查意见之日起20日内作出决定。

直属海关授权隶属海关办理注册登记许可的，隶属海关应当自受理或者收到所在地海关报送的审查意见之日起20日内作出决定。

第十四条 申请人的申请符合法定条件的，海关应当依法作出准予注册登记许可的书面决定，并送达申请人，同时核发“中华人民共和国海关报关单位注册登记证书”。

申请人的申请不符合法定条件的，海关应当依法作出不准予注册登记许可的书面决定，并且告知申请人享有依法申请行政复议或者提起行政诉讼的权利。

第十五条 报关企业在取得注册登记许可的直属海关关区外从事报关服务的，应当依法设立分支机构，并且向分支机构所在地海关备案。

报关企业在取得注册登记许可的直属海关关区内从事报关服务的，可以设立分支机构，并且向分支机构所在地海关备案。

报关企业分支机构可以在备案海关关区内从事报关服务。备案海关为隶属海关的，报关企业分支机构可以在备案海关所属直属海关关区内从事报关服务。

报关企业对其分支机构的行为承担法律责任。

第十六条 报关企业设立分支机构应当向其分支机构所在地海关提交下列备案材料：

（一）“报关单位情况登记表”；

（二）报关企业“中华人民共和国海关报关单位注册登记证书”复印件；

（三）分支机构营业执照副本复印件以及组织机构代码证书副本复印件；

（四）报关服务营业场所所有权证明复印件或者使用权证明复印件；

（五）海关要求提交的其他备案材料。

申请人按照本条第一款规定提交复印件的，应当同时向海关交验原件。

经审查符合备案条件的，海关应当核发“中华人民共和国海关报关单位注册登记证书”。

第十七条 报关企业注册登记许可期限为2年。被许可人需要延续注册登记许可有效期的，应当办理注册登记许可延续手续。

报关企业分支机构备案有效期为2年，报关企业分支机构应当在有效期届满前30日持本规定第十六条规定的材料到分支机构所在地海关办理换证手续。

第十八条 报关企业的企业名称、法定代表人发生变更的，应当持“报关单位情况登记表”、“中华人民共和国海关报关单位注册登记证书”、变更后的工商营业执照或者其他批准文件及复印件，以书面形式到注册地海关申请变更注册登记许可。

报关企业分支机构企业名称、企业性质、企业住所、负责人等海关备案内容发生变更的，应当自变更生效之日起30日内，持变更后的营业执照副本或者其他批准文件及复印件，到所在地海关办理变更手续。

所属报关人员备案内容发生变更的，报关企业及其分支机构应当在变更事实发生之日起30日内，持变更证明文件等相关材料到注册地海关办理变更手续。

第十九条 对被许可人提出的变更注册登记许可申请，注册地海关应当参照注册登记许可程序进行审查。经审查符合注册登记许可条件的，应当作出准予变更的决定，同时办理注册信息变更手续。

经审查不符合注册登记许可条件的，海关不予变更其注册登记许可。

第二十条 报关企业办理注册登记许可延续手续，应当在有效期届满40日前向海关提出申请，同时提交本规定第九条第一款第（一）项至第（四）项规定的文件材料。依照海关规定提交复印件的，还应当同时交验原件。

报关企业应当在办理注册登记许可延续的同时办理换领“中华人民共和国海关报关单位注册登记证书”手续。

报关企业未按照本条第一款规定的时限提出延续申请的，海关不再受理其注册登记许可延续申请。

第二十一条 海关应当参照注册登记许可程序在有效期届满前对报关企业的延续申请予以审查。经审查认定符合注册登记许可条件，以及法律、行政法规、海关规章规定的延续注册登记许可应当具备的其他条件的，应当依法作出准予延续2年有效期的决定。

海关应当在注册登记许可有效期届满前作出是否准予延续的决定。有效期届满时仍未作出决定的，视为准予延续，海关应当依法为其办理注册登记许可延续手续。

海关对不再具备注册登记许可条件，或者不符合法律、行政法规、海关规章规定的延续注册登记许可应当具备的其他条件的报关企业，不准予延续其注册登记许可。

第二十二条 有下列情形之一的，海关应当依法注销注册登记许可：

（一）有效期届满未申请延续的；

（二）报关企业依法终止的；

（三）注册登记许可依法被撤销、撤回，或者注册登记许可证件依法被吊销的；

（四）由于不可抗力导致注册登记许可事项无法实施的；

（五）法律、行政法规规定的应当注销注册登记许可的其他情形。

海关依据本条第一款规定注销报关企业注册登记许可的，应当同时注销该报关企业设立的所有分支机构。

第三章 进出口货物收发货人注册登记

第二十三条 进出口货物收发货人应当按照规定到所在地海关办理报关单位注册登记手续。

进出口货物收发货人在海关办理注册登记后可以在中华人民共和国关境内口岸或者海关监管业务集中的地点办理本企业的报关业务。

第二十四条 进出口货物收发货人申请办理注册登记，应当提交下列文件材料，另有规定的除外：

（一）“报关单位情况登记表”；

（二）营业执照副本复印件以及组织机构代码证书副本复印件；

（三）对外贸易经营者备案登记表复印件或者外商投资企业（台港澳侨投资企业）批准证书复印件；

（四）其他与注册登记有关的文件材料。

申请人按照本条第一款规定提交复印件的，应当同时向海关交验原件。

第二十五条 注册地海关依法对申请注册登记材料进行核对。经核对申请材料齐全、符合法定形式的，应当核发“中华人民共和国海关报关单位注册登记证书”。

第二十六条 除海关另有规定外，进出口货物收发货人“中华人民共和国海关报关单位注册登记证书”长期有效。

第二十七条 下列单位未取得对外贸易经营者备案登记表，按照国家有关规定需要从事非贸易性进出口活动的，应当办理临时注册登记手续：

（一）境外企业、新闻、经贸机构、文化团体等依法在中国境内设立的常驻代表机构；

（二）少量货样进出境的单位；

（三）国家机关、学校、科研院所等组织机构；

（四）临时接受捐赠、礼品、国际援助的单位；

（五）其他可以从事非贸易性进出口活动的单位。

第二十八条 临时注册登记单位在向海关申报前，应当向所在地海关办理备案手续。特殊情况下可以向拟进出境口岸或者海关监管业务集中地海关办理备案手续。

第二十九条 办理临时注册登记，应当持本单位出具的委派证明或者授权证明以及非贸易性活动证明材料。

第三十条 临时注册登记的，海关可以出具临时注册登记证明，但是不予核发注册登记证书。

临时注册登记有效期最长为 1 年，有效期届满后应当重新办理临时注册登记手续。

已经办理报关注册登记的进出口货物收发货人，海关不予办理临时注册登记手续。

第三十一条 进出口货物收发货人企业名称、企业性质、企业住所、法定代表人（负责人）等海关注册登记内容发生变更的，应当自变更生效之日起 30 日内，持变更后的营业执照副本或者其他批准文件以及复印件，到注册地海关办理变更手续。

所属报关人员发生变更的，进出口货物收发货人应当在变更事实发生之日起 30 日内，持变更证明文件等相关材料到注册地海关办理变更手续。

第三十二条 进出口货物收发货人有下列情形之一的，应当以书面形式向注册地海关办理注销手续。海关在办结有关手续后，应当依法办理注销注册登记手续。

（一）破产、解散、自行放弃报关权或者分立成两个以上新企业的；

（二）被工商行政管理机关注销登记或者吊销营业执照的；

（三）丧失独立承担责任能力的；

（四）对外贸易经营者备案登记表或者外商投资企业批准证书失效的；

（五）其他依法应当注销注册登记的情形。

进出口货物收发货人未依照本条第一款主动办理注销手续的，海关可以在办结有关手续后，依法注销其注册登记。

第四章 报关单位的管理

第三十三条 报关单位有权向海关查询其办理的报关业务情况。

第三十四条 报关单位应当妥善保管海关核发的注册登记证书等相关证明文件。发生遗失的，报关单位应当及时书面向海关报告并说明情况。

海关应当自收到情况说明之日起 20 日内予以补发相关证明文件。遗失的注册登记证书等相关证明文件在补办期间仍然处于有效期间的，报关单位可以办理报关业务。

第三十五条 报关单位向海关提交的纸质进出口货物报关单应当加盖本单位的报关专用章。

报关专用章应当按照海关总署统一规定的要求刻制。

报关企业及其分支机构的报关专用章仅限在其取得注册登记许可或者备案的直属海关关区内使用。

进出口货物收发货人的报关专用章可以在全关境内使用。

第三十六条 报关单位在办理注册登记业务时，应当对所提交的申请材料以及所填报信息内容的真实性负责并且承担法律责任。

第三十七条 海关依法对报关单位从事报关活动及其经营场所进行监督和实地检查，依法查阅或者要求报关单位报送有关材料。报关单位应当积极配合，如实提供有关情况和材料。

第三十八条 海关对报关单位办理海关业务中出现的报关差错予以记录，并且公布记录情况的查询方式。

报关单位对报关差错记录有异议的，可以自报关差错记录之日起 15 日内向记录海关以书面方式申请复核。

海关应当自收到书面申请之日起 15 日内进行复核，对记录错误的予以更正。

第五章 附则

第三十九条 报关单位、报关人员违反本规定，构成走私行为、违反海关监管规定行为或者其他违反《海关法》行为的，由海关依照《海关法》和《中华人民共和国海关行政处罚实施条例》的有关规定予以处理；构成犯罪的，依法追究刑事责任。

第四十条 报关单位有下列情形之一的，海关予以警告，责令其改正，可以处 1 万元以下罚款：

（一）报关单位企业名称、企业性质、企业住所、法定代表人（负责人）等海关注册登记内容发生变更，未按照规定向海关办理变更手续的；

（二）向海关提交的注册信息中隐瞒真实情况、弄虚作假的。

第四十一条 “中华人民共和国海关报关单位注册登记证书”、“报关单位情况登记表”、“报关单位注册信息年度报告”等法律文书以及格式文本，由海关总署另行制定公布。

第四十二条 本规定规定的期限以工作日计算，不含法定节假日、休息日。

第四十三条 本规定中下列用语的含义：

报关单位，是指按照本规定在海关注册登记的报关企业和进出口货物收发货人。

报关企业，是指按照本规定经海关准予注册登记，接受进出口货物收发货人的委托，以委托人的名义或者以自己的名义，向海关办理代理报关业务，从事报关服务的中华人民共和国关境内的企业法人。

进出口货物收发货人，是指依法直接进口或者出口货物的中华人民共和国关境内的法人、其他组织或者个人。

报关人员，是指经报关单位向海关备案，专门负责办理所在单位报关业务的人员。

报关差错率，是指报关单位被记录报关差错的总次数，除以同期申报总次数的百分比。

第四十四条 海关特殊监管区域内企业可以申请注册登记成为特殊监管区域双重身份企业，海关按照报关企业有关规定办理注册登记手续。

特殊监管区域双重身份企业在海关特殊监管区域内拥有进出口货物收发货人和报关企业双重身份，在海关特殊监管区外仅具报关企业身份。

除海关特殊监管区域双重身份企业外，报关单位不得同时在海关注册登记为进出口货物收发货人和报关企业。

第四十五条 本规定由海关总署负责解释。

第四十六条 本规定自公布之日起施行。2005年3月31日以海关总署令第127号发布的《中华人民共和国海关对报关单位注册登记管理规定》同时废止。

中华人民共和国海关总署第222号令

《中华人民共和国海关〈中华人民共和国政府和冰岛政府自由贸易协定〉项下进出口货物原产地管理办法》已于2014年6月30日经海关总署署务会议审议通过，现予公布，自2014年7月1日起施行。

署　长

2014年6月30日

中华人民共和国海关《中华人民共和国政府和冰岛政府自由贸易协定》项下进出口货物原产地管理办法

第一条 为了正确确定《中华人民共和国政府和冰岛政府自由贸易协定》（以下简称《中冰自贸协定》）项下进出口货物原产地，促进我国与冰岛的经贸往来，根据《中华人民共和国海关法》（以下简称《海关法》）、《中华人民共和国进出口货物原产地条例》、《中冰自贸协定》的规定，制定本办法。

第二条 本办法适用于我国与冰岛之间的《中冰自贸协定》项下进出口货物的原产地管理。

第三条 进口货物符合下列条件之一的，其原产国为冰岛：

（一）在冰岛完全获得或者生产的；

（二）在冰岛境内全部使用符合本办法规定的中国或者冰岛原产材料生产的；

（三）在冰岛境内非完全获得或者生产，但是符合《中冰自贸协定》项下产品特定原产地规则规定的税则归类改变、区域价值成分、制造加工工序或者其他要求的；

《中冰自贸协定》项下产品特定原产地规则是本办法的组成部分，由海关总署另行公告。

原产于冰岛的货物，从冰岛直接运输至我国的，可以按照本办法规定申请，适用《中华人民共和国进出口税则》（以下简称《税则》）中的《中冰自贸协定》协定税率。

第四条 本办法第三条第（一）项所述“在冰岛完全获得或者生产”的货物是指：

（一）在冰岛境内的领土或者海床提取的矿产品；

（二）在冰岛收获的植物和植物产品；

（三）在冰岛出生并饲养的活动物；

（四）从上述第（三）项所述活动物中获得的产品；

（五）在冰岛狩猎、诱捕或者在冰岛内陆水域捕捞所获得的产品；

（六）在冰岛的领海捕捞获得的鱼类和其他产品；

（七）在冰岛登记注册并且悬挂冰岛国旗的船只在

冰岛领海以外，包括在其专属经济区内，捕捞获得的鱼类及其他产品；

（八）在冰岛登记注册并且悬挂其国旗的加工船上，仅由本条第（六）项和第（七）项的产品加工所得的产品；

（九）在冰岛领海以外的海床或者海床底土提取的产品，只要冰岛根据符合其缔结的相关国际协定可适用的国内法对上述海床或者海床底土独享开发权；

（十）在冰岛收集的仅适用于原材料回收的旧货；

（十一）在冰岛生产加工过程中产生并且仅适用于原材料回收的废碎料；

（十二）在冰岛由本条第（一）项至第（十一）项所列产品加工获得的产品。

第五条 在冰岛境内，使用非冰岛原产材料生产的货物，符合《中冰自贸协定》项下产品特定原产地规则中该货物所对应的税则归类改变标准的，应当视为原产于冰岛的货物。

第六条 在冰岛境内，使用非冰岛原产材料生产的货物，符合《中冰自贸协定》项下产品特定原产地规则中该货物所对应的区域价值成分标准的，应当视为原产于冰岛的货物。

本条第一款中的区域价值成分应当按照下列方法计算：

$$区域价值成分=\frac{货物价格-非原产材料价格}{货物价格}\times 100\%$$

其中，“货物价格”，是指在货物船上交货价格（FOB）基础上，按照《海关估价协定》调整的价格。“非原产材料价格”，是指非冰岛原产材料的进口成本、运至目的港口或者地点的运费和保险费（CIF），不包括在生产过程中为生产原产材料而使用的非原产材料的价值。

第七条 原产于中国的货物或者材料在冰岛境内被用于生产另一货物，并构成另一货物的组成部分的，该货物或者材料应当视为原产于冰岛境内。

第八条 适用《中冰自贸协定》项下税则归类改变标准确定原产地的货物，货物生产过程中所使用的非冰岛原产材料或者原产地不明的材料未能满足税则归类改变标准，但是上述非冰岛原产材料或者原产地不明的材料按照本办法第六条规定确定的非原产材料价格不超过该货物船上交货价格（FOB）的10%，并且货物符合本办法所有其他适用规定的，应当视为原产于冰岛的货物。

第九条 下列操作或者加工工序不影响货物原产确定：

（一）为确保货物在运输或者储存过程中完好无损而进行的保存工序；

（二）包装的拆解和组装；

（三）洗涤、清洁、除尘，去除氧化物、油、漆以及其他涂层；

（四）纺织品的熨烫或者压平；

（五）简单的上漆以及磨光工序；

（六）谷物以及大米的去壳、部分或者完全漂白、抛光以及上光；

（七）食糖上色或者加工成糖块的工序；

（八）水果、坚果以及蔬菜的去皮、去核及去壳；

（九）削尖、简单研磨或者简单切割；

（十）过滤、筛选、挑选、分类、分级、匹配，包括成套物品组合；

（十一）简单的装瓶、装罐、装袋、装箱、装盒，固定于纸板或者木板以及其他任何简单的包装工序；

（十二）在产品或者其包装上粘贴或者印刷标志、标签、标志以及其他类似的用于区别的标记；

（十三）对产品进行简单混合，无论是否为不同种类的产品；

（十四）把物品零部件装配成完整品或者将产品拆成零部件的简单装配或者拆卸；

（十五）仅为方便港口装卸所进行的工序；

（十六）屠宰动物；

（十七）第（一）至（十六）项中的两项或者多项工序的组合。

第十条 与进口货物一起申报进口的附件、备件或者工具，根据归类规则应当与该货物一并归类并且不单独开具发票，数量以及价值在正常范围之内的，其原产地不影响货物原产地的确定。

第十一条 运输期间用于保护货物的包装材料以及容器的原产地不影响货物原产地的确定。

适用《中冰自贸协定》项下产品特定原产地规则中税则归类改变标准的货物，其零售用包装材料以及容器与该货物一并归类的，该零售用包装材料以及容器的原产地不影响货物原产地的确定。

适用《中冰自贸协定》项下产品特定原产地规则中区域价值成分标准确定原产地的货物，其零售用包装材料以及容器的价格应当纳入原产材料价格或者非原产材料价格予以计算。

第十二条 在确定货物的原产地时，货物生产过程中使用，但是本身不构成货物物质成分的下列物品，其原产地不影响货物原产地的确定：

（一）燃料、能源、催化剂以及溶剂；

（二）用于测试或者检验货物的设备、装置以及用品；

（三）手套、眼镜、鞋靴、衣服、安全设备以及用品；

（四）工具、模具以及型模；

（五）用于维护设备和厂房建筑的备件以及材料；

（六）在生产中使用或者用于运行设备和维护厂房建筑的润滑油、油（滑）脂、合成材料以及其他材料；

（七）在货物生产过程中使用，未构成该货物组成成分，但是能够合理表明其参与了该货物生产过程的任何其他物品。

第十三条 本办法第三条所称的“直接运输”是指《中冰自贸协定》项下进口货物从冰岛直接运输至我国境内，途中未经过中国、冰岛以外的其他国家或者地区（以下简称“其他国家或者地区”）。

原产于冰岛的货物，经过其他国家或者地区运输至我国，不论在其他国家或者地区是否转换运输工具或者作临时储存，同时符合下列条件的，应当视为“直接运输”：

（一）货物经过这些国家或者地区仅是由于地理原因或者运输需要；

（二）未进入这些国家或者地区进行贸易或者消费；

（三）货物经过这些国家或者地区时，未做除装卸、物流分拆或者为使货物保持良好状态所必须处理以外的其他处理；

（四）处于这些国家或者地区海关的监管之下。

第十四条 货物申报进口时，进口货物收货人或者其代理人应当按照海关的申报规定填制“中华人民共和国海关进口货物报关单”（以下简称“进口报关单”），申明适用《中冰自贸协定》协定税率，并且同时提交下列单证：

（一）由冰岛授权机构签发的有效原产地证书正本（格式见附件1）或者冰岛经核准出口商填具的原产地声明正本（格式见附件2）。

（二）货物的商业发票及其相关运输单证。

货物经过其他国家或者地区运输至我国境内的，应当提交从冰岛至我国的全程运输单证，其他国家或者地区海关所出具的证明文件或者海关认可的其他证明文件。

第十五条 原产地申报为冰岛的进口货物，收货人或者其代理人在申报进口时未提交原产地证书或者原产地声明的，应当在办结海关手续前就该进口货物是否具备冰岛原产资格按照海关要求进行补充申报（格式见附件3）。

进口货物收货人或者其代理人依照本条第一款规定就进口货物具备冰岛原产资格向海关进行补充申报的，海关可以根据进口货物收货人或者其代理人的申请，收取相当于应缴税款的等值保证金后放行货物，并且按照规定办理进口手续，进行海关统计。依照法律、行政法规规定不得办理担保的情形除外。

进口货物收货人或者其代理人依照本条第一款规定进行补充申报，并且同时提交了银行或者非银行金融机构保函，保函符合《中华人民共和国海关进出口货物征税管理办法》相关规定的，海关也可以审查接受。

货物申报进口时，进口货物收货人或者其代理人未提交有效原产地证书正本或者原产地声明，也未就该进口货物是否具备冰岛原产资格向海关进行补充申报的，其申报进口的货物不适用《中冰自贸协定》协定税率，海关应当依法按照该货物适用的最惠国税率、普通税率或者其他税率计征关税及进口环节海关代征税，并按照规定办理进口手续、进行海关统计。收货人或者其代理人在货物征税放行后向海关提交原产地证书或者原产地声明的，已征税款不予调整。

第十六条 同时具备下列条件的，进口货物收货人或者其代理人可以自收取保证金之日起6个月内，向海关申请退还保证金：

（一）进口时已就货物具备冰岛原产资格向海关进行补充申报，申明适用《中冰自贸协定》协定税率；

（二）提交有效原产地证书或者原产地声明，以及海关要求提供的与货物进口相关的其他文件。

经海关审核，本条第一款规定的担保期限可以延长，但最长不得超过1年。

自缴纳保证金之日起6个月内或者经海关审核延长的担保期限内，进口货物收货人或者其代理人未提出退还保证金申请的，海关应当立即办理保证金转为进口税款手续，海关统计数据同时作相应修改。对提交银行或者非银行金融机构保函的，海关应当自担保期限届满之日起6个月内或者在税款保函规定的保证期间内要求担保人履行相应的纳税义务。

第十七条 原产于冰岛的进口货物，经海关依法审定的完税价格不超过600美元的，免予提交原产地证书或者原产地声明。

为规避本办法规定，一次或者多次进口货物的，不适用前款规定。

第十八条 进口货物收货人或者其代理人向海关提交的原产地证书应当同时符合下列条件：

（一）具有唯一的证书编号；

（二）列明同一批进口货物的一项或者多项货物；

（三）注明货物具有原产资格的依据；

（四）具有冰岛通知中国海关的签名或者印章样本等安全特征；

（五）以英文打印填制。

原产地证书应在货物出口前或者出口时签发，并自签发之日起1年内有效。

第十九条 因不可抗力导致原产地证书未在出口前或者出口时签发的，可以自货物装运之日起1年内补发。补发的原产地证书应当在原产地证书的“备注”栏注明“补发”字样。

原产地证书被盗、遗失或者损毁，并且未经使用的，进口货物收货人或者其代理人可在证书有效期内要求货物出口商或者制造商向冰岛授权机构申请签发原产地证书副本。该副本应当注明“原产地证书正本（编号 日期）经核准的真实副本”字样，副本有效期与正本相同。

经核准的原产地证书副本向海关提交后，原产地证书正本失效。原产地证书正本已经使用的，经核准的原产地证书副本无效。

第二十条 进口货物收货人或者其代理人向海关提交的原产地声明应当同时符合下列条件：

（一）由冰岛的经核准出口商填具，并载有冰岛通知中国海关的该企业所使用的印章；

（二）标注填具原产地声明的经核准出口商授权号码；

（三）所列明的货物符合《中冰自贸协定》原产地规则；

（四）原产地声明应于货物进口前填具。

（五）原产地声明应自填具之日起1年内有效。

第二十一条 为确定原产地证书或者原产地声明的真实性和准确性、相关货物的原产资格或者货物是否满足本办法规定的其他要求，海关可以向冰岛有关机构提出核查请求，或者按照双方海关共同商定的其他程序进行核查。

在等待核查结果期间，依照进口货物收货人或者其代理人申请，海关可以依法选择按照该货物适用的最惠国税率、普通税率或者其他税率收取相当于应缴税款的等值保证金后放行货物，并且按照规定办理进口手续、进行海关统计。核查完毕后，海关应当根据核查结果，办理保证金退还手续或者保证金转为进口税款手续，海关统计数据应当作相应修改。

进口货物属于国家禁止或者限制进口货物，或者存在瞒骗嫌疑的，海关在原产地证书核实完毕前不得放行货物。

第二十二条 具有下列情形之一的，该进口货物不适用《中冰自贸协定》协定税率：

（一）进口货物不符合本办法的规定；

（二）进口货物收货人或者其代理人、出口商或者生产商未能遵守《中冰自贸协定》的规定；

（三）原产地证书或者原产地声明不符合本办法的规定；

（四）原产地证书上的授权机构名称、安全特征与海关备案资料不符的；

（五）原产地声明上的经核准出口商名称、授权号码或者印章样本与海关备案资料不符的；

（六）自提出原产地核查请求之日起，海关没有在《中冰自贸协定》规定的期限内收到核查反馈结果，或者反馈结果未包含足以确定原产地证书、原产地声明真实性或者货物真实原产地信息的。

第二十三条 出口货物申报时，出口货物发货人或者其代理人应当按照海关的申报规定填制“中华人民共和国海关出口货物报关单”，并且向海关提交《中冰自贸协定》项下原产地证书电子数据或者原产地证书正本的复印件。

第二十四条 《中冰自贸协定》项下进出口货物及其包装上标有原产地标记的，其原产地标记应当与依照本办法确定的货物原产地相一致。

第二十五条 海关对依照本办法规定获得的商业秘密依法负有保密义务。未经进出口货物收发货人同意，海关不得泄露或者用于其他用途，但是法律、行政法规以及相关司法解释另有规定的除外。

第二十六条 违反本办法，构成走私行为、违反海关监管规定行为或者其他违反《海关法》行为的，由海关依照《海关法》和《中华人民共和国海关行政处罚实施条例》的有关规定予以处理；构成犯罪的，依法追究刑事责任。

第二十七条 本办法下列用语的含义：

材料，是指用于生产或者转变成另一货物所使用的货物，包括零部件或者成分；

生产，是指货物的种植、饲养、开采、收获、捕捞、诱捕、狩猎、制造、加工或者装配；

生产者，是指种植、饲养、开采、收获、捕捞、诱捕、狩猎、制造、加工或者装配货物的人。

简单，是指既不需要专门的技能，也不需要专门生产或者装配机械、仪器或者装备的行为。

简单混合，不包括化学反应。

第二十八条 本办法由海关总署负责解释。

第二十九条 本办法自2014年7月1日起施行。

中华人民共和国海关总署
第223号令

《中华人民共和国海关〈中华人民共和国和瑞士联邦自由贸易协定〉项下进出口货物原产地管理办法》已于2014年6月30日经海关总署署务会议审议通过，现予公布，自2014年7月1日起施行。

署 长

2014年6月30日

中华人民共和国海关《中华人民共和国和瑞士联邦自由贸易协定》项下进出口货物原产地管理办法

第一条 为了正确确定《中华人民共和国和瑞士联邦自由贸易协定》（以下简称《中瑞自贸协定》）项下进出口货物原产地，促进我国与瑞士的经贸往来，根据《中华人民共和国海关法》（以下简称《海关法》）、《中华人民共和国进出口货物原产地条例》、《中瑞自贸协定》的规定，制定本办法。

第二条 本办法适用于我国与瑞士关境之间的《中瑞自贸协定》项下进出口货物的原产地管理。

瑞士联邦和列支敦士登公国之间的关税同盟条约生效期间，列支敦士登公国属于瑞士关境。

第三条 进口货物符合下列条件之一的，其原产国为瑞士：

（一）在瑞士关境完全获得或者生产的；

（二）在瑞士关境境内全部使用符合本办法规定的瑞士、中国原产材料生产的；

（三）在生产和加工该货物过程中使用的非原产材料在瑞士经过实质性改变，即符合《中瑞自贸协定》项下产品特定原产地规则规定的税则归类改变、非原产材料价值百分比、制造加工工序或者其他要求的。

《中瑞自贸协定》项下产品特定原产地规则是本办法的组成部分，由海关总署另行公告。

原产于瑞士的货物，从瑞士关境直接运输至我国的，可以按照本办法规定申请适用《中华人民共和国进出口税则》（以下简称《税则》）中的《中瑞自贸协定》协定税率。

第四条 本办法第三条第一款第（一）项所述“在瑞士关境完全获得或者生产”的货物是指：

（一）在瑞士关境的领土、内水提取的矿物产品或者其他无生命的天然生成物质；

（二）在瑞士关境收获、采摘或者采集的植物产品；

（三）在瑞士关境出生并且饲养的活动物及其产品；

（四）在瑞士关境狩猎、诱捕、捕捞、采集、捕获或者水产养殖获得的产品；

（五）在瑞士关境注册并且悬挂其国旗的船舶在公海捕捞获得的鱼类以及其他产品；

（六）在瑞士关境注册并且悬挂其国旗的加工船上，完全用上述第（五）项所述产品加工、制造的产品；

（七）在瑞士关境的海床或者底土提取的产品，只要瑞士关境依照其依据国际法制定的国内法对上述海床或者底土拥有开发权；

（八）在瑞士关境制造过程中产生的仅适用于原材料回收的废碎料；

（九）在瑞士关境收集的仅适于原材料回收的旧货；

（十）完全用上述第（一）至（九）项所列产品在瑞士关境加工获得的产品。

第五条 在瑞士关境境内，使用非瑞士原产材料生产的货物，符合《中瑞自贸协定》项下产品特定原产地规则中该货物所对应的非原产材料价值百分比标准的，应当视为原产于瑞士关境的货物。

本条第一款规定的非原产材料价值百分比是指允许使用的非瑞士原产材料价格占产品出厂价格的最大百分比，该百分比应当依据下列公式计算：

$$非原产材料百分比=\frac{非原产材料价格}{产品出厂价格}\times 100\%$$

其中，非原产材料价格，是指非原产材料（包括原产地不明的材料）在瑞士进口时，海关按照《海关估价协定》审查确定的完税价格。进口时价格无法确定的，该价格应当按照在瑞士关境境内产品生产过程中最早确定的实付或者应付价格计算。

第六条 在瑞士关境境内使用非原产材料，按照《中瑞自贸协定》项下产品特定原产地规则，经实质性加工获得瑞士原产资格的产品，作为另一产品的生产材料进行进一步加工的，该产品中使用的非原产材料不影响另一产品的原产资格确定。

第七条 下列微小加工或者处理不构成实质性改变：

（一）为确保货物在运输或者储存过程中保持良好状态所进行的操作；

（二）冷冻或者解冻；

（三）包装和再包装；

（四）洗涤、清洁、除尘、除去氧化物、除油、去漆以及去除其他涂层；

（五）纺织产品的熨烫或者压平；

（六）简单的上漆以及磨光；

（七）谷物以及大米的去壳、部分或者完全的漂白、抛光以及上光；

（八）食糖上色或者加工成糖块；

（九）水果、坚果以及蔬菜的去皮、去核以及去壳；

（十）削尖、简单研磨或者简单切割；

（十一）过滤、筛选、挑选、分类、分级、匹配；

（十二）简单的装瓶，装罐，装袋，装箱，装盒，固定于纸板或木板以及其他简单的包装；

（十三）在产品或者其包装上粘贴或者印刷标志、标签、标志以及其他类似的用于区别的标记；

（十四）对产品进行简单混合，无论是否为不同种类的产品；

（十五）把零部件装配成完整产品或者将产品拆成零部件的简单装配或者拆卸；

（十六）屠宰动物。

进口货物仅进行本条第一款所列微小加工或者处理的，不视为瑞士原产货物。

第八条 原产于中国的产品在瑞士关境境内用作生产另一产品的材料，在瑞士关境进行的最后加工工序超出本办法第七条第一款的范畴，该货物应当视为原产于瑞士关境。

原产于瑞士关境的货物进入中国关境后，进行的加工没有超出本办法第七条第一款所规定的范畴，该货物应当视为原产于瑞士关境。

第九条 在瑞士关境境内使用非瑞士原产材料生产的产品，非原产材料价格不超过产品出厂价格 10%，该产品应当视为原产于瑞士关境。

按照《中瑞自贸协定》项下产品特定原产地规则应当适用非原产材料价值百分比标准的货物，不适用本条第一款规定。

第十条 根据《商品名称及编码协调制度公约》归类总规则应当归入同一个单一品目或者子目项下的成套货物，应当作为一个整体认定其原产资格。

由同一运输工具同时运抵同一口岸并且属于同一收货人、使用同一提单的同一批进口货物，包括根据《商品名称及编码协调制度公约》归类总规则应当归入同一个单一品目或者子目项下的多件相同货物的，应当逐一确定每件货物是否具备瑞士原产资格。

第十一条 根据《商品名称及编码协调制度公约》归类总规则应当与货物一并归类的包装材料，应当作为货物的组成部分一并确定原产地。

适用《中瑞自贸协定》项下产品特定原产地规则中非原产材料价值百分比标准确定原产地的货物，其零售用包装材料的价格计入原产材料价格或者非原产材料价格予以计算。

用于在运输途中保护货物的包装材料以及容器不影响货物原产地确定。

第十二条 与进口货物一同报验、一并归类的附件、备件、工具、说明书或者其他信息材料，与货物一并开具发票，数量在正常范围之内的，应当作为货物的组成部分一并确定原产地。

适用《中瑞自贸协定》项下产品特定原产地规则中非原产材料价值百分比标准确定原产地的货物，其附件、备件、工具及说明书和其他信息材料价格计入原产材料价格或者非原产材料价格予以计算。

第十三条 在确定货物的原产地时，货物生产、测试或者检验过程中使用，但是本身不构成货物物质成分的下列物品，其原产地不影响货物原产地的确定：

（一）燃料、能源、催化剂以及溶剂；

（二）用于测试或者检验产品的设备、装置以及用品；

（三）手套、眼镜、鞋靴、衣服、安全设备以及用品；

（四）工具、模具以及型模；

（五）用于维护设备和建筑的备件以及材料；

（六）在生产中使用或用于运行设备和维护厂房建筑的润滑剂、油（滑）脂、合成材料以及其他材料；

（七）生产、测试或者检验过程中使用，不构成货物物质成分的其他物品。

第十四条 本办法第三条至第十三条规定应当在瑞士关境境内连续完成。

第十五条 货物生产或者加工过程中使用的可互换材料，同时包括瑞士原产材料和非瑞士原产材料的，可以依据瑞士关境的库存管理制度确定所使用的材料是否为原产材料。

第十六条 适用《中瑞自贸协定》协定税率的进口货物应当自瑞士关境直接运输至我国境内，途中未经过中国、瑞士关境以外的其他国家或者地区（以下简称“其他国家或者地区”）。

除通过管道运输至我国的瑞士原产货物外，原产于瑞士关境的其他货物经过其他国家或者地区运输至我国，同时符合下列条件的，应当视为“直接运输”：

（一）未做除装卸、物流拆分或者为使货物保持良好状态所必须处理以外的操作；

（二）处于其他国家或者地区海关的监管之下。

第十七条 原产于瑞士的货物申报进口时，进口货物收货人或者其代理人应当按照海关的申报规定填制“中华人民共和国海关进口货物报关单”（以下简称“进口报关单”），申明适用《中瑞自贸协定》协定税率，并且同时提交下列单证：

（一）由瑞士关境授权机构签发的有效原产地证书正本（格式见附件2）或者经核准出口商出具的原产地声明（格式见附件3）。

（二）货物商业发票、运输单证。

货物经过其他国家或者地区运输至我国境内的，应当提交从瑞士关境至我国的全程运输单证、其他国家或者地区海关所出具的证明文件或者海关认可的其他证明文件。

原产于瑞士关境的货物通过管道经过其他国家或者地区运输至我国境内的，应当提交相关证明文件。

第十八条 原产地申报为瑞士关境的进口货物，收货人或者其代理人在申报进口时未提交原产地证书或者原产地声明的，应当在办结海关手续前就该进口货物是否具备瑞士原产资格按照海关要求进行补充申报（格式见附件4）。

进口货物收货人或者其代理人依照本条第一款规定就进口货物具备瑞士原产资格向海关进行补充申报的，海关可以根据进口货物收货人或者其代理人的申请，收取相当于应缴税款的等值保证金后放行货物，并且按照规定办理进口手续，进行海关统计。依照法律、行政法规规定不得办理担保的情形除外。

进口货物收货人或者其代理人依照本条第一款规定进行补充申报，并且同时提交了银行或者非银行金融机构保函，保函符合《中华人民共和国海关进出口货物征税管理办法》相关规定的，海关也可以审查接受。

货物申报进口时，进口货物收货人或者其代理人未提交有效的原产地证书正本或者原产地声明，也未就该进口货物是否具备瑞士原产资格向海关进行补充申报的，其申报进口的货物不适用《中瑞自贸协定》协定税率，海关应当依法按照该货物适用的最惠国税率、普通税率或者其他税率计征关税及进口环节海关代征税，并按照规定办理进口手续、进行海关统计。收货人或者其代理人在货物征税放行后向海关提交原产地证书或者原产地声明的，已征税款不予调整。

第十九条 同时具备下列条件的，进口货物收货人或者其代理人可以自收取保证金之日起6个月内，向海关申请退还保证金：

（一）进口时已就货物具备瑞士原产资格向海关进行补充申报，申明适用《中瑞自贸协定》协定税率；

（二）提交有效原产地证书或者原产地声明，以及海关要求提供的与货物进口相关的其他文件。

经海关审核，本条第一款规定的担保期限可以延长，但最长不得超过1年。

自缴纳保证金之日起6个月内或者经海关审核延长的担保期限内，进口货物收货人或者其代理人未提出退还保证金申请的，海关应当立即办理保证金转为进口税款手续，海关统计数据同时作相应修改。对提交银行或者非银行金融机构保函的，海关应当自担保期限届满之日起6个月内或者在税款保函规定的保证期间内要求担保人履行相应的纳税义务。

第二十条 原产于瑞士关境的同一批次进口货物，经海关依法审定的完税价格不超过600美元的，免予提交原产地证书或者原产地声明。

为规避本办法规定，一次或者多次进口货物的，不适用前款规定。

第二十一条 进口货物收货人或者其代理人向海关提交的原产地证书应当同时符合下列条件：

（一）由瑞士授权机构在货物出口前或者出口时签发；

（二）含有瑞士通知中国海关的印章样本等安全特征；

（三）以英文填制；

（四）自签发之日起12个月内有效。

第二十二条 因不可抗力、技术性原因等特殊情形导致未能在出口前或者出口时签发原产地证书的，可以补发原产地证书并注明“补发”字样。补发的原产地证书自签发之日起12个月内有效。

原产地证书正本被盗、遗失或者损毁，并且经核实未被使用的，出口商或者生产商可以向瑞士授权机构书面申请签发经核准的原产地证书副本。经核准的原产地证书副本上应当注明“原产地证书正本的经核准真实副本（编号、日期）”或者加盖“副本”字样，并且注明之前的原产地证书正本编号以及签发日期。经核准的副本在原产地证书正本有效期内有效。

经核准的原产地证书副本向海关提交后，原产地证书正本失效。原产地证书正本已经使用的，经核准的原产地证书副本无效。

第二十三条 原产地声明应当由瑞士经核准出口商打印、加盖或者印刷在发票或者装箱单等商业单证上，并且同时符合下列条件：

（一）包含瑞士经核准出口商的注册号码和原产地声明序列号；

（二）自商业单证开具之日起12个月内有效。

第二十四条 为确定原产地证书或者原产地声明的真实性、所提供信息准确性、相关货物原产资格以及货物是否满足本办法规定的其他要求，海关可以在原产地证书签发或者原产地声明出具后36个月内向瑞士有关机构提出核查请求。

在等待核查结果期间，依照进口货物收货人或者其代理人申请，海关可以依法选择按照该货物适用的最惠国税率、普通税率或者其他税率收取相当于应缴税款的等值保证金后放行货物，并且按照规定办理进口手续、进行海关统计。核查完毕后，海关应当根据核查结果，办理保证金退还手续或者保证金转为进口税款手续，海关统计数据应当作相应修改。

第二十五条 进口货物具有下列情形之一的，不适用《中瑞自贸协定》协定税率：

（一）原产地证书或者原产地声明不符合本办法的规定；

（二）不符合本办法第十六条的规定；

（三）根据核查结果，原产地证书或者原产地声明不真实或者不准确；

（四）自提出原产地核查请求之日起，海关没有在6个月或者双方海关商定的期限内收到核查反馈结果，或者反馈结果未准确说明原产地证书或者原产地声明是否有效、产品是否具备原产资格等。

（五）不符合本办法的其他规定。

第二十六条 出口货物申报时，出口货物发货人或者其代理人应当按照海关的申报规定填制“中华人民共和国海关出口货物报关单”，并向海关提交《中瑞自贸协定》项下原产地证书或者原产地声明的电子数据或者正本复印件。

第二十七条 《中瑞自贸协定》生效之前已经从瑞士关境出口，尚未抵达我国的在途以及中转货物，符合本办法第十六条规定的，可以在《中瑞自贸协定》生效之日的6个月内补发原产地证书或者原产地声明。

第二十八条 《中瑞自贸协定》项下进出口货物及其包装上标有原产地标记的，其原产地标记应当与依照本办法确定的货物原产地相一致。

第二十九条 海关对依照本办法规定获得的商业秘密依法负有保密义务。未经进出口货物收发货人同意，海关不得泄露或者用于其他用途，但是法律、行政法规以及相关司法解释另有规定的除外。

第三十条 违反本办法，构成走私行为、违反海关监管规定行为或者其他违反《海关法》行为的，由海关依照《海关法》和《中华人民共和国海关行政处罚实施条例》的有关规定予以处理；构成犯罪的，依法追究刑事责任。

第三十一条 本办法下列用语的含义：

生产，是指获得产品的方法，包括但是不仅限于产品的种植、开采、收获、捕捞、诱捕、狩猎、制造、加工或者装配；

材料，包括组成成分、零件、部件、半组装件、以物理形式构成另一产品部分或者已经用于另一产品生产过程的产品；

实质性改变，是指在瑞士关境境内使用非瑞士关境原产材料生产的产品，符合《中瑞自贸协定》项下产品特定原产地规则中该产品所对应的标准；

非原产货物、非原产材料，是指根据本办法规定不具备原产资格的货物或者材料；

原产货物、原产材料，是指根据本办法规定具备原产资格的货物或者材料；

简单，是指既不需要专门的技能也不需要专门生产或者装配机械、仪器、装备的行为；

出厂价格 ，是指向对产品进行最后生产或者加工的生产商支付的出厂价格，包括使用的所有材料的价格、工资、其他花费以及减去出口退税的利润；

可互换材料，是指相同种类或者商业品质相同的可以互相替换的材料，这些材料在投入最终产品的生产后无法加以区分；

授权机构，是指经我国或者瑞士的国内法或者其政府机构指定签发原产地证书的任何机构。

第三十二条 本办法由海关总署负责解释。

第三十三条 本办法自2014年7月1日起施行。

中华人民共和国海关总署
第224号令

《海关总署关于修改〈中华人民共和国海关《中华人民共和国与智利共和国政府自由贸易协定》项下进口货物原产地管理办法〉的决定》已于2014年9月30日经海关总署署务会议审议通过，现予公布，自2014年10月1日起施行。

署 长

2014年9月30日

海关总署关于修改《中华人民共和国海关〈中华人民共和国与智利共和国政府自由贸易协定〉项下进口货物原产地管理办法》的决定

为配合《中智自贸协定》产品特定原产地规则（PSR）转版实施工作，海关总署决定对《中华人民共和国海关〈中华人民共和国与智利共和国政府自由贸易协定〉项下进口货物原产地管理办法》（海关总署令第151号公布，第198号修改，以下简称《办法》）作如下修改：

一、将《办法》第三条第一款第（三）项拆分为两项，具体修改如下：

（一）将第三条第一款第（三）项原表述修改为“在智利一方或者中国、智利双方的境内生产，使用了非原产材料，并且属于本办法附件1适用范围的货物，同时符合本办法第六条规定的产品特定原产地标准的”；

（二）增加“在智利一方或者中国智利双方的境内生产，使用了非原产材料，并且不属于本办法附件1适用范围的货物，同时符合本办法第七条规定的区域价值成分标准的”的表述，作为第三条第一款第（四）项。

同时在第三条中增加一款，“附件1所列《中智自贸协定》项下产品特定原产地标准发生变化时，由海关总署另行公告。”，作为第三条第二款。

二、将《办法》第十八条第一款第（二）项“在智利境内签发的提单”的表述修改为“由智利至我国的全程运输单证”。

三、将《办法》第十八条第三款“货物经过其他国家或者地区运输至我国境内的，进口货物收货人还应当按照海关的要求提交该国家或者地区海关出具的证明文件。货物经过香港或者澳门运输至内地口岸的，应当向海关提交中国检验（香港）有限公司或者澳门中国检验有限公司加注‘未再加工证明’的原产地证书。”修改为“货物经过其他国家或者地区运输至我国境内的，进口货物收货人还应当按照海关的要求提交该国家或者地区海关出具的证明文件，或者海关认可的其他证明文件。”

本决定自2014年10月1日起施行。

《中华人民共和国海关〈中华人民共和国与智利共和国政府自由贸易协定〉项下进口货物原产地管理办法》根据本决定作相应修改，重新公布。

附件：中华人民共和国海关《中华人民共和国与智利共和国政府自由贸易协定》项下进口货物原产地管理办法

中华人民共和国海关《中华人民共和国与智利共和国政府自由贸易协定》项下进口货物原产地管理办法

第一条 为了正确确定《中华人民共和国与智利共和国政府自由贸易协定》(以下简称《中智自贸协定》)项下进口货物的原产地，促进我国与智利的经贸往来，根据《中华人民共和国海关法》、《中华人民共和国进出口货物原产地条例》、《中智自贸协定》有关原产地规则及有关法律法规的规定，制定本办法。

第二条 本办法适用于从智利进口的《中智自贸协定》项下货物。

第三条 从智利直接运输进口的货物，符合下列条件之一的，其原产地为智利，适用《中华人民共和国进出口税则》(以下简称《税则》)中的中智自贸协定税率：

(一)在智利完全获得或者生产的；

(二)在智利一方或者中国、智利双方的境内生产，并且全部使用符合本办法规定的原产材料的；

(三)在智利一方或者中国、智利双方的境内生产，使用了非原产材料，并且属于本办法附件1适用范围的货物，同时符合本办法第六条规定的产品特定原产地标准的；

(四)在智利一方或者中国、智利双方的境内生产，使用了非原产材料，并且不属于本办法附件1适用范围的货物，同时符合本办法第七条规定的区域价值成分标准的。

本办法附件1所列《中智自贸协定》项下产品特定原产地标准发生变化时，由海关总署另行公告。

第四条 本办法第三条所称的“直接运输”是指《中智自贸协定》项下的进口货物从智利直接运输至我国境内，途中未经过中国、智利以外的其他国家或者地区(以下简称“其他国家或者地区”)。

原产于智利的进口货物，经过其他国家或者地区运输至我国境内，同时符合下列条件的，应当视为“直接运输”：

(一)由于地理原因或者运输需要；

(二)该货物在经过其他国家或者地区时，未做除装卸和为使货物保持良好状态或者运输所必须处理以外的其他处理；

(三)未进入该国家或者地区进行贸易或者消费。

不论该货物是否换装运输工具，其进入所经过的其他国家或者地区停留时间最长不得超过3个月。

第五条 本办法第三条第(一)项所称“在智利完全获得或者生产”的货物是指：

(一)在智利领土或者海床采掘的矿产品；

(二)在智利收获的植物和植物产品；

(三)在智利出生并饲养的活动物；

(四)由在智利饲养的活动物获得的产品；

(五)在智利狩猎、诱捕或者在内陆水域捕捞所获得的产品；

(六)在智利的领海或者专属经济区捕捞获得的渔产品和其他产品，以及由悬挂智利国旗的船只在智利专属经济区海域捕捞获得的渔产品和其他产品；

(七)悬挂智利国旗的船只在智利专属经济区以外的海域捕捞获得的鱼类和其他产品；

(八)在悬挂智利国旗的加工船上仅由第(六)项和第(七)项的产品加工所得的产品；

(九)在智利收集的仅适于回收原材料的旧物品；

(十)在智利生产加工过程中产生并且仅适于回收原材料的废碎料；

(十一)在智利领海以外，智利独享开发权的海床或者海床底土提取的产品；

(十二)在智利仅由第(一)项至第(十一)项所列产品加工获得的产品。

第六条 从智利进口本办法附件1所列货物，符合“章改变标准”、“4位级税号改变标准”、“区域价值成分不少于50%标准”的，其原产地为智利。

“章改变标准”，是指在智利生产或者加工的货物所使用的非原产材料均为《税则》中该货物所在章之外的任何其他章所列的材料。

“4位级税号改变标准”，是指在智利生产或者加工的货物所使用的非原产材料均为《税则》中该货物所在4位级税号之外的任何其他税号所列的材料。

“区域价值成分不少于50%标准”，是指在智利生产或者加工的货物不仅符合本办法的相关条款规定，而且按照第八条规定计算的区域价值成分不少于50%。

第七条 除适用本办法第五条、第六条的货物外，货物的区域价值成分不得少于40%。

第八条 区域价值成分应当按照下列方法计算：

$$区域价值成分=\frac{货物价格-非原产材料价格}{货物价格}\times 100\%$$

“货物价格”，是指该货物的船上交货价格，无论货物以何种方式运输，该价格为其在最终装运港口或者地点的价格。

“非原产材料的价格”，是指生产商所使用的非原产材料价格，包括其进口成本、运至目的港口或者地点的保险费和运费，不包括在生产过程中为生产原产材料而使用的非原产材料价值。如果非原产材料是由货物生产商在智利境内获得的，则该材料从供应商的仓库运到生产商厂址的过程中所产生的运费、保险费、包装费以及任何其他费用不包括在内。

本条规定中的区域价值成分的计算应符合公认的会计准则及《海关估价协定》。

第九条 原产于中国的货物或者材料，在智利境内用于生产另一货物，并构成另一货物组成部分的，应当视为原产于智利。

第十条 下列微小加工或者处理不影响货物原产地的确定：

（一）为运输或者贮存期间保存货物而作的加工或者处理；

（二）包装的拆解和包裹；

（三）洗涤、清洁、除尘，去除氧化物、油、漆以及其他涂层；

（四）纺织品的熨烫或者压平；

（五）简单的上漆及磨光工序；

（六）谷物及大米的去壳、部分或者完全的漂白、抛光及上光；

（七）食糖上色或者制成糖块的加工或者处理；

（八）水果、坚果及蔬菜的去皮、去核及去壳；

（九）削尖、简单研磨或者简单切割；

（十）过滤、筛选、挑选、分类、分级、匹配，包括成套物品的组合；

（十一）简单的装瓶、装罐、装袋、装箱、装盒，固定于纸板或者木板以及其他任何简单包装的加工或者处理；

（十二）在产品或者其包装上粘贴或者印刷标志、标签、标志及其他类似的用于区别的标记；

（十三）对产品进行的简单混合，无论其是否为不同种类的产品；

（十四）把物品零部件装配成完整品的简单装配或者将产品拆成零部件的简单拆卸；

（十五）仅为方便港口装卸所进行的加工或者处理；

（十六）第（一）项至第（十五）项中的两项或者多项加工或者处理的组合；

（十七）屠宰动物。

第十一条 在适用章改变、4位级税号改变标准确定货物的原产地时，在生产过程中所使用的部分非原产材料虽然未能满足该标准的要求，但是按照本办法第八条确定的价值未超过该货物价值8%的，该货物的原产地仍应当视为智利。

第十二条 属于《税则》归类总规则三所规定的成套货品，其中全部货品均原产于智利的，该成套货品即为原产于智利；其中部分货品非原产于智利，但是按照本办法第八条确定的价值未超过该成套货品价值15%的，该成套货品仍应当视为原产于智利。

第十三条 在确定货物的原产地时，与货物一起申报进口的附件、备件或者工具，同时符合下列条件的，不影响货物原产地的确定：

（一）附件、备件或者工具在《税则》中与货物一并归类并且不单独开具发票；

（二）附件、备件或者工具的配备均在正常数量和价值之内。

第十四条 在确定本办法附件1所列应当适用章改变、4位级税号改变标准的货物原产地时，零售用包装材料和容器与所包装的货物一并归类的，其原产地不影响货物原产地的确定。

在确定适用区域价值成分标准的货物原产地时，其零售用包装材料和容器的价值应当予以计算。

运输期间用于保护货物的包装材料和容器的原产地不影响货物原产地的确定。

第十五条 在确定货物的原产地时，货物生产过程中使用的本身不构成货物的物质成分、也不成为货物组成部件的下列材料，其原产地不影响货物原产地的确定：

（一）燃料、能源、催化剂和溶剂；

（二）用于测试或者检验货物的设备、装置和用品；

（三）手套、眼镜、鞋靴、衣服、安全设备和用品；

（四）工具、模具和模子；

（五）用于维护设备和厂房建筑的备件和材料；

（六）在生产中使用的，或者用于运行设备和厂房建筑的润滑剂、油脂、化合材料和其他材料；

（七）在货物生产过程中使用，虽然不构成该货物组成成分，但能合理地表明其参与了该货物生产过程的其他任何材料。

第十六条 原产于智利的货物，在其他国家或者地区展览并于展览后售往中国，并且同时满足下列条件的，在进口时可以享受《税则》中的中智自贸协定税率：

（一）该货物以送展时的状态已经在展览期间或者预定在展览后立即发运至中国；

（二）该货物送展后，除用于展览会展示外，未作他用；

（三）该货物在展览期间处于展览所在国家或者地区的海关监管之下。

在商店或者商业场所以出售外国产品为目的的展销活动不属于本条规定的展览范围。

第十七条 货物申报进口时，进口货物收货人应当主动向海关提交智利外交部国际经济关系总司签发的原产地证书正本（格式见附件2），并按照海关的申报规定填制“中华人民共和国海关进口货物报关单”（以下简称“报关单”），申明适用中智自贸协定税率。

进口货物收货人向海关提交的智利原产地证书必须符合本办法附件2所列格式，所用文字应当为英文，并且加盖有“正本（ORIGINAL）”字样的印章。

原产地证书上所列的一项或者多项货物应当为同一批次进口到中国的原产于智利的货物。一份原产地证书应当仅对应一份“报关单”。

第十八条 进口货物收货人在申明适用中智自贸协定税率时，应当向海关提交以下文件：

（一）货物出口前签发或者出口后30天内签发的原产地证书；

（二）由智利至我国的全程运输单证；

（三）进口货物的商业发票正本。

进口货物的商业发票由其他国家或者地区开具的，该货物原产地证书的“备注”栏内应当注明智利生产商的名称、地址。该原产地证书中的收货人应当为中国境内收货人。

货物经过其他国家或者地区运输至我国境内的，进口货物收货人还应当按照海关的要求提交该国家或者地区海关出具的证明文件，或者海关认可的其他证明文件。

申报货物为展览货物的，进口收货人应当在提交的原产地证书上注明展览的名称及地点，并且同时向海关提交与展览相关的证明文件。

第十九条 原产地证书自签发之日起一年内有效。进口货物收货人应当向海关提交在有效期内的原产地证书。

第二十条 货物申报进口时，进口货物收货人虽然申明适用中智自贸协定税率，但是未能提供本办法规定的原产地证书以及相关文件或者提供的原产地证书以及相关文件不符合本办法规定的，海关应当按照规定收取保证金后放行货物，并按规定办理进口手续、进行海关统计。海关可以应进口货物收货人的申请在保证金收取的期限内，根据进口货物收货人提供的下列材料退还保证金：

（一）原产地申报为智利的“报关单”；

（二）符合本办法第十七条规定的原产地证书；

（三）海关要求提供的与货物进口相关的其他文件。

在保证金收取的期限内，进口货物收货人未能提供上述材料的，海关应当立即办理保证金转为进口税款手续。

货物申报进口时，进口货物收货人未申明适用中智自贸协定税率的，海关不得按照该协定税率计征税款。

第二十一条 原产于智利的货物，价格不超过600美元的，免予提交原产地证书。

属于为规避本办法第十七条而实施或者安排的一次或者多次进口货物的，不适用前款规定。

第二十二条 海关对智利原产地证书的真实性和相关货物是否原产于智利产生怀疑时，可以向智利有关部门提出原产地核查请求。

在核查期间，海关可以按照该货物适用的其他种类税率征收相当于应缴税款的等值保证金后放行货物，并按规定办理进口手续、进行海关统计。核查结束后，海关应当根据核查结果，立即办理退还保证金手续或者办理保证金转为进口税款手续。

在提出核查请求之日起6个月内，海关未收到智利有关部门核查结果，或者核查结果未包含足以确定原产地证书真实性或者货物真实原产地信息的，有关货物不享受关税优惠待遇，海关应当立即办理保证金转为进口税款手续。海关统计数据同时作相应修改。

进口货物属于国家限制进口的，或者有违法嫌疑的，在原产地证书核查完毕前海关不得放行货物。

第二十三条 海关对依照本办法规定获得的商业秘密依法负有保密义务。未经收货人同意，海关不得泄露或者用于其他用途，但是法律、行政法规及相关司法解释另有规定的除外。

第二十四条 违反本办法，构成走私或者违反海关监管规定行为的，由海关依照《中华人民共和国海关法》和《中华人民共和国海关行政处罚实施条例》的有关规定予以处理；构成犯罪的，依法追究刑事责任。

第二十五 本办法下列用语的含义：

“海关估价协定”，是指作为《马拉喀什建立世贸组织协定》一部分的《关于履行1994年关税与贸易总协定第7条的协定》。

“材料”，是指已实际上构成另一货物组成部分或者已用于另一货物生产过程的零件、部件、成分、半组装件等。

“非原产材料”，是指按照本办法规定，原产地不能确定为中国或者智利的材料或者货物。

“生产”，是指货物获得的方法，包括：种植、饲养、开采、收获、捕捞、诱捕、狩猎、制造、加工或者装配等。

第二十六条 本办法由海关总署负责解释。

第二十七条 本办法自2006年10月1日起施行。

中华人民共和国国家质量监督检验检疫总局令

国家质量监督检验检疫总局《进出境非食用动物产品检验检疫监督管理办法》（总局令第159号）

第159号

《进出境非食用动物产品检验检疫监督管理办法》已经2014年4月8日国家质量监督检验检疫总局局务会议审议通过，现予公布，自2015年2月1日起施行。

局　长

2014年11月13日

进出境非食用动物产品检验检疫监督管理办法

第一章　总则

第一条　为了规范进出境非食用动物产品的检验检疫和监督管理工作，防止动物传染病、寄生虫病及其他有害生物传入传出国境，保护农、林、牧、渔业生产和人体健康，根据《中华人民共和国进出境动植物检疫法》及其实施条例、《中华人民共和国进出口商品检验法》及其实施条例等法律法规规定，制定本办法。

第二条　本办法适用于进境、出境及过境非食用动物产品的检验检疫监督管理。

动物源性饲料和饲料添加剂、动物遗传物质、动物源性生物材料及制品不适用本办法。

第三条　国家质量监督检验检疫总局（以下简称国家质检总局）主管全国进出境非食用动物产品的检验检疫和监督管理工作。

国家质检总局设在各地的出入境检验检疫部门（以下简称检验检疫部门）负责所辖地区进出境非食用动物产品的检验检疫和监督管理工作。

第四条　进出境非食用动物产品生产、加工、存放和贸易企业应当依照法律法规和有关标准从事生产经营活动，对社会和公众负责，保证进出境非食用动物产品的质量安全，接受社会监督，承担社会责任。

第二章　风险管理

第五条　国家质检总局对进出境非食用动物产品实施风险管理，在风险分析的基础上，实施产品风险分级、企业分类、检疫准入、风险警示及其他风险管理措施。

第六条　国家质检总局根据进出境非食用动物产品动物卫生和公共卫生风险，确定产品风险级别。产品风险级别及检疫监督模式在国家质检总局网站公布。

第七条　检验检疫部门根据企业诚信程度、质量安全控制能力等，对进出境非食用动物产品生产、加工、存放企业实施分类管理，采取相应检验检疫监管措施。

第八条　国家质检总局根据进出境非食用动物产品质量安全形势、检验检疫中发现的问题、国内外相关组织机构的通报以及国内外发生的动物卫生和公共卫生问题，在风险分析的基础上发布风险警示信息并决定采取启动应急处置预案、限制进出境和暂停进出境等风险管理措施。

第三章　进境检验检疫

第一节　检疫准入

第九条　国家质检总局对进境非食用动物产品实

施检疫准入制度，包括产品风险分析、监管体系评估与审查、确定检验检疫要求、境外生产企业注册登记等。

第十条 国家质检总局对首次向中国输出非食用动物产品的国家或者地区进行产品风险分析、监管体系评估，对曾经或者正在向中国输出非食用动物产品的国家或者地区的监管体系进行回顾性审查。

根据风险分析、评估审查结果，国家质检总局与输出国家或者地区主管部门协商确定向中国输出非食用动物产品的检验检疫要求，并商签有关双边协定或者确定检验检疫证书。

国家质检总局负责制定、调整并在国家质检总局网站公布允许进境非食用动物产品的国家或者地区名单以及产品种类。

第十一条 国家质检总局对向中国输出非食用动物产品的境外生产、加工、存放企业（以下简称境外生产加工企业）实施注册登记制度。

需要实施境外生产加工企业注册登记的非食用动物产品名录由国家质检总局制定、调整并公布。

第二节 境外生产加工企业注册登记

第十二条 向中国输出非食用动物产品的境外生产加工企业应当符合输出国家或者地区法律法规和标准的相关要求，并达到中国有关法律法规和强制性标准的要求。

第十三条 实施注册登记管理的非食用动物产品境外生产加工企业，经输出国家或者地区主管部门审查合格后向国家质检总局推荐。

国家质检总局收到推荐材料并经书面审查合格后，必要时经与输出国家或者地区主管部门协商，派出专家到输出国家或者地区对其监管体系进行评估或者回顾性审查，对申请注册登记的境外生产加工企业进行检查。

符合要求的国家或者地区的境外生产加工企业，经检查合格的予以注册登记。

第十四条 境外生产加工企业注册登记有效期为5年。

需要延期的境外生产加工企业，由输出国家或者地区主管部门在有效期届满6个月前向国家质检总局提出延期申请。国家质检总局可以派出专家到输出国家或者地区对其监管体系进行回顾性审查，并对申请延期的境外生产加工企业进行抽查。

对回顾性审查符合要求的国家或者地区，抽查符合要求的及未被抽查的其他申请延期的境外生产加工企业，注册登记有效期延长5年。

第十五条 注册登记的境外生产加工企业不再向中国输出非食用动物产品的，输出国家或者地区主管部门应当通报国家质检总局，国家质检总局注销其注册登记。

第十六条 注册登记的境外生产加工企业向中国输出的非食用动物产品经检验检疫不合格，情节严重的，国家质检总局可以撤销其注册登记。

第三节 检验检疫

第十七条 进境非食用动物产品应当符合下列要求：

（一）双边协议、议定书、备忘录以及其他双边协定确定的相关要求；

（二）双方确认的检验检疫证书规定的相关要求；

（三）中国法律法规规定和强制性标准要求；

（四）进境动植物检疫许可证（以下简称检疫许可证）列明的要求；

（五）国家质检总局规定的其他检验检疫要求。

第十八条 进境非食用动物产品需要办理检疫许可证的，货主或者其代理人应当按照相关规定办理。

产品风险级别较高的非食用动物产品，因口岸条件限制等原因，进境后应当运往指定的存放、加工场所（以下简称指定企业）检疫的，办理检疫许可证时，货主或者其代理人应当明确指定企业并提供相应证明文件。

第十九条 货主或者其代理人应当在非食用动物产品进境前或者进境时向进境口岸检验检疫部门报检，报检时应当提供原产地证书、贸易合同、发票、提单、输出国家或者地区主管部门出具的检验检疫证书等单证，须办理检疫审批的应当提供检疫许可证。

第二十条 进境口岸检验检疫部门对货主或者其代理人报检时所提供的单证进行审核，并对检疫许可证的批准数（重）量进行核销。

对有证书要求的产品，如无有效检疫许可证或者输出国家或者地区主管部门出具的有效检验检疫证书的，作退回或者销毁处理。

第二十一条 进境非食用动物产品，由进境口岸检验检疫部门实施检验检疫。

因口岸条件限制等原因，进境后应当运往指定企业检疫的非食用动物产品，由进境口岸检验检疫部门实施现场查验和相应防疫消毒处理后，通知指定企业所在地检验检疫部门。货主或者其代理人将非食用动物产品运往检疫许可证列明的指定企业后，应当向指定企业所在地检验检疫部门申报，由指定企业所在地检验检疫部门实施检验检疫，并对存放、加工过程实施检疫监督。

第二十二条 检验检疫部门按照以下要求对进境非食用动物产品实施现场查验：

（一）查询启运时间、港口、途经国家或者地区、装载清单等，核对单证是否真实有效，单证与货物的名称、数（重）量、输出国家或者地区、包装、唛头、标记等是否相符；

（二）包装、容器是否完好，是否带有动植物性包装、铺垫材料并符合我国相关规定；

（三）有无腐败变质现象，有无携带有害生物、动物排泄物或者其他动物组织等；

（四）有无携带动物尸体、土壤及其他禁止进境物。

第二十三条 现场查验时，检验检疫部门应当对运输工具有关部位、装载非食用动物产品的容器、包装外表、铺垫材料、污染场地等进行防疫消毒处理。

第二十四条 现场查验有下列情形之一的，检验检疫部门签发“检验检疫处理通知书”，并作相应检疫处理：

（一）属于法律法规禁止进境的、带有禁止进境物的、货证不符的、发现严重腐败变质的作退回或者销毁处理；

（二）对散包、容器破裂的，由货主或者其代理人负责整理完好，方可卸离运输工具。检验检疫部门对受污染的场地、物品、器具进行消毒处理；

（三）带有检疫性有害生物、动物排泄物或者其他动物组织等的，按照有关规定进行检疫处理。不能有效处理的，作退回或者销毁处理；

（四）对疑似受病原体和其他有毒有害物质污染的，封存有关货物并采样进行实验室检测，对有关污染现场进行消毒处理。

第二十五条 转关的非食用动物产品，应当在进境前或者进境时由货主或者其代理人向进境口岸检验检疫部门申报，根据产品的不同要求提供有效检疫许可证和输出国家或者地区主管部门出具的检验检疫证书等单证。

进境口岸检验检疫部门对提供的单证进行书面审核。审核不合格的，作退回或者销毁处理。审核合格的，依据有关规定对装载非食用动物产品的集装箱体表、运输工具实施防疫消毒处理。货物到达结关地后，货主或者其代理人应当向结关地检验检疫部门报检。结关地检验检疫部门对货物实施检验检疫和检疫监督。

第二十六条 检验检疫部门按照国家质检总局对非食用动物产品的检验检疫要求抽取样品，出具“抽/采样凭证”，送实验室进行有关项目的检测。

第二十七条 进境非食用动物产品经检验检疫合格，检验检疫部门签发“进境货物检验检疫证明”后，方可销售、使用或者在指定企业加工。

经检验检疫不合格的，检验检疫部门签发“检验检疫处理通知书”，由货主或者其代理人在检验检疫部门的监督下，作除害、退回或者销毁处理，经除害处理合格的准予进境。需要对外索赔的，由检验检疫部门出具相关证书。

检验检疫部门应当将进境非食用动物产品检验检疫不合格信息上报国家质检总局。

第二十八条 未经检验检疫部门同意，不得将进境非食用动物产品卸离运输工具或者运递。

第二十九条 进境非食用动物产品在从进境运输工具上卸离及运递过程中，货主或者其代理人应当采取措施，防止货物的容器、包装破损而造成渗漏、散落。

第三十条 运往指定企业检疫的非食用动物产品，应当在检疫许可证列明的指定企业存放、加工。因特殊原因，需要变更指定企业的，货主或者其代理人应当办理检疫许可证变更，并向变更后的指定企业所在地检验检疫部门申报，接受检验检疫和检疫监督。

第三十一条 经香港或者澳门转运的目的地为内地的进境非食用动物产品，在香港或者澳门卸离原运输工具并经港澳陆路、水路运输到内地的，发货人应当向国家质检总局指定的检验机构申请中转检验。未经检验或者检验不合格的，不得转运内地。

指定的检验机构应当按照国家质检总局的要求开展中转检验，合格后加施封识并出具中转检验证书，进境口岸检验检疫部门受理报检时应当同时核查中转检验证书和其他有关检验检疫单证。

第四节　监督管理

第三十二条 国家质检总局和检验检疫部门对进

境非食用动物产品存放、加工过程，实施检疫监督制度。

第三十三条 拟从事产品风险级别较高的进境非食用动物产品存放、加工业务的企业可以向所在地直属检验检疫局提出指定申请。

直属检验检疫局按照国家质检总局制定的有关要求，对申请企业的申请材料、工艺流程、兽医卫生防疫制度等进行检查评审，核定存放、加工非食用动物产品种类、能力。

第三十四条 指定企业应当符合动物检疫和兽医防疫的规定，遵守下列要求：

（一）按照规定的兽医卫生防疫制度开展防疫工作；

（二）按照规定的工艺加工、使用进境非食用动物产品；

（三）按照规定的方法对废弃物进行处理；

（四）建立并维护企业档案，包括出入库、生产加工、防疫消毒、废弃物处理等记录，档案至少保留2年；

（五）如实填写“进境非食用动物产品生产、加工、存放指定企业监管手册”；

（六）涉及安全卫生的其他规定。

第三十五条 检验检疫部门按照本办法第三十四条的规定对指定企业实施日常监督管理。

指定企业应当按照要求向所在地直属检验检疫局提交年度报告，确保其符合国家质检总局制定的有关要求。

第三十六条 检验检疫部门应当建立指定企业、收货人及其代理人诚信档案，建立良好记录企业名单和不良记录企业名单。

第三十七条 指定企业、收货人及其代理人发现重大动物疫情或者公共卫生问题时，应当立即向所在地检验检疫部门报告，检验检疫部门应当按照有关规定处理并上报。

第三十八条 指定企业名称、地址、法定代表人、进境非食用动物产品种类、存放、生产加工能力、加工工艺以及其他兽医卫生、防疫条件发生变化的，应当及时向所在地直属检验检疫局报告并办理变更手续。

第三十九条 检验检疫部门发现指定企业出现以下情况的，取消指定：

（一）企业依法终止的；

（二）不符合本办法第三十四条规定，拒绝整改或者未整改合格的；

（三）未提交年度报告的；

（四）连续两年未从事进境非食用动物产品存放、加工业务的；

（五）未按照本办法第三十八条规定办理变更手续的；

（六）法律法规规定的应当取消指定的其他情形。

第四十条 直属检验检疫局应当在完成存放、加工企业指定、变更后30日内，将相关信息上报国家质检总局备案。

第四章　出境检验检疫

第一节　出境生产加工企业注册登记

第四十一条 输入国家或者地区要求中国对向其输出非食用动物产品生产、加工、存放企业（以下简称出境生产加工企业）注册登记的，国家质检总局对出境生产加工企业实行注册登记。

第四十二条 申请注册登记的出境生产加工企业应当符合进境国家或者地区的法律法规有关规定，并遵守下列要求：

（一）建立并维持进境国家或者地区有关法律法规规定的注册登记要求；

（二）按照建立的兽医卫生防疫制度组织生产；

（三）按照建立的合格原料供应商评价制度组织生产；

（四）建立并维护企业档案，确保原料、产品可追溯；

（五）如实填写“出境非食用动物产品生产、加工、存放注册登记企业监管手册”；

（六）符合中国其他法律法规规定的要求。

第四十三条 出境生产加工企业应当向所在地直属检验检疫局申请注册登记。申请注册登记时，应当提交下列材料（一式三份）：

（一）“出境非食用动物产品生产、加工、存放企业检验检疫注册登记申请表”；

（二）工商营业执照（复印件）；

（三）组织机构代码证书（复印件）；

（四）涉及环保要求的，须提供县级或者县级以上环保部门出具的环保合格证明；

（五）兽医卫生防疫制度；

（六）厂区平面图及图片资料，包括大门、厂区、库区全景照片，有关生产加工设施、仓储设施、防疫消毒处理设施、废弃物、包装物及污水处理设施的照片等；

（七）工艺流程图，包括生产、加工的温度、使用化学试剂的种类、浓度和 pH 值、处理的时间和使用的有关设备等情况；

（八）中国其他法律法规规定的有关合格证明文件。

第四十四条　直属检验检疫局对申请人提出的申请，应当根据下列情况分别作出处理：

（一）申请事项依法不需要取得行政许可的，应当即时告知申请人；

（二）申请事项依法不属于本行政机关职权范围的，应当即时作出不予受理的决定，并告知申请人向有关行政机关申请；

（三）申请材料存在可以当场更正的错误的，应当允许申请人当场更正；

（四）申请材料不齐全或者不符合法定形式的，应当当场或者在 5 个工作日内一次告知申请人需要补正的全部内容，逾期不告知的，自收到申请材料之日起即为受理；

（五）申请材料齐全、符合法定形式或者申请人按照要求提交全部补正申请材料的，应当受理申请。

直属检验检疫局受理或者不予受理申请，应当出具加盖本行政机关专用印章和注明日期的书面凭证。

第四十五条　直属检验检疫局应当在受理申请后 10 个工作日内组成评审组，对申请注册登记的出境生产加工企业进行现场评审。

第四十六条　评审组应当在现场评审结束后及时向直属检验检疫局提交评审报告。

评审所需时间应当书面告知申请人。

第四十七条　直属检验检疫局收到评审报告后，应当在 10 个工作日内分别作出下列决定：

（一）经评审合格的，予以注册登记，颁发“出境非食用动物产品生产、加工、存放企业检验检疫注册登记证”（以下简称“注册登记证”），自做出注册登记决定之日起 10 个工作日内，送达申请人；

（二）经评审不合格的，出具“出境非食用动物产品生产、加工、存放企业检验检疫注册登记未获批准通知书”。

第四十八条　直属检验检疫局应当将准予注册登记企业名单上报国家质检总局。国家质检总局组织进行抽查评估，统一向进境国家或者地区主管部门推荐并办理有关手续。

第四十九条　“注册登记证”自颁发之日起生效，有效期 5 年。

第五十条　注册登记的出境生产加工企业变更企业名称、法定代表人、产品种类、存放、生产加工能力等的，应当在变更后 30 日内向准予注册登记的直属检验检疫局提出书面申请，填写“出境非食用动物产品生产、加工、存放企业检验检疫注册登记申请表”，并提交与变更内容相关的资料（一式三份）。

变更企业名称、法定代表人的，由直属检验检疫局审核有关资料后，直接办理变更手续。

变更产品种类或者生产能力的，由直属检验检疫局审核有关资料并组织现场评审，评审合格后，办理变更手续。

企业迁址的，应当重新向直属检验检疫局申请办理注册登记手续。

第五十一条　获得注册登记的出境生产加工企业需要延续注册登记有效期的，应当在有效期届满 3 个月前按照本办法规定提出申请。

第五十二条　检验检疫部门对注册登记的出境生产加工企业实施年审，年审合格的在“注册登记证”（副本）上加注年审合格记录。

第五十三条　注册登记的出境生产加工企业发生下列情况之一，准予注册登记所依据的客观情况发生重大变化，达不到注册登记条件要求的，由直属检验检疫局撤回其注册登记：

（一）注册登记内容发生变更，未办理变更手续的；

（二）年审不合格的；

（三）所依据的客观情况发生其他重大变化的。

第五十四条　有下列情形之一的，直属检验检疫局根据利害关系人的请求或者依据职权，可以撤销其注册登记：

（一）直属检验检疫局工作人员滥用职权、玩忽职守作出准予注册登记的；

（二）超越法定职权作出准予注册登记的；

（三）违反法定程序作出准予注册登记的；

（四）对不具备申请资格或者不符合法定条件的出境生产加工企业准予注册登记的；

（五）依法可以撤销注册登记的其他情形。

出境生产加工企业以欺骗、贿赂等不正当手段取得注册登记的，应当予以撤销。

第五十五条 出境生产加工企业有下列情形之一的，直属检验检疫局应当依法办理注册登记的注销手续：

（一）注册登记有效期届满未申请延续的；

（二）出境生产加工企业依法终止的；

（三）出境生产加工企业因停产、转产、倒闭等原因不再从事出境非食用动物产品生产、加工或者存放业务的；

（四）注册登记依法被撤销、撤回或者吊销的；

（五）因不可抗力导致注册登记事项无法实施的；

（六）法律、法规规定的应当注销注册登记的其他情形。

第二节 检验检疫

第五十六条 检验检疫部门按照下列要求对出境非食用动物产品实施检验检疫：

（一）双边协议、议定书、备忘录和其他双边协定；

（二）输入国家或者地区检验检疫要求；

（三）中国法律法规、强制性标准和国家质检总局规定的检验检疫要求；

（四）贸易合同或者信用证注明的检疫要求。

第五十七条 非食用动物产品出境前，货主或者其代理人应当向产地检验检疫部门报检，并提供贸易合同/信用证、“注册登记证”（复印件）、自检自控合格证明等相关单证。检验检疫部门对所提供的单证进行审核，符合要求的受理报检。

第五十八条 受理报检后，检验检疫部门按照下列规定实施现场检验检疫：

（一）核对货证：核对单证与货物的名称、数（重）量、生产日期、批号、包装、唛头、出境生产企业名称或者注册登记号等是否相符；

（二）抽样：根据相应标准、输入国家或者地区的要求进行抽样，出具“抽/采样凭证”；

（三）感官检查：包装、容器是否完好，外观、色泽、组织状态、黏度、气味、异物、异色及其他相关项目。

第五十九条 检验检疫部门对需要进行实验室检验检疫的产品，按照相关规定，抽样送实验室检测。

第六十条 经检验检疫合格的，检验检疫部门出具“出境货物通关单”或者“出境货物换证凭单”、检验检疫证书等相关证书。检验检疫不合格的，经有效方法处理并重新检验检疫合格的，可以按照规定出具相关单证，准予出境；无有效方法处理或者虽经处理重新检验检疫仍不合格的，不予出境，并出具“出境货物不合格通知单”。

第六十一条 出境口岸检验检疫部门按照出境货物换证查验的相关规定查验，重点核查货证是否相符。查验合格的，凭产地检验检疫部门出具的“出境货物换证凭单”或者电子转单换发“出境货物通关单”；查验不合格的，不予放行。

第六十二条 产地检验检疫部门与出境口岸检验检疫部门应当及时交流信息。

在检验检疫过程中发现重大安全卫生问题，应当采取相应措施，并及时上报国家质检总局。

第三节 监督管理

第六十三条 取得注册登记的出境生产加工企业应当遵守下列规定：

（一）有效运行自检自控体系；

（二）按照输入国家或者地区的标准或者合同要求生产出境产品；

（三）按照检验检疫部门认可的兽医卫生防疫制度开展卫生防疫工作；

（四）企业档案维护，包括出入库、生产加工、防疫消毒、废弃物检疫处理等记录，记录档案至少保留2年；

（五）如实填写“出境非食用动物产品生产、加工、存放注册登记企业监管手册”。

第六十四条 检验检疫部门对辖区内注册登记的出境生产加工企业实施日常监督管理，内容包括：

（一）兽医卫生防疫制度的执行情况；

（二）自检自控体系运行，包括原辅料、成品自检自控情况、生产加工过程控制、原料及成品出入库及生产、加工的记录等；

（三）涉及安全卫生的其他有关内容；

（四）“出境非食用动物产品生产、加工、存放注册登记企业监管手册”填写情况。

第六十五条 检验检疫部门应当建立注册登记的出境生产加工企业诚信档案，建立良好记录企业名单和不良记录企业名单。

第六十六条 出境非食用动物产品被检出疫病、有毒有害物质超标或者其他安全卫生问题的，检验检疫部门核实有关情况后，实施加严检验检疫监管措施。

第六十七条 注册登记的出境生产加工企业发现相关产品可能受到污染并影响非食用动物产品安全，或者其出境产品在国外涉嫌引发非食用动物产品安全事件时，应当在24小时内报告所在地检验检疫部门，同时采取控制措施，防止不合格产品继续出厂。检验检疫部门接到报告后，应当于24小时内逐级上报至国家质检总局。

第五章 过境检验检疫

第六十八条 运输非食用动物产品过境的，承运人或者押运人应当持货运单和输出国家或者地区主管部门出具的证书，并书面提交过境运输路线，向进境口岸检验检疫部门报检。

第六十九条 装载过境非食用动物产品的运输工具和包装物、装载容器应当完好。经进境口岸检验检疫部门检查，发现过境非食用动物产品存在途中散漏隐患的，承运人或者押运人应当按照口岸检验检疫部门的要求，采取密封措施；无法采取密封措施的，不准过境。

第七十条 过境非食用动物产品的输出国家或者地区未被列入本办法第十条规定的名单的，应当获得国家质检总局的批准方可过境。

第七十一条 过境的非食用动物产品，由进境口岸检验检疫部门查验单证，加施封识后放行，同时通知出境口岸检验检疫部门。到达出境口岸后，由出境口岸检验检疫部门确认原货柜、原包装、原封识完好后，允许出境。

第六章 法律责任

第七十二条 违反本办法规定，擅自销售、使用未报检或者未经检验的属于法定检验的进境非食用动物产品的，由检验检疫部门按照《中华人民共和国进出口商品检验法实施条例》第四十三条的规定没收违法所得，并处非食用动物产品货值金额5%以上20%以下罚款；构成犯罪的，依法追究刑事责任。

第七十三条 违反本办法规定，擅自出口未报检或者未经检验的属于法定检验的出境非食用动物产品的，由检验检疫部门按照《中华人民共和国进出口商品检验法实施条例》第四十四条的规定没收违法所得，并处非食用动物产品货值金额5%以上20%以下罚款；构成犯罪的，依法追究刑事责任。

第七十四条 销售、使用经法定检验、抽查检验不合格的进境非食用动物产品，或者出口经法定检验、抽查检验不合格的非食用动物产品的，由检验检疫部门按照《中华人民共和国进出口商品检验法实施条例》第四十五条的规定责令停止销售、使用或者出口，没收违法所得和违法销售、使用或者出口的非食用动物产品，并处没收销售、使用或者出口的非食用动物产品货值金额等值以上3倍以下罚款；构成犯罪的，依法追究刑事责任。

第七十五条 进出境非食用动物产品的收货人、发货人、代理报检企业或者报检人员不如实提供属于法定检验的进出境非食用动物产品的真实情况，取得检验检疫部门的有关证单，或者对法定检验的进出境非食用动物产品不予报检，逃避进出口商品检验的，由检验检疫部门按照《中华人民共和国进出口商品检验法实施条例》第四十六条第一款的规定没收违法所得，并处非食用动物产品货值金额5%以上20%以下罚款。

进出境非食用动物产品的收货人或者发货人委托代理报检企业办理报检手续，未按照规定向代理报检企业提供所委托报检事项的真实情况，取得检验检疫部门的有关证单的，对委托人依照前款规定予以处罚。

第七十六条 伪造、变造、买卖或者盗窃检验证单、印章、标志、封识、货物通关单或者使用伪造、变造的检验证单、印章、标志、封识、货物通关单，构成犯罪的，依法追究刑事责任；尚不够刑事处罚的，由检验检疫部门按照《中华人民共和国进出口商品检验法实施条例》第四十七条的规定责令改正，没收违法所得，并处非食用动物产品货值金额等值以下罚款。

第七十七条 擅自调换检验检疫部门抽取的样品或者检验检疫部门检验合格的进出境非食用动物产品的，由检验检疫部门按照《中华人民共和国进出口商品检验法实施条例》第四十八条的规定责令改正，给予警告；情节严重的，并处非食用动物产品货值金额10%以上50%以下罚款。

第七十八条 有下列违法行为之一的，由检验检疫部门按照《中华人民共和国进出境动植物检疫法实施条例》第五十九条的规定处5 000元以下的罚款：

（一）未报检或者未依法办理检疫审批手续或者未按检疫审批的规定执行的；

（二）报检的非食用动物产品与实际不符的。

有前款第（二）项所列行为，已取得检疫单证的，予以吊销。

第七十九条 有下列情形之一的，由检验检疫部门按照《中华人民共和国进出境动植物检疫法实施条例》第六十条的规定处3 000元以上3万元以下罚款：

（一）未经检验检疫部门批准，擅自将进境、出境、过境非食用动物产品卸离运输工具或者运递的；

（二）擅自开拆过境非食用动物产品的包装，或者擅自开拆、损毁动植物检疫封识或者标志的。

第八十条 有下列情形之一的，依法追究刑事责任；尚不构成犯罪或者犯罪情节显著轻微依法不需要判处刑罚的，由检验检疫部门按照《中华人民共和国进出境动植物检疫法实施条例》第六十二条的规定处2万元以上5万元以下的罚款：

（一）引起重大动植物疫情的；

（二）伪造、变造动植物检疫单证、印章、标志、封识的。

第八十一条 有下列情形之一，有违法所得的，由检验检疫部门处以违法所得3倍以下罚款，最高不超过3万元；没有违法所得的，处以1万元以下罚款：

（一）未经注册登记或者指定擅自生产、加工、存放需要实施企业注册登记或者指定管理的非食用动物产品的；

（二）擅自销售、使用或者出口应当经抽查检验而未经抽查检验的进出境非食用动物产品的；

（三）买卖或者使用伪造、变造的动植物检疫单证、印章、标志、封识的；

（四）买卖或者使用伪造、变造的输出国家或者地区主管部门检验检疫证明文件的；

（五）买卖或者使用伪造、变造的其他相关证明文件的；

（六）拒不接受检验检疫部门监督管理的；

（七）未按照有关规定向指定企业所在地检验检疫部门申报的；

（八）实施企业注册登记或者指定管理的进境非食用动物产品，未经批准，货主或者其代理人擅自变更生产、加工、存放企业的；

（九）擅自处置未经检疫处理的进境非食用动物产品使用、加工过程中产生的废弃物的。

第八十二条 申请注册登记的生产、加工、存放企业隐瞒有关情况或者提供虚假材料申请注册登记的，检验检疫部门不予受理申请或者不予注册登记，并可以给予警告。

经注册登记的生产、加工、存放企业以欺骗、贿赂等不正当手段取得注册登记的，有违法所得的，由检验检疫部门处以违法所得3倍以下罚款，最高不超过3万元；没有违法所得的，处以1万元以下罚款。

第八十三条 检验检疫部门工作人员滥用职权，故意刁难当事人的，徇私舞弊，伪造检验检疫结果的，或者玩忽职守，延误检验检疫出证的，依法给予行政处分；构成犯罪的，依法追究刑事责任。

第七章 附则

第八十四条 本办法中非食用动物产品是指非直接供人类或者动物食用的动物副产品及其衍生物、加工品，如非直接供人类或者动物食用的动物皮张、毛类、纤维、骨、蹄、角、油脂、明胶、标本、工艺品、内脏、动物源性肥料、蚕产品、蜂产品、水产品、奶产品等。

第八十五条 进出境非食用动物产品应当实施卫生检疫的，按照国境卫生检疫法律法规的规定执行。

第八十六条 本办法由国家质检总局负责解释。

第八十七条 本办法自2015年2月1日起施行。自施行之日起，进出境非食用动物产品检验检疫管理规定与本办法不一致的，以本办法为准。

第六篇

全国口岸运行主要数据

2014 年全国口岸进出口商品总值表

序号	口岸名称	进出口总值		出　口		进　口	
		金额（千美元）	比重（%）	金额（千美元）	比重（%）	金额（千美元）	比重（%）
0	总　值	4 301 527 345	100	2 342 292 696	100	1 959 234 648	100
1	北京口岸	90 649 418	2. 1	28 761 329	1. 2	61 888 089	3. 2
2	天津口岸	228 419 564	5. 3	109 776 363	4. 7	118 643 201	6. 1
3	河北口岸	50 818 916	1. 2	9 964 204	0. 4	40 854 712	2. 1
4	山西口岸	3 370 140	0. 1	84 716	0	3 285 424	0. 2
5	内蒙古口岸	13 474 381	0. 3	3 758 770	0. 2	9 715 610	0. 5
6	辽宁口岸	138 062 208	3. 3	61 206 579	2. 7	76 855 628	3. 9
7	吉林口岸	11 518 237	0. 3	1 523 260	0. 1	9 994 977	0. 5
8	黑龙江口岸	21 773 244	0. 5	8 065 915	0. 3	13 707 329	0. 7
9	上海口岸	862 929 736	20. 1	522 864 914	22. 3	340 064 822	17. 4
10	江苏口岸	339 342 594	7. 9	158 448 354	6. 8	180 894 240	9. 2
11	浙江口岸	311 808 667	7. 3	188 843 795	8. 1	122 964 872	6. 3
12	安徽口岸	21 736 063	0. 5	8 687 419	0. 4	13 048 644	0. 7
13	福建口岸	159 290 567	3. 7	95 275 460	4. 1	64 015 107	3. 3
14	江西口岸	14 296 559	0. 3	6 122 311	0. 3	8 174 248	0. 4
15	山东口岸	343 053 705	8	160 263 821	6. 9	182 789 883	9. 4
16	河南口岸	49 443 589	1. 1	26 413 004	1. 1	23 030 584	1. 2
17	湖北口岸	24 938 026	0. 6	12 308 219	0. 5	12 629 807	0. 6
18	湖南口岸	11 988 325	0. 3	4 438 994	0. 2	7 549 331	0. 4
19	广东口岸	1 319 370 797	30. 6	786 982 325	33. 6	532 388 472	27. 2
20	广西口岸	57 848 457	1. 3	31 409 783	1. 3	26 438 674	1. 3
21	海南口岸	16 514 469	0. 4	4 051 335	0. 2	12 463 134	0. 6
22	重庆口岸	75 729 046	1. 8	46 158 488	2	29 570 559	1. 5
23	四川口岸	45 238 207	1. 1	23 639 469	1	21 598 739	1. 1
24	贵州口岸	1 742 151	0	820 665	0	921 485	0
25	云南口岸	15 477 853	0. 4	8 933 665	0. 4	6 544 188	0. 3
26	西藏口岸	2 125 531	0	2 042 181	0. 1	83 351	0
27	陕西口岸	21 217 117	0. 5	8 534 102	0. 4	12 683 015	0. 6
28	甘肃口岸	1 961 911	0	52 122	0	1 909 789	0. 1
29	宁夏口岸	1 496 465	0	417 451	0	1 079 014	0. 1
30	青海口岸	106 810	0	3 233	0	103 577	0
31	新疆口岸	45 784 594	1. 1	22 440 449	1	23 344 145	1. 2

2014 年全国口岸进出口货运量统计表

序号	海关名称	进出口			进 口		出 口	
		货运量（万吨）	比重（%）	同比（%）	货运量（万吨）	同比（%）	货运量（万吨）	同比（%）
0	合 计	389 145.37	100.0	+8.1	237 198.21	+3.0	151 947.16	+17.2
1	北京口岸	2 111.96	0.5	+341.2	1 968.58	+486.0	143.38	+0.4
2	天津口岸	21 156.68	5.4	+5.4	13 741.68	-2.6	7 415.00	+24.4
3	河北口岸	31 555.75	8.1	+23.7	29 892.99	+22.3	1 662.76	+53.1
4	山西口岸	1 352.90	0.3	-44.6	1 313.05	-44.7	39.85	-41.9
5	内蒙古口岸	4 963.86	1.3	+1.5	4 441.30	+0.6	522.56	+9.6
6	辽宁口岸	16 852.64	4.3	+11.3	12 605.04	+8.1	4 247.60	+21.9
7	吉林口岸	352.42	0.1	+44.6	290.98	+50.1	61.44	+23.4
8	黑龙江口岸	2 487.38	0.6	-6.6	2 352.24	-6.6	135.14	-5.8
9	上海口岸	19 127.73	4.9	-1.4	9 692.67	-8.2	9 435.06	+6.8
10	江苏口岸	32 039.75	8.2	+3.6	25 888.33	+1.7	6 151.43	+12.5
11	浙江口岸	29 051.73	7.5	+1.1	23 756.13	+0.6	5 295.60	+2.7
12	安徽口岸	2 037.19	0.5	+18.6	1 762.32	+14.5	274.87	+53.8
13	福建口岸	17 822.09	4.6	+15.1	13 475.47	+19.9	4 346.62	+2.3
14	江西口岸	1 669.59	0.4	+1.7	1 406.81	-3.1	262.77	+38.6
15	山东口岸	54 052.85	13.9	-2.4	45 229.78	-5.3	8 853.07	+16.6
16	河南口岸	1 527.48	0.4	+36.9	1 487.44	+37.9	40.05	+7.9
17	湖北口岸	2 314.11	0.6	0.0	1 786.07	-3.5	528.04	+13.9
18	湖南口岸	2 172.77	0.6	+11.3	1 985.46	+9.5	187.31	+34.6
19	广东口岸	125 007.35	32.1	+14.3	25 851.43	-0.6	99 185.91	+18.9
20	广西口岸	10 341.01	2.7	+8.6	9 000.56	+5.8	1 340.45	+33.0
21	海南口岸	2 677.67	0.7	+10.9	2 237.60	+6.7	440.07	+38.1
22	重庆口岸	923.48	0.2	-7.7	642.73	-12.8	280.75	+6.7
23	四川口岸	232.78	0.1	+51.3	155.97	+65.6	76.82	+28.7
24	贵州口岸	656.00	0.2	+46.7	544.85	+49.8	111.15	+33.1
25	云南口岸	1 475.35	0.4	+23.9	1 107.50	+25.0	367.84	+20.5
26	西藏口岸	14.23	0.0	-12.5	0.47	-8.7	13.77	-12.6
27	陕西口岸	314.51	0.1	-10.8	292.21	-9.6	22.30	-24.6
28	甘肃口岸	152.17	0.0	-63.8	151.14	-63.9	1.04	-33.5
29	宁夏口岸	5.96	0.0	-75.1	5.22	-77.4	0.73	-12.0
30	青海口岸	0.73	0.0	-25.6	0.62	-34.7	0.11	+300.0
31	新疆口岸	4 665.26	1.2	-6.0	4 161.57	-5.9	503.69	-6.9

2014 年全国口岸监管进出口邮递物品、印刷品和音像制品、快递物品排序表

序号	口岸名称	邮递物品		印刷品和音像制品		快递物品	
		数量（件）	同比（%）	数量（件）	同比（%）	数量（件）	同比（%）
0	合　计	324 763 965	+74.0	84 282 922	-34.1	246 409 423	+34.2
1	北京口岸	98 922 831	+17.4	53 291 868	-42.8	18 530 905	+21.7
2	天津口岸	2 448 698	+115.6	4 856 519	-22.4	3 254 515	+70.1
3	河北口岸	0	-	0	-	0	-
4	山西口岸	0	-	0	-	0	-
5	内蒙古口岸	43 643	+25.4	330 851	-14.5	75 982	+73.9
6	辽宁口岸	674 084	+19.3	929 548	-7.6	2 928 348	+16.4
7	吉林口岸	135 575	+41.1	321 843	-9.6	615 942	+20.5
8	黑龙江口岸	12 925 774	+2 214.5	536 997	-1.6	467 725	+55.0
9	上海口岸	26 118 211	+28.6	5 676 595	+11.4	63 142 909	+13.3
10	江苏口岸	19 932 326	+134.2	1 597 805	-6.5	8 412 963	+117.7
11	浙江口岸	32 729 422	+143.8	865 017	-14.5	16 876 957	
12	安徽口岸	0	-	0	-	0	-
13	福建口岸	21 805 272	+499.7	842 283	-10.8	10 998 338	+98.3
14	江西口岸	0	-	8 609	+92.9	0	-
15	山东口岸	3 401 379	+92.2	1 016 735	+11.6	7 279 201	+657.2
16	河南口岸	1 246 966	+103.4	303 460	-71.1	1 731 609	+80.1
17	湖北口岸	1 456 106	+180.6	1 369 845	-2.0	830 942	+98.2
18	湖南口岸	3 817 329	+240.8	90 395	-24.9	133 615	-78.8
19	广东口岸	94 308 659	+91.3	7 806 765	-17.4	106 151 383	+42.0
20	广西口岸	104 479	+52.2	182 240	-13.7	758 517	-31.4
21	海南口岸	30 163	+42.5	34 781	+5.4	72 996	+73.9
22	重庆口岸	373 561	+237.5	930 598	-18.1	2 027 836	+37.4
23	四川口岸	407 183	+160.0	1 628 252	-9.9	1 408 042	+69.7
24	贵州口岸	0	-	0	-	0	-
25	云南口岸	72 100	+19.9	222 585	+2.4	219 655	+118.2
26	西藏口岸	3 801	-7.9	21 869	-8.4	4 951	+86.2
27	陕西口岸	1 057 478	+487.8	1 152 844	+35.4	391 763	+82.7
28	甘肃口岸	0	-	0	-	0	-
29	宁夏口岸	0	-	0	-	0	-
30	青海口岸	0	-	0	-	0	-
31	新疆口岸	2 748 925	+1 691.0	264 618	+32.8	94 329	+66.9

1981年~2014年进出口商品总值表（一）

单位：百万元人民币

年　份	进出口总值	出口总值	进口总值	差　额 （+出超、-入超）	同比（%）	
					出　口	进　口
1981年	73 534	36 761	36 773	-12	-	-
1982年	77 137	41 383	35 754	+5 629	+12.6	-2.8
1983年	86 015	43 833	42 182	+1 651	+5.9	+18.0
1984年	120 103	58 056	62 047	-3 991	+32.4	+47.1
1985年	206 671	80 886	125 785	-44 899	+39.3	+102.7
1986年	258 037	108 211	149 826	-41 615	+33.8	+19.1
1987年	308 416	146 995	161 421	-14 426	+35.8	+7.7
1988年	382 179	176 672	205 507	-28 835	+20.2	+27.3
1989年	415 592	195 606	219 986	-24 380	+10.7	+7.0
1990年	556 012	298 584	257 428	+41 156	+52.6	+17.0
1991年	722 575	382 710	339 865	+42 845	+28.2	+32.0
1992年	911 962	467 629	444 333	+23 296	+22.2	+30.7
1993年	1 127 102	528 481	598 621	-70 140	+13.0	+34.7
1994年	2 038 190	1 042 184	996 006	+46 178	+97.2	+66.4
1995年	2 349 994	1 245 181	1 104 813	+140 368	+19.5	+10.9
1996年	2 413 386	1 257 643	1 155 743	+101 900	+1.0	+4.6
1997年	2 696 724	1 516 068	1 180 656	+335 412	+20.5	+2.2
1998年	2 684 968	1 522 354	1 162 614	+359 740	+0.4	-1.5
1999年	2 989 623	1 615 977	1 373 646	+242 331	+6.1	+18.2
2000年	3 927 325	2 063 444	1 863 881	+199 563	+27.7	+35.7
2001年	4 218 362	2 202 444	2 015 918	+186 526	+6.7	+8.2
2002年	5 137 815	2 694 787	2 443 027	+251 760	+22.4	+21.2
2003年	7 048 345	3 628 789	3 419 556	+209 232	+34.7	+40.0
2004年	9 553 909	4 910 333	4 643 576	+266 757	+35.3	+35.8
2005年	11 692 177	6 264 809	5 427 368	+837 441	+27.6	+16.9
2006年	14 097 474	7 759 789	6 337 686	+1 422 103	+23.9	+16.8
2007年	16 692 407	9 362 714	7 329 693	+2 033 020	+20.7	+15.7
2008年	17 992 147	10 039 494	7 952 653	+2 086 841	+7.2	+8.5
2009年	15 064 806	8 202 969	6 861 837	+1 341 132	-18.3	-13.7
2010年	20 172 234	10 702 284	9 469 950	+1 232 334	+30.5	+38.0
2011年	23 640 195	12 324 056	11 316 139	+1 007 916	+15.2	+19.5
2012年	24 416 021	12 935 925	11 480 096	+1 455 829	+5.0	+1.4
2013年	25 816 889	13 713 143	12 103 746	+1 609 398	+6.0	+5.4
2014年	26 424 177	14 388 375	12 035 803	+2 352 572	+4.9	-0.6

1981年～2014年进出口商品总值表（二）

单位：百万美元

年　份	进出口总值	出口总值	进口总值	差　额 （+出超、-入超）	同比（%）	
					出　口	进　口
1981年	44 022	22 007	22 015	-8	-	-
1982年	41 606	22 321	19 285	+3 036	+1.4	-12.4
1983年	43 616	22 226	21 390	+836	-0.4	+10.9
1984年	53 549	26 139	27 410	-1 271	+17.6	+28.1
1985年	69 602	27 350	42 252	-14 902	+4.6	+54.1
1986年	73 846	30 942	42 904	-11 962	+13.1	+1.5
1987年	82 653	39 437	43 216	-3 779	+27.5	+0.7
1988年	102 784	47 516	55 268	-7 752	+20.5	+27.9
1989年	111 678	52 538	59 140	-6 602	+10.6	+7.0
1990年	115 436	62 091	53 345	+8 746	+18.2	-9.8
1991年	135 634	71 843	63 791	+8 052	+15.7	+19.6
1992年	165 525	84 940	80 585	+4 355	+18.2	+26.3
1993年	195 703	91 744	103 959	-12 215	+8.0	+29.0
1994年	236 621	121 006	115 615	+5 391	+31.9	+11.2
1995年	280 864	148 780	132 084	+16 696	+23.0	+14.2
1996年	289 881	151 048	138 833	+12 215	+1.5	+5.1
1997年	325 162	182 792	142 370	+40 422	+21.0	+2.5
1998年	323 949	183 712	140 237	+43 475	+0.5	-1.5
1999年	360 630	194 931	165 699	+29 232	+6.1	+18.2
2000年	474 297	249 203	225 094	+24 109	+27.8	+35.8
2001年	509 651	266 098	243 553	+22 545	+6.8	+8.2
2002年	620 766	325 596	295 170	+30 426	+22.4	+21.2
2003年	850 988	438 228	412 760	+25 468	+34.6	+39.8
2004年	1 154 554	593 326	561 229	+32 097	+35.4	+36.0
2005年	1 421 906	761 953	659 953	+102 001	+28.4	+17.6
2006年	1 760 438	968 978	791 461	+177 517	+27.2	+19.9
2007年	2 176 175	1 220 060	956 115	+263 944	+25.9	+20.8
2008年	2 563 255	1 430 693	1 132 562	+298 131	+17.3	+18.5
2009年	2 207 535	1 201 612	1 005 923	+195 689	-16.0	-11.2
2010年	2 974 001	1 577 754	1 396 247	+181 507	+31.3	+38.8
2011年	3 641 864	1 898 381	1 743 484	+154 897	+20.3	+24.9
2012年	3 867 119	2 048 714	1 818 405	+230 309	+7.9	+4.3
2013年	4 158 993	2 209 004	1 949 989	+259 015	+7.8	+7.2
2014年	4 301 527	2 342 293	1 959 235	+383 058	+6.0	+0.4

2014 年进出口商品国别（地区）总值表

单位：千美元

进口原产国（地） 出口最终目的国（地）	2014 年			2013 年		
	出　口	进　口	出入超	出　口	进　口	出入超
总　值	2 342 292 696	1 959 234 648	383 058 048	2 209 003 999	1 949 989 468	259 014 531
亚　洲	1 188 380 714	1 085 097 360	103 283 355	1 134 069 621	1 089 938 208	44 131 413
阿富汗	393 559	17 372	376 187	328 259	9 595	318 664
巴林	1 231 782	183 964	1 047 817	1 238 929	305 181	933 749
孟加拉国	11 782 272	761 108	11 021 164	9 705 087	602 366	9 102 720
不丹	11 116	104	11 011	17 405	9	17 397
文莱	1 746 815	189 717	1 557 097	1 703 776	89 804	1 613 973
缅甸	9 367 647	15 601 279	－6 233 633	7 338 689	2 856 867	4 481 822
柬埔寨	3 274 738	482 915	2 791 823	3 409 507	363 635	3 045 873
塞浦路斯	1 037 576	62 577	974 999	971 730	52 800	918 930
朝鲜	3 519 651	2 867 931	651 720	3 630 075	2 927 497	702 577
中国香港	363 077 144	12 621 374	350 455 769	384 494 891	16 206 575	368 288 316
印度	54 217 422	16 358 691	37 858 731	48 432 411	16 970 251	31 462 160
印度尼西亚	39 059 606	24 485 247	14 574 359	36 930 487	31 424 262	5 506 225
伊朗	24 338 486	27 503 850	－3 165 363	14 036 645	25 389 864	－11 353 219
伊拉克	7 743 841	20 761 239	－13 017 398	6 894 088	17 984 764	－11 090 676
以色列	7 739 106	3 140 637	4 598 469	7 645 304	3 181 317	4 463 987
日本	149 391 340	162 920 512	－13 529 172	150 132 447	162 245 403	－12 112 956
约旦	3 364 531	263 204	3 101 327	3 434 555	169 875	3 264 680
科威特	3 428 725	10 004 964	－6 576 239	2 675 509	9 586 638	－6 911 129
老挝	1 839 475	1 777 883	61 592	1 722 577	1 010 079	712 498
黎巴嫩	2 604 861	25 387	2 579 474	2 490 831	45 579	2 445 252
中国澳门	3 592 858	212 408	3 380 450	3 170 786	387 121	2 783 665
马来西亚	46 353 388	55 652 243	－9 298 855	45 930 591	60 152 786	－14 222 195
马尔代夫	103 990	380	103 610	97 414	418	96 996
蒙古	2 216 382	5 102 087	－2 885 705	2 449 592	3 509 547	－1 059 955
尼泊尔联邦民主共和国	2 283 579	47 067	2 236 512	2 210 887	43 250	2 167 637
阿曼	2 065 381	23 795 856	－21 730 475	1 900 844	21 040 613	－19 139 769
巴基斯坦	13 244 482	2 753 870	10 490 612	11 019 596	3 196 840	7 822 756
巴勒斯坦	75 507	86	75 420	90 677	186	90 491

续表1

进口原产国（地） 出口最终目的国（地）	2014年			2013年		
	出　口	进　口	出入超	出　口	进　口	出入超
菲律宾	23 473 577	20 984 132	2 489 445	19 868 125	18 181 810	1 686 315
卡塔尔	2 254 011	8 336 728	-6 082 717	1 710 908	8 463 353	-6 752 445
沙特阿拉伯	20 575 242	48 508 026	-27 932 784	18 739 814	53 450 711	-34 710 897
新加坡	48 911 175	30 828 733	18 082 441	45 831 865	30 064 515	15 767 350
韩国	100 333 451	190 108 773	-89 775 323	91 164 951	183 072 757	-91 907 806
斯里兰卡	3 792 797	248 273	3 544 524	3 436 549	182 564	3 253 985
叙利亚	984 371	2 128	982 242	690 152	4 705	685 447
泰国	34 289 228	38 331 928	-4 042 700	32 717 904	38 522 646	-5 804 742
土耳其	19 305 458	3 705 396	15 600 062	17 746 991	4 486 234	13 260 757
阿拉伯联合酋长国	39 034 507	15 763 357	23 271 151	33 411 295	12 823 526	20 587 769
也门共和国	2 201 314	2 932 854	-731 540	2 138 817	3 061 301	-922 484
越南	63 730 014	19 906 398	43 823 616	48 586 298	16 891 893	31 694 406
中华人民共和国	-	144 880 437	-144 880 437	-	157 540 441	-157 540 441
中国台湾	46 276 625	152 007 127	-105 730 502	40 634 048	156 404 907	-115 770 859
东帝汶	60 342	100	60 242	47 386	397	46 989
哈萨克斯坦	12 709 849	9 741 822	2 968 027	12 545 124	16 050 838	-3 505 714
吉尔吉斯斯坦	5 242 520	55 424	5 187 096	5 075 346	62 350	5 012 996
塔吉克斯坦	2 468 236	47 699	2 420 538	1 869 364	88 751	1 780 612
土库曼斯坦	954 282	9 516 158	-8 561 877	1 137 644	8 893 257	-7 755 613
乌兹别克斯坦	2 678 214	1 597 910	1 080 304	2 613 355	1 938 093	675 262
亚洲其他国家（地区）	243	4	239	98	39	59
非　洲	106 034 749	115 631 378	-9 596 630	92 799 365	117 454 718	-24 655 353
阿尔及利亚	7 395 178	1 314 682	6 080 496	6 023 897	2 164 547	3 859 351
安哥拉	5 974 997	31 106 015	-25 131 018	3 964 059	31 972 669	-28 008 610
贝宁	3 485 979	266 631	3 219 348	2 992 477	206 007	2 786 470
博茨瓦那	176 149	213 879	-37 730	148 252	193 858	-45 606
布隆迪	51 602	4 143	47 459	50 962	9 307	41 655
喀麦隆	1 877 578	688 877	1 188 702	1 514 679	366 169	1 148 510
加那利群岛	4 357	-	4 357	3 174	51	3 123
佛得角	51 223	3	51 220	61 988	0	61 988
中非	7 212	29 273	-22 061	9 459	40 649	-31 190
塞卜泰（休达）	495	-	495	672	0	671
乍得	317 710	108 342	209 368	371 893	103 500	268 392

续表 2

进口原产国（地） 出口最终目的国（地）	2014 年			2013 年		
	出　口	进　口	出入超	出　口	进　口	出入超
科摩罗	40 685	9	40 676	29 860	8	29 852
刚果（布）	984 526	5 479 018	-4 494 492	779 293	5 712 191	-4 932 897
吉布提	1 112 181	1 685	1 110 497	1 018 884	274	1 018 610
埃及	10 460 510	1 159 517	9 300 993	8 362 675	1 851 607	6 511 068
赤道几内亚	352 515	3 217 190	-2 864 675	357 517	2 469 918	-2 112 401
埃塞俄比亚	2 922 309	489 954	2 432 355	1 868 466	315 688	1 552 779
加蓬	430 394	1 607 935	-1 177 541	432 706	898 644	-465 937
冈比亚	350 688	37 932	312 756	308 521	77 978	230 543
加纳	4 134 566	1 452 597	2 681 969	3 946 028	1 203 330	2 742 698
几内亚	1 101 459	41 345	1 060 114	907 476	84 092	823 384
几内亚（比绍）	17 153	49 956	-32 803	11 890	16 828	-4 938
科特迪瓦共和国	1 220 079	216 268	1 003 810	955 795	257 133	698 662
肯尼亚	4 930 627	77 039	4 853 588	3 217 481	52 783	3 164 698
利比里亚	1 711 333	288 449	1 422 884	2 335 750	164 418	2 171 333
利比亚	2 157 612	726 370	1 431 242	2 834 679	2 038 928	795 751
马达加斯加	752 678	118 076	634 602	642 961	173 906	469 055
马拉维	157 117	34 143	122 974	213 793	38 421	175 372
马里	297 069	95 651	201 418	274 639	152 468	122 171
毛里塔尼亚	756 947	1 168 130	-411 183	598 451	1 728 522	-1 130 070
毛里求斯	745 182	14 200	730 982	648 701	12 868	635 833
摩洛哥	2 962 993	518 504	2 444 489	3 271 645	531 428	2 740 218
莫桑比克	1 968 740	1 649 822	318 917	1 199 293	454 875	744 418
纳米比亚	545 725	317 341	228 384	481 941	257 700	224 241
尼日尔	243 696	79 123	164 573	183 941	15 875	168 065
尼日利亚	15 393 425	2 656 039	12 737 385	12 042 613	1 546 603	10 496 010
留尼汪	161 923	19	161 904	134 025	234	133 792
卢旺达	114 985	91 891	23 094	134 109	108 450	25 660
圣多美和普林西比	5 728	0	5 727	4 862	2	4 860
塞内加尔	1 650 233	47 019	1 603 214	997 396	39 730	957 666
塞舌尔	45 582	197	45 385	38 670	402	38 268
塞拉利昂	163 052	1 678 696	-1 515 644	152 567	1 452 659	-1 300 092
索马里	206 079	29 880	176 199	133 761	16 340	117 421
南非	15 699 146	44 568 130	-28 868 984	16 830 776	48 388 425	-31 557 649

续表 3

进口原产国（地） 出口最终目的国（地）	2014 年			2013 年		
	出　口	进　口	出入超	出　口	进　口	出入超
西撒哈拉	309	7	303	10	7	3
苏丹	1 928 693	1 521 312	407 381	2 398 432	2 100 023	298 409
坦桑尼亚	3 843 566	435 102	3 408 464	3 140 702	552 548	2 588 154
多哥	2 491 912	166 441	2 325 471	2 443 222	117 944	2 325 279
突尼斯	1 235 779	211 920	1 023 859	1 263 159	176 729	1 086 429
乌干达	486 569	111 569	375 000	452 213	71 925	380 287
布基纳法索	117 972	123 904	-5 932	103 387	186 891	-83 504
刚果（金）	1 362 183	2 811 558	-1 449 375	948 752	2 745 655	-1 796 903
赞比亚	725 666	3 060 749	-2 335 083	729 692	3 047 866	-2 318 174
津巴布韦	403 801	835 714	-431 913	413 826	687 839	-274 013
莱索托	88 761	12 081	76 680	89 829	13 413	76 416
梅利利亚	9 034	-	9 034	7 537	-	7 537
斯威士兰	26 528	46 111	-19 583	24 762	115 072	-90 309
厄立特里亚	88 144	321 685	-233 541	137 957	50 934	87 022
马约特岛	19 086	2	19 084	77 715	1	77 714
南苏丹	66 079	4 329 242	-4 263 163	75 087	2 468 344	-2 393 257
非洲其他国家（地区）	1 247	11	1 236	406	45	360
欧　洲	438 824 820	336 130 728	102 694 092	405 743 984	324 171 556	81 572 428
比利时	17 216 405	10 059 222	7 157 183	15 560 178	9 848 071	5 712 107
丹麦	6 547 832	4 057 315	2 490 517	5 711 397	3 375 699	2 335 698
英国	57 141 135	23 726 739	33 414 397	50 942 128	19 078 788	31 863 340
德国	72 703 049	105 012 766	-32 309 717	67 342 500	94 155 690	-26 813 189
法国	28 702 076	27 062 752	1 639 325	26 714 168	23 109 686	3 604 482
爱尔兰	2 801 682	3 733 626	-931 944	2 477 167	4 192 850	-1 715 683
意大利	28 756 397	19 281 903	9 474 495	25 752 660	17 573 787	8 178 873
卢森堡	1 948 754	303 804	1 644 950	1 807 834	256 661	1 551 173
荷兰	64 928 516	9 340 126	55 588 390	60 314 752	9 824 934	50 489 817
希腊	4 185 607	345 667	3 839 940	3 218 976	433 267	2 785 709
葡萄牙	3 137 073	1 663 291	1 473 782	2 506 864	1 399 461	1 107 403
西班牙	21 497 279	6 203 607	15 293 672	18 928 498	5 971 826	12 956 672
阿尔巴尼亚	378 270	189 322	188 947	324 596	234 841	89 756
安道尔	2 204	31	2 173	2 244	15	2 230
奥地利	2 396 212	5 851 704	-3 455 492	2 037 527	5 030 350	-2 992 823

续表 4

进口原产国（地）出口最终目的国（地）	2014 年			2013 年		
	出　口	进　口	出入超	出　口	进　口	出入超
保加利亚	1 178 062	984 860	193 202	1 116 984	956 743	160 241
芬兰	5 098 980	4 051 184	1 047 796	5 831 524	3 905 642	1 925 882
直布罗陀	8 280	1	8 279	41 581	6 010	35 570
匈牙利	5 764 166	3 259 900	2 504 266	5 692 280	2 715 148	2 977 132
冰岛	143 759	59 757	84 003	146 642	75 799	70 843
列支敦士登	21 383	100 563	-79 179	17 734	115 236	-97 502
马耳他	3 192 859	591 422	2 601 437	2 514 566	725 238	1 789 329
摩纳哥	12 891	11 611	1 280	28 797	8 857	19 940
挪威	2 731 442	4 467 693	-1 736 251	2 737 115	3 467 985	-730 870
波兰	14 256 799	2 934 739	11 322 060	12 574 875	2 231 797	10 343 078
罗马尼亚	3 223 178	1 520 667	1 702 510	2 822 537	1 207 502	1 615 035
圣马力诺	2 830	2 982	-152	1 995	1 931	63
瑞典	7 167 601	6 791 543	376 058	6 799 061	6 987 099	-188 038
瑞士	3 088 480	40 440 524	-37 352 044	3 511 310	56 076 314	-52 565 004
爱沙尼亚	1 146 098	225 498	920 599	1 109 820	199 575	910 245
拉脱维亚	1 316 699	146 910	1 169 790	1 374 267	99 158	1 275 110
立陶宛	1 658 291	157 487	1 500 804	1 686 178	124 786	1 561 392
格鲁吉亚	908 676	53 111	855 565	862 092	54 456	807 637
亚美尼亚	122 809	167 173	-44 364	119 850	73 139	46 711
阿塞拜疆	645 253	297 063	348 190	868 568	233 583	634 985
白俄罗斯	1 110 594	738 277	372 317	872 160	580 512	291 648
摩尔多瓦	115 205	24 793	90 412	112 629	18 586	94 043
俄罗斯联邦	53 676 944	41 593 505	12 083 439	49 591 172	39 667 828	9 923 344
乌克兰	5 106 229	3 483 544	1 622 685	7 849 225	3 272 867	4 576 358
斯洛文尼亚	1 991 942	331 465	1 660 477	1 832 812	302 799	1 530 013
克罗地亚	1 027 325	100 663	926 662	1 389 943	104 266	1 285 677
捷克	7 992 899	2 986 689	5 006 211	6 837 795	2 614 923	4 222 872
斯洛伐克	2 828 496	3 376 077	-547 581	3 084 437	3 458 156	-373 719
前南斯拉夫马其顿	76 664	90 585	-13 921	63 476	107 973	-44 496
波斯尼亚—黑塞哥维那	283 984	37 242	246 742	91 328	20 880	70 448
梵蒂冈城国	3	-	3	-	3	-3
法罗群岛	1 879	105 027	-103 148	1 445	74 571	-73 125
塞尔维亚	424 563	112 741	311 822	431 912	180 127	251 785

续表5

进口原产国（地） 出口最终目的国（地）	2014年			2013年		
	出　口	进　口	出入超	出　口	进　口	出入超
黑山	157 066	53 560	103 506	86 383	16 143	70 241
欧洲其他国家（地区）	–	–	–	–	–	–
拉丁美洲	136 223 557	127 053 972	9 169 585	133 961 297	127 428 948	6 532 349
安提瓜和巴布达	172 363	38	172 325	245 482	339	245 143
阿根廷	7 679 829	5 246 944	2 432 885	8 750 430	6 085 768	2 664 661
阿鲁巴岛	53 572	184 284	–130 712	21 325	157	21 168
巴哈马	742 873	188	742 685	336 710	77	336 634
巴巴多斯	71 455	14 802	56 653	70 210	12 688	57 522
伯利兹	95 861	7 272	88 589	122 365	8 385	113 980
多民族玻利维亚国	705 941	492 566	213 375	531 469	275 774	255 695
博内尔	287	47 145	–46 858	35	–	35
巴西	34 890 134	51 653 225	–16 763 090	35 895 471	54 299 123	–18 403 651
开曼群岛	8 461	1	8 460	11 189	264	10 924
智利	13 017 501	20 985 876	–7 968 374	13 105 469	20 707 685	–7 602 216
哥伦比亚	8 043 334	7 598 890	444 444	6 826 037	3 620 271	3 205 766
多米尼克	37 040	566	36 473	22 969	109	22 860
哥斯达黎加	1 109 538	4 186 269	–3 076 731	926 977	4 758 054	–3 831 077
古巴	1 062 465	333 015	729 450	1 374 786	504 634	870 152
库腊索岛	25 628	25	25 603	20 097	1 461	18 636
多米尼加共和国	1 273 626	273 805	999 821	1 045 515	290 011	755 503
厄瓜多尔	3 245 139	1 064 512	2 180 627	2 966 846	775 263	2 191 583
法属圭亚那	12 943	6	12 937	14 514	77	14 437
格林纳达	14 865	5	14 860	7 572	32	7 540
瓜德罗普岛	36 511	17	36 494	30 312	211	30 100
危地马拉	1 867 281	51 398	1 815 883	1 475 308	173 934	1 301 374
圭亚那	167 286	40 221	127 065	160 138	21 129	139 009
海地	391 379	14 832	376 547	323 494	15 010	308 485
洪都拉斯	686 539	161 664	524 875	799 037	234 871	564 165
牙买加	523 044	37 514	485 529	627 059	3 811	623 248
马提尼克岛	24 385	12	24 373	23 613	86	23 527
墨西哥	32 255 386	11 173 418	21 081 968	28 966 300	10 238 477	18 727 823
蒙特塞拉特	416	9	407	151	22	130
尼加拉瓜	568 134	43 369	524 765	522 915	91 822	431 093

续表 6

进口原产国（地） 出口最终目的国（地）	2014 年			2013 年		
	出　口	进　口	出入超	出　口	进　口	出入超
巴拿马	9 307 389	127 495	9 179 894	10 992 734	43 944	10 948 790
巴拉圭	1 396 245	55 625	1 340 620	1 356 500	60 671	1 295 829
秘鲁	6 100 848	8 140 872	–2 040 024	6 188 838	8 408 062	–2 219 224
波多黎各	1 036 699	1 003 521	33 178	657 455	1 052 453	–394 998
萨巴	105	0	105	1 234	0	1 234
圣卢西亚	29 903	33	29 869	19 879	27	19 852
圣马丁岛	5 975	0	5 975	3 037	–	3 037
圣文森特和格林纳丁斯	37 294	0	37 294	25 232	–	25 232
萨尔瓦多	601 893	10 472	591 421	521 956	8 988	512 968
苏里南	176 865	52 672	124 193	174 032	28 089	145 943
特立尼达和多巴哥	427 977	100 733	327 244	321 390	119 502	201 888
特克斯和凯科斯群岛	1 086	14	1 072	378	8	370
乌拉圭	2 458 490	2 629 094	–170 604	2 323 603	2 466 419	–142 816
委内瑞拉	5 657 421	11 320 054	–5 662 633	6 064 501	13 120 097	–7 055 595
英属维尔京群岛	114 974	9	114 965	11 068	88	10 981
圣其茨—尼维斯	26 663	424	26 239	15 592	276	15 316
圣皮埃尔和密克隆	228	–	228	19	4	15
荷属安地列斯群岛	59 893	1	59 893	59 529	0	59 529
拉丁美洲其他国家（地区）	388	1 060	–672	525	776	–251
北美洲	426 256 726	184 307 598	241 949 128	397 815 175	177 651 409	220 163 765
加拿大	30 003 679	25 182 010	4 821 668	29 216 688	25 236 971	3 979 718
美国	396 062 550	159 060 999	237 001 552	368 406 404	152 342 295	216 064 109
格陵兰	778	64 522	–63 745	163	72 135	–71 971
百慕大群岛	188 728	11	188 717	190 035	0	190 035
北美洲其他国家（地区）	992	56	935	1 884	9	1 875
大洋洲	46 572 130	109 467 084	–62 894 953	44 614 556	108 694 180	–64 079 624
澳大利亚	39 145 950	97 630 887	–58 484 937	37 554 163	98 954 059	–61 399 896
库克群岛	19 420	1 703	17 718	19 480	1 008	18 472
斐济	287 254	52 881	234 374	244 498	59 376	185 122
盖比群岛	59	–	59	134	–	134
马克萨斯群岛	–	3	–3	32	–	32
瑙鲁	2 752	13	2 738	1 075	37	1 038
新喀里多尼亚	90 754	334 191	–243 437	90 341	129 247	–38 906

续表 7

进口原产国（地） 出口最终目的国（地）	2014 年			2013 年		
	出　口	进　口	出入超	出　口	进　口	出入超
瓦努阿图	180 236	6 915	173 321	380 483	2 244	378 239
新西兰	4 737 939	9 505 528	-4 767 589	4 131 684	8 253 214	-4 121 529
诺福克岛	1 057	-	1 057	517	-	517
巴布亚新几内亚	636 457	1 403 233	-766 775	553 070	797 690	-244 620
社会群岛	4 019	-	4 019	4 279	-	4 279
所罗门群岛	49 442	473 834	-424 392	36 802	404 521	-367 719
汤加	23 943	35	23 908	38 480	25	38 455
土阿莫土群岛	-	-	-	-	-	-
土布艾群岛	-	-	-	-	-	-
萨摩亚	55 867	195	55 672	54 473	11	54 462
基里巴斯	20 620	2 902	17 718	18 657	456	18 201
图瓦卢	4 645	0	4 645	7 534	0	7 534
密克罗尼西亚联邦	9 341	5 442	3 899	4 938	9 983	-5 044
马绍尔群岛共和国	1 236 918	43 328	1 193 590	1 422 454	77 754	1 344 700
帕劳共和国	10 456	62	10 394	3 186	14	3 173
法属波利尼西亚	48 579	5 724	42 855	45 045	4 252	40 793
瓦利斯和浮图纳	1 224	13	1 211	714	13	701
大洋洲其他国家（地区）	5 199	195	5 003	2 517	278	2 240
国别（地区）不详	-	1 546 529	-1 546 529	-	4 650 448	-4 650 448
东南亚国家联盟	272 045 662	208 240 476	63 805 186	244 039 819	199 558 296	44 481 523
欧洲联盟	370 842 989	244 164 201	126 678 788	338 953 459	219 936 701	119 016 758
亚太经济合作组织	1 492 279 616	1 227 592 949	264 686 667	1 435 709 171	1 235 404 076	200 305 095

表注：1. 东南亚国家联盟包括：文莱、缅甸、柬埔寨、印度尼西亚、老挝、马来西亚、菲律宾、新加坡、泰国、越南。

2. 欧洲联盟包括比利时、丹麦、英国、德国、法国、爱尔兰、意大利、卢森堡、荷兰、希腊、葡萄牙、西班牙、奥地利、芬兰、瑞典、塞浦路斯、匈牙利、马耳他、波兰、爱沙尼亚、拉脱维亚、立陶宛、斯洛文尼亚、捷克、斯洛伐克、保加利亚、罗马尼亚、克罗地亚。

3. 亚太经济合作组织包括文莱、中国香港、印度尼西亚、日本、马来西亚、菲律宾、新加坡、韩国、泰国、越南、中华人民共和国、中国台湾、俄罗斯、智利、墨西哥、秘鲁、加拿大、美国、澳大利亚、新西兰、巴布亚新几内亚。

4. 克罗地亚于 2013 年 7 月正式加入欧盟。本表在计算对欧盟贸易与上年同期增长率时，对 2013 年数据按照新的范围口径进行了调整。

2014 年进出口商品构成表

单位：千美元

商品	出口		进口	
	金额	比重（%）	金额	比重（%）
总 值	2 342 292 696	100.0	1 959 234 648	100.0
一、初级产品	112 692 127	4.8	646 939 885	33.0
0 类 食品及活动物	58 913 616	2.5	46 826 873	2.4
00 章 活动物	585 572	0.0	835 234	0.0
01 章 肉及肉制品	3 268 653	0.1	5 846 466	0.3
02 章 乳品及蛋品	286 306	0.0	6 481 059	0.3
03 章 鱼、甲壳及软体类动物及其制品	20 867 070	0.9	6 826 068	0.3
04 章 谷物及其制品	1 491 991	0.1	6 852 181	0.3
05 章 蔬菜及水果	20 522 364	0.9	8 636 710	0.4
06 章 糖、糖制品及蜂蜜	2 046 689	0.1	1 856 982	0.1
07 章 咖啡、茶、可可、调味料及其制品	3 154 730	0.1	1 384 202	0.1
08 章 饲料（不包括未碾磨谷物）	3 279 024	0.1	4 372 874	0.2
09 章 杂项食品	3 411 217	0.1	3 735 097	0.2
1 类 饮料及烟类	2 883 014	0.1	5 222 191	0.3
11 章 饮料	1 599 102	0.1	3 129 628	0.2
12 章 烟草及其制品	1 283 912	0.1	2 092 563	0.1
2 类 非食用原料（燃料除外）	15 826 367	0.7	269 642 043	13.8
21 章 生皮及生毛皮	20 708	0.0	4 272 945	0.2
22 章 油籽及含油果实	1 019 909	0.0	44 515 671	2.3
23 章 生橡胶（包括合成橡胶及再生橡胶）	667 285	0.0	8 960 104	0.5
24 章 软木及木材	1 095 871	0.0	21 529 086	1.1
25 章 纸浆及废纸	117 669	0.0	17 413 803	0.9
26 章 纺织纤维及其废料	3 440 217	0.1	10 743 658	0.5
27 章 天然肥料及矿物（煤、石油及宝石除外）	3 370 431	0.1	6 635 783	0.3
28 章 金属矿砂及金属废料	454 645	0.0	153 663 347	7.8
29 章 其他动、植物原料	5 639 631	0.2	1 907 645	0.1
3 类 矿物燃料、润滑油及有关原料	34 446 007	1.5	316 755 738	16.2
32 章 煤、焦炭及煤砖	2 404 940	0.1	22 280 221	1.1

续表1

商　品	出　口		进　口	
	金　额	比重（%）	金　额	比重（%）
33章　石油、石油产品及有关原料	28 341 699	1.2	263 972 818	13.5
34章　天然气及人造气	2 361 859	0.1	30 165 293	1.5
35章　电流	1 337 508	0.1	337 405	0.0
4类　动植物油、脂及蜡	623 122	0.0	8 493 041	0.4
41章　动物油、脂	191 622	0.0	228 143	0.0
42章　植物油、脂	272 769	0.0	8 068 333	0.4
43章　已加工的动植物油、脂及动植物蜡	158 731	0.0	196 564	0.0
二、工业制品	2 229 600 570	95.2	1 312 294 763	67.0
5类　化学成品及有关产品	134 543 225	5.7	193 255 684	9.9
51章　有机化学品	39 090 608	1.7	60 690 290	3.1
52章　无机化学品	14 917 652	0.6	8 460 484	0.4
53章　染料、鞣料及着色料	6 607 745	0.3	4 400 005	0.2
54章　医药品	13 378 106	0.6	19 095 215	1.0
55章　精油、香料及盥洗、光洁制品	6 737 693	0.3	5 057 810	0.3
56章　制成肥料	8 876 979	0.4	3 347 074	0.2
57章　初级形状的塑料	14 384 867	0.6	57 604 544	2.9
58章　非初级形状的塑料	12 835 822	0.5	12 857 440	0.7
59章　其他化学原料及产品	17 713 754	0.8	21 742 821	1.1
6类　按原料分类的制成品	400 224 208	17.1	172 369 106	8.8
61章　皮革、皮革制品及已鞣毛皮	2 257 691	0.1	5 313 645	0.3
62章　橡胶制品	22 362 454	1.0	8 286 974	0.4
63章　软木及木制品（家具除外）	13 393 741	0.6	1 309 620	0.1
64章　纸及纸板；纸浆、纸及纸板制品	17 156 848	0.7	4 048 835	0.2
65章　纺纱、织物、制成品及有关产品	111 664 479	4.8	20 248 430	1.0
66章　非金属矿物制品	49 812 050	2.1	44 593 340	2.3
67章　钢铁	72 260 482	3.1	22 470 948	1.1
68章　有色金属	25 431 653	1.1	49 610 931	2.5
69章　金属制品	85 884 810	3.7	16 486 383	0.8
7类　机械及运输设备	1 070 504 351	45.7	724 197 412	37.0
71章　动力机械及设备	36 558 631	1.6	24 420 008	1.2
72章　特种工业专用机械	40 346 708	1.7	38 488 054	2.0
73章　金工机械	7 583 626	0.3	15 050 114	0.8

续表 2

商　品	出　口		进　口	
	金　额	比重（%）	金　额	比重（%）
74 章　通用工业机械设备及零件	102 101 649	4. 4	52 420 443	2. 7
75 章　办公用机械及自动数据处理设备	221 548 202	9. 5	57 884 873	3. 0
76 章　电信及声音的录制及重放装置设备	280 393 028	12. 0	68 857 697	3. 5
77 章　电力机械、器具及其电气零件	278 914 386	11. 9	346 316 409	17. 7
78 章　陆路车辆（包括气垫式）	71 478 406	3. 1	89 379 689	4. 6
79 章　其他运输设备	31 579 714	1. 3	31 380 126	1. 6
8 类　杂项制品	622 061 623	26. 6	139 708 404	7. 1
81 章　活动房屋；卫生、水道、供热及照明装置	37 610 980	1. 6	973 869	0. 0
82 章　家具及其零件；褥垫及类似填充制品	59 932 635	2. 6	2 656 336	0. 1
83 章　旅行用品、手提包及类似品	27 390 585	1. 2	1 686 418	0. 1
84 章　服装及衣着附件	186 612 935	8. 0	6 164 394	0. 3
85 章　鞋靴	56 248 574	2. 4	2 293 381	0. 1
87 章　专业、科学及控制用仪器和装置	58 840 055	2. 5	85 590 309	4. 4
88 章　摄影器材、光学物品及钟表	18 158 829	0. 8	18 232 260	0. 9
89 章　杂项制品	177 267 029	7. 6	22 111 437	1. 1
9 类　未分类的商品	2 267 162	0. 1	82 764 157	4. 2

2014年进出口商品类章总值表

单位：千美元

类　　章	出　口		进　口	
	金　额	比重（%）	金　额	比重（%）
总　值	2 342 292 696	100.0	1 959 234 648	100.0
第一类　活动物；动物产品	18 720 533	0.8	20 232 963	1.0
01 章　活动物	585 572	0.0	835 234	0.0
02 章　肉及食用杂碎	1 181 933	0.1	5 844 331	0.3
03 章　鱼、甲壳动物、软体动物及其他水生无脊椎动物	14 074 262	0.6	6 583 348	0.3
04 章　乳品；蛋品；天然蜂蜜；其他食用动物产品	586 072	0.0	6 490 639	0.3
05 章　其他动物产品	2 292 694	0.1	479 410	0.0
第二类　植物产品	20 988 471	0.9	61 716 826	3.2
06 章　活树及其他活植物；鳞茎、根及类似品；插花及装饰用簇叶	409 950	0.0	189 271	0.0
07 章　食用蔬菜、根及块茎	8 226 456	0.4	2 579 931	0.1
08 章　食用水果及坚果；甜瓜或柑橘属水果的果皮	4 318 152	0.2	5 144 604	0.3
09 章　咖啡、茶、马黛茶及调味香料	2 452 618	0.1	342 297	0.0
10 章　谷物	445 421	0.0	6 174 890	0.3
11 章　制粉工业产品；麦芽；淀粉；菊粉；面筋	612 292	0.0	963 921	0.0
12 章　含油子仁及果实；杂项子仁及果实；工业用或药用植物；稻草、秸秆及饲料	3 114 042	0.1	45 887 757	2.3
13 章　虫胶；树胶、树脂及其他植物液、汁	1 305 974	0.1	234 637	0.0
14 章　编结用植物材料；其他植物产品	103 565	0.0	199 516	0.0
第三类　动、植物油、脂及其分解产品；精制的食用油脂；动、植物蜡	644 614	0.0	9 118 711	0.5
15 章　动、植物油、脂及其分解产品；精制的食用油脂；动、植物蜡	644 614	0.0	9 118 711	0.5

续表1

类章	出口		进口	
	金额	比重（%）	金额	比重（%）
第四类　食品；饮料、酒及醋；烟草、烟草及烟草代用品的制品	29 008 737	1.2	17 125 559	0.9
16章　肉、鱼、甲壳动物、软体动物及其他水生无脊椎动物的制品	8 881 919	0.4	248 949	0.0
17章　糖及糖食	1 540 355	0.1	1 786 013	0.1
18章　可可及可可制品	475 797	0.0	870 943	0.0
19章　谷物、粮食粉、淀粉或乳的制品；糕饼点心	1 573 199	0.1	2 814 458	0.1
20章　蔬菜、水果、坚果或植物其他部分的制品	7 634 471	0.3	765 862	0.0
21章　杂项食品	2 708 012	0.1	1 406 882	0.1
22章　饮料、酒及醋	1 651 195	0.1	3 159 323	0.2
23章　食品工业的残渣及废料；配制的动物饲料	3 259 876	0.1	3 980 566	0.2
24章　烟草、烟草及烟草代用品的制品	1 283 912	0.1	2 092 563	0.1
第五类　矿产品	38 674 410	1.7	457 692 558	23.4
25章　盐；硫磺；泥土及石料；石膏料、石灰及水泥	3 872 636	0.2	6 243 944	0.3
26章　矿砂、矿渣及矿灰	350 079	0.0	134 660 947	6.9
27章　矿物燃料、矿物油及其蒸馏产品；沥青物质；矿物蜡	34 451 695	1.5	316 787 667	16.2
第六类　化学工业及其相关工业的产品	109 405 634	4.7	126 059 053	6.4
28章　无机化学品；贵金属、稀土金属、放射性元素及其同位素的有机及无机化合物	15 026 001	0.6	10 384 983	0.5
29章　有机化学品	45 442 905	1.9	60 312 892	3.1
30章　药品	6 591 592	0.3	17 752 095	0.9
31章　肥料	8 919 588	0.4	3 351 122	0.2
32章　鞣料浸膏及染料浸膏；鞣酸及其衍生物；染料、颜料及其他着色料；油漆及清漆；油灰及其他类似胶粘剂；墨水、油墨	6 723 672	0.3	4 460 916	0.2
33章　精油及香膏；芳香料制品及化妆盥洗品	4 187 334	0.2	3 372 164	0.2

续表 2

类　章	出　口		进　口	
	金　额	比重（%）	金　额	比重（%）
34 章　肥皂、有机表面活性剂、洗涤剂、润滑剂、人造蜡、调制蜡、光洁剂、蜡烛及类似品、塑型用膏、“牙科用蜡”及牙科用熟石膏制剂	3 447 921	0.1	3 953 108	0.2
35 章　蛋白类物质；改性淀粉；胶；酶	2 679 247	0.1	3 241 692	0.2
36 章　炸药；烟火制品；火柴；引火合金；易燃材料制品	983 577	0.0	149 776	0.0
37 章　照相及电影用品	1 192 484	0.1	2 273 232	0.1
38 章　杂项化学产品	14 211 312	0.6	16 807 073	0.9
第七类　塑料及其制品；橡胶及其制品	90 386 844	3.9	92 560 918	4.7
39 章　塑料及其制品	66 789 420	2.9	75 190 305	3.8
40 章　橡胶及其制品	23 597 424	1.0	17 370 613	0.9
第八类　生皮、皮革、毛皮及其制品；鞍具及挽具；旅行用品、手提包及类似品；动物肠线（蚕胶丝除外）制品	35 084 367	1.5	11 599 905	0.6
41 章　生皮（毛皮除外）及皮革	563 330	0.0	8 260 979	0.4
42 章　皮革制品；鞍具及挽具；旅行用品、手提包及类似容器；动物肠线（蚕胶丝除外）制品	30 365 883	1.3	2 051 667	0.1
43 章　毛皮、人造毛皮及其制品	4 155 154	0.2	1 287 259	0.1
第九类　木及木制品；木炭；软木及软木制品；稻草、秸秆、针茅或其他编结材料制品；篮筐及柳条编结品	16 153 651	0.7	22 850 124	1.2
44 章　木及木制品；木炭	14 469 961	0.6	22 797 546	1.2
45 章　软木及软木制品	19 651	0.0	41 160	0.0
46 章　稻草、秸秆、针茅或其他编结材料制品；篮筐及柳条编结品	1 664 038	0.1	11 418	0.0
第十类　木浆及其他纤维状纤维素浆；纸及纸板的废碎品；纸、纸板及其制品	21 773 777	0.9	23 632 348	1.2
47 章　木浆及其他纤维状纤维素浆；纸及纸板的废碎品	117 669	0.0	17 413 803	0.9
48 章　纸及纸板；纸浆、纸或纸板制品	17 818 530	0.8	4 308 836	0.2

续表3

类　章	出　口		进　口	
	金　额	比重（%）	金　额	比重（%）
49章　书籍、报纸、印刷图画及其他印刷品；手稿、打字稿及设计图纸	3 837 578	0.2	1 909 708	0.1
第十一类　纺织原料及纺织制品	287 584 119	12.3	36 002 468	1.8
50章　蚕丝	1 516 713	0.1	69 092	0.0
51章　羊毛、动物细毛或粗毛；马毛纱线及其机织物	2 522 052	0.1	3 384 212	0.2
52章　棉花	16 304 250	0.7	12 756 184	0.7
53章　其他植物纺织纤维；纸纱线及其机织物	1 486 329	0.1	889 430	0.0
54章　化学纤维长丝	16 878 482	0.7	3 527 135	0.2
55章　化学纤维短纤	12 817 090	0.5	3 067 482	0.2
56章　絮胎、毡呢及无纺织物；特种纱线；线、绳、索、缆及其制品	4 598 021	0.2	1 310 779	0.1
57章　地毯及纺织材料的其他铺地制品	2 680 213	0.1	164 037	0.0
58章　特种机织物；簇绒织物；花边；装饰毯；装饰带；刺绣品	5 122 517	0.2	670 628	0.0
59章　浸渍、涂布、包覆或层压的纺织物；工业用纺织制品	7 607 249	0.3	2 015 814	0.1
60章　针织物及钩编织物	14 141 713	0.6	2 039 465	0.1
61章　针织或钩编的服装及衣着附件	91 991 730	3.9	2 065 514	0.1
62章　非针织或非钩编的服装及衣着附件	81 445 116	3.5	3 559 322	0.2
63章　其他纺织制成品；成套物品；旧衣着及旧纺织品；碎织物	28 472 646	1.2	483 373	0.0
第十二类　鞋、帽、伞、杖、鞭及其零件；已加工的羽毛及其制品；人造花；人发制品	70 544 505	3.0	2 649 149	0.1
64章　鞋靴、护腿和类似品及其零件	56 248 574	2.4	2 293 381	0.1
65章　帽类及其零件	4 542 484	0.2	51 943	0.0
66章　雨伞、阳伞、手杖、鞭子、马鞭及其零件	3 214 010	0.1	22 031	0.0
67章　已加工羽毛、羽绒及其制品；人造花；人发制品	6 539 438	0.3	281 794	0.0

续表 4

类　章	出　口		进　口	
	金　额	比重（%）	金　额	比重（%）
第十三类　石料、石膏、水泥、石棉、云母及类似材料的制品；陶瓷产品；玻璃及其制品	49 112 945	2.1	9 777 021	0.5
68 章　石料、石膏、水泥、石棉、云母及类似材料的制品	11 094 744	0.5	1 668 111	0.1
69 章　陶瓷产品	21 978 517	0.9	778 195	0.0
70 章　玻璃及其制品	16 039 685	0.7	7 330 714	0.4
第十四类　天然或养殖珍珠、宝石或半宝石、贵金属、包贵金属及其制品；仿首饰；硬币	63 199 996	2.7	42 333 152	2.2
71 章　天然或养殖珍珠、宝石或半宝石、贵金属、包贵金属及其制品；仿首饰；硬币	63 199 996	2.7	42 333 152	2.2
第十五类　贱金属及其制品	184 256 749	7.9	101 567 683	5.2
72 章　钢铁	55 478 832	2.4	21 167 203	1.1
73 章　钢铁制品	60 637 042	2.6	11 787 462	0.6
74 章　铜及其制品	6 982 630	0.3	47 278 407	2.4
75 章　镍及其制品	2 213 751	0.1	4 097 085	0.2
76 章　铝及其制品	22 615 470	1.0	8 039 030	0.4
78 章　铅及其制品	160 514	0.0	70 557	0.0
79 章　锌及其制品	572 652	0.0	1 639 344	0.1
80 章　锡及其制品	141 263	0.0	428 722	0.0
81 章　其他贱金属、金属陶瓷及其制品	3 488 112	0.1	1 565 855	0.1
82 章　贱金属工具、器具、利口器、餐匙、餐叉及其零件	14 786 080	0.6	3 558 848	0.2
83 章　贱金属杂项制品	17 180 402	0.7	1 935 169	0.1
第十六类　机器、机械器具、电气设备及其零件；录音机及放声机、电视图像、声音的录制和重放设备及其零件、附件	971 758 646	41.5	603 697 208	30.8
84 章　核反应堆、锅炉、机械器具及零件	400 834 160	17.1	179 377 721	9.2
85 章　电机、电气设备及其零件；录音机及放声机、电视图像、声音的录制和重放设备及其零件、附件	570 924 486	24.4	424 319 488	21.7

续表5

类 章	出口		进口	
	金额	比重（%）	金额	比重（%）
第十七类 车辆、航空器、船舶及有关运输设备	104 779 877	4.5	120 910 076	6.2
86章 铁道及电车道机车、车辆及其零件；铁道及电车道轨道固定装置及其零件、附件；各种机械（包括电动机械）交通信号设备	12 737 456	0.5	1 644 070	0.1
87章 车辆及其零件、附件，但铁道及电车道车辆除外	64 192 713	2.7	89 509 494	4.6
88章 航空器、航天器及其零件	2 647 267	0.1	28 438 496	1.5
89章 船舶及浮动结构体	25 202 442	1.1	1 318 015	0.1
第十八类 光学、照相、电影、计量、检验、医疗或外科用仪器及设备、精密仪器及设备；钟表；乐器；上述物品的零件、附件	81 035 041	3.5	109 685 445	5.6
90章 光学、照相、电影、计量、检验、医疗或外科用仪器及设备、精密仪器及设备；上述物品的零件、附件	74 001 396	3.2	105 806 107	5.4
91章 钟表及其零件	5 322 873	0.2	3 561 232	0.2
92章 乐器及其零件、附件	1 710 772	0.1	318 107	0.0
第十九类 武器、弹药及其零件、附件	161 163	0.0	6 073	0.0
93章 武器、弹药及其零件、附件	161 163	0.0	6 073	0.0
第二十类 杂项制品	146 154 665	6.2	7 169 411	0.4
94章 家具；寝具、褥垫、弹簧床垫、软坐垫及类似的填充制品；未列名灯具及照明装置；发光标志、发光名牌及类似品；活动房屋	93 374 119	4.0	3 373 789	0.2
95章 玩具、游戏品、运动用品及其零件、附件	38 552 900	1.6	2 072 457	0.1
96章 杂项制品	14 227 646	0.6	1 723 166	0.1
第二十一类 艺术品、收藏品及古物	597 460	0.0	524 116	0.0
97章 艺术品、收藏品及古物	597 460	0.0	524 116	0.0
第二十二类 特殊交易品及未分类商品	2 266 491	0.1	82 323 882	4.2
98章 特殊交易品及未分类商品	2 266 491	0.1	82 323 882	4.2

2014 年进出口商品贸易方式总值表

单位：千美元

贸易方式	进出口总值		出　口		进　口	
	金　额	比重（%）	金　额	比重（%）	金　额	比重（%）
总　值	4 301 527 345	100. 0	2 342 292 696	100. 0	1 959 234 648	100. 0
一般贸易	2 312 330 967	53. 8	1 203 390 504	51. 4	1 108 940 463	56. 6
国家间、国际组织无偿援助和赠送的物资	516 672	0. 0	478 324	0. 0	38 347	0. 0
其他捐赠物资	15 784	0. 0	6 068	0. 0	9 717	0. 0
补偿贸易	224	0. 0	224	0. 0	–	–
来料加工贸易	188 123 970	4. 4	90 642 094	3. 9	97 481 876	5. 0
进料加工贸易	1 220 179 087	28. 4	793 576 205	33. 9	426 602 882	21. 8
寄售、代销贸易	118	0. 0	–	–	118	0. 0
边境小额贸易	47 081 932	1. 1	37 204 532	1. 6	9 877 400	0. 5
加工贸易进口设备	686 719	0. 0	–	–	686 719	0. 0
对外承包工程出口货物	16 340 306	0. 4	16 340 306	0. 7	–	–
租赁贸易	10 540 305	0. 2	327 436	0. 0	10 212 869	0. 5
外商投资企业作为投资进口的设备、物品	9 106 192	0. 2	–	–	9 106 192	0. 5
出料加工贸易	542 415	0. 0	235 231	0. 0	307 185	0. 0
易货贸易	6 226	0. 0	3 325	0. 0	2 901	0. 0
免税外汇商品	19 923	0. 0	–	–	19 923	0. 0
免税品	1 561 126	0. 0	–	–	1 561 126	0. 1
保税监管场所进出境货物	153 070 543	3. 6	53 269 331	2. 3	99 801 212	5. 1
海关特殊监管区域物流货物	297 064 550	6. 9	110 380 861	4. 7	186 683 689	9. 5
海关特殊监管区域进口设备	5 096 221	0. 1	–	–	5 096 221	0. 3
其他	39 244 063	0. 9	36 438 254	1. 6	2 805 809	0. 1

2014 年出口商品贸易方式企业性质总值表

单位：千美元

企业性质 贸易方式	合　计	国有企业	中外合作	中外合资	外商独资	集体企业	私营企业	其　他
	金 额 / ±%	金 额 / ±%	金 额 / ±%	金 额 / ±%	金 额 / ±%	金 额 / ±%	金 额 / ±%	金 额 / ±%
总　值	2 342 292 696	256 448 055	13 644 734	305 493 360	755 481 830	52 233 525	954 379 371	4 611 821
	(+6.0)	(+3.0)	(-13.0)	(+1.7)	(+3.8)	(+5.4)	(+10.6)	(+18.8)
一般贸易	1 203 390 504	151 124 678	6 070 536	114 571 945	169 194 290	42 957 983	717 439 101	2 031 970
	(+10.7)	(+4.3)	(-6.2)	(+3.2)	(+10.3)	(+9.2)	(+13.8)	(+14.0)
国家间、国际组织无偿援助和赠送的物资	478 324	391 523	-	5 494	-	16 479	32 757	32 072
	(+4.9)	(+11.8)	-	(-36.1)	-	(-43.2)	(+27.5)	(-24.4)
其他捐赠物资	6 068	1 235	-	-	-	-	2 783	2 050
	(-25.7)	(+73.8)	-	-	-	-	(-9.8)	(-53.1)
补偿贸易	224	-	-	-	-	-	224	-
	-	-	-	-	-	-	-	-
来料加工贸易	90 642 094	16 859 510	2 906 657	13 351 848	42 194 770	1 801 437	13 405 166	122 707
	(-2.0)	(-4.1)	(-31.8)	(-0.8)	(-1.9)	(-11.8)	(+12.2)	(-28.6)
进料加工贸易	793 576 205	33 944 114	4 290 652	154 852 909	502 927 618	5 903 026	89 490 933	2 166 953
	(+3.4)	(+2.1)	(-2.6)	(+1.0)	(+1.7)	(-8.6)	(+20.6)	(+34.2)
边境小额贸易	37 204 532	1 725 132	-	-	-	188 724	35 290 518	158
	(+20.3)	(-17.1)	-	-	-	(+41.9)	(+22.9)	(+1.9)
对外承包工程出口货物	16 340 306	15 299 158	10 266	57 418	94 231	124 480	753 002	1 751
	(+2.2)	(+4.7)	(-20.0)	(-64.4)	(-1.4)	(+70.2)	(-27.0)	(-48.1)

续表

企业性质 贸易方式	合　计	国有企业	中外合作	中外合资	外商独资	集体企业	私营企业	其　他
	金 额／ ±%	金 额／ ±%	金 额／ ±%	金 额／ ±%	金 额／ ±%	金 额／ ±%	金 额／ ±%	金 额／ ±%
租赁贸易	327 436	51 327	-	7 736	11 226	2 198	251 695	3 255
	(+7.7)	(+9.6)	-	(+105.4)	(+1 574.8)	(+64.5)	(+0.7)	-
出料加工贸易	235 231	121 500	405	83 107	27 192	-	2 869	157
	(+18.0)	(-1.3)	(-95.0)	(+146.5)	(-3.1)	-	(-50.1)	(-74.7)
易货贸易	3 325	-	-	-	-	-	3 325	-
	(+61.8)	-	-	-	-	-	(+62.9)	-
保税监管场所进出境货物	53 269 331	20 211 314	353 976	10 265 187	3 579 021	1 182 236	17 558 343	119 254
	(+14.5)	(-6.2)	(-27.7)	(+17.3)	(+43.1)	(-0.8)	(+48.0)	(-31.6)
海关特殊监管区域物流货物	110 380 861	16 083 693	10 511	12 192 993	37 246 749	50 927	44 691 017	104 971
	(-22.3)	(+19.0)	(-66.6)	(-11.1)	(+9.6)	(-72.6)	(-44.5)	(+372.0)
其他	36 438 254	634 872	1 732	104 723	206 733	6 035	35 457 638	26 522
	(+44.2)	(-28.8)	(+22.5)	(+8.7)	(+116.2)	(-93.0)	(+47.6)	(-59.8)

2014年进口商品贸易方式企业性质总值表

单位：千美元

企业性质 贸易方式	合　计	国有企业	中外合作	中外合资	外商独资	集体企业	私营企业	其　他
	金 额 / ±%	金 额 / ±%	金 额 / ±%	金 额 / ±%	金 额 / ±%	金 额 / ±%	金 额 / ±%	金 额 / ±%
总　值	1 959 234 648	490 994 891	8 648 911	285 578 928	614 709 917	28 886 069	447 409 638	83 006 294
	(+0.4)	(-1.9)	(+4.4)	(+0.4)	(+5.5)	(-15.2)	(+2.5)	(-21.0)
一般贸易	1 108 940 463	385 411 504	4 753 688	140 185 658	227 347 016	23 398 506	275 801 355	52 042 736
	(-0.1)	(-4.1)	(-3.6)	(-1.0)	(+10.9)	(-16.8)	(+5.6)	(-22.0)
国家间、国际组织无偿援助和赠送的物资	38 347	32 182	-	-	-	-	4 169	1 997
	(+81.8)	(+81.0)	-	-	-	-	(+65.1)	(+153.0)
其他捐赠物资	9 717	979	-	-	-	-	847	7 890
	(-10.3)	(+56.2)	-	-	-	-	(-75.2)	(+16.0)
补偿贸易	-	-	-	-	-	-	-	-
	-	-	-	-	-	-	-	-
来料加工贸易	97 481 876	26 087 709	1 211 577	13 553 701	43 156 932	857 079	7 512 364	5 102 513
	(+11.4)	(+22.7)	(-3.9)	(+10.5)	(+6.4)	(-12.6)	(+5.2)	(+26.0)
进料加工贸易	426 602 882	15 121 460	1 759 107	89 718 524	247 104 023	1 761 494	46 302 960	24 835 313
	(+4.3)	(+14.6)	(-10.6)	(+2.6)	(+1.4)	(-1.8)	(+72.2)	(-27.0)
寄售、代销贸易	118	-	-	-	118	-	-	-
	-	-	-	-	-	-	-	-
边境小额贸易	9 877 400	2 274 047	-	-	-	81 600	7 517 739	4 014
	(-29.8)	(-57.9)	-	-	-	(-57.3)	(-11.2)	(+65.0)

续表

企业性质 贸易方式	合　计	国有企业	中外合作	中外合资	外商独资	集体企业	私营企业	其　他
	金 额 / ±%	金 额 / ±%	金 额 / ±%	金 额 / ±%	金 额 / ±%	金 额 / ±%	金 额 / ±%	金 额 / ±%
加工贸易进口设备	686 719	38 321	8 758	90 157	501 562	15 218	32 704	-
	(-29.1)	(-37.8)	(-30.1)	(+296.6)	(-38.4)	(-5.6)	(-21.8)	-
租赁贸易	10 212 869	4 926 389	-	3 751 776	60 362	1 800	1 472 542	-
	(+17.9)	(-0.1)	-	(+42.1)	(-48.4)	(-98.0)	(+66.4)	-
外商投资企业作为投资进口的设备、物品	9 106 192	-	14 324	3 509 400	5 582 468	-	-	-
	(-6.6)	-	(-37.3)	(-12.0)	(-2.6)	-	-	-
出料加工贸易	307 185	170 608	1 126	105 449	27 286	-	2 715	-
	(+21.9)	(+2.8)	(-83.1)	(+119.6)	(+4.8)	-	(-47.9)	-
易货贸易	2 901	188	-	-	-	-	2 713	-
	(+194.0)	(+442.1)	-	-	-	-	(+184.9)	-
免税外汇商品	19 923	19 923	-	-	-	-	-	-
	(-27.5)	(-27.5)	-	-	-	-	-	-
免税品	1 561 126	1 086 636	-	284 503	189 987	-	-	-
	(-3.6)	(+7.0)	-	(+13.1)	(-46.2)	-	-	-
保税监管场所进出境货物	99 801 212	34 136 875	870 018	17 418 139	8 068 960	1 421 340	37 088 772	797 107
	(+17.6)	(+10.1)	(+3 010.2)	(+0.2)	(+5.0)	(-6.0)	(+37.7)	(+200.0)
海关特殊监管区域物流货物	186 683 689	21 370 982	21 698	14 336 035	78 878 812	1 326 782	70 588 418	160 961
	(-14.5)	(+1.8)	(-44.6)	(-10.7)	(+3.7)	(-1.8)	(-32.0)	(+94.0)
海关特殊监管区域进口设备	5 096 221	8 590	1 184	2 146 925	2 748 194	349	190 972	7
	(+27.9)	(-85.0)	(-21.1)	(-5.4)	(+73.8)	(+62.2)	(+149.7)	(+273.0)
其他	2 805 809	308 498	7 431	478 660	1 044 196	21 899	891 368	53 755
	(+14.1)	(-0.2)	(-36.6)	(+26.9)	(+7.6)	(+52.9)	(+23.5)	(0.0)

2014 年进出口商品经营单位所在地总值表

单位：千美元

经营单位所在地	进出口总值		出　口		进　口	
	金　额	比重(%)	金　额	比重(%)	金　额	比重(%)
总　值	4 301 527 345	100.0	2 342 292 696	100.0	1 959 234 648	100.0
北京市	415 518 593	9.7	62 338 417	2.7	353 180 176	18.0
中关村国家自主创新示范区	6 463 487	0.2	1 866 305	0.1	4 597 182	0.2
北京经济技术开发区	14 371 752	0.3	4 707 574	0.2	9 664 178	0.5
天津市	133 886 075	3.1	52 590 658	2.2	81 295 417	4.1
天津滨海新区	92 228 466	2.1	32 072 723	1.4	60 155 743	3.1
天津经济技术开发区	48 397 142	1.1	22 812 580	1.0	25 584 561	1.3
河北省	59 877 359	1.4	35 710 195	1.5	24 167 163	1.2
石家庄市	14 296 019	0.3	7 787 779	0.3	6 508 239	0.3
石家庄高新技术产业开发区	21 355	0.0	7 340	0.0	14 015	0.0
唐山市	16 768 104	0.4	8 774 968	0.4	7 993 136	0.4
曹妃甸经济技术开发区	-	-	-	-	-	-
秦皇岛市	4 312 816	0.1	2 853 863	0.1	1 458 953	0.1
秦皇岛经济技术开发区	2 882 949	0.1	1 730 670	0.1	1 152 279	0.1
保定市	5 619 213	0.1	4 264 892	0.2	1 354 321	0.1
保定高新技术产业开发区	1 194 981	0.0	893 427	0.0	301 554	0.0
山西省	16 232 813	0.4	8 940 869	0.4	7 291 944	0.4
太原市	10 668 703	0.2	6 569 328	0.3	4 099 375	0.2
太原经济技术开发区	5 463 899	0.1	3 600 906	0.2	1 862 993	0.1

续表 1

经营单位所在地	进出口总值		出口		进口	
	金额	比重(%)	金额	比重(%)	金额	比重(%)
太原高新技术产业开发区	45 734	0.0	25 965	0.0	19 769	0.0
大同市	481 720	0.0	302 351	0.0	179 370	0.0
大同经济技术开发区	204 189	0.0	203 674	0.0	515	0.0
晋中市	359 540	0.0	188 166	0.0	171 374	0.0
晋中经济技术开发区	–	–	–	–	–	–
内蒙古自治区	14 556 321	0.3	6 393 548	0.3	8 162 773	0.4
呼和浩特市	2 194 682	0.1	1 241 998	0.1	952 683	0.0
包头市	1 802 215	0.0	1 270 343	0.1	531 872	0.0
包头高新技术产业开发区	28 383	0.0	28 372	0.0	11	0.0
二连浩特市	1 555 863	0.0	676 444	0.0	879 419	0.0
满洲里市	3 285 974	0.1	1 308 013	0.1	1 977 961	0.1
辽宁省	113 998 255	2.7	58 745 183	2.5	55 253 073	2.8
沈阳市	15 791 594	0.4	7 142 253	0.3	8 649 341	0.4
沈阳经济技术开发区	3 207 513	0.1	1 626 441	0.1	1 581 071	0.1
沈阳高新技术产业开发区	1 865 068	0.0	1 299 829	0.1	565 239	0.0
大连市	65 774 491	1.5	30 219 896	1.3	35 554 595	1.8
大连经济技术开发区	23 262 531	0.5	8 383 231	0.4	14 879 300	0.8
大连市高新技术产业园区	1 030 146	0.0	603 356	0.0	426 790	0.0
鞍山市	4 556 429	0.1	2 648 364	0.1	1 908 066	0.1
鞍山高新技术产业开发区	90 436	0.0	66 270	0.0	24 166	0.0
丹东市	4 586 579	0.1	3 015 550	0.1	1 571 029	0.1
吉林省	26 380 786	0.6	5 777 591	0.2	20 603 195	1.1
长春市	20 719 514	0.5	2 467 210	0.1	18 252 304	0.9

续表 2

经营单位所在地	进出口总值		出　口		进　口	
	金　额	比重(%)	金　额	比重(%)	金　额	比重(%)
长春经济技术开发区	1 103 258	0.0	316 157	0.0	787 101	0.0
长春高新技术产业开发区	926 637	0.0	257 695	0.0	668 941	0.0
吉林市	1 402 064	0.0	831 695	0.0	570 369	0.0
吉林高新技术产业开发区	159 465	0.0	139 279	0.0	20 186	0.0
珲春市	1 296 646	0.0	976 960	0.0	319 687	0.0
黑龙江省	38 900 926	0.9	17 335 238	0.7	21 565 688	1.1
哈尔滨市	6 734 253	0.2	3 437 886	0.1	3 296 367	0.2
哈尔滨经济技术开发区	2 431 436	0.1	314 410	0.0	2 117 025	0.1
哈尔滨高技术开发区	866 118	0.0	752 899	0.0	113 219	0.0
大庆市	11 620 288	0.3	378 002	0.0	11 242 287	0.6
大庆高新技术产业开发区	214 573	0.0	108 096	0.0	106 477	0.0
黑河市	1 784 382	0.0	1 544 514	0.1	239 868	0.0
绥芬河市	7 625 375	0.2	2 934 926	0.1	4 690 449	0.2
上海市	466 399 838	10.8	210 133 864	9.0	256 265 975	13.1
上海漕河泾浦江高科技园区	11 952 592	0.3	8 192 194	0.3	3 760 397	0.2
上海经济技术开发区	4 464	0.0	3 222	0.0	1 241	0.0
上海闵行经济技术开发区	2 751 375	0.1	1 488 279	0.1	1 263 096	0.1
上海浦东新区	223 188 864	5.2	75 251 306	3.2	147 937 558	7.6
江苏省	563 553 079	13.1	341 832 503	14.6	221 720 577	11.3
南京市	57 210 164	1.3	32 624 298	1.4	24 585 866	1.3
南京高新技术外向型开发区	2 119 580	0.0	1 322 082	0.1	797 498	0.0
无锡市	46 311 119	1.1	27 527 367	1.2	18 783 752	1.0
无锡高新技术产业开发区	34 046 489	0.8	17 714 168	0.8	16 332 321	0.8

续表3

经营单位所在地	进出口总值		出　口		进　口	
	金　额	比重(%)	金　额	比重(%)	金　额	比重(%)
常州市	28 330 040	0.7	20 936 279	0.9	7 393 761	0.4
常州高新技术产业开发区	2 022 228	0.0	1 059 335	0.0	962 893	0.0
苏州市	311 198 502	7.2	181 162 015	7.7	130 036 487	6.6
苏州工业园	80 283 048	1.9	41 918 064	1.8	38 364 984	2.0
苏州高新技术产业开发区	37 689 087	0.9	25 512 629	1.1	12 176 458	0.6
南通市	31 645 833	0.7	22 479 230	1.0	9 166 604	0.5
南通经济技术开发区	4 829 121	0.1	2 862 515	0.1	1 966 607	0.1
连云港市	8 035 316	0.2	4 355 292	0.2	3 680 024	0.2
连云港经济技术开发区	2 633 550	0.1	1 117 878	0.0	1 515 672	0.1
浙江省	355 039 765	8.3	273 327 046	11.7	81 712 719	4.2
杭州市	67 967 888	1.6	49 161 482	2.1	18 806 406	1.0
杭州经济技术开发区	7 862 476	0.2	5 351 165	0.2	2 511 311	0.1
杭州高新技术产业开发区	1 577 928	0.0	1 347 289	0.1	230 639	0.0
宁波市	104 646 139	2.4	73 097 062	3.1	31 549 077	1.6
宁波经济技术开发区	18 012 632	0.4	8 740 363	0.4	9 272 269	0.5
宁波高新技术产业开发区	902 863	0.0	611 141	0.0	291 722	0.0
温州市	20 778 593	0.5	18 547 957	0.8	2 230 636	0.1
温州经济技术开发区	1 250 902	0.0	1 198 897	0.1	52 005	0.0
金华市	41 486 006	1.0	39 670 053	1.7	1 815 953	0.1
金华经济技术开发区	344 188	0.0	333 433	0.0	10 754	0.0
安徽省	49 177 300	1.1	31 485 371	1.3	17 691 928	0.9
合肥市	20 735 624	0.5	12 772 612	0.5	7 963 013	0.4
合肥经济技术开发区	7 219 991	0.2	4 717 764	0.2	2 502 226	0.1

续表 4

经营单位所在地	进出口总值		出　口		进　口	
	金　额	比重(%)	金　额	比重(%)	金　额	比重(%)
合肥高新技术产业开发区	2 086 563	0.0	1 332 536	0.1	754 027	0.0
芜湖市	6 448 046	0.1	4 975 575	0.2	1 472 471	0.1
芜湖经济技术开发区	3 523 218	0.1	2 567 851	0.1	955 366	0.0
芜湖高新技术产业开发区	66 162	0.0	59 716	0.0	6 446	0.0
蚌埠市	2 080 099	0.0	1 622 805	0.1	457 294	0.0
蚌埠高新技术产业开发区	220 404	0.0	172 674	0.0	47 729	0.0
淮南市	446 943	0.0	356 627	0.0	90 317	0.0
淮南经济技术开发区	6 230	0.0	1 163	0.0	5 067	0.0
马鞍山市	2 959 397	0.1	1 245 499	0.1	1 713 898	0.1
马鞍山经济技术开发区	139 623	0.0	47 658	0.0	91 964	0.0
马鞍山慈湖高新技术产业开发区	4 117	0.0	3 943	0.0	174	0.0
铜陵市	5 171 536	0.1	856 749	0.0	4 314 787	0.2
铜陵经济技术开发区	162 639	0.0	78 950	0.0	83 689	0.0
安庆市	2 252 058	0.1	1 943 712	0.1	308 346	0.0
安庆经济技术开发区	13 366	0.0	7 887	0.0	5 479	0.0
滁州市	2 202 254	0.1	1 514 164	0.1	688 090	0.0
滁州经济技术开发区	431 848	0.0	285 142	0.0	146 706	0.0
六安市	686 826	0.0	663 115	0.0	23 712	0.0
六安经济技术开发区	109 474	0.0	99 294	0.0	10 180	0.0
宣城市	1 690 100	0.0	1 587 460	0.1	102 640	0.0
宁国经济技术开发区	237 683	0.0	211 451	0.0	26 232	0.0
池州市	410 625	0.0	259 791	0.0	150 833	0.0
池州经济技术开发区	98 659	0.0	24 667	0.0	73 993	0.0

续表 5

经营单位所在地	进出口总值		出　口		进　口	
	金　额	比重(%)	金　额	比重(%)	金　额	比重(%)
福建省	177 407 841	4.1	113 452 293	4.8	63 955 547	3.3
福州市	34 592 468	0.8	21 234 168	0.9	13 358 300	0.7
福州经济技术开发区	4 727 471	0.1	3 004 750	0.1	1 722 722	0.1
福州高新技术产业开发区	19 558	0.0	19 519	0.0	39	0.0
厦门市	83 488 812	1.9	53 161 027	2.3	30 327 785	1.5
厦门火炬高技术产业开发区	2 068 353	0.0	976 830	0.0	1 091 523	0.1
平潭	292 702	0.0	98 470	0.0	194 232	0.0
平潭综合实验区	288 593	0.0	95 095	0.0	193 498	0.0
江西省	42 730 822	1.0	32 025 319	1.4	10 705 504	0.5
南昌市	12 222 440	0.3	8 417 438	0.4	3 805 001	0.2
南昌经济技术开发区	1 229 753	0.0	558 494	0.0	671 259	0.0
南昌高新技术产业开发区	3 861 905	0.1	2 108 361	0.1	1 753 544	0.1
景德镇市	784 008	0.0	758 177	0.0	25 830	0.0
景德镇高新技术产业开发区	5 276	0.0	4 061	0.0	1 215	0.0
萍乡市	1 486 652	0.0	1 462 199	0.1	24 452	0.0
萍乡经济技术开发区	–	–	–	–	–	–
九江市	5 448 698	0.1	4 363 824	0.2	1 084 874	0.1
九江经济技术开发区	1 733 723	0.0	992 725	0.0	740 998	0.0
新余市	2 045 859	0.0	1 264 248	0.1	781 611	0.0
新余高新技术产业开发区	138 205	0.0	121 894	0.0	16 311	0.0
鹰潭市	4 124 734	0.1	887 410	0.0	3 237 324	0.2
鹰潭高新技术产业开发区	62	0.0	62	0.0	–	–
赣州市	3 900 284	0.1	3 199 908	0.1	700 376	0.0

续表 6

经营单位所在地	进出口总值		出　口		进　口	
	金　额	比重(%)	金　额	比重(%)	金　额	比重(%)
赣州经济技术开发区	217 549	0.0	206 238	0.0	11 311	0.0
宜春市	2 382 645	0.1	2 226 937	0.1	155 708	0.0
宜春经济技术开发区	–	–	–	–	–	–
上饶市	4 036 199	0.1	3 606 919	0.2	429 279	0.0
上饶经济技术开发区	–	–	–	–	–	–
吉安市	4 426 282	0.1	4 020 127	0.2	406 155	0.0
井冈山经济技术开发区	489 140	0.0	475 518	0.0	13 622	0.0
山东省	276 929 398	6.4	144 708 654	6.2	132 220 744	6.7
济南市	10 488 668	0.2	6 059 165	0.3	4 429 503	0.2
济南市高技术产业开发区	1 988 586	0.0	1 250 124	0.1	738 462	0.0
青岛市	79 864 782	1.9	45 768 943	2.0	34 095 839	1.7
青岛经济技术开发区	9 001 421	0.2	4 709 998	0.2	4 291 423	0.2
青岛高新技术产业开发区	2 265	0.0	–	–	2 265	0.0
烟台市	48 133 714	1.1	26 897 492	1.1	21 236 222	1.1
烟台经济技术开发区	14 742 037	0.3	7 094 491	0.3	7 647 546	0.4
潍坊市	15 644 616	0.4	10 474 174	0.4	5 170 441	0.3
潍坊高技术产业开发区	841 357	0.0	551 328	0.0	290 029	0.0
威海市	12 004 900	0.3	8 007 045	0.3	3 997 855	0.2
威海火炬高技术产业开发区	1 667 732	0.0	1 372 268	0.1	295 465	0.0
河南省	64 972 209	1.5	39 383 031	1.7	25 589 178	1.3
郑州市	46 416 256	1.1	26 655 425	1.1	19 760 831	1.0
郑州航空港经济综合实验区	39 371 613	0.9	21 476 038	0.9	17 895 575	0.9
郑州高新技术产业开发区	566 791	0.0	495 794	0.0	70 997	0.0

续表 7

经营单位所在地	进出口总值		出口		进口	
	金额	比重(%)	金额	比重(%)	金额	比重(%)
洛阳市	1 764 079	0.0	1 438 726	0.1	325 352	0.0
洛阳高新技术产业开发区	7 414	0.0	3 228	0.0	4 186	0.0
湖北省	43 039 619	1.0	26 642 422	1.1	16 397 197	0.8
武汉市	26 419 892	0.6	13 790 246	0.6	12 629 646	0.6
武汉经济技术开发区	5 151 057	0.1	1 989 672	0.1	3 161 385	0.2
武汉吴家山经济技术开发区	0	0.0	0	0.0	0	0.0
武汉东湖新技术开发区	11 517 239	0.3	6 125 213	0.3	5 392 026	0.3
黄石市	2 842 394	0.1	1 446 160	0.1	1 396 234	0.1
黄石经济技术开发区	57 071	0.0	37 519	0.0	19 552	0.0
襄阳市	1 850 088	0.0	1 625 505	0.1	224 583	0.0
襄阳经济技术开发区	9 940	0.0	7 363	0.0	2 577	0.0
襄阳高新技术产业开发区	362 514	0.0	206 287	0.0	156 227	0.0
荆州市	2 476 942	0.1	2 107 108	0.1	369 834	0.0
荆州经济技术开发区	158 040	0.0	130 521	0.0	27 519	0.0
湖南省	30 831 603	0.7	19 943 002	0.9	10 888 601	0.6
长沙市	12 398 599	0.3	8 684 180	0.4	3 714 418	0.2
长沙经济技术开发区	-	-	-	-	-	-
长沙高新技术产业开发区	1 758 834	0.0	1 545 093	0.1	213 741	0.0
株洲市	2 445 230	0.1	1 477 960	0.1	967 270	0.0
株洲高新技术产业开发区	159 003	0.0	136 756	0.0	22 246	0.0
湘潭市	2 195 175	0.1	1 231 491	0.1	963 684	0.0
湘潭经济技术开发区	-	-	-	-	-	-
湘潭高新技术产业开发区	1 986	0.0	1 986	0.0	-	-

续表 8

经营单位所在地	进出口总值		出口		进口	
	金额	比重(%)	金额	比重(%)	金额	比重(%)
衡阳市	2 942 375	0.1	1 954 655	0.1	987 721	0.1
衡阳高新技术产业开发区	–	–	–	–	–	–
岳阳市	766 068	0.0	532 027	0.0	234 041	0.0
常德市	737 010	0.0	511 289	0.0	225 721	0.0
常德经济技术开发区	737 010	0.0	511 289	0.0	225 721	0.0
益阳市	581 771	0.0	529 511	0.0	52 260	0.0
益阳高新技术产业开发区	12	0.0	12	0.0	–	–
浏阳市	–	–	–	–	–	–
浏阳经济技术开发区	–	–	–	–	–	–
广东省	1 076 584 474	25.0	646 087 011	27.6	430 497 463	22.0
广州市	130 575 825	3.0	72 706 868	3.1	57 868 957	3.0
广州经济技术开发区	20 914 753	0.5	9 541 706	0.4	11 373 047	0.6
广州高新技术产业开发区	13 855 783	0.3	5 651 834	0.2	8 203 949	0.4
广州南沙新区	21 017 172	0.5	12 162 174	0.5	8 854 997	0.5
深圳市	487 740 574	11.3	284 361 569	12.1	203 379 005	10.4
深圳科技工业园	587 221	0.0	308 378	0.0	278 843	0.0
珠海市	54 959 532	1.3	29 015 216	1.2	25 944 316	1.3
珠海横琴新区	538 949	0.0	424 287	0.0	114 662	0.0
汕头市	9 551 318	0.2	6 965 691	0.3	2 585 627	0.1
佛山市	68 807 355	1.6	46 716 569	2.0	22 090 786	1.1
湛江市	6 315 764	0.1	2 941 126	0.1	3 374 638	0.2
湛江经济技术开发区	788 533	0.0	578 522	0.0	210 011	0.0
惠州市	59 412 174	1.4	36 330 856	1.6	23 081 319	1.2

续表 9

经营单位所在地	进出口总值		出　口		进　口	
	金　额	比重(%)	金　额	比重(%)	金　额	比重(%)
惠州高新技术产业开发区	22 067 317	0.5	13 082 930	0.6	8 984 387	0.5
东莞市	150 473 087	3.5	89 827 768	3.8	60 645 319	3.1
东莞松山湖高新技术产业开发区	2 813	0.0	2 544	0.0	269	0.0
中山市	36 958 693	0.9	27 878 198	1.2	9 080 496	0.5
中山火炬高技术产业开发区	9 256	0.0	2 767	0.0	6 489	0.0
广西壮族自治区	40 548 851	0.9	24 327 425	1.0	16 221 426	0.8
南宁市	4 812 927	0.1	2 615 482	0.1	2 197 445	0.1
南宁高新技术产业开发区	103 854	0.0	99 178	0.0	4 676	0.0
桂林市	943 267	0.0	772 253	0.0	171 014	0.0
桂林新技术产业开发区	321 441	0.0	268 486	0.0	52 956	0.0
北海市	3 499 848	0.1	1 751 763	0.1	1 748 085	0.1
崇左市	14 693 332	0.3	13 178 943	0.6	1 514 390	0.1
防城港市	5 468 557	0.1	1 505 222	0.1	3 963 335	0.2
海南省	15 862 660	0.4	4 416 742	0.2	11 445 918	0.6
海口市	3 401 425	0.1	1 231 848	0.1	2 169 577	0.1
海南国际科技工业园	-	-	-	-	-	-
海南洋浦经济开发区	10 729 680	0.2	2 433 725	0.1	8 295 955	0.4
重庆市	95 431 578	2.2	63 400 799	2.7	32 030 779	1.6
重庆高新技术产业开发区	702 940	0.0	622 753	0.0	80 187	0.0
重庆两江新区	51 514 942	1.2	30 184 923	1.3	21 330 020	1.1
万州经济技术开发区	8 965	0.0	8 637	0.0	328	0.0
长寿经济技术开发区	-	-	-	-	-	-
四川省	70 202 970	1.6	44 839 133	1.9	25 363 837	1.3

续表 10

经营单位所在地	进出口总值		出口		进口	
	金额	比重(%)	金额	比重(%)	金额	比重(%)
成都市	55 582 877	1. 3	33 620 303	1. 4	21 962 575	1. 1
成都经济技术开发区	1 110 053	0. 0	200 699	0. 0	909 354	0. 0
成都高新技术产业开发区	36 940 743	0. 9	21 249 494	0. 9	15 691 249	0. 8
绵阳市	2 902 713	0. 1	2 057 263	0. 1	845 449	0. 0
绵阳经济技术开发区	119 822	0. 0	110 835	0. 0	8 987	0. 0
绵阳高新技术产业开发区	462 667	0. 0	408 376	0. 0	54 291	0. 0
广元市	421 460	0. 0	416 353	0. 0	5 107	0. 0
广元经济技术开发区	113 329	0. 0	113 166	0. 0	163	0. 0
宜宾市	889 889	0. 0	606 927	0. 0	282 962	0. 0
宜宾临港经济技术开发区	101 809	0. 0	101 799	0. 0	10	0. 0
贵州省	10 771 326	0. 3	9 397 257	0. 4	1 374 069	0. 1
贵阳市	7 833 133	0. 2	7 271 895	0. 3	561 238	0. 0
贵阳高新技术产业开发区	818 121	0. 0	791 727	0. 0	26 394	0. 0
云南省	29 607 422	0. 7	18 787 465	0. 8	10 819 957	0. 6
昆明市	17 770 565	0. 4	11 593 881	0. 5	6 176 684	0. 3
昆明经济技术开发区	8 634 257	0. 2	6 687 116	0. 3	1 947 141	0. 1
昆明嵩明杨林经济技术开发区	0	0. 0	0	0. 0	0	0. 0
红河州	253 302	0. 0	192 284	0. 0	61 018	0. 0
蒙自经济技术开发区	–	–	–	–	–	–
畹町市	193 530	0. 0	45 800	0. 0	147 729	0. 0
瑞丽县	3 448 050	0. 1	1 813 989	0. 1	1 634 061	0. 1
河口县	639 425	0. 0	557 336	0. 0	82 090	0. 0
曲靖市	446 872	0. 0	438 988	0. 0	7 884	0. 0

续表 11

经营单位所在地	进出口总值		出口		进口	
	金额	比重(%)	金额	比重(%)	金额	比重(%)
曲靖经济技术开发区	29 234	0.0	29 074	0.0	160	0.0
西藏自治区	2 254 947	0.1	2 100 866	0.1	154 080	0.0
拉萨市	2 076 302	0.0	1 995 571	0.1	80 730	0.0
拉萨经济技术开发区	52 641	0.0	266	0.0	52 375	0.0
陕西省	27 364 485	0.6	13 929 798	0.6	3 434 686	0.7
西安市	24 944 177	0.6	11 961 664	0.5	12 982 513	0.7
陕西航天经济技术开发区	687 538	0.0	499 102	0.0	188 436	0.0
西安新技术产业开发区	3 011 941	0.1	2 077 859	0.1	934 081	0.0
宝鸡市	853 593	0.0	671 038	0.0	182 555	0.0
宝鸡高新技术产业开发区	–	–	–	–	–	–
汉中市	103 645	0.0	73 749	0.0	29 896	0.0
汉中经济技术开发区	–	–	–	–	–	–
甘肃省	8 640 615	0.2	5 329 482	0.2	3 311 133	0.2
兰州市	4 858 720	0.1	4 218 393	0.2	640 328	0.0
兰州新技术产业开发区	25 266	0.0	18 153	0.0	7 113	0.0
青海省	1 717 888	0.0	1 127 899	0.0	589 989	0.0
西宁市	1 596 154	0.0	1 083 652	0.0	512 502	0.0
西宁经济技术开发区	208 662	0.0	202 809	0.0	5 853	0.0
青海高新技术产业开发区	–	–	–	–	–	–
宁夏回族自治区	5 435 212	0.1	4 302 851	0.2	1 132 360	0.1
银川市	4 780 593	0.1	3 822 962	0.2	957 631	0.0
银川经济技术开发区	116 189	0.0	71 651	0.0	44 538	0.0
新疆维吾尔族自治区	27 672 315	0.6	23 480 763	1.0	4 191 552	0.2

续表 12

经营单位所在地	进出口总值		出　口		进　口	
	金　额	比重(%)	金　额	比重(%)	金　额	比重(%)
乌鲁木齐市	8 285 878	0.2	7 216 866	0.3	1 069 012	0.1
乌鲁木齐经济技术开发区	3 594 991	0.1	3 341 715	0.1	253 276	0.0
乌鲁木齐高新技术产业开发区	740 516	0.0	648 660	0.0	91 856	0.0
博乐市	2 189 166	0.1	1 476 470	0.1	712 696	0.0
伊宁市	7 124 658	0.2	5 662 419	0.2	1 462 238	0.1
石河子市	1 218 951	0.0	1 113 866	0.0	105 085	0.0
石河子经济技术开发区	1 176 700	0.0	1 074 680	0.0	102 020	0.0

2014 年进出口商品境内目的地/货源地总值表

单位：千美元

境内目的地/货源地	进出口总值		出口		进口	
	金额	比重(%)	金额	比重(%)	金额	比重(%)
总值	4 301 527 345	100.0	2 342 292 696	100.0	1 959 234 648	100.0
北京市	143 110 658	3.3	31 648 965	1.4	111 461 693	5.7
中关村国家自主创新示范区	2 744 123	0.1	756 004	0.0	1 988 118	0.1
北京经济技术开发区	16 172 678	0.4	6 469 486	0.3	9 703 192	0.5
天津市	144 420 678	3.4	52 011 447	2.2	92 409 232	4.7
天津滨海新区	89 396 065	2.1	27 897 202	1.2	61 498 863	3.1
天津经济技术开发区	44 742 629	1.0	21 026 420	0.9	23 716 209	1.2
河北省	94 268 762	2.2	49 137 848	2.1	45 130 914	2.3
石家庄市	12 440 327	0.3	6 745 240	0.3	5 695 087	0.3
石家庄高新技术产业开发区	19 204	0.0	4 670	0.0	14 534	0.0
唐山市	35 575 886	0.8	11 311 210	0.5	24 264 677	1.2
曹妃甸经济技术开发区	-	-	-	-	-	-
秦皇岛市	7 840 284	0.2	3 402 933	0.1	4 437 351	0.2
秦皇岛经济技术开发区	2 436 132	0.1	1 228 474	0.1	1 207 658	0.1
保定市	6 452 016	0.1	5 073 084	0.2	1 378 932	0.1
保定高新技术产业开发区	1 183 433	0.0	880 008	0.0	303 425	0.0
山西省	18 511 600	0.4	11 609 444	0.5	6 902 156	0.4
太原市	9 688 783	0.2	6 110 403	0.3	3 578 381	0.2
太原经济技术开发区	5 390 437	0.1	3 530 720	0.2	1 859 717	0.1

续表 1

境内目的地/货源地	进出口总值		出　口		进　口	
	金　额	比重(%)	金　额	比重(%)	金　额	比重(%)
太原高新技术产业开发区	6 964	0.0	3 838	0.0	3 126	0.0
大同市	523 299	0.0	323 521	0.0	199 779	0.0
大同经济技术开发区	–	–	–	–	–	–
晋中市	367 959	0.0	150 888	0.0	217 071	0.0
晋中经济技术开发区	–	–	–	–	–	–
内蒙古自治区	15 294 779	0.4	6 400 176	0.3	8 894 604	0.5
呼和浩特	1 672 505	0.0	726 265	0.0	946 239	0.0
包头市	2 019 633	0.0	1 459 984	0.1	559 649	0.0
包头高新技术产业开发区	22 591	0.0	22 567	0.0	24	0.0
二连浩特	1 298 408	0.0	637 312	0.0	661 095	0.0
满洲里市	2 026 483	0.0	99 966	0.0	1 926 516	0.1
辽宁省	125 388 776	2.9	55 660 612	2.4	69 728 164	3.6
沈阳市	14 949 884	0.3	5 970 139	0.3	8 979 745	0.5
沈阳经济技术开发区	3 000 895	0.1	1 373 725	0.1	1 627 170	0.1
沈阳高新技术产业开发区	940 944	0.0	541 470	0.0	399 475	0.0
大连市	65 784 000	1.5	27 441 390	1.2	38 342 610	2.0
大连经济技术开发区	23 724 682	0.6	7 893 241	0.3	15 831 441	0.8
大连市高新技术产业园区	1 031 685	0.0	671 991	0.0	359 694	0.0
鞍山市	3 393 808	0.1	2 968 122	0.1	425 686	0.0
鞍山高新技术产业开发区	100 984	0.0	80 261	0.0	20 723	0.0
丹东市	5 426 176	0.1	3 370 647	0.1	2 055 529	0.1
吉林省	27 036 804	0.6	6 246 157	0.3	20 790 647	1.1
长春市	20 712 953	0.5	2 198 943	0.1	18 514 010	0.9

续表 2

境内目的地/货源地	进出口总值		出口		进口	
	金额	比重(%)	金额	比重(%)	金额	比重(%)
长春经济技术开发区	1 132 008	0.0	255 522	0.0	876 486	0.0
长春高新技术产业开发区	819 524	0.0	175 931	0.0	643 593	0.0
吉林市	1 851 913	0.0	1 127 886	0.0	724 027	0.0
吉林高新技术产业开发区	71 179	0.0	50 992	0.0	20 188	0.0
珲春市	1 407 154	0.0	1 109 689	0.0	297 465	0.0
黑龙江省	29 423 936	0.7	12 166 562	0.5	17 257 374	0.9
哈尔滨市	8 941 792	0.2	7 446 819	0.3	1 494 973	0.1
哈尔滨经济技术开发区	243 042	0.0	89 098	0.0	153 944	0.0
哈尔滨高技术开发区	205 287	0.0	99 303	0.0	105 984	0.0
大庆市	13 186 631	0.3	412 327	0.0	12 774 304	0.7
大庆高新技术产业开发区	149 399	0.0	43 909	0.0	105 490	0.0
黑河市	336 627	0.0	80 430	0.0	256 197	0.0
绥芬河市	2 371 659	0.1	1 039 370	0.0	1 332 289	0.1
上海市	452 602 727	10.5	191 946 645	8.2	260 656 082	13.3
上海漕河泾浦江高科技园	11 344 409	0.3	7 775 285	0.3	3 569 124	0.2
上海经济技术开发区	12 478	0.0	5 720	0.0	6 758	0.0
上海闵行经济技术开发区	2 590 153	0.1	1 258 334	0.1	1 331 819	0.1
上海浦东新区	197 108 157	4.6	56 149 461	2.4	140 958 696	7.2
江苏省	609 129 471	14.2	350 558 448	15.0	258 571 024	13.2
南京市	56 123 308	1.3	22 589 355	1.0	33 533 952	1.7
南京高新技术外向型开发区	1 479 799	0.0	650 506	0.0	829 293	0.0
无锡市	46 587 701	1.1	27 940 675	1.2	18 647 026	1.0
无锡高新技术产业开发区	32 220 810	0.7	15 931 307	0.7	16 289 502	0.8

续表 3

境内目的地/货源地	进出口总值		出口		进口	
	金额	比重(%)	金额	比重(%)	金额	比重(%)
常州市	31 229 742	0.7	22 978 591	1.0	8 251 151	0.4
常州高新技术产业开发区	1 851 899	0.0	893 323	0.0	958 576	0.0
苏州市	320 280 667	7.4	183 015 020	7.8	137 265 648	7.0
南通市	36 697 056	0.9	23 802 155	1.0	12 894 902	0.7
南通经济技术开发区	4 640 480	0.1	2 052 978	0.1	2 587 502	0.1
连云港市	13 315 683	0.3	3 496 851	0.1	9 818 832	0.5
连云港经济技术开发区	1 028 563	0.0	721 408	0.0	307 155	0.0
浙江省	378 269 557	8.8	281 104 038	12.0	97 165 519	5.0
杭州市	52 164 768	1.2	37 763 220	1.6	14 401 548	0.7
杭州经济技术开发区	6 330 430	0.1	3 824 697	0.2	2 505 734	0.1
杭州高新技术产业开发区	2 131 441	0.0	1 911 969	0.1	219 472	0.0
宁波市	117 211 442	2.7	66 121 607	2.8	51 089 834	2.6
宁波经济技术开发区	12 093 961	0.3	3 116 810	0.1	8 977 152	0.5
宁波高新技术产业开发区	314	0.0	33	0.0	281	0.0
温州市	20 195 764	0.5	18 457 413	0.8	1 738 351	0.1
温州经济技术开发区	295 935	0.0	258 431	0.0	37 504	0.0
金华市	47 372 525	1.1	45 467 796	1.9	1 904 729	0.1
金华经济技术开发区	24 284	0.0	8 271	0.0	16 013	0.0
安徽省	43 202 619	1.0	26 509 456	1.1	16 693 162	0.9
合肥市	14 796 953	0.3	8 784 769	0.4	6 012 184	0.3
合肥经济技术开发区	6 886 871	0.2	4 342 546	0.2	2 544 325	0.1
合肥高新技术产业开发区	1 395 016	0.0	825 213	0.0	569 803	0.0
芜湖市	5 606 384	0.1	4 085 903	0.2	1 520 481	0.1

续表 4

境内目的地/货源地	进出口总值		出口		进口	
	金额	比重(%)	金额	比重(%)	金额	比重(%)
芜湖经济技术开发区	3 246 705	0.1	2 243 150	0.1	1 003 556	0.1
芜湖高新技术产业开发区	60 547	0.0	52 956	0.0	7 591	0.0
蚌埠市	1 080 587	0.0	868 299	0.0	212 288	0.0
蚌埠高新技术产业开发区	126 988	0.0	76 332	0.0	50 656	0.0
淮南市	216 343	0.0	121 921	0.0	94 422	0.0
淮南经济技术开发区	–	–	–	–	–	–
马鞍山市	2 967 642	0.1	1 240 202	0.1	1 727 439	0.1
马鞍山经济技术开发区	55 050	0.0	17 315	0.0	37 735	0.0
马鞍山慈湖高新技术产业开发区	–	–	–	–	–	–
铜陵市	5 734 613	0.1	952 722	0.0	4 781 891	0.2
铜陵经济技术开发区	105 451	0.0	36 150	0.0	69 301	0.0
安庆市	1 574 750	0.0	1 190 333	0.1	384 417	0.0
安庆经济技术开发区	2 834	0.0	356	0.0	2 477	0.0
滁州市	2 268 232	0.1	1 552 803	0.1	715 429	0.0
滁州经济技术开发区	425 613	0.0	209 138	0.0	216 475	0.0
六安市	820 705	0.0	778 573	0.0	42 132	0.0
六安经济技术开发区	–	–	–	–	–	–
宣城市	1 317 224	0.0	1 205 546	0.1	111 678	0.0
宁国经济技术开发区	–	–	–	–	–	–
池州市	813 724	0.0	281 296	0.0	532 428	0.0
池州经济技术开发区	116 155	0.0	19 736	0.0	96 418	0.0
福建省	164 503 718	3.8	97 584 603	4.2	66 919 115	3.4
福州市	25 790 350	0.6	16 159 060	0.7	9 631 290	0.5

续表 5

境内目的地/货源地	进出口总值		出　口		进　口	
	金　额	比重(%)	金　额	比重(%)	金　额	比重(%)
福州经济技术开发区	2 951 513	0.1	1 787 144	0.1	1 164 368	0.1
福州高新技术产业开发区	19 558	0.0	19 519	0.0	39	0.0
厦门市	57 093 146	1.3	33 485 068	1.4	23 608 078	1.2
厦门火炬高技术产业开发区	1 897 427	0.0	852 171	0.0	1 045 255	0.1
平潭	168 222	0.0	15 975	0.0	152 247	0.0
平潭综合实验区	167 103	0.0	14 878	0.0	152 225	0.0
江西省	39 113 157	0.9	27 088 555	1.2	12 024 602	0.6
南昌市	9 267 868	0.2	5 561 474	0.2	3 706 394	0.2
南昌经济技术开发区	1 293 153	0.0	530 130	0.0	763 023	0.0
南昌高新技术产业开发区	3 230 231	0.1	1 608 355	0.1	1 621 876	0.1
景德镇市	772 688	0.0	727 729	0.0	44 959	0.0
景德镇高新技术产业开发区	9 180	0.0	5 392	0.0	3 787	0.0
萍乡市	938 836	0.0	478 545	0.0	460 291	0.0
萍乡经济技术开发区	189	0.0	189	0.0	–	–
九江市	4 201 704	0.1	3 067 113	0.1	1 134 591	0.1
九江经济技术开发区	1 558 839	0.0	829 050	0.0	729 790	0.0
新余市	2 105 623	0.0	1 319 368	0.1	786 255	0.0
新余高新技术产业开发区	244 609	0.0	222 429	0.0	22 180	0.0
鹰潭市	4 011 104	0.1	595 088	0.0	3 416 016	0.2
鹰潭高新技术产业开发区	–	–	–	–	–	–
赣州市	4 034 725	0.1	3 140 186	0.1	894 539	0.0
赣州经济技术开发区	47 064	0.0	36 120	0.0	10 944	0.0
宜春市	2 244 146	0.1	2 017 958	0.1	226 188	0.0

续表 6

境内目的地/货源地	进出口总值		出口		进口	
	金额	比重(%)	金额	比重(%)	金额	比重(%)
宜春经济技术开发区	–	–	–	–	–	–
上饶市	2 904 352	0.1	2 378 412	0.1	525 939	0.0
上饶经济技术开发区	297	0.0	293	0.0	4	0.0
吉安市	2 506 274	0.1	1 979 602	0.1	526 671	0.0
井冈山经济技术开发区	46 108	0.0	37 613	0.0	8 495	0.0
山东省	328 410 133	7.6	154 997 124	6.6	173 413 009	8.9
济南市	9 540 154	0.2	5 757 548	0.2	3 782 606	0.2
济南市高技术产业开发区	1 257 256	0.0	826 848	0.0	430 407	0.0
青岛市	94 425 173	2.2	42 595 331	1.8	51 829 842	2.6
青岛经济技术开发区	9 077 693	0.2	4 219 644	0.2	4 858 050	0.2
青岛高新技术产业开发区	21 174	0.0	18 833	0.0	2 341	0.0
烟台市	52 557 259	1.2	29 036 442	1.2	23 520 818	1.2
烟台经济技术开发区	14 692 013	0.3	7 060 963	0.3	7 631 049	0.4
潍坊市	18 403 332	0.4	12 058 874	0.5	6 344 457	0.3
潍坊高技术产业开发区	833 042	0.0	534 723	0.0	298 319	0.0
威海市	11 375 730	0.3	8 063 335	0.3	3 312 394	0.2
威海火炬高技术产业开发区	1 639 278	0.0	1 350 397	0.1	288 881	0.0
河南省	68 475 147	1.6	42 533 523	1.8	25 941 624	1.3
郑州市	45 511 610	1.1	25 612 895	1.1	19 898 715	1.0
郑州航空港经济综合实验区	39 528 864	0.9	21 430 377	0.9	18 098 487	0.9
郑州高新技术产业开发区	371 738	0.0	323 903	0.0	47 836	0.0
洛阳市	2 150 911	0.1	1 799 305	0.1	351 606	0.0
洛阳高新技术产业开发区	13 817	0.0	10 632	0.0	3 185	0.0

续表 7

境内目的地/货源地	进出口总值		出　口		进　口	
	金　额	比重(%)	金　额	比重(%)	金　额	比重(%)
湖北省	40 847 179	0.9	23 980 341	1.0	16 866 838	0.9
武汉市	23 522 338	0.5	11 184 209	0.5	12 338 128	0.6
武汉东湖新技术开发区	10 230 474	0.2	5 269 027	0.2	4 961 448	0.3
黄石市	3 025 139	0.1	1 347 560	0.1	1 677 579	0.1
黄石经济技术开发区	36 217	0.0	16 424	0.0	19 793	0.0
襄阳市	1 363 643	0.0	899 119	0.0	464 525	0.0
襄阳经济技术开发区	6 557	0.0	3 866	0.0	2 692	0.0
襄阳高新技术产业开发区	333 698	0.0	170 602	0.0	163 096	0.0
荆州市	2 849 839	0.1	2 145 788	0.1	704 051	0.0
荆州经济技术开发区	64 400	0.0	35 478	0.0	28 922	0.0
湖南省	28 300 139	0.7	17 090 676	0.7	11 209 463	0.6
长沙市	8 625 603	0.2	5 005 766	0.2	3 619 837	0.2
长沙经济技术产业开发区	–	–	–	–	–	–
长沙高新技术产业开发区	541 657	0.0	348 486	0.0	193 171	0.0
株洲市	2 194 242	0.1	1 183 481	0.1	1 010 760	0.1
株洲高新技术产业开发区	119 754	0.0	99 081	0.0	20 673	0.0
湘潭市	1 639 201	0.0	807 753	0.0	831 448	0.0
湘潭经济技术开发区	–	–	–	–	–	–
湘潭高新技术产业开发区	–	–	–	–	–	–
衡阳市	3 050 739	0.1	2 047 019	0.1	1 003 720	0.1
衡阳高新技术产业开发区	–	–	–	–	–	–
岳阳市	766 068	0.0	532 027	0.0	234 041	0.0
常德市	851 792	0.0	523 526	0.0	328 266	0.0

续表 8

境内目的地/货源地	进出口总值		出口		进口	
	金额	比重(%)	金额	比重(%)	金额	比重(%)
常德经济技术开发区	-	-	-	-	-	-
益阳市	659 043	0.0	602 396	0.0	56 647	0.0
益阳高新技术产业开发区	-	-	-	-	-	-
浏阳市	-	-	-	-	-	-
浏阳经济技术开发区	-	-	-	-	-	-
广东省	1 241 942 533	28.9	745 309 548	31.8	496 632 985	25.3
广州市	192 517 408	4.5	123 652 427	5.3	6 8 864 980	3.5
广州经济技术开发区	19 282 437	0.4	8 843 025	0.4	10 439 412	0.5
广州高新技术产业开发区	13 260 255	0.3	5 164 807	0.2	8 095 448	0.4
广州南沙新区	15 113 643	0.4	6 933 968	0.3	8 179 675	0.4
深圳市	531 738 220	12.4	292 445 209	12.5	239 293 012	12.2
深圳科技工业园	96 628	0.0	57 207	0.0	39 421	0.0
珠海市	39 028 213	0.9	22 899 836	1.0	16 128 377	0.8
珠海横琴新区	62 578	0.0	51 075	0.0	11 503	0.0
汕头市	11 297 099	0.3	8 006 392	0.3	3 290 708	0.2
佛山市	73 165 884	1.7	51 129 140	2.2	22 036 744	1.1
湛江市	10 046 942	0.2	2 976 576	0.1	7 070 367	0.4
湛江经济技术开发区	446 673	0.0	384 689	0.0	61 984	0.0
惠州市	64 774 299	1.5	39 029 841	1.7	25 744 458	1.3
惠州高新技术产业开发区	21 421 957	0.5	12 617 851	0.5	8 804 107	0.4
东莞市	170 739 621	4.0	103 199 223	4.4	67 540 398	3.4
东莞松山湖高新技术产业开发区	-	-	-	-	-	-
中山市	36 958 693	0.9	27 878 198	1.2	9 080 496	0.5

续表 9

境内目的地/货源地	进出口总值		出口		进口	
	金额	比重(%)	金额	比重(%)	金额	比重(%)
中山火炬高技术产业开发区	48 366	0.0	36 968	0.0	11 398	0.0
广西壮族自治区	44 887 518	1.0	13 042 588	0.6	31 844 930	1.6
南宁市	6 172 214	0.1	4 082 526	0.2	2 089 689	0.1
南宁高新技术产业开发区	121 427	0.0	42 078	0.0	79 350	0.0
桂林市	1 177 092	0.0	963 392	0.0	213 699	0.0
桂林新技术产业开发区	144 715	0.0	94 302	0.0	50 414	0.0
北海市	7 730 524	0.2	1 740 469	0.1	5 990 055	0.3
崇左市	1 985 504	0.0	851 738	0.0	1 133 765	0.1
防城港市	8 414 100	0.2	476 087	0.0	7 938 014	0.4
海南省	16 927 812	0.4	4 185 305	0.2	12 742 508	0.7
海口市	2 854 307	0.1	724 199	0.0	2 130 107	0.1
海南国际科技工业园	180	0.0	-	-	180	0.0
海南洋浦经济开发区	12 012 093	0.3	2 445 660	0.1	9 566 433	0.5
重庆市	82 558 569	1.9	51 903 012	2.2	30 655 557	1.6
重庆高新技术产业开发区	173 289	0.0	128 304	0.0	44 985	0.0
重庆两江新区	43 660 810	1.0	23 974 478	1.0	19 686 332	1.0
万州经济技术开发区	2 908	0.0	2 759	0.0	149	0.0
长寿经济技术开发区	-	-	-	-	-	-
四川省	61 236 892	1.4	36 684 024	1.6	24 552 869	1.3
成都市	48 157 162	1.1	27 288 068	1.2	20 869 094	1.1
成都经济技术开发区	1 594 537	0.0	277 924	0.0	1 316 613	0.1
成都高新技术产业开发区	33 923 842	0.8	19 548 279	0.8	14 375 563	0.7
绵阳市	1 719 686	0.0	986 459	0.0	733 227	0.0

续表 10

境内目的地/货源地	进出口总值		出口		进口	
	金额	比重(%)	金额	比重(%)	金额	比重(%)
绵阳经济技术开发区	20	0.0	20	0.0	-	-
绵阳高新技术产业开发区	335 889	0.0	261 203	0.0	74 686	0.0
广元市	134 197	0.0	101 627	0.0	32 570	0.0
广元经济技术开发区	-	-	-	-	-	-
宜宾市	821 323	0.0	486 074	0.0	335 249	0.0
宜宾临港经济技术开发区	-	-	-	-	-	-
贵州省	5 138 088	0.1	3 580 049	0.2	1 558 039	0.1
贵阳市	3 510 285	0.1	2 750 671	0.1	759 614	0.0
贵阳高新技术产业开发区	63 217	0.0	57 411	0.0	5 807	0.0
云南省	19 913 782	0.5	10 516 689	0.4	9 397 093	0.5
昆明市	9 971 881	0.2	4 835 966	0.2	5 135 915	0.3
红河州	774 504	0.0	640 986	0.0	133 517	0.0
蒙自经济技术开发区	-	-	-	-	-	-
畹町市	25 802	0.0	2 989	0.0	22 812	0.0
瑞丽县	543 350	0.0	19 419	0.0	523 931	0.0
河口县	33 406	0.0	2 941	0.0	30 464	0.0
曲靖市	372 483	0.0	268 990	0.0	103 493	0.0
曲靖经济技术开发区	2 245	0.0	2 085	0.0	160	0.0
西藏自治区	2 135 615	0.0	2 047 190	0.1	88 424	0.0
拉萨市	2 000 912	0.0	1 918 851	0.1	82 060	0.0
拉萨经济技术开发区	-	-	-	-	-	-
陕西省	27 688 331	0.6	14 137 416	0.6	13 550 916	0.7
西安市	23 544 220	0.5	11 266 407	0.5	12 277 812	0.6

续表 11

境内目的地/货源地	进出口总值		出口		进口	
	金额	比重(%)	金额	比重(%)	金额	比重(%)
西安航天经济技术开发区	483 877	0.0	309 656	0.0	174 220	0.0
西安新技术产业开发区	1 259 193	0.0	750 107	0.0	509 085	0.0
宝鸡市	868 359	0.0	677 069	0.0	191 290	0.0
宝鸡高新技术产业开发区	2 080	0.0	2 079	0.0	1	0.0
汉中市	176 158	0.0	124 244	0.0	51 914	0.0
汉中经济技术开发区	–	–	–	–	–	–
甘肃省	5 266 725	0.1	2 080 261	0.1	3 186 464	0.2
兰州市	1 396 834	0.0	1 075 132	0.0	321 701	0.0
兰州新技术产业开发区	11 808	0.0	5 600	0.0	6 209	0.0
青海省	620 053	0.0	315 549	0.0	304 504	0.0
西宁市	336 836	0.0	140 568	0.0	196 268	0.0
西宁经济技术开发区	63 313	0.0	37 303	0.0	26 010	0.0
青海高新技术产业开发区	649	0.0	579	0.0	70	0.0
宁夏回族自治区	4 012 916	0.1	2 666 589	0.1	1 346 326	0.1
银川市	2 104 809	0.0	1 251 099	0.1	853 710	0.0
银川经济技术开发区	70 984	0.0	33 703	0.0	37 281	0.0
新疆维吾尔族自治区	38 888 670	0.9	17 549 857	0.7	21 338 813	1.1
乌鲁木齐市	26 178 091	0.6	8 702 733	0.4	17 475 358	0.9
乌鲁木齐经济技术开发区	1 173 660	0.0	987 196	0.0	186 463	0.0
乌鲁木齐高新技术产业开发区	16 799 996	0.4	296 632	0.0	16 503 364	0.8
博乐市	1 219 922	0.0	551 461	0.0	668 461	0.0
伊宁市	5 273 966	0.1	3 828 814	0.2	1 445 152	0.1
石河子市	613 641	0.0	529 881	0.0	83 760	0.0

2014年进出口商品运输方式总值表

单位：千美元

运输方式	进出口总值		出　口		进　口	
	金　额	比重（%）	金　额	比重（%）	金　额	比重（%）
总　值	4 301 527 345	100.0	2 342 292 696	100.0	1 959 234 648	100.0
水路运输	2 695 714 737	62.7	1 552 216 217	66.3	1 143 498 519	58.4
铁路运输	40 307 013	0.9	20 909 967	0.9	19 397 046	1.0
公路运输	749 960 314	17.4	403 035 695	17.2	346 924 619	17.7
航空运输	747 087 465	17.4	344 425 992	14.7	402 661 472	20.6
邮件运输	1 167 415	0.0	795 485	0.0	371 929	0.0
其他运输	67 290 402	1.6	20 909 339	0.9	46 381 063	2.4

2014 年进出口商品前 40 位国别（地区）总值表

单位：千美元

最终目的国（地区）	出口额	名 次	原产国（地区）	进口额	名 次
总 值	2 342 292 696	–	总 值	1 959 234 648	–
美国	396 062 550	1	韩国	190 108 773	1
中国香港	363 077 144	2	日本	162 920 512	2
日本	149 391 340	3	美国	159 060 999	3
韩国	100 333 451	4	中国台湾	152 007 127	4
德国	72 703 049	5	中华人民共和国	144 880 437	5
荷兰	64 928 516	6	德国	105 012 766	6
越南	63 730 014	7	澳大利亚	97 630 887	7
英国	57 141 135	8	马来西亚	55 652 243	8
印度	54 217 422	9	巴西	51 653 225	9
俄罗斯联邦	53 676 944	10	沙特阿拉伯	48 508 026	10
新加坡	48 911 175	11	南非	44 568 130	11
马来西亚	46 353 388	12	俄罗斯联邦	41 593 505	12
中国台湾	46 276 625	13	瑞士	40 440 524	13
澳大利亚	39 145 950	14	泰国	38 331 928	14
印度尼西亚	39 059 606	15	安哥拉	31 106 015	15
阿拉伯联合酋长国	39 034 507	16	新加坡	30 828 733	16
巴西	34 890 134	17	伊朗	27 503 850	17
泰国	34 289 228	18	法国	27 062 752	18
墨西哥	32 255 386	19	加拿大	25 182 010	19
加拿大	30 003 679	20	印度尼西亚	24 485 247	20
意大利	28 756 397	21	阿曼	23 795 856	21
法国	28 702 076	22	英国	23 726 739	22
伊朗	24 338 486	23	智利	20 985 876	23
菲律宾	23 473 577	24	菲律宾	20 984 132	24
西班牙	21 497 279	25	伊拉克	20 761 239	25
沙特阿拉伯	20 575 242	26	越南	19 906 398	26
土耳其	19 305 458	27	意大利	19 281 903	27
比利时	17 216 405	28	印度	16 358 691	28

续表

最终目的国（地区）	出口额	名　次	原产国（地区）	进口额	名　次
南非	15 699 146	29	阿拉伯联合酋长国	15 763 357	29
尼日利亚	15 393 425	30	缅甸	15 601 279	30
波兰	14 256 799	31	中国香港	12 621 374	31
巴基斯坦	13 244 482	32	委内瑞拉	11 320 054	32
智利	13 017 501	33	墨西哥	11 173 418	33
哈萨克斯坦	12 709 849	34	比利时	10 059 222	34
孟加拉国	11 782 272	35	科威特	10 004 964	35
埃及	10 460 510	36	哈萨克斯坦	9 741 822	36
缅甸	9 367 647	37	土库曼斯坦	9 516 158	37
巴拿马	9 307 389	38	新西兰	9 505 528	38
哥伦比亚	8 043 334	39	荷兰	9 340 126	39
捷克	7 992 899	40	卡塔尔	8 336 728	40

2014年出口商品排序表（前100位）

单位：千美元

商品编号	商品名称	数量单位	数 量	金 额
	总 值		–	2 342 292 696
85171210	手持（包括车载）式无线电话机	台	1 311 972 247	115 353 766
84713090	其他重量不超过10千克的便携式自动数据处理设备	台	149 213 046	75 787 622
71131919	其他黄金制首饰及其零件	克	579 452 582	41 858 022
84713010	平板电脑	台	184 861 410	32 870 835
90138030	液晶显示板	个	2 450 776 196	31 785 063
		千克	527 205 930	–
85177030	手持式无线电话机的零件（天线除外）	千克	70 892 126	31 039 859
84733090	品目8471所列其他机器的零件、附件	千克	620 223 348	27 561 342
85423100	处理器及控制器	个	57 672 860 172	26 922 046
		千克	15 425 503	–
64029929	未列名塑料制鞋面的鞋靴	千克	1 795 930 254	18 448 339
		双	4 299 621 340	–
85423200	存储器	个	14 950 552 484	17 566 232
		千克	3 622 576	–
84715040	微型机的处理部件	台	46 775 243	16 401 863
84717010	硬盘驱动器	台	266 378 904	14 332 866
94054090	未列名电灯及照明装置	千克	1 010 663 558	14 216 561
85423900	其他集成电路	个	76 975 012 526	14 007 051
		千克	9 762 732	–
85414020	太阳能电池	个	690 799 407	12 319 448
		千克	1 407 464 177	–
61103000	化纤制针织钩编套头衫、开襟衫、外穿背心等	件	1 806 090 936	11 241 038
		千克	571 371 314	–
64041900	其他橡胶或塑料外底，纺织材料鞋面的鞋靴	千克	972 753 418	10 993 331
		双	2 497 586 786	–
85177090	品目8517所列设备用其他零件	千克	214 449 771	10 876 585

续表 1

商品编号	商品名称	数量单位	数 量	金 额
27101911	航空煤油，不含有生物柴油	千克	10 629 912 348	10 402 602
		升	13 245 064 286	–
39269090	未列名塑料制品	千克	1 795 189 535	10 329 087
42021290	塑料或纺织材料作面的提箱、小手袋等	千克	1 316 229 180	9 486 015
		个	1 893 559 764	–
85340090	四层及以下的印刷电路	块	29 138 345 442	8 832 981
		千克	209 222 531	–
40112000	客车或货运机动车辆用新的充气橡胶轮胎	千克	3 150 826 027	8 517 548
		条	84 160 102	–
62046200	棉制女裤	条	1 287 714 327	8 439 521
		千克	494 117 160	–
73089000	其他钢铁结构体；钢结构体用部件及加工钢材	千克	4 779 286 526	8 389 879
64039900	其他橡、塑或再生皮革外底，皮革鞋面的鞋靴	千克	416 476 216	8 266 291
		双	601 422 529	–
94051000	枝形吊灯及天花板或墙壁上的电气照明装置	个	819 004 379	8 141 117
		千克	723 320 113	–
84439990	品目 8443 所列设备用其他零件及附件	千克	450 325 367	8 082 794
94036099	未列名木家具	件	145 016 847	7 898 462
		千克	2 500 861 300	–
85287222	液晶显示器彩色数字电视接收机	台	38 253 315	7 836 905
84433110	有打复印及传真两种及以上功能静电感光机器	台	14 112 483	7 565 038
61102000	棉制针织钩编的套头衫、开襟衫、外穿背心等	件	1 170 621 343	7 448 637
		千克	380 900 726	–
85044099	未列名静止式变流器	个	2 401 158 200	7 399 246
85285910	其他彩色监视器	台	45 774 324	7 090 883
94032000	其他金属家具	件	267 164 965	6 974 962
		千克	2 338 432 065	–
85258013	非特种用途的其他类型电视摄像机	台	725 226 368	6 957 945
62034290	棉制其他男裤	条	1 042 529 670	6 841 361
		千克	473 723 777	–
85176299	其他接收转换且发送或再生声音等数据的设备	台	322 347 843	6 808 710
72283010	其他含硼合金钢热轧、热拉拔或热挤压条、杆	千克	14 169 602 616	6 749 179
85437099	未列名具有独立功能的电气设备及装置	台	1 668 090 442	6 554 084

续表 2

商品编号	商品名称	数量单位	数 量	金 额
42022200	以塑料片或纺织材料作面的手提包	千克	625 186 392	6 471 861
		个	2 258 218 453	-
40111000	机动小客车用新的充气橡胶轮胎	千克	1 875 744 632	6 055 198
		条	191 664 330	-
72253000	其他合金钢热轧卷材，宽≥600 毫米	千克	11 417 572 235	6 010 346
89019041	载重量≤15 万吨的机动散货船	艘	293	5 767 615
84818040	其他阀门	套	1 425 787 978	5 759 236
		千克	750 037 498	-
27101922	5~7 号燃料油，不含有生物柴油	千克	9 397 464 116	5 721 709
		升	9 538 426 570	-
85076000	锂离子蓄电池	个	1 322 658 973	5 475 430
61099090	未列名纺材制针织或钩编 T 恤衫、汗衫、背心	件	1 767 969688	5 247 125
		千克	272 480 416	-
71131911	镶嵌钻石的黄金制首饰及其零件	克	40 597 909	5 224 729
71159090	其他贵金属或包贵金属的非工业或实验室制品	克	122 812 012	5 140 981
72279010	不规则盘卷的含硼合金钢制的热轧条、杆	千克	10 359 142 049	5 132 223
54075200	聚酯变形长丝≥85%染色布	米	4 522 029 673	5 116 203
		千克	825 495 195	-
27101210	车用汽油和航空汽油，不含有生物柴油	千克	5 075 274 251	5 042 454
		升	7 044 480 642	-
95030089	其他玩具	个	24 609 495 111	5 008 253
		千克	1 004 034 923	-
85340010	四层以上的印刷电路	块	2 518 602 660	5 004 900
		千克	54 794 338	-
85414010	发光二极管	个	212 333 721 878	4 978 612
		千克	10 428 480	-
61043200	棉制针织或钩编的女式上衣	件	875 491 582	4 926 917
		千克	285 073 150	-
73269090	未列名钢铁制品	千克	1 755 339 157	4 864 381
61091000	棉制针织或钩编的 T 恤衫、汗衫、背心	件	1 714 304 157	4 853 857
		千克	260 087 279	-
72104900	其他镀或涂锌普通钢铁板材	千克	7 000 751 327	4 850 820
84718000	自动数据处理设备的其他部件	台	127 573 355	4 839 917
85176239	未列名有线数字通讯设备	台	55 700 838	4 709 170

续表 3

商品编号	商品名称	数量单位	数 量	金 额
85371090	其他电气控制或电力分配盘板台等，电压≤1 000伏	个	276 358 924	4 586 232
		千克	137 639 657	–
62029390	未列名化纤女式带风帽防寒短上衣、防风衣等	件	255 735 947	4 427 009
		千克	180 100 625	–
63079000	品目 6301 ~ 6307 的未列名制成品，包括服装裁剪样	千克	656 365 527	4 425 576
94017190	其他带软垫的金属框架坐具	个	123 964 622	4 398 809
		千克	827 286 187	–
42029200	以塑料片或纺织材料作面的其他类似容器	千克	543 605 184	4 367 099
		个	3 459 666 532	–
84818090	龙头、旋塞及类似装置	套	611 949 164	4 258 284
		千克	350 949 169	–
94049040	化纤棉填充的其他寝具及类似用品	千克	642 359 115	4 241 371
85183000	耳机耳塞及由传声器和扬声器组成的组合机	个	1 927 691 003	4 196 547
69089000	其他上釉的陶瓷砖、瓦、块及类似品	千克	9 999 750 225	4 172 365
		平方米	623 512 661	–
94016190	其他带软垫的木框架坐具	个	50 307 104	4 165 030
		千克	948 749 642	–
39241000	塑料制餐具及厨房用具	千克	1 029 970 491	4 123 178
39264000	塑料制小雕塑品及其他装饰品	千克	694 839 987	4 096 636
85285110	品目 8471 自动数据处理系统用液晶监视器	台	43 148 096	4 082 898
85322410	片式多层瓷介电容器	千克	11 711 657	4 013 516
		千个	1 314 269 067	–
27101923	柴油	千克	4 103 220 227	4 006 923
		升	4 826 493 406	
69111019	其他瓷制餐具	千克	1 656 026 100	3 999 395
62019390	未列名化纤男式带风帽防寒短上衣、防风衣等	件	268 371 216	3 997 224
		千克	208 898 660	–
95045019	与电视接收机配套使用的视频游戏控制器及设备	台	27 226 565	3 994 731
		千克	75 527 510	
31021000	尿素，不论是否水溶液	千克	13 574 626 781	3 993 789
87087091	铝合金制的未列名机动车辆用车轮及其零附件	千克	799 074 140	3 967 238
94035099	其他卧室用木家具	件	32 289 427	3 899 931
		千克	1 185 650 814	–

续表4

商品编号	商品名称	数量单位	数　量	金　额
84151021	制冷≤4000大卡/时分体窗式或壁式空调	台	19 029 742	3 879 370
62043300	合成纤维制女式上衣	件	424 795 037	3 834 970
		千克	118 486 806	-
86090029	其他40英尺集装箱	个	1 033 741	3 787 073
85444229	其他有接头电导体，80伏<额定电压≤1 000伏	千克	285 580 117	3 768 795
61043300	合成纤维制针织或钩编的女式上衣	件	618 652 731	3 719 262
		千克	181 483 703	-
84714940	系统形式的微型机	台	4 431 179	3 693 758
84314999	品目8426、8429及8430所列机械的未列名零件	千克	1 547 144 359	3 644 904
85176232	以太网络交换机	台	30 903 036	3 601 404
61046200	棉制针织或钩编的女裤	条	797 923 350	3 544 678
		千克	224 876 659	-
63014000	合成纤维制毯子及旅行毯	条	653 084 702	3 534 137
		千克	690 668 391	-
62044300	合成纤维制女式连衣裙	件	306 308 202	3 527 568
		千克	88 339 250	-
85176110	移动通信基站	台	796 199	3 499 547
62121010	化纤制胸罩	件	2 160 881 398	3 486 171
		千克	138 632 893	-
85044014	其他功率<1千瓦直流稳压电源，精度<1/10000	个	524 085 250	3 484 152
85369011	工作电压不超过36伏的接插件	千克	52 609 708	3 438 371
95051000	圣诞节用品	千克	417 524 413	3 421 239
85287221	液晶显示器彩色模拟电视接收机	台	22 117 912	3 374 448

2014 年进口商品排序表（前 100 位）

单位：千美元

商品编号	商品名称	数量单位	数　量	金　额
	总　值		-	1 959 234 648
27090000	石油原油及从沥青矿物提取的原油	千克	308 374 527 391	228 288 472
85423100	处理器及控制器	个	85 027 022 354	105 226 923
		千克	22 871 568	-
98010010	单项记录价值≤2 000 元人民币的非税、证进口商品	千克	-	82 323 882
26011120	0.8 毫米≤平均粒度＜6.3 毫米的未烧结铁矿砂及精矿	千克	667 454 967 066	64 498 634
85423200	存储器	个	29 510 557 135	54 254 915
		千克	10 152 265	-
85423900	其他集成电路	个	148 566 175 106	49 134 247
		千克	24 489 440	-
90138030	液晶显示板	个	2 978 348 730	43 774 507
		千克	439 960 496	-
12019010	黄大豆，种用除外	千克	71 403 050 699	40 261 717
85177030	手持式无线电话机的零件（天线除外）	千克	44 033 844	30 800 557
74031111	未锻轧铜含量＞99.993 5%的精炼铜阴极	千克	3 369 562 277	23 703 806
26030000	铜矿砂及其精矿	千克	11 806 972 280	21 463 925
26011190	平均粒度≥6.3 毫米的未烧结铁矿砂及其精矿	千克	168 068 713 963	17 798 708
87032362	汽油越野车（4 轮驱动）2 500 毫升＜排量≤3 000毫升	辆	267 022	16 316 182
84717010	硬盘驱动器	台	270 623 310	15 920 922
84733090	品目 8471 所列其他机器的零件、附件	千克	88 356 976	14 195 989
88024010	15 000 千克＜空载重量≤45 000 千克的飞机等航空器	架	264	12 624 501
88024020	空载重量＞45 000 千克的飞机等航空器	架	121	12 483 831
29024300	对二甲苯	千克	9 764 218 491	12 221 567
27111100	液化天然气	千克	19 825 030 928	12 217 869
71039910	经其他加工的翡翠	克拉	243 723 986	11 711 622

续表 1

商品编号	商品名称	数量单位	数　量	金　额
27112100	天然气	千克	23 023 043 781	11 614 155
74040000	铜废碎料	千克	3 874 846 504	10 913 497
27101922	5 ~7 号燃料油，不含有生物柴油	千克	17 709 959 081	10 825 154
		升	17 975 608 511	-
71039940	经其他加工的软玉	克拉	224 558 009	10 181 895
87032361	汽油小轿车，2 500 毫升 < 排量≤3 000 毫升	辆	118 458	9 217 336
85423300	放大器	个	22 247 837 517	8 995 714
		千克	3 268 894	-
27011290	其他烟煤	千克	112 270 981 850	8 638 288
26011110	平均粒度 <0. 8 毫米的未烧结铁矿砂及其精矿	千克	77 817 367 458	8 453 834
87084091	小轿车用自动换挡变速箱及其零件	个	262 744 745	8 321 109
		千克	420 264 791	-
30049090	未列名混合或非混合产品构成的药品	千克	23 093 366	8 316 613
85258013	非特种用途的其他类型电视摄像机	台	788 552 244	8 033 984
29053100	1，2 - 乙二醇	千克	8 386 739 497	7 892 120
71023900	其他非工业用钻石	克拉	9 113 987	7 764 428
85340090	四层及以下的印刷电路	块	37 514 799 024	7 493 644
		千克	80 389 437	-
39012000	初级形状的聚乙烯，比重≥0. 94	千克	4 596 145 708	7 056 718
85322410	片式多层瓷介电容器	千克	17 159 345	7 036 688
		千个	2 022 684 816	-
38249099	未列名化学工业及相关工业化学产品及配制品	千克	1 540 158 995	6 609 818
87032341	汽油小轿车，1 500 毫升 < 排量≤2 000 毫升	辆	212 368	6 559 071
27011210	炼焦煤	千克	62 230 525 445	6 539 816
85414010	发光二极管	个	150 534 018 190	6 532 630
		千克	5 257 385	-
85369011	工作电压不超过 36 伏的接插件	千克	65 618 525	6 403 924
84439990	品目 8443 所列设备用其他零件及附件	千克	168 651 707	6 029 988
29025000	苯乙烯	千克	3 730 912 269	5 943 206
85340010	四层以上的印刷电路	块	3 087 060 032	5 918 483
		千克	34 854 420	-
39021000	初级形状的聚丙烯	千克	3 636 042 417	5 821 826
27075000	其他芳烃混合物，T = 25℃，蒸馏出芳烃≥65%	千克	5 023 075 421	5 079 289

续表 2

商品编号	商品名称	数量单位	数量	金额
85412900	耗散功率≥1 瓦的晶体管	个	37 178 620 235	5 015 931
		千克	17 917 183	-
52010000	未梳的棉花	千克	2 438 781 595	4 990 039
87032342	汽油越野车（4 轮驱动）1 500 毫升＜排量≤2 000毫升	辆	126 378	4 939 893
84798999	未列名具有独立功能的机器及机械器具	台	230 655 313	4 907 444
47032100	半漂白或漂白的针叶木烧碱木浆或硫酸盐木浆	千克	6 685 433 815	4 799 741
84733010	大、中、小型计算机及其部件的零件、附件	千克	34 612 559	4 720 294
26040000	镍矿砂及其精矿	千克	47 811 654 885	4 577 269
85419000	品目 8541 所列货品的零件	千克	11 763 458	4 530 857
39074000	初级形状的聚碳酸酯	千克	1 480 182 762	4 339 083
29012200	丙烯	千克	3 048 063 595	4 284 386
90139020	编号 90138030 所列货品的零件、附件	千克	32 686 656	4 269 621
85177090	品目 8517 所列设备用其他零件	千克	27 928 309	4 254 248
87082990	车身（包括驾驶室）的未列名零件、附件	千克	444 752 519	4 251 271
90318090	其他未列名测量或检验仪器、器具及机器	台	796 169 791	4 245 928
85389000	品目 8535、8536 或 8537 所列装置的其他零件	千克	88 060 814	4 206 885
85411000	二极管，但光敏二极管或发光二极管除外	个	212 685 516 989	4 110 056
		千克	18 753 794	-
47032900	半漂白或漂白非针叶木烧碱木浆或硫酸盐木浆	千克	7 084 282 614	4 089 090
74020000	未精炼铜；电解精炼用的铜阳极	千克	584 459 494	4 035 684
90328990	其他自动调节或控制仪器及装置	台	43 840 850	4 009 320
27111200	液化丙烷	千克	4 716 261 732	3 986 548
39019020	初级形状的线型低密度聚乙烯	千克	2 458 051 586	3 944 649
90019090	未列名未装配的光学元件	千克	81 128 724	3 758 772
87032343	汽油小客车，1 500 毫升＜排量≤2 000 毫升	辆	143 032	3 755 907
27101911	航空煤油，不含有生物柴油	千克	3 914 368 523	3 700 608
		升	4 877 311 453	-
40012200	技术分类天然橡胶（TSNR）	千克	1 913 732 287	3 678 656
85045000	其他电感器	个	168 499 319 360	3 578 989
90012000	偏振材料制的片及板	千克	52 198 261	3 502 426
76020000	铝废碎料	千克	2 305 699 851	3 461 849
30021000	抗血清及其他血份及修饰免疫制品	千克	5 614 334	3 441 089
85076000	锂离子蓄电池	个	1 784 593 684	3 424 427

续表3

商品编号	商品名称	数量单位	数　量	金　额
85412100	耗散功率<1瓦的晶体管	个	84 615 980 628	3 384 073
		千克	8 295 409	-
87084099	未列名机动车辆用变速箱及其零件	个	195 715 417	3 361 743
		千克	173 722 795	-
27021000	褐煤，不论是否粉化，但未制成型	千克	64 509 642 114	3 352 914
39011000	初级形状的聚乙烯，比重<0.94	千克	2 055 207 204	3 321 554
04022100	未加糖的固态乳及奶油，含脂量>1.6%	千克	670 038 378	3 308 680
85416000	已装配的压电晶体	个	23 725 891 510	3 298 085
		千克	2 203 458	-
15119010	棕榈液油（熔点19℃~24℃）	千克	3 962 233 409	3 287 647
27101220	石脑油，不含有生物柴油	千克	3 697 155 227	3 284 869
		升	5 120 559 997	-
84716090	其他输入或输出部件	台	292 459 673	3 251 922
47071000	回收（废碎）的未漂白牛皮纸或瓦楞纸及纸板	千克	15 549 785 849	3 190 440
39151000	乙烯聚合物的废碎料及下脚料	千克	4 402 610 510	3 189 472
39033090	其他初级形状的丙烯腈-丁二烯-苯乙烯(ABS)	千克	1 499 688 897	3 156 097
84099199	其他点燃式活塞内燃发动机的零件	千克	183 942 960	3 033 141
85044099	未列名静止式变流器	个	467 715 118	3 019 880
39206200	聚对苯二甲酸乙二酯非泡沫塑料板、片、膜等	千克	303 798 079	2 999 226
27101993	润滑油基础油，不含有生物柴油	千克	2 709 868 037	2 938 089
		升	3 051 311 406	-
85371090	其他电气控制或电力分配盘板台等，电压≤1 000伏	个	80 855 680	2 929 047
		千克	26 599 572	-
41015019	其他>16千克的整张牛皮	千克	916 223 123	2 784 800
		张	31 377 674	-
12051090	其他低芥子酸油菜子	千克	5 027 563 899	2 781 827
26020000	锰矿砂及其精矿	千克	16 206 773 234	2 718 871
26011200	已烧结的铁矿砂及其精矿	千克	19 000 780 752	2 687 971
39199090	未列名塑料胶粘板、片、膜、箔等	千克	96 284 885	2 571 871
52051200	棉≥85%，232分特≤细度<714分特的未精梳单纱	千克	952 473 852	2 547 089
85437099	未列名具有独立功能的电气设备及装置	台	307 611 428	2 528 616

2014 年出口商品经营单位排序表（前 100 位）

单位：千美元

经营单位	出口额	名 次
总 值	2 342 292 696	–
鸿富锦精密电子（郑州）有限公司	21 315 383	1
达功（上海）电脑有限公司	20 677 316	2
富泰华工业（深圳）有限公司	18 204 166	3
昌硕科技（上海）有限公司	13 790 267	4
华为技术有限公司	11 425 370	5
达丰（重庆）电脑有限公司	10 437 700	6
鸿富锦精密电子（成都）有限公司	8 991 652	7
惠州三星电子有限公司	8 775 422	8
苏州得尔达国际物流有限公司	7 614 889	9
名硕电脑（苏州）有限公司	7 555 105	10
中国国际石油化工联合有限责任公司	6 797 063	11
鸿富锦精密电子（烟台）有限公司	6 233 855	12
鸿富锦精密工业（深圳）有限公司	5 783 615	13
美光半导体（西安）有限责任公司	5 712 282	14
伟创力制造（珠海）有限公司	5 126 572	15
仁宝信息技术（昆山）有限公司	4 996 746	16
戴尔（成都）有限公司	4 928 394	17
北京索爱普天移动通信有限公司	4 787 713	18
惠州三星电子有限公司	4 651 484	19
中兴通讯股份有限公司	4 606 443	20
仁宝电脑（重庆）有限公司	4 532 233	21
天津三星通信技术有限公司	4 348 007	22
诺基亚通信有限公司	4 175 703	23
东莞三星视界有限公司	4 135 912	24
深圳市一达通企业服务有限公司	4 073 800	25
仁宝资讯工业（昆山）有限公司	4 035 934	26
旭硕科技（重庆）有限公司	3 997 616	27
英业达（重庆）有限公司	3 943 947	28
联想信息产品（深圳）有限公司	3 822 879	29
深圳中外运物流有限公司	3 786 642	30

续表 1

经营单位	进口额	名 次
华为终端（东莞）有限公司	3 682 610	31
鸿富锦精密电子（重庆）有限公司	3 612 289	32
富士康精密电子（太原）有限公司	3 479 975	33
纬创资通（中山）有限公司	3 221 390	34
浪潮乐金数字移动通信有限公司	3 097 876	35
昆山世远物流有限公司	3 020 969	36
重庆福源珠宝首饰有限公司	2 986 573	37
深圳中电投资股份有限公司	2 926 611	38
达丰（上海）电脑有限公司	2 911 022	39
东莞市对外加工装配服务公司	2 901 417	40
苏州市海晨物流有限公司	2 856 194	41
英源达科技有限公司	2 829 883	42
鸿富锦精密工业（武汉）有限公司	2 827 585	43
联宝（合肥）电子科技有限公司	2 823 283	44
惠州 TCL 移动通信有限公司	2 790 163	45
英特尔贸易（上海）有限公司	2 651 651	46
伟创力电子制造（天津）有限公司	2 611 572	47
招商局保税物流有限公司	2 573 658	48
乐金显示（广州）有限公司	2 560 230	49
大连西太平洋石油化工有限公司	2 483 224	50
仁宝电子科技（昆山）有限公司	2 384 530	51
天津三星视界移动有限公司	2 344 952	52
深圳嘉泓永业物流有限公司	2 305 136	53
深圳市深国际华南物流有限公司	2 286 246	54
捷普电子（广州）有限公司	2 275 007	55
福建捷联电子有限公司	2 207 301	56
深圳富林物流有限公司	2 161 104	57
上海振华重工（集团）股份有限公司	2 160 934	58
深圳市诚信好珠宝有限公司	2 148 517	59
深圳市金运达国际物流有限公司.	2 134 020	60
联想系统集成（深圳）有限公司	2 114 936	61
佛山市金银翠工艺有限公司	2 072 193	62
康硕电子（苏州）有限公司	2 041 589	63
珠海格力电器股份有限公司	2 040 013	64
广东美的制冷设备有限公司	1 992 671	65
纬创资通（重庆）有限公司	1 983 116	66

续表 2

经营单位	进口额	名　次
深圳盐田港普洛斯物流园有限公司	1 978 497	67
英特尔产品（成都）有限公司	1 955 023	68
晟碟半导体（上海）有限公司	1 850 959	69
富士施乐高科技（深圳）有限公司	1 839 092	70
江苏沙钢国际贸易有限公司	1 826 879	71
苏州佳世达电通有限公司	1 815 122	72
佛山裕顺福首饰钻石有限公司	1 802 052	73
本钢集团国际经济贸易有限公司	1 790 022	74
兴英科技（深圳）有限公司	1 782 008	75
深圳市信利康供应链管理有限公司	1 779 529	76
昆山金汇通供应链管理有限公司	1 770 014	77
山西太钢不锈钢股份有限公司	1 763 905	78
上海浦东国际机场航空油料有限责任公司	1 753 789	79
凭祥安鼎商贸有限公司	1 753 559	80
鸿富锦精密电子（天津）有限公司	1 750 773	81
龙州龙霖贸易有限公司	1 731 464	82
安靠封装测试（上海）有限公司	1 706 937	83
纬创资通（昆山）有限公司	1 689 967	84
英运物流（上海）有限公司	1 662 064	85
日产（中国）投资有限公司	1 659 681	86
苏州达冠物流有限公司	1 643 295	87
深圳市萃尚珠宝首饰有限公司	1 628 802	88
江苏富昌中外运物流有限公司	1 618 148	89
中国机械设备工程股份有限公司	1 617 720	90
上海外高桥造船有限公司	1 611 246	91
宝山钢铁股份有限公司	1 605 763	92
日照钢铁轧钢有限公司	1 594 713	93
金宝电子（中国）有限公司	1 594 698	94
深圳富泰宏精密工业有限公司	1 590 468	95
鞍钢集团国际经济贸易公司	1 587 512	96
华宝通讯（南京）有限公司	1 579 755	97
佛山市同心珠宝首饰有限公司	1 576 179	98
苏州三星电子电脑有限公司	1 570 680	99
重庆大通珠宝首饰有限公司	1 569 823	100

2014年进口商品经营单位排序表（前100位）

单位：千美元

经营单位	出口额	名次
总　值	1 959 234 648	–
中国国际石油化工联合有限责任公司	106 368 894	1
中国联合石油有限责任公司	22 837 573	2
中化石油有限公司	19 941 684	3
鸿富锦精密电子（郑州）有限公司	17 378 795	4
富泰华工业（深圳）有限公司	11 862 323	5
中国石油国际事业有限公司	11 121 776	6
大庆中石油国际事业有限公司	11 087 143	7
宝马（中国）汽车贸易有限公司	10 442 880	8
珠海振戎公司	10 322 439	9
三星电子（苏州）半导体有限公司	9 058 045	10
一汽–大众汽车有限公司	8 624 528	11
中海油中石化联合国际贸易有限责任公司	7 738 473	12
中国石化海南炼油化工有限公司	7 468 231	13
福建联合石油化工有限公司	7 195 489	14
梅赛德斯—奔驰（中国）汽车销售有限公司	6 995 015	15
英特尔贸易（上海）有限公司	6 878 701	16
中国第一汽车集团进出口有限公司	6 812 535	17
捷豹路虎汽车贸易（上海）有限公司	6 515 710	18
惠州三星电子有限公司	6 080 142	19
美光半导体（西安）有限责任公司	5 958 531	20
大连西太平洋石油化工有限公司	5 585 679	21
昌硕科技（上海）有限公司	5 541 793	22
深圳市普路通供应链管理股份有限公司	5 277 656	23
鸿富锦精密工业（深圳）有限公司	5 274 841	24
山东晨曦集团有限公司	5 217 297	25
东北中石油国际事业有限公司	4 934 245	26
深圳综合信兴物流有限公司	4 600 191	27
中海石油气电集团有限责任公司	4 590 000	28
华晨宝马汽车有限公司	4 538 515	29
天津三星通信技术有限公司	4 432 314	30

续表 1

经营单位	进口额	名 次
宝山钢铁股份有限公司	4 369 434	31
保时捷（中国）汽车销售有限公司	4 351 694	32
河北钢铁集团有限公司	3 972 795	33
大众汽车（中国）销售有限公司	3 802 343	34
英特尔产品（成都）有限公司	3 753 051	35
乐金显示（广州）有限公司	3 652 123	36
瑞钢联集团有限公司	3 641 745	37
丰田汽车（中国）投资有限公司	3 490 456	38
深圳嘉泓永业物流有限公司	3 419 129	39
惠州三星电子有限公司	3 282 419	40
天津物产集团有限公司	3 279 747	41
东莞三星视界有限公司	3 188 696	42
克莱斯勒（中国）汽车销售有限公司	3 138 383	43
鸿富锦精密电子（成都）有限公司	3 084 135	44
江西铜业股份有限公司	3 072 610	45
全球物流（成都）有限公司	3 030 660	46
上海洋山保税港区世天威物流有限公司	3 016 055	47
江苏沙钢国际贸易有限公司	3 014 368	48
黑龙江联合石油化工有限公司	3 006 702	49
全球物流（重庆）有限公司	2 950 502	50
安靠封装测试（上海）有限公司	2 920 518	51
深圳市中兴康讯电子有限公司	2 914 004	52
国航进出口有限公司	2 911 069	53
世天威物流（上海外高桥保税物流园区）有限公司	2 908 357	54
青岛中联油国际贸易有限公司	2 896 299	55
鸿富锦精密电子（烟台）有限公司	2 885 224	56
英运物流（上海）有限公司	2 854 017	57
华为技术有限公司	2 795 666	58
北京奔驰汽车有限公司	2 764 705	59
中国烟草国际有限公司	2 753 821	60
深圳市富森供应链管理有限公司	2 752 333	61
日照钢铁控股集团有限公司	2 701 151	62
北京索爱普天移动通信有限公司	2 624 391	63
全球物流（上海）有限公司	2 592 974	64
中国首钢国际贸易工程公司	2 581 916	65

续表 2

经营单位	进口额	名 次
张家港保税区长江国际港务有限公司	2 561 317	66
武钢集团国际经济贸易有限公司	2 530 185	67
深圳市信利康供应链管理有限公司	2 529 218	68
重庆及时达国际物流有限公司	2 513 313	69
东方航空进出口有限公司	2 482 046	70
乐金显示（烟台）有限公司	2 471 755	71
昆山飞力仓储服务有限公司	2 461 600	72
中建材集团进出口公司	2 446 927	73
深圳市怡亚通供应链股份有限公司	2 446 568	74
长安福特汽车有限公司	2 418 128	75
名硕电脑（苏州）有限公司	2 417 750	76
飞力达物流（深圳）有限公司	2 325 097	77
中国石化集团石油商业储备有限公司	2 308 794	78
天津三星视界移动有限公司	2 291 921	79
西安恒诚国际物流有限公司	2 237 846	80
纬创资通（中山）有限公司	2 235 247	81
阳谷祥光铜业有限公司	2 233 256	82
上海大众汽车有限公司	2 208 638	83
深圳市华富洋供应链有限公司	2 185 906	84
重庆福源珠宝首饰有限公司	2 170 759	85
铜陵有色金属集团股份有限公司	2 161 895	86
晟碟半导体（上海）有限公司	2 130 362	87
中国南航集团进出口贸易有限公司	2 121 366	88
中储粮油脂有限公司	2 121 121	89
无锡夏普电子元器件有限公司	2 120 704	90
中国石化青岛石油化工有限责任公司	2 111 750	91
重庆飞力达供应链管理有限公司	2 108 886	92
东莞金鹰仓储有限公司	2 090 587	93
浪潮乐金数字移动通信有限公司	2 081 733	94
空中客车（天津）总装有限公司	2 034 919	95
深圳市朗华供应链服务有限公司	2 031 459	96
达功（上海）电脑有限公司	2 020 960	97
佛山群志光电有限公司	2 020 422	98
中国原子能工业有限公司	2 012 791	99
华为终端有限公司	1 984 102	100

第七篇

附　录

全国对外开放口岸分地区一览表

截至2014年12月31日

序号	省份	数量	水运口岸	空运口岸		铁路	公路口岸	
				对中外飞机全开放	限制性	口岸	国际	双边
1	北京	2		北京		北京		
2	天津	3	天津、渤中	天津				
3	河北	4	秦皇岛、唐山、黄骅	石家庄				
4	山西	1		太原				
5	内蒙古	16		呼和浩特、海拉尔、满洲里、		二连浩特、满洲里	珠恩嘎达布其、满洲里、二连浩特、阿尔山	阿日哈沙特、额布都格、甘其毛都、满都拉、策克、黑山头、室韦
6	辽宁	11	大连、营口、丹东、庄河、葫芦岛、旅顺新港、锦州、长兴岛	沈阳、大连		丹东		
7	吉林	16	(大安)	长春、延吉		集安、图们、珲春	珲春、集安、圈河	临江、开山屯、三合、南坪、长白、古城里、沙坨子
8	黑龙江	25	(哈尔滨、富锦、佳木斯、桦川、绥滨、同江、黑河、漠河、呼玛、逊克、抚远、孙吴、萝北、嘉荫 、饶河)	哈尔滨、佳木斯、齐齐哈尔、牡丹江		绥芬河、哈尔滨	绥芬河	东宁、密山、虎林
9	上海	3	上海	上海		上海		
10	江苏	22	连云港 、(张家港、南通、南京、镇江、江阴、扬州、泰州、常熟、太仓、常州、如皋、靖江)、大丰、如东、启东	南京、盐城、徐州、常州、淮安、无锡				
11	浙江	9	温州、宁波、舟山、台州、嘉兴	杭州、宁波、温州、义乌				

续表 1

序号	省份	数量	水运口岸	空运口岸		铁路	公路口岸	
				对中外飞机全开放	限制性	口岸	国际	双边
12	安徽	7	（芜湖、铜陵、安庆、池州、马鞍山）	合肥、黄山				
13	福建	11	福州、厦门、泉州、漳州、宁德、秀屿、平潭	厦门、福州、泉州	#武夷山			
14	江西	2	（九江）	南昌				
15	山东	16	青岛、烟台、威海、龙口、石臼、石岛、岚山、东营、蓬莱、莱州、龙眼、潍坊	青岛、济南、烟台、威海				
16	河南	3		郑州	#洛阳	郑州		
17	湖北	4	（武汉、黄石 ）	武汉	#宜昌			
18	湖南	3	（城陵矶）	长沙、张家界				
19	广东	58	广州、湛江、汕头、汕尾、九州、广海、蛇口、莲花山、赤湾、惠州、妈湾、东角头、盐田、水东、阳江、大亚湾、南澳、珠海、潮州、万山、南沙、潮阳、（虎门、新会）、深圳、揭阳、#湾仔、#梅沙、#西冲、（#三埠、#江门、#肇庆、#南海、#斗门、#鹤山、#中山、#容奇、#高明、#新塘）	广州、深圳、揭阳	#湛江、#梅州	深圳、广州、佛山、肇庆、东莞	文锦渡、拱北、沙头角、皇岗、罗湖、横琴、深圳湾、珠澳、福田	
20	广西	18	防城、北海、钦州、江山、企沙、石头埠、（#梧州、#柳州、#贵港 ）	南宁、桂林	#北海	凭祥	友谊关、东兴	水口、龙邦、平孟
21	海南	7	海口、三亚、八所、洋浦、清澜	三亚、海口				
22	重庆	2	（#重庆）	重庆				
23	四川	1		成都				
24	贵州	1		贵阳				

续表2

序号	省份	数量	水运口岸	空运口岸		铁路	公路口岸	
				对中外飞机全开放	限制性	口岸	国际	双边
25	云南	16	（思茅、景洪）	昆明、西双版纳、丽江		河口	瑞丽、磨憨、打洛、河口、天保	金水河、畹町、腾冲、孟定、勐康
26	西藏	4		拉萨				普兰、樟木、吉隆
27	陕西	1		西安				
28	甘肃	2		兰州				马鬃山
29	青海	1		西宁				
30	宁夏	1		银川				
31	新疆	18		乌鲁木齐、喀什		阿拉山口、霍尔果斯	红其拉甫、霍尔果斯、巴克图、伊尔克什坦、吉木乃、卡拉苏、吐尔尕特、塔克什肯	老爷庙、红山嘴、都拉塔、乌拉斯台、木扎尔特、阿黑土别克
合计		288	135（其中内河55）	60	6	20	32	35

表注：1. 口岸名称前带“#”的为限中国籍（飞机、船舶）出入境口岸；

2. 水运口岸中“（ ）”内的为内河口岸。